DICTIONNAIRE DE lingustique ET DES sciences du langage

E X P R E S S I O N

DICTIONNAIRE DE linguistique et des sciences du langage

Jean DUBOIS
Mathée GIACOMO
Louis GUESPIN
Christiane MARCELLESI
Jean-Baptiste MARCELLESI
Jean-Pierre MÉVEL

LAROUSSE

21, Rue du Montparnasse 75283 Paris cedex 06

Distributeur exclusif au Canada : Messageries ADP, 1751 Richardson, Montréal (Québec)

ISBN 2-03-532007-0

Avant-propos

Un *Dictionnaire de linguistique et des sciences du langage* pose trois grands problèmes : le premier tourne autour de la nature du dictionnaire d'une science et d'une technique, l'étendue de la nomenclature répertoriée, le type de définition, la forme des exemples et des illustrations ; le deuxième porte sur le domaine à explorer, défini par ses confins avec les autres sciences, ici en l'espèce la psychologie, la sociologie, l'histoire, la physiologie, la logique et les mathématiques ; le dernier relève de l'opportunité de la réalisation, c'est-à-dire du jugement que l'on peut avoir sur le moment où la diffusion d'une science en rend la connaissance et la pratique nécessaires à un grand nombre, et où, par un mouvement qui est en étroits rapports avec cette diffusion, une certaine forme de stabilisation s'opère dans la terminologie, certains concepts de base devenant communs à l'ensemble des écoles et des tendances linguistiques qui, par leur existence, assurent, par ailleurs, l'évolution de leur science.

Ce dictionnaire doit pouvoir répondre aux questions des lecteurs qui, dans des textes linguistiques, rencontrent des termes ou des sens qui n'appartiennent pas au lexique de la langue commune ; ce que les lecteurs demandent, c'est une sorte de traduction des termes qu'ils ignorent, à l'aide des mots et des concepts les plus courants de la grammaire de l'enseignement. Mais cette traduction, cette forme de glossaire que l'on est conduit à donner à un dictionnaire scientifique et technique, pose à son tour plusieurs questions : la définition du terme ignoré utilise des mots qui doivent être connus du lecteur, mais à quel niveau se situe ce lecteur idéal ? Prenons quelques exemples : si le lecteur cherche dans ce dictionnaire de linguistique les termes courants de la grammaire traditionnelle : *antécédent, relatif, adverbe, adjectif, démonstratif, emprunt, etc.,* il s'attend à trouver une explication qui le renvoie à cette grammaire, mais il sollicite aussi de connaître les limites de cette définition ; si le lecteur cherche des termes comme *diésé, pseudo-clivé, tmèse, etc.,* les explications du lexicographe doivent tenir compte d'un degré de technicité différent que l'on suppose chez le lecteur ; certains mots appartiennent à des écoles linguistiques bien précises (structuralisme, distributionnalisme, grammaire générative, glossématique, etc.) ou à un domaine précis (phonétique, acoustique, sociolinguistique, psycholinguistique, neurolinguistique, grammaire comparée, etc.) ; ils devront être définis avec les termes et les notions qui appartiennent à cette école et à ce domaine. Il existe des niveaux de technicité différents à la fois par les mots d'entrée, par les définitions et par les commentaires qui suivent ces définitions.

Un tel dictionnaire exige, en effet, que l'on ajoute à une définition souvent abstraite des exemples qui l'expliquent. Ces définitions et ces exemples forment un développement encyclopédique, un commentaire du concept auquel renvoie le mot d'entrée. C'est pourquoi ce dictionnaire prend la forme d'une encyclopédie : après le mot d'entrée, définition et commentaires se mêlent pour fournir un énoncé complet sur la notion que recouvre le mot. Ceci est particulièrement vrai pour les termes de base : *langue, langage, acoustique, phonétique, bilinguisme, etc.,* où la description encyclopédique devient une véritable encyclopédie (v. liste à la suite de l'avant-propos).

Le dictionnaire encyclopédique est astreint à la règle de l'ordre alphabétique, le plus commode pour la recherche ; il découpe, segmente les énoncés ; mais il faut en même temps que le lecteur puisse replacer les développements qu'il lit dans un champ plus vaste, sinon dans une théorie. Il faut ainsi qu'une notion comme *qualificatif* puisse renvoyer au concept qu'elle implique, *adjectif,* et que, à son tour, *adjectif* renvoie à *partie du discours* ou *classe grammaticale.* De plus, la définition de l'adjectif est différente selon que l'on se place dans la perspective structuraliste, générativiste ou traditionnelle. Il existe donc un énoncé total que le lecteur doit pouvoir reconstruire par le jeu des renvois. On y parviendra de deux manières : d'une part, il y a des articles de base définissant les concepts clés qui permettent d'accéder aux termes plus spécifiques (des astérisques signalent les développements faits aux mots ainsi notés), et inversement on remontera à ces articles de synthèse à partir des mots particuliers par un même jeu d'astérisques et de renvois : on peut remonter de *qualificatif* à *adjectif* et aller d'*adjectif* à *déterminatif* ou à *classe grammaticale.* On a voulu faire du *Dictionnaire de linguistique et des sciences du langage* non seulement un ouvrage de consultation, visant à combler des lacunes ponctuelles, mais aussi un ouvrage de formation linguistique, aidant à constituer un ensemble d'exposés explicatifs. Par là, nous espérons faire du dictionnaire une sorte de manuel libre.

Il reste que le nombre des questions que les lecteurs peuvent se poser à propos de textes linguistiques est considérable ; or tout dictionnaire a ses limites : l'étendue du domaine et le raffinement des analyses. La linguistique est au contact des autres sciences humaines. Les zones frontières sont déterminées par les disciplines qui définissent les rapports entre le langage et les autres comportements, individuels ou sociaux, comme la psycholinguistique et la sociolinguistique. Le langage est aussi une activité supportée par un organisme ; cette activité physiologique s'exprime au niveau périphérique, celui des organes de la parole (phonétique) et de la réception des sons (acoustique), et au niveau central, des commandes motrices et sensorielles, celui du cortex (neurolinguistique). La linguistique touche encore la communication animale, car il y a à la fois continuité et discontinuité dans l'échelle phylogénétique. Les linguistes ont aussi analysé les textes comme des objets susceptibles d'être formalisés. La terminologie et les concepts des mathématiques et de la logique ont largement pénétré la linguistique, non sans s'être adaptés aux problèmes spécifiques des langues naturelles. Science historique encore, la linguistique voit dans la langue une image de l'histoire de la communauté socioculturelle, mais la langue participe aussi à l'histoire du peuple, car elle modèle une image du monde et elle est une institution sociale. La linguistique est proche de l'histoire, parce qu'elle traite des mêmes textes avec la même intention d'en dévoiler les structures profondes.

En retour, la linguistique est largement mise à contribution par les sciences humaines ; ses procédures d'analyse ont été reprises en anthropologie, en histoire et en littérature ; on a fait appel à ses hypothèses en psycholinguistique et en neurolinguistique. Aussi trouvera-t-on dans ce dictionnaire des mots qui appartiennent à la psychologie, à la sociologie, à la physiologie, à la rhétorique, etc. Ils sont traités avec moins d'ampleur que ceux qui appartiennent en propre à la linguistique, car ce dictionnaire de linguistique ne vise pas à être un dictionnaire des sciences humaines mais seulement un dictionnaire des sciences du langage.

Le raffinement de l'analyse limite aussi l'étendue du lexique étudié. Chaque école linguistique a développé avec ses théories et ses méthodes propres un vocabulaire spécifique, adapté aux besoins de la théorie, sinon même construit de toutes pièces. Or, ce dictionnaire ne vise pas à être l'expression exclusive d'une école, d'une tendance, d'une personne, encore moins d'une simple opinion. S'il a fait place à quelques grands courants, il ne pouvait être question de suivre chaque école dans ses raffinements d'analyse et ses détails terminologiques. Il y a un seuil à partir duquel le lecteur informé ne peut plus résoudre ses questions que par le texte même qu'il est en train de lire. On a donc procédé à un choix arbitraire, en nous arrêtant à un degré de technicité en deçà de la recherche spécialisée. Lorsqu'une science est du domaine exclusif d'un petit nombre de spécialistes, elle a tendance à développer des terminologies abondantes et disparates : la nécessité pour chaque école, sinon pour chaque linguiste, d'affirmer une originalité souvent mineure amène à proposer de nouveaux termes qui ne se distinguent des anciens ou de ceux des autres écoles que par leur forme et non par leur contenu. Mais lorsque cette science commence à échapper aux seuls spécialistes qui tendaient à s'en assurer la possession exclusive, il se produit une décantation terminologique qui n'épargne pas les nomenclatures les plus assurées. Un deuxième facteur, non moins important, intervient lorsque, dans l'histoire d'une science, se développent de nouvelles théories qui mettent radicalement en cause celles qui les avaient précédées : le structuralisme s'était identifié trop facilement avec la vérité et la science idéale ; il a été contesté par la grammaire générative, considérée elle aussi trop vite comme transcendant l'homme et son histoire ; objet de critiques internes, la théorie générative s'est à son tour dissociée en plusieurs nouvelles hypothèses. Les linguistes ont aussi pris conscience des implications philosophiques de leurs théories et de la relation qu'elles entretiennent avec le développement des sociétés dans lesquelles ils vivent ; ils ont reconnu la dimension historique et sociale de leur activité scientifique. Ainsi, la linguistique ne peut être dissociée de la place accordée aux problèmes du langage et de la communication dans les sociétés développées. Le matérialisme mécaniste des néo-grammairiens, le positivisme des distributionnalistes et des fonctionnalistes, l'innéisme des générativistes participent à des idéologies qui s'expliquent elles-mêmes dans l'histoire des sociétés qui les produisent. Le moment où les linguistes ont conscience des présupposés philosophiques qui sous-tendent le développement des sciences humaines fixe le moment où la métalangue d'une science est susceptible d'analyse.

L'information linguistique qui est à la base de ce dictionnaire, commencée il y a plus de trente ans, et poursuivie ensuite, a été complétée par l'utilisation systématique des index des principaux manuels utilisés en France. La bibliographie, mise à jour, qui accompagne le dictionnaire répertorie l'ensemble des ouvrages de linguistique qui ont paru être utiles aux lecteurs informés, à l'exclusion des articles publiés dans les revues.

Nous remercions Bernard GARDIN, François GAUDIN, Régine DELAMOTTE-LEGRAND, Jacqueline VAISSIÈRE, Albert DI CRISTO pour le concours qu'ils nous ont apporté.

Liste des articles encyclopédiques

accent
acoustique
acquisition du langage
adjectif
alphabet phonétique
analyse de discours
analyse conversationnelle
antonymie
aphasie
appliquée (linguistique)
articulation (double)
articulatoire (phonétique)
aspect
bilinguisme
I. cas *(déclinaisons)*
II. cas *(grammaire de cas)*
champ
changement
classe
communication
componentielle (analyse)
connotation
consonne
cordes vocales
corpus
dérivation
diachronie
dialecte
dictionnaire
discours
discours direct, indirect
distinctif
distributionnelle (analyse)
données
écrit
écriture
embrayeur
emphase
emprunt
énonciation
étymologie
expression
famille de langues
fonction
fonction du langage
fonctionnalisme
formalisation
forme
générative (grammaire)
genre
géographie linguistique
glossématique
incompatibilité
information
langage
I. langue *(concept)*
II. langues *(système de communication)*
III. langue *(organe de la phonation)*
lexème
lexical (champ)
lexicalisation
lexicographie
lexicologie
lexique
linguistique
Markov (modèle de)
marque
message
mode
morphème
mot
multilinéaire (phonologie)
nasal
néologie
nom
nombre
opposition
paraphrase
parole
parties du discours
passif
personne
phonème
phonétique
phonologie
phrase

Bibliographie

Aarsleff (Hans), *The Study of Language in England, 1780-1860,* Berkeley, Princeton Univ. Pr., 1967, 288 p.

Abercrombie (David), *Elements of General Phonetics,* Édimbourg, University Press et Chicago, Aldine, 1967, 203 p.

Abraham (Samuel) et Kiefer (Ferenc), *A Theory of Structural Semantics,* La Haye, Mouton, 1966, 98 p.

Achard (Pierre), *la Sociologie du langage,* Paris, P.U.F., « Que sais-je ? », 1993.

Adamczewski (Henri), *Grammaire linguistique de l'anglais,* Paris, A. Colin, 1982, 352 p.
le Français déchiffré. Clés du langage et des langues, Paris, A. Colin, 1991, 424 p.

Adamczewski (Henri) et Keen (D.), *Phonétique et phonologie de l'anglais contemporain,* Paris, A. Colin, 1973, 252 p.

Adelung (Johann Christoph), *Deutsche Sprachlehre,* Vienne, 1783 ; 3e éd., Berlin, 1795.
Mithridates, oder allgemeine Sprachen Kunde, mit dem « Vater unser » als Sprachprobe in beynahe fünfhundert Sprachen und Mundarten, Berlin, 1806-1807, 6 vol.

Aebli (Hans), *Über die geistige Entwicklung des Kindes,* Stuttgart, Klett, 1963.

Ajuriaguerra (Julian de) et Hécaen (Henry), *le Cortex cérébral. Étude neuro-psychopathologique,* Paris, Masson, 1949 ; nouv. éd., 1960, 459 p.

Ajuriaguerra (Julian de), Bresson (F.), Fraisse (P.), Inhelder (B.), Oléron (P.) et Piaget (J.) [éds], *Problèmes de psycholinguistique,* Paris, P.U.F., 1963, 219 p.

Ajuriaguerra (Julian de), Auzias (M.), Coumes (F.), Denner (A.) et coll., *l'Écriture de l'enfant,* Neuchâtel, Delachaux et Niestlé, 1964, 2 vol.

Akhmanova (O. S.), *Psycholinguistique. Éléments d'un cours de linguistique,* en russe, Moscou, 1957.
Dictionnaire de termes linguistiques, en russe, Moscou, 1966.

Akhmanova (O. S.), Mel'čuk (I. A.), Frumkina (R. M.) et Paduceva (E. V.), *Exact Methods in Linguistic Research,* Moscou, éd. en russe, 1961, trad. anglaise, Berkeley et Los Angeles, Univ. of California Press, 1963.

Akin (Johney) et coll. (eds.), *Language Behavior : a Book of Readings in Communication,* La Haye, Mouton, 1970, 359 p.

Alajouanine (Théophile), Ombrédane (André) et Durand (Marguerite), *le Syndrome de désagrégation phonétique dans l'aphasie,* Paris, Masson, 1939, 138 p.

Alarcos Llorach (Emilio), *Fonología española,* Madrid, 1950 ; 5e éd., 1961.

Albrecht (Erhard), *Die Beziehungen von Erkenntnisstheorie, Logik und Sprache,* Halle, Niemeyer, 1956, 152 p.
Beiträge zur Erkenntnisstheorie und das Verhältnis von Sprache und Denken, Halle, Niemeyer, 1959, 570 p.
Sprache und Erkenntnis, logisch-linguistische Analysen, Berlin, Deutscher Verlag der Wissenschaften, 1967, 328 p.

Allard (Michel), Elzière (May), Gardin (Jean-Claude) et Hours (Francis), *Analyse conceptuelle du Coran sur cartes perforées : I, Code,* 110 p. ; II, *Commentaire,* 187 p., La Haye, Mouton, 1963, 2 vol.

Allen (Robert Livingston), *The Verb System of Present-Day American English,* La Haye, Mouton, 1966, 303 p.

Allen (William Sidney), *Phonetics in Ancient India,* Londres, Oxford Univ. Pr., 1953, 96 p.
On the Linguistic Study of Languages, Cambridge, University Press, 1957.

Alleton (Viviane), *l'Écriture chinoise,* Paris, P.U.F., coll. « Que sais-je ? », 1970.

Allières (Jacques), *la Formation de la langue française,* Paris, P.U.F., coll. « Que sais-je ? », 1988.

Amacker (René), *Linguistique saussurienne,* Genève, Droz, 1975, 246 p.

Ammer (Karl), *Einführung in die Sprachwissenschaft,* Halle, Niemeyer, 1958.
Sprache, Mensch und Gesellschaft, Halle, Niemeyer, 1961.

Anderson (John M.), *The Grammar of Case. Towards a Localistic Theory,* Cambridge, University Press, 1971, 244 p.

Anderson (Wallace Ludwig) et **Stageberg** (Norman Clifford) [eds.], *Introductory Readings on Language,* New York, Holt, Rinehart and Winston, 1962 ; nouv. éd. 1966, 551 p.

Andreev (N.) [éd.], *Matériaux pour la traduction mécanique,* en russe, Leningrad, 1958.

Anscombre (J.-C.) et **Ducrot** (Oswald), *l'Argumentation dans la langue,* Liège-Paris, Éd. Mardaga, 1983.

Anshen (Ruth Nanda) [ed.], *Language. An Enquiry into its Meaning and Function,* New York, Harper, 1957, 366 p.

Antal (László), *Questions of Meaning,* La Haye, Mouton, 1963, 95 p.
Content, Meaning and Understanding, La Haye, Mouton, 1964, 61 p.

Antoine (Gérald), *la Coordination en français,* Paris, d'Artrey, 1963, 2 vol., 1411 p.

Antoine (Gérald) et **Martin** (Robert) [éds], *Histoire de la langue française : 1880-1914,* Paris, Éditions du C.N.R.S., 1985, 642 p.

Aoun (Joseph), *A Grammar of Anaphora,* Cambridge, Mass., MIT Press, 1985, 190 p.

Apostel (Léo), **Mandelbrot** (Benoît) et **Morf** (Albert), *Logique, langage et théorie de l'information,* Paris, P.U.F., 1957, 216 p.

Apresjan (J. D.), *Recherche expérimentale sur la sémantique du verbe russe,* en russe, Moscou, 1967.
Éléments sur les idées et les méthodes de la linguistique structurale contemporaine, trad. du russe, Dunod, 1973, 392 p.

Arcaini (Enrico), *Principi di linguistica applicata,* Bologne, Il Mulino, 1967 ; trad. fr. *Principes de linguistique appliquée,* Paris, Payot, 1972, 302 p.

Arens (Hans), *Sprachwissenschaft : der Gang ihrer Entwicklung von der Antike bis zur Gegenwart,* Fribourg et Munich, K. Albert, 1955, 567 p.

Armstrong (Lilias Eveline) et **Ward** (Ida Caroline), *Handbook of English Intonation,* Leipzig et Berlin, B. G. Teubner, 1926, 124 p.

Arnauld (Antoine) et **Lancelot** (Claude), *Grammaire générale et raisonnée,* Paris, 1660 ; rééd. Republications Paulet, 1969, 157 p.

Arrivé (Michel) et **Chevalier** (Jean-Claude), *la Grammaire,* Paris, Klincksieck, 1970, 321 p.

Arrivé (Michel), **Gadet** (Françoise) et **Galmiche** (Michel), *la Grammaire d'aujourd'hui,* Paris, Flammarion, 1986, 720 p.

Ascoli (Graziadio Isaïa), *Lezioni di fonologia comparata del sanscrito, del greco e del latino,* Turin et Florence, Loescher, 1870.

Assirelli (Oddone), *La dottrina monogenistica di Alfredo Trombetti, sua genesi, suo svolgimento, sua ultima meta,* Faenza, Stab. grafica Fili Lega, 1962, 397 p.

Atkinson (Martin), **Kilby** (David) et **Roca** (Iggy), *Foundations of General Linguistics,* Londres, Allen and Unwin, 1982, 388 p.

Auroux (Sylvain) et coll., *Matériaux pour une histoire des théories linguistiques,* Université de Lille, 1984, 684 p.
Histoire des idées linguistiques, Bruxelles, éd. Mardaga, 1990-1992, 2 vol., 510 p. et 683 p.

Austin (John Langshaw), *Philosophical Papers,* Oxford, Clarendon Pr., 1961.
Sense and Sensibilia, Oxford, Clarendon Pr., 1962 ; trad. fr. *le Langage de la perception,* Paris, A. Colin, 1971, 176 p.
How to do Things with Words, Cambridge, Mass., Harvard Univ. Pr., 1962 ; trad. fr. *Quand dire, c'est faire,* Paris, Le Seuil, 1970, 186 p.

Austin (William M.) [ed.], *Papers in Linguistics in Honor of Leon Dostert,* La Haye, Mouton, 1967, 180 p.

Ayer (Alfred Jules), *Language, Truth and Logic,* Londres, Gollancz, 1936 ; 2e éd., 1958, 254 p.
Philosophy and Language, Oxford, Clarendon Pr., 1960, 35 p.
The Problem of Knowledge, Baltimore, Md, Penguin Books, 1964.

Bach (Adolf), *Deutsche Mundartforschung : Ihre Wege, Ergebnisse und Aufgaben,* Heidelberg, Carl Winter, 1934 ; 2e éd., 1950, 179 p.
Geschichte der deutschen Sprache, Leipzig, Teubner, 1938, 240 p.

Bach (Emmon), *An Introduction to Transformational Grammars,* New York, Holt, Rinehart and Winston, 1964, 205 p. ; trad. fr. *Introduction aux grammaires transformationnelles,* A. Colin, 1973, 224 p.

Bach (Emmon) et Harms (Robert T.) [eds.], *Universals in Linguistic Theory,* New York, Holt, Rinehart and Winston, 1968, 210 p.

Bachman (Christian), Lindenfeld (Jacqueline) et Simonin (Jacky), *Langage et communications sociales,* Paris, Hatier, 1981, 224 p.

Bailey (Richard W.) et Burton (Dolores M.), *English Stylistics : a Bibliography,* Cambridge, Mass., MIT Press, 1968, 198 p.

Baker (C. L.) et McCarthy (J. J.) [eds.], *The Logical Problem of Language Acquisition,* Cambridge, Mass., MIT Press, 1981, 358 p.

Bakhtine (Mikhail), *le Marxisme et la philosophie du langage,* Paris, Éd. de Minuit, 1977, 232 p.

Baldinger (Kurt), *Die Semasiologie, Versuch eines Überblicks,* Berlin, Akademie Verlag, 1957, 40 p.

Balibar (Renée), *les Français fictifs,* Paris, Hachette, 1974, 295 p.
l'Institution du français, Paris, P.U.F., 1985, 422 p.

Balibar (Renée) et Laporte (Dominique), *le Français national,* Paris, Hachette, 1974, 280 p.

Bally (Charles), *Traité de stylistique française,* Paris, Klincksieck, 1909 ; 2e éd., 1919.
le Langage et la vie, Genève, Atar, 1913 ; 3e éd., 1952, 237 p.
Linguistique générale et linguistique française, Paris, E. Leroux, 1932 ; 4e éd. Berne, A. Francke, 1965, 440 p.

Balpe (J.-P.), *Initiation à la génération de textes en langue naturelle,* Paris, Eyrolles, 1986.

Baltin (Mark R.) et Kroch (Anthony S.) [eds.], *Alternative Constructions of Phrase Structure,* Chicago et Londres, University of Chicago Press, 1989, 316 p.

Bange (P.) et coll., *Logique, argumentation, conversation,* Berne, Peter Lang, 1983.

Baratin (Marc), *la Naissance de la syntaxe à Rome,* Paris, Éd. de Minuit, 1989, 544 p.

Baratin (Marc) et Desbordes (Françoise), *l'Analyse linguistique dans l'Antiquité classique,* Paris, Klincksieck, 1981, 270 p.

Bar-Hillel (Yehoshua), *Language and Information, Selected Essays on their Theory and Application,* Jérusalem et Reading, Mass., Addison-Wesley, 1954 ; nouv. éd., 1964, 388 p.
Four Lectures on Algebraic Linguistics and Machine Translation, Jérusalem, 1963.
Pragmatics of Natural Languages, Dordrecht, D. Reidel, 1971, 231 p.

Barr (James), *Sémantique du langage biblique,* Paris, coéd. Aubier-Montaigne, Le Cerf, Delachaux et Niestlé, Desclée De Brouwer, 1971, 372 p.

Barthes (Roland), *le Degré zéro de l'écriture,* Paris, Le Seuil, 1953.
Essais critiques, Paris, Le Seuil, 1964-1993, 4 vol.
Système de la mode, Paris, Le Seuil, 1967, 302 p.

Bartoli (Matteo), *Saggi di linguistica spaziale,* Turin, V. Bona, 1945, 306 p.

Barwick (Karl), *Probleme der stoischen Sprachlehre und Rhetorik,* Berlin, Akademie Verlag, 1957, 111 p.

Bastide (Roger) [éd.], *Sens et usage du terme structure dans les sciences humaines et sociales,* La Haye, Mouton, 1962, 165 p.

Bastuji-Dervillez (Jacqueline), *Structure des relations spatiales dans quelques langues naturelles,* Genève, Droz, 1982, 464 p.

Baudouin de Courtenay (Jan I.), *Versuch einer Theorie phonetischer Alternationen,* Strasbourg, Trübner, 1895, 124 p.

Baylon (Christian) et Fabre (Paul), *les Noms de lieux et de personnes,* Paris, Nathan, 1982, 278 p.

Bazell (Charles Ernest), *Linguistic Form,* Istanbul, 1953.
Linguistic Typology (Inaugural Lectures), Londres, School of Oriental and African Studies, 1958.

Bazell (Charles Ernest), Catford (J. C.), Halliday (M. A. K.) et Robins (R. H.) [eds.], *In Memory of J. R. Firth,* Londres, Longmans, 1966, 500 p.

Beaulieux (Charles), *Histoire de l'orthographe française,* Paris, Champion, 1967, 2 vol., 367 p. et 134 p.

Beauzée (Nicolas), *Grammaire générale ou Exposition raisonnée des éléments nécessaires du langage pour servir de fondement à l'étude de toutes les langues,* Paris, 1767.

Béchade (Hervé-D.), *Syntaxe du français moderne et contemporain,* Paris, P.U.F., 1986, 336 p.
Phonétique et morphologie du français moderne et contemporain, Paris, P.U.F., 1992, 304 p.

Bechert (Johannes), Clément (Danièle), Thümmel (Wolf) et Wagner (Karl Heinz), *Einführung in die generative Transformationsgrammatik. Ein Lehrbuch,* Munich, Hueber, 1970.

Bédard (Édith) et Maurais (Jacques) [éds], *la Norme linguistique,* Québec, Conseil de la langue française et Paris, Le Robert, 1983, 850 p.

Belevitch (Vitold), *Langage des machines et langage humain,* Bruxelles, Office de publicité, 1956, 121 p.

Bellugi (Ursula) et Brown (Roger) [eds.], *The Acquisition of Language. Report of the Fourth Conference Sponsored by the Committee on Intellective Processes Research of the Social Science Research Council,* Lafayette, Indiana, Purdue University, 1964, 191 p.

Belyaev (Boris Vasilievitch), *The Psychology of Teaching Foreign Languages,* traduit du russe, Oxford, Pergamon Pr., 1963.

Bendix (Edward Herman), *Componential Analysis of General Vocabulary : The Semantic Structure of a Set of Verbs in English, Hindi and Japanese,* Bloomington, Indiana University Press et La Haye, Mouton, 1966 ; traduit en partie dans *Langages,* n° 20, Paris, Larousse, déc. 1970, « Analyse componentielle du vocabulaire général », pp. 101-125.

Bense (Max), *Semiotik. Allgemeine Theorie der Zeichen,* Baden-Baden, Agis Verlag, 1967, 79 p.

Benveniste (Émile), *Origines de la formation des noms en indo-européen.* Paris, A. Maisonneuve, 1935, 224 p.
Noms d'agent et noms d'actions en indo-européen, Paris, Klincksieck, 1948, 175 p.
Hittite et indo-européen, Paris, A. Maisonneuve, 1962, 141 p.
Problèmes de linguistique générale, Paris, Gallimard, 1966-1974, 2 vol.
le Vocabulaire des institutions indo-européennes, Paris, Éd. de Minuit, 1969-1970, 2 vol.

Bernstein (Basil), *Class, Codes and Control,* Londres, Routledge and Kegan, 1971-1974, 3 vol. ; trad. fr. (partielle), *Langage et classes sociales,* Paris, Éd. de Minuit, 1975, 352 p.

Berrendonner (Alain), *Cours critique de grammaire générative,* Lyon, Presses universitaires de Lyon, 1983.
Éléments de pragmatique linguistique, Paris, Éd. de Minuit, 1981, 256 p.

Bertoldi (Vittorio), *Glottologia. Principi, problemi, metodi,* Naples, Stab. Tip. editoriale, 1942, 160 p.
Il linguagio umano nella sua essenza universale e nella storicità dei suoi aspetti, Naples, Libreria ed. Liguori, 1949, 189 p.
La storicità dei fatti di lingua, Naples, Libreria ed. Liguori, 1951, 143 p.

Bertoni (Giulio), *Storia della lingua italiana,* Rome, Castellani, 1934, 144 p.
Lingua e cultura, Florence, Olschki, 1939, 302 p.

Bertschinger (Max), *To Want : an Essay in Semantics,* Berne, A. Francke, 1941, 242 p.

Berwick (Robert C.) et Weinberg (Amy S.), *The Grammatical Basis of Linguistic Performance : Language Use and Acquisition,* Cambridge, Mass., MIT Press, 1984, 326 p.

Beth (W. Evert), *Formal Methods, an Introduction to Symbolic Logic and to the Study of Effective Operations in Arithmetic and Logic,* Dordrecht, D. Reidel, 1962, 170 p.

Biardeau (Madeleine), *Théorie de la connaissance et philosophie de la parole dans le brahmanisme classique,* La Haye, Mouton, 1964, 486 p.

Bibliographie linguistique des années 1939-1947, Utrecht et Anvers, Spectrum, 1949, 2 vol.

Bibliographie linguistique, 1948-1967, Utrecht et Anvers, Spectrum, 20 vol. parus.

Bierwisch (Manfred), *Modern Linguistics. Its Development, Methods and Problems,* trad. de l'allemand, La Haye, Mouton, 1971, 105 p.

Bierwisch (Manfred) et Heidolph (Karl Erich) [eds.], *Progress in Linguistics,* La Haye, Mouton, 1970, 334 p.

Black (Max), *Language and Philosophy. Studies in Method,* Ithaca, N. Y., Cornell University Press, 1949.
Models and Metaphors : Studies in Language and Philosophy, Ithaca, N. Y., Cornell University Press, 1962.

Blanché (Robert), *Raison et discours. Défense de la logique réflexive,* Paris, Vrin, 1967, 276 p.

Blanche-Benveniste (Claire) [éd.], *le Français parlé,* Paris, Éd. du C.N.R.S., 1990, 292 p.

Blanche-Benveniste (Claire) et Chervel (André), *l'Orthographe,* Paris, Maspero, 1969, 238 p.

Blinkenberg (Andreas), *l'Ordre des mots en français moderne,* Copenhague, Det kgl Danske Videnskabernes Selskabs historisk — filologiske Meddelelser XVII, 1 et XX, 1, 1928-1933, 2 vol.
le Problème de la transitivité en français moderne, Copenhague, Munksgaard, 1960, 366 p.

Bloch (Bernard) et Trager (George L.), *Outline of Linguistic Analysis,* Baltimore, Waverly Press, 1942.

Bloch (Oscar) et Wartburg (Walther von), *Dictionnaire étymologique de la langue française,* Paris, P.U.F., 1949 ; 4e éd., 1964, 720 p.

Blok (D. P.) [ed.], *Proceedings of the Eighth Conference of Onomastic Sciences, Amsterdam 1963,* La Haye, Mouton, 1966, 677 p.

Bloomfield (Leonard), *Introduction to the Study of Language,* New York, Holt, 1914.
Language, New York, Holt, Rinehart and Winston, 1933, et Londres, Allen and Unwin, 1935 ; nouv. éd. Londres, Allen and Unwin, 1965, 566 p. ; trad. fr. *le Langage,* Paris, Payot, 1970, 525 p.
Linguistic Aspects of Science, Chicago, University Press, 1939, 59 p.
A Leonard Bloomfield Anthology, éd. par Ch. F. Hockett, Bloomington et Londres, Indiana University Press, 1970, 553 p.

Boas (Franz), *Race, Language and Culture,* New York, Macmillan, 1940, 647 p.

(ed.) *Handbook of American Indian Languages,* Washington, D. C., Bureau of American Ethnology, Smithsonian Institution, t. I, 1911, t. II, 1922.

Bobon (J.), *Introduction historique à l'étude des néologismes et des glossolalies en psychopathologie,* Paris, Masson, 1952, 342 p.

Bochenski (Innocent Marie Joseph), *Formale Logik,* Fribourg et Munich, Karl Alber, 1956, 639 p.

Bolelli (Tristano), *Per una storia della ricerca linguistica,* Naples, 1965.

Bolinger (Dwight), *Aspects of Language,* New York, Harcourt, Brace and World, 1968, 326 p.

Bonnard (Henri), *Code du français courant,* Paris, Magnard, 1981, 336 p.

Boons (Jean-Paul), Guillet (Alain), Leclère (Christian), *la Structure des phrases simples en français. Constructions intransitives,* Genève, Droz, 1976, 377 p.

Booth (Wayne C.), *The Rhetoric of Fiction,* Chicago, University Press, 1961.

Bopp (Franz), *Über das Konjugationsystem der Sanskritsprache in Vergleichung mit jenem der griechischen, lateinischen, persischen und germanischen Sprache,* Iéna, 1816.
Vergleichende Zergliederung des Sanskrits und der mit ihm verwandten Sprachen, Iéna, 1824.
Vergleichende Grammatik, des Sanskrits, Zend, Griechischen, Lateinischen, Gothischen und Deutschen, Berlin, 1833 ; 2e éd., 1857-1860, 2 vol. ; trad. fr. par Michel Bréal, *Grammaire comparée des langues indoeuropéennes comprenant le sanscrit, le zend, l'arménien, le grec, le latin, le lithuanien, l'ancien slave, le gothique et l'allemand,* Paris, Impr. impériale et impr. nationale, 1866-1874 ; nouv. éd. 1885-1889, 5 vol.

Borer (Hagit), *Parametric Syntax,* Dordrecht, Foris Publications, 1984, 260 p.

Borst (Arno), *Der Turmbau von Babel,* Stüttgart, Hiersemann, 1957-1964, 4 vol.

Botha (Rudolf P.), *The Function of the Lexicon in Transformational Generative Grammar,* La Haye, Mouton, 1968, 272 p.
The Methodological Status of Grammatical Argumentation, La Haye, Mouton, 1970, 70 p.
Methodological Aspects of Transformational Generative Phonology, La Haye, Mouton, 1971, 266 p.
The Conduct of Linguistic Inquiry : A systematic introduction to the methodology of generative grammar, La Haye, Mouton, 1981, 462 p.

Bouhours (R. P. Dominique), *les Entretiens d'Ariste et d'Eugène,* Paris, 1671.

Bourciez (Édouard), *Éléments de linguistique romane,* Paris, Klincksieck, 1910 ; 5e éd. revue par l'auteur et Jean Bourciez, 1967, 783 p.

Bourdieu (Pierre), *Ce que parler veut dire. L'Économie des changements linguistiques,* Paris, Fayard, 1982, 244 p.

Bouton (Charles P.), *le Développement du langage chez l'enfant, aspects normaux et pathologiques,* Paris, Masson, 1976.
la Linguistique appliquée, Paris, P.U.F., « Que sais-je ? », 1979.
Discours physique du langage, Paris, Klincksieck, 1984, 234 p.
la Neurolinguistique, Paris, P.U.F., « Que sais-je ? », 1985.

Bouveresse (Jacques), *la Parole malheureuse. De l'alchimie linguistique à la grammaire philosophique,* Paris, Éd. de Minuit, 1971, 476 p.
Wittgenstein : la rime et la raison, Paris, Éd. de Minuit, 1973, 240 p.

Bowers (J. S.), *The Theory of Grammatical Relations,* Ithaca, Cornell University Press, 1981, 288 p.

Brady (Michael) et Berwick (Robert C) [eds.], *Computational Models of Discourse,* Cambridge, Mass., MIT Press, 1983, 404 p.

Brain (Walter Russel), *Speech Disorders. Aphasia, Apraxia and Agnosia,* Londres, Butterworth, 1961 ; 2e éd., 1965, 184 p.

Bréal (Michel), *Mélanges de mythologie et de linguistique,* Paris, Hachette, 1877 ; rééd. 1978.

Essai de sémantique (science des significations), Paris, Hachette, 1897 ; 4e éd., 1908, 372 p.
Brekle (Herbert Ernst), *Generative Satzsemantik und transformationelle Syntax im System der englischen Nominalkomposition,* Munich, Fink, 1970, 221 p.
Semantik, Munich, Fink, 1972 ; trad. fr. *Sémantique,* Paris, A. Colin, 1974, 110 p.
Brekle (Herbert Ernst) et Lipka (Leonhard), *Wortbildung, Syntax und Morphologie : Festschrift zum 60. Geburtstag von Hans Marchand,* La Haye, Mouton, 1968, 368 p.
Bresson (François), Jodelet (François) et Mialaret (Gaston), *Langage, communication et décision,* t. VIII du *Traité de psychologie expérimentale,* sous la dir. de P. Fraisse et J. Piaget, Paris, P.U.F., 1965, 308 p.
Breton (Roland), *Géographie des langues,* Paris, P.U.F., « Que sais-je ? », 1976.
Brichler-Labaeye (Catherine), *les Voyelles françaises. Mouvements et positions articulatoires à la lumière de la radiocinématographie,* Paris, Klincksieck, 1970, 258 p.
Briere (Eugene John), *A Psycholinguistic Study of Phonological Interference,* La Haye, Mouton, 1968, 84 p.
Bright (William) [ed.], *Sociolinguistics : Papers of the UCLA Conference on Sociolinguistics,* La Haye, Mouton, 1966, 324 p.
Broadbent (Donald Eric), *Perception and Communication,* Oxford, Pergamon, 1958, 338 p.
Bronckart (Jean-Paul), *Théories du langage, une introduction critique,* Bruxelles, Dessart et Mardaga, 1977, 362 p.
Bronckart (Jean-Paul) et al., *le Fonctionnement des discours,* Paris, Delachaux et Niestlé, 1985.
Bronckart (Jean-Paul), Kail (Michèle) et Noizet (Georges), *Psycholinguistique de l'enfant,* Paris, Delachaux et Niestlé, 1983, 294 p.
Brøndal (Viggo), *le Système de la grammaire,* Copenhague, Munksgaard, 1930.
le Français, langue abstraite, Copenhague, Munksgaard, 1936.
Essais de linguistique générale, Copenhague, Munksgaard, 1943.
les Parties du discours, Copenhague, Munksgaard, 1948.
Substrat et emprunt en roman et en germanique. Étude sur l'histoire des sons et des mots, Copenhague et Bucarest, 1948.
Théorie des prépositions, introduction à une sémantique rationnelle, Copenhague, Munksgaard, 1950.
Brower (Reuben A.) [ed.], *On Translation,* Cambridge, Mass., Harvard University Press, 1959, 306 p.
Brown (Roger Langham), *Wilhelm von Humboldt's Conception of Linguistic Relativity,* La Haye, Mouton, 1967, 132 p.
Brown (Roger W.), *Words and Things,* Glencoe, Illinois, Free Press, 1958.
Brucker (Charles), *l'Étymologie,* Paris, P.U.F., « Que sais-je ? », 1988.
Brugmann (Karl Friedrich), *Zum heutigen Stand der Sprachwissenschaft,* Berlin, 1885.
Kurze vergleichende Grammatik der indogermanischen Sprachen auf Grund der « Grundriss der vergleichenden Grammatik der indogermanischen Sprachen von K. Brugmann und B. Delbrück », Strasbourg, Trübner, 1904, 777 p. ; trad. fr. sous la direction d'A. Meillet et R. Gauthiot, *Abrégé de grammaire comparée des langues indo-européennes,* Paris, Klincksieck, 1905, 856 p.
Brugmann (Karl Friedrich) et Delbrück (Berthold), *Grundriss der indogermanischen Sprachen,* Strasbourg, Trübner, 1886-1900, 7 vol.
Brugmann (Karl Friedrich) et Osthoff (Hermann), *Morphologische Untersuchungen,* Leipzig, 1890.
Bruner (Jerome S.), Goodnow (J. J.) et Austin (George A.), *A Study of Thinking,* New York, Wiley, 1956.
Brunot (Ferdinand), *la Doctrine de Malherbe d'après son Commentaire sur Desportes,* Paris, Picard, 1891 ; rééd., Paris, A. Colin, 1969.

Histoire de la langue française des origines à 1900, Paris, A. Colin, 1905-1937, 10 tomes.
la Pensée et la Langue, Paris, Masson, 1922 ; 3e éd., 1936.

Buchanan (Cynthia Dee), *A Programed Introduction to Linguistics : Phonetics and Phonemics,* Boston, Heath, 1963, 270 p.

Bühler (Karl), *Sprachtheorie. Die Darstellungsfunktion der Sprache,* Iéna, 1934 ; 2e éd., Stuttgart, 1965.

Bull (William E.), *Time, Tense and the Verb,* Berkeley et Los Angeles, University of California Press, 1963 ; nouv. éd., 1968, 120 p.

Büntig (Karl Dieter), *Einführung in die Linguistik,* Francfort, Athenäum, 1971.

Bureau (Conrad), *Linguistique fonctionnelle et stylistique objective,* Paris, P.U.F., 1976, 264 p.

Burney (Pierre), *l'Orthographe,* Paris, P.U.F., « Que sais-je ? », 1959.
les Langues internationales, Paris, P.U.F., « Que sais-je ? », 1961.

Burt (Maria K.), *From Deep to Surface Structure,* New York, Harper and Row, 1972, 200 p.

Buszkowski (Wojciech), Marciszewski (Witold) et Van Benthem (Johan) [eds.], *Categorial Grammar,* Amsterdam et Philadelphia, John Benjamins Publishing Company, 1988, 366 p.

Buyssens (Éric), *les Langages et le discours. Essai de linguistique fonctionnelle dans le cadre de la sémiologie,* Bruxelles, Office de publicité, 1943, 98 p.
Vérité et langue. Langue et pensée, Bruxelles, Institut de sociologie, 1960, 52 p.
Linguistique historique, Paris, P.U.F., 1965, 158 p.
la Communication et l'articulation linguistique, Paris, P.U.F., 1967, 176 p.
les Deux Aspectifs de la conjugaison anglaise au XXe *siècle,* Paris, P.U.F., 1968, 328 p.

Calame-Griaule (Geneviève), *Ethnologie et Langage. La Parole chez les Dogon,* Paris, Gallimard, 1965, 589 p.

Calvet (Louis-Jean), *Linguistique et colonialisme,* Paris, Payot, 1974, 236 p.
Pour et contre Saussure, Paris, Payot, 1975, 152 p.
la Production révolutionnaire, Paris, Payot, 1976, 202 p.
Marxisme et linguistique, Paris, Payot, 1977, 196 p.
les Langues véhiculaires, Paris, P.U.F., « Que sais-je ? », 1981.
l'Europe et ses langues, Paris, Plon, 1993, 230 p.
Histoires de mots, Paris, Payot, 1993, 218 p.

Camproux (Charles), *les Langues romanes,* Paris, P.U.F., coll. « Que sais-je ? », 1974.

Cantineau (Jean), *Études de linguistique arabe,* Paris, Klincksieck, 1960, 312 p.

Capell (Arthur), *Studies in Sociolinguistics,* Mouton, La Haye, 1966, 167 p.

Carnap (Rudolf), *Der logische Aufbau der Welt,* Berlin, 1928, 290 p. ; 2e éd. en anglais, *The Logical Structure of the World* et *Pseudoproblems in Philosophy,* Los Angeles, Univ. of California Pr., 1961 ; nouv. éd., Londres, Routledge and Kegan, 1967, 364 p.
Philosophy and Logical Syntax, Londres, Kegan Paul, 1935, 100 p.
Logische Syntax der Sprache, Vienne, 1934, 274 p. ; trad. anglaise, *The Logical Syntax of Language,* Londres, Routledge and Kegan, 1937, 352 p.
Introduction to Semantics (1942), 259 p., et *Formalization of Logic* (1943), 159 p., Cambridge, Mass., Harvard University Press, 1958.
Meaning and Necessity, A Study in Semantics and Modal Logic, Chicago, University of Chicago Press, 1946 ; 4e éd., 1964, 258 p.
Logical Foundations of Probability, Chicago, University of Chicago Press, 1950 ; 2e éd., 1962, 613 p.

Carnochan (J.), Crystal (D.) et coll., *Word Classes,* Amsterdam, North-Holland, 1967, 261 p.

Carnoy (Albert), *les Indo-Européens : préhistoire des langues, des mœurs et des croyances de l'Europe,* Bruxelles, Vromant, 1921, 256 p.

la Science du mot, traité de sémantique, Louvain, Universitas, 1927, 428 p.
Carré (René) [éd.], *Langage humain et machine,* Paris, Éd. du C.N.R.S., 1991.
Carroll (John B.), *The Study of Language. A Survey of Linguistics and Related Disciplines in America,* Cambridge, Mass., Harvard University Press, 1953, 289 p.
Language and Thought, Englewood Cliffs, New Jersey, Prentice-Hall, 1964.
Cassirer (Ernst), *Philosophie der symbolischen Formen,* t. I, *Die Sprache,* Berlin, 1923 ; trad. fr. *la Philosophie des formes symboliques,* t. I, *le Langage,* Paris, Éd. de Minuit, 1992, 360 p.
Catach (Nina), *l'Orthographe française à l'époque de la Renaissance,* Genève, Droz et Paris, Minard, 1968, 496 p.
l'Orthographe française. Traité théorique et pratique, Paris, Nathan, 1980, 334 p.
l'Orthographe en débat. Dossiers pour un changement, Paris, Nathan, 1991.
Catach (Nina), Golfand (Jeanne) et Denux (Roger), *Orthographe et lexicographie,* Paris, Didier, 1972, 2 vol.
Catford (John Cunnison), *A Linguistic Theory of Translation,* Londres, Oxford University Press, 1965, 103 p.
Caton (Charles E.) [ed.], *Philosophy and Ordinary Language,* Urbana, Illinois, University Press, 1963.
Cavaciuti (Santino), *La teoria linguistica di Benedetto Croce,* Milan, 1959, 192 p.
Cellard (Jacques) et Rey (Alain), *Dictionnaire du français non conventionnel,* Paris, Hachette, 1990, 894 p.
Centre d'études du lexique, *la Définition,* Paris, Larousse, 1990, 304 p.
Cerquiglini (Bernard), *la Parole médiévale,* Paris, Éd. de Minuit, 1981, 256 p.
Éloge de la variante, Paris, Éd. du Seuil, 1989.
Certeau (Michel de), et coll., *Une politique de la langue. La Révolution française et les patois,* Paris, Gallimard, 1975, 320 p.
Cervoni (Jean), *l'Énonciation,* Paris, P.U.F., 1987, 128 p.
Chakravarti (Prabhata-Chandra), *The Linguistic Speculation of the Hindus,* Calcutta, University Press, 1933, 496 p.
Chambers (W. Walker) et Wilkie (John R.), *A Short History of the German Language,* Londres, Methuen, 1970.
Chao (Yuen Ren), *Cantonese Primer,* Cambridge, Mass., Harvard University Press, 1947, 242 p.
Mandarin Primer, Cambridge, Mass., Harvard University Press, 1948, 336 p.
Language and Symbolic Systems, Cambridge, University Press, 1968, 240 p.
Chappell (Vere C.) [ed.], *Ordinary Language. Essays in Philosophical Method,* Englewood Cliffs, N. J., Prentice-Hall, 1964.
Charaudeau (Patrick), *Langage et discours,* Paris, Hachette, 1983.
Grammaire du sens et de l'expression, Paris, Hachette, 1992, 928 p.
Chatman (Seymour) et Levin (Samuel R.) [eds.], *Essays in the Language of Literature,* Boston, Houghton Mifflin Co., 1967.
Chaudenson (Robert), *les Créoles français,* Paris, Nathan, 1979, 174 p.
Chaoumian (Sebastian K.), *Problèmes de phonologie théorique,* en russe, Moscou, 1962 ; trad. angl., *Problems of Theorical Phonology,* La Haye, Mouton, 1968, 224 p.
Linguistique structurale, en russe, Moscou, 1965 ; trad. angl., *Principles of Structural Linguistics,* La Haye, Mouton, 1971, 359 p.
Applicational Grammar as a Semantic Theory of Natural Language, Chicago, Chicago University Press, 1977.
A Semiotic Theory of Natural Language, Bloomington, Indiana University Press, 1987.
Chaoumian (Sebastian K.) et Soboleva (P. A.), *Modèles d'application génératifs et dénombrements des transformations en russe,* en russe, Moscou, 1963.

Fondements de la grammaire générative de la langue russe, en russe, Moscou, Nauka, 1968.

Chaurand (Jacques), *Histoire de la langue française,* Paris, P.U.F., « Que sais-je ? », 1969.

Cherry (Colin), *On Human Communication. A Review, a Survey and a Criticism,* Cambridge, Mass., MIT Press, 1957 ; 2e éd., 1966, 337 p.
Information Theory, Londres, Batterworths, 1961.

Chevalier (Jean-Claude), *Histoire de la syntaxe. Naissance de la notion de complément dans la grammaire française (1530-1750),* Genève, Droz, 1968, 776 p.
« Alcools » d'Apollinaire. Essai d'analyse des formes poétiques, Genève, Droz et Paris, Minard, 1970, 280 p.
(éd.), *Grammaire transformationnelle : syntaxe et lexique,* Université de Lille, 1976, 265 p.

Chevalier (Jean-Claude), Arrivé (Michel), Blanche-Benveniste (Claire) et Peytard (Jean), *Grammaire Larousse du français contemporain,* Paris, Larousse, 1964, 495 p.

Chevalier (Jean-Claude) et Gross (Maurice), *Méthodes en grammaire française. Initiation à la linguistique,* Paris, Klincksieck, 1976, 226 p.

Chiss (Jean-Louis), Filliolet (Jacques), Mainguenau (Dominique), *Initiation à la problématique structurale,* tome 1, Paris, Hachette, 1977, 160 p. ; tome 2, Paris, Hachette 1978, 168 p.

Chomsky (Caroll), *The Acquisition of Syntax in Children from 5 to 10,* Cambridge, Mass., MIT Press, 1970.

Chomsky (Noam), *Syntactic Structures,* La Haye, Mouton, 1957 ; 8e impr., 1969, 118 p. ; trad. fr. *Structures syntaxiques,* Paris, Le Seuil, 1969, 141 p.
Current Issues in Linguistic Theory, La Haye, Mouton, 1964 ; 4e éd., 1969, 119 p.
Aspects of the Theory of Syntax, Cambridge, Mass., MIT Press, 1965, 251 p. ; trad. fr. *Aspects de la théorie syntaxique,* Paris, Le Seuil, 1971, 284 p.
Topics in the Theory of Generative Grammar, La Haye, Mouton, 1966, 95 p. ; 2e éd., 1969.
Cartesian Linguistics. A Chapter in the History of Rationalist Thought, New York, Harper and Row, 1966 ; trad. fr. *la Linguistique cartésienne,* suivie de *la Nature formelle du langage,* Le Seuil, 1969.
Language and Mind, New York, Harcourt, Brace and World, 1968, 88 p., nouv. éd., 1972, 224 p. ; trad. fr. *le Langage et la pensée,* Paris, Payot, 1970, 145 p.
Studies on Semantics in Generative Grammar, La Haye, Mouton, 1972, 207 p. ; trad. fr. par B. Cerquiglini, *Questions de sémantique,* Paris, Éd. du Seuil, 1975, 231 p.
Essays on Form and Interpretation, New York, North-Holland, 1977.
Reflections on Language, New York, Pantheon Books, Random House, 1975 ; trad. fr. *Réflexions sur le langage,* par Judith Milner, Béatrice Vautherin et Pierre Fiala, Paris, F. Maspero, 1977, 285 p.
Some Concepts and Consequences of a Theory of Government and Binding, Cambridge, MIT Press, 1982 ; trad. fr. *la Nouvelle Syntaxe,* Éd. du Seuil, 1987.
Knowledge of Language : Its Nature, Origin and Use, New York, Preager, 1986.
Barriers, Cambridge, MIT Press, 1986.

Chomsky (Noam) et Halle (Morris), *The Sound Pattern of English,* New York, Harper and Row, 1969, 470 p. ; trad. fr. (partielle) *Principes de phonologie générative,* Le Seuil, 1973.

Chomsky (Noam) et Miller (George A.), *l'Analyse formelle des langues naturelles* (trad. des chap. XI et XII du vol. II du *Handbook of Mathematical Psychology,* sous la dir. de D. R. Luce, New York, Wiley, 1963), Paris, Gauthier-Villars et Mouton, 1968, 174 p.

Chtcherba (Lev Vladimirovitch), *les Voyelles russes du point de vue qualitatif et quantitatif,* en russe, Moscou, 1912.
Phonétique française, en russe, Moscou, 1937.

Church (Alonzo), *Introduction to Mathematical Logic,* vol. I, Princeton, University Press, 1956, 378 p.
Claret (Jacques), *le Choix des mots,* Paris, P.U.F., « Que sais-je ? », 1976.
Clédat (Léon), *Grammaire raisonnée de la langue française,* Paris, Le Soudier, 1894.
Manuel de phonétique et de morphologie historique du français, Paris, Hachette, 1917, 288 p.
Clément (Danièle), *Élaboration d'une syntaxe de l'allemand,* Francfort, Peter Lang, 1982.
Cocchiara (Giuseppe), *Il linguaggio del gesto,* Turin, Bocca, 1932, 131 p.
Cofer (Charles N.) et Musgrave (Barbara S.) [eds.], *Verbal Behavior and Learning : Problems and Processes Proceedings of the Second Conference Sponsored by the Office of Naval Research and New York University,* New York, McGraw-Hill, 1963, 397 p.
Cohen (David) [éd.], *Mélanges Marcel Cohen,* La Haye, Mouton, 1970, 461 p.
l'Aspect verbal, Paris, P.U.F., 1989.
Cohen (Jean), *Structure du langage poétique,* Paris, Flammarion, 1966, 231 p.
Cohen (Jonathan L.), *The Diversity of Meaning,* Londres, Methuen, 1962 ; 2e éd., 1966.
The Implications of Induction, Londres, Methuen, 1970.
Cohen (Marcel), *Histoire d'une langue : le français (des lointaines origines à nos jours),* Paris, Hier et Aujourd'hui, 1947 ; 3e éd., Paris, Éditions sociales, 1967, 513 p.
Linguistique et matérialisme dialectique, Gap, Ophrys, 1948, 20 p.
Regards sur la langue française, Paris, SEDES, 1950, 142 p.
le Langage : structure et évolution, Paris, Éditions sociales, 1950, 144 p.
l'Écriture, Paris, Éditions sociales, 1953, 131 p.
Grammaire et style, Paris, Éditions sociales, 1954, 240 p.
Cinquante Années de recherches, Paris, Imprimerie nationale et Klincksieck, 1955, 388 p.
Pour une sociologie du langage, Paris, Albin Michel, 1956, 396 p.
Notes de méthode pour l'histoire du français, Moscou, Éditions en langues étrangères, 1958, 100 p.
la Grande Invention de l'écriture et son évolution, Paris, Imprimerie nationale, 1959, 3 vol.
Nouveaux Regards sur la langue française, Paris, Éditions sociales, 1963, 320 p.
le Subjonctif en français contemporain, Paris, SEDES, 1965, 226 p.
Encore des regards sur la langue française, Paris, Éditions sociales, 1966, 310 p.
Cole (Peter) [ed.], *Syntax and Semantics, Pragmatics,* New York, Academic Press, 1978, 340 p.
Colin (Jean-Paul), Mével (Jean-Pierre), Leclère (Christian), *Dictionnaire de l'argot,* Paris, Larousse, 1990, 763 p.
Collart (Jean), *Varron, grammairien latin,* Paris, Les Belles Lettres, 1954, 378 p.
Comrie (B.), *Language Universals and Language Typology,* Londres, Blackwell, 1981.
Condon (John Carl), *Semantics and Communication,* New York, Macmillan, 1966, 115 p.
Conseil de l'Europe, *les Théories linguistiques et leurs applications,* Paris, A.I.D.E.L.A. et Didier, 1967, 189 p.
Contreras (Heles W.), *The Phonological System of a Bilingual Child,* Lafayette, Indiana, University Press, 1961 226 p.
Cooper (William S.), *Set Theory and Syntactic Description,* La Haye, Mouton, 1964, 52 p.
Foundation of Logico-linguistics, Dordrecht, Reidel, 1978, 250 p.
Coquet (Jean-Claude), *le Discours et son sujet,* Paris, Klincksieck, 1984.
Coquet (Jean-Claude) et coll., *Sémiotique, l'École de Paris,* Paris, Hachette, 1982, 208 p.
Corbin (Danielle), *Morphologie dérivationnelle et structuration du lexique,* Lille, Presses universitaires de Lille, 1991, 938 p.
Corblin (F.), *Indéfini, défini et démonstratif,* Genève, Droz, 1987, 264 p.
Cornforth (Maurice), *Marxism and the Linguistic Philosophy,* Londres, Lawrence and Wishart, 1965, 384 p.
Cornu (Maurice), *les Formes surcomposées en français,* Berne, Francke, 1953, 268 p.

Cornulier (Benoît de), *Effets de sens,* Paris, Éd. de Minuit, 1986, 208 p.

Corraze (Jacques), *les Communications non verbales,* Paris, P.U.F., 1980, 190 p.

Coseriu (Eugenio), *La geografía lingüística,* Montevideo, Universidad, 1955.
Logicismo y antilogicismo en la gramática, Montevideo, 1957.
Sincronía, diacronía e historia, Montevideo, Universidad, 1958.
Teoría del lenguaje y lingüística general, Madrid. 1962.

Cosnier (Jacques), Berrendonner (Alain), Coulon (Jacques) et Orecchioni (Catherine), *les Voies du langage,* Paris, Dunod, 1982, 330 p.

Costabile (Norma), *Le strutture della lingua italiana,* Bologne, Patron, 1967, 211 p.

Coulmas (F.) [ed.], *A Festschrift for the Native speakers,* La Haye, Mouton, 1981, 406 p.

Courtès (J.), *Introduction à la sémiotique narrative et discursive,* Paris, Hachette, 1976, 144 p.

Coyaud (Maurice), *Introduction à l'étude des langages documentaires,* Paris, Klincksieck, 1966, 148 p.
Linguistique et Documentation, Paris, Larousse, 1972, 176 p.

Cresswell (M. J.), *Structured Meanings : The Semantic of Propositional Attitudes,* Cambridge, Mass., MIT Press, 1985, 202 p.

Croce (Benedetto), *Estetica come scienza dell'espressione e linguistica generale : teoria e storia,* Milan, R. Sandron, 1902 ; 4e éd., Bari, Laterza, 1912 ; 8e éd., 1950.

Crothers (Edward J.) et Suppes (P.), *Experiments in Second Language Learning,* New York, Acad. Pr., 1967.

Crymes (Ruth), *Some Systems of Substitution Correlations in Modern American English,* La Haye, Mouton, 1968, 187 p.

Culicover (Peter W.), Wasow (Thomas), Akmajian (Adrian) [eds.], *Formal Syntax,* New York, Academic Press, 1977, 500 p.

Culioli (Antoine), *Pour une linguistique de l'énonciation,* Paris, Ophrys, 1991, 225 p.

Culioli (Antoine), Fuchs (Catherine) et Pêcheux (Michel), *Considérations théoriques à propos du traitement formel du langage (tentative d'application au problème des déterminants),* Paris, Dunod, 1970, 50 p.

Curat (Hervé), *la Locution verbale en français moderne,* Québec, Presses de l'Université Laval, 1982, 320 p.

Curat (Hervé) et Meney (Lionel), *Gustave Guillaume et la psychosystématique du langage,* Québec, Presses de l'Université Laval, 1983, 238 p.

Curry (Haskell B.) et Feys (Robert), *Combinatory Logic,* vol. I, Amsterdam, North-Holland, 1958 ; 2e éd., 1968, 417 p.

Curtius (Georg), *Grundzüge der griechischen Etymologie,* Leipzig, Teubner, 1858-1868, 2 vol. ; 5e éd., 1879, 858 p.
Das Verbum der griechischen Sprache, Leipzig, Hirzel, 1863-1876, 2 vol.

Cuxac (Christian), *le Langage des sourds,* Paris, Payot, 1983, 206 p.

Dahl (Östen), *Topic and Comment. A Study in Russian General Transformational Grammar,* Göteborg, Almquist, 1969, 53 p.

Damamme-Gilbert (B.), *la Série énumérative,* Genève, Droz, 1989, 376 p.

Damourette (Jacques) et Pichon (Édouard), *Essai de grammaire française. Des mots à la pensée,* Paris, d'Artrey, 1927-1950, 7 vol.

Dance (Frank Esburn) [ed.], *Human Communication Theory,* New York, Holt, Rinehart and Winston, 1967, 332 p.

Danlos (Laurence), *The Linguistic Basis of Text Generation,* Cambridge, Cambridge University Press, 1987.

Danon-Boileau (Laurent), *Produire le fictif,* Paris, Klincksieck, 1982, 182 p.
le Sujet de l'énonciation. Psychanalyse et linguistique, Paris, Ophrys, 1987.

Danto (Arthur Coleman), *Analytical Philosophy of Knowledge,* Cambridge, University Press, 1968, 270 p.

Darmesteter (Arsène), *De la création actuelle de mots nouveaux dans la langue française, et des lois qui la régissent,* Paris, Vieweg, 1877, 307 p.
la Vie des mots étudiés dans leurs significations, Paris, Delagrave, 1887 ; 13ᵉ éd., 1921, 212 p.
Cours de grammaire historique de la langue française, Paris, Delagrave, 1891-1897, 4 vol.

Darmesteter (Arsène) et Hatzfeld (Adolphe), *Dictionnaire général de la langue française,* Paris, Delagrave, 1895-1900, 2 vol.

Dauzat (Albert), *Essai de méthodologie linguistique dans le domaine des langues et des patois romans,* Paris, Champion, 1906, 295 p.
la Vie du langage, Paris, A. Colin, 1910, 312 p.
Essais de géographie linguistique, Paris, Champion et d'Artrey, 1915-1938, 3 vol.
la Géographie linguistique, Paris, Flammarion, 1922 ; nouv. éd., 1943, 296 p.
Histoire de la langue française, Paris, Payot, 1930, 588 p.

Dauzat (Albert), Dubois (Jean) et Mitterand (Henri), *Nouveau Dictionnaire étymologique,* Paris, Larousse, 1964 ; 3ᵉ éd., 1972 ; 4ᵉ éd., 1993.

Davidson (Donald) et Harman (Gilbert) [eds.], *Semantics of Natural Language,* Dordrecht, Reidel, 1969, 769 p.

Davis (Martin) [ed.], *The Undecidable. Basic Papers on Undecidable Propositions, Unsolvable Problems and Computable Functions,* New York, Raven Press, 1965, 440 p.

Dean (Leonard F.) et Wilson (Kenneth G.) [eds.], *Essays on Language and Usage,* Londres, Oxford University Press, 1959 ; 2ᵉ éd., 1963, 346 p.

De Cecco (John Paul) [ed.], *The Psychology of Language. Thought and Instruction,* New York, Holt, Rinehart and Winston, 1966, 446 p.

Deese (James E.), *The Structure of Associations in Language and Thought,* Baltimore, Johns Hopkins Press, 1965.

De Laguna (Grace Andrus), *Speech : its Function and Development,* New Haven, Yale University Press, 1927, 363 p.

Delas (Daniel) et Filliolet (Jacques), *Linguistique et poétique,* Paris, Larousse, 1973, 206 p.

Delattre (Pierre), *The General Phonetics Characteristics of Languages,* Boulder, Colorado, 1962.
Studies in French and Comparative Phonetics : Selected Papers in French and English, La Haye, Mouton, 1966, 286 p.

Delavenay (Émile), *la Machine à traduire,* Paris, P.U.F., « Que sais-je ? », 1959.

Delavenay (Émile et Katherine), *Bibliographie de la traduction automatique,* La Haye, Mouton, 1960, 69 p.

Delbrück (Berthold), *Syntaktische Forschungen,* Halle, 1871-1888, 5 vol.
Einleitung in das Studium der indogermanischen Sprachen, Leipzig, Breitkopf, 1880, 141 p.

Deledalle (Gérard), *Théorie et pratique du signe,* Paris, Payot, 1979, 216 p.

Delesalle (Simone) et Chevalier (Jean-Claude), *la Linguistique, la grammaire et l'école,* Paris, A. Colin, 1986, 386 p.

Dell (François), *les Règles et les sons,* Paris, Hermann, 1973, 282 p.

De Mauro (Tullio), *Storia linguistica dell'Italia unita,* Bari, Laterza, 1963, 521 p.
Introduzione alla semantica, Bari, Laterza, 1965, 238 p. ; trad. fr., *Une introduction à la sémantique,* Paris, Payot, 1969, 222 p.
Ludwig Wittgenstein, his Place in the Development of Semantics, Dordrecht, Reidel, 1967, 62 p.
« Introduction » et « commentaire » de la trad. ital. de F. de Saussure, *Corso di linguistica generale,* Bari, Laterza, 1968.

Deroy (Louis), *l'Emprunt linguistique,* Paris, Les Belles Lettres, 1956, 486 p.

Derrida (Jacques), *l'Écriture et la différence,* Paris, Le Seuil, 1967, 440 p.
De la grammatologie, Paris, Éd. de Minuit, 1967, 448 p.

Desclés (J.-P.), *Langages applicatifs, langues naturelles et cognition,* Paris, Hermès, 1990.

Dessaux-Berthonneau (A.-M.), *Théories linguistiques et Traditions grammaticales,* Lille, Presses universitaires de Lille, 1980, 276 p.

Deutsch (Karl W.), *Nationalism and Social Communication,* Cambridge, MIT Press, 2ᵉ éd. 1966.

Devoto (Giacomo), *Storia della lingua di Roma,* Bologne, Cappelli, 1940, 429 p.
I fondamenti della storia linguistica, Florence, Sansoni, 1951, 95 p.

Dewèze (A.), *Traitement de l'information linguistique par l'homme, par la machine,* Paris, Dunod, 1966, 228 p.

Dickoff (James) et James (Patricia), *Symbolic Logic and Language,* New York, McGraw-Hill, 1965.

Di Cristo (Albert), *Prolégomènes à l'étude de l'intonation,* Paris, Éd. du C.N.R.S., 1982, 232 p.

Dierickx (Jean) et Lebrun (Yvan) [éds.], *Linguistique contemporaine. Hommage à Éric Buyssens,* Bruxelles, Institut de sociologie, 1970.

Diez (Friedrich), *Grammatik der romanischen Sprachen,* Bonn, Weber, 1836-1844, 3 vol. ; trad. fr., *Grammaire des langues romanes,* Paris, Vieweg, 1874-1876, 3 vol.

Dik (Simon), *Coordination : Its Implications for the Theory of General Linguistics,* Amsterdam, North-Holland, 1968, 318 p.

Dingwall (William Orr), *Transformational Generative Grammar,* Washington, D.C., Center for Applied Linguistics, 1965, 82 p.

Dinneen (Francis Patrick), *An Introduction to General Linguistics,* New York, Holt, Rinehart and Winston, 1967, 452 p.

« Diogène », *Problèmes du langage* (contributions de Émile Benveniste, Noam Chomsky, Roman Jakobson, André Martinet, etc.), Paris, Gallimard, 1966, 217 p.

Diringer (David), *The Alphabet,* Londres, Hutchinson, 1949, 607 p. ; 3ᵉ éd., 1968, 2 vol.

Dispaux (Gilbert), *la Logique et le quotidien. Une analyse dialogique des mécanismes de l'argumentation,* Paris, Éd. de Minuit, 1984, 192 p.

Dixon (Robert Malcolm Ward), *Linguistic Science and Logic,* La Haye, Mouton, 1963, 108 p.
What is Language ? A New Approach to Linguistic Description, Londres, Longmans, 1965, 216 p.

Dixon (Theodor R.) et Horton (David L.) [eds.], *Verbal Behavior and General Behavior Theory,* Englewood Cliffs, New Jersey, Prentice-Hall, 1968, 596 p.

Doblhofer (Ernest), *le Déchiffrement des écritures,* Paris, Arthaud, 1959, 388 p.

Doležel (Lubomir) et Bailey (Richard W.) [eds.], *Statistics and Style,* New York, Am. Elsevier, 1969, 245 p.

Dominicy (Marc), *la Naissance de la grammaire moderne,* Bruxelles, Mardaga, 1984, 256 p.

Donzé (Roland), *la Grammaire générale et raisonnée de Port-Royal. Contribution à l'histoire des idées grammaticales en France,* Berne, Francke, 1967, 257 p.

Dosse (François), *Histoire du structuralisme,* t. I : *le Champ du signe,* 1945-1966, Paris, La Découverte, 1991, 492 p.

Drange (Theodore M.), *Type Crossings, Sentential Meaninglessness in the Border Area of Linguistics and Philosophy,* La Haye, Mouton, 1966, 218 p.

Droixhe (D.), *la Linguistique et l'appel de l'histoire (1600-1800). Rationalisme et révolutions positivistes,* Genève, Droz, 1978, 460 p.

Dubois (Claude-Gilbert), *Mythe et Langage au XVIᵉ siècle,* Bordeaux, Ducros, 1970, 174 p.

Dubois (Danièle) [éd.], *Sémantique et cognition,* Paris, Éd. du C.N.R.S., 1991, 342 p.
Dubois (Jacques). V. Groupe μ.
Dubois (Jean), *le Vocabulaire politique et social en France de 1869 à 1872,* Paris, Larousse, 1962, 460 p.
Étude sur la dérivation suffixale en français moderne et contemporain, Paris, Larousse, 1962, 118 p.
Grammaire structurale du français : I, *Nom et pronom ;* II, *le Verbe ;* III, *la Phrase et les transformations,* Paris, Larousse, 1965-1969, 3 vol.
Dubois (Jean) et **Dubois-Charlier** (Françoise), *Éléments de linguistique française : Syntaxe,* Paris, Larousse, 1970, 296 p.
Dubois (Jean) et **Dubois** (Claude), *Introduction à la lexicographie : le dictionnaire,* Paris, Larousse, 1971, 208 p.
Dubois (Jean), **Lagane** (René), **Niobey** (Georges), **Casalis** (Jacqueline et Didier) et **Meschonnic** (Henri), *Dictionnaire du français contemporain,* Paris, Larousse, 1966.
Dubois-Charlier (Françoise), *Éléments de linguistique anglaise : Syntaxe,* Paris, Larousse, 1970, 276 p.
Éléments de linguistique anglaise : la phrase complexe et les nominalisations, Paris, Larousse, 1971, 296 p.
Ducháček (Otto), *Précis de sémantique française,* Brno, Universita J. E. Purkyně, 1967, 263 p.
Duchet (Jean-Louis), *la Phonologie,* Paris, P.U.F., « Que sais-je ? », 1981.
Ducrot (Oswald), *Dire et ne pas dire,* Paris, Hermann, 1972, 284 p.
la Preuve et le dire, Paris, Mame, 1974.
l'Échelles argumentatives, Paris, Éd. de Minuit, 1980, 96 p.
le Dire et le dit, Paris, Éd. de Minuit, 1984, 240 p.
Logique, structure, énonciation, Paris, Éd. de Minuit, 1989, 192 p.
Ducrot (Oswald) et coll., *Qu'est-ce que le structuralisme ?* Paris, Le Seuil, 1968, 448 p.
Ducrot (Oswald) et **Todorov** (Tzvetan), *Dictionnaire encyclopédique des sciences du langage,* Paris, Le Seuil, 1972, 480 p.
Dumarsais (César Chesneau), *Logique et Principes de grammaire,* Paris, 1769.
Traité des tropes, Paris, 1730 ; réédité Paris, Le Nouveau Commerce, 1977.
Durand (Pierre), *Variabilité acoustique et invariance en français,* Paris, Éd. du C.N.R.S., 1985, 300 p.
Eaton (Trevor), *The Semantics of Literature,* La Haye, Mouton, 1966, 72 p.
Ebeling (Carl L.), *Linguistic Units,* La Haye, Mouton, 1960, 143 p.
Eberle (Rolf A.), *Nominalistic Systems,* Dordrecht, Reidel, 1970, 217 p.
Eco (Umberto), *Sémiotique et philosophie du langage,* Paris, P.U.F., 1988, 285 p., trad. de *Semiotica e filosofia del linguaggio,* Torino, Einaudi, 1984.
Edmundson (H. P.) [ed.], *Proceedings of the National Symposium on Machine Translation,* Englewood Cliffs, N.J., Prentice-Hall, 1961.
Egger (Émile), *Apollonius Dyscole. Essai sur l'histoire des théories grammaticales dans l'Antiquité,* Paris, Durand, 1854, 349 p.
Ehrmann (Madeline Elizabeth), *The Meanings of the Models in Present Day American English,* La Haye, Mouton, 1966, 106 p.
Ellis (Jeffrey), *Towards a General Comparative Linguistics,* La Haye, Mouton, 1966, 170 p.
Elson (Benjamin) et **Pickett** (V. B.), *An Introduction to Morphology and Syntax,* Santa Ana, Calif., Summer Institute of Linguistics, 1962.
Elwert (Wilhelm Theodor) [ed.], *Probleme der Semantik,* Wiesbaden, Steiner, 1968, 61 p.
Emmet (Dorothy), *Rules, Roles and Relations,* New York, Macmillan and Co., 1966.

Empson (William), *The Structure of Complex Words,* Londres, Chatto and Windus, 1951 ; 5ᵉ éd., 1969, 452 p.

Engler (Rudolf), *Théorie et critique d'un principe saussurien : l'arbitraire du signe,* Genève, Impr. populaire, 1962, 67 p.
Cours de linguistique de F. de Saussure : édition critique, Wiesbaden, Otto Harrassowitz, fasc. 1, 1967, 146 p.

Entwistle (William J.), *Aspects of Language,* Londres, Faber, 1953.

Essais sur le langage, textes de E. Cassirer, A. Sechehaye, W. Doroszewski, K. Bühler, N. Troubetzkoy, Gh. Bally, E. Sapir, G. Guillaume, A. Gelb, K. Goldstein, A. Meillet, Paris, Éd. de Minuit, 1969, 348 p. (*Journal de Psychologie,* 15 janvier - 15 avril 1933.)

Falk (Eugene H.), *Types of Thematic Structure,* Chicago, University Press, 1967.

Fant (Gunnar), *Acoustic Theory of Speech Production,* La Haye, Mouton, 1960 ; 2ᵉ éd., 1971.

Fauconnier (Gilles), *la Coréférence : syntaxe ou sémantique,* Paris, Éd. du Seuil., 1974, 237 p.
Espaces mentaux. Aspects de la construction du sens dans les langues naturelles, Paris, Éd. de Minuit, 1984, 224 p.

Favez-Boutonier (Juliette), *le Langage,* Paris, C.D.U., 1967, 115 p.

Fay (H. Warren), *Temporal Sequences in the Perception of Speech,* La Haye, Mouton, 1966, 126 p.

Feigl (Herbert) et Sellars (W. S.) [eds.], *Readings in Philosophical Analysis,* New York, Appleton, 1949, 626 p.

Ferenczi (Victor) [éd.], *Psychologie, langage et apprentissage,* Paris, CREDIF, 1978, 176 p.

Ferreiro (Emilia), *les Relations temporelles dans le langage de l'enfant,* Genève, Droz, 1971, 390 p.

Feuillet (Jack), *Introduction à l'analyse morphosyntaxique,* Paris, P.U.F., 1988, 224 p.

Février (James G.), *Histoire de l'écriture,* Paris, Payot, 1948 ; 2ᵉ éd. 1959, 608 p.

Filipov (J. A.), *Création littéraire et cybernétique,* en russe, Moscou, 1964.

Fillmore (Charles J.), *Indirect Object Construction in English and the Ordering of Transformation,* La Haye, Mouton, 1965, 54 p.

Finck (Franz Nikolaus), *Die Haupttypen des Sprachbaus,* Leipzig, Teubner, 1910 ; 2ᵉ éd., 1923, 156 p.

Firth (John Rupert), *Speech,* Londres, Benn, 1930, 79 p.
The Tongues of Men, Londres, Watts, 1937, 160 p.
Papers in Linguistics, 1934-1951, Londres, Oxford University Press, 1951, 246 p.

Fishman (Joshua A.), *Yiddish in America : Sociolinguistic Description and Analysis,* Bloomington, Indiana, University Press et La Haye, Mouton, 1965, 94 p.
Sociolinguistics. A Brief Introduction, Rowley, Mass., Newbury House, 1971.
(ed.) *Language Loyalty in the United States. The Maintenance and Perpetuation of Non-English Mother Tongues by American Ethnic and Religious Groups,* La Haye, Mouton, 1966, 478 p.
(ed.) *Readings in the Sociology of Language,* La Haye, Mouton, 1968, 808 p.
(ed.) *Advances in the Sociology of Language,* La Haye, Mouton, 1971.

Fishman (Joshua A.), Ferguson (Charles A.) et Das Gupta (J.) [eds.], *Language Problems of Developing Nations,* New York, Wiley, 1968, 521 p.

Flamm (Alexandre), *l'Analyse psychogrammaticale,* Neuchâtel, Delachaux et Niestlé, 1990, 305 p.

Fletcher (H.), *Speech and Hearing in Communication,* New York, Van Nostrand, 1953.

Flew (Anthony) [ed.], *Essays on Logic and Language,* Oxford, Blackwell, 1951-1953, 2 vol.

Flores d'Arcais (Giovanni) et Levelt (Willem J. M.) [eds.], *Advances in Psycholinguistics,* Amsterdam, North-Holland, 1970, 464 p.

Fodor (Jerry A.) et Katz (Jerrold J.) [eds.], *The Structure of Language. Readings in the Philosophy of Language,* Englewood Cliffs, N.J., Prentice-Hall, 1964, 612 p.

Fónagy (Iván), *Die Metaphern in der Phonetik. Beitrag zur Entwicklungsgeschichte des wissenschaftlichen Denkens,* La Haye, Mouton, 1963, 132 p.
la Vive Voix. Essais de psychophonétique, Paris, Payot, 1983, 344 p.

Fontanier (Pierre), *les Figures du discours,* Paris, Flammarion, 1968, 502 p.

Foucault (Michel), *les Mots et les Choses,* Paris, Gallimard, 1966, 408 p.

Fouché (Pierre), *Études de phonétique générale,* Paris, Les Belles Lettres, 1927, 132 p.
Phonétique historique du français, Paris, Klincksieck, 1952-1961, 3 vol., 540 p.
Traité de prononciation française, Paris, Klincksieck, 1956, 529 p.

Foulet (Lucien), *Petite Syntaxe de l'ancien français,* Paris, Champion, 1919 ; réimpr., 1968, 353 p.

Fourquet (Jean), *les Mutations consonantiques du germanique,* Paris, Les Belles Lettres, 1948, 127 p.
Prolegomena zu einer deutschen Grammatik, Düsseldorf, Schwann, 1955, 135 p.

Franckel (J.-J.), *Étude de quelques marqueurs aspectuels du français,* Genève, Droz, 1989, 496 p.

François (Frédéric) *la Communication inégale,* Neuchâtel, Delachaux et Niestlé, 1990.
[éd.], *Linguistique,* Paris, P.U.F., 1980, 560 p.

François (Frédéric) et coll., *la Syntaxe de l'enfant avant cinq ans,* Paris, Larousse, 1977, 238 p.

François (J.), *Changement, causation, action,* Genève, Droz, 1989, 668 p.

Frege (Gottlob), *Translations from the Philosophical Writings of Gottlob Frege,* éd. par Peter T. Geach et Max Black, Oxford, Blackwell, 1952 ; 2e éd., 1960, 244 p.
Funktion, Begriff, Bedeutung. Fünf logische Studien, éd. par Gunther Patzig, Göttingen, Vandenhoeck et Ruprecht, 1962, 101 p.

Frei (Henri), *la Grammaire des fautes. Introduction à la linguistique fonctionnelle,* Paris, Geuthner et Genève, Kündig, 1929, 215 p.

Freud (Sigmund), *Zur Auffassung der Aphasien,* Leipzig et Vienne, Denliche, 1891 ; trad. angl. *On Aphasia, a Critical Study,* New York, International Universities Press, 1953, 105 p.

Frieman (Robert R.), Pietrzyk (Alfred) et Roberts (A. Hood) [eds.], *Information in the Language Sciences,* New York, American Elsevier, 1968.

Friend (Joseph Harold), *The Development of American Lexicography,* 1798-1864, La Haye, Mouton, 1967, 129 p.

Fries (Charles Carpenter), *The Structure of English : an Introduction to the Construction of English Sentences,* New York, Harcourt and Brace et Londres, Longmans, 1952 ; 5e éd., 1964.
Linguistics and Reading, New York, Harcourt, Brace and World, 1963.

Frumkina (R.), *Méthodes statistiques de l'étude du lexique,* en russe, Moscou, 1964.

Fuchs (Catherine), *la Paraphrase,* Paris, P.U.F., 1982, 184 p.

Fuchs (Catherine) et Le Goffic (Pierre), *Initiation aux problèmes des linguistiques contemporaines,* Paris, Hachette, 1975, 128 p.

Fuchs (Catherine) et Leonard (A.-M.), *Vers une théorie des aspects,* The Hague-Paris, Mouton, 1979.

Fucks (Wilhelm), *Mathematische Analyse von Sprachelementen, Sprachstil und Sprachen,* Cologne, Westdeutscher Verlag, 1955.

Furet (François) et Ozouf (Jacques), *Lire et écrire. L'Alphabétisation des Français de Calvin à Jules Ferry,* Paris, Éd. de Minuit, 1977, 2 vol., 392 p. et 380 p.

Furth (Hans G.), *Thinking without Language : Psychological Implications of Deafness,* New York, Free Press, 1966.
Gaatone (D.), *Étude descriptive de la négation en français contemporain,* Genève, Droz, 1971.
Gabelentz (Georg von der), *Die Sprachwissenschaft,* Leipzig, Weigel, 1891.
Gadet (Françoise), *le Français ordinaire,* Paris, A. Colin, 1989, 192 p.
Gadet (Françoise) et Pêcheux (Michel), *la Langue introuvable,* Paris, Maspero, 1981, 248 p.
Gaeng (Paul A.), *Introduction to the Principles of Language,* New York ; Harper and Row, 1971, 243 p.
Gaifman (Haim), *Dependency Systems and Phrase Structure Systems,* Santa Monica, Calif., Rand Corporation, 1961.
Galanter (Eugene), *Contemporary Psychophysics,* New York, Holt, Rinehart and Winston, 1962.
Galisson (Robert), *Recherches de lexicologie descriptive : la banalisation lexicale,* Paris, Nathan, 1978, 432 p.
Galisson (Robert) et Coste (Daniel) [éds.], *Dictionnaire de didactique des langues,* Paris, Hachette, 1976, 612 p.
Galliot (Marcel), *Essai sur la langue de la réclame contemporaine,* Toulouse, Privat, 1955, 579 p.
Galmiche (Michel), *Sémantique générative,* Paris, Larousse, 1975, 192 p.
Sémantique, linguistique et logique. Un exemple : la théorie de R. Montague, Paris, P.U.F., 1991, 151 p.
Ganz (Joan Safran), *Rules, a Systematic Study,* La Haye, Mouton, 1971, 144 p.
Garde (Paul), *l'Accent,* Paris, P.U.F., 1968, 176 p.
Gardes-Tamine (Joëlle), *la Grammaire,* Paris, A. Colin, 1990, 2 vol.
Gardin (Bernard) [éd.], *Pratiques linguistiques, pratiques sociales,* Paris, P.U.F, 1980, 210 p.
Gardin (Jean-Claude), *Syntol,* New Brunswick, N.J., Rutgers University Press, 1965, 106 p.
Gardiner (Alain Henderson), *The Theory of Speech and Language,* Oxford, Clarendon Press, 1932 ; 2e éd., 1951, 360 p. ; trad. fr. *Langage et actes de langage. Aux sources de la pragmatique,* Lille, Presses universitaires de Lille, 1990, 310 p.
Garmadi (Juliette), *la Sociolinguistique,* Paris, P.U.F., 1981, 232 p.
Garvin (Paul Lucian) [ed.], *A Prague School Reader on Esthetics, Literary Structures and Style,* Washington, D.C., 1955.
(ed.) *Natural Language and the Computer,* New York, McGraw-Hill, 1963, 398 p.
(ed.) *Soviet and East European Linguistics,* La Haye, Mouton, 1963, 620 p.
(ed.) *A Linguistic Method. Selected Papers,* La Haye, Mouton, 1964.
(ed.) *Computation in Linguistics, a Case Book,* Bloomington, Indiana, University Press, 1966, 332 p.
(ed.) *Method and Theory in Linguistics,* La Haye, Mouton, 1970, 325 p.
Gary-Prieur (Marie-Noëlle), *De la grammaire à la linguistique. L'Étude de la phrase,* Paris, A. Colin, 1989, 168 p.
Gaudefroy-Demombynes (Jean), *l'Œuvre linguistique de Humboldt,* Paris, G. P. Maisonneuve, 1931, 200 p.
Gazdar (Gerald) et al., *Generalized Phrase Structure Grammar,* Oxford, Blackwell, 1985, 276 p.
Geach (Peter T.), *Reference and Generality : an Examination of Some Medieval and Modern Theories,* Ithaca, Cornell University Press, 1962.
Gelb (Ignace Gay), *A Study of Writing,* Chicago, University Press, et Londres, Kegan Paul, 1952, 295 p.

Gemmigen (Barbara von) et Höfler (Manfred) [éds], *la Lexicographie française du* XVIIIe *au* XXe *siècle,* Paris, Klincksieck, 1988, 316 p.

Genouvrier (Émile) et Peytard (Jean), *Linguistique et Enseignement du français,* Paris, Larousse, 1970, 288 p.

Germain (Claude), *la Sémantique fonctionnelle,* Paris, P.U.F., 1981, 222 p.

Ghiglione (Rodolphe) et coll., *les Dires analysés. L'Analyse propositionnelle du discours,* Paris, A. Colin, 1985, 192 p.

Ghizzetti (Aldo) [ed.], *Automatic Translation of Languages,* Oxford, Pergamon Press, 1966.

Gilliéron (Jules), *Généalogie des mots qui désignent l'abeille...,* Paris, Champion, 1918, 366 p.
Pathologie et thérapeutique verbales, Paris, Champion, 1921, 208 p.

Gilliéron (Jules) et Edmont (Edmond), *Atlas linguistique de la France,* Paris, Champion, 1902-1912, 9 vol. ; *Supplément,* Champion, 1920.
Atlas linguistique de la Corse, Paris, Champion, 1914-1915, 4 fasc.

Gilliéron (Jules) et Roques (Mario), *Études de géographie linguistique,* Paris, Champion, 1912, 165 p.

Gilson (Étienne), *Linguistique et Philosophie. Essai sur les constantes philosophiques du langage,* Paris, Vrin, 1969, 312 p.

Ginsburg (Seymour), *The Mathematical Theory of Context-Free Languages,* New York, McGraw-Hill, 1966, 232 p.

Girard (Gabriel), *l'Orthographe française sans équivoque et dans ses principes naturels ou l'Art d'écrire notre langue selon les lois de la raison et de l'usage,* Paris, P. Giffart, 1716.
la Justesse de la langue française, ou les Différentes Significations des mots qui passent pour synonymes, Paris, L. d'Houry, 1718, 263 p. ; nouv. éd. sous le titre *Synonymes français, leurs significations et le choix qu'il en faut faire pour parler avec justesse,* 1746, 490 p.
les Vrais Principes de la langue française ou la Parole réduite en méthode, Paris, Le Breton, 1747, 2 vol.

Girault-Duvivier (Charles Pierre), *Grammaire des grammaires* [ou *Analyse raisonnée des meilleurs traités sur la langue française*], Paris, A. Cotelle, 1811 ; 18e éd., 1863, 2 vol.

Giry-Schneider (Jacqueline), *les Prédicats nominaux en français. Les Phrases simples à verbe support,* Genève, Droz, 1987.
les Nominalisations en français. L'Opérateur « faire » dans le lexique, Genève, Droz, 1978, 353 p.

Givón (Talmy) [ed.], *Syntax and Semantics. Discourse and Syntax,* New York, Academic Press, 1979, 533 p.

Gladkii (A. V.), *Leçons de linguistique mathématique,* trad. du russe, Paris, Dunod, 1970, 2 vol., 232 et 168 p.

Gleason (Henry Allan), *An Introduction to Descriptive Linguistics,* New York, Holt, Rinehart and Winston, 1955 ; nouv. éd., 1961, 503 p. ; trad. fr. *Introduction à la linguistique,* Paris, Larousse, 1969, 380 p.
Linguistics and English Grammar, New York, Holt, Rinehart and Winston, 1965, 519 p.

Gochet (Paul), *Esquisse d'une théorie nominaliste de la proposition,* Paris, A. Colin, 1977, 264 p.

Godard (Danièle), *la Syntaxe des relatives en français,* Paris, Éd. du C.N.R.S., 1988, 236 p.

Godart-Windling (B.), *la Vérité et le menteur. Les Paradoxes suifalsificateurs et la sémantique des langues naturelles,* Paris, Éd. du C.N.R.S., 1990, 272 p.

Godel (Robert), *les Sources manuscrites du « Cours de linguistique générale » de Ferdinand de Saussure,* Genève, Droz et Paris, Minard, 1957, 283 p.

Goffman (Erving), *Façons de parler,* trad. de l'angl. par A. Kihm, Paris, Éd de Minuit, 1987, 280 p.

Goldstein (Kurt), *Language and Language Disturbances,* New York, Grune and Stratton, 1948, 374 p.

Goodenough (Ward H.) [ed.], *Explorations in Cultural Anthropology : Essays in Honor of George Peter Murdock,* New York, McGraw-Hill, 1964.
Goodman (Nelson), *Fact, Fiction and Forecast,* Cambridge, Mass., MIT Press, 1955 ; 2ᵉ éd., Indianapolis, Bobbs-Merrill Co., 1965, 128 p.
Goody (Jack), *la Raison graphique. La Domestication de la pensée sauvage,* Paris, Éd. de Minuit, 1979, 272 p.
la Logique de l'écriture. Aux origines des sociétés humaines, Paris, A. Colin, 1986, 200 p.
Goose (André) et Klein (Jean-René) [éds.], *Où en sont les études sur le lexique,* Gembloux, Duculot, 1992, 208 p.
Gordon (Patrick), *Théorie des chaînes de Markov finies et ses applications,* Paris, Dunod, 1965, 146 p.
Gorski (D. P.), *Pensamiento y lenguaje,* Mexico, 1962, 365 p.
Götz (Dieter) et Burgschmidt (Ernst), *Einführung in die Sprachwissenschaft für Anglisten,* Munich, Hueber, 1971.
Gougenheim (Georges), *Étude sur les périphrases verbales de la langue française,* Paris, Les Belles Lettres, 1929 ; Nizet, 1971, 388 p.
la Langue populaire dans le premier quart du XIXᵉ *siècle, d'après le Petit Dictionnaire du peuple de J.-C. — L. P. Desgranges,* Paris, Les Belles Lettres, 1929.
Éléments de phonologie française, Paris, Les Belles Lettres, 1935.
Système grammatical de la langue française, Paris, d'Artrey, 1938, 400 p.
Dictionnaire fondamental de la langue française, Paris, Didier, 1961, 256 p.
les Mots français dans l'histoire et dans la vie, Paris, Picard, 1963-1974, 3 vol.
Études de grammaire et de vocabulaire français, Paris, Picard, 1970, 368 p.
Gougenheim (Georges), Michéa (René), Rivenc (Paul) et Sauvageot (Aurélien), *l'Élaboration du français élémentaire,* Paris, Didier, 1956 ; nouv. éd. 1964, 257 p.
Grabmann (Martin), *Mittelalterliches Geistesleben,* Munich, Hueber, 1926-1936 ; nouv. éd. 1956, 3 vol.
Grammont (Maurice), *la Dissimilation consonantique dans les langues indo-européennes et dans les langues romanes,* Dijon, Imprim. Darantières, 1895, 215 p.
Traité de phonétique, Paris, Delagrave, 1933 ; 8ᵉ éd. 1965, 490 p.
Granger (Gilles Gaston), *Pensée formelle et sciences de l'homme,* Paris, Aubier, 1960, 228 p.
Essai d'une philosophie du style, Paris, A. Colin, 1968, 316 p. ; republié Éd. Odile Jacob, 1988.
Langages et épistémologie, Paris, Klincksieck, 1979, 226 p.
Grasserie (Raoul Robert Guérin de la), *Essai de syntaxe générale,* Louvain, J. B. Istas, 1896, 240 p.
Du verbe comme générateur des autres parties du discours, Paris, Maisonneuve, 1914, 314 p.
Gravit (Francis W.) et Valdman (Albert) [eds.], *Structural Drill and the Language Laboratory,* New York, Humanities, 1963.
Gray (Louis Herbert), *Foundations of Language,* New York, Macmillan, 1939 ; 2ᵉ éd. 1950, 530 p.
Greenberg (Joseph H.), *Essays in Linguistics,* Chicago, University of Chicago, 1957, 108 p.
The Languages of Africa, La Haye, Mouton, 1963, 171 p.
Language Universals, La Haye, Mouton, 1966.
Anthropological Linguistics, New York, Random House, 1968, 212 p.
(ed.) *Universals of Language,* Cambridge, Mass., MIT Press, 1963, 269 p.
Greimas (Algirdas Jules), *Sémantique structurale,* Paris, Larousse, 1966, 262 p. ; nouv. éd. P.U.F., 1986.
Du sens, Paris, Le Seuil, 1970, 320 p. ; *Du sens II, id.,* 1983.

Sémiotique et sciences sociales, Paris, Éd. du Seuil, 1976.
Dictionnaire de l'ancien français, Paris, Larousse, 1979, 630 p.
(ed.) *Sign, Language, Culture,* La Haye, Mouton, 1970, 723 p.
(éd.) *Essais de sémiotique poétique,* Paris, Larousse, 1972, 240 p.

Greimas (Algirdas Jules) et **Courtès** (J.), *Sémiotique. Dictionnaire raisonné de la théorie du langage,* I et II, Paris, Hachette, 1986.

Greimas (Algirdas Jules) et **Keane** (Teresa Mary), *Dictionnaire du moyen français,* Paris, Larousse, 1992, 668 p.

Grevisse (Maurice), *le Bon Usage,* Gembloux, Duculot et Paris, Geuthner, 1939 ; 8e éd., 1964, 1192 p.

Grimm (Jakob), *Deutsche Grammatik,* Göttingen, 1819-1837, 4 vol., nouv. éd., Berlin, Dümmler, 1870-1898, 5 vol.
Geschichte der deutschen Sprache, Leipzig, 1848 ; 3e éd., 1868, 726 p.

Grimsley (Ronald), *Sur l'origine du langage,* suivi de trois textes de Maupertuis, Turgot et Maine de Biran, Genève, Droz et Paris, Minard, 1971, 108 p.

Grize (J.-B.), *Logique et langage,* Paris, Ophrys, 1989.

Groot (Albert Wilhem de), *Betekenis en betekenisstructuur,* Groningue, J. B. Wolters, 1966, 158 p.

Gross (Gaston), *les Constructions converses du français,* Genève, Droz, 1989, 513 p.

Gross (Maurice) *Grammaire transformationnelle du français. Syntaxe du verbe,* Paris, Larousse, 1968, 184 p.
Méthodes en syntaxe. Régime des constructions complétives, Paris, Hermann, 1975, 414 p.
Grammaire transformationnelle du français. Syntaxe du nom, Paris, Larousse, 1977, 256 p.
Grammaire transformationnelle du français. Syntaxe de l'adverbe, Paris, Asstril, 1986, 670 p.

Gross (Maurice) et **Lentin** (André), *Notions sur les grammaires formelles,* Paris, Gauthier-Villars, 1967, 198 p.

Grosse (Ernst Ulrich) [éd.], *Strukturelle Textsemantik,* Fribourg, 1969.

Groupe μ (Jacques Dubois, F. Edeline, J. M. Klinkenberg, P. Minguet, F. Pire, H. Trinon), *Rhétorique générale,* Paris, Larousse, 1970, 208 p.

Gruaz (Claude), *la Dérivation suffixale en français contemporain,* Publications de l'Université de Rouen, 1988.
Du signe au sens. Pour une grammaire homologique des composants du mot, Publications de l'Université de Rouen, 1990.

Gruenais (Max-Peter), *États de langue,* Paris, Fayard, 1986, 248 p.

Grunig (Blanche), *les Mots de la publicité,* Paris, Éd. du C.N.R.S., 1990, 240 p.

Guentcheva (Zlatka), *Temps et aspect,* Paris, Éd. du C.N.R.S., 1990, 248 p.

Guéron (Jacqueline) et **Pollock** (Jean-Yves) [éds], *Grammaire générative et syntaxe comparée,* Paris, Éd. du C.N.R.S., 1992, 272 p.

Guilbert (Louis), *la Formation du vocabulaire de l'aviation,* Paris, Larousse, 1965, 712 p.
le Vocabulaire de l'astronautique, Paris, Larousse, 1967, 362 p.
la Créativité lexicale, Paris, Larousse, 1975, 286 p.

Guilhot (Jean), *la Dynamique de l'expression et de la communication,* La Haye, Mouton, 1962, 230 p.

Guillaume (Gustave), *le Problème de l'article et sa solution dans la langue française,* Paris, Hachette, 1919, 318 p. ; rééd. Québec, 1975.
Temps et Verbe. Théorie des aspects, des modes et des temps, 134 p., suivi de *l'Architectonique du temps dans les langues classiques,* 66 p., Paris, Champion, 1929 ; nouv. éd., 1964.
Langage et Science du langage, Paris, Nizet et Québec, Presses de l'Université Laval, 1964 ; 2e éd. 1969, 287 p.
Leçons de linguistique : série A, 1946-1948. Structure sémiologique et structure psychique de la langue (publ. par Roch Valin), Klincksieck, 1971, 271 p.

Leçons de linguistique : série B, 1948-1949. Psychosystématique du langage. Principes, méthodes et applications, I, Klincksieck, 1971, 224 p.

Guillemin-Flescher (Jacqueline) [éd.], *Linguistique contrastive,* Paris, Ophrys, 1992, 204 p.

Guillet (Alain), *la Structure des phrases simples en français. Verbes à complément direct et complément locatif,* Genève, Droz, 1992.

Guiraud (Pierre), *Langage et Versification d'après l'œuvre de Paul Valéry. Étude sur la forme poétique dans ses rapports avec la langue,* Paris, Klincksieck, 1953, 240 p.
les Caractères statistiques du vocabulaire, essai de méthodologie, Paris, P.U.F., 1954, 116 p.
la Stylistique, Paris, P.U.F., « Que sais-je ? », 1954 ; 7e éd., 1972.
la Sémantique, Paris, P.U.F., « Que sais-je ? », 1955 ; 7e éd., 1972.
l'Argot, Paris, P.U.F., « Que sais-je ? », 1956.
la Grammaire, Paris, P.U.F., « Que sais-je ? », 1958 ; 5e éd., 1970.
Problèmes et méthodes de la statistique linguistique, Paris, P.U.F., 1960, 146 p.
les Locutions françaises, Paris, P.U.F., « Que sais-je ? », 1961 ; 4e éd., 1973.
la Syntaxe du français, Paris, P.U.F., « Que sais-je ? », 1962.
l'Ancien Français, Paris, P.U.F., « Que sais-je ? », 1963 ; 4e éd., 1971.
le Moyen Français, Paris, P.U.F., « Que sais-je ? », 1963 ; 5e éd., 1972.
l'Étymologie, Paris, P.U.F., « Que sais-je ? », 1964 ; 3e éd., 1972.
les Mots étrangers, Paris, P.U.F., « Que sais-je ? », 1965 ; 2e éd., 1971.
le Français populaire, Paris, P.U.F., « Que sais-je ? », 1965 ; 3e éd., 1973.
Structures étymologiques du lexique français, Paris, Larousse, 1967, 212 p.
Patois et Dialectes français, Paris, P.U.F., « Que sais-je ? », 1968.
les Mots savants, Paris, P.U.F., « Que sais-je ? », 1968.
la Versification, Paris, P.U.F., « Que sais-je ? », 1970.
Essais de stylistique, Paris, Klincksieck, 1970, 288 p.
la Sémiologie, Paris, P.U.F., « Que sais-je ? », 1971 ; 2e éd., 1973.
Dictionnaire érotique, Paris, Payot, 1978, 640 p.
Sémiologie de la sexualité, Paris, Payot, 1978, 248 p.
Essais de stylistique, Paris, Klincksieck, 1980, 286 p.
Dictionnaire des étymologies obscures, Paris, Payot, 1982, 524 p.

Guiraud (Pierre) et Kuentz (Pierre), *la Stylistique. Lectures,* Paris, Klincksieck, 1970, 329 p.

Gumperz (John J.), *Discourse Strategies,* Cambridge, Cambridge University Press, 1982 ; trad. fr. in *Engager la conversation,* Paris, Éd. de Minuit, 1989, 158 p. et in *Sociolinguistique interactionnelle,* Paris, l'Harmattan, 1989, 244 p.

Gumperz (John J.) et Hymes (Dell) [eds.], *The Ethnography of Communication,* Menasha, Wisconsin, American Anthropologist, 1964 ; nouv. éd., New York, Holt, Rinehart and Winston, 1968.

Gusdorf (Georges), *la Parole,* Paris, P.U.F., 1953, 124 p.

Gvozdev (A. N.), *Problèmes de l'étude du langage enfantin,* en russe, Moscou, 1961.

Haag (M.), *le Style du langage oral des malades mentaux étudié par comparaison statistique entre groupes neurologiques,* Paris, thèse, 1965.

Hagège (Claude), *la Structure des langues,* Paris, P.U.F., « Que sais-je ? », 1982, 128 p.
l'Homme de paroles, Paris, Fayard, 1985.

Hagège (Claude) et Haudricourt (André), *la Phonologie panchronique,* Paris, P.U.F., 1978, 224 p.

Hall (Robert Anderson), *Linguistics and your Language,* New York, Doubleday, 1960, 265 p.
Idealism in Romance Linguistics, Ithaca, N. Y., Cornell University Press, 1963, 109 p.
Introductory Linguistics, Philadelphie, Chilton, 1964, 508 p.
Pidgin and Creole Languages, Ithaca, N. Y., Cornell University Press, 1966.

Halle (Morris), *The Sound Pattern of Russian,* La Haye, Mouton, 1959 ; 2e éd., 1971.

Halle (Morris), Bresnan (Joan) et Miller (George A.) [eds.], *Linguistic Theory and Psychological Reality,* Cambridge, Mass., MIT Press, 1978, 330 p.

Halle (Morris) et Keyser (Samuel J.), *English Stress,* New York, Harper and Row, 1971, 200 p.

Halliday (Michael Alexander Kirkwood), *Explorations in the Functions of Language,* London, E. Arnold, 1978.

An Introduction to Functional Grammar, London, E. Arnold, 1985.

Halliday (Michael Alexander Kirkwood), McIntosh (Angus) et Strevens (Peter Derek), *The Linguistic Sciences and Language Teaching,* Londres, Longmans, 1964.

Hallig (Rudolf) et Wartburg (Walther von), *Begriffssystem als Grundlage für die Lexicographie, Versuch eines Ordnungsschemas,* Berlin, Akademie Verlag, 1952, 140 p. ; 2e éd., 1963, 316 p.

Hamers (Josiane) et Blanc (Michel), *Bilingualité et bilinguisme,* Bruxelles, Mardaga, 1983, 498 p.

Hammel (Eugene A.) [ed.], *Formal Semantic Analysis,* Menasha, Wisconsin, American Anthropologist, 1965.

Hamon (Philippe), *Introduction à l'analyse du descriptif,* Paris, Hachette, 1981, 268 p.

Texte et idéologie, Paris, P.U.F., 1984, 230 p.

Hamp (Eric P.), *A Glossary of American Technical Linguistic Usage, 1925-1950,* Utrecht et Anvers, Spectrum, 1957.

Hamp (Eric P.), Householder (Fred W.) et Austerlitz (Robert) [eds.], *Reading in Linguistics,* II, Chicago et Londres, Chicago University Press, 1966, 395 p.

Hansen Love (Ole), *la Révolution copernicienne du langage dans l'œuvre de Wilhelm von Humboldt,* Paris, Vrin, 1972, 96 p.

Hanson (Norwood Russel), *Patterns of Discovery,* Cambridge, Cambridge University Press, 1965.

Hanzeli (Victor Egon), *Missionary Linguistics in New France : a Study of Seventeenth and Eighteenth Century Descriptions of American Indian Languages,* La Haye, Mouton, 1969, 141 p.

Harms (Robert T.), *Introduction to Phonological Theory,* Englewood Cliffs, New Jersey, Prentice-Hall, 1968, 142 p.

Harnois (Guy), *les Théories du langage en France, de 1660 à 1821,* Paris, Les Belles Lettres, 1929, 96 p.

Haroche (Claudine), *Faire dire, vouloir dire,* Lille, Presses universitaires de Lille, 1984, 224 p.

Harris (James), *Hermes or Philosophical Inquiry Concerning Universal Grammar,* Londres, 1751 ; 2e éd., 1765, réimpr. Londres, Scolar Press, 1968, 459 p. ; trad. fr. *Hermès ou Recherches philosophiques sur la grammaire universelle,* Paris, Imprimerie de la République, 1796.

Harris (Zellig S.), *Methods in Structural Linguistics,* Chicago, University of Chicago Press, 1951 ; nouv. éd., *Structural Linguistics,* 1963, 384 p.

String Analysis of Sentence Structure, La Haye, Mouton, 1962.

Discourse Analysis Reprints, La Haye, Mouton, 1963, 73 p.

Mathematical Structures of Language, New York, Wiley, 1968, 230 p. ; trad. fr. *Structures mathématiques du langage,* Paris, Dunod, 1971, 260 p.

Papers in Structural and Transformational Linguistics, Dordrecht, Reidel, 1970, 850 p.

Notes du cours de syntaxe, Paris, Éd. du Seuil, 1976, 240 p.

Papers on Syntax, Dordrecht, Reidel, 1981.

A Grammar of English on Mathematical Principles, New York, Wiley-Interscience, 1982.

Harrison (Bernard), *Meaning and Structure of Language,* New York, Harper and Row, 1972, 400 p.

Hartmann (Peter), *Theorie der Grammatik :* t. I, *Die Sprache als Form* (1959) ; t. II, *Zur Konstitution einer allgemeinen Grammatik* (1961) ; t. III, *Allgemeinste Strukturgesetze in Sprache und Grammatik* (1961) ; t. IV, *Grammatik und Grammatizität* (1963), La Haye, Mouton.
Syntax und Bedeutung, Assen, Van Gorcum, 1964.
Sprache und Erkenntnis, Heidelberg, C. Winter, 1958, 160 p.

Harweg (Roland), *Pronomina und Textkonstitution,* Munich, W. Fink, 1968, 392 p.

Hathaway (Baxter), *A Transformational Syntax. The Grammar of Modern American English,* New York, Ronald Press Co., 1967, 315 p.

Hatzfeld (Helmut A.), *A Critical Bibliography of the New Stylistics,* Chapel Hill, University of North Carolina Press, 1953-1966, 2 vol.

Haudricourt (André) et Juilland (Alphonse), *Essai pour une histoire structurale du phonétisme français,* Paris, Klincksieck, 1949 ; 2e éd., La Haye, Mouton, 1971, 135 p.

Haudricourt (André) et Thomas (Jacqueline M. C.), *la Notation des langues. Phonétique et phonologie,* Paris, Imprimerie de l'Institut géogr. nat., 1967, VI-166 p., + 2 disques.

Haudry (Jean), *l'Indo-Européen,* Paris, P.U.F., « Que sais-je ? », 1979.

Haugen (Einar), *The Norwegian Language in America : a Study in Bilingual Behavior,* Philadelphie, University of Pennsylvania Press, 1953, 2 vol.
Bilingualism in the Americas : a Bibliography and a Research Guide, Montgomery, University of Alabama Press, 1956.

Häusler (Frank), *Das Problem Phonetik und Phonologie bei Baudouin de Courtenay und in seiner Nachfolge,* Halle, Max Niemeyer, 1968, 161 p.

Hayakawa (Samuel Ichiye), *Language in Thought and Action,* Londres, Allen and Unwin, 1952 ; 2e éd., 1965, 350 p.

Hays (David G.), *Introduction to Computational Linguistics,* New York, American Elsevier Publications Co., 1967, 231 p.

Hécaen (Henry), *Introduction à la neuropsychologie,* Paris, Larousse, 1972, 327 p.

Hécaen (Henry) et Angelergues (René), *Pathologie du langage,* Paris, Larousse, 1965, 200 p.

Hécaen (Henry) et Dubois (Jean), *la Naissance de la neuropsychologie du langage, 1825-1865 (Textes et documents),* Paris, Flammarion, 1969, 280 p.

Heesterman (J. C.) et coll. (eds.), *Pratidānam : Indian, Iranian and Indo-European Studies Presented to Franciscus Bernardus Jacobus Kuipers on his 60th Birthday,* La Haye, Mouton, 1968, 654 p.

Heidegger (Martin), *Die Kategorien und Bedeutungslehre der Duns Scotus,* Tübingen, 1916 ; trad. fr., *Traité des catégories et de la signification chez Duns Scot,* Paris, Gallimard, 1970, 240 p.

Hénault (Anne), *Histoire de la sémiotique,* Paris, P.U.F., « Que sais-je ? », 1992.

Henle (Paul) [ed.], *Language, Thought and Culture,* Ann Arbor, University of Michigan Press, 1958.

Henry (Albert), *Métonymie et Métaphore,* Paris, Klincksieck, 1971, 163 p.

Henry (Paul), *le Mauvais Outil. Langue, sujet et discours,* Paris, Klincksieck, 1977, 210 p.

Heny (Frank) [ed.], *Ambiguities in Intensional Contexts,* Dordrecht, Reidel, 1981, 286 p.

Hérault (Daniel), *Éléments de théorie moderne des probabilités,* Paris, Dunod, 1967, 256 p.

Herbert (Albert James), *The Structure of Technical English,* Londres, Longmans, 1965.

Herdan (Gustav), *Language as Choice and Chance,* Groningue, Noordhoff, 1956.
Type-Token Mathematics : A Textbook of Mathematical Linguistics, La Haye, Mouton, 1960.
The Calculus of Linguistic Observations, La Haye, Mouton, 1962, 271 p.

Quantitative Linguistics, Londres, Butterworth, 1964, 284 p.
The Advanced Theory of Language as Choice and Chance, Berlin, Springer, 1966.

Herder (Johann Gottfried von), « Abhandlung über den Ursprung der Sprache », dans le tome V des *Herder's sämmtliche Werke,* éd. par B. Suphan, Berlin, 1877.

Hertzler (Joyce O.), *The Sociology of Language,* New York, Random House, 1965.

Higounet (Charles), *l'Écriture,* Paris, P.U.F., « Que sais-je ? », 1955.

Hill (Archibald A.), *Introduction to Linguistic Structures : From Sound to Sentence in English,* New York, Harcourt, Brace and World, 1958.
(ed.) *Linguistics Today,* New York, Harper and Row, 1968, 320 p.

Hintikka (K. J. J.) et al. [eds.], *Approaches to Natural Languages,* Dordrecht, Reidel, 1973, 526 p.

Hirtle (Walter), *The Simple and Progressive Forms. An Analytical Approach,* Québec, Presses de l'Université Laval, 1967, 115 p.
Time, Aspect and the Verb, Québec, Presses de l'Université Laval, 1975, 152 p.
Number and Inner Space, Québec, Presses de l'Université Laval, 1982, 144 p.

Hiz (Henry), *The Role of Paraphrase in Grammar,* Washington, D.C., Georgetown University Press, 1964.

Hjelmslev (Louis), *Principes de grammaire générale,* Copenhague, Øst et Søn, 1928, 363 p.
la Catégorie des cas. Étude de grammaire générale, Aarhus, Universitets-forlaget, 2 vol., 1935-1937, 184 p. et 78 p.
Prolégomènes à une théorie du langage, en danois, Copenhague, 1943 ; trad. fr., avec *la Structure fondamentale du langage,* Paris, Éd. de Minuit, 1963, 236 p.
Essais linguistiques, Copenhague, Nordisk Sprog-og Kultursorlag, 1959 ; nouv. éd. Paris, Éd. de Minuit, 1971, 288 p.
le Langage. Une introduction, en danois, Copenhague, Berlingske Forlag, 1963 ; trad. fr., Paris, Éd. de Minuit, 1966, 191 p.
Nouveaux Essais, Paris, P.U.F., 1985, 224 p.

Hockett (Charles F.), *A Manual of Phonology,* Bloomington, Indiana, Indiana University Press, 1955.
A Course in Modern Linguistics, New York, Macmillan, 1958 ; 9e impr., 1965, 621 p.
Language, Mathematics and Linguistics, La Haye, Mouton, 1967, 243 p.
The State of the Art, La Haye, Mouton, 1968, 123 p.

Hockney (D.) et al. [eds.], *Contemporary Research in Philosophical Logic and Linguistic Semantics,* Dordrecht, Reidel, 1975, 332 p.

Hoekstra (Teun), *Transitivity. Grammatical Relations in Government-Binding Theory,* Dordrecht, Foris Publications, 1984, 314 p.

Hoekstra (Teun) et al. [eds.], *Lexical Grammar,* Dordrecht, Foris, 1980, 340 p.

Hoenigswald (Henry Max), *Language Change and Linguistic Reconstruction,* Cambridge, University Press, 1960 ; nouv. éd., Chicago et Londres, Chicago University Press, 1965.

Hoijer (Harry) [ed.], *Language in Culture,* Chicago, Chicago University Press, 1954.
Proceedings of a Conference on the Interrelations of Language and the other Aspects of Culture, held in Chicago, Chicago, Chicago University Press, 1963.

Holder (Preston) [ed.], *Introduction to Handbook of American Indian Languages,* Lincoln, University of Nebraska Press, 1966.

Höllhuber (Ivo), *Sprache, Gesellschaft, Mystik, Prolegomena zu einer pneumatischen Anthropologie,* Munich et Bâle, F. Reinhardt, 1963, 337 p.

Homburger (Lilias), *les Langues négro-africaines,* Paris, Payot, 1941, 350 p.
le Langage et les langues, Paris, Payot, 1951, 256 p.

Horálek (Karel), *Filosofie jazyka,* Prague, University Karlova, 1967, 160 p.

Hörmann (Hans), *Psychologie der Sprache,* Berlin et Heidelberg, Springer Verlag, 1967 ;

nouv. éd., 1970, 396 p. ; trad. fr., *Introduction à la psycholinguistique,* Paris, Larousse, 1972.

Hornstein (Norbert) et Lightfoot (David) [eds.], *Explanation in Linguistics,* Londres, Longmans, 1981, 288 p.

Householder (Fred W.) et Saporta (Sol) [eds.], *Problems in Lexicography, Report of the Conference on Lexicography,* Bloomington, Indiana, I.J.A.L., 1962, 286 p. ; nouv. éd., New York, Humanities, 1967.

Hughes (John P.), *The Science of Language : an Introduction to Linguistics,* New York, Random House, 1962.

Humboldt (Wilhelm von), *Über die Verschiedenheit des menschlichen Sprachbaus,* Berlin, 1836 ; rééd. Darmstadt, Claasen and Roether, 1949.
Die Sprachphilosophischen Werke, Berlin, 1884, 700 p.
De l'origine des formes grammaticales et de leur influence sur le développement des idées suivi de *Lettres à M. Abel Rémusat,* Paris, 1859 ; réed. Bordeaux, Ducros, 1969, 156 p.
Introduction à l'œuvre sur le kavi, trad. P. Caussat, Paris, Éd. du Seuil, 1974, 440 p.

Hundsnurscher (Franz), *Neuere Methoden der Semantik. Eine Einführung anhand deutscher Beispiele,* Tübingen, Niemeyer, 1970.

Hunt (R. W.), *The History of Grammar in the Middle Ages,* Londres, Benjamins, 1980, 241 p.

Huot (Hélène), *Constructions infinitives du français. Le Subordonnant « de »,* Genève, Droz, 1981, 552 p.
Enseignement du français et linguistique, Paris, A. Colin, 1981, 168 p.

Huot (Hélène), Bourguin (Jacques) et coll., *la Grammaire française entre comparatisme et structuralisme, 1890-1960,* Paris, A. Colin, 1991, 312 p.

Huppe (Bernard Félix) et Kaminsky (Jack), *Logic and Language,* New York, Knopf, 1956, 216 p.

Huston (Nancy), *Dire et interdire,* Paris, Payot, 1980, 192 p.

Hymes (Dell) [ed.], *Language in Culture and Society : a Reader in Linguistics and Anthropology,* New York, Harper and Row, 1964, 800 p.

Hymes (Dell) et Fought (J.), *American Structuralism,* La Haye, Mouton, 1981, 296 p.

Imbs (Paul), *les Propositions temporelles en ancien français,* Paris. Les Belles Lettres, 1956, 608 p.
l'Emploi des temps verbaux en français moderne. Étude de grammaire descriptive, Paris, Klincksieck, 1960, 276 p.

Irigaray (Luce), *le Langage des déments,* The Hague-Paris, Mouton, 1973, 357 p.
Parler n'est jamais neutre, Paris, Éd. de Minuit, 1985, 325 p.
Sexes et genres à travers les langues, Paris, Grasset, 1990, 461 p.

Isaac (J.), *Calcul de la flexion verbale en français contemporain,* Genève, Droz, 1985, 502 p.

Istrin (V. A.), *le Développement de l'écriture en russe,* en russe, Moscou, 1961.

Ivanov (V. V.) et Toporov (V. N.), *Systèmes modelants secondaires dans les langues slaves,* en russe, Moscou, 1965.

Ivič (Milka), *Trends in Linguistics,* trad. du serbo-croate, La Haye, Mouton, 1965, 260 p.

Jaberg (Karl), *Aspects géographiques du langage,* Paris, Droz, 1936, 120 p.
Sprachwissenschaftliche Forschungen und Erlebnisse, Paris, Droz, 1938, 347 p.

Jackendoff (Ray), *Semantic Interpretation in Generative Grammar,* Cambridge, MIT Press, 1972.
X Syntax : A Study of Phrase Structure, Cambridge, MIT Press, 1977, 249 p.
Semantics and Cognition, Cambridge, MIT Press, 1983.
Consciousness and the Computational Mind, Cambridge, MIT Press, 1987.

Jacob (André), *Temps et Langage,* Paris, A. Colin, 1967, 404 p.

les Exigences théoriques de la linguistique selon Gustave Guillaume, Paris, Klincksieck, 1970, 292 p.
Genèse de la pensée linguistique, Paris, A. Colin, 1973, 336 p.
(éd.) *Points de vue sur le langage* (textes choisis et présentés par A. Jacob), Paris, Klincksieck, 1969, 637 p.

Jacobs (Roderick A.) et Rosenbaum (Peter S.), *English Transformational Grammar,* Waltham, Mass., Blaisdell, 1968.
(eds.) *Readings in English Transformational Grammar,* Waltham, Mass., Blaisdell, 1970, 277 p.

Jacobson (Pauline) et Pullum (Geoffrey K.) [eds.], *The Nature of Syntactic Representation,* Dordrecht, Reidel, 1982, 480 p.

Jakobovits (Leon A.) et Miron (Murray S.) [eds.], *Readings in the Psychology of Language,* Englewood Cliffs, New Jersey, Prentice-Hall, 1967, 636 p.

Jakobson (Roman), *Kindersprache, Aphasie und allgemeine Lautgesetze,* Uppsala, 1941 ; trad. fr. *Langage enfantin et aphasie,* Paris, Éd. de Minuit, 1969.
Essais de linguistique générale, Paris, Éd. de Minuit, 1963-1973, 2 vol., 260 et 320 p.
Selected Writings, I : Phonological Studies, La Haye, Mouton, 1962, 678 p.
Selected Writings, II : Word and Language, La Haye, Mouton, 1971, 752 p.
Selected Writings, III : The Poetry of Grammar and the Grammar of Poetry, La Haye, Mouton, 1967.
Selected Writings, IV : Slavic Epic Studies, La Haye, Mouton, 1966, 751 p.
Studies on Child Language and Aphasia, La Haye, Mouton, 1971, 132 p.
Questions de poétique, Paris, Le Seuil, 1973, 512 p.
Six Leçons sur le son et le sens, Paris, Éd. de Minuit, 1976, 128 p.
Une vie dans le langage, Paris, Éd. de Minuit, 1985, 168 p.
(ed.) *Structure of Language and its Mathematical Aspects,* Providence, R.I., American Mathematical Society, 1961, 279 p.

Jakobson (Roman), Fant (George M.) et Halle (Morris), *Preliminaries to Speech Analysis,* Cambridge, Mass., MIT Press, 1952 ; 9ᵉ éd. 1969, 64 p.

Jakobson (Roman) et Halle (Morris), *Fundamentals of Language,* La Haye, Mouton, 1963 ; 2ᵉ éd. 1971.

Jakobson (Roman) et Kawamato (Shigeo) [eds.], *Studies in General and Oriental Linguistics,* Tokyo, T.E.C. Co., 1970.

Jakobson (Roman) et Waugh (Linda), *The Sound Shape of Language,* 1979 ; trad. fr. *la Charpente phonique du langage,* Paris, Éd. de Minuit, 1980, 338 p.
To Honor Roman Jakobson : Essays on the Occasion of his 70th Birthday, La Haye, Mouton, 1967, 3 vol.

Jaubert (Anna), *la Lecture pragmatique,* Paris, Hachette, 1990, 240 p.

Jensen (Hans), *Die Schrift in Vergangenheit und Gegenwart,* Berlin, Deutsche Verlag der Wissenschaften, 1958, 582 p.

Jespersen (Otto), *Progress in Language with Special Reference to English,* Londres, Swan Sonnenschein, 1894.
How to Teach a Foreign Language, trad. du danois, Londres, Swan Sonnenschein, 1904.
Growth and Structure of the English Language, Leipzig, Teubner, 1905 ; 9ᵉ éd., Oxford, Blackwell, 1948.
A Modern English Grammar, Londres, Allen and Unwin, 1909-1949, 7 vol.
Language, its Nature, Development and Origin, Londres, Allen and Unwin, 1922, 448 p. ; nouv. éd. 1968.
The Philosophy of Grammar, Londres, Allen and Unwin, 1924, 359 p. ; trad. fr. *la Philosophie de la grammaire,* Paris, Éd. de Minuit, 1971, 516 p.

Mankind, Nation and Individual from a Linguistic Point of View, Oslo, 1925 ; nouv. éd., Londres, Allen and Unwin, 1946.
Essentials of English Grammar, Londres, Allen and Unwin, 1933, 387 p.
Analytic Syntax, Copenhague, Munksgaard, 1937 ; trad. fr. *la Syntaxe analytique,* Paris, Éd. de Minuit, 1971, 264 p.

Jones (Daniel), *English Pronouncing Dictionary,* Londres, J. M. Dent, 1917 ; 12e éd. 1963, 537 p.
An Outline of English Phonetics, Cambridge, Heffer, 1918 ; 8e éd. New York, Dutton, 1956.
The Phoneme : its Nature and Use, Cambridge, Heffer, 1950 ; 2e éd., 1962, 267 p.
The Pronunciation of English, Cambridge, University Press, 1956 ; 4e éd. 1966.

Joos (Martin), *The English Verb,* Madison, University of Wisconsin Press, 1964, 249 p. ; 2e éd. 1968.
(ed.) *Readings in Linguistics,* t. I : *The Development of Descriptive Liinguistics in America 1925-1956,* Chicago, University of Chicago Press, 1957 ; 4e éd., 1966, 421 p.

Jørgensen (Jens Jørgen), *A Treatise of Formal Logic,* trad. du danois, Copenhague, Munksgaard et Londres, Oxford University Press, 1931, 3 vol.
Introduction à l'étude de la logique, en danois, Copenhague, 1956.

Joshi (Aravind K.), Webber (Bonnie L.) et Sag (Ivan A.) [eds.], *Elements of Discourse Understanding,* Cambridge, Cambridge University Press, 1981, 342 p.

Joyaux (Julia) [Julia Kristeva], *le Langage, cet inconnu,* Paris, S.G.P.P., 1969, 320 p.

Juilland (Alphonse), *Outline of a General Theory of Structural Relations,* La Haye, Mouton, 1961, 58 p.

Juilland (Alphonse) et Chang-Rodriguez (E.), *Frequency Dictionary of Spanish Words,* La Haye, Mouton, 1964, 500 p.

Juilland (Alphonse), Brodin (Dorothy) et Davidovitch (Catherine), *Frequency Dictionary of French Words,* La Haye, Mouton, 1971, 503 p.

Jumpelt (R. W.), *Die Übersetzung naturwissenschaftlicher und technischer Literatur,* Berlin, Langenscheidt, 1961, 214 p.

Jünger (Friedrich Georg), *Sprache und Denken,* Francfort, Klostermann, 1962, 232 p.

Junker (Heinrich), *Sprachphilosophisches Lesebuch,* Heidelberg, Winter, 1948, 302 p.

Kahn (Félix), *le Système des temps de l'indicatif chez un Parisien et chez une Bâloise,* Genève, Droz, 1954, 221 p.

Kaplan (H. M.), *Anatomy and Physiology of Speech,* New York, McGraw-Hill, 1960.

Katz (Jerrold Jacob), *The Problem of Induction and its Solution,* Chicago, University of Chicago Press, 1960.
The Philosophy of Language, New York, Harper and Row, 1966, 326 p. ; trad. fr. *la Philosophie du langage,* Paris, Payot, 1971, 272 p.
Semantic Theory, New York, Harper and Row, 1972, 384 p.

Katz (Jerrold J.) et Postal (Paul M.), *An Integrated Theory of Linguistic Descriptions,* Cambridge, Mass., MIT Press, 1964, 178 p. ; trad. fr., *Théorie globale des descriptions linguistiques,* Mame, 1974, 270 p.

Kayne (Richard S.), *French Syntax, The Transformational Cycle,* MIT Press, 1975 ; trad. fr. par P. Attal, *Syntaxe du français,* Paris, Éd. du Seuil, 1977, 444 p.

Keenan (Edward L.) et Faltz (Leonard M.), *Boolean Semantics for Natural Language,* Dordrecht, Reidel, 1985, 388 p.

Kempson (R.), *Presuppositions and the Delimitation of Semantics,* Cambridge, Cambridge University Press, 1975.

Kerbtra-Orecchioni (Catherine), *l'Énonciation. De la subjectivité dans le langage,* Paris, A. Colin, 1980, 290 p.
la Connotation, Lyon, Presses universitaires de Lyon, 1977.

les Interactions verbales, Paris, A. Colin, 1990, 320 p.

Kesik (Marek), *la Cataphore,* Paris, P.U.F., 1989, 160 p.

Key (Thomas Hewitt), *Language : Its Origin and Development,* Londres, 1874.

Kibédi Varga (A.), *Discours, récit, image,* Bruxelles, P. Mardaga, 1989.

Kiefer (Ferenc), *On Emphasis and Word Order in Hungarian,* La Haye, Mouton, 1967.
Mathematical Linguistics in Eastern Europe, New York, American Elsevier, 1968.
(ed.) *Studies in Syntax and Semantics,* Dordrecht, Reidel, 1969, 243 p.

Kimball (John P.), [ed.], *Syntax and Semantics I,* New York, Seminar Press, 1972, 281 p.

King (Robert D.), *Historical Linguistics and Generative Grammar,* Englewood Cliffs, New Jersey, Prentice-Hall, 1969.

Kirchner (Gustav), *Die Zehn Hauptverben der Englischen,* Halle, Niemeyer, 1952, 605 p.

Klaus (Georg), *Semiotik und Erkenntnistheorie,* Berlin, Deutsche Verlag der Wissenschaften, 1963, 1964 p.

Kleiber (Georges), *Problèmes de référence. Descriptions définies et noms propres,* Paris, Klincksieck, 1981.
Du côté de la référence verbale. Les Phrases habituelles, Berne, P. Lang, 1987.
la Sémantique du prototype, Paris, P.U.F., 1990, 208 p.

Kleiber (Georges) et Tyvaert (Jean-Emmanuel) [éds], *l'Anaphore et ses domaines,* Paris, Klincksieck, 1990, 402 p.

Klein (Wolfgang), *l'Acquisition de langue étrangère,* Paris, A. Colin, 1989, 256 p.

Klein (W.) et Dittmar (N.), *Developing Grammars,* Berlin, Springer, 1979.

Klum (Arne), *Verbe et adverbe,* Uppsala, 1961.

Koch (Walter A.), *Recurrence and a Three-Modal Approach to Poetry,* La Haye, Mouton, 1966, 57 p.

Kolšanskij (G. B.), *Logique et structure de la langue,* en russe, Moscou, 1965.

Korzybski (Alfred), *Science and Sanity, An Introduction to Non-Aristotelian Systems and General Semantics,* New York, Science Press, 1933 ; 4e éd., Lakeville, Connect., Institute of General Semantics, 1958, 806 p.

Kotarbiński (Tadeusz), *Éléments de la théorie de la connaissance, de la logique formelle et de la méthodologie des sciences,* en polonais, Varsovie, 1929 ; 2e éd., 1961.

Koutsoudas (Andreas), *Writing Transformational Grammars,* New York, McGraw-Hill, 1967.

Krashen (S.), *Second Language Acquisition and Second Language Learning,* Oxford, Pergamon Press, 1981, 151 p.

Krenn (Herwig) et Müllner (Klaus), *Bibliographie zur Transformationsgrammatik,* Heidelberg, Winter, 1968.

Kripke (Saul), *la Logique des noms propres,* trad. P. Jacob et F. Recanati, Paris, Éd. de Minuit, 1982, 176 p.

Kristeva (Julia), *Recherches pour une sémanalyse, Sêmeiôtikè,* Paris, Le Seuil, 1969, 384 p.
le Texte du roman, La Haye, Mouton, 1971, 209 p.

Kristeva (Julia), Milner (Jean-Claude) et Ruwet (Nicolas) [éds], *Langue, discours, société. Pour Émile Benveniste,* Paris, Éd. du Seuil, 1975, 400 p.

Kristeva (Julia), Rey-Debove (Josette) et Umiker (Donna Jean) [eds.], *Essays in Semiotics. Essais de semiotique,* La Haye, Mouton, 1971, 649 p.

Kronasser (Heinz), *Handbuch der Semasiologie,* Heildelberg, Carl Winter, 1952, 204 p.

Kukenheim (Louis), *Contribution à l'histoire de la grammaire italienne, espagnole et française à l'époque de la Renaissance,* Amsterdam, North-Holland, 1932.
Esquisse historique de la linguistique française et de ses rapports avec la linguistique générale, Leyde, Universitare Pers, 1962, 205 p.

Küng (Guido), *Ontologie und logistiche Analyse der Sprache,* Vienne, Springer, 1963 ; trad. anglaise, *Ontology and the Logistic Analysis of Language,* Dordrecht, Reidel, 1967, 210 p.

Kuroda (S.-Y.), *Aux quatre coins de la linguistique,* Paris, Éd. du Seuil, 1979, 286 p.

Kurylowicz (Jerzy), *Études indo-européennes,* I, Cracovie, 1935, 294 p.
Esquisses linguistiques, Varsovie et Cracovie, Polska Akadema Nauk, 1960.
The Inflexional Categories of Indo-European, Heidelberg, Carl Winter, 1964.

Labov (William), *The Social Stratification of English in New York City,* Washington, D.C., Center of Applied Linguistics, 1966, 655 p.
Sociolinguistique, Paris, Éd. de Minuit, 1976 ; trad. de *Sociolinguic Patterns,* University of Pennsylvania Press, 1972, 344 p.
le Parler ordinaire, la langue dans les ghettos noirs des États-Unis, Paris, Éd. de Minuit, 1979 ; nouv. éd., 1993, 250 p.

Lacan (Jacques), *Écrits,* Paris, Le Seuil, 1966, 912 p.

Ladefoged (Peter), *Elements of Acoustic Phonetics,* Chicago, University of Chicago Press, et Édimbourg, University of Edinburg Press, 1962.
Three Areas of Experimental Phonetics, Londres, Oxford University Press, 1967, 180 p.

Lado (Robert), *Language Testing,* Londres, Longmans, 1961, 389 p.
Language Teaching : A Scientific Approach, New York, McGraw-Hill, 1964, 239 p.

Lafon (Jean-Claude), *Message et phonétique,* Paris, P.U.F., 1961, 168 p.

Lafont (R.), *le Travail et la langue,* Paris, Flammarion, 1978.

Lakoff (George), *Irregularity in Syntax,* New York, Holt, Rinehart and Winston, 1970, 207 p.
Linguistics and Natural Logic, Synthese 22, 1970, repris dans D. Davidson and G. Harman, (eds.), *Semantics of Natural Language,* Dordrecht, Reidel, 1972 ; trad. fr. Paris, Klincksieck, 1976, 137 p.

Lakoff (George) et Johnson (Mark), *les Métaphores dans la vie quotidienne,* trad. M. de Fornel, Paris, Éd. de Minuit, 1986, 256 p.

Lamb (Sidney M.), *Outline of Stratificational Grammar,* Washington, D.C., Georgetown University Press, 1966.

Lambert (Karel) [ed.], *The Logical Way of Doing Things,* New Haven, N.J., Yale University Press, 1969, 325 p.

Lamérand (Raymond), *Syntaxe transformationnelle des propositions hypothétiques du français parlé,* Bruxelles, AIMAV, 1970, 157 p.

Landar (H.), *Language and Culture,* Londres, Oxford University Press, 1966.

Langacker (Ronald W.), *Language and its Structure,* New York, Harcourt, Brace and World, 1968, 372 p.
Foundations of Cognitive Grammar I, Standford, Standford University Press, 1987.

Langendoen (D. Terence), *The Study of Syntax. The Generative Transformational Approach to the Structure of American English,* New York, Holt, Rinehart and Winston, 1969, 174 p.
Essentials of English Grammar, New York, Holt, Rinehart and Winston, 1970, 223 p.

Larose (Robert), *Théories contemporaines de la traduction,* Québec, Presses de l'Université, 1989, 336 p.

Larousse (Pierre), *Grand Dictionnaire universel,* Paris, Larousse, 1866-1876, 17 vol.

Larreya (Paul), *le Possible et le nécessaire. Modalités et auxiliaires modaux en anglais britannique,* Paris, Nathan, 1984, 380 p.

Lasnik (Howard), *Essays on Anaphora,* Dordrecht, Kluwer Academic Publishers, 1989, 180 p.

Lausberg (Heinrich), *Romanische Sprachwissenschaft,* Berlin, W. de Gruyter, 1956, 2 vol.
Handbuch der literarischen Rhetorik, Munich, Hueber, 1960, 601 p.

Lecomte (Alain) [éd.], *l'Ordre des mots dans les grammaires catégorielles,* Paris, Adosa, 1992, 269 p.

Lecomte (Gérard), *Grammaire de l'arabe,* Paris, P.U.F., « Que sais-je ? », 1967.

Lederer (Marianne) [éd.], *Études traductologiques,* Paris, Lettres modernes, 1990, 286 p.

Lees (Robert B.), *The Grammar of English Nominalizations,* Bloomington, Indiana, Indiana University Press, 1963 ; 4e éd., La Haye, Mouton, 1966, 205 p.
The Phonology of Modern Standard Turkish, Bloomington, Indiana, Indiana University Press, 1964.

Lehiste (Ilse), *Acoustic Characteristics of Selected English Consonants,* La Haye, Mouton, 1964, 197 p.
Some Acoustic Characteristics of Dysarthric Speech, New York, Phiebig, 1965, 142 p.
Readings in Acoustic Phonetics, Cambridge, Mass., MIT Press, 1967, 358 p.

Lehmann (Winfred P.) [ed.], *A Reader in Nineteenth Century Historical Indo-European Linguistics,* Bloomington, Indiana University Press, 1967.

Lehmann (Winfred P.) et Malkiel (Yakov) [eds.], *Directions for Historical Linguistics : a Symposium,* Austin, Texas, University Press, 1968.

Leisi (Ernst), *Der Wortinhalt, seine Struktur im Deutschen und Englischen,* Heidelberg, 1953.

Lemaréchal (Alain), *les Parties du discours, sémantique et syntaxe,* Paris, P.U.F., 1989, 272 p.

Lempereur (Alain) [éd.], *l'Argumentation,* Bruxelles, Mardaga, 1991, 224 p.

Lenneberg (Eric Heinz) [ed.], *New Directions in the Study of Language,* Cambridge, Mass., MIT Press, 1964, 194 p.
The Biological Foundations of Language, New York, Wiley, 1967, 489 p.

Lenneberg (Eric H.) et Roberts (John M.), *The Language of Experience. A Study in Methodology,* Bloomington, Indiana, Indiana University Press, 1956.

Le Ny (Jean-François), *Science cognitive et compréhension du langage,* Paris, P.U.F., 1989.
la Sémantique psychologique, Paris, P.U.F., 1990.

Léon (Pierre R.), *Laboratoire de langues et correction phonétique. Essai méthodologique,* Philadelphie, Chilton Co., et Paris, Didier, 1962 ; 2e éd., 1968, 275 p.
Essais de phonostylistique, Paris, Didier, 1971, 186 p.

Léon (Pierre R.) et Martin (Philippe), *Prolégomènes à l'étude des structures intonatives,* Paris, Didier, 1970, 226 p.

Léon (Pierre), Schogt (Henry) et Burstynsky (Edward), *la Phonologie,* Paris, Klincksieck, 1977, 344 p.

Leopold (Werner F.), *Speech Development of a Bilingual Child. A Linguistic Record,* Evanston, Illinois, North-western University Press, 1939-1949, 4 vol.
Bibliography of Child Language, Evanston, Illinois, Northwestern University Press, 1952, 116 p.

Lepschy (Giulio C.), *La linguistica strutturale,* Turin, Einaudi, 1966 ; trad. fr., *la Linguistique structurale,* Paris, Payot, 1966, 240 p.

Leroi-Gourhan (André), *le Geste et la parole,* Paris, A. Michel, 1964-1965, 2 vol.

Lerond (Alain), *l'Habitation en Wallonie malmédienne (Ardenne belge). Étude dialectologique. Les Termes d'usage courant,* Paris, Les Belles Lettres, 1963, 504 p.

Leroux (Robert), *l'Anthropologie comparée de Guillaume de Humboldt,* Paris, Les Belles Lettres, 1958, 72 p.

Leroy (Maurice), *les Grands Courants de la linguistique moderne,* Bruxelles, Presses universitaires de Bruxelles, et Paris, P.U.F., 1964, 198 p.

Lersch (Laurenz), *Die Sprachphilosophie der Alten,* Bonn, 1838-1841, 3 vol.

Lester (Mark) [ed.], *Readings in Applied Transformational Grammar,* New York, Holt, Rinehart and Winston, 1970, 314 p.

Introductory Transformational Grammar of English, New York, Holt, Rinehart and Winston, 1971, 335 p.
Levi (Judith N.), *The Syntax and Semantics of Complex Nominals,* New York, Academic Press, 1978, 301 p.
Levin (Samuel R.), *Linguistic Structures in Poetry,* La Haye, Mouton, 1962 ; 3e éd., 1969, 64 p.
Levinson (S. C.), *Pragmatics,* Cambridge, Cambridge University Press, 1983.
Lévi-Strauss (Claude), *Anthropologie structurale,* Paris, Plon, 1958, 454 p.
Levitt (Jesse), *The « Grammaire des grammaires » of Girault-Duvivier,* La Haye, Mouton, 1968, 338 p.
Lewis (Morris Michael), *Infant Speech, a Study of the Beginnings of Speech,* New York, Harcourt and Brace, 1936, 335 p.
Lexicologie et lexicographie françaises et romanes. Orientations et exigences actuelles [Actes du colloque de Strasbourg, 12-16 nov. 1957], Paris, C.N.R.S., 1959, 293 p.
Lieb (Hans Heinrich), *Sprachstudium und Sprachsystem ; Umrisse einer Sprachtheorie,* Stuttgart, Kohlhammer, 1970, 306 p.
Lieberman (Philip), *Intonation, Perception and Language,* Cambridge, Mass., MIT Press, 1967, 210 p.
Lieberson (Stanley) [ed.], *Explorations in Sociolinguistics,* New York, Humanities, 1967, 191 p.
Lindkvist (Karl Gunnar), *Studies on the Local Sense of the Prepositions « in, at, on and to » in Modern English,* Lund, Gleerup et Copenhague, Munksgaard, 1950, 428 p.
Linsky (Leonard) [ed.], *Semantics and the Philosophy of Language,* Urbana, Illinois, University of Illinois Press, 1952, 289 p.
Referring, New York, Humanities, 1967.
Littré (Émile), *Dictionnaire de la langue française,* Paris, Hachette, 1863-1872, 5 vol.
Livet (Charles Louis), *la Grammaire française et les grammairiens au XVIe siècle,* Paris, Didier, 1859, 536 p.
Ljudskanov (A.), *Traduction humaine et traduction mécanique,* Paris, Dunod, 1969, 2 vol.
Lockwood (David G.), *Introduction to Stratificational Linguistics,* New York, Harcourt Brace, 1972, 260 p.
Lohmann (Johannes), *Philosophie und Sprachwissenschaft,* Berlin, Duncker und Humblot, 1965, 297 p.
Longacre (Robert E.), *Grammar Discovery Procedures,* La Haye, Mouton, 1964.
The Grammar of Discourse, New York, Plenum, 1983.
Lorian (Alexandre), *l'Expression de l'hypothèse en français moderne : antéposition et postposition,* Paris, Minard, 1964, 128 p.
Lotman (J. M.), *Leçons sur la poétique structurale,* en russe, Tartu, 1964.
Louis (Pierre) et Roger (Jacques) [éds], *Transfert de vocabulaire dans les sciences,* Paris, Éd. du C.N.R.S., 1988, 340 p.
Luce (R. Duncan), Bush (Robert R.) et Galanter (Eugene) [eds.], *Handbook of Mathematical Psychology,* New York, Wiley, 1963, 3 vol., 490, 537 et 606 p.
Lukasiewicz (Jan), *Aristotle's Syllogistic from the Standpoint of Modern Formal Logic,* Oxford, Clarendon Press, 1951 ; 2e éd., 1957.
Lunt (Horace G.) [ed.], *Proceedings of the Ninth International Congress of Linguists* [Cambridge, Mass., 27-31 août 1962], La Haye, Mouton, 1964, 1174 p.
Luriya (Aleksandr Romanovitch), *The Role of Speech in the Regulation of Normal and Abnormal Behavior,* trad. du russe, Oxford, Pergamon, 1961, 100 p.
Traumatic Aphasia : Its Syndromes, Psychology and Treatment, trad. du russe, La Haye, Mouton, 1970, 479 p.

(ed.) *The Mentally Retarded Child,* trad. du russe, Oxford, Pergamon, 1963, 207 p.

Luriya (Aleksandr Romanovitch) et Yudovich (F. I.), *Speech and the Development of Mental Processes in the Child,* trad. du russe, Londres, Staples Press, 1959, 126 p.

Lyons (John), *Structural Semantics. An Analysis of Part of the Vocabulary of Plato,* Oxford, Blackwell, 1963, 237 p.

Introduction to Theoretical Linguistics, Cambridge, Cambridge University Press, 1968, 519 p. ; trad. fr. *Linguistique générale. Introduction à la linguistique théorique,* Paris, Larousse, 1970, 384 p.

Chomsky, Londres, Collins, 1970, 120 p. ; trad. fr. Paris, Seghers, 1971, 183 p.

Semantics I, Cambridge, University Press, 1977 ; trad. fr. *Éléments de sémantique,* par J. Durand, Paris, Larousse, 1978, 296 p.

Semantics II, Cambridge, University Press, 1978 ; trad. fr. *Sémantique linguistique,* par J. Durand et D. Boulonnais, Paris, Larousse, 1980, 496 p.

(ed.) *New Horizons in Linguistics,* Harmondsworth, Penguin, 1970, 367 p.

Lyons (John) et Wales (Roger J.) [eds.], *Psycholinguistics Papers : The Proceedings of the Edinburgh Conference,* Édimbourg, University Press, 1966, 243 p

McCawley (James D.), *The Phonological Component of a Grammar of Japanese,* La Haye, Mouton, 1968, 208 p.

Grammar and Meaning, New York, Academic Press, 1976, 388 p.

Everything that Linguists have always wanted to know about Logic, Chicago, The University of Chicago Press, 1981, 508 p.

McIntosh (Angus), *An Introduction to a Survey of Scottish Dialects,* Édimbourg, Nelson, 1952.

McIntosh (Angus) et Halliday (Michael Alexander Kirkwood), *Patterns of Language : Papers in General Descriptive and Applied Linguistics,* Londres, Longmans, 1966, 199 p.

McNeill (David), *The Acquisition of Language. The Study of Developmental Psycholinguistics,* New York, Harper and Row, 1970, 183 p.

Magnusson (Rudolf), *Studies in the Theory of the Parts of Speech,* Lund, Gleerup et Copenhague, Munksgaard, 1954, 120 p.

Mahmoudian (M.), *Linguistique fonctionnelle : débats et perspectives,* Paris, P.U.F., 1980, 344 p.

Mainguenau (Dominique), *Initiation aux méthodes de l'analyse du discours. Problèmes et perspectives,* Paris, Hachette, 1976, 192 p.

Approche de l'énonciation en linguistique française, Paris, Hachette, 1981.

Genèses du discours, Bruxelles, Mardaga, 1984.

l'Analyse du discours, Paris, Hachette, 1991, 268 p.

Malherbe (Michel), *les Langages de l'humanité,* Paris, Seghers, 1983, 444 p.

Malmberg (Bertil), *la Phonétique,* Paris, P.U.F., « Que Sais-je ? », 1954 ; rééd. en 1993, 128 p.

Structural Linguistics and Human Communication, Berlin, Springer, 1963, 210 p.

New Trends in Linguistics, Stockholm, 1964 ; trad. fr. *les Nouvelles Tendances de la linguistique,* Paris, P.U.F., 1966, 343 p.

les Domaines de la phonétique, en suédois, Stockholm, 1969 ; trad. fr. P.U.F., 1971, 300 p.

Phonétique générale et romane, La Haye, Mouton, 1971, 478 p.

le Langage, signe de l'humain, Paris, Picard, 1979, 292 p.

Histoire de la linguistique, Paris, P.U.F., 1991, 496 p.

(ed.) *A Manual of Phonetics,* Amsterdam, North-Holland, 1968.

Marcellesi (Jean-Baptiste), *le Congrès de Tours, études sociolinguistiques,* Paris, Le Pavillon-Roger Maria, 1971, 357 p.

Marcellesi (Jean-Baptiste) et Gardin (Bernard), *Introduction à la sociolinguistique,* Paris, Larousse, 1974, 264 p.

Marchand (Hans), *The Categories and Types of Present-Day English Word Formation,* Wiesbaden, O. Harrassowitz, 1960, 379 p.

Marchello-Nizia (C.), *Histoire de la langue française aux* XIVe *et* XVe *siècles,* Paris, Bordas, 1979 ; nouv. éd., Dunod, 1993, 384 p.

Marcus (Mitchel P.), *A Theory of Syntactic Recognition for Natural Language,* Cambridge, Mass., MIT Press, 1980, 336 p.

Marcus (Solomon), *Linguistica Matematică,* Bucarest, 1963 ; nouv. éd., *Introduction mathématique à la linguistique structurale,* Paris, Dunod, 1967, 292 p.
Grammatici si automate finite, Bucarest, 1964.
Poetica Matematică, Bucarest, Ed. academiei, 1970, 400 p.

Marin (Louis), *Le récit est un piège,* Paris, Éd. de Minuit, 1978, 152 p.

Marouzeau (Jules), *la Linguistique ou Science du langage,* Paris, Geuthner, 1921 ; 3e éd. 1950, 127 p.
Lexique de la terminologie linguistique, Paris, Geuthner, 1931 ; 3e éd. 1951, 265 p.
Précis de stylistique française, Paris, Masson, 1940, 174 p.

Marr (Nikolai Iakovlevitch), *Der Japhetische Kaukasus und das dritte ethnische Element im Bildungsprozess der mittelandischen Kultur,* en russe, Moscou, 1920 ; trad. allemande, Stuttgart, Kohlhammer, 1923, 76 p.

Martin (Richard Milton), *Truth and Denotation, a Study in Semantical Theory,* Chicago, University Press, 1958, 304 p.

Martin (Robert), *le Mot « rien » et ses concurrents en français, du* XIVe *siècle à l'époque contemporaine,* Paris, Klincksieck, 1966, 340 p.
Temps et Aspect. Essai sur l'emploi des temps narratifs en moyen français, Klincksieck, 1971, 451 p.
Pour une logique du sens, Paris, P.U.F., 1983.
Langage et croyance, Bruxelles, Mardaga, 1987.

Martinet (André), *Phonology as Functional Phonetics,* Londres, Oxford University Press, 1949.
la Prononciation du français contemporain 1945, Genève, Droz, 1954 ; 2e éd., 1971, 249 p.
Économie des changements phonétiques. Traité de phonologie diachronique, Berne, A. Francke, 1955 ; 2e éd., 1964, 396 p.
la Description phonologique, avec application au parler franco-provençal d'Hauteville (Savoie), Genève, Droz, et Paris, Minard, 1956, 109 p.
Éléments de linguistique générale, Paris, A. Colin, 1960 ; 3e éd., 1991, 224 p.
A Functional View of Language, Oxford, Clarendon Press, 1962 ; trad. fr. *Langue et Fonction,* Paris, Gonthier, 1971, 224 p.
la Linguistique synchronique, études et recherches, Paris, P.U.F., 1965, 248 p.
le Français sans fard, Paris, P.U.F., 1969, 224 p.
Grammaire fonctionnelle du français, Paris, Credif, 1979, 276 p.
Des steppes aux océans. L'Indo-Européen et les Indo-Européens, Paris, Payot, 1986, 274 p.
Syntaxe générale, Paris, A. Colin, 1985, 224 p.
Fonction et dynamique des langues, Paris, A. Colin, 1989, 208 p.
Mémoires d'un linguiste, Paris, Quai Voltaire, 1993, 300 p.
(éd.) *le Langage,* Paris, Gallimard, « Encycl. de la Pléiade », 1968, 1544 p.
(éd.) *Linguistique, guide alphabétique,* Paris, Denoël-Gonthier, 1969, 490 p.

Martinet (André) et Walter (Henriette), *Dictionnaire de la prononciation française dans son usage réel,* Paris, France-Expansion, 1973, 932 p.

Martinet (André) et Weinreich (Uriel) [eds.], *Linguistics to day,* New York, Linguistic Circle of New York, 1954, 280 p.

Marty (Anton), *Untersuchungen zur Grundlegung der allgemeinen Grammatik und Sprachphilosophie,* Halle, H. Niemeyer, 1908.

Psyche und Sprachstruktur, Berne, Francke, 1940.

Mathiot (Madeleine), *An Approach to the Cognitive Study of Language,* New York, Humanities, 1968.

Matoré (Georges), *le Vocabulaire et la Société sous Louis-Philippe,* Genève, Droz, 1951, 371 p.
la Méthode en lexicologie. Domaine français, Paris, Didier, 1953 ; nouv. éd., 1963, 127 p.
l'Espace humain, Paris, La Colombe, 1962, 208 p.
Histoire des dictionnaires français, Paris, Larousse, 1968, 208 p.

Maurer (K.) [ed.], *Poetica. Zeitschrift für Sprach und Literaturwissenschaft,* Munich, Fink, 1967 et suiv.

May (Robert) et Koster (Jan) [eds.], *Levels of Syntactic Representation,* Dordrecht, Foris Publications, 1981, 302 p.

Mazaleyrat (Jean) et Molinié (Georges), *Vocabulaire de la stylistique.* Paris, P.U.F., 1989, 379 p.

Mehler (Jacques) [ed.], *Cognitive Psychology Handbook,* Englewood Cliffs, New Jersey, Prentice-Hall, 1970.

Meigret (Louis), *le Tretté de la grammaire française,* Paris, 1550.

Meillet (Antoine), *Introduction à l'étude comparative des langues indo-européennes,* Paris, Hachette, 1903 ; 8ᵉ éd., 1937, réimpr. 1964.
les Dialectes indo-européens, Paris, Champion, 1908 ; 2ᵉ éd. 1922, 142 p.
Aperçu d'une histoire de la langue grecque, Paris, Hachette, 1913 ; 7ᵉ éd., Klincksieck, 1965, 344 p.
Caractères généraux des langues germaniques, Paris, Hachette, 1917 ; 7ᵉ éd., 1949, 242 p.
les Langues dans l'Europe nouvelle, Paris, Payot, 1918 ; 2ᵉ éd., 1923.
Linguistique historique et linguistique générale, Paris, Champion et Klincksieck, 1921-1936, 2 vol. ; t. I, 335 p., rééd., 1958 ; t. II, 235 p., rééd., 1952.
la Méthode comparative en linguistique, Paris et Oslo, 1925, rééd. Champion, 1966, 117 p.
Esquisse d'une histoire de la langue latine, Paris, Hachette, 1928 ; nouv. éd. avec une bibliographie par J. Perrot, Klincksieck, 1966, 296 p.

Meillet (Antoine) et Cohen (Marcel) [éds], *les Langues du monde,* Paris, Champion, 1924 ; 2ᵉ éd., C.N.R.S., 1952, 1 296 p.

Meillet (Antoine) et Vendryes (Joseph), *Traité de grammaire comparée des langues classiques,* Paris, Champion, 1924 ; 3ᵉ éd., 1963.

Mel'čuk (I. A.), *Analyse syntaxique automatique,* en russe, Novosibirsk, 1964.
Dictionnaire explicatif et combinatoire du français contemporain ; recherches lexico-sémantiques, I, Montréal, Presses de l'Université, 1984.

Ménage (Gilles), *Observations sur la langue française,* Paris, 1672.

Menyuk (Paula), *Sentence Children Use,* Cambridge, Mass., MIT Press, 1969, 165 p.

Meschonnic (Henri), *Pour la poétique. Essai,* Paris, N.R.F. Gallimard, 1970, 180 p. ; tome II, *Épistémologie de l'écriture. Poétique de la traduction,* 1973 ; tome III, *Une parole écriture,* 1973 ; tome IV (2 vol.), 1977.
Des mots et des mondes. Dictionnaires, encyclopédies, grammaires, nomenclatures, Paris, Hatier, 1991, 311 p.
(éd.), *le Langage comme défi,* Presses universitaires de Vincennes, 1992, 290 p.

Méthodes de la grammaire. Tradition et nouveauté [Actes du colloque tenu à Liège, 18-20 nov. 1964], Paris, Les Belles Lettres, 1966, 195 p.

Metz (Christian), *Essais sur la signification au cinéma,* Paris, Klincksieck, 1967, 246 p.
Langage et cinéma, Paris, Larousse, 1971, 224 p.

Meyer-Lübke (Wilhelm), *Grammatik der romanischen Sprachen,* Leipzig, Reisland, 1890-1906, 4 vol.

Einführung in das Studium der romanischen Sprachwissenschaft, Heidelberg, Carl Winter, 1901, 224 p.
Historische Grammatik der französischen Sprache, Heidelberg, Carl Winter, 1913.

Michaels (L.) et Ricks (C.), *The State of the Language,* Stanford, California University Press, 1980, 624 p.

Milic (Louis T.), *Style and Stylistics. An annotated Bibliography,* New York, Free Press, 1968.

Miller (George A.), *Language and Communication,* New York, McGraw-Hill, 1951 ; trad. fr. *Langage et Communication,* Paris, P.U.F., 1956, 404 p.

Miller (George A.) et Galanter (Eugene), *Plans and the Structure of Behavior,* New York, Holt and Co., 1960.

Miller (Philippe) et Torris (Thérèse), *Formalismes syntaxiques pour le traitement automatique du langage,* Paris, Hermès, 1992, 360 p.

Miller (Robert L.), *The Linguistic Relativity Principle and Humboldtian Ethnolinguistics,* La Haye, Mouton, 1968, 127 p.

Milner (Jean-Claude), *De la syntaxe à l'interprétation. Quantités, insultes, exclamations,* Paris, Éd. du Seuil, 1978, 408 p.
Ordres et raisons de langue, Paris, Éd. du Seuil, 1982.
l'Amour de la langue, Paris, Éd. du Seuil, 1978.
les Noms indistincts, Paris, Éd. du Seuil, 1983.
Introduction à une science du langage, Paris, Éd. du Seuil, 1989, 710 p.

Misra (Vidya Niwas), *The Descriptive Technique of Pānini,* La Haye, Mouton, 1967, 175 p.

Mitterand (Henri), *les Mots français,* Paris, P.U.F., « Que sais-je ? », 1960.

Moeschler (J.), *Dire et Contredire. Pragmatique de la négation et acte de réfutation dans la conversation,* Berne-Francfort, Peter Lang, 1982.
Modélisation du dialogue. Représentation de l'inférence argumentative, Paris, Hermès, 1989.
Argumentation et conversation. Éléments pour une analyse pragmatique du discours, Paris, Hatier, 1985.

Mohrmann (Christine), Sommerfelt (Alf) et Whatmought [eds.], *Trends in European and American Linguistics, 1930-1960,* Anvers et Utrecht, Spectrum, 1961.

Mohrmann (Christine), Norman (F.) et Sommerfelt (Alf) [eds.], *Trends in Modern Linguistics,* Anvers et Utrecht, Spectrum, 1963, 118 p.

Moignet (Gérard), *Essai sur le mode subjonctif en latin post-classique et en ancien français,* Paris, P.U.F., 1959, 2 vol.
les Signes de l'exception dans l'histoire du français, Genève, Droz, 1959, 248 p.
l'Adverbe dans la locution verbale, Québec, Presses de l'Université Laval, 1961, 36 p.
le Pronom personnel français. Essai de psycho-systématique historique, Paris, Klincksieck, 1965, 180 p.

Moirand (Sophie), *Une histoire de discours. Une analyse des discours de la revue « le Français dans le monde », 1961-1981,* Paris, Hachette, 1988, 802 p.

Mok (Quirinus Ignatius Maria), *Contribution à l'étude des catégories morphologiques du genre et du nombre dans le français parlé actuel,* Paris, Mouton, 1968, 159 p.

Moles (Abraham), *Théorie de l'information et perception stylistique,* Paris, Flammarion, 1958, 224 p.

Moles (Abraham) et Vallancien (B.), *Phonétique et Phonation,* Paris, Masson, 1966, 258 p.
(éds) *Communications et langages,* Paris, Gauthier-Villars, 1963, 215 p.

Moles (sous la direction d'Abraham), assisté de Zeltmann (Claude), *la Communication,* Paris, Centre d'étude et de promotion de la lecture, 1971, 576 p.

Molho (Maurice), *Linguistique et Langage,* Bordeaux, Ducros, 1969, 164 p.

Molinié (Georges), *Éléments de stylistique française,* Paris, P.U.F., 1987, 224 p.

Monnerot-Dumaine (Maurice), *Précis d'interlinguistique générale et spéciale,* Paris, Maloine, 1959, 211 p.

Montague (Richard), *Formal philosophy. Selected Papers of Richard Montague,* éd. par R. H. Thomason, New Haven, Yale University Press, 1974.

Morel (Mary-Annick) et Danon-Boileau (Laurent) [éds], *la Deixis,* Paris, P.U.F., 1992, 672 p.

Morier (Henri), *Dictionnaire de poétique et de rhétorique,* Paris, P.U.F., 1961, 492 p.

Morris (Charles W.), *Signs, Language and Behavior,* Englewood Cliffs, N.J., Prentice-Hall, 1946 ; nouv. éd., 1955, 365 p.
Signification and Signifiance, Cambridge, Mass., MIT Press, 1964.

Moser (Hugo), *Deutsche Sprachgeschichte,* Stuttgart, 1957.

Motsch (Wolfgang), *Syntax des deutschen Adjektivs,* Berlin, Akademie Verlag, 1966.

Mouloud (Noël), *Langage et Structures,* Paris, Payot, 1969, 252 p.

Mounin (Georges), *les Problèmes théoriques de la traduction,* Paris, Gallimard, 1963, 297 p.
la Machine à traduire. Histoire des problèmes linguistiques, La Haye, Mouton, 1964, 209 p.
Histoire de la linguistique, des origines au XXe siècle, Paris, P.U.F., 1967 ; 2e éd., 1970.
Clefs pour la linguistique, Paris, Seghers, 1968, 190 p. ; nouv. éd. 1971.
Saussure ou le Structuraliste sans le savoir, Paris, Seghers, 1968, 191 p.
Introduction à la sémiologie, Paris, Éd. de Minuit, 1970, 251 p.
Clefs pour la sémantique, Paris, Seghers, 1972, 268 p.
Dictionnaire de la linguistique, Paris, P.U.F., 1974, 340 p.
Linguistique et philosophie, Paris, P.U.F., 1975, 216 p.
la Linguistique du XXe siècle, Paris, P.U.F., 1975, 256 p.

Mowrer (Orval Hobart), *Learning Theory and the Symbolic Processes,* New York, Wiley, 1960.

Mulder (Johannes W. F.), *Sets and Relations in Phonology. An Axiomatic Approach to the Description of Speech,* Oxford, Clarendon Press, 1968, 259 p.

Muller (Bodo), *le Français d'aujourd'hui,* Paris, Klincksieck, 1985, 302 p.

Muller (Charles), *Essai de statistique lexicale : « l'Illusion comique »,* Paris, Klincksieck, 1964, 204 p.
Étude de statistique lexicale : le vocabulaire du théâtre de Pierre Corneille, Paris, Larousse, 1967, 380 p.
Initiation à la statistique linguistique, Paris, Larousse, 1968, 249 p.

Muller (Claude), *la Négation en français. Syntaxe, sémantique et éléments de comparaison avec les autres langues romanes,* Genève, Droz, 1991, 470 p.

Mundle (C. W. K.), *A Critique of Linguistic Philosophy,* Londres, Oxford University Press, 1970, 292 p.

Mynarek (Hubertus), *Mensch und Sprache, über Ursprung und Wesen der Sprache in ihrer anthropologischen Valenz,* Fribourg, Herder, 1967, 160 p.

Nash (Rose), *Multilingual Lexicon of Linguistics and Philology : English, German, Russian, French,* Paris, Klincksieck, 1969, 390 p.

Nef (F.), *Sémantique et référence temporelle en français moderne,* Berne, Peter Lang, 1986.

Nida (Eugene Albert), *Morphology : the Descriptive Analysis of Words,* Ann Arbor, Michigan, University Press, 1949, 342 p.
Outline of Descriptive Syntax, Glendale, Calif., 1951.
Message and Mission, the Communication of Christian Faith, New York, Harper and Row, 1960.
A Synopsis of English Syntax, Norman, Oklahoma, Summer Institute of Linguistics, 1960 ; 2e éd., La Haye, Mouton, 1966, 174 p.
Towards a Science of Translating, Leyde, Brill, 1964, 331 p.

Nique (Christian), *Grammaire générative : hypothèses et argumentation,* Paris, A. Colin, 1978, 208 p.
Initiation méthodique à la grammaire générative, Paris, A. Colin, 1991, 176 p.

Nolan (R.), *Foundations for an Adequate Criterion of Paraphrase,* La Haye, Mouton, 1970.

Nyrop (Kristoffer), *Grammaire historique de la langue française,* Copenhague, Gyldendal, 1899-1930, 6 vol.
Études de grammaire française, Copenhague, Höst, 1919-1929, 7 vol.

Oettinger (Anthony G.), *Automatic Language Translation,* Cambridge, Mass., Harvard University Press, 1960.

Ogden (Charles Kay), *Opposition,* Londres, P. Kegan, 1932 ; rééd., Bloomington, Indiana, University Press, 1967, 103 p.

Ogden (Charles Kay) et Richards (Ivor Armstrong), *The Meaning of Meaning,* Londres, P. Kegan, 1923 ; 8e éd., Routledge et Kegan, 1946.

Ohman (Suzanne), *Wortinhalt und Weltbild,* Stockholm, 1951.

Oldfield (Richard Charles) et Marshall (J. C.) [eds.], *Language : Selected Readings,* Harmondsworth, Penguin Books, 1968, 392 p.

Olshewsky (Thomas M.) [ed.], *Problems in the Philosophy of Language,* New York, Holt, Rinehart and Winston, 1969, 774 p.

Olsson (Yngre), *On the Syntax of the English Verb : with Special Reference to « have a Look » and Similar Complex Structures,* Stockholm et Uppsala, Gothenburg, 1961.

Ombrédane (André), *l'Aphasie et l'élaboration de la pensée explicite,* Paris, P.U.F., 1951, 444 p.

Orrick (Allan H.), *Nordica et Anglica : Studies in Honor of Stefan Einarsson,* La Haye, Mouton, 1968, 196 p.

Ortigues (Edmond), *le Discours et le Symbole,* Paris, Aubier, 1962.

Osgood (Charles Egerton), *Method and Theory in Experimental Psychology,* Londres, Oxford University Press, 1953, 800 p.

Osgood (Charles Egerton) et coll., *The Measurement of Meaning,* Urbana, Illinois, University Press, 1957, 342 p.

Osgood (Charles Egerton) et Sebeok (Thomas A.) [eds.], *Psycholinguistics. A Survey of Psycholinguistic Research, 1954-1964,* Bloomington, Indiana University Press, 1965, 307 p.

Osthoff (Hermann), *Das Verbum in der Nominalkomposition im Deutschen, Griechischen, Slavischen und Romanischen,* Iéna, 1878, 372 p.
Zur Geschichte des Perfects in Indogermanischen, mit besonderer Rücksicht auf Griechisch und Lateinisch, Strasbourg, Trübner, 1884, 653 p.

Osthoff (Hermann) et Brugmann (Karl), *Morphologische Untersuchungen auf dem Gebiete der indogermanischen Sprachen,* Leipzig, Hirzel, 1878-1910, 3 vol.

Pagès (Robert), *le Langage, textes et documents philosophiques,* Paris, Hachette, 1959, 96 p.

Paget (Richard Arthur Surtees), *Human Speech,* Londres, Kegan, 1930, 360 p.

Palmer (Frank Robert), *A Linguistic Study of the English Verb,* Londres, Longmans, 1965 ; 3e éd., 1968, 199 p.
(ed.) *Prosodic Analysis,* Londres, Oxford University Press, 1971, 284 p.

Pap (Arthur), *Elements of Analytic Philosophy,* New York, Macmillan, 1949, 526 p.
An Introduction to the Philosophy of Science, Glencoe, Illinois, Free Press, 1962.

Papp (Ferenc), *Mathematical Linguistics in the Soviet Union,* La Haye, Mouton, 1966, 165 p.

Paquot (Annette), *les Québécois et leurs mots,* Québec, Presses de l'Université Laval, 1989.

Pariente (Jean-Claude), *le Langage et l'individuel,* Paris, A. Colin, 1972, 312 p.
l'Analyse du langage à Port-Royal, Paris, Éd. de Minuit, 1985, 388 p.

(éd.), *Essais sur le langage* [textes de E. Cassirer, A. Sechehaye, W. Doroszewski, K. Bühler, etc.], Paris, Éd. de Minuit, 1969, 348 p.

Parret (Herman), *Language and Discourse*, La Haye, Mouton, 1971, 292 p.
(éd.), *le Sens et ses hétérogénéités*, Paris, Éd. du C.N.R.S., 1991, 300 p.
(éd.), *Temps et discours*, Presses universitaires de Louvain, 1993, 268 p.

Passy (Paul-Édouard), *Étude sur les changements phonétiques et leurs caractères généraux*, Paris, Didot, 1890.

Paul (Hermann), *Principien der Sprachgeschichte*, Halle, Niemeyer, 1880 ; 2e éd., 1886.

Paulus (Jean), *la Fonction symbolique et le langage*, Bruxelles, C. Dessart, 1969, 173 p.

Pavel (Thomas), *le Mirage linguistique. Essai sur la modernisation intellectuelle*, Paris, Éd. de Minuit, 1988, 210 p.

Pêcheux (Michel), *Analyse automatique du discours*, Paris, Dunod, 1969, 152 p.
les Vérités de La Palice, Paris, Maspéro, 1975, 278 p.
l'Inquiétude du discours (textes choisis et présentés par D. Maldidier), Paris, Éd. des Cendres, 1990, 334 p.

Pedersen (Holger), *Linguistic Science in the Nineteenth Century*, éd. danoise, 1924 ; trad. par J. W. Spargo, Cambridge, Mass., Harvard University Press, 1931 ; réimpr., *The Discovery of Language*, Bloomington, Indiana, University Press, 1959.

Pei (Mario), *The Story of Language*, Londres, Allen and Unwin, 1952 ; 2e éd., 1966, 491 p. ; trad. fr., *Histoire du langage*, Paris, Payot, 1954, 298 p.
Invitation to Linguistics : a Basic Introduction to the Science of Language, Londres, Allen and Unwin, 1965, 266 p.
Glossary of Linguistic Terminology, New York, Doubleday, 1966, 299 p.

Peirce (Charles Sanders), *Selected Writings*, éd. par Ph. P. Wiener, New York, Dover, 1958.
Collected Papers, Cambridge, Mass., Harvard Univ. Pr., 1960, 8 vol.

Penfield (Wilder) et Roberts (Lamar), *Speech and Brain-Mechanisms*, Princeton, University Press, 1959, 286 p. ; trad. fr. *Langage et Mécanismes cérébraux*, Paris, P.U.F., 1963, 311 p.

Pergnier (Maurice), *le Mot*, Paris, P.U.F., 1986, 128 p.
les Fondements sociolinguistiques de la traduction, Presses universitaires de Lille, 1993, 280 p.

Perlmutter (David M.), *Deep and Surface Structure Contraints in Syntax*, New York, Holt, Rinehart and Winston, 1971, 137 p.

Perrin (Isabelle) [éd.], *Approches énonciatives de l'énoncé complexe*, Paris, Peeters, 1992, 143 p.

Perrot (Jean), *la Linguistique*, Paris, P.U.F., « Que sais-je ? », 1953 ; 8e éd., 1969.

Peterfalvi (Jean-Michel), *Introduction à la psycholinguistique*, Paris, P.U.F., 1970, 160 p.

Petitot Corcorda (Jean), *Morphogenèse du sens*, Paris, P.U.F., 1985, 320 p.

Peytard (Jean), *Syntagmes. Linguistique française et structures du texte littéraire*, Paris, Les Belles Lettres, 1971, 289 p.

Piaget (Jean), *la Formation du symbole chez l'enfant*, Neuchâtel, Delachaux et Niestlé, 1945, 314 p.

Piaget (Jean) [sous la dir. de], *Logique et connaissance scientifique*, Paris, Gallimard, « Encycl. de la Pléiade », 1967, 1 345 p.

Piattelli-Palmarini (Massimo) [éd.], *Théories du langage, théories de l'apprentissage*, Paris, Éd. du Seuil, 1979, 534 p.

Picabra (Lélia), *Éléments de grammaire générative. Applications au français*, Paris, A. Colin, 1975, 122 p.

Picoche (Jacqueline) et Marchello-Nizia (Christiane), *Histoire de la langue française*, Paris, Nathan, 1989, 400 p.

Piéron (Henri), *Vocabulaire de la psychologie,* Paris, P.U.F., 1951 ; 4e éd., 1968.

Pierssens (Michel), *la Tour de Babil. La Fiction du signe,* Paris, Éd. de Minuit, 1976, 176 p.

Pike (Kenneth L.), *Phonetics,* Ann Arbor, University of Michigan Press, 1943.
The Intonation of American English, Ann Arbor, University of Michigan Press, 1945.
Phonemics, a Technique for Reducing Language to Writing, Ann Arbor, Univ. of Michigan Press, 1947.
Language in Relation to a Unified Theory of the Structure of Human Behavior, Blendale, Calif., 1954-1960, 3e vol. ; 2e éd., La Haye, Mouton, 1967.

Pinchon (Jacqueline), *les Pronoms adverbiaux « en » et « y »,* Genève, Droz, 1972, 398 p.

Pinker (Steven), *Language Learnability and Language Development,* Cambridge, Mass., Harvard University Press, 1984, 436 p.

Pittau (Massimo), *Problemi di filosofia del linguaggio,* Cagliari, Editrice Sarda, 1967, 152 p.

Politzer (Robert), *Foreign Language Learning,* Englewood Cliffs, N.J., Prentice-Hall, 1965.

Pop (Sever), *la Dialectologie. Aperçu historique et méthodes d'enquêtes linguistiques,* Louvain et Gembloux, Duculot, 1950, 2 vol.

Porset (Charles) [éd.], *Varia Linguistica,* vol. 4 [textes de Maupertuis, Turgot, Condillac, Du Marsais et A. Smith], Bordeaux, Ducros, 1970, 353 p.

Porte (J.), *Recherche sur la théorie générale des systèmes formels et sur les systèmes connectifs,* Louvain, Nauwelaerts, et Paris, Gauthier-Villars, 1965, 146 p.

Porzig (Walter), *Das Wunder der Sprache,* Berne, A. Francke, 1950, 415 p.
Die Gliederung des indogermanischen Sprachgebiets, Heidelberg, C. Winter, 1954, 251 p.

Postal (Paul Martin), *Constituent Structure : A Study of Contemporary Models of Syntactic Description,* Bloomington, Indiana University Press, et La Haye, Mouton, 1964 ; 3e éd. 1969.
Aspects of Phonological Theory, New York, Harper and Row, 1968, 326 p.
Cross-Over Phenomena, New York, Holt, Rinehart and Winston, 1971, 262 p.
On Raising. One Rule of English Grammar and Its Theoretical Implications, Cambridge, MIT Press, 1974, 447 p.

Potter (Ralph Kimball) et coll., *Visible Speech,* New York, Van Nostrand, 1947, 441 p.

Pottier (Bernard), *Systématique des éléments de relation. Étude de morphosyntaxe structurale romane,* Paris, Klincksieck, 1962, 380 p.
Recherches sur l'analyse sémantique en linguistique et en traduction mécanique, Publ. Fac. des Lettres de Nancy, 1963.
Introduction à l'étude de la philologie hispanique : Phonétique et phonologie espagnole, Paris, Ediciones hispano-americanas, 1965, 103 p.
Introduction à l'étude des structures grammaticales fondamentales, Publ. Fac. des Lettres de Nancy, 1966.
Introduction à l'étude de la morphosyntaxe espagnole, Ediciones hispano-americanas, 1966, 125 p.
Présentation de la linguistique, fondements d'une théorie, Paris, Klincksieck, 1967, 78 p.
Grammaire de l'espagnol, Paris, P.U.F., « Que sais-je ? », 1969.
Théorie et analyse en linguistique, Paris, Hachette, 1987.
Sémantique générale, Paris, P.U.F., 1992, 240 p.
(éd.), *les Sciences du langage en France au XXe siècle,* Paris, Selaf, 1980, 2 vol. ; nouv. éd. Peeters-France, 1992, 758 p.

Poutsma (H.), *A Grammar of Late Modern English,* t. I : *The Sentence ;* t. II : *Part of Speech ;* t. III : *The Verb and the Particles,* Groningue, Noordhoff, 1926-1928, 3 vol.

Prandi (Michele), *Sémantique du contresens. Essai sur la forme interne du contenu des phrases,* Paris, Éd. de Minuit, 1987, 224 p.

Prieto (Luis), *Principes de noologie : fondements de la théorie fonctionnelle du signifié,* La Haye, Mouton, 1964, 130 p.

Messages et signaux, Paris, P.U.F., 1966, 168 p.
Études de linguistique et de sémiologie générale, Genève, Droz, 1975, 196 p.
Pertinence et pratique, Paris, Éd. de Minuit, 1975, 176 p.

Principles (The) of the International Association, Londres, 1949.

Prior (Arthur N.), *Formal Logic,* Oxford, Clarendon Press, 1955 ; 2e éd. 1962, 341 p.
Time and Modality, Oxford, Clarendon Press, 1957, 148 p.
Papers on Time and Tense, Oxford, Clarendon Press, 1968, 166 p.

Puhvel (Jaan) [ed.], *Substance and Structure of Language,* Berkeley, University of California Press, 1969, 223 p.

Pulgram (Ernst), *Introduction to the Spectrography of Speech,* La Haye, Mouton, 1959.

Purtill (Richard L.), *Logical Thinking,* New York, Harper and Row, 1972, 157 p.

Quellet (Henri), *les Dérivés latins en « -or ». Étude lexicographique, statistique, morphologique et sémantique,* Paris, Klincksieck, 1970, 247 p.

Quemada (Bernard), *Introduction à l'étude du vocabulaire médical, 1600-1710,* Paris, Les Belles Lettres, 1955.
les Dictionnaires du français moderne (1539-1863). Études sur leur histoire, leurs types et leurs méthodes, Paris, Didier, 1968, 684 p.

Quine (Willard van Orman), *From a Logical Point of View,* Cambridge, Mass., Harvard University Press, 1953.
Word and Object, Cambridge, Mass., MIT Press, 1960, 294 p.

Quirk (Randolph), *The Use of English* (avec des compléments de A. C. Gimson et J. Warburg), Londres, Longmans, 1962 ; 2e éd. 1968, 333 p.

Quirk (Randolph) et Greenbaum (Sidney), *A University Grammar of English,* Londres, Longmans, 1973, 484 p.

Raja (K. K.), *Indian Theories of Meaning,* Madras, 1963.

Ramat (Paolo), *Typologie linguistique,* Paris, P.U.F., 1985, 140 p.

Ramirez de la Lastra (Carlo) et Garcia Vives (Miguel), *les Réflexes linguistiques,* Paris, P.U.F., 1981, 232 p.

Ramus (Pierre de la Ramée, dit), *Gramère,* Paris, 1562 ; nouv. éd., *Grammaire,* 1572.

Rask (Ramus Christian), *Investigation sur l'origine du vieux norrois ou islandais,* en danois, Copenhague, 1818.
A Grammar of the Anglo-Saxon Tongue, trad. du danois, Copenhague, 1830 ; 2e éd., Londres, 1865.
A Grammar of the Icelandic or Old Norse Tongue, trad. du suédois, Londres, 1843, 272 p.

Raskin (Victor), *Semantic Mechanisms of Humor,* Dordrecht, D. Reidel, 1985, 284 p.

Rastier (François), *Sémantique interprétative,* Paris, P.U.F., 1987, 288 p.
Sémantique et recherche cognitives, Paris, P.U.F., 1991, 272 p.

Reboul (Olivier), *Introduction à la rhétorique,* Paris, P.U.F., 1991, 238 p.

Récanati (François), *la Transparence et l'énonciation,* Paris, Éd. du Seuil, 1979.
les Énoncés performatifs, Paris, Éd. de Minuit, 1981, 288 p.

Reformatski (A. A.), *Introduction à la linguistique,* en russe, Moscou, 1955.

Reibel (David D.) et Schane (Sanford A.) [eds.], *Modern Studies in English. Readings in Transformational Grammar,* Englewood Cliffs, N. J., Prentice-Hall, 1969, 481 p.

Reichenbach (Hans), *Elements of Symbolic Logic,* New York et Londres, Macmillan, 1947, 437 p.

Reichler (Claude) et coll., *l'Interprétation des textes,* Paris, Éd. de Minuit, 1989, 232 p.

Renou (Louis) [éd.], *la Grammaire de Pāṇini.* Texte sanscrit, traduction française avec extraits de commentaires, Paris, École française d'Extrême-Orient, 1948-1954 ; nouv. éd., 1966, 2 vol.

Reuck (A. V. S. de) et O'Connor (M.) [eds.], *Symposium on Disorders of Language,* Londres, Churchill, 1964, 356 p.

Révész (Géza) [ed.], *Thinking and Speaking : a Symposium,* Amsterdam, North-Holland, 1954, 205 p.
Origins and Prehistory of Language, trad. de l'allemand, New York, Philosophical Library, 1956, 240 p.

Revzin (Isaac Iosifovitch), *les Modèles linguistiques,* en russe, Moscou, 1962 ; trad. fr. Paris, Dunod, 1968, 212 p.

Rey (Alain), *la Lexicologie,* Paris, Klincksieck, 1970, 324 p.
Littré, l'humaniste et les mots, Paris, Gallimard, 1970, 352 p.
Théories du signe et du sens, Paris, Klincksieck, 1973-1976, 2 vol.
le Lexique : images et modèles, Paris, A. Colin, 1977, 312 p.
Encyclopédies et Dictionnaires, Paris, P.U.F., « Que sais-je ? », 1982.
(éd.) *le Dictionnaire historique de la langue française,* Paris, Le Robert, 1992, 2 vol.

Rey-Debove (Josette), *Étude linguistique et sémiotique des dictionnaires français contemporains,* La Haye, Mouton, 1971, 330 p.
le Métalangage, Paris, Éd. Le Robert, 1978, 318 p.
Sémiotique, Paris, P.U.F., 1979, 156 p.

Richards (Ivor Armstrong), *The Philosophy of Rhetoric,* Londres, Oxford University Press, 1936, 138 p.

Richaudeau (François), *Recherches en psycholinguistique,* Paris, C.E.P.L., 1971.

Richelle (Marc), *l'Acquisition du langage,* Bruxelles, Dessart, 1971, 215 p.

Riegel (Martin), *l'Adjectif attribut,* Paris, P.U.F., 1985, 224 p.

Ries (John), *Was ist Syntax?* Marbourg, Elwert, 1894, 164 p.

Riffaterre (Michael), *Essais de stylistique structurale,* Paris, Flammarion, 1971, 368 p.

Rivara (René), *le Système de la comparaison. Sur la construction du sens dans les langues naturelles,* Paris, Éd. de Minuit, 1990, 224 p.

Robbins (Beverly L.), *The Definite Article in English Transformations,* La Haye, Mouton, 1968, 248 p.

Roberts (A. Hood), *A Statistical Linguistic Analysis of American English,* La Haye, Mouton, 1965.

Roberts (Paul), *English Syntax,* New York, Harcourt, Brace and World, 1964, 404 p.

Robin (Régine), *Histoire et Linguistique,* Paris, A. Colin, 1973.

Robins (Robert Henry), *Ancient and Medieval Grammatical Theory in Europe,* Londres, Longmans, 1951, 104 p.
General Linguistics : An Introductory Survey, Londres, Longmans, 1967 ; trad. fr. *Linguistique générale. Une introduction,* A. Colin, 1973, 400 p.
A Short History of Linguistics, Londres, Longmans, 1967, 248 p. ; trad. fr. *Brève Histoire de la linguistique,* Paris, Éd. du Seuil, 1976, 252 p.

Robinson (Richard G.), *Definition,* Oxford, Clarendon Press, 1950.

Roget (Peter), *Roget's Thesaurus* (éd. abrégée avec des additions de J.-L. et S.-R. Roget), Harmonsdworth, Penguin, 1953 (éd. originale, 1852).

Romney (A. Kimball) et D'Andrade (R. Goodwin) [eds.], *Transcultural Studies in Cognition,* Menasha, Wisconsin, American Anthropologist, 1964, 186 p.

Ronat (Mitsou), Couquaux (Daniel) et al., *la Grammaire modulaire,* Paris, Éd. de Minuit, 1986, 360 p.

Rondeau (Guy), *Introduction à la terminologie,* Québec, Centre Éducatif et Culturel, 1981, 228 p.

Roos (Heinrich), *Die Modi Significandi des Martinus von Dacia,* Münster, Aschendorff, 1952, 167 p.

Rose (Christine Brooke), *A Grammar of Metaphor,* Londres, Secker and Warburg, 1958, 343 p.
Rosenbaum (Peter), *The Grammar of English Predicate Complement Constructions,* Cambridge, Mass., MIT Press, 1967, 128 p.
Rosenfield (Lawrence William), *Aristotle and Information Theory,* La Haye, Mouton, 1971, 149 p.
Rosengren (Inger), *Semantischen Strukturen : Eine quantitative Distributions-analyse einiger mittelhoch deutscher Adjective,* Copenhague, Munksgaard et Lund, Gleerup, 1966.
Rosetti (Alexandre), *le Mot. Esquisse d'une théorie générale,* Copenhague et Bucarest, 2ᵉ éd., 1947.
Linguistica, La Haye, Mouton, 1965, 268 p.
Sur la théorie de la syllabe, La Haye, Mouton, 1959 ; 2ᵉ éd. 1963, 43 p.
Rosiello (Luigi), *Linguistica illuminista,* Bologne, Il Mulino, 1967, 219 p.
Roudinesco (Elisabeth), *Initiation à la linguistique générale,* Paris, l'Expansion scientifique française, 1967, 96 p.
Rougier (Louis), *la Métaphysique et le Langage,* Paris, Flammarion, 1960, 256 p.
Roulet (Eddy), *Syntaxe de la proposition nucléaire en français parlé. Étude tagmémique et transformationnelle,* Bruxelles, AIMAV, 1969, 187 p.
(éd.) *l'Articulation du discours en français contemporain,* Berne, Peter Lang, 1985.
Rousseau (Jean-Jacques), *Essai sur l'origine des langues ; où il est parlé de la mélodie et de l'imitation musicale* [Genève, 1781], éd., introduction et notes par Ch. Porset, Bordeaux, Ducros, 1970, 24 p.
Rousselot (Jean-Pierre) et Laclotte (F.), *Précis de prononciation française,* Paris, Welter, 1902.
Ruegg, *Contributions à l'histoire de la philosophie linguistique indienne,* E. de Boccard, 1960.
Russell (Bertrand), *An Inquiry into Meaning and Truth,* Londres, Macmillan, 1940 ; trad. fr. *Signification et Vérité,* Paris, Flammarion, 1958, 408 p.
Logic and Knowledge, Essays 1901-1950, Londres, Macmillan, 1956.
Ruwet (Nicolas), *Introduction à la grammaire générative,* Paris, Plon, 1967 ; 2ᵉ éd., 1970, 448 p.
Théorie syntaxique et syntaxe du français, Paris, Éd. du Seuil, 1972, 295 p.
Grammaire des insultes et autres études, Paris, Éd. du Seuil, 1982, 351 p.
Ryle (Gilbert), *The Concept of Mind,* New York, Barnes and Noble, 1949.
Sahlin (Gunvor), *César Chesneau du Marsais et son rôle dans l'évolution de la grammaire générale,* Paris, P.U.F., 1928.
Sala (Marius) et Vintila-Radulescu (Iona), *les Langues du monde,* Bucarest et Paris, Les Belles Lettres, 1984, 476 p.
Salkoff (Morris), *Analyse syntaxique du français : grammaire en chaîne,* Amsterdam, J. Benjamins, 1979.
Une grammaire en chaîne du français. Analyse distributionnelle, Paris, Dunod, 1973, 199 p.
Salomon (Louis Bernard), *Semantics and Common Sense,* New York, Holt, Rinehart and Winston, 1964, 180 p.
Salzinger (Kurt et Suzanne) [eds.], *Research in Verbal Behavior and Some Neurophysiological Implications,* New York et Londres, Academic Press, 1967, 510 p.
Sandfeld (Kristian), *Syntaxe du français contemporain,* Paris, Champion, 1928-1936, 2 vol. ; nouv. éd., Genève, Droz et Paris, Minard, 1965, 3 vol.
Linguistique balkanique. Problèmes et résultats, Paris, Champion, 1930, 243 p.
Sandmann (Manfred), *Subject and Predicate,* Édimbourg, Edinburg Univ. Publ., 1954, 270 p.
Sandys (John Edwin), *History of Classical Scholarship from the Sixth Century B.C. to the End of the Middle Ages,* Cambridge, University Press, 1903 ; 3ᵉ éd., 1921.

Sapir (Edward), *Language : an Introduction to the Study of Speech,* New York, Harcourt, Brace and World, 1921 ; trad. fr., *le Langage,* Paris, Payot, 1953, 222 p.
Selected Writings in Language, Culture and Personality, Berkeley, University of California Press, 1949 ; trad. fr., *Anthropologie,* Paris, Éd. de Minuit, 1967, 2 vol.
Linguistique [articles traduits de l'américain], Paris, Éd. de Minuit, 1968, 289 p.

Sapir (Edward) et Hoijer (Harry), *The Phonology and Morphology of the Navaho Language,* Berkeley, University of California Press, 1967, 124 p.

Saporta (Sol) [ed.], *Psycholinguistics : a Book of Readings,* New York, Holt, Rinehart and Winston, 1961, 551 p.

Saporta (Sol) et Contreras (H.), *A Phonological Grammar of Spanish,* Seattle, University of Washington Press, 1962.

Šaumjan (S. K.). V. Chaoumian.

Saussure (Ferdinand de), *Mémoire sur le système primitif des voyelles dans les langues indo-européennes,* Leipzig, 1878.
De l'emploi du génitif absolu en sanskrit, Leipzig, 1880.
Cours de linguistique générale, Lausanne, Payot, 1916, 331 p. ; nouv. éd., 1972, 532 p.

Sauvageot (Aurélien), *les Procédés expressifs du français contemporain,* Paris, Klincksieck, 1957, 243 p.
Français écrit, français parlé, Paris, Larousse, 1962, 235 p.
Portrait du vocabulaire français, Paris, Larousse, 1964.

Schaff (Adam), *le Concept et le Mot,* en polonais, Varsovie, 1946.
Introduction à la sémantique, en polonais, Varsovie, 1960 ; trad. fr. Paris, Anthropos, 1968, 335 p.
Langage et connaissance, suivi de *Six Essais sur la philosophie du langage,* en polonais, Varsovie, 1964 ; trad. fr. Paris, Anthropos, 1969, 374 p.

Schane (Sanford A.), *French Phonology and Morphology,* Cambridge, Mass., MIT Press, 1968, 161 p.

Scheffler (Israel), *The Anatomy of Inquiry : Philososophical Studies in the Theory of Science,* New York, Knopf, 1963.

Scherer (George A.) et Wertheimer (M.), *A Psycholinguistic Experiment in Foreign Language Teaching,* New York, McGraw-Hill, 1964.

Schlegel (Karl Wilhelm Frederick), *Über die Sprache und Weisheit der Indier,* in *Œuvres complètes,* t. VIII, Vienne, 1846.

Schleicher (August), *Linguistische Untersuchungen. Die Sprache Europas in systematischer Übersicht,* Berlin, 1850.
Die deutsche Sprache, Berlin, 1860 ; 2e éd., 1869.
Die darwinische Theorie und die Sprachwissenschaft, Berlin, 1865.
Laut- und Formenlehre der polabischen Sprache, Berlin, 1871.

Schmidt (Franz), *Logik der Syntax,* Berlin, Deutscher Verlag der Wissenschaften, 1957, 128 p.

Schramm (Wilbur Lang), *Approaches to a Science of English Verse,* Iowa City, University Press, 1935, 82 p.

Schuchardt (Hugo), *Der Vokalismus des Vulgärlateins,* Leipzig, Teubner, 1866, 3 vol.
Romanische und Keltische, gesammelte Aufsätze, Berlin, Oppenheim, 1886, 440 p.
Hugo Schuchardt-Brevier, éd. par L. Spitzer, Halle, Niemeyer, 1928, 483 p.

Searle (John R.), *Speech-Acts, An Essay in the Philosophy of Language,* Cambridge, University Press, 1969 ; trad. fr. *les Actes du langage. Essai de philosophie du langage,* Paris, Hermann, 1973.
Expression and Meaning, Cambridge, Cambridge University Press, 1979 ; trad. fr. *Sens et expression,* Paris, Éd. de Minuit, 1982, 248 p.

Sebeok (Thomas A.), *Finnish and Hungarian Case Systems : their Forms and Function,* Stockholm, 1946.
(ed.) *Style in Language,* Cambridge, Mass., MIT Press, 1964.
(ed.) *Current Trends in Linguistics :* t. I, *Soviet and Eastern European Linguistics ;* t. II, *Linguistics in East Asia and Southeast Asia ;* t. III, *Theoretical Foundations ;* t. IV, *Iber-American and Caribbean Linguistics ;* t. V, *Linguistics in South Asia ;* t. VI, *Linguistics in South-West Asia and North Africa ;* t. VII, *Linguistics in Sub-Saharan Africa,* New York, Humanities, 1963-1971, 7 vol.
(ed.) *Portraits of Linguists. A Biographical Source Book for the History of Western Linguistics, 1746-1963,* Bloomington et Londres, Indiana University Press, 1966, 2 vol.
(ed) *Encyclopedic Dictionnary of Semiotics,* Amsterdam, Mouton, 1985, 2 vol.

Sebeok (Thomas A.), Hayes (A. S.) et Bateson (M. C.) [eds.], *Approaches to Semiotics : Cultural Anthropology, Education, Linguistics, Psychiatry, Psychology,* Cambridge, Mass., MIT Press et La Haye, Mouton, 1964.

Sebeok (Thomas A.) et Zeps (Valdis), *Concordance and Thesaurus of Cheremis Poetic Language,* La Haye, Mouton, 1961, 259 p.

Sechehaye (Albert), *Programme et Méthodes de la linguistique théorique,* Paris et Genève, 1908.
Essai sur la structure logique de la phrase, Paris, Champion, 1926 ; nouv. éd., 1950.

Serbat (Guy), *Cas et fonction,* Paris, P.U.F., 1981, 216 p.

Serís (Homero), *Bibliografía de la lingüistica española,* Bogota, Instituto Caro y Cuervo, 1964.

Serrus (Charles), *le Parallélisme logico-grammatical,* Paris, Alcan, 1933.
la Langue, le sens, la pensée, Paris, P.U.F., 1941.

Servien (Pius), *le Langage des sciences,* Paris, Blanchard, 1931 ; 2e éd., Hermann, 1938.

Seuren (Pieter A. M.), *Operators and Nucleus : a Contribution to the Theory of Grammar,* Cambridge, Cambridge University Press, 1969.

Shannon (Claude Elwood) et Weawer (Warren), *Mathematical Theory of Communication,* Urbana, Illinois, University Press, 1949.

Siertsema (Bertha), *A Study of Glossematics. Critical Survey of its Fundamental Concepts,* La Haye, Nijhoff, 1954, 240 p.

Silberztein (Max), *Dictionnaires électroniques et analyse automatique des textes,* Paris, Masson, 1993, 248 p.

Sinclair de Zwaart (H.), *Acquisition du langage et développement de la pensée : sous-systèmes linguistiques et opérations concrètes,* Paris, Dunod, 1967, 176 p.

Skinner (Burrhus Frederic), *Verbal Behavior,* New York, Appleton-Century-Crofts, 1957.

Slama-Cazacu (Tatiana), *Langage et Contexte,* La Haye, Mouton, 1961, 251 p.

Slobin (D.) [ed.], *The Ontogenesis of Grammar,* New York, Academic Press, 1971.

Smaby (R. M.), *Paraphrase Grammars,* Dordrecht, Reidel, 1971.

Smith (Frank) et Miller (George A) [eds.], *The Genesis of Language. A Psycholinguistic Approach,* Cambridge, Mass., MIT Press, 1968, 400 p.

Snell (Bruno), *Der Aufbau der Sprache,* Hambourg, Claassen, 1952, 219 p.

Soames (Scott) et Perlmutter (David), *Syntactic Argumentation and the Structure of English,* Berkeley, University of California Press, 1979, 602 p.

Sohngen (Gottlieb), *Analogie und Metapher, kleine Philosophie and Theologie der Sprache,* Fribourg et Munich, K. Alber, 1962, 137 p.

Sørensen (Hans Christian), *Aspect et Temps en slave,* Aarhus, Universitetforlaget, 1949, 188 p.
Studies on Case in Russian, Copenhague, Ronsenkilde, 1957, 96 p.

Sørensen (Holger Steen), *Word-Classes in Modern English,* Copenhague, 1958, 189 p.

Spang-Hansen (Henning), *Probability and Structural Classification in Language Description,* Copenhague, 1950.
Recent Theories on the Nature of the Language Sign, Copenhague, 1954, 142 p.

Spencer (John Walter), Enkvist (Nils Erik) et Gregory (Michael), *Linguistics and Style : on Defining Style, an Essay in Applied Linguistics* et *An Approach to the Study of Style,* Londres, Oxford, University Press, 1964, 109 p.

Sperber (Dan) et Wilson (Deirdre), *la Pertinence. Communication et cognition,* Paris, Éd. de Minuit, 1989, 400 p.

Spitzer (Leo), *Stilstudien,* Munich, Hueber, 1928 ; 2e éd., 1961, 2 vol. ; trad. fr., *Études de style,* Paris, Gallimard, 1970, 536 p.

Staal (J. F.), *Word Order in Sanskrit and Universal Grammar,* Dordrecht, Reidel, 1967, 98 p.

Staline (Joseph Vissarionovitch), *le Marxisme et les Problèmes de linguistique,* Éd. de Moscou, 1952 ; rééd. dans les *Cahiers marxistes-léninistes,* n° 12-13, Paris, Maspero, 1966.

Starobinski (Jean), *les Mots sous les mots. Les Anagrammes de Ferdinand de Saussure,* Paris, Gallimard, 1971, 162 p.

Stati (Sorin), *Teorie di metoda in sintaxa,* Bucarest, Éd. Académie de la République socialiste de Roumanie, 1967, 271 p.
les Transphrastiques, Paris, P.U.F., 1990.

Statistique et analyse linguistique [Colloque de Strasbourg, 20-24 avril 1964], Paris, P.U.F., 1966, 135 p.

Stéfanini (Jean), *la Voix pronominale en ancien et moyen français,* Ophrys, Gap, 1962, 753 p.

Steinberg (Danny D.) et Jakobovits (Leon A.) [eds.], *Semantics. An Interdisciplinary Reader in Philosophy, Linguistics and Psychology,* Cambridge, University Press, 1971, 603 p.

Steinberg (N.), *Grammaire française,* Moscou, 1966, 2 vol.

Steinthal (Heymann), *Geschichte der Sprachwissenschaft bei der Griechen und Römern mit besonderer Rücksicht auf die Logik,* Berlin, Dümmler, 1863 ; 2e éd., 1890.

Sten (Holger), *les Temps du verbe fini (indicatif) en français moderne,* Copenhague, Munksgaard, 1952, 264 p.

Stern (Hans Heinrich), *Foreign Language in Primary Education,* Hambourg, 1963, 103 p.

Stern (Nils Gustaf), *Meaning and Change of Meaning,* Göteborg, 1931, 456 p.

Stetson (R. H.), *Motor Phonetics,* La Haye, 1928 ; nouv. éd., Amsterdam, North-Holland, 1951, 216 p.

Stevens (Stanley Smith) et Davis (Hallowell), *Hearing : its Psychology and Physiology,* New York, Wiley, 1938, 489 p.

Štindlova (Jitka), *les Machines dans la linguistique : colloque international sur la mécanisation et l'automation des recherches linguistiques,* La Haye, Mouton, 1968, 336 p.

Stockwell (Robert P.), Schachter (Paul), Hall Partee (Barbara), *The Major Syntactic Structures of English,* New York, Holt, Rinehart and Winston, 1973, 847 p.

Stockwell (Robert P.), Bowen (J. Donald) et Martin (John W.), *The Grammatical Structures of English and Spanish,* Chicago, University Press, 1965, 328 p.

Straka (Georges), *Album phonétique,* Québec, Presses de l'Université Laval, 1965, 1 brochure, 33 pages et planches, 188 p.

Strang (Barbara M. H.), *Modern English Structure,* New York, St. Martin's Press, et Londres, Arnold, 1962.

Strawson (Peter Frederick), *Introduction to Logical Theory,* New York, Wiley, et Londres, Methuen, 1952, 266 p.
Individuals : an Essay in Descriptive Metaphysics, Londres, Methuen, 1959 ; nouv. éd., 1964.

Strevens (Peter Derek), *Papers in Language and Language Teaching,* Londres, Oxford University Press, 1965, 152 p.
(ed.) *Five Inaugural Lectures,* Londres, Oxford, University Press, 1966, 129 p.

Sturtevant (Edgar Howard), *An Introduction to Linguistic Science,* New Haven, Connect., Yale University Press, 1949.

Suhamy (Henri), *les Figures de style,* Paris, P.U.F., « Que sais-je ? », 1981, 128 p.
la Poétique, Paris, P.U.F., « Que sais-je ? », 1986.

Sumpf (Joseph), *Introduction à la stylistique du français,* Paris, Larousse, 1971, 192 p.

Sutherland (Roberd D.), *Language and Lewis Carroll,* La Haye, Mouton, 1970, 245 p.

Svennung (Josef), *Anredeformen, Vergleichende Forschungen zur indirekten Anrede in der dritten Person,* Uppsala, Almqvist, 1958, 495 p.

Tamba-Mecz, *le Sens figuré,* Paris, P.U.F., 1981, 200 p.

Tchang Tcheng-ming (B.), *l'Écriture chinoise et le geste humain. Essai sur la formation de l'écriture chinoise,* Paris, Geuthner, 1938, 206 p.

Tchekhoff (Claude), *Aux fondements de la syntaxe : l'ergatif,* Paris, P.U.F., 1978, 208 p.

Tesnière (Lucien), *Éléments de syntaxe structurale,* Paris, Klincksieck, 1959 ; 2e éd., 1965, 672 p.

Thimonnier (René), *le Code orthographique et grammatical du français,* Paris, Hatier, 1971, 320 p.

Thomas (Jacqueline), Bouquiaux (Luc) et Cloarec-Heiss (France), *Initiation à la phonétique,* Paris, P.U.F., 1976, 254 p.

Thomas (Owen), *Transformational Grammar and the Teacher of English,* New York, Holt, Rinehart and Winston, 1965, 240 p.

Thomsen (Vilhelm), *Sprogvidenskabens Historie,* Copenhague, 1902 ; trad. allemande, Halle, 1927.

Thorndike (Edward Lee) et Lorge (Irving), *The Teacher's Word Book of 30 000 Words,* New York, Columbia University Press, 1944, 274 p.

Thurot (Charles), *Notices et Extraits de divers manuscrits latins pour servir à l'histoire des doctrines grammaticales au Moyen Âge,* Paris, Impr. impériale, 1868, 592 p.

Thurot (François), *Tableau des progrès de la science grammaticale (Discours préliminaire à « Hermes »),* introduction et notes par André Joly, Bordeaux, Ducros, 1970, 143 p.

Tissot (R.), *Neuropsychopathologie de l'aphasie,* Paris, Masson, 1966, 114 p.

Todorov (Tzvetan), *Littérature et Signification,* Paris, Larousse, 1967, 120 p.
Théories du symbole, Paris, Éd. du Seuil, 1977, 378 p.
les Genres du discours, Paris, Éd. du Seuil, 1978.
(éd.) *Théorie de la littérature* [textes choisis des formalistes russes], Paris, Le Seuil, 1966, 320 p.

Togeby (Knud), *Structure immanente de la langue française,* Copenhague, 1951 ; 2e éd., Paris, Larousse, 1965, 208 p.
Immanence et Structure, Copenhague, Akademische Forlag, 1968, 272 p.

Tollis (Francis), *la Parole et le sens. Le Guillaumisme et l'approche contemporaine du langage,* Paris, A. Colin, 1991, 520 p.

Touratier (Christian), *la Relative : essai de théorie syntaxique,* Paris, Klincksieck, 1980.

Trabalza (Ciro), *Storia della grammatica italiana,* Milan, Hoepli, 1908, 561 p.

Traduction automatique et linguistique appliquée, Paris, P.U.F., 1964, 286 p.

Trager (George Leonard) et Smith (Henry Lee), *Outline of English Structure,* New York, American Council, 1957, 91 p.

Trier (Jost), *Der deutsche Wortschatz im Sinnbezirk des Verstandes,* Heidelberg, Carl Winter, 1931, 347 p.

Trnka (B.), *Selected Papers in Structural Linguistics,* La Haye, Mouton, 1980, 368 p.

Trombetti (Alfredo), *L'unitá di origine del linguaggio,* Bologne, Beltrami, 1905, 222 p.
Elementi di glottologia, Bologne, Zanichelli, 1923, 755 p.

Troubetskoï (Nikolaï Sergueïevitch), *Grundzüge der Phonologie,* Prague, 1939 ; trad. fr. par J. Cantineau, *Principes de phonologie,* Paris, Klincksieck, 1949 ; réimpr. 1967, 430 p.

Trudeau (Danielle), *les Inventeurs du bon usage, 1529-1647,* Paris, Éditions de Minuit, 1992, 226 p.

Uldall (Hans Jorgen), *Outline of Glossematics. A Study in the Methodology of the Humanities with Special Reference to Linguistics.* Part I : *General Theory,* Copenhague, Munksgaard, 1957, 90 p.

Ullmann (Stephen), *The Principles of Semantics,* Oxford, Blackwell et Glasgow, Jackson, 1951 ; 2e éd., 1957, 314 p.
Précis de sémantique française, Berne, Francke, 1952, 342 p.
Semantics : an Introduction to the Science of Meaning, Oxford, Blackwell, 1962.
Language and Style : Collected Papers, Oxford, Blackwell, 1964, 270 p.

Unesco, *Bilingualism in Education,* Londres, 1965.

Unesco, *Description et Mesure du bilinguisme,* Ottawa, 1967.

Uspenskij (B. A.), *Principes d'une typologie structurale,* en russe, Moscou, 1962 ; trad. angl. *Principles of Structural Typology,* La Haye, Mouton, 1968, 80 p.

Vachek (Josef) [éd.], *Dictionnaire de linguistique de l'École de Prague,* Utrecht et Anvers, Spectrum, 1960, 104 p.
A Prague School Reader in Linguistics : Studies in the History and Theory of Linguistics, Bloomington, Indiana, University Press, 1964, 485 p.

Valdman (Albert), *le Créole : structure, statut et origine,* Paris, Klincksieck, 1978, 402 p.
(ed.), *Trends in Language Teaching,* New York, McGraw-Hill, 1966.

Valin (Roch), *Petite Introduction à la psychomécanique du langage,* Québec, Presses de l'Université Laval, 1954, 91 p.
Perspectives psychomécaniques sur la syntaxe, Québec, Presses de l'Université Laval, 1981, 98 p.

Van Benthem (Johan), *Language in Action,* Amsterdam, North-Holland, 1991, 349 p.

Vandeloise (Claude), *l'Espace en français,* Paris, Éd. du Seuil, 1986.

Van der Auwera (Johan), *The Semantics of Determiners,* Londres, Croom Helm, 1980, 310 p.

Van Dijk (Teun A.), *Text and Context,* Londres, Longmans, 1977, 260 p.
Studies in the Pragmatics of Discourse, The Hague, Mouton, 1985.

Van Dijk (Teun A.) et Kintsch (W.), *Strategies of Discourse comprehension,* New York, Academic Press, 1983.

Van Ginneken (Jacques), *la Reconstruction typologique des langues archaïques de l'humanité,* Amsterdam, North-Holland, 1939, 182 p.

Van Hoof (Henri), *Histoire de la traduction en Occident,* Gembloux, Duculot, 1991, 320 p.

Van Riemsdijk (Henk) et Williams (Edwin), *Introduction to the Theory of Grammar,* Cambridge, Mass., The MIT Press, 1986, 366 p.

Van Wijk (Nicolas), *les Langues slaves,* La Haye, Mouton, 2e éd., 1956, 118 p.

Vasiliu (E.) et Golopentia-Eretescu (Sanda), *Sintaxa transformationala a limbii romane,* Bucarest, Éd. Académie de la République socialiste de Roumanie, 1969, 329 p.

Vendler (Zeno), *Linguistics in Philosophy,* Ithaca, N. Y., Cornell University Press, 1967, 203 p.
Adjectives and Nominalizations, La Haye, Mouton, 1968, 134 p.

Vendryes (Joseph), *le Langage. Introduction linguistique à l'histoire,* Paris, La Renaissance du Livre, 1929 ; nouv. éd., A. Michel, 1968, 448 p.

Vergnaud (Jean-Roger), *Dépendances et niveaux de représentation en syntaxe,* Amsterdam, John Benjamins Publ. Co., 1985, 372 p.
Vertov (A. A.), *la Sémiotique et ses problèmes fondamentaux,* en russe, Moscou, 1968.
Vet (C.), *Temps, aspects et adverbes de temps en français contemporain,* Genève, Droz, 1980.
Vetters (Carl), *le Temps, de la phrase au texte,* Presses universitaires de Lille, 1993, 210 p.
Viet (Jean) [éd.], *Liste mondiale des périodiques spécialisés. Linguistique,* La Haye, Mouton, 1972, 243 p.
Vignaux (G.), *l'Argumentation. Essai d'une logique discursive,* Genève, Droz, 1976, 348 p.
Vildomec (Verobsj), *Multilingualism,* Leyde, Nijhoff, 1963, 262 p.
Vinay (Jean-Paul) et Darbelnet (Jean), *Stylistique comparée du français et de l'anglais,* Paris, Didier, 1958, 331 p. ; nouv. éd., 1968.
Vinogradov (Viktor Vladimirovitch), *la Langue russe,* en russe, Moscou, 1945.
Grammaire de la langue russe, en russe, Moscou, 1960.
les Problèmes théoriques de la linguistique soviétique actuelle, en russe, Moscou, 1964.
Vion (Robert), *la Communication verbale,* Paris, Hachette, 1993, 302 p.
Visser (F. Th.), *A Historical Syntax of the English Language,* Leyde, Brill, 1963-1966, 2 vol., 1 305 p.
Vuillaume (Marcel), *Grammaire temporelle des récits,* Paris, Éd. de Minuit, 1990, 128 p.
Vygotsky (Lev S.), *Thought and Language,* trad. du russe, Cambridge, Mass., MIT Press, 1962, 168 p.
Wackernagel (Jakob), *Vorlesungen über Syntax,* Bâle, Birkhäuser, 1920-1924, 2 vol.
Wagner (Robert Léon), *les Phrases hypothétiques commençant par « si » dans la langue française, des origines à la fin du XVIe siècle,* Genève, Droz, 1939, 552 p.
Introduction à la linguistique française, Genève, Droz, et Lille, Giard, 1947, 143 p., *Supplément bibliographique, ibid.,* 1955, 72 p.
Grammaire et Philologie, Paris, C.D.U., 1953-1954, 2 fasc., 193 p.
les Vocabulaires français ; t. I, *Définitions, les dictionnaires,* Paris, Didier, 1967, 192 p. ; t. II, *les Tâches de la lexicologie synchronique, glossaires et dépouillements. Analyse lexicale,* Paris, Didier, 1970.
la Grammaire française, Paris, SEDES, 1968, 152 p.
l'Ancien Français, Paris, Larousse, 1974, 272 p.
Essais de linguistique française, Paris, Nathan, 1980, 200 p.
Wagner (Robert Léon) et Pinchon (Jacqueline), *Grammaire du français classique et moderne,* Paris, Hachette, 1962 ; éd. rev., 1967, 640 p.
Wahrig (Gerhard), *Neue Wege in der Wörterbucharbeit,* Hambourg, 1967.
Waismann (F.) [ed. R. Harre], *The Principles of Linguistic Philosophy,* Londres, Macmillan, 1965, 422 p.
Walter (Henriette), *la Dynamique des phonèmes dans le lexique français contemporain,* Paris, France-Expansion, 1976, 482 p.
la Phonologie du français, Paris, P.U.F., 1977, 162 p.
Enquête phonologique et variétés régionales du français, Paris, P.U.F., 1982, 256 p.
le Français dans tous les sens, Paris, Laffont, 1988, 384 p.
Warnant (Léon), *Dictionnaire de la prononciation française,* Gembloux, Duculot, 3e éd., 1968, 654 p.
Wartburg (Walther von), *Französisches etymologisches Wörterbuch* [F.E.W.], Tubingen, puis Bâle-Paris, 1922-1970, 136 fascicules parus.
Bibliographie des dictionnaires patois, Genève, Droz, 1934, 147 p.
Évolution et Structure de la langue française, Berne, Francke, 1934 ; 5 éd., 1958.
Problèmes et Méthodes de la linguistique, Paris, P.U.F., 1963.
Weinreich (Uriel), *Languages in Contact,* New York, Linguistic Circle of New York, 1953 ; réimpr. La Haye, Mouton, 1963, 161 p.

Weinrich (Harald), *Tempus,* Stuttgart, Kohlhammer, 1964, 358 p. ; trad. fr., Le Seuil, 1973.

Weir (Ruth Hirsch), *Language in the Crib,* La Haye, Mouton, 1962 ; 2e éd., 1970, 216 p.

Weisgerber (Johann Leo), *Von den Kräften der deutschen Sprache,* Düsseldorf, Schwann, 1949-1951, 4 vol.

Die vier Stufen in der Erforschung der Sprachen, Düsseldorf, Schwann, 1963, 303 p.

Wexler (Peter J.), *la Formation du vocabulaire des chemins de fer en France (1778-1842),* Genève, Droz, 1955, 160 p.

Whatmough (Joshua), *Language, a Modern Synthesis,* Londres, Secker and Warburg, 1956, 270 p.

Whitney (William Dwight), *Language and the Study of Language,* New York, Scribner, 1869, 505 p.

The Life and Growth of Language, New York, Adler, 1876 ; trad. fr., *la Vie du langage,* Paris, Baillière, 1877.

Whorf (Benjamin Lee), *Language, Thought and Reality : Selected Writings,* New York, Wiley, 1956 ; trad. fr., *Linguistique et Anthropologie. Les Origines de la sémiologie,* Paris, Denoël-Gonthier, 1969, 224 p.

Wierzbicka (Anna), *Lexicography and Conceptual Analysis,* Ann Arbor, Karoma, 1985.

Wilmet (Marc), *la Détermination nominale,* Paris, P.U.F., 1986, 200 p.

Winograd (Terry), *Language as a Cognitive Process,* Reading, Mass., Addison-Wesley, 1983, 640 p.

Winter (Werner) [ed.], *Evidence for Laryngeals,* La Haye, Mouton, 1965, 271 p.

Wittgenstein (Ludwig), *Philosophical Investigations,* Oxford, Blackwell, et New York, Macmillan, 1953 ; trad. fr., *Investigations philosophiques,* Paris, Gallimard, 1961, 368 p. avec le *Tractatus logico-philosophicus.*

le Cahier bleu et le cahier brun, Paris, Gallimard, 1965, 448 p.

Wittwer (Jacques), *les Fonctions grammaticales chez l'enfant,* Neuchâtel, Delachaux et Niestlé, 1959, 296 p.

Wooldridge (Terence Russon), *les Débuts de la lexicographie française. Estienne Nicot et le « Trésor de la langue françoyse »,* Toronto, University of Toronto Press, 1977, 340 p.

Wotjak (Gerd), *Untersuchungen zur Struktur der Bedeutung,* Berlin, Akademie Verlag, 1971.

Wunderlich (Dieter), *Tempus und Zeitreferenz im Deutschen,* Munich, Hueber, 1970.

(ed.) *Probleme und Fortschritte der Transformationsgrammatik,* Munich, Hueber, 1971, 318 p.

Wundt (Wilhelm), *Völkerpsychologie :* t. I, *Die Sprache,* Leipzig, Engelmann, 1900, 2 vol.

Wyatt (Gertrud L.), *Language Learning and Communication Disorders in Children,* New York, Free Press, 1969.

Yule (Georg Udny), *The Statistical Study of Literary Vocabulary,* Cambridge, Cambridge University Press, 1944, 306 p.

Zampolli (Antonio) [ed.], *Linguistic Structures Processing,* New York, Elsevier-North Holland, 1977.

Zgusta (Ladislav), *Manual of Lexicography,* La Haye, Mouton, 1971, 360 p.

Ziff (Paul), *Semantic Analysis,* Ithaca, New York, Cornell University Press, 1960.

Zilberberg (Claude), *Raison et poétique du sens,* Paris, P.U.F., 1988, 240 p.

Zink (Gaston), *l'Ancien Français,* Paris, P.U.F., « Que sais-je ? », 1987.

Phonétique historique du français, Paris, P.U.F., 1989, 256 p.

Zinkin (N. I.), *les Mécanismes de la parole,* en russe, Moscou, 1958, 370 p. ; trad. angl., *Mechanisms of Speech,* La Haye, Mouton, 1968, 461 p.

Zipf (George Kingsley), *Selected Studies in the Principle of Relative Frequency in Language,* Cambridge, Mass., Harvard Univ. Pr., 1932.

The Psycho-Biology of Language, Cambridge, Mass., Riverside Press, 1935.
Human Behavior and the Principle of Least Effort, Cambridge, Mass., Addison-Wesley, 1949.

Zuber (Richard), *Implications sémantiques dans les langues naturelles,* Paris, Éd. du C.N.R.S., 1989, 176 p.

Zvegincev (A. V.), *Essai pour une linguistique globale,* en russe, Moscou, 1962.
Histoire de la linguistique aux XIX*ᵉ et* XX*ᵉ siècles,* en russe, Moscou, 1964, 2 vol.
Sémasiologie, en russe, Moscou, 1957.

Zwanenburg (W.), *Recherches sur la prosodie de la phrase française,* Leyde, Universitare Pers, 1964, 136 p.

a

abduction
En phonétique, on donne le nom d'*abduction* au mouvement par lequel les cordes vocales s'écartent l'une de l'autre, entraînant l'ouverture de la glotte et l'interruption de l'attitude vocale. En effet, pour la phonation, les cordes vocales s'accolent légèrement sur toute leur longueur dans un mouvement d'adduction*. L'air pulmonaire dû à l'expiration ne peut s'écouler à travers le larynx que par petites bouffées successives, grâce à la vibration des cordes vocales, qui donne ainsi naissance à l'onde sonore laryngée, appelée voix*, indispensable à la production des sons du langage. L'abduction se produit lors de l'abandon de l'attitude vocale à l'occasion d'une pause dans la chaîne parlée, ou pour la production des consonnes sourdes dites « aspirées », comme le [p], le [t], et le [k] de l'anglais, pendant la réalisation desquelles la glotte est ouverte. L'abduction est produite par l'écartement des cartilages aryténoïdes auxquels sont fixées les extrémités postérieures des cordes vocales, à l'arrière du larynx.

aberrant
Se dit d'une forme grammaticale irrégulière (par ex., en latin, l'ablatif pluriel *filiabus* est une forme aberrante dans la déclinaison de *filia, fille*).

abessif
On désigne sous le nom d'*abessif* un cas* utilisé dans des langues finno-ougriennes, indiquant la privation, l'absence (correspondant à la préposition *sans* ou au préfixe *an-*).

ablatif
On désigne sous le nom d'*ablatif* un cas*, utilisé dans diverses langues, exprimant la séparation et, par extension, la fonction locale d'éloignement d'un lieu (ex. : *La barque s'éloigne du rivage*). On donne parfois le nom d'*ablatif* à un cas de la déclinaison qui assume la fonction de plusieurs autres cas ; ainsi, l'ablatif latin est à la fois un ablatif, un instrumental, un comitatif, un agentif et souvent un locatif (v. ces mots). En latin, l'*ablatif absolu* est une proposition jouant le rôle d'un circonstant indépendant, dont le sujet est à l'ablatif et le verbe au participe ablatif (*me nolente* = malgré moi, « moi ne voulant pas »).

ablaut
Le terme germanique *ablaut* est parfois employé pour désigner un cas particulier d'alternance vocalique* ou de métaphonie*.

abréviatif
Qui indique une abréviation. Le point est un signe abréviatif dans O.N.U.

abréviation
Toute représentation d'une unité ou d'une suite d'unités par une partie de cette unité ou de cette suite d'unités est une *abréviation*. On distingue :
a) l'*abréviation du syntagme,* par laquelle certaines déterminations sont omises dans certains contextes : la désignation du *Parti communiste* par le *Parti* est une abréviation due au contexte social. Dans le discours, une fois données certaines précisions, on peut les passer sous silence ; si j'ai dit que *Le jardinier du château est venu me voir* et que je raconte tout ce qu'il a fait chez moi, je le désignerai par la suite tout simplement par *le jardinier ;*
b) l'*abréviation du mot (simple, dérivé* ou *composé),* qui consiste à en supprimer une partie. L'abréviation est alors la troncation* d'un mot. C'est un procédé très fréquent dans la langue populaire : l'*automobile omnibus* est devenue l'*autobus* (l'abréviation du syntagme et des mots donne un mot-valise qui ne conserve que le début du premier mot et la fin du dernier), puis *autobus* est devenu *bus* par suppression de la partie initiale (aphérèse) ; *télévision* est devenu *télé* par suppression de la partie finale (apocope).

L'abréviation peut être la réduction du mot entier à quelques lettres seulement de ce mot : on réduit *page* à l'abréviation p. et *pages* à pp.

L'abréviation peut aussi être constituée par une suite de mots réduits : ainsi le sigle ORSEC est la réunion des abréviations OR (organisation) et SEC (secours), et, dans C.N.R.S., C. est l'abréviation de Conseil, N. de National, R. de Recherche et S. de Scientifique. Selon les cas, les mots accessoires (prépositions notamment) sont omis ou non : P.S.d.F. a été l'abréviation de Parti Socialiste de France (par opposition à P.S.F., Parti Socialiste Français), mais dans S.F.I.O. (pour Section Française de l'Internationale Ouvrière), les unités *de l'* ne sont pas représentées. Ces sigles peuvent acquérir une autonomie telle que leur prononciation peut devenir syllabique (C.A.P.E.S. se prononce [kapɛs]) ou se confondre avec le mot (laser) ; ils peuvent donner naissance à des dérivés (C.A.P.E.S. donne *capésien,* C.G.T. donne *cégétiste*). Les éléments de l'abréviation sont généralement, mais pas toujours, représentés par des lettres suivies d'un point.

abruption

En rhétorique, syn. de APOSIOPÈSE.

absentia V. IN ABSENTIA.

absolu

1. *Ablatif absolu.* V. ABLATIF.

2. On dit d'un *adjectif* qu'il est *absolu* ou qu'il a le *sens absolu* quand, au sens propre, il n'est pas en principe susceptible de degrés de comparaison. Ainsi, *géographique* ne peut pas avoir de comparatif ou de superlatif. On emploie aussi *absolu* après *superlatif* pour désigner les constructions comme *il est très grand,* qui excluent toute comparaison. (V. RELATIF, SUPERLATIF.)

3. On appelle *temps absolus* l'ensemble des formes verbales du français exprimant le temps par rapport au moment de l'énoncé (présent, imparfait, futur, etc.) ; par opposition, les *temps relatifs* expriment l'aspect accompli par rapport aux temps absolus : ainsi le futur antérieur et le passé antérieur expriment l'accompli par rapport à un futur ou à un passé exprimé dans l'énoncé.

absolument

On appelle *verbe employé absolument* un verbe transitif employé sans complément d'objet (ex. : *Pierre mange à cinq heures. Laisse-moi faire*).

abstrait

1. *Nom abstrait,* syn., en grammaire, de NOM NON-CONCRET. (V. CONCRET.)

2. En grammaire générative, on dit d'un *verbe* qu'il est *abstrait* quand il est théoriquement impliqué par les transformations de nominalisation ou d'adjectivisation, mais qu'il ne reçoit pas une réalisation morphophonologique. Ainsi, le nom *ingénieur* indique une nominalisation à partir du verbe théorique *ingéni-,* comme *ajusteur* est dérivé de *ajuster ;* l'adjectif *audible* implique une dérivation adjectivale à partir d'un verbe théorique, de racine *aud(i)-.* On dit de même qu'un *nom* est *abstrait* quand on doit supposer un radical non réalisé pour rendre compte d'un mot dérivé ; ainsi, le collectif *marmaille* (sur le modèle de *valetaille*) implique un nom abstrait de type *marm-.*

3. En grammaire générative, par opposition aux phrases effectivement prononcées par les locuteurs d'une langue (ou phrases concrètes), on appelle *phrase abstraite* la phrase de structure profonde formée des symboles les plus généraux (SN [syntagme nominal] ; SV [syntagme verbal], etc.). Le degré d'abstraction de la structure profonde est d'autant plus grand que la distance est grande entre la forme de la phrase réalisée et la forme profonde sous-jacente. Par exemple, une grammaire qui analyse le verbe transitif comme issu de deux propositions dont la première est factitive (*Jean lit un livre* est issu de [Jean + fait] + [que + un livre + est lu par Jean]) a un *caractère plus profond* que la grammaire qui fait correspondre en ce cas la structure de surface et la structure profonde (*Jean lit un livre* issu de Jean + lit un livre). [Nous avons remplacé ici les symboles par des mots de la langue.]

abus

En lexicographie, les notations *par abus* ou *abusivement* sont des marques de rejet qui signalent les sens ou les mots rejetés par les puristes : extensions de l'emploi d'un mot hors de son champ d'application originel, emprunts à d'autres langues ou transformations diverses altérant le sens « premier ». Ainsi, l'emploi de *bien achalandé* (dans *boutique bien achalandée*) avec la valeur de « fréquenté par de nombreux clients » est « reçu » ; mais le sens de « bien pourvu de marchandises » est jugé *abusif ;* l'expression *contrôler une course,* qui est un calque de l'anglais, est rejetée comme abusive par les puristes.

I. **accent**

1. L'*accent* est un phénomène prosodique de mise en relief d'une syllabe, parfois plusieurs, dans une unité (morphème, mot, syntagme). Il est donc classé parmi les prosodèmes*, ou éléments suprasegmentaux, au même titre que la quantité ou la pause*. Par sa nature, l'accent correspond à une augmentation physique de *longueur**, d'*intensité** et éventuellement de *hauteur**. Certaines langues privilégient ce dernier paramètre, comme les langues d'Extrême-Orient, le suédois, ou le grec ancien et le latin classique : on parle alors de *ton**. La tradition grammaticale a conservé ce terme dans les appellations qui définissent la place de la syllabe accentuée dans les langues à accent d'énergie : accentuation oxytonique*, paroxytonique*, proparoxytonique*.

Dans les langues à accent d'énergie, la mise en relief s'effectue essentiellement par *l'intensité,* c'est-à-dire une augmentation de la force expiratoire (cet accent est appelé aussi accent d'intensité, accent dynamique ou accent expiratoire). La durée et la hauteur interviennent aussi comme éléments secondaires. L'accent d'énergie a une *fonction distinctive** dans les langues où il est mobile, comme en anglais, en russe, et dans la plupart des langues romanes. L'anglais oppose les mots *'import* « importation » et *im'port* « importer » par le seul fait que la syllabe initiale est prononcée avec plus de force que la deuxième dans le premier mot, avec moins de force dans le second. L'italien présente des paires minimales reposant uniquement sur la différence de place de l'accent : *an'cora* « encore », *'ancora* « ancre » ; *'debito* « dette », *de'bito* « dû » ; en russe, *'mouka* « tourment » et *mou'ka* « farine ».

Dans les langues où l'accent est fixe, l'accent d'énergie a une *fonction démarcative**, il indique soit la fin du mot, comme en français où il n'affecte que la dernière syllabe, soit le début du mot, comme en tchèque où il affecte toujours la première syllabe. L'accent d'énergie exerce une *fonction culminative** comme sommet d'une unité phonétique qui peut être le mot ou le groupe de mots : en français, la séquence « un enfant malade » /œ̃nɑ̃fɑ̃malad/ constitue un seul groupe phonétique dont l'accent porte sur la dernière syllabe /lad/ tandis que la séquence « un enfant jouait » /œ̃nɑ̃fɑ̃ʒuɛ/ comporte deux accents, l'un sur /fɑ̃/, l'autre sur /ɛ/. L'importance de l'accent d'énergie dans les langues varie selon la force avec laquelle est prononcée la syllabe accentuée par rapport aux syllabes inaccentuées : en français, la différence est faible, les syllabes inaccentuées gardent toute leur force articulatoire, mais, dans les langues germaniques, les syllabes accentuées sont très fortes et les syllabes inaccentuées faibles.

2. Dans la langue courante, le terme « accent » renvoie souvent aux caractéristiques d'une façon de parler étrangère qui concerne la réalisation des phonèmes et le débit (accent étranger, accent méridional, etc.). Il peut aussi renvoyer à une expression affective ou à une forme d'insistance, et, dans ce cas, le terme d'*accentuation** est préférable.

II. **accent**

L'*accent* est un signe diacritique utilisé conjointement avec les lettres pour noter certains phonèmes ; ainsi, en français *é* note [e] dans *été, è* note [ɛ] dans *relève, â* note [ɑ] dans *mâle.* L'accent est également employé pour distinguer des homonymes : *ou* (conjonction) et *où* (relatif), ou pour indiquer la présence d'un phonème disparu : *âne* [anc. français *asne*]. En grec ancien, les accents, inventés par les éditeurs alexandrins d'Homère, notent des faits toniques de la langue. (V. AIGU, CIRCONFLEXE, GRAVE.)

accentuation

L'*accentuation* est une proéminence d'énergie articulatoire qui se manifeste par une augmentation physique de longueur*, d'intensité* et, éventuellement, un changement de fréquences* dans le passage de syllabe inaccentuée à syllabe accentuée. Le paramètre d'intensité n'est pas toujours suffisant pour être différenciateur, comme non plus celui de hauteur dans la parole ordinaire. En français standard, la durée fonctionne presque toujours comme la marque essentielle de l'accentuation : la syllabe accentuée est deux fois plus longue que la syllabe ordinaire, quelles que soient les variations de durée dues au nombre des phones dans la syllabe, à leur nature propre, à leur distribution, au type d'énoncé et à la personnalité du locuteur (les hommes allongent légèrement plus les syllabes que les femmes). Les variations d'intensité en décibels entre syllabe accentuée et inaccentuée ne sont pas très importantes. L'accent d'insistance permet une mise en relief de la 1re syllabe, parfois la seconde de l'unité linguistique, avec une force et une durée accrue de la consonne et parfois l'introduction d'un coup de glotte.

Dans les langues dites à accent libre, l'accent d'insistance correspond à la syllabe accentuée du mot mis en relief. En français, l'accent d'insistance devient de plus en plus mobile, se rapprochant ainsi de la flexibilité des langues germaniques. N'importe quel terme lexical peut être accentué sous l'influence de discours argumentatifs, radiophoniques, télévisuels. Même les mots outils qui ne sont pas très souvent accentués peuvent le devenir : « je sais » accentué normalement sur « sais » peut être réalisé accentué sur « je » : « *Je* sais » au lieu de « *Moi,* je sais ». En règle générale, le rapport entre pronoms accentuables et inaccentuables semble évoluer en français standard.

accentué

On dit d'une syllabe qu'elle est *accentuée* quand elle porte un accent*.

accentuel

Le terme d'*accentuel* qualifie tout ce qui, unité ou rapport linguistique, se définit par le rôle de l'accent.

Une *unité accentuelle* est un morphème ou une suite de morphèmes, constituant d'une phrase et portant un seul accent principal : l'unité accentuelle correspond au « mot » (mot-racine, mot composé, mot dérivé) ou au syntagme de base (déterminant + nom).

Une *opposition accentuelle* est une opposition qui s'établit entre des signes linguistiques (morphème, mot ou syntagme) qui ne diffèrent que par la place de l'accent (comme les mots italiens *capitáno* « capitaine », *capitanó* « il commanda », *cápitano* « ils arrivent par hasard »), ou par le degré de hauteur de l'accent tonal (comme en chinois les mots chu^1 = porc ; chu^2 = bambou ; chu^3 = seigneur ; chu^4 = habitation).

Un *contraste accentuel* est celui qui s'établit entre deux séquences successives de la chaîne parlée se différenciant par la présence de l'accent sur l'une et non sur l'autre, par exemple dans le syntagme français *un enfant pauvre* entre les syllabes *un en-fant* et la syllabe *pauvre,* ou par la variation de hauteur d'une syllabe à l'autre dans les langues qui présentent un ton de syllabe.

acceptabilité

On dit d'un énoncé qu'il est *acceptable* quand il est à la fois grammatical, c'est-à-dire conforme aux règles de la grammaire (V. GRAMMATICALITÉ) et facilement compris ou naturellement émis par les sujets parlants. L'*acceptabilité* est un concept attaché au modèle de performance* ; elle dépend donc non seulement de la conformité aux règles de grammaire (toute phrase agrammaticale est inacceptable), mais encore des règles définies par la situation (débit de la voix, bruit) ou par les propriétés psychologiques du sujet (vigilance, mémoire). Il existe des *degrés d'acceptabilité ;* ainsi, à partir d'une certaine longueur, une phrase est inacceptable, mais cette inacceptabilité varie selon que la phrase est écrite ou parlée, selon qu'il s'agit de l'émetteur ou du récepteur.

acception

On dit d'un mot qu'il a plusieurs *acceptions* quand il a plusieurs sens différents selon les contextes ; ainsi, le mot *carte* a plusieurs acceptions dans *carte à jouer, carte géographique,* etc. Un mot qui a plusieurs acceptions est polysémique* ; celui qui n'en a qu'une est monosémique*.

accessoire

Les mots *accessoires* sont des mots non accentués qui sont dépourvus d'autonomie syntaxique (articles, prépositions). On dit aussi *mot vide, mot outil.*

accident

On appelle *accident* chacun des modes d'une chose, par opposition à la substance et aux attributs qui constituent l'essence d'une chose. L'opposition *accident* vs *substance* fonde la distinction *adjectif* ou *verbe* vs *substantif* dans la grammaire traditionnelle ; dans *L'enfant court,*

court est un accident et *enfant* une substance ; dans *Le temps est pluvieux, pluvieux* est un mode de *temps.*

accidentel

On appelle *propriétés accidentelles* les propriétés de qualité, de quantité, de lieu, d'état, etc., qui peuvent être attribuées aux personnes ou aux choses qui sont les « substances ». Les propriétés accidentelles, ou accidents, sont les prédicats des substances dans des propositions bien formées logiquement ; dans *Le livre est rouge, livre* est la substance et *rouge* est la propriété accidentelle ; dans *Georges est ici, ici* est la propriété accidentelle attribuée à *Georges.*

accolades

Les *accolades* constituent un système de notation qui, en grammaire générative, indique que l'on a le choix entre deux suites possibles pour convertir un élément en un autre. Si la règle de réécriture du syntagme verbal (SV) est la suivante :

$$SV \rightarrow \begin{Bmatrix} V + SN \\ V \end{Bmatrix}$$

cela signifie que le syntagme verbal peut être réécrit soit par un verbe suivi d'un syntagme nominal *(Pierre mange sa soupe),* soit par un verbe seul *(Pierre court).* [V. RÉÉCRITURE.]

accommodation V. ASSIMILATION.

accompagnement

En grammaire, le *complément d'accompagnement* indique la personne avec laquelle l'agent personne accomplit une action. (V. COMITATIF.)

accompli

L'*accompli* est une forme de l'aspect* indiquant, par rapport au sujet de l'énonciation (« *je* [dis que] »), le résultat d'une action faite antérieurement. *Pierre a mangé, Pierre avait mangé, Pierre aura mangé* sont, respectivement, un accompli présent, un accompli passé et un accompli futur. L'accompli est exprimé en français par les formes verbales dites « composées » avec l'auxiliaire *avoir.* On utilise dans le même sens les termes de perfectif et de parfait.

accord

L'*accord* est le phénomène syntaxique par lequel, en français par exemple, un nom ou un pronom donné exerce une contrainte formelle sur les pronoms qui le représentent, sur les verbes dont il est sujet, sur les adjectifs ou participes passés qui se rapportent à lui. Le résultat de cette contrainte formelle est que les pronoms concernés prennent les marques de personne, de genre et de nombre, les verbes concernés, celles de personne et de nombre, les adjectifs et participes concernés, celles de genre et de nombre en rapport avec le nom ou le pronom. Ainsi, dans *Les pommes sont cuites,* étant donné *pommes,* nom de genre féminin, pour lequel on a choisi le nombre pluriel, l'article (qui a les mêmes règles que l'adjectif) prend la forme du féminin pluriel, parce qu'il se rapporte à *pommes,* le verbe *être* se met au pluriel et à la troisième personne, le participe passé *cuit* prend le genre et le nombre de *pommes.* En réalité, les différentes langues n'effectuent pas les accords de la même manière. Certaines, comme le bantou, répètent sur tous les mots de la phrase certaines marques du sujet, conférant ainsi à l'énoncé une grande unité formelle. D'autres, comme l'anglais, réduisent à peu de chose les accords (l'article et l'adjectif sont invariables). Les langues à déclinaison connaissent également l'accord en cas.

En français, l'accord a une fonction dans la communication. La variation du verbe rappelle ainsi que celui ou ce dont on parle est « singulier » ou est « pluriel », ce qui permet de lever telle ou telle ambiguïté. La variation en personne permet également de rappeler le rapport existant entre le sujet et le locuteur : dans *nous parlons,* le locuteur est sujet (« je » est parmi les sujets de *parlons*), ce qui n'est pas le cas dans *vous parlez.* Toutefois, les marques morphologiques d'accord sont, en français, plus nombreuses dans la langue écrite que dans la langue parlée : la phrase *Les poires sont mûres* possède cinq marques (variations) à l'écrit par rapport au singulier, et deux seulement à l'oral.

L'adjectif et souvent le nom, attributs du sujet ou du complément d'objet, suivent la variation en nombre et en genre du sujet ou du complément d'objet comme dans *Elles sont belles,* ou dans *Je les juge belles ;* dans la langue parlée, la variation en nombre de *belles* n'est manifeste que dans les cas de liaison.

Un problème particulier d'accord est celui qui est posé par le participe passé conjugué avec l'auxiliaire *avoir* (ou à la forme pronominale avec l'auxiliaire *être* quand le pronom signifie « à moi, à toi, etc. ») ; la règle veut qu'il varie comme le complément d'objet direct (variation analogue à celle de l'attribut du complément d'objet direct), à condition que celui-ci soit placé avant le verbe (V. RECTION). Ex. : *La pomme que je lui ai **donnée** est mûre. La main que je me suis **foulée** me fait mal.*

acculturation

On désigne du nom d'*acculturation* tous les phénomènes socioculturels qui relèvent de l'acquisition, du maintien ou de la modification d'une culture*, en particulier l'adaptation d'un individu ou d'un groupe social à un nouveau contexte socioculturel ou sociolinguistique (on parlera ainsi de l'acculturation des émigrés récents).

accumulation

En rhétorique, groupement dans une même phrase et un même mouvement oratoire, de détails (mots) développant l'idée principale (ex. : *Français, Anglais, Lorrains, que la fureur rassemble* [Voltaire]).

accusatif

On donne le nom d'*accusatif* au cas*, utilisé dans diverses langues, exprimant la fonction grammaticale de complément dans le syntagme verbal du type : verbe suivi de syntagme nominal (ex., en latin : *Claudius **Claudiam** amat*). Dans les déclinaisons grecque, latine, etc., l'accusatif peut assumer des fonctions grammaticales ou locales traduites dans d'autres langues par l'allatif, l'illatif, etc. : direction, but, durée, etc. De même, on a dénommé *accusatif d'objet interne* (en grec : *polemein **polemon*** [livrer un combat]) un complément correspondant au français *vivre **sa vie** ;* ce complément d'un verbe normalement intransitif représente la racine du verbe ; l'*accusatif de relation* est un complément qui exprime le point de vue (« en ce qui concerne *Pierre,* quant à *Pierre* »), c'est-à-dire que sa valeur est celle d'une incise.

achoppement syllabique

On appelle *achoppement syllabique* l'interversion, oubli ou addition de sons ou de syllabes qui intervient non parce que la vitesse du débit est trop grande, mais parce que des troubles se présentent dans la programmation de l'énoncé. (Ex. : *boujour* pour *bonjour ; depuis jours j'ai observé* pour *depuis deux jours j'ai observé ; mason* pour *maison.*)

acoustique

La *phonétique acoustique* s'attache à étudier les propriétés physiques des ondes sonores de la parole (traitement du signal), leur mode de transmission dans le milieu, et le fonctionnement des générateurs acoustiques de l'appareil vocal qui donnent naissance à ces ondes. Elle s'occupe enfin de définir la nature exacte des liens qui peuvent être établis entre les propriétés physiques du signal et le fonctionnement du code linguistique. Dans cette dernière perspective, les investigations portent sur la recherche des indices acoustiques qui contribuent à l'identification et à la compréhension des unités linguistiques : mode et lieu d'articulation, variations des paramètres prosodiques de l'intonation. Le développement de la phonétique acoustique est lié à l'invention du spectrographe*, appelé sonagraphe* (nom commercial), qui fournit une représentation tridimensionnelle du signal de parole, fréquence, intensité, durée. La théorie binariste a utilisé ces données pour établir une grille de traits distinctifs définis en termes acoustiques correspondant aux traits définis en termes articulatoires ou génétiques. Les techniques plus récentes par ordinateur avec la mise au point de logiciels permettent l'analyse du spectre en temps réels et la représentation immédiate des données de fréquence, d'amplitude et de durée. Les détecteurs de mélodie ont permis la recherche des variables physiques par lesquelles se manifestent les formes linguistiques de l'accent, des tons et de l'intonation. Le développement des techniques en synthèse de la parole a également contribué à la recherche des traits d'identité acoustique, en permettant de faire varier un paramètre indépendamment des autres et de vérifier les conséquences auditives de cette modification. On a pu mesurer l'importance des effets compensatoires qui permettent d'obtenir un même effet acoustique par des articulations différentes, évaluer les effets acoustiques qui résultent du changement de configuration du conduit vocal, établir la relation entre les cavités et les formants, etc.

La *structure acoustique* des sons du langage a fait l'objet de descriptions détaillées concernant les différents types vocaliques ou consonantiques dans des langues différentes.

Les sons vocaliques

Pendant l'émission des sons vocaliques, la vibration des cordes vocales donne naissance à une onde complexe avec un ton fondamental* correspondant à la vibration de l'ensemble et des harmoniques* correspondant aux vibrations partielles. Les composantes de cette onde glottale sont ensuite modifiées par le conduit vocal qui agit comme un filtre acoustique en amplifiant les harmoniques correspondant aux fréquences de ses propres cavités de résonance et en annihilant les autres (fonction de transfert). Le conduit vocal peut être assimilé à un tube de section uniforme de 17,5 cm, fermé à une extrémité, la glotte, et ouvert à l'autre, les lèvres. Un tube de ce type est caractérisé par des fréquences de résonances fixes à 500 Hz, 1 500 Hz, 2 500 Hz (1/4, 3/4, 5/4 d'onde). Le déplacement des articulateurs dans l'acte de parole modifie la forme et le volume du conduit vocal et, partant, les fréquences de résonance, qui diffèrent ainsi pour chaque réalisation.

Les harmoniques privilégiés par la fonction de transfert sont appelés formants*. Le spectre vocalique présente les formants sous la forme de bandes plus ou moins sombres, plus ou moins parallèles à l'axe des temps et dont la position de fréquence, l'intensité et la durée permettent l'identification du son vocalique. Le timbre vocalique est caractérisé par les trois premiers formants F^1, F^2, F^3, auxquels peuvent s'adjoindre des formants supplémentaires dus à des résonateurs tels que la cavité nasale ou divers sinus. La projection sur un plan des deux premiers formants F^1 et F^2 correspondant théoriquement aux cavités pharyngale et buccale fait apparaître une structure triangulaire, dont les extrémités sont les voyelles extrêmes [i], [a] et [u] : cette configuration correspond à peu près au triangle articulatoire qui représente la position moyenne de la langue selon l'axe antérieur-postérieur et l'axe ouvert-fermé. La position des deux formants principaux F^1 et F^2 sur le spectre permet de distinguer les voyelles compactes* (formants rapprochés = voyelles postérieures) des voyelles diffuses* (formants éloignés = voyelles antérieures), les voyelles graves* (formants de basses fréquences = voyelles vélaires ou labiales) des voyelles aiguës* (formants élevés = voyelles palatales). Par ailleurs, l'élévation de F^1 sur l'échelle des fréquences doit être interprétée comme le résultat d'une ouverture articulatoire, l'élévation de F^2 comme une antériorisation de l'articulation. Pour les voyelles antérieures, l'abaissement de F^2 et F^3 peut représenter un accroissement de la labialisation (arrondissement des lèvres). L'amplitude des formants peut être déduite de la fréquence des formants, des largeurs de bande et de la pente spectrale. Pour les voyelles postérieures [u] [o], F^1 et F^2 se situent à des fréquences basses et les formants élevés sont faibles. Les voyelles ouvertes [a] [ɔ] ont des formants qui sont proches en fréquence et donc intenses.

On distingue trois sources de variabilité liées aux différences physiologiques entre les locuteurs (différences de sexe, d'âge, etc.), aux effets de la coarticulation et aux latitudes variables de réalisation au plan linguistique. L'effet de coarticulation est d'autant plus marqué que le débit est plus rapide. Le contexte dental [d-d] provoque une forte augmentation de 35 p. 100 environ du F^2 des voyelles postérieures (200 à 300 Hz). Dans le cadre vélaire [g-g], F^2 est également plus élevé qu'en contexte [b-b] pour toutes les voyelles. Entre deux uvulaires [R-R], F^1 est plus relevé, surtout pour les voyelles fermées où F^1 est bas, au contraire la fréquence de F^2 est plus basse. La présence d'un [ʃ] provoque un abaissement de F^3.

• *Les voyelles nasales.* Les trois ou quatre voyelles nasales [ɑ̃], [ɔ̃], [ɛ̃], [œ̃] du français, qui apparaissent dans *dans, don, daim, d'un,* se caractérisent par un abaissement du voile du palais et donc la mise en communication du conduit nasal avec le conduit oral (pharynx et conduit buccal). Ce branchement en parallèle se produit à 10 cm au-dessus du larynx. La modification spectrale due au couplage des cavités nasales peut être interprétée comme l'adjonction de paires formant/antiformant (pôle/zéro) notés F^{1n} et A^{1n}, liées à la présence d'une cavité supplémentaire. Leur position fréquentielle dépend du degré de couplage, c'est-à-dire du degré d'abaissement du voile du palais. Le couplage provoque en outre une modification de la fréquence des formants associés au seul conduit oral. Ces formants sont notés F'^1, on a donc $F'^1 = F^1$ lorsque le voile est relevé (couplage nul).

Le premier formant nasal F^{1n} vers 500-700 Hz est stable pour le conduit nasal d'un sujet donné et peu sensible au degré de couplage. Le premier formant oral F'^1 est plus élevé que F^1 après nasalisation. Sa fréquence dépend du degré de couplage et il peut même disparaître (œil nasal*). Les sinus (maxillaire, frontaux, sphénoïdaux) constituent autant de cavités qui introduisent plusieurs paires pôle/zéro supplémentaires dont la principale est à 300 Hz environ (Maeda, 1982).

Les consonnes

• *Les occlusives.* Les consonnes occlusives se caractérisent par un silence qui correspond à la tenue articulatoire de l'occlusion complète du conduit vocal. Pour une consonne occlusive initiale, la durée du silence se confond avec le silence préphonatoire et ne peut donc pas être mesurée. En règle générale, une consonne voisée est plus brève qu'une consonne non voisée. Une occlusive voisée dure généralement plus de 50 ms et pour un débit de lecture les durées varient de 70 à 120 ms environ. Les occlusives sourdes sont de 10 à 20 p. 100 plus longues. La nature de l'entourage influe également sur la durée de l'occlusion.

Dans le cas des occlusives voisées, le silence n'est pas total : les vibrations des cordes vocales pendant la tenue articulatoire se traduisent par une concentration de l'énergie dans les très basses fréquences (100-300 Hz) appelée « barre de voisement ». En français, le voisement s'établit généralement avant la fin du silence (plus précisément avant la barre d'explosion ou burst* pour les occlusives voisées). L'amplitude du voisement diminue au cours de la tenue pour les consonnes. Le voisement peut même s'interrompre avant la barre d'explosion si l'accumulation derrière le barrage occlusif est tel que la différence de pression au-dessus et au-dessous de la glotte devient trop faible pour permettre le voisement.

L'identification des occlusives repose sur l'analyse des *transitions formantiques,* c'est-à-dire l'inclinaison des formants que l'on observe au passage d'une consonne à une voyelle et réciproquement. Ces transitions ont deux origines :
– la diminution du degré de constriction qui suit la rupture de l'occlusion provoquant un effet acoustique plus important que ne le suggère peut-être la faible amplitude du mouvement articulatoire ;
– le mouvement des organes articulatoires vers une nouvelle cible.

Un resserrement aux lèvres [p / b] abaisse les fréquences des trois premiers formants. Les transitions CV sont donc montantes.

Une occlusion dans la zone dentale entraîne une élévation de F^3 et F^4 et implique des transitions descendantes pour ces formants, alors que F^2 n'est pas perturbé.

Pour les vélaires, la caractéristique essentielle est la convergence de F^2 et F^3,

donnant une transition descendante pour F^2 et montante pour F^3 (pince vélaire*). Les transitions de F^1 sont montantes dans tous les cas (Fant, 1973).
a) Les occlusives labiales [p]/[b] : ces occlusives se caractérisent par une barre d'explosion à forme « diffuse-descendante » : en effet, l'énergie, faible et de brève durée, est généralement répartie dans une large bande de fréquence et les basses fréquences prédominent. La barre d'explosion est à peine visible, le bruit de friction étant faible ou nul. Le temps de l'ouverture labiale est de 10 ms au plus, la variation peut atteindre 500 Hz en 5 ms et ainsi contribuer à la présence d'une barre verticale continue. Les transitions sont d'ordinaire montantes.
b) Les occlusives dentales [d]/[t] : la barre d'explosion, intense, est « diffuse-montante », l'énergie est répartie dans une large bande de fréquence et les fréquences élevées dominent, dépassant parfois 8 kHz. Les transitions formantiques sont peu marquées si la voyelle suivante est antérieure-fermée [i, e, y] et descendante pour les autres voyelles dont les formants F^2 et F^3 sont plus bas. F^1 est toujours plus plat ou montant.
c) Les occlusives vélaires [k]/[g] : les occlusives vélaires sont « compactes ». L'énergie de la barre d'explosion, intense et de longue durée, est concentrée dans une étroite bande de fréquence. La fréquence de ce pic dépend de la taille de la cavité antérieure. Cette taille varie beaucoup en fonction de la forte coarticulation linguale de ces deux sons qui se déplacent d'un lieu d'articulation presque palatal à postvélaire en fonction du contexte. Ceci provoque d'importantes variations dans la fréquence du pic majeur qui peut passer de 1 à 3 kHz. Pour les non-voisées, ce pic se connecte par du bruit de friction aux formants F^3, F^4 pour les voyelles palatales [i], [e] et [y], à F^2, F^3 pour les [ɛ], [a], [ø] et [œ] et à F^2 pour les voyelles postérieures. La barre d'explosion est parfois double.
• *Les consonnes fricatives (ou constrictives).* Les fricatives ou constrictives sont des bruits, c'est-à-dire des événements apériodiques. Ce bruit résulte d'une turbulence aérodynamique qui prend naissance en un ou plusieurs points du conduit vocal en raison de la présence d'un fort resserrement (ou constriction) ou d'un obstacle placé dans le flot d'air expiratoire. Pour les dentales [s]/[z], la constriction très étroite se place juste derrière les incisives supérieures. La pointe de la langue est abaissée, et le volume de la cavité dans la constriction est très réduite. Pour [ʃ]/[ʒ], la pointe de la langue, relevée, se place derrière les incisives, créant un chenal étroit dans la zone prépalatale. Le volume de la cavité antérieure est plus grand, d'autant que les lèvres sont projetées en avant (arrondissement). Il est probable que la présence des incisives dans le flot d'air renforce la turbulence pour [s]/[z] comme pour [ʃ]/[ʒ]. Pour articuler les labiodentales [f]/[v], les incisives viennent particulièrement au contact de la lèvre inférieure. La turbulence, faible, provient de l'air qui s'échappe latéralement et médianement. La position de la langue ne joue aucun rôle.
a) Pour les consonnes [s]/[z], en spectrographie, le bruit de turbulence apparaît de 4 à 8 kHz avec quelquefois deux concentrations diffuses, l'une vers 5 kHz et l'autre vers 8 kHz. L'intensité globale est relativement forte. Vers 3 kHz, la pente spectrale est de l'ordre de 15 à 25 dB/octave. L'intensité maximale se place vers 6 à 7 kHz mais apparaît souvent relativement constante entre 5 et 8 kHz. Les transitions formantiques pour [s] et [z] sont voisines de celles de [t]/[d] car ces deux paires sont dentales.
b) Les consonnes [ʃ]/[ʒ] : le bruit est visible de 1,6 à 2,5 kHz selon le degré de labialité des sons voisins, jusqu'à 7 kHz ou plus. Deux concentrations sont visibles séparées de plus de 1 kHz, la deuxième est supérieure à 4 kHz. L'intensité globale est relativement forte. L'énergie peut montrer comme pour [s]/[z] une chute de

fréquence et d'intensité au voisinage de la voyelle adjacente ; il se produit de petits silences de 10 à 20 ms encadrant la fricative.
c) Les consonnes [f] / [v] : les fricatives labiodentales [f]/[v] se distinguent des autres fricatives par leur faible intensité : si [s] et [ʃ] sont d'environ −7 à −15 dB, et −3 à −10 dB moins intenses que la voyelle suivante, ces valeurs atteignent −25 à −35 dB pour [f] et −20 à −30 pour [v]. Des pics diffus apparaissent vers 3,5 et 8 ou 10 dB. La consonne [v] diffère de [b] par l'intensité plus grande de la barre de voisement due à trois facteurs : absence d'occlusion, absence de barre d'explosion, réduction graduelle de l'intensité des formants au passage voyelle/consonne.
• *Les consonnes sonantes.* La structure acoustique des consonnes sonantes est caractérisée par une structure de formants. Intrinsèquement voisées, elles peuvent se dévoiser au contact d'une consonne non voisée.
a) Les consonnes nasales [m], [n], [ɲ] : les consonnes nasales sont souvent décrites comme des occlusives dans la mesure où on ne tient compte que de la partie buccale du conduit vocal où elles présentent une occlusion, au niveau des lèvres [m], dans la zone dentale [n], dans la zone palatale [ɲ] et dans la zone vélaire pour la nasale dépourvue en français de valeur phonologique [ŋ] dans les mots empruntés à l'anglais comme *parking* ou dans des contextes d'assimilation *subjonctif*.

La consonne [m] possède quatre formants entre 0 et 2,5 kHz. On remarque la grande densité des formants ainsi que la présence d'antiformants résultant du branchement en parallèle d'une cavité supplémentaire. À rang égal, les formants d'une nasale et d'une non-nasale ne se correspondent pas. Ces formants se placent vers 0,3, 1, 1,3 et 2 kHz. Un zéro apparaît vers 1,4 kHz, ce qui entraîne une forte réduction de l'amplitude des formants 2 et 3. Si la position des formants 1 et 4 est stable, il n'en va pas de même pour les fréquences des formants 2 et 3 et du zéro dont les fréquences varient avec la coarticulation linguale.

La consonne [n] présente également quatre formants entre 0 et 2,5 kHz. Le premier formant (murmure nasal) stable à 300 kHz est à une fréquence égale à celle de [n]. Un deuxième formant stable est localisé vers 1 kHz. Un zéro s'intercale entre F^3 et F^4 de 1,5 à 2 kHz).

La consonne [ɲ] se réalise [n] + [j] pour de nombreux locuteurs, ce qui se traduit par la présence d'un élément terminal très proche d'un [j].
b) La consonne [l] : celle-ci est réalisée avec un contact de la pointe de la langue dans la zone alvéodentale, mais l'air peut passer latéralement d'un côté ou des deux côtés de la pointe de la langue. La fréquence du premier formant est assez stable vers 300 kHz. La fréquence est déterminée par la longueur totale du conduit vocal comme pour la grande majorité des sons. F^2, très variable, est déterminé par le degré de constriction pharyngale. Il est élevé au contact d'une voyelle antérieure (1,9-1,750 kHz) et plus bas (1,6-1,3 kHz) avec une voyelle postérieure. La fréquence du zéro et celle du 4ᵉ formant sont déterminées par la taille de la ou des cavité(s) parallèle(s). Il existe un groupe de deux ou trois formants supérieurs à des fréquences inférieures à 5 kHz. La présence d'un zéro à une fréquence variable peut provoquer l'affaiblissement de l'un ou l'autre des nombreux formants, avec un risque d'erreur dans l'identification du rang d'un formant : selon la fréquence du zéro, le formant F^2 est ou non visible. D'importantes discontinuités apparaissent entre les formants de [l] et ceux des voyelles adjacentes, notamment pour F^1, F^3, F^4.
c) La consonne [R] : cette consonne présente une grande variabilité acoustique due à la coarticulation. Un ou plusieurs « battements » provoqués par des quasi-occlusions entre le dos de la langue et la zone vélo-uvulaire peuvent se produire à un rythme

variable (20 par seconde). Il n'apparaît pas d'énergie au-dessous de 1 kHz. L'intensité globale est faible (– 20 à 20 dB au-dessous de la voyelle). En position finale, l'intensité peut être encore plus faible et cette consonne disparaît sur le spectre. Le spectre d'un [R] est proche de celui de la voyelle [o]. [R] présente une variante dévoisée en position finale.

d) Les semi-consonnes [j], [w] et [ɥ] : la sonante palatale [j] possède une structure acoustique proche de celle de la voyelle [i] : F^1 = 300 kHz, F^2 = 2,1 kHz, F^3 = 3 kHz, F^4 = 3,5 kHz. Le deuxième formant est souvent très faible. En position finale, après voyelles labiales, le 2e et le 3e formant peuvent baisser jusqu'à 1 900 et 2 500 kHz. Lorsque [j] est précédé d'une voyelle labialisée antérieure et postérieure, le 3e formant de la voyelle s'incurve vers le bas jusqu'à toucher le 2e formant de la voyelle qui présente une rapide transition montante. F^3 remonte ensuite rapidement en direction de 3 kHz, valeur cible du F^3 de [j]. Lorsque [j] est suivi d'une voyelle labialisée antérieure ou postérieure, un phénomène identique se produit : le 3e formant de [j] se connecte au 2e formant de la voyelle contiguë. Ces formants différents dépendent en fait de la même zone du conduit vocal dans ces sons différents. Après une occlusive voisée, [j] conserve la même structure acoustique. Il palatalise fortement une occlusive. La barre d'explosion et le fort bruit de friction sont ceux que l'on trouve devant [i].

e) La sonante labiovélaire [w] : cette consonne labialisée (arrondie) est proche de [u]. Elle est le plus souvent suivie d'un [a], d'un [ε] ou d'un [i] en français. En débit rapide, tout groupe [uV] en hiatus peut devenir [wV] : *louer* [lue] devient [lwe]. Le formant F^1 est toujours intense vers 300 kHz. F^2 est souvent faible, vers 0,6 à 0,7 kHz, un peu plus élevé si précédé d'une dentale. F^1 et F^2 sont rarement visibles vers 2,2 et 3,3 kHz. En débit rapide, cette consonne ne possède plus d'état stable. On ne voit que des transitions relativement lentes vers la cible vocalique.

f) La sonante palatale [ɥ] : cette consonne est toujours suivie d'un [i] en français (*huit* et *oui,* [ɥit] et [wi]). Cette consonne est proche de la voyelle [y]. En débit rapide, la séquence [yV] devient [ɥV] dans *Suède,* par exemple. Le formant F^1 se place vers 0,3 kHz, le formant F^2 vers 1,5 kHz, le formant F^3 souvent faible, atteint 2,1 à 2,2 kHz. Un formant F^4 est souvent visible vers 3,2 kHz. La transition du formant F^2 vers [i] est fortement montante, et fait contact vers 2,2 kHz avec le 3e formant au moment où celui-ci amorce sa transition montante vers 3 kHz, fréquence du F^3 de [i].

acoustique (segment)

En reconnaissance de la parole, les *segments acoustiques* résultent de la segmentation du signal de la parole par repérage de discontinuité dans le spectre. Les segments acoustiques sont interprétés en termes de phonèmes, et en général, le nombre de phonèmes détectés est inférieur à celui des segments acoustiques. À une consonne occlusive non voisée correspondent généralement trois segments acoustiques, l'un représentant une zone de silence, l'autre une explosion de bruit, et une zone d'instabilité (transition vers la voyelle). À une voyelle ne devrait correspondre en principe qu'un seul segment acoustique centré sur la partie la plus stable (les transitions appartenant par définition aux consonnes). Il arrive assez fréquemment qu'à une voyelle correspondent deux segments acoustiques (dispersion*), ou aucun (omission de la voyelle et/ou fusion* avec un phonème environnant). L'observation qualitative (Vaissière, 1982) permet de conclure que l'information suprasegmentale (et plus particulièrement la fréquence* du fondamental* superposée aux segments, la durée relative des segments en séquences et la position des pauses) permet dans un certain nombre de cas de détecter les erreurs de fusion* et de dispersion* vocalique et de les corriger. La présence de la montée de continuation majeure permet de rattraper un certain nombre d'erreurs par l'algorithme suivant : si plusieurs segments fortement vocaliques ont été détectés en séquence et si la fréquence du fondamental superposée à l'ensemble de ces segments indique une montée continue de F° d'amplitude x, et si x représente la montée principale de la phrase, alors on propose un regroupement de tous les segments vocaliques dans une seule et même voyelle. (V. DISPERSION.)

acquisition du langage

Pendant longtemps, l'acquisition du langage a été traitée par des psychologues, des sociologues et des pédagogues, sans lien direct avec les théories linguistiques. Ce n'est que vers les années 60, et avec les travaux de R. Jakobson, que l'idée de l'existence de rapports étroits entre structures de la langue et modalités d'acquisition s'est imposée et que, dès lors, la connaissance du développement verbal a pu éclairer celle du fonctionnement de la langue adulte.

Autour des années 70, on assiste ainsi à de multiples descriptions du *langage enfantin* à l'aide des catégories linguistiques utilisées pour décrire la langue des adultes. Plusieurs remarques peuvent être faites sur cette période. En premier lieu, il ne s'agit que de décrire les *productions* de l'enfant en tant que résultats d'un processus dont on ne sait rien. Celles-ci apparaissent comme des grammaires successives, évoluant avec l'âge de l'enfant et conformes aux théories utilisées. En deuxième lieu, cette optique envisage la production enfantine en termes de fautes ou de manques par rapport au langage adulte. On s'interroge sur ce qui conduit les maniements linguistiques de l'enfant à ressembler de plus en plus à ceux de l'adulte, surestimant l'aspect répétition-imitation au détriment de l'aspect créatif. En effet, dans son appropriation du langage, l'enfant fait de nombreuses tentatives de généralisation, de transfert ; son apprentissage par *essais* et *erreurs* traduit sa capacité à faire des hypothèses, à anticiper, à risquer, à renoncer. Enfin, on pense que tous les enfants passent, à peu de chose près, par les mêmes stades d'acquisition, ce qui justifie, du point de vue méthodologique, la portée générale accordée aux études faites sur un seul enfant. Les études différentielles qui suivront vont montrer qu'au sein de tendances très générales se manifestent des variations entre les enfants qui ne peuvent en aucun cas être attribuées à des facteurs aléatoires. L'influence de N. Chomsky et, surtout, le primat déclaré de l'analyse formelle amènent les chercheurs à se centrer sur le *développement syntaxique,* négligeant le problème du sens des énoncés du langage enfantin, de ses liens avec le contexte, de ses effets sur l'entourage. La conséquence essentielle de ce centrage sur les aspects formels de l'acquisition du langage a été un recours au *nativisme* comme mode d'explication de l'acquisition rapide et régulière du langage par l'enfant.

Des études plus récentes ont pu faire apparaître que l'enfant produit des catégories sémantiques avant de construire des énoncés. On a remarqué que la saisie de l'invariant signifié précède celle des relations de classe. Comme ce que l'enfant a à dire est plus complexe, plus varié et évolue plus vite que les moyens linguistiques dont il dispose, la mise en relation syntaxique retarde sur l'utilisation des implications sémantiques des unités.

Mais le résultat le plus marquant des études sur l'acquisition des années 80 est la réhabilitation des *événements langagiers* de la première année de la vie de l'enfant. S'il n'y a pas encore présence de la langue chez l'enfant, il y a, depuis le départ, interactions et production de sens. Dans la perspective innéiste, la période verbale seule intéresse les linguistes, c'est-à-dire la période où émerge la *compétence linguistique.* Or, en fait, la langue émerge d'une activité de langage, constituée par un vaste réseau d'échanges affectifs et communicatifs dans lequel l'enfant met en place des *compétences de communication* de plus en plus élaborées qui constituent ce que l'on nomme *communication prélinguistique*. Le dialogue naît de ces premiers épisodes interactifs, des *proto-conversations*, comme les appelle J. S. Bruner. C'est le point de départ et la source des acquisitions linguistiques qui, à leur tour, procurent à l'enfant les moyens d'accéder à de nouvelles possibilités d'échange. Insister sur le primat de ces compétences de communication, c'est rappeler le caractère éminemment social du langage. En effet, comme le souligne M. A. K. Halliday, l'enfant est confronté non pas à des grammaires, à des lexiques ou à des phrases émises au hasard, mais à du langage en action, aux autres et à lui-même.

Les aspects différentiels dans l'acquisition commencent à être étudiés. L'existence de différences individuelles dans la *vitesse* avec laquelle le langage est acquis est une expérience courante. Plus délicates à observer sont les diverses *stratégies* que les enfants mettent en œuvre dans l'apprentissage. Certains enfants seraient par exemple plus portés vers la mise en mots des objets, d'autres vers la mise en mots des relations aux autres. Certains seraient plus « syntaxiques » et d'autres plus « lexicaux ». Même s'il semble probable que ces différences pourraient être liées à des styles cognitifs individuels différents, on considère globalement que celles-ci ont pour origine les divers contextes éducatifs, essentiellement familiaux, dans lesquels vivent les enfants. Les travaux sur ces questions s'inspirent principalement des idées proposées par B. Bernstein : les stratégies que produisent les enfants sont en grande partie déterminées par les caractéristiques langagières des différents contextes de socialisation qu'ils rencontrent dans leur vie quotidienne. Les études font une place importante aux échanges mère-enfant dans la constitution de ces différences : l'adulte joue bien un rôle de médiation entre l'enfant et le langage, mais il existe une complémentarité obligée entre le « monitorat » assuré par l'adulte, les capacités cognitives de l'enfant et le monde dans lequel ils vivent.

acrolecte

Dans les situations de continuum, l'*acrolecte* est une variété ou système linguistique considéré par les membres de la communauté comme le plus élevé et pouvant de ce fait se fondre souvent avec la norme* ou même une surnorme*. Dans le continuum créole martiniquais ou guadeloupéen, l'*acrolecte* est représenté par la forme locale la plus proche du français métropolitain. L'*acrolecte* s'oppose au *basilecte* et au *mésolecte*.

acronyme

Sigle prononcé comme un mot ordinaire ; ainsi C.A.P.E.S. est prononcé [kapɛs], O.N.U. est prononcé [ɔny], par opposition au sigle épelé (S.N.C.F.).

Les acronymes s'intègrent mieux et permettent mieux la dérivation : il faut modifier le sigle non syllabaire C.F.D.T. pour dériver *cédétiste*, où le F disparaît, alors que C.A.P.E.S. donne aisément *capésien*. Un autre caractère fréquemment recherché par les concepteurs de sigles acronymes, c'est le jeu homonymique sur un lexème préexistant : on trouve ce jeu dans *ECU (European Currency Unit)* et dans ERASMUS, ESPRIT, etc. On parle encore d'*acronyme* quand les sigles ne recourent pas aux seules initiales : le point retenu est l'oralisation syllabaire. À ce titre, *radar* reste un acronyme, pour *RAdio Detection And Ranging*, ainsi qu'*algol*, *ALGOrithmic Language*.

acrophonie

On donne le nom d'*acrophonie* au principe de transcription selon lequel la constitution d'une écriture syllabique (écriture notant une syllabe par un seul signe graphique) a été faite à partir d'une écriture idéographique (où le signe graphique note un mot), en attribuant à l'idéogramme la valeur phonique de la première syllabe du mot qu'il représente. La lettre A proviendrait ainsi de l'idéogramme *aleph*, « bœuf ».

actanciel

1. On appelle *modèle actanciel* d'un récit un modèle par lequel on peut rendre compte d'une structure narrative par les rapports institués entre les actants ou protagonistes d'un récit, d'un mythe, etc., représentés par des « êtres » animés ou non-animés.

2. L. Tesnière qualifie d'*actancielles* les propositions transférées en actant (V. TRANSLATION). Dans *Alfred espère qu'il réussira, qu'il réussira* est une proposition transférée en substantif et en actant (*qu'il réussira* prend la place de *son succès, le succès, la victoire,* etc., qui sont des actants possibles du verbe *espérer*).

actant

1. Le nom d'*actant* est donné à celui qui fait l'action indiquée par le verbe (intransitif) ou le groupe verbal formé du verbe et de son objet (transitif) : il répond à la question implicite *que fait X ? X* est l'actant ou agent de l'action.

2. Dans l'analyse structurale du récit, l'*actant* est le protagoniste de l'action, distinct du bénéficiaire, au bénéfice de qui se fait l'action ; actant et bénéficiaire peuvent se confondre dans la même personne.

3. L. Tesnière appelle *actants* les unités désignant les êtres ou les choses qui, d'une manière ou d'une autre, même en tant que simples figurants, participent au procès exprimé par le verbe. Ainsi, dans la phrase *Jacques donne un bonbon à son fils, bonbon* et *fils,* qui ne représentent pas ceux qui font l'action, sont tout de même des actants. Les actants sont toujours des substantifs ou des équivalents de substantifs. Les verbes sont ainsi caractérisés par le nombre d'actants qu'ils peuvent avoir. (Il y a des verbes sans actant comme *pleuvoir,* des verbes à un actant comme *tomber,* des verbes à deux actants comme *frapper,* des verbes à trois actants comme *donner.*) Le mot *actant* a alors pour syn. *argument.* Le *prime actant* est le sujet de la phrase active, le *second actant* l'objet (dans la phrase active) et le contre-sujet* dans la phrase passive. Le *tiers actant* désigne celui au bénéfice ou au détriment duquel se fait l'action (complément indirect, complément second ou complément d'attribution). Ce type d'analyse a été repris tant dans la grammaire casuelle que dans l'analyse structurelle du récit.

acte

1. On appelle *acte de parole* l'énoncé effectivement réalisé par un locuteur déterminé dans une situation donnée (V. COMPÉTENCE, PERFORMANCE) ; on parle aussi dans ce cas d'*événement de parole.*

2. On appelle *acte de langage* l'utilisation du langage comme une action, et non plus seulement comme un message (V. PERFORMATIF.)

À l'origine, *acte de langage* traduit l'anglais *speech act.* Il est donc difficile d'assigner l'acte de langage soit à la langue, soit à la parole. La problématique du précurseur des actes de langage, J. L. Austin, n'est pas essentiellement linguistique. Ce dernier part de l'observation des performatifs* tels que *promettre* ou *baptiser,* qui, employés à la bonne personne et dans les circonstances sociales opportunes, réalisent *l'acte qu'ils dénomment.* « Je te baptise Paul » affecte effectivement un nom à une personne, si les *conditions de succès* sont réussies. Dès lors, la problématique s'étend à tout *acte de langage :* dans un énoncé comme *ferme la fenêtre,* on distinguera *l'acte locutoire* (« prononcer cette phrase »), *l'acte illocutoire** (« donner un ordre ») et *l'acte perlocutoire** (« viser à obtenir que la fenêtre soit fermée »). L'observation des actes de langage amène à considérer aussi des *actes de langage indirects,* où la visée perlocutoire n'est pas assignable à une forme illocutoire codée en langue. Le social (présent dans l'illocutoire) est ici reporté au perlocutoire : *il fait froid dans cette pièce* constituera un acte de langage indirect (équivalent au plan perlocutoire à *ferme cette fenêtre*) si la situation comporte un locuteur susceptible de donner un ordre à l'interlocuteur, et d'être obéi.

acteurs

On appelle *acteurs de la communication* chacun des divers participants à la communication. (V. COMMUNICATION.)

actif

1. On appelle *verbe actif* un verbe dont la flexion s'oppose aux flexions des voix* moyenne et passive ; ce système de formes verbales implique que le sujet du verbe est l'agent d'une action s'exerçant sur un objet autre que lui-même. On dit ainsi que, dans la phrase latine *Paulus legit librum* (Paul lit un livre) où *Paulus* (Paul) est sujet et agent de l'action de *legere* (lire) qui s'exerce sur *librum* (le livre), le verbe *legere* est à la voix *active ;* la phrase est une *phrase active.* En français, on appelle *verbe actif* un verbe transitif ou intransitif dont la flexion s'oppose à la forme passive et à la forme pronominale sans que soit spécifié si le sujet est en même temps l'agent : la phrase *Les parents aiment leurs enfants* est une phrase

active, le verbe *aimer* est à la voix active (opposée à la voix pronominale *s'aimer* et à la voix passive *être aimé*).
2. On appelle *vocabulaire actif* l'ensemble des mots qu'un sujet parlant est capable d'employer spontanément dans sa production linguistique.

action
1. On a appelé *verbe d'action,* par opposition à *verbe d'état,* un verbe qui exprime une action (« modifier quelque chose, effectuer un mouvement, produire un objet, etc. »), comme *courir, marcher, descendre, lire, vendre,* etc.
2. *Action-réponse.* V. RÉPONSE.
3. L'*action* est la quatrième partie de la rhétorique, qui traite de la prononciation, des mimiques et des gestes (pose de la voix, variété du ton, du débit, etc.). [Syn. HYPOCRISIS.]

actualisateur
On appelle *actualisateur* tout morphème permettant l'actualisation, c'est-à-dire le passage de la langue à la parole. Les actualisateurs sont les différents éléments que la langue exploite pour relier les notions virtuelles (concepts) aux objets et procès de la réalité extérieure (référents).

On peut opposer les unités lexicales, signes complets (liaison d'un signifiant et d'un signifié), et les actualisateurs, qui sont les morphèmes grammaticaux. Dans *ce livre, livre* correspond à la description saussurienne du signe (liaison d'un concept et d'une image acoustique), pendant que *ce* assure le lien entre le concept de *livre* et la réalité matérielle présente dans la situation (= le livre déterminé que j'ai sous les yeux). De même, dans le verbe, le morphème de temps sert d'actualisateur au concept ; *-a* dans *marcha* localise le procès conceptuel « marcher » sur l'axe du temps. (V. EMBRAYEUR.)

actualisation
L'*actualisation* est l'opération par laquelle une unité de la langue passe en parole. Actualiser un concept, c'est l'identifier à une représentation réelle du sujet parlant. Par l'actualisation, tout concept est localisé (situé dans le temps ou dans l'espace) et quantifié (il reçoit un quantificateur).

La situation de communication peut à elle seule assurer l'actualisation : *Va ! Feu ! Bonjour !* Toutefois, c'est plus souvent la situation linguistique qui, dans le cas des énoncés à un seul terme, assure l'actualisation ; *oui* répond à un événement linguistique précédent (question de l'interlocuteur). Parfois encore, l'actualisation est sous-jacente à l'énoncé ; le lecteur d'un panneau portant l'inscription « interdit » rétablira, en fonction de la situation de communication, l'énoncé linguistique sous-jacent, par exemple « le passage est interdit ».

On distingue le caractère implicite ou explicite de l'actualisation. Ainsi, en français, la quantification est explicite dans le nom comme dans le verbe *(un chien / des chiens ; je cours / nous courons).* L'opposition entre actualisation explicite et implicite ne vaut, pour cette langue, que dans le cas de la localisation. *Des hommes* est explicitement actualisé du point de vue quantitatif (le pluriel marquant une certaine quantité d'hommes, plus d'un homme), mais implicitement du point de vue qualitatif (certains hommes, qui étaient plusieurs).

Selon les langues, les impératifs de l'actualisation diffèrent. Ainsi, considérant seulement l'aspect, le verbe indo-européen ne localisait pas l'action verbale dans le temps. L'actualisation temporelle n'était alors qu'implicite (en dépendance du contexte).

Dans la plupart des langues, un certain type d'actualisation est nécessaire pour donner au message un caractère achevé : un énoncé minimal comprendra en principe deux termes : l'actualisateur et l'actualisé. À ce titre, le premier morphème cité ci-dessus *(Va !)* peut être considéré comme actualisé par la catégorie du nombre *(va / allez).*

actuel V. VIRTUEL.

additif
On qualifie d'*additif* un bilinguisme ou une situation dans lesquels les deux langues en présence sont toutes deux valorisées. De ce fait leur emploi ou leur apprentissage ne s'accompagne d'aucun sentiment d'insécurité.

addition
Dans le premier état de la grammaire générative, l'*addition* est une opération consistant à ajouter un élément au cours d'une transformation. Cet élément doit être vide de sens puisque, en théorie, les transformations n'apportent aucune modification au sens des phrases de base. Ainsi, si on analyse la phrase *Je pense que Paul viendra demain* comme issue des deux propositions *(Je pense cela, Paul viendra demain)* par transformation complétive qui fond ces deux propositions en une seule phrase, l'élément *que,* ajouté au cours de cette transformation, est une conjonction vide de sens. (V. OPÉRATEUR.)

adduction
En phonétique, on donne le nom d'*adduction* au mouvement par lequel, au moment de la phonation, les cordes vocales se rapprochent, mais sans se toucher complètement, et par lequel la glotte se rétrécit. L'adduction caractérise la mise en place des organes phonatoires au niveau du larynx pour l'adoption de l'attitude vocale : en effet, le rétrécissement de la glotte entraîne une accumulation de l'air sous-glottique dû à l'expiration, qui ne peut s'écouler que par petites bouffées, grâce à la vibration des cordes vocales. Cet écoulement cyclique de l'air donne naissance à l'onde sonore laryngée que l'on appelle la voix* et qui est indispensable à la production des sons du langage.

L'adduction est le mouvement contraire de l'abduction* ; elle est provoquée par l'accolement des aryténoïdes, auxquels sont fixées les extrémités postérieures des cordes vocales, à l'arrière du larynx.

adéquat
On dit d'une grammaire qu'elle est *faiblement adéquate* (ou qu'elle a une capacité* générative faible) si elle génère l'ensemble des phrases grammaticales d'une langue ; une grammaire est *fortement adéquate* (ou elle a une capacité générative forte) si non seulement elle génère l'ensemble voulu de phrases, mais si elle assigne aussi à chaque phrase la description structurelle correcte. Une grammaire de type inductif (descriptif) est ainsi une grammaire faiblement adéquate, car, pour une même langue, on peut avoir un grand nombre de grammaires possibles, et ces grammaires décrivent de nombreux énoncés peu acceptables. En revanche, une grammaire de type déductif (générative) a une forte adéquation parce qu'elle engendre toutes les phrases possibles à partir de règles établies a priori représentant la connaissance intuitive des règles que possède le sujet parlant.

adéquation
Quand on distingue les deux formes sous lesquelles les énoncés d'une langue s'offrent à nous, la forme écrite et la forme parlée, on pose le problème de l'*adéquation* de la première à la deuxième : ce terme désigne les rapports que l'écrit entretient avec le parlé qu'il représente. Ces rapports sont caractérisés par le fait que l'écrit est la représentation plus ou moins exacte des énoncés parlés de la langue. Dans le même sens, on dira que l'*adéquation* de l'alphabet latin par rapport à l'italien est plus grande que par rapport au français. (V. ADÉQUAT.)

adessif
On donne le nom d'*adessif* au cas*, utilisé dans les langues finno-ougriennes, exprimant la position « sur un lieu », à proximité immédiate d'un lieu (ex. : *Le livre est **sur la** table*).

ad hoc
On dit d'une règle de grammaire qu'elle est *ad hoc* quand elle a été construite uniquement pour rendre compte du phénomène qu'elle décrit, et qu'elle ne permet aucune généralisation.

adjacent
Deux éléments sont dits *adjacents* quand ils sont contigus dans une structure donnée. Ainsi, le syntagme nominal objet est *adjacent au verbe* dans la structure de base SN + Aux + V + SN (syntagme nominal + auxiliaire + verbe + syntagme nominal).

I. **adjectif**

La grammaire définit l'*adjectif* comme le mot qui est joint au nom pour exprimer la qualité de l'objet ou de l'être, ou de la notion désignée par ce nom *(adjectif qualificatif)*, ou bien pour permettre à ce nom d'être actualisé dans une phrase *(adjectif déterminatif)*. Des adjectifs aussi différents que *bas, noir, fragile, petit, laid, glacial, hugolien, superbe, municipal, spirituel* sont qualificatifs. Au contraire, la liste des déterminatifs est relativement restreinte ; ils se subdivisent en adjectifs numéraux, possessifs, démonstratifs, relatifs, interrogatifs et exclamatifs, indéfinis ; outre qu'ils ont des contraintes d'emploi spécifiques (en français, ils ont une place définie et ne peuvent être attributs), ils ont des fonctions de localisation, de quantification (pluralité), etc. Si l'on s'en tient au critère du sens, on doit constater toutefois que, dans beaucoup de ses emplois, l'adjectif qualificatif non seulement caractérise (ou qualifie), mais aussi détermine. Ainsi, dans *Elle porte un pull-over rouge, rouge* permet de distinguer parmi les autres un pull-over qui est ainsi individualisé.

Les adjectifs qualificatifs sont divisés en *adjectifs qualificatifs proprement dits* (exprimant une qualité) et *adjectifs de relation* ou *relationnels :* ces derniers sont dérivés de noms, par ex. *universitaire* de *université, porcin* de *porc, économique* de *économie,* et indiquent qu'il existe un rapport entre le nom qualifié et le nom dont l'adjectif dérive, l'usage définissant le ou les rapports exprimés : ainsi, *l'agitation révolutionnaire* peut être « l'agitation pour faire la révolution », « l'agitation de ceux qui veulent faire la révolution », « l'agitation qui est la révolution ». L'adjectif relationnel peut avoir des emplois synonymes ou complémentaires à ceux du « complément de nom » introduit par *de : l'influence de la France* et *l'influence française* sont synonymes, mais *la situation française* peut être équivoque : « la situation de la France » ou « la situation en France ». Les adjectifs qualificatifs proprement dits et les adjectifs dérivés de noms ont des propriétés syntaxiques différentes : position dans le syntagme nominal, possibilité ou non d'entrer dans une phrase avec *être,* etc.

L'adjectif qualificatif (adjectif qualificatif proprement dit ou adjectif relationnel) peut être *épithète* ou *attribut.* Il est épithète quand il entre dans le groupe nominal dont le mot principal est le nom auquel l'adjectif est joint (on dit qu'il le « qualifie » ou qu'il s'y « rapporte ») ; il n'y a dans ce cas aucun verbe qui mette en rapport l'adjectif avec le nom. Ainsi, dans *la porte étroite, une extraordinaire aventure, un petit bonhomme, étroite, extraordinaire* et *petit* sont épithètes. Quand l'adjectif exige ou implique la présence d'un verbe (celui-ci pouvant être « sous-entendu »), on dit qu'il est attribut du nom ; c'est le cas dans *Il est remarquable, On le considère comme sincère, Il se montre sérieux,* et avec un verbe non exprimé dans *Jacques, tranquille, se met à parler* (V. ADVERBIAL).

On caractérise parfois formellement cette catégorie par le fait que ses éléments varient en genre et en nombre selon le genre et le nombre du nom qualifié ; les traités de grammaire avancent souvent dans ce cas une règle orthographique selon laquelle le féminin se forme en général en ajoutant *-e* à la forme du masculin si celui-ci n'en comporte pas. Les règles de la langue parlée sont différentes, l'adjectif y apparaissant généralement comme invariable. De toute manière, en langue écrite, nombre d'adjectifs n'ont pas d'opposition de genre (adjectifs à forme de masculin terminée par *-e* comme *remarquable,* noms adjectivés comme *marron*) ; parfois même, aucune variation n'est possible ni en genre ni en nombre (adjectifs composés comme *bleu-vert : des teintes bleu-vert*).

Les adjectifs qualificatifs (à l'exclusion des adjectifs relationnels, comme *métallique, géographique,* etc.) ont des degrés de comparaison*. On distingue ainsi un superlatif relatif *(Il est le plus sage de la classe)* et un superlatif absolu *(Il est très sage),* un comparatif de supériorité *(Il est plus grand que son ami),* un comparatif d'égalité *(Il est aussi grand que son ami)* et un comparatif d'infériorité *(Il est moins grand que son ami).* De ce fait, l'adjectif employé sans degré de comparaison est dit *adjectif* au *positif.*

L'adjectif peut être substantivé (employé comme nom) ; on a ainsi *les Noirs, les affreux, le haut ;* il peut être employé comme adverbe en conservant la variation en genre et en nombre *(Elles sont assises studieuses)* ou en devenant invariable *(Il crie fort).*

II. **adjectif**

On donne le nom de *locution adjective* à la suite de mots qui joue le rôle d'un adjectif ; dans une *table de bois, de bois* peut être analysé comme une locution adjective correspondant à un adjectif ou un participe : *chaise cassée.* De même dans *fauteuil Louis XV* l'expression *Louis XV* joue le rôle d'un adjectif.

adjectif verbal

1. En latin, la forme, de sens passif, terminée par *-ndus, -nda, -ndum* est dite *adjectif verbal* par opposition au gérondif de sens actif en *-ndum,* génitif *-ndi,* dat. et abl. *-ndo.* L'adjectif verbal employé comme épithète* exprime purement et simplement l'action que subit le nom auquel il se rapporte ; l'adjectif verbal employé comme

attribut* exprime l'action que le nom a l'obligation de subir.
2. En français, l'*adjectif verbal* est une forme de sens actif qui, contrairement au participe présent invariable, s'accorde en genre et en nombre avec le nom auquel elle se rapporte. La forme du masculin singulier, généralement semblable à celle du participe correspondant, est en *-ant* : toutefois, l'adjectif verbal de verbes en *-quer* et *-guer* est en *-cant* (et non pas *-quant*), *-gant* (et non pas *-guant*) ; on a, en outre, des terminaisons en *-ent* dans *adhérent, affluent, coïncident, compétent, confluent, convergent, différent, déférent, divergent, émergent, équivalent, excellent, expédient, négligent, précédent, somnolent, violent.*

La distinction des sens de l'adjectif verbal et du participe correspond à la distinction des sens d'un verbe et d'un adjectif. Alors que l'action exprimée par le participe présent est limitée dans le temps, celle qui est dénotée par l'adjectif verbal correspond à une qualité plus ou moins permanente sans délimitation de durée. Ainsi, *La petite troupe s'avance provoquant les passants* et *La petite troupe s'avance, provocante* s'opposent : le participe présent *provoquant* exprime une action simultanée à celle de *s'avancer ;* l'adjectif verbal *provocante* exprime une attitude indépendante, au moins pour la durée, de l'action de « s'avancer ». Le participe entre dans un syntagme verbal, l'adjectif verbal exclut le complément d'objet, ces compléments étant éventuellement construits comme les compléments d'adjectif.

Dans certains cas, le rapport entre le nom qualifié et l'adjectif n'est pas un rapport de sujet à verbe actif : *la troupe provocante,* c'est bien « la troupe qui provoque », mais *une couleur voyante* est « une couleur que l'on voit » (l'adjectif verbal a donc quelquefois le sens passif), une *femme bien portante,* c'est « une femme qui se porte bien » (voix pronominale), et *une soirée dansante,* c'est « une soirée au cours de laquelle on danse, qui est consacrée à la danse » (les rapports entre le verbe et l'adjectif verbal sont complexes).

adjectival
1. On appelle *syntagme adjectival* un syntagme constitué d'un adjectif éventuellement précédé d'un adverbe de degré ou de quantité et d'un complément de l'adjectif sous forme de syntagme prépositionnel. Ainsi, le syntagme adjectival *très fier de son fils* dans la phrase *Paul est très fier de son fils* est constitué de l'adjectif *fier,* de l'adverbe de degré *très* et du complément de l'adjectif *de son fils.* Dans certaines grammaires, le complément du comparatif est considéré comme un constituant du syntagme adjectival *(Paul est plus content de son sort que Pierre.)* L'adjectif est la « tête » du syntagme adjectival. (V. ADJECTIVISATION.)
2. On appelle parfois *adjectivaux* deux classes différentes d'adjectifs qualificatifs ; la première est définie par ceux des adjectifs qui entrent dans des phrases prédicatives, du type *Jean est heureux,* et dans des comparatifs et des superlatifs, du type *Jean est plus heureux, Jean est le plus heureux ;* la seconde est définie par le même critère de la phrase prédicative, mais les adjectifs qui la constituent n'ont ni comparatif ni superlatif (*aîné, cadet, circulaire, double, dernier,* etc.).

adjectivisateur, adjectivateur
On appelle *adjectivisateur* un morphème, en particulier un suffixe, qui fait passer un terme de la catégorie des noms dans celle des adjectifs (c'est un translatif). Ainsi, en français, le suffixe *-el* est un adjectivisateur dans *structurel* de *structure, constitutionnel* de *constitution.*

adjectivisation, adjectivation
On appelle *adjectivisation* la transformation qui convertit un syntagme prépositionnel (préposition suivie d'un syntagme nominal) en un syntagme adjectival ou en un adjectif.

Soit la phrase : *L'industrie de France doit exporter.* Si le syntagme prépositionnel *de France* est converti en un syntagme adjectival *français* par la *transformation adjectivale,* ou *adjectivisation,* on obtient la phrase transformée : *L'industrie française doit exporter.*

adjoint
On appelle *adjoint* tout constituant d'une phrase qui n'est pas structurellement indispensable et qu'on peut enlever sans que le reste de la phrase (composé d'un sujet et d'un prédicat) cesse pour cela d'être grammatical. Ainsi, dans la phrase *Jean lit un livre dans le jardin, dans le jardin* est un *adjoint* (de lieu) ; car, si on l'enlève, la phrase *Jean lit un livre* reste grammaticale. (On donne parfois comme synonyme à *adjoint* le terme d'*expansion.*) On distingue les *adjoints de phrase* qui sont des modificateurs de la phrase, réduite à ses constituants indispensables, et les *adjoints de noms* ou *de syntagmes,* comme les adjectifs, qui sont les modificateurs d'un nom avec la fonction d'épithète. (V. CIRCONSTANT.)

adjuvant
Dans une analyse structurale du récit, on donne le nom d'*adjuvant* à la fonction assurée par un personnage (ou une force quelconque) qui agit

pour faciliter la satisfaction du désir du héros. (V. ACTANT.)

adnominal

1. Le terme *adnominal* désigne la fonction d'un adjectif, d'un génitif ou d'un complément qui consiste à modifier le nom ou le syntagme nominal dans une construction endocentrique*. Ainsi *rouge* dans *le livre rouge* et *de Pierre* dans *le livre de Pierre,* ou *Petri* dans le latin *liber Petri* ont une fonction *adnominale.*

2. Dans la terminologie de O. Jespersen, les verbes constituent une *catégorie adnominale,* car les noms étant analysés comme une catégorie du premier degré* (le thème ou sujet), les verbes modifient le nom dans la phrase de base (ils constituent le prédicat ou commentaire). [V. CATÉGORIE.]

adoucissement

On donne le nom d'*adoucissement* à un phénomène d'évolution historique ou d'alternance synchronique, appelé aussi *affaiblissement* ou *lénition,* par lequel, dans certaines langues et dans une position donnée (en général à l'intervocalique), les consonnes sont réalisées avec un degré mineur de fermeture sous l'influence des voyelles : les fricatives non-voisées sont réalisées comme des voisées, les occlusives non-voisées commes des occlusives ou des fricatives voisées, les occlusives voisées ou les fricatives voisées comme des spirantes, les géminées comme des consonnes simples, etc. L'adoucissement d'une consonne peut aller jusqu'à sa disparition.

Ce phénomène qui, en celtique, affecte l'ensemble du système consonantique, est observable dans le passage du système consonantique latin au sytème consonantique des langues romanes de l'Ouest (français, espagnol, portugais, etc.) : latin *hibernum* → français *hiver,* italien *inverno ;* latin *rotam* → français *roue,* espagnol *rueda ;* latin *ripam* → français *rive ;* latin *aqua* → ancien français *aigue,* français *eau,* espagnol *agua ;* latin *rosam* → français *rose* [roz], etc. D'un point de vue synchronique, l'espagnol présente une alternance entre les réalisations occlusives voisées [b], [d], [g], qui apparaissent soit après une pause, soit après et/ou avant une consonne, et les réalisations fricatives voisées correspondantes [β], [δ], [γ], qui apparaissent à l'intervocalique.

adresse

L'*adresse* désigne en lexicographie l'entrée ou item lexical (mot ou mot composé) sous lequel sont mises les informations qui le concernent (prononciation, étymologie, définition, exemples, idiotismes, synonymes, antonymes). Dans un dictionnaire d'usage, l'adresse se confond avec l'unité graphique délimitée par deux blancs typographiques et réduite à une des formes du paradigme verbal, nominal, adjectival, etc. Ainsi, les formes diverses *je vais, il allait, nous irons,* etc., sont réunies sous l'infinitif *aller,* qui constitue l'adresse ; les noms ont pour adresse le singulier.

Si un mot graphique a deux distributions syntaxiques et significations différentes, il aura deux entrées homographes si ces deux sens ont deux étymologies différentes ; ainsi, *cousin* (terme de parenté, du latin *consobrīnus*) et *cousin* (moustique, du latin populaire **cūlicinus*). Si un mot se présente en synchronie avec des sens différents correspondant à des distributions distinctes, le lexicographe peut constituer autant d'adresses qu'il y a de sens distincts ; il y a alors plusieurs homonymes, comme *acte* (de théâtre), *acte* (de loi), *acte* (au sens d'action), ou *carte* (géographique), *carte* (feuille épaisse), *carte* (à jouer) ; il peut aussi constituer une seule adresse regroupant les divers sens sous un même mot, ce dernier étant polysémique*, comme *grève* (plage) et *grève* (cessation du travail). L'adresse peut comporter une ou plusieurs *sous-adresses,* en caractères typographiques distincts, lorsque la forme d'un mot (féminin ou pluriel d'un nom, forme pronominale d'un verbe, etc.) a un sens particulier : ex. *calculatrice* est une sous-adresse de *calculateur,* car elle définit un type de machine différente.

adstrat

On donne le nom d'*adstrat* à la langue ou au dialecte parlé dans une région voisine du pays où l'on parle la langue prise comme référence ; l'adstrat peut influencer cette dernière de diverses manières. L'anglais est un adstrat du français (et réciproquement). Il est à noter que, de nos jours, en raison du développement des moyens de communication, la notion d'adstrat n'implique pas nécessairement la contiguïté géographique, mais aussi une contiguïté politique, culturelle et économique de pays parfois éloignés.

adverbe

La grammaire définit *l'adverbe* comme un mot qui accompagne un verbe, un adjectif ou un autre adverbe pour en modifier ou en préciser le sens. En réalité, l'adverbe étant invariable, on a classé parmi les adverbes d'autres mots comme *oui* ou *voici,* qui ne correspondent pas à cette définition.

Les adverbes sont classés sémantiquement en : **adverbes de manière**, comme *incognito, mal, gratis, volontiers,* etc., et aussi *français* dans *parler français* ; **adverbes de quantité** et **d'intensité**, comme *assez, plus, beaucoup, trop, tout, moins* ; **adverbes de temps**, comme *après, bientôt, depuis, ensuite, aussitôt* ; **adverbes de lieu**, comme *ailleurs, arrière, derrière, devant, loin, partout, ici, là, là-bas,* etc. ; **adverbes d'affirmation**, comme *assurément, aussi, certainement* et surtout *oui* et *si* ; **adverbes de négation**, comme *non, aucunement, guère, jamais, rien, personne, ne* et les locutions dont *ne* est le premier élément : *ne ... que, ne ... pas, ne ... point, ne ... jamais* (la langue familière tend à considérer le second élément comme ayant lui-même le sens négatif) ; **adverbes de doute**, comme *apparemment, sans doute*. Certains adverbes ont, comme les adjectifs, des degrés de comparaison* *(loin, longtemps, près, souvent, tôt, tard),* les adjectifs employés adverbialement et modifiant un verbe *(bon, fort, sec, bas, cher),* certaines locutions adverbiales, la plupart des adverbes de manière en *-ment,* enfin *bien, mal* et *peu.*

La catégorie traditionnelle de l'adverbe groupe en réalité des mots qui n'ont de commun que l'invariabilité (encore y a-t-il un adverbe variable : *tout*) : adverbes proprement dits équivalant à des syntagmes prépositionnels compléments circonstanciels, mots-phrases* et modalisateurs*. On a pu aussi distinguer les adverbes simples (*très, anciennement, autrefois,* etc.) et les adverbes composés (*à la fois, comme de juste, à la folie,* etc.), correspondant à la distinction entre adverbes et locutions adverbiales, mais dont les propriétés syntaxiques sont les mêmes.

Mobile, l'adverbe de phrase peut souvent être déplacé, pour des raisons stylistiques (équilibre, rythme, harmonie, mise en relief) ; dans le syntagme nominal, l'adverbe se place avant l'adjectif ou l'adverbe qu'il modifie.

adverbial

1. Le terme d'*adverbial* désigne la fonction d'un adverbe, d'un complément circonstanciel consistant à modifier le verbe dans une construction endocentrique* : ainsi *prudemment* dans *Pierre conduit prudemment* ou *ce matin* dans *Pierre est venu ce matin* ont une fonction *adverbiale.*

2. On parle de l'*emploi adverbial* d'un adjectif quand celui-ci a la valeur d'un adverbe et caractérise non pas seulement le nom auquel il se rapporte grammaticalement, mais aussi le procès exprimé par le verbe, comme dans *L'homme avançait courageux*. D'une manière plus générale, on parle aussi d'emplois adverbiaux quand des adjectifs s'emploient en fonction d'adverbe avec un verbe pour caractériser le procès exprimé par celui-ci (ils sont invariables dans ce cas) : *Il parle bas, Il crie fort.*

3. On appelle *locutions adverbiales* des suites figées de mots qui équivalent pour le sens et la fonction dans la phrase à des adverbes. Souvent, les locutions adverbiales sont d'anciens compléments circonstanciels dont les éléments ne sont plus saisis séparément : *au petit bonheur, à pied, tout de suite, sans façon, en un tournemain.* Les locutions adverbiales sont parfois appelées *adverbes composés.*

adverbialisateur

On donne le nom d'*adverbialisateur* à un morphème, en particulier un suffixe, qui fait passer un terme de la catégorie des adjectifs dans celle des adverbes. Ainsi, en français, le suffixe *-ment* est un adverbialisateur dans *poli / poliment, correct / correctement.*

adversatif

Une conjonction ou un adverbe sont dits *adversatifs* quand ils marquent une opposition, comme *mais, pourtant, cependant, bien que, tandis que, alors que,* etc.

affaiblissement

Syn. : ADOUCISSEMENT, LÉNITION.

affectif

1. On appelle *langage affectif* ou *expressif* celui qui traduit l'intérêt personnel que nous prenons à nos paroles par une manifestation naturelle et spontanée des formes subjectives de la pensée.

2. Le *sens affectif* d'un mot est constitué par l'ensemble des associations affectives qui sont liées à son emploi (syn. : CONNOTATION), par opposition au *sens cognitif* (syn. : DÉNOTATION), qui représente sa relation à l'objet signifié. Ainsi, le terme de *collaboration* a un sens cognitif (action de collaborer, de participer à une action, un effort) et un sens affectif péjoratif qu'il a gardé de son utilisation pendant et après l'occupation allemande en France, au cours de la Seconde Guerre mondiale.

afférence

L'afférence est une opération d'inférence permettant d'actualiser un sème afférent*.

afférent

On parlera de *sème afférent,* par opposition à *sème inhérent,* pour désigner des sèmes construits, dans le procès discursif, par des inférences contextuelles et par la prise en compte des normes sociales.

Les inférences contextuelles à l'origine de la construction de sèmes afférents proviennent du contexte, souvent supérieur à la phrase, dans lequel figure l'unité. *Le drapeau rouge est levé* pourra, selon le contexte, renvoyer à « gauche politique » ou à « danger », « interdiction ».

affermissement

L'*affermissement* est un phénomène d'évolution historique constaté en particulier dans l'évolution du système consonantique de plusieurs langues indo-européennes, où il a souvent succédé à un phénomène d'affaiblissement* en liaison avec l'apparition de l'accent* d'énergie. Ainsi, en italique tardif, les consonnes occlusives non-voisées, qui s'étaient affaiblies en occlusives non-voisées lâches, retrouvent leur tension initiale, les occlusives voisées [b, d, g], qui s'étaient affaiblies en fricatives [β, δ, γ], retrouvent leur occlusion, etc. (Contr. : ADOUCISSEMENT.)

affinité

On parle d'*affinité* entre deux ou plusieurs langues, qui n'ont entre elles aucune parenté génétique, quand elles présentent certaines ressemblances structurelles (organisation de la phrase, vocabulaire général, déclinaison, etc.). Par exemple, les similitudes existant entre la déclinaison latine et la déclinaison russe sont dues à une parenté génétique puisque la grammaire comparée* attribue aux deux langues une origine commune : l'indo-européen ; en revanche, les ressemblances entre le takelma et l'indo-européen sont dues, elles, à une certaine affinité. (V. FAMILLE, TYPOLOGIE.)

affirmatif

La *phrase affirmative,* opposée à la phrase négative, est définie par son statut, l'affirmation : *Paul viendra* est une phrase affirmative opposée à la phrase négative *Paul ne viendra pas.*

affirmation

L'*affirmation* est le statut de la phrase consistant à présenter le prédicat de la phrase comme vrai, possible, probable, contingent ou nécessaire (par opposition à la négation, à l'interrogation, à l'ordre).

affixal

On appelle *transformation affixale,* dans la première étape de la grammaire générative, la transformation qui fait permuter les symboles Af. (affixe) et v (verbal) dans la suite Af + v → v + Af. Les constituants de l'auxiliaire T_{ps} (temps), Inf (infinitif), PP (participe passé) sont des affixes ; les verbes et la copule *être* sont des verbaux. Ainsi dans la phrase de structure profonde :

L'enfant + Pas + *dormir,*

où Pas (passé) est un affixe représenté par *ait,* la transformation affixale fait permuter Pas et *dorm(ir),* ce qui donne la phrase de structure de surface :

L'enfant + *dorm(ir)* + Pas.

La combinaison *dorm(ir)* et *ait* donne *dormait.*

affixation

L'*affixation* consiste à créer des mots nouveaux par l'adjonction d'affixes* à un radical.

affixe

1. L'*affixe* est un morphème non autonome adjoint au radical d'un mot pour en indiquer la fonction syntaxique (morphème casuel), pour en changer la catégorie (morphème entrant dans les nominalisations, les adjectivisations, etc.) ou en modifier le sens (morphème exprimant dans les verbes le factitif, l'inchoatif, etc.). Les affixes constituent une classe où l'on distingue, selon la place qu'ils occupent par rapport au radical, les *suffixes,* qui sont placés après le radical (en français *-ment* dans *vivement*), les *préfixes,* qui sont placés avant le radical (en français, *re-* dans *refaire*), et les *infixes,* qui sont insérés dans le radical (en latin *n* dans *jungo,* donc le radical est *jug*).

On distingue aussi : les *affixes dérivationnels,* qui servent à former avec un radical un thème capable de fonctionner comme verbe, nom, adjectif ou adverbe ; ainsi *-ation* est un affixe dérivationnel en français et en anglais (V. SUFFIXE) ; les *affixes flexionnels,* qui entrent dans la flexion casuelle des noms ou des adjectifs ou dans la flexion verbale (V. DÉSINENCE) ; les *affixes verbaux,* ou désinences de temps (présent, passé, nombre et personne), d'infinitif et de participe passé.

2. Dans une première étape de la grammaire générative, les *affixes* sont des symboles représentant des morphèmes grammaticaux qui ont pour propriété de se combiner avec des morphèmes lexicaux ; ils correspondent alors à l'ensemble des désinences de temps, de participe et d'infinitif ; par leur présence, ils déclenchent la transformation affixale. (V. AFFIXAL.)

affriquée

Une *affriquée* est une consonne qui combine très étroitement une occlusion et une frication. Ainsi la consonne initiale anglaise dans *child* (à peu près [tʃ], mais notée [č]) ou la consonne initiale de l'italien *giorno* [dʒorno]. Bien que l'occlusion soit plus importante au début de l'affriquée et la frication à la fin, ces deux mouvements sont simultanés et non successifs comme on l'a longtemps cru. Dès le début de la prononciation de l'affriquée, les organes phonatoires sont en place pour une semi-occlusion, qui tend de plus en plus à renforcer son caractère fricatif, d'où le nom de *semi-occlusive* ou *semi-fricative* que l'on donne aussi à ce type d'articulations.

Dans l'histoire des langues, il semble que les affriquées aient tendance à perdre leur caractère occlusif pour devenir des fricatives. Cette évolution qui s'est produite dans le passage de l'ancien français au français moderne ([tsir] → [sir] « cire », [tʃɛr] → [ʃɛr] « cher ») est en cours en italien contemporain ([ditʃi] prononcé [diʃi] *dici* « tu dis »), en particulier sous l'influence des dialectes d'Italie centrale, sans qu'on puisse dire si elle se poursuivra jusqu'au bout, car des évolutions inverses peuvent également être constatées.

Sur le plan acoustique, les affriquées se différencient des occlusives par le caractère strident* qui correspond à un bruit d'intensité particulièrement élevée, et des fricatives par le caractère discontinu* correspondant à un silence (au moins dans les bandes de fréquences situées au-dessus des vibrations des cordes vocales) suivi et/ou précédé d'une diffusion de l'énergie sur une large bande de fréquence.

agent

1. L'*agent* est, dans une grammaire casuelle, l'être qui accomplit l'action exprimée par le verbe.

2. On appelle *complément d'agent* le complément du verbe passif sujet personne de la phrase active correspondante.

Ainsi, en français, dans la phrase *Paul est blessé par Pierre,* le complément d'agent (précédé de la préposition *par* ou *de*) *par Pierre* est le sujet de la phrase active correspondante *Pierre blesse Paul.*

3. La différence entre verbes intransitifs et verbes pronominaux à sens passif, d'une part *(La branche casse, Les fruits se vendent cher),* et verbes passifs, d'autre part *(La branche est cassée, Les fruits sont vendus cher)*, est parfois interprétée comme étant celle de phrases *orientées vers le procès* ou *l'action* (intransitif, pronominal à sens passif) et de phrases *orientées vers l'agent* (passif).

agentif

1. On donne le nom d'*agentif* au cas* exprimant l'agent du procès, quand ce dernier n'est pas le sujet grammatical de la phrase. Le complément d'agent du verbe passif peut être exprimé par l'agentif (ex. : *Paul est blessé par Pierre*).

2. *Syntagme agentif,* nom donné au complément d'agent des phrases passives.

agglomérat

1. On appelle *agglomérat* un groupe de deux voyelles ou de deux consonnes successives. Par exemple, il y a un agglomérat consonantique [ks] dans le latin [duks], *dux* « chef ».

2. On appelle *agglomérat sémantique* une unité significative où les sèmes, traits pertinents distinctifs, n'ont entre eux aucune relation particulière et sont simplement ajoutés les uns aux autres ; ainsi, *fille* est un agglomérat sémantique formé de [+humain], [−mâle], etc. L'agglomérat sémantique s'oppose à la configuration*, où les sèmes ont entre eux des relations particulières ; ainsi pour *géant,* [+humain] [+mâle] impliquent la dimension [+grand].

agglutinant

On appelle *langues agglutinantes* les langues qui présentent la caractéristique structurelle de l'agglutination, c'est-à-dire la juxtaposition après le radical d'affixes distincts pour exprimer les rapports grammaticaux. (V. AGGLUTINATION.) Ainsi, en turc, à partir de *-ler* (marque du pluriel) et de *-i* (marque du possessif), on formera, avec le radical *ev,* « maison », les mots *evler* « maisons » (nominatif pluriel), *evi* « maison » (possessif singulier), *evleri* « maisons » (possessif pluriel). Les mots d'une langue agglutinante sont ainsi analysables en une suite de morphèmes distincts. Les langues agglutinantes se distinguent des langues flexionnelles*.

agglutination

1. L'*agglutination* est la fusion en une seule unité de deux ou plusieurs morphèmes originairement distincts, mais qui se trouvent fréquemment ensemble dans un syntagme. Ce processus a une grande importance dans l'évolution diachronique du français, car il entre dans la formation de nombreux mots : ainsi les mots *lierre (l'hierre), aujourd'hui (au jour d'hui)* résultent de l'agglutination. Ce processus est important synchroniquement dans le créole des Antilles, de Haïti.

2. Sur le plan de la typologie des langues, le processus d'*agglutination* caractérise les langues qui juxtaposent après la racine et, plus rarement, avant elle, des affixes nettement distincts, utilisés pour exprimer les divers rapports grammaticaux. Le basque est une langue agglutinante. (Contr. : DÉGLUTINATION.)

agrammaticalité V. GRAMMATICALITÉ.

agrammatisme
On donne le nom d'*agrammatisme* à un aspect linguistique particulier de l'aphasie* d'expression ; il se caractérise par la suppression quasi constante des morphèmes grammaticaux (prépositions, articles, pronoms sujets, désinences verbales) et la réduction des phrases à la seule séquence des morphèmes lexicaux. Ex. : *Hôpital vite trois heures piqûre,* c'est-à-dire (on m'a conduit très) vite (à l')hôpital (à) trois heures, (on m'a fait une) piqûre.

agraphie
L'*agraphie* est une perturbation de l'écriture, consécutive à une lésion corticale, indépendamment de tout trouble moteur ; elle est en général liée à l'aphasie* et présente des caractères différents selon qu'il s'agit d'aphasie motrice ou d'aphasie sensorielle. Elle se distingue de la dysgraphie*.

aigu
1. On qualifie d'*aigu* un ton ou un bruit caractérisé par la prédominance dans le spectre acoustique des fréquences élevées. Les phonèmes médians, par exemple les voyelles palatales [i] et [y], les consonnes dentales [t] et [d], etc., sont caractérisés par un timbre aigu (syn. : CLAIR, contr. : GRAVE*). Ce trait acoustique est essentiellement dû à la forme du résonateur buccal, réduit et compartimenté.
2. L'*accent aigu* est un signe diacritique indiquant, en français, avec *e (é),* la voyelle fermée [e]. Il a été utilisé pour la première fois par R. Estienne en 1520. La graphie *é* peut noter plus rarement un [ɛ] *e* ouvert, comme le second *é* de *événement*. Tous les [e] ne sont pas notés par cet accent : *clef, pied.*

aire
On appelle *aire linguistique* le domaine géographique propre à un fait ou à un groupe de faits linguistiques donnés, à un dialecte, à une langue.

alalie
Employé au XIXe siècle pour désigner les troubles du langage connus sous le nom d'aphasie* motrice, le mot *alalie* a disparu au profit d'*aphasie.*

Alexandrins
Les grammairiens de la ville d'*Alexandrie* ont développé au IIIe siècle av. J.-C. une série de recherches qui, sans être elles-mêmes linguistiques, ont contribué par leurs fins à asseoir pour des millénaires une certaine conception de la langue. Leur travail a surtout été un travail d'édition consistant à rechercher, à collationner et à publier avec des commentaires les textes les plus célèbres de la Grèce de l'époque classique. En effet, les textes anciens différaient à bien des égards de la langue grecque du IIIe siècle av. J.-C., surtout telle qu'elle était parlée à Alexandrie. Aussi les éditeurs alexandrins des textes anciens ont-ils pris l'habitude de les accompagner de commentaires (gloses) et de traités de grammaire destinés à faciliter la lecture des chefs-d'œuvre du passé. C'est ainsi qu'est née l'opinion que cette langue était plus « pure » et plus « correcte » que le parler quotidien d'Alexandrie. De là est issue la tradition qui consiste à privilégier la langue écrite par rapport à la langue parlée et à estimer qu'en évoluant la langue se corrompt et perd de sa pureté.

alexie
On appelle *alexie,* ou *cécité verbale,* un trouble de la lecture consécutif à une lésion corticale de l'aire postérieure de la zone du langage, sans qu'il y ait de troubles de l'appareil visuel. On distingue en général : l'*alexie littérale,* où le sujet, capable de lire relativement bien globalement les mots, ne peut lire les lettres ; l'*alexie verbale,* où le sujet, capable de lire les lettres, ne peut lire les mots ; et l'*alexie phrastique,* où le sujet, capable de lire les lettres et les mots, ne peut ni lire ni comprendre les phrases.

algorithme
On désigne du nom d'*algorithme* une succession d'opérations élémentaires rigoureusement décrites, aboutissant à la résolution d'une classe particulière de problèmes. La grammaire peut être considérée comme un algorithme : ensemble d'instructions explicites permettant la production des phrases.

aliénable
Il y a *possession aliénable* quand l'item possédé est lié de manière contingente au possesseur *(Le chapeau de Pierre),* et *possession inaliénable* quand l'item possédé est lié de manière nécessaire au possesseur *(Le bras de Pierre. Le fils de Jean).*

aliénation
En sociolinguistique, le concept d'*aliénation* s'applique à la situation où un individu ou une communauté considère comme légitime l'abandon de sa langue au profit d'une autre.

alinéa V. PONCTUATION.

allatif
On donne le nom d'*allatif* au cas* des langues turques et finno-ougriennes qui exprime la direction, le mouvement vers un but, un lieu (ex. : *Il vient près de moi*).

allégorie
Description ou récit consistant en la personnification d'un être abstrait (la justice, la guerre, etc.) dans une suite de métaphores, en général à valeur didactique (parabole, proverbe, fable).

alliance de mots
On appelle *alliance de mots* le rapprochement de deux termes contradictoires dont le groupement est interprétable métaphoriquement (ex. : *Se hâter lentement. Une obscure clarté tombe des étoiles*).

alliciant
L'*alliciant* est une expression par laquelle le locuteur essaie de prévenir une réaction hostile ou de gagner la sympathie des destinataires. Il en est ainsi pour *mon cher, mon ami* mis en apostrophe ou pour *excellent, bon* se rapportant à quelque chose qui touche au destinataire. L'emploi de l'alliciant, qui est une *captatio benevolentiae,* peut servir à prévenir des réactions à un discours qui peut mécontenter le destinataire.

allitération
L'*allitération* est la répétition d'un son ou d'un groupe de sons à l'initiale de plusieurs syllabes ou de plusieurs mots d'un même énoncé (ex. : *farfouiller, chuchoter, sussurer,* etc.). L'allitération est utilisée comme procédé de style dans la prose poétique ou en poésie (ex. : *Pour qui sont ces serpents qui sifflent sur nos têtes*) ; elle se distingue de l'*assonance,* qui porte sur les seuls sons vocaliques. Elle permet parfois, dans certaines poésies anciennes, de reconstituer une prononciation qui avait disparu au moment où le texte a été transcrit et qui n'avait donc pu être enregistrée.

allocutaire
On appelle parfois *allocutaire* le sujet parlant considéré à la fois comme celui qui reçoit des énoncés produits par un locuteur et comme celui qui y répond (V. INTERLOCUTEUR) ; au sens plus précis de « celui qui se voit adresser le message », on emploie plus souvent le terme de *destinataire**.

allocutif
Chez J. Damourette et E. Pichon, l'*allocutif* est la personne à qui s'adressent les paroles de celui qui parle.

allocution
On désigne quelquefois du mot *allocution* l'acte par lequel un locuteur s'adresse à quelqu'un d'autre, appelé *allocutaire.*

allogène
Le caractère *allogène* des emprunts* permet d'évaluer leur acceptabilité. Particulièrement utile en matière d'aménagement linguistique et terminologique, le caractère allogène permet de distinguer, parmi les emprunts, ceux qui déstabilisent le système de la langue et ceux qui, motivés morphologiquement, sont conformes à la grammaire lexicale de la langue (ex. *crédible*) ou, motivés sémantiquement, viennent accroître la polysémie d'unités autochtones (ex. *avancée* au sens de « progrès »). On peut considérer que tout mot non allogène est un emprunt acceptable dès lors qu'il correspond à un besoin de dénomination.

alloglotte
Le terme d'*alloglotte* désigne une personne ou une population qui parle une langue différente de celle du pays ou de l'État dans lequel elle se trouve ; il s'agit de minorités linguistiques et souvent culturelles.

allographe
Dans l'écriture, l'*allographe* est la représentation concrète ou l'une des représentations concrètes du graphème*, élément abstrait. L'allographe est au graphème ce que l'allophone est au phonème. Les caractères formels de l'allographe dépendent notamment de l'environnement ; c'est ainsi qu'en grec le « sigma », correspondant à S, a deux allographes qui sont en distribution complémentaire : l'un des deux (σ) est toujours à l'initiale ou à l'intérieur des mots, l'autre toujours en finale (ς). Ce sont donc des variantes : l'apparition exclusive de l'une ou de l'autre est commandée par l'environnement. De même, *L* majuscule et *l* minuscule sont deux allographes du même graphème. Chaque graphème peut avoir un ou plusieurs allographes ; un graphème est donc constitué par une classe d'allographes. (V. IDIOGRAPHÈME.)

allomorphe
On appelle *allomorphes* les variantes d'un morphème en fonction du contexte. Les allomorphes peuvent être conditionnés phonologiquement (lorsque le choix de l'allomorphe est fonction de la forme phonologique de l'unité avec laquelle il se combine) ; par exemple, [le] / [lez] dans les syntagmes [le parɑ̃] [lezɑ̃fɑ̃] *(les parents / les enfants)*. Le conditionnement peut être morphologique (lorsque le choix de l'allomorphe est fonction d'un autre morphème avec lequel il se combine) ; par exemple, *all-(er) / (i-(ra) / v-(a),* où l'allomorphe *-i* est conditionné par la désinence *-ra* du futur, 3ᵉ personne du singulier.

Le concept d'allomorphe permet, entre autres avantages, de mettre en évidence l'opposition morphème *vs* morphe. Le morphe est une des formes réalisées du morphème : les formes *all-/-i/v-* sont trois morphes appartenant au même morphème de la langue ; le morphème est alors défini comme une classe de morphes. (V. ARCHILEXÈME, ARCHIPHONÈME.) L'existence de morphes distincts réalisant le même morphème en fonction de contextes phonologiques ou morphologiques permet le traitement commun des formes normales et des formes irrégulières à l'intérieur d'une description grammaticale : on dira ainsi qu'il y a un morphème de pluriel qui, en français, se réalise par plusieurs morphes (s, x, ou, en langue parlée, [e] dans *les parents,* [ez] dans *les enfants*). C'est seulement au niveau d'application des règles morphophonologiques que le morphème sera traduit en morphes, avec un choix éventuel entre divers allomorphes.

allongement compensatoire
On appelle *allongement compensatoire* l'allongement de la durée d'un phonème consécutif à la disparition d'un phonème contigu, celui des voyelles françaises dans des mots comme *maître, fenêtre,* après la chute du *s* qui existait dans des formes plus anciennes (*maistre, fenestre,* etc.) et en italien, la gémination de la consonne *b* à la suite de la réduction de la semi-consonne labiovélaire [w] dans les formes du passé simple du verbe *avere : ebbi, ebbe, ebbero* « j'eus », « il eut », « ils eurent », du latin *habui, habuit, habuerunt.*

allophone
Le terme d'*allophone* est employé le plus fréquemment avec le sens de « variante combinatoire d'un phonème ». Dans cette acception, les allophones d'un phonème sont les réalisations de ce phonème réparties dans la chaîne parlée de telle sorte qu'aucune d'entre elles n'apparaît jamais dans le même environnement qu'une autre (le phonème est alors défini comme une classe de sons). Le choix de chaque allophone en un point donné de la chaîne parlée est déterminé mécaniquement par le contexte et prévisible à coup sûr. Cette interprétation postule pour chaque phonème un nombre déterminé d'allophones, le nombre de distributions phonémiques possibles en un point de la chaîne parlée étant limité comme le nombre de phonèmes d'une langue. Ainsi, le phonème espagnol /d/ a deux allophones, un [ð] fricatif en position intervocalique ([naða] « rien »), un [d] occlusif au contact d'une consonne ou en initiale absolue ([fonda] « auberge »). La notion d'allophone, qui s'est développée aux États-Unis, est souvent contradictoire, pour les linguistes qui l'utilisent, avec les notions de neutralisation et d'archiphonème, développées en Europe essentiellement par l'école de Prague ; selon le principe « une fois un phonème, toujours un phonème », il ne saurait être question qu'un allophone soit attribué à deux phonèmes différents.

On trouve chez certains linguistes l'utilisation du terme *allophone* avec une acception beaucoup plus large. Toute variante d'un phonème, qu'elle soit combinatoire ou libre (stylistique, sociale, individuelle), est un allophone de ce phonème. Chaque phonème possède donc un nombre infini d'allophones qui ont en commun les traits pertinents de ce phonème, mais se diversifient par ailleurs par des variations non pertinentes, plus ou moins importantes.

allosème
Un *allosème* est un *sème* susceptible de réalisations différentes selon l'environnement sémantique dans lequel il se trouve. Par exemple, dans *pied bot* vs *pied de chaise,* on peut dégager un sème [extrémité inférieure], mais ce sème ne se réalise que sous la forme des allosèmes [extrémité inférieure d'un animé] dans le premier cas, et [extrémité inférieure d'un non-animé] dans le second. Cette distinction évite à l'analyse componentielle* d'en rester à la distinction traditionnelle entre sens de base et sens figuré (dans l'exemple cité, *pied* aurait pour sens de base « extrémité d'une jambe » et pour sens figuré « extrémité et support d'un meuble »).

allotone
Un *allotone* est une variante non pertinente, conditionnée par le contexte phonique, d'un ton ou tonème, de même qu'un allophone est une variante d'un phonème.

Ainsi, en grec, le mot ayant un accent aigu sur la dernière syllabe prend un accent grave lorsqu'il est suivi d'un autre mot. (V. BARYTON et OXYTON.)

allusion
Figure de rhétorique par laquelle on évoque une personne ou une chose connue sans la nommer.

alphabet
1. On donne le nom d'*alphabet* à tout ensemble de signes (disposés dans un ordre conventionnel) utilisés par une écriture alphabétique* pour noter en principe des phonèmes, parfois des suites de phonèmes.

Ainsi, l'*alphabet latin* est composé de 26 lettres et sert à noter (avec de légères modifications et l'addition de signes diacritiques) le français ainsi que l'ensemble des langues romanes et anglo-saxonnes, le tchèque, le turc, etc. ; l'*alphabet grec,* issu de l'alphabet phénicien, sert à transcrire le grec ; l'*alphabet cyrillique,* issu des capitales de l'alphabet grec, sert à transcrire le russe et le bulgare. (V. ÉCRITURE.)

2. En grammaire, un *alphabet* peut être un ensemble fini des symboles désignant les éléments d'une langue.

alphabet phonétique

La transcription d'un discours, c'est-à-dire son enregistrement linguistique par la graphie, implique l'existence d'un système de signes symbolisant les sons du langage. Si l'on veut représenter le maximum de nuances phoniques, même celles qui n'ont pas de fonction linguistique, la transcription sera présentée entre crochets, ainsi [...] ; si l'on ne veut représenter que les traits phoniques doués d'une fonction linguistique, la transcription se fera entre barres obliques, ainsi /.../. En fait, il n'existe pas de transcription phonétique parfaite, sinon celle qui est réalisée avec l'enregistrement du fait acoustique brut par des appareils d'analyse du son tels que les oscillographes, car il n'est pas possible de noter toutes les nuances phoniques de chaque réalisation d'un phonème. Une notation phonologique est plus simple qu'une notation phonétique, dans la mesure où elle ne se soucie pas de noter les différentes variantes d'un même phonème et utilise un seul signe là ou la transcription phonétique doit recourir à plusieurs signes différents pour signaler les principales variations (combinatoires, sociales ou individuelles) d'une même unité distinctive. La consonne initiale du mot français *rail* sera notée /r/ dans une transcription phonologique, mais suivant l'accent régional du locuteur, elle sera notée phonétiquement [r], [R] ou [ʁ]. Le but d'un *alphabet phonétique international* est donc de fournir un répertoire de signes correspondant aux principales réalisations phonétiques des différentes langues du monde, et dans lesquelles la notation phonologique opère un tri.

Le principe de l'alphabet phonétique est : « un seul signe pour chaque son, un seul son pour chaque signe ». Dans le *Visible Speech* de Bell, les symboles sont les diagrammes simplifiés des organes vocaux en position d'émission des divers sons ; l'*Alphabetic Notation* de O. Jespersen combine des lettres grecques correspondant aux différents organes vocaux et des chiffres arabes indiquant la position de ces organes pendant l'articulation. L'« alphabet phonétique international » (A.P.I.) est créé en 1888 par l'*Association phonétique internationale* (notamment par D. Jones, H. Sweet, P. Passy), puis mis à jour et perfectionné par elle au cours des années. Cet alphabet utilise des lettres empruntées aux alphabets grec et latin, en leur donnant la valeur qu'elles ont dans ces langues, ou des symboles dessinés par les phonéticiens, comme le /ʃ/ ou le /ʒ/.

ALPHABET PHONÉTIQUE INTERNATIONAL (révision de 1989)																						
CONSONNES	Bilabiales		Labiodentales		Dentales		Alvéolaires		Postalvéolaires		Rétroflexes		Palatales		Vélaires		Uvulaires		Pharyngales		Glottales	
Voisement	−	+	−	+	−	+	−	+	−	+	−	+	−	+	−	+	−	+	−	+	−	+
Occlusives	p	b					t	d			ʈ	ɖ	c	ɟ	k	ɡ	q	ɢ			ʔ	
Nasales		m		ɱ				n				ɳ		ɲ		ŋ		ɴ				
Vibrantes roulées		ʙ						r										ʀ				
Vibrantes battues								ɾ				ɽ										
Fricatives	ɸ	β	f	v	θ	ð	s	z	ʃ	ʒ	ʂ	ʐ	ç	ʝ	x	ɣ	χ	ʁ	ħ	ʕ	h	ɦ
Latérales Fricatives							ɬ	ɮ														
Approximantes	w ɥ			ʋ				ɹ				ɻ		j		ɰ						
Latérales								l				ɭ		ʎ		ʟ						
Éjectives	p'						t'				ʈ'		c'		k'		q'					
Implosives	ƥ	ɓ					ƭ	ɗ					ƈ	ʄ	ƙ	ɠ	ʠ	ʛ				

VOYELLES

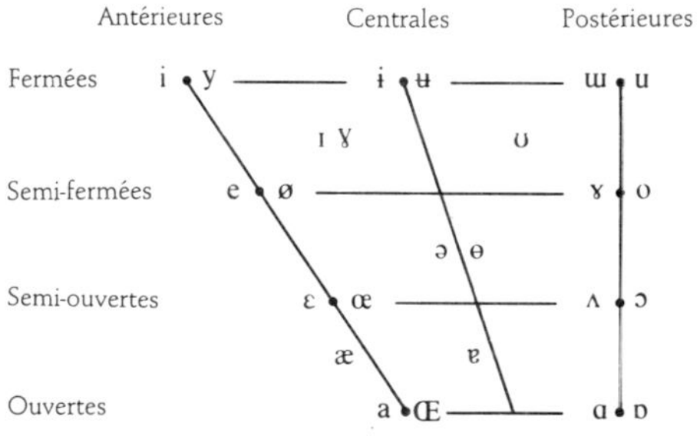

Illustration des signes de l'A.P.I.

— *Consonnes :*
p, b, t, d, k, m, n, l, f et *h* ont la valeur qu'ils ont communément dans les langues européennes.

- ɡ fr. *gare, gu* de *gué ;* angl. *get*
- ʈ hindi ट (*ṭ*) ; suédois *rt* dans *kort*
- ɖ hindi ड (*ḍ*) ; suédois *rd* dans *bord*
- c fr. dialectal *quai ;* hongrois *ty* dans *kutya ;* perse *k* dans *yak*
- ɟ fr. dialectal *guêpe ;* hongrois *gy* dans *nagy*
- ʔ arabe *hamza ;* all. du Nord *Verein* (fɛrʔain)
- q arabe ق ; esquimau ĸ
- ɢ perse ق
- ɸ all. *w* dans *Schwester ;* japonais *h* devant *u* comme dans *Huzi (Fuji)*
- β esp. *b* intervocalique comme dans *saber*
- θ angl. *th* dans *thing ;* esp. *c, z* dans *placer, plaza ;* grec θ
- ð angl. *th* dans *this ;* esp. *d* dans *cada ;* danois *d* dans *gade ;* grec δ
- s angl. *see ;* fr. *son*
- z angl. *zeal ;* fr. *zèle ;* russe з
- v comme v en angl., fr., it. ; all. *w ;* russe в
- ɹ angl. du Sud dans *dry ;* angl.-américain *ir* dans *bird*
- ʂ marathi ष (*ṣ*) ; suédois *rs* dans *tvärs ;* pékinois variété de ʃ
- ʐ pékinois variété de ʒ
- ʃ fr. *ch ;* angl. *sh ;* all. *sch ;* russe ш ; it. *sc* dans *pesce, sci* dans *uscio*
- ʒ angl. *s* dans *measure ;* fr. *j* dans *jour, g* dans *géant ; ll* en espagnol d'Amérique du Sud ; russe ж
- ç all. *ch* dans *ich ;* jap. *h* devant *i* comme dans *hito*
- ɕ polonais *ś* dans *geś, si* dans *gesia*
- ʑ polonais *ź* dans *źle, zi* dans *ziarno*
- x écossais *ch* dans *loch ;* all. *ch* dans *ach ;* esp. *j* dans *hijo, g* dans *gente ;* russe х
- ɣ esp. *g* de *luego ;* danois *g* de *koge ;* grec γ ; arabe غ
- χ arabe خ
- ħ variété d'arabe ح
- ʁ variété *r* de fr. dit parisien (*r* uvulaire fricatif)
- ʕ arabe ع
- ɦ *h* voisé, angl. entre sons voisés, dans *behave, manhood*
- ɱ it. *n* dans *invidia ;* esp. *n* dans *ánfora*
- ɳ marathi ण (*ṇ*)
- ɲ fr. et it. *gn* dans *gnôle ;* esp. *ñ*
- ŋ angl. *ng* dans *sing ;* esp. *n* dans *cinco, tengo ;* all. *ng* dans *Ding*
- ɴ esquimau *eNima* « mélodie »
- ɫ angl. *l* dans *table ;* russe л ; une variété du polonais *ł*
- ɬ gallois *ll* dans *Llangollen ;* kaffir *hl* dans *hlamba* « laver »
- ɮ zoulou *dhl* dans *dhla* « manger »
- ɭ marathi ळ (*ḷ*)
- ʎ it. *gl* dans *egli ; gli* dans *voglio ;* esp. *ll* dans *calle ;* grec λι dans ἥλιος
- r *r* roulé comme en anglais, italien, espagnol, russe, écossais. Ce signe est aussi utilisé quand c'est possible linguistiquement pour transcrire le *r*

battu [ɾ], le *r* fricatif dental [ɹ], le *r* uvulaire roulé [R], le *r* uvulaire fricatif [ʁ].

R *r* uvulaire roulé (« grasseyé »)

ɼ tchèque *ř*

ɾ esp. *r* dans *pero*

ɽ *r* rétroflexe comme en hindi ड़ (*ṛ*)

— *Glides :*

w angl. *will, walk ;* fr. *ou* dans *ouate*

ɥ fr. *u* dans *nuit, nuage* (*u* non syllabique)

ʋ hollandais *w ;* hindi व

j fr. *i* dans *mien* (*i* non syllabique) ; angl. *y* dans *yet, you ; j* dans l'all. *Jahr*

— *Voyelles :*

i fr. *si*

e fr. *thé ;* it. *pesca* « pêche » ; russe **петь**

ɛ fr. *mettre, maître ;* all. *Bett ;* it. *pesca* « pêche », *era* « ère » ; russe **этот**

a fr. parisien *patte ;* russe **мясо**

ɑ parisien *pâte, pâle ;* russe, premier a de **палка**

ɔ fr. *porte, fort ;* all. *Sonne ;* it. *cosa*

o fr. *beau ;* all. *wohl ;* it. *dove*

u fr. *tout ;* all. *gut ;* it. *subito ;* angl. *too*

y fr. *lune ;* all. *über ;* norvég. *tjue*

ø fr. *peu ;* all. *schön*

œ fr. *œuf, veuve ;* all. *zwölf*

ɒ angl. du Sud *hot*

ʌ américain *cup*

ɤ shan 'kɤ « sel »

ɯ shan -mɯ « main » ; roumain *î* de *mîna* « main »

ɨ russe **ы** dans **сын**

ʉ norvég. *hus*

ɩ angl. *bit ;* all. *bitte* (peut être transcrit avec *i*)

ʊ angl. du Sud *book* (peut être transcrit avec *u*)

ʏ all. *fünf, Glück* (peut être transcrit avec *y*)

æ angl. du Sud *cat ;* russe **пять** (peut être transcrit avec *a* ou ɛ)

ɵ suédois *dum*

ə angl. *about* (voyelle « neutre » ou « schwa ») ; fr. *e* muet de *petit ;* all. *e* dans *bitte*

ɐ angl. *sofa ;* portugais de Lisbonne *para*

— Les *affriquées* sont normalement représentées par des groupes de deux consonnes (ts, tʃ, dz, dʒ, etc.) ou bien par les signes ◌͡ ou ◌͜ (t͡s ou t͜s, etc.).

— *Signes diacritiques*

̥ Non-voisé n̥ d̥	̬ Voisé s̬ t̬	ʰ Aspiré tʰ dʰ	̤ Soufflé b̤ a̤
̰ Traqué b̰ a̰	̼ Linguolabial t̼ d̼	̪ Dental t̪ d̪	̺ Apical t̺ d̺
̻ Laminal t̻ d̻	̹ Arrondi ɜ̹	̜ Non arrondi ɔ̜	̟ Avancé ɥ̟
̠ Rétracté i̠	̈ Centralisé ë	ʷ Labialisé tʷ dʷ	ʲ Palatalisé tʲ dʲ
ˠ Velarisé tˠ dˠ	ˤ Pharyngalisé tˤ dˤ	̃ Nasalisé ẽ	

Accents	Longueur	Tons	Contours
ˈaccent principal ˌaccent secondaire	ː longueur eː longueur moyenne eˑ brièveté ĕ	˝ ou ˥ Extra-haut ´ ˦ Haut ¯ ˧ Moyen ` ˨ Bas ̏ ˩ Extra-Bas	ˇ ou ˩˥ montant ˆ ˥˩ descendant ˧˥ haut-montant ˩˧ bas-montant ˧˥˧ montant-descendant

alphabétique (écriture)
Les systèmes d'écriture à référence phonétique ou phonologique sont l'*écriture alphabétique* et l'écriture syllabique*, qui s'opposent à l'écriture idéographique*. Dans l'écriture alphabétique, les graphèmes* ont pour référence, en principe, des phonèmes uniques ; ainsi les alphabets latin et cyrillique. (V. RÉFÉRENCE.) Aucune langue pratiquement ne respecte la correspondance terme à terme entre les phonèmes et les graphèmes. Mais les systèmes n'ont jamais été entièrement phonologiques et ils ont tendance à le devenir de moins en moins. Ainsi, l'alphabet phénicien ne notait que les consonnes (par vingt-deux graphèmes), mais prêtait au destinataire l'aptitude à suppléer les voyelles qu'il fallait introduire entre les consonnes ; il ne faut pas confondre ce système, qui écrira *katib* KTB, comme *kitab,* avec le système syllabique*. L'alphabet grec, au contraire, représentait les voyelles et les consonnes.

alternance
On appelle *alternance* la variation subie par un phonème ou un groupe de phonèmes dans un système morphologique donné.
1. On distingue l'*alternance combinatoire**, dépendant du contexte, et l'*alternance indépendante* du contexte. On distingue alors l'*alternance vocalique,* ou *apophonie,* qui affecte le vocalisme des éléments constitutifs au cours de la flexion (latin : *facio/feci*) ou entre mots simples et mots composés ou dérivés (latin : *facio/efficio*) ; l'alternance peut avoir la forme voyelle / zéro (grec : *leipô/elipon*). Les différentes formes sont appelées des degrés : ainsi, pour le verbe grec signifiant « laisser », il y a alternance entre un degré plein *leipein* (infinitif présent) et un degré zéro *elipon* (aoriste) ; de même, en latin, entre *esse* (inf.) et *sum* (ind. prés.). Il y a une *alternance de timbre* entre *leipein* (infinitif présent) et *leloipa* (parfait), qui correspond au degré fléchi. Il existe un troisième type d'alternance, l'*alternance quantitative,* par exemple en grec *tithêmi* s'opposant à *thes* (indicatif présent / impératif). L'*alternance consonantique* est représentée par la mutation consonantique du germanique primitif : les occlusives sonores de l'indo-européen deviennent des sourdes, les occlusives sourdes deviennent des spirantes sonores et les occlusives sonores aspirées deviennent des spirantes sonores.

On appelle *alternance thématique* celle qui aboutit à la formation de thèmes différents à l'intérieur d'un même paradigme, en particulier à la distinction des formes faibles et des formes fortes, soit dans la conjugaison (thèmes *s* et *es* dans la conjugaison du latin *esse*), soit dans la déclinaison (thèmes *patr-* et *pater-* dans la déclinaison du latin *pater*).
2. On appelle *alternance de langues* la stratégie de communication par laquelle un individu ou une communauté utilise dans le même échange ou le même énoncé deux variétés nettement distinctes ou deux langues différentes alors que le ou les interlocuteur(s) sont expert(s) dans les deux langues ou dans les deux variétés (alternance de compétence) ou ne le sont pas (alternance d'incompétence). On parle aussi à ce sujet d'alternance de codes ou de *code-switching.* Par l'alternance de compétence, le bilingue se met en représentation comme apte

à utiliser les deux codes. L'alternance d'incompétence au contraire est un expédient destiné à compenser une carence.

alternant
Dans la première étape de la grammaire générative, certaines règles de réécriture doivent être dédoublées pour permettre la génération de deux types de séquences de symboles (ou de symboles uniques) à droite de la flèche. Ces règles sont dites *alternantes.* On peut en prendre pour exemple la réécriture de SV :

$$\text{RS} \times \text{(a)} : \text{SV} \rightarrow \text{V}_i$$

(à lire : règle syntagmatique × (a) : SV est à réécrire en V_i [verbe intransitif]) ;

$$\text{RS} \times \text{(b)} : \text{SV} \rightarrow \text{V}_t + \text{SN}$$

(à lire : règle syntagmatique × (b) : SV est à réécrire en V_t [verbe transitif] suivi d'un syntagme nominal).

Les verbes du lexique incorporé à la grammaire générative considérée devront en conséquence comporter la spécification V_i/V_t.

La notion de règle alternante est à distinguer de l'opposition entre règle obligatoire et règle facultative. Le caractère facultatif d'une règle se marque graphiquement par l'emploi de parenthèses. Par exemple, on peut écrire RS × (a) de la façon suivante :

$$\text{RS} \times \text{(a)} : \text{SV} \rightarrow \text{V}_i \text{ (Adv)}.$$

Dans le cas de la règle alternante, une liberté existe, mais aussi la nécessité d'un choix. Pour indiquer cette nécessité en évitant la multiplication des sous-règles, la présentation est souvent faite entre accolades :

$$\text{RS} \times : \text{SV} \rightarrow \begin{Bmatrix} \text{V}_i \\ \text{V}_t + \text{SN} \end{Bmatrix}$$

Une autre possibilité consiste à présenter les combinaisons possibles en séquences séparées par des virgules à l'intérieur d'une accolade. Par exemple :

$$\text{RS} \times : \text{SV} \rightarrow \{\text{V}_i, \text{V}_t + \text{SN}\}$$

alvéolaire
On donne le nom d'*alvéolaire* à un phonème consonantique articulé au niveau des alvéoles des dents d'en haut, le plus souvent par application de la pointe de la langue (V. APICO-ALVÉOLAIRE) ; ce type de consonnes entre dans la classe des dentales*. En français, les consonnes [s] et [z] sont des fricatives alvéolaires.

alvéoles
Les *alvéoles* postérieures des incisives supérieures constituent l'articulateur supérieur pour la prononciation de certaines consonnes dites « alvéolaires », comme les consonnes françaises et anglaises [t, d, s, z, l, n] classées phonologiquement parmi les dentales, mais réalisées phonétiquement comme des alvéolaires.

alvéopalatales
Les *consonnes alvéopalatales,* dites aussi *palato-alvéolaires* ou *postalvéolaires,* sont des consonnes prépalatales articulées à la limite des alvéoles et du palais dur, ayant comme articulateur inférieur la pointe ou la région prédorsale de la langue ; les fricatives [ʃ] [ʒ], les affriquées [tʃ], [dʒ] sont des alvéopalatales. Phonologiquement, les alvéopalatales sont à classer parmi les palatales, dont elles présentent les caractéristiques acoustiques (aigu, diffus).

amalgame
1. En linguistique fonctionnelle, il y a *amalgame* quand deux ou plusieurs morphèmes sont fondus de manière tellement indissoluble que si l'on retrouve les divers signifiés de chacun sur le plan du contenu, on n'observe qu'un seul segment sur le plan de la forme. Dans le français *au* il y a amalgame de *à le,* c'est-à-dire que cette forme unique correspond à plusieurs choix : à la préposition *à,* à l'article défini et aux marques de masculin singulier. De même dans *aimons,* la terminaison *-ons* amalgame le monème de présent indicatif et celui de première personne du pluriel. L'amalgame est très fréquent en latin, comme dans toutes les langues flexionnelles, mais pratiquement absent des langues agglutinantes.
2. Dans les contacts de langues, quand il n'y a pas substitution (abandon de la langue naturelle au profit d'une autre) ou commutation (usage alterné de deux ou plusieurs langues), c'est-à-dire utilisation préférentielle de l'une des deux avec de nombreuses interférences* de l'autre.

ambiguïté
L'*ambiguïté* est la propriété de certaines phrases qui présentent plusieurs sens. L'ambiguïté peut tenir au lexique, certains morphèmes lexicaux ayant plusieurs sens. Ainsi, la phrase :

Le secrétaire est dans le bureau

a au moins deux sens, car *secrétaire* est soit une personne, soit un meuble (on parle alors d'*ambiguïté lexicale*).

L'ambiguïté peut tenir au fait que la phrase a une structure syntaxique susceptible de plusieurs interprétations. Ainsi, *Le magistrat juge les enfants coupables* répond soit à l'interprétation *Le magistrat juge que les enfants sont coupables,* soit à l'interprétation *Le magistrat juge les enfants qui sont coupables* (on parle alors d'*ambiguïté syntaxique* ou d'*homonymie de construction*). Les ambiguïtés syntaxiques sont dues à ce que la même structure de surface relève de deux (ou plus de deux) structures profondes différentes. Ainsi, *Georges aime Marie autant que Jean* répond soit à *Georges aime Marie autant que Jean aime Marie,* soit à *Georges aime Marie autant qu'il aime Jean.* De même, *Pierre regarde manger un poulet* est syntaxiquement ambigu, la phrase de structure profonde étant soit *Pierre regarde (des gens) manger un poulet,* soit *Pierre regarde un poulet manger (quelque chose).*

amnésique
L'*aphasie amnésique* est une forme d'aphasie* caractérisée par un manque de mots dans le discours spontané et des déficits à la dénomination des objets, des images d'objets, des couleurs, etc.

amphibologie
On appelle *amphibologie* toute construction syntaxique qui, sans être agrammaticale, est, par sa forme, équivoque, obscure ou ridicule (ex. : *Je donne des bonbons à mes enfants qui sont enveloppés dans du papier*).

amplification
En rhétorique, on appelle *amplification* le procédé linguistique par lequel on répète la même structure, on en accroît la longueur, le nombre, la quantité (ex. : la description du nez de Cyrano de Bergerac).

amplitude
En phonétique acoustique, on appelle *amplitude* de l'onde vocale l'écart entre le point de repos des particules d'air vibrant et le point extrême qu'elles atteignent dans leur mouvement.

L'amplitude de la vibration est responsable de l'intensité du son (si la fréquence* est constante). On peut rendre l'intensité d'un son quatre fois plus grande en en doublant l'amplitude. L'amplitude peut être augmentée par la combinaison de deux ou plusieurs vibrations de fréquence identique : ainsi, l'onde sonore produite par la vibration des cordes vocales est rendue audible grâce au renforcement de son amplitude à travers différents résonateurs de l'appareil phonatoire.

amuissement
On appelle *amuissement* le processus par lequel un phonème finit par ne plus être prononcé ; par exemple, en français la consonne *h* dite aspirée, à l'initiale de *héros,* les voyelles finales, ou, dans certaines positions, la voyelle neutre [ə] dite « *e* muet », « instable » ou « caduc » (dans la première syllabe du mot *petit* [pti], ou dans la deuxième syllabe du mot *appeler* [aple]).

amusie
L'*amusie* est la perte du langage musical consécutive à des lésions corticales. Le sujet atteint d'amusie est incapable de reconnaître et de reproduire les sons musicaux, alors qu'il en était capable avant sa maladie.

anacoluthe
Rupture dans la construction d'une phrase, l'*anacoluthe* est formée de deux parties de phrase qui sont syntaxiquement correctes, mais dont la séquence donne une phrase syntaxiquement anormale ou déviante. Ainsi, les suites *celui qui n'est pas encore convaincu* et *c'est à lui que je m'adresse* sont syntaxiquement correctes, mais la séquence *celui qui n'est pas encore convaincu, c'est à lui que je m'adresse* constitue une anacoluthe. Elle peut être une figure de rhétorique (ex. : *Le nez de Cléopâtre, s'il eût été plus court, toute la face de la terre aurait changé* [Pascal]).

anacyclique
Se dit d'un mot ou d'un groupe de mots qui présentent toujours un sens qu'on les lise à l'endroit ou à l'envers (de gauche à droite ou de droite à gauche) [ex. : *Léon* et *Noël*].

anaglyptique
L'*écriture anaglyptique* désigne le mode d'impression en relief de l'écriture Braille des aveugles.

analogie
Le terme d'*analogie* a désigné, chez les grammairiens grecs, le caractère de régularité prêté à la langue. Dans cette perspective, on a dégagé un certain nombre de modèles de déclinaison, par exemple, et on a classé les mots, selon qu'ils étaient ou non conformes à l'un de ces modèles. L'analogie a fondé ainsi la régularité de la langue. Par la suite, l'analogie a servi à expliquer le changement linguistique et, de ce fait, a été opposée à la norme*. L'analogie fonctionne ainsi, selon l'expression de F. de Saussure, comme la « quatrième proportionnelle ». Ce type d'enchaînement logique joue, par exemple, quand on prononce le pluriel de *cheval* comme le singulier. Dans ce cas, le sujet parlant procède ainsi : au singulier [l(ə) toro], *le taureau,* correspond un pluriel [letoro], *les taureaux,* donc, au singulier, [l(ə)ʃ(ə)val], *le cheval,* correspondra un pluriel [le ʃ(ə)val], **les chevals.* On dira « x sera à *je dis* ce que *vous lisez*

est à *je lis* » : c'est ainsi qu'on obtient la forme **vous disez*. L'attraction analogique a donné le futur *enverrai* au lieu de l'ancien français *envoierai*, sur le modèle de *voir / verrai*. De ce point de vue, l'analogie joue donc un rôle important dans l'évolution des langues et les néogrammairiens l'ont utilisée pour rendre compte de la réorganisation des systèmes linguistiques bouleversés par les lois phonétiques.

analogique
On appelle *changement analogique* toute évolution de la langue que l'on peut expliquer par un phénomène d'analogie*. La « faute » consiste à donner comme pluriel à *le cheval* [ləʃəval] **les chevals* [leʃəval], en conformité avec le type *le mouton* [ləmutɔ̃], *les moutons* [lemutɔ̃] ou, au contraire, à donner comme pluriel à *le chacal* [ləʃakal] **les chacaux* [leʃako], en conformité avec *le cheval* [ləʃəval], *les chevaux* [leʃəvo].

analogistes
Chez les grammairiens grecs, à partir du IIe siècle av. J.-C. s'est développée une discussion sur l'importance qu'il convenait d'accorder à la régularité dans l'étude des phénomènes linguistiques. Les *analogistes* soutenaient que la langue est fondamentalement régulière et exceptionnellement irrégulière (reflétant la systématisation propre à la pensée), alors que la thèse inverse avait la faveur des anomalistes* (considérant la langue comme produit de la nature). Les analogistes se sont attachés à établir des modèles (« paradigmes ») selon lesquels la plupart des mots (dits alors « réguliers ») pouvaient être classés. De ce fait, ils étaient conduits à corriger tout ce qui pouvait apparaître comme une irrégularité sans parfois même s'apercevoir que ce qui est irrégulier d'un côté peut être parfaitement régulier d'un autre côté. Ainsi, la déclinaison de *boûs, boos* paraît irrégulière par rapport à *korax, korakos*, mais elle est régulière si on se place du point de vue historique, une fois admis les divers traitements du son transcrit par le digamma, lettre ancienne disparue de l'alphabet grec : boFs / boFos. Les recherches des analogistes ont beaucoup contribué à l'établissement de la grammaire.

analogue
On classait autrefois comme *analogues* les langues dont l'ordre des mots est relativement fixe, comme le français. Il s'agissait là d'une analogie avec ce qu'on croyait être l'ordre logique. Dans la classification typologique de l'abbé Girard, *analogue* s'opposait à *inversif*.

analysabilité
En grammaire générative, l'*analysabilité* est la propriété d'une suite terminale générée par la base*, qui fait que cette suite possède la structure exigée pour qu'une transformation donnée puisse s'appliquer. Ainsi, si la transformation passive est définie comme une transformation qui s'applique aux suites de la forme

Pass + SN_1 + Aux + V + SN_2

(Pass = passif, SN_1 et SN_2 = syntagmes nominaux, Aux = auxiliaire, V = verbe), alors la suite générée par la base

Pass + le père + Prés + le journal

est analysable dans la structure précédente et elle peut se voir appliquer la transformation passive. Au contraire, la suite :

Pass + l'enfant + court

n'est pas susceptible d'une telle analyse structurelle ; la transformation passive ne peut s'appliquer : elle est bloquée.

analyse
1. L'*analyse grammaticale* est un exercice scolaire visant à découvrir dans une phrase la nature et la fonction des mots qui la constituent. Ainsi, dans la phrase *Ils l'ont élu député*, on devra donner dans l'analyse grammaticale la nature (nom) et la fonction (attribut de l'objet *le*) du mot *député*.
2. L'*analyse logique*, chez C. Bally, est un procédé d'analyse de la phrase fondé sur le postulat que les énoncés réalisés comprennent chacun deux parties, l'une qui est le corrélatif du procès, le dictum, l'autre par laquelle le sujet parlant exerce une intervention (pensée, sentiment, volonté) sur le dictum ; c'est la modalité. C'est aussi un exercice scolaire visant à découvrir la nature et la fonction des propositions*.
3. L'*analyse structurelle*, en grammaire générative, est une procédure consistant à tester une phrase, générée par la base, pour voir si elle a une structure qui rende possible l'application d'une transformation (V. ANALYSABILITÉ).

analyse de contenu
Le contenu d'un texte peut être décrit en termes qualitatifs ou en termes statistiques ; c'est l'objet de l'*analyse de contenu*. On peut se demander : « Comment ce texte est-il organisé et que pouvons-nous déduire de cette organisation pour caractériser son auteur ? » ou

« Quels sont les principaux éléments de contenu de ce texte ? ». Il s'agit en quelque sorte de systématiser et d'essayer de fonder sur des bases rigoureuses ce qu'on appelle couramment « lire entre les lignes », de définir des règles qui déterminent l'organisation des textes. Il faut donc reconnaître la même idée sous des formes différentes et définir les paraphrases.

Il y a deux manières principales de découvrir le sens implicite sous le sens apparent. L'une consiste à utiliser le plus large environnement du texte (les circonstances de sa production, son but général), l'autre est de se concentrer sur les traits du texte dont on peut présumer qu'ils sont indépendants du contrôle conscient de l'émetteur.

Face à la première, qu'on ne sait guère pour le moment définir de manière rigoureuse, la seconde méthode, dite « analyse de cooccurrence », se présente comme un affinement des comptages de fréquence. Au lieu de compter l'occurrence des concepts A, B et C, on compte le nombre de fois que A apparaît en même temps (dans la même phrase, le même paragraphe ou la même unité au sens large) que B et on compare avec le nombre total d'apparitions de l'un et de l'autre (de A et de B réunis). L'index qui en résulte peut être utilisé pour mettre en évidence la force de l'association entre les deux idées dans l'esprit de l'émetteur. La nature précise de l'association dans le texte n'est pas prise en considération — la phrase *Les conservateurs détestent les progressistes* associe ainsi *conservateurs et progressistes.* Aussi de telles cooccurrences sont-elles largement indépendantes du contrôle conscient.

Une autre méthode utilisée est l'analyse d'évaluation assertive. On soumet à des sujets, choisis en fonction de la recherche, des propositions du type « A vous semble plutôt... X », où A est un mot ou une proposition et X un adjectif comme *vrai, grand, faux, petit,* etc. La convergence entre les sujets permet de définir leur culture, leur opinion, etc.

Une autre méthode est fondée sur l'utilisation d'un texte dont on supprime tous les 3ᵉ (ou les 4ᵉ, ou les 5ᵉ, etc.) mots. Avec un seul texte ou un seul groupe de textes on peut tester plusieurs sujets ou plusieurs groupes qu'on invite à remplir les blancs. Les écarts dans le nombre de bonnes réponses permettront de classer les sujets ou les groupes selon leur degré de compréhension. Il suffira évidemment de mettre le classement en parallèle avec les points de la description socioculturelle des sujets ou des groupes de sujets pour établir des relations de type sociolinguistique* entre un texte déterminé et des conditions socioculturelles.

Cette prodécure permet également de comparer des textes (ou des ensembles de textes) du point de vue de la lisibilité. Le sujet est alors invariant et les textes variables. Les caractères socioculturels des textes sont mis en rapport avec le nombre de fautes rencontrées pour chacun d'eux.

analyse de discours

On appelle *analyse de discours* la partie de la linguistique qui détermine les règles commandant la production des suites de phrases structurées.

L'analyse de discours, ou analyse d'énoncé, trouve son origine dans la distinction faite par F. de Saussure entre la langue* et la parole*, bien que le linguiste genevois ait pensé que cette dernière, soumise au hasard et à la décision individuelle, ne relevait pas d'une étude rigoureuse. L'influence des formalistes russes, qui avaient élaboré un type radicalement nouveau d'analyse littéraire, et le travail de l'école de Genève ont maintenu, depuis F. de Saussure jusqu'aux années 50, le courant d'une linguistique de la parole opposant à la fonction de communication, essentielle pour l'étude de la langue, une fonction d'expression (phénomènes émotionnels, subjectifs, individuels) qui pose les problèmes de l'étude des énoncés supérieurs à la phrase, notamment de tout ce qui touche à l'énonciation.

La linguistique essaie de rendre compte non seulement de la phrase, mais aussi des suites de phrases à partir de trois séries de travaux ; les uns tentent de définir les règles qui commandent la succession des signifiés d'un texte : c'est l'analyse de contenu. De leur côté, les lexicologues, après avoir longtemps pris comme base opérationnelle le mot, ou unité graphique isolée, ont reconnu la nécessité de prendre en considération des environnements plus larges (cooccurrences, incompatibilités, oppositions) ; l'unité lexicale est ainsi réinsérée dans le tissu des phrases qui la contiennent et son étude implique la référence au discours dans lequel elle apparaît (d'où la nécessité d'une typologie des discours). De même, les linguistes de l'école de Prague insistent sur l'idée de sous-codes propres à chacune des fonctions du langage. Enfin, le distributionnalisme américain, qui ne se préoccupe ni des fonctions du langage, ni de la distinction théorique entre langue et parole, admet que la linguistique doit s'attacher également aux énoncés supérieurs à la phrase, et il élabore (avec Z. S. Harris), au moyen de classes d'équivalence*, une véritable procédure de réduction et de formalisation du discours.

L'analyse de discours dans l'école française a pour objets essentiels la relation du sujet parlant au processus de production des phrases (énonciation) ou la relation du discours au groupe social à qui il est destiné (sociolinguistique). L'analyse de discours proprement linguistique se fonde sur des opérations de réduction de phrases et sur certains concepts de la grammaire transformationnelle. Selon Z. S. Harris, on établit un certain nombre de classes d'équivalence (découpage du texte en éléments apparaissant dans des contextes identiques) ; mais on est conduit à admettre que seule la connaissance des règles de la langue permet de « normaliser les énoncés » et de réduire, par exemple *Des millions de bouteilles ont été vendues* à *On a vendu des millions de bouteilles,* ces opérations permettant d'établir plus rapidement les classes d'équivalence. Le discours résulte de l'application de règles à un certain nombre de phrases de base : la structure du discours est son histoire transformationnelle.

Dans ce cas, la production des énoncés est étudiée à partir de propositions de base qui aboutissent à des phrases de surface (phrases réalisées) ; le mode de passage de la phrase profonde à la phrase de surface est considéré comme l'indice d'un comportement linguistique qu'on met ensuite en parallèle avec un comportement non linguistique. Ainsi, l'analyse des énoncés de la guerre d'Algérie peut se faire à partir des propositions de base :

L'Algérie {est incluse dans, est dépendante de} l'Algérie, la France
{est/n'est pas}

sur lesquelles peuvent intervenir les modalités (*devoir* et *pouvoir,* entre autres) ; on obtient alors les phrases de surface. *L'Algérie est la France, L'Algérie n'est pas la France, L'Algérie est dépendante de la France, L'Algérie est indépendante de la France, L'autodétermination de l'Algérie,* etc., dont les réalisations diverses peuvent être mises en relation avec les comportements politiques.

analyse conversationnelle

L'*analyse conversationnelle* étudie les règles sous-jacentes au fonctionnement des conversations et des échanges communicatifs, ces règles socioculturelles variant d'une société à l'autre. L'analyse conversationnelle s'insère dans le champ plus large de la linguistique de l'interaction qui étudie, dans une perspective fondamentalement dialogale, des unités supérieures à la phrase. Ce dépassement des unités traditionnelles de la linguistique conduit à une démarche transdisciplinaire.

En effet, l'analyse conversationnelle, issue principalement de l'ethnométhodologie (travaux d'Hervé Sacks), de la pragmatique (école de Genève), intéresse également l'analyse de discours, la psychosociologie, la sociologie interactionnelle et l'ethnographie de la communication. On peut définir trois axes de recherche : étude des prises de parole dans le contexte de production ; étude des compétences individuelles et du contexte social dans la gestion des échanges langagiers ; mise en évidence des multiples niveaux du traitement des données dans l'échange verbal.

analytique

1. Un *jugement* est dit *analytique* quand il est nécessairement vrai, sa véracité étant assurée par les propriétés sémantiques des mots qui le constituent et par les règles syntaxiques de la langue qui mettent ces mots dans un certain type de relation : ainsi, *Pierre est un homme* est un jugement analytique, car *Pierre* a dans ses traits « humain » et la relation syntaxique de la phrase lui attribue ce trait. Un jugement est dit *synthétique* quand il n'est vrai que dans une situation donnée, que sa véracité dépend des circonstances, comme *Pierre est ivre.*

2. Une *langue analytique* est une langue isolante* ; en particulier, on qualifie ainsi le français.

3. On dit qu'une *phrase* est *analytique* si le sens du prédicat est entièrement contenu dans le sujet ; par exemple, *Mon père est un homme* est une phrase analytique. On dira de même qu'une phrase relative est analytique si le sens de la principale est entièrement contenu dans celui de la relative ; par exemple, la phrase *Ceux qui parlent français parlent une langue* est une phrase analytique.

4. Une *procédure analytique* est un type d'analyse linguistique qui consiste à découper l'énoncé en phrases, syntagmes, morphèmes pour aboutir aux unités ultimes, les phonèmes. Cette procédure de « haut en bas » s'oppose à la procédure synthétique, qui consiste à aller de bas en haut dans l'analyse, à partir des unités les plus petites pour les grouper ensemble selon des règles combinatoires et aboutir ainsi à la phrase. La procédure analytique est celle de L. Hjelmslev, par exemple, la procédure synthétique celle de Z. S. Harris.

anaphore

1. En rhétorique, l'*anaphore* est la répétition d'un mot (ou d'un groupe de mots) au début d'énoncés successifs, ce procédé visant à renforcer le terme ainsi répété. Par exemple : « *Mon bras qu'avec respect toute l'Espagne admire / Mon bras qui tant de fois a sauvé cet empire,* etc. » (Corneille, *le Cid*).

2. En grammaire, l'*anaphore* est un processus syntaxique consistant à reprendre par un segment, un pronom en particulier, un autre segment du discours, un syntagme nominal antérieur, par exemple. Ainsi, il y a anaphore par *en* dans la phrase : *Des vacances, j'en ai vraiment besoin.* Il y a anaphore par *tous* dans *Femmes, enfants, vieillards, tous étaient venus.* Le segment représenté est dit *antécédent.*

anaphorique

On dit d'un pronom personnel ou démonstratif qu'il est *anaphorique* quand il se réfère à un syntagme nominal antérieur ou à un syntagme nominal qui suit (*Pierre, je **le** vois ; j'**en** ai assez de le voir inactif ; j'apprécie **celui** qui parle franchement,* etc.). Cet emploi anaphorique s'oppose à l'emploi déictique* du démonstratif, comme dans les phrases : *De ces cravates, j'aime mieux **celle-ci** plutôt que **celle-là** ; **elle** est surprise* (*elle* renvoyant à une personne présente, mais non dénommée antérieurement).

anarthrie

L'*anarthrie* est le nom donné à l'aphasie* d'expression, caractérisée par des perturbations dans la réalisation des phonèmes et des séquences de phonèmes.

anastrophe

On appelle *anastrophe* un renversement de l'ordre habituel des mots. Si l'on pose que l'ordre habituel du latin est *Claudius Claudiam amat,* on dira qu'il y a anastrophe de l'accusatif dans *Claudiam Claudius amat ;* il y a anastrophe de *inter* dans *quos inter* (au lieu de *inter quos*), anastrophe du pronom dans *me voici* (au lieu de *voici + moi*).

anglaise

L'*anglaise* est l'écriture cursive penchée vers la droite.

animaux

Les *noms d'animaux* constituent une sous-catégorie des noms qui désigne des êtres vivants non-humains et qui se caractérise par une syntaxe différente de celle des noms humains. Ainsi, le verbe *penser* implique un sujet humain ; si on lui donne un sujet non-humain, on attribue à l'animal les propriétés de l'homme. (V. RECATÉGORISATION.)

animé

Les *noms animés* constituent une sous-catégorie des noms qui, sémantiquement, dénotent des êtres vivants, hommes ou animaux *(Georges, père, chat),* ou considérés comme tels *(ange, démon, dieu),* et qui se caractérisent par une syntaxe différente des noms non-animés (on dit aussi *inanimés*) ; par exemple, les deux classes de noms animés et non-animés se distinguent par l'opposition *en / son* dans les règles du possessif (*J'ai vu sa fin* [animé] / *J'en ai vu la fin* [non-animé]), l'opposition entre *qui* (animé) et *que* (non-animé), interrogatifs compléments *(Qui vois-tu ? Que vois-tu ?),* l'opposition de genre entre masculin (mâle) et féminin (femelle) [*lion / lionne ; paysan / paysanne*], le masculin et le féminin n'ayant pas le sens d'opposition sexuelle dans les non-animés (*le soleil / la lune, le fauteuil / la chaise*), etc. On dit aussi que des morphèmes comme *Jean, homme, chien, enfant* ont le trait distinctif [+animé] et que des morphèmes comme *rocher, table, arbre, Paris* ont le trait distinctif [−animé]. Les verbes et les adjectifs ont un trait contextuel [+animé] ou [−animé] (ou les deux) selon qu'ils sont compatibles avec des noms, sujet ou complément, affectés du trait [+animé] ou [−animé]. Ainsi, le verbe *parler* a le trait contextuel [+animé sujet] parce qu'il implique que son sujet soit un nom [+animé] humain ou, par métaphore, animal ; en revanche, *germer* implique un sujet non-animé concret ou abstrait (figuré). Selon que *appréhender* a le trait contextuel [+à objet animé] ou [−à objet animé], il a le sens de « arrêter qqn » *(appréhender un malfaiteur)* ou de « comprendre qqch » *(appréhender un argument)*.

annomination

En rhétorique, l'*annomination* est une sorte de jeu de mots sur un nom propre (ex. : *Tu es Pierre, et sur cette pierre je bâtirai mon Église*), ou sur un groupe de mots (ex. : *Traduttore, traditore*). Syn. : PARONOMASE.

annulation

Dans la notation quasi arithmétique de Y. Bar-Hillel, la classification catégorielle d'un élément comme *mourir* s'exprime sous la forme d'une fraction dont le dénominateur dénote avec quelle autre catégorie cet élément peut se combiner, et dont le numérateur dénote la catégorie de la construction obtenue. Ainsi, *mourir* est exprimé sous la forme $\frac{\Sigma}{n}$, qui signifie que si *Pierre* est un nom, la phrase Σ *Pierre est mort* est grammaticale, puisque *mourir* combiné avec un nom donne une phrase. On peut établir la grammaticalité au moyen d'une *règle d'annulation,* comme en arithmétique :

$$n.\frac{\Sigma}{n} = \Sigma$$

autrement dit n et n s'annulent et il reste Σ, ce qui signifie que l'expression est une phrase ; le point après n représente ici le signe de concaténation*.

anomalie

1. Chez les grammairiens du IIe siècle av. J.-C., le mot *anomalie* désignait le caractère d'irrégularité de la langue (opposé à l'analogie) et, par extension, tout emploi qui ne pouvait pas s'expliquer en faisant jouer une régularité d'un certain type. Sur l'anomalie était fondée la thèse des anomalistes, qui soutenaient que dans la langue, produit de la nature, l'importance des exceptions était plus forte que celle des régularités. (V. ANALOGIE.)

2. En linguistique moderne, une phrase est dite *anomale* quand elle présente des divergences au regard des règles de la langue. Pour les anomalies grammaticales, on use plutôt des termes d'*agrammaticalité* et de *degrés de grammaticalité,* et on réserve celui d'*anomalie* pour désigner la déviation sémantique. Ainsi, la phrase *Il écoute la musique qui reluit sur ses chaussures* est sémantiquement anomale, car le sujet de *reluire* doit avoir les traits [+ objet concret] et [susceptible de recevoir et de renvoyer la lumière] ; elle n'est donc interprétable que comme une métaphore, c'est-à-dire en modifiant les traits sémantiques du verbe. La différence entre anomalie et agrammaticalité varie avec les théories linguistiques, elle est souvent floue.

anomalistes

Chez les grammairiens grecs, par opposition aux analogistes*, les *anomalistes* insistaient sur l'importance des irrégularités dans la langue. La grammaire ainsi conçue devenait avant tout une collection d'exceptions. Sans nier l'importance de l'analogie, ils mettaient en évidence le grand nombre d'irrégularités dont le raisonnement ne pouvait rendre compte (ainsi pour l'article grec on avait le masculin *ho* et le féminin *hê,* mais le neutre *to*). De même, ils insistaient sur les distorsions qui existent dans la langue entre le nombre, ou le genre grammatical, et la réalité : *Athenai* « Athènes », pluriel, ne désigne qu'une cité, *paidion* « enfant », être animé, est neutre. Pour eux, la langue n'était pas le produit d'une convention humaine, source de régularité, mais plutôt de la nature. De ce fait, l'usage, beaucoup plus que les schèmes logiques, devait être pris en considération dans l'établissement des grammaires. D'une certaine manière, les discussions actuelles sur la place de la théorie et de l'usage en linguistique continuent la polémique des anomalistes et des analogistes.

anontif

Le terme *anontif* désigne, chez L. Tesnière, la troisième personne du verbe et correspond aux pronoms personnels proprement dits de la grammaire générative (opposés aux noms personnels) : *il, elle, eux,* etc.

antanaclase
On appelle *antanaclase* la figure de rhétorique qui consiste en la reprise d'un mot avec un sens différent, comme dans *Le cœur a ses raisons que la raison ne connaît point* (Pascal).

antécédent
1. En grammaire générale, on dit qu'un membre de phrase, une proposition sont *antécédents* quand ils sont placés devant le terme ou la suite de termes pris comme base de référence. Ce sont surtout les subordonnées placées devant les principales qui sont appelées antécédentes. Ainsi, dans les phrases du type *S'il vient, tu le préviendras,* la proposition conditionnelle *s'il vient* est dite antécédente (s'oppose à *conséquent*).
2. En grammaire, on appelle *antécédent* le nom ou pronom qui précède un relatif et auquel ce dernier se rapporte ; dans *Il n'a pas aimé le film que je lui avais conseillé, film* est antécédent de *que.*
3. On appelle aussi *antécédent* le segment auquel se réfère un pronom anaphorique ; dans la phrase *Pierre est malade ; il ne peut pas venir, Pierre* est l'antécédent du pronom *il.* (V. ANAPHORE.)
4. En grammaire générative, on appelle *antécédent* le syntagme nominal de la phrase matrice dans lequel vient s'enchâsser une relative ; on appelle aussi *antécédent* le nom constituant de ce syntagme nominal et qui est sous-jacent au relatif. Dans la phrase *J'ai lu le livre que tu m'avais donné,* le syntagme nominal *le livre,* dans lequel vient s'enchâsser la relative *que tu m'avais donné* (tu m'avais donné que livre), est l'antécédent de cette relative. *Livre* est le nom antécédent du relatif *que* (issu de « que livre »). [V. RELATIVISATION.]

antépénultième
On donne le nom d'*antépénultième* à la syllabe qui précède l'avant-dernière syllabe d'un mot (dite pénultième). Dans *anticorps,* la syllabe *an* est l'antépénultième et la syllabe *ti* la pénultième.

antéposé
Se dit d'un élément linguistique placé avant un autre dans une structure donnée. En français, l'article est *antéposé* au nom dans le syntagme nominal ; dans d'autres langues il est *postposé* au nom.

antérieur
1. En phonétique, il y a réalisation d'une *voyelle antérieure* lorsque la masse de la langue s'avance dans la partie antérieure de la bouche. Comme elle s'élève en même temps vers le palais dur, les voyelles antérieures sont dites aussi voyelles palatales* (en français, [i], [e], [ɛ], [y], [ø], [œ], [a]). Les voyelles antérieures sont aiguës* sur le plan acoustique, par concentration de l'énergie dans les hautes fréquences du spectre, avec élévation du formant haut jusqu'à 2 500 p/s pour [i]. (Contr. : POSTÉRIEUR.)
2. *Passé antérieur, futur antérieur.* V. PASSÉ, FUTUR.

antériorisation
L'*antériorisation* est un mouvement de déplacement des phonèmes vers l'avant de la cavité buccale, comme dans la phrase : *c'est jeuli le Mareuc* [se oelil meRoek] pour *c'est joli le Maroc* [se olil marok]. Ce phénomène, parfois associé à la fermeture, est susceptible, en phonostylistique, de certaines connotations comme le maniérisme, la coquetterie. (Contr. POSTÉRIORISATION*.)

anthorisme
En rhétorique, l'*anthorisme* est une réplique cinglante à un adversaire, en reprenant ses propres paroles (ex. : *Vous parlez de défense de la Société, mais c'est de votre Société, de votre « bonne Société »*).

anthroponyme
On appelle *anthroponyme* le nom désignant une personne dans une communauté déterminée : nom de famille, prénom, surnom. La dénomination des personnes, régie autrefois par l'usage, est réglementée aujourd'hui par l'état civil. Le système français actuel, qui date du premier Empire, juxtapose un nom de famille précédé d'un ou de plusieurs prénoms. Mais le système russe, par exemple, intercale, entre le prénom et le nom, un patronyme (le prénom du père suivi du suffixe *-itch* pour les hommes ou *-na* pour les femmes). Au Moyen Âge, le nom principal de l'individu était le *prénom* qu'il recevait lors de son baptême ; ensuite, il pouvait avoir, au cours de sa vie, un ou plusieurs *surnoms.* Les anthroponymes actuels (à part certains introduits récemment par des phénomènes d'immigration) viennent donc de prénoms et de surnoms. Leur origine peut être celtique, par l'intermédiaire de noms de lieux *(Bourbon),* latine *(Marc, Émile),* germanique (noms terminés par *-aud [Arnaud], -bert [Flaubert], -ard [Gérard], -mon [Simon],* etc.). Il faut noter aussi les noms issus de surnoms dénotant à l'origine une particularité physique *(Legrand, Loucheur)* ou psychologique *(Gentil),* une profession *(Meunier),* un titre *(Lemaire),* le lieu *(Picard)* ou la date de la naissance *(Janvier).*

anthroponymie
L'*anthroponymie* est la partie de l'onomastique* qui étudie l'étymologie et l'histoire des noms de personne : elle fait nécessairement appel à des recherches extralinguistiques (histoire, par exemple). Ainsi, on constatera, grâce à la linguistique, que des noms comme *Febvre, Fèvre, Faivre, Fabre, Faure* (et les mêmes noms précédés de *le*) remontent au latin *faber* et représentent des formes que ce mot a prises dans diverses régions. En revanche, la stabilité de l'état civil a fait que ce mot ayant cessé de désigner le forgeron est devenu le patronyme de personnes exerçant d'autres métiers, et ce sont les mouvements de population qui font que telle forme méridionale issue de *faber* sert de nom à un Parisien ou à un Picard.

anticadence
On donne le nom d'*anticadence* à la différenciation des membres de phrase enchaînés par des éléments d'intonation tendue, incitante, qui reste suspendue au lieu de retomber comme dans la cadence, par exemple *Tout s'éveillait au village / les femmes allaient au puits / les paysans portaient aux bêtes leur fourrage / des enfant criaient / d'autres pleuraient.* Les traits obliques indiquent les frontières établies par la voix au moyen d'anticadences.

anticipant
On dit qu'un pronom joue un rôle d'*anticipant* quand il se substitue à un syntagme nominal qui sera réalisé ensuite dans le contexte ou la phrase. Ainsi, le pronom interrogatif joue un rôle d'anticipant dans la phrase *Qui est venu ? un ami ;* il se substitue, en effet, à un syntagme nominal présumant une réponse par un nom de personne *(qui ?) ;* le syntagme nominal de réponse est ainsi anticipé.

anticipation
1. En phonétique, on appelle *anticipation* l'action régressive exercée par un phonème sur un phonème antérieur (syn. ASSIMILATION RÉGRESSIVE) : ainsi, le *p* du latin *capsa* a été assimilé à *s* par anticipation de ce dernier en devenant le français *chasse.* Lors du passage à l'italien, les séquences latines de deux consonnes différentes se sont souvent réduites à une géminée par anticipation de la seconde consonne : *actum* → *atto, axem* → *asse,* etc.
2. En linguistique, syn. de PROLEPSE.

anticlimax
En rhétorique, on appelle *anticlimax* l'opposition dans une même phrase de deux gradations*, l'une ascendante, l'autre descendante.

antimentalisme
L'*antimentalisme* est une des caractéristiques de l'école de Yale, dont le représentant le plus connu est L. Bloomfield, et qui, en linguistique, représente l'aspect extrême du positivisme.

L. Bloomfield formule deux hypothèses sur le sens :
a) une description scientifique complète des référés serait nécessaire pour définir l'emploi que les locuteurs font des mots correspondants ;
b) on pourrait, en dernière analyse, décrire alors dans les mêmes termes le sens de tous les mots. Mais c'est un objectif lointain et hors du domaine de la linguistique.

De ce fait, la *signification* d'une forme est la situation dans laquelle le locuteur l'emploie et la réponse qu'elle évoque chez l'auditeur ; elle ne dépend pas de la subjectivité du sujet parlant (de sa manière de penser), la parole n'est pas, pour lui, un effet de la pensée ; cette analyse est donc antimentaliste et s'inspire du behaviourisme. L. Bloomfield a présenté la signification en termes de stimulus et de réponse selon le schéma : S.r.s.R. Un stimulus externe (S) conduit quelqu'un à parler (r) ; cette réponse linguistique du locuteur constitue pour l'auditeur un stimulus linguistique (s) qui est à l'origine d'une réponse pratique (R). S et R sont des données extra-linguistiques, alors que r et s sont des éléments de l'acte linguistique : ainsi, le désir d'une tartine de pain et de confiture « se fait sentir » chez Paul, ce désir est S ; Paul, ne pouvant se préparer la tartine lui-même, la demande à sa mère, c'est l'acte linguistique, r, qui « répond » à ce stimulus S ; r agit comme stimulus linguistique s sur la mère qui prépare la tartine (ou ne la prépare pas) R. Dans cette perspective, il y a corrélation entre la division du travail et le développement du langage. Les linguistes behaviouristes et antimentalistes ne se préoccupent ainsi que des événements accessibles à tous les observateurs (les données observables), quels qu'ils soient (conception positiviste), que des faits définis par les coordonnées du temps et de l'espace, que de mécanismes impliquant des opérations réelles et précises. Le but fixé est une description formalisable, non psychologique, rigoureuse et cohérente des faits grammaticaux.

antimétabole
En rhétorique, syn. de RÉVERSION.

antimétastase
En rhétorique, syn. de RÉVERSION.

antiphrase
On donne le nom d'*antiphrase* à l'emploi d'un mot ou d'un groupe de mots dans un sens contraire à sa véritable signification par un souci stylistique, par ironie, euphémisme ou pour se soumettre à un tabou. Ainsi, la phrase exclamative *c'est gai !* peut exprimer le regret ou le dépit.

antisigma
L'*antisigma* est un signe de correction employé par les anciens copistes et ayant la forme d'un *c* renversé.

antithèse
L'*antithèse* est un mode d'expression consistant à opposer dans le même énoncé deux mots, ou groupes de mots, de sens opposé ; ex. : *Et* monté *sur le faîte il aspire à* descendre (Corneille, *Cinna*). Il y a antithèse entre *monté* et *descendre.*

antonomase
L'*antonomase* est une figure de style par laquelle, pour désigner une personne, on utilise un nom commun à la place du nom propre, ou inversement un nom propre à la place d'un nom commun ; tel comploteur romanesque et tourmenté sera ainsi un *Lorenzaccio* (nom propre employé à la place d'un nom commun) ou *Napoléon* sera *l'Empereur des Français.* L'antonomase est également un phénomène d'évolution linguistique : en français, *renard* est l'ancien nom propre du « goupil » Renard.

antonymie
Les *antonymes* sont des unités dont les sens sont opposés, contraires ; cette notion de « contraire » se définit en général par rapport à des termes voisins, ceux de complémentaire *(mâle* vs *femelle)* et de réciproque *(vendre* vs *acheter)* [V. COMPLÉMENTARITÉ, RÉCIPROCITÉ]. On prendra comme exemple l'opposition *grand* vs *petit.* Pour les définir, on use habituellement de l'opération ou test de comparaison qui met en évidence une de leurs caractéristiques, la gradation ; on compare la qualité représentée par l'adjectif et un degré plus haut de cette qualité (comparatif), comme dans *Jean est plus petit que Jacques,* ou bien on compare deux états de la même chose ou du même être dans le temps ou dans l'espace, comme dans *Notre maison est plus grande qu'autrefois.* On dira alors qu'il y a antonymie lorsque *Notre maison est plus grande que la vôtre (n'est grande)* implique *Votre maison est plus petite que la nôtre (n'est petite).*

Certains termes sont gradués d'une manière implicite, comme *petit, grand, peu de, beaucoup de,* qui impliquent un point de comparaison qui n'est pas explicité (norme de l'expérience de la communauté socio-culturelle) : en raison de la polarisation des oppositions, inhérente à l'expression du jugement, on peut avoir l'impression que les qualités opposées, traduites par les antonymes, sont absolues, mais il n'en est rien ; les propriétés des antonymes *grand* vs *petit, bon* vs *mauvais* sont indépendantes l'une de l'autre, alors que pour les complémentaires la négation de l'un *(mâle)* implique la négation de l'autre *(femelle).* Soit la phrase contenant l'adjectif *voûté* (dont l'antonyme est *droit)* :

X est plus voûté que Y et Y est plus voûté que Z.

Si on admettait que *voûté* et son contraire *droit* représentaient des qualités indépendantes, Y serait alors pourvu de deux qualités indépendantes, car il serait *plus droit que X et plus voûté que Z.* Lorsque l'on a affaire à des antonymes implicitement gradués, on présuppose une norme ; ainsi lorsque l'on dit *Cet homme est mauvais,* cela signifie que « cet homme est plus mauvais qu'il n'est normal de l'être ». C'est cette gradation implicite qui explique que, dans les interrogations, on ait tendance à n'employer qu'une des unités de la paire d'antonymes. En anglais, la question est *How old are you ?,* mais jamais *How young are you ?, old* peut impliquer alors une réponse où le nombre d'années est grand ou petit. L'opposition des contraires est ainsi neutralisée au profit d'un des deux termes considéré comme non marqué ; c'est le plus souvent le terme jugé supérieur. On retrouve cette neutralisation dans les nominalisations comme *longueur* vs *largeur*. On demandera la *longueur* d'un fleuve (petit ou grand), jamais la *petitesse ;* on demandera la *largeur* d'une planche (large ou étroite), jamais son étroitesse ; on prend des nouvelles de la *santé* d'un ami (en bonne santé ou malade), mais non de sa *maladie*. En ce cas, l'antonyme non marqué est appliqué à ce qui est jugé supérieur dans la norme considérée.

Il existe cependant des points communs entre les antonymes, les réciproques et les complémentaires : ainsi, dans la paire de réciproques *acheter* vs *vendre,* la proposition *Jean a vendu la maison à Pierre* implique la proposition *Pierre a acheté la maison à Jean,* comme dans les antonymes (mais cette implication réciproque ne se retrouve pas pour la paire de réciproques *demander* vs *répondre :* la question n'implique pas la réponse). Inversement, l'affirmation d'une propriété représentée par un terme d'une paire de contraires implique souvent dans la logique commune la négation de la propriété contraire : ainsi, dire que *la maison est petite* implique souvent que *la maison n'est pas grande,* de la même façon que, dans une paire de complémentaires, l'un des termes implique la négation de l'autre *(Jean n'est pas marié* implique *Jean est célibataire).* On comprend dès lors que l'on ait du mal à distinguer les antonymes des complémentaires et des réciproques, et que, dans la terminologie linguistisque on ait parfois réuni ces trois catégories de termes sous le nom générique d'antonymes, qui recouvre alors les contraires, les réciproques et les complémentaires.

aoriste

L'*aoriste* est un temps des verbes grecs qui, avec des désinences spécifiques de personnes et de nombre, se présente soit avec un infixe *s* adjoint à la racine (aoriste sigmatique ou aoriste premier), soit avec une racine sans infixe et souvent au degré réduit (aoriste fort ou aoriste second). L'aoriste s'oppose au présent (non-accompli) et au parfait (accompli), qui présentent l'action dans son développement par rapport au sujet ; la valeur aspectuelle de l'aoriste est celle d'une action indépendante d'une relation avec le sujet d'énonciation (l'aoriste est non déterminé par rapport au temps de l'action) ; c'est la forme non marquée de l'aspect en grec. Il exprime soit l'action arrivée à son terme (aoriste proprement dit ou résultatif), soit l'action à son début (aoriste ingressif ou inchoatif), ou encore une action de caractère général, universel et atemporel puisqu'il n'implique pas de localisation dans le temps (aoriste gnomique).

aperture

On donne le nom d'*aperture* à l'ouverture du chenal buccal pendant l'émission d'un phonème. Pour certains linguistes, les particularités spécifiquement vocaliques sont en rapport unique avec les différents degrés d'aperture (N. Troubetskoy, *Principes de phonologie,* p. 98). Pour d'autres linguistes comme F. de Saussure, tous les sons peuvent être classés d'après leur degré d'aperture entre l'aperture minimale qui correspond aux consonnes occlusives et l'aperture maximale qui correspond aux consonnes les plus ouvertes.

apex

L'*apex* notait dans les inscriptions latines des Ier-IIe siècles une voyelle longue ; il avait la forme d'un accent aigu.

aphasie

Les *aphasies* sont des perturbations de la communication verbale sans déficit intellectuel grave ; elles peuvent porter sur l'expression et/ou sur la réception des signes verbaux, oraux ou écrits. Ces troubles sont déterminés par des lésions focales (foyers lésionnels) de l'hémisphère cérébral gauche chez les sujets droitiers, et aussi le plus souvent chez les sujets gauchers (qui présentent toutefois des caractéristiques spécifiques). Dans cet hémisphère gauche, les travaux de neuropsychologie et de neurolinguistique du XIXe siècle et du XXe siècle ont défini une zone du langage et, à l'intérieur de cette zone, des aires anatomiques dont l'atteinte entraîne des troubles différents du comportement verbal.

Dans le cas de lésions de l'aire antérieure de cette zone (autour du pied de la frontale 3, aire de Broca), il existe des *aphasies d'expression* ou *aphasies motrices.* L'émission verbale est principalement, sinon uniquement, troublée : elle est parfois réduite à un mot ou à quelques expressions stéréotypées. Dans les cas les moins sévères, le langage spontané est pauvre et tend chez certains malades à prendre l'aspect d'un style télégraphique, les sujets s'exprimant essentiellement par des noms ou des formes nominales du verbe (agrammatisme*). Le trouble porte sur la réalisation des syllabes phoniques, sans qu'il y ait atteinte du système phonologique. La réception des signes verbaux et la compréhension ne sont pas troublées ; la lecture est intacte, mais l'écriture est troublée (agraphie*), sans que le caractère et l'intensité des perturbations graphiques soient de même ordre que dans l'expression orale.

L'*aphasie de conduction,* rangée par l'école française dans les aphasies d'expression, se caractérise par un trouble de la répétition des mots et des phrases et par un langage spontané que perturbent des télescopages de mots et des autocorrections, là aussi sans atteinte de la compréhension. La lésion responsable de cette forme siège à la jonction pariéto-temporale postérieure.

En cas de lésions de l'aire postérieure de la zone de Wernicke (région temporale), on a des *aphasies sensorielles* ou *aphasies de Wernicke.* L'émission verbale est fluente, mais rendue plus ou moins incompréhensible par des mots déformés (néoformes et paraphasies littérales : *liver* pour *niveler*), des mots substitués aux termes attendus (paraphasies verbales, *chaise* pour *table,* par exemple), des itérations (persévérations). L'écriture manifeste les mêmes caractéristiques, les erreurs étant des paragraphies ; il en est de même pour la lecture à haute voix, les erreurs étant des paralexies. La compréhension ou la réception verbale sont toujours troublées, comme la compréhension du langage écrit. On distingue trois grands types d'aphasies sensorielles : la première, à dominante de surdité verbale, porte principalement sur la réception des signes verbaux ; la seconde, à dominante d'incompréhension verbale, porte sur la compréhension des signes verbaux, par ailleurs bien « entendus » ; la troisième, à dominante de désorganisation de l'attention, se manifeste par une émission particulière diffluente et paraphasique, mais elle est de régression rapide. Ces trois types d'aphasie sensorielle semblent correspondre à trois aires distinctes de la zone de Wernicke.

Le cumul de l'aphasie d'expression et de l'aphasie sensorielle donne un syndrome complexe, appelé en France *aphasie de Broca* (ce dernier terme désignant l'aphasie motrice dans d'autres classifications).

À côté de ces grandes formes, on distingue aussi une *aphasie amnésique :* le sujet manque de mots dans le langage spontané et la dénomination d'objets ou d'images présente des déficits ; sous sa forme pure, le sujet ne présente pas d'autres troubles, mais le plus souvent l'aphasie amnésique se superpose à l'aphasie sensorielle.

Enfin, il existe des cas où le langage n'est perturbé que dans une seule de ses modalités (expression orale ou écrite, réception orale ou écrite). L'alexie pure, ou trouble de la lecture indépendant de tout trouble du langage et de l'écriture, est indiscutable ; en revanche, l'agraphie pure, ou trouble de l'écriture indépendant de troubles du langage oral, est contestée (elle coexiste en général avec un état confusionnel ou un déficit intellectuel). La surdité verbale pure (perte isolée de la réception des sons du langage) est exceptionnelle, mais est généralement admise.

L'analyse linguistique des aphasies (ou neurolinguistique) a confirmé les diverses variétés de troubles du langage, et surtout le maintien des caractéristiques de chacune au cours de l'évolution de la maladie. Elle a mis en évidence que la seule unité des aphasies est négative : la compétence linguistique du sujet parlant (sa connaissance intuitive des règles) reste préservée, tandis que les performances (les réalisations qui dépendent de différents facteurs psychophysiologiques) peuvent être perturbées isolément.

aphémie
Utilisé au XIXe siècle pour désigner les troubles du langage parlé consécutifs à des lésions corticales, le terme d'*aphémie* est aujourd'hui remplacé par celui d'*aphasie motrice.*

aphérèse
L'*aphérèse* est un changement phonétique qui consiste en la chute d'un phonème initial ou en la suppression de la partie initiale (une ou plusieurs syllabes) d'un mot. Cette chute est, parfois, due à une confusion avec l'article : ainsi s'explique la formation du mot français *boutique* (gr. *apothéké* « lieu de dépôt, magasin »). Le phénomène d'aphérèse est fréquent en italien, où il explique la formation de mots comme : *rena* (du latin *arenam*), *rondine* (lat. *hirundinem*), etc., et la présence de doublets : *scuro / oscuro, cagione / occasione,* etc. Le démonstratif latin *illum, illam* a donné par aphérèse l'article français *le, la.* Il y a aphérèse d'une ou deux syllabes dans certains mots populaires ou argotiques français : *autobus* est devenu *bus* par *aphérèse.*

apical
On appelle *apical* un phonème réalisé avec la pointe de la langue rapprochée de la partie antérieure du palais dur, des alvéoles ou des dents (apicales dentales comme le /s/ espagnol, apicales alvéolaires comme le /r/ italien, apicales rétroflexes comme le /ṭ/ indien).

apicalisé
On appelle *apicalisée* une consonne qui tend à être réalisée comme une apicale, c'est-à-dire avec un rapprochement ou un contact de la pointe de la langue au niveau des dents, des alvéoles ou du palais dur : par exemple, le [s] français, normalement réalisé comme une prédorsale, c'est-à-dire avec la partie antérieure du dos de la langue, peut, dans certaines prononciations individuelles, être réalisé avec la pointe de la langue comme le [s] espagnol.

apico-alvéolaire
On appelle *apico-alvéolaire* le phonème réalisé avec la pointe de la langue contre les alvéoles inférieures comme le [θ] anglais.

apico-dental
On appelle *apico-dental* le phonème réalisé avec la pointe de la langue contre les dents, comme le [s] espagnol de *casa.*

apico-prépalatal
Une consonne *apico-prépalatale* est une consonne dont la réalisation comporte le contact ou le rapprochement de la pointe de la langue contre la région antérieure du palais dur. Les consonnes cacuminales ou rétroflexes, comme celles qui existent dans les langues indiennes ([ṭ], [ḍ], [ṣ], etc.), sont des apico-prépalatales. Les phonèmes /ʃ/ et /ʒ/, généralement réalisés en français comme des prédorso-prépalatales, peuvent l'être parfois comme des apico-prépalatales, sans que cette différence entraîne des oppositions phonologiques.

apocope
L'*apocope* est un changement phonétique qui consiste en la chute d'un ou plusieurs phonèmes ou syllabes à la fin d'un mot : le latin *illinc* vient de *illince* par apocope du phonème final ; les mots français *métro* et *cinéma* viennent par apocope de *métropolitain* et *cinématographe.* (Contr. : APHÉRÈSE.) L'infinitif connaît très tôt l'apocope de la dernière syllabe dans la plupart des dialectes italiques (*dormire → dormi, cantare → canta,* etc.) et en roumain, où une forme apocopée subsiste aux côtés d'une forme longue (*dormire /a dormi, cintare/a cinta, vindere/a vinde, taceare/a tacea,* etc.). La chute des voyelles finales lors du passage du vieil anglais à l'anglais moderne est un phénomène d'apocope : *(ic) singe → (I) sing* « je chante » ; en général, le contraste entre les formes du germanique primitif, les formes plus courtes de l'ancien anglais et les mots grandement réduits de l'anglais moderne est dû à une succession d'apocopes **[beranan] → beran → bere → (to) bear* « porter ».

Une apocope se produit aussi lors du passage

en italien littéraire, dès le Moyen Âge, des mots *bontade, mercede, virtude* aux formes brèves *bontà, mercè, virtù.*

Le plus souvent, l'apocope correspond à un phénomène de sandhi et vient de l'habitude de traiter certains mots de la phrase comme s'ils faisaient partie du mot qui précède ou qui suit. Ainsi, l'élision, en français, de l'article et de l'adjectif démonstratif est un phénomène d'apocope, qui permet d'éviter la rencontre de deux voyelles : *la fille/l'amie.*

apodioxis
En rhétorique, l'*apodioxis* est le rejet véhément ou indigné d'un argument jugé absurde de l'adversaire.

apodose
On désigne du nom d'*apodose* la proposition principale qui, placée après une subordonnée conditionnelle (dite *protase*), en indique la conséquence ou la conclusion. Ainsi, dans la phrase *Si Pierre oublie encore l'heure du rendez-vous, je vais me fâcher,* la principale *je vais me fâcher* est l'apodose, et *Si Pierre oublie l'heure du rendez-vous* est la protase.

apophonie
Syn. d'ALTERNANCE VOCALIQUE.

aposiopèse
On appelle *aposiopèse* l'interruption d'une phrase par un silence brusque suivi d'une digression, le plus souvent d'une rupture de construction. Ex. : *Dix mille écus en or chez soi est une somme assez... Ô ciel ! je me serai trahi moi-même* (Molière, *l'Avare*).

apostrophe
1. En grammaire, on dit qu'un mot est mis en *apostrophe* quand il sert à désigner par son nom ou son titre la personne (ou ce qui est assimilé à une personne) à qui on s'adresse au cours de la conversation. *Monsieur* et *Jacques* sont des apostrophes (sont mis en apostrophe) dans *Pardon Monsieur !* et *Jacques, tais-toi !*
2. En rhétorique, l'*apostrophe* est une figure par laquelle on s'adresse à des personnes absentes ou à des êtres abstraits (ex. : *Ô Rage, ô Désespoir, ô Vieillesse ennemie*).

apparat critique
L'*apparat critique* désigne l'ensemble des notes, variantes, conjectures, etc., reproduites au bas des pages d'une édition et permettant au lecteur de se faire une opinion sur la teneur et les variantes possibles du texte.

appareil
On appelle *appareil phonatoire* l'ensemble des organes de la parole et des muscles qui les actionnent. (On dit aussi APPAREIL VOCAL.)

apparent
On donne la fonction de *sujet apparent* au pronom neutre *il,* sujet grammatical de verbes impersonnels dont le sujet réel est une proposition infinitive, une proposition complétive ou un syntagme nominal. Dans *Il convient de sortir, Il est évident que Pierre s'est trompé, Il est arrivé un malheur,* les divers pronoms *il* sont sujets apparents respectivement de *convient,* de *est évident* et de *est arrivé.* Ils remplacent le sujet réel de la phrase, déplacé de la position avant le syntagme verbal à une position après le syntagme verbal. (V. SUJET.)

apparenté
On dit que deux langues sont *apparentées* quand on sait (ou quand on peut supposer grâce à la grammaire comparée) que ces deux langues se sont développées à partir d'une langue unique.

appartenance
1. On dit qu'un élément *appartient* à un ensemble (A) et on écrit O ∈ A quand cet élément est énuméré parmi les objets, ou notions, dont la réunion constitue A (définition en extension) ou quand elle est impliquée dans la définition de l'ensemble (ensemble par compréhension). La notion d'*appartenance* doit être distinguée de la notion d'inclusion. On dira qu'un élément appartient à un ensemble et qu'un sous-ensemble est inclus dans un ensemble. La notion d'appartenance est largement utilisée en sémantique ; un mot étant analysé, pour le sens, en un paquet de sèmes, chacun de ceux-ci *appartient* à l'ensemble des sèmes* constituant le sens du mot. On dira ainsi que le sème « pour s'asseoir » ∈ ensemble de sèmes du concept de « siège ».
2. On appelle *appartenance* l'emploi prédicatif du verbe *être* exprimant qu'un être ou un objet fait partie d'une classe, comme dans la phrase *Jean est professeur* (Jean appartient à la classe des professeurs), par opposition aux sens d'identité* et d'inclusion*.

appel
On donne le nom d'*expressions d'appel* aux expressions et constructions syntaxiques orientées vers l'interlocuteur qui est concerné directement par le contenu. On dit plus souvent APPELLATIFS.

appellatif

1. Les *appellatifs* sont des termes de la langue utilisés dans la communication directe pour interpeller l'interlocuteur auquel on s'adresse en le dénommant ou en indiquant les relations sociales que le locuteur institue avec lui : ***Madame**, êtes-vous prête ? **Camarades**, tous à la manifestation ! **Paul**, viens ici.* Les appellatifs sont des noms propres, des termes de parenté ou des noms spécifiques (*papa, maman, Sire, Monsieur,* etc.).

On trouve ces termes dans l'énoncé indirect avec une syntaxe particulière : *J'ai rencontré hier madame Dupont.*

2. On appelle *fonction appellative,* la fonction grammaticale remplie par les appellatifs de la communication directe. Cette interpellation de l'interlocuteur par le locuteur est traduite par le vocatif dans les langues casuelles.

application

1. On dit de deux unités lexicales ou de deux expressions qu'elles ont la même *application* quand elles sont reliées chacune respectivement à la même situation : ainsi, l'expression anglaise *sorry* et l'expression française *excusez-moi* ont la même application dans la culture européenne.

2. On appelle *champ d'application* le domaine d'activité sociale dans lequel un mot est utilisé avec une acception particulière.

Ainsi, lorsque le champ d'application est l'institution politique, le mot *chambre* prend une acception particulière.

appliquée (linguistique)

Par *linguistique appliquée* on désigne l'ensemble des recherches qui utilisent les démarches de la linguistique proprement dite pour aborder certains problèmes de la vie courante et professionnelle mettant en jeu le langage, et certaines questions que posent d'autres disciplines. Les applications de la linguistique aux recherches pédagogiques constituent un domaine essentiel de la linguistique appliquée. Quelle que soit la discipline enseignée, toute pédagogie requiert la mise au point d'un discours, et, de ce fait, la linguistique est partie prenante. Il en va de même quand la linguistique est utilisée à des fins documentaires pour permettre les classements les plus rationnels (analyse documentaire) quand les recherches portent sur la traduction automatique, quand elle inspire les travaux de planification linguistique, la normalisation et la constitution des terminologies. C'est en ce sens que le terme *industries de la langue* s'est substitué à celui de linguistique appliquée.

Dans certains cas, on a abouti à la constitution de disciplines intermédiaires : c'est ainsi que la psycholinguistique* étudie le fonctionnement et la genèse du langage, et les relations existant entre les faits psychiques et les faits de langue ; la neurolinguistique et la pathologie du langage s'occupent des rapports que les troubles du langage peuvent entretenir avec telle ou telle lésion corticale ou telle ou telle maladie mentale. La sociolinguistique se donne pour fin d'étudier les relations entre le comportement linguistique et le comportement social : en tant que membre de groupes (classe, famille, club sportif, profession, etc.), un être humain peut avoir une manière particulière d'utiliser la langue. De même, la géographie linguistique peut se donner comme objet de mettre en rapport des variations géographiques et des variations linguistiques. Enfin, l'ethnolinguistique met en rapport la linguistique avec l'ethnographie et l'ethnologie.

Dans tous ces domaines, la linguistique offre des hypothèses sur le langage et des techniques appropriées à l'étude des comportements verbaux, manifestations du sujet, du groupe social ou de l'ethnie : c'est alors qu'on peut parler proprement de linguistique appliquée.

appositif
Relative appositive. V. RELATIVE.

apposition
Le terme *apposition* est utilisé de manière différente selon les grammairiens. Il s'applique toujours au mot ou au groupe de mots qui, placé à la suite d'un nom, désigne la même réalité que ce nom, mais d'une autre manière (identité de référence) et en est séparé par une pause (dans la langue parlée) et une virgule (dans la langue écrite) : ainsi, *chef-lieu de la Corse* est en apposition dans *Ajaccio, chef-lieu de la Corse, est la ville natale de Napoléon.* Au sens strict, l'apposition est donc un emploi détaché du nom et s'oppose à l'adjectif apposé que l'on voit dans *L'enfant, fessé, se promit de ne plus recommencer.* Le critère de la pause (et de la virgule) n'est pas admis par tous les grammairiens ; de fait, dans les groupes comme *le professeur Durand, le mont Pélion* et *la ville de Paris,* on analyse aussi *Durand, Pélion* et *Paris* comme des appositions à *professeur, mont* et *ville.* Enfin, par une dernière extension du mot, l'adjectif détaché a fini par être appelé également *apposition.* Il en est de même pour la proposition relative dans *L'employé, qui était malade, n'est pas venu,* et pour la complétive à l'infinitif dans *Je ne veux qu'une chose, partir,* ou introduite par *que* dans *Cela me peine, que tu doives t'en aller.*

Le nom mis en apposition n'a pas par lui-même de fonction syntaxique, l'apposition n'étant pas à proprement parler une fonction grammaticale. Ainsi, un substantif peut être apposé à un sujet comme *le professeur* dans *M. Dupont, le professeur, a les cheveux frisés ;* à un attribut, comme *plein de prévenances* dans *Je le vois gentil, plein de prévenances ;* à un complément d'objet, comme *espèce de gros village aux rues tortueuses* dans *J'aperçois « la ville », espèce de gros village aux rues tortueuses ;* à un complément adnominal, comme *vieille femme ridée* dans *Je revois la coiffe de ma grand-mère, une vieille femme ridée ;* à un mot mis en apostrophe, comme *le génie de la classe* dans *Vous, Duval, le génie de la classe, répondez.* Un nom en apposition peut simplement rappeler un trait de la personne ou de la chose désignée ou bien lui donner un équivalent, grâce à une périphrase ; parfois aussi l'apposition permet de lever un doute sur l'identité de la personne ou de la chose dont il est question ; ainsi, dans *Pierre Corneille, écrivain français, a vécu au XVIIe siècle, écrivain français* ajoute simplement un trait à la caractérisation de *Pierre Corneille,* alors que *l'aîné des deux Corneille* dans *Pierre, l'aîné des deux Corneille* permet de lever tout risque de quiproquo. Toutefois, les deux emplois (comme tous les emplois de l'apposition) sont prédicatifs et tendent à décrire la personne ou la chose désignée.

approximatif
On parle de *système approximatif* pour désigner les productions d'un apprenant pour passer de la connaissance intuitive ou explicite de sa langue d'origine (langue-source) à la pratique de la nouvelle langue (langue-cible). Chaque ensemble de ces productions résultant d'une analyse, certes insuffisante, des deux systèmes est conçu, par les linguistes, comme un progrès et non comme une faute ou même une interférence. La conception sous-jacente à la théorie des systèmes approximatifs conduit à revoir entièrement le système de l'évaluation de l'apprentissage dans le domaine des langues secondes comme dans le domaine des langues premières.

appui
On appelle *voyelle* ou *consonne d'appui* un élément phonique parasite qui s'insère entre deux phonèmes pour faciliter la prononciation du mot. Les voyelles d'appui s'insèrent généralement entre deux consonnes comme la voyelle [ə] dans la prononciation méridionale de *bifteck* ou *beefsteak* [bifətɛk] ou dans la prononciation populaire de *arc-bouter* [arkəbute].

arbitraire
Dans la théorie saussurienne, l'*arbitraire* caractérise le rapport qui existe entre le signifiant et le signifié. La langue est arbitraire dans la mesure où elle est une convention implicite entre les membres de la société qui l'utilisent ; c'est dans ce sens qu'elle n'est pas « naturelle ». Le concept qu'exprime un mot comme *corde* n'a aucun rapport de nécessité avec la suite des sons [kɔrd] ou la graphie *corde.* La preuve en est que des langues aussi voisines que le français et l'italien ont pour désigner des objets identiques des mots entièrement différents : la même voiture sera *macchina* en italien et *voiture* en français. *Arbitraire* exclut dans cette acception la possibilité pour le sujet parlant de faire dépendre de sa volonté personnelle le choix de la forme exprimant tel signifié ou le choix d'un signifié pour telle forme. Il y a donc opposition entre l'acception linguistique d'*arbitraire* et ses autres acceptions dans la langue courante. L'arbitraire du signe est à mettre en rapport avec son caractère immotivé : en dehors de quelques onomatopées et de quelques formations, plus nombreuses toute-

fois que ne le pensait F. de Saussure, il n'y a aucune raison, au départ, pour qu'à tel signifiant corresponde tel signifié : ce n'est que dans la dérivation que les signes deviennent motivés ; ainsi l'utilisation de *dix* pour exprimer le nombre dont il est le signifiant est immotivée, mais *dizième,* par exemple, est motivé par rapport à *dix.* On parle alors d'*arbitraire relatif.* Enfin, l'arbitraire se distingue du caractère nécessaire* qui définit une relation intérieure au signe, entre le signifiant et le signifié : une fois le rapport établi dans la langue, il ne dépend pas des individus de changer les correspondances entre les signifiés et les signifiants ; la règle s'impose à tous et, si elle change d'une époque à l'autre, ce n'est jamais par la volonté d'individus isolés.

arbre

L'*arbre* est une représentation graphique de la structure en constituants d'une phrase (celle-ci peut être représentée aussi par une parenthétisation*).

Si une grammaire contient les règles :

P → SN + SV (la phrase est formée d'un syntagme nominal suivi d'un syntagme verbal)

SN → D + N (le syntagme nominal est formé d'un déterminant suivi d'un nom)

SV → V + SN (le syntagme verbal est formé d'un verbe suivi d'un syntagme nominal)

D → le (le déterminant est *le*)

N → père, journal (le nom peut être *père* ou *journal*)

V → lit (le verbe est *lit*)

la phrase P est formée de la suite :

D + N + V + D + N.

Si l'on remplace les symboles catégoriels par leurs valeurs possibles (*journal* étant exclu de la position sujet par le verbe *lit*), on a :

le + père + lit + le + journal.

La structure de cette phrase peut être représentée par l'arbre suivant :

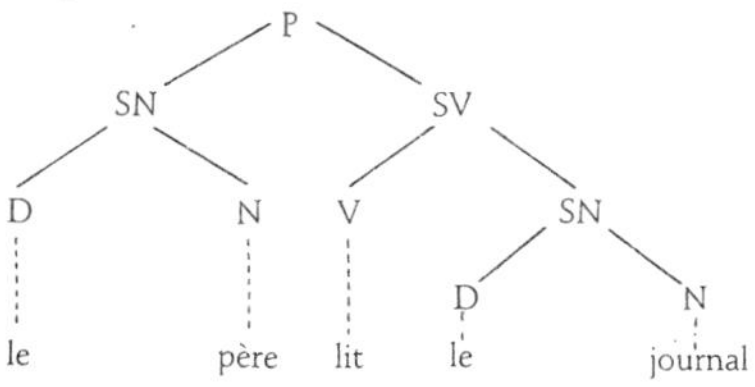

Les traits pleins représentent les branches de l'arbre et les traits pointillés représentent la substitution aux symboles catégoriels de mots de la langue.

Dans cet arbre, SN et SV sont des nœuds : chaque nœud est étiqueté, c'est-à-dire qu'il reçoit une étiquette qui est un symbole catégoriel; les lignes pleines qui joignent les nœuds sont des branches. On dit que le nœud P domine les nœuds SN et SV et que le nœud SN domine D et N. Le symbole à gauche de la flèche dans les règles est le nœud dominant ; les symboles à droite de la flèche sont les nœuds dominés.

Cet arbre constitue la représentation ou description structurelle de P.

archaïsme

1. L'*archaïsme* est une forme lexicale ou une construction syntaxique appartenant, dans une synchronie donnée, à un système disparu ou en voie de disparition. À un moment donné, dans une communauté linguistique, il existe simultanément, selon les groupes sociaux et selon les générations, plusieurs systèmes linguistiques ; en particulier, il existe des formes qui n'appartiennent qu'aux locuteurs plus âgés ; celles-ci seront considérées par les locuteurs plus jeunes comme des archaïsmes par rapport à la norme commune. Ainsi, Ch. Delescluze utilise en 1871, pendant la Commune, le terme de *réacteur,* qui paraît vieilli aux jeunes révolutionnaires, qui le mettent entre guillemets et n'utilisent pour leur compte que le mot *réactionnaire.*

2. Dans une perspective synchronique, il existe en syntaxe des formes canoniques répondant à des schèmes habituels de phrases ; ainsi celui du verbe suivi d'un syntagme nominal, lui-même formé d'un déterminant et d'un nom (par exemple : *sans dire un mot*). Mais il existe aussi des formes non canoniques, où l'ordre verbe + syntagme nominal est inversé (ainsi : *sans coup férir*). La seconde construction, répondant diachroniquement à une forme de phrase qui a existé en ancien français, est qualifiée d'*archaïsme.* De même, le terme *férir,* qui ne s'emploie que dans ce groupe de mots, est un archaïsme relativement à *frapper.*

3. En stylistique, l'*archaïsme* est l'emploi d'un terme appartenant à un état de langue ancien et passé d'usage dans la langue contemporaine : l'archaïsme fait partie de l'ensemble des écarts entre la langue standard et l'expression littéraire. Le verbe *cuider* est un archaïsme au moment où La Fontaine en use dans ses *Fables*.

archigraphème

L'*archigraphème* est une unité abstraite qui, par convention, désigne les correspondants graphiques d'un même phonème. Ainsi l'archigraphème O désigne à la fois *o, au, eau.*

archilexème

La lexicologie structurale ayant calqué sa terminologie sur celle de l'analyse phonologique, la notion d'*archilexème* est parallèle à celle d'*archiphonème.*

L'archilexème représente la neutralisation d'une opposition de traits sémantiques, c'est-à-dire qu'il présente l'ensemble des sèmes communs aux diverses unités d'une même série lexicale.

À ce titre, [SIÈGE] est l'archilexème de la série *pouf, tabouret, chaise, fauteuil,* etc., pour autant qu'il neutralise l'opposition multilatérale existant entre ces termes, et qu'il présente l'ensemble des traits pertinents communs à toutes ces unités (soit ici, grosso modo, [inanimé] + [objet manufacturé] + [pour s'asseoir]).

Certains archilexèmes sont sciemment fabriqués, en particulier dans les vocabulaires scientifiques, comme *gaz* (= ensemble des traits sémantiques pertinents communs à oxygène, azote, hydrogène, etc.), *ases* (= ensemble des traits sémantiques pertinents communs à l'ensemble des formations biologiques suffixées en *-ase : diastases,* etc.). On notera également le cas d'*agrume,* archilexème venu remplir une case vide du vocabulaire commercial et agricole.

archiphonème

On appelle *archiphonème* une unité abstraite définie par l'ensemble des particularités distinctives communes à deux phonèmes dont l'opposition est neutralisable*. Ainsi, en français standard, l'opposition d'ouverture intermédiaire semi-fermé [e] et semi-ouvert [ɛ] qui fonctionne en syllabe finale ouverte *(lait-lé)* est neutralisée dans certaines positions : en syllabe fermée, où seule est possible la voyelle [ɛ] (ex. : *vert, pertinent*) ; en syllabe ouverte intérieure, où la voyelle est généralement réalisée avec un degré d'aperture intermédiaire entre la semi-fermeture et la semi-ouverture (ex. : *maison, pédant*) ; l'opposition de type normatif [e] *vs* [ɛ] (ex. : *pécheur - pêcheur*) tend dans cette position à disparaître. De même, l'opposition [o] *vs* [ɔ] est neutralisée en syllabe ouverte finale, où l'on a toujours [o] : *mot, sot.*

Dans les positions de neutralisation d'une opposition, les traits distinctifs sont les traits communs aux deux termes de cette opposition (par exemple : vocalique, palatal, non labialisé, ouverture intermédiaire pour [e] *vs* [ɛ]). Ce sont ces traits qui définissent phonologiquement l'archiphonème, représenté graphiquement par la lettre majuscule [E] ou [O]. L'archiphonème est donc l'intersection des ensembles formés par les traits pertinents de deux phonèmes dont l'opposition est neutralisable.

archisémème

La notion d'*archisémème,* équivalente à celle d'*archilexème**, est utilisée en sémantique structurale pour définir le signifié de familles sémantiques. Le signifié de chaque mot étant considéré comme un *sémème** ou paquet de sèmes (ensemble de sèmes), les sèmes communs aux sémèmes des mots de cette famille constituent un sous-ensemble inclus dans chacun des sémèmes, c'est-à-dire l'intersection de tous les sémèmes (S). Soit la série de noms de « chaises ». L'ensemble des descriptions des chaises fait apparaître certains caractères (dossier en bois, quatre pieds, pour s'asseoir) dont certains seront propres à certaines chaises seulement et d'autres communs à toutes les chaises : on aura ainsi : s_1 = avec dossier, s_2 = sur pied, s_3 = pour une seule personne, s_4 = pour s'asseoir ; l'ensemble des s de *chaise* constitue le sémème de *chaise* (S_1). En appliquant la même procédure à fauteuil (S_2), on pourra attribuer à ce dernier s_1, s_2, s_3, s_4, et en plus s_5 (= avec bras). En procédant de même avec tous les noms de sièges (S_3 = pouf, S_4 = tabouret, S_5 = canapé) l'archisémème A de *siège* sera le sous-ensemble des s inclus dans tous les S, on posera l'inclusion :

$$A \subset \{S_1, S_2, S_3, S_4, S_5\}$$

C'est-à-dire l'intersection

$$A = S_1 \cap S_2 \cap S_3 \cap S_4 \cap S_5$$

On aura :

$$A = \{S_2, S_4\}$$

Calqué sur l'archiphonème (non susceptible de réalisation phonologique), l'archisémème paraît susceptible de réalisation lexicale (ici *siège*).

argot

L'*argot* est un dialecte social réduit au lexique, de caractère parasite (dans la mesure où il ne fait que doubler, avec des valeurs affectives différentes, un vocabulaire existant), employé dans une couche déterminée de la société qui se veut en opposition avec les autres ; il a pour but de n'être compris que des initiés ou de marquer l'appartenance à un certain groupe. L'argot proprement dit a été d'abord celui des malfaiteurs (*jobelin, narquin, jargon* de bandes de voleurs de grands chemins). Il s'est développé d'autres argots dans certaines professions (marchands ambulants) ou dans certains groupes (écoles, armée, prisonniers). Certaines professions tendent à doubler les termes techniques de termes argotiques. Tous ces argots ont en commun entre eux et parfois avec la langue populaire un certain nombre de procédés de formation (troncation, suffixation parasitaire, interversion de sons ou de syllabes). Ils utilisent aussi des procédés de codage : par exemple en *largonji* (jargon), addition de *ji* à la fin du mot et agglutination de *l* au début du mot ; le *loucherbem* (boucher) transporte à la finale, avant la suffixation, la consonne initiale (*en loucedé* = en douce). Enfin, pour renouveler le stock des bases lexicales, les argots utilisent volontiers l'image (la *cafetière* pour la tête, la *brioche* pour le ventre), la substitution de synonymes partiels (le *paternel* pour le père) et les emprunts aux dialectes, ou bien, en donnant souvent aux termes une valeur péjorative, aux langues étrangères (avec valeur péjorative, un *bled,* un *Engliche,* une *mousmé ;* avec valeur méliorative, un *caïd*).

argument

1. En rhétorique, on appelle *argument* toute proposition visant à persuader. On a distingué selon les formes les arguments par analogie, par comparaison, par distinction, par réciprocité, par le ridicule, etc.

2. Emprunté à la logique, le terme d'*argument* désigne une entité à laquelle s'applique une fonction et pour laquelle elle possède une valeur. On posera ainsi dans une classification des verbes que *Jean marche* est un verbe à un argument, *Jean mange une pomme* est un verbe à deux arguments, *Jean donne une pomme à André* est un verbe à trois arguments, et que *il pleut* est un verbe qui a sa fonction en lui-même.

arrière

Les *voyelles d'arrière* sont réalisées avec la masse de la langue ramenée en arrière de la bouche, le plus près possible du voile du palais (en français, [u], [o], [ɔ] sont des voyelles d'arrière). On les appelle aussi *voyelles postérieures* ou *voyelles vélaires**, par opposition aux *voyelles antérieures** (voyelles d'avant ou palatales). Les *consonnes d'arrière* sont réalisées avec la partie postérieure de la langue (consonnes dorsales) contre la région postérieure du palais et la région vélaire.

Sur le plan acoustique, les *phonèmes d'arrière* sont caractérisés par la concentration de l'énergie dans les basses fréquences du spectre (les deux formants sont dans le domaine bas du registre) et ont un timbre grave* qui s'explique par l'ampleur du résonateur buccal et son absence de compartimentation.

arrondi

Le trait *arrondi* caractérise les articulations vocaliques réalisées avec l'arrondissement des lèvres. Les voyelles vélaires sont souvent arrondies (le russe, le roumain présentent une voyelle vélaire non-arrondie : î). Le français oppose à une série de voyelles palatales non-arrondies une série de voyelles palatales arrondies : [y], [ø], [œ]. Cette articulation entraîne l'adjonction d'un résonateur secondaire, le résonateur labial (syn. : LABIALISÉ), ce qui explique que, sur le plan acoustique, les phonèmes arrondis soient bémolisés*.

arrondissement

L'*arrondissement* est le mouvement articulatoire qui accompagne en général la protraction des lèvres (labialisation* des voyelles dites « labialisées » ou « arrondies », comme les vélaires dans la plupart des langues [u, o, ɔ] et les labiopalatales : en français par exemple [y, ø, œ]).

artefact

1. On dit qu'il y a *artefact* dans une recherche quand on a considéré comme résolu le problème posé et qu'on retrouve dans sa conclusion les prémisses de sa recherche. Ainsi, supposons qu'un sociolinguiste veuille voir si les diversifications sociopolitiques correspondent à des diversifications linguistiques et qu'il établisse d'abord un classement sociopolitique des locuteurs et examine ensuite, en se référant à ce classement, le comportement linguistique des individus ; il y aura artefact puisque l'isomorphisme des structures est impliqué par la méthode suivie et ne peut donc pas être démontré grâce à elle.

2. On appelle *noms artefacts* les noms concrets désignant des produits de l'activité humaine *(la table, le livre, le disque, la serviette)* par opposition aux *noms naturels,* noms concrets désignant les objets de la nature *(la roche, le* *volcan, la terre, la mer)* ; cette opposition est fondamentale dans la classification des noms, car ces deux classes n'ont pas les mêmes propriétés syntaxiques.

article

On donne le nom d'*articles* à une sous-catégorie de déterminants (en français *le, un, zéro, des*) constituants obligatoires du syntagme nominal ; dans *L'enfant joue, je lis un livre, l'* et *un* sont les articles, constituants nécessaires des syntagmes nominaux. Ils peuvent être précédés d'un préarticle *(tout un livre)* ou suivis d'un postarticle *(le même enfant)* et se distinguent des démonstratifs *(ce, cet, cette, ces)* qui occupent la même place, mais n'ont pas la même syntaxe (en particulier lors de la pronominalisation). Ils peuvent avoir le trait [+défini] comme *le, la, les* ou le trait [−défini], comme *un, une, des* (la grammaire traditionnelle les appelle *articles définis* et *articles indéfinis*). Constituant obligatoire, l'article (défini) est absent devant les noms propres comme *Jean, Paris, Médor,* etc. (article défini + Jean) ; l'article (indéfini) peut prendre la forme zéro comme dans *toute personne* (toute + zéro + personne). Avec les noms non-comptables, l'*article* dit *partitif* indique un prélèvement quantitatif non défini : *du beurre, de la farine, manger des épinards.*

articulateur

Les *articulateurs* sont les organes phonatoires qui interviennent sur le passage de l'air laryngé et dont les mouvements, en modifiant la forme des cavités de résonance, donnent aux sons du langage leur timbre caractéristique. L'articulateur supérieur (lèvre supérieure, incisives supérieures, alvéoles supérieurs, les différentes zones du palais dur, les différentes zones du palais mou, la luette, la paroi pharyngale) est en général immobile, sauf s'il s'agit de la lèvre ou de la luette. L'articulateur inférieur est toujours mobile : lèvre inférieure, pointe de la langue, différentes zones du dos de la langue, etc.

I. **articulation**

L'*articulation* est l'ensemble des mouvements des organes vocaux qui déterminent la forme des différents résonateurs sur le passage de l'air laryngé, et donc la nature des ondes sonores utilisées pour la production des sons du langage. L'articulation est déterminée par deux ordres de coordonnées, dont les premières définissent le mode d'articulation, c'est-à-dire la façon dont l'air s'écoule (vibration des cordes vocales, ouverture plus ou moins grande du chenal expiratoire), et les secondes définissent le point d'articulation (lieu d'articulation en phonologie), c'est-à-dire l'endroit où se situe le resserrement le plus étroit du chenal expiratoire.

II. **articulation**

On appelle *articulations du discours* des morphèmes ou suites de morphèmes qui servent à indiquer les rapports logiques entre les phrases ou, à l'intérieur des phrases, entre des constituants : ainsi, les conjonctions *et, ou, mais,* etc., les adverbes *cependant, aussi bien,* etc., sont des articulations logiques.

articulation (double)

On appelle *double articulation,* dans la linguistique fonctionnelle de A. Martinet, l'organisation spécifique du langage humain selon laquelle tout énoncé s'articule sur deux plans. Au niveau de la première articulation, l'énoncé s'articule linéairement en unités douées de sens (unités significatives : phrases, syntagmes, mots, etc.) dont les plus petites sont appelées monèmes (ou morphèmes) : la phrase *l'enfant dormira* s'articule ainsi en cinq monèmes [l-ɑ̃fɑ̃-dɔrm-ir-a], dont chacun peut être remplacé, dans le même environnement, par d'autres monèmes sur l'axe paradigmatique, ou peut se retrouver, dans un environnement différent, combiné à d'autres monèmes sur l'axe syntagmatique.

Au niveau de la deuxième articulation, chaque monème s'articule à son tour dans son signifiant en unités dépourvues de sens (unités distinctives) dont les plus petites sont les phonèmes, en nombre limité dans chaque langue. Le monème *dorm-* est formé de quatre phonèmes dont chacun peut être remplacé par d'autres dans le même environnement ou se combiner à d'autres pour former un monème différent. Le signifié peut également se décomposer, mais non linéairement, en unités de sens, ou sèmes : *enfant* = [humain] + [très jeune].

La double articulation permet une économie d'efforts à l'émission et à la perception du message. Il est ainsi possible, à partir de quelques dizaines de phonèmes, de former quelques milliers de monèmes dont les divers agencements véhiculent l'infinité des messages linguistiques d'une langue donnée.

La double articulation semble, pour A. Martinet, une caractéristique du langage humain, qu'elle différencie fondamentalement des autres productions vocales non linguistiques et des autres systèmes de communication, tels que codes et quasi-langages (langage gestuel, langage musical, langage des animaux, etc.).

articulatoire (base)

On parle de *base articulatoire* pour désigner l'ensemble des habitudes articulatoires qui caractérisent une langue. Certaines langues ont une prédilection pour les articulations antérieures (labiales, dentales, apicales, palatales), comme le français, dont le système phonétique est dominé par l'articulation labiale ; d'autres, comme le portugais, préfèrent les articulations postérieures vélaires ; d'autres encore les articulations pharyngales, laryngales, etc.

articulatoire (phonétique)

La *phonétique articulatoire* est une des branches les plus anciennes de la phonétique*. L'ancienne phonétique de l'Inde en offre, en effet, déjà des exemples très précis. Elle étudie les sons utilisés dans le langage humain d'après les mécanismes de leur production par l'appareil vocal. La description exacte et détaillée de tous les sons, que la phonétique s'était fixée comme objectif, s'est vite avérée impossible, malgré, ou plutôt par, la découverte de techniques d'observation et d'appareils de mesure de plus en plus perfectionnés. Il est vite apparu que les productions sonores de l'appareil vocal humain sont infinies. Il est seulement possible de décrire des classes de sons et les mécanismes généraux de la production du langage..

Cette description s'effectue en fonction de trois variables : l'activité du larynx (voisement ou sonorisation), l'endroit où se situe le resserrement maximum de la bouche (point d'articulation), la façon dont s'effectue l'écoulement de l'air à travers le chenal phonatoire (mode d'articulation). Il est parfois nécessaire de faire intervenir une quatrième variable correspondant à l'intervention d'un articulateur secondaire qui modifie la modulation du son élémentaire.

Le larynx est l'organe fondamental de l'émission du son. Sa fonction est avant tout respiratoire. Pour cet organe, comme pour les autres organes phonatoires, la fonction vocale est une fonction secondaire, sociale et non biologique.

L'importance du larynx réside dans le fait qu'il contient les cordes vocales, replis de tissus horizontaux situés de part et d'autre du passage habituel de la colonne d'air montant des poumons. Les cordes vocales représentent le stade le plus évolué, chez les mammifères supérieurs, du diaphragme musculaire qui termine l'appareil respiratoire chez tous les animaux dotés d'un système respiratoire communiquant avec le monde extérieur, et qui, déjà chez les édentés les plus primitifs, entre en vibration sous l'action de l'air pulmonaire pour donner des sons. L'activité du thorax joue également un grand rôle, puisque c'est la contraction des muscles intercostaux, des muscles abdominaux, du diaphragme, puis leur relâchement qui détermine le cycle de la respiration : inspiration (phase active) et expiration (phase passive). L'acte de phonation se situe pendant le temps qui correspond à la phase passive de la respiration. Lors de la phonation, le rythme respiratoire est modifié pour répondre aux besoins de l'émission sonore. Le temps inspiratoire est très court pour ne pas entrecouper le débit phonatoire ; le temps expiratoire, au contraire, est allongé pour permettre une durée de l'émission aussi longue que possible (souffle).

Les cordes vocales s'entrouvrent au maximum pendant la respiration, formant un triangle dont la pointe s'appelle la glotte, et se rapprochent à la fin de l'expiration. Quand la pression de l'air excède celle des muscles, elle force les cordes vocales à s'ouvrir et à laisser passer une bouffée d'air. L'air étant repoussé de façon continue par les poumons, un cycle d'ouvertures et de fermetures successives est créé qui donne naissance à une vibration sonore d'origine laryngée, la voix. Beaucoup de sons de la parole sont constitués de la voix glottale modifiée de diverses manières par les formes du passage respiratoire au-dessus du larynx. Si, pendant l'expiration, la fermeture des cordes vocales est incomplète, il se produit un frottement glottal qui constitue un second type fondamental du son, c'est le chuchotement*. La voix comme le chuchotement sont modifiés par la position des organes vocaux dans la bouche et le larynx.

Certains sons ne sont pas modifiés par l'articulation supra-laryngale. On les appelle « sons glottaux » ; ils sont connus également sous le nom de clics* (occlusive glottale, fricative glottale, sonante glottale).

L'hypopharynx est le premier résonateur qui modifie l'onde sonore et la pousse vers la bouche et les lèvres d'une part, vers le rhino-pharynx et les fosses nasales d'autre part, par le jeu de l'extrémité du voile du palais ou luette. L'espace buccal est délimité par des parois fixes (voûte du palais et maxillaire supérieur), des parois mobiles et rigides (maxillaire inférieur), des parois molles et mobiles (voile du palais, larynx, lèvres). Le déplacement des parois mobiles modifie la forme de la cavité buccale ou ajoute d'autres cavités (nasale, labiale), ce qui entraîne une modification de l'onde sonore. Le mouvement des différents organes entrant en jeu dans l'émission du son constitue l'articulation. Ces organes s'appellent articulateurs. Ils sont en général au nombre de deux, l'inférieur, en général mobile, se rapprochant du supérieur, qui est en général fixe. Mais les articulateurs peuvent être tous deux mobiles.

Si la circulation de l'air pulmonaire est libre à travers le chenal buccal et n'est gênée par aucune occlusion ni aucun resserrement, le son obtenu est une voyelle. Le timbre de celle-ci est modifié par le plus ou moins grand abaissement de la langue (voyelle ouverte, semi-ouverte, semi-fermée, fermée) et par le déplacement de la masse de la langue (voyelle antérieure ou palatale, centrale ou médiane, postérieure ou vélaire). Les consonnes sont obtenues par l'occlusion ou le resserrement du chenal buccal et peuvent être, suivant la nature de l'occlusion ou du resserrement, occlusive, fricative, affriquée (semi-occlusive ou semi-fricative), liquide (latérale et vibrante). Les consonnes non occlusives sont dites aussi continues. Il existe une classe de sons intermédiaires entre les voyelles et les consonnes : les glides (semi-consonnes ou semi-voyelles).

D'après la nature des articulateurs (point d'articulation), on distingue les articulations bilabiales, labiodentales, apicales, prédorsales, dorsales, postdorsales, interdentales, dentales, alvéolaires, postalvéolaires, rétroflexes, prépalatales, médiopalatales, palatales, postpalatales, vélaires, uvulaires ou pharyngalisées. L'articulateur bilabial peut aussi intervenir comme articulateur secondaire pour déterminer un son labialisé ou arrondi.

artificiel

On qualifie d'*artificielles* (par opposition à *naturelles*) des langues créées intentionnellement par des individus ou des groupes d'individus afin de servir de moyen de communication entre des locuteurs parlant des langues différentes. L'*espéranto* (dont l'*ido* est une forme simplifiée née ultérieurement) a été créé en 1887 par un médecin polonais, Lazare Zamenhoff ; il est employé dans le monde entier par quelques centaines de milliers de personnes. Les racines ont été choisies selon le critère de la plus grande internationalité, et les caractères grammaticaux tendent à simplifier l'apprentissage (invariabilité des unités lexicales, accent toujours sur l'avant-dernière syllabe, catégories reconnaissables à la terminaison *-o* pour les noms, *-a* pour les adjectifs, *-e* pour les adverbes ; une seule conjugaison et un seul auxiliaire, *esti* « être », possibilité de composition lexicale par juxtaposition). Le *volapük* a été créé en 1879 à partir de l'anglais par Martin Schleyer, curé dans les environs de Constance. Son échec est dû à ses imperfections (simplifications capricieuses, déclinaisons arbitraires, conjugaison archaïque). Des linguistes en 1903 ont créé l'*interlingua*, rénové vers 1950, puis l'*occidental* (1922), le *novial* (1928). Toutes ces créations partent d'une langue, ou d'un groupe de langues auxquelles elles empruntent les racines les plus courantes, les procédés de dérivation, et les structures grammaticales élémentaires.

aryténoïdes

Les *aryténoïdes* sont les deux cartilages du larynx à chacun desquels est fixée l'extrémité arrière des cordes vocales. Le mouvement des aryténoïdes, qui peuvent se rapprocher plus ou moins étroitement ou s'écarter l'un de l'autre, détermine l'accolement et, par conséquent, l'ouverture et la fermeture de la glotte*.

asémantique

Une phrase est *asémantique* quand, violant les règles sémantiques de la langue, elle n'est pas interprétable sémantiquement. Ainsi *Le corridor élucide le trottoir* est une phrase asémantique, car le verbe *élucider* implique que le sujet ne soit pas affecté du trait [+objet concret] et que le complément soit, en revanche, affecté du trait [+abstrait]. Dans certains cas, l'agrammaticalité et l'asémantisme sont confondus ; en effet, dans la phrase précédente, on peut considérer que les incompatibilités constatées relèvent de règles de la syntaxe. Il existe des *degrés d'asémantisme* correspondant à des possibilités différentes d'interprétation (en particulier possibilité d'interpréter métaphoriquement).

aspect

L'*aspect* est une catégorie grammaticale qui exprime la représentation que se fait le sujet parlant du procès exprimé par le verbe (ou par le nom d'action), c'est-à-dire la représentation de sa durée, de son déroulement ou de son achèvement (aspects inchoatif, progressif, résultatif, etc.), alors que les temps*, les modaux* et les auxiliaires* de temps expriment les caractères propres du procès indiqué par le verbe indépendamment de cette représentation du procès par le sujet parlant. L'aspect se définit, par exemple, par l'opposition en français entre l'accompli (perfectif ou parfait) *Pierre a mangé* et le non-accompli (ou imperfectif) *Pierre mange.* Par rapport à la phrase sous-jacente « Je dis que », où « Je » est le sujet de l'énonciation, l'énoncé *Pierre a mangé* est analysé par le sujet comme le résultat présent d'une action passée, et *Pierre mange* comme une action présente en train de se dérouler : l'aspect accompli et l'aspect non-accompli sont tous deux des présents. De même, relativement à la phrase énonciative « Je dis que », *Pierre mangeait* et *Pierre avait mangé* sont des passés, mais le premier envisage l'action dans son déroulement et le second comme une action achevée. L'aspect est donc distinct du temps (présent, passé, futur), qui situe le procès relativement à l'énoncé, et non relativement à l'énonciation « Je dis que ».

Historiquement, le terme d'*aspect* a d'abord été employé en français (1829) pour désigner un caractère important de la conjugaison des verbes russes et d'autres langues slaves : la distinction entre perfectif et imperfectif. Le russe oppose deux formes verbales distinctes pour traduire la phrase *j'ai lu un roman hier soir :* « protchital/

tchital » ; la première, préfixée par rapport à la seconde, implique que l'action de lire a été achevée, que le roman a été terminé (perfectif), la seconde est une simple description de l'action (imperfectif). Cette notion d'aspect a été appliquée, par le linguiste allemand G. Curtius, à l'analyse de la conjugaison grecque ; le système aspectuel du grec oppose trois thèmes du même radical « laisser » : *leloip-,* qui est un perfectif indiquant l'état résultant de l'achèvement de l'action, *leip-,* qui est l'imperfectif plus ou moins duratif, et l'aoriste *lip-,* qui considère l'action sans indication de durée (aspect ponctuel ou momentané).

L'aspect se distingue des modaux comme *devoir* et *pouvoir,* suivis de l'infinitif, qui expriment les modalités logiques, nécessaire / contingent, probable / possible *(Il peut pleuvoir demain),* et des auxiliaires de mode (semi-auxiliaires) ou aspectuels, qui expriment le procès dans son déroulement (inchoatif, itératif, semelfactif, imminent, etc.), comme *aller, venir de, être en train de, être sur le point de, finir de, commencer à,* suivis de l'infinitif *(Pierre vient de partir, Pierre va aller chercher son billet à la gare).*

De nombreuses langues ne possèdent pas de distinctions de temps ou de voix dans leur système verbal, mais toutes, semble-t-il, ont des oppositions d'aspect, même si, comme en français, ces oppositions sont souvent masquées par les distinctions temporelles. Dans les langues où le système aspectuel est prédominant (indo-européen ancien, slave, chamito-sémitique, chinois, langues négro-africaines, etc.), il existe souvent des couples de formes verbales opposant une forme marquée à une forme non marquée, la première étant dérivée de la seconde par des procédés variés (préfixes ou suffixes verbaux, alternance vocalique ou consonantique à l'intérieur de la racine, etc.).

aspectuel

La dénomination d'*aspectuels* est donnée parfois en français aux semi-auxiliaires* pour les différencier de l'aspect proprement dit.

aspiration

L'*aspiration* est un bruit dû à l'ouverture de la glotte pendant l'occlusion buccale et qui accompagne la prononciation des occlusives sourdes dans certaines langues : la glotte étant ouverte, mais tendant à prendre la position de la voix et donc à se resserrer pour la prononciation de la voyelle suivante, l'air s'échappe pendant ce temps en frottant contre les parois, ce qui produit un bruit de souffle, l'aspiration. L'aspiration est notée par [h] ; ainsi, le grec ancien *tithêmi* comporte une occlusive dentale aspirée notée *th.* L'*aspiration vocalique* peut précéder l'émission d'une voyelle, sans son consonantique ; ainsi, l'anglais *hill* commence par une aspiration.

Les occlusives sourdes sont réalisées comme non aspirées en français et dans la plupart des langues européennes, à l'exclusion du groupe germanique, où l'aspiration se produit régulièrement devant une voyelle accentuée. Le sanskrit et d'autres langues de l'Inde présentent aussi des occlusives sonores aspirées [**bh**, **gh**, **dh**]. Si l'aspiration est très forte, les aspirées tendent à devenir des affriquées (en haut-allemand, les aspirées germaniques sont devenues des affriquées). L'aspiration peut avoir une simple valeur phonétique et constituer seulement une habitude articulatoire, comme en anglais et en allemand, mais elle peut aussi avoir une valeur phonologique comme dans les dialectes grecs qui opposent une série d'occlusives sourdes aspirées (provenant historiquement d'anciennes géminées) à une série d'occlusives sourdes non aspirées : **p** / **ph**, **t** / **th**, **k** / **kh** ; il y a *corrélation d'aspiration* quand l'opposition entre consonnes aspirées et non aspirées est phonologiquement pertinente.

aspiré

Une *occlusive aspirée* est une occlusive caractérisée par un bruit sourd, ou souffle, que l'on entend entre l'explosion de la consonne et la voyelle suivante, surtout si celle-ci est accentuée. En effet, dans l'articulation des occlusives non aspirées, la glotte est fermée et les cordes vocales sont prêtes à entrer en vibration pour la réalisation de la voyelle suivante ; dans l'articulation des consonnes aspirées, la glotte est ouverte, et, avant l'accolement des cordes vocales pour la mise en vibration vocalique, il se passe un certain temps pendant lequel l'air s'écoule en produisant le bruit du souffle. Les consonnes occlusives aspirées existent en anglais, ainsi qu'en sanskrit et dans d'autres langues de l'Inde.

assertif

La *phrase assertive,* opposée à la phrase interrogative et à la phrase impérative, est définie par son statut*, l'assertion (syn. PHRASE DÉCLARATIVE). *Paul vient* est une phrase assertive ou déclarative, opposée à la phrase interrogative *Paul vient-il ?* et à la phrase impérative *Paul, viens !*

assertion

L'*assertion* est le mode de communication institué par le sujet parlant entre lui et son (ou ses) interlocuteur(s) et consistant à faire dépendre ses propositions d'une phrase implicite *Je te dis que* (« Je porte à ta connaissance le fait que »), énonçant une vérité, déclarant un fait. L'interrogation dépend de la phrase implicite *Je te demande si* et l'impératif ou injonction de la phrase *Je t'ordonne que.*

assibilation

On appelle *assibilation* la transformation d'une occlusive en une sifflante : ainsi, dans l'évolution du français, il y a eu assibilation dans le cas de *k* latin suivi de *e* ou de *i* (latin *centum* [kɛntum] devenant *cent* [sɑ̃], de *r* intervocalique (*chaire* devenu dans le dialecte parisien *chaise*), et *t* devant *i* dans *inertie* [inɛrsi], *patience* [pasjɑ̃s], etc.

assimilation

1. On appelle *assimilation* un type très fréquent de modification subie par un phonème au contact d'un phonème voisin, et qui consiste pour les deux unités en contact à avoir des traits articulatoires communs. Cette modification peut correspondre à une mise en place anticipée des organes phonatoires en vue de la prononciation d'un phonème qui suit : c'est l'assimilation régressive ; ainsi, le latin *capsa* a donné le français *châsse* par assimilation régressive de *p* à *s* qui suit. Elle peut correspondre, au contraire, à un retard dans l'abandon de la position des organes phonatoires correspondant à la prononciation du phonème précédent : c'est l'assimilation progressive ; ainsi, le turc *gitti* vient de *git* + *di* « il alla » par assimilation de *d* à *t* qui précède. L'assimilation est double quand le phonème est modifié à la fois par celui qui le précède et par celui qui le suit. L'assimilation joue un rôle très important dans l'évolution des langues, par exemple pour des processus de mutation tels que la palatalisation (assimilation à distance ou *métaphonie*).

Quand le phénomène concerne deux phonèmes contigus, il y a assimilation sur le mode d'articulation (dans *absurde,* l'occlusive voisée [b] devient [p] sourd devant [s] : [apsyrd]) ou sur le point d'articulation (dans certaines prononciations de *cinquième,* la vélaire [k] avance son point d'articulation pour devenir dentale [sɛ̃tjɛm]). [Syn. : ACCOMMODATION ; contr. : DISSIMILATION.]

2. L'*assimilation linguistique* est le processus par lequel un individu ou une communauté modèle partiellement ou totalement sa pratique langagière sur celle d'une autre communauté. Cela va du simple emprunt d'une articulation à la substitution complète d'une autre langue à la langue d'origine. L'assimilation linguistique est une partie de l'assimilation culturelle ou acculturation.

3. En sémantique, il y a *assimilation* lorsque l'isotopie d'un énoncé impose l'actualisation d'un sème. Par exemple dans *le gendarme aboie, aboie* se voit pourvu du trait « humain ».

associatif

1. On appelle *sens associatif d'un mot* l'ensemble des mots qu'un sujet (ou groupe de sujets) associe à un terme qu'on lui présente dans une épreuve d'association de mots (il s'agit de dire quels sont les mots que le terme présenté évoque) ; ces mots ainsi associés constituent la *structure associative* du mot-stimulus. Ainsi, si l'on présente à des sujets le mot *diable,* on dira que le sens associatif de ce mot est défini par la hiérarchie des réponses d'associations à ce mot (*enfer, sombre, sinistre, méchant, péché,* etc.). On appelle *lien associatif* le rapport qui unit le mot-stimulus au mot-réponse qui lui est associé dans cette épreuve.

2. F. de Saussure appelle *rapports associatifs* l'ensemble des rapports très divers, formels ou sémantiques, par lesquels un mot est associé à d'autres. Le rapport associatif unit des termes *in absentia* dans une série, justifiée par une association mentale qui les conserve ainsi en mémoire ; les membres d'une série associative sont dans un ordre indéterminé et souvent en nombre infini. F. de Saussure donne comme exemple *enseignement* qui entretient des rapports associatifs avec *enseigner, éducation, apprentissage,* etc. (V. PARADIGMATIQUE).

association

On appelle *association de mots* l'ensemble des relations qui peuvent exister entre une unité donnée et une ou plusieurs unités latentes, non manifestées ; les liens associatifs rapprochent des items en une série virtuelle. Ainsi, si l'on donne à un sujet un mot et qu'on lui demande de dire tous les mots qui lui viennent à l'esprit, tous les items donnés comme réponses forment les associations du mot ; le rapport associatif, de virtuel qu'il était, devient tangible, observable. Les rapports associatifs sont attribués aux traits sémantiques des mots associés (similaires ou opposés) ou à l'expérience acquise de leur cooccurrence.

On appelle *association syntagmatique* l'association entre deux mots qui sont proches dans la chaîne parlée ; si un sujet à *table* répond *s'asseoir,* il y a association syntagmatique. L'*association paradigmatique* est une association entre deux mots substituables au même endroit de la chaîne parlée ; si le sujet à *table* répond *chaise,* on dira que l'association est paradigmatique.

assonance

On appelle *assonance* la répétition, à la finale d'un mot ou d'un groupe rythmique, de la voyelle accentuée qu'on avait déjà rencontrée à la finale d'un mot ou d'un groupe rythmique précédent : par exemple, dans le vers suivant de P. Eluard, les assonances en [ɛ] : *Sous le ciel grand ouvert la mer ferme ses ailes.*

assourdissemnt

Le phénomène d'*assourdissement,* appelé aussi *dévoisement* ou *dévocalisation,* consiste en une perte de la voix ou vibration laryngée par une fermeture de la glotte qui stoppe le passage de l'air. Ce phénomène peut correspondre à un changement historique ou à une alternance synchronique due à des variations combinatoires : le phonème [b] de *robe* se dévoise dans l'expression *une robe toute rouge* au contact du phonème non-voisé [t] et se réalise comme une occlusive non-voisée [b̥] (sans toutefois se confondre avec le phonème français [p], auquel il s'oppose aussi par l'opposition *tendu* vs *lâche*).

assumer

On dit d'un énoncé qu'il est *assumé* quand le sujet parlant prend à son compte l'assertion (positive ou négative), l'interrogation ou l'ordre qu'il formule à l'intention d'un interlocuteur ; on dit d'un énoncé qu'il n'est pas assumé quand le sujet parlant met une distance entre lui et son énoncé au moyen d'une modalisation (emploi d'adverbes ou du conditionnel, d'incises, qui impliquent le doute, le rejet implicite, etc.). Ainsi, *Paul viendra demain* (assumé) s'oppose à *Paul viendra peut-être demain* ainsi qu'à *Paul, à ce qu'on dit, viendra demain, Paul viendrait demain,* etc. (non assumé).

astéisme

On appelle *astéisme* un procédé rhétorique qui consiste à faire l'éloge de quelqu'un en jouant la comédie du blâme ou du reproche (ex. : Boileau dans *le Lutrin* fait l'éloge de Louis XIV quand la Noblesse personnifiée se plaint du Roi).

astérisque

1. Placé avant un mot, l'*astérisque* indique une forme hypothétique ou reconstituée, considérée comme l'étymon d'un mot de la langue. Par exemple, le verbe français *corroyer,* attesté dès le XIe siècle, est d'origine germanique ; on reconstitue une forme **conredare,* du latin populaire, non attestée, mais considérée comme la source directe du mot français.
2. Placé avant une phrase, l'*astérisque* indique un énoncé agrammatical. Ainsi, la phrase **Pierre voit le* est une phrase agrammaticale. (V. PONCTUATION.)

astéronyme

L'*astéronyme* est un ensemble de trois astérisques indiquant dans l'écriture un mot qu'on ne veut pas nommer ; ainsi M*** désigne une personne non nommée.

asyllabème

Certains linguistes classent sous l'appellation de *asyllabèmes* les unités phoniques qui ne peuvent pas fonctionner comme centre de syllabe. Cette notion coïncide en partie avec la notion traditionnelle de consonnes (« qui sonne avec ») ; mais il est des langues, comme le tchèque, où les liquides [r] et [l] fonctionnent comme centres de syllabe et entrent donc dans la classe des syllabèmes. Inversement, certaines voyelles peuvent entrer dans la catégorie d'asyllabèmes lorsqu'elles se réalisent comme des glides : par exemple, en italien, la voyelle [i] a un allophone asyllabique [j] en fin de syllabe (*mai* prononcé [mai̯] ou [maj]).

asyndète

L'*asyndète* est, d'une manière générale, l'absence de liaison formelle entre deux unités linguistiques organisées ensemble.

En linguistique, l'*asyndète* est l'absence d'un mot de liaison là où la règle voudrait qu'il y en eût un. Ainsi, dans l'expression *sur le plan forme,* il y a asyndète par absence de la préposition et de l'article, puisque le bon usage veut qu'on dise *sur le plan de la forme.*

En revanche, l'asyndète par absence de coordination est une figure de rhétorique quand dans les énumérations on supprime *et* devant le dernier terme, comme dans *Femme, enfants, parents, il a tout sur les bras.* Il peut y avoir asyndète entre des propositions, comme dans *Il court, saute tout le temps* (asyndète du coordonnant *et*). Les grammaires normatives du français moderne interdisent l'asyndète de la conjonction introduisant une complétive. Ce procédé syntaxique, fréquent en ancien français, apparaît aussi dans beaucoup de langues : au lieu de *I think that you are ill* (« Je pense que vous êtes malade »), l'anglais dit plus souvent *I think you are ill.*

asyntaxique
Se dit d'un énoncé contraire aux règles de la syntaxe. (Syn. : AGRAMMATICAL.)

atemporel
On appelle *atemporel* le temps du verbe qui indique le non-passé (par rapport au passé [imparfait, passé composé, passé simple]) et le non-futur (par rapport au futur, au conditionnel) ; il est dénommé *présent* dans la nomenclature traditionnelle, mais ne correspond qu'à une partie des emplois de ce dernier ; il s'agit du seul présent « à valeur générale » que l'on a par exemple dans *La lune tourne autour de la terre.* (V. GNOMIQUE [aoriste].)

athématique
En linguistique indo-européenne, et en particulier en grec, on donne le nom d'*athématiques* aux radicaux nominaux ou verbaux qui se terminent par une consonne ou une sonante sans voyelle thématique (voyelle *e* alternant avec *o*). Ainsi, en grec, les verbes du type *luô, luomai* sont des verbes thématiques (lu + o + mai), mais l'aoriste athématique *elusa* est formé non sur le thème, mais sur la racine (e + lu + sa).

atlas linguistique
Ouvrage dont le modèle a été longtemps l'*Atlas linguistique de la France* établi par Jules Gilliéron grâce aux enquêtes d'Edmond Edmont, un *atlas linguistique* se compose de trois éléments : un *questionnaire* indiquant les notions à faire dénommer par les sujets interrogés, les types de phrases à obtenir, les conversations à engager ; une détermination des points d'enquête et des personnes interrogées ; enfin, partie essentielle, des *cartes* linguistiques* sur lesquelles on reporte point par point les formes, les mots et les types de construction enregistrés. Pour dépasser le travail de Gilliéron et Edmont, A. Dauzat a posé, dès avant la Seconde Guerre mondiale, les fondements du *Nouvel Atlas linguistique de la France.* Il s'agit d'un travail collectif par régions. Les enquêteurs pratiquent le parler de la région ; de ce fait la marge d'erreur dans le relevé des faits et dans leur interprétation est plus réduite. Un questionnaire spécifique à chaque région suscite des réponses ponctuelles mais surtout sert de guide à une conversation. En plus de la représentation cartographique des différences linguistiques, ces atlas fournissent des illustrations mariant la dialectologie à l'ethnographie. Chaque région française a désormais son atlas. On élabore maintenant des atlas qui chevauchent les frontières politiques comme l'*atlas linguistique roman,* qui tend à couvrir tout le domaine des langues romanes ou l'*atlas linguistique européen.* L'utilisation de l'informatique permet d' exploiter les données de manière beaucoup plus fructueuse et beaucoup plus parlante. (V. GÉOGRAPHIE LINGUISTIQUE.)

atone
1. On dit de toute syllabe qui ne porte pas d'accent qu'elle est *atone.* Dans le mot espagnol *cabeza,* la première et la troisième syllabe sont atones. (Contr. : TONIQUE.)
2. On appelle *atones* les pronoms personnels (appelés aussi conjoints) qui se placent immédiatement avant le verbe ou l'auxiliaire avec la fonction de complément ; ainsi, les formes *le, me, se* sont des formes atones dans *Je le vois, Il me parle, Il se félicite.* (Contr. : TONIQUE, DISJOINT.)

attaque
L'*attaque* est le mouvement de mise en place des cordes vocales pour les articulations vocaliques : elle peut être douce (comme à l'initiale en français, où les cordes vocales se mettent immédiatement dans la position de vibration) ou dure (comme à l'initiale en allemand, où les cordes vocales commencent par fermer tout le passage à l'air, puis s'entrouvrent brusquement).

attestation
On appelle *attestation* l'exemple daté de l'emploi d'un mot ou d'une expression.

attitude
1. On appelle *verbes d'attitude* (par opposition à *verbes performatifs**) les verbes qui décrivent l'action accomplie simultanément à l'assertion qui suit le verbe d'attitude : *jurer, promettre, souhaiter* sont des verbes d'attitude.
2. Les *attitudes langagières* constituent l'ensemble des opinions explicites ou implicites sur l'usage d'une langue.

attraction

1. On donne le nom d'*attraction* à la modification morphologique que subit un mot sous l'influence d'un autre mot avec lequel il est syntaxiquement en rapport. Ainsi, en latin, il y a attraction, par l'attribut nominal, en genre et en nombre, d'un démonstratif neutre sujet d'une phrase prédicative avec *esse* : la phrase *Hoc est error* devient *Hic est error,* le neutre *hoc* devenant le masculin *hic* par attraction de *error.* Les phénomènes d'attraction peuvent concerner le genre, le nombre ou le cas d'un nom ou d'un pronom, le mode ou le temps d'un verbe de subordonnée (en ce cas on parle plutôt de *concordance** de temps ou de mode).
2. On appelle *attraction paronymique* le phénomène d'étymologie populaire par lequel on donne les mêmes emplois ou des emplois équivalents à des mots qui à l'origine ne se rapprochaient que par la forme : le sens de « remarquable » qu'on donne souvent à *émérite* est dû à l'attraction paronymique de *mérite.*

attribut

Pour la grammaire, l'*attribut* est la manière d'être ou la qualité dont l'énoncé reconnaît l'appartenance à quelqu'un ou à quelque chose par le moyen d'un verbe exprimé ou sous-entendu : dans *Notre homme est* ***fou,*** *fou* est attribut d'un sujet, avec lequel il est mis en rapport par l'intermédiaire du verbe *être* ou d'un verbe similaire *(sembler, paraître, devenir).* Il peut être aussi attribut du complément d'objet direct après des verbes comme *appeler, avoir, choisir, connaître, consacrer, couronner, créer, croire, déclarer, dire, élire, estimer, faire, instituer, juger, nommer, ordonner, proclamer, rendre, réputer, saluer, savoir, trouver, vouloir,* etc. La construction de l'attribut est généralement directe ; dans *Il semble* ***bon,*** *Je le juge* ***coupable,*** *bon* (attribut du sujet) et *coupable* (attribut du complément d'objet direct) sont construits directement ; il n'en va pas de même pour *ennemi, fou, chef, intelligent* dans *Il est considéré comme* ***ennemi,*** *On le traite de* ***fou,*** *Il se conduit en* ***chef,*** *On le prend pour* ***intelligent*** *: comme, de, en, pour* sont des prépositions qui introduisent souvent l'attribut. L'attribut peut être un nom précédé ou non de l'article *(La pluie est* ***une manne céleste,*** *Elle est* ***femme*** *),* un pronom *(C'est* ***lui*** *),* un adjectif *(Il est* ***rouge*** *),* un participe *(C'est* ***parti*** *)* ou une locution adjective *(Il est* ***à couteaux tirés*** *avec elle),* un adverbe devenu adjectif *(C'est* ***bien*** *)* ou un infinitif *(Lutter c'est* ***vivre*** *)* ; il peut être aussi une proposition conjonctive *(Le malheur, c'est* ***qu'il est tombé à dix mètres de l'arrivée*** *),* bien qu'une partie des grammairiens y voient le sujet du verbe. L'attribut se place le plus souvent après le verbe *(Il est* ***travailleur*** *),* mais l'inversion est fréquente à des fins expressives *(****haute*** *est la montagne),* dans les locutions toutes faites *(****maudit*** *soit le travail)* et quand l'attribut est un adjectif interrogatif *(****quelle*** *est cette étrange lueur ?).*

attributif

1. En grammaire, la *fonction attributive* est celle des adjectifs et des syntagmes nominaux constituants des syntagmes verbaux dans la phrase prédicative avec *être.* Dans *Pierre est heureux, Pierre est un enfant, heureux* et *un enfant* ont une fonction attributive.

On donne alors le nom de *syntagme attributif* au syntagme verbal formé de la copule *(être)* suivie d'un adjectif ou d'un nom attribut, ou d'un complément de lieu. Dans les phrases *Pierre* ***est heureux,*** *Pierre* ***est un ingénieur,*** *Pierre* ***est ici,*** *est heureux, est un ingénieur, est ici* sont des syntagmes attributifs.
2. On donne le nom d'*attributif* (ou complément d'objet secondaire) au syntagme prépositionnel. Cette fonction est exprimée dans les langues casuelles par le ***datif,*** qui indique en faveur de qui un acte est accompli : *Pierre donne une pomme* ***à son frère.*** Les verbes qui ont cette construction sont dits aussi attributifs ; ainsi *prêter, louer, lire, etc., quelque chose à quelqu'un.*

audibilité

L'*audibilité* est la capacité de reconnaître la forme temporelle des signaux sonores : reconnaissance de la forme des transitions d'attaque et d'extension (consonnes, diphtongues, etc.) dans leur assemblage à des sons vocalisés. On peut réserver à cette faculté de reconnaissance dans des conditions diverses (influence de la réverbération, du bruit, etc.) le nom de *netteté.*

audi-mutité

On désigne du nom d'*audi-mutité,* chez un enfant, un déficit important de l'expression linguistique sans trouble de l'audition, et de la reconnaissance auditive des signes verbaux sans déficit intellectuel majeur : l'enfant « entendant muet » se comporte devant sa langue maternelle comme devant une langue étrangère ; la réalisation du langage peut être à peu près nulle.

audiogramme

Un *audiogramme* est la représentation graphique de la sensibilité de l'oreille aux différents sons.

audiométrie
On appelle *audiométrie* la mesure de l'aptitude à saisir les différents sons de la parole.

auditeur
Celui qui reçoit des énoncés produits par un locuteur est appelé *auditeur.* (V. RÉCEPTEUR, INTERLOCUTEUR.)

augment
L'*augment* est un affixe préposé à la racine verbale dans la flexion de certaines formes du passé. Il se rencontre dans certaines langues indo-européennes. En grec, l'augment consiste en un élément *e* ou *ē* qui constitue une syllabe supplémentaire lorsque la racine verbale commence par une consonne (*augment syllabique* : ex. : *ephere* « il portait », de *pherein* « porter ») ou forme une voyelle longue lorsque la racine verbale commence par une voyelle (*augment temporel* ; ex. : *ēge* « il conduisait », de *agein* « conduire », de *e* + *age*).

augmentatif
On dit d'un préfixe *(archi-, extra-, sur-, super-)* ou d'un suffixe *(-issime)* qu'il est *augmentatif* quand il a le sens de « à un très haut degré, à un point élevé ». Ainsi, *extradur* est formé de l'adjectif *dur* et de l'augmentatif *extra,* le mot signifiant « qui est très dur » ; l'adjectif *richissime* est formé de l'adjectif *riche* et de l'augmentatif *-issime.*

Austin (John) logicien et linguiste britannique (Lancaster 1911-Oxford 1960). Professeur de philosophie à Oxford (1952-1960), il n'a pas publié de livres, mais ses articles ont été rassemblés dans *Philosophical Papers* (1961), *Sense and Sensibilia* (1962) et *How do do Things with Words* (1962). Convaincu que le langage ordinaire constitue la meilleure façon d'aborder les faits en fournissant le seul point de départ valide, il pense que, pour résoudre certains problèmes, il faut faire un inventaire exhaustif des situations où ils se posent, ce qui implique, contrairement à ce que pense Wittgenstein, que les emplois du langage ne sont pas infinis. Son apport essentiel réside dans le fait que, en comparant l'énoncé constatif (une chose est vraie ou fausse) avec l'énoncé performatif (l'acte de parole constitue par lui-même un acte), il montre que toute énonciation, destinée à être communiquée, est d'abord et avant tout un acte de parole (speech act) produit dans la situation totale où elle est énoncée et où se trouvent engagés les interlocuteurs. On lui doit ainsi la définition de l'acte illocutionnaire. (V. Bibliographie.)

autochtone
Un système linguistique est dit *autochtone* quand il est originaire de la région où on le parle. Mais, dans la mesure où on évoque ainsi l'histoire, l'utilisation du terme implique une datation. En effet le français n'est pas autochtone en France si on prend comme référence l'époque de l'Empire romain. Et le gaulois n'a pas été autochtone en Gaule si on se reporte à la période qui a précédé l'arrivée des tribus celtiques quelque cinq ou six siècles avant J.-C. Pratiquement, on considère comme « autochtones » en Europe les langues qui étaient déjà parlées approximativement dans leur ressort actuel avant la fin du Moyen Âge. En ce sens, le français est autochtone.

autocitation
L'*autocitation* est une citation que qqn fait de son propre discours.

autocorrection
On appelle *autocorrections* les corrections qu'un sujet parlant apporte aux erreurs de son propre énoncé au moment où il aperçoit que celui-ci ne correspond pas à ce qu'il voulait dire ; chez certains sujets aphasiques, les autocorrections se répètent plusieurs fois de suite après qu'un item erroné a été émis.

autodominé
On dit qu'un élément A est *autodominé* quand il est dominé par lui-même, c'est-à-dire par un élément A de même catégorie. Soit la règle de réécriture de la coordination :

N → N et N

on dira que les N à droite de la flèche sont autodominés et que le N à gauche de la flèche est autodominant.

autoenchâssement
L'*autoenchâssement* est une opération qui consiste à enchâsser (insérer) dans une phrase une autre phrase de même nature syntaxique, par exemple lorsqu'on insère une relative dans une relative *(le jardinier qui a pris le rateau qui était dans l'appentis).*

autonome
1. On dit d'une unité qu'elle est *autonome* quand elle peut apparaître dans différents points de l'énoncé sans que la différence de place modifie en quoi que ce soit son rôle ou son acception propres (ex. : *le samedi* dans *je me repose le samedi / le samedi je me repose*).
2. On dit d'une langue qu'elle est *autonome* quand la communauté qui la parle ne cherche qu'en elle-même (et non dans un groupe

extérieur) les règles de l'usage. C'est ainsi que le corse est autonome de l'italien parce que les instances qui régissent l'italien ne se voient reconnaître aucune autorité par les corsophones. L'autonomie est une condition nécessaire de la reconnaissance (v. ce mot).

autonymie
On parle d'*autonymie* quand un signe renvoie à lui-même en tant que signe et non à l'objet, au monde (ex. : *soir* et *espoir* dans *Soir rime avec espoir ; Baguette est un nom féminin ; Robert se termine par un t*). Ce mot est issu de la logique, où un terme autonyme est celui dont il est uniquement fait mention.

L'usage autonymique d'un mot dans un énoncé est celui du mot-entrée dans le dictionnaire. Le dictionnaire propose à l'usager une forme hors discours (entrée), et il lui offre de cette forme des définitions et des fragments de discours où s'illustre le fonctionnement du mot. Ainsi l'entrée dans un dictionnaire est hors discours, et représente le niveau métalinguistique, c'est-à-dire celui où l'usage du code est appliqué réflexivement à un élément du code.

Tout mot d'un énoncé peut être détaché – par le locuteur ou l'interlocuteur – de son environnement et considéré en situation autonyme. Cas de la réflexion du locuteur sur son discours : *J'ai dit « peut-être », je n'ai pas dit « oui »*. Cas de la réflexion de l'interlocuteur : *Vous me dites « tout de suite » : maintenant, ou dans une heure ?*

L'autonymie se distingue des autres situations métalinguistiques (demande de répétition, de définition, recherche dans le dictionnaire) par le fait qu'elle concerne toujours l'énoncé rapporté par le locuteur (autocitation) ou par autrui (citation).

autoréférent
Syn. de AUTONYME.

autorégulation
Syn. de FEED-BACK.

autorité
On dit que quelqu'un est une *autorité* ou fait autorité en matière de langue quand une communauté socioculturelle lui reconnaît le droit de définir ce qui est à dire et ce qui n'est pas à dire, c'est-à-dire la norme ou le « bon usage ». Ainsi, en France, l'Académie et chacun des académiciens sont des autorités. L'autorité reconnue peut fort bien aussi ne pas avoir eu l'intention d'offrir l'exemple de ce qu'il fallait dire ou ne pas dire : les écrivains deviennent ainsi les garants du bon usage, et des autorités linguistiques. Les autorités prennent, en effet, généralement comme fondements de leurs jugements, ou bien leur propre usage, ou bien l'usage des bons auteurs, ou bien certains états passés de la langue, ou bien certains faits historiques et étymologiques, ou enfin certains modèles logiques.

autosegmentale (théorie)
La théorie *autosegmentale* est l'une des trois thèses, avec la *structure syllabique* et l'*arbre métrique,* qui ont contribué à la mise en place du cadre théorique de la phonologie multilinéaire substitué au cadre de la représentation linéaire unidimensionnelle défini par Chomsky et Halle (1966). Le néologisme *autosegmental* a été inventé par John Goldsmith qui a exposé cette théorie en 1976. Le renouveau de la phonologie générative a fait ses preuves dans différentes directions : domaine tonal (Goldsmith, Clements), domaine de l'accent (Halle et Vergnaud, Prince), domaine syllabique (Kaye et Lowenstamm, Clements et Keyser, Vergnaud, Selkirk), domaine des harmonies vocaliques (Clements, Halle et Vergnaud, Kaye...). La théorie n'est pas encore suffisamment avancée pour articuler ces différents domaines, l'absence d'uniformité qui se rencontre chez de nombreux auteurs est le symptôme d'une recomposition en cours. Une tentative d'unification de deux types d'approche de la phonologie plurilinéaire, phonologie autosegmentale et phonologie métrique, est proposée par Pierre Encrevé (1988) avec une mise à l'épreuve de la théorie dans les travaux relatifs au traitement de la liaison en français.

auxèse
En rhétorique, syn. d'HYPERBOLE.

auxiliaire
1. On donne le nom d'*auxiliaire* à une catégorie grammaticale qui comprend les verbes *avoir* et *être* suivis d'un participe passé *(avoir vu, être tombé).* En français, ils entrent dans la constitution des formes composées de verbes *(il a mangé, il est venu, il est pris, il a été renversé) ;* dans un verbe actif, ils opposent les formes composées (traduisant l'accompli) aux formes simples (traduisant le non-accompli) [v. ASPECT] ; ils opposent un verbe transitif passif à un verbe transitif actif (*être* ou *avoir été* + participe passé). Les deux auxiliaires ont des distributions différentes : *avoir* est l'auxiliaire des verbes transitifs actifs *(il a fini)* et de quelques intran-

sitifs *(il a couru)*, *être* est l'auxiliaire de la plupart des verbes intransitifs *(être venu)* ou des verbes transitifs passifs *(être mangé)*, ou cumulé avec *avoir* dans les formes surcomposées passives *(avoir été mangé)*.

On appelle *auxiliaires de temps* (ou auxiliaires verbaux) les verbes et locutions verbales qui, suivis de l'infinitif, expriment le déroulement ou l'achèvement d'une action, le factitif, l'inchoatif, etc. (V. ASPECT, SEMI-AUXILIAIRES), comme *aller, venir de, être sur le point de*, etc. On appelle *auxiliaires de mode* les modaux comme *pouvoir* et *devoir*, suivis de l'infinitif (V. MODAL).

2. Dans la première étape de la grammaire générative, on a donné le nom d'*auxiliaire* à une catégorie grammaticale (symbole Aux) constituant obligatoire du syntagme verbal et comprenant un constituant de temps, d'aspect et de modalité *(pouvoir, devoir)*.

avant

Les *voyelles d'avant*, appelées aussi *voyelles antérieures* ou *voyelles palatales*, sont les voyelles réalisées avec la masse de la langue placée en avant de la bouche, au niveau du palais dur : par exemple, en français, les voyelles [i, e, ε, a, y, ø, œ].

axe

Dans la terminologie de F. de Saussure, les rapports syntagmatiques s'opposent aux rapports associatifs. Les linguistes post-saussuriens ont pris l'habitude d'opposer l'*axe syntagmatique** (axe horizontal des rapports entretenus par les unités dans la chaîne parlée) et l'*axe paradigmatique** (axe vertical des rapports virtuels entretenus par les unités susceptibles de commuter).

axiomatique

Une *théorie axiomatique* comporte quatre éléments : un vocabulaire ou liste des symboles à employer ; des règles de formation, définissant quelles suites de symboles sont syntaxiques et acceptables comme formules du système ; des axiomes, ensemble de formules correctes, mais non démontrées du système ; enfin des règles d'inférence déterminant l'ensemble des théorèmes en partant de l'ensemble des axiomes.

axiome

On appelle *axiomes* l'ensemble des formules correctes, mais non démontrées, d'un système ou d'une théorie linguistique. Le symbole de départ des règles syntagmatiques d'une grammaire générative constitue un axiome : c'est par exemple le symbole Σ (phrase).

b

babil

Le *babil* désigne les manifestations vocaliques que produit l'enfant à partir du deuxième mois en même temps que les premiers sourires. Mais on trouve aussi d'autres termes employés : vocalisations, babillage, lallations, jasis, gazouillis. Babil enfantin et sourire jouent, l'un comme l'autre, un rôle capital dans la socialisation de l'enfant. Ils enrichissent le rapport à l'autre, sont à l'origine de la multiplication des réactions de l'entourage vis-à-vis de l'enfant. Très brèves au début (quelques dixièmes de seconde), les émissions du babil se développent en séquences plus longues (plusieurs dizaines de secondes) de semaine en semaine. Elles conduisent l'enfant à interagir vocalement avec son entourage dans des structures qui sont déjà des sortes de dialogues *(proto-conversations)* où chacun écoute l'autre, prend son tour de parole.

C'est de ce babil qu'émergent les *phonèmes* de la langue. En effet, les émissions produites au stade du babil ne correspondent pas aux sons de la langue qui entoure l'enfant. On sait encore peu de choses précises sur la manière dont le babil se façonne au contact de la langue maternelle pour finir par s'y conformer. Les données disponibles jusqu'ici montrent que l'influence est très rapide : dès le sixième mois, la langue imprime une influence très forte sur l'activité vocale de l'enfant.

C'est de ce babil qu'émergent aussi les premières manifestations de la *référence.* En effet, le babil, dans son évolution, n'est plus constitué exclusivement, vers neuf mois, de productions aléatoires de sons. Il ne faut pas attendre l'apparition des premiers mots (en tant qu'émissions proches d'unités adultes quant à leur forme et à leur sens) pour que l'enfant commence à signifier à l'aide des sons. On constate qu'autour de neuf mois l'enfant utilise de façon relativement régulière des séquences phoniques dans des situations déterminées, familières.

balance

On appelle *balance vocalique,* dans les langues nordiques, le fait, pour une voyelle finale non accentuée, d'être conditionnée par la quantité de la syllabe radicale (*a, i, u,* sont conservées après une syllabe radicale brève, mais affaiblies en *œ, e, o,* après une syllabe radicale longue).

Bally (Charles), linguiste suisse (Genève 1865-*id.* 1947). Disciple de F. de Saussure, il lui succède en 1913 dans sa chaire de l'université de Genève. Avec A. Séchehaye, il publie en 1916 le *Cours de linguistique générale* de F. de Saussure, reconstitué à partir de notes d'élèves. Son œuvre porte sur ce qu'il nomme « stylistique » : il s'agit d'étudier « la valeur affective des faits du langage organisé et l'action réciproque des faits expressifs qui concourent à former le système des moyens d'expression d'une langue ». À côté de la linguistique de la langue, qui a surtout préoccupé F. de Saussure, Bally a voulu fonder une linguistique de la parole en tant que moyens d'exprimer l'affectivité et la vie émotionnelle. (V. Bibliographie.)

baragouin

Dans un échange verbal, le *baragouin* est une stratégie d'expression ou de communication par laquelle un locuteur essaie d'utiliser la langue maternelle de son interlocuteur alors qu'il ne la connaît pas ou très mal. On désigne aussi cette stratégie comme *broken language.*

barbarisme

On donne le nom de *barbarisme* à la forme d'un mot qui n'est pas conforme aux règles de la langue et, en particulier, aux règles morphophonologiques, à une époque déterminée (dans une synchronie donnée) ; les barbarismes sont des formes agrammaticales. Ainsi, *cueillira* (pour *cueillera*) est un barbarisme. On considère aussi comme barbarismes les formes qui ne sont pas reçues* dans une norme ou un usage jugé correct ; ainsi, un verbe comme *solutionner* pourra être considéré par les grammairiens puristes comme un barbarisme. (V. SOLÉCISME.)

Bar-Hillel (Yehoshua), logicien et linguiste israélien (Vienne 1915-Jérusalem 1975). Professeur de philosophie à l'université hébraïque de Jérusalem et au Massachusetts Institute of Technology, il étudie divers aspects de la structure logique du langage sous l'angle néopositiviste ; il a été également un des théoriciens de la traduction et de la documentation automatiques, qu'il a contestées par la suite. (V. Bibliographie.)

baryton

On appelle *barytons* en grammaire grecque les mots dont la syllabe finale porte l'accent grave ; ce dernier équivaut à une absence de ton (par opposition à l'accent aigu). Les syllabes finales qui portent un accent aigu changent de ton dans le contexte d'autres mots et portent alors un accent grave ; ainsi, *basileús* devient *basileùs* lorsqu'il est suivi d'un autre mot.

barytonaison

La *barytonaison* est le passage en grec de l'accent aigu (présence de ton) à l'accent grave (absence de ton). Cet accent grave est placé sur la syllabe finale d'un mot, lorsque ce dernier est immédiatement suivi d'un autre mot. (V. BARYTON.)

bas

1. Le *formant bas,* ou premier formant, est le formant du pharynx (situé dans les zones de fréquence inférieures du spectre acoustique), par opposition à l'autre formant principal, le formant buccal, appelé *formant haut* ou deuxième formant et situé dans les fréquences supérieures.

2. Les *voyelles basses* sont celles qui sont réalisées lorsque la langue est dans une position basse et détermine une grande ouverture buccale. Dans la prononciation de [a], la voyelle la plus basse et aussi la plus ouverte, la langue est presque plate, dans une position très proche de la position de repos, avec seulement une cambrure suffisante pour que se crée un point d'articulation. Les voyelles *semi-ouvertes* ([ɛ] et [ɔ]) sont prononcées avec une deuxième position de la langue, plus proche de la position intermédiaire et dite *basse supérieure.*

Dans ces deux positions basses de la langue, les résonateurs du pharynx et de la bouche ont un volume relativement égal, de sorte que les deux formants principaux sont rapprochés et se trouvent dans la zone centrale du spectre. Les voyelles basses sont donc acoustiquement compactes.

3. Se dit en rhétorique du style simple et familier, marqué de tournures populaires, par opposition au *sublime.*

base

1. Dans une première étape de la grammaire générative, la *base* définit les structures profondes de la langue. Elle est constituée de deux parties :

a) la composante catégorielle ou syntagmatique, système de règles qui définit les suites permises de symboles catégoriels et, à l'intérieur de ces suites, les relations grammaticales entre les symboles catégoriels (c'est-à-dire les symboles représentant des catégories). Ainsi, si la phrase Σ est formée de SN + SV (suite permise des symboles SN, syntagme nominal, et SV, syntagme verbal), la relation grammaticale entre SN et SV est celle de sujet et de prédicat ;

b) le lexique, liste de morphèmes dont chacun est affecté de traits qui en définissent les propriétés phonologiques, syntaxiques et sémantiques : ainsi, *mère* est défini par les traits : nom, nom commun, féminin, animé, humain, etc.

La *phrase de base* est la phrase déclarative, affirmative et active. La phrase *Georges écrit à Pierre* est une phrase de base, mais non *Georges n'écrit pas à Pierre,* qui est une phrase dérivée de la phrase de base par l'addition de particules négatives.

2. En grammaire, on donne le nom de *base* ou *racine* au radical nu, sans désinence, d'un mot : ainsi, *parl* est une *base verbale* (*parler, parlait, parlons,* etc.).

basilecte

Le *basilecte* est la variété autochtone la plus éloignée de l'acrolecte. Aux Antilles françaises, c'est le « gros créole » ou « créole bitako » qui constitue le basilecte.

bâtarde

On désigne par *écriture bâtarde* une écriture utilisée au XVe siècle, intermédiaire entre la ronde* et l'anglaise*.

battement

Un *battement* est un mouvement unique et très rapide d'un articulateur (la pointe de la langue contre les alvéoles ou le palais, ou la luette contre la racine de la langue ou la paroi pharyngale) qui a pour effet d'arrêter brusquement le passage de l'air, et par lequel se réalise le type de vibrante dite battue ou « flapped » (V. BATTU).

Le battement, qui comporte une seule interruption du passage de l'air, est à distinguer du roulement, qui consiste en une série d'interruptions récurrentes et qui est utilisé beaucoup plus couramment par les langues du monde.

battologie
On appelle *battologie* la répétition du même mot ou de la même phrase, la *tautologie* étant la répétition de la même idée sous des formes différentes.

battu
Un *son battu* est un son réalisé avec un mouvement unique et très rapide de battement d'un articulateur.

Comme le son roulé (en anglais *trill*), le son battu (en anglais *flap*) est généralement noté [r] et appartient à la classe des liquides vibrantes, dont il présente les caractéristiques acoustiques (discontinu, vocalique, consonantique).

Le son battu peut correspondre à la réalisation habituelle de la liquide vibrante, ce qui est rare, ou bien apparaître seulement comme une variante combinatoire. Ainsi, en tchèque, la vibrante, habituellement roulée avec un nombre d'interruptions pouvant être de 3 ou 4 à l'intérieur, et de 4 ou 5 à l'initiale, est réalisée en position finale comme un son battu, avec une seule interruption : le phonème /r/ est réalisé comme un son roulé dans le mot /kora:l/ et comme un son battu dans le mot /kola:r/.

Baudouin de Courtenay (Jan Ignacy), linguiste polonais (Radzymin, région de Varsovie, 1845-Varsovie 1929). Au cours d'une longue carrière universitaire, il enseigne la linguistique à Cracovie, Saint-Pétersbourg et enfin Varsovie. Il est considéré comme le précurseur de la phonologie. Partant du fait que des sons différents pouvaient être perçus comme une même entité linguistique, il distingue une « physiophonétique » et une « psychophonétique », qui correspondent à peu près à la division entre phonétique et phonologie. (V. Bibliographie.)

Beauzée (Nicolas), grammairien français (Verdun 1717-Paris 1789). Il succéda en 1756 à Dumarsais dans la rédaction des articles de grammaire de l'*Encyclopédie.* Dans sa *Grammaire générale ou Exposition raisonnée des éléments nécessaires du langage pour servir de fondement à l'étude de toutes les langues* (1767), il s'attache en particulier à développer la classification des propositions et des compléments. (V. Bibliographie.)

bech-la-mar, bichlamar, bêche-de-mer
Le *bech-la-mar* est une langue composite constituée par un pidgin mélanésien (à base grammaticale mélanésienne et à vocabulaire anglais) employé couramment dans les îles du Pacifique Sud.

béhaviourisme
Le *béhaviourisme* est une théorie psychologique qui explique les phénomènes linguistiques en analysant les seuls comportements observables et en les ramenant à des réponses à des situations, ces dernières étant définies comme des stimuli qui provoquent les réponses. La communication est ainsi réduite au schéma connu S-R (stimulus-réponse). Cette théorie, sous-jacente au structuralisme américain de L. Bloomfield, permet de renvoyer les problèmes du sens à l'expérience de la communauté socioculturelle. Le béhaviourisme a été critiqué par les linguistes générativistes (N. Chomsky) comme incapable de rendre compte de la créativité du sujet parlant et de l'apprentissage du langage chez l'enfant. (V. ANTIMENTALISME.)

bémolisation
La *bémolisation* est l'abaissement de l'intensité d'un son par la diminution de sa fréquence. Cet effet peut être obtenu par trois procédés différents : la labialisation, qui a pour effet d'adjoindre le résonateur labial au résonateur buccal et de diminuer l'ouverture de l'orifice labial ; la pharyngalisation, qui a pour effet de réduire l'orifice postérieur de la cavité buccale ou passage pharyngal ; la rétroflexion, qui, par l'élévation de la pointe de la langue, provoque une augmentation du volume de la cavité buccale en avant de l'étranglement le plus étroit.

Le trait de bémolisation est désigné dans la transcription phonémique par le signe musical correspondant, placé au-dessus ou au-dessous du signe de la consonne bémolisée.

bémolisé
Un *son bémolisé* est un son caractérisé par un abaissement de l'intensité dû à différents procédés. Les sons bémolisés par labialisation sont les plus fréquents dans les langues du monde, comme le français qui oppose les voyelles arrondies [y], [o], [œ] bémolisées aux correspondantes non-bémolisées [i], [e], [ɛ]. Les phonèmes bémolisés par pharyngalisation sont fréquents dans les langues sémitiques, comme l'arabe, qui oppose /s̥i : n/ « Chine » - / si : n/

« nom de la lettre *s* ». Les phonèmes bémolisés par rétroflexion existent dans les langues de l'Inde (le bengali oppose deux noms de lettres [$\overset{b}{\text{s}}$a] - [sa]) et dans toutes les langues qui présentent des consonnes cacuminales.

Du point de vue acoustique, les phonèmes bémolisés sont caractérisés par une concentration de l'énergie dans les fréquences du spectre plus basses que pour le phonème correspondant non-bémolisé et par l'abaissement du deuxième, éventuellement du troisième formant de la voyelle suivante.

bénéficiaire

On appelle *bénéficiaire* celui au bénéfice de qui se fait l'action indiquée par le verbe ; ce peut être le complément prépositionnel (datif) *à Paul* dans *Pierre donne une pomme à Paul ;* ce peut être le sujet dans *Pierre se lave.* (V. DESTINATAIRE.)

Benveniste (Émile), linguiste français (Alep 1902-Versailles 1976). Disciple d'A. Meillet, à qui il succède en 1937 dans la chaire de grammaire comparée au Collège de France, il se situe dans le courant structuraliste issu de F. de Saussure et du cercle de Prague. Ses recherches ont porté sur les langues iraniennes, la grammaire comparée des langues indo-européennes et la linguistique générale. À la lumière du hittite, il définit rigoureusement la structure de la racine primitive en indo-européen. En linguistique générale, ses travaux constituent une problématique du langage plutôt qu'une théorie globale et portent sur la nature du signe linguistique, sur la structure des relations de personne et sur la notion d'énonciation. (V. Bibliographie.)

biculturalisme

On appelle *biculturalisme* la situation d'un individu ou d'une communauté qui relève de deux cultures, au sens anthropologique du terme : on peut être biculturel et monolingue.

biformantique

Les spectres acoustiques des sons du langage se caractérisent par une structure *biformantique* plus ou moins nette lorsqu'ils ne présentent que deux formants principaux, correspondant aux deux principaux résonateurs : le pharynx (F^1) et la bouche (F^2). Les voyelles graves orales comme [a], [ɔ] par exemple sont *biformantiques.*

bigramme

Syn. de DIGRAMME.

bilabial

Une *consonne bilabiale* est une consonne labiale réalisée par une occlusion ou une constriction dues au rapprochement des deux lèvres l'une contre l'autre. Le français ne comporte que des occlusives bilabiales, orales [p] et [b], ou nasales [m]. L'espagnol présente une bilabiale constrictive [β], comme dans [saβer] « savoir », due à une spirantisation de l'occlusive voisée [b] en position intervocalique. Acoustiquement, les consonnes bilabiales se distinguent des autres consonnes labiales (labiodentales) par une turbulence moindre, due au fait qu'il s'agit de consonnes lisses, comportant une obstruction simple, et non de consonnes stridentes, comportant une obstruction complexe, labiale et dentale à la fois.

bilabiodentale

Une consonne *bilabiodentale* est une consonne réalisée par le rapprochement de la lèvre inférieure vers un point intermédiaire entre la lèvre supérieure et les incisives supérieures. Ainsi, dans le mot allemand *fünf,* la consonne écrite *n* est réalisée à un point d'articulation intermédiaire entre la position bilabiale de la voyelle qui la précède et la position labiodentale de la consonne qui la suit. Cette spécificité articulatoire notée [ɱ] n'a pas d'importance phonologique, les articulations bilabiodentales étant à classer parmi les labiodentales, dont elles partagent les caractéristiques acoustiques (grave, diffus, strident).

bilabiopalatal

Un *son bilabiopalatal* est un son complexe, comportant un double point d'articulation, l'un palatal et l'autre bilabial. En français, les consonnes chuintantes [ʃ] et [ʒ] des mots *chat* et *jaune,* le glide [ɥ] de *nuit,* les voyelles [y], [ø], [œ] de *vu, vœu, heure,* dites aussi voyelles palatales arrondies ou labialisées, sont des sons bilabiopalataux.

bilabiovélaire

Un *son bilabiovélaire* est un son réalisé avec un double point d'articulation, l'un vélaire et l'autre bilabial, comme en français le glide [w] de *oui.* Les voyelles postérieures sont fréquemment réalisées comme des bilabiovélaires, ainsi les voyelles [u], [o], [ɔ], dites aussi vélaires arrondies ou labialisées.

bilatéral

1. Une *consonne bilatérale* est une consonne latérale dont l'articulation comporte un écoulement de l'air de part et d'autre du point d'articulation. C'est en fait le type le plus courant de consonne latérale, comme la latérale dentale (ou alvéolaire) du français (le [l] de *loup*, de *lit*, de *aller*) ou la latérale palatale de l'espagnol *llorar, calle,* de l'italien *figlio* ou la latérale vélarisée du portugais.

Il arrive que la latérale soit réalisée comme une unilatérale sans qu'il s'ensuive de différence acoustique perceptible. Il n'y a donc pas d'utilisation phonologique de cette différence articulatoire.

2. Une *opposition bilatérale* est une opposition phonologique entre deux phonèmes possédant en commun un ensemble de traits distinctifs que l'on ne retrouve dans aucun autre phonème de la langue considérée. Ainsi, en français comme dans de nombreuses autres langues, les phonèmes /p/ et /b/ sont dans un rapport d'opposition bilatérale, car ce sont les seules occlusives bilabiales. Toute opposition faisant partie d'une corrélation est nécessairement bilatérale. Les oppositions qui ne sont pas bilatérales sont dites « multilatérales ».

bilingualité

Certains, comme Hamers et Blanc, opposent la bilingualité au bilinguisme en mettant sous le premier l'ensemble des états ou des facteurs psychologiques liés à l'utilisation de deux systèmes linguistiques différents et sous le second les facteurs proprement linguistiques. La bilingualité peut être caractérisée par l'âge d'acquisition (enfance – adolescence – âge adulte – précoce), les modes d'acquisition (consécutive, simultanée) ou les rapports entre les systèmes (additive, soustractive, équilibrée, dominante, composée, coordonnée).

bilinguisme

1. D'une manière générale, le *bilinguisme* est la situation linguistique dans laquelle les sujets parlants sont conduits à utiliser alternativement, selon les milieux ou les situations, deux langues différentes. C'est le cas le plus courant du plurilinguisme.

2. Dans les pays où vivent ensemble des communautés de langues différentes, le *bilinguisme* est l'ensemble des problèmes linguistiques, psychologiques et sociaux qui se posent aux locuteurs conduits à utiliser, dans une partie de leurs communications, une langue ou un parler qui n'est pas accepté à l'extérieur, et, dans une autre partie, la langue officielle ou la langue communément acceptée. C'est notamment le cas des familles ou des groupes d'émigrés insuffisamment intégrés à leur patrie d'adoption et qui continuent à utiliser dans les relations intérieures au groupe qu'ils constituent la langue de leur pays d'origine. C'est le cas de certaines communautés juives un peu partout dans le monde, des travailleurs africains en France, des Portoricains aux États-Unis, etc.

3. Dans les pays où un dialecte* a été institutionnalisé comme langue au détriment des autres parlers (français dans la partie nord de la France, par exemple) ou aux dépens de langues de même origine (français en pays occitan), ou en recouvrant des langues d'autres familles linguistiques, le *bilinguisme* est la situation de la plupart des habitants qui pratiquent plus ou moins, dans la vie quotidienne, le parler indigène, mais dans beaucoup d'autres cas la langue officielle. Ce type de bilinguisme est le plus répandu, et la grande majorité des êtres humains est en ce sens plus ou moins bilingue. Dans ce sens on préfère parler de *diglossie* (v. ce mot), ce qui donne lieu à la problématique des *conflits* linguistiques.*

4. Dans le cas de déplacement massif de populations ou de « contacts de langues » à des frontières politiques ou linguistiques, le *bilinguisme* est la situation dans laquelle chacune des communautés (parfois l'une seulement), tout en donnant à sa propre langue un caractère officiel, est conduite à pratiquer assez couramment la langue de l'autre communauté : en Gaule, après les grandes invasions, il y a eu pendant un temps assez long un état de bilinguisme (gaulois / latin).

5. Dans certains États comme la Belgique, le *bilinguisme* est l'ensemble des dispositions officielles qui assurent ou tendent à assurer à chacune des langues parlées dans le pays un statut officiel. On parle de même de bilinguisme pour caractériser la situation existant dans chacune des régions des États multinationaux plurilingues où la langue de l'union et la langue locale ont un statut officiel. Ainsi, l'ancienne Union soviétique était un État plurilingue ; la langue de l'Union était le russe ; les langues des nationalités étaient le russe, l'ukrainien, le biélorusse, l'estonien, le lituanien, le letton et de nombreuses autres langues : la situation de l'Ukraine était caractérisée par un *bilinguisme d'État* russo-ukrainien.

6. Le *bilinguisme* est un mouvement par lequel on essaie de généraliser, par des mesures officielles et par l'enseignement, l'usage courant d'une langue étrangère en plus de la langue maternelle. Le bilinguisme est dans ce cas un mouvement politique fondé sur une idéologie selon laquelle l'apprentissage d'une langue étrangère dans des conditions définies doit permettre de donner aux individus des comportements et des manières de penser nouveaux et faire ainsi disparaître les oppositions nationales et les guerres.

7. Sur le plan individuel, le *bilinguisme* est l'aptitude à s'exprimer facilement et correctement dans une langue étrangère apprise spécialement. (V. ADDITIF, COMPOSÉ, COORDONNÉ, CONSÉCUTIF, DOMINANT, ÉQUILIBRÉ, SIMULTANÉ, SOUSTRACTIF.)

bilitère

Se dit en sémitique d'une racine constituée de deux consonnes servant de support aux éléments vocaliques.

binaire

1. Une *opposition binaire* est un type particulier et privilégié de relation entre les traits distinctifs d'un système phonologique. Le choix de chaque trait distinctif équivaut à un choix entre deux termes d'une alternative : soit la présence ou l'absence d'une certaine qualité (par exemple, nasalisé *vs* non-nasalisé, voisé *vs* non-voisé), soit deux qualités polaires de la même catégorie (par exemple, grave *vs* aigu). Si l'on considère que l'un des deux termes de l'alternative est positif et l'autre négatif, chaque trait exige en fait de l'auditeur une décision par oui ou par non.

2. En grammaire générative, on a appelé *transformation binaire,* dans une première étape de la théorie, une transformation portant sur deux phrases de la structure profonde, l'une étant la matrice et l'autre la constituante (V. TRANSFORMATION). Ainsi, *Je dis cela* et *Paul viendra* sont les deux phrases de la structure profonde qui, soumises à des transformations, deviennent *Je dis que Paul viendra ;* cette phrase est donc issue d'une transformation binaire.

binarisme

On donne le nom de *binarisme* à une théorie phonologique qui a reçu des applications dans d'autres domaines de la linguistique et dans d'autres sciences humaines, l'anthropologie en particulier. Cette théorie a été développée par le linguiste Roman Jakobson (bien que lui-même n'ait jamais employé ce terme) et par M. Halle. L'hypothèse de départ est que la plupart, sinon la totalité, des relations entre les unités phoniques distinctives des différentes langues s'établissent en fonction du principe binaire (présence ou absence d'un trait distinctif). Toutes les oppositions que l'on peut rencontrer dans les différentes langues du monde sont ainsi ramenées à une échelle dichotomique de 12 oppositions binaires susceptibles d'être définies aux différents niveaux qui correspondent aux étapes successives du processus de communication, en particulier le niveau articulatoire et le niveau acoustique, mieux connus pour le moment. Ce sont les oppositions : consonantique *vs* non-consonantique, vocalique *vs* non-vocalique, compact *vs* diffus, voisé *vs* non-voisé, nasal *vs* non-nasal, continu *vs* discontinu, strident *vs* mat, tendu *vs* lâche, bloqué *vs* non-bloqué, grave *vs* aigu, bémolisé *vs* non-bémolisé, diésé *vs* non-diésé. L'hypothèse binariste, malgré sa relative insuffisance, permet de répondre à certaines exigences de simplicité et d'universalité.

binauriculaire

Le terme de *binauriculaire* caractérise tout phénomène qui intéresse les deux oreilles.

L'audition normale est dite *audition binauriculaire,* car la réception des ondes sonores se fait par les deux oreilles. Mais les ondes sonores diffèrent d'une oreille à l'autre par des variations d'intensité sonique et par un écart de temps dans la réception des fractions correspondantes de l'onde sonore. Ces différences permettent la localisation des sources soniques qui est l'effet binauriculaire le plus important : pour localiser un son, on interprète les écarts, d'une oreille à l'autre, entre les écarts, d'une oreille à l'autre, entre les temps d'arrivée et les intensités de l'onde sonore. C'est également grâce au caractère binauriculaire de l'audition normale que l'on peut isoler les bruits pertinents des bruits de fond, dans une enceinte où plusieurs conversations se poursuivent : par exemple, en capter une et ignorer les autres.

La reproduction stéréophonique cherche à restaurer les conditions de l'audition binauriculaire pour donner à l'auditeur l'impression de la participation à l'audition directe.

bisémique
On dit d'un mot qu'il est *bisémique* quand il a deux sens différents selon les contextes ; ainsi *chasser un animal* (chercher à le tuer ou à le capturer) et *chasser une personne* (la faire sortir, l'éloigner) sont des sens différents de *chasser,* qui est dit *bisémique.* (V. POLYSÉMIE.)

bit
Dans la théorie de la communication, le *bit* est l'unité de mesure de la quantité d'information. Le terme *bit* (on dit aussi *binit*) lui-même est une abréviation de l'expression anglaise *binary digit.* Les données, dans les systèmes d'information mécanique ou électronique, comme l'ordinateur, ne sont représentées que par deux états possibles ; c'est donc une notation binaire que l'on emploie pour illustrer ces indications. Le système binaire n'utilise que deux symboles : 0 ou 1. Les deux notations sont appelées *bits.* Le bit est donc la plus petite parcelle d'information que l'on puisse trouver dans la machine. Si on considère un code, ou système de signes, susceptible de servir de base à la transmission d'un message, ce code, comportant deux signaux possibles, tous deux également probables (0 et 1, par exemple), a une capacité de 1 bit chaque fois qu'il est utilisé ; un code qui a 4 choix possibles équiprobables a une capacité de 2 bits ; un code qui a 8 choix possibles équiprobables a une capacité de 3 bits. Autrement dit, la capacité en bits d'un code de ce type est le logarithme à base 2 du nombre de signaux alternatifs qu'il comporte.

blanc typographique
Dans la transcription des phrases d'une langue, on sépare typographiquement, par des *blancs,* des unités, appelées *mots,* qui sont elles-mêmes constituées d'un ou de plusieurs morphèmes. Ainsi, dans *Les coffres-forts ont été forcés,* les unités *Les coffres-forts* et *ont été forcés* sont séparées les unes des autres par des *blancs typographiques,* mais elles ont deux (ou plus de deux) morphèmes (le + s, coffre + s + fort + s, etc.) : le blanc typographique s'oppose ainsi au trait d'union, qui réunit deux unités qui, dans d'autres contextes, pourraient être analysées comme autonomes (ainsi *coffre-fort*), ou à l'absence de blanc typographique lorsque deux unités, par ailleurs autonomes, se trouvent réunies dans un mot composé (ainsi *gentilhomme*). Les emplois respectifs du trait d'union, du blanc typographique et de l'absence de blanc dans les mots composés reposent sur des règles complexes et souvent arbitraires : ainsi *choux-rave* s'oppose à *chou rouge, pomme de terre* s'oppose à *pomme-cannelle.* Les entrées d'un dictionnaire sont, par convention, des mots compris entre deux blancs typographiques au sens le plus strict.

blèsement
On appelle *blèsement* un trouble de la parole caractérisé par la substitution ou la déformation systématique d'une ou plusieurs consonnes. Ainsi, le zézaiement, qui est une forme de blèsement, consiste à remplacer la fricative sonore [ʒ] par la sifflante sonore [z].

Bloch (Bernard), linguiste américain (New York 1907-New Haven, Connecticut, 1965). Professeur de linguistique à Yale (1943-1965), rédacteur en chef, à partir de 1940, de la revue *Language,* il fut un des plus fidèles représentants de la tradition bloomfieldienne. (V. Bibliographie.)

Bloomfield (Léonard), linguiste américain (Chicago 1887-New Haven, Connecticut, 1949). Formé à la linguistique indo-européenne classique, il s'est aussi intéressé à la description des langues amérindiennes et malayo-polynésiennes. Mais c'est en linguistique générale que son apport est fondamental. Il participe à la fondation de la revue *Language* et de la Société américaine de linguistique, qui consacra la séparation entre linguistes et professeurs de langues vivantes. D'abord influencé par la psychologie de Wundt, il est profondément marqué par les théories béhavioristes (antimentalisme) : soucieux de donner un statut scientifique à la linguistique, il ne veut prendre en compte dans la description que ce qui peut être rigoureusement observé (analyse phonologique, analyse de la phrase en constituants immédiats). Son influence sur la linguistique américaine a été profonde et durable (école distributionnelle). [V. Bibliographie.]

bloqué

1. Un phonème *bloqué* est un phonème dont le spectre acoustique est caractérisé par un taux élevé de la décharge d'énergie dans un intervalle de temps réduit, tandis que le spectre des phonèmes non-bloqués présente un taux plus bas de la décharge dans un temps plus long. Les phonèmes bloqués sont articulatoirement glottalisés, avec une compression ou une occlusion de la glotte. L'alphabet phonétique international note ce trait par le signe suivant : [ʔ]. Les oppositions entre occlusives bloquées et non-bloquées apparaissent dans certaines langues indigènes d'Amérique (en navaho, par exemple), d'Afrique, d'Extrême-Orient et du Caucase : dans cette dernière région, le tcherkesse offre des paires minimales telles que /tʔa/ « creuse » *vs* /ta/ « nous », /cʔa/ « nom » *vs* /ca/ « dent », /pʔa/ « endroit » *vs* /pa/ « essouffle-toi ».

2. On dit, en grammaire générative, qu'une transformation est *bloquée* quand elle ne peut pas s'appliquer, c'est-à-dire quand la phrase sur laquelle elle doit opérer n'a pas l'analyse structurelle voulue (V. ANALYSABILITÉ) ; par exemple, en anglais, la transformation affixale est bloquée quand l'affixe de temps ne précède pas immédiatement la racine verbale ; en ce cas, une autre transformation (transformation *do*) est appliquée I + Passé + *not* + *know* → *I did not know*.

Boas (Franz), anthropologue américain (Minden, Westphalie, 1858-New York 1942). Après avoir fait ses études en Allemagne, il fait partie d'une expédition en terre de Baffin (1883-1884) et se fixe aux États-Unis en 1887. Professeur à l'université Columbia (à partir de 1899), il a particulièrement étudié les Indiens de Colombie-Britannique. Il est l'un des fondateurs de l'American Anthropological Association et est à l'origine du *Handbook of American Indian Languages* (1911). Son influence a été profonde sur E. Sapir et sur la linguistique américaine. (V. Bibliographie.)

boîte de Hockett

La *boîte de Hockett* est une représentation graphique de la structure d'une phrase en constituants immédiats ; elle a été présentée par C. F. Hockett dans *A Course in Modern Linguistics* (1958).

<table>
<tr><td colspan="8">BOÎTE DE HOCKETT</td></tr>
<tr><td>le</td><td>petit</td><td>chat</td><td>noir</td><td>mange</td><td>ait</td><td>un</td><td>poisson</td></tr>
<tr><td rowspan="2">article</td><td>adjectif</td><td>nom</td><td>adjectif</td><td>racine verbale</td><td>désinence</td><td>article</td><td>nom</td></tr>
<tr><td colspan="3">groupe nominal</td><td colspan="2">verbe</td><td colspan="2">syntagme nominal</td></tr>
<tr><td colspan="4">syntagme nominal</td><td colspan="4">syntagme verbal</td></tr>
<tr><td colspan="8">phrase</td></tr>
</table>

bon usage

La norme, ensemble de règles qu'il faut respecter pour bien parler la langue (« bien » se référant ici à des modèles qui restent à définir), a pour fondements le plus souvent soit l'autorité de certaines personnes (écrivains) ou de certaines institutions, soit le *bon usage*. Celui-ci coïncide avec la manière dont certains utilisateurs de la langue emploient celle-ci dans des conditions données. Selon la culture du groupe qui établit le bon usage, la liste de ces utilisateurs est plus ou moins fermée : le bon usage du latin pris comme modèle pour les thèmes est la langue de Cicéron et de César ; de ce fait, un tour qui n'est pas attesté chez Cicéron ou chez César est suspect. En revanche, la liste des écrivains français établie par M. Grevisse pour son livre *le Bon Usage* couvre plusieurs pages. Les conditions d'utilisation qui définissent le bon usage peuvent exclure telle ou telle circonstance : un tour cicéronien attesté uniquement dans la correspondance familière n'est pas de bonne langue ; une phrase que Hugo met dans la bouche de Gavroche n'est pas du bon usage. Enfin, on peut être amené à se référer à des écrivains de diverses époques ; la notion de bon usage est alors limitée par celle d'archaïsme. Un trait de la langue classique du XVIIe siècle doit, pour rester dans le bon usage, être encore attesté à l'époque contemporaine. La notion de bon usage est différente de celle d'autorité, bien que le bon usage puisse fonder l'autorité et que l'autorité puisse se référer au bon usage : ainsi, un grammairien normatif pourra se voir reconnaître l'autorité sans être lui-même un écrivain. En sens inverse, des écrivains n'ayant jamais eu l'intention de légiférer en matière de langue, n'ayant même jamais imaginé que leur œuvre serait un modèle d'écriture peuvent être inclus dans la liste des auteurs de bon usage. Parfois, c'est à sa propre pratique courante de la langue qu'un groupe social déterminé se réfère pour définir le bon usage : ainsi, la bourgeoisie parisienne aux XVIIe et XVIIIe siècles a défini son usage comme le bon usage de la langue française.

Bopp (Franz), linguiste allemand (Mayence 1791-Berlin 1867). Un des fondateurs de la grammaire comparée, qui, quelques années avant Grimm, établit l'origine commune (indo-européenne) du sanskrit et des langues latine, grecque, persane et germanique, grâce à une comparaison rigoureuse des flexions verbales. Dans son œuvre maîtresse, *Grammaire comparée des langues indo-européennes,* il étend son champ d'investigation à un plus grand nombre de langues indo-européennes en accordant toujours le primat à l'étude morphologique. (V. Bibliographie.)

boustrophédon
On donne le nom de *boustrophédon* à un type d'écriture (grec archaïque, étrusque, etc.) dans lequel les lignes se succèdent dans l'ordre où l'on trace les sillons d'un champ, c'est-à-dire alternativement de gauche à droite et de droite à gauche.

brachylogie
La *brachylogie* est une forme de la concision consistant, dans une suite de phrases qui comportent des constituants identiques, à supprimer ces derniers après la première phrase ; ex. : *Les mains cessent de prendre, les bras d'agir, les jambes de marcher* (La Fontaine).

branche
1. Dans un ensemble formé par toutes les langues de même origine, on désigne comme une *branche* le sous-ensemble constitué par les langues de parenté plus étroite et qui se sont généralement séparées à une date plus récente. (V. GLOTTO-CHRONOLOGIE.)
2. *Branche d'un arbre.* V. ARBRE.

Bréal (Michel), linguiste français (Landau 1832-Paris 1915). Élève de F. Bopp (1857), dont il traduisit l'œuvre (1866-1872), introduisant ainsi en France la grammaire comparée et la méthode des néo-grammairiens allemands, Bréal est cependant resté en marge du courant comparatiste, lui reprochant son systématisme, et l'absence de la prise en compte du sens des mots dans l'évolution de la langue. Ce qui l'intéresse dans l'étude du langage, c'est moins le matériel proprement linguistique que les faits de pensée et de civilisation que les mots recouvrent. (V. Bibliographie.)

bref
On dit qu'un *son du langage* est *bref* quand son extension dans le temps (ou durée*) est plus réduite que celle des autres sons auxquels on le compare. En général, les consonnes sont plus brèves que les voyelles. Parmi les consonnes, les occlusives sont plus brèves que les fricatives, les voisées sont plus brèves que les non-voisées. Parmi les voyelles, les voyelles fermées sont plus brèves que les voyelles ouvertes : [i] est une voyelle plus brève que [e], [e] est plus brève que [ε], à son tour plus brève que [a], etc. ; les voyelles postérieures sont plus brèves que les voyelles antérieures. En français, toutes les voyelles finales sont brèves par rapport aux autres.

Un *phonème* est *bref* quant il s'oppose linguistiquement à un autre phonème de la même langue, de durée supérieure, mais présentant les mêmes traits distinctifs par ailleurs. La durée des phonèmes brefs est en général inférieure de 50 p. 100 à celle des phonèmes longs.

Alors que toutes les langues connaissent des sons brefs, les phonèmes brefs n'existent que dans les langues qui présentent l'opposition phonologique de durée, comme l'anglais, qui oppose un [i] (bref) à un [i :] (long) : *sit - seat,* ou l'italien, qui oppose des consonnes brèves à leurs partenaires longues : /vano/ « vain » *vs* /vanno/ « ils vont » ; /pala/ « pelle » *vs* /palla/ « balle ».

brévité, brièveté
Le terme technique de *brévité* désigne la valeur temporelle des sons ou des phonèmes brefs.

brisure
On appelle *brisure* (ou fracture) un type particulier de métaphonie ou de dilation aboutissant à la diphtongaison de la voyelle considérée. Ce phénomène peut être un phénomène d'évolution historique, comme dans le vocalisme des langues scandinaves et des langues germaniques. Mais ce peut être aussi un phénomène d'ordre synchronique, comme dans de nombreux dialectes italiques méridionaux où

l'alternance morphologique féminin *vs* masculin et surtout singulier *vs* pluriel s'accompagne d'un phénomène de brisure par diphtongaison conditionnée de la voyelle tonique. Le [ɛ] est diphtongué en [je] devant un [i] ou un [u] final dans le dialecte sicilien, qui présente des alternances du type [vɛkkja] « vieille » *vs* [vjekkju] « vieux » ; [bɛdda] « belle » *vs* [bjeddu] « beau », [bjeddi] « beaux » ; [lɛgga] « qu'il lise » *vs* [ljeggu] « je lis ».

Brøndal (Viggo), linguiste danois (Copenhague 1887-*id.* 1942). Romaniste de formation, il s'est surtout préoccupé de linguistique générale. Fondateur, avec L. Hjelmslev, du Cercle linguistique de Copenhague, il s'est efforcé de « retrouver dans le langage les concepts de la logique élaborés par la philosophie depuis Aristote jusqu'aux logiciens modernes ». S'appuyant sur des critères sémantiques, il a tenté de formuler une nouvelle théorie des parties du discours. (V. Bibliographie.)

Brugmann (Karl), linguiste allemand (Wiesbaden 1849-Leipzig 1919). Professeur de sanskrit et de grammaire comparée à Leipzig de 1887 à 1919, Brugmann est l'un des principaux représentants du courant néo-grammairien. Fondateur en 1878, avec H. Osthoff, de la revue *Morphologische Untersuchungen auf dem Gebiete der indo-germanischen Sprachen* (« Recherches morphologiques dans le domaine des langues indogermaniques »), il est surtout l'auteur des deux premiers volumes, consacrés aux sons et aux formes, de la monumentale grammaire de l'indo-européen. (V. Bibliographie.)

bruit

1. Dans la production des sons du langage, on appelle *bruit* le son produit par une obstruction totale ou partielle du passage de l'air, de sorte que le bourdonnement laryngé ne constitue pas ou ne constitue qu'une partie de la source sonore. Les sons du langage qui comportent un bruit dans leur articulation sont les consonnes, par opposition aux voyelles, constituées uniquement du ton laryngé diversement modulé.

2. Dans la théorie de la communication, on appelle *bruit* toute perte de l'information consécutive à un trouble dans le canal ou circuit communicant. À partir du moment où le message à transmettre est introduit dans le canal de transmission jusqu'au moment où ce message parvient au récepteur, ou destinataire, qui le décode, des causes de nature différente peuvent perturber la transmission du message et diminuer, de ce fait, la quantité d'information transmise. Ces causes diverses sont rassemblées sous le terme de *bruit ;* le mot *bruit* peut tout aussi bien désigner le bruit proprement dit qu'une mauvaise transmission due à quelque défectuosité technique, ou une audition défectueuse. En un mot, le bruit désigne tout ce qui altère un message de façon imprévisible, tout ce qui fait qu'une séquence donnée de symboles introduite (input) dans le canal de communication ressort sous forme de symboles différents (output). En ce sens, par exemple, les psychologues estiment que la colère peut être considérée comme un bruit troublant le circuit communicant dans le cas de la communication vocale. On appelle *erreur* la différence entre la séquence de symboles introduite dans le canal de communication et les symboles qui en ressortent transformés par un facteur quelconque. Ce facteur d'erreur est le bruit. L'une des caractéristiques du bruit est d'être imprévisible, ce qui diminue la probabilité d'apparition du signe et, par là même, l'efficacité du code, pour la transmission du message. La diminution prévisible de la quantité d'information transmise qui résulte de la non-équiprobabilité des signaux a pour conséquence la répétition du signal pour compenser cette diminution ; celle-ci est désignée sous le nom de redondance*. La redondance compense les pertes dues au bruit.

Brunot (Ferdinand), linguiste français (Saint-Dié 1860-Paris 1938). Professeur à la Sorbonne, il a cherché à définir une méthode historique associant les faits de langue (lexique et syntaxe) et les faits de société dans son *Histoire de la langue française, des origines à 1900.* Il a aussi tenté d'orienter les recherches vers la psychologie du langage : son ouvrage *la Pensée et la langue* (1922), « exposé méthodique des faits de pensée et des moyens d'expression qui leur correspondent », a influencé durablement l'enseignement du français. (V. Bibliographie.)

bruyante

Le terme de *bruyantes* est parfois réservé à un type de consonnes considérées comme présentant un degré d'obstacle plus grand que les autres, c'est-à-dire les occlusives [p, b, t, d, k, g] et les fricatives [f, v, s, z], etc. Les bruyantes s'opposent aux sonantes (nasales, latérales, vibrantes et glides), dont l'articulation comporte, au moins partiellement, un écoulement libre de l'air qui les rapproche des voyelles.

buccal

La *cavité buccale* est la plus importante des cavités supraglottiques. Sa forme et donc son influence acoustique sur les ondes qui la traversent varient plus que celles de toute autre partie du conduit vocal par les déplacements de ses parois mobiles, la langue, l'extrémité du palais mou ou luette, le maxillaire inférieur. Pendant la phonation, la cavité buccale est limitée en avant par les incisives et en arrière par le point d'articulation, c'est-à-dire le point de resserrement le plus étroit. La position de la langue par rapport à la paroi supérieure de la cavité buccale détermine les articulations dentales, alvéolaires, prépalatales, palatales, postpalatales, vélaires, uvulaires.

Au niveau acoustique, les variations de la localisation de l'articulation se traduisent par une opposition compact *vs* diffus et grave *vs* aigu.

but

1. On appelle *complément de but, proposition subordonnée circonstancielle de but,* le complément ou la subordonnée qui indiquent dans quelle intention est faite l'action indiquée par le verbe principal, vers quel objectif tend l'action de la principale ; ex. : *Il travaille pour réussir. Fais pour le mieux. Envoie les lettres rapidement pour que tout le monde soit averti à temps.*

2. On donne parfois le nom de *but* à l'objet d'un verbe transitif, par opposition au nom sujet, qui est l'actant* ; dans la phrase *Pierre rédige un article,* le complément *un article* est dit le but du verbe *rédiger,* dont le sujet-actant est *Pierre.*

C

cacologie
On a appelé *cacologie* une construction syntaxique agrammaticale (ex. : *il est grièvement malade*).

cacophonie
On donne le nom de *cacophonie* à une répétition, jugée désagréable à entendre, des mêmes sons (phonèmes ou syllabes). On peut citer comme exemple ce vers de Voltaire : *Non, il n'est rien que Nanine n'honore.*

cacuminal
On appelle *consonne cacuminale* (dite aussi, plus souvent, *rétroflexe* et, plus rarement, *cérébrale*) une consonne dont l'articulation comporte un contact du revers de la pointe de la langue contre le sommet de la voûte palatale (lat. *cacumen*). C'est un type d'articulation apico-prépalatale, à résonance creuse, le plus souvent occlusive. On en trouve des exemples en Inde, où le hindi présente une série de consonnes cacuminales.

En Europe, ce type d'articulations est surtout représenté dans le sud de la péninsule italique (Calabre et presqu'île de Salente), en Sicile, en Sardaigne, dans le sud de la Corse (Sotta) et en quelques points isolés des montagnes des Asturies. Dans ces derniers exemples, il n'existe le plus souvent qu'un seul exemple de consonne cacuminale, l'occlusive voisée [ḍ], prononcée avec plus ou moins d'énergie, simple ou géminée suivant les variantes locales et correspondant en général, historiquement, à l'aboutissement d'une latérale dentale géminée ou d'une latérale palatale ([bɛḍu] « beau », [aḍa] « ail »).

Le suédois présente aussi un exemple d'articulation cacuminale dû au fait que un [r] apical se fond dans un [t] ou un [d] suivant pour former une seule consonne apico-prépalatale dans *kort* « bref » et *bord* « table ». Il existe aussi des voyelles cacuminales, réalisées avec une élévation du revers de la pointe de la langue vers la voûte du palais ; on les trouve dans le parler de certaines régions d'Angleterre et en anglais américain, où elles résultent en général de la chute d'un [r] apical (*girl, more, far,* etc.).

cadavre exquis
Le *cadavre exquis* désigne l'emprunt, par les surréalistes, du jeu des « petits papiers ». Chaque participant note sur une bande de papier un nom, puis replie la partie écrite, passe à son voisin, qui note un adjectif, puis replie, passe à son voisin et ainsi de suite jusqu'à ce qu'on ait autant de phrases complètes que de participants. La plus réussie de ces phrases aléatoires ayant été « le cadavre exquis boira le vin nouveau », ce mode de production d'énoncés aléatoire reçut le nom de *cadavre exquis.* L'Oulipo de R. Queneau, également féru de « littérature potentielle », retiendra ce procédé.

cadence
La *cadence* est le relâchement, la descente de l'intonation qui marque la fin d'une unité linguistique (mot, syntagme, phrase) à un rythme régulier.

cadméen
Se dit d'un alphabet grec primitif composé de seize lettres.

caduc
Le terme de *caduc* s'applique à certains phonèmes, en particulier à certaines voyelles, susceptibles de disparaître dans le flux de la chaîne parlée. Le [ə] français atone de *petit,* par exemple, qui se prononce dans le groupe de mots *une petite fille* [ynpətitfij], mais qui disparaît dans des groupes de mots tels que *la petite fille* [laptitfij], *les petits enfants* [lɛptizɑ̃fɑ̃], est une voyelle *caduque,* ou voyelle *instable.*

calque
On dit qu'il y a *calque linguistique* quand, pour dénommer une notion ou un objet nouveaux, une langue A (le français, par exemple) traduit un mot, simple ou composé, appartenant à une langue B (allemand ou anglais, par exemple) en un mot simple existant déjà dans

la langue ou en un terme formé de mots existant aussi dans la langue. Le calque se distingue de l'emprunt proprement dit, où le terme étranger est intégré tel quel à la langue qui l'emprunte. Quand il s'agit d'un mot simple, le calque se manifeste par l'addition, au sens courant du terme, d'un « sens » emprunté à la langue B ; ainsi, le mot *réaliser,* dont le sens est « rendre réel, effectif », a pris aussi celui de « comprendre » *(Il a réalisé la situation)* par calque de l'anglais *to realize.* Quand il s'agit d'un mot composé, la langue A conserve souvent l'ordre des éléments de la langue B, même lorsque cet ordre est contraire à celui que l'on observe ailleurs dans l'usage de la langue ; ainsi, *gratte-ciel* est formé des mots français *gratte* et *ciel,* mais c'est un calque de l'anglo-américain *sky-scraper,* dont il a modifié l'ordre pour se conformer à la syntaxe du français ; en revanche, *quartier-maître* est formé des mots français *quartier* et *maître,* mais c'est un calque de l'allemand *Quartiermeister,* dont il conserve l'ordre (alors que, en français, le déterminant *quartier* devrait suivre le déterminé *maître*). De même, les composés *Nord-Coréen, Sud-Africain,* etc., sont des calques de l'anglais. Ce type de formation est devenu productif en français.

canal

1. Le *canal* (terme technique de la théorie de la communication) est le moyen par lequel, au cours du processus de la communication, les signaux du code sont transmis ; c'est le support physique nécessaire à la manifestation du code sous forme de message : ainsi, les câbles électriques pour la télégraphie ou la communication téléphonique, la page pour la communication écrite, les bandes de fréquence radio, les systèmes mécaniques de nature diverse. Dans le cas de la communication verbale, l'air est le canal grâce auquel sont transmis les signaux du code linguistique.
2. En phonétique, le terme de *canal* est parfois employé comme synonyme de *chenal**, par exemple le *canal buccal.*

canonique

On dit d'une phrase, d'une forme de la langue qu'elle est *canonique* quand elle répond aux normes les plus habituelles de la grammaire. Ainsi, en français, la phrase a la forme canonique SN + SV (syntagme nominal suivi de syntagme verbal) et le syntagme verbal a la forme V + SN (verbe suivi de syntagme nominal) ; mais il existe aussi des formes non canoniques du sytagme verbal, comme dans *sans coup férir,* où le complément d'objet précède le verbe.

capacité générative

Une grammaire générative capable de générer, à partir d'un mécanisme fini, toutes les phrases grammaticales d'une langue, et rien que celles-ci, possède une *capacité générative faible.* Si, en plus, elle assigne à chaque phrase ainsi formée une représentation structurelle, qui comprend toute l'information nécessaire pour associer une interprétation sémantique et une interprétation phonétique à la phrase ainsi générée, elle possède une *capacité générative forte.* (V. ADÉQUAT.)

capitale

On donne en typographie le nom de *capitales* aux majuscules.

caractérisation

1. On dit d'une grammaire qu'elle *caractérise* la langue d'un corpus en tant qu'elle assigne à chaque phrase du corpus une description structurelle et qu'elle permet la dérivation des phrases grammaticales ne figurant pas au corpus.

Par exemple, une grammaire d'un corpus contenant :

Le chien aboie, le voyageur part, le garçon descend

caractérisera de façon satisfaisante la langue du corpus si elle permet :
a) d'indiquer la structure sous-jacente commune aux trois énoncés ;
b) de produire les énoncés *le chien part, le voyageur descend,* etc., et non **le voyageur aboie.*
2. La *caractérisation* d'une unité lexicale polysémique pourra être formée de la définition de ses propriétés syntaxiques, différentes selon le sens (l'acception). Ainsi, en russe, le verbe *jouer* gouverne des prépositions et des cas différents selon qu'il s'agit de *jouer aux échecs* ou de *jouer du piano.* On dira que $jouer_1$ et $jouer_2$ ont une caractérisation syntaxique différente.

caractéristique

On qualifie de *caractéristique* ce qui constitue un trait distinctif. (Syn. : PERTINENT.)

I. **cardinal**

On appelle *adjectifs numéraux cardinaux,* ou *noms de nombres cardinaux,* les adjectifs ou noms exprimant la quantité, le nombre précis (*un, vingt, cent, mille,* etc.), par opposition à ceux qui expriment l'ordre, le rang (ordinaux), la distribution en plusieurs catégories (distributifs). Les numéraux cardinaux sont des déterminants (comme les démonstratifs, les articles, les possessifs, les indéfinis), parce qu'ils peuvent ne pas être précédés d'un article *(il a deux fils).* Ils peuvent se présenter sous une forme simple *(vingt, cent, mille)* ou composée *(vingt-deux, trois cents) ;* ils sont invariables en genre et en nombre (sauf *vingt* et *cent* qui, dans certains cas, prennent la marque du pluriel). Ils définissent par leur emploi les noms comptables, leur fonction fondamentale étant d'indiquer un nombre précis d'unités, sauf le cas de locutions figurées *(cent sept ans, je l'ai dit cent fois, il en a vu trente-six chandelles).* Les numéraux cardinaux peuvent aussi être employés dans la fonction des numéraux ordinaux pour indiquer la date *(le trois janvier),* la numérotation *(page vingt-trois),* le rang d'un souverain *(Louis quatorze),* avec une syntaxe particulière. Les numéraux ordinaux (*premier, second, troisième,* etc.) et les numéraux distributifs (*triple, quadruple,* etc.) sont des adjectifs qualificatifs qui, dans la fonction d'épithètes, sont généralement antéposés.

II. **cardinal**

On appelle *son cardinal* un son dont la position articulatoire a été adoptée comme norme. Les fondateurs de l'alphabet phonétique international, notamment Daniel Jones, devant l'impossibilité de trouver un signe graphique correspondant à chaque son, ont dégagé un système d'articulation standard pouvant servir de référence, de point de comparaison pour les articulations voisines, en particulier pour les articulations vocaliques. Il a été ainsi établi un système de 8 voyelles cardinales ou voyelles cardinales primaires, de formation et de qualité acoustiques bien connues : i, e, ɛ, ɑ, a, ɔ, o, u. L'observation aux rayons X a montré que les différentes positions de la langue correspondant à ces 8 voyelles forment dans la cavité buccale un trapèze idéal dont la représentation permet de décrire les voyelles qui diffèrent des voyelles cardinales. Les voyelles cardinales constituent des pôles articulatoires en fonction de deux dimensions : la position de la partie la plus élevée de la langue et le degré d'ouverture de la bouche (voyelle d'avant la plus ouverte, voyelle d'arrière la plus fermée, etc.). Entre ces pôles se situent les positions intermédiaires séparées par des degrés de différenciation acoustique approximativement égaux : i (u) - e (o), e (o) - ɛ (ɔ), ɛ (ɔ) - a (ɑ).

L'intervention d'une troisième variable, la position des lèvres, permet de dégager un système de voyelles cardinales secondaires : y, ø, œ, ɑ, ʌ, ɤ, ɯ. Dans le système primaire, les lèvres sont protractées pour les voyelles postérieures et ont une position neutre pour les voyelles antérieures ; dans le système secondaire, au contraire, les lèvres sont protractées pour les voyelles antérieures et ont une position neutre pour les voyelles postérieures. On a ainsi un deuxième trapèze vocalique dont les voyelles d'arrière sont cependant beaucoup plus rares que les autres dans les langues du monde.

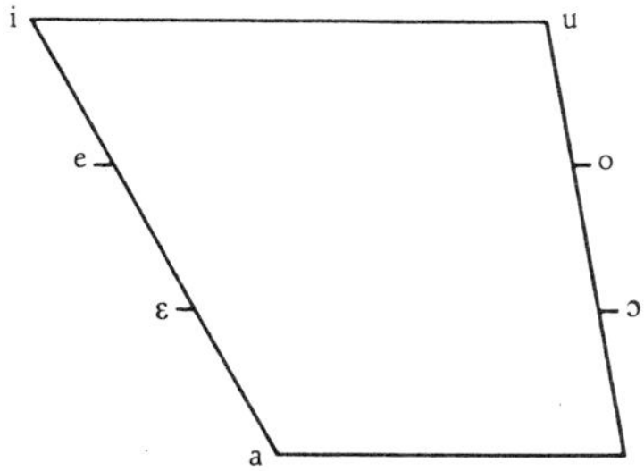

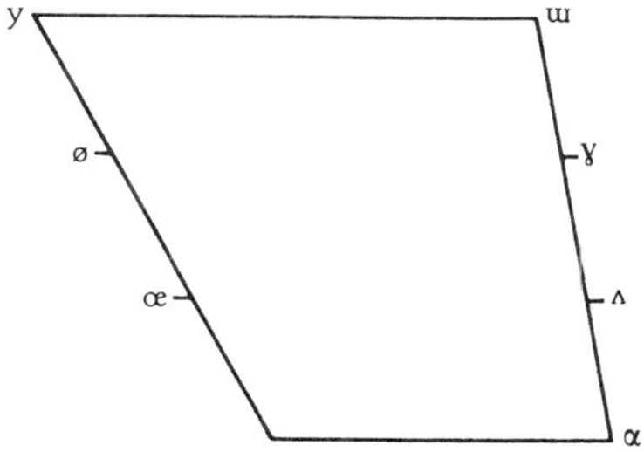

caritif

Syn. d'ABESSIF.

carte linguistique

On appelle *carte linguistique* une partie d'un atlas linguistique représentant le pays dont les parlers sont étudiés ; des numéros y signalent les localités où les enquêtes ont été effectuées. Des tracés de divers types (isoglosses*) séparent les zones où l'on trouve un trait linguistique déterminé des zones où l'on en trouve un autre.

I. **cas**

Le *cas* est une catégorie grammaticale associée au syntagme nominal, dont il traduit la fonction syntaxique dans la phrase. Considérons, par exemple, la fonction de sujet : si le verbe est transitif, tout en n'étant pas suivi d'un complément d'objet à l'accusatif *(**Pierre** regarde),* le cas utilisé pour la fonction sujet est alors l'*ergatif ;* si le verbe est intransitif, passif ou transitif avec un complément à l'accusatif *(**Pierre** regarde Paul)* ; le cas utilisé pour la fonction sujet est le *nominatif,* toutefois, dans de nombreuses langues, le nominatif recouvre toutes les fonctions du sujet. Si le syntagme nominal est l'objet d'un verbe transitif, comme dans *L'enfant lit **un livre**,* le cas est *l'accusatif ;* si le complément est un syntagme prépositionnel attributif d'un verbe qui a aussi un syntagme nominal complément, le cas est le *datif (L'enfant lit un livre **à son père**) ;* si la fonction est celle d'appellatif *(**Pierre**, viens),* le cas est le *vocatif ;* si le syntagme prépositionnel est complément attributif d'un verbe intransitif, comme dans *Pierre va **à Lyon**,* ou un complément circonstanciel dans une phrase comme *L'enfant lit un livre **dans le salon**,* il est catégorisé par les traits sémantiques qui définissent sa relation au procès du verbe. Ainsi, le *comitatif* est le cas de l'accompagnement (*Pierre vient **avec ses parents***), l'*instrumental* est le cas du complément de moyen ou d'instrument (*Pierre le blesse **avec un couteau***), l'*agentif* est le cas du complément d'agent, en particulier dans les phrases passives (*Pierre a été blessé **par Paul***).

Les fonctions syntaxiques « locales » reposent sur l'opposition entre le mouvement (la direction) et le « non-mouvement » : le cas *directionnel* s'oppose au cas *locatif.* Chacun de ces deux cas locaux est subdivisé selon l'opposition entre l'intérieur et l'extérieur du lieu : ainsi, le mouvement « venant de l'extérieur d'un lieu » est traduit par le cas *ablatif,* celui de « venant de l'intérieur du lieu », par le cas *élatif ;* le mouvement « vers l'extérieur d'un lieu » (vers, près de) est traduit par l'*allatif,* et « vers l'intérieur du lieu », par *l'illatif ;* le *locatif* est subdivisé en *inessif* (« à l'intérieur d'un lieu »), *abessif* (« près d'un lieu, à l'extérieur ») et *adessif* (« près d'un lieu, sur le lieu »). D'autres cas correspondent à des transformations : ainsi, le *génitif* est le cas du complément du nom indiquant la possession *(Le chapeau **de Pierre**)* est issu de la phrase *Pierre a un chapeau.* (v. aussi PARTITIF, TRANSLATIF.) Alors que l'ergatif, le nominatif, l'accusatif et le vocatif sont des *cas grammaticaux,* les compléments circonstanciels (et attributs de verbes intransitifs) sont des *cas concrets.*

Le nominatif et l'accusatif sont dits aussi *cas directs,* et les autres, *cas obliques* (terminologie qui traduit les fonctions primaires et les fonctions secondaires relativement au verbe).

Les cas sont exprimés dans les langues par la position des syntagmes relativement au verbe (en français et en anglais) ; par des prépositions (*à/de* en français : *Pierre va à Paris/Pierre vient de Paris*) et par des affixes nominaux qui varient avec les noms. C'est à ces affixes, dont l'ensemble forme la *flexion nominale* ou la *déclinaison des noms,* que l'on réserve en général la dénomination de *cas.* Ainsi, en ancien français, il y a deux cas : le *cas sujet* (souvent marqué au singulier par un affixe *s*), qui traduit la fonction du sujet, et le *cas régime* (marqué au singulier par l'absence de *s*), qui exprime toutes les autres fonctions. Le français moderne ne connaît la flexion casuelle que pour les pronoms où il y a une opposition entre *je* (sujet) et *me* (complément).

Les *langues à cas,* ou *langues casuelles,* n'ont en général qu'un nombre limité de désinences (ou affixes) pour traduire les différentes fonctions : aussi tel cas formel d'une langue réunit-il des fonctions grammaticales ou concrètes assurées dans une autre langue par deux ou plus de deux cas. L'ablatif latin réunit les emplois de l'instrumental, de l'agentif et parfois du locatif ; le génitif grec réunit les emplois du génitif et de l'ablatif, etc. Le latin connaît 6 cas, le hongrois 20 cas, le finnois 15 cas. (V. SYNCRÉTISME.)

La classification nominale se fait sur différents critères selon les langues ; la flexion casuelle est aussi variée qu'il existe de classes de noms, et elle interfère avec les classifications par genre et avec les affixes de nombre.

II. **cas**

On appelle *grammaire de cas* un modèle proposé par Ch. J. Fillmore qui rejette l'analyse de la phrase en sujet et prédicat, parce qu'elle ne permet pas d'exprimer les fonctions sémantiques pertinentes des entités impliquées dans le procès. En particulier, la notion de sujet ne peut pas être considérée comme ayant une valeur sémantique constante ; ainsi, dans ***Paul** ouvre la porte, **cette clé** ouvre la porte, **la porte** s'ouvre,* le sujet est, tour à tour, [agent], [instrument], [objectif], et dans ***Londres** est pluvieux,* c'est un [locatif] ; d'où le projet d'établir une structure sous-jacente mentionnant les rôles sémantiques (les cas) qu'assument les syntagmes nominaux (arguments) avec tel ou tel verbe ou adjectif (prédicat). Par exemple, *savoir* se construit avec un [datif] (comme sujet) et un [objectif] (comme objet direct), alors que *apprendre* diffère de savoir en ce que son sujet est un [agent] (il en est de même pour *entendre/écouter, voir/regarder,* etc.). Cette approche permet de faire ressortir un certain nombre de régularités ; ainsi, dans *Le jardin abonde en fruits, Les fruits abondent au jardin, Les fruits sont abondants dans le jardin,* les fonctions syntaxiques des arguments sont différentes, alors que les rôles sémantiques sont constants, d'où une structure casuelle unique pour abonder/abondant : [- (OBJ) (LOC)]. Les structures casuelles sont ensuite converties en structures de surface par des transformations qui réordonnent les arguments et permettent notamment de promouvoir l'un deux pour en faire le sujet. Les cas sont, en outre, censés appartenir à un ensemble d'universaux sémantiques ; après diverses recherches et remaniements (ainsi [datif] se trouve redistribué en [affecté], [objet] et [but]), Ch. J. Fillmore aboutit à la liste suivante : [agent], [affecté] (angl. experiencer), [instrument], [objet], [but], [lieu], [temps] ; l'ordre dans lequel ils sont présentés correspond à une hiérarchie indiquant une priorité pour la sélection du sujet.

casuel

Une *langue casuelle* est une langue qui a des affixes nominaux traduisant des fonctions grammaticales ou concrètes.

La *flexion casuelle* d'un nom est l'ensemble des formes nominales constituant la déclinaison de ce nom. (V. CAS.)

catachrèse

La *catachrèse* est une figure de rhétorique consistant à élargir le sens d'un mot au-delà de son domaine strict. C'est une métaphore* ou une métonymie* dont l'usage est si courant qu'elle n'est plus sentie comme telle : ex. : *les pieds d'une table, les ailes d'un moulin* ou *le collège est rentré.*

catalyse

En glossématique, la *catalyse* est une opération par laquelle la chaîne syntagmatique (par exemple le syntagme latin *ludunt*) est complétée de façon à satisfaire à toutes les fonctions conditionnant la forme de la chaîne (c'est-à-dire capable de satisfaire ici le pluriel et la troisième personne de *ludunt*). En ce cas, on peut catalyser *ludunt* par *pueri* (les enfants) ou *liberi mei* (mes enfants), puisque c'est la fonction « sujet-verbe » qui détermine la personne et le nombre de *ludunt.* La chaîne établie par catalyse doit être grammaticalement acceptable dans la langue considérée, et elle ne doit pas avoir été altérée dans son sens.

catastase

On appelle *catastase* la première phase de l'articulation des consonnes, correspondant à la mise en place des organes phonateurs.

catégorématique

Dans la terminologie de É. Benveniste, le *niveau catégorématique* est le niveau de la proposition : cette dernière ne constitue pas une classe d'unités distinctives, elle ne peut donc pas entrer comme partie dans une totalité de rang plus élevé, qui, serait, par exemple, le discours.

catégorème

Le *catégorème* est l'ensemble des traits sémantiques définissant les relations syntaxiques d'une forme avec les autres ; il correspond à la catégorie grammaticale. Ex. : *triste* a le catégorème « adjectif ».

catégorie

1. Le terme de *catégorie* désigne une classe dont les membres figurent dans les mêmes environnements syntaxiques et entretiennent entre eux des relations particulières. Ainsi, on dira que les mots *chaise, table, bibliothèque,* etc., qui peuvent figurer dans le même environnement syntaxique (par exemple : *Pierre essuie avec un chiffon la ...*), appartiennent à la même catégorie. Dans cet emploi, le terme de *catégorie* se confond avec celui de *classe**.

2. On distingue aussi deux types de catégories. Les *catégories syntaxiques* définissent les constituants* selon leur rôle dans la phrase ; ainsi, le syntagme nominal et le syntagme verbal, constituants immédiats de la phrase, sont des catégories syntaxiques de premier rang ou catégories principales ; les parties du discours (ou espèces de mots), constituants des syntagmes, sont des catégories de deuxième rang ; ce sont des *catégories lexicales* parce que les morphèmes de ces classes sont des mots du lexique. Les *catégories grammaticales* définissent les modifications que peuvent subir les membres de ces parties du discours en fonction du genre, du nombre, de la personne, etc. Le temps, la personne, le nombre, le genre sont des *catégories grammaticales* parce que les membres de ces classes sont des morphèmes grammaticaux (désinences verbales, flexion nominale). C'est souvent à ce dernier emploi que l'on restreint l'usage du mot *catégorie.* Les catégories lexicales sont dites *catégories primaires ;* les catégories grammaticales sont dites *catégories secondaires.*

catégoriel

1. En grammaire générative, la *composante catégorielle* est la partie de la base qui définit, d'une part, le système des règles régissant les suites permises et, d'autre part, les relations grammaticales entre les symboles catégoriels formant les structures profondes de la langue. Ainsi, supposons que la composante catégorielle définisse les deux règles suivantes :

(1) P → SN + SV
(2) SV → Aux + V + SN

Ces deux règles signifient que le noyau P (de la phrase) est formé d'un syntagme nominal (SN) suivi d'un syntagme verbal (SV) et que le syntagme verbal (SV) est formé de l'auxiliaire (Aux), du verbe (V) suivi d'un syntagme nominal (SN). La relation grammaticale établie dans la règle (2) est celle du verbe (transitif) et de son complément d'objet.

2. On appelle *symbole catégoriel* un symbole représentant une catégorie : SN est le symbole de la catégorie du syntagme nominal, N est celui de la catégorie du nom. Le symbole peut prendre des valeurs diverses ; ainsi, pour N on peut avoir les valeurs *table, chaise, enfant, laideur,* etc.

3. K. Goldstein appelle *attitude catégorielle* l'attitude du sujet parlant appréhendant un objet non pas dans son existence actuelle, mais comme représentant les propriétés générales de l'objet : c'est le passage du concret à l'abstrait. Cette attitude catégorielle ne serait pas conservée chez certains malades mentaux ; ainsi, devant l'image d'un champignon, au lieu de donner le terme générique sollicité, le malade donnerait un terme spécifique, en étant incapable d'envisager la classe tout entière des champignons, définie par ses propriétés.

4. En matière de dérivation lexicale, on doit envisager le *rapport catégoriel* entre le formant de base et l'unité résultante. Une règle de dérivation lexicale par suffixation comprend les éléments suivants : la base, les suffixes, le rapport catégoriel et le sens. Par exemple, on peut passer d'une *base verbale* à un *nom d'action* par diverses règles de formation entraînant le sens « action de » (*-age,* V → N, « action de » : *balayer, balayage ; labourer, labourage ; -ade,* V → N, « action de » : *glisser, glissade ; baigner, baignade,* etc.).

catégorisation

La *catégorisation* est une opération consistant, après avoir analysé la chaîne parlée en éléments discontinus, à classer ces segments en catégories grammaticales ou lexicales selon les propriétés distributionnelles qu'ils possèdent.

causal

On dit d'une conjonction qu'elle est *causale* quand elle coordonne ou subordonne une proposition à une autre dont elle exprime la cause. Ainsi, dans les phrases : *L'incendie a rapidement progressé parce que les matériaux étaient très inflammables* ou *car les matériaux étaient très inflammables,* les conjonctions *parce que* (de subordination) et *car* (de coordination) sont des conjonctions causales, et la proposition *car* (ou *parce que*) *les matériaux étaient très inflammables* est une proposition causale. On réserve le nom de *subordonnée causale* à la proposition exprimant la cause et introduite par les conjonctions de subordination *parce que, puisque, comme, vu que, étant donné que, du fait que.*

causatif

1. Le *causatif,* ou *factitif,* est une forme verbale qui exprime que le sujet fait en sorte que d'autres fassent l'action, au lieu de la faire directement lui-même ou que l'action ait lieu du fait d'un phénomène quelconque. Dans la phrase *Pierre a fait construire par un entrepreneur une maison dans la banlieue lyonnaise,* le sujet grammatical de la phrase est *Pierre ;* mais l'agent (l'actant) de *construire* est spécifié (c'est *un entrepreneur*). L'agent peut ne pas être spécifié, comme dans *Pierre a fait construire une maison.* En français, le causatif s'exprime soit par le verbe *faire ;* soit par le verbe transitif lui-même *(Pierre construit une maison dans la banlieue lyonnaise) ;* soit encore par les suffixes *-(i)fier* et *-(i)ser : raréfier, synthétiser.* Dans d'autres langues, le *causatif* s'exprime par des marques morphologiques comme le redoublement, l'infixe. On distingue parfois le *factitif,* qui exprime une action que l'on fait faire à quelqu'un, spécifié ou non, et le *causatif,* qui exprime un état résultant de l'action faite : ainsi, le causatif *Pierre a caramélisé du sucre* signifie que *Pierre a fait* (en chauffant) *que le sucre est devenu caramel.*

2. On donne le nom de *causatif existentiel* à une classe de verbes transitifs (le plus commun en français est *faire*) dont l'objet est le résultat de l'action du verbe ; ainsi, quand je dis *Pierre écrit un livre, livre* est l'objet résultatif de *écrire,* qui est alors un *causatif existentiel,* par opposition à l'objet simple dans *Pierre lit un livre* (le livre « existe » avant l'action de lire).

cavité

L'appareil vocal comporte différentes *cavités* que traverse l'air issu du larynx au moment de l'acte de phonation. Ces cavités sont dites *supraphm yngales* ou *supraglottiques.*

Les deux cavités principales sont le pharynx et la bouche, auxquels peuvent s'adjoindre éventuellement, comme cavités secondaires, les fosses nasales et la cavité labiale.

La *cavité pharyngale* est limitée vers le bas par le larynx et vers le haut par la racine de la langue et le voile du palais. La *cavité buccale,* dite aussi *cavité antérieure,* est limitée à l'avant par des incisives et à l'arrière par le point d'articulation*, c'est-à-dire le lieu de resserrement le plus étroit du chenal buccal pendant l'articulation. La cavité nasale intervient dans la phonation quand l'abaissement de l'extrémité du voile du palais, ou luette, permet l'écoulement libre, par les fosses nasales, d'une partie de l'air issu du larynx. La cavité labiale est comprise entre les incisives et les lèvres plus ou moins protractées. Elle intervient dans la phonation quand la projection des lèvres, qui s'accompagne en général d'un arrondissement, permet un allongement vers l'avant de la cavité labiale : ainsi pour la prononciation des consonnes labiales ([p], [m], [v] dans les mots français *pain, mer, vitre*) ou des voyelles labialisées ou arrondies ([u], [œ] dans les mots français *loup, heure,* etc.).

Chacune de ces cavités exerce l'influence d'un résonateur sur le son complexe produit par l'air vibrant issu de la glotte. Elle renforce certaines fréquences (celles qui correspondent à sa fréquence de résonance propre) et en affaiblit d'autres ; elle fonctionne ainsi comme un filtre acoustique.

La forme et le volume de chaque cavité peuvent être modifiés par le mouvement de ses parois mobiles (langue, luette, maxillaire inférieur, lèvres), ce qui entraîne une variation de sa fréquence de résonance et donc de son influence acoustique sur le son laryngé.

cécité

On appelle *cécité verbale* l'incapacité de lire constatée chez des sujets atteints de lésions corticales et ne présentant, par ailleurs, aucun trouble de la vision, ni perturbation du langage.

cédille

La *cédille* est un signe diacritique qui se met en français sous le *c* devant *a, o, u,* pour indiquer le son [s] et non [k] (ex. : *façade, leçon, reçu*). La cédille est à l'origine un *z* placé sous le *c,* au lieu de l'être après, pour transcrire le son [ts] puis le son [s]. On la trouve dès le VIIIe siècle dans les manuscrits wisigothiques, mais elle fut peu utilisée par les scribes, qui préféraient employer une lettre supplémentaire pour noter le son sifflant de *c* (ils écrivaient *receut, aperceut*). C'est l'imprimerie qui a développé l'usage de la cédille (comme celui des accents) : on la trouve pour la première fois en 1530 chez G. Tory et elle se généralisa rapidement dans l'usage typographique, tandis que l'écriture manuscrite conserva, longtemps encore, l'ancien usage du *e* intercalaire.

cénématique
Le terme de *cénématique* est utilisé par le linguiste danois L. Hjelmslev et les membres du Cercle linguistique de Copenhague pour désigner la science dont l'objet est l'étude des unités minimales distinctives, appelées « cénèmes ». Ce terme est choisi comme susceptible de s'appliquer à des langues hypothétiques dont la substance d'expression ne serait pas phonique.

cénème
Le terme de *cénème,* qui veut dire « unité vide » (vide de sens), est employé, de préférence à celui de phonème, par L. Hjelmslev et les linguistes du Cercle linguistique de Copenhague, pour désigner au plan de l'expression les unités distinctives minimales en faisant abstraction de la nature phonique du langage considérée comme accessoire, accidentelle. Le cénème est une figure d'expression qui s'oppose au *plérème,* figure de contenu.

central
1. Dans les fonctions du langage, certains linguistes de l'école de Prague opposent les *fonctions centrales* (généralement réduites à une seule, celle de communication) aux *fonctions secondaires* ou *dérivées* (par exemple, les fonctions conative, émotive, etc.). Cette conception a eu pour conséquences, entre autres, de restreindre la définition de la phrase à la phrase assertive et d'exclure de la description de la langue les faits de parole.
2. Les *voyelles centrales* (dites aussi *moyennes* ou *mixtes*) sont les voyelles réalisées avec la partie centrale du dos de la langue, rapproché du milieu de la voûte palatine, par opposition aux *voyelles antérieures* et *postérieures*. Le [ə], dit « caduc », du français *petit* est une voyelle centrale intermédiaire ; le [î] du romain *mîna* (« main ») est une voyelle centrale fermée. Le suédois, le norvégien, l'anglais (*hurt, sir,* etc.) présentent aussi des voyelles centrales.

centralisé
Une *voyelle centralisée* est une voyelle dont l'articulation tend à se rapprocher de la voyelle centrale [ə] ; par exemple la voyelle notée [ɐ] par l'alphabet phonétique international et que l'on entend en anglais dans un mot comme *sofa* ou en portugais de Lisbonne dans la première syllabe de *para*.

centrifuge
Les *phonèmes centrifuges* sont caractérisés articulatoirement par une cavité de résonance ayant la forme d'un cor et dont le volume est plus grand en avant de l'étranglement le plus étroit qu'en arrière. Les phonèmes centrifuges sont acoustiquement compacts*. Les voyelles ouvertes [a, ɑ], les consonnes vélaires et palatales [k, g, ɲ, ʎ, ʃ, ʒ] sont centrifuges.

centripète
Les *phonèmes centripètes* sont caractérisés articulatoirement par une cavité de résonance assumant la forme d'un résonateur de Helmutz, c'est-à-dire un résonateur dont le volume est plus grand en arrière de l'étranglement le plus étroit qu'en avant. Les phonèmes centripètes sont acoustiquement diffus*. Les voyelles fermées [i, u], les consonnes labiales et dentales [p, b, m, t, d] sont centripètes.

cérébral
Une *consonne cérébrale* est une consonne cacuminale* ou rétroflexe.

certitude
On donne parfois le nom de *certitude* à la modalité* logique du nécessaire (ex. : *Il doit pleuvoir demain*).

chaîne
Une langue apparaît d'abord comme une succession dans le temps d'événements vocaux, une suite de sons formant des énoncés et à laquelle on donne le nom de *chaîne parlée :* cette expression est due à F. de Saussure, qui met en valeur le caractère linéaire du langage. C'est comme succession d'unités discrètes et associées à un sens qu'il faut définir la langue : l'ordre des sons (phonèmes ou syllabes) notamment, mais aussi en français celui des mots ont une valeur significative ; l'interversion aboutit quelquefois à une contrepèterie, plus souvent à une anomalie sémantique (ex. : *Le soldat redoute le danger, Le danger redoute le soldat*). Le caractère successif de la langue apparaît moins dans l'écriture ; c'est la raison pour laquelle on parle de chaîne parlée et non de chaîne de la langue. L'analyse de la chaîne parlée fait apparaître l'existence, à côté de l'axe selon lequel se succèdent les unités (axe syntagmatique*), d'un axe selon lequel se font les substitutions (axe paradigmatique*).

chaîne (analyse en)
L'*analyse en chaîne* de Z. S. Harris consiste à décrire les énoncés comme des concaténations de morphèmes ou de séquences de morphèmes. Étant donné un énoncé et la connaissance des classes de morphèmes, on demande à un informateur si telle ou telle séquence est une phrase ; on obtient alors un ensemble de structures définissables comme des séquences de morphèmes et qui apparaissent comme des

phrases. La phrase est alors la séquence minimale acceptée par l'informateur : c'est la *chaîne centrale.* Ces chaînes peuvent se voir ajouter d'autres séquences de morphèmes qui ne sont pas acceptées comme phrases ; ces chaînes sont des adjonctions, chacune d'entre elles pouvant s'insérer à une place déterminée d'une chaîne centrale ou d'une partie de chaîne. Chaque chaîne centrale comprenant un nombre zéro, ou plus, d'adjonctions est une phrase ; si *Pierre est heureux* est une phrase, *Pierre est très heureux,* qui comprend une adjonction, est encore une phrase.

champ

Déterminer un *champ,* en linguistique, c'est chercher à dégager la structure d'un domaine donné ou en proposer une structuration.

La lexicologie cherche à définir des *champs linguistiques.* Le terme reste ambigu, puisqu'on pourra envisager le champ sémantique d'un mot, le champ lexical d'une famille de mots ou le champ lexical d'une réalité extérieure à la langue. Par exemple, on pourra tenter d'établir le champ sémantique du mot *père,* le champ lexical des mots *père, mère, frère, sœur,* le champ lexical de la parenté.

Les premières tentatives (Trier, Ipsen, Porzig) de délimitation de champs portent en fait sur des *champs conceptuels* (par exemple, le champ des mots désignant la « connaissance »). Elles ont souvent été faites par des ethnographes et des anthropologues : il s'agit, par des procédures souvent raffinées, d'exploiter des données linguistiques pour bâtir les schèmes conceptuels d'une société. On a étudié en ce sens les vocabulaires de la parenté (comme chez les Iroquois Sénéca), les classifications botaniques populaires (aux structures particulièrement intéressantes en un pays de vieille culture comme la France), le vocabulaire des animaux domestiques, etc. Ainsi conçues, ces recherches ne concernent pas directement la linguistique, la structuration en langue ne recoupant pas la structuration conceptuelle (non-isomorphisme de la pensée et de l'expression). En particulier, ces recherches ne rendent compte que de la désignation des unités dans un certain système conceptuel (*mère* par rapport à *père, fils, fille,* par exemple) et non de la polysémie essentielle au lexique *(mère de famille* vs *cellule mère, maison mère, la mère supérieure, notre mère Ève).*

Une solution proposée a consisté à partir en tout état de cause des données d'un champ conceptuel (le vocabulaire politique et social), et à élaborer ensuite des procédures proprement linguistiques pour l'étude des relations établies entre les termes. À l'intérieur du champ conceptuel socialement défini, il s'agit de mettre en évidence des réseaux linguistiques de synonymie ou d'antonymie et de corrélations diverses. Partie d'un champ conceptuel, cette procédure distingue en particulier les unités par leur champ dérivationnel. La notion de *champ dérivationnel* repose sur la constatation que le même morphème se distingue, dans ses diverses significations, par une série différente de dérivés. Par exemple, *s'abstenir*[1] (d'un vote) déterminera une série *abstention, abstentionniste,* pendant que *s'abstenir*[2] (de certains aliments) déterminera une série *abstinence, abstinent.*

On a poussé plus loin encore cette tentative, en se fondant sur le principe que deux morphèmes qui ont des significations différentes diffèrent aussi quelque part dans leur distribution. On recherchera donc le *champ syntaxique* des unités ; par l'étude des ressemblances et des différences dans le comportement syntaxique, on pourra aboutir à des conclusions sur ressemblances et différences sémantiques. En effet, la structure syntaxique est si prégnante du point de vue du sens que, dans certaines constructions syntaxiquement définies, même un verbe imaginaire recevrait un sémantisme par la construction qui lui est attribuée (voir à ce sujet les créations de Lewis Caroll ou d'Henri Michaux). Les champs seraient donc syntaxiques avant que d'être sémantiques. (V. COMPONENTIELLE [ANALYSE].)

champ de dispersion

On appelle *champ de dispersion* l'ensemble des variations qui affectent la réalisation d'un même phonème soit dans des contextes différents (par variation combinatoire), soit dans un même contexte dans le parler d'une même personne ou des membres d'une même communauté. L'éventail des réalisations possibles d'un même phonème ne doit pas passer certaines limites articulatoires et acoustiques qui ne coïncident pas toujours exactement avec les limites du champ de dispersion des phonèmes voisins. Il existe entre deux champs de dispersion une région appelée « marge de sécurité » sur laquelle on peut empiéter dans des circonstances exceptionnelles (l'auditeur, ayant conscience du caractère anormal dans lequel s'effectue l'émission du message, fera davantage appel au contexte), mais sur laquelle on ne peut empiéter trop régulièrement sans risques pour la compréhension et, à plus longue échéance, pour l'équilibre du système phonologique.

changement

1. Le *changement,* appelé aussi *variation,* est sans doute le caractère le plus important du langage. À deux époques données, on constate qu'un mot, ou une partie de mot, ou un procédé morphologique ne se présentent pas de la même manière, même si l'écriture peut parfois faire illusion. Ainsi, la terminaison du mot *chevaux* s'est prononcée d'abord [-aws] avant d'évoluer vers le son actuel [-o]. *Soupe* a d'abord désigné la tranche de pain sur laquelle on versait le bouillon avant de désigner l'ensemble constitué par la tranche et le bouillon, ou même le liquide seulement. Le changement dans l'espace géographique (V. GÉOGRAPHIE LINGUISTIQUE, DIALECTOLOGIE) se constate partout dès qu'on ne se préoccupe pas seulement de l'écriture, mais aussi de la prononciation et, d'une manière plus large, de la langue parlée. Il est bien connu que l'intonation générale de la phrase diffère parfois d'un village à l'autre alors qu'on y utilise la même langue ou le même dialecte : les consonnes et les voyelles n'ont pas exactement le même son. Le français parlé par un homme du peuple et le français parlé dans les milieux intellectuels présentent des différences telles qu'on peut deviner souvent l'origine sociale de celui qui parle. Enfin, les conditions dans lesquelles on parle (type de discours) ont une très grande importance dans ce domaine. Le changement peut résulter du contact entre les langues, et dans des situations de bilinguisme, on parlera d'*emprunts**, de *calques**, d'*interférences**.

2. On appelle *changements phonétiques* les modifications que subissent les sons d'une langue au cours de son histoire.

Il y a lieu de distinguer les changements phonétiques proprement dits, simple transformation des habitudes de prononciation d'un phonème donné sans influence sur la structure phonologique de la langue considérée, et les changements phonologiques, variations qui entraînent la modification de la structure phonématique de la langue par la disparition et/ ou l'apparition d'un ou plusieurs phonèmes. Ainsi, le passage des voyelles longues de l'anglais ancien à des diphtongues (*stan* [sta:n] → *stone* [stown]) en anglais moderne constitue un changement phonétique. Par contre, le passage des prononciations affriquées de l'ancien français [ts], [dz] à des prononciations fricatives [s], [z] en français moderne correspond à un changement phonique puisqu'il a entraîné la disparition de deux phonèmes [ts] et [dz] et l'homonymie de mots tels que *cire* et *sire*.

Cependant, comme cette distinction est liée à l'opposition établie par la linguistique contemporaine entre « son » et « phonème », on a longtemps donné le nom de *changement phonétique* à toute modification affectant la prononciation des sons d'une langue, qu'elle ait ou non une importance linguistique. Sous l'apparent désordre des

changements phonétiques qui accompagnent l'évolution des différentes langues, Jacob Grimm a été un des premiers, à la suite du Danois Rasmus Rask, à mettre en évidence, dès 1822, une certaine logique et une certaine régularité des changements phonétiques par sa découverte de la mutation germanique, appelée plus tard « loi de Grimm* ». Son intuition a été développée, cinquante ans plus tard, par les néogrammairiens tels que W. Scherer et H. Paul qui se sont efforcés de montrer que les changements phonétiques obéissent à des lois* « immuables », les exceptions étant expliquées par l'analogie et les emprunts. Les travaux ultérieurs ont montré que les changements phonétiques obéissent plutôt à des tendances qu'à des lois impérieuses.
3. En grammaire générative, le *changement structurel* est un des aspects de la transformation consistant, après l'analyse* structurelle, à effectuer diverses opérations de suppression, de réarrangement, etc., sur la structure ainsi analysée. (V. TRANSFORMATION.)

Chaoumian ou **Šaumjan** (Sebastian Konstantinovitch), linguiste (né en 1916). Dès 1952, il se fait le défenseur des théories structuralistes, en s'inspirant des travaux de R. Jakobson, G. Fant et M. Halle. Il en propose en 1965 un « modèle génératif applicatif » (ou « applicationnel »), sorte de métalangage de description des langues, comprenant deux niveaux : le « génotype », objet abstrait, et le « phénotype », forme extérieure que revêt le génotype. Chaoumian recourt souvent à la logique mathématique et fait explicitement référence aux travaux de Carnap, en se situant constamment par rapport à Chomsky, qu'il critique tout en partageant avec lui un certain nombre de principes.

chenal vocal
L'expression *chenal vocal* est souvent employée, ainsi que celle de *conduit* ou de *canal vocal,* pour désigner la partie supraglottique de l'appareil phonatoire, dont la forme et les réactions acoustiques au passage de l'air évoquent vaguement celles d'un tuyau.

chevauchement
Le terme de *chevauchement* est utilisé couramment en linguistique pour indiquer l'intersection de deux ensembles ; les deux classes des noms et des adjectifs se chevauchent (ex. : un morphème comme *menteur* est à la fois nom et adjectif).

chiasme
En rhétorique, on appelle *chiasme* une inversion de l'ordre dans les parties symétriques de deux phrases, formant antithèse ou constituant un parallèle (ex. : *Un roi chantait en bas, en haut mourait un Dieu* [V. Hugo]).

chleuasme
En rhétorique, on appelle *chleuasme* le procédé qui consiste à s'adresser à soi-même les reproches qu'on veut faire retomber sur les autres ; c'est un faux plaidoyer en forme de confession (ex. : *Oui, je suis coupable de naïveté, pour avoir cru ce qu'on me disait*).

choix
Dans la perspective fonctionnaliste, un énoncé n'a de sens que si sa production ne dépend pas entièrement du contexte, mais nécessite de la part du locuteur une décision, un *choix* entre plusieurs items, entre plusieurs types de phrase, etc., au cours du processus de l'énonciation. Ce choix, ou sélection, s'exerce donc sur les unités minimales significatives ou morphèmes, qui sont ainsi des unités de choix ; entre plusieurs unités possibles dans un cadre typique de phrase, on choisit en fonction du message à transmettre une unité.

Chomsky (Avram Noam), linguiste américain (Philadelphie 1928). Diplômé de l'université de Pennsylvanie, où il a suivi l'enseignement de Z. S. Harris, Chomsky est, depuis 1955, professeur au Massachusetts Institute of Technology (MIT). Son premier livre publié, *Structures syntaxiques* (1957), remet en question les fondements épistémologiques de la linguistique structurale. Il démontre, en s'appuyant en particulier sur la théorie des automates, l'inadéquation pour la description syntaxique du modèle à nombre fini d'états (modèle de Markov) ainsi que du modèle de constituants élaboré par les distributionnalistes. Le modèle transformationnel qu'il propose offre, outre une plus grande simplicité, une puissance descriptive et explicative supérieure. Il introduit les concepts de grammaticalité et de créativité : tout locuteur natif possède une certaine intuition de la structure de sa langue, qui lui permet, d'une part, de distinguer les phrases grammaticales des phrases agrammaticales, d'autre part de comprendre et d'émettre une infinité de phrases inédites. De même, une grammaire devra rendre compte explicitement de toutes les phrases grammaticales de la langue considérée. Dans *Aspects de la théorie syntaxique* (1965), il perfectionne sa conception de la syntaxe et ses relations avec la phonologie et la sémantique dans le cadre théorique beaucoup plus élaboré de la grammaire générative et présente dans *Principes de phonologie générative* (1968), en collaboration avec M. Halle, sa conception de la composante phonologique de la grammaire. Il a par la suite constamment modifié sa théorie. (V. Bibliographie.)

chrie
En rhétorique, on appelle *chrie* un exercice scolaire consistant à développer une idée d'autant de manières qu'il existait de lieux communs dans l'école.

chromatique
L'*accent chromatique,* appelé aussi *accent musical, accent de hauteur* (ou *ton*), consiste en une élévation du timbre de la voix due à une plus forte tension des cordes vocales et portant sur un mot ou sur une syllabe d'un mot. Le terme de *chromatique* s'explique par l'association naturelle entre la sensation visuelle de couleur et la sensation acoustique de timbre.

chronogenèse
Dans la linguistique de G. Guillaume, la *chronogenèse* est une opération systématique consistant à spatialiser le temps, qui correspond à la conjugaison des verbes.

chronothèse
Dans la linguistique de G. Guillaume, on désigne du nom de *chronothèse* chaque étape du procès de représentation du temps correspondant aux différents modes du verbe (infinitif, subjonctif, indicatif, mais non l'impératif, qui est un mode d'expression de l'événement verbal).

chuchotement
La *voix chuchotée* est le bourdonnement laryngé produit par la vibration des cordes vocales lorsque celles-ci occupent une position intermédiaire entre la position correspondant à la respiration normale (cordes vocales écartées et glotte ouverte) et celle qui correspond à la phonation (cordes vocales accolées et glotte fermée). Pour la production de la voix chuchotée, les cordes vocales sont partiellement accolées, mais la partie de la glotte qui se trouve entre les aryténoïdes reste ouverte en laissant passer l'air. La source sonore est alors faite d'un bruit d'écoulement semblable à celui d'un jet d'air qui traverse toutes les cavités supraglottiques et sert de support au message phonique. La voix chuchotée donne en principe une image complète de l'articulation et rend normalement l'expression phonétique à l'audition comme à l'analyse harmonique. Cependant, l'intensité est moins importante et la portée plus réduite que pour la voix normale.

chuintant
Les *consonnes chuintantes* sont des consonnes fricatives, en général postalvéolaires ou prépalatales, telles que [ʃ] dans le français *chou* et [ʒ] dans le français *joue*. Elles se différencient des consonnes qui leur sont le plus proches, les sifflantes [s] et [z], par un léger recul du point d'articulation et surtout par un jeu différent des lèvres, arrondies et protractées pour l'articulation chuintante.

L'adjonction de la cavité labiale entraîne un abaissement de la fréquence de vibration, de sorte que le spectre des chuintantes se distingue du spectre des sifflantes par une concentration de l'énergie dans des zones plus basses du registre (2 000 à 3 000 cycles par seconde au lieu de 4 000 et plus).

chute
On appelle *chute* un changement phonique dû à la disparition d'un ou de plusieurs phonèmes à l'initiale d'un mot (aphérèse : latin *arena* → italien *rena*), à l'intérieur d'un mot (syncope : *parabola* → français *parole*), à la fin d'un mot (apocope : *tramway* → *tram*).

chva ou **schwa**
1. Ce terme, qui est la transcription d'un mot hébreu signifiant « néant », est parfois employé pour désigner la voyelle neutre, centrale [ə], appelée « *e* muet » ou « *e* caduc » en français, et que l'on trouve fréquemment en position atone dans d'autres langues romanes, comme le portugais de Lisbonne, le roumain (ex. : *mînă* [*m*ɯ*sna*] « main »), certains dialectes italiques centro-méridionaux (Campanie, Abruzzes, etc. ; ex. : [ʎu lattə] « le lait »).
2. On a expliqué par une série de sons vocaliques $chva_1$, $chva_2$ et $chva_3$ un certain nombre de correspondances entre les langues indo-européennes : ainsi, en latin l'alternance a/ē dans *jacio/jeci* est expliquée par jək (degré zéro) et jaek (degré e), ə donnant *a* et *ae* donnant *ē*.

cible
En traduction, on appelle *langue cible* la langue dans laquelle est traduit un texte dont la langue connue est dite *langue source* ou *langue de départ.*

circonflexe
L'*accent circonflexe* est un signe diacritique qui a en français diverses fonctions. Il indique en combinaison avec *e* (ê) la voyelle ouverte [ɛ], avec *a* (â) la voyelle postérieure [ɑ], avec o (ô) la voyelle fermée [o], dans *forêt, mât, rôle.* Il sert à distinguer des homonymes (*sûr* vs *sur, jeûne* vs *jeune,* etc.). Il est souvent la marque d'une voyelle ou d'une consonne amuïe *(âne,* de *as(i)num ; crûment* de *cruement).* Il était utilisé dans les textes latins imprimés pour indiquer le *ô* exclamatif et les formes réduites des génitifs *(dominûm* pour *dominorum).* En grec il notait sur la voyelle une intonation aiguë suivie d'une intonation grave.

circonlocution
On a donné anciennement le nom de *circonlocution* à la périphrase*.

circonstances
En rhétorique, les *circonstances* constituent les accessoires du fait qui est en discussion et entrent dans la démonstration en répondant aux questions *qui ? quoi ? où ? par quels moyens ? pourquoi ? comment ? quand ?*

circonstanciel
En grammaire, on donne le nom de *circonstanciels* aux compléments qui indiquent les circonstances dans lesquelles une action a été réalisée (compléments circonstanciels de temps, de lieu, de manière, de cause, de but, d'accompagnement, de prix, d'instrument, de moyen, etc.). Dans *Il est mort vendredi dernier, vendredi dernier* est un complément circonstanciel de temps de *est mort.* (Syn. : CIRCONSTANT.)

circonstant
1. En grammaire moderne, on donne d'une manière générale le nom de *circonstants* aux syntagmes prépositionnels compléments de groupe verbal ou de phrase. Dans *Il va **à Paris**. Il habite une maison **en banlieue**. Il tire de l'eau **du puits**,* etc., les syntagmes prépositionnels *à Paris, en banlieue, du puits* sont des circonstants, mais le circonstant peut ne présenter aucune préposition réalisée en surface : dans *Il vient **demain**.* On fait suivre le terme « circonstant » du trait sémantique spécifiant la nature de la relation sémantique (temps, lieu, manière, etc.) : *à Paris* est un circonstant de lieu, *demain* un circonstant de temps.

2. L. Tesnière définit le *circonstant* comme l'unité ou la suite d'unités qui expriment les circonstances de temps, de lieu, de manière dans lesquelles se déroule le procès exprimé par le verbe. Le circonstant sera ainsi soit un adverbe, soit un équivalent d'adverbe. Le circonstant s'oppose aux actants*, qui désignent ceux qui, d'une manière ou d'une autre, participent au procès. Le nombre des circonstants n'est pas fixe (en principe) comme celui des actants : dans une phrase, il peut n'y en avoir aucun, il peut y en avoir un nombre indéfini. La translation d'un verbe en substantif quand ce substantif est circonstant a pour résultat une subordonnée circonstancielle.

circulaire
En lexicographie, on appelle *définitions circulaires* des énoncés tels que le premier renvoie au second et le second au premier. Un exemple caricatural serait : coq = mâle de la poule ; poule = femelle du coq.

On remarquera bien sûr que la circularité n'est jamais poussée à ce point. En particulier, elle comporte généralement des relais : A est défini par B qui est défini par C, et ce sera, par exemple, C qui sera défini par A. Ce sont les circuits trop courts, comme celui que l'on a signalé plus haut, qui doivent être évités.

En fait, la circularité des définitions de dictionnaire est inhérente au genre lexicographique : les termes métalinguistiques (c'est-à-dire les termes permettant de fournir des indications sur une unité du code) sont également des unités de la langue ; par exemple, le terme métalinguistique *mot* (ex. : *football,* mot d'origine anglaise, désignant, etc.) fonctionne comme unité de la langue dans un énoncé du type : *Il dit de grands mots, Il a le mot pour rire,* etc. Les définisseurs (termes à valeur essentiellement métalinguistique) ne sont, dans les situations habituelles de communication, ni fréquents ni même parfois usuels. Un terme comme *véhicule* est rare dans la langue quotidienne, mais à peu près indispensable à la métalangue lexicographique.

civilisation
En sociolinguistique, on définit par *civilisation* tous les éléments de la vie humaine qui sont transmis par la société, qu'ils soient matériels ou idéologiques. Un *mot de civilisation* est un mot qui exprime une notion représentative de la communauté socioculturelle à une époque donnée. Une *langue de civilisation* est une langue

qui sert de support à une littérature écrite et qui joue un rôle important dans la diffusion et le maintien d'une culture.

clair

Une *voyelle claire* est une voyelle acoustiquement aiguë*, c'est-à-dire génétiquement palatale, telle que [i], [e], [ɛ], [a], [y], [ø] et [œ]. Les voyelles claires s'opposent aux voyelles sombres* ou graves. Le terme de *clair,* souvent employé traditionnellement, même par la première génération de phonologues et de phonéticiens structuralistes, traduit l'association naturelle entre l'impression auditive d'acuité sonore et l'impression visuelle d'acuité lumineuse, au nom de laquelle Mallarmé dénonçait le paradoxe des signes *jour* et *nuit* qui associent la lumière du jour à une voyelle sombre [u] et l'obscurité de la nuit à des sonorités claires [ɥ] et [i].

claquant (son) ou **claquante**

Un *son claquant* (dit aussi *claquement* ou *clic*) est un son réalisé au moyen de deux occlusions : une occlusion principale, formée soit par les lèvres, soit par la partie antérieure de la langue contre les dents ou contre le palais et qui produit différents types de *claquantes* (labiale, dentale, rétroflexe, palatale, latérale), et une seconde occlusion, dite « occlusion d'appui », obligatoirement vélaire, produite par l'élévation de la partie postérieure du dos de la langue contre le palais mou. Cette double occlusion détermine une cavité où l'air est raréfié par un mouvement de succion. Quand l'occlusion antérieure prend fin, l'air se précipite de l'extérieur dans cet espace intermédiaire privé d'air avec un bruit de claquement ; juste à ce moment, l'occlusion vélaire prend fin également, de sorte que le son claquant peut être voisé ou non, nasal ou non.

Le bruit du baiser, le bruit qui sert à marquer un certain énervement ou celui qui sert à exciter les chevaux sont des sons claquants, respectivement labial, dental et latéral. (V. CLAQUEMENT.)

claquement

La *corrélation* de claquement* caractérise les langues dites « langues à clics », comme le zoulou, où les différents types de clics (palatal, latéral, etc.) forment des séries de localisation parallèles à des séries correspondantes sans claquement. L'opposition de claquement est une opposition de localisation privative qui se retrouve dans plusieurs séries du même système. (V. CLAQUANT.)

classe

Une *classe* représente un ensemble d'unités linguistiques ayant une ou plusieurs propriétés communes entre elles.

1. En grammaire distributionnelle, une *classe grammaticale* sera définie comme l'ensemble des unités ayant les mêmes possibilités d'apparaître en un point donné de l'énoncé.

La notion de *classe grammaticale* s'oppose ainsi à la notion de partie* du discours telle que la définit la grammaire traditionnelle, par référence à une théorie de l'adéquation entre le nom et la substance, le verbe et le procès, etc.

L'étude des potentialités d'occurrence permettra de constituer des classes à partir de la considération d'un corpus. Soient les phrases :

Le chien mord. Le voyageur disparaît. Le soleil brille. L'enfant arrive.

L'étude du corpus permettra de dégager les classes 1, 2, 3, correspondant aux « parties du discours » article, nom, verbe. La constitution de classes et leur affinement en sous-classes (c'est-à-dire nom animé/nom inanimé, verbe intransitif/verbe transitif, etc.) doivent permettre au grammairien de formuler les règles qui produiront toutes les phrases acceptables de la langue et elles seules. Dans le corpus donné plus haut, la sous-classification permet d'éviter **Le chien brille, *Le soleil mord,* et de produire *Le chien arrive, Le soleil disparaît.*

La notion de *classe distributionnelle* rend compte de certaines ambiguïtés des énoncés réalisés. *Je vais voir* peut noter un mouvement (« Je me rends là-bas, pour voir ») ou un futur (« Je verrai dans peu de temps »), selon l'appartenance de classe du segment *vais* verbe ou auxiliaire. On peut ainsi opposer l'ambiguïté due à la classe (*Je vais voir* au sens 1 et au sens 2) et l'ambiguïté due à la structure de constituants : *Des boutiques de frivolités désuètes* pourra s'analyser en *(Des boutiques de) (frivolités désuètes)* ou *Des boutiques (de frivolités) désuètes.*

La notion de classe distributionnelle s'est révélée fructueuse en linguistique à divers niveaux (analyse phonologique, analyse morphématique, et jusqu'à l'analyse de discours de Z. S. Harris). Mais elle ne peut rendre compte de toutes les ambiguïtés de la langue ; cette constatation est un des points de départ de la critique de N. Chomsky. *La peur du gendarme* (qu'a le gendarme ou qui est due au gendarme) n'est pas désambiguïsé ni par la considération des classes distributionnelles, ni par l'analyse en constituants immédiats. Seule l'histoire dérivationnelle de la phrase peut rendre compte de la double interprétation sémantique de la structure superficielle.

2. La notion de *classe* est utilisée en sémantique sur le modèle de la logique des classes. Par exemple, on établit la taxinomie des termes de parenté en étudiant les rapports entre les différentes unités ; la classe des êtres dénotés (denotata) par le mot *parent* est plus grande que celle des êtres dénotés par le mot *père,* on dira que *père* est à l'égard de la classe des parents en relation d'*hyponymie* et que *parent* est en relation d'*hyperonymie* à l'égard de *père.*

3. On appelle *classe de mots,* en linguistique structurale et distributionnelle, une catégorie* de mots définis par des distributions analogues dans des cadres syntaxiques préalablement déterminés. Ainsi, on définira une classe de déterminants par la position qu'ils ont en français de précéder une autre catégorie, les noms. Les classes de mots remplacent les parties du discours de la grammaire traditionnelle.

On appelle *classe de morphèmes* l'ensemble de morphèmes ayant le même environnement (contexte) et la même distribution. Dans l'environnement du suffixe adverbial *-ment* figurent *(doux) douce, (amical) amicale, (péjoratif) péjorative,* etc. ; ces morphèmes constituent une classe définie par l'environnement *-ment ;* ils s'opposent à une autre classe de morphèmes comme *rouge, aîné, bon,* etc., qui ont en commun avec la classe précédente certains environnements, mais qui n'ont pas celui-là.

On appelle *classes nominales* les catégories caractérisées par l'emploi de certains suffixes, appelés *indices de classe* ou *classificateurs,* entre lesquelles certaines langues négro-africaines répartissent les noms selon la nature des êtres ou des choses qu'ils désignent (humain, actant, nombre, etc.).

On appelle *classe paradigmatique* ou *distributionnelle* le regroupement en une même classe des morphèmes lexicaux ou grammaticaux qui peuvent être substitués les uns aux autres dans de nombreuses phrases, c'est-à-dire qui possèdent les mêmes propriétés distributionnelles. Soit la phrase :

Je mange un morceau de —

Les morphèmes suivants peuvent commuter à la place indiquée par le tiret : *viande, pain, fromage,* etc. Ils appartiennent à la même classe distributionnelle.

On appelle *classe syntagmatique* le regroupement en une même classe des morphèmes ayant les mêmes environnements. Ainsi, les morphèmes *presse-citron, pousse-café, tire-bouchon* appartiennent à la même classe parce qu'ils ont les mêmes environnements dans le syntagme nominal comme *ce—, le—,* etc.

4. En analyse de discours*, on appelle *classes d'équivalence* les classes fondées sur l'équivalence ou identité de distribution (Z. S. Harris).

La première opération consiste à rechercher entre les énoncés des termes identiques (pivots). Tout ce qui précède et tout ce qui suit le pivot, dans un énoncé donné, est dit équivalent de tout ce qui, dans un autre énoncé, précède ou suit le même pivot. On détermine ainsi une première série de classes. Dans un deuxième temps, tout ce qui précède (ou suit) deux éléments d'une même classe d'équivalence apparaissant dans des énoncés différents est rangé dans de nouvelles classes. On peut ainsi établir un tableau à double entrée où l'ordre horizontal représente les rapports entre classes d'équivalence et l'ordre vertical les différents segments d'énoncés.

Reprenons une partie du texte cité par Z. S. Harris : *Des millions de gens ne peuvent pas se tromper ; quatre personnes sur cinq dans l'ensemble disent qu'elles préfèrent la lotion capillaire X ; quatre personnes sur cinq dans l'ensemble ne peuvent pas se tromper : vous aussi et toute votre famille, vous préférerez la lotion capillaire X. Vous serez satisfait.* On aura un premier pivot *ne peuvent pas se tromper.* D'où une classe A comprenant *Des millions de gens, quatre personnes sur cinq.* On aura un second pivot, *quatre personnes sur cinq.* D'où une classe B comprenant *disent qu'elles préfèrent la lotion capillaire X, ne peuvent pas se tromper.*

Le tableau prendra la forme :

A	B
A_1 *Des millions de personnes*	B_1 *ne peuvent pas se tromper*
A_2 *Quatre personnes sur cinq*	B_2 *disent qu'elles préfèrent la lotion capillaire X*

Pour aller plus loin dans la réduction, il faut supposer connues certaines règles de la langue (rapport entre le « pronom » et le référé, par exemple ; transformations grammaticales permettant de poser l'équivalent de l'actif et du passif correspondant, ou de la relative et de la phrase de base dont elle dérive).

classème

En sémantique structurale, le *classème* est constitué par l'ensemble des sèmes* génériques.

Toute unité lexicale se définit, du point de vue sémantique, par un ensemble de sèmes (traits sémantiques minimaux), ou *sémème.* Ce sémème se compose de sèmes de nature diverse :

a) un ensemble de sèmes purement virtuels, de nature connotative (*rouge* = « danger ») ; l'ensemble de ces sèmes constitue le *virtuème* (ces sèmes virtuels ne s'actualisant que dans certaines combinaisons données de discours) ;

b) un ensemble de sèmes constants, mais spécifiques : c'est par des sèmes spécifiques que *rouge* se distingue de *vert* (autre couleur) et de *pourpre* (nuance du rouge). Cet ensemble constitue le *sémantème ;*

c) enfin, un second ensemble de sèmes constants, mais génériques. Un sème générique indique l'appartenance à une classe (pour *rouge :* couleur).

Ainsi, le classème constitue, avec le sémantème et le virtuème, l'ensemble sémique total de l'unité lexicale, son sémème, selon la formule qui suit :

sémème = sémantème – classème
virtuème

Chez A. J. Greimas, la considération du contexte entraîne une certaine distorsion de la terminologie ci-dessus. La manifestation en discours de deux ou plusieurs noyaux sémiques (configuration sémique) entraîne la manifestation de sèmes contextuels. Ce sont ces sèmes contextuels qui recevront ici le nom de *classèmes.* Les sèmes contextuels nés du rapprochement de *chien/commissaire* avec *aboie (le chien aboie/le commissaire aboie)* dépendent, en effet, de la classe « sujet » : classe des animaux dans le premier cas, classe des humains dans le second. Le sème contextuel [cri animal] et/ou [cri humain] recevra donc le nom de classème.

classificateur

On appelle *classificateur* un affixe utilisé, en particulier dans les langues bantoues, pour indiquer à quelle classe nominale appartient un mot. (Syn. : INDICE DE CLASSE.)

classification

1. La *classification* est une opération linguistique qui consiste à répartir les unités linguistiques dans des classes ou des catégories qui ont les

mêmes propriétés distributionnelles, sémantiques, etc. : on obtient des *classes* de morphèmes.
2. On classe les langues en leur assignant une parenté plus ou moins grande fondée sur une communauté d'origine plus ou moins ancienne et des points de ressemblance plus ou moins nombreux : c'est une *classification génétique* ou *historique* qui permet d'établir des familles* de langues. On les classe aussi selon des listes de critères linguistiques préétablis (syntaxiques, morphologiques), sans se préoccuper d'autres ressemblances ni d'une possible communauté d'origine : on a alors une *classification typologique,* ou *typologie**.

classique
1. On qualifie de *classique* un état de langue correspondant à un moment de la culture d'une communauté linguistique pris comme référence et norme ; les états de langue qui précèdent sont appelés *préclassiques* et ceux qui suivent *postclassiques.* Le concept de « classique » est lié à l'idée finaliste que la langue a atteint à un moment donné un état d'équilibre et de perfection, par rapport auquel les états antérieurs apparaissent imparfaits et les états postérieurs comme manifestant une décadence.
2. On donne le nom de *français classique* à un « état de langue », s'étendant du début du XVIIe siècle à la fin du XVIIIe siècle, considéré comme relativement stable et comme s'opposant par un ensemble de traits au français de la Renaissance (XVIe siècle) et au français moderne (fin du XVIIIe-XIXe siècle).

clausule
1. À la fin d'un membre de phrase ou d'une phrase, les mots peuvent être disposés de manière à réaliser un certain rythme quantitatif, tonique ou accentuel. La prose latine fondait les *clausules* métriques sur certaines combinaisons de brèves et de longues : la clausule héroïque reproduisait ainsi la fin de l'hexamètre (– ∪ ∪ – ∪), vers des poèmes héroïques. Les clausules rythmiques sont fonction des accents toniques de mot ou de suites de mots.
2. En rhétorique, la *clausule* constitue la chute rythmée d'une période.

clic, click
Un *clic* est un son claquant*. Certaines langues africaines dites « langues à clics » en font une utilisation linguistique : ce sont quelques langues bantoues, dont le zoulou est la plus importante, et deux langues génétiquement isolées, parlées elles aussi en Afrique du Sud : le hottentot et le bochiman. (V. CLAQUEMENT.)

cliché
En stylistique, on appelle *cliché* toute expression qui constituait un écart de style par rapport à la norme et qui s'est trouvée banalisée par l'emploi trop fréquent qui en a déjà été fait *(l'aurore aux doigts de rose, l'astre des nuits)* : c'est un lieu commun.

clitique
On donne parfois le nom de *clitiques* aux pronoms atones du français, comme dans *Il me l'a dit* (*te, se, le,* etc.).

clivage
En grammaire générative, le *clivage* est une opération d'enchâssement d'une relative ou d'une complétive dans une phrase matrice, accompagné de l'extraction d'un des syntagmes nominaux de cette relative. (V. CLIVÉ.)

clivé
En grammaire générative, une phrase est *clivée* quand l'enchâssement d'une phrase (relative ou complétive) dans la matrice s'accompagne de l'extraction d'un syntagme nominal constituant de la phrase enchâssée. Ainsi, en français, il y a transformation de clivage et phrase clivée quant à partir de *J'aime le chocolat* on obtient *C'est le chocolat que j'aime* par extraction de *le chocolat* et relativisation par *que.* (V. PSEUDO-CLIVAGE.)

cluster
Syn. de AGGLOMÉRAT.

coalescence
La *coalescence,* ou contraction, est la fusion de deux ou plusieurs éléments phoniques en un seul, comme le passage de la diphtongue latine [aw] à la voyelle française [ɔ] (latin *aurum* → *or*) ou l'apparition de la voyelle [ɛ] en français moderne à partir de la séquence formée par la voyelle palatale [a] ou [ɛ] et le glide [j] dans des mots comme *lait, reine,* etc., prononcés à une époque antérieure [lajt], [rɛjn].

coarticulation
On appelle *coarticulation* la coordination de divers mouvements articulatoires pour la réalisation d'une même unité phonique. Ainsi, la fusion intime entre les différents éléments d'une même syllabe se traduit par des phénomènes de coarticulation tels que la nasalisation des voyelles, dans toutes les langues, sous l'influence assimilatrice des consonnes nasales suivantes par un mouvement anticipé

d'ouverture des fosses nasales. De même, dans un mot comme *abus,* l'articulation du [b] présente un arrondissement des lèvres qui anticipe progressivement la réalisation du [y]. La réalisation d'un même phonème implique la combinaison de plusieurs articulations, dont certaines correspondent à des choix phonétiques (habitudes articulatoires) ou phonologiques, mais dont d'autres sont nécessairement entraînées par la présence de certains traits : ainsi, l'ouverture vocalique s'accompagne d'une durée plus longue, car le mouvement des mâchoires se superpose au mouvement des lèvres.

cockney
Le *cockney* est l'argot* des quartiers populaires de Londres.

codage
Syn. de ENCODAGE.

code
Un *code* est un système de signaux (ou de signes, ou de symboles) qui, par convention préalable, est destiné à représenter et à transmettre l'information entre la source (où émetteur) des signaux et le point de destination (ou récepteur).

Un code peut être formé de signaux de différentes natures, soit de sons (code linguistique), soit de signes écrits (code graphique), ou de signaux gestuels (mouvements des bras d'un homme qui tient un drapeau sur un bateau ou sur une piste d'aérodrome), ou de symboles comme les panneaux de signalisation routière, ou encore de signaux mécaniques comme les messages tapés en morse, etc.

Les signaux qui forment un code sont en nombre restreint ; le nombre même de ces signaux est le plus souvent conventionnel et il ne varie qu'avec l'accord des usagers du code.

Intégré dans le processus de la communication, un *code* est un système de transformation de la forme d'un message* en une autre forme qui permet la transmission du message. Par exemple, l'écriture est un code qui permet de transformer un message acoustique en message graphique ; de même, des signaux morses sont un code permettant de transformer un message graphique en un message de forme mécanique. L'opération de transformation du message en sa nouvelle forme codée s'appelle *codage* ou *encodage*. L'encodage se fait au niveau de l'émetteur-encodeur. Une fois codé, le message peut être transmis par l'intermédiaire du canal*, qui est le moyen par lequel le code ou les signaux sont transmis. La forme codée n'a subi aucune modification de sens. Cette forme parvient ensuite au point de destination (destinataire ou récepteur-décodeur) au niveau duquel s'effectue l'opération de *décodage,* au cours de laquelle la forme codée se voit assigner un sens. L'ensemble des processus constituant la transmission du code, du codage au décodage, constitue le processus de la communication*. Le code étant une forme qui permet la transmission d'un message, d'une information, les signaux émis, nouvelle forme du message, doivent pouvoir être compris par le récepteur afin que la communication puisse s'établir. Le code est donc un système conventionnel explicite. La convention est donnée, explicitement formulée. La forme codée peut de ce fait être identifiée par le récepteur.

Les langues naturelles, qui sont les systèmes de communication par excellence, ont la forme d'un système de signes, ou code linguistique, formés de signes* vocaux – ou phonèmes – en nombre restreint, combinables, et donc les règles de combinaison, conventionnelles et communes à l'ensemble des utilisateurs du code, permettent la formation de signes linguistiques d'un niveau supérieur, les morphèmes.

code-mixing
Terme anglais correspondant à *mélange de langues.*

coder
Une fois qu'on a décidé de la série des concepts à communiquer, *coder,* c'est établir les éléments physiques capables d'emprunter le canal, et qui correspondent à ces concepts. (V. CODE.)

code-switching
Terme anglais correspondant à *alternance de langues.*

cognitif
1. On appelle *fonction cognitive,* ou *fonction référentielle,* du langage la fonction de communication, traduite dans la langue par la phrase assertive servant à informer, à faire connaître une pensée à un interlocuteur. (V. DÉNOTATION.)
2. On appelle *catégorie cognitive* une classe d'objets ou d'individus présentant des caractéristiques communes sur le plan de la représentation. Une catégorie est alors désignée par un concept naturel (ex. : *un mammifère).* Certains représentants sont des représentants plus typiques d'une catégorie que d'autres. Ainsi un chien est un représentant plus typique de

la classe des mammifères qu'une baleine, tant par sa forme que par ses caractéristiques.

3. La *grammaire cognitive,* apparue au milieu des années 80, conçoit les opérations linguistiques comme des parcours au sein d'un espace abstrait ; elle se donne pour objectif la simulation des processus mentaux, en mettant en œuvre une conception mentaliste du langage qui en fait classiquement un moyen de représenter la pensée. L'explication des faits linguistiques procède de la connaissance des états cérébraux qu'ils reflètent. La grammaire cognitive rejoint la grammaire universelle du XVIIe siècle, traitant davantage du langage que des langues ; elle répond aussi aux besoins économiques nouveaux, comme le traitement automatique des langues qui n'intéresse qu'un petit nombre de langues vivantes. Sur le plan théorique, la linguistique cognitive, d'abord dominée par la syntaxe formelle, privilégie la sémantique et les recherches sur le lexique et les schémas mentaux, cette sorte de psychosémantique étant à son tour bouleversée par les progrès des neurosciences, par le biais de l'imagerie médicale.

cohyponyme

Les *cohyponymes* d'un terme A sont les unités lexicales dont le signifié est inclus dans celui de A, qui est dit superordonné*. Soit la série *chaise, pouf, tabouret, fauteuil, banquette,* on dira que ces mots (et d'autres) sont cohyponymes entre eux et hyponymes* de *siège.* Pour être cohyponymes, les unités, dans la hiérarchie des inclusions successives, doivent être de même niveau (ne doivent pas entretenir des rapports d'inclusion). *Tulipe, rose, œillet,* etc., sont cohyponymes entre eux et hyponymes du superordonné *fleur.* En revanche, *tulipe noire* ou *œillet de Nice* sont hyponymes, respectivement *tulipe noire* de *tulipe, œillet de Nice* de *œillet,* mais non cohyponymes.

collectif

On appelle *collectif* un trait distinctif de la catégorie du nombre* indiquant la représentation d'un groupe d'entités, par ailleurs isolables : ainsi, *la chênaie* désigne « un groupe de chênes ». Le terme *chênaie* a le trait distinctif « collectif », noté [+collectif].

On appelle *nom collectif* un nom désignant une réunion d'entités, par ailleurs isolables, conçue comme une entité spécifique. Les noms collectifs peuvent être dérivés de noms comptables au moyen d'affixes spécifiques, comme *chênaie, frênaie, cerisaie* par rapport à *chêne, frêne, cerisier* au moyen de l'affixe *-aie.* Ces affixes peuvent avoir une valeur péjorative, comme *-aille* dans *valetaille.* Les noms collectifs peuvent être aussi des noms-racines, comme *la foule, le régiment, la troupe, la meute, la horde, l'essaim, la forêt,* ou des noms de nombre dérivés, comme *dizaine, douzaine.*

collocation

On appelle *collocation* l'association habituelle d'un morphème lexical avec d'autres au sein de l'énoncé, abstraction faite des relations grammaticales existant entre ces morphèmes : ainsi, les mots *construction* et *construire,* bien qu'appartenant à deux catégories grammaticales différentes, ont les mêmes collocations, c'est-à-dire qu'ils se rencontrent avec les mêmes mots. De même, *pain* est en collocation avec *frais, sec, blanc,* etc. Les mots sont cooccurrents.

coloration

On appelle *coloration* le phénomène d'assimilation progressive (anticipation) ou régressive par lequel une voyelle communique sa couleur* aux consonnes contiguës : ainsi, la consonne vélaire [k] reçoit une coloration palatale dans les mots *qui, cinquième,* etc. La coloration des consonnes par les voyelles avoisinantes est une tendance caractéristique du français, surtout du français populaire et des dialectes, par rapport à d'autres langues comme l'anglais ou l'allemand. La coloration peut aboutir à un changement phonologique, dont un des exemples les plus frappants est le phénomène de palatalisation qui a marqué fortement le passage du système phonologique latin à celui des langues romanes par l'apparition de nouveaux phonèmes : [k] + [i] ou [e] → [tʃ] en italien et en espagnol, [ts] en ancien français, etc. L'évolution de certaines langues, comme celle du vieil irlandais, offre un système complet de coloration des consonnes auquel on donne le nom d'infection*.

combinaison

1. La *combinaison* est le processus par lequel une unité de la langue entre en relation, sur le plan de la parole, avec d'autres unités elles aussi réalisées dans l'énoncé.

Sans définir le terme de *combinaison,* F. de Saussure le fait entrer en opposition avec le terme de *substitution.* On peut donc dire à sa suite que l'axe syntagmatique est celui des combinaisons, le syntagme étant la combinaison de plusieurs unités dans l'énoncé ; l'axe paradigmatique est celui des substitutions.

Pour F. de Saussure, certaines des combinaisons constatées dans l'énoncé réalisé sont du domaine de la parole, pour autant que ces combinaisons ne répondent pas à des mécanismes linguistiques impératifs : « Le propre de la parole, c'est la liberté des combinaisons. » Si l'on se réfère à la définition de la parole comme *a)* « les combinaisons par lesquelles le sujet parlant utilise le code de la langue en vue d'exprimer sa pensée personnelle ; *b)* le mécanisme psycho-physique qui lui permet d'extérioriser ces combinaisons », on est amené à chercher des exemples de *combinaisons libres* relevant de la parole. F. de Saussure donne deux types d'exemple :
a) Les expressions *à quoi bon ?, allons donc !, à force de, pas n'est besoin de...,* etc. Il fait alors remarquer que « ces tours ne peuvent être improvisés et qu'ils sont fournis par la tradition ». On remarquera toutefois qu'il en va de même pour toute construction, et que la distribution de *manger (X mange Y)* ou de *Paul (Paul + fait, mange, voit X* ou *X voit, écoute, parle à + Paul)* n'est pas moins impérative si elle est plus délicate à établir.
b) Le dérivé *indécorable.* Ce mot est fabriqué selon le principe de la quatrième proportionnelle, à partir de *décorer,* sur le modèle du rapport *pardonner/impardonnable.* F. de Saussure voit là une combinaison de la langue, non de la parole. C'est dire que toute néologie relève du mécanisme de la langue.
2. En phonétique, on appelle *combinaison* l'agencement par simultanéité ou par contiguïté de deux ou plusieurs articulations. Les phonèmes complexes résultent de la combinaison de deux articulations simultanées (l'une occlusive et l'autre fricative pour les affriquées comme le [dʒ] de l'anglais *Jane,* l'une vélaire et l'autre labiale pour les labiovélaires comme le [w] du français *oui* [wi], etc.). La combinaison de deux phonèmes contigus obéit à des règles combinatoires* qui varient suivant les différentes langues, et s'accompagne de modifications résultant de l'influence réciproque que ces phonèmes exercent l'un sur l'autre (changements combinatoires*).
3. En psycholinguistique, on appelle *combinaison* l'association, dans la séquence « item-stimulus et réponse », de mots déjà rencontrés dans une suite réelle de la langue, dans une phrase.

combinatoire

1. *L'analyse combinatoire* repose sur le postulat qu'une grammaire est un mécanisme fini, c'est-à-dire que ses unités et ses règles sont en nombre fini. La méthode combinatoire de la linguistique structurale consiste *a)* en la prise en considération des seuls contextes des unités (analyse du corpus), *b)* en la recherche des contraintes qui s'exercent sur les unités dans la chaîne parlée.

La théorie de F. de Saussure se fonde sur la nécessité de définir toute unité de la langue selon deux axes : celui des oppositions (axe paradigmatique) et celui des combinaisons (axe syntagmatique).

Sur l'axe des combinaisons, les unités entretiennent des rapports de *contraste* et non d'opposition. On définira la *fonction combinatoire* des unités comme leur possibilité de s'associer entre elles pour former des groupes qui permettent la réalisation d'unités de niveau supérieur : combinatoire de phonèmes aboutissant au morphème, combinatoire de morphèmes aboutissant au lexème ou au syntagme, et cela jusqu'au discours.

Une analyse combinatoire part d'un corpus de matériaux linguistiques et tente de rendre compte des énoncés par des formules structurelles spécifiant les classes acceptables de séquences. Il s'agit, à tous les niveaux, d'arriver à une taxinomie, à un classement ordonné. La distribution des segments est repérée à tous les niveaux par des procédures de même nature. La *combinatoire lexicale* emprunte l'essentiel de sa démarche à l'analyse phonologique ; les contraintes qui s'exercent sur les morphèmes lexicaux ne sont pas différentes par nature de celles qui pèsent sur les phonèmes. La *combinatoire sémantique* est définie, dans la même perspective, comme un calcul du sens des énoncés à partir de leur syntaxe, c'est-à-dire des combinaisons de morphèmes.

La critique que fait N. Chomsky de la linguistique structurale porte, entre autres, sur la notion de combinatoire ; pour lui, ni le modèle distributionnel, ni le modèle de grammaire de constituants immédiats n'expliquent la totalité des phénomènes de production d'énoncés. La notion de créativité du langage (aptitude de tout locuteur à comprendre ou produire un nombre indéfini d'énoncés jamais encore formulés) accroît la difficulté de rendre compte de l'ensemble des faits par l'analyse combinatoire.
2. En phonétique, un *changement combinatoire* est la modification phonétique que subit un phonème au contact d'un phonème voisin et qui résulte en général de la tendance à l'assi-

milation*. Ainsi la plupart des consonnes modifient leur point d'articulation et leur timbre selon la nature des voyelles qui les entourent : la consonne [k] est plus ou moins vélaire et plus ou moins aiguë suivant qu'elle se trouve devant une voyelle palatale (aiguë), comme [i], ou devant une voyelle vélaire (grave), comme [u]. Le phonème français /k/ présente ainsi deux *variantes* combinatoires,* dont l'une, palatalisée, apparaît par exemple dans le mot *qui,* et l'autre, dans le mot *cou.*

Les changements combinatoires que subissent les consonnes au contact des voyelles relèvent principalement de quatre phénomènes : la palatalisation, la vélarisation, la labialisation, la labiovélarisation. (v. aussi VARIANTE.)

comitatif

Le *comitatif* est le cas* exprimant l'accompagnement (ex. : *Il est venu **avec ses parents*** ou ***sans ses enfants***), réalisé en français par un syntagme prépositionnel. Le comitatif se confond parfois avec l'instrumental, avec lequel il a en commun certains moyens morphologiques (par exemple, la préposition *avec*).

commentaire

Le *commentaire* est la partie de l'énoncé qui ajoute quelque chose de nouveau au thème, qui en « dit quelque chose », qui informe sur lui, par opposition au topique*, qui est le sujet du discours, l'élément qui est donné par la situation, par la question de l'interlocuteur, qui est l'objet du discours, etc. Ainsi, dans *Pierre est venu hier, Pierre* est le topique et *est venu hier* est le commentaire, qui, dans les langues indo-européennes, s'identifie au prédicat*.

commination

On appelle *commination* la figure de rhétorique qui consiste à intimider son adversaire, à le menacer.

commun

1. L'adjectif *commun* prend des sens différents selon qu'il est utilisé en grammaire historique ou en grammaire descriptive.

a) En grammaire historique, *commun* qualifie un état, généralement non attesté, qui serait celui d'une langue donnée (parfois non attestée elle-même) avant sa différenciation en langues ou dialectes différents. Ainsi, on postule pour les différentes langues slaves, germaniques, un slave commun (protoslave), un germanique commun (protogermanique).

b) En grammaire descriptive, *commun* caractérise l'ensemble des formes admises par des populations de langues ou dialectes apparentés pour communiquer entre eux : ainsi, le grec commun ou *koinê* des IVᵉ-IIIᵉ siècles av. J.-C.

c) De plus, les planificateurs linguistiques ont établi des langues d'union, comme l'ibo commun, où les différences dialectales sont éliminées, afin de constituer une langue de large intercommunication.

d) En sociolinguistique, *commun* se dit de la langue courante, parlée habituellement, par opposition aux langues techniques et scientifiques.

2. En grammaire traditionnelle, on appelle *noms communs* (par opposition à *noms propres*) les noms qui s'appliquent à un être ou à un objet appartenant à toute une catégorie, à toute une espèce : *homme, livre, enfant* sont des noms communs. Les *noms propres* (au singulier) réfèrent à une personne, un être vivant ou un objet unique *(Robert, Médor, la Lune).*

communauté

1. On appelle *communauté linguistique* un groupe d'êtres humains utilisant la même langue ou le même dialecte à un moment donné et pouvant communiquer entre eux. Quand une nation est monolingue, elle constitue une communauté linguistique. Mais une communauté linguistique n'est pas homogène ; elle se compose toujours d'un grand nombre de groupes ayant des comportements linguistiques différents ; la forme de langue que les membres de ces groupes utilisent tend à reproduire d'une manière ou d'une autre, dans la phonétique, la syntaxe ou le lexique, les différences de génération, d'origine ou de résidence, de profession ou de formation (différences socioculturelles). Une communauté linguistique n'est donc jamais entièrement homogène. Elle se subdivise en de nombreuses autres communautés linguistiques. Tout individu appartenant à la communauté peut évidemment appartenir en même temps à plusieurs groupements linguistiques.

Ainsi, on peut dire que les habitants d'une vallée qui utilisent un certain idiome appartenant à une langue déterminée forment une communauté linguistique ; de même une nation tout entière, de même, d'une certaine manière, Québécois et Français de France, ou simplement les membres d'une profession utilisant un argot* ou un vocabulaire technique ; de même, enfin, un groupe donné, par exemple des lycéens ou des soldats à un moment donné de leur existence. Le concept de communauté linguistique implique simplement que soient réunies certaines conditions spécifiques de communication remplies à un moment donné par tous les membres d'un groupe et uniquement par eux ; le groupe peut être stable ou instable, permanent ou éphémère, à base sociale ou géographique.

2. La notion de *communauté socioculturelle* est différente des notions de communauté linguistique, même si, le plus souvent, elle implique une communauté de langue. La communauté socioculturelle est un groupe de personnes qui, à partir de facteurs sociaux (historiques, professionnels, nationaux, géographiques) et culturels (culture écrite ou orale) ont en commun certains comportements qui les opposent à d'autres individus considérés de ce fait comme appartenant à d'autres communautés socioculturelles. La communauté socioculturelle est caractérisée, entre autres, par un certain nombre de représentations collectives relevant notamment de l'idéologie et de la culture. Dans les civilisations modernes, l'individu peut appartenir à plusieurs communautés socioculturelles (géographique, politique, philosophique, etc.), de tailles diverses, s'incluant partiellement.

3. Gumperz, ayant fait la critique de la notion de *communauté linguistique* définie comme « un ensemble d'individus parlant la même langue », a mis en évidence la complexité des situations : toute communauté linguistique réelle se définit non par une langue, mais par la pratique du même ensemble de variétés ou de langues selon des règles similaires d'usage. Les variétés ou les langues sont organisées comme une sorte de répertoire et c'est la manière dont on les fait alterner ou dont on les conçoit qui constitue la *communauté sociolinguistique.*

communication

1. La *communication* est l'échange verbal entre un sujet parlant, qui produit un énoncé destiné à un autre sujet parlant, et un interlocuteur dont il sollicite l'écoute et/ou une réponse explicite ou implicite (selon le type d'énoncé). La communication est intersubjective. Sur le plan psycholinguistique, c'est le processus au cours duquel la signification qu'un locuteur associe aux sons est la même que celle que l'auditeur associe à ces mêmes sons.

Les *participants à la communication,* ou acteurs de la communication, sont les « personnes » : l'ego, ou sujet parlant qui produit l'énoncé, l'interlocuteur ou allocutaire, enfin ce dont on parle, les êtres ou objets du monde.

La *situation de communication* est définie par les participants à la communication, dont le *rôle* est déterminé par *je (ego),* centre de l'énonciation, ainsi que par les dimensions spatio-temporelles de l'énoncé ou contexte situationnel : relations temporelles entre le moment de l'énonciation et le moment de l'énoncé (les aspects et les temps), relations spatiales entre le sujet et les objets de l'énoncé, présents ou absents, proches ou éloignés, relations sociales entre les participants à la communication ainsi qu'entre eux-mêmes et l'objet de l'énoncé (les types de discours, les facteurs historiques, sociologiques, etc.). Ces *embrayeurs de la communication* sont symbolisés par la formule « je, ici, maintenant ».

Le *statut de la communication* est défini par la distance sociale, ou intersubjective, instituée par *je* avec ses interlocuteurs (ainsi la différence entre *tu* et *vous* traduit une intimité ou une relation sociale différente), et par la manière dont *je* envisage son énoncé. Ainsi, l'énoncé peut être plus ou moins pris en considération, assumé par le locuteur : cela se traduit par les modes et les aspects du verbe, et par des adverbes comme *peut-être, sans doute,* c'est-à-dire par ce qu'on appelle les modalisations*.

2. Au sens que lui donnent les ingénieurs des télécommunications, la *communication* est le fait qu'une information est transmise d'un point à un autre (lieu ou personne). Le transfert de cette information est fait au moyen d'un message qui a reçu une certaine forme, qui a été codé. La première condition, en effet, pour que la communication puisse s'établir, est le codage de l'information, c'est-à-dire la transformation du message sensible et concret en un système de signes, ou code, dont la caractéristique essentielle est d'être une convention préétablie, systématique et catégorique.

Quand la communication s'établit, nous disons que les parties composantes de cette transmission forment un système de communication. Le schéma de la communication suppose la transmission d'un message* entre un émetteur et un récepteur possédant en commun, au moins partiellement, le code nécessaire à la transcription du message. Un système comporte les éléments suivants :

1) Le code, qui comprend des signaux spécifiques et un ensemble de règles de combinaisons propres à ce système de signaux ; dans les langues naturelles, le code est constitué par les phonèmes, les morphèmes et les règles de combinaison de ces éléments entre eux (par opposition à la parole, constituée par les énoncés réalisés, ou messages) ;

2) Le canal, support physique de la transmission du message, moyen par lequel le code ou les signaux sont transmis : c'est l'air pour le cas de la communication verbale, mais le canal peut avoir des formes très diverses : bandes de fréquence radio, lumières, systèmes mécaniques ou électroniques divers, etc. ;

3) L'émetteur, qui est à la fois la source du message, l'émetteur proprement dit, comportant les mécanismes du codage et l'appareil émetteur lui-même. On dit de l'émetteur qu'il est un encodeur, c'est-à-dire qu'il sélectionne à l'intérieur du code un certain nombre de signaux permettant de transmettre le message ;

4) Le récepteur-décodeur. C'est à la fois l'appareil qui reçoit le message (oreille ou récepteur-radio) et le destinataire proprement dit du message (cerveau humain pour le langage parlé, auditeur pour la radio, etc.). Le processus du décodage se fait au niveau du récepteur-destinataire par la « recherche en mémoire » des éléments sélectionnés par l'émetteur et constituant le message ;

5) Le recodage, ou réencodage, opération par laquelle le message codé, puis décodé, reçoit une nouvelle forme. Par exemple, on dicte un télégramme (forme acoustique), qui est transcrit sur une feuille de papier (forme graphique), puis tapé en morse (forme mécanique) et finalement transmis sous forme d'impulsions électriques.

Il est possible de figurer graphiquement quelques schémas de communication.

a) Schéma physique qui peut traduire ce qui se passe dans un matériel téléphonique :

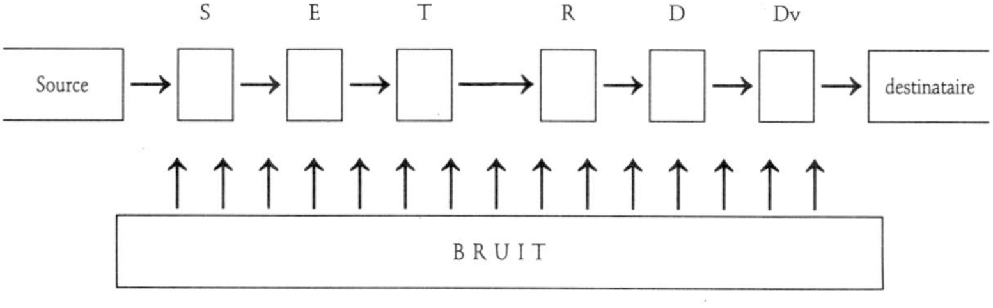

S = sélecteur
E = encodeur
T = transmetteur
R = récepteur
D = décodeur
Dv = développeur

b) Schéma de la traduction qui introduit la notion de recodage du message :

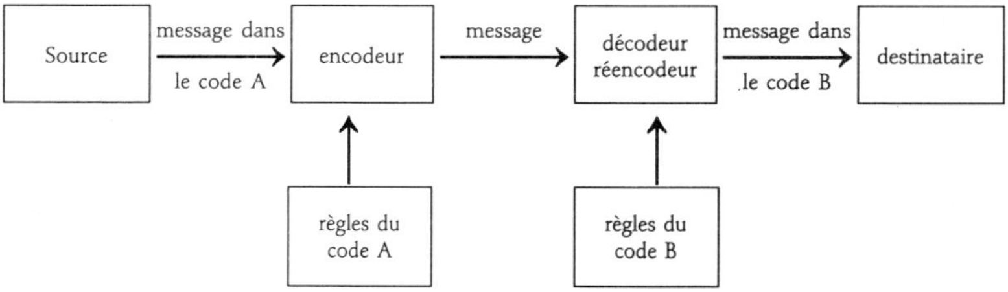

Dans ce type de communication, l'émetteur et le destinataire n'ont pas le même code.

c) Schéma linguistique de R. Jakobson :

CONTEXTE
DESTINATEUR ——— MESSAGE ——— DESTINATAIRE
CONTACT
CODE

Dans ce schéma, R. Jakobson introduit la notion de contexte (ou référent) saisissable par le destinataire et qui est soit verbal, soit susceptible d'être verbalisé – et la notion de contact, canal physique et connexion psychologique entre le destinateur et le destinataire, contact qui leur permet d'établir et de maintenir la communication.

d) Schéma de F. de Saussure. Ce schéma représente le circuit de la parole humaine entre deux interlocuteurs A et B. F. de Saussure expose que le point de départ du circuit se trouve dans le cerveau de l'un des interlocuteurs (A), où les faits de conscience, appelés concepts par F. de Saussure, sont associés aux représentations des signes linguistiques ou images acoustiques servant à leur expression. Un concept donné déclenche dans le cerveau une image acoustique correspondante (phénomène

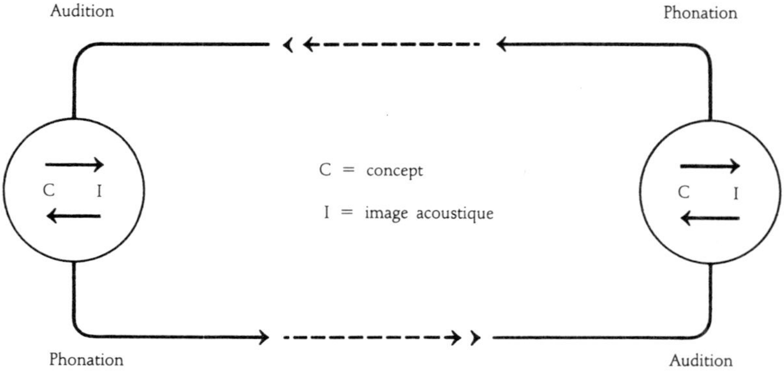

psychique) ; puis le cerveau transmet aux organes de phonation une impulsion corrélative à l'image (processus physiologique) ; les ondes sonores se propagent alors de la bouche de A à l'oreille de B (processus physique) ; enfin, le circuit se prolonge en B dans l'ordre inverse : de l'oreille au cerveau, transmission physiologique de l'image acoustique ; dans le cerveau, association psychique de cette image avec le concept correspondant. Si B parle à son tour, son cerveau donnera aux organes de phonation une impulsion, et le processus suivra par les mêmes phases successives que le processus précédemment décrit. L'ensemble de ce processus est reproduit graphiquement par F. de Saussure comme indiqué page ci-contre.
C'est donc au niveau du cerveau que se déroulent les opérations d'encodage et de décodage, le cerveau jouant le rôle à la fois d'émetteur et de récepteur du message. C'est dans le cerveau également que sont déposés les éléments du code et que s'enchaînent les opérations de « recherche en mémoire », le cerveau joue donc un peu le rôle de l'unité centrale d'un ordinateur.

communion
On appelle *communion* ou *fonction phatique* la fonction d'un énoncé qui a pour objet principal non de communiquer une information, d'exprimer un ordre ou un sentiment, mais de maintenir le contact entre le locuteur et l'interlocuteur (le terme *allô* au téléphone ; certaines interjections, etc.), ou de manifester conventionnellement un désir d'entrer en communication (ainsi : *Il fait beau,* qui peut servir de formule d'introduction dans une conversation).

commutable
On dit que deux unités linguistiques (phonèmes, morphèmes, syntagmes) sont *commutables* quand elles entrent dans des constructions identiques, c'est-à-dire quand elles ont des environnements, des distributions identiques : elles peuvent alors se substituer l'une à l'autre avec la même validité grammaticale. Ainsi, *crayon* et *stylo* sont commutables dans des constructions comme : *J'écris avec un —. Prête-moi ton —, j'ai oublié le mien,* etc.

commutation
1. La *commutation* est une épreuve (test) qui doit montrer si la substitution d'un élément à un autre dans le plan de l'expression, en un rang déterminé (phonème, morphème, syntagme), entraîne une différence dans le plan du contenu ou, inversement, si le remplacement d'un élément par un autre dans le plan du contenu se manifeste par une différence dans le plan de l'expression. Par exemple, dans la paire minimale *mal/pal,* on substituera à /**m**/ le phonème /**k**/ écrit *c* et on constatera qu'il y a une nouvelle paire minimale (comportant deux termes ayant un sens) : *cal/pal.* L'épreuve de commutation a ainsi dégagé une unité de la structure phonologique de la langue : /**m**/. La commutation est une procédure linguistique qui se substitue à l'analyse des distributions mais ne modifie pas le principe de l'analyse.

La *commutation* est donc l'opération par laquelle le linguiste vérifie l'identité paradigmatique de deux formes de la langue. Cette identité paradigmatique doit être distinguée de l'identité formelle ou sémantique ; elle se définit simplement par l'aptitude à entrer dans les mêmes constructions. Ainsi, la non-identité sémantique de *table* et *chaise* n'empêche pas la commutation : *La table est verte / La chaise est verte.* La non-identité formelle de *pomme de terre* et de *carotte* n'empêche pas la commutation : *La pomme de terre est un légume / La carotte est un légume.*

Le test de commutation demande que soient définis des critères pertinents : *chaise* et *table* commutent dans le paradigme du mobilier, non dans celui des sièges. Il reste que la description sémantique du français doit aussi rendre compte de l'acceptabilité de l'énoncé *s'asseoir sur la table :* la commutation *chaise / table* reste ici possible, malgré le sémantisme propre à *table.*

Le test de commutation, inauguré dans la perspective de l'analyse en constituants immédiats (un élément ou groupe d'éléments est dit *constituant* s'il commute avec d'autres éléments ou groupes d'éléments de la langue), est exploité plus largement par la grammaire moderne : dans la description linguistique utilisant l'intuition linguistique du locuteur natif, on se sert de la commutation pour vérifier l'ensemble des contraintes séquentielles.

2. Dans les situations où un individu ou un groupe sont conduits à utiliser deux langues, on dit qu'il y a *commutation* si l'emploi de ces langues est alterné : certains immigrés, par la commutation, réservent la langue maternelle à un usage familier et utilisent la langue d'adoption à l'extérieur, notamment dans la vie professionnelle.

commutativité

Dans la théorie des constituants immédiats, on appelle *commutativité* l'aptitude de divers éléments ou groupes d'éléments de la langue à entrer dans les mêmes constructions. Par exemple, la commutativité de *chaise* et *fauteuil* est grande, la majorité des environnements acceptant *chaise* admettent aussi *fauteuil* (moyennant les adaptations grammaticales nécessaires) ; la commutativité de *chaise* et *table* est moindre (les formes **passer à chaise*, **chaise d'opération*, etc., sont agrammaticales). C'est dire que le rapport paradigmatique entre *chaise* et *fauteuil* est plus étroit que celui qui relie *chaise* et *table*.

compact

Les *phonèmes compacts* sont ceux dont le spectre acoustique présente une concentration de l'énergie plus élevée dans une région relativement étroite et centrale, par rapprochement des deux formants principaux (du pharynx et de la bouche). Les phonèmes compacts sont articulatoirement centrifuges : il s'agit des voyelles ouvertes [a], [ɛ] [ɔ], [u], etc., et des consonnes vélaires et palatales [k], [g], [ʎ], [ʃ], [ʒ], etc., dont la cavité buccale présente un résonateur plus ample en avant du resserrement le plus étroit qu'en arrière. Les phonèmes compacts s'opposent aux phonèmes diffus.

comparaison

1. La *comparaison* est une opération qui consiste, en grammaire comparée, à étudier parallèlement deux langues en dégageant les différences, ou surtout les correspondances, qui en révèlent souvent la parenté.

2. La rhétorique distingue la *comparaison* de la métaphore* par un caractère formel : la comparaison, ou mise en parallèle de deux termes d'un énoncé, est toujours introduite par un troisième terme introducteur *comme, ainsi que, de même que,* etc. ; on met en présence le terme qu'on compare et celui auquel on le compare : ainsi dans *Un bonhomme rond comme un tonneau.* Dans la métaphore, l'absence de termes introducteurs entraîne la substitution au terme originel du terme qu'on lui compare : *Elle avait sur la tête une véritable pièce montée* (substitution de « véritable pièce montée » à « chapeau ») ; *Cet homme, un véritable tonneau, pèse 102 kilos* (identification par apposition).

3. En grammaire, on appelle *subordonnée de comparaison* ou *subordonnée comparative* une subordonnée introduite par *de même que, ainsi que, comme,* etc., et instituant une comparaison entre cette subordonnée et une phrase principale. Parmi les subordonnées de comparaison se trouvent aussi les subordonnées introduites par *que,* dépendant d'un comparatif : dans *Pierre est plus prudent que Paul, que Paul* est une subordonnée de comparaison.

4. Les *degrés de comparaison* sont des indices affectés à un adjectif (ou un adverbe) qui représentent une qualité susceptible d'être plus ou moins élevée, plus ou moins intense. Le degré peut être envisagé en lui-même, indépendamment de toute comparaison avec d'autres êtres ou objets *(degré absolu),* ou par comparaison avec d'autres êtres ou objets *(degré relatif).* On exprime le degré d'une qualité (adjectif) ou d'une modalité (adverbe) par le *positif* (qualité énoncée telle quelle), le *comparatif* (qualité donnée comme remarquable en soi, ou plus ou moins élevée, ou égale par rapport à d'autres), le *superlatif* (qualité donnée comme supérieure en absolu ou supérieure ou inférieure par rapport à d'autres).

comparatif

Le *comparatif* est le degré de comparaison de l'adjectif ou de l'adverbe qui exprime la qualité ou la modalité à un degré égal, supérieur ou inférieur soit à cette même qualité ou modalité chez un autre être ou objet, soit à une autre qualité. On distingue donc un *comparatif d'égalité* ou *équatif (Pierre est aussi grand que Paul, Pierre est aussi grand que bête),* un *comparatif de supériorité (Pierre est plus grand que Paul, Pierre est plus travailleur qu'intelligent),* un *comparatif d'infériorité (Pierre est moins grand que Paul, Pierre est moins ignorant que simplement distrait).* Les comparatifs sont constitués avec des adverbes de quantité *(assez, moins, plus),* avec des termes distincts des positifs *(meilleur/bon, moins/plus),* mais aussi avec des affixes : ainsi, en latin, les comparatifs de supériorité *(doctior,* de *doctus)* sont formés avec l'affixe *-ior ;* en allemand à partir de *klein,* « petit », on forme *kleiner,* « plus petit ».

comparatisme
On donne le nom de *comparatisme* aux recherches de grammaire comparée.

comparatiste
On appelle *comparatistes* les linguistes spécialistes des études de grammaire (ou linguistique) comparée, qui font prévaloir dans leur démarche scientifique les conclusions, les hypothèses ou les points de vue de la grammaire comparée*.

comparée (grammaire)
La *grammaire comparée,* ou *linguistique comparée,* est la branche de la linguistique qui s'occupe de comparer des langues différentes ou une même langue à des moments différents de son évolution (par opposition à la *linguistique descriptive*). Les succès qu'elle a rencontrés au XIXe siècle, notamment dans l'étude des langues indo-européennes, ont été tels qu'on a longtemps réduit la linguistique scientifique à l'étude historique comparative. Son élaboration commença avec J. G. Herder, J. Grimm, A. W. et F. von Schlegel et W. von Humboldt, qui en jetèrent les bases théoriques, mais surtout, après la découverte du sanskrit par W. Jones avec F. Bopp, R. Rask, A. Schleicher et la découverte de la parenté des langues indo-européennes. La grammaire comparée confronte les mots (surtout le vocabulaire usuel) de deux langues ou de plusieurs langues données. Il peut y avoir ressemblance pour la forme et le sens entre certains mots, comme en anglais et en allemand *son* et *Sohn, mother* et *Mutter, brother* et *Bruder, six* et *Sechs, seven* et *Sieben, have* et *habe ;* on pose alors pour chacun de ces mots l'hypothèse qu'ils remontent à une forme unique qui a évolué de deux manières différentes. C'est là qu'on a fait intervenir les lois phonétiques (V. NÉO-GRAMMAIRIENS) permettant de retracer les étapes successives par lesquelles la forme unique (ou étymon) est passée pour aboutir aux formes modernes (ou attestées). On a établi ainsi la parenté* qui permet de dire que deux langues se sont développées à partir d'une même langue (parenté génétique). La grammaire comparée s'est confondue avec la grammaire historique parce qu'elle est née et s'est développée à l'époque romantique férue d'histoire nationale et de culture populaire ; d'où la tendance à admettre que chaque langue reflète les modes de pensée du peuple qui l'utilise et que l'unité de langue correspond à l'unité de race. La famille* indo-européenne, représentée par la plupart des langues d'Europe, a fourni à la grammaire comparée la meilleure matière de recherche. En effet, ces langues avaient conservé des textes anciens remontant à des centaines, voire des milliers d'années. Dans la mesure où les langues sont parentes et représentent des formes progressivement divergentes, les différences sont de moins en moins grandes au fur et à mesure qu'on remonte dans le temps. Il est sans doute possible de prouver l'existence d'une famille indo-européenne par le simple examen de l'état contemporain de chacune des langues, mais l'existence de textes a facilité bien des choses. En appliquant à l'étude d'autres langues les méthodes éprouvées, les linguistes comparatistes ont pu se passer de tout texte ancien pour établir d'autres parentés : la comparaison du fox, du cree, du menominee et de l'ojibwa a permis de décrire le proto-algonkin central ; on a pu aussi établir les parentés entre langues africaines, par exemple. Certaines disciplines relevant de la linguistique historique, comme la glottochronologie*, ont même permis dans une mesure encore incertaine de dater certains faits et de mesurer le degré de parenté.

compensation
En situation de diglossie, la *compensation* désigne les comportements par lesquels une communauté dont la langue est dominée tend à se consoler de la situation qui lui est faite. La compensation consiste souvent à attribuer à la langue dominée des qualités que la langue dominante n'aurait pas (spontanéité, sonorité, etc.).

compensatoire
En phonétique, les *procédés compensatoires,* ou *procédés de compensation,* sont des types d'articulation différents qui permettent d'obtenir le même effet acoustique. Ainsi, dans la prononciation de la voyelle [œ] du français *œuf* [œf], réalisée en général comme une voyelle antérieure semi-ouverte et arrondie, le facteur articulatoire d'arrondissement peut disparaître, sans que cela se traduise par une modification du spectre acoustique, s'il est remplacé par un léger retrait de la langue. Ces deux procédés ont pour effet d'abaisser la fréquence propre de la cavité buccale en augmentant son volume, ce qui entraîne une bémolisation du timbre vocalique. Le premier procédé est le plus normal en français, le second est le procédé normal en anglais, par exemple pour la voyelle de *girl,* mais la voyelle française et la voyelle

anglaise appartiennent au même type acoustique.

En phonologie diachronique, on appelle *phénomène compensatoire* un changement qui a pour effet de pallier les risques de confusion entraînés par un autre changement antérieur ou simultané. Ainsi, dans le dialecte piémontais, la disparition des voyelles finales autres que *a* a pour conséquence une augmentation du nombre des homonymes dans la langue ; mais, par ailleurs, l'apparition d'une série vocalique labiopalatale [y], [ø], [œ] supplémentaire réduit la proportion d'homonymes et permet le maintien d'un équilibre.

compétence

La *compétence* est le système de règles intériorisé par les sujets parlants et constituant leur savoir linguistique, grâce auquel ils sont capables de prononcer ou de comprendre un nombre infini de phrases inédites. La compétence d'un sujet parlant français explique la possibilité qu'il a de construire, de reconnaître et de comprendre les phrases grammaticales, de déceler et d'interpréter les phrases ambiguës, de produire des phrases nouvelles. Cette intériorisation de la grammaire rend compte aussi de l'intuition* du sujet parlant, c'est-à-dire de la possibilité qu'a ce dernier de porter un jugement de grammaticalité sur les énoncés présentés, de décider si une suite quelconque appartient ou non à la langue, de repérer les paraphrases. Une des tâches de la linguistique est de définir cette compétence, commune aux locuteurs qui appartiennent à la même communauté linguistique. La compétence, concept de la grammaire générative, correspond en partie à la « langue », concept de la linguistique saussurienne. La compétence s'oppose à la performance*, définie par l'ensemble des contraintes qui s'exercent sur la compétence pour en limiter l'usage : la performance, qui correspond partiellement à la « parole » saussurienne, rend compte des utilisations diverses de la langue dans les actes de parole.

On a distingué une *compétence universelle,* formée de règles innées qui sous-tendent les grammaires de toutes les langues, et une *compétence particulière,* formée des règles spécifiques d'une langue, apprises grâce à l'environnement linguistique. Par exemple, si dans une structure du type SN + V + SN les deux syntagmes nominaux sont identiques, s'ils sont coréférents (comme dans *Pierre lave Pierre*), il y a alors une transformation réflexive *(Pierre se lave)*. La transformation réflexive serait, d'après certains, une règle universelle, un des universaux du langage, mais le fait que la transformation se fasse par un pronom réfléchi (comme en français) ou par la forme moyenne du verbe (comme partiellement en grec) appartient à la grammaire de chaque langue et relève de la compétence particulière.

La compétence est donc le résultat d'une abstraction et d'une idéalisation des données linguistiques directement accessibles à l'observation qui, elles, appartiennent au domaine de la performance : il s'agit des actes de parole individuels, des textes, discours, etc., qui non seulement représentent l'actualisation du système de la compétence, mais sont également tributaires de nombreux paramètres liés à la situation et aux dispositions psychologiques des sujets (mémoire, attention, émotivité, etc.). Ainsi, ce n'est que lorsqu'on dispose d'hypothèses suffisantes sur le système, c'est-à-dire la grammaire, que l'on peut se préoccuper de savoir comment les locuteurs l'utilisent dans des situations concrètes ; c'est pourquoi l'étude de la compétence précède logiquement celle de la performance.

complément

On désigne sous le nom de *complément* un ensemble de fonctions assurées dans la phrase par des syntagmes nominaux (ou des propositions qui peuvent se substituer à eux) ; ces derniers peuvent être objets, directs ou indirects, constituants de syntagmes verbaux ou de phrases ou circonstants, constituants de syntagmes verbaux ou de phrases ; ils complètent le sens des syntagmes constituants de la phrase. Selon la nature de la relation sémantique entre le verbe et le complément, et selon que ce dernier est introduit par une préposition ou non, on parlera de *complément de relation* (le mot complété renferme l'idée d'une relation et le complément est l'objet de cette relation : *Le constructeur* ***de l'immeuble***) et de *complément de détermination* (le complément précise le complété : *Le chapeau* ***de Pierre***) ; de *complément d'objet direct (Pierre lit* ***un livre****),* de *complément d'objet indirect (Pierre obéit* ***à ses parents****),* de *complément circonstanciel (Pierre est* ***à la maison****).* Dans une phrase comme *Pierre affirme qu'il viendra demain,* la fonction de la proposition *qu'il viendra demain* est celle d'un syntagme nominal complément de *affirme.* Cette notion de complément, qui joue un rôle important dans la tradition grammaticale française, est apparue vers 1750 chez Dumarsais et Beauzée pour remplacer celle de « régime ».

On appelle *complément prédicatif* le constituant obligatoire d'un syntagme verbal dont le verbe est la copule : ce complément prédicatif peut être un adjectif *(Pierre est **heureux**)* ou un syntagme nominal *(Pierre est **un ingénieur**)*.

On a aussi parfois appelé *complément du sujet* le syntagme nominal qu'on trouve après les verbes ou les locutions impersonnelles et qui représente ce que la grammaire traditionnelle appelle le *sujet réel* de la phrase ; ce complément donne le contenu sémantique du pronom sujet ; ainsi, dans *Il est arrivé un malheur, malheur* est le complément du sujet (ou sujet réel de *est arrivé*).

complémentaire (distribution)

Deux éléments d'une langue sont dits *en distribution complémentaire* s'il n'existe aucun environnement où l'un puisse se substituer à l'autre. La notion de distribution complémentaire peut s'appliquer aux divers niveaux de l'analyse linguistique. Selon le niveau d'analyse, les unités en distribution complémentaire seront désignées différemment.

En phonologie, deux sons d'une langue sont en distribution complémentaire, lorsqu'ils n'apparaissent jamais dans le même contexte ; quand ils sont en réalité le même phonème, on les dira allophones*. C'est le cas de sons notés graphiquement en allemand par le digramme *ch ;* leur réalisation phonétique est très différente dans *Bach, Buch,* etc., et dans *ich, Bücher,* etc., et dépend rigoureusement de la voyelle qui précède. L'on dira que *ch* dur et *ch* mou sont en distribution complémentaire en allemand.

Sur le plan morphologique, il en va de même. Le pluriel du déterminant *le,* représenté graphiquement par *les,* recouvre en fait deux allomorphes* en distribution complémentaire, [le] et [lez], non susceptibles de commuter et spécialisés, le premier avec un environnement de droite à initiale consonantique, le second avec un environnement de droite à initiale vocalique ([le paRɑ̃]-[le zɑ̃fɑ̃] : *les parents / les enfants*).

complémentarité

On dit que des unités lexicales sont *complémentaires* quand la négation de l'une dans un énoncé implique l'affirmation de l'autre, et inversement.

C'est le rapport qui existe entre *marié* et *célibataire.* Par opposition à la complémentarité, l'antonymie* ne s'accompagne pas de cette double implication. La complémentarité doit être considérée comme un cas particulier de l'incompatibilité*. Ainsi, dans le cas de l'incompatibilité proprement dite, que *x* soit *rouge,* implique que *x* n'est ni *violet,* ni *indigo,* ni *bleu,* ni *vert,* ni *jaune,* etc., inversement que *x* est *violet, indigo, bleu, vert, jaune,* etc., implique qu'il ne soit pas rouge.

Il faut noter, en revanche et que, contrairement à l'incompatibilité, la complémentarité est fondée sur le principe binaire, qui joue un grand rôle en linguistique. L'utilisation de l'un des termes de l'opposition binaire à un mot suppose que l'on puisse lui appliquer l'autre terme de l'opposition (ainsi à *curé,* on pourra appliquer *marié, célibataire* étant inhérent au terme de base).

Toutefois, on constate bien souvent que dans ces oppositions il peut y avoir des phénomènes de neutralisation. Ainsi, *mâle* et *femelle* sont normalement complémentaires ; mais *chien* peut se voir appliquer aussi bien *mâle* que *femelle,* alors que *chienne* ne peut se voir appliquer que *femelle.*

complétive

On appelle *complétives* des phrases insérées dans d'autres phrases, à l'intérieur desquelles elles jouent le rôle d'un syntagme nominal sujet ou complément. Ainsi, dans *Jean annonce qu'il viendra demain,* la complétive *qu'il viendra demain* (subordonnée à *Jean annonce*) joue le rôle d'un syntagme nominal complément de *annonce (Jean annonce son arrivée).* Dans la phrase *Il est clair qu'il a été surpris,* la complétive *qu'il a été surpris* joue le rôle de sujet de *est clair (qu'il a été surpris est clair).* En français, les complétives peuvent être introduites par la conjonction (ou opérateur) *que (Je sais que Pierre est rentré)* ou être à l'infinitif, précédé ou non de la préposition ou opérateur *de, (Je désire rentrer chez moi. Je crains de le rencontrer) ;* elles sont plus rarement au participe présent *(Je la vois courant vers la sortie).*

complétivisation

La *complétivisation* est une transformation consistant à enchâsser dans un syntagme nominal ou verbal une phrase qui joue le rôle d'une complétive. Les phrases *Je dis que Paul viendra, Je crains de sortir, Le fait que Pierre est malade,* etc., sont issues d'une complétivisation. Ainsi *Je dis que Paul viendra* est issu de *Je dis quelque chose, Paul viendra* → *Je dis cela. Paul viendra* → *Je dis que Paul viendra* (Je dis cette chose + que Paul viendra).

complétiviseur

Le *complétiviseur* est un élément introduit au cours de la transformation complétive (complétivisation) pour réaliser l'enchâssement d'une phrase dans le groupe verbal ou le groupe nominal. Ainsi, en français, le morphème *que* est un complétiviseur dans : *Je dis* ***que*** *Paul est malade. Le fait* ***que*** *Pierre soit malade me chagrine.* La préposition *de* est un complétiviseur dans la phrase : *Je crains* ***de*** *le rencontrer.*

complexe

On appelle *phrase complexe* toute phrase formée de plusieurs propositions (ou phrases simples) liées entre elles par coordination ou subordination. La phrase complexe est nécessairement formée de phrases simples ; dans *Je sais ce que Paul dira,* les deux phrases sont *Je sais cela* et *Paul dira cela ;* ces phrases simples sont coordonnées ou subordonnées, la phrase principale (ou matrice) est modifiée par la seconde phrase (ou constituante), qui est introduite par un relatif, une conjonction de subordination, etc. Les phrases simples qui sont les constituants d'une phrase complexe sont appelées *propositions.*

componentielle (analyse)

L'*analyse componentielle* est une procédure visant à établir la configuration des unités minimales de signification (composants sémantiques, traits sémantiques, ou sèmes) à l'intérieur de l'unité lexicale (morphème lexical ou mot).

L'analyse componentielle est née de la constatation faite par les anthropologues américains de l'inadéquation des concepts, formés dans les civilisations indo-européennes, pour la description des cultures amérindiennes. Des procédures se sont peu à peu élaborées, soucieuses beaucoup plus de champs* conceptuels que de champs linguistiques ; c'est-à-dire que les enquêteurs cherchent à obtenir, à travers des énoncés de la langue, des renseignements de nature, non pas linguistique, mais socioculturelle (par exemple, quels sont les concepts rendant compte des liens familiaux dans telle civilisation). Les préoccupations d'ordre linguistique apparaissent toutefois avec les besoins de la traduction (en particulier, traduction de la Bible dans diverses civilisations au substrat économico-culturel aussi éloigné de celui du Proche-Orient antique que de celui des civilisations gréco-latines dans lesquelles s'est opérée la première diffusion des textes bibliques). Dès lors, sur la constatation linguistique de l'impossibilité d'une correspondance terme à terme entre langues, le recours à l'analyse componentielle s'est effectué dans une optique linguistique : quelle est la structure sémique capable de rendre compte des unités A, B, C de telle langue ? La structure sémique des unités X, Y, Z de telle autre langue permet-elle d'établir un réseau de correspondances ?

1. On présente ici les procédures initiales de E. A. Nida. La méthode proposée est comparative. Les distinctions sémantiques obtenues sont présentées en diagramme. Ensuite, une fois délimités les composants pertinents (sèmes) dans une culture donnée, on peut procéder à l'analyse componentielle de termes individuels. Il faudra décrire l'unité en terme de contexte linguistique et de contexte culturel. Le principe de base est qu'une description lexicale par oui ou par non est fallacieuse ; le descripteur est confronté non à un problème de « vrai ou faux », mais « à celui du degré de vérité et de fausseté ». Les procédures devront rendre compte de cette exigence.

a) On procède d'abord au repérage du champ sémantique. Ainsi, travaillant sur le mot *sorcier* dans différentes langues primitives, le descripteur classe en liste verticale tous les noms du sorcier dans les langues considérées ; en horizontale, toutes les fonctions du sorcier, quel que soit le mot employé. Les informateurs devront indiquer quel mot de la liste verticale correspond aux diverses fonctions de la liste horizontale (par ex. : le X soigne le bétail, le Y jette les sorts, etc.). Cette procédure permet un listage plus cohérent et plus complet des données.

b) Ensuite vient le repérage par le diagramme du champ. Un terme unique peut revêtir des sens très différents, mais il y a des relations clairement reconnues, reflétant généralement des faits culturels. Ici encore le contact de langues peut être mis à profit : la racine *kbd* de l'hébreu se traduit en français par « lourd, beaucoup, lent, abondant, pénible, difficile, oppressant, indolent, passif, richesse, respect, honneur, grand ». On aboutit à quatre types de gloses :

– quantité (sans valeur de jugement) : lourd, beaucoup ;
– inertie sans valeur de jugement : lent ;
– inertie avec jugement péjoratif : indolent, passif ;
– valeurs culturellement reconnues : richesse, respect, honneur, grand ; abondance (comme valeur négative) : pénible, difficile, etc.

On peut construire le diagramme :

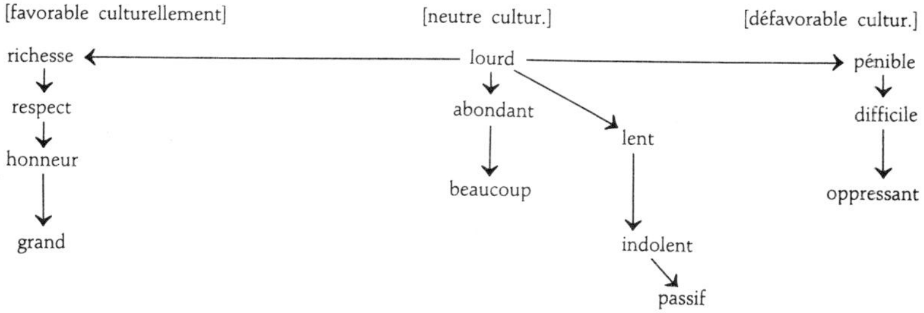

c) Le stade ultime de la procédure est l'analyse componentielle de termes individuels. Par exemple, le terme *jwok* en anuak (Soudan). À partir du corpus d'emploi du terme *jwok* tel qu'il a été recueilli auprès d'informateurs, on aboutit à un tableau de la forme suivante :

	CONTEXTES (PHRASES DES INFORMANTS)									
Composants	1	2	3	4	5	6	7	8	9	10
Pouvoir extraordinaire	+	+			+	+	+	+	+	+
Personnalité humaine					+	+			±	±
Personnalité non humaine	+	+								
Crainte	±	+	+	+	±	±	±	+	+	±
Respect	+	±	+	+	+	+	+		±	+
Séquences inhabituelles de causalité							+	+	+	+
Objets			+	+			+			
Processus							+	+	+	+

Les contextes sont :

1. *Celui qui a fait le monde est jwok ;*
2. *Il faut apaiser les jū piny (pluriel de jwok) par des offrandes et sacrifices ;*
3. *Les sanctuaires familiaux sont jwok ;*
4. *Ce bosquet est jwok ;*
5. *Le sorcier est jwok ;*

6. *Les blancs sont jwok ;*
7. *Les radios, les voitures, les avions, l'électricité sont jwok ;*
8. *Tout ce qui est bizarre est jwok ;*
9. *Le malade a été pris par le jwok ;*
10. *Que faire ? Tout dépend du jwok.*

En rapportant les phrases au tableau, on remarque que, selon des méthodes traditionnelles de définition, des discussions interminables s'élevaient pour savoir si *jwok* dénote un dieu personnel ou un pouvoir impersonnel. L'analyse componentielle permet de rejeter un système du « ou bien - ou bien » en faveur d'un système du « et - et », plus pertinent du point de vue lexical et culturel.

2. En face de cette application à des domaines conceptuellement définis, il existe une tentative d'extension de l'analyse componentielle au vocabulaire général (E. H. Bendix). Les composants sémantiques recherchés sont ici dégagés de l'opposition mutuelle d'un groupe de verbes sélectionnés (verbes anglais, hindis et japonais correspondant grossièrement aux verbes français *obtenir, trouver, donner, prêter, emprunter, prendre, se débarrasser de, perdre, garder*). Il s'agit d'établir la présence ou l'absence d'un composant [A possède B] dans les verbes choisis. L'objectif à long terme étant une description sémantique de toute unité lexicale par les composants sémantiques (de type [A possède B]), il faudrait ensuite introduire les verbes étudiés dans de nouveaux groupements, où de nouvelles oppositions détermineraient de nouveaux composants sémantiques : par exemple, une fois reconnue la présence du sème relationnel [A possède B] dans *A prête B,* l'insertion de *prêter,* sous la forme *A prête B à C,* dans un groupe *montrer, raconter, dessiner, faire,* pourrait amener la considération d'un autre sème relationnel [A est en rapport avec C par B]. Les avantages de cette procédure sont essentiellement de ne pas se plier au découpage conceptuel, puisque le point d'entrée dans l'étude du vocabulaire peut être arbitraire, de permettre également d'éviter les sèmes *ad hoc,* puisque chaque test visera à établir la présence ou l'absence d'un sème et non à épuiser la constitution sémantique d'une unité, de viser enfin à l'économie, puisque les sèmes seront aussi généraux que possible.

La méthode mise au service de ce projet consiste essentiellement en une batterie de tests où l'informateur est chargé non de porter un jugement d'acceptabilité sur les phrases, mais de choisir entre les phrases ou de les classer en fonction de leur interprétabilité. Voici un exemple de test de classement destiné à évaluer la présence ou l'absence du composant [B est à A] dans le verbe *prêter.* Classer :

1. *Puisqu'il me l'a seulement prêté, ce n'est pas vraiment à moi ;*
2. *Puisqu'il me l'a seulement prêté, c'est vraiment à moi.*

L'analyse componentielle, dans les deux formes présentées ici, entre autres, offre un ensemble de procédures bien au point. Il reste qu'elle est souvent contestée d'abord au titre des objections traditionnelles faites à l'ethnolinguistique : systématisme de toute grille de décryptage, danger de création d'artefacts*, mais aussi au titre du fonctionnement réel de discours : s'il est important de comprendre comment le sens d'un mot est déterminé par les sens des autres mots du vocabulaire, il reste à rendre compte du rapport entre mots isolés et mots en discours (comment le sens d'une phrase se compose du sens des mots individuels).

comportement verbal
On désigne sous le nom de *comportement verbal* l'activité du sujet parlant consistant à émettre et à comprendre des énoncés linguistiques. (V. BÉHAVIOURISME.)

composant
Dans l'analyse componentielle*, le *composant sémantique* est l'unité minimale de signification, non susceptible de réalisation individuelle. C'est toujours à l'intérieur d'une configuration sémantique, ou lexème, que se réalise le composant sémantique. Ainsi, un composant sémantique [crainte] intervient ou non dans telle ou telle occurrence d'un mot comme *jwok* (puissance divine, divinité, etc.) en anuak du Soudan. L'analyse componentielle se donne pour tâche de dégager les composants sémantiques propres à tel terme de langue, ou propres à la description d'une occurrence donnée de tel terme de la langue.

Pour l'application de l'analyse componentielle au vocabulaire général, on a proposé de modifier la conception du composant sémantique en faisant ressortir que, loin d'être une unité positive mécaniquement additionnable à une autre, le composant sémantique pouvait être décrit en terme de relation : l'on obtiendrait ainsi un ensemble de relations aussi simples et économiques que possible, capables d'assurer la description de vastes ensembles du vocabulaire général. Par exemple, la considération de la présence ou de l'absence d'un composant sémantique relationnel [A possède B] permet un premier tri dans l'ensemble des verbes *prêter, prendre, obtenir, emprunter, louer,* etc.

composante
En grammaire générative, on donne le nom de *composante* (ou plus rarement de *composant*) à chacune des parties constitutives d'une grammaire : composante sémantique, composante syntaxique, composante transformationnelle et composante phonologique, ou à chacune des parties de la base d'une grammaire : composante catégorielle, composante lexicale.

composé
1. On appelle *mot composé* un mot contenant deux, ou plus de deux, morphèmes lexicaux et correspondant à une unité significative : *chou-fleur, malheureux, pomme de terre* sont des mots composés. Il peut s'agir en français :
a) d'un nom suivi d'un complément de nom à valeur déterminative ou circonstancielle, avec ou sans préposition, avec ou sans trait d'union *(timbre-poste, dessous-de-table, pomme de terre, homme d'affaires)* ;
b) d'un nom suivi ou précédé d'un adjectif épithète ou d'un nom apposé, sans préposition et avec trait d'union *(rouge-gorge, pur-sang)* ;
c) d'un adjectif suivi d'un adjectif *(clair-obscur, sourd-muet)* ;
d) d'une préposition ou d'un adverbe suivi d'un nom *(arrière-pensée, sans-cœur)* ;
e) d'un verbe suivi d'un nom complément avec ou sans préposition *(coupe-circuit, meurt-de-faim)* ;
f) d'un verbe suivi d'un verbe avec ou sans conjonction *(laissez-passer, va-et-vient)* ;
g) d'une proposition (des *on-dit,* un *sauve-qui-peut*).

D'autres mots composés sont formés de deux ou plusieurs radicaux savants qui ne se rencontrent qu'en composition. Il peut s'agir de la combinaison :
a) d'éléments français *(audiovisuel, malpropre)* ;
b) d'éléments latins *(régicide, omnivore)* ;
c) d'éléments grecs, procédé très productif dans les langues techniques et scientifiques *(psychopathologie, myocarde)* ;
d) d'éléments d'origines différentes *(hydravion, mégatonne).*

Le pluriel des noms composés obéit, en français, à des règles complexes. En général, les éléments verbaux restent invariables (des *abat-jour,* des *va-et-vient,* des *on-dit,* des *tire-bouchons*), les éléments nominaux varient (des *avant-postes*, des *chefs-lieux*), sauf lorsqu'ils sont impliqués dans un rapport de subordination (des *brise-glace,* des *timbres-poste*), les éléments adjectivaux varient (des *clairs-obscurs,* des *coffres-forts*), mais les adjectifs de couleur composés restent invariables (des costumes *bleu foncé*). (V. COMPOSITION.)
2. On appelle *passé composé* l'ensemble des formes verbales actives constituées d'un auxiliaire *avoir* (ou *être*) et d'un participe passé, et qui traduisent l'aspect accompli ; le passé composé, dans cette terminologie, s'oppose au *passé simple,* qui est constitué de la racine verbale et d'un affixe de temps passé. (V. PASSÉ, TEMPS.)
3. On dit d'un *bilinguisme* qu'il est *composé* (par opposition à *coordonné**), quand chez un sujet bilingue un même objet correspond à un mot différent dans chaque langue. C'est la situation des sujets qui ont appris une langue étrangère à l'école et pour qui la langue seconde traduit une même situation culturelle. (V. BILINGUISME.)

composition

Par *composition,* on désigne la formation d'une unité sémantique à partir d'éléments lexicaux susceptibles d'avoir par eux-mêmes une autonomie dans la langue. À ce titre, la composition est généralement opposée à la dérivation*, qui constitue les unités lexicales nouvelles en puisant éventuellement dans un stock d'éléments non susceptibles d'emploi indépendant. On oppose ainsi des mots composés comme *timbre-poste, portefeuille,* et des dérivés comme *refaire, chaleureusement, plastifier,* etc.

La nomenclature traditionnelle ne reconnaît comme composés que les termes dont les composants sont graphiquement soudés *(portefeuille)* ou reliés par un trait d'union *(chou-fleur).* Mais cette limitation est purement graphique, et certains linguistes ont étendu le terme de composition à toute suite de morphèmes plus ou moins figés correspondant à une unité significative dans la langue courante ou les langues techniques : on parle alors d'adjectif composé *(rouge comme une pivoine),* d'adverbe composé *(à la vitesse grand V),* ou de nom composé *(onde de choc).* Les unités composées complexes (synapsies*, synthèmes*), sans cesse plus fréquentes, en particulier dans les vocabulaires techniques, peuvent entrer dans un processus de surcomposition : on obtient ainsi des *composés par emboîtement.* Par exemple, *chemin de fer* est un composé par synapsie*, qui entre à son tour dans un composé par emboîtement dans l'unité *Société nationale des chemins de fer français,* dont la siglaison *S.N.C.F.* indique bien le caractère d'unité.

Cette forme de composés a contre elle sa longueur ; elle conduit donc souvent au sigle : *syndrome immuno-dépressif acquis* a tout de suite été abandonné pour *SIDA.*

Dans cette optique, *chemin de fer* et *moulin à café* relèvent, en effet, du processus linguistique de la composition.

I. **compréhension**

On dit qu'un énoncé est *compris* quand la réponse de l'interlocuteur dans la communication instaurée par le locuteur est conforme à ce que ce dernier en attend, que la réponse faite soit un énoncé ou un acte. (V. INTERCOMPRÉHENSION.)

En analyse* de contenu, comme la comparaison des sujets (ou groupes de sujets) se fait en prenant comme invariant un texte ou un ensemble de textes, on évalue la compréhension des sujets par la restitution du texte ou par les procédures de condensation utilisées.

II. **compréhension**

On définit un ensemble *par compréhension* quand on indique les caractères (les propriétés) que les éléments de l'ensemble présentent nécessairement. On oppose la définition *par compréhension* à la définition *par extension** (énumération des attributs). Un concept s'étend à d'autant plus d'éléments qu'il réunit moins de caractères ; ainsi, la compréhension et l'extension sont en raison inverse l'une de l'autre. Par exemple, on peut définir un cas *en compréhension :* l'accusatif latin indique l'objet d'un verbe transitif, l'expansion dans le temps, dans l'espace, etc. ; on peut le définir aussi en extension : l'accusatif latin est défini par l'ensemble des formes qui présentent certaines caractéristiques (ainsi *rosam, Romam, annos* dans *rosam carpsit, Romam iit, tres annos vixit*).

comptable

On appelle *noms comptables* ou *dénombrables* une catégorie de noms désignant des entités perçues comme susceptibles d'entrer dans l'opposition *un / plusieurs* (singularité / pluralité) ; les noms *non-comptables* désignent les entités considérées comme non susceptibles d'entrer dans cette opposition un / plusieurs. Ainsi, les morphèmes *table, télévision, homme, chien,* etc., sont des noms comptables, caractérisés, en français en particulier, par le fait qu'ils peuvent être accompagnés d'adjectifs numéraux : ils ont le trait [+ comptable]. Les morphèmes *courage, laideur, vin, blé,* etc., sont des noms non-comptables ; ils ne peuvent pas être accompagnés de numéraux : ils ont le trait [– comptable] ; ce sont soit des noms abstraits, soit des noms *massifs.* Toutefois, des noms peuvent être comptables en un sens et non-comptables dans un autre ; ainsi *bois* est comptable dans le sens « forêt » et non-comptable dans le sens de « matière dont sont faits les arbres » ; *veau* est comptable dans *Un veau est né à la ferme* et non-comptable dans *J'ai mangé du veau.* (V. RECATÉGORISATION.)

conatif

1. Le *conatif* est un type de formation verbale propre à exprimer l'effort ; ainsi, en français l'imparfait peut être dans certains de ses emplois un conatif. Dans certaines langues, le conatif peut être exprimé par des affixes spécifiques.

2. R. Jakobson utilise le terme de *fonction conative* pour désigner la fonction impérative ou injonctive, qui tend à imposer au destinataire un comportement déterminé.

concaténation
La *concaténation* est la juxtaposition et l'enchaînement d'unités linguistiques dans un ordre donné ; ainsi la chaîne sonore est une concaténation de phonèmes. En général la concaténation est indiquée par le signe + ou simplement par la juxtaposition des symboles. Ainsi dans

SN → D + N,

le signe + indique que le syntagme nominal est formé de D (symbole du déterminant) concaténé à N (symbole du nom), noyau du syntagme nominal.

concept
On donne le nom de *concept* à toute représentation symbolique, de nature verbale, ayant une signification générale qui convient à toute une série d'objets concrets possédant des propriétés communes. (V. NOTION, RÉFÉRENT, SIGNIFIÉ.)

concessif
Une subordonnée est dite *concessive* ou *de concession* quand elle indique la raison qui pourrait s'opposer à l'action indiquée par la principale ; elle est introduite par les conjonctions ou locutions conjonctives *bien que, quoique, malgré que, encore que, même si, quelque... que, si... que, tout... que*, etc. (***Bien que** la séance fût terminée, de petits groupes restaient dans la salle)* ou par des locutions prépositives (ex. : ***Tout en** protestant de sa bonne volonté il nous a menti*).

conclusion
En rhétorique, syn. de PÉRORAISON.

concomitance
Le terme de *concomitance* désigne un fait de redondance phonologique qui se produit lorsque deux phonèmes /p/ *vs* /b/ par exemple, ou deux séries corrélatives, s'opposent par plus d'un trait pertinent. Ainsi, en français, la corrélation /p f t s ʃ k/ *vs* /b v d z ʒ g/ repose sur une double opposition, une opposition de voisement et une opposition de tension. Quand l'une des oppositions est neutralisée, c'est l'autre qui assure la fonction distinctive. En cas de dévoisement de la consonne voisée (ex. : *un rude coup*) ou de voisement de la consonne non-voisée (ex. : *une patte de mouche*), le /d/ et le /t/ se distinguent respectivement par la laxité et la tension ; par contre, en cas de tension de la consonne normalement lâche (ex. : *Bis !* prononcé avec force), le /b/ se distingue de la consonne homorganique /p/ (ex. : *Pisse !*) par le trait de voisement. Il n'est pas toujours simple de distinguer, en cas de concomitance, l'opposition sur laquelle repose principalement la fonction distinctive. Dans l'exemple précédent, c'est l'opposition de voisement qui a la principale fonction distinctive, car sa neutralisation est d'ordre combinatoire et n'entraîne pas de confusion. La neutralisation de l'opposition de tension, par contre, est d'ordre phonostylistique et entraînerait une ambiguïté s'il n'y avait pas l'opposition de voisement.

I. **concordance**
La *concordance* est un fait d'accord d'un type particulier. Alors que le phénomène auquel on réserve le nom d'*accord* indique le changement d'un mot, en nombre, en genre et en personne, conformément au genre, au nombre ou à la personne d'un autre mot relevant d'une catégorie différente, on appelle *concordance* le phénomène par lequel le verbe d'une subordonnée se met au mode ou au temps du verbe de la principale dont il dépend, contrairement au mode ou au temps que ce verbe aurait s'il n'était pas subordonné. *Je crains qu'il ne soit trop tard,* vs *Je craignais qu'il ne fût trop tard.* Le latin connaissait des phénomènes fréquents de *concordance des modes :* notamment, quand un verbe était au subjonctif, tous les verbes dépendant de la proposition dans laquelle ce subjonctif se trouvait tendaient à se mettre au subjonctif, même quand ils auraient dû être à l'indicatif. Par un tour incorrect, mais fréquent, le français connaît la concordance dans la subordonnée exprimant la condition quand la principale est au conditionnel ; on entend, par exemple : *Si j'aurais su, je ne serais pas venu* au lieu de *Si j'avais su, je ne serais pas venu.*

Le français connaît plus souvent la *concordance des temps,* fréquente aussi en latin ; c'est ainsi que, quand le verbe principal est au présent ou au futur, le verbe de la subordonnée, à l'indicatif, se met au temps que réclame le sens ; en revanche, quand le verbe de la principale est au passé, le temps du verbe de la subordonnée s'accorde à ce passé ; on a l'imparfait pour exprimer la simultanéité par rapport au verbe principal *(Je disais qu'il venait = Je disais : il vient),* le futur du passé (dont les formes se confondent avec celles du conditionnel) pour la postériorité *(Je disais qu'il viendrait = Je disais : il viendra),* le plus-que-parfait pour l'antériorité *(Je disais qu'il était venu = Je disais : il est venu),* le futur antérieur du passé pour une action postérieure à celle du verbe principal, mais antérieure à un moment pris comme référence *(Je disais qu'il serait arrivé avant notre départ = Je disais : il sera arrivé avant notre départ).*

Quand le verbe de la subordonnée est au subjonctif, le système fonctionne de la même manière ; en principe, le présent du subjonctif joue le rôle du présent et du futur, l'imparfait du subjonctif celui de l'imparfait de l'indicatif, le passé du subjonctif, les rôles du passé composé et du futur antérieur, le plus-que-parfait ceux du passé antérieur, du plus-que-parfait de l'indicatif, du futur antérieur du passé, du conditionnel passé. En réalité, la langue commune a tendance à substituer à ce système à quatre temps un système à deux temps (présent - futur exprimant la simultanéité ou l'action postérieure ; passé exprimant l'action antérieure). On a ainsi, en langue soutenue :

> *Je veux qu'il vienne* (action de venir postérieure à *je veux*). *Je doute qu'il vienne* (action de venir postérieure ou simultanée par rapport à *je doute*). *Je voulais qu'il vînt* (action de venir postérieure à *je voulais*). *Je doutais qu'il vînt* (action de venir postérieure ou simultanée à *je doutais*).

Mais, en langue commune :

> *Je veux, je doute, je voulais, je doutais qu'il vienne.*

Ce qu'on appelle les règles de concordance n'a pas une application universelle. F. Brunot a même écrit : « Ce n'est pas le temps principal qui amène le temps de la subordonnée, c'est le sens. Le chapitre de la concordance des temps se résume en une ligne : il n'y en a pas. » C'est ainsi qu'on dira : *Certains ne croyaient pas que la terre soit ronde* (vérité générale indépendante). Sans aller aussi loin que F. Brunot, on peut considérer que la concordance est un simple ajustement stylistique.

II. **concordance**

En lexicographie, une *concordance* est un index de mots présentés avec leur contexte. Une fois réalisée, l'indexation des mots d'un texte, d'un auteur, d'une époque fournit des renseignements sur les références des mots et éventuellement sur leur fréquence ; on offre à l'utilisateur la possibilité d'étudier parallèlement les divers emplois du même vocable.

concret

On appelle *noms concrets* une catégorie de noms qui réfèrent à des objets du monde physique (ou de ce qui est considéré comme tel), par opposition aux *noms abstraits,* qui dénotent des entités appartenant à l'ensemble idéologique : ainsi, les noms *rocher, chaise, Jean, bière, dieu,* etc., sont des noms concrets, ils ont le trait [+ concret], alors que *courage, pensée, jalousie,* etc., sont des noms non concrets ou abstraits. Ils ont le trait [− concret]. Ces deux classes de noms se caractérisent par des syntaxes différentes ; certains verbes impliquent un sujet concret, mais excluent un sujet abstrait, dans certains de leurs sens. Ainsi, *courir, marcher, aboyer, germer* impliquent des noms concrets (animés et non-animés) ; leur emploi éventuel avec des noms abstraits correspond à des sens figurés.

condition

On appelle *subordonnée* ou *proposition de condition* ou *subordonnée conditionnelle* une subordonnée exprimant à quelles conditions est effectuée l'action du verbe principal *(Si tu veux, je viendrai ; Qu'ils me détestent, pourvu qu'ils me craignent) ;* cette proposition peut être une infinitive *(Viens à condition d'être muet)* ou une participiale *(En procédant ainsi, tu réussiras).*

conditionné

On dit d'une forme linguistique (phonème, morphème, syntagme) qu'elle est *conditionnée* quand elle apparaît dans un environnement toutes les fois que certaines conditions précises apparaissent. La forme conditionnée est coocurrente des conditions elles-mêmes. Ainsi, en anglais, l'affixe du pluriel des noms a trois formes /-z/, /-s/, /-iz/. Ces allomorphes du même morphème /Z/ sont *conditionnés phonologiquement* en ce sens qu'après les radicaux terminés par / b d g v ð m n ŋ r l ə j w h / on a /-z/, après les racines terminées par /p t k f θ / on a /-s/ et après les racines terminées par /s z ʃ ʒ č ž / on a /-iz/. Le pluriel de *ox* est *oxen* [aksin] ; /-in/ est un allomorphe du pluriel qui n'est utilisé qu'avec *ox* /aks/ : il est *conditionné morphologiquement.*

conditionnel

1. On appelle *conditionnel* le mode* de la phrase que le locuteur ne prend que partiellement à son compte ou qu'il n'assume pas ou qui sert à présenter l'action comme une éventualité, comme soumise à une condition : *Paul viendrait-il ? Il pleuvrait demain que cela ne m'étonnerait pas. Pourriez-vous venir demain ?*

2. On donne le nom de *conditionnel* à un ensemble de formes verbales qui, en français, sont formées de la combinaison du futur et du passé (on dit aussi « forme en *-rais* », par opposition à la « forme en *-ra* » [futur] et à la « forme en *-ais* » [passé]), et qui traduisent le futur dans les complétives d'une phrase au passé : *Je pensais qu'il viendrait* correspond à la phrase au « présent » *Je pense qu'il viendra.*

conditionnement

En psycholinguistique, le *conditionnement* est un mécanisme physiologique d'association entre une stimulation (des stimuli) et un processus d'excitation interne ou externe qui la suit immédiatement, ou du moins de très près, et cela à plusieurs reprises. En ce cas, l'association ainsi réalisée transfère l'efficacité à la stimulation initiale qui déclenche alors les réactions qui dépendaient initialement de l'excitation ; ainsi, la vue de la nourriture déclenche le processus salivaire chez le chien ; si cette vue de nourriture est précédée d'un son de cloche, et cela à plusieurs reprises, le processus salivaire pourra être déclenché par le seul son de la cloche ; il y a eu donc transfert d'efficacité. Le *conditionnement opérant* est une technique expérimentale proposée par le psychologue béhaviouriste B. F. Skinner, par opposition au *conditionnement pavlovien.* Dans ce dernier cas, le sujet passif subit la situation expérimentale stimulus-réponse ; dans le cas de Skinner, le sujet est libre d'agir, mais sa réponse est suivie d'un renforcement établissant ainsi le circuit stimulus-réponse. Ce conditionnement a été étendu au langage. (V. MÉDIATION.)

conduit

1. Le *conduit auditif* est une partie de l'oreille externe faisant communiquer le pavillon avec l'oreille moyenne. C'est un passage long d'environ 25 mm, ouvert à l'extrémité externe et fermé à l'autre par la membrane du tympan. Le conduit auditif joue le rôle d'un résonateur acoustique : il amplifie les ondes sonores qui le traversent à une fréquence proche de sa fréquence propre, qui est de 3 000 à 4 000 cycles par seconde. Il permet ainsi de déceler des sons qui seraient imperceptibles s'ils frappaient directement le tympan.

2. Le *conduit vocal* est la partie de l'appareil phonatoire située entre les cordes vocales et les lèvres, par où circule l'air issu de la glotte. On emploie aussi les termes de *canal vocal* et de *chenal vocal.*

configuration

On oppose la *configuration sémantique* à l'aggloméral* sémantique. On désigne par ces deux termes la définition d'un morphème lexical par une suite de traits distinctifs, mais, alors que l'agglomérat ne suppose pas qu'il y ait de relation entre ces traits, la configuration implique que certains des traits distinctifs sont liés de manière indissociable. Par exemple, *fille* est représentée par l'agglomérat [+ humain], [− mâle], etc., tandis que dans *géant* les deux traits [+ humain] et [grand] sont indissociables.

confirmation

En rhétorique, la *confirmation* est la partie du discours dans laquelle on apporte la preuve de sa thèse (confirmation directe) ou la réfutation des objections (confirmation indirecte).

conflit linguistique

Terme par lequel beaucoup de sociolinguistes, à la suite d'auteurs catalans ou occitans, caractérisent la diglossie non comme un ensemble harmonieux ou stable (comme on l'envisageait dans la définition canonique de Ferguson), mais comme un conflit potentiel (« latent » donc) ou comme un conflit manifeste.

conglobation

En rhétorique, la *conglobation* consiste à accumuler les arguments en faveur de sa thèse, les figures de style en vue de frapper l'imagination.

congloméré

Dans la terminologie de É. Benveniste, le *congloméré* est une unité nouvelle formée d'un syntagme comportant plus de deux éléments, comme *va-nu-pieds, meurt-de-faim.* (V. SYNAPSIE, SYNTHÈME.)

conjoint

Pronom conjoint. V. DISJOINT.

conjonctif

1. On appelle *locution conjonctive* un groupe de mots jouant le rôle d'une conjonction ; ainsi, les formes *parce que, afin que, de même que* sont des locutions conjonctives de subordination ; *c'est pourquoi* est une locution de coordination. On donne le nom de *proposition conjonctive* à la subordonnée introduite par une conjonction ou une locution conjonctive.

2. On donne le nom de *mode conjonctif* au subjonctif dans une subordonnée commençant par une conjonction ou une locution conjonctive.

3. Les relatifs sont parfois appelés *conjonctifs.*

I. **conjonction**

La grammaire définit la *conjonction* comme un mot invariable qui sert à mettre en rapport deux mots ou groupes de mots de même fonction dans une même proposition, ou bien deux propositions de même fonction ou de fonctions différentes. On réunit ainsi sous la même dénomination deux types de mots qui jouent le rôle de connecteurs ou d'articulations logiques du discours.

Les *conjonctions de coordination* joignent des mots, des groupes de mots, des propositions ou des phrases : les principales sont *mais, ou, donc, et, or, ni, car.* On comprend aussi dans cette classe toute une série de mots ou de locutions classés plutôt par d'autres grammairiens comme adverbes et exprimant eux aussi l'opposition, l'alternative, la conséquence, la liaison, la transition ou la cause (*cependant, néanmoins, en effet, par conséquent,* etc.).

Les *conjonctions de subordination* relient une proposition subordonnée à celle dont elle dépend et expriment des rapports de cause (*comme, parce que, puisque,* etc.), de but *(afin que, pour que, de peur que),* de conséquence *(que, de sorte que, de façon que),* de concession ou d'opposition *(bien que, quoique, encore que),* de condition ou de supposition *(si, au cas où, supposé que, à condition que),* de temps *(quand, lorsque, avant que),* de comparaison *(comme, de même que, ainsi que, autant que, comme si).* À quelques exceptions près *(donc, en effet, pourtant, cependant* et quelquefois *aussi),* les conjonctions se placent avant les mots, groupes de mots ou propositions qu'ils relient à d'autres mots ou d'autres groupes de propositions. (V. CONNECTEUR.)

II. **conjonction**

La *conjonction* est une opération syntaxique consistant à réunir deux phrases afin de produire un énoncé unique. Par exemple, soient les deux phrases : *Pierre lit le journal, Paul lit le journal,* l'opération de conjonction par *et* consistera à les réunir : *Pierre lit le journal et Paul lit le journal,* puis par l'effacement des éléments identiques, un déplacement du deuxième syntagme nominal sujet et un ajustement des marques de nombre : *Pierre et Paul lisent le journal.*

conjugaison

On désigne sous le nom de *conjugaison* l'ensemble des formes pourvues d'affixes ou accompagnées d'un auxiliaire que présente un verbe pour exprimer les catégories du temps, du mode, de l'aspect, du nombre, de la personne, etc. La conjugaison est un système, ou *paradigme,* de formes verbales, tandis que la déclinaison* est un paradigme de formes nominales, pronominales ou adjectivales. Le nombre de conjugaisons varie selon les classes de verbes ainsi définies par les différences entre les désinences verbales ; la grammaire traditionnelle établit que le français a trois conjugaisons et que le latin en a quatre. C'est ainsi qu'on parle en français de la 1re conjugaison (ou modèle de variation des verbes dont l'infinitif est terminé par *-er*), de la 2e conjugaison (ou modèle de conjugaison des verbes dont l'infinitif est terminé par *-ir* et le participe présent par *-issant*), de la 3e conjugaison (ou ensemble des verbes qui ne sont ni de la 1re ni de la 2e conjugaison). Cette classification repose essentiellement sur les désinences et la relation infinitif/modes personnels. On a pu en proposer d'autres reposant sur la variation du radical (verbes sans variation de radical comme *chanter,* à une variation comme *finir* [fin-/finiss-], ou *mentir* [men-/ment-], etc.) qui ne recoupent pas la classification usuelle.

Les systèmes de conjugaison sont extrêmement divers selon les langues, les catégories grammaticales pertinentes pouvant varier d'une langue à l'autre. Par exemple, le hongrois distingue une conjugaison subjective, employée en cas d'objet indéterminé ou d'absence d'objet, et une conjugaison objective en cas d'objet déterminé : *adok* (je donne), *adom* (je donne quelque chose). Enfin, certaines langues ne possèdent pas de conjugaison, le verbe ne subissant aucune variation morphologique.

connecteur

1. Le *connecteur* est un opérateur susceptible de faire de deux phrases de base une seule phrase. Ainsi, le morphème *si* est un connecteur dans la transformation :

> *Jean vient, je suis heureuse* → *Je suis heureuse si Jean vient.*

2. Le verbe copule *être* est parfois qualifié de *connecteur.*

connexion

Chez L. Tesnière, la *connexion* est la relation qui existe entre deux mots d'une même phrase. L'ensemble des connexions constitue la structure de la phrase : de ce fait, une phrase comme *Jacques crie* n'est pas constituée de deux éléments *(Jacques* et *crie),* mais de trois : *Jacques, crie* et la connexion qui relie *Jacques* et *crie,* et sans laquelle il n'y aurait pas de phrase. Chaque connexion met en relation un terme supérieur (régissant) et un terme inférieur (régi ou subordonné). Le verbe se trouve ainsi au sommet de la hiérarchie des connexions.

connivence

La *connivence* est un concept utilisé pour analyser les phénomènes d'énonciation* : il est opposé à la simulation* et au masquage*. Il y a *connivence* lorsqu'un locuteur utilise intentionnellement une forme de langue qui le ferait classer comme appartenant à un groupe autre que le sien si le locuteur lui-même et surtout les destinataires ignoraient que lui-même n'appartient pas à ce groupe ; c'est ainsi que le mot *séparatiste,* par lequel le général de Gaulle désignait les communistes, a pu être employé par eux ironiquement devant des locuteurs qui savaient que ce mot n'appartenait pas à leur vocabulaire et qui n'acceptaient pas la proposition impliquée par le général de Gaulle : « Les communistes sont séparés de la nation. »

connotation

L'opposition entre *connotation* et *dénotation* est reprise à la logique scolastique, où elle servait à désigner la définition en extension (dénotation) et la définition en compréhension (connotation). Ainsi, le concept de *chaise* a pour compréhension l'ensemble de ses caractères constitutifs, ce qui constitue une chaise (une chaise est un siège ; elle a un dossier ; elle a des pieds, etc.) ; toute mention du concept de *chaise* connote ces divers éléments ; ce même concept a pour extension l'ensemble des meubles possédant ces caractéristiques (ceci est une chaise ; voilà une chaise ; j'ai acheté deux chaises, etc.) ; toute application du concept de *chaise* dénote un ou plusieurs éléments de cet ensemble.

L'application de ce concept à la linguistique a entraîné des modifications de sa définition. En linguistique, la *connotation* désigne un ensemble de significations secondes provoquées par l'utilisation d'un matériau linguistique particulier et qui viennent s'ajouter au sens conceptuel ou cognitif, fondamental et stable, objet du consensus de la communauté linguistique, qui constitue la *dénotation.* Ainsi, *cheval, destrier, canasson* ont la même dénotation (désignent le même animal), mais ils diffèrent par leurs connotations : à côté de *cheval,* qui est neutre, on dira que *destrier* connote une langue poétique, *canasson* une langue familière. Ainsi, *rouge* dénote une couleur précise, définissable en termes de longueurs d'onde, pour la communauté française. La connotation est alors ce que la signification de *rouge* a de particulier à un individu ou à un groupe donné à l'intérieur de la communauté ; par exemple, la connotation politique de *rouge* ne sera pas identique pour toute collectivité francophone. Une telle définition de la connotation ne va pas sans poser problème : si l'association de *rouge* et de *danger* est une connotation (pour autant qu'elle ne participe pas à la dénotation du terme), on remarquera cependant que cette valeur est reconnue par tout locuteur français. Les connotations peuvent être liées à l'expérience de la communauté linguistique tout entière (comme dans le cas précédent) ou bien à celle d'un groupe particulier (par ex. les mots *agriculteur* et *paysan* ne sont pas ressentis partout de la même manière), ou bien à celle d'un individu ; c'est pourquoi on parle aussi de sens affectif ou émotif, de contenu émotionnel. Ainsi, le réseau des connotations d'un texte ou d'un discours peut permettre de donner des indications aussi bien sur l'origine géographique ou sociale de son auteur que sur son attitude volontaire ou inconsciente à l'égard de son destinataire. Il faut noter que les mots ne constituent pas à eux seuls le matériau linguistique susceptible d'entraîner des connotations ; il peut s'agir d'une prononciation particulière, de la construction des phrases ou de l'organisation du discours ; autrement dit, les unités de connotation ne coïncident pas nécessairement avec les unités de dénotation.

Pour L. Bloomfield, il y a trois types de connotation, manifestés par *a)* les niveaux de langue, *b)* les tabous linguistiques et *c)* le degré d'intensité des formes linguistiques.

C'est dire que l'étude de la connotation est du ressort de la sociolinguistique. Pour L. Hjelmslev, l'étude de la connotation échappe à la linguistique : les connotations apparaissent comme un contenu, qui a pour plan de l'expression l'ensemble du langage de dénotation. Ainsi, alors que le fonctionnement dénotatif de la langue est proprement linguistique (dans le cadre de la théorie saussurienne du signe), le jeu des connotations est supérieur au niveau de la langue : l'analyse ne peut relever pour lui que de la sémiotique, science générale des signes et non plus celle des seuls signes linguistiques.

conscience linguistique
La linguistique saussurienne donne le nom de *conscience linguistique* à la connaissance intuitive que le locuteur a des règles et des valeurs linguistiques : c'est la faculté de langage, proche de l'intuition du locuteur natif.

consécutif
1. On appelle subordonnée *consécutive* ou *subordonnée de conséquence* une proposition qui, subordonnée à une autre, en exprime la conséquence. Ainsi dans *Il est tellement paresseux qu'on ne peut obtenir de lui ce travail,* la proposition *qu'on ne peut obtenir de lui ce travail* est une subordonnée consécutive.
2. On dit d'un bilinguisme ou d'un biculturalisme qu'il est *consécutif* quand il est caractérisé par le fait que l'une des deux langues ou des deux cultures a été acquise avant l'autre.

conséquent
1. On dit d'une proposition subordonnée qu'elle est *conséquente* quand elle suit la proposition principale : dans *Je sortirai, s'il fait beau, s'il fait beau* est conséquent par rapport à *Je sortirai.*
2. On appelle *conséquent* tout terme grammatical, appartenant à la classe des relatifs ou des conjonctions, qui introduit une proposition relative ou conjonctive annoncée dans la principale par un terme corrélatif (appelé *antécédent**). Ainsi, dans la phrase *Je l'ai retrouvé tel que je l'ai connu il y a dix ans,* le mot *tel* est antécédent et le mot *que* est conséquent.

consonantique
Un *son consonantique,* ou *contoïd,* est un son qui présente les caractéristiques essentielles des consonnes, c'est-à-dire un obstacle sur le passage de l'air entraînant une turbulence ou même une interruption du flux d'air qui se traduisent dans le spectre acoustique par une réduction de l'énergie totale. Tous les sons traditionnellement considérés comme des consonnes sont consonantiques. Ceux qu'on appelle traditionnellement semi-consonnes, les glides* comme [w], [j], [ɥ], ainsi que les voyelles, sont non-consonantiques.

consonne
La *consonne* est un son comportant une obstruction, totale ou partielle, en un ou plusieurs points du conduit vocal. La présence de cet obstacle sur le passage de l'air provoque un bruit qui constitue la consonne ou un élément de la consonne. Selon que ce bruit correspond à la fermeture ou au resserrement du conduit vocal après la prononciation d'une voyelle ou à son ouverture avant la prononciation d'une voyelle, la consonne est dite explosive comme le /p/ dans le mot français *pas,* ou implosive comme le /r/ dans le mot français *or.* En général, les consonnes se perçoivent mal toutes seules, sans le soutien d'une voyelle contiguë.

En phonétique articulatoire, on distingue différents types de consonnes d'après le mode d'articulation (ou mode de franchissement de l'obstacle*) et le point d'articulation* (ou obstacle).

En fonction du mode d'articulation, on distingue les *consonnes voisées* des *consonnes non-voisées* selon que les cordes vocales vibrent ou non ; les *consonnes nasales* des *consonnes orales* selon que la position de la luette permet ou non l'écoulement de l'air par les fosses nasales ; les *consonnes tendues* (ou fortes) des *consonnes lâches* (dites aussi faibles ou douces) selon le degré de tension des muscles articulatoires. Selon le degré d'obstruction du conduit vocal, on distingue les *occlusives*, caractérisées par une fermeture totale ; les *fricatives* (ou constrictives), pour lesquelles le conduit vocal est simplement resserré ; les *affriquées*, qui combinent une occlusion et une frication ; les *vibrantes*, pour lesquelles l'écoulement de l'air est interrompu par de brèves occlusions successives ; les *latérales*, qui comportent un écoulement de part et d'autre d'une occlusion centrale ; les *glides* (semi-consonnes ou semi-voyelles), pour lesquelles le conduit vocal est à peine plus resserré que pour les voyelles. Toutes les consonnes pour lesquelles l'écoulement de l'air est interrompu (occlusives, affriquées, vibrantes) sont dites « momentanées ». Toutes les autres sont dites « sonantes » (ou « continues », ou « duratives »).

Le point d'articulation, ou obstacle, peut se situer dans le pharynx ou dans le larynx pour les consonnes dites « glottalisées », qui peuvent être occlusives ou fricatives. L'occlusion est double pour les clics ou consonnes claquantes, qui comportent deux occlusions, dont l'une obligatoirement vélaire. Les autres types de consonnes se différencient surtout par la nature des deux articulateurs principaux qui constituent l'obstacle : l'articulateur supérieur (lèvres, incisives, alvéoles supérieurs, palais dur antérieur, central ou postérieur, palais mou dit aussi « voile du palais », luette) et l'articulateur inférieur (lèvres ou incisives inférieures, pointe de la langue, revers de la pointe de la langue, dos de la langue antérieur, central ou postérieur).

Suivant la nature de l'articulateur supérieur, on distingue les labiales, les dentales, les alvéolaires, les prépalatales, les centro-palatales, les postpalatales, les vélaires (ou gutturales), qui se différencient en sous-types suivant la nature de l'articulateur inférieur. Les labiales peuvent être bilabiales ou labiodentales, les dentales peuvent être apicodentales ou apico-interdentales, les alvéolaires et les palatales peuvent être soit apicales ou apico-rétroflexes, soit dorsales (prédorso-alvéolaires, dorso-palatales), les vélaires peuvent être apicales ou dorsales (apico-vélaires, dorso-vélaires).

L'intervention d'un articulateur secondaire peut créer un deuxième obstacle qui oppose aux consonnes simples les consonnes complexes comme les affriquées, les chuintantes ou les glides bilabiovélaires ou bilabiopalatales.

Du point de vue acoustique, il n'est pas facile de définir les constituants acoustiques de la consonne. Leur interprétation spectrale est complexe, surtout pour les occlusives, qui apparaissent comme des parties blanches représentant le silence provoqué par l'interruption de l'écoulement de l'air. Dans tous les cas, on ne peut vraiment interpréter les spectres acoustiques des consonnes qu'en ayant recours aux effets produits sur les formants des voyelles placées à côté.

constante

1. On appelle *constante* une grandeur dont la présence est la condition nécessaire d'une grandeur à laquelle elle est liée par une fonction et qui est la variable. Ainsi, dans une règle de la forme SN → D + N (syntagme nominal se réécrit déterminant suivi de nom), les symboles D et N sont traités comme des constantes.
2. Au terme de *constante*, défini par opposition à *variable*, on substitue très souvent en linguistique invariant*. Une constante est constituée, par exemple, dans deux énoncés qui ne varient que sur certains points, par les parties d'énoncés qui ne changent pas. Dans *Jacques a bu de l'eau* et *Jacques a vu de l'eau*, on dira que les constantes sont *Jacques a* et *de l'eau* (si on s'en tient à l'analyse en mots) ou *Jacques a* et *-u de l'eau* (si on s'en tient aux signes de l'écriture).

constatif

On dit d'une phrase qu'elle est *constative* quand elle décrit seulement l'événement (par opposition à la phrase performative*) ; par exemple : *Je me promène.*

constellation

En glossématique, le terme *constellation* désigne de manière précise la fonction qui existe entre deux fonctifs*, variables tous les deux.

constituant
On appelle *constituant* tout morphème (ou mot) ou syntagme (c'est-à-dire toute expression) qui entre dans une construction plus vaste. Dans *Pierre vient à la maison avec ses amis,* les syntagmes *Pierre* et *vient à la maison avec ses amis* sont les constituants de la phrase. On distingue les constituants nucléaires, comme le sujet *Pierre* et le prédicat *vient à la maison,* parce qu'ils constituent le noyau*, et les constituants extra-nucléaires, comme l'adjoint* *avec ses amis.*

constituant immédiat
1. La théorie de la *structure en constituants immédiats* d'une phrase pose comme principe que toute phrase de la langue est formée non d'une simple suite d'éléments discrets, mais d'une combinaison de constructions formant les constituants d'une phrase, ces constituants étant à leur tour formés de constituants (de rang inférieur) : une phrase est ainsi faite de plusieurs *couches* de constituants. Soit la phrase :

L'enfant lance la balle.

La théorie des constituants en décrit la structure comme la combinaison (concaténation*) de deux constituants : un syntagme nominal *(L'enfant)* et un syntagme verbal *(lance la balle).* Chacun de ces deux *constituants immédiats* de la phrase est, à son tour, formé de constituants : le syntagme nominal *l'enfant* est formé d'un déterminant *(l')* et d'un nom *(enfant),* le syntagme verbal *lance la balle* est formé d'un verbe *(lance)* et d'un syntagme nominal *(la balle),* à son tour formé d'un déterminant *(la)* et d'un nom *(balle).* Les mots *l', enfant, lance, la, balle* sont les *constituants ultimes* de la phrase. Cette structure en constituants est une structure hiérarchique dans laquelle les niveaux intermédiaires intègrent un niveau inférieur et sont intégrés par un niveau supérieur ; cette structure, représentable par un arbre* ou par un système de parenthèses (V. PARENTHÉTISATION), est la description structurelle de la phrase.

La théorie générale a été établie par L. Bloomfield et la détermination des constituants a été réalisée par la méthode distributionnelle dont R. S. Wells, Ch. F. Hockett et Z. S. Harris ont élaboré les principes en définissant les notions de constituant discontinu*, d'expansion* et de transformation*, et lui ont donné toute son efficacité. (V. BOÎTE DE HOCKETT.) La critique de l'analyse en constituants a été le point de départ de la grammaire générative.

2. On appelle *grammaire de constituants,* ou *grammaire syntagmatique,* une grammaire consistant en une liste finie d'éléments où l'élément de gauche dans la paire, formant une catégorie unique, correspond à une suite finie d'éléments à droite, formant une ou plusieurs catégories. Ainsi, une grammaire de constituants peut comporter les paires suivantes :

phrase : syntagme nominal + syntagme verbal
syntagme nominal : déterminant + nom
syntagme verbal : verbe + syntagme nominal
nom : garçon

constituante
On appelle *suite constituante,* en grammaire générative, toute suite enchâssée dans une suite matrice*. Soit la phrase *Prends le livre qui est sur le bureau,* la relative *qui est sur le bureau* est la suite constituante enchâssée dans la matrice *Prends le livre.*

constriction
On appelle *constriction* un resserrement du conduit vocal provoquant une turbulence de l'air laryngé qui s'entend comme un bruit de frottement, ou bruit fricatif, et qui caractérise la réalisation des consonnes dites constrictives ou fricatives comme en français [f], [v], [s], [z], [ʃ], [ʒ].

constrictive
Une *constrictive* est une consonne dont l'articulation comporte un resserrement ou constriction* en un point ou un autre du conduit vocal, de sorte que l'air, sans être complètement arrêté, s'écoule avec un bruit de frottement ou de frication, d'où le nom de *fricative** que l'on donne aussi à ce type de consonnes. Les consonnes [f], [v], [s], [z], [ʃ], [ʒ], [x], [χ] sont des fricatives.

Acoustiquement, la turbulence de l'air provoquée par le resserrement du chenal buccal se traduit sur le spectrogramme par une zone brouillée. Le segment fricatif se distingue aussi des autres segments consonantiques par une plus grande durée. Enfin, certaines différences spectrales permettent de distinguer entre elles les consonnes fricatives : ainsi [s] et [ʃ] se distinguent des autres fricatives par une plus haute intensité, mais l'énergie se concentre, pour [s] surtout, dans la région du spectre au-dessus de 4 kHz jusqu'à 8 kHz, et pour [ʃ] de 1,6 à 2,4 kHz jusqu'à 7 kHz ou plus. Cependant, comme pour les occlusives, c'est surtout la nature des transitions du second formant* des voyelles voisines qui permet de distinguer une fricative d'une autre.

construction
1. En grammaire moderne, on appelle *construction* tout groupe pertinent de mots (ou de morphèmes) qui entre dans une construction plus vaste, qui obéit à un schéma syntaxique ou morphologique. Ainsi, *Le jeune enfant aime le chocolat* est formé de *Le jeune enfant,* qui est une construction constituante de la phrase ; *jeune enfant* est lui-même une construction constituante du syntagme *Le jeune enfant.*
2. En grammaire traditionnelle, on appelle *construction* la manière dont les mots se groupent dans la phrase selon leur sens et selon leur rôle syntaxique, d'après les règles propres à chaque langue.

contact de langues
Le *contact de langues* est la situation humaine dans laquelle un individu ou un groupe sont conduits à utiliser deux ou plusieurs langues. Le contact de langues est donc l'événement concret qui provoque le bilinguisme* ou en pose les problèmes. Le contact de langues peut avoir des raisons géographiques : aux limites de deux communautés linguistiques, les individus peuvent être amenés à circuler et à employer ainsi tantôt leur langue maternelle, tantôt celle de la communauté voisine. C'est là, notamment, le contact de langues des pays frontaliers. Il peut y avoir aussi déplacement massif d'une communauté parlant une langue, conduite à s'installer pour quelque temps, longtemps, ou toujours, dans la zone géographique occupée par une autre communauté linguistique. Ce type de contacts de langues que l'ancienne Gaule a connu, notamment au moment des invasions germaniques, reste fréquent dans les cas d'immigration collective (Irlandais ou Portoricains aux États-Unis) ; d'une manière plus générale, c'est le type de contacts caractéristiques de l'extension à la plus grande partie de l'ancienne Gaule du parler francien donnant naissance au français.

Mais il y a aussi contact de langues quand un individu, se déplaçant, par exemple, pour des raisons professionnelles, est amené à utiliser à certains moments une langue autre que la sienne. D'une manière générale, les difficultés nées de la coexistence dans une région donnée (ou chez un individu) de deux ou plusieurs langues se résolvent par la commutation ou usage alterné, la substitution ou utilisation exclusive de l'une des langues après élimination de l'autre ou par l'amalgame, c'est-à-dire l'introduction dans des langues de traits appartenant à l'autre. L'utilisation du français dans les provinces de langues différentes s'est accompagnée et s'accompagne de ces trois types de situation.

contamination
On appelle *contamination* l'action analogique exercée par un mot, une construction, un élément phonique, sur un autre mot, une autre construction, un autre élément phonique ; ainsi, *fruste* a subi l'action analogique de *rustre,* et son sens a été modifié par contamination. De même, la construction *se souvenir de* a contaminé la construction de *se rappeler* qui, en langue familière, se construit avec la préposition *de.* (V. ANALOGIE.)

contenu
Le *contenu* est la face conceptuelle, l'aspect cognitif, sémantique, du message linguistique. Dans la terminologie de L. Hjelmslev, le mot *contenu* s'oppose à *expression,* comme chez F. de Saussure *signifié* s'oppose à *signifiant.* Tout message comporte une face expressive et signifie quelque chose. Le contenu, c'est la face abstraite du message, son aspect conceptuel, l'objet du message. Or, l'objet du message, tout comme l'expression du message, peut être considéré sous deux aspects complémentaires, comme forme (structure) et comme substance. La substance du contenu, c'est la mise en rapport du monde extérieur et de la faculté de parler, l'intention de communiquer quelque chose au sujet du réel. La forme du contenu, c'est la structuration de l'intention de communication par une langue donnée. La structure du contenu découpe la situation de façon spécifique. On constate que les traits de situation sont récursifs à l'intérieur d'une langue donnée. Pour reprendre un exemple de L. Hjelmslev, on opposera, dans la désinence latine *-ibus,* un découpage en quatre éléments sur le plan de l'expression (quatre phonèmes) et un découpage en deux éléments sur le plan du contenu : datif-ablatif et pluriel.

L'étude du contenu débouche sur deux types d'analyse :
a) l'analyse* de contenu, couramment pratiquée par la sociologie et distincte de l'analyse de discours ; l'étude porte sur le rapport entre le niveau psychosocial et le monde réel, et les renseignements obtenus portent sur un domaine non linguistique ;
b) la sémantique structurale, qui est déjà en projet chez L. Hjelmslev. Au titre de cette étude, on pourra envisager le mot comme une entité à deux faces, lexème et ensemble de

sèmes *(sémème)*. Tandis que le lexème sera étudié par les méthodes de la lexicologie (définition du lexème par ses rapports paradigmatiques et syntagmatiques), le sémème sera étudié comme unité de contenu, c'est-à-dire en fonction des « mots clefs » caractéristiques d'une société à une époque donnée, et du système de mots subordonnés qui en dépendent. Le lexème *chaise* une fois étudié en lexicologie, il reste à étudier le sémème *chaise* dans l'ensemble des sièges, en fonction de la technologie et de la civilisation fournissant le paradigme des sièges dans le français contemporain.

context

Dans la linguistique distributionnelle américaine, on a appelé règles *context sensitive* les règles dépendantes du contexte, c'est-à-dire où, dans la réécriture : X→VYZ (X se réécrit Y dans le contexte V et Z), V et Z ne sont pas nuls.

On a appelé règles *context free* les règles indépendantes du contexte, c'est-à-dire les règles où X peut être remplacé, dans la réécriture ci-dessus, par Y quels que soient V et Z.

contexte

1. On appelle *contexte* ou *contexte verbal* l'ensemble du texte dans lequel se situe une unité déterminée, c'est-à-dire les éléments qui précèdent ou qui suivent cette unité, son environnement.

2. On appelle *contexte situationnel* ou *contexte de situation* l'ensemble des conditions naturelles sociales et culturelles dans lesquelles se situe un énoncé, un discours. Ce sont les données communes à l'émetteur et au récepteur sur la situation culturelle et psychologique, les expériences et les connaissances de chacun des deux.

3. Les grammaires syntagmatiques font un grand usage de la notion de *contexte :* on peut les diviser en grammaires indépendantes du contexte et grammaires dépendantes du contexte. Soit une règle de réécriture N→N et N (N peut être réécrit N et N) ; cette règle s'appliquera sans aucune limitation contextuelle (il suffira simplement que N apparaisse pour que la règle soit applicable) ; c'est une règle indépendante du contexte.

En revanche, si N ne peut être réécrit N et N que quand il est précédé ou suivi ou bien précédé et suivi de certaines unités, on dira que la règle est dépendante du contexte et on aura : N→N et N dans le contexte X ... Y, c'est-à-dire N peut être réécrit N et N quand N est précédé de X et suivi de Y. Il faudra donc que l'on ait un énoncé de forme X N Y pour que la règle s'applique. Elle ne s'appliquera évidemment pas si l'on a X N Z ou Z N Y. (*Grammaire [règles] dépendante, indépendante du contexte.* V. SYNTAGMATIQUE.)

contextuel

1. *Trait contextuel.* V. TRAIT.

2. *Variante contextuelle,* syn. de VARIANTE COMBINATOIRE.

contiguïté

En linguistique distributionnelle, la seule relation existant entre deux morphèmes ou deux suites de morphèmes est la *contiguïté,* c'est-à-dire la proximité immédiate de deux morphèmes ou suites de morphèmes ; ainsi, dans la suite SN + SV, SN est défini par sa contiguïté à SV.

contingent

L'opposition *contingent* vs *nécessaire* (ou ce qui est accidentel *vs* ce qui est permanent ou obligatoire) se manifeste surtout dans le verbe (contingent : *Il peut arriver ce soir* vs nécessaire : *Il doit arriver ce soir*), mais elle intéresse aussi dans certaines langues les noms et les adjectifs (contingent : *Je suis ivre* vs permanent : *Je suis un homme*).

continu

Un *son continu* est un son dont la prononciation comporte un écoulement continu de l'air laryngé (en partie ou dans sa totalité). Les voyelles sont des *continues,* ainsi que toutes les consonnes autres que les occlusives, les affriquées et les vibrantes. En effet, les voyelles, les glides, les consonnes fricatives ne comportent pas d'occlusion du conduit vocal. Les latérales et les nasales comportent des occlusions buccales, mais celles-ci s'accompagnent d'un écoulement simultané de l'air, soit à travers la cavité buccale, de part et d'autre de l'occlusion, soit à travers les fosses nasales.

Les consonnes continues sont dites également « sonantes » ou « duratives », par opposition aux « momentanées ».

continuatif

Syn. de DURATIF.

continuité

En géographie linguistique, la *continuité* est le caractère des situations dialectales dans lesquelles il n'y a pas de frontières linguistiques nettes, si bien qu'on passe par étapes d'un dialecte à un autre dialecte, un trait linguistique s'étendant jusqu'à un point, un autre allant plus loin.

continuum

Ce terme qui pourrait référer à la continuité géographique est appliqué plus spécialement à la situation sociolinguistique dite « post-créole » dans laquelle, en un même point, la distance entre le créole et la langue dont celui-ci est issu s'amenuise au point qu'on passe insensiblement, par des « lectes » impliqués l'un dans l'autre, de la variété la plus élevée à la variété la moins élevée. Par extension, le terme peut s'employer pour toute situation dans laquelle il n'y a pas discontinuité entre les variétés haute(s), moyenne(s) et basse(s).

contoïd

Le terme *contoïd* est le terme employé par certains linguistes américains (K. L. Pike, C. Hockett) pour désigner les sons consonantiques*. Dans cette terminologie, les contoïd s'opposent aux *vocoïd,* qui présentent les caractéristiques essentielles des voyelles.

contour

Le *contour d'intonation,* ou contour tonal, est l'ensemble des caractéristiques mélodiques qui constituent l'unité de la phrase. Chaque phrase est caractérisée par un contour d'intonation consistant en une ou plusieurs variations de hauteur et un contour final. La différence entre les contours finals permet d'opposer linguistiquement trois types principaux de phrases, dans l'ensemble des langues européennes tout au moins : le relèvement terminal de la hauteur mélodique, qui se termine à un niveau plus élevé que le niveau mélodique de soutien, caractérise la phrase interrogative. La phrase impérative est caractérisée par un abaissement final de la hauteur de la voix au-dessous du niveau de soutien. La phrase assertive est marquée par l'absence de ces deux traits.

contracte

1. Quand deux voyelles contiguës se sont réduites à une seule selon certaines lois phonétiques, la voyelle unique qui résulte de cette contraction est dite *voyelle contracte*. Ainsi, dans le grec *teikhous,* venant de *teikheos, ou* est une voyelle contracte.

2. On appelle *noms* et *adjectifs contractes,* en grec, ceux qui sont caractérisés par la contraction de la voyelle de la désinence avec la voyelle du thème ou celle du radical (ex. : *teikhous* issu de *teikheos*). Les *verbes contractes* sont ceux dont le radical est terminé par les voyelles *a, e* ou *o,* qui se combinent avec la voyelle thématique *e* ou *a (timômen* de *tima-o-men*).

contracté

En grammaire traditionnelle, on appelle *articles contractés* les formes prises par l'article défini quand celui-ci se combine avec les prépositions *à* et *de* pour former des mots uniques : *à le* devient *au ; à les* devient *aux ; de le* devient *du ; de les* devient *des. (En les* devenait *ès,* ce qui s'est maintenu dans *licence ès lettres.)*

contraction

On appelle *contraction* la réunion de deux éléments en un seul (ex. : *de les* donne *des*). [Syn. de COALESCENCE.]

contrainte

Les *contraintes* sont l'ensemble des limitations (nécessités ou interdits) portant, en un point de chaîne parlée, sur les occurrences des unités qui précèdent ou suivent.

D'une manière générale, la linéarité de la chaîne parlée interdit d'avoir en un point unique de l'énoncé deux unités de même niveau : l'émission d'un phonème exclut en ce point tous les autres phonèmes ; mais, en outre, l'existence d'une unité conditionne la possibilité d'occurrence d'unités subséquentes.

La question de l'ordre des mots peut éclairer le problème. En latin, après un début *pater,* on attend aussi bien un verbe qu'un nom *(pater amat filium / pater filium amat) ;* en français, le début *le père* fait peser sur l'ordonnancement de l'énoncé une contrainte beaucoup plus forte.

Les contraintes séquentielles peuvent concerner le premier élément de l'énoncé : la nécessité d'un « sujet apparent » dans le français *il pleut, il neige* peut être considérée sous cet angle.

On comprend que la linguistique distributionnelle ait volontiers confronté cette notion de contrainte avec les données de la théorie de l'information. Après *j'ai vu un...* la langue française est contrainte à un choix paradigmatique, très vaste encore ; après *« j'ai vu un diplo... »,* un choix est encore possible *(diplôme, diplomate, diplômé,* etc.*) ;* après *« j'ai vu un diplod..., »* la séquence *« -ocus »* devient obligatoire : sa probabilité d'occurrence devient absolue. On a pu se servir de cette considération pour une tentative de délimitation du mot : sur la base de la probabilité d'occurrence des phonèmes, on déterminerait les limites entre les segments de l'énoncé.

La notion de contrainte (ou de son opposé, la liberté d'occurrence) est particulièrement utile à la constitution d'une grammaire de constituants immédiats. Une des règles de l'analyse en constituants immédiats pose que la meilleure division est celle qui aboutit à des constituants ayant la plus grande liberté d'occurrence – et donc sujets à moins de contraintes séquentielles. Dans le groupe *une grande bonne volonté,* un découpage / *grande* / *bonne volonté* / est plus vraisemblable, qu'un découpage / *grande bonne* / *volonté* /, pour autant que / *grande* + SN / et / *bonne volonté* / se rencontreront dans beaucoup plus de contextes (= seront moins contraints) que / *grande bonne* / ; le même raisonnement vaudrait pour *chère petite amie, vraie bonne farce,* etc.

contraire

On appelle *contraires* des unités de sens opposé dont l'une est la négation de l'autre et vice versa. La notion de *contraire* en logique est plus vaste que la notion d'antonymie* en linguistique.

E. Sapir fait remarquer que l'antonymie repose sur la comparaison : *petit* et *grand* ne réfèrent pas à des notions contraires, mais précisent des points sur un axe des grandeurs toujours ordonné, au moins de façon implicite. Dans la phrase *Un petit éléphant, c'est grand, grand* réfère implicitement à l'ordre de grandeur des animaux, pendant que *petit* réfère à l'ordre de grandeur des éléphants.

La complémentarité est plus proche de la notion de contraire ; en effet, le test de la négation y donne des résultats probants ; par exemple, pour l'opposition *nuit* / *jour,* on remarque que *Il ne fait pas jour* implique *Il fait nuit,* alors que dans la relation précédemment définie comme antonymie, le test donne des résultats différents : *Il n'est pas grand* n'implique pas *Il est petit.*

La notion de réciprocité est elle aussi à l'origine d'unités de sens contraire. La relation entre *actif* et *passif* est caractéristique de ce troisième type de contraires en français.

Toutefois, il est remarquable que ces distinctions entre les diverses acceptions de *contraire* soient généralement neutralisées dans la langue : tout se passe, en général, comme si les antonymes s'opposaient en soi, et non par référence à l'origine de la comparaison. Le critère de l'interrogation s'oppose sur ce point à celui de la négation. Si *Ce livre n'est pas mauvais* n'implique pas *Ce livre est bon,* la réponse *non* à *C'est un bon livre ?* est très généralement perçue comme signifiant *C'est un mauvais livre.* Entre la relation d'implication logique et les mécanismes et la langue, il semble qu'il faille introduire le filtre d'un modèle psycholinguistique.

contraste

En phonologie, le *contraste* est la différence phonologique entre deux unités contiguës de la chaîne parlée. C'est un rapport d'ordre syntagmatique, à distinguer de l'*opposition,* qui est un rapport d'ordre paradigmatique entre unités alternatives.

Il peut y avoir contraste entre une syllabe accentuée et une syllabe atone qui la précède ou qui la suit, entre deux phonèmes différents qui se succèdent, etc. Le contraste maximal est celui qui permet la constitution des premières séquences syllabiques dans le langage de l'enfant. Dans la syllabe /pa/, il y a le contraste entre la fermeture maximale de l'occlusive et l'ouverture maximale de la voyelle, le contraste compact / diffus, le contraste grave / aigu. Le contraste, c'est-à-dire la différence entre les unités successives, est indispensable à la compréhension, ce qui limite les effets de la tendance à l'assimilation.

Cette importance du contraste dans la transmission du message explique aussi la loi du contraste phonologique minimal, c'est-à-dire l'incompatibilité pour deux phonèmes différenciés par une marque de corrélation* de se combiner dans le même morphème : ainsi, on ne peut trouver les combinaisons telles que /**pb**/, /**td**/, /**kg**/ dans les langues où existe la corrélation de voisement comme en français.

L'observation de l'acquisition du langage enfantin amène R. Jakobson à considérer l'ordre suivant : d'abord acquisition d'un *contraste* entre une voyelle large et une occlusive d'avant-bouche (habituellement, ce contraste est réalisé par A et une occlusive labiale [PA ou BA]) ; ensuite acquisition de deux *oppositions* consonantiques. Généralement, l'ordre est : opposition orale *vs* nasale /**p**/ *vs* /**m**/, puis opposition labiale *vs* dentale /**p**/ *vs* /**t**/. C'est ensuite seulement que l'acquisition d'une opposition vocalique (voyelle large *vs* voyelle étroite, par exemple /**a**/ *vs* /**u**/ ou /**i**/) permet d'enrichir la gamme des contrastes syntagmatiques.

contrastif

1. La *fonction contrastive* de l'accent est celle qui consiste à individualiser un segment par rapport aux autres segments de même type présents dans l'énoncé, et qui contribue à faciliter la segmentation.

2. La *grammaire contrastive* est la grammaire par laquelle on compare les grammaires descriptives* de deux langues. Elle a pour objectif de mettre en parallèle les schèmes possibles dans une langue pour tout ensemble donné de schèmes de l'autre langue. La mise en évidence des différences permet de prédire avec une certaine exactitude quelles parties de la structure de la langue cible présenteront des difficultés pour les étudiants et la nature de ces difficultés et d'élaborer les méthodes pédagogiques les mieux adaptées.

contrefiche

Dans l'établissement d'un index à double entrée d'un dictionnaire bilingue, on appelle *contrefiche* la fiche correspondant à la traduction ou à la référence du mot d'entrée de la langue de départ.

contre-finale

Le terme de *contre-finale* est parfois employé pour désigner la voyelle qui suit immédiatement la syllabe tonique, car elle se comporte comme les voyelles finales lors du passage du latin au français, c'est-à-dire qu'elle s'amuït, sauf s'il s'agit d'un [a]. Les mots latins *víridem, sólidum, cámera,* etc., ont perdu la voyelle de l'avant-dernière syllabe pour aboutir aux mots français correspondants *vert, sou, chambre,* etc.

contrefision

En rhétorique, la *contrefision* est une figure qui dénonce une chose en feignant de la souhaiter (ex. : *Soyez donc aimable ! Ayez donc des enfants !*).

contrepèterie

La *contrepèterie* est une sorte de jeu ou un lapsus consistant à permuter certains éléments phoniques (syllabes ou phonèmes) de telle manière que l'on obtienne un nouvel énoncé qui apparaisse comme une déformation burlesque du premier énoncé : *Mon oncle perd courage devant les amas de patentes* devient *Mon oncle perd courage devant les appas de ma tante.* Le terme de *contrepèterie* désigne aussi l'énoncé lui-même issu de cette déformation.

contre-sujet

L. Tesnière appelle *contre-sujet* le second actant* d'une phrase passive (ainsi dénommé parce que ce mot est sujet de la phrase active). Dans *Alfred frappe Bernard, Alfred* est le prime actant (et le sujet). Dans *Bernard est frappé par Alfred, Alfred* est (le contre-sujet ou) le second actant.

contre-tonique

Le terme de *contre-tonique* est parfois employé pour désigner la syllabe portant un accent secondaire qui précède la syllabe tonique à deux ou plusieurs syllabes de distance, comme en latin vulgaire *dòrmitórium* ou en italien moderne *làvamáno, pòrtabagágli, còntravelaccíno, càcciatorpediniéra.*

contrôlabilité

La *contrôlabilité* est une notion fondée sur le postulat que les sujets parlants (ou certains d'entre eux) peuvent rompre la dépendance des faits linguistiques (ou de certains d'entre eux) à l'égard des faits sociaux. Elle varie selon les sujets parlants : les personnes qui ont acquis, grâce à leur environnement socioculturel, une grande maîtrise du modèle de performance contrôlent facilement le choix des unités lexicales (rejet d'unités par des phénomènes de masquage, utilisation d'autres par connivence ou simulation), alors que les milieux non cultivés ont, sauf exceptions, moins de possibilités dans ce domaine. La contrôlabilité varie aussi selon la nature des faits linguistiques ; ainsi, le système phonétique ou phonologique est difficile à contrôler : à partir d'un certain âge, on garde l'« accent » et les articulations acquises auparavant ; la contrôlabilité est plus grande pour les faits de syntaxe, très grande pour le lexique.

contrôle

Quand il parle, un locuteur peut être apte soit à éviter certaines unités linguistiques qui révéleraient ce qu'il est, soit, au contraire, à en utiliser certaines autres qui sont particulières à des individus avec lesquels il veut être confondu ; cette aptitude linguistique est le *contrôle :* il permet, par exemple, aux Méridionaux de prononcer la terminaison *-sme* [sm] et non [zm], comme ils le font s'ils ne contrôlent pas leur prononciation. (V. CONTRÔLABILITÉ.)

convention

On parle de *convention* quand on pose que la communication linguistique est fondée sur une sorte d'accord ou de contrat implicite, non formulé, inconscient même, sur lequel repose la langue*. La notion de convention, développée par F. de Saussure avec le concept d'arbitraire* du signe, s'est opposée de tout temps, et notamment chez les Grecs, aux théories de l'origine naturelle du langage selon lesquelles, en particulier, la source du rapport entre le signifiant et le signifié serait dans la nature elle-même.

conventionnel
On dit de la langue qu'elle est *conventionnelle* si on considère qu'elle est une institution sociale résultant de la coutume et de la tradition, donc d'un contrat tacite entre les hommes. Par opposition, on dira que la langue est *naturelle* si on considère qu'elle tient son origine d'un principe inné, inhérent à la nature de l'homme lui-même. (V. ARBITRAIRE.)

convergence
Des langues, différentes au départ, peuvent tendre à subir parallèlement les mêmes changements : ainsi, le passé simple disparaît simultanément en français et dans le sud de l'Allemagne. On parle de *convergences à base géographique* quand les langues sont parlées dans des régions contiguës, et de *convergences fortuites* quand on rapproche, par exemple, le tswana d'Afrique du Sud et l'allemand.

conversion
On appelle *conversion* la transformation d'une catégorie en une autre à l'aide de morphèmes grammaticaux ; ainsi, on dira qu'il y a conversion du nom en adjectif dans le cas d'addition du suffixe *-if (crainte / craintif).*

Toutefois, quand on évoque la *néologie par conversion,* on envisage plus souvent le changement de catégorie grammaticale d'une unité, sa morphologie demeurant inchangée. Le changement, sans se traduire par l'adjonction de morphèmes grammaticaux, n'en est pas moins relatif à la partie la plus abstraite de la signification, celle qui confère à l'unité une combinatoire syntaxique, et qui dépend du système grammatical tout entier. La conversion de l'adjectif en nom est courante *(voiture automobile* donne *automobile, boulevard périphérique* donne *périphérique).*

La conversion du nom en adjectif doit être distinguée de la composition ; la liberté d'occurrence permet de distinguer un *timbre-poste* (composé) et un *moment clé : clé* adjectivé peut qualifier *mouvement, décision,* etc. Cette conversion tend à se répandre (*être rock, être montagne,* etc.).

La conversion de l'adjectif en adverbe est ancienne (« voire, dit Picrochole, mais *nous ne bûmes point frais* »), mais elle aussi tend à se développer *(acheter français, rouler tranquille, parler branché, s'habiller anglais).*

convertir
En grammaire générative, *convertir* c'est faire passer une phrase d'une étape à une autre étape de sa dérivation.

cooccurrence
Si on appelle occurrence d'un élément linguistique *x* le fait que *x* figure dans une phrase donnée, les éléments qui figurent avec lui dans cette phrase sont ses *cooccurrences.* Ainsi, dans la phrase *Le garçon joue,* on dira que *garçon* a pour cooccurrents *le* et *joue.* On appelle distribution de *x* l'ensemble des cooccurrents qui figurent ou peuvent figurer avec *x.* Dans la phrase ci-dessus, la distribution de *garçon* est la suivante : le – joue ; le tiret entre *le* et *joue* représentant l'occurrence de l'élément *x,* à définir. L'étude des régularités dans les cooccurrences permet de décrire la structure d'une langue et notamment de définir certains types de relations entre éléments linguistiques : simple contiguïté, dépendance mutuelle, exclusion mutuelle.

cooccurrent
On dit que les éléments B, C et D sont *cooccurrents* d'un autre élément A quand A figure avec ces éléments, chacun dans une position déterminée, pour produire un énoncé. L'environnement de A est constitué par la position relative des cooccurrents B, C et D. Ainsi, on dira que D, N, Adj sont des cooccurrents de V dans la phrase française du type D + N + Adj + V *(L'enfant attentif écoute),* la position relative des cooccurrents D, N et Adj étant définie relativement à V, dont ils constituent l'environnement dans cette phrase.

coordination
1. On appelle *coordination* le fait qu'un mot (dit *conjonction de coordination*) relie deux mots ou deux suites de mots qui sont de même statut (catégorie) ou de même fonction dans la phrase. Ainsi, dans *le pull rouge et bleu, rouge* et *bleu* sont de même nature et ont pour fonction de qualifier *pull.* Cette définition pose trois types de problèmes :

a) Il y a coordination entre des termes de nature et de fonction différentes (du moins selon les acceptions que ces mots ont dans la grammaire traditionnelle) ; ainsi, dans *un objet vert et d'étrange aspect, vert* et *d'étrange aspect* ne sont ni de même nature ni de même fonction et sont pourtant coordonnés. En réalité, ces deux unités peuvent se trouver à la même place (dans la même distribution) : *un objet vert, un objet d'étrange aspect ; un objet d'étrange aspect et vert* sera plus rare, mais pour des raisons d'équilibre rythmique. C'est ce fait essentiel qu'intuitivement les grammairiens avaient reconnu depuis longtemps ;

b) Par « suite de mots », il faut entendre des propositions, des membres de phrase, des unités isolées : ainsi, dans *Un coup de matraque violent et qui fait mal, qui fait mal* (proposition) est coordonné à l'adjectif *violent ;*
c) La juxtaposition n'est qu'un cas particulier de la coordination ; elle est caractérisée par l'absence du coordonnant *(Il court, saute dans tous les sens ; Un vin sec, qui fait quinze degrés ; Une nuit claire, étoilée, mystérieuse).* Mis à part l'absence de la conjonction de coordination, les rapports entre les termes juxtaposés sont les mêmes qu'entre les termes coordonnés.

La coordination peut être cumulative *(Entrons dans ce café et buvons un verre),* disjonctive *(Un homme riche et néanmoins malheureux),* causale *(Il faut l'aimer car il est juste),* consécutive *(Je pense donc je suis),* transitive (avec *or*), comparative *(Plus il mange, plus il a faim),* oppositive *(Un homme riche, mais malheureux),* temporelle *(Il travaille, puis il fume).*

2. Les constructions endocentriques* se divisent en deux types, le type *par coordination* et le type *par subordination**. Les constructions endocentriques par coordination ont les mêmes propriétés syntaxiques que chacun de leurs composants pris séparément ; ainsi, *le fils et la fille* ont les mêmes propriétés syntaxiques que *le fils* (un des composants) ; il en est de même pour *le fils ou la fille.* Ces syntagmes sont des syntagmes coordonnés ; cependant, le premier type *(le fils* **et** *la fille)* se distingue du second *(le fils* **ou** *la fille)* puisque, dans le premier cas, le verbe est au pluriel et, dans le second, il est au singulier.

coordonnant

Au terme de conjonctions de coordination (caractérisées longtemps par l'existence d'une liste fermée *et, ni, ou, mais, or, car, donc),* on préfère souvent le mot plus général de *coordonnants,* dans lesquels on englobe des mots comme *soit, soit que, néanmoins, pourtant, en effet, autant,* etc. (V. aussi CONNECTEUR.)

coordonné

1. On dit d'un bilinguisme qu'il est *coordonné* par opposition à *composé** quand, chez un sujet bilingue, les univers culturels auxquels se réfère chacune des langues sont entièrement distincts ; c'est la situation des vrais bilingues pour qui, par exemple, le français (langue A) est la langue de l'école, celle de l'administration, etc., et l'alsacien (la langue B) est la langue de la famille, des relations sociales, etc. ; les deux langues correspondent à des situations culturelles différentes. (V. BILINGUISME.)

2. *Coordonnées déictiques.* V. DÉICTIQUE.

Copenhague (école de)

La longue tradition des linguistes danois qui se sont consacrés à la grammaire générale explique l'importance de *l'école de Copenhague,* qui se réclame de F. de Saussure et qui a développé avec beaucoup de rigueur et un grand souci de cohérence certains aspects importants du *Cours de linguistique générale.* Toutefois, avec V. Brøndal, l'objet de la linguistique est de retrouver dans la langue certaines conceptions de la logique, de rechercher notamment le nombre des catégories et leur définition. Cette conception annonce la recherche d'universaux* de langage sur l'importance de laquelle a insisté depuis N. Chomsky. La critique de V. Brøndal vise la grammaire comparée* et son caractère historique (qu'expliquait un goût romantique pour les temps anciens), son positivisme fondé sur l'examen des petits faits vrais grâce à une observation exacte et minutieuse, sa volonté d'établir des lois, des rapports constants entre les faits constatés, volonté qui rappelle les buts des sciences exactes. Les linguistes de Copenhague posent une théorie des mutations brusques, par sauts, qui permettent de passer d'un état à un autre état. Cette conception permet de rendre compte de la résolution des synchronies successives dans la dynamique de la diachronie. Les concepts opposés de langue et parole, celui de structure gardent évidemment dans cette perspective toute leur importance. C'est L. Hjelmslev (*Principes de grammaire générale,* 1928) qui, avec H. J. Uldall (*Outline of Glossematics,* 1952-1957, *Prolégomènes,* 1943-1953), donna à l'école de Copenhague sa théorie : la glossématique* *(Travaux du Cercle de linguistique de Copenhague, Acta linguistica, Bulletin du Cercle de linguistique de Copenhague) ;* K. Togeby a donné une description du français selon cette théorie *(Structure immanente de la langue française).*

copulatif

1. On appelle *fonction copulative* du verbe *être* la fonction attributive *(Pierre est heureux),* celle d'identification *(Cet enfant est Pierre)* et la fonction locative *(Pierre est à la maison).*

2. Un *verbe copulatif* est un verbe qui est suivi d'un adjectif ou d'un syntagme nominal attribut. Les verbes *devenir, rester, paraître, sembler,* etc., sont des verbes copulatifs (*il devient un ingénieur ; il reste seul, il paraît fatigué,* etc.).

copule

1. Le verbe *être* est appelé *copule* quand, dans une phrase de base, il constitue avec un attribut (adjectif, syntagme nominal ou syntagme prépositionnel) le prédicat d'un syntagme nominal sujet. La copule sert à énoncer les propriétés qui définissent le sujet dans des *phrases prédicatives.* Ainsi dans :

Pierre est heureux, Pierre sera un ingénieur, Pierre était à la maison,

le verbe *être* est une copule. On distingue la copule *être* et l'auxiliaire *être* des phrases passives ou l'auxiliaire *être* des verbes intransitifs *(Il a été renversé par une voiture, Il est venu).* On étend parfois le terme de copule à des verbes comme *devenir, sembler, paraître, rester.*

2. La conjonction *et* est dite *copule* quand elle lie deux (ou plus de deux) phrases ou constituants de phrases.

corax

En rhétorique, le *corax* est un argument montrant qu'une chose est si vraisemblable qu'elle en devient invraisemblable (ex. *l'accusé a trop de motifs de tuer pour être le coupable*).

cordes vocales

Les *cordes vocales* sont une paire de lèvres symétriques formées d'un muscle et d'un ligament élastique, situées de part et d'autre du larynx entre l'os cricoïde, ou « pomme d'Adam », à l'avant et les cartilages aryténoïdes à l'arrière. Sur chaque aryténoïde est fixée une extrémité d'une corde vocale. L'écartement des aryténoïdes entraîne l'ouverture en V des cordes vocales, qui restent jointes à l'avant, sur le cricoïde. La glotte est l'espace compris entre les cordes vocales : elle est longue d'environ 18 mm et s'ouvre de 12 mm environ. Quand les aryténoïdes se joignent, entraînant dans leur mouvement les cordes vocales, qui s'accolent, la glotte est fermée et l'air ne passe plus. La longueur et l'épaisseur des cordes vocales sont modifiées par le mouvement des aryténoïdes.

Pendant la phonation, les cordes vocales sont fermées ; l'air issu des poumons s'accumule derrière et sa pression finit par écarter les cordes vocales. L'air s'écoule, la pression diminue, les cordes se referment. La pression se rétablit alors et le cycle recommence. La colonne d'air issue des poumons est donc sectionnée en une suite de bouffées ou impulsions dont la fréquence* dépend de la vitesse avec laquelle les cordes vocales s'éloignent ou se rapprochent. L'air qui sort du larynx vibre donc selon une fréquence qui dépend de plusieurs facteurs (longueur et épaisseur des cordes vocales, pression de l'air issu des poumons, etc.). En parlant, on modifie constamment ces facteurs pour obtenir la fréquence désirée, qui varie, dans un discours normal, de 60 à 350 cycles par seconde.

Cette possibilité de régler la vitesse de vibration des cordes est en partie individuelle : elle dépend entre autres de l'âge et du sexe. Plus les cordes sont longues et épaisses, plus les vibrations sont longues ; plus elles sont brèves et minces et plus la fréquence augmente, et avec elle l'intensité du son. C'est pourquoi la voix des femmes et des enfants est plus aiguë que celle des hommes.

En phonétique expérimentale, le mouvement des cordes vocales peut être observé soit en utilisant l'effet stroboscopique, soit à l'aide d'un miroir dentaire, à l'œil nu ou sur un film tourné à une cadence très rapide et projeté ensuite au ralenti. Les vibrations des cordes vocales apparaissent alors comme latérales et verticales, mais les vibrations verticales prédominent.

Du point de vue acoustique, la vibration des cordes vocales produit un bourdonnement audible, la voix*, qui est ensuite modifiée par les résonateurs supralaryngaux. Il s'agit du ton fondamental laryngé qui se traduit dans le spectre acoustique par la présence d'une excitation périodique de basse fréquence.

La vibration des cordes vocales est appelée sonorisation ou voisement. Les phonèmes qui utilisent la vibration des cordes vocales sont les plus nombreux dans les langues du monde. Il s'agit en général de toutes les voyelles (bien que quelques langues amérindiennes, comme le comanche, semblent présenter des voyelles non-voisées). Il s'agit aussi de la majorité des consonnes : ainsi en français, les consonnes non-voisées [p], [t], [k], [f], [s], [ʃ] sont au nombre de 6 sur 24 phonèmes consonantiques et ont toutes un partenaire voisé ([p]-[b], [t]-[d], [k]-[g], [f]-[v], [s]-[z], [ʃ]-[ʒ]).

Sur l'origine de la vibration des cordes vocales, deux théories s'affrontent. Selon la théorie la plus ancienne, dite « théorie myo-élastique », la vitesse de vibration des cordes vocales dépend avant tout de causes mécaniques, l'ouverture de la glotte étant forcée par la pression de l'air subglottique ; le contrôle nerveux existe, mais seulement dans un premier stade, pour la mise en position de phonation, par la fermeture ou le rétrécissement des cordes vocales. Selon une théorie plus récente émise dès 1935 par R. Husson et dite « théorie neurochronaxique », ce n'est pas la pression de l'air qui provoque le mouvement des cordes, ce sont les cordes elles-mêmes qui livrent passage à la pression de l'air, en réponse à des influx nerveux : ainsi les cordes vocales pourraient vibrer sans l'aide d'aucun souffle d'air. Cette deuxième théorie, qui suppose une genèse cérébrale du phénomène sonore, est en contradiction avec de nombreux faits pathologiques, en particulier l'impossibilité d'un passage à travers le système nerveux des fréquences de l'ordre des fréquences acoustiques. Elle semble devoir être définitivement abandonnée.

On appelle *fausses cordes vocales* une paire de lèvres semblables aux précédentes (dites par opposition « vraies cordes vocales ») et qui s'étendent au-dessus d'elles, de la pomme d'Adam aux aryténoïdes. Elles restent probablement ouvertes, de même que l'épiglotte, pendant le discours. Leur rôle dans la phonation est controversé et semble en tout cas de très faible importance.

coréférence

Lorsque l'on a une phrase comme *Pierre regarde Pierre dans la glace,* Pierre *sujet* et Pierre *objet* peuvent désigner la même personne ; ils ont en ce cas la même référence ; ils sont coréférents au même « objet ». Dans ce cas précis, la coréférence entraîne la réflexivisation du second *Pierre* et la phrase dérivée est alors *Pierre se regarde dans la glace.* Le deuxième *Pierre* peut être différent du premier et, en ce cas, il n'y a pas coréférence et il ne se produit pas de réflexivisation ; ex. : *Un homme est un homme. Pierre n'est plus Pierre.*

coronal

On appelle articulation *coronale* une articulation où seuls les bords de la lame de la langue entrent en jeu. (Contr. LAMINAL). Pour les phonologues générativistes N. Chomsky et M. Halle le trait (+coronal) caractérise les phonèmes réalisés avec un relèvement de la langue dans la cavité buccale par rapport à la position neutre. La catégorie des coronales regroupe ainsi les voyelles rétroflexes et les consonnes dentales, alvéolaires et palato-alvéolaires.

coronis

On appelle *coronis* le signe employé par les grammairiens grecs, analogue à l'esprit doux et servant à marquer la crase* /ʾ/.

corpus

La grammaire descriptive d'une langue s'établit à partir d'un ensemble d'énoncés qu'on soumet à l'analyse et qui constitue le *corpus* de la recherche. Il est utile de distinguer le *corpus* des termes voisins désignant des ensembles d'énoncés : l'« univers » est l'ensemble des énoncés tenus dans une circonstance donnée, tant que le chercheur n'a pas décidé si ces énoncés entraient en totalité ou en partie dans la matière de sa recherche. Ainsi un dialectologue qui s'intéresse aux mots d'origine étrangère dans un parler donné réunira d'abord ou fera réunir un grand nombre d'énoncés produits librement ou sur incitation des enquêteurs. Beaucoup de ces énoncés pourront fort bien n'avoir aucun rapport avec la recherche et ne contenir aucun des mots qui intéressent le linguiste. La totalité des énoncés recueillis est l'*univers du discours*. À partir de l'univers des énoncés réunis, le linguiste trie les énoncés qu'il va soumettre à l'analyse : dans le cas qui nous intéresse ce pourra être l'ensemble des phrases, ou groupes de phrases, comprenant des mots présentant tel trait phonétique ou bien une terminaison ou une origine étrangère. Ce sont uniquement ces segments d'énoncés qui seront soumis à l'analyse et qui constitueront le corpus. On pourra aussi, sur des bases statistiques, délimiter soit dans l'univers, soit dans le corpus, des passages qui seront soumis à une analyse quantitative : par exemple, une page toutes les dix pages ; les pages ainsi retenues constituent un échantillon du texte. Par hypothèse, on considérera comme échantillon toute partie représentative du tout. Le corpus peut évidemment, si le chercheur le juge utile ou nécessaire, être constitué par l'univers d'énoncés tout entier. De même une analyse quantitative pourra fort bien se passer d'échantillonnage.

Le corpus* lui-même ne peut pas être considéré comme constituant la langue (il reflète le caractère de la situation artificielle dans laquelle il a été produit et enregistré), mais seulement comme un échantillon de la langue. Le corpus doit être *représentatif*, c'est-à-dire qu'il doit illustrer toute la gamme des caractéristiques structurelles. On pourrait penser que les difficultés sont levées si un corpus est *exhaustif*, c'est-à-dire s'il réunit tous les textes produits. En réalité, le nombre d'énoncés possibles étant indéfini, il n'y a pas d'exhaustivité véritable et, en outre, de grandes quantités de données inutiles ne peuvent que compliquer la recherche en l'alourdissant. Le linguiste doit donc chercher à obtenir un corpus réellement représentatif et écarter tout ce qui peut rendre son corpus non représentatif (méthode d'enquête choisie, anomalie que constitue l'intrusion du linguiste, préjugé sur la langue, etc.), en veillant à éviter tout ce qui conduit à un artefact*.

Certaines grammaires, dont la grammaire générative, ayant pour but de rendre compte d'un nombre indéfini de phrases possibles, ne partent pas d'un corpus qui ne pourrait jamais être constitué, mais des règles de production de phrases, contrôlant les énoncés par les jugements des locuteurs natifs.

Le terme de *corpus* est aussi employé en planification linguistique pour désigner l'ensemble des productions langagières régies par les mesures prises.

correction

La *correction* est une notion différente de celle de grammaticalité*. On dit qu'un énoncé est *correct* quand il est conforme non seulement à la grammaire de la langue, mais aux règles du « bien-dire » fixées par un groupe social généralement réduit, mais socialement dominant.

corrélatif

1. On dit de deux termes qu'ils sont *corrélatifs* quand ils indiquent un rapport de dépendance entre la proposition principale (ou matrice) et la proposition subordonnée. Ainsi, *si* est corrélatif de *que* dans la phrase : *Il est si habile qu'il est sorti à son avantage de cette situation.* Il en est de même pour *tel... que, autant... que, trop... pour.*

2. En phonologie, dans la terminologie du Cercle de Prague, on appelle *paire corrélative* une paire de phonèmes se trouvant l'un vis-à-vis de l'autre dans un rapport d'opposition bilatérale, proportionnelle et privative. En français, les phonèmes /p/ et /b/ constituent une paire corrélative. Ils sont dans un rapport d'opposition bilatérale (étant les seuls à avoir en commun les traits distinctifs occlusif et bilabial), proportionnelle (l'opposition voisé *vs* non-voisé se retrouve dans d'autres paires du même système comme /t/ *vs* /d/, /k/ *vs* /g/, etc.) et privative (le trait de voisement est absent dans /p/, phonème non-marqué, et présent dans /b/, phonème marqué.

Les phonèmes qui entrent dans une paire corrélative sont dits « appariés », les autres « non-appariés ».

corrélation

1. Dans la terminologie du Cercle de Prague, une *corrélation* est un ensemble de paires de phonèmes dites « paires corrélatives* » dont les deux termes s'opposent par l'absence ou la présence d'une même particularité phonique, appelée « marque* de corrélation » : le voisement, par exemple, en français dans les paires telles que /p/ *vs* /b/, /t/ *vs* /d/, /k/ *vs* /g/, /f/ *vs* /v/, etc., et la nasalité dans les paires telles que /ɛ/-/ɛ̃/, /ɔ/-/ɔ̃/, /ɑ/-/ɑ̃/, /b/-/m/, /d/-/n/, etc. Le système consonantique du français s'ordonne en fonction de ces deux corrélations de voisement et de nasalité :

orales	non-voisées	p f t s ʃ k
	voisées	b v d z ʒ g
nasales		m n

Lorsqu'un phonème participe à plusieurs corrélations, tous les phonèmes faisant partie des mêmes paires corrélatives se réunissent en faisceaux* de corrélation à plusieurs termes.

2. Il y a *corrélation* entre deux caractéristiques dans une analyse statistique d'un corpus lorsque celles-ci sont liées l'une à l'autre de telle manière que les variations de leurs valeurs se font toujours dans le même sens *(corrélation positive)* ou dans un sens opposé *(corrélation négative)*.

correspondance

1. On dit de deux termes appartenant chacun à une langue parente qu'ils sont *en correspondance* quand ils sont issus par une série de changements réguliers d'un même étymon de la langue mère. Ainsi, le latin *quis* et le grec *tis* sont issus d'un radical tiré de la racine indo-européenne *k*ʷ*is* ; ils sont en correspondance.

2. *Grammaire de correspondance.* V. CONTRASTIVE (GRAMMAIRE.)

couche

En grammaire des constituants, une phrase est formée de constituants qui se définissent à chaque *couche* ou rang* par les unités supérieures qu'ils constituent avec leurs combinaisons et par les unités inférieures dont ils sont constitués. Une phrase est donc composée de plusieurs *couches* de constituants : la couche des morphèmes est constituée de phonèmes appartenant à la couche inférieure, et elle sert à constituer la couche supérieure, celle des syntagmes et de la phrase.

couleur

Le terme de *couleur* est souvent employé en phonétique, par association entre les sensations auditives et les sensations visuelles, pour désigner une caractéristique acoustique principale ou secondaire, correspondant en général à un trait de hauteur ou d'acuité. On dit ainsi des voyelles et des consonnes palatales (acoustiquement aiguës) qu'elles ont une couleur « claire », ou une couleur « palatale », qu'elles communiquent par assimilation aux consonnes contiguës. Les voyelles vélaires acoustiquement graves ont une couleur « grave » ou « vélaire » qu'elles communiquent aux consonnes contiguës.

coup de glotte

On appelle *coup de glot* le son produit par une occlusion dans le pharynx ou dans le larynx, où il est possible de fermer momentanément le passage de l'air en accolant complètement les cordes vocales l'une contre l'autre. Ce son n'a pas de valeur phonologique en français, où il apparaît parfois devant une voyelle initiale prononcée avec force. Mais c'est une consonne normale dans certaines langues comme le danois et l'allemand, où il précède régulièrement toute voyelle initiale accentuée, assurant ainsi une fonction démarcative. Il est noté /ʔ/.

coupe

La *coupe de syllabe* ou *frontière syllabique* est la limite entre deux syllabes. Elle se place généralement à l'intérieur du mot entre une voyelle ou une consonne implosive* (toute consonne se trouvant après le noyau vocalique de la syllabe) et une consonne explosive* (toute consonne se trouvant devant une voyelle) : ainsi dans les mots français *matin* [ma-tɛ̃] ou *verdir* [vɛr-dir].

La *corrélation de coupe de syllabe* correspond à l'opposition du mode de liaison prosodique qu'on rencontre dans certaines langues comme le norvégien, le suédois, l'anglais, l'allemand, le hollandais et d'autres langues comme le hopi (langue de la famille uto-aztèque). Dans ces langues, les voyelles sont normalement longues quand elles sont sans entraves dans leur déroulement complet, mais elles sont brèves quand le déroulement de la syllabe est interrompu par l'insertion de la voyelle suivante ; l'opposition entre voyelle brève et voyelle longue existe en syllabe ouverte, mais elle est neutralisée en syllabe fermée. Les langues à corrélation de coupe de syllabe ont tendance à réaliser les phonèmes vocaliques à déroulement complet par des diphtongues.

coût

Le *coût* est l'énergie nécessaire à l'émission d'une unité ou d'un message linguistique. La notion du coût est empruntée à la théorie de l'information. Elle permet de calculer l'efficacité de tel ou tel code par rapport à un critère donné. Ainsi, le coût d'un mot dépend du nombre de ses phonèmes, des difficultés articulatoires de ceux-ci, de sa fréquence dans la langue, etc. Plus un mot est long (et/ou rare), plus il nécessite de coût, plus aussi il apporte d'information. Ainsi le basic english (qui serait, du fait de sa simplicité lexicale et syntaxique, une langue « peu coûteuse ») nécessite en fait des énoncés plus longs (d'environ 40 %) que l'anglais, pour exprimer le même contenu sémantique.

covariance

Le concept de *covariance* est utilisé en sociolinguistique. Étant donné un ordre de données sociales (clivages en groupes) et un ordre de faits linguistiques, il y a *covariance* quand certains des faits retenus varient en même temps ; l'étude de la covariance pose au départ que les deux ordres sont indépendants socialement l'un de l'autre, quitte à constater par la suite la dépendance de l'un par rapport à l'autre.

À cette conception s'oppose la *covariance* conçue selon le principe des rapports des causalités réciproques. L'unité fondamentale du linguistique et de l'extralinguistique se traduit par une multitude d'interactions, de rapports complexes pour lesquels le terme à terme est l'exception, la multiplicité des causes et celle des effets, la règle. La covariance implique une causalité fondamentale selon laquelle c'est le besoin de relations sociales qui produit le langage : elle est alors inspirée par la « correspondance générale » mise en évidence par Jean Dubois dans sa thèse.

crase

On donne le nom de *crase* à la contraction, en grec, de la voyelle ou de la diphtongue finale d'un mot avec la voyelle ou la diphtongue initiale du mot suivant ; la crase est notée en grec par un signe appelé « coronis » (ex. : *tålla* pour *ta alla*).

créativité

1. La *créativité* est l'aptitude du sujet parlant à produire spontanément et à comprendre un nombre infini de phrases qu'il n'a jamais prononcées ou entendues auparavant. Ainsi, tout sujet parlant le français peut comprendre la phrase *Vous trouverez dans ce dictionnaire environ 1 800 termes définis par une équipe de linguistes,* alors qu'il y a peu de chances qu'il l'ait jamais entendue. On peut distinguer deux types de créativité, la première consistant dans des variations individuelles dont l'accumulation peut modifier le système des règles *(créativité qui change les règles),* la seconde consistant à produire des phrases nouvelles au moyen des règles récursives de la grammaire *(créativité gouvernée par les règles) ;* la première dépend de la performance, ou parole, la seconde de la compétence, ou langue.

2. La notion de *créativité lexicale* a été approfondie par L. Guilbert. Spécialiste de l'étude de la formation des vocabulaires techniques, il a étudié les processus de la néologie dans une optique transformationnelle, sans négliger les déterminations historiques et sociales (analyse de discours).

Par exemple, la *compétence dérivationnelle* permet la créativité lexicale, mais se voit limitée par de nombreuses contraintes. Si on doit relever les caprices de l'histoire, on doit aussi considérer les *groupes dérivationnels* (ou *champs dérivationnels**) qui s'appuient sur la polysémie des unités origine : par exemple, sur *bouton, boutonner, boutonnière* vs *boutonneux.*

J. Dubois a montré que l'entrée du mot *ouvrier* dans le vocabulaire politique français est marquée par son insertion dans un champ dérivationnel exactement parallèle à celui du mot *égalité* un siècle plus tôt. La créativité lexicale est donc déterminée à la fois par la morpho-syntaxe et par les conditions socio-historiques.

créole

On donne le nom de *créoles* à des sabirs*, pseudo-sabirs* ou pidgins* qui, pour des raisons diverses d'ordre historique ou socioculturel, sont devenus les langues maternelles de toute une communauté. On n'a pas de sabir, de pseudo-sabir ou de pidgin pour langue maternelle, mais, comme des millions d'Haïtiens, on peut avoir un *créole.* Les pseudo-sabirs unilatéraux, à base de français, d'anglais, de portugais, de néerlandais ou d'espagnol, ont été employés par des Noirs de communautés diverses, que rassemblaient les négriers et à qui se posaient les problèmes d'intercompréhension. Il y a des *créoles français* en Haïti, à la Martinique, à la Guadeloupe, des *créoles anglais* à la Jamaïque et aux États-Unis (gullah), des *créoles portugais* ou *néerlandais.* Le nombre de mots d'origine africaine y est très réduit, sauf exceptions. Les conditions de formation de ces créoles à partir de pseudo-sabirs (utilisation d'impératifs, d'infinitifs, de formes syntaxiques simples) expliquent leurs caractères communs. Les ressemblances entre des créoles éloignés géographiquement ou de familles différentes s'expliquent ainsi. En fait, leur origine mixte différencie les créoles des dialectes d'une langue et leur statut socioculturel les oppose à la langue même.

créolisation
La *créolisation* est un processus par lequel le parler d'une langue se constitue en créole. Le français parlé en Haïti s'est créolisé pour devenir la langue maternelle de toute la communauté linguistique haïtienne.

creux
L'expression *son creux* est parfois employée pour caractériser certaines consonnes telles que les rétroflexes*. Des séries fondamentales de consonnes peuvent se scinder en séries apparentées dont la marque de différenciation est l'opposition *son creux / son plat.* Les consonnes rétroflexes s'opposent comme des consonnes à son creux aux dentales habituelles, à son plat. La sonorité creuse correspond à une amplification de la cavité antérieure et donc à un abaissement du timbre dû, dans le cas des rétroflexes, à l'élévation de la pointe de la langue contre le sommet de la voûte palatine.

On appelle « fricatives à langue en creux » [s], [z], [ʃ], [ʒ], par opposition aux « fricatives à langue plate » [t], [v], etc., les sifflantes et les chuintantes pour l'articulation desquelles la langue prend une forme de gouttière et se creuse en un sillon médian.

cricoïde
L'*os cricoïde* est un cartilage à la base du larynx appelé couramment « pomme d'Adam », sur lequel sont fixées les extrémités antérieures, immobiles, des cordes vocales.

critique verbale
On appelle *critique verbale* l'examen auquel un philologue doit soumettre, dans les textes qu'il est en train d'établir, les termes dont il suspecte la forme et/ou le sens et qui appellent une correction. Il s'agit, par-delà le manuscrit étudié, d'atteindre un état antérieur du texte. La critique verbale repose sur l'étude des mécanismes psychologiques de la reproduction d'un modèle écrit (lecture ou dictée d'un manuscrit) : tout copiste est susceptible d'erreurs de lecture, d'erreurs d'interprétation, d'erreurs de transcription. Le philologue doit d'abord déceler le caractère inacceptable du texte (erreur de fait, incohérence ou contradiction), déterminer l'endroit exact où porte la faute, essayer de faire l'histoire de cette faute, enfin la corriger. Dans le cas où il existe plusieurs versions du même texte, la comparaison de celles-ci et des fautes qu'elles comportent permet d'établir plus sûrement la reconstitution du texte avant d'en faire l'édition.

crochets V. PONCTUATION.

croisé
1. On appelle *classification croisée* une classification où chaque terme est défini par une suite de traits qui correspondent à des sous-catégorisations distinctes d'une même catégorie. Ainsi, la catégorie du nom est sous-catégorisée en nom propre et nom commun ; chacune de ces sous-catégories est subdivisée en animé ou non-animé : il y a des noms propres animés *(Pierre),* non-animés *(Paris),* des noms communs animés *(un enfant)* et non-animés *(la table) ;* et chacune de ces sous-catégories peut elle-même se subdiviser en masculins et féminins ; ces sous-catégorisations se *croisent.* Pour pallier cette difficulté, on procédera à une classification croisée ; ainsi :

Pierre : nom, propre, animé, masculin ;
Table : nom, commun, non-animé, féminin.

2. On donne parfois le nom d'*étymologie croisée* aux phénomènes d'attraction* paronymique consacrés par la langue, le terme d'*étymologie populaire* étant dans ce cas réservé aux erreurs individuelles.

croisement
On appelle *croisement* l'action de deux mots agissant l'un sur l'autre par contamination* ; ainsi *recroqueviller* semble dû au croisement de *coquille* et de *croc.*

croissant
Une diphtongue est dite *croissante* quand le premier élément est semiconsonantique et le second vocalique, par exemple dans la diphtongue /wa/ dans la première syllabe du mot français *oiseau* /wazo/ ou les diphtongues /j/ et /w/ dans les mots italiens *piede* /ˈpjɛde/ et *nuovo* /ˈnwɔvo/. (Contr. DÉCROISSANT.)

cryptanalyse
La *cryptanalyse* est le déchiffrement de messages chiffrés dont on ne connaît pas le code. R. Jakobson, réfléchissant sur une suggestion de B. Bloch, oppose la démarche du décodeur (en possession du « chiffre ») et celle du cryptanalyste, pour faire comprendre l'opposition entre la réception du message par le locuteur natif et la réception par l'étranger ou le linguiste débutant l'étude d'une langue étrangère. Les techniques de la cryptanalyse offrent-elles un cadre méthodologique pour l'élaboration du système phonologique des langues ? R. Jakobson objecte :
a) la difficulté constituée par l'existence de traits expressifs (détachement, emphase, etc.) ;
b) la difficulté constituée par la détermination des traits configuratifs (démarcatifs de mots, par exemple).

La technique cryptanalytique risque de multiplier le nombre des phonèmes et des traits distinctifs bien au-delà de leur inventaire effectif : le cryptanalyste aura du mal à se faire une théorie rigoureuse de la pertinence linguistique. De toute façon, la situation habituelle du linguiste descriptiviste est celle de connaissance des règles principales de la langue décrite. Il reste que la démarche cryptanalytique est nécessaire dans le cas des langues dont on ne connaît rien du sens pour en étudier le fonctionnement (étrusque).

culminatif
L'une des fonctions de l'accent est dite *fonction culminative* quand il permet de noter, dans les langues à accent libre, la présence au sein de l'énoncé d'articulations importantes, facilitant ainsi l'analyse du message.

culture
La *culture* est l'ensemble des représentations, des jugements idéologiques, et des sentiments qui se transmettent à l'intérieur d'une communauté. Dans cette acception, le mot englobe, mais en les débordant très largement, les concepts qui relèvent de la littérature et des beaux-arts ; de même les connaissances scientifiques d'un individu, désignées souvent par « culture scientifique », ne sont qu'une partie de sa culture au sens sociologique du terme. La culture comprend ainsi notamment toutes les manières de se représenter le monde extérieur, les rapports entre les êtres humains, les autres peuples et les autres individus. Y entre aussi tout ce qui est jugement explicite ou implicite porté sur le langage ou par l'exercice de cette faculté. Ainsi, la croyance que le soleil « se levait » et « se couchait » a fait partie de la culture des Français jusqu'aux temps modernes ; les religions, les tabous, les superstitions, les préjugés, etc. entrent dans la culture des peuples ; la manière conventionnelle dont les Français se représentent les Italiens, les Espagnols, les Allemands, etc., et partant tous les présupposés raciaux (et racistes) en relèvent également.

L'étude linguistique implique l'établissement de relations entre la langue et la culture. (V. WHORF-SAPIR [HYPOTHÈSE DE].) Le langage contient, en effet, une série de choix sur la manière de se représenter le monde : par exemple, le nombre grammatical avec l'existence d'une opposition singulier/pluriel ou d'un système à trois, quatre ou cinq nombres ou plus est déjà une certaine organisation du monde. Cela ne signifie pas, au contraire, que la représentation contenue implicitement ou explicitement dans une langue sature la culture du peuple qui la parle et à plus forte raison constitue la seule réalité que celui-ci connaisse.

cunéiforme
L'*écriture cunéiforme* est caractérisée par ses éléments en forme de coins, ou clous, qui représentent l'empreinte qu'a laissée le roseau taillé des scribes de la Mésopotamie sur les tablettes d'argile fraîche. Héritée du sumérien (inventée v. 3500 av. J.-C.), elle a été utilisée surtout pour transcrire l'akkadien, puis le hittite.

cursive
L'*écriture cursive* est le type courant d'écriture manuscrite rapide, simplification de l'écriture en capitales.

I. **cycle**
Le *cycle* est l'unité de mesure de la fréquence d'un son. Le cycle représente en fait le mouvement accompli par un corps vibrant (pendule, diapason, corde, etc.) à partir d'un certain point fixe correspondant à la position de repos jusqu'à une extrémité du mouvement avec retour à l'autre extrémité en passant par le point de départ. Le nombre de cycles par seconde, ou hertz, s'appelle la « fréquence de vibration ».

Quand les vibrations donnent naissance à un son, comme c'est le cas pour la production des sons vocaux, la hauteur du son dépend de la fréquence. Plus la fréquence est élevée, plus le son est aigu.

II. **cycle**

Dans la première étape de la grammaire générative, les diverses transformations* (négative, interrogative, emphatique, passive), qui s'appliquent à la structure profonde pour la convertir en une structure de surface, doivent être ordonnées. Quand il s'agit d'une seule suite générée par la base, ce principe s'applique facilement, mais, quand les transformations opèrent sur deux (ou plus de deux) suites, dont la deuxième est enchâssée dans la première, la question de l'ordre d'application des transformations, c'est-à-dire du *cycle transformationnel,* se pose. Ainsi, la phrase *Il n'est pas prouvé que Paul n'ait pas été tué accidentellement par cette voiture qui n'avait pas été arrêtée par le feu rouge* comporte dans les trois propositions une transformation passive et une transformation négative. L'ordre des transformations est toujours de la phrase la plus profondément enchâssée *(le feu rouge avait arrêté cette voiture)* jusqu'à la phrase matrice *(on a prouvé quelque chose) ;* dans le *principe cyclique,* on applique toutes les transformations d'abord à la phrase la plus profondément enchâssée, puis à toutes les autres phrases jusqu'à la matrice (ainsi, on appliquera la transformation passive et la transformation négative à *le feu rouge avait arrêté cette voiture* avant de passer à la phrase *La voiture avait tué accidentellement Paul*) ; dans le *principe non cyclique,* on appliquera d'abord la transformation passive à toutes les phrases, toujours de la plus profonde jusqu'à la matrice, puis la transformation négative, et ainsi de suite.

cyclique

Principe cyclique. V. CYCLE.

cyrillique

Se dit de l'alphabet créé au IXe siècle pour transcrire le slave, et aujourd'hui le russe, l'ukrainien, le bulgare, le serbe, etc. Le cyrillique apparaît au IXe siècle pour l'évangélisation des peuples slaves. La tradition en attribue la paternité à saint Cyrille, qui serait, en fait, l'inventeur de l'alphabet glagolitique. À l'origine, c'est un alphabet de 43 lettres (le slave est très riche en sons), qui sont soit des lettres grecques, soit des combinaisons de lettres grecques, soit des signes empruntés à l'hébreu (ts, tch, ch, chtch). Le cyrillique actuel, qui comprend une trentaine de lettres, est le résultat de simplifications successives (disparition des lettres superflues) dont la dernière en date est la réforme effectuée en 1918 par le gouvernement soviétique.

d

data V. DONNÉES.

datation
En lexicographie, l'étymologie du mot d'entrée est souvent accompagnée de la date de la première attestation écrite et de la référence à l'ouvrage où ce premier emploi a été relevé ; cette *datation* passe pour l'apparition du mot dans la langue (ex. : ÉTABLIR 1080 *[Chanson de Roland],* latin *stabilire,* de *stabilis,* stable).

datif
On appelle *datif* le cas* exprimant la fonction grammaticale d'attributif* (syntagme prépositionnel introduit par les prépositions *à, de,* etc., en français) dans un syntagme verbal comportant déjà un syntagme nominal complément d'objet (ex. : *Pierre donne une pomme* ***à son frère***). Ce cas est indiqué par une désinence de la flexion en latin et en grec.

décision
La *décision* est un processus psychologique qui a lieu quand un sujet doit choisir entre plusieurs conduites possibles. Le concept est utilisé sous les noms de « choix » et « sélection ».

déclaratif
1. On appelle *phrase déclarative* une phrase assertive*.
2. On appelle *verbe déclaratif* un verbe qui exprime l'énonciation pure et simple d'une assertion, comme *dire, raconter, déclarer, annoncer, affirmer,* etc., par opposition aux *verbes d'opinion,* qui impliquent que l'assertion qui suit n'est pas assumée *(croire),* qu'elle est donnée comme une simple opinion *(penser).*

déclinaison
1. On appelle *déclinaison* l'ensemble des formes pourvues d'affixes que présente un nom, un pronom ou, par accord*, un adjectif, pour exprimer les fonctions grammaticales ou les fonctions spatio-temporelles d'un syntagme nominal. La déclinaison est un système, ou paradigme, de formes nominales, pronominales ou adjectivales. Les déclinaisons comportent un nombre variable de formes affixées, c'est-à-dire de cas* ; le sanskrit en a huit, le grec ancien cinq, le latin six (sept avec le locatif), l'ancien français deux. Leur nombre varie aussi selon les classes de mots ainsi définies par la différence des désinences casuelles : le latin a cinq déclinaisons nominales, le grec ancien, trois. On a appliqué aussi le terme de déclinaison à l'ensemble des formes affixées que présentent les mots dans les langues agglutinantes, les affixes agglutinés jouant un rôle analogue à celui des désinences dans les langues flexionnelles ; ces affixes peuvent être en nombre très élevé et se juxtaposent sans se fondre.
2. En phonétique acoustique, le terme *déclinaison* (en anglais *declination*) peut désigner la pente descendante du contour tonal* (affaiblissement de F^0) ou l'abaissement des structures de formant* F^1, F^2, F^3, etc. vers les zones inférieures du spectre*.

décodage
Le *décodage* est l'identification et interprétation des signaux par le récepteur du message émis ; c'est un des éléments du processus de la communication. Le code étant un système de transmutation d'un message en une autre forme qui permet sa transmission depuis un émetteur jusqu'à un récepteur par l'intermédiaire d'un canal, la substance « message » est devenue, par l'opération de l'encodage, une substance codée ; il y a alors transfert d'une forme, non d'un sens. La forme prise par le message doit pouvoir être comprise par le récepteur afin que s'établisse la relation sociale qui est la finalité de la communication. La convention (le code) est donnée, explicitement formulée. La forme codée peut alors être identifiée par le récepteur-décodeur (V. DÉCODEUR) ; l'identification de cette forme est appelée *décodage.* Le message décodé reçoit ensuite une nouvelle forme au cours d'une opération appelée *recodage.* Le processus de décodage s'effectue au niveau du récepteur-destinataire, qui « recherche en mémoire » les éléments appartenant au code sélectionnés auparavant pour la transcription du message. R. Jakobson

écrit que le processus du décodage dans le langage va du son au sens, des éléments aux symboles.

décodeur
Dans le circuit de la communication, le *décodeur* est soit l'appareil récepteur-décodeur (récepteur radio, par exemple), soit la personne, ou récepteur-destinataire, qui reçoit le message. Lorsqu'il s'agit d'une personne, l'appareil récepteur est l'oreille et le conduit auditif.

décomposition
La *décomposition* consiste, en grec ancien (grec homérique), dans la résolution d'une voyelle longue ou d'une diphtongue en deux voyelles ; ainsi *horāsthai* est décomposé en *horaasthai*.

découpage V. SEGMENTATION.

décréolisation
Par la *décréolisation* un créole perd certaines spécificités et se rapproche de la langue à laquelle il est rattaché génétiquement.

décroissant
Une *diphtongue décroissante* est une diphtongue dont l'élément le plus fermé se trouve en deuxième position : l'anglais présente des diphtongues décroissantes ([aw] dans *house* ou [aj] dans *fine*), ainsi que le portugais (*leite* « lait », *noite* « nuit », etc.).

décryptage
Le *décryptage* est la transcription en clair d'un message dont on ignore le code. C'est par métaphore que « décryptage » est parfois utilisé comme synonyme de « décodage ». En linguistique, la situation de décryptage est celle du linguiste confronté à un texte dont il ne connaît pas le système d'écriture ou la langue. Les techniques de la cryptanalyse* ayant réussi pour le déchiffrement de certaines écritures, on a proposé de les appliquer à l'étude des systèmes phonologiques et des langues dont on ignore le sens (étrusque).

déculturation
La *déculturation* est le processus par lequel un groupe perd sa culture au sens anthropologique du terme. Cette déculturation s'accompagne en même temps d'une acculturation partielle ou totale à un autre groupe.

défectif
Un *mot défectif* est un mot qui, appartenant à une classe possédant des flexions nominales (cas) ou verbales (temps et personne), n'a pas le paradigme complet des formes. Ainsi, le verbe *gésir* est défectif, car il n'est utilisé que dans *gisant* ou *ci-gît* ; le verbe *traire* est défectif, car il n'est pas utilisé au passé simple, etc. Ces phénomènes résultent du fait que dans l'histoire de la langue ces verbes sont entrés en concurrence avec d'autres verbes de même sens : *choir/tomber, clore/fermer, traire/tirer, quérir/chercher.* Le mouvement se poursuit avec *mouvoir/bouger, remuer, résoudre/solutionner.*

défectivité
On dit qu'il y a *défectivité* quand un membre d'une classe A (racine verbale, par exemple) ne pouvant, en règle générale, figurer dans un énoncé sans qu'un membre de la classe B (désinences verbales, par exemple) ne soit immédiatement cooccurrent, cette cooccurrence ne peut se faire pour certains membres de la classe A (verbes défectifs, par exemple). [V. DÉFECTIF.]

défense
On appelle *défense* l'ordre donné à un ou plusieurs interlocuteurs de ne pas réaliser telle ou telle action, de rejeter tel ou tel comportement, etc. La défense est un impératif ou injonctif négatif : *Ne viens pas. Ne soyez pas stupide.*

défini
1. En grammaire, l'*article* défini* spécifie que le nom qui suit désigne une chose ou une personne précise. L'article *indéfini* indique l'absence d'une spécification précise. En français, l'article défini est *le,* l'article indéfini est *un.*
2. En sémantique, on appelle *défini* un trait inhérent à certains articles, par opposition au trait [– défini] inhérent à d'autres articles (V. INDÉFINI) ; ce trait « défini » est interprété sémantiquement comme instituant une référence précise ou comme ayant une valeur de générique. Ainsi, *La personne (que tu sais) a téléphoné* s'oppose à *Une personne a téléphoné* ou *L'homme est un animal qui parle* s'oppose à *Un homme ne saurait agir ainsi.*
3. On donne le nom de *passé défini* au *passé simple* dans une analyse des formes verbales françaises mettant en évidence le caractère précis et ponctuel que l'expression du passé prend dans ces formes verbales.

définisseur
En lexicographie, le *définisseur* est le terme générique qui entre dans les définitions* des mots.

définition
1. Il y a deux types de *définitions,* la définition par référence à la chose que le signe dénote (définition référentielle, définition ostensive) et

la définition par le moyen de signes appartenant à un système construit, à une langue artificielle ou métalangue (définition sémantique, définition logique).
2. Dans un dictionnaire, la *définition* est l'analyse sémantique du mot d'entrée. Elle est constituée d'une série de paraphrases synonymiques du mot d'entrée, chaque paraphrase, distincte des autres, constituant un sens, ou, dans la terminologie lexicographique, une acception. Les définitions (ou sens), distinguées les unes des autres par des numéros, des tirets, des barres, etc., se succèdent selon un rapport historique ou logique (parfois dans l'ordre de la fréquence en langue). La définition recourt dans la paraphrase synonymique à des termes génériques qui sont des *définisseurs :* ainsi le terme « véhicule » servira dans les définitions de *automobile, cabriolet, voiture,* etc. Ces définisseurs sont souvent les hyperonymes de grandes classes de mots : *machine, instrument, appareil, outil, personne, animal,* etc., suivis de la relative qui spécifie le terme générique. Le définisseur peut être aussi la traduction du suffixe dans les dérivations : *-ation* est traduit par « action de... » ; *-ment,* adverbe, par « de manière... » ou « de façon... » ; *-eur* est « personne qui... » ou « appareil qui... » ; *-euse* est « machine qui... ». La liste complète, exhaustive, des définisseurs n'a pas été établie, mais elle tend à être limitée.

déglutination
On appelle *déglutination* un changement dans l'aspect phonique d'un mot résultant d'une coupure non étymologique due le plus souvent à une confusion de la voyelle initiale avec l'article précédent : en ancien français, *l'amie* est devenue *la mie ;* en italien, *l'arena, l'oscuro* ont développé les variantes *la rena, lo scuro.*

dégrammaticalisation
La *dégrammaticalisation* est un processus qui, au cours de l'évolution de la langue, fait de procédés grammaticaux des procédés purement lexicaux (V. LEXICALISATION). La dégrammaticalisation est progressive : *en,* adverbe de lieu, et *fuir* ont longtemps été disjoints dans l'évolution de la construction syntaxique, *en* perdant progressivement de sa valeur locative ; la dégrammaticalisation est complète actuellement dans *s'enfuir,* comme l'atteste l'orthographe en un seul mot de *en* et de *fuir :* on ne peut plus dire comme au XVIIe siècle *ils s'en sont fuis.* La dégrammaticalisation peut aboutir postérieurement à une regrammaticalisation. Les ablatifs absolus du latin se dégrammaticalisent en passant en français : de là proviennent les expressions figées du type *à mon corps défendant ;* mais un de ces ablatifs *pendente (pendente somno, pendente pugna)* s'est regrammaticalisé par la formation d'une nouvelle unité grammaticale, la préposition *pendant.*

degré
Degré d'acceptabilité, d'aperture, de comparaison, de grammaticalité, degré zéro. V. ces mots.

dégroupement
En lexicographie, la détermination des entrées d'un dictionnaire (mots servant d'adresses*), faite sur des bases linguistiques, aboutit à *dégrouper* les sens différents d'un terme en les constituant chacun comme des mots homonymes distincts. Ainsi, le verbe *défiler* au sens de « défaire, séparer » est distingué d'un autre verbe *défiler* au sens de « passer en file » ; ces deux homonymes étaient, en général, confondus sous la même entrée, parce qu'ils ont la même étymologie ; leur *dégroupement* en deux entrées distinctes découle de l'analyse linguistique, qui met en évidence que les deux sens ne se trouvent pas dans le même environnement (l'un est transitif, l'autre intransitif) et que les deux verbes n'ont pas les mêmes dérivés (*défilage, défilateur* d'une part, *défilade, défilé* de l'autre).

déictique
1. On appelle *déictique* tout élément linguistique qui, dans un énoncé, fait référence à la situation dans laquelle cet énoncé est produit ; au moment de l'énoncé (temps et aspect du verbe) ; au sujet parlant (modalisation) et aux participants à la communication. Ainsi, les démonstratifs, les adverbes de lieu et de temps, les pronoms personnels, les articles (« ce qui est proche » opposé à « ce qui est lointain », par exemple) sont des déictiques ; ils constituent les aspects indiciels du langage. (V. DEIXIS.)
2. On appelle *coordonnées déictiques* la situation dans laquelle un énoncé est produit, définie par sa relation au locuteur *(je),* au lieu *(ici)* et au temps *(maintenant)* de l'énoncé.

deixis
Tout énoncé se réalise dans une situation que définissent des coordonnées spatio-temporelles : le sujet réfère son énoncé au moment de l'énonciation, aux participants à la communication et au lieu où est produit l'énoncé. Les références à cette situation forment la *deixis,* et les éléments linguistiques qui concourent à

« situer » l'énoncé (à l'embrayer sur la situation) sont des *déictiques.* La deixis est donc un mode particulier d'actualisation* qui utilise soit le geste (deixis mimique), soit des termes de la langue appelés déictiques (deixis verbale). Le déictique, ou présentatif, est ainsi assimilé à un geste verbal (équivalence entre *donne* assorti d'un geste, et *donne ceci*).

U. Weinreich signale les facteurs suivants de la situation de communication comme pouvant être utilisés pour la deixis (de façon évidemment très diverse selon les langues) :

a) L'origine du discours (« le *je* de 1re personne ») et l'interlocuteur (« le *tu* de 2e personne ») ;

b) Le temps du discours, modifiant le verbe, parfois le nom (en hopi, par exemple), parfois la phrase comme un tout (en chinois) ;

c) Le lieu du discours, le plus généralement organisé selon la catégorie de la « personne » en français (*ici / là* situent par rapport à la première personne, le latin *iste* situe par rapport à la deuxième personne) ;

d) L'identité de deux actes de discours : c'est un jugement sur l'identité de deux référés qui justifie le fonctionnement des pronoms. Dans *J'ai vu Pierre, il va bien,* le pronom *il* s'est substitué à *Pierre,* dont le sujet a constaté l'identité de référence avec le premier *Pierre.* (V. EMBRAYEUR.)

délabialisé

Un *son délabialisé* est un son fondamentalement labialisé, mais qui, dans certains cas, perd ce caractère, ou bien a un taux de labialisation inférieur à son taux normal. Par exemple, le phonème [ʃ] dans le mot *acheter* [aʃte] est délabialisé sous l'influence de la voyelle et de la consonne non labiales qui l'environnent.

On emploie parfois le terme de *délabialisé* comme synonyme de *non labialisé* pour désigner un son pendant l'articulation duquel les lèvres restent neutres ou sont étirées, au lieu d'être arrondies, par exemple [i] ou [e].

délatif

Le *délatif* est un cas, utilisé dans les langues finno-ougriennes, pour indiquer un mouvement pour s'éloigner d'un endroit ou en descendre (rôle joué par la préposition *ab* en latin).

deleatur

Signe conventionnel en correction d'épreuves d'imprimerie pour indiquer une suppression.

délibératif

1. On appelle *délibératif* la forme verbale ou la construction propre à exprimer l'idée que le sujet de l'énonciation s'interroge sur la décision qu'il doit prendre. En latin, le subjonctif sert de délibératif dans l'interrogation *quid faciam ?,* qui correspond à l'expression française *que faire ?*

2. En rhétorique, le *genre délibératif* se dit d'un discours par lequel l'orateur conseille ou dissuade, se propose de faire adopter ou rejeter une résolution dans une assemblée politique.

délié

Le *délié* est la partie fine d'une lettre calligraphiée.

délimitation

La *délimitation* est une opération consistant à identifier les unités minimales en segmentant la chaîne parlée au moyen du critère de substitution, de commutation*.

délocutif

1. On appelle *délocutifs* les verbes dérivés d'une locution et dénotant une activité du discours. Ainsi, selon É. Benveniste, le latin *salutare,* qui veut dire « prononcer à l'intention de l'interlocuteur le mot *salus* », est un délocutif.

2. Dans la terminologie de J. Damourette et É. Pichon, le *délocutif* est la personne se référant aux êtres absents de l'acte de communication, aux choses et aux notions dont on parle (3e personne).

démarcatif

1. En phonétique, un *signal démarcatif* est un élément phonique qui marque les limites d'une unité significative, mot ou morphème, à l'initiale ou à la finale. Ce rôle peut être joué par l'accent, dans les langues où l'accent est fixe au début ou à la fin du mot et n'a pas de valeur distinctive. Ainsi, en tchèque, l'accent du mot, toujours placé sur la syllabe initiale, en signale le début. (V. ACCENT.)

Certains traits distinctifs peuvent également avoir une valeur démarcative, comme en grec, où l'aspiration n'apparaît qu'à l'initiale de mot et a une double fonction, distinctive et démarcative : [heks] *six* – [eks] *hors de.*

Certains traits phoniques dépourvus de valeur distinctive peuvent avoir une fonction démarcative. Ainsi en russe, dans les mots et expressions suivants : /danos/ [danos] *dénonciation* et /danos/ [dənos] *et le nez aussi,* /jixida/ [jixˈidə] *personne rancunière et* /jix ida/ [jix idə] *leur Ida :* la fermeture de la voyelle dans le premier exemple, l'absence de palatalisation dans le second indiquent la fin d'un mot. La fermeture vocalique est ici un *signe démarcatif positif,* la palatalisation est un *signal démarcatif négatif,* puisque c'est son absence qui signale la frontière de mot.

Le signal démarcatif peut également être constitué par un groupe de phonèmes qui n'apparaissent qu'à la frontière des unités significatives (signal positif) ou en sont exclus (signal négatif). Ainsi, en français, la gémination n'apparaît qu'à la frontière de mots (en dehors des cas de prononciation académique ou de certains futurs), comme *il l'a lu* [illaly] différent de *il a lu* [ilaly]. De même, en anglais, le groupe [l] vélarisé + voyelle n'apparaît qu'à la frontière de mot, où il différencie par exemple *we learn* et *will earn*. Par contre, en italien standard, la gémination n'apparaît jamais qu'à l'intérieur du mot et peut donc être considérée comme un signal démarcatif négatif.

2. En linguistique, on donne le nom de *démarcatif* aux éléments linguistiques (prépositions, conjonctions de subordination, en particulier) qui marquent le début d'une expansion (phrase ou syntagme nominal). Ainsi, *que* est un démarcatif dans *Je sais que Paul viendra,* et *de* est un démarcatif dans *Je parle de ton départ.*

démographie linguistique

Discipline qui analyse quantitativement les sociétés humaines en relevant les diverses données (nombre, origine, âge, sexe) des individus qui parlent chacune des langues ou des variétés.

démonstratif

1. Les *démonstratifs* sont des déictiques, adjectifs ou pronoms, servant à « montrer », comme avec un geste d'indication, les êtres ou les objets impliqués dans le discours. Souvent, il s'agit simplement de noter que l'être ou l'objet dont on parle est connu parce qu'il en a déjà été question ou parce que, pour diverses raisons, il est présent à l'esprit du destinataire. En français, l'adjectif démonstratif, qui appartient à la classe des adjectifs déterminatifs, a les formes suivantes : masculin *ce* et *cet* (généralement devant un mot commençant par une voyelle ou un *h* muet), féminin *cette,* pluriel *ces.*

Rattachées par un trait d'union au nom que détermine l'adjectif démonstratif, les particules adverbiales démonstratives *-ci* et *-là* indiquent que le nom est proche ou éloigné de celui qui parle *(cet homme-ci, ce livre-là).* Le pronom a des « formes simples » : masculin *celui,* féminin *celle,* neutre *ce,* et pluriel *ceux,* féminin *celles* et des « formes composées » utilisant *-ci* (démonstratif prochain) et *-là* (démonstratif lointain) ; *-ci* et *-là* sont ajoutés par un trait d'union au masculin-féminin, sans trait d'union au neutre, où *-là* perd également son accent : *cela,* qui se contracte souvent en *ça.* Les formes simples ne s'emploient que suivies d'un complément prépositionnel *(ceux de Corneille)* ou d'une proposition relative *(ceux que j'ai lus),* alors que les formes composées sont impossibles dans ce cas. On constate (mais les puristes condamnent cette construction) l'emploi de *celui, celle(s)* et *ceux* suivis d'un adjectif ou d'un participe *(Quelles bouteilles as-tu prises ? – Celles mises de côté).*

Sur le plan linguistique, les *adjectifs démonstratifs* appartiennent à la classe des déterminants ; selon les analyses, le démonstratif est considéré comme un déterminant de même nature que l'article, commutable avec lui, ou bien il est un préarticle qui, en structure profonde, est suivi d'un article défini ; cet article défini est effacé en surface (cela explique la fonction déictique et la fonction anaphorique dévolues aux démonstratifs).

2. En rhétorique, le *genre démonstratif* se dit d'un discours qui a pour objet la louange ou le blâme (oraisons funèbres, discours anniversaires, commémorations).

démotivé

On dit d'un dérivé ou d'un composé qu'il est *démotivé* quand il a perdu son rapport sémantique avec le terme de base ; le rapport entre *cœur* et *courage,* qui en est issu n'est plus perçu qu'avec certaines expressions *(avoir du cœur).* On a étendu le sens du terme « démotivé » aux cas de fausse motivation : on a créé un rapport entre *force* et *forcené* alors que ce dernier mot vient de *fors sené,* « hors de sens ».

dénombrable

Syn. de COMPTABLE.

dénominatif

En grammaire traditionnelle, on appelle *dénominatifs* les adjectifs, les verbes et les noms qui sont formés à partir de radicaux de noms. Ainsi, les termes *constitutionnel* (de *constitution*), *numéroter* (de *numéro*), *inspectorat* (de *inspecteur*) sont des dénominatifs.

dénomination

La *dénomination* consiste à traduire par un nom (simple, dérivé ou composé) un objet réel. L'opération est à la base de la terminologie*.

dénotatif
Fonction dénotative du langage. Syn. de FONCTION RÉFÉRENTIELLE.

dénotation
La *dénotation* se définit par opposition à *connotation*. La dénotation est l'élément stable, non subjectif et analysable hors du discours, de la signification d'une unité lexicale, tandis que la connotation est constituée par ses éléments subjectifs ou variables selon les contextes. Par exemple, *nuit,* définissable de façon stable comme opposé de *jour,* comme intervalle entre coucher et lever du soleil, etc. (dénotation), comporte aussi pour certains locuteurs ou dans certains contextes la connotation « tristesse », « deuil », etc. *Rouge,* dénotant une couleur, et en particulier certaine gamme de vibrations lumineuses parmi d'autres, connote dans certains contextes le danger.

La *dénotation* d'une unité lexicale se définit aussi parfois par opposition à la *désignation.* La dénotation renvoie à la classe des objets répondant à un concept constituant le signifié de la classe. Par exemple, le signe *chaise* étant une association du concept « siège, à quatre pieds, avec un placet, avec un dossier » et de l'image acoustique [ʃɛz], la dénotation sera : *a, b, c, ... n sont des chaises.* Alors que, par la dénotation, le concept renvoie à la classe des objets, dans la désignation, le concept renvoie à un objet isolé (ou un groupe d'objets) faisant partie de l'ensemble. La classe des chaises existantes, ayant existé ou possibles constitue la dénotation du signe « chaise », tandis que « cette chaise-ci » ou « les trois chaises » constituent la désignation du signe « chaise » dans le discours.

denotatum Syn. de RÉFÉRENT.

dense
Le terme de *dense,* aujourd'hui tombé en désuétude, désigne dans la terminologie ancienne une consonne occlusive (dite « muette » dans cette même terminologie) qui comporte une émission d'air très forte, disproportionnée par rapport à la faible tension des muscles buccaux, de sorte que la pression de l'air semble trop puissante et provoque souvent une impression de souffle ou d'aspiration. Les grammairiens anciens opposaient les consonnes denses, comme en grec λ [l], aux consonnes moyennes, β [b] ou ténues, π [p]. L'opposition de densité est souvent confondue avec l'opposition d'aspiration* et l'opposition de pression* ou d'intensité*.

dental
Phonétiquement, une *consonne dentale* est une consonne réalisée en rapprochant la lèvre inférieure, la pointe ou le dos de la langue des incisives supérieures. Suivant la nature de l'articulateur inférieur, on distingue : les labiodentales ou dentilabiales ([f], [v]), les apicodentales, qui peuvent être réalisées par l'introduction de la pointe de la langue entre les dents (comme l'interdentale espagnole [θ] à l'initiale de *cinco*) ou par le contact de la pointe de la langue contre les dents supérieures, comme le [s] espagnol de *suegra ;* les apico-alvéolaires, réalisées par le contact de la pointe de la langue contre les alvéoles, comme la vibrante apicale de l'italien et de l'espagnol [r] ; enfin, les prédorso-alvéolaires, réalisées par le contact de la partie antérieure du dos de la langue contre les alvéoles, comme le [s] du français *sel.*

Phonologiquement, les labiodentales sont classées avec les labiales, dont elles présentent les traits distinctifs (grave et diffus), mais toutes les autres articulations sont classées comme dentales et caractérisées phonologiquement par les traits aigu et diffus, c'est-à-dire une concentration de l'énergie dans les hautes fréquences du spectre, avec une diminution de la quantité totale d'énergie.

dentilabial
Les *consonnes dentilabiales* (appelées de préférence labiodentales*, car c'est l'articulateur labial qui a le plus d'importance linguistique) sont des consonnes réalisées par le rapprochement de la lèvre inférieure contre les incisives supérieures : ainsi, en français, [f], [v]. Ces consonnes se classent phonologiquement parmi les labiales, dont elles présentent les caractéristiques grave* et diffus*, mais elles se distinguent des bilabiales par leur caractère strident*, dû à l'intervention sur le passage de l'air d'un obstacle supplémentaire constitué par la barrière des dents.

dépendant
1. En grammaire traditionnelle, *dépendant* est souvent synonyme de *subordonné,* de *régi* ou de *complément.*
2. En linguistique structurale, on appelle *morphèmes dépendants* des morphèmes tels que leur occurrence dépend de l'occurrence d'un autre morphème dans une construction donnée et tels qu'un changement affectant le premier

implique un changement affectant le second. Ainsi, l'opposition :

Je connais la personne à qui vous pensez,
Je connais ce à quoi vous pensez,

peut être décrite comme un seul morphème discontinu :

la personne Qu-i ce Qu-oi

3. En grammaire générative, il existe deux variétés de grammaires syntagmatiques, selon que dans la règle de réécriture fondamentale

XAY → XZY

(A dans le contexte X et Y se réécrit Z dans le même contexte) les symboles X et Y sont ou ne sont pas nuls. Dans le premier cas, on a des *grammaires indépendantes du contexte,* dans le second cas des *grammaires dépendantes du contexte.* La règle de réécriture du syntagme nominal

SN → D + N

(déterminant + nom) est une règle indépendante du contexte. Mais la règle de constitution du syntagme verbal

SV → V + SN

(verbe suivi de syntagme nominal) appartient à une grammaire dépendante du contexte, puisque SN ne pourra être réécrit après V que si ce dernier appartient à la catégorie des verbes transitifs.

déphonologisation

Une *déphonologisation* est une mutation, dans l'évolution phonique d'une langue, qui entraîne la suppression d'une différence phonologique. La déphonologisation peut aboutir à créer entre les deux termes de l'ancienne opposition phonologique un rapport de variantes combinatoires : ainsi, dans une partie des dialectes grand-russes, les deux phonèmes [e] inaccentué et [a] inaccentué sont devenus les deux variantes combinatoires d'un même phonème représenté par [e] après les consonnes mouillées, par [a] après les consonnes non mouillées. La déphonologisation peut aussi aboutir à une identité ; en français, l'opposition [a] et [ɑ] *patte - pâte* a pratiquement disparu, les deux termes de l'opposition étant identifiés avec le phonème antérieur [a]. De même, certains dialectes polonais ont confondu en une seule série [s, z, ʃ, ʒ] deux séries de consonnes anciennement distinctes [s, z, ʃ, ʒ] et [tʃ, dʒ].

déplacement

Le *déplacement* est l'opération consistant à modifier l'ordre de deux constituants adjacents d'une phrase (ou deux suites de constituants) dans des conditions définies. Par exemple, la transformation pronominale comporte, entre autres opérations élémentaires, une opération de déplacement : le syntagme nominal pronominalisé qui, dans la structure, se trouve après le verbe est déplacé pour être mis devant le constituant auxiliaire et après le constituant syntagme nominal sujet ; ainsi, en simplifiant, on a :

Pierre voit le film → Pierre voit le → Pierre le voit.

On dit aussi qu'il y a permutation des deux constituants *le* et *voit.*

déponent

On donne le nom de *déponent* à la voix* moyenne du latin, c'est-à-dire, selon l'analyse des grammairiens latins, aux verbes qui ont « abandonné » *(deponere)* la flexion active pour prendre la flexion passive, tout en gardant le sens actif. Les déponents correspondent le plus souvent à des verbes intransitifs ou pronominaux français (*mori,* mourir ; *fungi,* s'acquitter de), mais non nécessairement (*sequi,* suivre).

dépréciatif

Syn. de PÉJORATIF.

dérivation

1. Pris en un sens large, le terme de *dérivation* peut désigner de façon générale le processus de formation des unités lexicales. Dans un emploi plus restreint et plus courant, le terme de *dérivation* s'oppose à *composition* (formation de mots composés), le recours à la dérivation étant variable selon les langues.

La dérivation consiste en l'agglutination d'éléments lexicaux, dont un au moins n'est pas susceptible d'emploi indépendant, en une forme unique. *Refaire, malheureux* sont des dérivés ; les éléments *re-, -eux* ne sont pas susceptibles d'emploi indépendant, tandis que *faire* et *malheur* sont des unités lexicales par elles-mêmes. Les éléments d'un dérivé sont :

a) le radical, constitué par un terme autonome *(faire* dans *refaire)* ou dépendant *(-fec-* dans *réfection) ;*
b) les affixes, éléments adjoints appelés *préfixes* s'ils précèdent le radical *(re-, dé-* dans *refaire, défaire)*, ou *suffixes* s'ils le suivent *(-eux, -iste* dans *malheureux, lampiste).* Les préfixes peuvent correspondre à des formes ayant une autonomie lexicale (*contre,* adverbe et préposition, est préfixe dans *contredire ; bien,* adverbe et substantif, est préfixe dans *bienfaisant*), alors que les suffixes ne sont pas susceptibles d'emploi indépendant.

C'est dire les limites d'une opposition entre dérivation et composition reposant sur le critère de l'autonomie lexicale des composants : dans *contredire* ou *bienfaisant,* par exemple, l'autonomie des termes n'est pas moindre que dans le mot composé *portefeuille.*

Les préfixes ne jouent aucun rôle sur la catégorie grammaticale de l'unité de signification résultante (*dé-* permet de dériver un verbe : *défaire ;* un substantif : *défection ;* un participe-adjectif : *défait*), alors que les suffixes permettent le changement de catégorie grammaticale : l'adjectif *noir* aura ainsi une série de dérivés verbaux, nominaux ou adjectivaux *noircir, noirceur, noirâtre.* Ce fait incite à rapprocher la formation par préfixe de la composition, rendant plus ténue la frontière entre composition et dérivation.

La *dérivation impropre* (que l'on appelle aussi *hypostase*) désigne le processus par lequel une forme peut passer d'une catégorie grammaticale à une autre sans modification formelle. La substantivation du verbe ou de l'adjectif, par exemple, sera un cas de dérivation impropre : *boire, manger* dans *le boire et le manger ; doux, amer* dans *le doux et l'amer.*

Composés et dérivés ont en commun de se comporter dans l'énoncé comme les unités lexicales simples susceptibles d'apparaître dans les mêmes contextes. Par exemple, *un vieux gentilhomme* n'est pas un homme vieux et gentil, mais bien un gentilhomme qui est vieux ; pour *un beau portefeuille,* il est impossible de faire porter l'adjectif sur aucun des deux éléments du composé pris séparément.

Les champs dérivationnels* des unités lexicales permettent de structurer le lexique, les dérivés permettant de délimiter les diverses acceptions du mot. Ainsi on a deux termes *juste* selon le champ dérivationnel :

> *juste* $_1$ adv. *juste,* subst. *justesse (une pensée juste, penser juste, jouer juste)*
> *juste* $_2$ *justement, injustement, justice, injustice (un homme juste).*

Cependant, les différences des divers sens des unités lexicales ne se manifestent pas nécessairement par une différence du champ dérivationnel.

2. En grammaire générative, la *dérivation* est un processus par lequel les règles de la base génèrent des phrases à partir de l'élément initial et en leur assignant une description structurelle, de telle manière que chaque suite découle de la précédente par l'application d'une seule règle de grammaire. La dérivation est dite *terminale* quand on arrive à une suite terminale* d'éléments, à laquelle on ne peut plus appliquer de règles de grammaire. La dérivation peut être représentée par un arbre* ou une parenthétisation étiquetée. On appelle aussi dérivation l'ensemble des suites ainsi générées, de l'élément initial à la suite terminale en passant par les suites intermédiaires.

dérivationnel
À côté d'une conception sémantique du champ* lexical, certains linguistes mettent l'accent sur la possibilité de structurer un champ dérivationnel. Dans cette perspective, on appellera *champ dérivationnel,* soit l'ensemble constitué par un terme donné d'une langue et tous les dérivés qu'il permet de former, soit un ensemble de termes du vocabulaire reliés entre eux par un système cohérent d'opérateurs. Ainsi :
a) L'analyse du champ dérivationnel de *s'abstenir* conduira à distinguer deux verbes *s'abstenir : s'abstenir*$_1$, qui forme champ dérivationnel avec *abstinence, abstinent,* et *s'abstenir*$_2$, qui forme champ dérivationnel avec *abstention, abstentionniste.*
b) Le champ dérivationnel d'un certain nombre des termes de parenté en français est marqué par l'exploitation comme opérateurs (détournés de leur valeur sémantique dans le vocabulaire général) des termes *grand, petit, beau, arrière.* Ainsi, le champ dérivationnel de *père, mère* comporte le recours à *arrière, beau, grand (arrière-grand-père),* le champ dérivationnel de *oncle, tante* comporte le recours à *arrière, grand* mais non à *beau* (*arrière-grand-tante,* etc.). Avec des opérateurs dérivationnels, en partie semblables *(arrière, beau)* et en partie opposés *(petit),* on formera le champ dérivationnel de *fils, fille. Cousin, cousine* ont encore un champ dérivationnel différent.

Pour qu'il y ait *rapport dérivationnel* entre deux ou plusieurs unités lexicales, deux conditions sont nécessaires :
– Le dérivé doit être le produit d'une *règle dérivationnelle,* c'est-à-dire que le procédé de création doit se retrouver dans d'autres cas, impliquant les mêmes catégories grammaticales, et donnant lieu à des rapports sémantiques identiques. D'autres mots doivent donc être construits sur le même modèle. Si *semeur* et *lanceur* sont le produit d'une même règle dérivationnelle, *labeur* n'est pas un mot construit (il n'y a pas de verbe **laber*).
– Le dérivé doit être analysable comme résultant de cette règle au plan formel et sémantique. Le sens doit être conforme à la structure morphologique. Par exemple, *carpette* est sans rapport dérivationnel avec *carpe,* alors que *tablette* entretient ce rapport avec *table.*

désambiguïsation
Quand une phrase est ambiguë (quand elle a deux sens différents répondant à deux analyses structurelles), on peut procéder à sa *désambiguïsation* en lui substituant des phrases synonymes non ambiguës. Ainsi, pour désambiguïser *Le magistrat juge les enfants suspects,* on verra si on peut lui substituer *Le magistrat juge les enfants : ces enfants sont suspects* ou bien *Le magistrat juge quelque chose : les enfants sont suspects.*

désambiguïser
En théorie, il existe des phrases ambiguës (V. AMBIGUÏTÉ), en particulier des phrases dont la réalisation dans le discours renvoie à plusieurs structures distinctes : *Pierre aime Jacqueline autant que Claude* (Pierre aime Jacqueline et Claude ; Pierre et Claude aiment Jacqueline). Mais les phrases réalisées peuvent être *désambiguïsées,* c'est-à-dire que le choix entre les deux structures peut être déterminé par le contexte ou la situation ; par la culture de la communauté ; mais aussi par les procédés prosodiques (intonation de la phrase, pauses, accent d'intensité, etc.).

désarrondissement
On appelle *désarrondissement,* ou *délabialisation,* l'altération subie par un phonème normalement arrondi (ou labialisé) et qui perd cette caractéristique dans une alternance synchronique ou à la suite d'un changement historique : ainsi, la voyelle anglaise de *come* provient d'un désarrondissement du [o] de l'ancien anglais.

désaspiration
On appelle *désaspiration* l'altération subie par une consonne normalement aspirée qui perd cette caractéristique soit dans une alternance synchronique par variation combinatoire, soit à la suite d'un changement diachronique. En grec, une consonne aspirée subit une désaspiration si elle est suivie dans le mot d'une autre consonne aspirée qui ne lui est pas contiguë. En diachronie, les consonnes aspirées de l'indo-européen [bh], [dh], [gh] ont subi une désaspiration dès l'étape préhistorique et ont abouti à [b], [d], [g].

descendant
Syn. de DIPHTONGUE DÉCROISSANTE.

descriptif
L'adjectif *descriptif* est employé après *étude, recherche, linguistique* pour désigner une méthode d'analyse qui s'attache à rendre compte des seules phrases réalisées, issues d'un corpus

représentatif en dehors de toute intention normative ou de préoccupations historiques.

Une *grammaire descriptive* énumère explicitement au moyen de règles en nombre fini les phrases réalisées d'une langue constituant un corpus représentatif, et donne une analyse de leur structure. La grammaire descriptive s'oppose à la *grammaire normative,* qui ajoute des contraintes sociales d'utilisation aux règles qu'elle établit ; elle se distingue de la *grammaire générative,* qui génère au moyen de règles toutes les phrases grammaticales d'une langue (réalisées ou potentielles) et non pas seulement celles d'un corpus. La grammaire descriptive décrit les structures des seules phrases réalisées, la grammaire générative décrit les structures qui permettent de générer, de réaliser une infinité de phrases. Le corpus de la grammaire descriptive ne comporte pas seulement les phrases jugées acceptables (comme la grammaire normative), elle comporte aussi les énoncés jugés « incorrects », mais qui figurent dans les énoncés réalisés par des locuteurs natifs ; la grammaire descriptive n'aboutit pas à constituer un ensemble d'injonctions pédagogiques du type *Dites, ne dites pas,* mais à décrire un état de langue réel.

description

1. On appelle *description* la représentation structurelle des phrases, des morphèmes qui constituent les phrases, des phonèmes qui constituent les morphèmes, des règles de combinaison de ces morphèmes, etc.

2. En grammaire générative, la *description structurelle* d'une phrase fournit les renseignements nécessaires qui déterminent les transformations et finalement l'interprétation sémantique et l'interprétation phonétique de la phrase.

3. On appelle *description à plat* le simple relevé des faits linguistiques sans tentative d'explication ou de structuration.

descriptivisme

On donne parfois le nom de *descriptivisme* à la théorie linguistique dont le seul but est d'induire d'un corpus des règles dont l'application puisse rendre compte d'une manière complète de tous les énoncés de ce corpus.

désidératif

On appelle *désidératif* la forme verbale susceptible d'exprimer l'idée de désir ; le désidératif peut être traduit par un suffixe spécifique, comme en latin le suffixe *-urire.* Sur le verbe *edere / esse,* manger, on a formé un désidératif *esurire,* désirer manger.

désignateur

Dans la terminologie sémantique de Ch. W. Morris, le *désignateur* est un signe possédant un désignatum, c'est-à-dire comportant un ensemble de conditions telles que, si elles sont remplies par une situation et si le terme est utilisé par référence à cette situation, l'occurrence donnée du désignateur dénote. Par exemple, *canard* pourra être défini, dans un de ses sens, comme possédant un designatum [sucre quand on prend le café] : si la situation est *on prend le café* et si le signe renvoie à cette situation (et non à une discussion sur la chasse, par exemple), l'occurrence *canard* dénote en fonction de son designatum.

désignation

On appelle *désignation* le fait qu'un signe renvoie à un objet, à un procès, à une qualité, etc., de la réalité extralinguistique telle qu'elle est structurée par les formations idéologiques (culture, expérience) d'un groupe humain donné. Ce à quoi renvoie le signe recevra le nom de designatum, selon une opposition conceptuelle : designatum *vs* denotatum. (V. DÉNOTATION.)

Le designatum, dans une réflexion sémiotique superficielle, semble s'identifier à une chose. Ainsi, le designatum du signe *arbre* sera tel arbre particulier de la réalité extralinguistique. Toutefois, les mots renvoient également à des procès (ainsi en français les verbes, par exemple *courir,* mais aussi des substantifs, par exemple *course*), à des qualités (adjectifs, par exemple *bon ;* adverbes, par exemple *bien*). L'existence d'une relation de désignation n'implique aucunement l'existence de la chose ou référent : ainsi, le signe *licorne* est en relation de désignation avec un animal inexistant, mais un produit de l'imagination. (Pour l'opposition *désignation, signification* V. ce mot.)

designatum

On préfère quelquefois le terme de *designatum* à celui de *signifié*.*

désinence

On appelle *désinence* l'affixe qui se présente à la finale d'un nom, d'un pronom ou d'un adjectif (désinences casuelles) ou à la finale d'un verbe (désinences personnelles) pour constituer avec la racine, éventuellement pourvue d'un élément thématique, une forme fléchie. Ainsi, le nominatif latin *dominus* est constitué de la racine *domin,* de la voyelle thématique *o* passée ici à *u* et de la désinence casuelle *s* (celle de nominatif). Le pluriel *chan-*

tons est formé de la racine *chant* et de la désinence personnelle *ons*. (V. CAS, DÉCLINAISON, FLEXION.)

destinataire

1. On appelle *destinataire* le récepteur dans le schéma de communication*.

2. On appelle *destinataire* en grammaire celui à qui est destinée l'action exprimée par le verbe ou celui au bénéfice de qui se fait l'action indiquée par le verbe (ex. : *Il donne un livre à son fils*).

destinateur

On désigne parfois du nom de *destinateur* (celui qui destine son message à quelqu'un) le locuteur*.

détaché

Adjectif détaché. V. DÉTACHEMENT.

détachement

Par le *détachement,* un adjectif est séparé du substantif ou du pronom auquel il se rapporte soit par une simple pause que transcrit la virgule, soit par une forme verbale. Syntaxiquement, l'adjectif détaché ou apposé est issu d'une proposition relative* appositive. Le détachement a généralement des raisons stylistiques. Il peut avoir une valeur simplement descriptive et insister sur un point particulier, comme dans *L'homme, égaré, divaguait constamment.* Il peut aussi tenir la place d'une proposition subordonnée circonstancielle de cause, de concession (le sens est alors souvent souligné par un adverbe) : *Riche, il aidait les pauvres. Il était, quoique orgueilleux, capable de reconnaître parfois ses torts.*

détente

La *détente,* appelée aussi *métastase* par rapport à la tension ou catastase, est la phase finale de l'articulation d'un phonème pendant laquelle les organes phonatoires abandonnent la position qui les caractérise pour adopter la position de repos ou se préparer à l'émission du phonème suivant.

déterminant

1. Dans un sens large, les *déterminants* sont les constituants du syntagme nominal qui dépendent du nom, tête ou constituant principal du syntagme nominal. En ce cas, les déterminants sont les articles, les adjectifs, les compléments du nom ; ce sont les éléments qui actualisent le nom (déterminé), qui lui donnent ses déterminations

2. En un sens plus étroit, mais plus courant, les *déterminants* forment une classe de morphèmes grammaticaux dépendant en genre et en nombre du nom qu'ils spécifient. Les déterminants sont les articles, les possessifs, les démonstratifs, les adjectifs interrogatifs, relatifs et indéfinis, les numéraux.

déterminatif

1. On donne le nom d'*adjectif déterminatif* à une classe de déterminants distincts des articles (et par opposition à la classe des adjectifs qualificatifs) ; ce sont des préarticles ***(toute** la ville)* ou des postarticles *(l'**autre** personne)* ou des déterminants substituables aux articles (adjectifs possessifs, démonstratifs, interrogatifs : ***sa** maison, **cette** maison, **quelle** maison*). Parmi les déterminatifs, les grammaires traditionnelles rangent les adjectifs ***numéraux** (deux livres, un deuxième jour),* ***possessifs*** *(sa voiture),* ***démonstratifs*** *(cette page),* ***relatifs*** *(laquelle erreur),* ***interrogatifs*** ou ***exclamatifs*** *(quelle bêtise)* et ***indéfinis*** *(chaque film).*

2. *Relative déterminative.* V. RELATIVE.

3. On donne le nom de *syntagme déterminatif* à un syntagme composé d'un déterminant et d'un déterminé : ainsi, dans *Le livre est intéressant, le livre* est un syntagme déterminatif où *le* est le déterminant et *livre* le déterminé. Le syntagme latin *liber Petri* est déterminatif, *liber* est le déterminé et *Petri* le déterminant.

détermination

1. On appelle *détermination* la fonction assurée par la classe des déterminants et consistant à actualiser le nom, c'est-à-dire à lui donner la propriété de nom défini ou indéfini.

2. On appelle *détermination* le procédé par lequel une unité linguistique est actualisée dans le discours, tout en étant spécifiée. L'expression de la détermination est très variable selon les langues. Outre le rôle des déterminants, dont le système peut être très différent d'une langue à l'autre, l'emploi des cas (langues flexionnelles) ou de diverses particules (langues agglutinantes) et l'ordre des éléments dans le syntagme nominal ou dans la phrase peuvent également être des facteurs de détermination.

On parle aussi de détermination quand le procès exprimé par le verbe implique un but précis : ainsi, *parler* est indéterminé par rapport à *dire* (quelque chose), *marcher* par rapport à *aller* (quelque part). Cette distinction joue un rôle morphologique, par exemple dans la conjugaison du russe, où l'on trouve des couples de verbes de mouvement indéterminé *vs* déterminé.

déterminé
Dans le syntagme nominal des phrases réalisées, le *déterminé* est la tête du syntagme nominal, le constituant fondamental, les autres éléments étant les déterminants. Ainsi, dans les syntagmes nominaux *le chapeau de Pierre, les pommes de terre frites, les coffres-forts,* etc., les constituants *chapeau, pommes, coffres* sont les déterminés.

deux-points V. PONCTUATION.

déverbal
On appelle *déverbaux* les noms formés à partir de radicaux verbaux. Ainsi, les noms *appontement* (de *apponter*), *marche* (de *marcher*), etc., sont des déverbaux. Parfois, le nom de *déverbal* est réservé à ceux de ces dérivés qui sont formés avec le suffixe zéro (*bond* de *bondir, bouffe* de *bouffer,* etc.). [Syn. : POSTVERBAL.]

déverbatif
On appelle parfois *déverbatif* un verbe dérivé d'un verbe ; ainsi, le latin *cantare* « chanter » est un déverbatif, originellement fréquentatif, de *canere* « chanter ».

dévocalisation
En phonétique synchronique, le phénomène de *dévocalisation* est celui par lequel certains phonèmes réalisés habituellement comme voisés, c'est-à-dire avec une vibration des cordes vocales, perdent cette caractéristique au contact de phonèmes non-voisés qui leur sont contigus. Ainsi, en français, les consonnes voisées [b], [d], [l], [m] perdent ce trait sous l'influence assimilatrice des phonèmes non-voisés, comme dans les mots ou expressions suivants : *une robe courte, un rude travail, calfeutré, le même pain* que l'on note phonétiquement [ynrɔbkurt], [œ̃rydtravaj], [kalføtre], [ləmɛmpɛ̃]. Dans le cas où le trait de voisement a une valeur phonologique, comme pour [b], [d], etc., la dévocalisation peut se produire sans gêner la communication, car le trait de douceur (ou laxité) qui double en français le voisement se maintient et soutient l'opposition entre le phonème dévoisé et son partenaire non-voisé et fort [p], [t], etc.

En phonétique historique, le phénomène de dévocalisation est celui par lequel, à un moment donné de l'évolution du système phonologique, certaines consonnes voisées perdent ce caractère lors du passage à un stade ultérieur : ainsi, les consonnes voisées [b], [d], [g] du germanique préhistorique ont subi une mutation par dévocalisation et sont devenues non-voisées : [p], [t], [k].

dévoisé
Une *consonne dévoisée* ou *dévocalisée* est une consonne normalement voisée, mais qui perd ce trait au contact de phonèmes non-voisés, par dévoisement ou dévocalisation*. Les phonèmes du français [d] et [g] sont dévoisés dans les mots et expressions : *médecin* [medsɛ̃], *un vague projet* [œ̃vagproʒɛ].

dévoisement
Syn. de DÉVOCALISATION.

diachronie

La langue peut être considérée comme un système fonctionnant à un moment déterminé du temps (synchronie*) ou bien analysé dans son évolution *(diachronie)* ; par la diachronie, on suit les faits de langue dans leur succession, dans leur changement d'un moment à un autre de l'histoire : chez F. de Saussure, la *diachronie* est d'abord l'un des points de vue que le linguiste peut choisir et qui, de manière fondamentale, s'oppose à la synchronie. Dans cette perspective, toute étude diachronique est une explication historique du système synchronique et les faits diachroniques sont les changements subis par la langue.

La *diachronie* est aussi la succession de synchronies qui, pour F. de Saussure, peut seule rendre compte de façon adéquate de l'évolution de la langue. La *diachronie* définit le caractère des faits linguistiques considérés dans leur évolution à travers le temps. La discipline qui s'occupe de ce caractère est la linguistique diachronique. La diachronie constate d'abord les changements qui se produisent et les localise dans le temps. Mais il faut ensuite replacer l'unité linguistique étudiée dans le système tel qu'il a fonctionné à un moment donné.

L'importance de la diachronie dans la linguistique au XIXe siècle tient au fait que l'évolution de la langue tendait à n'être qu'un moyen de connaître l'histoire des peuples. La distinction rigoureuse entre synchronie et diachronie est donc une réaction contre cette perspective historiciste de la linguistique. Cette distinction a aussi des fins méthodologiques. On peut arguer que le sujet parlant connaît mal ou ignore l'histoire de sa langue et que, par conséquent, la connaissance des stades antérieurs ne permet pas de comprendre le fonctionnement du système considéré synchroniquement. Ainsi, le fait que *taie* vient de *tega* n'a aucune influence sur l'emploi actuel du mot ; l'étymologie* de *tête* remontant à un mot latin signifiant « cruche » est une simple curiosité sans grande importance pour le fonctionnement actuel du mot *tête* (*tête, tête de file, tête chercheuse,* etc.). De même, la recherche des causes de l'évolution aboutit souvent à des faits extralinguistiques qui, eux non plus, n'expliquent pas l'état actuel. Enfin, on s'est demandé si toute recherche sur des états de langue passés pouvait aboutir à une certitude quelconque, dans la mesure où le chercheur n'a pas la compétence* linguistique des sujets parlants de l'époque qu'il étudie. En sens inverse, on peut soutenir qu'il n'y a pas de synchronie sans diachronie. Cette dernière est toujours sous-jacente dans un état de langue donné qui serait chaque fois plein du passé et gros de l'avenir, sans qu'on puisse considérer qu'il y ait jamais rien d'étale dans la langue. Ainsi, après la Seconde Guerre mondiale, on trouvait en Corse trois termes pour désigner le « porte-plume » *pinna, porta-pinna* et le mot français emprunté. Les grands-parents se servaient du premier, les parents du premier et du deuxième (en donnant au premier une valeur méliorative), les enfants du deuxième et du troisième (en donnant au second une valeur méliorative). Il n'y a donc pas à un moment donné un seul mais plusieurs systèmes qui entrent en concurrence et qui projettent ainsi la diachronie dans un état synchronique ; il y a interpénétration de plusieurs synchronies. L'évolution d'un système A en un système B qui lui est postérieur ne peut être décrit qu'en termes de transformation de la structure synchronique A en une autre structure synchronique B ; c'est, en effet, l'organisation générale du système qui est en cause quand on parle, par exemple, de phonologie diachronique ; celle-ci ne peut se faire sans une connaissance préalable des états synchroniques.

diachronique

On caractérise comme *diachroniques* des études, des recherches, une linguistique, dans la mesure où elles ont comme point de vue la diachronie*, c'est-à-dire l'évolution des faits linguistiques. Sont qualifiés également de *diachroniques* tous les faits considérés comme des éléments ou des facteurs d'un système en cours d'évolution, comme appartenant à des états différents de développement.

diacritique

On appelle *signe diacritique* un signe graphique adjoint à un graphème simple de l'alphabet afin de transcrire un phonème différent de celui que transcrit habituellement ce graphème (ainsi, l'utilisation de l'accent circonflexe en français indique parfois l'opposition entre [a] antérieur, sans circonflexe, et [ɑ] postérieur, avec circonflexe). Le *c* sans cédille devant *a* transcrit le son [k] *(cadavre)* et avec cédille le son [s] *(çà)*.

diagnostique

On appelle *environnement diagnostique* d'un morphème lexical polysémique le contexte qui permet de déterminer la différence typique d'un de ses sens relativement à tous les autres. Ainsi, on dit que l'environnement de *appréhender* constitué par un syntagme nominal objet nom de personne *(appréhender quelqu'un)* distingue le sens de « procéder à l'arrestation de quelqu'un » des autres sens *appréhender un danger* (le craindre) ou *appréhender quelque chose* (le saisir, le comprendre). On dit qu'il s'agit alors d'un environnement diagnostique.

diagramme
Le *diagramme d'une phrase* est la figure graphique propre à représenter l'analyse en constituants d'une phrase. Les diagrammes utilisés sont l'arbre* et la parenthétisation* étiquetée.

dialectal
1. Par opposition à « courant », « classique », « littéraire », « écrit », *dialectal* sert à caractériser une forme de langue comme une variété régionale n'ayant pas le statut et le prestige socioculturel de la langue elle-même.
2. Par opposition à « linguistique », *dialectal* sert à caractériser les différences qui n'opposent pas des langues mais des variétés d'une même langue. Alors que les limites ou les frontières qui séparent le *picard* du *normand* sont dites indifféremment dialectales ou linguistiques, celles qui séparent le *picard* du *flamand* (de famille germanique) sont uniquement linguistiques.
3. *Dialectal* caractérise la région où l'on retrouve un certain nombre de traits linguistiques qui rapprochent les parlers utilisés en les opposant à d'autres.
4. On utilise enfin cet adjectif pour qualifier la situation où existent des dialectes voisins, mais différant entre eux *(situation dialectale)* ou bien le processus aboutissant à l'apparition de dialectes à partir d'une langue unique *(différenciation dialectale).*
5. On parle quelquefois de *géographie dialectale,* de *cartes dialectales,* d'*atlas dialectaux* pour désigner la géographie linguistique, les cartes linguistiques, les atlas linguistiques (v. ces mots).

dialectalisation, dialectisation
Une langue se *dialectalise* quand elle prend, selon les régions où elle est parlée, des formes nettement différenciées entre elles ; la notion de dialectisation présuppose l'unité antérieure, au moins relative, de la langue concernée. Les premiers comparatistes ont accepté le principe de langues-mères uniformes et de la « naissance » de langues-filles après une rupture soudaine et bien tranchée. Dans cette perspective, la dialectalisation se confond avec la rupture. Aujourd'hui, on pose plutôt des langues-mères connaissant des variations minimes, mais qui préfigurent les différenciations ultérieures. Ainsi, le latin parlé en Gaule était certainement différent du latin parlé en Italie ou en Dacie ; selon la théorie des ondes, l'étendue des aires dans lesquelles on rencontre un trait s'explique par la propagation, inégale, de certaines innovations à partir de certains centres et le maintien ailleurs de formes anciennes.

dialectalisme
On appelle *dialectalisme* un fait de langue (mot, locution, tournure) relevant d'un dialecte et non de la langue commune.

dialecte

Le grec *dialektos* désignait les systèmes différents utilisés dans toute la Grèce, chacun pour un genre littéraire déterminé, et considérés comme la langue d'une région de la Grèce où ils devaient recouvrir des dialectes au sens moderne du terme, régionaux ou sociaux ; l'ionien, non seulement en Ionie, mais dans toute la Grèce, était utilisé pour le genre historique, le dorien l'était pour le chant choral.

1. Employé couramment pour *dialecte régional* par opposition à « langue », le *dialecte* est un système de signes et de règles combinatoires de même origine qu'un autre système considéré comme la langue, mais n'ayant pas acquis le statut culturel et social de cette langue indépendamment de laquelle il s'est développé : quand on dit que le picard est un dialecte français, cela ne signifie pas que le picard est né de l'évolution (ou à plus forte raison de la « déformation ») du français.

Dans les pays comme la France, où l'on trouve une langue officielle et normalisée, le dialecte est un système permettant une intercompréhension relativement facile entre les personnes qui ne connaîtraient que le dialecte et les personnes qui ne connaîtraient que la langue ; le dialecte est alors exclu des relations officielles, de l'enseignement de base et ne s'emploie que dans une partie du pays ou des pays où l'on utilise la langue. Les dialectes régionaux français d'oïl sont : le francien, l'orléanais, le bourbonnais, le champenois, le picard, le haut-normand et le wallon, le lorrain, le bourguignon, le franc-comtois, le bas-normand, le gallo, l'angevin et le parler du Maine, le poitevin, le saintongeais et l'angoumois (ces trois derniers étant parfois considérés comme des dialectes de langue d'oc).

Parfois, l'intercompréhension peut être toute relative ; elle peut se réduire au sentiment de parler la même langue ou à l'habitude prise de rattacher les formes locales divergentes à une même tradition écrite : on distingue ainsi un arabe littéraire ou classique et des arabes dialectaux comme le tunisien, l'algérien ; les différences entre ces arabes dialectaux sont parfois bien plus importantes que celles qui opposent des langues comme l'allemand et le néerlandais.

Dans certains pays à écriture idéographique, les *dialectes* peuvent n'avoir en commun que la représentation graphique et une parenté génétique : les dialectes chinois sont par rapport au chinois mandarin de véritables langues ; les utilisateurs natifs du cantonais et du chinois mandarin ne se comprennent que par écrit.

Dans les pays sans langue officielle normalisée, les dialectes sont des formes de langues voisines les unes des autres, dont les utilisateurs se comprennent plus ou moins et, par opposition à d'autres, ont l'impression d'appartenir à une même communauté linguistique. Ce sont aussi les formes locales à partir desquelles on a construit une langue d'union.

2. Le *dialecte social* est un système de signes et de règles syntaxiques utilisé dans un groupe social donné ou par référence à ce groupe. Ce système peut être réduit à des unités lexicales qui, mise à part la valeur affective, doublent les unités du vocabulaire général dans un domaine déterminé. Quand ce système est créé ou employé comme un ensemble secret de signes, c'est un argot* (argot des malfaiteurs, des lycéens, des soldats, de certains travailleurs migrants). Parfois, la valeur de signe social (manifestation de la volonté d'appartenir ou de se référer à un groupe social) l'emporte sur le caractère ésotérique.

Le système peut être réduit à un ensemble de termes désignant des notions ou des objets pour lesquels la langue commune n'a pas de signes ou de signes suffisamment précis : on a alors des langues spéciales ou des vocabulaires techniques. Parfois, le terme technique est lui-même doublé d'un terme argotique (argot de métier) ; dans ce cas-là, la distinction est quelquefois difficile à faire. L'objet des langues spéciales n'est pas d'être ésotérique. Leur caractère difficilement intelligible est dû à l'ignorance par les non-initiés des notions exprimées.

Le système peut être enfin un ensemble de signes et de règles syntaxiques ; il est désigné plus couramment par les termes de patois* (ou parler patois), langue courante, langue cultivée, langue populaire ; ces dialectes sont propres chacun à une certaine couche sociale et leur emploi révèle l'origine ou la référence de son utilisateur.

dialectique

En rhétorique, la *dialectique* est la partie argumentative du discours.

dialectisation

V. DIALECTALISATION.

dialectologie

Le terme de *dialectologie,* pris parfois comme simple synonyme de géographie* linguistique, désigne la discipline qui s'est donné pour tâche de décrire comparativement les différents systèmes ou dialectes* dans lesquels une langue se diversifie dans l'espace et d'établir leurs limites. Le mot s'emploie aussi pour la description de parlers pris isolément, sans référence aux parlers voisins ou de même famille.

Née des recherches des néogrammairiens pour établir les « lois phonétiques », conçue de manière systématique en Allemagne par George Wenker, la dialectologie a été établie définitivement par les travaux de J. Gilliéron et les atlas* linguistiques, même si, par la suite, certains des présupposés ou des principes méthodologiques ont été abandonnés.

À partir de certains traits lexicaux ou syntaxiques considérés comme pertinents, on procède à des enquêtes afin de caractériser les parlers* locaux par rapport à ces critères choisis préalablement. Les points de la région étudiée où l'on passe d'un trait à un autre sont dits isoglosses* ou lignes d'isoglosses qui sont reportées sur des cartes linguistiques : pour le nom de l'*abeille* en France, les isoglosses délimitent les régions où on dit *é, aps, aveille, abeille, mouchette, mouche à miel,* etc. Plusieurs lignes d'isoglosses, ou mieux plusieurs faisceaux d'isoglosses, délimitent des parlers ou des dialectes régionaux, ou plutôt des aires dialectales, qu'on s'efforce de faire coïncider avec des données humaines, socioculturelles, géographiques, économiques, etc. La *dialectologie structurale* tente de procéder à la description des parlers en construisant les diasystèmes* représentant les similarités existant entre deux parlers.

La *dialectologie* est aussi l'étude conjointe de la géographie linguistique et des phénomènes de différenciation dialectale ou dialectalisation*, par lesquels une langue relativement homogène à une époque donnée subit au cours de l'histoire certaines variations, diachroniques en certains points et d'autres variations dans d'autres, jusqu'à aboutir à des dialectes, voire à des langues différentes. La dialectologie fait alors intervenir pour expliquer la propagation ou la non-propagation de telle ou telle innovation des raisons géographiques (obstacles ou absence d'obstacles), politiques (frontières plus ou moins perméables), socio-économiques, socioculturelles (esprit de clocher, notion de prestige) ou linguistiques (existence de substrat*, de superstrat*, d'adstrat*).

On établit ainsi la carte des ondes linguistiques faisant apparaître des zones centrales où l'innovation est généralisée et des zones périphériques dans lesquelles se maintiennent les archaïsmes.

La dialectologie est enfin, sous le nom de dialectologie sociale, l'étude des dialectes sociaux et relève alors de la sociolinguistique*.

dialectométrie

On appelle *dialectométrie* la discipline qui cherche à déterminer les limites dialectales par un traitement mathématique des données.

diaphore

En rhétorique, syn. d'ANTANACLASE.

diasystématique, diasystème

En raison des difficultés rencontrées par la dialectologie quand elle a voulu déterminer des frontières* linguistiques (V. GÉOGRAPHIE LINGUISTIQUE), la théorie linguistique structurale (avec notamment U. Weinreich dans son article « Is a Structural Dialectology possible ? », *Word* 14 [1954], p. 388-400) a essayé de construire des *diasystèmes,* ou supersystèmes, c'est-à-dire des systèmes d'un niveau supérieur à celui des systèmes homogènes et discrets. Les diasystèmes sont déterminés par l'analyse linguistique à partir de deux systèmes qui ont des ressemblances partielles. Cette construction n'est pas toujours uniquement le résultat d'un travail scientifique ; elle peut aussi être pratiquée intuitivement par les locuteurs bilingues (c'est-à-dire, ici, maîtres de deux langues, deux dialectes ou d'une langue et d'un dialecte).

Soit deux variétés dialectales avec un système de cinq voyelles identiques dans l'un et l'autre parler : le diasystème sera $1,2\,//\,i\ e\ a\ o\ u\,//$. Supposons que dans l'une des deux variétés la voyelle antérieure intermédiaire soit beaucoup plus ouverte que dans l'autre ; on aura le diasystème suivant :

$$1,2\,//\,i \sim a \sim o \sim u \approx \frac{1\,/\,e}{2\ \varepsilon}\,//$$

Si l'on veut décrire deux variétés dont l'une a trois voyelles antérieures et l'autre quatre, on représentera ainsi la correspondance

$$1,2\,//\,a \sim o\,\frac{1\,/\,i \sim e \sim \text{æ}\,/}{2\,/\,i \sim e \sim \varepsilon \sim \text{æ}\,/}\,//$$

La description diasystématique permet de rendre compte de la complexité des phénomènes dialectaux caractérisés par la constante variété et la continuité.

diathèse

Syn. de VOIX.

dichotique

Syn. de BINAURICULAIRE.

dictionnaire

Le *dictionnaire* est un ouvrage didactique constitué par un ensemble d'articles dont l'entrée constitue un mot ; ces articles sont indépendants les uns des autres (malgré les renvois pratiqués) et rangés par ordre alphabétique ; son mode de lecture est la consultation ; la lexicographie* est la technique de confection des dictionnaires.

On distingue aussi le *dictionnaire de langue,* qui vise à la description de l'usage de la langue, du *dictionnaire encyclopédique,* qui vise à offrir des informations sur le monde à partir d'un mot d'entrée considéré non plus comme un signe, mais comme un concept. Le *dictionnaire de langue* donne des informations sur le lexique d'une langue et l'utilisation des mots (syntaxe, phonétique, etc.) dans le discours. L'unité de traitement lexicographique est souvent éloignée de l'unité définie par la linguistique : le mot d'entrée est un terme graphique privé de toute flexion (infinitif pour le verbe), limité à une suite entre deux blancs typographiques (possibilité du trait d'union intérieur). Le dictionnaire ne peut échapper à un certain arbitraire : l'objectif est souvent incertain, par hésitation entre l'impossible exhaustivité et les limites matérielles et pratiques ; le volume des articles peut varier selon la décision de l'auteur, qui consacrera plus ou moins de place aux emplois techniques, aux emplois métaphoriques, etc. ; la distinction entre vocabulaire général et langue de spécialité ne peut être observée ; les critères permettant de retenir un néologisme comme consacré en langue ne sont pas évidents, etc.

Les *dictionnaires bilingues* ou *plurilingues* reposent sur le postulat qu'il existe une correspondance entre les langues en prenant comme base un couple de mots (français/anglais, par ex.) : *coin* en anglais *vs pièce (de monnaie)* en français. Ces types d'informations, développés par des contrefiches*, donnent naissance à des formes de dictionnaires à doubles entrées (anglais-français et français-anglais) : ainsi, *donner la pièce* avec une contrefiche à l'ordre alphabétique de la partie anglais-français pour *(to) tip.*

Les dictionnaires bilingues précèdent historiquement en France les dictionnaires monolingues (latin-français, français-anglais), reflétant un état linguistique où le français se substitue au latin dans les sciences et le droit, où les relations commerciales s'intensifient en Europe, où la diffusion des connaissances entraîne leur vulgarisation. L'essor de l'imprimerie au XVIe siècle donne une première floraison de dictionnaires : celui de Calepino, d'abord bilingue latin-italien, s'enrichit au fil de ses rééditions d'un plus grand nombre de langues cibles ; le *Dictionnaire français-latin,* de R. Estienne (1539), procède de son *Thesaurus linguae latinae* (1532) et donnera, par enrichissement progressif des explications en français, un dictionnaire de plus en plus monolingue, le *Trésor de la langue française,* de Nicot (1606). Mais ce n'est qu'à la fin du XVIIe siècle que paraissent, à quelques années d'intervalle, les premiers dictionnaires uniquement monolingues du français : celui de Richelet (1680), celui de Furetière (1690) et celui de l'Académie française (1694) ; ils témoignent du goût pour les mots, caractéristique du XVIIe siècle, ainsi que du besoin d'une sorte de bilan de la langue du XVIIe siècle. Le XVIIIe siècle se montre plutôt encyclopédiste : le *Dictionnaire de Trévoux* et l'*Encyclopédie* de Diderot en sont les principaux monuments. Le XIXe est le siècle des grands travaux érudits : Boiste, Bescherelle, mais surtout le *Littré* et le *Dictionnaire général,* d'une part, pour les dictionnaires de langue, l'œuvre de P. Larousse, d'autre part, pour les dictionnaires encyclopédiques. La seconde partie du XXe siècle verra, de même, un développement important sur le plan des dictionnaires de langue, parallèle à l'essor de la linguistique : *dictionnaires Le Robert,* Alain Rey et Josette Rey-Debove, dictionnaires de langue chez Larousse (*Dictionnaire du français contemporain, Lexis,* dirigés par J. Dubois), etc. ; sur le plan des dictionnaires encyclopédiques : l'*Encyclopedia Britannica,* le *Grand Dictionnaire encyclopédique Larousse,* etc. (V. LEXICOGRAPHIE.)

dictionnairique
Syn. de LEXICOGRAPHIQUE.

dictionnairiste
On donne parfois le nom de *dictionnairiste* au lexicographe qui élabore et réalise un dictionnaire.

dictum
Pour Ch. Bally, une analyse* logique de la phrase conduit à postuler l'existence d'éléments corrélatifs au procès (par exemple *la pluie, la guérison, l'arrivée,* etc.) et d'éléments corrélatifs à l'intervention du sujet parlant ; ces éléments indiquent le jugement porté, les sentiments éprouvés par ce dernier (*croire* ou *ne pas croire, se réjouir* ou *regretter, vouloir* ou *ne pas vouloir*). La première série d'éléments constitue le *dictum,* la deuxième la modalité*. Ainsi, dans *Je crois qu'il est venu, Je crains qu'il ne soit venu,* on a le même *dictum (il est venu)* et deux *modalités :* la modalité *craindre (vouloir que ne... pas)* et la modalité d'opinion *(croire).* On aura encore le même dictum dans *Je crains sa venue.*

didactique
La *didactique des langues* est la science qui étudie les méthodes d'apprentissage des langues.

diégèse
En rhétorique, succession rigoureusement chronologique des événements dans la partie argumentative d'un discours.

diérèse
Une *diérèse* est le traitement bisyllabique d'une séquence qui comporte deux éléments vocaliques formant habituellement une seule syllabe : ainsi, le mot *nuage* est réalisé en français standard comme un monosyllabe [nɥaʒ], mais il peut être réalisé, dans une prononciation méridionale, par exemple, comme un dissyllabe, le glide [ɥ] étant traité comme une voyelle [y]. Le phénomène inverse de la diérèse est la synérèse*.

diésé
Les phonèmes *diésés* sont des phonèmes de tonalité plus aiguë que les phonèmes non-diésés correspondants. Leur spectre acoustique est caractérisé par un déplacement vers le haut du deuxième formant (le formant buccal) et de l'ensemble des composants de haute fréquence. Cet effet est produit au niveau articulatoire par le relèvement d'une partie de la langue contre le palais qui accompagne l'articulation principale et par une dilatation de l'orifice postérieur de la cavité buccale. Ces deux mouvements, palatalisation et dilatation pharyngale, ont pour résultat d'élever la fréquence de la cavité buccale par réduction de son volume et par élargissement de son ouverture. La dilatation pharyngale joue surtout un rôle important pour diéser les consonnes graves, et elle peut même être alors le facteur principal. Du fait de cette dilatation, les phonèmes diésés sont dits aussi phonèmes « à fente élargie », par opposition aux phonèmes « à fente non élargie ».

L'opposition entre consonnes diésées et consonnes non-diésées joue un rôle important en gaélique, en roumain, en hongrois, dans l'ensemble des langues slaves (russe, polonais, etc.). Le russe oppose /mat'/ *mère* et /mat/ *échec ;* /krof'/ *sang* et /krof/ *abri.* Dans ces langues, l'opposition *diésé* vs *non-diésé* affecte le plus souvent les consonnes dentales (diffuses et aiguës), mais elle s'étend parfois aussi aux autres classes de consonnes (vélaires et labiales). Certaines langues présentent l'opposition diésé *vs* non-diésé, bémolisé *vs* non-bémolisé pour des phonèmes correspondants : ainsi, une langue du Caucase oppose /g'/ *vs* /g/ *vs* /gʰ/. Enfin, la langue du Cachemire oppose quatre phonèmes homorganiques : l'un diésé et bémolisé, l'autre diésé non-bémolisé, le troisième bémolisé non-diésé, le dernier non-bémolisé non-diésé.

différenciation
1. En phonétique, on appelle *différenciation* tout changement phonétique qui a pour but d'accentuer ou de créer une différence entre deux phonèmes contigus. Ainsi, c'est par un processus de différenciation que s'explique le traitement de l'ancienne diphtongue française *ei* (dans *mei* « moi », *rei* « roi ») qui s'est transformée en *oi,* prononcé [ɔj]. Les deux éléments de la diphtongue se sont éloignés de plus en plus l'un de l'autre quant au timbre. C'est par un développement analogue que s'explique la formation de la diphtongue [wɛ] de l'espagnol moderne *fuego, puerta,* à partir de l'ancienne diphtongue [wɔ]. C'est sans doute aussi par le même processus que l'allemand *ei* de *mein* « mon », *Bein* « jambe » en est venu à se prononcer comme *ai* [aj].

La tendance à la différenciation, de même que la tendance à la dissimilation*, correspond à la nécessité de maintenir le contraste entre les différentes séquences de la chaîne parlée pour répondre aux exigences de la compréhension menacées par la tendance à l'assimilation*.
2. On appelle *différenciation sémantique* la méthode d'évaluation de la valeur connotative

des mots (distinguée du sens dénotatif*). Élaborée par Ch. E. Osgood, elle consiste à faire coter par des sujets des mots sur les trois dimensions « évaluation » *(bon* ou *mauvais),* « puissance » *(fort* ou *faible)* et « activité » *(rapide* ou *lent).* Cette cotation permet, par exemple, de rapprocher des mots corrélés connotativement comme *rouge* et *amour ;* à côté d'une carte cognitive, elle permet de dresser une carte affective d'un mot.

3. La *différenciation linguistique* concerne l'usage de la langue selon le sexe, l'âge, la classe ou couche sociale, les conditions d'emploi.

diffus

Les *phonèmes diffus* sont caractérisés par une configuration de leur spectre acoustique telle que les deux formants principaux (du pharynx et de la bouche) se situent aux deux extrémités du spectre au lieu d'être rapprochés au centre comme pour les phonèmes compacts. Cet effet de sonorité est provoqué du point de vue articulatoire par la forme et le volume de la cavité buccale, beaucoup plus petite en avant qu'en arrière. Les fréquences du résonateur buccal (2e formant) sont beaucoup plus élevées que celles du résonateur pharyngal (1er formant). Les consonnes labiales et dentales sont donc diffuses, ainsi que les voyelles fermées, par opposition aux consonnes vélaires et palatales et aux voyelles ouvertes, qui sont compactes. Cette différence dans le spectre des voyelles en fonction de leur ouverture apparaît très nettement si on prononce en série les voyelles [i], [e], [ɛ], [a] : les deux formants, très écartés au départ, se rapprochent par un déplacement vers le centre du spectre : le formant haut descend et le formant bas remonte.

digamma

Lettre de l'alphabet grec archaïque (F), servant à noter le son [w] et disparue de bonne heure en ionien attique.

diglossie

1. Historiquement, la *diglossie* caractérisait, chez Psichari, la situation linguistique issue de l'installation d'une monarchie bavaroise à la tête de la Grèce indépendante et dans laquelle la katharevousa (langue grecque archaïsante) était la seule langue reconnue par l'État, alors que les formes, tournures, prononciation et mots quotidiens étaient dénommés *démotique (dhémotiki).*

2. Le terme a été ensuite employé, par opposition à *bilinguisme,* pour toutes les situations analogues à celles de la Grèce ; les critères étaient les suivants : coexistence de deux systèmes linguistiques *différents* mais proches entre eux et dérivés de la même langue, hiérarchisation sociale de ces systèmes, l'un considéré comme *haut,* l'autre comme *bas,* répartition des fonctions (des usages dans la société) de chacune de ces deux variétés.

W. Marçais a appliqué ces principes à l'arabe en Algérie et Ferguson les a systématisés en faisant appel à quatre situations caractérisantes : Grèce, pays arabes (arabe « classique » *vs* arabe « dialectal »), suisse germanophone (schwyzer tüütsch *vs* allemand), Haïti (français *vs* créole haïtien). Il faut ajouter comme critères la durée et la stabilité.

3. Dans la mesure où les problèmes sociolinguistiques étaient du même ordre, Fishman a étendu l'application de ce concept à des situations où les systèmes n'étaient pas proches parents, les autres caractères (hiérarchisation, répartition des rôles, stabilité et durée) étant seuls à prendre en compte. L'examen critique des thèses de Ferguson et de Fishman ont porté sur la réalité même des situations (les Haïtiens sont massivement monolingues créoles, si bien que le français n'y serait qu'une langue étrangère utilisée par l'État), sur la séparation des systèmes (V. CONTINUUM) ou sur l'harmonie et la stabilité. Les critiques sur ces derniers points ont abouti à la définition de la diglossie comme *conflit linguistique* ou *fonctionnement diglossique* (V. DIGLOSSIE).

digramme

On appelle *digramme* un groupe de deux lettres employé pour transcrire un phonème unique. Ainsi, le phonème /ʃ/ est transcrit en français par le digramme *ch.*

dilation

La *dilation,* ou assimilation à distance, est la modification du timbre d'un phonème due à l'anticipation d'un autre phonème qui ne lui est pas continu : la forme moderne du mot français *chercher* [ʃɛrʃe] est due à une dilation de la consonne dentale [ts] ou [s] initiale par la palatale intérieure [tʃ] ou [ʃ] : *circare* → *chercher.* La métaphonie* est un cas particulier de dilation dû à l'influence de la voyelle finale.

diminutif

1. Le *diminutif* est un nom qui se réfère à un objet considéré comme petit et en général accompagné d'une connotation affective (hypocoristique). Ce sont les conditions d'emploi (contexte affectif ou familier) qui caractérisent le diminutif. Le diminutif peut être

une forme réduite *(Steph* pour *Stéphane, Ed* pour *Édouard),* une forme réduite redoublée *(Nini* pour *Véronique),* ou le nom redoublé *(Jean-Jean)* ou une forme suffixée *(Jeannot* pour *Jean).*
2. Les *suffixes diminutifs* s'ajoutent à une base lexicale de nom propre ou de nom commun, adjectif, adverbe même, pour présenter l'être, l'objet ou la qualité comme petits ou insuffisants. Les dérivés ainsi obtenus peuvent du reste devenir des quantitatifs ; *-et / -ette, -ot / -otte, -on* sont des suffixes diminutifs : *aigrelet, maisonnette, pâlot, ânon ; frisquet,* dans *il fait frisquet,* est un diminutif d'adverbe (d'une forme dialectale de *frais*), mais il a ici une valeur quantitative (contr. : AUGMENTATIF).

diphone
En phonétique acoustique, le *diphone* est une séquence de deux demi-phonèmes consécutifs segmentés en leur maximum de stabilité spectrale, afin de conserver les transitions entre phonèmes.

diphonème
On appelle *diphonème* l'ensemble constitué par deux phonèmes consécutifs constituant une syllabe ou une partie de syllabe.

diphtongaison
La *diphtongaison* est un changement phonique résultant d'une alternance synchronique ou d'une évolution diachronique ; ce changement est dû à la segmentation d'une voyelle en deux éléments vocaliques formant une syllabe, dont l'un est plus fermé que l'autre. Les voyelles brèves du latin classique ont subi une diphtongaison en position libre en italien : ex. : latin *bonum* → italien *buono,* latin *pedem* → italien *piede.*

diphtongue
Une *diphtongue* est une voyelle complexe dont le timbre se modifie au cours de son émission, de sorte que l'on entend une certaine qualité vocalique au début de la diphtongue, une autre à la fin. Les diphtongues croissantes ou ouvrantes présentent l'élément le plus fermé au début de l'émission, les diphtongues décroissantes ou fermantes le présentent à la fin. L'anglais est riche en diphtongues (*house, fine, boat, bear,* etc.), de même que l'allemand (*Haus, mein, heute,* etc.). L'italien en présente deux *(uovo, piede)* ainsi que l'espagnol (*siete, muerte,* etc.). L'ancien français était également riche en diphtongues, qui ont laissé des traces dans la graphie de mots tels que *fleur, haut, fait,* etc. Le développement de diphtongues dans une langue donnée est liée le plus souvent à un type d'articulation relâchée.

diptote
Le terme de *diptote* désigne dans les langues flexionnelles les noms dont la déclinaison ne comporte que deux cas.

direct
1. On dit d'un complément qu'il est *direct* quand il n'est pas précédé d'une préposition. Dans la phrase *Il regarde le ciel, le ciel* est un complément (d'objet) *direct ;* dans *Il viendra samedi, samedi* est un complément (circonstanciel) direct. On dit d'un complément qu'il est *indirect* quand il est précédé d'une préposition (le terme ne s'emploie que lorsqu'il s'agit d'un complément d'objet) ; dans *Il jouit de ses vacances, vacances* est un complément d'objet indirect de *jouit.* Les pronoms sont compléments directs ou indirects selon que le nom auquel ils se substituent serait précédé ou non dans la phrase d'une préposition. Dans *Il lui parle, lui* est un complément *indirect,* car il se substitue à *à Jean, à sa femme,* etc. On parle de *complétive directe* pour désigner la proposition jouant le rôle de complément d'objet direct.
2. On appelle *cas directs* les cas* exprimant les fonctions grammaticales de sujet et de complément dans la phrase de base du type *Pierre lit un livre, Pierre s'enfuit* (ce sont les cas ergatif, nominatif et accusatif). Les *cas directs* sont opposés aux *cas obliques*.*
3. *Discours, style direct, indirect.* V. DISCOURS, STYLE.

directionnel
On appelle *directionnel* un cas* exprimant le mouvement vers un lieu (allatif) ou la pénétration dans un lieu (illatif) : *Il vient **vers moi**. Il vient **à Paris**.* Il s'oppose au locatif*.

dirigisme
Le *dirigisme linguistique* est l'attitude des autorités politiques qui réglementent les usages d'une langue, ou, dans le cas de plurilinguisme, interviennent sur le statut des langues en présence.

discontinu
1. On appelle *constituant discontinu* une suite de deux (ou plus de deux) morphèmes (non contigus) formant ensemble un seul constituant immédiat de rang supérieur et relevant ainsi d'une seule catégorie. Ainsi, en français, le constituant « négation » est formé des deux morphèmes *ne* et *pas ;* ce constituant est discontinu dans *Il **ne** vient **pas**, Il **n'**est **pas** venu* et continu dans *Je désire **ne pas** le voir.* Il en est de même en anglais pour la suite verbe + particule qui forme un constituant discontinu *(He **tooks** it **over**).*

2. En phonétique, une *consonne discontinue* est une consonne pour l'articulation de laquelle l'écoulement de l'air est totalement interrompu. Les occlusives [p], [t], etc., les affriquées [tʃ], [dʒ], etc., les vibrantes [r] sont des discontinues, par opposition aux fricatives, aux latérales, aux nasales, aux glides, qui comportent pendant toute la durée de leur réalisation un écoulement de l'air au moins partiel. Ce trait se manifeste acoustiquement par un silence (blanc), au moins dans la zone de fréquences située au-dessus du fondamental, suivi ou précédé d'une diffusion de l'énergie sur une large bande de fréquences.

discours

1. Le *discours* est le langage mis en action, la langue assumée par le sujet parlant. (Syn. : PAROLE.)

2. Le *discours* est une unité égale ou supérieure à la phrase ; il est constitué par une suite formant un message ayant un commencement et une clôture. (Syn. : ÉNONCÉ.)

3. En rhétorique, le *discours* est une suite de développements oratoires destinés à persuader ou à émouvoir et structurés selon des règles précises. On distingue le genre démonstratif* (blâme ou louange), le genre délibératif* (conseil ou dissuasion), le genre judiciaire* (défense ou accusation). Le discours rhétorique se compose de six parties qui n'entrent pas toutes nécessairement dans un discours : l'exorde, la proposition ou division (exposé du sujet), la narration (exposition des faits), la preuve ou confirmation (moyens sur lesquels on s'appuie), la réfutation (rejet des objections), la péroraison (conclusion qui persuade et émeut). Les discours relèvent aussi des circonstances dans lesquelles ils sont prononcés : éloquence de la chaire (sermon), du barreau (plaidoyer, réquisitoire), éloquence académique (commémoration).

4. Dans son acception linguistique moderne, le terme de *discours* désigne tout énoncé supérieur à la phrase, considéré du point de vue des règles d'enchaînement des suites de phrases.

Dans la problématique antérieure à l'analyse de discours, le terme de *discours* ne pouvait être, du point de vue linguistique, que synonyme d'*énoncé*. L'opposition *énoncé / discours* marquait simplement l'opposition entre linguistique et non linguistique. La linguistique opérait sur les énoncés qui, regroupés en corpus, s'offraient à l'analyse ; les règles du discours, c'est-à-dire l'étude des processus discursifs justifiant l'enchaînement des suites de phrases, étaient renvoyées à d'autres modèles et à d'autres méthodes, en particulier à toute perspective qui prendrait en considération le sujet parlant.

Pour É. Benveniste, la phrase, unité linguistique, n'entretient pas avec d'autres phrases les mêmes rapports que les unités linguistiques des autres niveaux (morphèmes, phonèmes) entretiennent entre elles, rapports qu'avait notés F. de Saussure. Les phrases ne constituent pas une classe formelle d'unités opposables entre elles, comme les phonèmes s'opposent aux phonèmes, les morphèmes aux morphèmes et les lexèmes aux lexèmes. Avec la phrase, on quitte le domaine de la langue comme système de signes ; le domaine abordé est celui du discours, où la langue fonctionne comme instrument de communication. C'est dans ce domaine que la phrase, cessant d'être un terme ultime, devient une unité : la phrase est l'unité du discours. Indiquons cependant un autre usage fait par É. Benveniste du terme de discours, dans une opposition récit *vs* discours. Pour lui, le récit représente le degré zéro de l'énonciation : dans le récit, tout se passe comme si aucun sujet ne parlait, les événements semblent se raconter d'eux-mêmes ; le discours se caractérise, au contraire, par une énonciation, supposant un locuteur et un auditeur, et par la volonté du locuteur d'influencer son interlocuteur. À ce titre seront opposés : toute narration impersonnelle (récit) et tous les rapports, oraux ou écrits, où un sujet s'énonce comme locuteur, s'adresse à un interlocuteur et organise son propos selon la catégorie de la personne *(je* vs *tu).*

La conception de l'énoncé comme discours demande que soient formulées les règles d'enchaînement, les processus discursifs.

La première tentative en ce sens est celle de Z. S. Harris, traitant les phrases comme des unités justiciables d'un traitement comparable à celui auquel l'analyse distributionnelle soumet les autres unités de la langue. Les discours présentent des traits formels caractéristiques. Toutefois, comme, à la différence de ce qui se passe pour les unités d'un rang inférieur (morphèmes, par exemple), l'identité de deux environnements est rare au niveau de la phrase, Z. S. Harris doit d'abord définir la notion d'équivalence : le rapprochement des deux énoncés, *Ici les feuilles tombent vers le milieu de l'automne* et *Ici les feuilles tombent vers la fin du mois d'octobre,* permet d'affirmer l'équivalence linguistique entre *vers le milieu de l'automne* et *vers la fin du mois d'octobre,* puisque l'environnement est identique. L'analyse fondera sur ce principe la recherche de classes d'équivalence. Le travail, regroupé en un tableau, fait apparaître les récurrences de classes dans le texte. Z. S. Harris ayant travaillé, pour illustrer sa méthode, sur un texte publicitaire très répétitif, les analystes de discours qui ont tenté le réemploi de la méthode sur des textes moins caractérisés ont dû s'autoriser ce que se refusait l'auteur, à savoir la sélection de vocables dans le corpus en vue de la constitution d'un énoncé fortement récurrent. On aboutit ainsi à une nouvelle conception du discours à partir d'un texte construit. Le discours politique de la guerre d'Algérie, par exemple, a été étudié comme le discours qui engage une représentation de la relation entre les termes *Algérie* et *France.*

Toutefois, le discours tel qu'il est défini plus haut ne saurait se contenter de ce type d'analyse. Si ces procédures de classification sont légitimes, il reste à rendre compte du modèle de communication justifiant les processus discursifs. R. Jakobson et É. Benveniste, par la considération des fonctions du langage, vont modifier le concept de parole ; par les marques de l'énonciation, le sujet parlant ordonne la langue en fonction de *je* et de *tu.* Les embrayeurs sont les unités du code qui « embrayent » le message sur la situation, constituant le code en discours : ainsi, *je* peut désigner, selon le cas, des personnes différentes et prendre de ce fait une signification toujours nouvelle. L'analyse de discours, réintroduisant le sujet d'énonciation, nécessite l'appel fait à la psycholinguistique et à la sociolinguistique. (v. aussi ANALYSE* DE DISCOURS.)

discours direct, indirect

Le *discours* (ou *style*) est *direct* quand un narrateur, répétant les paroles de quelqu'un, les reproduit telles qu'elles ont été dites : le discours direct maintient notamment toutes les formes liées à la personne de celui qui parlait ou à celle du destinataire (pronoms), au lieu où le locuteur parlait (opposition ici / là-bas), au moment où il parlait (temps des verbes). Ainsi, si on répète au style direct les paroles de quelqu'un qui a dit *Je vous considère comme un honnête homme et le déclare ici,* on introduira dans la narration cette phrase sans changement ; on maintient les marques *je* vs *vous,* le présent de *considère* et *déclare* et la référence à l'endroit où on parle, *ici.*

Le *discours* est *indirect* quand la phrase répétée est non pas reproduite telle quelle dans le récit, mais introduite par un subordonnant, généralement *que* (c'est-à-dire transformée en un syntagme nominal). Cette transformation entraîne aussitôt la disparition des marques d'énonciation *je* vs *tu,* et impose des références de lieu et de temps non plus en rapport avec la personne qui a prononcé la phrase, mais avec la personne qui fait le récit en répétant les paroles. La phrase devient : *Il disait qu'il le considérait comme un honnête homme et le déclarait là même.* Tous les pronoms sont à la troisième personne (c'est le narrateur qui a alors le privilège de la première personne) ; le temps imparfait (passé duratif) et *là même* se justifient par rapport au narrateur.

L'opposition *discours direct* vs *discours indirect* avait une grande importance syntaxique en latin puisque non seulement les temps, mais aussi les modes des verbes pouvaient être modifiés (infinitif pour le verbe représentant le premier verbe du discours direct, subjonctif pour les verbes qui lui étaient subordonnés). De même, tout le système des pronoms était modifié non seulement par la substitution de la troisième personne à la première et à la deuxième, mais aussi par les règles complexes gouvernant l'emploi des réfléchis. En français, comme en latin, certains interrogatifs changent selon que le discours est direct ou indirect (V. INTERROGATIF). Ainsi à *Est-ce que tu travailles ?* correspond *Je te demande si tu travailles.*

Dans le *discours indirect libre,* les substitutions de pronoms et de référents *je/ ici/ maintenant* une fois faites, on supprime (on n'exprime pas) le subordonnant introduisant le discours indirect proprement dit. Des exemples de ce qui est un tour de la langue courante sont très fréquents chez La Fontaine, qui mêle volontiers, dans un souci stylistique, discours direct, discours indirect et discours indirect libre :

La dame au nez pointu répondit que la terre
Était au premier occupant.
« C'était un beau sujet de guerre
Qu'un logis où lui-même il n'entrait qu'en rampant.
Et quand ce serait un royaume
Je voudrais bien savoir, dit-elle, quelle loi
En a pour toujours fait l'octroi
À Jean, fils ou neveu de Pierre ou de Guillaume,
Plutôt qu'à Paul, plutôt qu'à moi. »

Les deux premiers vers sont au discours indirect. Le troisième et le quatrième sont au discours indirect libre : il suffit de mettre *que* devant *c'était* et on retrouve le discours indirect auquel tout le reste (temps, pronoms) est conforme. Les cinq derniers vers sont au discours direct grâce à *dit-elle.* On retrouve notamment la première personne. Le discours indirect libre peut être ou non marqué par des guillemets.

discret
L'énoncé est une grandeur *discrète* parce qu'il est constitué d'unités distinctes les unes des autres et faisant partie d'un système dont les éléments sont en nombre limité ; ainsi, les phonèmes, constituant les morphèmes d'une langue, sont des *unités discrètes,* puisque toute substitution de phonème entraîne une variation significative du morphème : ainsi l'opposition des unités discrètes *b* vs *p* dans *bas* vs *pas.* Les morphèmes à leur tour constituent des unités discrètes, la substitution de *panneau* à *passant* dans la phrase *Le passant a été renversé* modifie le sens de la phrase. Le caractère discret des unités linguistiques est la condition fondamentale de la segmentabilité des énoncés, c'est-à-dire de la possibilité de segmenter la chaîne parlée, considérée comme une grandeur discrète, en unités de différents rangs*. La *discrétion* est une des propriétés fondamentales reconnues au langage par la linguistique, avec des différences selon les formes d'analyse. Ainsi, dans la linguistique fonctionnelle, le phonème est une unité discrète au rang phonématique, et la courbe d'intonation est à ce niveau non segmentable ; en revanche, dans la linguistique distributionnelle, la courbe d'intonation est segmentable en morphèmes distincts les uns des autres.

disjoint

1. Deux ensembles* dont l'intersection est un ensemble vide (A ∩ B = ø), qui n'ont aucun élément commun, sont dits *ensembles disjoints.*

2. On appelle *formes disjointes, pronoms disjoints* les formes toniques ou accentuées des pronoms personnels, en français *moi, toi, soi, lui/elle, eux,* employés après les prépositions *(sans toi),* en emphase *(moi, je suis d'accord),* etc. Ces formes sont dites *disjointes,* relativement au verbe, car elles ont, par rapport au groupe verbal, une place relativement libre, par opposition aux *formes conjointes (me, te, se, le),* dont la place est définie avant le groupe verbal et qui ne peuvent en être séparées par aucun autre élément *(je le vois).*

disjonctif

On appelle *disjonctifs* les conjonctions de coordination (ou coordonnants) dont le type est *ou, soit.*

dispersion

En reconnaissance de la parole, on appelle *dispersion* la division du spectre de certaines voyelles en deux ou trois segments, deux segments vocaliques éventuellement séparés par une consonne brève : ainsi dans les syntagmes *la petite chèvre* et *au feu rouge,* les voyelles [ɛ] et [u] sont divisées par une liquide dans le premier cas, une semi-consonne dans le second. La dispersion est détectée en prenant en compte la position finale des éléments et leur similarité acoustique (Vaissière, 1982). Les dispersions vocaliques se produisent soit au niveau de la montée de la continuation la plus importante de la phrase (voyelle correspondant à la frontière majeure), soit en position finale de la phrase. Ces dispersions ne concernent que des syllabes accentuables, c'est-à-dire les dernières syllabes du mot. (V. ACOUTISQUE [SEGMENT], FUSION.)

disponible

Dans la perspective des études du français fondamental (G. Gougenheim), la notion de *disponibilité* du vocabulaire s'oppose à celle de fréquence. On appelle *vocabulaire disponible* l'ensemble des mots de fréquence faible et peu stable, mais usuels et utiles, qui sont à la disposition du locuteur.

Une étude du français de base serait insuffisamment fondée par la considération des fréquences. Sans doute la fréquence est-elle pour certains linguistes un attribut essentiel du mot, mais il suffit de considérer les relevés de fréquence pour s'apercevoir que l'image du vocabulaire qu'ils fournissent demande à être corrigée par le concept de vocabulaire disponible. En effet, selon la table des fréquences, on conclurait au rôle essentiel des mots grammaticaux (articles, pronoms, etc.), puis des verbes, puis des noms. En ajoutant à ce critère celui de la stabilité de la fréquence, on conclurait à la primauté des verbes, puis des adjectifs, sur les substantifs. C'est dire que dans tout texte, un mot grammatical X a plus de chances d'apparaître qu'un mot lexical Y, et qu'à fréquence générale égale, l'adjectif A a plus de chances de se répartir également dans *x* textes que le substantif S.

Mais le plus frappant est que les listes de fréquence comportent peu de substantifs concrets, en bonne position de fréquence. C'est là la raison majeure pour introduire le critère de disponibilité. En effet, beaucoup de mots, et singulièrement les substantifs concrets, sont liés au thème de la conversation. Si, à niveau de langue égal, on a toutes chances de relever dans des textes d'égale longueur un nombre fixe d'occurrences de *être* ou de *de,* il n'en va pas de même de *table, fer, bras,* etc.

Les textes destinés à établir les listes du vocabulaire disponible amènent à des conclusions inverses de celles qui portent sur la fréquence générale des unités. Ainsi, sur un thème donné, on constate alors la stabilité essentielle des noms concrets du champ étudié (ex. : *bifteck* chez le boucher, etc.). Les verbes sont alors peu nombreux et instables.

Une seconde constatation portera sur le degré de disponibilité. Les mots concrets d'un même centre d'intérêt semblent susceptibles d'apparaître selon un certain degré de disponibilité. Par exemple, *phalange,* faisant partie du vocabulaire disponible rattaché au thème du corps humain, aura un degré de disponibilité plus faible que *doigt,* figurant dans le même vocabulaire.

C'est la combinaison des résultats obtenus par la considération des fréquences et par l'introduction du critère de disponibilité qui a fourni la liste des mots du « français fondamental ».

disposition

En rhétorique, la *disposition* est l'arrangement des idées dans le discours ; elle forme une des parties de la rhétorique avec l'invention* et l'élocution*.

dissimilation

1. On appelle *dissimilation* tout changement phonétique qui a pour but d'accentuer ou de créer une différence entre deux phonèmes voisins, mais non contigus. C'est un phénomène de différenciation à distance. Il s'agit le plus souvent d'éviter une répétition entre deux phonèmes identiques.

Un processus de dissimilation de la voyelle atone par la voyelle tonique explique de nombreuses évolutions telles que le passage du mot latin *nátare* au mot italien *nuótare* (avec l'étape intermédiaire *nótare*), et, dès le latin vulgaire, la réduction des diphtongues *au* en *a* : *aúgustus* → *agustus* (« août »). C'est également par un phénomène de dissimilation consonantique que s'explique, par exemple, le passage du latin *peregrinum* à l'italien *pellegrino,* du latin *arbor* à l'espagnol *arbol* et à l'italien *albero,* de l'ancienne forme française *couroir* au français moderne *couloir,* etc.

2. En sémantique, on parle de *dissimilation* lorsque des sèmes afférents sont actualisés qui permettent de distinguer deux emplois du même sémème dans un énoncé. Par exemple, dans l'énoncé « une femme est une femme », l'interprétation nécessite d'actualiser différemment le sémème de *femme,* la première occurrence renvoyant à un individu particulier et la seconde au stéréotype de *femme*. Le processus est le même dans « un sou, c'est un sou », « les affaires sont les affaires », etc.

dissyllabe

Un *dissyllabe* est un mot de deux syllabes, comme le mot *maison* [mɛzɔ̃].

dissyllabique

Une langue *dissyllabique* est une langue comportant un fort pourcentage de mots de deux syllabes.

distance

Par certains mots, consciemment ou non, un locuteur peut laisser voir qu'il n'appartient pas, ou ne veut pas appartenir, ou n'a rien de commun avec le groupe ou les personnes dont il parle. Ces mots sont des *marques de distance ;* ainsi *monsieur* peut devenir une marque de distance dans le discours.

On peut aussi parler de *distance* à propos du rapport que le locuteur veut établir non entre lui et autrui, mais entre lui et son discours. Plus la distance est grande, plus le discours est didactique. L'individu en tant que tel n'intervient pas dans les énoncés (disparition de tout ce qui se réfère à lui personnellement, comme le pronom *je,* par exemple).

distanciation

La *distanciation* est un processus par lequel une communauté emploie de préférence les traits linguistiques qui rendent sa langue plus différente d'une langue voisine.

distinctif (trait)

On appelle *traits distinctifs* les éléments phoniques ultimes susceptibles d'opposer dans une même langue deux énoncés de sens différent dont le signifiant est par ailleurs identique. En français, les mots *pain* et *bain* s'opposent par le trait de voisement, présent à l'initiale du second mot et absent à l'initiale du premier. Les mots *banc* et *temps* s'opposent par la distinction acoustique minimale à l'initiale entre le trait grave (labial) et le trait aigu (dental).

Les traits distinctifs sont des unités inférieures au phonème : on peut les atteindre à travers une analyse du phonème par commutation, mais non par segmentation. En effet, les traits distinctifs ne peuvent apparaître dans la chaîne parlée qu'en se combinant simultanément à d'autres en un faisceau, le phonème*, dont la réalisation concrète implique d'autres traits phoniques non distinctifs.

Les traits distinctifs sont appelés *mérismes* par É. Benveniste. De nombreux linguistes emploient indifféremment le terme de *trait pertinent** comme synonyme de *trait distinctif.* D'autres, comme R. Jakobson, pensent qu'il convient de différencier ces deux termes en considérant comme traits pertinents tous les éléments phoniques qui permettent l'identification du message même s'ils n'ont pas de fonctions distinctives (l'aspiration des occlusives non-voisées en anglais, le voisement des consonnes nasales en français, la labialisation des voyelles postérieures dans de nombreuses langues, etc.).

Les traits distinctifs peuvent, en principe, être définis aux différents stades de la transmission du message linguistique (neurologique, articulatoire, acoustique, auditif).

En fait, une définition cohérente des traits distinctifs n'est encore possible qu'au niveau articulatoire et au niveau acoustique. Certains linguistes préfèrent utiliser la terminologie articulatoire, qui permet une vérification plus aisée de la réalisation des traits distinctifs en l'absence de tout matériel expérimental. D'autres préfèrent définir les traits distinctifs en termes acoustiques, à partir des données fournies par les spectrogrammes de l'onde sonore, afin de mieux rendre compte de leur rôle dans le fonctionnement de la langue, surtout dans le cadre de l'hypothèse binariste. D'après R. Jakobson, tous les systèmes phonologiques du monde reposent sur une douzaine d'oppositions binaires dans lesquelles chaque langue effectue un tri. Le système de chaque langue peut être représenté par une matrice dans laquelle les phonèmes se définissent par un choix positif ou négatif entre les deux termes des différentes oppositions. Tous les traits distinctifs utilisés par la langue n'interviennent pas nécessairement dans la définition de chaque phonème et peuvent n'assurer qu'une fonction de trait pertinent. La matrice phonologique tient compte de cette différence en représentant par un 0 ou un blanc l'absence de choix distinctif entre les deux termes d'une opposition. Mais, pour connaître la réalisation des phonèmes dans la prononciation standard d'une langue donnée, il faut prévoir une matrice phonétique qui représente également les traits pertinents. (v. aussi ACCENT et TRAIT.)

MATRICE DES TRAITS DISTINCTIFS DE L'ANGLAIS

	vocalique/ non-vocalique	consonantique/ non-consonantique	compact/ diffus	grave/ aigu	bémolisé/ non-bémolisé	nasal/ oral	tendu/ lâche	continu/ discontinu	strident/ mat
o	+	–	+	+	+				
a	+	–	+	+	–				
e	+	–	+	–					
u	+	–	–	+	+				
ə	+	–	–	+	–				
i	+	–	–	–					
l	+	+							
ŋ	–	+	+			+			
ʃ	–	+	+			–	+	+	
tʃ	–	+	+			–	+	–	+
k	–	+	+			–	+	–	–
ʒ	–	+	+			–	–	+	
dʒ	–	+	+			–	–	–	+
g	–	+	+			–	–	–	–
m	–	+	–	+		+			
f	–	+	–	+		–	+	+	
p	–	+	–	+		–	+	–	
v	–	+	–	+		–	–	+	
b	–	+	–	+		–	–	–	
n	–	+	–	–		+			
s	–	+	–	–		–	+	+	+
θ	–	+	–	–		–	+	+	–
t	–	+	–	–		–	+	–	
z	–	+	–	–		–	–	+	+
ð	–	+	–	–		–	–	+	–
d	–	+	–	–		–	–	–	
h	–	–					+		
#	–	–					–		

D'après JAKOBSON, FANT et HALLE : *Preliminaries to Speech Analysis (1956).*

distributif

Les *distributifs* sont des adjectifs numéraux, des indéfinis, etc., qui expriment une idée de répartition d'objets pris chacun en particulier. Ainsi, les adjectifs indéfinis *chaque* et *chacun* sont des distributifs. En latin, il existe des adjectifs numéraux distributifs de la forme *terni* « trois par trois », *singuli* « un par un », etc.

distribution

1. Dans les énoncés significatifs d'une langue, la *distribution* d'un élément est la somme de tous les environnements de cet élément (ou contexte*). Ainsi, la suite de morphèmes *l'enfant,* considérée comme un seul élément, est définie à partir des phrases significatives *L'enfant court, L'enfant lance la balle, L'enfant est heureux,* etc., par les contextes « début de phrase » et *court, lance la balle, est heureux,* etc. Cette définition repose sur l'hypothèse que chaque élément se rencontre dans certaines positions par rapport à d'autres éléments d'une manière qui n'est pas arbitraire. En ce cas, l'élément *l'enfant* a deux environnements coocurrents : le « début de phrase », d'une part, et « lance la balle, court, est heureux », etc., d'autre part. Lorsque des unités apparaissent dans les mêmes contextes, on dit qu'elles ont les mêmes distributions, qu'elles sont *équivalentes distributionnellement ;* si elles n'ont aucun contexte commun, elles sont alors en *distribution complémentaire.* Le plus souvent, les unités ont des distributions partiellement équivalentes, soit que l'une des distributions contienne l'autre, soit qu'elles se chevauchent ou se recouvrent partiellement avec une aire commune.

2. En rhétorique, syn. de DISPOSITION.

distributionnalisme

Syn. de LINGUISTIQUE OU ANALYSE DISTRIBUTIONNELLE.

distributionnelle (analyse)

L'*analyse distributionnelle* est la méthode d'analyse caractéristique de la linguistique structurale. Elle apparaît aux États-Unis vers 1930 (L. Bloomfield, *Language,* 1933), en réaction contre les grammaires mentalistes ; elle a été développée et formalisée, notamment par Z. S. Harris, et a atteint son degré d'achèvement dans les années 50. Elle tire son principe de la constatation empirique que les parties d'une langue ne se rencontrent pas arbitrairement les unes par rapport aux autres ; chaque élément se rencontre dans certaines positions particulières par rapport aux autres. C'est donc une approche purement formelle qui écarte toute considération relative au sens. Il s'agit en fait, là, d'une très ancienne constatation, mais qui n'avait pas jusque-là été érigée en méthode.

Plusieurs facteurs expliquent l'apparition de cette méthode aux États-Unis. Le fait tout d'abord que les tendances philologique, historique ou comparative en grammaire se trouvaient peu représentées. Une situation linguistique particulière, d'autre part : l'existence, sur le continent américain, de 150 familles de langues amérindiennes (plus de 1 000 langues) pose aux administrateurs et aux ethnologues des problèmes importants. Ces langues se présentent sous la forme d'un matériel linguistique non codifié et oral, et on ne peut faire une confiance absolue aux bilingues. La linguistique se développe donc initialement dans le cadre de l'anthropologie. Cette pratique particulière trouve sa justification théorique dans le béhaviourisme (psychologie du comportement), qui crée une psychologie comportementale objective, sans recourir à l'introspection. La psychologie devient une science naturelle qui étudie le comportement humain compris comme l'ensemble d'une excitation ou stimulus et d'une réponse ou action. Le langage est un stimulus lui aussi, et une réponse. Le sens d'un message est défini comme étant l'ensemble de la situation de communication. Pour le connaître, il faudrait être omniscient ; il est donc inconnaissable et ne peut pas être utilisé par le linguiste. Il s'agit alors de décrire les éléments d'une langue par leur aptitude (possibilité ou impossibilité) à s'associer entre eux pour aboutir à la description totale d'un état de langue en synchronie.

On part de l'observation d'un corpus achevé, que l'on considère comme un échantillon représentatif de la langue et qu'on s'interdit de modifier. On infère la langue du corpus par généralisation. La détermination du corpus se fait selon un certain nombre de critères qui doivent assurer son caractère représentatif et l'homogénéité des énoncés en écartant *a priori* les variations de situation. On emploie aussi au besoin certaines techniques de sollicitation d'énoncés. En vertu du principe d'immanence*, on définit les règles de composition de la langue sans faire appel à des facteurs tels que le sujet parlant ou la situation. On s'attache à relever l'interdépendance des éléments internes de la langue dont la caractéristique fondamentale est d'être discrets.

Le corpus se présente sous forme d'énoncés linéaires, ensembles complexes qu'on va réduire en différents éléments qui se présentent à différents niveaux d'organisation. La langue présentant une série de rangs hiérarchisés (phonologique, morphologique, phrastique) où chaque unité est définie par ses combinaisons dans le rang supérieur. Pour identifier les éléments à chaque niveau, il faut segmenter la chaîne parlée, dans une procédure qui élimine le recours au sens. On a recours à des comparaisons très nombreuses d'énoncés qui permettent de dégager des groupements, des configurations caractéristiques. Dans la pratique, on utilise (lorsqu'on le peut) le sens à titre de technique pour vérifier l'identité ou la non-identité des énoncés et « rien de plus... Jamais il ne sera interprété, analysé ; encore moins sera-t-il pris comme mesure ».

Une fois les éléments dégagés, on établit leurs environnements. L'environnement d'un élément A étant la disposition effective de ces cooccurrents (ce qui reste quand j'enlève A de l'énoncé), on parle d'environnement de droite, de gauche.

Les cooccurrents de A dans une position déterminée sont appelés la sélection de A pour cette position. La somme des environnements d'un élément dans les énoncés du corpus constitue la distribution de cet élément.

À l'inverse, toutes les combinaisons d'éléments n'étant pas possibles, dans une langue donnée (ex. : *il marchait,* et non *mar il chait*), on peut définir les éléments par les restrictions imposées aux éléments qui les composent. (Ces restrictions de combinaisons participent de la redondance* de la langue.)

Le regroupement des distributions des éléments aboutit à l'établissement de *classes distributionnelles :* les phonèmes ne sont pas définis selon des critères phonétiques, mais d'après leurs combinaisons et les restrictions de ces combinaisons ; on définira la classe des noms comme étant constituée par les éléments qui admettent articles, déterminants à gauche, verbes à droite, etc. Il faut noter au niveau de la terminologie l'utilisation particulière de morphe* et morphème* par la linguistique distributionnelle américaine. L'étude des distributions fait apparaître des éléments qui présentent une distribution complémentaire (non superposables, formant des sous-ensembles disjoints) et la même relation au même point de la structure du contenu (ex. : *je, me, moi,* en français) : ce sont deux allomorphes d'un même morphème. Appliquée aux énoncés longs, l'analyse distributionnelle opère d'après les mêmes principes, mais selon une procédure particulière : c'est l'analyse de discours*.

Si l'analyse distributionnelle refuse le sens comme critère, elle le retrouve au bout de l'étude. C'est ainsi que si nous considérons (intuitivement) qu'il existe une plus grande différence de sens entre les morphèmes A et B qu'entre les morphèmes A et C, nous constatons souvent que les distributions respectives de A et de B présentent plus de différences les unes par rapport aux autres que n'en présentent les distributions respectives de A et C. Les différences de sens et les différences de distribution sont liées : le sens est fonction de la distribution (sans qu'on puisse parler de parallélisme parfait de structure).

Visant essentiellement la description des éléments d'une langue par leur aptitude à s'associer entre eux de manière linéaire, l'analyse distributionnelle ne peut pas rendre compte des phrases ambiguës (du type *J'ai acheté ce livre à mon frère*). De plus, elle présente de la langue un modèle à états finis, c'est-à-dire que, à partir des formules combinatoires qu'elle extrait de l'observation du corpus, on peut construire un ensemble de phrases dénombrable ; il n'existe pas, synchroniquement, avec un tel point de vue, de phrases nouvelles. Le type d'analyse ne rend donc pas compte de la créativité du sujet parlant.

Enfin, sa méthode se veut purement descriptive et inductive, sans l'être totalement. C'est de l'analyse de ces insuffisances qu'est née la grammaire générative.

dit

Dans la théorie béhaviouriste du langage, des *dits* (angl. *tacts*) sont des réponses verbales évoquées par un objet ou par certaines propriétés de l'objet. Ainsi, si un fauteuil est qualifié de « rouge », cette réponse est régie par la qualité « rougeur » du fauteuil ; cette qualité est alors le stimulus qui provoque la réponse, selon l'hypothèse du psychologue américain B. F. Skinner. Les dits sont opposés aux mandes*.

division

En rhétorique, la *division,* qui précède la narration, consiste à indiquer les points principaux de la discussion.

documentaire

On appelle *analyse documentaire* la représentation, au moyen de termes et de procédés syntaxiques conventionnels, d'un certain contenu des documents (articles, publications) scientifiques aux fins de classement, de recherche d'information. Les termes conventionnels servant à coder les résumés forment le *lexique documentaire ;* la syntaxe et le lexique conventionnels forment une métalangue de documentation constituant le *langage documentaire.*

domaine

1. La lexicographie recourt fréquemment aux indications de domaine *(hist. ; géogr. ; litt. ; archi.),* soit pour présenter les conditions d'emploi monosémique d'une unité polysémique, soit pour fournir, sur une entrée donnée, des informations de nature encyclopédique.

Situant sa démarche dans une perspective onomasiologique*, F. Rastier définit le domaine comme « un groupe de taxèmes tel que dans un domaine donné il n'existe pas de polysémie ». On pourra dire par exemple que, dans le domaine de la géographie, *glacier* manifeste le sens « coulée de glace » et lui seul (ni « marchand de crème glacée » ni « miroitier », dont les taxèmes* sont assignés à d'autres domaines).

2. En terminologie, l'école issue d'E. Wüster, elle aussi onomasiologique, donne à la notion de domaine un rôle fondamental, qui l'éloigne de la conception saussurienne du signe. Comme dans la définition ci-dessus, le domaine est à la source de la monosémie du terme scientifique ou technique. Mais la terminologie wüstérienne se donne pour tâche de décrire les systèmes notionnels déterminés par les domaines. Or ces systèmes sont réputés indépendants des signifiants. La notion, dépendante du système propre au domaine, est alors indifférente à la langue qui l'exprime : le terme n'est que la forme exprimant la notion ; contrairement à l'enseignement de F. de Saussure, une même notion pourra s'exprimer indifféremment dans diverses langues.

domination

La *domination linguistique* est la situation dans laquelle le statut des langues utilisées dans une communauté est hiérarchisé et où le pouvoir est mobilisé en faveur de l'une d'elles, dite *dominante,* au détriment des autres, dites *dominées.*

dominer V. ARBRE.

données

Parmi les actes de parole, une analyse linguistique empirique, inductive, en retient certains pour en faire ses *données* (ou data), réunies en un corpus*. Mais en réalité toute observation des faits de langue est sous-tendue par une théorie : même en phonologie, domaine qui pourrait paraître objectif, la construction théorique (au niveau de la théorie linguistique générale) est sous-jacente à la construction de l'objet étudié. En linguistique, comme dans toute autre science, la distinction entre objet réel et objet de science est à observer avec soin.

Pour les linguistes descriptivistes, les conditions dans lesquelles les données doivent être recueillies pour constituer un corpus sont essentielles ; ce sont elles qui valident ou non les données sur lesquelles opérera une théorie inductive pour dégager des règles.

Pour les linguistes théoriciens, la condition nécessaire est la validité de la théorie, dont on déduira les règles de la langue. Pour N. Chomsky, l'adéquation observationnelle, c'est-à-dire la rigueur dans la présentation des faits observés, est l'objectif le plus bas que puisse s'assigner le linguiste. Une grammaire qui rend compte de la compétence linguistique du locuteur natif et spécifie les données en termes de généralisations exprimant les régularités sous-jacentes, atteint un deuxième niveau. Mais seule une théorie linguistique générale peut atteindre le troisième niveau, celui de la capacité à juger entre diverses grammaires fondées sur les données, à les évaluer en fonction du critère de simplicité. Dans cette optique, les données ne s'assimilent plus à un simple corpus. Elles doivent englober à la fois l'ensemble infini des événements physiques appelés actes de parole et l'intuition du locuteur natif au sujet de ces événements. Ce sont à la fois les énoncés et les jugements sur ces énoncés qui constitueront les données. Par voie de conséquence, N. Chomsky considère comme impossible l'acquisition du langage par l'enfant à partir des énoncés qu'il entend. Il faut qu'il possède un mécanisme inné, le système d'acquisition *(language acquisition device),* capable à la fois de forger les différentes grammaires susceptibles de rendre compte des énoncés entendus et de choisir entre ces grammaires celle qui répond au mieux au critère de simplicité.

dorsal

Une *consonne dorsale* est une consonne dont la réalisation comporte le rapprochement de la partie supérieure de la langue et du palais. (V. DOS.)

dorso-alvéolaire

Une consonne *dorso-alvéolaire* est une consonne réalisée avec la partie antérieure du dos de la langue qui se rapproche des alvéoles, comme le [s] français (tandis que le [s] espagnol est réalisé comme une apicodentale). Les articulations dorso-alvéolaires se classent phonologiquement avec les dentales, dont elles présentent les caractéristiques acoustiques (aigu, diffus).

dos

On appelle *dos de la langue* toute la partie supérieure de la langue comprise entre la pointe et la racine. Toutes les articulations réalisées par le rapprochement de cette partie de la langue vers le palais sont dites *dorsales,* du nom latin *dorsum*. Selon que c'est la partie antérieure, centrale ou postérieure du dos de la langue qui entre en jeu dans l'articulation, on distingue les articulations prédorsales, dorsales ou postdorsales. Ces différences articulatoires n'entraînent pas de différence acoustique notable et ne sont pas utilisées phonologiquement par les langues du monde. Quand l'articulateur inférieur est constitué par le dos de la langue, l'articulateur supérieur peut être le palais dur ou le palais mou (voile du palais). On distingue dans ce cas les consonnes dorsopalatales et les consonnes dorsovélaires.

double

On donne parfois le nom de *consonne double* aux *consonnes géminées,* comme en italien le [nn] de *panno* « drap », le [tt] de *latte* « lait », bien qu'il ne s'agisse pas véritablement de la répétition d'une même articulation, mais plutôt d'une consonne plus longue et plus forte que la consonne homorganique correspondante.

doublet
On appelle *doublet* un couple de mots issus d'un même étymon*, mais dont le premier est le résultat du jeu des lois phonétiques telles qu'on peut les déduire des autres mots de la langue, et dont le second est un calque direct d'un terme de la langue mère, et qui n'a subi que des adaptations minimes : *livrer* et *libérer* (venant tous les deux du latin *liberare*), *natal* et *Noël* (venant tous les deux de *natalis*). La forme qui a subi l'évolution phonétique est dite « populaire », la forme calquée directement est dite « savante ». F. de Saussure considère l'expression de *doublet* comme impropre, puisqu'un seul des deux mots a subi une évolution phonétique normale, l'autre étant une forme figée dès l'origine.

douteux
On dit d'une phrase qu'elle est *douteuse* quand, produite par la grammaire d'une langue, elle est agrammaticale au regard d'une autre grammaire de la même langue, définie par un ou plusieurs autres sujets parlants. En ce cas, la phrase est douteuse au regard de la compétence générale de la communauté linguistique. La phrase douteuse est indiquée en la faisant précéder d'un point d'interrogation dans les descriptions.

doux
Une *consonne douce* est une consonne dont l'articulation est réalisée avec moins de force que celle de sa partenaire *forte*. Ce trait correspond, du point de vue articulatoire, à un relâchement des muscles des organes buccaux, plus proche de la position de repos, et à un affaiblissement de la pression de l'air qui traverse le chenal buccal, la résistance offerte au point d'articulation étant moins forte. Cette pression de l'air moins élevée derrière le point d'articulation s'accompagne aussi d'une durée plus brève. Dans certaines langues, comme le français, le russe, l'opposition *douce* vs *forte* double l'opposition *voisée* vs *non-voisée* et assume la fonction distinctive en cas de dévoisement de la voisée ou de voisement de la non-voisée dans les expressions *coupe de champagne* ou *rude travail ;* dans d'autres cas, c'est l'opposition *douce* vs *forte* qui disparaît : ainsi, un [b] crié énergiquement égale en force un [p], de sorte que *bis* crié ne diffère de *pisse* que par le trait voisé normalement redondant. Dans certaines langues, les consonnes douces s'opposent aux consonnes fortes sans aucune participation de la voix : c'est le cas dans le système phonologique de l'allemand de Suisse et de certains dialectes italiques comme le corse méridional.

Du fait que l'opposition consonantique *douce* vs *forte* se confond avec l'opposition vocalique *lâche* vs *tendue,* le terme de *douce* ou *faible* est aujourd'hui employé comme synonyme de *lâche*.

Du point de vue acoustique, une consonne douce est caractérisée par une zone de formants moins nettement définie, par une diminution de la quantité totale d'énergie et de son expansion dans le temps.

dualité
La *dualité* est un trait distinctif de la catégorie du nombre* ; il indique l'existence de « deux » entités isolables, par opposition à « plus de deux » entités (pluralité) ; il est exprimé par le *duel* (en grec par exemple) ou par le *pluriel* (*les yeux, les oreilles,* en français). La dualité est notée par les traits [– singularité, + dualité].

dubitation
On appelle *dubitation* une figure de rhétorique par laquelle on feint de mettre en doute ce qu'on va énoncer.

duel
Le *duel* est un cas grammatical du nombre* traduisant la dualité dans les noms comptables (« deux », par opposition à « un » et à « plus de deux ») ; il comporte dans des langues comme le grec un ensemble spécifique de désinences nominales et verbales. Le duel est noté par [– sing, + duel]. (V. TRIEL.)

Dumarsais (César Chesneau), grammairien français (Marseille 1676 - Paris 1756). Il est l'auteur d'un ouvrage original : *Exposition d'une méthode raisonnée pour apprendre la langue latine* (1722), dans lequel il propose d'enseigner le latin comme une langue vivante. Chargé par Diderot et d'Alembert de la partie grammaticale de l'*Encyclopédie,* il écrit environ 150 articles (césure, citation, conjugaison, consonance, et, futur, etc.). [V. Bibliographie.]

dur
Un phonème *dur,* appelé de préférence *tendu** ou *fort**, par opposition aux phonèmes *doux**, *lâche** ou *faible**, est caractérisé par une tension des muscles buccaux. Les consonnes non-voi-

sées [p], [t], [k], [f], [s], [ʃ] sont dures en français, par opposition aux consonnes voisées et douces [b], [d], [g], [v], [z], [ʒ].

duratif

On appelle *duratifs* les morphèmes lexicaux et, en particulier, les verbes et les adjectifs qui expriment par eux-mêmes la notion de durée ; ils s'opposent aux morphèmes lexicaux non duratifs, qui n'expriment pas cette notion. Ainsi, les verbes *savoir, posséder, réfléchir,* etc., sont duratifs ; ils ont le trait [+ duratif], comme les adjectifs *petit, ivre, rougeaud,* etc. ; au contraire, les verbes *mourir, allumer, arriver,* etc., et les adjectifs *étincelant, agacé,* etc., sont non duratifs. On oppose ainsi *voir* à *regarder* (duratif), *entendre* à *écouter* (duratif). [On dit aussi STATIF et NON-STATIF.]

durée

La *durée* (ou quantité) d'un son est son extension dans le temps. Tous les sons du langage, à l'exception des occlusives, peuvent durer autant que le permet le souffle, c'est-à-dire l'air expulsé par les poumons pendant une expiration. Même les occlusives sont susceptibles d'un certain allongement, la fermeture du chenal vocal pouvant être maintenue dans certaines limites.

Cette durée est mesurable instrumentalement pour chaque son concret dont la moyenne donne la durée d'un phonème.

La durée d'un phonème dépend de la vitesse du débit, de la longueur du groupe prononcé (plus le groupe est long et plus les phonèmes sont brefs), de ses qualités phonétiques propres. Les règles qui lient la durée d'un phonème à ses qualités phonétiques sont à peu près les mêmes dans toutes les langues : plus une voyelle est fermée, plus elle est brève ([i] est plus bref que [e], [e] est plus bref que [ɛ], etc.) ; les voyelles postérieures, acoustiquement graves, sont plus brèves que les voyelles antérieures, acoustiquement aiguës. Les consonnes fricatives sont plus longues que les occlusives, les voisées plus brèves que les non-voisées.

La durée d'une voyelle (et donc de la syllabe dont elle est le noyau) est en relation avec l'accent : la syllabe plus longue que les syllabes voisines est entendue comme la syllabe accentuée. La place de l'accent dit « accent d'intensité » dépend donc aussi de la longueur de la syllabe et ne dépend pas seulement de son intensité.

La durée est également liée au timbre : deux voyelles de formants identiques ont un timbre différent si leur durée est différente. Si les différences de durée existent dans toutes les langues, seules certaines langues les utilisent phonologiquement pour différencier des morphèmes et des mots.

Il s'agit, en général, d'une opposition à deux termes : un terme bref et un terme long ; le latin présentait une opposition de ce type qui permettait d'opposer, par exemple, le présent *venit* ([e]) au parfait *venit* ([e:]), les langues germaniques modernes connaissent également cette opposition, par exemple en anglais, où s'opposent un [i:] long et un [i] bref, comme l'attestent les paires *seat* vs *sit,* [si:t] *vs* [sit], *beat* vs *bit,* etc. Les langues finno-ougriennes se servent beaucoup des différences quantitatives ; certaines, comme l'estonien, connaissent même trois degrés de longueur vocalique, avec un terme bref, un terme long et un terme très long ([sada] « cent » s'oppose à [sa:da] « envoie » - impératif - et à [sa::da] « avoir la permission de »).

Les différences de durée consonantique peuvent également avoir une valeur phonologique dans certaines langues. Dans ce cas, les consonnes longues sont souvent scindées en deux par la frontière syllabique et sont dites alors « géminées » ou « doubles ». L'opposition consonnes longues *vs* consonnes simples a une grande importance dans la langue italienne, qui, à la différence des autres langues romanes, a considérablement augmenté le nombre des géminées présentes en latin (/pani/ *vs* /panni/ « pains » *vs* « vêtements »).

La durée a un rôle phonologique très restreint en français moderne, où les géminées apparaissent seulement à la frontière de mot pour opposer certains groupes tels que *il a dit* et *il l'a dit.* La différence de durée vocalique a peut-être encore une valeur phonologique dans certaines variétés telles que le parisien ou le français de Normandie, où elle permet d'opposer des mots tels que *mètre* et *maître,* et les formes de certains adjectifs, comme *aimé* [ɛme] *vs aimée* [ɛme:].

dyade

Le terme *dyade* se dit du couple *mère-enfant* dans les échanges précoces et marque l'aspect fusionnel de l'interaction (V. ACQUISITION). La construction de la langue se fonde sur des acquisitions communicatives antérieures qui se réalisent au sein des interactions entre l'enfant et son entourage dès le début de la vie. Ces interactions concernent le plus souvent la mère et l'enfant, et les recherches, en psychologie comme en linguistique, ont porté de façon préférentielle sur ce couple qu'on a appelé la « dyade mère-enfant ». Le dialogue étant une création à deux, on a pu observer la façon dont la forme prise par les interactions mère-enfant modèlent les usages du langage chez l'enfant et font évoluer le rôle de tuteur de la mère. Ainsi, pour donner un exemple, si toutes les vocalisations de l'enfant de six mois sont interprétées comme significatives, seules celles qui constituent de bonnes approximations des mots adultes sont prises en compte vers l'âge de un an. Cette médiation permanente de la mère entre son enfant et le langage permet la conventionnalisation progressive des éléments communicatifs produits pendant l'échange (cris, regards, gestes, mimiques, intonations). On pense que, de façon globale, l'investissement maternel dans la relation dyadique et les stratégies utilisées par elle varient d'un groupe social à l'autre. Cette variation de nature socioculturelle et sociolangagière du fonctionnement de la dyade commence à peine à être étudiée.

dynamique

1. On donne le nom de *dynamique* au terme non accompli dans l'opposition aspectuelle définie par le couple *être* (accompli) [statique] et *devenir* (non accompli) [dynamique].

2. En phonétique, l'*accent dynamique,* ou accent d'intensité, est un trait prosodique qui est une variété intersyllabique des traits de force : la syllabe sur laquelle il porte est prononcée avec plus de force que les autres syllabes de la même séquence, grâce au mécanisme sublaryngal, en particulier aux mouvements de l'abdomen et du diaphragme. Cet accent a une fonction culminative qui se combine soit avec la fonction démarcative, lorsqu'il est fixe, comme en tchèque, soit avec la fonction distinctive, lorsque sa place est totalement ou relativement libre, comme en italien. (V. ACCENT.)

dysarthrie

La *dysarthrie* est un trouble de l'articulation des phonèmes dû soit à une lésion centrale (lésion corticale) entraînant un déficit dans la programmation de ces phonèmes, soit à des lésions périphériques entraînant une paralysie de certains organes moteurs d'exécution.

dysgraphie

La *dysgraphie* est un déficit de la graphie caractérisé par des difficultés dans l'adéquation de l'écriture à la norme orthographique en usage.

dyslexie

La *dyslexie* est un déficit de la lecture, caractérisé par des difficultés dans la correspondance entre des symboles graphiques, parfois mal reconnus, et des phonèmes, souvent mal identifiés. Le trouble intéresse de façon prépondérante soit la discrimination phonétique, soit la reconnaissance des signes graphiques ou la transformation des signes écrits en signes verbaux (ou réciproquement).

dysorthographie

1. La *dysorthographie* est un trouble de l'apprentissage de l'orthographe qui se rencontre chez les enfants d'intelligence normale, lié ou associé à une dyslexie.

2. On appelle *dysorthographie* une faute d'orthographe, quelle qu'en soit l'origine.

dysphasie

1. Chez l'enfant, la *dysphasie* est un trouble de la réalisation du langage, dont la compréhension est peu atteinte, et qui est consécutif à un retard dans l'acquisition et le développement des diverses opérations qui sous-tendent le fonctionnement du langage.

2. Syn. d'APHASIE.

dysprosodie

La *dysprosodie* est une anomalie du rythme, de l'intonation ou de la hauteur du ton dans le discours de certains malades aphasiques : ralentissement du débit et syllabation chez les aphasiques moteurs, présence d'un accent « étranger » consécutif à une distorsion du rythme de la parole. (V. APHASIE.)

e

écart

1. Quand on compare deux états de langue et qu'on constate dans l'un la présence d'une unité là où, dans l'autre, on constate l'emploi d'une autre unité de sens équivalent, on définit un *écart* entre deux états de langue : ainsi, il y a écart entre l'ancien français *rei* (le roi) prononcé [rei] et le français moderne *roi* prononcé [rwa], cet écart permettant de constituer des classes de variations systématiques. On peut de même définir des écarts géographiques ou sociaux.
2. Quand on définit une norme, c'est-à-dire un usage général de la langue commun à l'ensemble des locuteurs, on appelle *écart* tout acte de parole qui apparaît comme transgressant une de ces règles d'usage ; l'écart résulte alors d'une décision du sujet parlant. Lorsque cette décision a une valeur esthétique, l'écart est analysé comme un fait de style.

échange verbal

On donne le nom d'*échange verbal* à la communication* considérée sous l'angle du dialogue : le locuteur produit un énoncé qu'il « donne » à un interlocuteur qui, en réponse, lui « donne » un autre énoncé.

échantillon

Dans une analyse descriptive d'énoncés obtenus dans une population donnée, l'étude linguistique (phonologique, syntaxique ou lexicale) porte sur un nombre restreint d'éléments prélevés dans l'ensemble des énoncés qui auraient pu être obtenus dans cette même population : on a donc déterminé une fraction dans l'univers statistique que constitue l'ensemble des énoncés possibles. Cette fraction forme un *échantillon*. L'échantillon est dit représentatif de l'ensemble dont il est tiré si les résultats obtenus ne diffèrent pas significativement des résultats qu'on aurait obtenus au cas où on aurait déterminé d'autres fractions dans cet ensemble ; cela veut dire que les résultats de l'échantillon peuvent être projetés sur l'ensemble des données considérées. (V. CORPUS.)

écholalie

On appelle *écholalie* la répétition par un malade aphasique de mots ou de phrases prononcés devant lui sans qu'ils aient pour lui de signification. Ces répétitions intégrales et rapides constituent souvent les seules « réponses » aux questions posées.

économie

Le principe de l'*économie linguistique* repose sur la synthèse entre des forces contradictoires (besoin de communication et inertie) qui entrent constamment en conflit dans la vie des langues. Il permet d'expliquer un certain nombre de faits en phonologie diachronique.

Pour un phonème, il est indispensable et suffisant qu'il soit distinct des autres phonèmes de la langue. D'une part, toute réalisation de phonèmes qui ne permet pas à une opposition de se maintenir nettement met en danger l'existence indépendante des deux phonèmes et l'intégrité du système. Pour qu'un système réponde aux exigences de la compréhension, il faut que la marge de sécurité entre les phonèmes soit suffisante, afin que les inévitables déviations articulatoires de la parole n'aboutissent pas à la confusion. D'autre part, il est plus économique de recourir à un minimum de traits pertinents, en réduisant le nombre des articulations utilisées à des fins distinctives : chacune étant plus fréquente dans la parole, sera plus facilement reproduite à l'émission et perçue à l'audition. C'est pourquoi les phonèmes isolés, non intégrés dans un système, sont instables, exposés à disparaître ou à se créer un partenaire corrélatif, et c'est pourquoi les systèmes phonologiques les plus stables sont ceux qui présentent le plus grand nombre de corrélations* et de faisceaux de corrélations, c'est-à-dire des ensembles de phonèmes résultant des combinaisons des mêmes traits distinctifs.

Ainsi, le passage de l'espagnol médiéval à l'espagnol moderne s'est traduit par une réorganisation économique du système phonologique. Les fricatives voisées [v], [z], [ʒ] ont

disparu, ainsi que les affriquées voisées [dz] et [dʒ] et l'affriquée non-voisée dentale [ts]. Deux phonèmes non-voisés sont apparus, dans la série des dentales [θ] et dans celle des vélaires [x]. L'économie réalisée dans cette mutation se traduit de la manière suivante :
a) une diminution du nombre de phonèmes (donc d'unités distinctives minimales), liée sans doute à la faiblesse de leur rendement fonctionnel ;
b) une plus grande différenciation des points d'articulation (une interdentale, une alvéolaire, une vélaire au lieu de deux alvéolaires et de deux palatales) diminuant les risques de confusion ;
c) une cohérence majeure du système due à la formation de trois faisceaux de corrélation (occlusives non-voisées, occlusives voisées, fricatives non-voisées, labiales, dentales, vélaires).

écrit

1. L'expression *langue écrite* a deux sens différents. Dans un premier sens, la langue écrite est l'ensemble des formes spécifiques qu'on utilise quand on « écrit », c'est-à-dire quand on fait un travail d'écrivain ou qu'on rédige des textes exigeant une certaine tenue (dans ce cas, la langue écrite est la *langue littéraire*). *Langue écrite* s'oppose aussi à *langue familière* ou à *langue populaire*. L'école enseigne ainsi qu'il y a des « choses » qu'on dit et qu'on n'écrit pas : ainsi *ça* est une forme parlée, *cela* une forme écrite. Dans un second sens, la *langue écrite* est la transcription de la *langue orale* ou *parlée*. Or il existe une distorsion très accusée entre certains systèmes de marques de l'oral et des systèmes correspondants de l'écrit : pour indiquer le genre dans les adjectifs, la langue parlée oppose surtout des terminaisons féminines consonantiques à des masculins vocaliques comme dans le féminin [plɛzɑ̃t] *plaisante* vs [plɛzɑ̃] *plaisant,* mais assigne plutôt aux deux séries de formes la même prononciation à finale vocalique [eme] *aimé* vs *aimée, mis* vs *mise,* mais on a *tranquille* pour le masculin et le féminin.

De même la langue écrite a une variation en nombre pour presque tous les noms et adjectifs (auxquels on ajoute *-s* pour marquer le pluriel), alors que la langue parlée n'a de formes particulières au pluriel que dans les cas de liaison : *enfant* vs *enfants (adorés),* mais [ɑ̃fɑ̃], [ɑ̃fɑ̃zadɔre] ; ou pour quelques mots : *cheval* vs *chevaux,* [ʃəval] vs [ʃəvo].

La langue écrite peut aussi s'opposer à la langue parlée par le vocabulaire et par des structures de phrases beaucoup plus complexes.

2. D'une manière générale, les formes écrites, qui ont plus de stabilité et de possibilité de diffusion que les formes orales, ont été à la base de la constitution des langues nationales des grands États. Ainsi l'allemand : en Allemagne, en Autriche, dans une grande partie de la Suisse, dans de petits secteurs d'autres pays européens, les gens considèrent que leur langue est l'allemand. Malgré les différences considérables entre les formes parlées (différences plus grandes qu'entre les langues scandinaves – suédois, danois, norvégien), il n'existe qu'une seule langue écrite dans toute cette région ; aussi, toute personne qui sait lire et écrire peut-elle communiquer avec une autre utilisant l'allemand écrit. À partir d'un dialecte de moyen allemand, cette forme s'est généralisée comme allemand écrit *(Schriftdeutsch)* et présente une grande uniformité.

L'italien écrit moderne s'est de même développé à partir du toscan grâce surtout au prestige de *la Divine Comédie* de Dante. Empruntant par la suite aux divers dialectes, notamment à celui de Rome, cette langue est ainsi une sorte de moyenne de tous les dialectes italiens.

3. D'une manière générale, la langue écrite est beaucoup plus stable que la langue parlée : la représentation du système français du genre et du nombre de la langue écrite, présenté plus haut, est celui que la langue parlée (comme la langue écrite) connaissait encore au milieu du XVIe siècle.

La langue écrite change elle aussi, mais très lentement. Ainsi, le texte suivant fait ressortir le changement : « *A quoy Panurge baissa sa teste du cousté gauche et mist le doigt meillieu en l'oreille dextre, élevant le poulce contremont* » s'écrirait « *À quoi* (sur quoi) *Panurge baissa sa* (la) *tête du côté gauche et mit le doigt milieu* (le médius) *en l'oreille dextre* (dans l'oreille droite), *élevant* (levant) *le pouce contremont* (en l'air) ». La langue écrite est le principal facteur de conservation linguistique. Toutefois, il arrive qu'une réforme permette de tolérer les changements ; par exemple, l'orthographe suédoise a subi une révision assez complète à peu près une fois par génération depuis le début du XIXe siècle.

4. La langue écrite a souvent un lexique différent de celui de la langue parlée ; mais, contrairement à une illusion assez répandue, le lexique de la langue parlée est aussi riche que le lexique de la langue écrite. Les vocabulaires parlés sont caractérisés par la richesse en homonymes, que l'orthographe distingue généralement (par exemple : *sot, seau, sceau, saut*), et en synonymes ou en mots presque synonymes (la langue parlée emprunte, en effet, à différents dialectes des mots différents de même signifié).

Mais les différences entre langue écrite et langue parlée peuvent être importantes. Ainsi, des formes écrites très différentes (*hindī* et *ourdou* dans l'Inde) existent pour des formes parlées identiques : la différence de contexte (l'ourdou, qui utilise l'alphabet arabe, est la langue des musulmans) a provoqué une évolution telle qu'on a deux langues écrites différentes à partir d'une même langue parlée.

En sens inverse, on peut très bien n'avoir qu'une langue écrite correspondant à des formes parlées très différentes : c'est la cas de l'arabe, dont la forme écrite, dite « arabe littéraire », recouvre des langues très différentes entre elles, dites « arabes dialectaux ». Mais, dans ce domaine, les cas typiques sont ceux des langues idéographiques, comme le chinois, qui peuvent écrire avec les mêmes signes des langues entièrement différentes.

5. Sur un plan plus général, la langue écrite est un facteur puissant de culture et d'unification. La conséquence est qu'on confond souvent la forme écrite avec la langue elle-même, si bien qu'on oppose des langues écrites (français, anglais, hindī) aux langues non écrites, c'est-à-dire à celles qui n'ont pas de textes (langues primitives connues parfois uniquement grâce aux remarques de missionnaires ou de chercheurs), mais qui, évidemment, peuvent être transcrites. Les langues non écrites trouvent de nos jours une certaine uniformité en se constituant des formes écrites dites « langues* d'union ».

écrit-parlé

Le terme *écrit-parlé* désigne le type de discours dans lequel le locuteur lit ou déclame un texte complètement rédigé par lui ou par un autre. *L'écrit-parlé* a ainsi ses règles propres qui le différencient des énoncés produits oralement, mais aussi des textes rédigés pour être lus par le destinataire et non retransmis oralement.

écriture

L'écriture est une représentation de la langue parlée au moyen de signes graphiques. C'est un code de communication au second degré par rapport au langage, code de communication au premier degré. La parole se déroule dans le temps et disparaît, l'écriture a pour support l'espace qui la conserve. L'étude des différents types d'écriture élaborés par l'humanité a donc un étroit rapport avec l'étude de la langue parlée, ainsi qu'avec celle des civilisations dans lesquelles elles se sont perfectionnées. Une étude de l'écriture doit se développer sur deux plans parallèles : d'une part, une étude historique de l'écriture depuis son « invention » jusqu'à ses états actuels ; d'autre part, une étude linguistique qui tente de dégager les règles de fonctionnement de l'écriture, ainsi que ses rapports avec la langue parlée.

Les origines de l'écriture

A. Leroi-Gourhan a situé les origines de l'écriture vers 50000 avant notre ère pour le moustérien évolué (incisions régulièrement espacées dans la pierre ou dans l'os) et vers 30000 avant notre ère pour l'aurignacien (figures gravées ou peintes). Vers 20000 la figuration graphique devient courante, et vers 15000 elle atteint une maîtrise technique presque égale à celle de l'époque moderne. Les graphismes, couramment appelés *pictogrammes,* sont la première grande invention de l'homme dans le domaine de l'écriture ; il s'agit d'un type spatial d'écriture ; certaines de ces écritures évolueront vers la *linéarité phonétique,* vers des *alphabets,* reproduisant plus ou moins le phonétisme et la linéarité de la chaîne parlée.

Les conditions de l'évolution de l'écriture

Les modifications constatées dans les différents types d'écriture au cours de leur histoire relèvent de facteurs divers : les conditions économiques des sociétés, les progrès intellectuels et plus particulièrement la faculté d'abstraction et la connaissance de la structure de la langue parlée. Selon A. Meillet : « C'est la structure de la langue qui a conditionné chaque invention décisive dans le développement de l'écriture. » (*Scientia,* déc. 1919.)

Cette évolution va d'une représentation figurative du signifié à un code formé de signes abstraits, symboles des sons de la langue : les systèmes d'écriture tendent vers une abstraction de plus en plus grande, jusqu'à être de véritables codes de communication – les systèmes d'écriture alphabétique – dont les signes ont rompu tout lien avec le sens du mot, obéissent à des règles particulières et sont soumis à des contraintes spécifiques. L'évolution révèle ainsi une conscience de plus en plus affinée de la structure de la langue. Parti pour l'essentiel du pictogramme, qui n'impliquerait pas de rapport explicite entre le récit et un énoncé oral, l'idéogramme révèle la prise de conscience des mots distincts de la chaîne parlée, puis, par un effort d'abstraction, de la syllabe. Peu à peu, l'emploi des signes-sons – ou phonogrammes – mêlés aux idéogrammes marque une étape vers une analyse des éléments minimaux phonétiques.

On est sur le chemin de l'écriture phonologique lorsqu'on reconnaît que certaines parties de mots se prononcent comme des mots entiers : par exemple, si on représente *chapeau* par la juxtaposition des deux idéogrammes *chat* + *pot*. Les écritures alphabétiques enfin témoignent d'une appréhension des phonèmes en tant qu'unités constitutives des mots.

Les systèmes d'écriture évoluent vers une économie de plus en plus grande. Aux systèmes pictographiques, peu explicites pour qui ne faisait pas partie de la communauté, aux systèmes idéographiques, peu économiques dans la mesure où chaque objet est représenté par un signe, succèdent des systèmes économiques par le nombre des signes employés, transmettant une infinité de messages grâce à un minimum de signes (écritures alphabétiques ou syllabiques).

Différentes classifications ont été proposées concernant les divers types d'écriture découverts jusqu'à nos jours. La classification traditionnelle présentée par M. Cohen est historique. Elle distingue trois étapes :
a) Les pictogrammes, écriture de type archaïque, figurative, qui représente le contenu du langage (et non le langage avec les mots et les sons) ;
b) Les idéogrammes, signes représentant de façon plus ou moins symbolique les signifiés des mots ;
c) Les phonogrammes, signes abstraits représentant des éléments de mots ou des sons, comme dans les écritures alphabétiques.

Cette classification a été en partie contestée par les recherches ultérieures. A. Leroi-Gourhan remet en cause le premier stade uniquement figuratif et le caractère réaliste et concret des pictogrammes, auxquels il donne le nom de *mythogrammes.* À la typologie en trois stades, on substitue aujourd'hui une classification en cinq catégories :
a) Les phrasogrammes, qui sont des inscriptions transmettant des messages entiers, sans distinguer les mots. Ils sont divisés en deux sous-groupes : les pictogrammes et les signes conventionnnels (signes totémiques, tabous, signes magiques, etc.) ;
b) Les logogrammes, qui sont les marques des différents mots. Le terme, proposé par L. Bloomfield, recouvre la même réalité que celui d'idéogramme. Tous deux désignent les mots, les unités sémantiques du discours. Ils sont de deux types : les logogrammes sémantiques, qui évoquent la forme de ce qu'ils indiquent ; les logogrammes phonétiques, qui sont liés au phonétisme du mot ; polysémiques, ils sont employés pour désigner des homonymes ;
c) Les morphémogrammes, qui marquent les diverses parties du mot, les morphèmes ;
d) Les syllabogrammes, qui distinguent les différentes syllabes ; on en trouve dans les écritures assyro-babylonienne et créto-mycénienne ;
e) Les phonogrammes, qui sont les marques des éléments phoniques minimaux de la chaîne parlée, les phonèmes. On distingue les écritures phonétiques consonantiques, qui ne marquent que les consonnes (hébreu, arabe), et les écritures phonétiques vocalisées, qui marquent consonnes et voyelles.

Les pictogrammes

Ce sont des dessins complexes qui fixent le contenu du message sans se référer à sa forme linguistique, à un énoncé parlé. Il n'y a pas encore de figuration détaillée du langage. Ce type d'écriture se rencontrerait chez les populations à groupements denses de chasseurs et de pêcheurs (Indiens d'Amérique, Esquimaux, Sibériens, Africains Bochimans et Océaniens). On distingue : les pictogrammes-signaux, qui sont une sorte d'aide-mémoire servant à déclencher une récitation (comme les strophes des chants de prêtres peintes sur les robes de peau des sorciers-prêtres de Sibérie), et les pictogrammes-signes, qui portent en eux-mêmes leur signification, qui « parlent à la vue ». Les découvertes de A. Leroi-Gourhan ont remis en question la thèse classique du pictogramme présenté comme le mode d'écriture le plus ancien et le plus rudimentaire. La découverte des incisions régulièrement espacées du paléolithique supérieur apporte la preuve d'un graphisme symbolique non figuratif. Quant aux scènes figuratives des tracés aurignaciens, elles ne seraient pas lues comme l'histoire racontée par un tableau, mais comme des tracés conventionnels, abstraits, servant probablement de support mnémotechnique à un contexte oral irrémédiablement perdu ; cette manière synthétique de marquage transmettait une conceptualisation : chaque marque aurait une valeur d'après sa place dans l'ensemble marqué, comme dans les grottes de Lascaux, où on peut remarquer des rapports topographiques constants entre les figures d'animaux représentés. À ces dessins, A. Leroi-Gourhan préfère donner le nom de *mythogrammes*.

Les idéogrammes

L'idéogramme est défini par M. Cohen comme un « signe-chose », « un caractère ou un ensemble de caractères représentant une notion qui par ailleurs est exprimée par un mot unique ». Lorsque le signe-chose est lu dans la langue des utilisateurs de l'écriture, il devient un « signe-mot », chaque petite image représentant un mot, chaque mot étant représenté par une seule petite image. Ce sont les « signes figuratifs » de Champollion. Ces dessins dénotent l'objet lui-même, d'une façon plus ou moins réaliste ou stylisée. Le manque d'économie de ce système (chaque dessin représentant un seul signifié) le fait évoluer ; les signes deviennent polysémiques (le dessin d'une massue peut signifier « massue », puis « battre ») ou prennent une valeur de trope* (un croissant de lune se lit *mois*, etc.).

• *L'écriture maya.* Cette écriture n'a pas encore été déchiffrée, et les hypothèses concernant sa structure et son fonctionnement ont varié. Les Indiens Mayas avaient une conception cyclique du temps, d'où la nécessité pour eux de noter les événements qu'ils considéraient comme récurrents. De même, leur numération était fondée sur les révolutions des astres. La plupart des textes mayas retrouvés sont donc probablement des chroniques historiques, des notations d'événements où les dates et les chiffres sont nombreux. La connaissance et l'usage de l'écriture étaient l'apanage des prêtres et des familles royales ; liée aux cultes religieux, l'écriture aurait été instaurée par un personnage nommé Itzamna, identifié comme un dieu ; cette double limitation – dans l'usage et dans le nombre des utilisateurs – explique que la tradition ne s'en soit pas conservée.

D'après l'hypothèse classique, l'écriture maya serait de type picto-idéographique, formée de signes analogues aux hiéroglyphes égyptiens ; chacun d'eux est égal en hauteur et en largeur ; ils sont disposés dans de grands carrés ou rectangles, parallèlement aux côtés, mais on ne sait pas dans quel sens il faut les lire. On aurait relevé 350 signes de ce type. Abandonnant l'hypothèse hiéroglyphique, le Russe Y. V. Knorozov revient à l'hypothèse alphabétique du premier déchiffreur des Mayas, Diego de Landa. Pour lui, l'écriture maya se composerait de « complexes graphiques », dont chacun à son tour comprendrait quelques graphèmes, liés en carrés ou en ronds et faits de signes (têtes d'hommes, animaux, plantes, etc.). La discussion reste actuellement ouverte.

• *L'écriture de l'Égypte antique.* On distingue trois types d'écriture égyptienne : l'écriture hiéroglyphique proprement dite, la plus ancienne, découverte sur les monuments ; l'écriture cursive, dont la plus ancienne est l'écriture hiératique (les scribes, transposant sur le papier l'écriture des monuments, schématisent et allègent les signes, utilisent des ligatures en un tracé presque ininterrompu, de droite à gauche) ; l'écriture démotique, variante de l'écriture cursive, plus simplifiée que l'écriture hiératique ; utilisée par l'administration, elle devient d'un usage courant, « populaire » (d'où le nom de « démotique »).

Le grand pas franchi par l'écriture hiéroglyphique égyptienne est l'emploi de signes phonétiques, ou phonogrammes, à côté des signes idéographiques, ou signes-mots.

Jusque vers 2500 av. J.-C., les hiéroglyphes égyptiens inscrits sur les monuments sont pictographiques ; les dessins, représentant des êtres animés ou des parties de ces êtres, des végétaux, des objets, etc., sont peu schématisés. Les signes pouvaient aussi représenter des actions ou des sentiments : le dessin d'un homme portant la main à la bouche signifiait *manger* ou *avoir faim*. On compte 700 à 800 dessins. Dans le hiératique et dans le démotique, les tracés se sont simplifiés au point que les objets ne pouvaient plus se reconnaître.

Comme pour les Mayas, l'écriture était, pour les anciens Égyptiens, d'origine divine, inventée par le dieu Thot. Elle est donc d'abord un objet divinisé, le métier sacré d'une caste privilégiée de scribes. Puis elle se répand largement, d'abord à cause de son usage ornemental, ensuite grâce à la fabrication du papier avec le papyrus.

Les signes de ces trois types d'écriture, plus ou moins schématisés, sont figuratifs. Mais ils peuvent avoir des fonctions différentes ; il s'agit de :

— signes-mots à proprement parler, ou logogrammes, désignant en même temps le mot et le concept. Le sens propre d'un signe polysémique est précédé d'un petit trait distinctif vertical.

— signes-mots perdant leur sens propre et accompagnant d'autres signes-mots en qualité de déterminatifs : ils ne sont pas « lus ». Ils sont de deux sortes : les déterminatifs d'espèce, qui précisent dans quelle catégorie sémantique se trouve le signe-mot qu'ils accompagnent ; les déterminatifs de genre, plus tardifs, qui signalent à laquelle de ces catégories appartient le signe-mot qu'ils accompagnent : peuples, hommes, bêtes, oiseaux, etc.

— signes-mots faisant fonction de phonogrammes, qui permettent non seulement d'écrire le nom de l'objet qu'ils représentent, mais aussi les consonnes qui forment ce nom. Ils servent de « compléments phonétiques », destinés à lever l'ambiguïté des signes-mots polysémiques et polyphones. Les plus nombreux de ces phonogrammes correspondent à des suites de deux consonnes. Une trentaine de signes, correspondant à une seule consonne, constituent un alphabet consonantique à l'intérieur du système égyptien.

• *L'écriture en Mésopotamie.* Dès le IVe millénaire avant notre ère, des peuples de langue sémitique se sont concentrés dans la vallée du Tigre et de l'Euphrate ; parmi eux, le peuple sumérien a développé une civilisation avancée. Sa langue est restée vivante du IVe millénaire au IIe millénaire avant notre ère. Vers 2400 av. J.-C., les Sumériens perdent leur individualité au profit des Sémites Akkadiens, qui leur empruntent leur langue comme langue sacrée, secrète, et utilisent la langue écrite sumérienne comme langue savante ; par la suite, les Akkadiens écrivent leur propre langue grâce à ce même système.

Pour les Akkadiens aussi, l'écriture est d'origine mythique ; elle est attribuée à Oannès, homme-poisson venu sur terre pour enseigner aux hommes les arts, les sciences et les techniques.

L'écriture prend son origine dans le pictogramme. Mais l'emploi de grosses tablettes d'argile gravées à l'aide d'un roseau taillé en biseau lui donne un aspect fragmenté particulier, combinaison de traits à tête large, triangulaire, en forme de clous (d'où le nom d'*écriture cunéiforme*). Puis elle devient cursive, partiellement horizontale, les objets sont représentés très schématiquement, dans une position horizontale, et interrompus. Ce ne sont plus alors des signes-choses, mais des signes-mots.

Ce système d'écriture rappelle sur bien des points le système égyptien. Certains signes fonctionnent comme logogrammes. Le stock se révèle sans doute insuffisant pour noter tous les mots de la langue, divers procédés permettant d'augmenter les possibilités du système : attribution d'un signifié nouveau à un signe grâce à quelques traits supplémentaires, juxtaposition de plusieurs signes : le signe *oiseau* + le signe *œuf* désignent l'action d'*enfanter*. Certains signes fonctionnent comme déterminatifs accompagnant un autre signe : des déterminatifs de genre indiquent à quelle catégorie sémantique appartient le signe qu'ils accompagnent ; des déterminatifs de nombre signalent la dualité et la pluralité ; des compléments phonétiques remédient aux ambiguïtés des *polyphones* (un seul dessin a 20 lectures différentes) et des *homophones* (17 signes se lisent *si*). Plusieurs signes peuvent être employés juxtaposés ; ils valent non par leur sens, mais par leur prononciation. C'est encore un pas vers la notation phonétique de la langue. La juxtaposition des sons représentés constitue la prononciation du mot à transcrire. M. Cohen nomme *rébus à transfert* ces groupements qui préparent le terrain pour une prise de conscience des unités phoniques de seconde articulation et pour une rupture entre le signifiant et le graphisme. Les signes-sons transcrivent soit un seul son, une syllabe vocalique comme *a, e, i, ɔ,* soit des syllabes entières. Mais les Suméro-Akkadiens ne sont pas parvenus à l'analyse méthodique de la syllabe en ses composants phoniques et conservèrent jusqu'au bout un système mixte avec emploi de signes-mots.

• ***L'écriture chinoise.*** L'écriture apparaît en Chine vers 2850 av. J.-C., avec un système non pictographique, calqué sans doute sur les systèmes à cordelettes : le système dit « pakwa », attribué à l'empereur fabuleux Fou-hi, comportait 64 signes-symboles en barres continues ou interrompues ; vers 2500 av. J.-C. se développe un type d'écriture pictographique très schématisée, source de l'écriture actuelle.

L'écriture chinoise s'est simplifiée entre 200 av. J.-C. et 200 apr. J.-C. et s'est stabilisée au IVe siècle sous la forme encore en usage. C'est une cursive tracée au pinceau, dont l'aspect esthétique a une utilisation ornementale. Les caractères sont séparés, inscrits dans un carré idéal, disposés en colonnes lues de haut en bas en commençant par la droite. Le signe est une figuration dépouillée, non réaliste de l'objet.

Le chinois est alors surtout monosyllabique. Chaque dessin représente donc à la fois un mot et une syllabe, et chaque mot dispose d'un signe, ce qui rend le système peu économique : 6 000 à 8 000 caractères sont courants ; on compte 9 000 signes dans un dictionnaire du Ier siècle, 50 000 dans un autre du XVIIIe siècle, 80 000 dans certains dictionnaires savants.

Cela a nécessité, à cette époque, la recherche d'une certaine économie graphique grâce à différents procédés : l'agrégat (ou complexe) logique est une combinaison de deux ou plusieurs pictogrammes ; les symboles mutuellement interprétatifs permettent de faire face à l'ambiguïté due à la présence d'homophones nombreux ; les caractères empruntés indiquent le même son ; les déterminatifs, ou caractères clés, servent à lever la quasi-homophonie des mots : ce sont soit des déterminatifs phonétiques, qui ne sont pas « lus » mais qui s'ajoutent à un élément homophone dont ils indiquent la catégorie sémantique, soit des radicaux déterminatifs sémantiques (deux caractères se combinent pour donner un nouveau signe, dont la prononciation, le plus souvent, est autonome par rapport à la prononciation des deux signes constitutifs). Ces termes clés sont au nombre de 214 et permettent un grand nombre de combinaisons. La réforme de 219 avant notre ère a été une tentative d'unification et de simplification par la suppression des caractères faisant double emploi et par l'éclaircissement des ambiguïtés grâce aux clés. La situation du chinois moderne est passablement différente.

Écritures syllabiques et alphabétiques

Elles se situent le plus souvent au terme d'une évolution qui, pour des raisons d'économie et de commodité, aboutit à noter certains sons, en tant que sons, à côté des idéogrammes, puis à ne noter que les sons.

En général, les alphabets sont d'abord *syllabiques ;* ils deviennent *phonétiques* avec une analyse plus poussée, bien que souvent empirique, de la structure de la langue.

• ***L'écriture de l'Inde.*** L'écriture la plus ancienne actuellement connue est celle de *Mohenjo-Daro,* découverte dans la vallée de l'Indus sur des sceaux et des vases en poterie. Elle est hiéroglyphique.

L'*écriture brahmi* est plus connue (300 av. J.-C.). Elle a été créée pour transcrire les langues littéraires de groupes de population parlant des langues indo-européennes, dont la plus importante est le *sanskrit.* L'écriture brahmi est syllabique ; elle note les consonnes et indique les voyelles par un signe complémentaire.

• ***L'écriture phénicienne.*** On a longtemps considéré les Phéniciens comme les inventeurs de l'alphabet. Leur écriture comporte 22 à 25 caractères non idéogrammatiques qui ne notent que les consonnes. Plus que d'un alphabet consonantique, il s'agit d'une notation syllabique qui n'a noté de la syllabe que la consonne, élément essentiel pour indiquer le sens, en laissant suppléer la voyelle par le lecteur. L'alphabet phénicien dégage le « squelette consonantique » du mot : il ne s'agit pas encore d'une véritable écriture alphabétique qui noterait tous les sons de la langue.

• ***L'écriture grecque.*** Les Grecs ont emprunté aux Phéniciens leurs caractères syllabiques à fonction consonantique et les ont ajustés aux caractéristiques de la langue grecque : les signes syllabiques phéniciens en ont noté les consonnes, certains d'entre eux ont servi à noter les voyelles. D'où une notation totalement alphabétique de 24 signes.

• ***Extension de l'écriture alphabétique.*** Ce système s'est répandu dans toute l'Europe sans nouveaux perfectionnements, en particulier chez les Romains, dont les tracés dérivent des tracés grecs (alphabet latin).

Au Moyen Âge, la théorie phonétique très fine de la grammaire arabe est à l'origine du grand intérêt porté au système graphique, étroitement lié par ailleurs à la religion : les exégèses du Coran s'accompagnent d'une explication mystique de la valeur de chaque signe graphique. Avec la constitution de l'État omeyyade apparaît le souci d'embellir le signe graphique. L'écriture devient un art lié à l'exercice de la religion : adjonction d'éléments géométriques, floraux, etc.

Au Moyen Âge encore, les peuples dits barbares commencent à inventer leur écriture :

– l'*écriture ogamique* (vers le Ve siècle, en Irlande méridionale et au pays de Galles) a l'aspect d'une série d'entailles dont chaque groupe est une lettre ;

– l'*écriture runique,* chez les Germains, présente des caractères taillés dans le bois, formés d'un trait vertical et de plusieurs traits horizontaux ;

– l'*alphabet glagolitique,* chez les Slaves, s'est employé concurremment avec l'alphabet *cyrillique,* qui a fini par l'emporter.

Dans l'ensemble, ces alphabets attestent une analyse minutieuse de la chaîne sonore en éléments minimaux. Mais, pour diverses raisons, et en particulier à cause de l'évolution phonétique des langues, une distorsion se produit entre l'alphabet et le système phonétique de la langue, entre ce système et l'orthographe du mot : il faut parfois plusieurs signes pour noter un seul son [ʃ] ; ou bien un seul signe note plusieurs sons *(x)* ; les linguistes, pour leurs travaux, ont ressenti le besoin d'une notation précise de tous les sons du langage, un signe pour chaque son, un seul son par signe : d'où la naissance d'alphabets phonétiques, en particulier de l'*Alphabet* phonétique international.*

éditer
En philologie, on appelle *éditer un texte* en faire la critique* verbale, c'est-à-dire le vérifier et le préparer en vue de la publication.

éditologie
Le concept d'*éditologie* a été créé pour rendre compte des conditions discursives nécessaires pour que la novation scientifique ou technique soit acceptée de la communauté des pairs et se constitue en *fait scientifique ou technique*. La science est alors considérée comme « un ensemble de discours édités ». On observera en effet que le travail de laboratoire n'est pas comptabilisé en termes de manipulations, mais bien de publications, rapports, prises de brevets, etc., qui tous sont des *textes*.

Dans cette optique, l'épistémologie se compose de deux branches, l'*éditologie,* et la *terminologie.* Cette perspective attire l'attention sur l'étroite interdétermination entre les terminologies scientifiques et techniques et les instances éditoriales.

effacement
L'*effacement* est la suppression d'un constituant d'une phrase dans des conditions définies. Ainsi, dans la phrase issue d'une transformation complétive :

Pierre désire que Pierre voie Paul,

le syntagme nominal sujet de la proposition complétive est identique au sujet de la principale ; cette identité des deux syntagmes nominaux sujets déclenche l'effacement des éléments identiques. L'opération d'effacement consiste à supprimer le syntagme nominal sujet de la complétive (ce qui entraîne une transformation infinitive) :

Pierre désire voir Paul.

On peut, dans des conditions différentes, avoir un *effacement de l'agent* du verbe passif ; ainsi, lorsque le SN sujet de la phrase active est vide :

« On » a amélioré la circulation,

on peut avoir une phrase passive avec effacement de l'agent :

La circulation a été améliorée.

De même, il y a une règle d'effacement de l'objet du verbe transitif ; à côté d'emplois comme :

Jacques boit du vin, de l'eau, etc.,

il existe des phrases comme

Jacques boit

avec effacement de l'objet.

Formellement, l'*effacement* est défini par la règle de réécriture suivante :

$X \rightarrow \varnothing$ dans le contexte E... + F,

ce qui signifie que le symbole X se réécrit par $\varnothing$ (est effacé) dans le contexte défini E... + F. Ainsi, une règle d'effacement efface un des deux éléments identiques au cours de l'enchâssement d'une complétive dans une proposition matrice.

Appliquons cette règle à la phrase de structure profonde :

Je pense que je viendrai demain

(le *je* de la principale et le *je* de la complétive sont identiques) ; les conditions de l'effacement étant définies (l'élément effaceur est celui de la matrice, l'élément effacé est celui de la complétive), on obtient alors :

Je pense venir demain.

effectif
L'*effectif* est le nom donné à l'aspect résultatif*, ou à l'accompli*.

effet
Effet de sens. V. PSYCHOMÉCANIQUE.

égalité
L'*égalité* est la relation qu'on établit entre des ensembles définis de manières différentes, mais constitués des mêmes éléments. Si j'ai, pour les lettres de l'alphabet français, un ensemble A = {a, b, c, d} et un ensemble B constitué par les quatre premières lettres, on dit que A égale B et on écrit A = B.

L'égalité est une relation réflexive (A = A), transitive (si A = B et A = C, B = C) et symétrique (si A = B, B = A). [V. RÉFLEXIVITÉ, SYMÉTRIE, TRANSITIVITÉ.]

ego
En linguistique, *ego* désigne le locuteur considéré comme sujet de l'énonciation, c'est-à-dire sujet de la phrase déclarative sous-jacente à tout énoncé : « je te dis que ». Ainsi, le genre du pronom *je* (sujet d'énoncé) varie selon le sexe de *ego* (sujet d'énonciation) : *je suis heureux* vs *je suis heureuse.*

égocentrique
Quand on décrit le mode d'énonciation, on parle de système *égocentrique* parce que le locuteur se désigne en principe lui-même par le pronom de première personne (*ego* en latin, *je* en français) ; le rôle de locuteur passant d'un des interlocuteurs à l'autre, *ego* désigne successivement des personnes différentes, mais

se réfère toujours à celui qui parle au moment où il parle. Le locuteur est ainsi toujours au centre de la situation d'énonciation, le destinataire étant représenté par *tu (vous)*.

éjectif

Les *consonnes éjectives* sont des consonnes produites par la seule utilisation de l'air supralaryngal : à la suite d'une fermeture glottale et d'une remontée du larynx, l'air accumulé dans la cavité buccale se trouve comprimé puis brutalement expulsé avec un bruit d'éclatement lors du relâchement de l'occlusion buccale. La même impression auditive résulte du seul jeu des cordes vocales dans le cas des éjectives glottalisées. Du point de vue acoustique, ces consonnes s'opposent comme des phonèmes bloqués* aux consonnes correspondantes non-éjectives et donc acoustiquement non-bloquées. Les consonnes éjectives sont notées par le signe ['] placé en haut et à droite de la consonne qu'il affecte. Les langues indiennes d'Amérique, certaines langues d'Afrique, d'Extrême-Orient, du Caucase septentrional, les langues sémitiques présentent des occlusives éjectives ; le circassien, par exemple, oppose [c'a] *nom* et [ca] *dent*. Les fricatives éjectives sont plus rares.

éjection

L'*éjection* est un processus articulatoire qui tend à expulser l'air contenu dans la glotte par un accolement des cordes vocales et une compression de l'espace glottique. Ce mouvement se traduit acoustiquement par un taux élevé de la décharge d'énergie dans un intervalle de temps très réduit. (V. ÉJECTIF.)

élargissement

On appelle *élargissement* l'addition d'un morphème ou d'un élément nouveau à un mot. La racine latine *frag* (« briser ») présente un élargissement par l'infixe *-n-* ajouté au présent de l'indicatif dans *frango*.

élatif

1. On appelle *élatif* le cas* exprimant dans certaines langues finno-ougriennes le mouvement de l'intérieur d'un lieu vers l'extérieur (ex. : *Pierre sort* ***de la maison*** *dans le jardin*).
2. On donne parfois le nom d'*élatif* au superlatif* relatif.

électromyographie

L'*électromyographie* est une technique d'exploration du larynx, au même titre que la fibroscopie* ou la laryngographie*. Des électrodes sont introduites dans les muscles qui rapprochent ou écartent les cordes vocales de manière à enregistrer sur un tracé l'activité électrique qui accompagne l'activité musculaire.

élément

1. On appelle *élément (d'un ensemble*)* tout objet, ou toute notion, qui, par définition ou énumération, entre dans la constitution de l'ensemble. Soit le phonème /a/ ; il appartient, ou n'appartient pas, à l'ensemble A. Il lui appartient si A = {/a/, /i/, /e/, /ε/}
ou si A = {phonèmes vocaliques du français}.
Il ne lui appartient pas si A = {**b, d, g**}
ou si A = {phonèmes consonantiques du français}.
2. On appelle *élément linguistique* toute unité, item grammatical ou item lexical, qui forme le constituant d'un syntagme ou d'une phrase ; on appelle aussi *élément linguistique* des suites de morphèmes, comme les mots, les syntagmes, les phrases, ou encore tout phonème, constituant d'un morphème. (On dit aussi ÉLÉMENT D'EXPRESSION.)

élevé

En rhétorique, se dit d'un style noble et soutenu destiné à exprimer des pensées marquées de supériorité morale.

élision

L'*élision* est un phénomène de phonétique combinatoire à la frontière de mot (sandhi), par lequel une voyelle finale atone disparaît devant l'initiale vocalique du mot suivant. Dans certaines langues, l'élision se produit systématiquement tout au long de la chaîne parlée, si les mots ne sont pas séparés par une pause. Dans d'autres langues, l'élision ne se produit que dans certains cas : en italien moderne les mots *santo (santa)* présentent une élision dans les expressions *sant'Antonio, Sant'Agata,* etc. En français, dans la langue écrite, l'élision est signalée par l'apostrophe. Elle concerne des termes grammaticaux, généralement courts et de grande fréquence, souvent atones : les formes pleines (*je, le,* etc.) et les formes élidées (*j', l',* etc.) se trouvent en distribution graphique complémentaire. L'élision du *e* se produit dans les mots *je, me, te, se, le, ce, ne, de, jusque* et *que* devant les mots à initiale vocalique : *j'aime, l'homme, c'est, jusqu'ici ;* dans *lorsque, puisque, quoique* devant *il, elle, un, une, en, on,* ainsi : *lorsqu'il viendra, quoiqu'on dise qu'il n'ait rien vu... ;* enfin, on peut la signaler dans les mots *quelqu'un* et *presqu'île* ainsi que (selon l'Académie) dans *entr'aimer, entr'apercevoir* et *entr'égorger.* Le *a* s'élide dans *la* (article et pronom) devant les mots à l'initiale vocalique : *l'âme, il l'aime.* L'élision du *i* n'a lieu que dans la conjonction *si* devant *il(s) : s'il vient.* La langue parlée élide aussi le *u* de *tu : t'as vu.*

ellipse

Dans certaines situations de communication ou dans certains énoncés, des éléments d'une phrase donnée peuvent ne pas être exprimés, sans que pour cela les destinataires cessent de comprendre.

On dit alors qu'il y a *ellipse,* que les phrases sont incomplètes ou elliptiques.

a) L'*ellipse* peut être situationnelle : dans certaines situations, il n'est pas indispensable de prononcer certains mots, pour que le destinataire comprenne. Si on demande à un artiste peintre ce qu'il a fait de sa journée et qu'il dise « J'ai peint », l'ellipse porte sur « tableaux », que la situation permet de suppléer. De même, quand on demande « À quelle heure pars-tu ? » et qu'il est répondu « À 3 heures », l'ellipse de « je pars » est permise par le contexte (ici, la phrase précédente).

b) L'*ellipse* peut être *grammaticale.* Des mots que la connaissance de la langue (des règles syntaxiques) permet de suppléer peuvent être omis. Ainsi, si je produis l'énoncé « Complètement perdu », ce sont les mots *je* et *suis* que la structure de la phrase impose d'introduire ; le sens de ce qui précède n'intervient en rien.

L'ellipse peut être une ellipse du sujet, comme dans *Soit dit entre nous.* Il y a également ellipse quand plusieurs propositions sont juxtaposées, comme dans *Il court, saute, trépigne, hurle.* L'ellipse du sujet est typique du « style télégraphique » *(Arriverons demain).* Il y a aussi ellipse du verbe dans les formules comme *Heureux qui comme Ulysse* et dans les phrases comme *Chacun prend ce qui lui tombe sous la main : Jacques une pioche, Charles une fourche et Étienne un gros caillou.*

L'ellipse peut avoir un caractère archaïque (elle est fréquente dans les proverbes et les dictons) ou un caractère familier (elle peut ainsi exprimer l'ordre avec force, comme dans « Dans mes bras ! »). [V. EFFACEMENT.]

La notion d'ellipse a été utilisée dès l'Antiquité dans la description grammaticale, mais elle a été mise à l'honneur par les grammairiens qui se situent dans la lignée de Port-Royal, en particulier Dumarsais et Beauzée. Rejetée par F. Brunot, elle a été reprise sous le nom d'effacement* par la grammaire générative.

elliptique

On qualifie d'*elliptiques* certaines phrases incomplètes, inachevées dans lesquelles il manque un élément structurel. (V. EFFACEMENT, ELLIPSE.)

élocution

En rhétorique, l'*élocution* constitue la troisième partie qui traite du style, de l'emploi des figures, des genres élevé, bas, sublime.

éloigné

Dans la catégorie de la personne, une distinction est faite entre la personne proche* (celle qui est la plus proche, l'objet principal de la communication, l'objet ou la personne mentionnés en premier) et la personne *éloignée* (la personne la plus éloignée, l'objet secondaire de la communication) ; cette distinction est donc étroitement liée à l'opposition entre *je, tu* et *il.* L'opposition « proche » *vs* « éloigné » est traduite dans certaines langues (comme le cree) par la flexion des verbes et des noms ; en français, l'opposition *celui-ci* vs *celui-là* recouvre partiellement cette distinction.

éloquence

Ensemble des règles de la rhétorique présidant à la construction des discours.

emboîtement

1. Chez U. Weinreich, soucieux d'établir une théorie sémantique susceptible de s'intégrer comme composante d'une grammaire générative transformationnelle, l'*emboîtement* (nesting) s'oppose à l'*enchaînement** (linking). Une construction est dite un emboîtement lorsqu'elle n'entraîne pas une nouvelle configuration* des traits sémantiques. Ainsi, alors que *fleur jaune* demande à être décrit comme un produit logique (toute la définition sémique de *jaune* portant sur *fleur,* toute la définition sémique de *fleur* portant sur *jaune*) pour correspondre à un denotatum, au contraire dans la construction d'emboîtement, par exemple *acheter des fleurs,* il ne naît pas une nouvelle configuration de traits non ordonnés. L'emboîtement se manifeste en particulier dans les relations à deux arguments : *il achète des fleurs* est ordonné (sémantisme de *acheter* → sémantisme de *fleurs*) parce que le schéma est *X achète Y* et diffère de *Y achète X.*

2. Syn. d'ENCHÂSSEMENT.

embrayeur

Les *embrayeurs* sont une classe de mots dont le sens varie avec la situation ; ces mots, n'ayant pas de référence propre dans la langue, ne reçoivent un référent que lorsqu'ils sont inclus dans un message. (V. DÉICTIQUE.) Par exemple, *je, hier, ici* ne prennent de valeur que par référence à un locuteur émetteur et par référence au temps de l'énonciation, *Je, ici* exigent que soit connu le locuteur ; trouvés dans un énoncé transcrit sur un papier non signé, ils ne permettent pas la pleine compréhension du message ; *hier* demande que soit connu le temps de l'énoncé.

Mais on ne peut pas définir les embrayeurs par le seul critère de l'absence de signification générale unique. Par exemple, toutes sortes d'opérateurs logiques (connecteurs) utilisés dans les langues naturelles *(or, mais, donc)* n'ont jamais dans le discours la valeur conceptuelle propre qu'ils ont en logique ; ils servent à marquer à chaque fois une relation particulière entre deux concepts ou deux propositions. Le critère essentiel est donc bien le renvoi obligatoire au discours.

Selon la description des fonctions du langage, on réservera le nom d'*embrayeur* aux unités du code renvoyant obligatoirement au message. Sans en dresser la liste, R. Jakobson signale le pronom et les temps des verbes. En effet, par leur faculté de signaler un événement antérieur ou postérieur à l'énonciation du message, les temps verbaux jouent le rôle d'embrayeurs. Dans un essai de classification des catégories verbales (en fonction de l'opposition entre embrayeurs et non-embrayeurs), R. Jakobson arrive aux conclusions suivantes :

PROTAGONISTE IMPLIQUÉ		PROTAGONISTE NON IMPLIQUÉ	
Catégorie ne caractérisant qu'un seul terme de l'énoncé.	Catégorie mettant en rapport un terme de l'énoncé avec un autre.	Catégorie ne caractérisant qu'un seul terme de l'énoncé.	Catégorie mettant en rapport un terme de l'énoncé avec un autre.
Mise en rapport du protagoniste du procès de l'énoncé avec le protagoniste du procès de l'énonciation :	Relation entre le procès de l'énoncé et ses protagonistes par référence aux protagonistes du procès de l'énonciation :	Mise en rapport du procès de l'énoncé et du procès de l'énonciation :	Mise en rapport du procès de l'énoncé, du procès de l'énonciation et de la source d'information (le sujet parle en rapportant des allégations d'autrui) :
la personne. Ex. : *Je te vois.*	*le mode.* Ex. : *Il viendrait volontiers* (conception qu'a le locuteur *je* du caractère de la relation entre l'action *venir* et son acteur *il*).	*le temps.* Ex. : *Tu viendras* (le procès de l'énoncé est postérieur au procès de l'énonciation).	*le « testimonial ».* Ex. : *Selon des sources officieuses, M. X. viendrait prochainement.*

émetteur

1. Dans la communication, l'*émetteur* est celui qui produit un message réalisé selon les règles d'un code spécifique.

La communication* étant le transfert d'une information, d'un message, d'un lieu ou d'une personne à un autre lieu ou à une autre personne, par l'intermédiaire d'un canal et sous une forme codée, l'émetteur est l'appareil ou la personne qui est à la source du message. L'appareil émetteur est en même temps un appareil encodeur, procédant à l'encodage qui va du sens au son et qui est le processus par lequel certains signaux du code sont sélec-

tionnés et introduits dans le canal. Dans son schéma de la communication, on donne parfois à l'émetteur le nom de *destinateur* et au récepteur le nom de *destinataire.* (V. aussi LOCUTEUR.)
2. On appelle *grammaire de l'émetteur* une grammaire de production de phrases établie afin de rendre compte des mécanismes par lesquels un locuteur produit des phrases en effectuant une suite de choix parmi les règles possibles. La grammaire de l'émetteur (ou d'encodage) s'oppose à la grammaire du récepteur (ou de décodage) et elle relève du modèle de performance.

émique V. TAGMÉMIQUE.

émission
Utilisé par référence à la théorie de l'information, le terme d'*émission* désigne l'acte de produire, d'émettre des phrases.

émotif
On donne parfois le nom de *fonction émotive* à la fonction expressive* du langage.

emphase
1. L'*emphase* est une figure de rhétorique consistant à donner à un terme une importance qu'il n'a pas d'ordinaire, à exagérer l'expression d'une idée.
2. En syntaxe transformationnelle, l'*emphase* désigne un accent particulier porté sur un constituant de la phrase. Le signifié « emphase » peut se trouver représenté uniquement au niveau phonologique (intonation particulière frappant un mot de la phrase), mais aussi par des constructions syntaxiques *(Paul, lui, c'est un ami).*

Dans une première forme de la syntaxe générative transformationnelle, l'emphase était introduite par une transformation d'emphase portant sur la phrase P et opérant un changement structurel précédant la transformation affixale*. Dans une seconde étape, l'emphase a été un des éléments facultatifs de la modalité de phrase, dans l'optique du schéma initial $\Sigma \rightarrow \text{Mod} + \text{P}$ (à lire : phrase de base = modalité de phrase + noyau). La réécriture de la modalité de phrase est alors :

$$\text{Mod} \rightarrow \begin{Bmatrix} \text{Déclaratif} \\ \text{Interrogatif} \\ \text{Impératif} \end{Bmatrix} + (\text{Nég}) + (\text{Emph}) + (\text{Passif})$$

c'est-à-dire que, outre un choix impératif entre les trois éléments placés entre les accolades, il reste la possibilité de sélectionner facultativement un ou plusieurs des trois constituants entre parenthèses : négation (Nég), emphase (Emph) et passif (Passif).

emphatique
1. En grammaire générative, la *transformation emphatique* (ou *transformation d'emphase*) soumet à l'analyse structurelle la suite obtenue après l'application des règles de réécriture à une phrase comportant dans son constituant de phrase l'élément Emphase*. La transformation emphatique comporte un déplacement de l'accent d'emphase, qui se porte sur le constituant placé immédiatement devant lui pour donner un syntagme emphatisé ; ou une transformation de déplacement des syntagmes ; ou une pronominalisation.

Très schématiquement, la transformation emphatique appliquée à une phrase comme *Pierre voit Paul* donnera, *Pierre, il voit Paul. C'est Paul que voit Pierre. Paul, il le voit, Pierre,* etc.
2. L'expression de *vélarisation emphatique* désigne, chez N. S. Troubetskoï, une articulation consonantique secondaire consistant en un renflement de la racine de la langue qui occasionne un déplacement du larynx avec une dilatation de passage (pharyngalisation). La vélarisation emphatique joue un rôle dans les langues sémitiques et en arabe. L'arabe classique compte 4 consonnes emphatiques ŧ, đ, s̶, ƶ , alors que certains dialectes, comme l'arabe de Mauritanie, en comportent plus. Elle entraîne un recul du point principal d'articulation et se traduit acoustiquement par un phénomène de bémolisation : ainsi, en arabe, le mot [si:n] « Chine » s'oppose au mot [si:n] « nom désignant la lettre *s* » par la vélarisation emphatique de la consonne initiale.

L'expression de *mouillure emphatique* désigne, chez N. S. Troubetskoï, une articulation consonantique secondaire qui n'a pas de valeur phonologique (à la différence de la mouillure* simple), mais qui accompagne habituellement, dans certaines langues du Caucase oriental (tchétchène, ingouche, batse, lakke, oude), l'articulation de certaines consonnes. La mouillure emphatique consiste en une élévation du larynx, qui donne à la consonne et aux voyelles voisines un son fricatif spécial « enroué », et un déplacement de la masse de la langue vers l'avant, qui donne aux voyelles voisines une teinte palatale plus claire (acoustiquement diésée*) et une prononciation plus ouverte : [i] tend vers [e] ; [u] tend vers [ø].

3. Un *pronom* est dit *emphatique* quand il est employé à la forme tonique, en apposition à *je, tu, il (moi, je ne viendrai pas, toi, tu n'es pas responsable).* On a qualifié aussi d'emphatiques les emplois des pluriels dits de majesté*.

emphatiser

Emphatiser une phrase, c'est lui faire subir une transformation emphatique. Soit la phrase *Pierre a vu ce film ;* elle peut subir une emphatisation qui extrapose l'objet, par exemple dans *Ce film, Pierre l'a vu.*

emploi

1. On appelle *emploi* toute utilisation d'un item grammatical ou lexical, ou de tout type de phrase dans un acte de parole.

2. On appelle *emploi,* par opposition à *sens,* la signification d'un mot selon le contexte dans lequel il se trouve. On dit aussi dans certaines écoles linguistiques (comme l'école anglaise de Fries) qu'un mot n'a pas de sens propre, mais qu'il a seulement des emplois.

emprunt

1. Il y a *emprunt* linguistique quand un parler A utilise et finit par intégrer une unité ou un trait linguistique qui existait précédemment dans un parler B (dit langue source) et que A ne possédait pas ; l'unité ou le trait emprunté sont eux-mêmes qualifiés d'*emprunts.* L'emprunt est le phénomène sociolinguistique le plus important dans tous les contacts de langues (V. BILINGUISME), c'est-à-dire d'une manière générale toutes les fois qu'il existe un individu apte à se servir totalement ou partiellement de deux parlers différents. Il est nécessairement lié au prestige dont jouit une langue ou le peuple qui la parle (mélioration), ou bien au mépris dans lequel on tient l'un ou l'autre (péjoration).

La tendance à l'emprunt n'est pas le lot exclusif des temps modernes. Ainsi, le français, à certaines époques, a emprunté autant que de nos jours, mais au latin ou au grec : à partir du XIVe siècle, les clercs et les savants, qui utilisaient autant le latin que le français, ont donné à notre langue, à partir des langues anciennes, une grande partie de son vocabulaire. La médecine s'est forgé un lexique à partir des racines grecques. Le vocabulaire politique s'est développé, au milieu du XVIIIe siècle, à partir de l'anglais, dans les milieux anglophiles ; de même, une partie du lexique anglais des sports s'est introduite en France à la fin du XIXe siècle par les milieux aristocratiques, qui firent pénétrer aussi les mots du turf. Dans le domaine économique et commercial, on importe souvent d'un pays étranger le mot avec la chose. En sens inverse, au XIXe siècle, les mots introduits par des groupes sociaux dont le français commun n'était pas la langue d'origine (Auvergnats, Savoyards, Bretons, Picards) ont pris des valeurs péjoratives. Il en est de même, de nos jours, pour des mots empruntés à l'arabe, comme *barda, bled* ou *smalah.*

L'intégration du mot emprunté à la langue emprunteuse se fait de manières très diverses selon les mots et les circonstances. Ainsi, le même mot étranger, emprunté à des époques différentes, prend des formes variées. L'intégration, selon qu'elle est plus ou moins complète, comporte des degrés divers : le mot peut être reproduit à peu près tel qu'il se prononce (et s'écrit) dans la langue B ; il y a toutefois généralement, même dans ce cas, assimilation des phonèmes de la langue B aux phonèmes les plus proches de la langue A : ainsi, l'italien *paparazzo* désignant certains journalistes photographes sera utilisé en français avec la prononciation [papaʀatso] et le pluriel [papaʀatsi] ; il n'y a pas intégration au français pour le pluriel, mais il y a intégration pour [ʀ] (on a en italien [r] roulé) et éventuellement pour l'accent tonique, mis en français généralement sur la dernière syllabe [-tso] et non sur l'avant-dernière [-ʀa-], comme en italien. L'absence d'intégration phonétique et morphologique implique la maîtrise des deux systèmes (celui de A et celui de B) et est parfois considérée comme de l'affectation de la part du sujet parlant ; elle peut se produire aussi quand le parler A est submergé par B. À un niveau plus avancé d'intégration, seuls quelques traits très fréquents de la langue B sont maintenus : par exemple, les affixes anglais *-ing (camping)* ou *-er (docker)*. Enfin, l'intégration est totale quand tous les traits étrangers à A disparaissent et se voient substituer les traits les plus voisins ou non de B, avec parfois des rapprochements avec certains autres mots de B : ainsi, le germanique (alsacien) *sauerkraut* a été intégré en français sous la forme *choucroute*.

L'emprunt, contrairement au calque, implique toujours, au moins au départ, une tentative pour reprendre la forme ou le trait étranger.

2. On parlera d'*emprunt interne* quand le même phénomène se produit à l'*intérieur* d'une langue. Il peut y avoir emprunt interne d'un domaine à l'autre (*menu* a été emprunté par l'informatique à la restauration), ou par passage d'une langue scientifique à la langue commune (*complexe* passe de la psychanalyse à la langue générale).

La notion d'emprunt externe est une autre façon d'envisager le phénomène d'*extension de sens*.

énallage

En rhétorique, on appelle *énallage* l'utilisation à la place de la forme grammaticale attendue d'une autre forme qui en prend exceptionnellement la valeur. Ainsi, on parlera d'énallage dans le cas de l'infinitif de narration en français *(et flatteurs d'applaudir)* ou quand un adjectif prend la place d'un adverbe *(Il chante terrible)*.

enchaînement

La notion d'*enchaînement* (linking) est essentielle dans la théorie sémantique d'U. Weinreich, soucieux de définir la place d'une théorie sémantique dans une grammaire générative et d'en indiquer les premiers linéaments. L'enchaînement peut être défini comme le processus sémantique aboutissant à la formation de groupes de traits sémantiques non ordonnés. Pour comprendre cette définition, il importe d'envisager le but qu'U. Weinreich propose à la théorie sémantique : il s'agit d'expliquer comment le sens d'une phrase, dont on a déterminé la structure, dépend d'une détermination complète du sens de ses éléments.

Le processus de l'enchaînement s'oppose à celui de l'emboîtement* (nesting). L'enchaînement est l'effet d'une conjonction grammaticale d'unités entraînant un produit logique des désignations*, c'est-à-dire des conditions qui font que les unités en présence dénotent des réalités extralinguistiques. Supposons que, pour que le signe *chaise* dénote chacune des chaises de la réalité extralinguistique, il faille lui attribuer les sèmes « avec pieds », « avec placet », « avec dossier » ; et que, pour que *bleu* dénote, il faille lui attribuer les sèmes « couleur » (classème*) et, par exemple, « -indigo », « -vert ». Nous aurons pour *chaise* un ensemble de conditions de dénotation que nous pourrons désigner par C_1, C_2, C_3 et pour *bleue* C_4, C_5, C_6. Auquel cas l'expression grammaticale *chaise bleue* sera un enchaînement, puisque l'ensemble sera un produit $C_1.C_2.C_3.C_4.C_5.C_6$. Pour correspondre à la construction *chaise bleue,* un objet réel devra correspondre à toutes les conditions présentées ci-dessus, soit $C_1...C_6$. C'est dire qu'une *chaise bleue* devra être entièrement *chaise* et entièrement *bleue*.

L'emboîtement caractérisera en revanche une expression comme *acheter une chaise : acheter* réclame un complément comportant, par exemple, les traits C_1, C_2, C_3, qui sont ceux de *chaise ;* mais le résultat de la construction n'est pas une addition. En particulier, *acheter* est une relation à deux places *(x achète y),* si bien que la relation est asymétrique, et que *x achète y* est différent de *y achète x*.

L'enchaînement peut être assuré non seulement par des constructions grammaticales (du type *chaise bleue*), mais aussi par des formants particuliers (du type *et*). Les traits sémantiques d'un enchaînement peuvent avoir à être décrits comme ordonnés, malgré le caractère de produit logique de l'ensemble. Ainsi, si je forme la construction grammaticale *un petit éléphant,* je puis produire, à un niveau supérieur, *un petit éléphant, c'est grand,* sans contradiction ; les règles d'association habituelles de l'enchaînement sont suspendues, la petitesse de l'éléphant étant ici à considérer comme différente de la petitesse en d'autres enchaînements (opposez **une petite souris, c'est grand,* sémantiquement inacceptable).

enchâssement

1. En grammaire générative, *l'enchâssement* est l'opération qui, au cours d'une transformation, consiste à inclure totalement une phrase dans une autre phrase en l'insérant à la place d'un des constituants de cette dernière. La phrase dans laquelle on insère une autre phrase est appelée la *phrase matrice** (ou *phrase réceptrice*), la phrase insérée est appelée *phrase enchâssée.* Soit les deux phrases :

(1) *Je n'ai pas lu ce livre,*
(2) *Vous m'avez donné ce livre.*

Si la deuxième phrase, au cours d'une relativisation (transformation relative), vient s'enchâsser à la place du constituant *ce* de la phrase matrice (1), on obtient, à l'issue de diverses opérations, la phrase *complexe :*

Je n'ai pas lu le livre que vous m'avez donné.

2. On appelle *autoenchâssement* l'enchâssement dans une phrase matrice d'un élément de même nature syntaxique : ainsi, l'enchâssement d'une relative dans le syntagme nominal d'une phrase matrice qui est déjà elle-même une relative enchâssée dans le syntagme nominal d'une première phrase est un cas d'autoenchâssement. Dans la phrase *L'arbre que les bûcherons que nous avons vus ont marqué pour l'abattre est centenaire,* la phrase *Nous avons vu les bûcherons* est enchâssée dans une phrase *Les bûcherons ont marqué l'arbre,* elle-même enchâssée dans un des constituants de la matrice *L'arbre est centenaire.*

enclinomène

On appelle *enclinomène* un mot dépourvu d'accent d'intensité et susceptible de s'appuyer sur un autre mot en constituant avec lui une unité accentuelle. Parmi les enclinomènes, on distingue les enclitiques* et les proclitiques*.

enclise

L'*enclise* désigne le phénomène grammatical par lequel une particule, dite *enclitique**, forme avec le mot qui précède une seule unité accentuelle. Ainsi, la particule latine *-que* (« et ») est adjointe à un mot pour le coordonner au précédent : *Dei hominesque* (« les dieux et les hommes »).

enclitique

Un *enclitique* est un morphème grammatical non accentué joint au terme qui le précède pour ne former avec lui qu'un seul mot porteur de l'accent. Ainsi, le grec *tis* (« un, un certain ») dans *anthrôpos tis* (« un homme ») est un enclitique.

encodage

Le mot *encodage* (ou *codage*) désigne un des éléments du processus de la communication*. Le code étant un système de transformation d'un message en une autre forme permettant sa transmission entre un émetteur et un récepteur par l'intermédiaire d'un canal, l'encodage est le processus par lequel certains signaux du code sont sélectionnés (choisis) et introduits dans le canal ; c'est l'opération de transformation du message en une forme codée qui permet sa transmission.

encodeur

On appelle *encodeur* l'appareil émetteur (personne ou machine) qui effectue les opérations d'encodage.

encyclopédique

On appelle *dictionnaire encyclopédique* un dictionnaire — les mots étant dans l'ordre alphabétique — qui, outre les mots de la langue, comprend les noms propres et fournit des informations sur les choses dénotées par ces mots.

endocentrique

Dans une phrase analysée en constituants immédiats, un syntagme (ou construction) est dit *endocentrique* par rapport à un de ses constituants quand sa distribution est identique à celle de l'un de ses constituants. Soit la phrase :

Le pauvre enfant est venu.

Le syntagme nominal (ou construction) *le pauvre enfant* est dit *endocentrique* par rapport à son constituant *l'enfant* parce qu'il a la même distribution (la même fonction) que le syntagme nominal *l'enfant (L'enfant est venu).* La construction, ou syntagme, *le pauvre enfant* est

l'expansion, ou extension, du syntagme nominal *l'enfant* par rapport auquel elle est endocentrique.
En revanche, dans la phrase :

Il est venu à la maison,

la construction (syntagme prépositionnel) *à la maison* n'est pas endocentrique par rapport à son constituant *la maison* ou par rapport à son constituant *à ;* elle aurait la même distribution que *ici :*

Il est venu ici.

Toute construction (ou syntagme) est nécessairement ou endocentrique ou exocentrique.

Les syntagmes prépositionnels sont *exocentriques* par rapport aux syntagmes nominaux qui en sont un des constituants.

Les deux principales constructions endocentriques sont celles par coordination *(L'enfant et sa mère sont venus)* et par subordination (*L'enfant que tu connais, Le pauvre enfant,* etc.).

engendrer

En parlant d'une grammaire générative, *engendrer* ou *générer* les phrases d'une langue, c'est les énumérer explicitement au moyen de règles en nombre fini. Une grammaire engendre les phrases, c'est-à-dire permet de les former, en donnant une description de leur structure.

énoncé

1. Le mot *énoncé* désigne toute suite finie de mots d'une langue émise par un ou plusieurs locuteurs. La clôture de l'énoncé est assurée par une période de silence avant et après la suite de mots, silences réalisés par les sujets parlants. Un énoncé peut être formé d'une ou plusieurs phrases ; on peut parler d'énoncé grammatical ou agrammatical, sémantique ou asémantique. On peut adjoindre à *énoncé* un adjectif qualifiant le type de discours (énoncé littéraire, polémique, didactique, etc.), le type de communication (énoncé parlé ou écrit), le type de langue (énoncé français, latin, etc.). Un ensemble d'énoncés constitue les données empiriques (corpus) de l'analyse linguistique inductive ; selon la théorie utilisée, celle-ci expliquera les énoncés produits ou prédira les énoncés possibles au regard des règles régissant les phrases de ce corpus. En linguistique distributionnelle, l'énoncé est un segment de la chaîne parlée délimité nettement par des marques formelles : prise de parole d'un locuteur suivant un silence durable ou la cessation de parole d'un autre locuteur, cessation de parole suivie de la prise de parole d'un autre locuteur ou d'un silence durable. Ainsi, dans l'échange de mots : *As-tu pris ton manteau ? — Oui. — Alors mets-le pour sortir parce qu'il fait froid,* on a trois énoncés : (1) *As-tu pris ton manteau ?,* (2) *Oui,* (3) *Alors mets-le pour sortir parce qu'il fait froid.* Mais un discours ininterrompu de deux heures est aussi un énoncé.

2. En terminologie, on appelle *énoncé définitoire* ou *contexte définitoire** un énoncé extrait d'un document (par opp. à la *définition de dictionnaire*) tel qu'il présente un nombre satisfaisant de traits du terme à définir. Il est rare qu'un unique énoncé définitoire puisse remplacer la stratégie définitoire du lexicographe ou du terminographe. Mais le relevé de plusieurs énoncés définitoires concurrence souvent de façon intéressante la définition : ces énoncés présentent l'intérêt de mettre l'entrée considérée en situation discursive réelle (et non en position métalinguistique) ; une série d'énoncés définitoires présente donc un panorama des principaux points de vue pratiques sous lesquels on considère l'unité concernée. La terminologie utilise aussi le concept de *contexte associatif,* qui rattache le terme à un groupe de termes apparentés.

L'expression *analyse d'énoncé* a été employée comme synonyme d'*analyse* de discours.*

énonciateur

On donne le nom d'*énonciateur* au sujet d'énonciation.

énonciatif

Phrase énonciative. Syn. de PHRASE ASSERTIVE*.

énonciation

L'*énonciation* est l'acte individuel de production, dans un contexte déterminé, ayant pour résultat un *énoncé ;* les deux termes s'opposent comme la *fabrication* s'oppose à l'objet *fabriqué.* L'énonciation est l'acte individuel d'utilisation de la langue, alors que l'énoncé est le résultat de cet acte, c'est l'acte de création du sujet parlant devenu alors *ego* ou *sujet d'énonciation.* Il s'agit essentiellement, pour les initiateurs de ce concept (R. Jakobson, É. Benveniste, J. L. Austin, J. R. Searle), de dégager les éléments qui, dans les énoncés, peuvent être considérés comme les traces ou les empreintes des *procès d'énonciation* qui les ont produits, puis de dégager leur fonctionnement, leur organisation, leur interaction.

C'est le cas principalement de nombreuses unités qui, tout en appartenant à la langue, ne prennent leur sens qu'à l'occasion d'un acte d'énonciation particulier et qu'on a appelées *embrayeurs (je, ici, maintenant)* qui s'articulent autour du lieu et du moment de l'énonciation. Ainsi, l'énonciation est constituée par l'ensemble des facteurs et des actes qui provoquent la production d'un énoncé. On peut aussi s'occuper des positions respectives du locuteur et de l'allocutaire (par exemple, pour la différence entre la demande et l'ordre), du degré d'engagement pris (la différence entre la simple expression d'intention et la promesse), de la différence dans le contenu propositionnel (la différence entre les prédictions et les constats), de la manière dont la proposition se relie aux intérêts du locuteur et de l'allocutaire (la différence entre *crier* et *gémir,* entre *mettre en garde* et *informer*), des états psychologiques exprimés, des différentes manières par lesquelles un énoncé se relie au reste de la conversation (la différence entre la simple réponse à la réplique précédente et l'objection à ce qui vient d'être dit).

Dans les écrits français, l'énonciation peut être caractérisée au moyen de plusieurs concepts :

a) Le sujet parlant adopte vis-à-vis de son énoncé une attitude déterminée par laquelle il s'y inscrit ou au contraire s'en évade complètement. Il instaure une distance entre lui-même et son énoncé par des adverbes de modalité comme *sans doute, peut-être* ou des verbes exprimant une attitude comme *croire, penser.* Le locuteur adhère ou refuse d'adhérer à des assertions. L'apparition du pronom *je,* notamment, peut être une manière de réduire la distance. Le discours didactique est par excellence un discours dans lequel le locuteur creuse la distance entre lui et son énoncé. La notion de verbes *performatifs* appartient à l'acte d'énonciation ; ils réalisent l'action qu'ils signifient : ainsi dire *je promets,* c'est s'engager dans une promesse, dire *je parie,* c'est s'engager dans un pari.

b) La transparence ou l'opacité se définissent par le rapport que le récepteur entretient avec l'énoncé ; il ne s'agit pas, là encore moins qu'ailleurs, de notions discrètes. On peut considérer qu'il y a continuité de la transparence maximale à l'opacité maximale. La transparence est ainsi le caractère de l'énoncé constitué de manière que le récepteur pourrait être la source d'énonciation ; l'énoncé à transparence très grande est la maxime ou d'une manière générale les énoncés gnomiques.

c) La tension définit la dynamique du rapport établi entre le locuteur et le destinataire ; le discours est alors une tentative pour situer l'interlocuteur ou le monde extérieur par rapport à l'énoncé.

d) La simulation est une tentative pour tromper les destinataires sur ce qu'on est, en utilisant le modèle d'autrui, une tentative de masquage pour faire oublier ce que l'on est en n'utilisant pas son propre modèle, ou un essai de biaiser la connivence, en utilisant les performances d'autrui sans les reprendre à son compte et en sachant que le destinataire n'ignore pas cette distance.

enquête
L'*enquête linguistique* est la collecte des informations sur les productions langagières d'une communauté linguistique. (V. DIALECTOLOGIE.)

ensemble
L'*ensemble,* notion mathématique utilisée communément en linguistique, est défini soit par énumération (en extension*), soit en définissant des critères (en compréhension*). Ainsi, on posera un ensemble constitué par les phonèmes {a, b, d, k} et eux seuls, et on écrira {a, b, d, k}, qu'on lira « ensemble constitué par les phonèmes {a, b, d, k} ». Les phonèmes {a, b, d, k} sont les éléments de l'ensemble et lui « appartiennent » (V. APPARTENANCE). On peut aussi le définir en énonçant une propriété que seuls les éléments de l'ensemble possèdent : on définira ainsi l'ensemble des phonèmes vocaliques du français par les propriétés qui les opposent aux consonnes ; un tel ensemble est « défini en compréhension ». La linguistique générale fait souvent appel, notamment en syntaxe, à ce deuxième type d'ensemble, dans la mesure, par exemple, où il est impossible de définir en extension (de donner la liste de ses éléments) l'ensemble indéfini des phrases grammaticales d'une langue.

Deux ensembles peuvent être égaux. L'égalité* est la propriété des ensembles définis différemment, mais constitués des mêmes éléments ; ainsi, on notera que A et B sont égaux si A {ensemble des lettres notant les phonèmes vocaliques du français} et B {a, e, i, o, u, y}. Les relations entre ensembles sont l'inclusion $\subset$, l'intersection $\cap$, la réunion $\cup$. Les ensembles vides (intersections d'ensembles disjoints) ont une intersection nulle.

enthymème
On appelle *enthymème* un syllogisme dont il manque une des prémisses.

enthymémisme
En rhétorique, l'*enthymémisme* est un raccourci rapide dans le raisonnement (ex. : *le riche s'enrichit ; le pauvre s'appauvrit : concluez vous-même*).

entité
Entité linguistique. Syn. de ITEM. (V. aussi UNITÉ.)

entravé
Une *voyelle entravée,* par opposition à une *voyelle libre,* est une voyelle appartenant à une syllabe terminée par une consonne. Dans le mot français *carton,* [a] est une voyelle entravée, mais non [ɔ̃]. Cette position entraîne parfois une qualité vocalique déterminée : ainsi, en français, il n'y a pas de voyelle entravée semi-fermée, l'opposition d'aperture intermédiaire est neutralisée au profit de la voyelle semi-ouverte [ɛ] ou [ɔ] dans *verdoyant* [vɛrdwajɑ̃], *ortie* [ɔrti], etc.

entrée
On appelle *entrée* en lexicographie le mot servant d'adresse* dans un dictionnaire.

entropie
Le terme d'*entropie,* emprunté à la théorie de la communication*, représente le degré d'incertitude où l'on est de l'apparition de chaque signal. Ainsi, pour un nombre donné de réponses possibles, l'entropie est maximale lorsque toutes les réponses ont la même fréquence ; elle est faible lorsque deux réponses ont une haute fréquence d'apparition, les autres étant très peu fréquentes. L'entropie augmente donc avec l'incertitude du récepteur sur la réponse qui va lui être donnée.

énumération
En rhétorique, l'*énumération* est une figure par laquelle on recense toutes les circonstances d'un fait, d'une action, où on récapitule tous les arguments, avant la péroraison.

environnement
Étant donné une unité ou une suite d'unités A, l'*environnement* ou *contexte,* est constitué par les unités ou les suites d'unités qui précèdent ou qui suivent A et qui peuvent, d'une manière ou d'une autre, faire peser sur A certaines contraintes. Dans *portillon,* l'environnement de [t] est constitué par *por* et *illon.* Si la présence de *por* ne semble pas avoir de conséquence sur [t], il n'en va pas de même pour *illon,* qui fait donner à [t] une articulation palatale. Au contraire, dans la prononciation du nom *Alsace,* c'est la présence de [l] qui fait donner au son qui suit un caractère voisé, sonore.

épanalepse
On appelle *épanalepse* la répétition d'un ou de plusieurs mots après une interruption d'un ou plusieurs mots. Ex. : *Ô flots que vous savez de lugubres histoires ! Flots profonds redoutés des mères à genoux* (Hugo).

épanaphore
En rhétorique, l'*épanaphore* est une figure par laquelle on répète le même mot ou la même expression au début de chaque phrase ou de chaque période (ex. : la tirade de Cyrano dans *Cyrano de Bergerac*).

épanode
En rhétorique, l'*épanode* est une figure par laquelle on reprend tour à tour plusieurs mots précédents en développant l'idée contenue dans chacun d'entre eux (ex. : *il est stupide, coupable et ridicule ; coupable parce que..., stupide parce que..., ridicule parce que...*).

épanorthose
En rhétorique, l'*épanorthose* est une figure par laquelle on feint de rétracter ce qu'on vient de dire pour exprimer quelque chose de plus fort (ex. : *il l'a frappé, que dis-je !, il l'a roué de coups*).

épellation
Le terme *épellation* désigne, dans la phonologie générative, l'opération qui associe un allomorphe à chacun des morphèmes contenus dans une structure superficielle (Dell, 1973). Cette opération épelle chacun de ces morphèmes comme une certaine séquence de phonèmes, permettant de passer, par exemple pour *vous écrivez*, d'une représentation comme :

vuz # ekriv + Impf + 2 plu. #

à la représentation :

vuz # ekriv + i + e #

On peut considérer la partie phonologique de chaque entrée lexicale comme un ensemble de règles d'épellation spécifiques à l'élément lexical considéré, règles de la forme : « l'élément lexical E a la représentation phonologique /X/ lorsqu'il se trouve dans le contexte K ». Dans le cas où le morphème n'a qu'un seul allomorphe, son entrée lexicale contient une règle d'épellation unique, et cette règle prend uniformément effet dans toutes les structures superficielles où le morphème est susceptible d'apparaître. Dans les cas de supplétion, l'entrée lexicale contient plusieurs règles relatives chacune à un contexte donné. Ainsi, l'entrée lexicale de *all-* indique que ce morphème s'épelle comme /i/ au futur et au conditionnel *(i-r-ez, -r-i-ez),* comme /v/ aux 3 personnes du singulier et à la 3e du pluriel de l'indicatif présent *(v-ais, v-as, v-ont),* comme /al/ dans toutes les autres formes.

Il existe des règles d'épellation qui associent une matrice phonologique à une séquence de morphèmes. La préposition *de* et l'article *le* s'épellent normalement /də/ et /lə/, et la séquence *de le* a la représentation phonologique /də # lə/ dans le syntagme *la valeur de l'or.* Mais cette séquence s'épelle /dy/ dans le syntagme *la valeur du diamant,* dont la structure superficielle est *la valeur de le diamant.* Comme il s'agit d'un fait isolé, dont on ne peut rendre compte par l'interaction des règles générales, il est nécessaire d'introduire dans la grammaire une règle d'épellation qui associe la séquence de # *le* et la matrice phonologique /dy/ dans le contexte - # C. Alors que les règles phonologiques ont une portée générale et caractérisent la langue en tant que système, les règles d'épellation, au contraire, font partie de l'information idiosyncrasique contenue dans les entrées lexicales. Les cas de supplétion constituent autant d'irrégularités que les locuteurs doivent mémoriser une à une.

Des règles comme celle d'épellation sont appelées aussi *règles de rajustement* car elles font un pont entre l'output de la composante syntaxique (structures superficielles) et l'input de la composante phonologique (représentations phonologiques). Toute variation dans la prononciation d'un morphème qui n'est pas prise en charge par la composante phonologique doit l'être par la composante de rajustement et inversement.

épenthèse
On appelle *épenthèse* le phénomène qui consiste à intercaler dans un mot ou un groupe de mots un phonème non étymologique pour des raisons d'euphonie, de commodité articulatoire, par analogie, etc. Ainsi, dans le mot italien et portugais *inverno,* il y a eu épenthèse du *n* par rapport au mot latin *hibernum.*

épexégèse
On appelle *épexégèse* un groupe de mots ou une proposition (relative, en particulier) en apposition à un mot. Ainsi la relative dans *Marseille,* ***qui est le chef-lieu des Bouches-du-Rhône,*** *a vu son trafic s'accroître.*

éphelcystique
On donne le nom d'*éphelcystique* à la lettre *n* (*nu,* en grec), qui peut s'ajouter à certaines finales vocaliques, en particulier pour éviter un hiatus : *esti* ou *estin* (« il est »).

épicène
On appelle *épicènes* les noms qui, appartenant à la catégorie des animés, ont la propriété d'avoir un double genre*, correspondant chacun à un des termes de l'opposition de sexe (genre naturel). Ainsi, le nom *enfant* est épicène, car il peut être féminin dans *Une enfant est heureuse* (féminin et femelle) et masculin dans *Un enfant est heureux* (masculin et mâle) ; le masculin est toutefois un terme générique recouvrant les deux significations. Les pronoms

je et *tu* sont épicènes en ce sens que l'accord en genre de l'adjectif attribut dépend du sexe de la personne référée (genre naturel) : *Je suis heureux* vs *Je suis heureuse.* On dit aussi que les noms épicènes peuvent désigner indifféremment un mâle ou une femelle (la *perdrix,* le *papillon*).

épidictique
En rhétorique grecque, les discours d'apparat sont dits *épidictiques.*

épiglotte
L'*épiglotte* est le cartilage en forme de poire situé en haut du larynx, dont elle protège l'entrée. La pointe de l'épiglotte est reliée à la pomme d'Adam et l'autre extrémité est libre. Quand on avale, l'extrémité libre de l'épiglotte se déplace de façon à fermer la trachée, pour empêcher les aliments d'y entrer. Pendant la respiration normale et pendant la phonation, l'épiglotte est rejetée en arrière de la langue de façon à laisser ouvert le passage de l'air laryngé.

épilinguistique
Le terme qualifie les jugements de valeur que les locuteurs portent sur la langue utilisée et les autres langues ; les qualificatifs de « beau », « noble », « clair », etc., appliqués à la langue, sont dénués de caractère scientifique, mais peuvent fournir des données importantes en cas de conflit entre langues.

épiphonème
En rhétorique, l'*épiphonème* est une exclamation sentencieuse par laquelle on termine un discours ou un récit.

épiphrase
En rhétorique, l'*épiphrase* est l'addition à une période qui semble finie d'une ou plusieurs circonstances accessoires, sorte de parenthèse (ex. : *que dis-je !...*).

épisémème
On appelle *épisémème* le sens d'une disposition grammaticale conventionnelle minimale ; ainsi, l'ordre SN-V a le sens (épisémème) de actant-action en français.

épithèse
1. En grammaire, on appelle *épithèse* le phénomène qui consiste à ajouter un ou plusieurs phonèmes non étymologiques à la fin du mot. Ainsi, les formes verbales latines *esse, sum, cantant* ont donné les formes italiennes correspondantes *essere, sono, cantano.*
2. En rhétorique, syn. de PARAGOGE.

épithète
On appelle *épithète* toute unité qui détermine sans mot de liaison un substantif ou un équivalent du substantif. De ce point de vue, les appositions sont aussi des épithètes, mais la nomenclature traditionnelle a réservé le terme d'*épithète* à une des fonctions de l'adjectif ou des équivalents de l'adjectif. Sont des épithètes *grand, extraordinaire,* et *bien* dans *C'est un grand enfant, Vivre une aventure extraordinaire, C'est un homme bien.* L'adjectif épithète s'accorde en genre et en nombre avec le nom, alors que l'adverbe employé comme adjectif épithète reste invariable. La place de l'adjectif épithète varie selon les langues ; toujours avant le nom en anglais et en allemand, en général postposé en français, sauf pour quelques adjectifs comme *grand, petit, vieux, beau.* L'antéposition d'un adjectif normalement postposé peut avoir une valeur emphatique *(une aventure extraordinaire* vs *une extraordinaire aventure).* Certains adjectifs en fonction d'épithète changent de sens selon qu'ils sont antéposés ou postposés : c'est le cas de *même, propre, seul, simple.* Parfois, c'est simplement la valeur adjectivale ou adverbiale qui diffère, comme dans *un vrai conteur* et *un conteur vrai, un personnage triste* et *un triste personnage.* Sur le plan syntaxique, l'adjectif épithète est issu d'une relative déterminative : *un homme chauve* est issu de *un homme qui est chauve.* Sur le plan sémantique, on distingue : l'*épithète de nature,* qui indique une caractéristique permanente, intrinsèque de l'être ou de la chose qualifiés *(les vertes prairies)* ; l'*épithète de caractère,* qui indique une qualité individualisante *(le bouillant Achille)* ; et l'*épithète de circonstance,* qui exprime une qualité occasionnelle, temporaire *(une remarque astucieuse).*

épithétisation
L'*épithétisation* est une transformation qui enchâsse une phrase formée de la copule *être* et d'un adjectif dans le syntagme nominal d'une autre phrase au moyen d'une relativisation, suivie d'un effacement du relatif et de la copule. Soit les deux phrases :

(1) *J'ai connu une fille,*
(2) *Cette fille est charmante,*

où *cette* est un déterminant ; on obtient par la relativisation et l'effacement des éléments identiques *(fille) :*

J'ai connu une fille qui fille est charmante.
J'ai connu une fille qui est charmante.

L'effacement de la copule *(est)* et du relatif *(qui)* donne :

J'ai connu une fille charmante.

L'adjectif *charmante,* issu de cette transformation, est *épithète* du nom *fille.*

épitrope

L'*épitrope* est une figure de rhétorique par laquelle on feint d'admettre un argument de l'adversaire afin de mieux le réfuter.

épizeuxe

L'*épizeuxe* est une figure de rhétorique consistant en la répétition du même mot (ex. : *De l'audace, encore de l'audace, toujours de l'audace*).

équatif

On donne le nom d'*équatif* au comparatif d'égalité *(Pierre est aussi grand que Paul).*

équation

On parle parfois d'*équation sémantique* pour désigner la formule sémique d'une unité lexicale (le sémème*).

équilibre

Le concept d'*équilibre* est lié à la notion de structure : à un moment donné, la structure est définie par l'ensemble des relations que les termes d'une langue entretiennent entre eux, ces relations étant les règles de combinaison des éléments entre eux. Cette structure constitue donc un équilibre ; toute modification dans une des règles, dans une des relations, a pour conséquence une *rupture de l'équilibre* décrit et une modification de l'ensemble des relations.

équiprobable

En statistique linguistique, on dit de deux ou plusieurs événements qu'ils sont *équiprobables* quand ils ont autant de chances de se produire les uns que les autres.

équivalence, équivalent

1. On appelle *équivalence* l'implication réciproque : Si la phrase P_1 implique la phrase P_2 et que P_2 implique P_1 (par exemple relation actif-passif), on dira que P_1 et P_2 sont équivalents.

2. On dit que deux grammaires sont *faiblement équivalentes* quand elles génèrent le même ensemble de phrases ; elles sont *fortement équivalentes* quand non seulement elles génèrent le même ensemble de phrases, mais que, de plus, elles leur assignent la même description structurelle. (V. CAPACITÉ GÉNÉRATIVE.)

3. Deux items sont *en équivalence distributionnelle* quand ils ont les mêmes distributions dans un cadre déterminé. L'*équivalence* est le rapport (symbolisé généralement par le signe =) qui existe entre deux éléments (1) qui se trouvent dans des environnements identiques ; (2) qui se trouvent dans des environnements eux-mêmes équivalents. Si l'on prend les énoncés suivants :

Jacques mange des pommes,
Jacques mange la soupe,
La cuisinière fait cuire la soupe,
Il faut acheter les pommes,

selon (1), *des pommes* et *la soupe* sont équivalents ; de ce fait, selon (2), *la cuisinière fait cuire* et *il faut acheter* sont équivalents, puisque *la soupe* et *des pommes* sont eux-mêmes équivalents. L'équivalence n'est une synonymie que tout à fait exceptionnellement.

4. *Classe d'équivalence.* V. CLASSE.

ergatif

L'*ergatif* est un cas* utilisé dans un certain nombre de langues flexionnelles (langues caucasiennes, basque, tibétain), distinct du nominatif, qui exprime l'agent du procès. Dans les langues qui connaissent l'ergatif, ce cas sert à indiquer l'agent (participant actif du procès) des verbes transitifs, tandis que le *patient* (participant passif du procès) des verbes transitifs, ainsi que l'agent des verbes intransitifs ou le sujet des verbes passifs seront au nominatif ou ne porteront pas de marque casuelle. Ainsi, si le prédicat verbal est susceptible d'avoir deux participants, l'un actif, l'autre passif, l'ergatif sera la marque qui sert à les distinguer ; si le prédicat verbal n'admet qu'un seul participant, celui-ci, même s'il est actif, ne portera pas la marque de l'ergatif, celle-ci n'étant pas alors nécessaire. L'ergatif, comme notion et non plus comme cas de la flexion, a pu être étendu à l'analyse de langues non flexionnelles, comme le français ou l'anglais. (V. GRAMMAIRE CASUELLE.*)

éristique

En rhétorique, art de la controverse.

espèce de mots

Syn. de PARTIE DU DISCOURS.

esprit

L'*esprit* est un signe diacritique particulier à la langue grecque, qui se place sur la première lettre des mots commençant par une voyelle ou la consonne [ρ], ou sur la deuxième voyelle des mots commençant par une diphtongue. On distingue l'esprit doux (᾿), qui ne correspond à aucun phonème, et l'esprit rude (῾), qui correspond à une aspiration (en français, l'esprit rude grec est transcrit en général par un *h*).

essif
On appelle *essif* un cas* des langues finno-ougriennes exprimant un état contingent (ex. : *en tant que professeur*), par opposition au *translatif**.

état
On appelle *verbes d'état,* par opposition à *verbes d'action,* les verbes qui expriment que le sujet de la phrase est dans un état donné. (Ces verbes, comme *être, devenir, rester,* constituent avec le syngtame nominal ou l'adjectif qui suit un syntagme verbal attributif.)

état de langue
1. On appelle *état de langue* un moment déterminé dans l'histoire d'une langue, c'est-à-dire un ensemble d'énoncés appartenant à une période précise, par exemple les énoncés français produits entre 1630 et 1660. La notion d'état de langue implique que, pour des raisons méthodologiques, les variations dans le temps, ici entre 1630 et 1660, ne sont pas prises en compte et que la langue est considérée comme stabilisée pendant cette période. Les différences (qui existent certainement d'un point du temps à un autre) sont négligées ou minimisées. C'est la plus ou moins grande finesse de l'étude qui détermine la durée pendant laquelle la langue est considérée comme étale. Pour le congrès socialiste de Tours en 1920, par exemple, si l'on se réfère au compte rendu des journaux et à la manière dont ils désignent les congressistes, on pourra considérer que chaque jour représente un état de langue et que sur les cinq jours il y a évolution (donc possibilité d'étude diachronique). Inversement, on pourra considérer que du *Cid,* ou même de *la Chanson de Roland,* à notre époque, il y a dans le français un certain nombre d'invariants qu'on veut dégager. Dans ce cas, tous les textes français, de *la Chanson de Roland* à nos jours, relèveraient du même état de langue.
2. L'*état de langue* est aussi le système dégagé à partir d'une étude synchronique, c'est-à-dire la grammaire et le lexique d'une langue définie à un moment donné du temps. On dira, par exemple, qu'au Moyen Âge on a un état de langue qui, à un adjectif masculin comme [bɔ̃] (finale comportant une voyelle nasale) oppose un féminin [bɔnə] (terminé par [ə] central). Un autre état de langue (état actuel) opposera à [grɑ̃], masculin à terminaison vocalique, le féminin [grɑ̃d], à terminaison consonantique. Chaque état de langue peut être décrit de manière indépendante sans référence à l'évolution dont il résulte ou au système futur auquel il aboutit. C'est de l'étude de divers états de langue que se constitue, par la confrontation de synchronies successives, la grammaire historique d'une langue.

éthique
On appelle *datif éthique* le datif exprimant l'intérêt pris à l'action par le sujet, ainsi en français le pronom *me* dans la phrase *Qu'on me l'égorge tout à l'heure* (Molière).

ethnique
1. D'une manière générale, le terme qualifie ce qui relève d'un ensemble de caractères communs parmi lesquels la langue, la culture au sens large (avec toutes ses composantes) ou l'histoire. Une nation est une communauté ethnique fondée essentiellement sur l'histoire et les pratiques politiques communes. Le terme est souvent employé pour qualifier des groupes linguistiques et culturels non constitués en entité étatique.
2. On appelle *adjectif ethnique* l'adjectif dérivé d'un nom de pays ou de région et indiquant l'appartenance à cette région ou ce pays (par l'origine ou la localisation), ou bien la possession de certaines propriétés reconnues à leurs habitants. Ainsi, *français* est un adjectif ethnique dérivé par adjectivisation de *France (l'industrie de France → l'industrie française).* Les adjectifs ethniques peuvent être substantivés : *un Français* (un habitant de France, qui a la nationalité française) ou *le français* (la langue française). Dans le premier cas, ce changement de catégorie se manifeste dans l'écriture par une majuscule à l'initiale du mot. Les affixes d'adjectifs ethniques forment en français un système particulier : *-ais (marseillais), -ois (lillois) ; -ien/-en (brésilien/guinéen), -on/-ron (beauceron), -ain (africain), -in (florentin),* etc.

ethnolinguistique
Partie de la sociolinguistique*, au sens large du terme, l'*ethnolinguistique* est l'étude de la langue en tant qu'expression d'une culture et en relation avec la situation de communication.

Pour la spécialisation de ces termes, on constate la même tendance qu'à propos d'ethnologie et de sociologie : l'ethnolinguistique a fini par s'appliquer essentiellement aux sociétés dites « primitives ».

Les problèmes abordés par l'ethnolinguistique touchent aux rapports entre la linguistique et la vision du monde. C'est ainsi que le système du séri (Mexique), qui a des verbes différents pour *acheter* selon qu'on achète de la nourriture ou autre chose, ou pour *mourir* selon que c'est un être humain ou un animal, est révélateur d'une certaine manière d'organiser le monde. Une seconde série de problèmes concerne la place qu'un peuple déterminé fait au langage et aux langues (existence d'une mythologie du langage, de tabous linguistiques). La réflexion sur la motivation relève ainsi de l'ethnolinguistique.

Enfin, l'ethnolinguistique s'occupe également des problèmes de la communication entre peuples de langues différentes ou de l'utilisation par un peuple dominé de deux ou plusieurs langues (plurilinguisme). L'existence de langues sacrées (archaïsante ou même ésotérique), de langues secrètes (aussi bien l'argot des malfaiteurs que le parler mixte des médecins callawaya de Bolivie), de langues techniques a son importance ici, de même que le choix entre de nombreux types de discours.

éthopée

En rhétorique, l'*éthopée* consiste à peindre les mœurs et le caractère d'un personnage.

ethos

Partie de la rhétorique traitant du caractère de l'orateur et de ceux auxquels il s'adressse, de leur affectivité.

étique V. TAGMÉMIQUE.

étiquette V. ARBRE, PARENTHÉTISATION.

étranger

Une *langue* est dite *étrangère* dans une communauté linguistique quand elle est inconnue lors d'un premier apprentissage ; elle s'oppose à *langue maternelle*.

étymologie

L'*étymologie* est la recherche des rapports qu'un mot entretient avec une autre unité plus ancienne qui en est l'origine.

Sens anciens

Dans l'Antiquité grecque, l'*étymologie* est la recherche du sens « vrai » ou fondamental qui sert à déceler la vraie nature des mots, à partir de l'idée que leur forme correspond effectivement et de façon naturelle aux objets qu'ils désignent. À défaut de pouvoir réduire le mot à une filiation onomatopéique*, on le rapproche, au moins, d'autres unités ayant de vagues ressemblances de forme et qui en révéleraient le sens exact, ou bien on le ramène à des syllabes d'autres mots dont la combinaison serait significative : ainsi Platon explique le nom du dieu *Dionusos* par *didous ton oinon,* « celui qui donne le vin », et les Latins interprétaient *cadaver* par *ca(ro) da(ta) ver(mibus),* « chair donnée aux vers ».

Au Moyen Âge, l'*étymologie* est la recherche fondée sur la croyance que toutes les langues pouvaient provenir d'une langue connue déterminée, étudiée sous sa forme écrite. Ainsi, au XVIIe siècle encore, on démontrait que le français venait de l'hébreu (pris souvent comme langue mère pour des raisons religieuses) ; le passage d'une langue à l'autre s'opérait par des transpositions, des suppressions, des additions ou des substitutions de lettres. Il faut signaler toutefois que Ménage, en faisant remonter le français au latin, celui-ci au grec et ce dernier à l'hébreu, a trouvé un nombre non négligeable d'étymologies exactes.

Sens modernes

En linguistique historique, l'*étymologie* est la discipline qui a pour fonction d'expliquer l'évolution des mots en remontant aussi loin que possible dans le passé, souvent au-delà même des limites de l'idiome étudié, jusqu'à une unité dite *étymon**, d'où on fait dériver la forme moderne. Pour le français, on remontera ainsi jusqu'au latin (formes attestées ou supposées) ou au germanique ; *roi* sera expliqué par les transformations successives subies par le latin *regem,* alors que *savoir* ne peut venir que de *sapēre (qui n'est pas attesté, comme l'indique dans ce cas l'astérisque) au lieu du classique *sapĕre* ; enfin, *blesser* sera rattaché à *blettjan,* mot germanique signifiant « meurtrir ». De même, la grammaire comparée des langues indo-européennes expliquera la plupart des mots signifiant « cent » (langues germaniques exceptées) par une racine unique aboutissant aussi bien au latin *centum,* au grec *(he)katon* qu'à la forme de l'avestique *satəm.* Dans ce cas, l'étymologie s'appuie surtout sur la phonétique historique, mais, contrairement à une pratique purement formelle, elle ne saurait ignorer la sémantique* dans la mesure où l'étymon a un sens assez différent de celui du dérivé (par exemple *necare* « tuer » aboutit à *noyer* ; *tripalium* « instrument de torture » à *travail*).

La recherche de la racine d'un mot ou d'un groupe de mots n'est pas l'unique tâche de l'étymologie. On est conduit, en effet, à suivre le mot, pendant toute la période où il fait partie de la langue, dans tous les systèmes de relations où il entre. La première série de ces relations est entretenue avec les unités des champs* sémantiques auxquels il appartient. S'occuper, par exemple, en linguistique, du signe *entendre,* c'est étudier le passage du latin *intendere* « faire attention » au sens actuel. Cela suppose qu'on détermine, à chaque époque, les rapports que l'unité entretient avec l'ancien verbe signifiant « entendre » et qui est *ouïr* (venant de *audire*). Cette évolution, qui aboutit à l'élimination de la forme ouïr (sauf dans quelques expressions figées), ne peut s'expliquer que si l'on fait intervenir également *écouter.* Enfin, l'étymologie conduit à remettre en cause partiellement la théorie de l'arbitraire du signe, telle que l'a définie F. de Saussure : on constate ainsi l'existence de relations entre certains traits formels et certains invariants de sens (on est ramené ainsi, mais par des voies rigoureuses, aux ambitions des philosophes grecs). La forme d'un mot explique parfois, dans un système de relations complexes, le sens qu'il finit par prendre. Selon P. Guiraud, il faut admettre l'existence de matrices lexicogéniques ; à certains types de constitution radicale correspondent certains sens élémentaires *(protosémantismes)* qu'on retrouve combinés avec d'autres caractères sémantiques dans toutes les unités du type. Il en est ainsi pour les composés tautologiques (protosémantisme « tourner ») et les racines contenant deux consonnes *t* et *k* séparées par une voyelle ; les unités, quelle que soit leur origine, finissent par inclure dans leurs sens celui de « coup » ; au contraire, *toucher* (doublet étymologique de *toquer*), en perdant pour des raisons phonétiques le son *k* passé à une chuintante écrite *-ch-*, n'exprime pas l'idée de coup provoquant un bruit. D'une manière plus immédiate, les onomatopées sont faites à partir de sons ou de bruits, interprétés d'ailleurs différemment selon les langues *(cocorico).*

Dans l'étude de la dérivation, l'*étymologie* est la discipline qui s'occupe de la formation des mots et par laquelle on réduit des unités plus récentes à des termes déjà connus : ainsi *aborder* s'explique par le français *bord* et *linguiste* par *lingua* repris au latin.

Étymologie populaire

L'*étymologie populaire,* ou *étymologie croisée,* est le phénomène par lequel le sujet parlant, se fondant sur certaines ressemblances formelles, rattache consciemment ou inconsciemment une forme donnée à une autre forme avec laquelle elle n'avait aucune parenté génétique ; les mots soumis à cette *attraction paronymique* finissent par se rapprocher sur le plan sémantique : le français voit souvent dans *choucroute* les mots *chou* et *croûte,* alors que le mot vient de l'allemand dialectal *surkrut (sauerkraut)* « aigre chou » ; de même *forcené,* rattaché à *force* par les sujets parlants et qui vient de *fors*

« hors » et *sen* « sens ». L'*étymologie populaire* est appelée aussi *fausse étymologie,* et on lui oppose l'*étymologie savante,* fondée sur la connaissance des formes anciennes et des lois qui ont présidé à leur évolution. On réserve parfois *étymologie populaire* aux erreurs individuelles comme *Trois-cadéro* pour Trocadéro.

étymon
On appelle *étymon* toute forme donnée ou établie dont on fait dériver un mot ; il peut être le radical, la base à partir de laquelle on a créé avec un affixe un mot récent (ainsi, *automobile* est l'étymon de *automobiliste, putsch* celui de *putschiste* et le latin *turbare* « troubler » celui de *perturbateur*). Il peut être aussi la forme ancienne d'où une forme récente est venue : ainsi, *sanglier* a pour étymon *singularis,* abréviation de *singularis porcus,* « solitaire ». Enfin, l'étymon peut être la forme hypothétique ou racine* établie pour expliquer une ou plusieurs formes modernes de la même langue ou de langues différentes : ainsi, pour expliquer *gâter,* on posera l'hypothèse d'un latin hypothétique **wastare,* issu du latin classique *vastare,* par influence d'un germanique *wast-,* lui-même induit de l'allemand *wüsten.*

euphémisme
On appelle *euphémisme* toute manière atténuée ou adoucie d'exprimer certains faits ou certaines idées dont la crudité peut blesser. C'est par euphémisme qu'on dit *il a disparu, il est parti pour un monde meilleur* à la place de *il est mort.* L'euphémisme, comme figure de rhétorique, peut aller, dans l'antiphrase, jusqu'à l'emploi d'un mot ou d'un énoncé qui exprime le contraire de ce que l'on veut dire. Ainsi, dire de Pierre qu'*il est très prudent* peut être un euphémisme pour indiquer qu'il est très peureux.

euphonie
L'*euphonie* est la qualité des sons agréables à entendre ; elle explique certains changements phonétiques dus à l'influence de phonèmes contigus ou proches ; elle peut jouer soit comme facteur d'assimilation, pour éviter des contrastes phonétiques sentis comme discordants (c'est le cas, en particulier, pour les phénomènes d'harmonie vocalique), ou au contraire comme facteur de dissimilation, pour éviter certaines répétitions gênantes.

évaluatif
On appelle *méthode évaluative d'assertion* la procédure par laquelle, en analyse de contenu, on soumet aux sujets testés des propositions dont ils ont à établir les termes, ou qu'ils ont à apprécier. Généralement, les jugements à porter sont réduits à des réponses par plus ou moins. Ainsi, on classe les sujets ou les groupes selon le degré qui est choisi le plus fréquemment.

évanescent
Un phonème *évanescent* est un phonème en voie d'amuissement, comme le [i] et le [u] à la finale, en roumain et dans certains dialectes italiens méridionaux.

éventuel
L'*éventuel* est le mode du verbe exprimant le futur contingent. En français, l'éventuel est exprimé par le conditionnel ou par la modalité *pouvoir.*

évolutif
Le terme *évolutif* est parfois employé à la place de *diachronique** pour caractériser le changement de la langue dans le temps. On parle alors de *linguistique évolutive,* d'*étude évolutive.*

évolution
Toute langue est en continuel changement, toute langue a une histoire. L'histoire interne étudie les modifications que la structure d'une langue subit au cours de son *évolution.* L'histoire externe étudie les modifications qui se produisent dans la communauté linguistique et dans ses besoins (changement de lieu, accroissement des aires d'un parler, etc.). L'histoire externe détermine les conditions de l'évolution linguistique proprement dite. (V. CHANGEMENT.)

exception
On appelle *exceptions* les phénomènes linguistiques qui, dans des domaines déterminés, enfreignent une règle A plus générale, en obéissant à une règle B plus limitée : cette règle B peut être soit une règle spécifique, distincte de toutes les autres, soit une règle plus générale différente de la règle A. Ainsi, on dira que dans la formation du pluriel en français les mots en *-al* constituent une exception puisqu'ils ont leur règle particulière (*al* devenant *aux*) ; mais si cette modification *al* → *aux* est à son tour posée comme une règle, on dira que les mots *bal, carnaval, cal,*

chacal, etc., constituent des exceptions à cette règle et que la règle qui leur est appliquée est alors la règle générale d'addition de *s.*

exclamatif

1. La grammaire traditionnelle qualifie d'*exclamatifs* les adjectifs interrogatifs* employés non plus pour poser une question, mais pour exprimer l'étonnement que l'on éprouve devant l'être ou l'objet désigné par le nom. (*Adverbe, phrase, pronom exclamatifs.* V. EXCLAMATION.)

2. La *phrase exclamative* est, en français, construite sur le même modèle que la phrase interrogative (les adverbes et pronoms exclamatifs sont pratiquement les mêmes que les interrogatifs : *quel, combien,* etc., *comme* étant spécifique aux exclamations indirectes), mais elle se distingue de celle-ci par l'intonation (transcrite par un point d'exclamation) : *Quelle erreur ! Combien ne sont pas revenus ! Comment a-t-il pu faire ça !*

exclamation

1. En rhétorique et en grammaire, on appelle *exclamation* un type de phrase, parfois réduit à une interjection*, qui exprime une émotion vive ou un jugement affectif.

2. Le *point d'exclamation* est le signe de ponctuation que l'on met après une interjection ou une phrase exclamative directe.

exclusif

1. On dit que deux phonèmes sont dans un *rapport exclusif* quand ils ne s'opposent que par un trait pertinent, tout en étant les seuls à présenter tous les traits qu'ils ont en commun : / p / et / b / en français sont en rapport exclusif, ils ne se distinguent que par le trait de sonorité et ils sont les seuls à présenter à la fois les traits [+bilabial] et [−nasal].

2. *Noms* ou *pronoms personnels exclusifs.* Se dit en français de la première personne du pluriel du pronom *(nous)* signifiant « moi et lui à l'exclusion de toi ». (V. INCLUSIF et PERSONNE.)

exclusion V. NON-INCLUSION.

exégèse

L'*exégèse* est l'explication, le commentaire philologique, historique ou doctrinal d'un texte obscur ou sujet à discussion.

exemple

1. En lexicographie, les *exemples* sont des phrases ou des syntagmes comportant des occurrences du mot d'entrée et fournissant des informations linguistiques (sur les traits syntaxiques et sémantiques, au moyen de termes cooccurrents) et des informations culturelles (au moyen des messages ainsi constitués). Ces phrases (ou syntagmes) sont ou bien extraites d'un corpus (ce dernier pouvant se confondre avec l'ensemble de la littérature de la communauté sociolinguistique), ou bien forgées par le lexicographe, agissant en tant que sujet natif de la langue. Ainsi, les exemples justifient la définition, dont ils sont même souvent une partie ; offrent les constructions syntaxiques les plus courantes ou les associations sémantiques les plus communes ; forment aussi des phrases hors contexte et, même lorsqu'ils sont extraits d'un corpus, prennent dans un dictionnaire une nouvelle signification ; forment enfin des commentaires culturels.

En grammaire, ce sont des citations littéraires ou des énoncés forgés servant à montrer le fonctionnement d'une règle.

2. En rhétorique, l'*exemple* est un argument inductif allant du fait à la règle ou du fait au fait.

exhaustivité

Une étude ou un corpus sont *exhaustifs* quand ils prennent en considération tous les faits de langue impliqués par la recherche.

exhortation

L'*exhortation* est une figure de rhétorique consistant à susciter, par des mouvements oratoires, des sentiments déterminés, une émotion.

existentiel

1. *Causatif existentiel.* V. CAUSATIF.

2. La *phrase existentielle* est un type de phrase où le prédicat de la structure profonde est constitué du verbe *être* suivi d'un syntagme prépositionnel de lieu ; en français, une transformation d'extraposition déplace le syntagme nominal sujet après le verbe *être,* lui-même transformé en *(il) y a :*

> *Des lions sont (en Afrique) → Il y a des lions (en Afrique).*

exocentrique V. ENDOCENTRIQUE.

exolingue

Est *exolingue* celui qui utilise une langue étrangère à la communauté dans laquelle il vit.

exorde

En rhétorique, l'*exorde* est la première partie du discours consistant à attirer la bienveillance de l'auditoire et à définir le sujet ; il peut être aussi une brutale entrée en matière.

expansion

1. En linguistique structurale, si deux suites de morphèmes figurent dans le même environnement syntaxique, c'est-à-dire si elles ont la même distribution et que l'une soit au moins aussi longue que l'autre (contienne au moins le même nombre de morphèmes), tout en ayant une structure en constituants* différente, alors cette suite est l'*expansion* de la première, qui en est le modèle*.

Soit les deux suites de morphèmes : *l'enfant* et *le petit enfant,* qui figurent dans les mêmes environnements syntaxiques et qui ont une structure en constituants différente puisque l'une est de la forme Déterminant + Nom et l'autre Déterminant + Adjectif + Nom, on dit que *le petit enfant* est l'expansion de *l'enfant.* De même, si l'on considère les deux phrases :

(1) *Jean court,*

(2) *L'enfant du gardien de l'immeuble lance la balle,*

on dira que la phrase (2) est l'expansion de la phrase (1) si les deux phrases peuvent être définies comme ayant la même distribution syntaxique.

2. En linguistique fonctionnelle, est *expansion* dans une phrase tout terme ou tout groupe de termes que l'on peut supprimer de la phrase sans que celle-ci cesse d'être une phrase et sans que les rapports grammaticaux entre les termes soient modifiés. Ainsi, dans la phrase : *Le chat de la concierge dort sur le tapis,* on dira que *de la concierge* est une expansion du syntagme nominal et *sur le tapis* une expansion du syntagme verbal puisqu'ils peuvent être extraits de la phrase sans que celle-ci cesse d'être une phrase : *Le chat dort.*

expiration

L'*expiration* est l'acte par lequel on expulse l'air pulmonaire ; c'est la phase de la respiration pendant laquelle se situe l'acte phonatoire. La plupart des sons du langage utilisent l'air expulsé des poumons pendant l'expiration. Il existe cependant dans certaines langues des consonnes dites « consonnes récursives* » produites grâce à l'accumulation au-dessus de la glotte* d'une masse d'air que celle-ci expulse brusquement au moyen d'une sorte de coup de piston. On dit des langues qui opposent deux séries de consonnes appartenant respectivement à ces deux types qu'elles présentent une *corrélation d'expiration* (ou *corrélation de récursion**).

explétif

On appelle *mots explétifs* (adverbe de négation, pronom, préposition, etc.) des termes vides de sens, mais qui, présents dans d'autres énoncés, y sont significatifs. Ainsi, la négation *ne* (significative dans *je n'ose*) n'a pas de valeur négative dans *Il est plus bête que je ne croyais :* elle est explétive. Il en est de même pour la préposition *de* dans l'apposition *la ville de Paris.*

explicite

On qualifie d'*explicite* une grammaire dont les règles, décrites d'une manière précise et rigoureuse, peuvent être formalisées ; la grammaire est dite alors *formelle.* (V. GÉNÉRATIF.)

explosif

En phonétique moderne, on réserve le nom d'*explosive* à toute consonne qui se trouve avant une voyelle, par opposition aux consonnes, dites consonnes implosives, qui se trouvent après. Ainsi, dans le mot *mer,* la consonne [m] est explosive.

On trouve cependant encore le terme de consonne explosive pour désigner toute consonne occlusive, indépendamment de sa place dans la syllabe, par allusion au bruit que l'on entend à la fin de l'occlusion, quand l'air sort brusquement.

explosion

On appelle souvent *explosion* le bruit provoqué, à la fin d'une articulation occlusive, par la sortie de la bouche de l'air expiratoire lors de la séparation brusque des organes articulateurs.

Il y a lieu, cependant, de réserver ce terme au bruit produit par l'ouverture du chenal buccal au début d'une syllabe, afin de distinguer l'explosion de l'implosion*.

expolition

En rhétorique, l'*expolition* est la reprise du même argument sous des formes variées afin de lui donner plus de force.

expressif

1. On appelle *fonction expressive* la fonction* du langage par laquelle le message est centré sur le locuteur, dont il exprime les sentiments.

2. On appelle *trait expressif* un moyen syntaxique, morphologique, prosodique qui permet de mettre une emphase sur une partie de l'énoncé et suggère une attitude émotionnelle du locuteur.

I. expression

1. En grammaire, on appelle *expression* tout constituant de phrase (mot, syntagme).

2. L'*élément de l'expression* est l'unité la plus petite du plan de l'expression de la langue, distinctive sur le plan du contenu. (V. COMMUTATION, PLAN.)

II. **expression**

Le discours humain se présente comme une suite ordonnée de sons spécifiques. On appelle *expression* l'aspect concret de ce système signifiant. À ce titre, *expression* s'oppose à *contenu**.

Chez L. Hjelmslev, tout message comporte à la fois une expression et un contenu, c'est-à-dire peut être envisagé du point de vue du signifiant (expression) ou du signifié (contenu).

L'expression elle-même peut être considérée (comme d'ailleurs le contenu) sous deux aspects : comme une substance, sonore ou visuelle selon qu'il s'agit de l'expression orale ou écrite, c'est-à-dire comme une masse phonique ou graphique (on parlera alors de *substance de l'expression*) ; ou comme la forme manifestée par cette substance, c'est-à-dire comme la matière phonique ou graphique agencée, ce par quoi le plan de l'expression s'articule au plan du contenu. Ainsi, il n'y a aucun rapport entre les sons [b], [a] et l'idée de *bas,* mais il y a rapport entre la structure du plan de l'expression [ba] et la même idée, « bas ». Le même problème se pose pour le plan du contenu.

L'interdépendance entre la structure de l'expression et la structure du contenu se fait, selon les langues, par des rapports variables. Par exemple, les mots exprimant les couleurs du prisme dessinent dans le vocabulaire une grille très différente selon les langues : même l'anglais et le français n'ont pas exactement le même paradigme de l'« arc-en-ciel ». À plus forte raison, on notera des découpages du spectre en quatre, trois et même deux couleurs. La taxinomie des noms ou adjectifs de couleur sera donc très différente selon les langues : plus nombreuses seront les couleurs fondamentales, moins la langue devra recourir à des opérateurs permettant de noter des nuances (suffixes du type *-âtre,* mots du type *sang, cerise,* locutions du type *tirer sur,* etc.). Il s'agit là exclusivement de la structure de l'expression : le contenu reste la perception des rayonnements lumineux, dépendant non de la culture mais de l'organisation physiologique.

Comme le lexique, la grammaire des langues comporte des contraintes variées : la perception de l'opposition des sexes est du domaine du contenu, mais la notation du sexe est obligatoire, selon les langues, exclusivement dans des conditions spécifiées. Par exemple, là où le français note seulement le genre du possédé *(il, elle) voit son père, sa mère,* l'anglais note le genre du possesseur : *he sees his father,* « il voit son père » ; *she sees her father,* « elle voit son père ».

La structure de l'expression s'opère à des niveaux distincts : un de ces niveaux est sans rapport direct avec le contenu, c'est le niveau phonématique ; le phonème, unité phonique de la langue, est sans rapport direct avec le contenu : c'est dire que le phonème n'a pas de sens en lui-même. C'est au niveau morphématique que se fait la première liaison entre structure de l'expression et structure du contenu. Le morphème est l'unité du plan de l'expression entrant en relation avec le plan du contenu.

extensif
Un terme d'une opposition est dit *extensif* quand il est non marqué*. (V. EXTENSION.)

extension
1. On définit un ensemble* *par extension* quand on énumère explicitement les éléments, tous et uniquement eux, qui peuvent appartenir à cet ensemble. L'ensemble A des cas du latin est défini par extension quand on écrit :
A = {nominatif, vocatif, accusatif, génitif, datif, ablatif}.
La définition par extention s'oppose à la définition *par compréhension**. En principe, tout ensemble peut être défini par compréhension, mais beaucoup ne peuvent l'être par extension (suite des nombres, par exemple). Un corpus, si long soit-il, est un ensemble qu'on peut décrire par extension. L'ensemble des phrases grammaticales d'une langue, en nombre indéfini, ne peut être décrit que par compréhension.
2. On appelle *extension de sens* la modification du sens d'un mot qui, par suite de divers emplois, acquiert une plus grande polysémie : ainsi *bureau* qui désignait une étoffe (de *bure*), puis l'étoffe qui recouvrait un meuble, puis ce meuble, puis la pièce où était ce meuble, puis le service ou l'administration qui est dans cette pièce. (V. aussi EMPRUNT* INTERNE.)
3. On appelle *extension de morphème* la modification d'un suffixe par fausse coupe du mot. Ainsi *-tier,* dans *cloutier, ferblantier,* est issu de mots comme *portier, laitier* où il existe sous la forme attendue *-ier* (latin *-arium*).

extraction
En grammaire moderne, on appelle *extraction* une opération qui consiste à extraire d'une phrase enchâssée un syntagme nominal (sujet) pour en faire le sujet ou l'objet de la phrase matrice. Par exemple, si la phrase *que Pierre est coupable* est enchâssée dans la phrase matrice *Paul juge (cela),* l'enchâssement est suivi de l'extraction du syntagme nominal *Pierre* qui devient objet de la matrice *Paul juge Pierre qu'il est coupable* qui devient *Paul juge Pierre coupable.* Cette opération d'extraction est nécessaire pour expliquer qu'au passif on ait : *Pierre est jugé coupable par Paul* et non pas **que Pierre est coupable est jugé par Paul.*

extralinguistique
On qualifie d'*extralinguistiques* les facteurs qui n'appartiennent pas en propre à la grammaire, mais à l'utilisation de cette dernière dans la production et la compréhension des énoncés. Ces facteurs sont ceux du sujet et de la situation. On qualifie aussi d'extralinguistique dans la linguistique distributionnelle ce qui est extérieur au champ de la linguistique.

extranucléaire
On appelle *extranucléaire* ce qui est extérieur au noyau de la phrase : si on définit le noyau de la phrase par SN + SV (syntagme nominal + syntagme verbal), tout complément qui n'appartiendra pas à la réécriture de SV sera extranucléaire. Dans la phrase : *Il est venu à la maison avec ses amis,* le complément *avec ses amis* est extranucléaire puisque complément de phrase, tandis que le complément *à la maison* est nucléaire puisque, en ce cas, il est complément du verbe.

extraposition
L'opération d'*extraposition* déplace en fin de phrase le syntagme nominal sujet si ce dernier est issu d'une phrase enchâssée ; l'extraposition est accompagnée de la formation du pronom neutre *il.* Soit la phrase : *Que Pierre est malade est évident,* où la phrase enchâssée *que Pierre est malade* est le syntagme nominal sujet de *est évident ;* l'extraposition déplace ce syntagme nominal en fin de phrase avec formation de *il : Il est évident que Pierre est malade.* L'extraposition s'accompagne souvent d'une extraction* *(Il semble que Pierre est heureux → Pierre semble être heureux).*

extrinsèque
En rhétorique, les arguments sont dits *extrinsèques* lorsqu'ils ne sont pas tirés du fond même du sujet.

f

factif

Le *factif* est le cas* utilisé dans certaines langues finno-ougriennes pour exprimer un changement d'état, le résultat d'un processus. (Syn. : TRANSLATIF.)

factitif

1. Le *factitif* est une forme de l'aspect du verbe ; l'action exprimée par le verbe est le résultat d'une autre action accomplie par le sujet ou par d'autres que le sujet. Ainsi, dans la phrase *Pierre a fait tomber Paul,* le factitif *fait tomber* exprime le fait que Pierre a agi d'une certaine manière qui a eu pour résultat que Paul est tombé. Dans la phrase *Pierre a fait construire une maison,* le résultat « la construction de la maison » est dû à l'action non de Pierre, mais de ceux à qui Pierre a confié la tâche de le faire. Le factitif est, en français, exprimé très souvent par l'auxiliaire *faire* suivi d'un infinitif (ou de *laisser* suivi d'un infinitif), mais un même verbe peut avoir le sens actif et le sens factitif (*Pierre construit une maison en banlieue* est ambigu selon le métier de Pierre) ; dans certains cas, à une racine verbale intransitive correspond un verbe factitif, ainsi *tuer,* c'est *faire mourir.* Dans d'autres langues, comme en latin, il existe des affixes particuliers pour le factitif : ainsi, le redoublement et la forme de la racine dans *sistere,* « faire tenir debout », s'oppose à *stare* « se tenir debout ». (V. CAUSATIF.)

2. La *transformation factitive* consiste à enchâsser une proposition en position objet dans une phrase matrice comportant le verbe *faire.* Si on a (1) *Pierre a fait ceci,* (2) *(On) construit une maison,* l'enchâssement de la phrase (2) dans la position de *ceci* au moyen de l'opérateur *que* donne : *Pierre a fait que l'on construit une maison.* La transformation infinitive donne *Pierre a fait construire une maison.*

facultatif

Dans une première étape de la grammaire générative on a distingué les *transformations obligatoires* (comme la transformation affixale), qui s'appliquaient quel que soit le type de phrase, et les *transformations facultatives,* qui dépendaient d'une décision du locuteur (transformations interrogative, négative, passive, emphatique).

faible

1. On emploie parfois l'expression de *consonne faible* pour désigner les consonnes douces*, par opposition aux consonnes énergiques, ou fortes. En français, toutes les consonnes voisées [b], [d], [g], [v], [z], [ʒ] sont faibles.

2. On appelle *formations (cas, déclinaisons) faibles* celles qui, dans les langues flexionnelles, présentent le degré réduit du thème, par opposition à celles qui comportent le degré fort : en grec l'aoriste *elipon,* degré réduit, s'oppose au présent *leipon,* degré fort. (V. ALTERNANCE.)

3. En grammaire allemande, *faible* se dit des verbes qui forment le radical du prétérit en ajoutant le suffixe *-te* au radical du présent ; se dit aussi de la déclinaison des adjectifs épithètes précédés de l'article défini ; se dit aussi de substantifs masculins dont la déclinaison est réduite à deux formes, l'une au nominatif singulier, l'autre (terminée par *-en*) à tous les autres cas.

faisceau

On appelle *faisceau d'isoglosses* l'ensemble de lignes d'isoglosses* dont la superposition ou la proximité permet de penser qu'on passe d'un dialecte à un autre dialecte. L'examen des faisceaux d'isoglosses est, en dehors de la référence au sentiment linguistique des locuteurs natifs, le seul moyen d'établir sur des bases solides les limites entre des parlers. La notion de faisceau d'isoglosses fait ressortir par son existence même le flou des frontières linguistiques entre dialectes d'une même famille linguistique.

faits

C'est à partir du corpus recueilli que le linguiste descriptiviste va extraire les *faits* de langue qui lui permettront d'induire les règles (la grammaire) de la langue considérée. Il convient cependant d'observer que toute description

« idéalise » les faits. F. de Saussure le remarque déjà dans son exemple du mot *messieurs* prononcé à diverses reprises au cours d'une même conférence : c'est par une décision que le linguiste assimile ces différents segments du corpus à un fait de langue unique.

On distingue les faits des données* linguistiques : c'est par l'intervention du descripteur lui-même, ou celle de ses informateurs que la matière linguistique brute est transformée en matière classée ; les faits interprétés par le descripteur locuteur natif constituent les données.

familier

On dit qu'un *style,* une *langue,* un *mot* sont *familiers* quand leur emploi implique un degré d'intimité entre les interlocuteurs et conjointement un refus des rapports cérémonieux qu'exige la langue soutenue ou académique.

Familier s'oppose également à *grossier* ou *trivial* : il s'agit donc d'un niveau de langue ; le terme n'implique pas un jugement moral sur le contenu des termes, sur le sens d'un mot comme les qualificatifs « grossier » ou « trivial » mais seulement un écart par rapport à la langue écrite et au « bon usage ». La tendance des puristes, toutefois, est de confondre « familier » et « grossier ».

famille

1. En phonétique, on appelle *famille articulatoire* une famille de sons comprenant les phonèmes de même aperture.

2. En lexicologie, on appelle *famille de mots* des groupes de mots associés entre eux en raison d'un élément commun qui est la racine ou l'étymon ; ainsi, *raison, raisonner, raisonnement, déraisonner,* etc., constituent une famille de mots ; le mot *chef* et les mots *capital, décapiter* forment une famille de mots, car ils ont comme élément commun la racine latine *caput, capitis,* « tête ».

3. En grammaire générative, on appelle *famille de transformations* un ensemble de transformations apparentées qui appliquent une même analyse structurelle aux suites terminales : ainsi, les transformations négative, interrogative et emphatique constituent en anglais une famille de transformations.

famille de langues

La classification des langues

On dit que deux ou plusieurs langues appartiennent à la même *famille* quand elles sont apparentées génétiquement, c'est-à-dire quand tout laisse à penser qu'elles se sont développées à partir d'une origine commune. Généralement, on réserve la dénomination de *famille de langues* à l'ensemble formé par toutes les langues connues de même origine ; dans cet ensemble, les sous-ensembles constitués par certaines langues apparentées plus étroitement entre elles qu'avec les autres sont des *branches* ou *sous-familles.* Le terme de *groupe* s'applique indifféremment à un ensemble de familles, à une famille, à un ensemble de branches d'une même famille, à un ensemble de langues d'une même branche : il implique que le classement n'est pas encore établi. L'acquis le plus important de la linguistique au XIXe siècle a été l'établissement relativement rigoureux des principes et des méthodes grâce auxquels on a établi ces familles de langues au moyen des disciplines dites historiques, comparées ou comparatives (grammaire, philologie, linguistique).

La représentation visuelle des familles de langues se fait souvent à l'imitation des arbres généalogiques [en vertu d'une conception anthropomorphique] (*fig.* 1) ou sous la forme de diagrammes (*fig.* 2).

Fig. 1

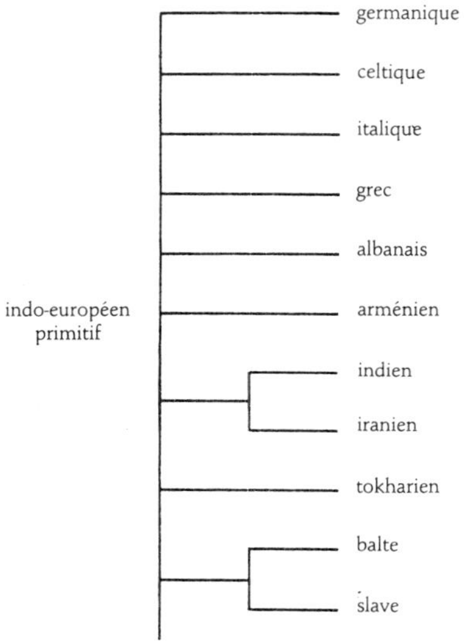

Fig. 2

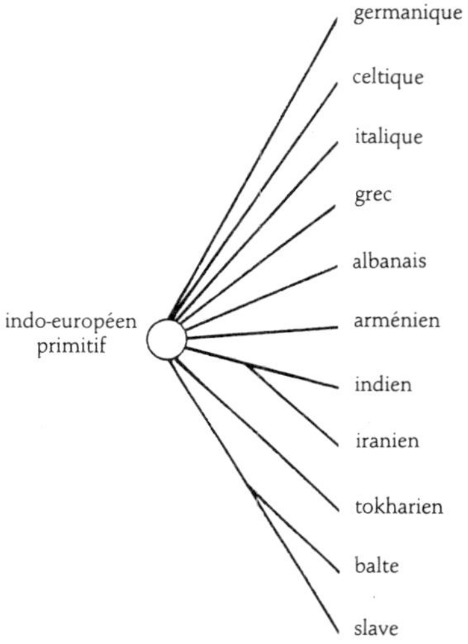

Le diagramme peut être partiel et représenter essentiellement les antécédents d'une langue (*fig.* 3) :

Fig. 3

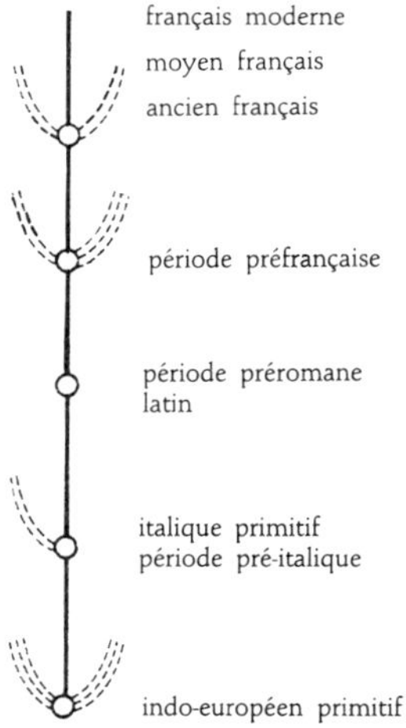

L'indo-européen

Parmi les familles de langues, celle qui a été la mieux établie par F. Bopp et dont l'étude a servi de modèle à toutes les recherches de la grammaire comparée est la famille des langues indo-européennes. Elle comprend les langues de pays développés et, de ce fait, on imagine souvent, à tort, qu'elle représente un type supérieur. C'est très tôt qu'on lui a appliqué la méthode comparative, et elle a fait à elle seule l'objet de plus de recherches que toutes les autres réunies. Les divergences qui subsistent entre linguistes à son propos portent moins sur ses limites et ses principales subdivisions que sur des détails concernant les rapports entre les diverses branches, qui sont la *germanique,* la *celtique,* la *romane,* la *slave,* la *balte* (groupées en balto-slave), l'*albanaise,* l'*arménienne,* la *grecque,* l'*iranienne,* l'*indienne* (groupées en indo-iranien), la *tokharienne* et, peut-être aussi, aujourd'hui disparue, l'*anatolienne* ou *indo-hittite.*

Les *langues germaniques* se subdivisent en anglo-frison (anglais, et frison parlé par une population peu nombreuse dans le nord des Pays-Bas et de l'Allemagne), en néerlando-allemand (allemand, dont un dialecte, le yiddish, utilise parfois l'alphabet hébreu, néerlandais, dont un dialecte est l'afrikaans d'Afrique du Sud, flamand de Belgique et de France) et en scandinave (danois, suédois de Suède et de Finlande, et les langues norvégiennes bokmål ou riksmål et landsmål ou nynorsk).

Les *langues celtiques* sont le breton, en France, et le gallois, l'irlandais et le gaélique, dans les îles Britanniques.

Les *langues romanes* (issues du latin) les plus importantes sont le portugais, l'espagnol et le français (qui ont donné naissance à plusieurs créoles), l'italien et le roumain. Elles recouvrent souvent d'autres langues ou dialectes romans (catalan, provençal, sarde). Ces langues sont nées de l'évolution du latin populaire, mais des langues attestées dans l'Antiquité et aujourd'hui disparues, comme l'osque, l'ombrien et le vénète, formaient avec le latin la branche italique.

Les *langues slaves* comprennent une branche orientale (russe, biélo-russe, ukrainien), une branche occidentale (polonais, tchèque, slovaque), une branche méridionale (serbe et croate, notamment, en Yougoslavie, et bulgare).

La *branche balte* réunit essentiellement le lituanien (Lituanie) et le lette (Lettonie). On la réunit souvent au slave sous le nom de balto-slave.

La *branche albanaise* se réduit à l'albanais, comme la *branche arménienne,* à l'arménien. Sous le nom de *branche grecque,* ou *grec,* on réunit les divers « dialectes » grecs de l'Antiquité et le grec moderne.

La *branche iranienne* comprend des langues modernes (kurde, persan, afghan, baloutchi, tadjik) et des formes anciennes célèbres (vieux perse, avestique, pahlavi).

Le *tokharien,* aujourd'hui disparu, est connu grâce à des inscriptions sous deux formes (dialectes A et B).

La *branche indienne* comprend le hindi, langue officielle de l'Inde, et l'ourdou, langue officielle du Pakistan, mais aussi le bengali, l'assamais, l'oriya, le mahratte, le goujrati, le sindhi, le pendjabi, le cachemirien ou darde, le népalais et enfin le cinghalais. Le sanskrit et le védique sont des formes anciennes, sacrées, relevant également de la branche indienne et qui ont permis de démontrer la parenté des langues indo-européennes.

Finno-ougrien, altaïque et langues caucasiennes

La *famille finno-ougrienne* comprend essentiellement le finnois, langue officielle de la Finlande, l'estonien et le hongrois ou magyar, mais aussi le lapon, le mordve, le tchérémisse, le votiak et les langues samoyèdes.

La *famille altaïque* se subdivise en branches *turque* (turc, azéri d'Azerbaïdjan, kirghiz, ouzbek, turkmène, kazakh), *mongole* et *mandchoue* (mandchou et toungouse).

Les *langues du Caucase,* à parenté lointaine et purement hypothétique, utilisées comme langues nationales de républiques indépendantes ou de régions et de territoires plus ou moins autonomes, sont regroupées en une famille *sud-caucasienne,* comprenant le géorgien et le mingrélien, et une famille *nord-caucasienne,* réunissant l'abkhaze, l'avar, le tchètchène et le kabarde.

La famille chamito-sémitique

La famille *chamito-sémitique* ou *afro-asiatique* se subdivise en cinq branches : la branche *sémitique* est représentée actuellement par l'hébreu, l'arabe littéral et les diverses langues arabes (souvent dites dialectes) et les langues éthiopiennes (amharique, tigré ou tigrina, guèze ou éthiopien). Étaient aussi des langues sémitiques l'assyrien (ou akkadien ou babylonien), l'araméen, le syriaque, enfin le phénicien, dont le punique (ou carthaginois) n'était qu'un dialecte. La branche *égyptienne* est représentée par l'ancien égyptien, dont est sorti le copte actuel. La branche *berbère* réunit le kabyle, le chleuh, le zenaga et sans doute aussi le touareg (ou tamahek). La branche *couchitique,* ou d'Afrique orientale, comprend, entre autres, le somali, le galla et le bedja. La branche *tchadienne* réunit des langues peu parlées en dehors du haoussa, que d'autres rattachent aux langues négro-africaines.

Les familles soudanaises

Celles-ci sont nombreuses et, à l'exception du songhai, de peu de diffusion. Il y a une mosaïque de langues que rien ne permet de rapprocher entre elles.

La famille *nilotique* ou *Chari-Nil* se divise en *nilotique* proprement dit ou *nilotique central* (dinka, nouër, chilouk, ačoli de l'Ouganda, masaï et nandi du Kenya et du Tanganyika), en branche *nord-soudanaise,* dont seul le nouba est assez bien connu, et en *soudanais central* (surtout baguirmi et morou). De la famille du *saharien central,* seul le kamouri est assez bien connu.

La famille nigéro-congolaise

Dans la famille *nigéro-congolaise,* on range l'*atlantique occidental* (timné et boulom de la Sierra Leone, ouolof du Sénégal, foulbé dans diverses régions du Sénégal), la branche *mandingue* du Liberia et de la Sierra Leone (kpelle, loma, mendé, malinké et bambara), la branche *kwa,* disséminée du Liberia au Cameroun (akan divisé en fanti et tchi, baoulé, éwé, fon, yorouba, ibo, noupe, sans doute aussi bassa et krou), la branche *gur* (essentiellement le moore, langue des Mossis). On peut penser que le *zandé* et le *sango,* parlés du Cameroun au Congo, forment une branche de la famille nigéro-congolaise, qui comprend également une branche *centrale* (essentiellement l'efik et le tiv, parlés du Cameroun au Nigeria) et le *bantou.*

Les langues et dialectes relevant du *bantou* sont si nombreux et parlés sur une étendue si grande que certains linguistes font du bantou non une branche de la famille nigéro-congolaise, mais une famille indépendante. Certaines langues bantoues sont véhiculaires (en Afrique orientale souhahéli, au Zaïre souhahéli, kongo, louba et ngala) ; d'autres sont des langues d'union* (chona de Zambie, ngamya du Nyassaland) ou simples langues de tribu (entre autres, ganda en Ouganda, kikouyou et kamba au Kenya, tchagga et nyamwézi du Tanganyika, ruanda, bemba en Zambie, mboudou en Angola, héréro en Afrique du Sud-Ouest, zoulou, xhosa, swazi, sotho et tswana en Afrique méridionale).

La famille *khoin* comprend le sandawe et le hatsa de la Tanzanie, et le bochiman et le hottentot d'Afrique du Sud.

Les langues d'Asie orientale et de Polynésie

L'importante famille *sino-tibétaine* se subdivise en deux branches : le *tibéto-birman* (tibétain, birman et aussi, soit en Birmanie soit au Pakistan, garo, bodo, naga, kachin, sans doute aussi karen) et le *chinois* (chinois mandarin, langue officielle de la Chine, originaire du Nord, « dialectes » wou de l'embouchure du Yang-tseu-kiang, enfin, au sud, « dialectes » min, hakka et cantonnais). Les langues de la Chine du Sud (miatscu et lolo, entre autres) sont mal connues et probablement sans aucune parenté avec le chinois.

Les familles *japonaises* (japonais proprement dit et ryu-kyu) et *coréenne* ont probablement entre elles une parenté lointaine.

La famille *kadaï* comprend, entre autres, le thaï du Siam, le lao et, en Birmanie, des langues *chan*, et n'a sans doute aucune parenté avec la famille sino-tibétaine.

La famille *malayo-polynésienne* est très étendue géographiquement : la branche *occidentale* ou *indonésienne* comprend en Malaisie le malais, en Indonésie l'indonésien proprement dit (proche du malais), le javanais, le soundanais, le madourai, le batak, le balinais de Bali, le dayak de Bornéo, le macassar des Célèbes, aux Philippines le tagal, le vigaya et l'iloko, à Guam le chamorro, à Madagascar le malgache. La branche *orientale* se subdivise en micronésien, polynésien (hawaiien, tahitien, samoan, maori) et mélanésien (fidjien notamment).

Le terme de *papou* désigne diverses langues de Nouvelle-Guinée, dont la parenté reste à prouver, alors que les langues des aborigènes d'Australie forment une famille australienne.

La famille *dravidienne* comprend des langues parlées par des populations nombreuses en Inde méridionale (télougou, tamoul, canara, malayalam), ainsi que le brahoui du Baloutchistan et le gondi, le khouroukh et le koui en Inde centrale. On trouve en Asie du Sud-Est de nombreuses langues disséminées : mounda comprenant le santali, khasi de l'Assam, nicobarais (île du Bengale), palaoung, wa et mon en Birmanie, et enfin khmer (ou cambodgien) et vietnamien, qui sont des langues d'État.

Les langues américaines

En Amérique, les langues les plus parlées sont les *langues indo-européennes* importées par les colonisateurs (anglais, espagnol, portugais, français et, dans des groupes d'immigrants ou de descendants d'immigrants non assimilés, toutes les langues d'Europe) ou les créoles dérivés de ces langues.

Certaines *langues indigènes* ont une certaine vitalité : il en est ainsi pour le guarani (Paraguay), le quechua (Pérou, Équateur, Bolivie), l'aymara (Pérou, Bolivie), ainsi que pour une langue mixte dite « lingua geral » à base de tupi-guarani. En Amérique centrale sont encore utilisés le nahua, le quiché, le cackniquel, le mam, le maya (État du Yucatan au Mexique), l'otomi, le zapotèque, le mixtèque et le totonaque. De même, dans le nord du Mexique, le navaho, qui connaît un regain certain.

D'une manière générale, quand il s'agit des langues indigènes d'Amérique on se réfère dans l'énumération et la classification au premier état connu, d'où la mention faite de langues disparues.

La *famille algonquine,* ou *algonquin-wakash,* parlée, entre autres, de la Caroline au Labrador, a fourni aux langues indo-européennes beaucoup de mots « indiens » : la branche *atlantique* comprend le massachusetts (dit algonquin), le powhatan, le delaware, le mohagan, le penobscot, le pasamaquoddy, le micmac ; l'*algonquin central* est constitué par le fox (Wisconsin), le cree (baie d'Hudson), le menomini (Michigan) et l'ojibwa (Grands Lacs) ; la branche *occidentale* comprend le potawatomi (Michigan), l'illinois, le chawni (au Tennessee), le black-foot, l'arapaho et le cheyenne.

La *famille natchez-muskogee* du sud-est des États-Unis comprend le creek, l'alabama, le chikasaw, le choctaw et le natchez.

La *famille iroquoise* comprend le cherokee, célèbre par son syllabaire, le tuscarora (Caroline) et, en Pennsylvanie, le huron, l'érié, l'oneida, les langues des Sénécas, des Onondagas et des Cayagas, enfin le conestoga et le susquehana.

La *famille sioux* (grandes plaines du Nord) est formée du biloxsi, de l'ofo, du tutélo, du katawba, du dakota, du mandan, du winnebago, du chiwera (avec les dialectes iowa et missouri), du dhéguiba (omaha, ponca, osage, kansa, quapaw, arkansa), enfin de l'hidatsa et du crow.

Les *familles caddo* (caddo proprement dit, wichita et pawnee), tunica (stakapa et chitimacha), ychi (au Tennessee), hoka (à l'Ouest) ne sont peut-être que des branches d'une famille *hoka-sioux.*

La famille *esquimau-aléoute* se subdivise en aléoutien et langues esquimaudes (inupik, yupik).

Les trois familles de la côte nord-ouest du Pacifique, *salish* (bella coola, cœur d'alène, chehalis, kalispel), *wakash* (nookta, kwakiutl, bella bella) et *chimakuan* (chimakum et quileute), sont parfois regroupées en une grande famille, le *mosan*. On considère généralement comme formant une famille l'haïda, le tlingit, le tsimshian et le kutenaï. On regroupe parfois en une seule famille le mosan, le kutenaï et l'algonquin.

En Oregon et en Californie, on a dénombré vingt-cinq familles : wintun, maidu, miwok, costanoan, yokuts, takelma, kalapuya, siuslaw, coos et surtout chinook (cette dernière a donné naissance à un sabir très important dit « chinook ») ; certaines autres sont rattachées aux groupes penutia et hoka (en Arizona et en Californie, karok, shasta, chimariko, pomo, esselen, salinan, shumash et surtout yana ; au Texas, tonkawa ; au nord du Mexique, comecrudo ; au sud du Mexique et au Nicaragua, tlapanec, subtiabia et téquislate ; au Honduras, jicaque).

La famille *maya,* ou *maya-zoque,* comprend au Guatemala le mam, le ketchi, le quiché, le cackchiquel, le pokamam, le pokonchi, l'ixil ; à l'ouest, le tzeltal, le tzotzil, le tojolabal, le chol et le chontal de Tabasco, qui sont de la même branche que le chorti du Honduras ; au nord, le yacatèque ; dans le Mexique central, le huaxtèque.

Dans le *sud du Mexique* on trouve trois groupes de langues, sans doute proches du maya, le mixe, le zoque et le popoloca de Veracruz, le totonaque et le tepehua, enfin le huava. On trouve aussi d'autres groupes à parentés mal définies et dont certains sont réunis sous le nom d'otomangue : ce sont le potèque et le chatino, le mixtèque, le cuicatèque, le trique et l'amusgo, le mazatèque, le chocho, l'ixcatèque et le popoloca de Pueblo, l'otomi, le mazahua et le pame, enfin le tarasque.

La famille *uto-aztèque* comprend, au sud du Mexique, le nahatl (qui avait son écriture, antérieure aux contacts avec les Européens et qui a fourni beaucoup d'emprunts), dans le Colorado le shoshone, le painté, le tubatulabal et surtout le hopi, en Arizona et dans le nord-ouest du Mexique le papago, le pima, le tarahumara, le cora et le huichol. Le comanche était utilisé dans les grandes plaines du Sud. La famille uto-aztèque est souvent regroupée, avec le *tanoa* et quelquefois le *zuni,* en aztèque-tanoa. Au contraire, on classe à part les langues keresa, dont beaucoup ne sont parlées que dans un seul village.

La famille *athabaska,* originaire du Canada et de l'Alaska central (sarsi, chipewyan), forme avec le haïda et le tlingit le groupe na-déné et comprend, au sud, les langues apaches (navaho notamment) et la branche de Californie septentrionale (hupa, chasta, costa, mattole).

Problèmes en suspens

Mis à part quelques certitudes (familles indo-européenne, finno-ougrienne, afro-asiatique, etc.), bien des problèmes restent à résoudre en ce qui concerne les familles de langues. Ainsi, on hésite encore à affirmer la parenté du basque de France et d'Espagne avec les langues caucasiennes ou avec quelque autre famille. De même, les contours et les subdivisions de la famille chamito-sémitique restent à définir avec exactitude. Il en va de même pour la place du bantou. Enfin, il est difficile de corroborer ce qui peut être envisagé dans les regroupements des grandes familles (la réunion, par exemple, des familles finno-ougrienne et altaïque en une famille ouralo-altaïque qui pourrait comprendre aussi le japonais et le coréen, ou de l'indo-européen, du dravidien et du finno-ougrien, ou de l'indo-européen et du sémitique) ; on en est dans ce domaine à de pures hypothèses de travail. Malgré le caractère souvent séduisant de celles-ci, la science impose là-dessus la plus grande prudence.

fausset

On appelle *voix de fausset,* ou *voix de tête,* un timbre vocal spécial, plus aigu que le timbre normal (ou voix de poitrine), dû à une position particulière des cordes vocales qui, au lieu d'être accolées sur toute leur étendue, sont écartées dans leur partie antérieure, ce qui raccourcit l'étendue vibrante des cordes vocales et augmente la fréquence fondamentale*.

faux-sens

On appelle *faux-sens* l'erreur consistant à interpréter de manière erronée le sens précis d'un mot dans le texte.

feed-back

On appelle *feed-back,* ou *rétroaction,* la commande d'un système au moyen de la réintroduction dans ce système des résultats de son action. Si l'information qui revient en arrière est capable de modifier la méthode et le modèle de fonctionnement, on a un feed-back ; c'est le principe d'action en retour par lequel une langue semble, comme un ordinateur perfectionné, éliminer d'elle-même certains dysfonctionnements. La langue peut être ainsi conçue comme un système autorégulateur : les exemples les plus connus de feed-back, pris en un sens très large, concernent l'élimination de certaines homophonies gênantes que l'évolution phonétique avait pu produire. Ainsi, la distinction en anglais entre *-ea-* et *-ee-* a disparu ; de ce fait, *queen* « reine » et *quean* « prostituée » se prononçaient de la même manière : cette équivoque a amené par une sorte d'autorégulation la disparition de *quean.* En gascon, *gat* provenait régulièrement à la fois des mots latins *cattus* « chat » et *gallus* « coq » ; d'où l'utilisation de mots comme *faisan* ou *vicaire* pour désigner le coq. De même, d'après la connaissance qu'il a de la langue et de celui qui parle, le destinataire analyse les sons qu'il entend et élimine notamment les variations contextuelles.

Ainsi, il y a des différences considérables entre les [o] prononcés par un homme et par une femme, par un Méridional et un Bourguignon, mais l'émetteur et le destinataire ne remarquent pas ces différences. De même [t] devant [i] est assez différent de [t] devant [o] : le premier est mouillé et articulé plus avant que le second ; sauf à certaines périodes de changement linguistique, le locuteur inconsciemment réprime la tendance naturelle à l'articuler trop en avant et maintient ainsi une similitude suffisante avec [t] placé devant [o] ; en sens inverse, bien que cet effort inconscient ne supprime pas toute différence entre les deux variantes de [t], le destinataire les assimile inconsciemment. Sans feed-back, la langue serait dépourvue du minimum de stabilité nécessaire à l'intercompréhension.

femelle
Dans la catégorisation sémantique des animés (personnes ou animaux), le terme *femelle* représente la classe des êtres femelles dans l'opposition du sexe. Ainsi, le nom *fille* a le trait sémantique distinctif [− mâle] (femelle) tandis que le nom *fils* a le trait sémantique distinctif [+ mâle]. « Féminin » et « femelle » ne se confondent pas : un mot peut être masculin et « femelle » ; ainsi, *docteur* est masculin et désigne un homme ou une femme ; la représentation pronominale se référant au sexe de la personne peut être différente : *J'ai vu le docteur, il m'a examiné / J'ai vu le docteur, elle m'a examiné.*

féminin
Le *féminin* est un genre* grammatical qui, dans une classification en deux genres, s'oppose au masculin, et qui, dans une classification en trois genres, s'oppose au masculin et au neutre. Le féminin représente souvent, mais non constamment, le terme « femelle » dans le genre naturel qui repose sur l'opposition de sexe entre « mâle » et « femelle ». Le mot *vendeuse* est noté [− masculin], [− mâle], ce qui signifie qu'il est féminin et désigne une femme ; mais le mot *sentinelle* est noté [− masculin], [+ mâle], ce qui signifie qu'il est féminin et désigne un « mâle », et *docteur* est noté [+ masculin] [± mâle], ce qui signifie qu'il est masculin mais peut être interprété soit comme « mâle » ou comme « femelle ». Les noms non animés féminins ont seulement le trait grammatical [− masculin] (c'est-à-dire féminin), comme *table, roche,* etc.

fermé
1. On appelle *classes fermées* les classes de morphèmes grammaticaux (les articles, les désinences temporelles, les pronoms, etc.) qui peuvent être définis par l'énumération de leurs termes, ceux-ci étant en nombre limité, par opposition aux *classes ouvertes,* classes de morphèmes lexicaux susceptibles d'accroissement et qui ne peuvent être définis que par compréhension, c'est-à-dire par la description des propriétés de chacune des classes.
2. En phonétique, un *phonème fermé* est un phonème dont l'articulation comporte un resserrement ou une fermeture du chenal buccal. Les consonnes sont des phonèmes fermés, par opposition aux voyelles. Les occlusives représentent le degré de fermeture maximale. Parmi les voyelles, on appelle *voyelles fermées* celles dont l'articulation comporte une élévation de la langue au-dessus de l'axe médian : [i], [u], [y] sont des voyelles fermées, [e], [o], [ø] sont des voyelles semi-fermées, par opposition aux voyelles ouvertes et semi-ouvertes. Du point de vue acoustique, la fermeture vocalique se traduit par le caractère diffus*.

fermeture
La *fermeture* est le mouvement de resserrement du chenal buccal qu'implique la réalisation des phonèmes fermés. Cette fermeture peut aller jusqu'à l'occlusion, pour les consonnes maximales (occlusives) ou les consonnes qui combinent occlusion et écoulement libre de l'air (nasales, latérales, vibrantes).

fétichisation
La *fétichisation* désigne l'ensemble des attitudes par lesquelles on tend à ériger la langue comme une réalité intangible ou immuable.

fibre optique
L'appareil appelé *fibre optique* est un des instruments qui permettent l'exploration du larynx. Il est formé d'une quantité de fibres (mosaïque de 4 200 points) contenues dans un tube que l'on introduit par la narine pour en retirer des informations sur les mouvements des cordes vocales grâce à une caméra.

fibroscopie
La *fibroscopie* est une technique d'exploration du larynx par une caméra.

figé
On appelle *expressions figées,* par opposition à expressions libres, des suites de mots qui n'obéissent pas aux règles générales de constitution de syntagmes ou de phrases et qui n'admettent pas de variations, ou du moins dans des limites restreintes aux articles, aux temps des verbes, aux insertions d'adjectifs *(prendre le taureau par les cornes, être à la botte de quelqu'un, donner un chèque en blanc à quelqu'un).*

figement
Le figement est le processus par lequel un groupe de mots dont les éléments sont libres devient une expression dont les éléments sont indissociables. Le figement se caractérise par la perte du sens propre des éléments constituant le groupe de mots, qui apparaît alors comme une nouvelle unité lexicale, autonome et à sens complet, indépendant de ses composantes : ainsi, *pomme de terre* ou *petit pois* peuvent commuter avec *carotte* et *navet, chemin de fer* avec *route* et *air.* Le mot *heur,* autrefois autonome, a perdu son indépendance syntaxique et son sens premier (« présage, chance ») à

cause de la fréquence des syntagmes *bon heur* et *mal heur* qui ont fini par constituer des mots.

figure

1. En rhétorique, les *figures* sont les divers aspects que peuvent revêtir dans le discours les différentes expressions de la pensée. On distingue :

a) les *figures de pensée,* qui consistent en certains tours de pensée indépendants de leur expression ; celles-ci se font par « imagination » (ex. : la prosopopée), par « raisonnement » (ex. : la délibération ou la concession) ou par « développement » (ex. : la description) ;

b) les *figures de signification,* qui intéressent le changement de sens des mots (ex. : la métonymie, la métaphore et la synecdoque) ;

c) les *figures d'expression,* ou *tropes,* qui intéressent le changement de sens affectant des mots, des groupes de mots et des phrases ; celles-ci se font par « fiction » (ex. : allégorie), par « réflexion » (« les idées énoncées se réfléchissent sur celles qui ne le sont pas » ; ex. : la litote, l'hyperbole) ; par « opposition » (ex. : l'ironie, le sarcasme) ;

d) les *figures de diction,* qui consistent dans la modification matérielle de la forme des mots (ex. : *encor, avecque,* en français ; ex. : prothèse, épenthèse, apocope, métathèse, crase) ;

e) les *figures de construction,* qui intéressent l'ordre naturel des mots ; celles-ci se font par « révolution » (modification de l'ordre), par « exubérance » (ex. : apposition), par « sous-entendu » (ex. : ellipse) ;

f) les *figures d'élocution,* qui intéressent le choix des mots convenant à l'expression de la pensée ; ce sont l'« extension » (ex. : épithète), la « déduction » (ex. : répétition et synonymie), la « liaison » (ex. : asyndète) ; la « consonance » (ex. : allitération) ;

g) les *figures de pensée,* ou *de style,* qui intéressent la façon dont est présentée la pensée ou l'expression des relations entre plusieurs idées : elles consistent en « emphase » (ex. : énumération), « tour de phrase » (ex. : apostrophe, interrogation), « rapprochement » (ex. : comparaison, antithèse), « imitation » (ex. : harmonie imitative).

2. En glossématique, la *figure de contenu* est un élément qu'on peut identifier avec les traits ou les sèmes de l'analyse sémantique. On l'appelle aussi *plérème**. La *figure d'expression* est un élément de la chaîne linguistique, appelé aussi *cénème**, qui s'oppose au signe* et qui est privé de contenu propre. Une langue utilise un nombre relativement réduit de figures, mais construit, en les combinant, un nombre infini, ou du moins indéfini, de signes.

figuré

On dit d'un mot qu'il a un *sens figuré* ou qu'il est employé avec un sens figuré, quand, défini par les traits « animé » ou « concret », il se voit attribuer dans certains contextes le trait « non-animé » (chose) ou « non-concret » (abstrait). Ainsi, dans *le chemin de la vie, chemin,* qui a le trait « concret » au sens propre et se voit attribuer le trait « non-concret », est employé au sens figuré. De même, dans *le chien d'un fusil,* le mot *chien* est employé dans un sens technique, non-animé : il a un sens figuré.

figurer

On dit d'un item lexical ou grammatical qu'il *figure* dans une phrase ou dans un constituant quand, étant une des valeurs possibles que peut prendre la variable « nom », « verbe », « adjectif », « temps », etc., il se substitue dans la structure de la phrase au symbole (N, V, Adj., etc.) de cette variable. On dit, par exemple, que, dans la phrase *Mon père lit le journal, journal* figure dans la position (à la place) du nom objet dans la structure : déterminant + nom auxiliaire + verbe + déterminant + nom. (V. OCCURRENCE.)

filtre

On appelle *filtre acoustique* un mécanisme destiné à renforcer certaines fréquences d'un son complexe et à en affaiblir d'autres. Pendant la phonation, le conduit vocal se comporte comme un filtre à l'égard du son complexe créé dans le larynx par la vibration des cordes vocales, puisque chaque cavité du conduit vocal renforce les fréquences proches de celle qui est propre. Si les harmoniques* hauts sont renforcés, le son est aigu ([t], [i], etc.) ; si les harmoniques bas ou le fondamental sont renforcés, le son est grave ([p], [k], [u], etc.).

finale

1. La *finale* d'un mot est la position de son dernier phonème ou de sa dernière syllabe, qui se trouvent de ce fait soumis à un certain nombre d'altérations dues à l'anticipation de l'initiale du mot suivant. En français, une voyelle finale est omise devant un autre mot commençant par une voyelle, une consonne finale est omise devant un autre mot commen-

çant par une consonne ou devant une pause : *un petit ami* vs *un petit camarade, un rude travail* vs *un rude hiver.*
2. On appelle *proposition* ou *subordonnée finale* une subordonnée de but introduite par les conjonctions *pour que, afin que* ou les prépositions *pour, dans le but de, afin de* suivies de l'infinitif.

Firth (John Rupert), linguiste anglais (Leeds 1890-Londres 1960). Professeur de linguistique générale à l'université de Londres de 1944 à 1956, il est profondément influencé par les travaux et les idées des anthropologues. Confronté à la nécessité de traduire en anglais les mots et phrases de langues d'Océanie, il a élaboré une théorie contextuelle de la signification, selon laquelle le sens des mots se réduit à l'ensemble des usages qu'on peut en faire (contexte). [V. Bibliographie.]

flèche
Dans le système de notation de la grammaire générative, la *flèche* donne l'instruction de réécrire l'élément à gauche de la flèche par l'élément (ou la suite d'éléments) écrit à droite de la flèche. Si la règle de réécriture est de la forme SN → D + N, la flèche indique que le syntagme nominal (SN) doit être converti dans la suite d'éléments : D (déterminant) suivi de N (nom).

fléchi
On appelle *forme fléchie* un mot constitué d'un morphème lexical et d'un morphème affixal (désinence*) qui exprime la fonction grammaticale, le nombre, la personne, la catégorie sémantique, etc. (V. FLEXION.)

fleuri
En rhétorique, se dit d'un style imagé, recherché.

flexion
En grammaire, la *flexion* est un procédé morphologique consistant à pourvoir les racines (verbales, nominales, etc.) d'affixes ou de désinences ; ceux-ci expriment les fonctions syntaxiques (cas), les catégories grammaticales du nombre, du genre, de la personne, ou les catégories sémantiques de l'animé, du comptable, etc., selon les classes de mots déterminées par chaque langue. La flexion inclut la déclinaison *(flexion nominale)* et la conjugaison *(flexion verbale).* Certaines langues, comme le latin et l'allemand, possèdent également une flexion pronominale. Le mot se présente alors comme un ensemble de formes fléchies, appelé paradigme. Ainsi, le latin connaît une flexion nominale : *dominus* est formé de la racine *domin-,* de la voyelle thématique *-o-* et de la désinence casuelle de nominatif *-s.* (La flexion a été appelée aussi *accidence.*) C'est aussi l'ensemble de formes fléchies d'un mot (nom, pronom ou verbe) variant selon les cas, le genre et le nombre, la personne, etc.

flexionnel
Les *langues* dont les mots sont pourvus de morphèmes grammaticaux qui indiquent la fonction des unités sont *flexionnelles* (par opposition aux langues agglutinantes*, tel le turc), toutes les fois que les éléments constituant chaque morphème ne peuvent être segmentés. Ainsi, dans le latin *boni* le *i* est à la fois marque du pluriel, marque du nominatif, marque du masculin. Les formes différentes des mots dans les langues flexionnelles forment des déclinaisons*, classées en types et, pour chaque type, existe un paradigme* ou modèle sur lequel doivent être déclinés tous les mots du type. Au contraire, avec le turc, on peut toujours analyser les mots en leurs éléments composants.

focaliser
Syn. de EMPHATISER.

focus
On utilise parfois l'expression de *mise en focus* pour désigner les procédés d'emphase* portant sur un constituant.

fonction

1. On appelle *fonction* le rôle joué par un élément linguistique (phonème, morphème, mot, syntagme) dans la structure grammaticale de l'énoncé. (« Fonction » s'oppose à « nature » qui dénote l'aspect morphologique du mot et non son emploi syntaxique dans la phrase.) C'est ainsi qu'on parle de fonction sujet et de fonction prédicat, qui définissent les relations fondamentales de la phrase, et des fonctions compléments (objet, circonstances), qui précisent ou complètent le sens de certains termes. Ainsi dans la phrase *Pierre lit un livre,* le mot livre a une fonction de complément d'objet.

La catégorie est aussi distincte de la fonction. Dans le syntagme verbal constitué d'un verbe suivi d'un syntagme nominal, on dira que le syntagme nominal est une catégorie, et que sa fonction est celle de complément d'objet.
2. En glossématique*, on appelle *fonction,* dans un sens voisin de celui que le mot a en mathématiques, toute relation entre deux termes. Selon que les termes sont ou tous les deux constants, ou l'un constant et l'autre variable, ou tous les deux variables, la fonction est une interdépendance*, une détermination*, une constellation*.
3. En grammaire générative, la fonction est la relation grammaticale que les éléments d'une structure (les catégories) entretiennent entre eux dans cette structure.

Soit la règle de réécriture du noyau P, constitué d'un syntagme nominal et d'un syntagme verbal : P → SN + SV, on dira que la catégorie SN a dans cette règle la fonction de sujet, et que SV a la fonction de prédicat. En revanche, dans la structure où le syntagme verbal est constitué d'un auxiliaire, d'un verbe et d'un syntagme nominal (SV → Aux + V + SN), on dira que SN a la fonction de complément (ou objet) dans la structure ainsi définie. La catégorie est distincte de la fonction.

fonction du langage

Les *fonctions du langage,* c'est-à-dire les diverses fins qu'on assigne aux énoncés en les prononçant, sont à la base des thèmes de l'école de Prague. Le langage étant considéré avant tout comme ayant pour but de communiquer des informations, sa fonction centrale est donc la fonction de communication (dite aussi référentielle ou cognitive) ; elle est essentielle car elle conditionne l'organisation même du langage, les caractéristiques des unités linguistiques, et beaucoup de faits diachroniques. Cependant, il peut être utile de distinguer, selon les caractères de la communication, différents types de message, donc différentes fonctions du langage. On y joint ainsi la fonction *impérative* ou *injonctive* (le langage comme moyen pour amener l'interlocuteur à adopter certains comportements). Le psychologue K. Bühler distingue la fonction de représentation (relation de l'énoncé avec l'univers extralinguistique), la fonction d'expression ou *expressive* (relation avec l'émetteur du message) et la fonction d'appel ou *interrogative* (relation avec le récepteur). R. Jakobson propose une classification plus élaborée, fondée sur le processus général de la communication tel que le décrivent les théoriciens de la cybernétique ; tout acte de communication suppose six facteurs : un destinateur, qui envoie un message à un destinataire, un contexte (ou référent), un code commun au destinateur et au destinataire, un contact (ou canal) qui permet d'établir et de maintenir l'échange. Il distingue : la fonction *référentielle* (ou *dénotative* ou *cognitive*), qui centre le message sur le contexte *(Le chien est un animal)* ; la fonction *émotive,* qui le centre sur le destinateur, ou locuteur *(Hélas ! il pleut !)* ; la fonction *conative,* sur le destinataire *(Viens ici !)* ; la fonction *phatique* centre le message sur le contact *(Allô, ne coupez pas),* la fonction *métalinguistique,* sur le code *(Il ne faut pas dire je m'ai coupé, mais je me suis coupé)* ; la fonction *poétique* enfin envisage le message en lui-même.

fonctionnalisme

1. La réflexion de l'école de Prague sur les fonctions* du langage a donné naissance à divers *courants fonctionnalistes* dans la deuxième moitié du XXe siècle jusque vers les années 70. Ainsi, A. Martinet pose en principe que la fonction principale du langage, qui est celle de la communication, implique la notion d'*économie linguistique.* Le point central de la doctrine réside dans le concept de double articulation du langage. La première articulation en monèmes intervient sur le plan de l'expression et sur le plan du contenu ; grâce à elle, un nombre indéfini d'énoncés est possible à partir d'un inventaire limité de monèmes. La seconde articulation ne concerne que le plan de l'expression. La substitution de l'un des segments, ainsi défini, à un autre de même type n'entraîne pas chaque fois la même variation de sens. Ainsi, la substitution de [ɛ] à [ɔ] dans [pɔr] et [mɔr] donnent [pɛr] et [mɛr], qui ont d'autres signifiés ; au contraire, dans la première articulation, la substitution de [re] à [ɛ] dans [mɑ̃ʒɛ] et [ʃɑ̃tɛ] correspond dans les deux cas dans le plan du contenu au sens d'action future. Grâce à la seconde articulation, quelques dizaines de phonèmes permettent de former des dizaines de milliers de signifiants différents. En revanche, à la différence de R. Jakobson, A. Martinet ne considère pas qu'il soit nécessaire d'introduire une troisième articulation (celle des traits pertinents, une dizaine) constituant les phonèmes. En phonologie générale, A. Martinet évalue le rendement fonctionnel (fonction linguistique) des différences phoniques : partant de la distinction importante des faits phonétiques et des faits phonologiques, il oppose les nécessités de la communication (exigence d'un nombre maximum d'unités qui soient les plus différentes possibles) et la tendance au moindre effort (exigence d'un nombre d'unités les moins différentes possibles). La tendance à harmoniser ces deux exigences aboutit à l'économie dans la langue ou à l'amélioration du rendement fonctionnel. Chaque unité de l'énoncé est soumise à deux pressions contraires : une pression (syntagmatique) dans la chaîne parlée, exercée par les unités voisines, et une pression (paradigmatique) dans le système, exercée par les unités qui auraient pu figurer à la même place. La première pression est assimilatrice, la deuxième dissimilatrice. Cette tendance fonctionnaliste a aussi ses applications dans la syntaxe. A. Martinet distingue ainsi des monèmes fonctionnels (comme les prépositions ou les désinences casuelles) et les modalités (comme le nombre ou l'article).

2. De son côté, R. Jakobson se fonde sur les fonctions* du langage (les points de vue du locuteur, de l'auditeur, du message, du contexte, du contact entre locuteur et récepteur, du code définissent la fonction émotive ou expressive, la fonction conative, la fonction poétique, la fonction dénotative, la fonction phatique et la fonction métalinguistique). Le fonctionnalisme de R. Jakobson est caractérisé par la réapparition de la diachronie, qui n'est plus seulement une succession d'études synchroniques, alors que, depuis F. de Saussure, on admettait que l'étude diachronique présuppose l'étude synchronique, la réciproque n'étant pas vraie. Pour R. Jakobson, il ne peut y avoir d'étude synchronique sans analyse diachronique : des changements interviennent constamment dans le système d'une époque, comme les tendances stylistiques par exemple (relevant des fonctions expressive et connotative) ; ainsi, tel type de prononciation est ordinaire pour les grands-parents, il est marqué et relevant du style soutenu pour les parents, qui en ont également un autre, il est totalement absent chez les enfants. La synchronie ne doit donc pas être conçue de façon statique mais de façon dynamique. Contrairement à une affiche, la synchronie d'un film n'est pas une image, ou une série d'images considérées séparément, mais l'examen du film dans sa dynamique. Enfin, l'interprétation du changement doit être fondée sur la finalité des modifications intervenues. L'utilisation d'un signe linguistique fait appel à la combinaison dans l'axe syntagmatique et à la sélection dans l'axe paradigmatique. En outre, la combinaison elle-même peut se faire par enchaînement ou par cooccurrence.

Une partie importante de l'œuvre de R. Jakobson présente une phonologie fondée sur la définition de traits distinctifs qui peuvent se présenter simultanément dans le phonème ; celui-ci est constitué par leur réunion. Ces traits distinctifs ont un caractère binaire, les phonèmes étant caractérisés par la présence ou l'absence d'une certaine qualité. Ainsi, les consonnes se classent sur la base des oppositions, présence ou absence du caractère labial, dental, palatal, etc. On se dirige donc vers une sorte de classification unitaire dans laquelle les voyelles et les consonnes sont classées selon les mêmes catégories. Même si on peut contester l'hypothèse selon laquelle une phonologie universelle se contenterait de 12 oppositions binaires, le schéma binariste est très pratique et se trouve notamment repris par M. Halle pour décrire le fonctionnement de la composante phonologique d'une grammaire générative.

fonctionnel

1. On appelle *mots fonctionnels* les mots qui indiquent certaines relations grammaticales entre les syntagmes constituant une phrase (prépositions), ou entre les phrases (conjonctions), ou qui marquent la frontière d'un syntagme nominal qu'ils déterminent (articles). Les mots fonctionnels se distinguent des morphèmes lexicaux parce que ce sont des morphèmes non autonomes qui n'ont de sens que relativement à la structure grammaticale dans lesquels ils entrent ; ils sont dénommés aussi *marqueurs structurels* ou *mots-outils*.
2. On dit d'une *opposition* qu'elle est *fonctionnelle* ou *pertinente** dans une langue donnée quand elle est pertinente pour la communication des messages : ainsi, l'opposition /p/ : /b/ est fonctionnelle en français.

fondamental

1. En acoustique, on appelle *son fondamental* le son provoqué par la vibration du corps vibrant en son entier, par opposition aux harmoniques* produits par la vibration des différentes parties du corps vibrant.

La vibration des cordes vocales produit une onde dont le spectre présente un grand nombre de composantes, qui sont toutes des multiples entiers de la fréquence fondamentale. La fréquence fondamentale correspond à la fréquence vibratoire des cordes vocales. Tout renforcement de la fréquence fondamentale rend le son plus grave.
2. On appelle *vocabulaire fondamental* d'une langue l'ensemble des items lexicaux les plus fréquemment utilisés dans un corpus étendu d'énoncés, écrits ou parlés, appartenant à l'usage le plus courant et sélectionnés à des fins pédagogiques. Contrairement au basic-english, le vocabulaire fondamental du français ne prétend pas être une langue se suffisant à elle-même, mais une première étape dans l'apprentissage de la langue. Ainsi, le français fondamental, élaboré en 1954 par une commission réunie sous l'égide du ministère de l'Éducation nationale, comprend 1 445 mots dont 1 176 items lexicaux et 269 items grammaticaux. Ces mots ont été retenus après deux sortes d'enquêtes : enquête sur la fréquence et la répartition des mots employés dans des conversations enregistrées et enquête sur la disponibilité en ce qui concerne les noms concrets dont la fréquence est instable car liée au thème de la conversation.

fonds commun

On peut appeler *fonds commun* d'une langue l'ensemble de mots ou de constructions que tous les locuteurs de cette langue emploient. Cette notion implique nécessairement que l'on fait abstraction des différences les plus minimes dans la manière de parler, celles qui reflètent les différences d'âge, de sexe, de groupe social, de milieu éducatif, d'intérêts culturels. Elle tend à présenter l'ensemble décrit comme homogène, car elle permet de minimiser les écarts : c'est la forme standard d'une langue.

force

La *force* est la qualité subjective (auditive ou perceptive) qui correspond à l'intensité*. L'intensité est la qualité objective, physique (acoustique) susceptible d'être mesurée par un équipement expérimental, indépendamment du sujet qui reçoit le message. La force, au contraire, comme toutes les qualités subjectives, relève des sensations éprouvées par l'auditeur et ne peut se mesurer sans lui.

formalisation

La formalisation est la description linguistique réalisée au moyen de règles formelles explicites. Une théorie linguistique ne peut se concevoir sans recours à une présentation formalisée, adaptée de modèles mathématiques, logiques ou biologiques. Cette présentation explicite en quelque sorte les hypothèses sous-jacentes à la description, qui sont soumises à deux exigences fondamentales : d'abord, constituer un tout cohérent (c'est-à-dire qui exclut les contradictions), ensuite, pouvoir être confronté aux faits linguistiques afin d'être confirmé ou infirmé. Ces deux exigences ne peuvent être satisfaites que si les hypothèses sont exprimées dans un métalangage comportant ses propres symboles, ses règles et ses contraintes. Ainsi, à partir de concepts primitifs (catégories grammaticales, unités lexicales, etc.) et de relations primitives (combinatoire, dépendances), il devient possible de concevoir un système capable de décrire des énoncés attestés, de prévoir (prédire) une infinité d'énoncés possibles. Ce système fonctionne en suivant une série d'instructions portant sur les catégories et les relations précédemment définies selon un ordre préétabli. Les résultats obtenus par l'application systématique des règles doivent être soumis aux jugements des locuteurs natifs. Les énoncés inacceptables conduiront alors à modifier les règles. L'évolution de la théorie est donc conçue comme un aller-retour entre les hypothèses et les faits linguistiques.

formant

1. On appelle *formants de thème verbal* les suffixes servant à constituer avec des radicaux des thèmes verbaux (ex. : *-iser* dans *caraméliser ; -ifier* dans *décalcifier*) et *formants du thème nominal* les suffixes servant à constituer des thèmes nominaux (ex. : *-age* dans *lavage ; -ment* dans *nivellement*).

On appelle *formants thématiques* des affixes qui s'ajoutent au radical et qui sont suivis de la désinence casuelle ou temporelle ; ainsi, en grec, le formant thématique de certains verbes (dits « thématiques ») est *e/o* comme *luomen, luete,* etc., sur le radical *lu-* (délier).

2. Dans la première étape de la théorie générative, on oppose les morphèmes, éléments syntaxiques constitutifs des suites syntagmatiques terminales (suites sous-jacentes générées par la base* syntagmatique), aux *formants* ou *formatives,* éléments syntaxiques constitutifs des suites transformées terminales (dérivées par l'application des transformations aux suites sous-jacentes) et qui reçoivent une interprétation phonétique. Ainsi, en français, la suite sous-jacente *Le père lit le journal* est constituée des morphèmes :

Le + père + singulier + Prés + lire + le + journal + singulier,

alors que la suite passive dérivée est constituée des formants ou formatives :

Le + livre + singulier + Prés + être + participe passé + lire + par + le + père + ø.

La suite des formants est constituée de plus d'éléments que la suite des morphèmes.

3. En phonétique acoustique, on appelle *formants* les zones de fréquences d'un son complexe renforcées par un filtre acoustique. Dans la phonation, les deux premiers formants, responsables du timbre particulier de chaque voyelle et de certaines consonnes, correspondent aux deux principaux résonateurs de l'appareil vocal, postérieur et antérieur par rapport au lieu d'articulation. D'autres formants peuvent intervenir qui correspondent à l'adjonction d'un résonateur supplémentaire (le formant caractéristique des voyelles nasales, par exemple). La position fréquentielle des trois premiers formants caractérise le timbre vocalique : un troisième formant aux environs de 3 kHz accentue le timbre aigu de [i] et [y]. Les consonnes occlusives se caractérisent par l'absence de formants. Les fricatives se caractérisent par une structure de formants très peu nette.

formateur

Dans la terminologie sémantique de C. W. Morris, le *formateur* (anglais *formator*) est un signe comportant l'instruction implicite d'une opération linguistique (telle que négation, généralisation, etc.). U. Weinreich considère comme formateurs :

a) les opérateurs pragmatiques, tels que l'interrogation, l'ordre, etc., et tous les procédés linguistiques notant l'attitude du locuteur

quant au contenu de son discours (marqueurs de la distance et de la modalisation*) ;
b) les signes déictiques, les embrayeurs, puisque ces signes impliquent référence à l'acte de communication dans lequel ils sont utilisés : *ici/là, hier/demain* s'ordonnent par rapport au lieu ou au temps de la communication ;
c) les opérateurs propositionnels, c'est-à-dire les solutions lexicales concurrençant tel autre type de formateur ; par exemple, le mot *ignorer* sera un opérateur propositionnel, par opposition au formateur négation (*ignorer* = adjonction de la négation à *savoir*) ;
d) les quantificateurs (*certain, quelque, tous les,* etc.) ;
e) les formateurs purement syntaxiques, organisateurs de l'expression : certains éléments de l'ordre des mots, certains cas de déclinaison, etc. Par exemple, alors que des cas comme l'ablatif d'origine ou l'accusatif de but ont un contenu désignatif (un designatum), le nominatif sera un formateur, pour autant qu'il n'est que signe du sujet.

formation de mots
On appelle *formation de mots* l'ensemble de processus morphosyntaxiques permettant la création d'unités nouvelles à partir de morphèmes lexicaux. On utilise ainsi, pour former des mots, les affixes de dérivation* ou les procédures de composition*.

formative V. FORMANT.

forme
En linguistique, le mot *forme* a des sens divers selon les théories.
1. Dans l'acception saussurienne, le terme *forme* est synonyme de *structure* et s'oppose à *substance :* la substance est la réalité sémantique ou phonique (masse non structurée), la forme est le découpage spécifique opéré sur cette masse amorphe et issu du système de signes. La forme d'une langue va donc s'exprimer par les relations que les unités linguistiques entretiennent entre elles. Aussi, pour É. Benveniste, la forme d'une unité linguistique se définit-elle comme sa capacité de se dissocier en constituants de niveau inférieur, pendant que le sens d'une unité se définit comme sa capacité d'intégrer une unité de niveau supérieur (c'est-à-dire que l'unité fera « partie intégrante » d'une unité de rang supérieur, ici le syntagme). La forme de *table* sera sa capacité à se dissocier en /t/, /a/, /b/, /l/, qui sont des phonèmes ; le sens de *table* sera sa capacité à constituer avec d'autres unités du rang morphématique une unité syntaxique *table d'opération* (syntagme). C'est sur ce sens du mot *forme* qu'opère L. Hjelmslev, mais il réinterprète l'opposition forme *vs* substance de F. de Saussure ; il oppose, tant au plan de l'expression (signifiants) qu'au plan du contenu (signifiés), la forme et la substance. Dans l'expression*, nous avons une substance (la masse phonique) structurée comme forme par la langue. La forme de l'expression fournira, par exemple, sept mots pour l'expression des « couleurs fondamentales » du spectre solaire en français. De même, le contenu, fondé sur une substance (pensée amorphe), reçoit une forme propre à la langue donnée. Ce sont ces deux formes qui définissent linguistiquement la langue.
2. Dans une acception traditionnelle, le mot *forme* s'oppose à *contenu,* à *sens* (F. de Saussure parle en ce cas d'expression opposée à contenu). La forme est alors la structure de la langue non interprétée sémantiquement qui s'oppose au sens, à la signification.

E. Sapir insiste, dans cette perspective, sur l'absence de rapport, dans une langue donnée, entre forme et fonction. Par exemple, l'idée de négation peut être marquée en français par des procédures formelles très différentes : adjonction du préfixe *in-* *(inconnu),* ou emploi du morphème discontinu *ne ... pas (je ne le connais pas).*
3. Le mot *forme* peut désigner une unité linguistique (morphème ou construction) identifiée par ses traits formels. À ce titre, on opposera, par exemple, la forme régulière (toute forme qu'un locuteur peut composer sans l'avoir jamais entendue, par simple application de règles ; par exemple le futur de n'importe quel nouveau verbe) et la

forme irrégulière (toute forme qu'il est nécessaire d'avoir déjà entendue pour la réaliser correctement ; par exemple *courrai*). La linguistique distributionnelle américaine distingue *forme libre* (free form)* et *forme liée* (bound form)*. Sera dite forme libre toute unité susceptible de constituer un énoncé. *Jacques, heure,* etc., sont des formes libres ; *-ant* dans *chantant, -eur* dans *chanteur* sont des formes liées. Les formes libres elles-mêmes se subdivisent en forme libre minimale (le mot) et forme libre non minimale. Le mot, émis seul, possède un sens et ne peut être analysé en unités ayant toutes un sens ; *malheureux* peut s'analyser en *malheur* (ayant un sens) et en *-eux ; malheur* comme *malheureux* sont des mots, alors que *-eux* est une forme liée. La forme libre non minimale est le syntagme ; la phrase est elle-même une forme libre non minimale.

formel

Dans l'analyse distributionnelle, la segmentation d'une unité supérieure en ses constituants permet de la réduire aux seuls éléments *formels* : en effet, l'analyse d'une unité par son environnement évite de faire entrer en ligne de compte sa signification : la division en cinq graphèmes (ou quatre phonèmes) de l'unité *table* ne conserve rien du sens que comporte le lexème *table.* L'analyse ainsi faite rend compte des rapports formels existants, mais non du sens, qui apparaît ici au niveau du morphème. Lorsque la comparaison (par exemple par la pratique du système des paires minimales) apporte la certitude qu'il y a en ce cas quatre phonèmes, on a défini les quatre constituants formels du morphème *table,* mais on n'a pas rendu compte du sens. Le projet de la grammaire formelle (V. FORMALISATION), fondé sur le postulat de la centralité de la syntaxe, vise à rendre compte, par une description structurale, des constituants de tout message linguistique, en dehors de toute considération d'interprétation phonétique et/ou d'interprétation sémantique (V. FORMALISME).

fort

1. On appelle *formes fortes* celles qui présentent la forme pleine du thème. (V. ALTERNANCE.) On appelle *aoriste fort,* l'aoriste grec caractérisé par l'absence d'infixe (par opposition à l'aoriste sigmatique) et, généralement, par le degré réduit de la racine : *elipon,* aoriste fort (ou aoriste second) de *leipô.*

2. En phonétique, une *consonne forte* est une consonne pour l'articulation de laquelle le courant d'air expiratoire est plus intense, et donc la résistance au point d'articulation plus énergique et la tension des muscles plus grande. Les consonnes fortes du point de vue perceptif sont physiologiquement tendues et acoustiquement intenses. En français, toutes les consonnes non-voisées sont des fortes.

3. Les *verbes forts* sont, en allemand, les verbes irréguliers.

fracture

On appelle *fracture* ou brisure* un phénomène de dilation aboutissant à la diphtongaison de la voyelle concernée.

franchissement

Dans la terminologie de N. S. Troubetskoï et de l'école de Prague, on appelle *mode de franchissement de l'obstacle* la façon dont s'effectue le passage de l'air au lieu de l'articulation des phonèmes consonantiques (on dit aussi mode d'articulation). Le mode de franchissement du premier degré oppose entre elles les séries occlusives, fricatives et sonantes. Le mode de franchissement de second degré oppose, à un même degré d'obstacle et à la même localisation, les phonèmes différents par la tension, le voisement et l'aspiration. Le mode de franchissement de troisième degré oppose les phonèmes géminés (c'est-à-dire une séquence des phonèmes identiques et contigus appartenant à deux syllabes différentes) aux phonèmes simples.

francophone

On qualifie de *francophones* des locuteurs dont le français est la langue maternelle ou la langue courante, ou ceux qui relèvent d'un pays où le français est la langue officielle ou d'un État qui a choisi le français comme langue de communication internationale. Ces situations linguistiques sont évidemment très différentes.

francophonie

La *francophonie* désigne l'ensemble des pays et des locuteurs parlant le français.

Le français est l'une des 11 grandes langues du monde, parlé par 100 millions de locuteurs natifs. Il est langue officielle de l'État et langue d'enseignement, voire langue administrative dans une trentaine d'États à travers le monde (principalement en Afrique), ce qui représente un total excédant sans doute largement les 200 millions d'utilisateurs. C'est une langue internationale, pratiquée comme langue seconde et comme langue d'accès à la culture et à la modernité. Il est enfin une langue de travail, en principe à égalité avec l'anglais, de plusieurs institutions internationales, notamment de celles qui relèvent de l'O.N.U. La francophonie désigne d'abord l'ensemble des régions où se trouvent rassemblées des populations ayant le français comme langue maternelle. Outre la France, il s'agit, en Europe, d'une partie de la Belgique (Wallonie et Bruxelles), de la Suisse romande, du Luxembourg (où le français est langue officielle à égalité avec l'allemand et le luxembourgeois), du Val d'Aoste et des vallées vaudoises en Italie, de la principauté de Monaco, voire des îles Anglo-Normandes (où survit le normand). En Amérique du Nord, le Canada français est constitué du Québec (plus de 90 p. 100 de francophones), mais aussi de la forte minorité des Acadiens francophones dans les Provinces maritimes et des groupes francophones de l'Ouest (Manitoba, nord de l'Alberta) ; aux États-Unis, il subsiste en Louisiane une communauté francophone (les Cajuns). Outre la Guyane française, dans le monde caraïbe (Haïti et Antilles françaises), des créoles apparentés au français sont les vernaculaires courants, parallèlement au français standard, qui est la « langue de culture ». Dans l'océan Indien, le français est parlé à la Réunion et, dans une certaine mesure, à l'île Maurice, ainsi que dans d'autres îles où la domination britannique n'a pas extirpé les créoles français (Seychelles). [Le même phénomène s'observe à la Dominique et à Sainte-Lucie (dans les Antilles).] En Océanie, il faut citer la Nouvelle-Calédonie et la Polynésie française, mais aussi une partie des Nouvelles-Hébrides. L'usage du français conserve de fortes positions dans l'ancienne Indochine, dans le Maghreb, mais aussi au Liban. Plus largement, la francophonie est l'ensemble d'individus et de groupes qui, dans de très nombreux pays, utilisent le français comme véhicule de communication internationale.

franglais

Le *franglais* désigne d'une manière péjorative l'ensemble des néologismes d'origine anglo-américaine introduits dans la langue française depuis les années 50.

fréquence

1. La *fréquence d'un son* est le nombre de cycles accomplis par unité de temps. La fréquence se calcule en général en cycles/seconde, ou hertz. La période étant le temps mis par le corps vibrant pour effectuer un cycle, la fréquence correspond à l'inverse de la période. La fréquence de vibration d'un corps dépend de ses qualités spécifiques, entre autres, s'il s'agit d'une cavité, de son volume, de sa forme, de la grandeur de l'ouverture par rapport au volume. C'est pourquoi la modification de la forme du chenal buccal entraîne des variations de la fréquence du son du langage.

Le champ auditif de l'homme, entre le seuil absolu et le seuil de la douleur, est compris entre 20 et 20 000 cycles/seconde. Les fréquences auxquelles l'oreille est la plus sensible se situent entre 1 000 et 6 000 cycles/seconde. L'étendue des fréquences vocales du discours normal est de 60 à 350 cycles/seconde, c'est-à-dire plus de deux octaves.

2. La fréquence est le nombre d'occurrences d'une unité linguistique dans un corpus. La fréquence porte soit sur les termes formellement distincts, soit sur les unités appartenant au même paradigme flexionnel ; ainsi la fréquence calculera les occurrences diverses de *aller, va, irons,* etc., ou l'occurrence du verbe *aller* sous les diverses formes de sa flexion (conjugaison).

fréquentatif

On appelle *fréquentatif* une forme verbale pourvue d'un affixe (constituée avec un auxiliaire ou un adverbe), qui indique la répétition de l'action exprimée par la racine du verbe. Ainsi *criailler, redire* sont des formes fréquentatives qui ont, l'une, le suffixe *-ailler,* l'autre, le préfixe *re-*.

fricative

Une *consonne fricative* (dite aussi *constrictive* ou *spirante*) est une consonne caractérisée par un resserrement du chenal buccal qui entraîne sur le plan auditif une impression de friction ou de sifflement due au passage difficile de l'air à travers les parois du chenal buccal et, sur le plan acoustique, à un aspect brouillé du spectre dû à la turbulence des ondes. Il est en principe possible de produire des fricatives en n'importe quel point de la bouche, depuis les lèvres jusqu'au pharynx et même au larynx. En français [f], [v], [ʃ], [ʒ], [s], [z] sont des fricatives. L'anglais et l'allemand présentent des fricatives laryngées (dans les mots *house* et *haus*) inconnues en français. L'espagnol présente aussi des fricatives inconnues en français : la fricative bilabiale [β] dans *haber,* la fricative interdentale [θ] dans *cinco,* la fricative apicodentale dans *nada,* les deux fricatives vélaires *hijo* et *hage.*

frontière

1. On appelle *frontière linguistique* la ligne idéale figurant le passage d'un dialecte à un autre dialecte ou d'une langue à une autre langue. Alors que les frontières entre langues de familles différentes sont généralement nettes, les frontières entre parlers apparentés sont floues ; leur tracé varie en fonction des traits choisis comme caractéristiques. On parle plutôt d'isoglosses* (ou limite de deux traits différents) et de faisceaux d'isoglosses.

2. *Frontière de mot.* V. JONCTURE.

fusion

On appelle *fusion* la combinaison de deux éléments en contact à l'intérieur d'un mot, qui rend difficile l'analyse directe. Ainsi, le latin *prudens* est issu par fusion de *providens.*

fusionnant

On emploie quelquefois *langue fusionnante* pour langue flexionnelle*, parce qu'une langue flexionnelle amalgame et opère la fusion des divers morphèmes casuels (désinences).

futur

1. Le *futur* est un temps* situant l'énoncé dans un moment après l'instant présent*, après le « maintenant ». Le futur s'exprime par des combinaisons d'affixes verbaux *(Il viendra, ils prendront),* par des adverbes *(Il vient demain)* ou par des auxiliaires *(Il va venir).*

2. On donne le nom de *futur simple* à un ensemble de formes verbales du français constituées d'une racine verbale et d'affixes verbaux (r + affixe de présent → *ra, ront,* etc.) et exprimant le temps futur.

On donne le nom de *futur antérieur* à un ensemble de formes verbales du français constituées de l'auxiliaire *avoir* (ou *être*) et d'un participe passé, l'auxiliaire étant lui-même affecté des affixes verbaux du futur. Le futur antérieur traduit la catégorie de l'aspect (procès accompli) et celle du temps (procès dont l'achèvement se fait après l'instant de l'énoncé) : *Dès qu'il aura fini, qu'il vienne.*

On donne le nom de *futur dans le passé* au conditionnel présent français employé au lieu du futur simple dans une complétive dépendant d'un verbe au passé : *je pensais que tu viendrais* vs *je pense que tu viendras.*

g

gallicisme
On appelle *gallicisme* une tournure ou construction du français qu'il est impossible de traduire littéralement dans une autre langue, comme *se mettre en quatre, être sur les dents,* ou *il y a.*

Garcia (miroir de)
L'appareil dit *miroir de Garcia* permet d'observer les cordes vocales à la verticale.

gazouillis
On appelle *gazouillis* la suite de sons émis par un enfant entre un et cinq mois, non accompagnés de cris, qui présentent une extrême variété sans avoir encore de valeur phonologique.

gémination
On appelle *gémination* le phénomène de renforcement d'une articulation consonantique qui en prolonge la durée environ de moitié et en augmente l'intensité. Ce phénomène est parfois appelé aussi *redoublement,* bien qu'il n'y ait pas véritablement répétition de la consonne. La gémination peut avoir une valeur linguistique dans certaines langues, comme l'italien, qui opposent des consonnes simples à des consonnes géminées. Dans les autres langues, elle peut également apparaître avec une valeur expressive : ainsi, en français, la gémination n'apparaît pratiquement que dans certaines prononciations académiques ou régionales, ou pour exprimer une violente émotion. « *C'est ab-bominable !* » Elle se produit par ailleurs lorsque le phonème final d'un mot et le phonème initial du mot suivant sont identiques : *il lit* (ll) ; *vous êtes têtu* (tt).

géminé
Une *consonne géminée* est une consonne plus longue qu'une consonne simple et dont l'articulation est plus énergique (ou plus intense). Elle se distingue d'une consonne longue par le fait qu'elle se trouve scindée par une frontière syllabique, la première partie pouvant être considérée comme implosive, l'autre comme explosive. L'italien oppose un certain nombre de géminées aux consonnes homorganiques correspondantes /pala/ *pelle* et /palla/ *balle,* /pani/ *pains* et /panni/ *vêtements,* /tuta/ *bleu de travail* et /tutta/ *toute,* /buka/ *trou* et /bukka/ *bouche,* etc.

généalogie
La linguistique ayant pris au XIXe siècle la biologie comme modèle, on a parlé pour les langues de « vie », de « mort », de « parenté » : c'est dans cette perspective qu'on emploie le terme *généalogie.* Établir la généalogie d'une langue, c'est déterminer la langue dont elle provient, ainsi que les langues de même origine qu'elle : établir la généalogie du français, c'est lui donner comme ancêtre le latin et préciser que l'italien, l'espagnol, le portugais et le roumain sont aussi issus du latin (on dit que ce sont les langues sœurs du français, le latin étant la langue mère). De même, établir la généalogie du latin, c'est, grâce à la grammaire comparée*, lui donner pour ancêtre l'indo-européen. (V. FAMILLE DE LANGUES.)

générale (grammaire)
La *grammaire générale* a pour objet d'énoncer certains principes (universaux) ou axiomes auxquels obéissent toutes les langues. Dans son souci d'élaborer une théorie de la phrase comme une partie ou un aspect de la logique formelle, afin de systématiser l'étude des propositions et des jugements, Aristote a jeté les premières bases de la grammaire générale. Celle-ci réapparaît aux XVIIe et XVIIIe siècles comme un ensemble d'hypothèses sur la nature du langage considéré comme découlant des « lois de la pensée » ; elle est consacrée par le succès de la *Grammaire générale et raisonnée* de Port-Royal : cet ouvrage qui, pendant deux siècles, servira de base à la formation grammaticale, explique les faits en partant du postulat que le langage, image de la pensée, exprime des jugements et que les réalisations diverses qu'on rencontre dans les langues sont conformes à des schémas logiques universels. Acceptée même par Condillac et les philosophes empiristes, la grammaire générale a

connu une longue éclipse pendant la période du positivisme. N. Chomsky y voit actuellement l'ancêtre des grammaires génératives.

généralisation
La *généralisation* est un processus cognitif qui consiste, en partant d'un certain nombre de constatations empiriques, à élaborer un concept : ainsi, le concept « chaise » est élaboré à partir de la perception d'objets comportant un certain nombre de propriétés communes. La généralisation est dite secondaire quand elle se produit non pas directement à partir des objets eux-mêmes, de leur voisinage physique, mais à partir de mots ou d'images qui évoquent cet objet. Il y aura *généralisation sémantique* quand une réponse provoquée par un mot-stimulus est aussi provoquée par des synonymes de ce mot : si on conditionne une réponse de sécrétion salivaire au mot *manière,* la même réponse sera évoquée, bien que plus faible, par un stimulus proche sémantiquement, comme *façon, sorte.*

généralisé
1. Dans la première étape de la grammaire générative, on appelle *transformation généralisée* la transformation* qui opère sur deux (ou plus de deux) suites générées par la base. Ainsi, les transformations relative et complétive sont des transformations généralisées puisqu'elles enchâssent une suite (relative ou complétive) dans une autre suite, dite « phrase matrice* ». Les transformations généralisées, ou transformations binaires, s'opposent aux transformations singulières qui opèrent sur une seule suite, comme les transformations passive, interrogative, affixale, etc.
2. On appelle quelquefois *comparatif généralisé* le superlatif relatif*.

généralité
Le critère de *généralité* des règles est un critère qui, avec la simplicité, permet d'évaluer la capacité d'une grammaire : la règle qui pourra rendre compte du plus grand nombre de faits possibles dans le plus grand nombre de langues satisfait à cette condition de généralité.

génératif
Une grammaire est *générative* quand elle est faite d'un ensemble de règles (avec un lexique associé) qui permet, pour toute combinaison des mots de la langue, de décider si cette combinaison est grammaticale et de lui fournir, dans ce cas, une description structurelle. Une grammaire générative est explicite en ce sens que la nature et le fonctionnement des règles sont décrits d'une manière rigoureuse et précise qui en permet la formalisation. Une grammaire générative n'a pas nécessairement des transformations comme la « grammaire générative » de N. Chomsky.

générative (grammaire)

La *grammaire générative* est une théorie linguistique élaborée par N. Chomsky et par les linguistes du Massachusetts Institute of Technology entre 1960 et 1965. Critiquant le modèle distributionnel et le modèle des constituants immédiats de la linguistique structurale, qui, selon eux, décrivent seulement les phrases réalisées et ne peuvent expliquer un grand nombre de données linguistiques (comme l'ambiguïté, les constituants discontinus, etc.), N. Chomsky définit une théorie capable de rendre compte de la créativité* du sujet parlant, de sa capacité à émettre et à comprendre des phrases inédites. Il formule des hypothèses sur la nature et le fonctionnement du langage : ce dernier, spécifique à l'espèce humaine, repose sur l'existence de structures universelles innées (comme la relation sujet/prédicat) qui rendent possible l'acquisition (l'apprentissage) par l'enfant des systèmes particuliers que sont les langues : l'environnement linguistique active ces structures inhérentes à l'espèce, qui sous-tendent le fonctionnement du langage. Dans cette perspective, la *grammaire* est un mécanisme fini qui permet de générer* (d'engendrer) l'ensemble infini des phrases grammaticales (bien formées, correctes) d'une langue, et elles seules. Formée de règles définissant les suites de mots ou de sons qui sont permises, cette grammaire constitue le savoir linguistique des sujets parlant une langue, c'est-à-dire leur compétence* linguistique ; l'utilisation particulière que chaque locuteur fait de la langue dans une situation particulière de communication relève de la performance*.

Dans une première étape (appelée théorie standard), la grammaire est formée de trois parties ou composantes :
— une *composante syntaxique,* système des règles définissant les phrases permises dans une langue ;
— une *composante sémantique,* système des règles définissant l'interprétation des phrases générées par la composante syntaxique ;
— une *composante phonologique et phonétique,* système de règles réalisant en une séquence de sons les phrases générées par la composante syntaxique.

La composante syntaxique, ou syntaxe, est formée de deux grandes parties : la *base,* qui définit les structures fondamentales, et les *transformations,* qui permettent de passer des structures profondes, générées par la base, aux structures de surface des phrases, qui reçoivent alors une interprétation phonétique pour devenir les phrases effectivement réalisées. Ainsi, la base permet de générer les deux suites :

(1) La + mère + entend + quelque chose,
(2) L' + enfant + chante.

La partie transformationnelle de la grammaire permet d'obtenir *La mère entend que l'enfant chante* et *La mère entend l'enfant chanter.* Il s'agit encore de structures abstraites qui ne deviendront des phrases effectivement réalisées qu'après application des règles de la composante phonétique.

La *base* est formée de deux parties :
a) La *composante* ou *base catégorielle* est l'ensemble des règles définissant les relations grammaticales entre les éléments qui constituent les structures profondes et qui sont représentés par les symboles catégoriels. Ainsi, une phrase est formée de la suite SN + SV, où SN est le symbole catégoriel de syntagme nominal et SV le symbole catégoriel de syntagme verbal : la relation grammaticale est celle de sujet et de prédicat ;
b) Le *lexique,* ou dictionnaire de la langue, est l'ensemble des morphèmes lexicaux définis par des séries de traits les caractérisant ; ainsi, le morphème *mère* sera défini dans le lexique comme un nom, féminin, animé, humain, etc. Si la base définit la suite de symboles : Art + N + Prés + V + Art + N (Art = article, N = Nom, V = verbe, Prés = Présent), le lexique substitue à chacun de ces symboles un « mot » de la langue : La + mère + t + finir + le + ouvrage, les règles de transformation convertissent cette structure profonde en une structure de surface : la + mère + finir + t + le + ouvrage, et les règles phonétiques réalisent *La mère finit l'ouvrage.*

On a donc obtenu, à l'issue de la base, des suites terminales de formants grammaticaux (comme nombre, présent, etc.) et des morphèmes lexicaux ; ces suites sont susceptibles de recevoir une interprétation selon les règles de la composante sémantique. Pour être réalisées elles vont passer par la composante transformationnelle.

Les *transformations* sont des opérations qui convertissent les structures profondes en structures de surface sans affecter l'interprétation sémantique faite au niveau des structures profondes. Les transformations, déclenchées par la présence dans la base de certains constituants, comportent deux étapes : l'une consiste en l'analyse structurelle de la suite issue de la base afin de voir si sa structure est compatible avec une transformation définie, l'autre consiste en un changement structurel de cette suite (par addition, effacement, déplacement, substitution) ; on aboutit alors à une suite transformée correspondant à une structure de surface. Ainsi, la présence du constituant « Passif » dans la suite de base entraîne des modifications qui font que la phrase *La mère finit l'ouvrage* devient *L'ouvrage est fini par la mère.*

Cette suite va être convertie en une phrase effectivement réalisée par les règles de la composante phonologique (on dit aussi morphophonologique) et phonétique. Ces règles définissent les « mots » issus des combinaisons de morphèmes lexicaux et de formants grammaticaux, et leur attribuent une structure phonique. C'est la composante phonologique qui convertit le morphème lexical « enfant » en une suite de signaux acoustiques [ɑ̃fɑ̃].

La théorie générative doit fournir une théorie phonétique universelle permettant de dresser la liste des traits phonétiques et les listes des combinaisons possibles entre ces traits ; elle repose donc sur une matrice universelle de traits phoniques. La théorie doit fournir une théorie sémantique universelle susceptible de dresser la liste des concepts possibles ; elle implique donc une matrice universelle de traits sémantiques. Enfin, la théorie doit fournir une théorie syntaxique universelle, c'est-à-dire dresser la liste des relations grammaticales de la base et celles des opérations transformationnelles capables de donner une description structurelle de toutes les phrases. Ces tâches de la grammaire générative impliquent donc l'existence d'universaux linguistiques à ces trois niveaux.

La nature même de ce type de démarche implique que la grammaire ne saurait être conçue comme un modèle figé. C'est pourquoi, dès son origine, la grammaire générative n'a cessé d'être l'objet d'aménagements divers, pouvant même aller jusqu'à remettre en cause l'organisation de son appareil conceptuel. Les principaux remaniements dont la théorie standard a été l'objet sont nés avant tout de considérations d'ordre sémantique. Des linguistes comme G. Lakoff et J. D. McCawley se sont, en effet, attachés à montrer qu'une structure profonde de type syntaxique manquait de généralité dès qu'il s'agissait de l'interpréter sémantiquement, c'est-à-dire de la mettre en relation avec une représentation sémantique. Ils en sont donc venus à proposer un modèle dont la véritable structure sous-jacente était beaucoup plus abstraite et plus proche d'une forme logique ayant pour but de contenir toute l'information sémantique. Dès lors, les transformations ont un rôle accru dans la mesure où elles sont chargées de relier directement la représentation sémantique à la structure de surface. Cette conception de la grammaire est connue sous le nom de sémantique* générative. De son côté, N. Chomsky a apporté diverses modifications au modèle de 1965 ; elles l'ont conduit à proposer alors une version nouvelle de la grammaire, qu'il a appelée « théorie standard étendue » : il s'agit d'un système grammatical qui maintient le principe d'autonomie de la syntaxe, tout en permettant aux règles d'interprétation sémantique d'intervenir, à la fois au niveau de la structure profonde et au niveau de la structure de surface, afin d'obtenir (tout comme l'a proposé la sémantique générative) une forme logique. Ensuite, N. Chomsky s'est consacré à l'établissement de contraintes relatives au formalisme des transformations, en particulier celles qui provoquent des déplacements, et celles qui impliquent des processus de coréférence, l'enjeu essentiel étant de contenir les procédures formelles dans des limites compatibles avec l'hypothèse de l'universalité de la faculté de langage.

Depuis les années 80, sur le plan syntaxique, la grammaire se présente comme un système stratifié de représentations abstraites, les modules, qui sont autant de théories, chaque module ayant ses contraintes propres, mais en interaction avec les autres : il y a une théorie sur la hiérarchie des constituants de la phrase, sur les dépendances formant la rection, sur les cas et la distribution des syntagmes nominaux, sur les anaphores, sur les arguments des opérateurs prédicatifs (rôles sémantiques).

générer
On dit d'une grammaire, considérée comme un mécanisme, qu'elle *génère des phrases* quand, au moyen de règles en nombre fini, elle énumère explicitement les phrases d'une langue, c'est-à-dire qu'elle permet de les former, en donnant une description de leur structure. Soit la grammaire constituée des seules règles :

P → SN + SV

SN → D + N

SV → V + SN

ce qui signifie que le noyau de la phrase (P) est formé (réécrit) par un syntagme nominal suivi d'un syntagme verbal, que le syntagme nominal (SN) est formé d'un déterminant (D) et d'un nom (N) et le syntagme verbal d'un verbe (V) suivi d'un syntagme nominal (SN) ; cette grammaire génère un nombre très grand de phrases, car les noms et les verbes, c'est-à-dire les valeurs que peuvent prendre les symboles N et V, sont très nombreux : *Les enfants regardent la télévision, le père lit le journal, la mère fait la cuisine,* etc. Chaque phrase ainsi obtenue est grammaticale par définition puisqu'elle est produite et décrite par les règles de cette grammaire. Si les règles de cette grammaire sont récursives (par exemple la règle qui permet d'adjoindre une relative à un syntagme nominal), la grammaire génère un nombre infini de phrases de cette langue. *Le père qui lit le journal..., le père qui lit le journal qu'il a acheté,* etc. (Syn. : DÉCRIRE, ENGENDRER, PRODUIRE.)

générique
On dit d'un mot qu'il est *générique* (ou qu'il a un sens générique) quand il sert à dénommer une classe naturelle d'objets dont chacun, pris séparément, reçoit une dénomination particulière. Ainsi, le mot *poisson* est le générique d'une classe dont les membres sont *le maquereau, la sole, la truite,* etc. En français, l'article défini *(le)* peut conférer au syntagme nominal qu'il constitue avec un nom cette valeur de générique. Ainsi, *le maquereau* peut être à son tour un générique ; la catégorie naturelle ainsi constituée a pour membres des « maquereaux » spécifiés ; l'article indéfini *(un),* au contraire, confère au syntagme nominal une valeur contraire à celle de générique *(un maquereau).* [V. HYPONYMIE.]

génétique
En suivant la conception biologique qu'avait adoptée F. Bopp, on s'est représenté (et on se représente souvent) les langues comme des êtres humains, d'où les termes, *langue mère, langue sœur,* d'où l'utilisation de mots comme *naissance, vie* et *mort* à propos de la langue : le qualificatif de *génétique* a été appliqué à la linguistique dans cet esprit. Il tend aujourd'hui à devenir un simple équivalent d'*historique,* dans la mesure où la recherche d'états plus anciens implique nécessairement la recherche d'une filiation.

génitif
On appelle *génitif* un cas* exprimant dans un syntagme nominal une relation de possession. Dans *Le livre de Pierre, Pierre* est au génitif dans les langues casuelles (en latin *liber Petri*). Le génitif peut, dans certaines langues, assumer la fonction d'autres cas comme l'ablatif (ainsi le génitif grec). On appelle *génitif subjectif* le génitif qui représente le sujet dans une phrase avec un verbe et *génitif objectif* celui qui représente le complément d'objet. Ainsi, dans le syntagme nominal *La critique de Skinner de Chomsky* (qui équivaut à *Chomsky critique Skinner*), *Skinner* est un génitif objectif et *Chomsky* un génitif subjectif.

génotexte
En sémiologie, on appelle *génotexte* la structure profonde d'un texte ou discours. (V. PHÉNOTEXTE.)

génotype
Dans la terminologie du linguiste soviétique Chaumjan, les *génotypes* sont des objets syntaxiques abstraits, indépendants des moyens linguistiques qui servent à les exprimer, ou phénotypes.

genre
Le *genre* est une catégorie grammaticale reposant sur la répartition des noms dans des classes nominales, en fonction d'un certain nombre de propriétés formelles qui se manifestent par la référence pronominale, par l'accord de l'adjectif (ou du verbe) et par des affixes nominaux (préfixes, suffixes ou désinences casuelles), un seul de ces critères étant suffisant. Ainsi, d'après ces trois critères, on définit en français deux classes, les masculins et les féminins : *Le prince est mort ; il était encore un enfant* s'oppose à *La princesse est morte ; elle était encore une enfant,* par la référence pronominale *(il/elle),*

par l'accord *(mort / morte, un enfant / une enfant)* et par les affixes nominaux *(- / -esse)* ; en latin, on définit trois classes, les masculins, les féminins et les neutres : *dominus bonus est, hic..., domina bona est, haec..., templum altum est, hoc...,* par la référence pronominale *(hic, haec, hoc)*, l'accord *(bonus, bona, altum)* et les désinences casuelles *(us, a, um)*. Il existe en français des éléments pouvant conclure à l'existence d'un neutre dans le système pronominal. Dans les descriptions linguistiques des langues connaissant deux classes, un des genres est pris comme base du système (cas non-marqué), les autres genres étant décrits relativement à lui (cas marqués) : en français, le féminin est généralement décrit par une variation morphologique du masculin pris comme base (le féminin *maîtresse* est décrit par l'adjonction de l'affixe *-esse* au masculin *maître*). Cette classification en deux ou trois genres, la plus courante dans les langues indo-européennes, n'est pas la seule ; les langues africaines connaissent des classes nominales plus nombreuses, fondées sur des critères grammaticaux analogues.

À cette catégorisation relevant de propriétés formelles (genre grammatical) est associée le plus souvent une catégorisation sémantique (genre naturel) relevant d'une représentation des objets du monde par leurs propriétés spécifiques. Les classifications les plus constamment associées sont :

a) l'opposition entre les personnes et les objets (animés et non-animés), les non-animés étant neutres relativement à la distinction de genre masculin / féminin ; en français, cette classification apparaît dans la distinction entre *qui ? que ? quoi ?* ;

b) l'opposition de sexe à l'intérieur des animés entre *mâle* et *femelle*. Ainsi, on peut avoir des animés mâles *(masculins)*, des animés femelles *(féminins)*, des non-animés *(neutres)*.

En fait, les catégorisations grammaticale et sémantique ne se correspondent que partiellement dans les langues. En français, quand il s'agit de personnes, le genre naturel (mâle / femelle) et le genre grammatical (masculin / féminin) sont le plus souvent associés (mais non constamment) ; ils le sont moins systématiquement quand il s'agit d'animaux ; quant aux noms non-animés, ils sont répartis en masculins et féminins selon leurs propriétés formelles. Toutefois, lorsqu'un non-animé est recatégorisé en animé, son genre grammatical inhérent est interprété comme un genre naturel : en français, *la mort* est une femme dans les métaphores et les allégories, mais en anglais *death* est un homme dans le même cas. Inversement, lorsqu'un nom a un genre grammatical qui contredit le genre naturel, les accords de l'adjectif attribut et les références pronominales peuvent se faire sur le genre naturel : *Le professeur vient d'arriver ; elle est nouvelle et donne une dictée,* mais les accords à l'intérieur du syntagme nominal entre le déterminant, l'adjectif et le nom font dominer le genre grammatical sur le genre naturel (*le petit docteur, l'ingénieur*, etc., peuvent être des femmes). Certains noms désignant des personnes (ainsi que les pronoms *je* et *tu*) ont un *genre commun* (mots épicènes), en ce sens que les accords et les références pronominales se font selon le genre naturel : *L'enfant est beau* vs *L'enfant est belle.*

géographie linguistique

La partie de la dialectologie qui s'occupe de localiser les unes par rapport aux autres les variations des langues s'appelle le plus souvent *géographie linguistique.* Elle est d'une certaine manière issue de la grammaire comparée. Celle-ci, après avoir postulé des langues mères uniformes et des ruptures soudaines et définitives, a été conduite à admettre que, quand une différenciation en langues diverses s'est produite, elle était préfigurée avant la rupture par des variations linguistiques, et qu'en sens inverse des parlers d'origine commune déjà différenciés peuvent subir des changements communs. En outre, en réaction contre les grammairiens du XVIIIe siècle qui croyaient que la langue standard était la forme la plus ancienne et que les dialectes locaux étaient des formes « abâtardies », la grammaire historique a eu tendance à chercher les survivances et les régularités dans les dialectes et, de ce fait, à s'y intéresser en privilégiant leur étude.

L'atlas de Wenker

D'emblée, dès sa naissance, la géographie linguistique a tenté d'établir, ce qui justifie son nom, des cartes linguistiques regroupées en atlas linguistiques. Un Allemand, Georg Wenker, a commencé par publier en 1881 six cartes, premier élément d'un atlas de l'Allemagne du Nord et du Centre. Ayant étendu ses ambitions à tout l'empire allemand, il procède ensuite à une vaste enquête. Avec l'aide du gouvernement, il fait traduire dans quarante mille dialectes locaux allemands, quarante phrases-tests. Le report sur une carte des diverses réponses obtenues pour une question donnée visualise les variations géographiques de la langue.

Pour imparfaites qu'aient été ces recherches, les cartes de Georg Wenker ont fait apparaître comme évident que les dialectes locaux n'étaient pas plus proches des formes anciennes que la langue standard. De plus, les zones dans lesquelles on rencontrait des variations étaient loin de coïncider pour des traits différents : les lignes dites « isoglosses » qui réunissaient les points ultimes où on trouvait un trait linguistique donné avaient chacune son propre tracé.

En outre, cette tentative a permis de poser les problèmes qui sont encore aujourd'hui ceux de la géographie linguistique. D'abord, la carte ne vaut que ce que vaut l'enquête. Plus les points d'enquête sont serrés, plus la carte sera précise et exacte. De ce point de vue, avec leurs quarante mille points, les cartes de G. Wenker n'avaient rien à envier aux recherches les plus modernes. Mais il faut aussi, pour enregistrer toutes les variations possibles, relever la grammaire et le lexique tout entier avec, le cas échéant, toutes les variantes possibles. De plus, les relevés doivent être exécutés d'une manière scientifique, avec un alphabet phonétique, par des enquêteurs qualifiés. Enfin, l'enquête doit couvrir toutes les régions où on parle la langue, même en dehors des frontières politiques du pays. C'est dire qu'avec les quarante phrases-tests de G. Wenker, transcrites en écriture allemande ordinaire par des instituteurs sans formation linguistique, avec une étude qui excluait d'importantes régions ou des parlers de l'aire germano-hollandaise (Pays-Bas et Belgique, Suisse, Autriche, allemand balte, transylvanien, yiddish), on était loin du compte.

L'A.L.F. de Gilliéron

L'*Atlas linguistique de la France* de Jules Gilliéron et Edmond Edmont pallie certains de ces défauts.

Conçu par J. Gilliérion, l'*A.L.F.* avait pour but d'asseoir sur des bases solides l'étude des patois gallo-romans (y compris donc la Belgique romane ou la Wallonie et la Suisse romande). Le questionnaire, d'environ 1 500 phrases et mots usuels (on était loin des 40 phrases-tests de Wenker), donnait l'essentiel des systèmes lexicaux, phonétiques, morphologiques et même syntaxiques : il devait faire surgir les archaïsmes et les néologismes, la flexion des pronoms, les conjugaisons, etc.

L'enquêteur unique, E. Edmont, qui avait reçu une formation phonétique, devait parcourir les 630 points fixés à l'avance, y passer deux jours et y interroger un informateur unique, le plus apte à répondre au questionnaire. Les résultats étaient ensuite reportés par J. Gilliéron sur une carte du pays gallo-roman : l'enquête demanda quatre ans (1897-1901) et l'ouvrage fut finalement publié volume par volume de 1902 à 1909. Un atlas linguistique de la Corse, préparé par les enquêtes d'E. Edmont, ne fut publié que très partiellement à cause de la guerre.

L'atlas de J. Gilliéron a été un moment de la géographie linguistique, et son expérience a été mise à profit par tous les atlas postérieurs, dans tous les pays où on a procédé à ce genre de recherches.

Les reproches qui lui ont été faits sont les suivants : il ne recueille qu'une réponse, la première donnée, alors que parfois plusieurs formes étaient possibles ; le questionnaire était à traduire, ce qui provoquait les calques, notamment en syntaxe ; les conditions de travail ne permettaient pas une notation phonétique rigoureuse (pour Malmédy, en Ardenne liégeoise, le linguiste A. Lerond a trouvé pour 1 423 questions 2 450 faits non conformes à la réalité : plus d'un par mot) ; les témoins choisis rapidement n'ont pas toujours donné de bonnes réponses ; les questions elles-mêmes étaient parfois peu satisfaisantes (ainsi, alors qu'il existe des marmites à anse, des marmites sans anse, des marmites avec pied, sans pied, des marmites à mettre sur la cuisinière et d'autres à mettre dans la cheminée, chacune désignée par un terme spécifique, le témoin ne devait donner qu'un mot) ; les mailles de l'enquête étaient trop larges.

Les atlas régionaux français

Toutes ces raisons ont commandé l'établissement d'atlas régionaux. On a ainsi publié l'ensemble des Atlas linguistiques de France (*Atlas linguistique et ethnographique du Lyonnais, du Massif-central, de la Champagne* et *de la Brie, de la Gascogne,* etc.).

L'interprétation des cartes

L'examen des diverses cartes est riche en conclusions linguistiques et humaines. Ainsi, dans l'*A.L.F.,* pour *jument* on voit en gros trois familles de formes : une aire *ega* (venant du latin *equa*) qui occupe encore le Massif central où elle représente une zone cohérente, mais n'apparaît ailleurs que sous forme d'îlots plus ou moins vastes dans l'Hérault, les Pyrénées ou les Alpes. Une ère *cavale* (féminin du latin *caballus*) occupe le Midi et des îlots très importants en Auvergne, en Lorraine et en Wallonie. Tout le reste du pays gallo-roman est couvert par *jument.* L'aspect de la carte permet de poser qu'à une couche primaire *ega* est venue se superposer une couche *cavale* (couche secondaire) recouverte elle-même par une couche *jument.* La disparition dans la moitié nord de la France du mot venant de *equa* (c'est *ive,* qu'on retrouve dans les anciens textes) a sans doute des raisons phonétiques. Le fait que dans le nord de la France le nom de la « bête de trait » (lat. *jumentum*) ait été utilisé pour désigner la femelle du cheval a sans doute des raisons socio-économiques. La généralisation de *jument,* non seulement sur l'ancienne aire *ega* mais aussi sur l'aire où *cavale* s'était implanté, tient à son adoption par la langue standard. *Cavale* a désormais un emploi mélioratif (la connotation est celle de liberté et de rapidité), limité à la langue littéraire.

Les différenciations linguistiques doivent être mises en rapport avec des différences humaines. Dans les pays centralisés, les lignes importantes de division dialectale suivent certaines frontières politiques. Apparemment, la coutume des mariages entre membres d'une même unité politique provoque une certaine uniformité linguistique. On constate ainsi qu'une nouvelle frontière amène en moins de cinquante ans à une certaine différenciation linguistique et que les isoglosses qui suivent une frontière politique tendent à subsister avec des changements minimes pendant des siècles après la disparition de la frontière. En revanche, les isoglosses ne correspondent à des frontières géographiques que si elles sont aussi (ou ont été) des frontières politiques. Par exemple, à quarante kilomètres à l'est du Rhin on trouve le grand faisceau d'isoglosses qui sépare le bas allemand du haut allemand. Il est donc nécessaire de chercher la covariance ou parallélisme dans les variations entre les autres faits humains et les faits linguistiques. Ainsi, quand on constate l'existence en Allemagne d'une isoglosse *helpe* vs *helfe, lucht* vs *luft,* on ne peut se contenter d'y voir la limite des dialectes ripuaire et mosello-franconien. On constatera une série de covariances correspondant aux aires de Cologne et de Trèves que sépare la chaîne de l'Eifel. À l'opposition, *kend* vs *kenk* « enfant », *haus* vs *hus* « maison », *grumper* vs *erpel* « pomme de terre », etc., correspondront des oppositions « faux à lame longue » *vs* « faux à lame courte », « pain gris à miche ovale » *vs* « pain noir rectangulaire », « saint Quirin patron du bétail » *vs* « saint Quirin patron des chevaux ».

géolinguistique

On appelle *géolinguistique* l'étude des variations dans l'utilisation de la langue par des individus ou des groupes sociaux d'origines géographiques différentes. Le mot *géolinguistique* est ainsi la forme abrégée de GÉOGRAPHIE LINGUISTIQUE.

gérondif

1. Le *gérondif,* classé par les grammairiens dans les modes du verbe, est formé d'une racine verbale et d'un affixe susceptible de recevoir une flexion en cas, en nombre et en genre, comme les substantifs. En anglais, le gérondif est formé avec l'affixe *-ing,* en français avec l'affixe *-ant* (distingué du participe présent par son invariabilité et par la présence quasi constante de la préposition *en* ou de *tout en*), en latin par l'affixe *-ndi / -ndo / -ndum,* etc. Le gérondif latin, apte à recevoir une flexion en cas, nombre et genre, remplace l'infinitif dans les fonctions qu'il ne peut assurer : *ad legendum,* pour lire, *tempus legendi,* le temps de lire, *consumit tempus legendo,* il passe son temps à lire. Le gérondif fonctionne en français comme un complément circonstanciel de cause, de concession, de condition, de manière et de temps : *En sortant, j'ai vu qu'il pleuvait.*

2. En grammaire générative, la *transformation gérondive* enchâsse une phrase dans le syntagme prépositionnel d'une phrase matrice avec la valeur de complément circonstanciel, le syntagme nominal sujet de la phrase enchâssée étant identique au sujet de la phrase matrice ; en français, l'affixe de temps est remplacé par l'affixe *-ant.* Soit les deux phrases :

(1) J'ai appris la nouvelle + syntagme prépositionnel

(2) Je + lire + affixe de temps + le journal

si l'on enchâsse la phrase (2) dans le syntagme prépositionnel de la phrase (1), la préposition étant *en* (« par ce moyen »), on obtient, si l'affixe de temps est remplacé par *ant,* la phrase : *J'ai appris la nouvelle en lisant le journal,* le sujet de la subordonnée, identique à celui de la matrice, étant effacé.

gestuel

Le *langage gestuel* désigne l'ensemble des énoncés signifiants véhiculés par des gestes. On envisage alors le geste (attitude ou mouvement du corps ou du visage) non seulement comme un acte, mais comme porteur d'une signification : lever la main pour rajuster ses lunettes est avant tout un acte ; lever la main pour dire au revoir à quelqu'un est avant tout un signe. Certains langages gestuels présentent la même structure sémiologique que les langues naturelles, car ils ont été délibérément construits sur le modèle de celles-ci (alphabet dactylologique des sourds-muets ou alphabet morse transmis par des gestes des bras) : chaque unité du code gestuel a pour signifiant un geste et pour signifié un graphème, c'est-à-dire un élément du signifiant d'un autre code (la langue écrite). Dans la plupart des autres cas, le geste signifiant équivaut à une phrase : tel geste de la main signifiera « Viens ici ! », mais de façon globale, sans isoler les morphèmes « venir », « impératif » et « 2e personne du singulier » ; on peut donc dire que « parler par gestes », c'est parler par phrases non divisibles en mots. Mais ceci n'implique pas qu'ils soient exempts d'unité discrète ; ils possèdent en effet leurs propres unités, que l'on peut isoler par l'opération de commutation. Les gestes complets sont des unités de communication relativement autonomes et suffisantes : ainsi, dans notre communauté socioculturelle, il existe un geste dont le signifié est l'« affirmation » (ou acceptation) et le signifiant un mouvement vertical de la tête, par opposition à un autre geste ayant pour signifié « négation » (ou refus) et pour signifiant un mouvement de la tête selon un axe horizontal. Ce rapport s'inverse d'ailleurs dans d'autres cultures. Il peut y avoir des variantes personnelles dans la réalisation de l'acte, mais, tant qu'elles n'entraînent pas la confusion du « oui » et du « non », elles sont non pertinentes. C'est donc la commutation qui permet d'isoler ce qui est pertinent de ce qui ne l'est pas, à condition que cette commutation s'exerce dans un ensemble de gestes constituant un système. Le langage gestuel comporte également des unités isolables et dénombrables par la commutation. Par exemple, à l'intérieur d'un système socioculturel de salutation par gestes, la commutation permet de mettre en correspondance des éléments partiels du signifié et du signifiant. Ainsi le scout français dispose d'un microsystème de salutation gestuelle : le louveteau salue avec deux doigts levés, l'éclaireur avec trois doigts ; dans les deux cas, le geste complet comporte en outre divers autres éléments (position de la main amenée à la hauteur de l'épaule, etc.). Le geste du louveteau ne signifie pas « louveteau », mais « je salue en tant que louveteau » (de même pour l'éclaireur) ; le nombre de doigts levés est une partie du geste complet, et le sémantisme « louveteau » (ou « éclaireur ») est une partie du signifié du geste : une modification partielle du geste entraîne une modification partielle du sens ; il existe donc des unités gestuelles plus petites que le geste.

On peut proposer divers classements typologiques des gestes. L'un se fonde sur leur caractère plus ou moins naturel (ou artificiel) et oppose les gestes descriptifs, les plus naturels (on montre quelque chose du doigt), les gestes expressifs (bras ouverts pour marquer la bienvenue) et les gestes symboliques (par exemple le salut militaire ou le pied de nez), qui sont les plus formalisés. Un autre classement est proposé par R. Jakobson à partir des travaux de C. S. Pierce sur le signe : il oppose les gestes symboles (gestes artificiels ou symboliques du classement précédent), les gestes iconiques, où l'on peut reconnaître une analogie avec la réalité exprimée (geste expressif, imitant une situation, etc.), enfin les gestes indices (opérant par contiguïté entre un geste et la réalité qu'il traduit).

Gilliéron (Jules), linguiste suisse (La Neuveville 1854-Cergnaux-sur-Gléresse, 1926). Élève de Gaston Paris à l'École des hautes études, il y occupe la chaire de dialectologie romane de 1883 à sa mort. Il est le fondateur, avec l'abbé Rousselot, de la Revue des patois gallo-romans (1887-1892) et de la Société des parlers de France (1893-1900). En 1902 paraît le premier fascicule de l'Atlas linguistique de la France, réalisé avec la collaboration d'E. Edmont. Les 35 volumes de ce monumental ouvrage, premier du genre, sont publiés de 1902 à 1909 (suivis d'un supplément en 1914-1915). Créateur de la géographie* linguistique, Gilliéron a profondément renouvelé les études étymologiques en mettant en évidence les multiples facteurs dialectaux qui entravent le libre jeu des « lois » phonétiques des néogrammairiens (phénomènes d'étymologie populaire, collisions homonymiques et paronymiques, etc.). [V. Bibliographie.]

glagolitique

Le *glagolitique* est une écriture, probablement de même origine que le cyrillique, introduite au IXe siècle dans les communautés slaves des Balkans pour les besoins de l'évangélisation ; il comporte à peu près le même nombre de lettres que le cyrillique avec la même valeur phonique.

glide

Le terme de *glide*, emprunté à la phonétique anglaise, désigne les phonèmes appelés traditionnellement et avec imprécision semi-consonnes ou semi-voyelles. Ces phonèmes, comme le [j] de [pje] *« pied »*, le [w] de [wi] *« oui »*, le [ɥ] de [nɥi] *« nuit »*, constituent une classe de phonèmes au même titre que les consonnes et les voyelles, caractérisés par le fait qu'ils ne sont ni vocaliques, ni consonantiques.

glissement de sens

1. Le *glissement* (ou *changement*) de *sens* est un processus de dérivation implicite ; il consiste à faire passer un mot dans une autre catégorie sans changement de forme. (V. RECATÉGORISATION.)

La grammaire traditionnelle, classant ce phénomène sous le nom de *dérivation impropre*, le limitait à la notation de faits très apparents, comme le passage de l'infinitif ou de l'adjectif à l'emploi substantivé : *le boire et le manger, le doux et l'amer.* Ch. Bally voit là un processus général de formation lexicale particulièrement productif en français. Les exemples fournis sont éclairants par leur diversité : *une femme-enfant, un à-côté* (*enfant* sert d'adjectif qualificatif ; la locution adverbiale *à côté* est nominalisée).

Toute dérivation où le suffixe n'apparaît pas sera dite *dérivation implicite*. La catégorie nouvelle à laquelle appartient le mot se révèle à des signes extérieurs au mot lui-même : *une situation tragique / le tragique d'une situation*.

Dans les substantifs, le procédé de la métonymie sera particulièrement fécond : *le cuivre, la gloire,* nom de matière et nom abstrait, peuvent devenir des noms concrets désignant choses ou personnes *(faire jouer les cuivres ; une gloire de la littérature)*.

Le glissement entre l'adjectif et le substantif est constant : *artiste* est pratiquement adjectif dans la phrase : *Paul est très artiste ;* en revanche, l'adjectif sera très facilement substantivé : *un sage, un paresseux.*

Pour les verbes, on note les oppositions intransitif / transitif *sortir de l'écurie / sortir un cheval de l'écurie,* et transitif / intransitif *boire de l'eau / cet homme boit.* Il y a également glissement de sens entre l'emploi de compléments d'objet différents ; on oppose *voler son patron* et *voler de l'argent :* la nature du sémantisme n'est déterminée que par la nature du complément.
2. En grammaire normative, on appelle *glissement de sens* une extension de sens rejetée par les puristes ; on dira que c'est par un glissement de sens que *achalandé,* qui voulait seulement dire « pourvu de clients », a pris le sens de « pourvu de marchandises » dans l'expression *un magasin bien achalandé.*

glose

On appelle *glose* une annotation très concise que portent certains manuscrits au-dessus ou en marge d'un mot ou d'une expresssion qu'elle explique par un terme susceptible d'être connu du lecteur. Les gloses sont le plus souvent des traductions d'un mot rare ou inhabituel ; aussi le *glossaire* est-il un dictionnaire des mots rares ou des termes d'une langue différente de la langue courante.

glossaire

On appelle *glossaire* un dictionnaire qui donne sous forme de simples traductions le sens de mots rares ou mal connus, ou qui contient un lexique des termes techniques d'un domaine spécialisé.

glossématique

Le mot *glossématique* a été créé par Louis Hjelmslev, d'après le grec *glossa,* « langue », pour désigner la théorie linguistique qui se donnerait, conformément au *Cours de linguistique générale* de F. de Saussure, la langue comme but en soi et non pas comme moyen.

La glossématique implique une critique rigoureuse de la linguistique antérieure qui serait transcendentale, se fonderait sur des données extérieures à la langue elle-même et se ramènerait à la connaissance des faits historiques, physiques, sociaux, littéraires, philosophiques ou psychologiques. Elle préconise une connaissance immanente du langage ; la langue est considérée comme une unité fermée sur elle-même, une structure *sui generis ;* elle veut déterminer ce qui est commun à toutes les langues humaines quelles qu'elles soient et ce qui fait qu'à travers diverses fluctuations une langue reste identique à elle-même. Pour être acceptables, en effet, les résultats de la théorie doivent concorder avec les données de l'expérience. Fondée sur le « principe d'empirisme », la description doit être sans contradictions, exhaustive et la plus simple possible.

Il faut donc abandonner la méthode inductive, qui prétend aller du particulier (les données) au général (les lois). Elle ne peut dégager que des concepts valables pour un système linguistique donné.

La glossématique sera donc une méthode déductive, qui procède à partir d'un nombre restreint d'axiomes rigoureux à la détermination de classes. Grâce à une sorte d'algèbre linguistique, la description pourra embrasser non seulement la diversité des langues connues, mais aussi celle des langues et des systèmes possibles de communication. Appliquant avec rigueur la phrase finale du cours de F. de Saussure (« La linguistique a pour unique et véritable objet la langue envisagée en elle-même et pour elle-même »), L. Hjelmslev fait de la struture immanente de la langue l'unique objet de la linguistique.

La langue n'est qu'une *forme* et non une substance : aucune idée, aucun objet ne préexiste à l'organisation de la langue ; chaque langue pratique un découpage original de la réalité : ce que nous appelons *vert* en français correspond, en gallois, en partie à *gwyrdd* et en partie à *glas, bleu* équivaut à *glas, gris* est soit *glas,* soit *llwyd,* et *brun* correspond à *llwyd.* Le spectre des couleurs est donc une « matière » indépendante du réseau de signes que chaque langue instaure dans cette « substance ». Quant à la forme, elle représente les propriétés combinatoires des unités qui résultent de l'analyse des signes.

Ce type d'analyse ne concerne pas seulement le contenu sémantique des langues, il a son correspondant au niveau de l'expression, de la manifestation sonore. On pourra ainsi parler de matière, de substance et de forme aussi bien sur le plan du contenu que sur le plan de l'expression. Dans ce dernier cas, la matière de l'expression n'est autre que l'ensemble des possibilités articulatoires et auditives des organismes humains, la substance est la sélection que chaque langue a opérée dans cette matière, et la forme, les possibilités combinatoires des unités qui en résultent. L'étape ultime de l'analyse permet alors d'isoler les éléments irréductibles, les *glossèmes* qui, sur le plan de l'expression, sont appelés *cénèmes* et, sur le plan du contenu, *plérèmes.*

La glossématique tend ainsi à attribuer à toutes les langues, comme caractère commun, le principe de la structure. Les langues se différencient simplement par la manière dont, dans chaque cas particulier, s'applique ce principe. Ressemblance et différence sont en rapport avec la forme, non avec la substance. Celle-ci est susceptible d'une description à travers la forme et non à travers les sons ou les significations.

glossème
En glossématique, on appelle *glossèmes* les formes minimales que, sur le plan de l'expression comme sur le plan du contenu, l'analyse détermine comme invariants irréductibles.

glossolalie
Le terme de *glossolalie,* distingué de *glossomanie,* désigne les délires verbaux de certains malades mentaux. Elle est caractérisée par des énoncés dépourvus de sens, mais structurés phonologiquement, que le locuteur croit être une langue réelle, mais qui ne possèdent aucune ressemblance systématique avec une langue naturelle vivante ou morte. Ce trouble du langage est proche des langues conventionnelles comme les argots ; les termes nouveaux sont des altérations de termes de la langue par additions, suppressions ou inversions systématiques.

glossomanie
Le terme de *glossomanie,* distingué de *glossolalie,* désigne le délire verbal de malades maniaques. Elle est caractérisée par des jeux verbaux, dépourvue d'un caractère systématique. Le malade mental, qui prétend pouvoir parler telle ou telle langue, inconnue ou imaginée, émet des suites de syllabes sans sens et sans règles syntaxiques définies.

glottal
Le terme de *glottal,* employé comme synonyme de *laryngé*,* s'applique à tout ce qui a trait à la glotte et aux cordes vocales : les vibrations des cordes vocales sont dites parfois « vibrations glottales », les consonnes dues à une brusque ouverture de la glotte sont des occlusives glottales, etc.

glottalisé
Les consonnes glottalisées* sont des consonnes dont la production s'accompagne d'une occlusion buccale et d'une fermeture de la glotte (avec ou sans mouvement du larynx, avec ou sans vibrations des cordes vocales) quasiment simultanées dans leur réalisation. On distingue conventionnellement entre implosives* ou injectives* et éjectives*.

glotte
On appelle *glotte* l'espace normalement triangulaire compris entre les cordes vocales, long d'environ 16 mm et susceptible de s'ouvrir de 12 mm environ. L'ouverture et la fermeture totale ou partielle de la glotte est déterminée par l'écartement ou l'accolement des cordes vocales, elles-mêmes entraînées par le mouvement des aryténoïdes et des muscles qui les commandent. Pendant la respiration normale et pendant l'articulation de certaines consonnes dites « aspirées » (comme les occlusives non voisées de l'anglais), la glotte est ouverte. Lors de la phonation (articulation des voyelles, des glides, de la plupart des consonnes voisées), la glotte est fermée et ne s'ouvre que périodiquement, sous la pression de l'air sublaryngal. Ces ouvertures et fermetures successives provoquent des ondes qui produisent le bourdonnement laryngé appelé *voix**. La glotte est à demi fermée pour la production de la voix chuchotée.

glottiscope
L'appareil appelé *glottiscope* permet de compléter les informations transmises par le laryngoscope* sur les mouvements et les positions de la glotte pendant la phonation.

glottochronologie
La *glottochronologie* est une technique utilisée pour dater des langues communes primitives, c'est-à-dire pour établir l'époque à laquelle deux ou plusieurs langues apparentées se sont séparées d'une langue originaire commune. Cette technique a été proposée par M. Swadesh et R. B. Lees. La grammaire comparée essaie de dater les changements linguistiques et de déterminer le degré de parenté des langues (dont l'histoire ne nous est pas connue par ailleurs) grâce à la glottochronologie ; ainsi, on constate que la disparition de morphèmes s'est faite à peu près au même rythme pour toutes les langues (lois de déperdition morphématique) : sur mille ans, le lexique fondamental défini sur les bases de concepts universels : *manger, boire, homme, tête,* etc., formant un ensemble de quelque 100 mots, perd environ 19 p. 100 des bases qu'il avait au départ. Si on prend deux langues qui se séparent complètement, on peut admettre que mille ans après elles auront environ en commun 66 p. 100 du stock de base (dans la mesure où elles ne perdent pas les mêmes unités). En sens inverse, la glottochronologie fera remonter la date approximative de séparation à mille ans dès que le vocabulaire fondamental sera le même à 66 p. 100.

glottogenèse
La *glottogenèse* est le processus d'apparition d'une langue reconnue comme telle dans une situation linguistique évolutive.

glottographe
Syn. de LARYNGOGRAPHE.

glottopolitique
Par différence avec *planification* ou *politique linguistique,* la *glottopolitique* désigne l'ensemble des recherches et des propositions qui tendent à l'aménagement des situations linguistiques en agissant sur toutes les pratiques langagières ou certaines d'entre elles. Contrairement à la planification ou à la politique linguistique, la glottopolitique s'occupe plus largement du fonctionnement langagier.

glyphe
Le *glyphe* est le nom donné aux signes graphiques de l'écriture maya.

gnomique
On qualifie de *gnomique* une forme verbale (temps ou mode) employée pour marquer un fait général d'expérience. Dans les sentences et les maximes, en grec, on emploie ainsi l'*aoriste gnomique ;* en français, le *présent gnomique* est utilisé dans les énoncés à valeur générale *(la Terre tourne autour du Soleil).*

gouverner
Syn. de RÉGIR.

gradation
1. La *gradation* est une figure de rhétorique qui consiste à présenter une suite d'idées ou de sentiments dans un ordre tel que ce qui suit dise toujours un peu plus *(gradation ascendante)* ou un peu moins *(gradation descendante)* que ce qui précède ; exemple de gradation descendante : *Un souffle, une ombre, un rien, tout lui donnait la fièvre* (La Fontaine, *le Lièvre et les Grenouilles*) ; de gradation ascendante : *Marchez, courez, volez où l'honneur vous appelle* (Boileau, *le Lutrin*).
2. Les adjectivaux*, ou adjectifs, se subdivisent en deux classes d'adjectifs selon qu'ils sont ou non susceptibles de *gradation,* c'est-à-dire selon qu'ils ont ou non la possibilité de recevoir des degrés *(de comparaison) ;* ainsi, l'adjectival *heureux* peut avoir un comparatif *(plus heureux, moins heureux)* et un superlatif *(très heureux, le plus heureux),* mais non les adjectivaux *dernier, aîné.*

graduel
Une *opposition graduelle,* selon le classement de N. S. Troubetskoï, est une opposition phonologique dont les deux termes sont caractérisés par des degrés différents d'une même particularité. Ainsi, les oppositions entre voyelles d'une même série de localisation comme en français [i] *vs* [e] ou [e] *vs* [a] correspondant à des degrés différents d'aperture sont des oppositions graduelles. Les oppositions graduelles peuvent aussi se fonder sur des différences de hauteur musicale dans les langues où ce trait est pertinent, comme les langues à ton.

grammaire
Le terme de *grammaire* a plusieurs acceptions selon les théories linguistiques.
1. La *grammaire* est la description complète de la langue, c'est-à-dire des principes d'organisation de la langue. Elle comporte différentes parties : une phonologie (étude des phonèmes et de leurs règles de combinaison), une syntaxe (règles de combinaison des morphèmes et des syntagmes), une lexicologie (étude du lexique) et une sémantique (étude des sens des morphèmes et de leurs combinaisons). Cette description est dépendante des théories linguistiques. On parlera donc de grammaire structurale, fonctionnelle, distributionnelle, générative selon le cadre théorique.
2. La *grammaire* est la description des seuls morphèmes grammaticaux et lexicaux, l'étude de leurs formes (flexion) et de leurs combinaisons pour former des mots (formation de mots) ou des phrases (syntaxe). En ce cas, la grammaire s'oppose à la phonologie (étude des phonèmes et de leurs règles de combinaison) ; elle se confond avec ce que l'on appelle aussi une morphosyntaxe.
3. La *grammaire* est la description des morphèmes grammaticaux (articles, conjonctions, prépositions, etc.), en excluant les morphèmes lexicaux (noms, adjectifs, verbes, adverbes de manière), et la description des règles qui régissent le fonctionnement des morphèmes dans la phrase. La grammaire se confond alors avec la syntaxe* et s'oppose à la phonologie et au lexique ; elle comporte l'étude des flexions, mais exclut l'étude de la formation des mots (dérivation).
4. En linguistique générative, la *grammaire* d'une langue est le modèle de la compétence idéale qui établit une certaine relation entre le son (représentation phonétique) et le sens (interprétation sémantique). La grammaire d'un langage L génère un ensemble de couples (*s*, I) où *s* est la représentation phonétique d'un certain signal et I l'interprétation sémantique affectée à ce signal par les règles du langage. La grammaire génère un ensemble de descriptions structurelles qui comprennent chacune une structure profonde, une structure de surface, une interprétation sémantique de la structure profonde et une représentation phonique de la structure de surface.
5. La *grammaire normative* et pédagogique apparaît au XIXe siècle, avec la nécessité d'enseigner la langue française écrite, son orthographe, et la langue française parlée, selon les normes de la tradition centralisatrice de la France ; l'objectif est alors une volonté unificatrice sur le plan linguistique.

grammatical
1. On appelle *fonction grammaticale* le rôle joué par des syntagmes dans une phrase ; les fonctions grammaticales sont ainsi celles de sujet, objet, objet indirect, complément de nom, agent, instrumental, etc. Elles se distinguent dans certaines théories des fonctions locales ou concrètes (lieu et temps).
2. On donne le nom de *sens grammatical :*
a) au sens des items grammaticaux (articles, conjonctions, prépositions, affixes de temps, affixes de cas, etc.) ;
b) aux fonctions grammaticales (sujet, objet, circonstant, etc.) ;
c) au statut de la phrase (interrogation, négation, impératif, etc.).

grammaticalisation
En linguistique diachronique, on parle de *grammaticalisation* quand un morphème lexical, au cours de l'évolution d'une langue, ou dans la transformation d'une langue en une autre, est devenu un morphème grammatical. Ainsi, le mot latin *mens, mentis* (à l'ablatif *mente*) est devenu en français un suffixe d'adverbe de manière dans *doucement, violemment, bêtement,* etc.

grammaticalité
Chaque sujet parlant qui, par définition, possède la grammaire de sa langue, peut porter sur les énoncés émis des *jugements de grammaticalité*. Le locuteur natif peut dire si une phrase faite de mots de sa langue est bien formée, au regard des règles de la grammaire qu'il a en commun avec tous les autres sujets parlant cette langue ; cette aptitude appartient à la compétence des sujets parlants, elle ne dépend

ni de la culture ni du groupe social du locuteur. Ainsi, en français, *L'enfant aime le chocolat* est une *phrase grammaticale ;* au contraire, **Aimer chocolat enfant* est une *phrase agrammaticale* (marquée par un astérisque). Autrement dit, le locuteur constate l'agrammaticalité ou la grammaticalité, il ne formule pas une appréciation. S'il y a des différences entre les locuteurs natifs sur la grammaticalité d'une phrase, c'est que leurs compétences (leurs grammaires) sont des variantes du même système. Les jugements de grammaticalité ne se font pas seulement par rejets ou acceptations ; il existe des *degrés de grammaticalité* qui peuvent être évalués par la nature de la règle violée : la phrase *? L'enfant n'a pas dû avoir eu de chocolat* est une phrase déviante, grammaticalement douteuse (marquée par un point d'interrogation), car sa structure n'est pas entièrement conforme aux règles de la grammaire. La grammaticalité se distingue de la signification : *Le vestibule éclaire le néant* est une phrase grammaticale, mais difficilement interprétable, sinon métaphoriquement ; de la vérité ou de la conformité à l'expérience générale de la communauté culturelle : *La lune est carrée* et *L'homme mort est vivant* sont des phrases grammaticales, mais fausses ou contradictoires ; de la probabilité d'un énoncé : *Le rhinocéros regarde avec attention le film* a peu de chance d'être fréquemment réalisée ; de l'acceptabilité ou possibilité de comprendre une phrase grammaticale, mais de grande complexité : *La soirée que le garçon que l'ami que tu as rencontré, connaît, donnait, était une réussite,* est inacceptable. La grammaticalité ne se fonde pas sur l'emploi d'un mot ou d'une construction mais sur un jugement. Et ce jugement ne relève pas de l'expérience acquise, mais d'un système de règles générales intériorisées au cours de l'apprentissage de la langue. Aussi ce sont les jugements de grammaticalité qui vont servir à établir les règles d'une grammaire et les agrammaticalités recensées permettent de définir les contraintes qui s'exercent sur les règles générales (règles dépendantes du contexte).

grammème

Le *grammème* est un morphème grammatical, par opposition aux morphèmes lexicaux, ou lexèmes. Le grammème peut être dépendant (ce sont les divers affixes : *in-* dans *increvable ; -eux* dans *malheureux*) ou indépendant (articles, prépositions, certains adverbes : par exemple *le, pour, très*).

graphème

Un *graphème* est une unité graphique minimale entrant dans la composition d'un système d'écriture ; cet élément abstrait se réalise concrètement par des formes dites allographes* dont le tracé dépend des autres éléments du système : le graphème correspond donc, dans l'écriture alphabétique, à la lettre, les allographes étant les formes majuscule, minuscule, cursive, etc. (ex. : *A, a*). Il peut correspondre à un phonème, une syllabe ou un concept selon que l'écriture est phonétique, syllabique ou idéographique. Les graphèmes sont des unités de deuxième articulation dans l'écriture, comme les phonèmes dans la langue parlée, les morphèmes graphiques étant les unités de première articulation.

graphie

On désigne par *graphie* toute représentation écrite d'un mot ou d'un énoncé. Toute orthographe d'un mot est une graphie : ainsi, **pellons* pour *pelons* est une graphie fautive, mais une graphie tout de même. La transcription en alphabet phonétique de *chat* par [ʃa] est aussi une graphie. Ce mot de graphie peut être soit associé à la notion d'orthographe, soit opposé à elle.

graphique

1. On appelle *unité graphique* un mot simple ou composé constitué d'une suite de graphèmes, compris entre deux blancs typographiques et considéré comme formant une seule unité significative : *blanc, bonheur, arc-en-ciel, laissez-faire,* etc., sont des unités graphiques, mais non *chemin de fer, pomme de terre,* puisque, dans ce dernier cas, les éléments composants ne sont pas réunis par un trait d'union, mais séparés par des blancs.
2. On appelle *morphème graphique* une unité de première articulation dans l'écriture, constituée de graphèmes, ou unités de deuxième articulation.

grasseyé

On appelle *r grasseyé* la vibrante uvulaire produite par la vibration de la luette contre la partie postérieure du dos de la langue notée [ʀ]. En français, cette articulation n'a pas de valeur proprement linguistique : elle caractérise une certaine prononciation, celle des « faubourgs » et celle d'une certaine génération de chanteurs, par opposition au [r] apical caractéristique de certaines provinces (Bourgogne, Corrèze, Cévennes, etc.) et au [ʁ] parisien du français standard. Mais il est des systèmes linguistiques tels que les dialectes franco-provençaux, le portugais de Lisbonne, certaines variétés d'espagnol d'Amérique latine, où la vibrante grasseyée s'oppose phonologiquement à la vibrante apicale. Dans ces cas, la vibrante uvulaire correspond en général à une ancienne vibrante apicale double : ainsi, le portugais oppose *caro* [karu] « cher » et *carro* [kaʀu] « voiture ».

grave

1. L'*accent grave* est un signe diacritique indiquant en français, en combinaison avec *e (è),* la voyelle ouverte [ɛ], dans *dès, règlement,* ou en combinaison avec *a, u,* pour distinguer des homonymes *(là/la, où/ou).* Il a été utilisé pour la première fois par J. Sylvius en 1531.

2. En phonétique, un *son grave* est un son dont le spectre acoustique présente une concentration de l'énergie dans les basses fréquences. Sur le plan perceptif ou auditif, un son grave est dit *sombre* ou *obscur* par une association naturelle entre la sensation auditive et la sensation visuelle. Les sons graves sont articulatoirement les sons périphériques, dont le résonateur antérieur est ample et bien compartimenté, comme pour les labiales et les vélaires, [p], [k], [u], etc.

Greenberg (Joseph Harold), linguiste américain (New York 1915). Ses recherches sur les universaux du langage et sur la typologie des langues sont liées par le recours qu'il fait, dans les deux cas, aux méthodes quantitatives. Dans le domaine typologique, voulant se dégager de la tradition à tendance génétique pour mettre en évidence des critères objectifs de classement, il a repris d'abord la liste des critères proposés par Sapir, puis il s'est orienté vers un traitement statistique du problème, en particulier en ce qui concerne la phonologie et le lexique. (V. Bibliographie.)

Grevisse (Maurice), grammairien belge (Rulles 1895-La Louvière 1980). Observateur infatigable du français écrit, il a voulu adapter au XXe siècle les principes de Vaugelas : son œuvre la plus connue, *le Bon Usage* (1936), a eu de nombreuses rééditions, sans cesse enrichies.

Grimm

On donne le nom de *loi de Grimm* à l'une des plus importantes lois phonétiques. Découverte en 1822 par Jacob Grimm (1785-1863), cette loi explique les principales correspondances entre les langues germaniques par une mutation survenue à la période préhistorique du germanique : les consonnes aspirées de l'indo-européen [bh, dh, gh] sont devenues les non-aspirées [b, d, g], les sonores [b, d, g] sont devenues les sourdes [p, t, k], tandis que les consonnes sourdes sont devenues aspirées [f, θ, h]. Cette loi, qui ne rendait pas compte d'un certain nombre d'exceptions, a été complétée plus tard par la loi de Verner, qui explique ces exceptions par le rôle de l'accent.

Cette loi est importante en soi, par la valeur des résultats qu'elle a dégagés, et aussi du point de vue épistémologique. Elle est apparue, en effet, comme la justification du principe de la régularité des lois phonétiques à partir duquel a pu se développer la phonétique historique et comparée.

groupe

1. Un *groupe de mots* est un constituant de la phrase formé d'une suite de mots. *La ville de Paris, faire grâce, capable de bien faire,* etc., constituent des groupes de mots. Ces derniers correspondent en linguistique structurale aux constituants immédiats de la phrase, et en linguistique générative aux syntagmes nominal, verbal, adjectival ou prépositionnel.

2. En phonétique, on appelle *groupe phonétique* un groupe de mots qui tirent leur homogénéité du fait qu'ils sont entre deux pauses (groupe respiratoire) ou rassemblés autour d'un même accent (groupe accentuel).

3. Le terme de *groupe de langues* désigne un ensemble de langues réunies pour une raison génétique, typologique ou géographique. (V. FAMILLE DE LANGUES, GÉNÉALOGIE.)

4. Dans les situations plurilingues, on appelle *groupe de langue maternelle* l'ensemble des individus pour lesquels l'une des langues données est l'idiome employé par la mère dans ses relations avec le tout jeune enfant. Quand une communauté linguistique est composée de deux groupes d'égale importance, on a généralement le même pourcentage de bilingues de part et d'autre. Si l'un des deux groupes a un pourcentage de bilingues nettement inférieur à l'autre, c'est que la langue qu'il utilise a une situation dominante. Les limites et l'importance de ces groupes peuvent avoir une base géographique ou refléter des différences socioculturelles.

guide d'entretien

Par opposition à *questionnaire,* conçu souvent comme un ensemble de questions fermées, le *guide d'entretien* indique la suite des points sur lesquels l'enquêteur doit obtenir une réponse ou un discours. Il peut être fermé ou ouvert (il donne dans ce dernier cas libre cours à la personne interrogée), directif (il impose alors avec précision les sujets à aborder), semi-directif (c'est le cas le plus général). L'existence de guides d'entretien non directifs est problématique.

Guillaume (Gustave), linguiste français (Paris 1883-id. 1960). Élève d'A. Meillet, il a enseigné à l'École pratique des hautes études de 1938 à sa mort. Il a élaboré une théorie linguistique originale, qu'il appelle lui-même la « psychosystématique ». La langue doit, selon lui, être étudiée dans ses rapports avec la structure mentale qui la sous-tend, au niveau des mécanismes universels de la pensée ; d'où l'attention qu'il porte à la catégorie du temps, qui se réaliserait différemment selon les modes (processus de la « chronogenèse »). [V. Bibliographie.]

guillemets
Les *guillemets* sont un signe double (« ... ») utilisé pour isoler un mot ou un groupe de mots à l'intérieur d'un énoncé. Les guillemets servent à introduire dans le texte une citation, un discours direct ou une suite de mots sur laquelle on veut attirer l'attention. Ils peuvent constituer un moyen d'indiquer qu'on refuse d'assumer le mot ou la suite de mots ainsi isolés (néologisme, terme argotique). Dans le discours, ils correspondent généralement à un changement de ton qui commence avec l'ouverture des guillemets et finit avec leur fermeture.

gutturale
Le terme de *gutturale* est parfois employé comme synonyme de *vélaire* pour désigner les consonnes réalisées soit au niveau du voile du palais (vélaires proprement dites, comme [**k**] et [g] ou comme le [x] de l'espagnol *rojo* [roxo] « rouge » et le [ɣ] de *paga* [paɣa]), soit au niveau de la luette (uvulaires, comme le /ʁ/ du français parisien de [mɛr] *vs* [mɛʁ], soit dans le pharynx, comme les consonnes arabes [ħ] ou [ʕ], soit dans le larynx, comme la consonne arabe appelée « hamza » [ʔ].

gutturalisation
Selon la terminologie de N. S. Troubetskoï et du Cercle de Prague, la *corrélation de gutturalisation* consiste dans l'opposition entre les consonnes non vélarisées et d'autres consonnes dans lesquelles, outre l'articulation principale, se fait un travail guttural accessoire, c'est-à-dire une élévation du dos de la langue vers le palais mou. Cette corrélation apparaît dans certaines langues bantoues, notamment dans le groupe shona et dans une langue voisine, le venda. L'élévation de la langue peut être si forte qu'elle aboutit tout simplement à une occlusion vélaire, comme c'est le cas dans le dialecte zezourou du shona oriental et central ; elle peut être plus faible, de sorte qu'il en résulte seulement un rétrécissement vélaire, ce qui est caractéristique des autres dialectes du shona oriental et central, en particulier du sous-groupe karanga. Dans le dialecte zezourou, cette corrélation existe dans les bilabiales et les palatales.

h

habituel
On appelle *habituel* l'aspect* du verbe exprimant une action qui se produit habituellement, qui dure et se répète habituellement ; en français, on utilise l'expression *avoir l'habitude de* (avec un sujet animé) ou l'aspect non accompli (présent, imparfait, futur) avec l'adverbe *d'habitude* (ex. : *Il se levait d'habitude très tôt*).

Halle (Morris), linguiste américain (Liepaïa, Lettonie, 1923). Professeur de langues modernes à l'Institut technologique du Massachusetts (MIT), il élabore avec R. Jakobson une théorie phonologique universelle. Il est avec N. Chomsky le fondateur de la phonologie générative. (V. Bibliographie.)

hampe
La *hampe* est un trait vertical caractérisant la graphie de certaines lettres comme le *t*, le *h*.

hangul
L'*hangul* est l'alphabet de 24 lettres servant à la transcription de la langue coréenne et qui a été substitué à l'écriture chinoise au XVe siècle.

hapax
On donne le nom d'*hapax* à une forme, un mot ou une expression dont il ne se rencontre qu'une occurrence dans un corpus donné, une œuvre.

hapaxépie
Le phénomène d'*hapaxépie* (ou *haplolalie* ou *haplologie*) est un cas particulier de dissimilation qui consiste à articuler une seule fois un phonème ou un groupe de phonèmes qui aurait dû l'être deux fois dans le même mot : par exemple, quand on dit *tragi-comique* pour *tragico-comique* ou *morphonologie* pour *morphophonologie*, etc.

haplographie
L'*haplographie* est une faute d'écriture qui consiste à n'écrire qu'une fois un groupe de caractères redoublés (ex. : *haplogie* pour *haplologie*).

haplolalie
Syn. peu usité d'HAPAXÉPIE.

haplologie
Le terme d'*haplologie* est le terme le plus fréquemment employé comme synonyme d'*hapaxépie**.

harmonie
1. On donne parfois le nom d'*harmonie phonétique* à l'ensemble des phénomènes d'assimilation* qui ont pour but de rapprocher le timbre d'un phonème (consonne ou voyelle) du timbre d'un phonème contigu ou voisin.
2. L'*harmonie vocalique* est un phénomène d'assimilation vocalique qui peut jouer sur plusieurs voyelles d'un même mot : le choix d'une ou de plusieurs voyelles dans une position donnée n'est pas libre, mais il est déterminé automatiquement par la présence d'une autre voyelle déterminée.

L'harmonie vocalique est particulièrement importante dans les langues finno-ougriennes et en turc. En finnois, le vocalisme de la désinence est conditionné à un certain degré par la voyelle du radical. Ainsi, la même désinence casuelle est *-ssa* ou *-ssä* selon la voyelle du radical : *talo-ssa* « dans la maison », mais *metsä-ssä* « dans le bois ». En turc, selon que la première voyelle du mot est antérieure ou postérieure, toutes les voyelles sont antérieures (comme dans les mots *gözleriniz* « vos yeux », *gözümü* « nos yeux ») ou postérieures (comme dans les mots *kolum* « mon bras », *kollarïmïz* « nos bras »). De même, le choix entre les deux désinences du pluriel *-lar* ou *-ler* est déterminé par le vocalisme du radical (*atlar* « chevaux », mais *güller* « roses »). L'harmonie vocalique peut être progressive, comme dans les exemples précédents, ou régressive.

harmonique
On appelle *harmonique*, ou *son partiel*, le son produit dans une vibration complexe par l'une des parties du corps vibrant. Les fréquences des harmoniques sont des multiples entiers de la fréquence fondamentale*. Dans la phonation, les voyelles ou les tons sont produits par un renforcement de certains harmoniques

ou un renforcement de la fréquence fondamentale de la vibration laryngée à travers les cavités vocales de même fréquence. C'est ce renforcement qui rend audibles les ondes sonores produites dans le larynx et qui détermine le timbre particulier de chaque son.

Harris (Zellig), linguiste américain (Balta, Ukraine, 1909). Professeur (depuis 1947) à l'université de Pennsylvanie, Z. S. Harris travaille tout d'abord dans une perspective bloomfieldienne à des études de linguistique descriptive portant sur les langues sémitiques. Poussant à leurs extrêmes conséquences les principes de l'analyse en constituants immédiats en vue d'une description de plus en plus formalisée des langues naturelles, il élabore la théorie distributionnelle exposée dans son ouvrage de synthèse *Methods in Structural Linguistics* (1951 ; réédité en 1963 sous le titre *Structural Linguistics*). Il utilise systématiquement des équations ou des relations d'équivalence ou des substitutions pour mettre en valeur les caractères formels les plus importants des langues naturelles : il est le premier à avoir utilisé, en linguistique, la méthode hypothético-déductive. Cependant, très vite, il se heurte aux limitations de la description par constituants immédiats et introduit la notion de transformation reprise par son élève Noam Chomsky dans le cadre de la grammaire générative. Harris fait également figure de précurseur par ses travaux sur l'analyse de discours : appliquant au domaine du texte les principes distributionnels utilisés dans le cadre de la phrase, il montre que l'étude des récurrences de formes dans les énoncés longs permet de mettre en évidence des structures. (V. Bibliographie.)

haut

1. En phonétique acoustique, on appelle parfois *formant haut* ou deuxième formant, le formant qui se situe dans la partie supérieure du spectre, par opposition au formant bas, ou premier formant, qui se situe dans la partie inférieure. Les formants qui se trouvent dans des fréquences supérieures à celle du deuxième formant sont appelés aussi formants hauts, comme le formant nasal ou le formant caractéristique des voyelles aiguës.

2. Une *voyelle haute* est une voyelle réalisée avec une position haute de la langue, c'est-à-dire avec la langue aussi proche du palais qu'il est possible sans gêner l'écoulement de l'air. Il existe deux degrés de hauteur vocalique, le deuxième correspondant à une position un peu plus basse de la langue, pour les voyelles semi-fermées. Les voyelles hautes sont diffuses* du point de vue acoustique.

hauteur

1. La *hauteur d'un son,* en acoustique, est la qualité subjective du son qui s'apparente à la fréquence, de même que la force est associée à l'intensité. Plus la fréquence d'un son est grande et plus le son est haut : mais ce rapport n'est pas directement proportionnel. L'oreille perçoit les vibrations sonores selon une échelle logarithmique, de sorte qu'une fréquence de vibration deux fois plus rapide est toujours perçue comme le même intervalle : l'octave de la musique. L'unité de hauteur est le mel ; on a fixé à mille mels la hauteur d'un son de 1 000 hertz de fréquence, zéro mel égalant zéro fréquence. Un son de 2 000 mels est perçu comme deux fois plus haut qu'un son de 1 000 mels, alors que sa fréquence est quatre fois plus grande.

Les variations de hauteur sont utilisées différemment dans chacune des langues, à des fins distinctives, démarcatives ou culminatives, pour la phonologie du mot (accent de hauteur) ou pour la phonologie de la phrase (intonation*).

2. On appelle *accent de hauteur, accent musical* ou *ton,* les variations de hauteur utilisées dans certaines langues pour opposer des mots de sens différents présentant par ailleurs les mêmes phonèmes. L'accent de hauteur a une fonction distinctive dans certaines langues d'Europe, comme le serbo-croate, le lituanien, le suédois et surtout dans des langues d'Afrique et d'Extrême-Orient : ainsi, le chinois distingue quatre tons (uni, montant, brisé, descendant) qui permettent d'opposer les différents sens du mot *chu* « porc », « bambou », « seigneur », « habiter, vivre ». L'accent de hauteur existe aussi dans des langues qui ne sont pas des langues à tons, comme le français où l'accentuation en fin de mot ou de groupe de mots est marquée surtout par une élévation de la voix. L'accent de hauteur a alors une fonction démarcative.

Helmholtz (résonateur de)

Le *résonateur de Helmholtz* est un appareil permettant d'identifier les harmoniques et de faire l'analyse et la synthèse des sons complexes, inventé par le physicien et physiologiste allemand Hermann Ludwig Ferdinand Von Helmholtz (1821-1894), un des grands savants du XIXe siècle, auteur de nombreuses découvertes en physique, mécanique, optique, acoustique. Dans ce dernier domaine notamment, en 1862, il interprète le timbre des sons par l'existence d'harmoniques superposés et imagine alors l'appareil qui porte son nom.

hendiadys, hendiadyn
L'*hendiadys,* ou *hendiadyn,* est une figure de rhétorique qui consiste à remplacer une expression unique (nom accompagné d'un adjectif, d'un complément ou d'une relative) par deux noms coordonnés par une conjonction ; ainsi, *boire dans des patères et de l'or* pour *boire dans des patères d'or.*

héritage
La notion d'*héritage* est issue de la problématique de l'intelligence artificielle. La relation d'héritage reporte aux niveaux subordonnés les traits de l'unité superordonnée. Ainsi, si la base de connaissance a une description d'*oiseau* comportant un trait/voler/, une règle d'héritage transférera le trait à *moineau* comme à *corbeau.* Le cas de l'autruche pose alors des problèmes et diverses solutions sont appliquées pour bloquer l'application de la règle d'héritage en pareil cas.

Dans le cadre des relations toujours plus fortes entre informatique et linguistique, la notion d'héritage est reprise par la sémantique linguistique pour étudier la relation d'hypéronymie/hyponymie. (V. HYPERONYME et SUPERORDONNÉ.)

hétéroclite
En grammaire traditionnelle, on dit d'un mot qu'il est *hétéroclite* quand son paradigme flexionnel est emprunté à plusieurs racines ; ainsi, le verbe *aller* emprunte ses racines à *va-, all-, i-.*

hétérogène
On dit d'un nom qu'il est *hétérogène* quand il change de genre en changeant de nombre. Ainsi, *délice* est masculin au singulier et féminin au pluriel *(de grandes délices).*

hétéroglosse
On appelle parfois *dictionnaire hétéroglosse* un dictionnaire bilingue, pour l'opposer au *dictionnaire homoglosse*.*

hétéronyme
On appelle *hétéronymes* les mots de racine différente, mais formant ensemble une structure sémantique. Ainsi, les noms de parenté (*mère, sœur, tante, oncle,* etc.), les noms de couleur (*rouge, vert, jaune,* etc.), les grades militaires, etc.

hétérophone
On dit d'éléments graphiques similaires qu'ils sont hétérophones quand ils représentent des sons différents (ex. : *nous portions* [-tjɔ̃] et *des portions* [-sjɔ̃]).

hétérorgane, hétérorganique
Deux phonèmes sont *hétérorganes* ou *hétérorganiques* quand ils ont des points d'articulation distincts comme [p] et [t], par opposition aux phonèmes homorganes.

hétérosyntagmatique
On a distingué la *fonction hétérosyntagmatique,* entre des éléments appartenant à des syntagmes différents (ainsi la rection), et la *fonction homosyntagmatique,* entre des éléments appartenant au même syntagme (ainsi, interdépendance entre genre et nombre dans le nom latin).

hiatus
Un *hiatus* est un groupe de deux voyelles contiguës appartenant à deux syllabes différentes à l'intérieur d'un mot ou dans la chaîne parlée à la frontière de deux mots : *kaolin, créer.* Les langues évitent les hiatus par différents procédés : épenthèse de phonèmes non vocaliques comme les glides, ex. : *crier* prononcé [krije] ; synérèse* par réduction de la première voyelle en un élément non vocalique, ex. : *nuée* prononcé [nɥé] ; contraction, etc.

hiérarchisation
La *hiérarchisation,* est la tendance d'une société à conférer des valeurs hiérarchiques (supérieur/inférieur) à des langues ou à des usages, à l'image de ce qu'elle fait pour les groupes sociaux.

hiératique
L'écriture *hiératique* égyptienne, utilisée dans les manuscrits, est une écriture cursive dérivée des hiéroglyphes.

hiéroglyphe
Ce mot désigne l'unité fondamentale du système idéogrammatique des anciens Égyptiens. L'écriture hiéroglyphique est faite de phonogrammes et d'idéogrammes qui s'ajustent pour traduire le sens précis de chaque mot : les phonogrammes d'une seule, de deux ou trois lettres sont à la base de l'écriture ; dans le cas d'ambiguïté de l'idéogramme, celui-ci est accompagné de sa lecture phonétique.

hiragana
L'*hiragana* est l'écriture syllabique japonaise servant à transcrire les formants grammaticaux.

histoire

1. On appelle *histoire de la langue* l'ensemble des changements qui affectent sa structure au cours du temps.

2. En grammaire générative, on appelle *histoire transformationnelle* d'une phrase la suite des opérations qui convertissent un groupe de marqueurs syntagmatiques sous-jacents (de structure profonde) en un marqueur syntagmatique dérivé final.

historique

1. On qualifie d'*historiques* la grammaire, les études, les recherches qui s'occupent de l'évolution d'une langue ou de plusieurs. Ainsi, la grammaire comparée* a souvent pour moyen ou pour fin la linguistique historique. *Historique* est un synonyme moins précis de *diachronique**.

2. On donne le nom de *passé historique* au passé simple du verbe français qui situe le récit (l'histoire) dans un moment considéré comme révolu.

On donne le nom de *présent historique* à l'emploi du présent à la place du passé historique dans un récit (en particulier dans le genre historique).

Hjelmslev (Louis Trolle), linguiste danois (Copenhague 1899-*id.* 1965). Fondateur avec V. Bröndal du Cercle linguistique de Copenhague, il se situe dans la lignée de l'enseignement de F. de Saussure : il envisage l'étude de la langue comme celle d'un système qu'il s'agit de décrire en lui-même et pour lui-même (principe d'immanence). Sa théorie, la glossématique, est une tentative de formalisation rigoureuse des structures linguistiques, ainsi qu'un approfondissement de certains concepts saussuriens (expression/contenu, forme/substance). Son influence a été tardive mais importante dans les domaines de la sémantique et de la sémiologie. (V. Bibliographie.)

Hockett (Charles Francis), linguiste américain (Columbus, Ohio, 1916). Professeur de linguistique et d'anthropologie à l'université Cornell, il est l'auteur de manuels dans lesquels il tente de systématiser les acquisitions de la linguistique structurale américaine. Il est aussi célèbre pour un système de formalisation de l'analyse en constituants immédiats, connu sous le nom de « boîte* de Hockett ». (V. Bibliographie.)

holophrase

Les premiers mots de l'enfant apparaissent vers dix-douze mois. Ils sont largement instables des points de vue de la forme et du sens. La forme évolue sous l'effet de ce que l'enfant entend autour de lui et des rectifications de l'adulte. Quant au sens, il reste flou dans la mesure où l'enfant catégorise, sous l'étiquette formelle, les objets selon leurs propriétés affectives, perceptives ou fonctionnelles et selon les glissements qui s'opèrent entre ces divers traits en fonction de son expérience. Il en résulte que le mot n'est interprétable qu'avec l'aide du contexte situationnel dans lequel il est émis. De plus, ces unités ne sont pas catégorisées grammaticalement. On n'y voit des noms, des verbes ou des adjectifs qu'en référence à leur statut dans la langue adulte. Dans celle de l'enfant, une telle unité désigne la situation tout entière et traduit ce que l'enfant veut en dire. Ainsi, le mot « dodo », prononcé par l'enfant, peut, selon la situation présente, signifier « je veux me coucher », « c'est mon lit », « je suis fatigué », etc. C'est pourquoi on considère qu'il équivaut à un énoncé complet, d'où le terme d'*holophrase,* c'est-à-dire de phrase à une seule unité qui aurait un statut syntaxique réel. Cette opinion, défendue par McNeill, a été critiquée, mais le terme d'holophrase est passé dans la terminologie courante des études sur le langage de l'enfant.

holophrastique

Les langues *holophrastiques* sont les langues polysynthétiques où un mot, combinaison d'une racine et d'affixes divers, a le sens d'une phrase (basque).

holorime

Un vers *holorime* « rime » entièrement avec le vers précédent, ce qui revient à dire qu'il comporte les mêmes phonèmes mais des morphèmes différents. On peut citer, de V. Hugo :

Gal, amant de la reine, alla, tour magnanime
Galamment, de l'arène à la tour Magne, à Nîmes.

La mode du vers holorime sévit au début du XXe siècle à la fois dans les salons et à la Centrale surréaliste, et A. Allais en fait une satire amusante.

Le vers holorime est un avatar extrême de la « rime riche » des Parnassiens, poussée par T. de Banville jusqu'au jeu de mots des *Odes funambulesques,* où il fait rimer par exemple *être anglais* et *j'étranglais.*

homéotéleute

En rhétorique, quand, à l'intérieur d'une même phrase, la terminaison de différents mots ou de différentes unités accentuelles est constituée par la même syllabe (ou les mêmes syllabes), la figure est un *homéotéleute* (ex. : *Il est décidé à se défendre et non à se rendre*). La rime est un genre particulier d'homéotéleute, qu'on rencontre quand les unités terminées par les homéotéleutes entrent dans un ensemble rythmique harmonisé.

homogénéité
L'étude linguistique faite à partir d'un corpus d'énoncés exige, pour être valide, que ces énoncés répondent à un critère d'*homogénéité*. Celle-ci varie selon l'objet de l'enquête ; pour déterminer les règles de la langue à partir du corpus, pris comme échantillon, il faut que les énoncés soient homogènes quant à l'état de langue (niveau de langue, intercompréhension complète des interlocuteurs, etc.).

homoglosse
On donne le nom d'*homoglosses* à des dictionnaires dont la langue d'entrée est un parler ou un dialecte de la langue de sortie (qui est alors la langue commune). Ainsi, un dictionnaire picard-français est dit *homoglosse*, par opposition aux dictionnaires bilingues, ou hétéroglosses, dont les entrées et les sorties appartiennent à deux langues différentes (français/anglais, allemand/français).

homographe
On dit de deux formes qu'elles sont *homographes* quand elles ont la même graphie mais des sens différents. Par exemple, *rue* « voie de circulation » et *rue* « plante vivace » sont des *homographes ;* ils ont des étymologies différentes, des sens différents, mais la même représentation graphique et la même prononciation. De même, dans les cas de polysémie*, quand une même forme vient à prendre deux ou plusieurs sens nettement différenciés, on peut également parler d'homographie. Deux homographes peuvent avoir des prononciations différentes : ainsi, *les fils de Pierre et Jacqueline* et *les fils de laine*.

homonyme
1. Dans le lexique, un *homonyme* est un mot qu'on prononce ou/et qu'on écrit comme un autre, mais qui n'a pas le même sens que ce dernier. À part les cas rares ou les curiosités, les homonymes à la fois homophones* et homographes* sont peu fréquents en français ; leur existence s'explique notamment par des phénomènes de polysémie* (*bureau*, par exemple, au sens de « table de travail » et d'« ensemble de personnes travaillant dans un secteur déterminé »). On appelle souvent *homonymes* les homophones ou morphèmes qui se prononcent de la même façon, mais qui n'ont pas le même sens et ne s'écrivent pas de la même façon. À l'époque classique, on a accordé une grande importance à la distinction par l'écriture des homophones ; c'est alors qu'on a spécialisé les orthographes de *dessein* et *dessin*, de *compte* et *conte*. Cette tendance explique la présence en français, et également en anglais, de beaucoup d'homophones et de peu d'homographes.
2. En grammaire générative, les *homonymes syntaxiques* sont des phrases de surface qui peuvent correspondre à deux structures profondes différentes. L'homonymie syntaxique correspond à l'ambiguïté*.

homonymie
L'*homonymie* est l'identité phonique (homophonie) ou l'identité graphique (homographie) de deux morphèmes qui n'ont pas, par ailleurs, le même sens.

homophone
On dit qu'un mot est *homophone* par rapport à un autre lorsqu'il présente la même prononciation, mais un sens différent : ainsi, en français, la séquence phonique [so] correspond à quatre homophones : *sceau, seau, sot, saut*. Ce terme est également employé pour désigner, dans l'écriture courante, deux signes graphiques qui transcrivent un même phonème ; ainsi, en français, les lettres *s, c, ç, ss* représentent le phonème [s] dans le syntagme *si ça cesse*. Les suffixes *-ment* (servant à former des noms d'action) et *-ment* (servant à former des adverbes de manière) sont homophones. En français, l'orthographe sert souvent à distinguer des homophones : ainsi, on a distingué par la graphie les deux termes [kɔ̃te], qui avaient la même origine latine *(computare) :* on a eu *compter (comptable)* et *conter (raconter)*.

homophonie
L'*homophonie* est l'identité phonique entre deux ou plusieurs unités significatives, ou entre deux ou plusieurs signes graphiques appelés *homophones**.

homorgane, homorganique
On appelle *homorganes* ou *homorganiques* deux ou plusieurs phonèmes qui ont un même point d'articulation tout en différant par d'autres traits. Ainsi [p] et [b] sont homorganes puisqu'ils sont prononcés tous deux avec une occlusion labiale.

homosyntagmatique V. HÉTÉROSYNTAGMATIQUE.

honorifique
On appelle *dimension honorifique* le rôle joué par les pronoms personnels qui, dans certaines langues, définissent le statut social des participants à la communication ou déterminent le degré d'intimité qui existe entre eux : ainsi, l'opposition *tu* ou *vous* (deuxième personne du singulier) définit une dimension honorifique en français.

humain
On donne le nom de *noms humains* à une sous-catégorie des noms animés qui, sémantiquement, désignent des êtres vivants humains ou considérés comme tels et qui se caractérisent par une syntaxe différente des noms animés non humains (désignant des animaux). Ainsi, certains verbes comme *penser, croire,* etc., impliquent un sujet animé humain, un adjectif comme *célibataire* implique un nom épithète animé humain. On dit aussi que des morphèmes comme *Jean, homme, enfant,* etc., ont le trait distinctif [+humain] et que des morphèmes comme *chien, chat, vipère,* etc., ont le trait [−humain], compte non tenu des métaphores possibles (passage d'une catégorie à l'autre) : ainsi, les noms collectifs ou les noms d'appareil peuvent être sujets des verbes qui n'admettent que des noms humains ; en ce cas, ils se voient attribuer un trait [+humain] : *L'entreprise tout entière fait grève. La voiture démarra brusquement.*

Humboldt (Wilhelm von), linguiste allemand (Potsdam 1767-Tegel 1835). Il mène de front des études sur les langues, la littérature et l'anthropologie et une carrière de diplomate et d'homme politique. Ambassadeur de Prusse à Rome, à Vienne et à Londres, directeur de l'Instruction publique, fondateur de l'université de Berlin, dont il est le premier recteur, plénipotentiaire au congrès de Prague, ministre d'État, il se retire de la vie politique en décembre 1819 pour se consacrer à l'élaboration d'une théorie générale du langage et des langues. Partant de l'examen de langues aussi variées que le sanskrit, le chinois, le basque, le hongrois, le birman, le kawi, le japonais, les langues sémitiques, il cherche à dépasser le cadre de la grammaire comparée pour constituer une anthropologie générale : chaque langue est, selon lui, un reflet et une projection de la vision du monde du peuple qui la parle : « La langue d'un peuple est son esprit, et son esprit est sa langue. » Le langage, d'autre part, est une propriété innée, inhérente à l'esprit humain : c'est « l'organe qui forme la pensée ». (V. Bibliographie.)

Husserl (Edmund), logicien allemand (Prossnitz, Moravie, 1859 - Fribourg-en-Brisgau 1938). Professeur dans différentes universités allemandes jusqu'à l'arrivée au pouvoir d'A. Hitler, il se consacre à la philosophie des mathématiques et polémique contre le psychologisme en logique, développant alors une grammaire pure logique. Sa théorie des catégories de signification est une des sources de la sémantique moderne. (V. Bibliographie.)

hybride
Un mot *hybride* est un mot composé dont les constituants sont empruntés à des racines de langues différentes. Ainsi, *automobile,* dont les racines sont l'une grecque (*autos,* « de soi-même ») et l'autre latine (*mobilis,* « qui peut se mouvoir »), est un *mot hybride.*

hydronymie
L'*hydronymie* est la partie de l'onomastique qui étudie les noms des cours d'eau.

hyoïde
L'*os hyoïde* est un os qui se trouve en haut du larynx, en forme de demi-cercle ouvert vers l'arrière. Il est relié au cartilage du larynx par des ligaments et des muscles.

hypallage
En rhétorique, l'*hypallage* est une figure consistant à attribuer à un mot de la phrase ce qui convenait à un autre mot de la même phrase ; ex. : *Ce marchand accoudé sur son comptoir avide* (V. Hugo).

hyperbate
L'*hyperbate* est une figure de rhétorique consistant à renverser l'ordre habituel des mots (ex. : *Là coule un clair ruisseau. À tous les cœurs bien nés que la patrie est chère*).

hyperbole
L'*hyperbole* est une figure de rhétorique consistant à mettre en relief une idée par l'emploi d'une expression exagérée qui va au-delà de la pensée (ex. : un *géant* pour un *homme grand,* un *pygmée* pour un *petit homme*).

hypercorrection
On dit qu'il y a *hypercorrection* quand, en présence d'une forme altérée par l'évolution de la langue, on restitue une forme où les éléments que l'on croit disparus sont ajoutés par erreur. Ainsi, le verbe *savoir,* issu du latin

sapĕre, a été orthographié au XVe siècle sous la forme *sçavoir,* parce qu'on le supposait issu de *scire.*

L'hypercorrection est la faute ou l'écart phonétique, morphologique, lexical ou syntaxique, né de l'application d'une norme ou d'une règle là où il n'y a pas lieu, par le jeu de l'analogie des paradigmes, par exemple : ainsi lorsqu'un locuteur dit *vous contredites** pour *contredisez,* c'est parce qu'il applique à *contredire* la conjugaison de *dire.*

hyperdialectique

On qualifie d'*hyperdialectique* une forme dialectale créée selon une règle de correspondance qui n'est pas valable pour la forme donnée. Ainsi, le grec *philâsô* est une forme hyperdialectique du dorien (forme faussement dorienne qui répond à l'attique *philêsô,* d'après la correspondance ionien *glôttês* - dorien *glôttās*) : en effet, dans *philêsô, ê* vient de l'allongement de *-e-* et non de l'allongement de *-a-* (radical en *-e- : phileo, philô*).

hyperonyme

Syn. de SUPERORDONNÉ.

hyperonymie

On appelle *hyperonymie* le rapport d'inclusion du plus général au plus spécifique.

hyperurbanisme

On dit qu'il y a *hyperurbanisme* quand il y a adaptation d'une forme dialectale ou régionale au parler de la ville.

hypocoristique

On appelle *hypocoristique* un mot traduisant une affection tendre. Les hypocoristiques sont le plus souvent des appellatifs familiers comme *frérot, mon chou, fifille,* etc. Les procédés hypocoristiques sont en général la substitution de suffixe et le redoublement de la syllabe initiale.

hyponymie, hyponyme

L'*hyponymie* désigne un rapport d'inclusion* appliqué non à l'objet référé, mais au signifié des unités lexicales concernées ; ainsi il y a inclusion du sens de *chien* dans le sens d'*animal :* on dit que *chien* est un hyponyme d'*animal.* Contrairement au terme d'inclusion, qui ne doit s'appliquer qu'aux unités qui ont une référence, *hyponyme* s'emploie aussi bien pour celles qui n'en ont pas. D'autre part, les rapports d'inclusion sont complexes ; plus la classe des référés est petite, plus l'ensemble des traits définisseurs est grand. Ainsi, *animal* est plus inclusif que *chien* pour ce qui est de la classe des référés (*animal* s'applique à *chat, lapin,* etc.), mais *chien* est plus inclusif qu'*animal* pour ce qui est des traits de compréhension (*chien* a tous les traits d'*animal,* qui n'a pas tous les traits de *chien*).

L'hyponymie établit un rapport d'implication unilatéral. *Cramoisi* étant un hyponyme de *rouge,* on peut poser « *x* est *cramoisi* $\supset$ *x* est *rouge* », mais non « *x* est *rouge* $\supset$ *x* est *cramoisi* ». L'ordonnancement des unités lexicales en superordonnées* et en hyponymes se fera alors par test ; on vérifiera quelle est l'implication admise et quelle est l'implication rejetée. De même l'existence de cohyponymes* d'un terme superordonné permet d'établir la hiérarchie : *x* est une fleur ; *y* est une fleur ; *z* est une fleur ; donc *x, y* et *z* sont cohyponymes entre eux et hyponymes de *fleur.*

Les relations de superordonné à hyponyme sont complexes. On a considéré *œillet de Nice* et *tulipe noire* comme des hyponymes de *œillet* et *tulipe.* Des cohyponymes comme *bicyclette, moto(cyclette), vélomoteur* n'ont pas eu longtemps de superordonné. On a fini par créer le générique *deux-roues.* Il arrive que les langues utilisent comme superordonnés des éléments très vagues ; en français par exemple : *personne, chose, truc, machin, faire,* etc.

L'hyponymie proprement dite se définit comme une relation d'implication unilatérale (asymétrique), contrairement à l'hyponymie considérée comme une relation réciproque et symétrique ; il s'agit alors de synonymes. L'hyponymie est également transitive en ce sens que si elle relie *a* à *b* et *b* à *c,* elle relie aussi *a, b* à *c.*

hypostase

On appelle *hypostase* le passage d'un mot d'une catégorie grammaticale dans une autre (on dit aussi *dérivation impropre*) ; par exemple, *Harpagon,* nom propre, peut devenir un nom commun, synonyme d'« avare ». (V. GLISSEMENT DE SENS.)

hypotaxe

On donne le nom d'*hypotaxe* au procédé syntaxique qui consiste à expliciter par une conjonction de subordination ou de coordination le rapport de dépendance qui peut exister entre deux phrases qui se suivent dans un énoncé long, dans une argumentation, etc. Ainsi : *Cet homme est habile, aussi réussira-t-il, Cet homme est habile et il réussira, Cet homme réussira parce qu'il est habile* sont des formes diverses d'*hypotaxe* (coordination ou subordination) s'opposant à la simple *juxtaposition* des phrases : *Cet homme est habile, il réussira,* procédé syntaxique appelé *parataxe**.

hypothétique
On appelle *hypothétique* une proposition conditionnelle introduite par *si.*

hypotypose
En rhétorique, l'*hypotypose* est une figure qui consiste en une description vivante et précise de la chose dont on veut donner l'idée, sorte de tableau vivant. (Ex. : *La Mollesse, oppressée, / Dans sa bouche, à ces mots, sent sa langue glacée, / Et, lasse de parler, succombant sous l'effort, / Soupire, étend les bras, ferme l'œil et s'endort.* [Boileau]).

hystérologie
En rhétorique, syn. de HYSTÉRON-PROTÉRON.

hystéron-protéron
L'*hystéron-protéron* est une figure de rhétorique consistant à renverser l'ordre naturel (chronologique ou logique) de deux termes (mots ou propositions). Ex. : *Laissez-nous mourir et nous précipiter au milieu des ennemis* (traduction de Virgile, *Énéide,* II, 353).

i

icône

Dans la terminologie de Ch. S. Peirce, on distingue *icône, indice* et *symbole*. Ce classement des signes se fonde sur la nature du rapport entretenu par le signe avec la réalité extérieure. Les icônes sont ceux des signes qui sont dans un rapport de ressemblance avec la réalité extérieure, qui présentent la même propriété que l'objet dénoté (une tache de sang pour la couleur rouge). Certains signes des écritures idéogrammatiques antiques (chinoise, égyptienne) semblent avoir été en rapport iconique avec la réalité désignée : par exemple, le signe chinois désignant l'homme, le signe hiéroglyphique désignant la mer, etc. Le portrait sera le type le plus évident d'icône : ce signe traduit un certain niveau de ressemblance avec l'objet modèle. À l'icône s'opposent l'indice*, sans rapport de ressemblance mais avec un rapport de contiguïté, et le symbole*, où le rapport est purement conventionnel.

identification

1. On appelle *identification des unités* une des procédures, avec la segmentation, nécessaires pour déterminer les unités linguistiques et qui consiste à reconnaître un seul et même élément à travers ses multiples occurrences ; ainsi, en dépit de différences phonétiques importantes dans la prononciation, on identifie comme étant un même phonème [t] les réalisations [t] devant [o] et [u], [t'] devant [i] ou [j], etc. En linguistique distributionnelle, deux occurrences sont considérées comme appartenant à la même unité quand elles se rencontrent dans les mêmes environnements.

2. On distingue parmi les fonctions du verbe *être,* la fonction existentielle et les fonctions copulative et prédicative : parmi ces dernières, outre les fonctions attributive et locative, on trouve la fonction identificatrice, ou fonction d'*identification.* Par elle, le verbe *être* exprime que le sujet a le même référé que l'attribut : ainsi, dans *Ce chien est Médor,* le verbe *être* exprime l'identité de *ce chien* et de *Médor.* Il faut distinguer la fonction identificatrice de la fonction attributive (*Jean est professeur* et *Cette fille est charmante*).

identité

On appelle sens d'*identité* l'emploi prédicatif du verbe *être* exprimant l'identité de deux unités, comme dans *Cet enfant est Pierre,* où *enfant* et *Pierre* sont « identifiés », par opposition aux sens d'appartenance* et d'inclusion*.

idéogramme

On appelle *idéogramme* un caractère graphique correspondant à une idée (concept, procès, qualité). On prend généralement pour exemples d'écriture idéogrammatique l'écriture chinoise et les hiéroglyphes égyptiens sous leur forme la plus ancienne.

1) L'origine de l'idéogramme chinois est dans le pictogramme, représentation stylisée d'objets concrets et de quelques procès : l'homme, les animaux, les principaux mouvements, etc. Aux pictogrammes se sont adjoints, postérieurement sans doute, des notations proprement idéogrammatiques, dès lors qu'on a utilisé les indices (selon le raisonnement « X implique Y ») ou les symboles (le signe notant une idée, mais de façon purement conventionnelle).

Les idéogrammes complexes proviennent de l'analyse d'une idée en éléments déjà représentés dans l'écriture ; par exemple, le signe *bon - aimer* (l'idéogramme ne note pas telle ou telle « catégorie grammaticale », notion étrangère au chinois) s'obtient par combinaison des signes *femme-femelle* et *enfant-mâle.* La réalisation phonique de l'idéogramme complexe n'a bien entendu pas de rapport avec l'un quelconque des signes composants.

Certains linguistes contemporains sont particulièrement attentifs au rôle joué par l'écriture idéogrammatique : la réflexion grammaticale, la conception du rapport entre la langue et le monde, et peut-être même la conception du monde elle-même peuvent être modifiées dans des proportions importantes par l'opposition entre l'usage de l'écriture idéogrammatique et celui de l'écriture phonétique. La grammatologie de J. Derrida a trouvé là son origine.

2) L'écriture hiéroglyphique égyptienne, dans son état ancien, attesté, représente un état mixte évoluant vers la phonétisation. On relève conjointement dans les inscriptions des logogrammes (signes-mots), des phonogrammes qui fonctionnent à la fois comme logogramme d'un mot donné et comme transcription du consonantisme des mots homonymes, et des déterminatifs, logogrammes non prononcés servant à distinguer des homonymes en indiquant la classe dans laquelle on doit ranger le signe ambigu (par exemple *maison* s'ajoutera comme déterminatif aux signes désignant des bâtiments).

idéographique, idéogrammatique
On appelle *écritures idéographiques* les systèmes où les graphèmes font référence à des morphèmes et non à des phonèmes. Les graphèmes représentent alors des idées, des notions et non plus des portions phoniques de la chaîne parlée. La plus connue des écritures idéographiques est sans doute le système chinois ; à une époque ancienne, ce dernier représentait chaque notion par un caractère conventionnel (d'abord un dessin stylisé). Par la suite, beaucoup de morphèmes chinois étant formés d'une seule syllabe, les caractères qui les représentaient ont été aussi utilisés pour représenter dans les mots nouveaux polysyllabiques non plus la notion, mais la syllabe. On passe ainsi peu à peu d'un système purement idéographique à un système en partie phonétique. (V. ÉCRITURE.)

idiographème
On appelle *idiographème* toute variante individuelle ou stylistique d'un graphème dans une écriture manuscrite ; par exemple, les différentes formes de *s*, de *f*, de *p*, etc., réalisées par le même scripteur, sont des idiographèmes, chaque idiographème conservant les traits pertinents graphiques de la lettre. L'ensemble des habitudes graphiques particulières à une même personne forme l'*idiographie*.

idiographie V. IDIOGRAPHÈME.

idiolecte
On désigne par *idiolecte* l'ensemble des énoncés produits par une seule personne, et surtout les constantes linguistiques qui les sous-tendent et qu'on envisage en tant qu'idiomes ou systèmes spécifiques ; l'idiolecte est donc l'ensemble des usages d'une langue propre à un individu donné, à un moment déterminé (son style). La notion d'idiolecte met l'accent sur certains caractères particuliers des problèmes de la géographie linguistique : tout corpus de parlers, dialectes ou langues n'est représentatif que dans la mesure où il émane de locuteurs suffisamment diversifiés ; mais c'est, au moins au départ, sur des bases non linguistiques que sont choisis ces locuteurs et les énoncés qu'ils produisent ; même si le chercheur relève pour un parler donné des énoncés en nombre suffisant de tous les locuteurs rencontrés dans l'aire étudiée, il postule implicitement que ces locuteurs ont le même parler. La notion d'idiolecte implique, au contraire, qu'il y a variation non seulement d'un pays à l'autre, d'une région à l'autre, d'un village à l'autre, d'une classe sociale à l'autre, mais aussi d'une personne à l'autre. L'idiolecte est au départ la seule réalité que rencontre le dialectologue.

idiomatique
On appelle *expression idiomatique* toute forme grammaticale dont le sens ne peut être déduit de sa structure en morphèmes et qui n'entre pas dans la constitution d'une forme plus large : *Comment vas-tu ? How do you do ?* sont des expressions idiomatiques. (V. GALLICISME, IDIOTISME.)

idiome
1. On appelle *idiome* le parler* spécifique d'une communauté donnée, étudié dans ce qu'il a de particulier par rapport au dialecte ou à la langue auxquels il se rattache.
2. Le terme d'*idiome* peut être synonyme de « langue ».

idiosyncrasie
Devant un ensemble de données identiques, les sujets ont tendance à les organiser de manière différente selon leurs dispositions intellectuelles ou affectives particulières : ils ont ainsi, chacun, un *comportement idiosyncrasique* ou une *idiosyncrasie*. Un enfant qui dit *j'allerai* pour *j'irai* a un comportement idiosyncrasique : ses connaissances lui ont fait admettre que la langue formait le futur en ajoutant toujours *-ai* à l'infinitif, alors que justement il n'en est pas toujours ainsi (entre autres pour le verbe *aller*). Ainsi, la plupart des fautes individuelles sont dues à des comportements idiosyncrasiques. Quand ceux-ci se généralisent, on parle de langue courante ou familière, jusqu'au moment où la forme passe dans la langue écrite. Le plus souvent, les comportements idiosyncrasiques sont dus à des réactions affectives.

idiotisme
On appelle *idiotisme* toute construction qui apparaît propre à une langue donnée et qui ne possède aucun correspondant syntaxique dans une autre langue. Le présentatif *c'est* est un *gallicisme,* idiotisme propre au français ; *how do you do ?* est un *anglicisme.* On a ainsi des *anglicismes,* des *germanismes,* des *latinismes,* des *hellénismes,* etc.

illatif
On appelle *illatif* un cas* des langues finno-ougriennes exprimant un mouvement de pénétration dans un lieu clos (ex. : *Il entre* ***dans la maison***).

illocutionnaire, illocutoire
À la suite de J. L. Austin, on qualifie d'*illocutionnaire* (ou *illocutoire*), ou *illocution,* tout acte de parole réalisant ou tendant à réaliser l'action dénommée : la phrase *Je promets de ne plus recommencer* réalise l'acte de « promettre » en même temps qu'il indique la nature de la promesse. On distingue notamment, parmi les verbes illocutionnaires, les verbes performatifs *(ordonner)* et les verbes d'attitude *(jurer).* Tout énoncé, pratiquement, peut être considéré d'une manière ou d'une autre comme illocutionnaire.

imitatif
On donne le nom de *mot imitatif* à des onomatopées qui reproduisent approximativement un son : *coin-coin* est un mot imitatif. Ces onomatopées sont différentes selon la langue considérée : *cocorico* en français, *cock-a-doodle-do* en anglais.

immanent
En linguistique structurale et, en particulier, en glossématique, on appelle *immanente* toute recherche qui définit les structures de son objet par les seules relations des termes intérieurs à cet objet. Ainsi, la glossématique est une linguistique immanente puisqu'elle exclut toute préoccupation transcendantale (extralinguistique) ; de même, on dira qu'une structure est immanente quand elle peut être définie par les seuls rapports des termes entre eux (la structure phonologique d'une langue définie par les oppositions des phonèmes, indépendamment de toute référence à la substance phonique). Ce principe d'*immanence* est remis en cause tant par la linguistique générative que par la pragmatique et les théories de l'énonciation.

immotivé
Le qualificatif d'« arbitraire » ayant pu donner à tort l'idée que le signifiant dépendait du libre choix du sujet, F. de Saussure a ajouté le caractère *immotivé :* le signe est immotivé en ce sens que, contrairement aux théories sur l'origine onomatopoéique des mots, il n'y a eu au départ aucune raison d'utiliser pour désigner l'*arbre* les sons [arbr], ou en latin *arbor* ou en grec *dendron.* Ce n'est qu'à un second acte, dans la dérivation notamment, qu'*arboriculture* est motivé par rapport à *arbre* et que, au contraire, *couper,* dérivé de *coup,* est devenu immotivé, perdant la relation sémantique qui l'unissait au mot racine.

imparfait
On donne le nom d'*imparfait* à un ensemble de formes verbales du français constituées d'une racine verbale et d'un affixe exprimant le passé *(-ais, -ait, -ions, -iez, -aient) ;* l'imparfait situe l'énoncé dans un moment indéterminé avant le moment présent ou avant le moment du récit. Cette indétermination est susceptible d'être interprétée comme une durée, une répétition, une continuité, un état, aussi bien qu'un instant précis. Il s'oppose au passé* historique ou passé simple.

imparisyllabique
On appelle *imparisyllabiques,* en grammaire latine, les noms ou les adjectifs, qui, dans leur flexion, comportent une syllabe de plus aux cas autres que le nominatif. Le mot *consul, consulis* est l'exemple traditionnel de la troisième déclinaison imparisyllabique (*consulis* étant le génitif du nominatif *consul*).

impératif
1. L'*impératif* est un mode* exprimant un ordre donné à un ou plusieurs interlocuteurs (dans les phrases affirmatives) ou une défense (dans les phrases négatives) : *Viens. Ne sors pas.* L'impératif français, comme les autres modes, connaît des formes simples et des formes composées, regroupées en deux temps : le présent et le passé, ne comportant, tous deux, que la deuxième personne du singulier, la première et la deuxième personne du pluriel, qui, en l'absence de pronoms de conjugaison, ne sont repérables que dans les variations affixales. Ces formes sont identiques à celles de l'indicatif ou du subjonctif présent : les formes de l'impératif présent de tous les verbes, à la première et à la deuxième personne du pluriel, sont celles de l'indicatif présent *(Chantons/Chantez).* Il en est de même pour la deuxième personne du singulier *(Cours),* exception faite des verbes en *-er* et de certains verbes

en *-ir* (*cueillir, couvrir, offrir, ouvrir, souffrir,* dont l'impératif est identique à la troisième personne du présent : *Chante ; Cueille ; Offre ; Va*). Ces formes reçoivent un *s* graphique ([z] oral) lorsqu'elles sont suivies du complément pronominal *en* ou *y* : *Plantes-en.* Les verbes *savoir, vouloir,* les auxiliaires *être* et *avoir* ont des formes d'impératif identiques au subjonctif présent : *Sache ; Veuille ; Sois ; Aie ;* ces dernières participent à la formation de l'impératif passé. L'impératif n'a pas de valeur temporelle : seul le contexte (adverbes) permet de situer le procès : *Pars tout de suite/demain.* Il permet surtout d'exprimer, à la fois, l'idée d'une action et la volonté de son exécution (en phrase affirmative) ou de son interdiction (en phrase négative).

2. En grammaire générative, l'*impératif* est un type de phrase (ou modalité de phrase), comme l'interrogation (phrase interrogative) et l'assertion (phrase déclarative) ; c'est un constituant de la phrase de base qui, compatible seulement avec un sujet de deuxième personne (ou incluant une deuxième personne, comme *nous*), déclenche une transformation impérative ; celle-ci, entre autres opérations, efface le pronom sujet de la phrase : Impératif + Vous + venez + demain devient *Venez demain.*

3. On appelle *fonction impérative* la fonction du langage par laquelle l'émetteur tend à imposer au destinaire un comportement déterminé. On l'appelle aussi *conative, injonctive.*

imperfectif

Syn. de NON-ACCOMPLI.

impersonnel

1. On appelle *construction impersonnelle* la phrase où le syntagme nominal sujet est représenté par un pronom neutre de la troisième personne *il,* substitué au sujet de la structure profonde de la phrase (ou *sujet réel**) ; ce dernier est, quant à lui, déplacé après le verbe. La phrase *Il est arrivé un malheur* est une construction impersonnelle issue de *Un malheur est arrivé,* car le syntagme verbal *est arrivé* a pour sujet apparent un pronom « impersonnel », *il,* et pour sujet réel *un malheur,* placé après le syntagme verbal.

2. On appelle *mode impersonnel* en français le mode du verbe qui ne comporte pas de flexions indiquant la personne ; ce sont l'infinitif, le participe et le gérondif.

3. Le *verbe impersonnel* est le verbe qui n'a pas d'autre forme que celle de la troisième personne du singulier avec pour sujet le pronom neutre *il (il faut, il fait froid).*

implication

1. On appelle *implication* entre deux propositions une relation telle que, la première étant vraie, la seconde est nécessairement vraie. Ainsi, *Tous les hommes sont mortels et Jacques étant un homme* étant admis, la proposition *Jacques est mortel* est impliquée par (contenue dans) la précédente. On écrit :

> *Tous les hommes sont mortels* ⊃ *Jacques est mortel.*

Quand la vérité de la seconde proposition implique la vérité de la première, on dit qu'il y a double implication.

2. La *double implication* entre deux propositions A et B est le rapport réciproque d'implication qui existe quand la vérité de A entraîne la vérité de B et que la vérité de B entraîne la vérité de A.

implicationnel

L'*analyse implicationnelle* identifie, dans une situation de continuum*, les différents lectes et leur distribution dans la pratique de la communauté linguistique.

implosif

1. Une *consonne implosive* est une consonne qui se trouve après la voyelle ou le noyau syllabique et qui correspond donc à la phase de tension décroissante de la syllabe.

Dans le mot *rare* [ʁaʁ], la deuxième consonne est implosive, tandis que la première est explosive. Historiquement, les consonnes implosives, d'intensité plus faible que les consonnes explosives, s'affaiblissent et disparaissent plus facilement.

2. On appelle parfois *glottalisée implosive* l'injective (dont l'articulation s'accompagne d'une fermeture de la glotte, suivie d'un abaissement du larynx).

implosion

L'*implosion* est la fermeture qui se produit à la fin d'une syllabe pour la réalisation de la consonne dite « implosive ».

On appelle parfois *implosion* la première phase de la prononciation d'une consonne occlusive comme [p] ou [t], phase qui précède la tenue et la catastase* (dite explosion), et pendant laquelle les organes phonateurs prennent la position de fermeture d'où résulte l'occlusion.

in absentia
La suite des mots qui par leur succession constituent la phrase réalisée est *in praesentia* pour F. de Saussure. L'ensemble des unités qui, à chaque place, peuvent être substituées aux unités effectivement utilisées est dit *in absentia*. Ainsi, dans la phrase *Les trains vont vite, les* et *trains* et *vont* et *vite,* et aussi la marque *-s* de *les* et *trains,* la terminaison de *vont* sont *in praesentia.* Au contraire, *ces, mes, ses, certains, les grands* (que je peux substituer à *les*), *voitures, charrettes, avions* (que je peux substituer à *trains*), et ainsi de suite, sont *in absentia.*

La suite des unités *in praesentia* est la suite syntagmatique ; la liste des unités *in absentia* est la liste paradigmatique.

inaccentué
Une voyelle (ou une syllabe) *inaccentuée,* ou atone*, est une voyelle ou une syllabe qui ne porte pas l'accent. En français, toutes les syllabes du mot, sauf la dernière, sont inaccentuées.

inaccompli
Syn. de NON-ACCOMPLI.

inachevé
On appelle *phrases inachevées,* ou *incomplètes,* ou *elliptiques,* les phrases dont les structures profondes comportent un syntagme nominal ou verbal qui n'est pas réalisé dans les phrases effectives. Ainsi, sont dites inachevées : les phrases passives sans agent exprimé *(Votre dossier sera étudié)* ; les phrases transitives actives sans objet exprimé *(Pierre lit le soir avant de se coucher)* ; les phrases nominales sans verbe exprimé *(Silence !).*

inaliénable
La relation entre un nom et son complément indique une *possession inaliénable* (non aliénable) quand le complément du nom est le tout dont le nom de base est une partie intrinsèque ; ex. : *La jambe de Pierre, Les pieds de la table, Les aiguilles d'une montre,* etc. Ainsi, les parties du corps dont les compléments du nom sont inaliénables comportent dans leurs traits distinctifs le trait [– aliénable]. En revanche, les noms qui ne comportent pas cette relation grammaticale avec le possesseur ont le trait pertinent [+ aliénable] ; ex. : *La nappe de la table, L'heure de l'horloge, La cravate de Pierre.* Ces deux types de relations de possession se manifestent par une syntaxe différente ; ainsi, le déterminant est défini dans *Pierre a mal à la tête, à la jambe* (inaliénable), mais possessif dans *Pierre a sa cravate mal mise* (aliénable) ; de même, *Pierre a une cravate* est acceptable, mais non **Pierre a une jambe* (sans qualification), si on donne au verbe *avoir* le sens de « posséder ».

inanimé
Syn. de NON-ANIMÉ. (V. ANIMÉ.)

inchoatif
On appelle *inchoatif* une forme verbale propre à indiquer le début d'une action qui va progresser. L'inchoatif est traduit en français par un préfixe *(en-)* dans *s'endormir* (« commencer à dormir »), ou par un suffixe dans *verdir* (« devenir vert »), ou encore par un auxiliaire modal (*commencer à* suivi de l'infinitif). En latin, l'inchoatif était traduit par un suffixe *(-sc-) : senesco* « je vieillis ».

incise, incidente
On appelle *incise,* ou *incidente,* une proposition parenthétique enchâssée dans une autre proposition, sans mot de subordination. Ainsi, dans *L'argent, dit le sage, ne fait pas le bonheur,* la proposition *dit le sage* est une incise. De même, dans *Un jour, je pense, il reviendra, je pense* est une proposition incise ou incidente.

inclusif
1. On appelle *inclusif* le pronom (ou nom) personnel de première personne *nous* quand il inclut le pronom (ou nom) personnel *tu* et qu'il signifie « moi et toi », par opposition au *nous* exclusif qui exclut *tu* et signifie « moi et lui, par opposition à toi ».

On appelle *inclusif* le pronom (ou nom) personnel de deuxième personne *vous* qui inclut le pronom (ou nom) personnel *tu* désignant un deuxième interlocuteur et signifie « toi et toi par opposition à lui ou eux ». Le *vous* exclusif signifie au contraire « toi, Jean, et lui », par opposition à un deuxième interlocuteur « toi, Pierre ». En français, il n'existe qu'un système de pronoms à la fois inclusifs et exclusifs : *nous/vous.* (V. PERSONNE.)

2. On dit qu'un ensemble A est *inclusif* par rapport à un autre ensemble B quand tous les éléments de cet ensemble B (qui sera dit *sous-ensemble*) appartiennent à A.

inclusion
1. On dit qu'il y a *inclusion* d'un sous-ensemble A' dans un ensemble A quand tous les éléments de A' appartiennent également à A et qu'il n'y a aucun élément de A' qui n'appartienne pas à A. Ainsi, dans la grammaire traditionnelle, les noms propres (A') forment un sous-ensemble de l'ensemble des noms (A) ; on dit

que A' est inclus dans A, et on écrit A' ⊂ A. L'inclusion est une relation réflexive (A ⊂ A), transitive (si A ⊂ B et B ⊂ C, A ⊂ C, mais non symétrique (si A ⊂ B, B ⊂ A est impossible).

La notion d'inclusion a une grande importance en analyse sémique. Dans une famille sémique (champ lexical), le sens de chaque mot est un ensemble (S) de sèmes (s_1, s_2, s_3, s_4, par exemple). L'archisémème A du champ lexical est un sous-ensemble de S.

2. On appelle *sens d'inclusion* l'emploi prédicatif du verbe *être* exprimant l'inclusion dans un ensemble, comme dans *Les professeurs sont des fonctionnaires,* ce qui signifie que les membres de la classe des « professeurs » sont inclus dans la classe des fonctionnaires. Le sens d'*inclusion* s'oppose aux sens d'*appartenance** et d'*identité**.

incompatibilité

1. L'*incompatibilité* est la relation qui s'établit entre deux propositions quand la vérité de l'une entraîne la fausseté de l'autre (on dit couramment que ces propositions sont contradictoires) ; si les propositions sont A et B, l'incompatibilité entre elles s'exprimera ainsi : A ⊃ non B, qui se lira A implique que B n'est pas. L'implication peut n'être qu'implicite. Ainsi, *Jacques est grand* est incompatible avec *Jacques est petit.* Il est à remarquer que l'incompatibilité des noms de couleurs, quand ils n'entretiennent pas de relations de superordonné* à hyponyme*, n'est pas une conséquence secondaire de leur sens, mais est impliquée par l'apprentissage et la connaissance du sens de chacun des termes. Ces derniers recouvrent, en effet, un continuum : la connaissance du signifié de l'un des termes, *rouge* par exemple, suppose que l'on connaît aussi la frontière de ce qui n'est pas rouge.

L'incompatibilité doit être distinguée de la simple différence de sens. *Rectangulaire* et *rouge* n'ont pas le même sens, mais ne sont pas incompatibles : on peut avancer simultanément à propos du même livre : *Le livre est rouge. Le livre est rectangulaire.* On ne peut pas avancer à propos du même meuble : *Ce meuble est un fauteuil. Ce meuble est une armoire à pharmacie. Fauteuil* et *armoire à pharmacie* sont incompatibles. Le problème de l'incompatibilité se pose surtout à l'intérieur d'un champ lexical* déterminé. Il est peu intéressant de se demander si *banque* et *bicyclette* sont compatibles ou incompatibles. Dans la hiérarchie des unités lexicales, il y a incompatibilité entre les termes de même niveau cohyponymes*, mais non entre les termes entretenant des relations de superordonné à l'hyponyme.

La complexité des relations d'incompatibilité tient au fait que bien souvent deux (plusieurs) cohyponymes n'ont pas de superordonné, ou que la langue utilise des suites (qu'on considère alors comme « lexicalisées ») pour tenir la place de l'item manquant, ou encore qu'elle crée des sous-catégories par des procédés morphologiques. Ainsi, *neige poudreuse* correspondra à un seul mot esquimau, hyponyme de *neige.* Les cohyponymes *aîné* vs *cadet* correspondront à des termes anglais dérivés à partir d'adjectifs au moyen du suffixe superlatif.

2. On dit que deux termes sont *incompatibles* dans une phrase quand leur combinaison en un constituant supérieur n'est pas interprétable sémantiquement ou que cette combinaison est sémantiquement anomale. Ainsi, le verbe *penser* a dans ses traits distinctifs celui de « à sujet humain », ce qui signifie qu'il n'est compatible qu'avec des syntagmes nominaux dont le nom se réfère à une personne : *Pierre pense* est valide sémantiquement, les deux termes *penser* et *Pierre* sont compatibles, car *Pierre* a dans ses traits le trait « humain ». En revanche, *La table pense* est anomale, les deux termes *penser* et *table* sont incompatibles, car *table* a dans ses traits le trait « objet », qui exclut le trait humain. Si on a la phrase *Les animaux pensent,* la phrase n'est interprétable que si on donne à *animal* le trait distinctif « humain », ce qui signifie que l'on assimile, dans cette phrase, l'homme et l'animal.

incomplet
On qualifie d'*incomplètes* des phrases qui contiennent une ellipse. (Syn. : ELLIPTIQUE, INACHEVÉ.)

incrémentiel
Dans la théorie de Z. S. Harris, on appelle *transformation incrémentielle* une transformation, opération effectuée sur une phrase de base, ou opérande, caractérisée par l'addition d'un élément et par un effet de sens systématique. Ainsi, l'addition d'un adverbe dans

Il est heureux → *Il est très heureux*

est le résultat d'une transformation incrémentielle, entraînant une modification systématique du sens de la phrase. Les transformations interrogative et négative sont ainsi des transformations incrémentielles.

indéclinable
On appelle *indéclinables* les mots qui, appartenant à des catégories de mots déclinables, ont cependant la même forme à tous les cas. On qualifie aussi d'*indéclinables* les mots qui, n'étant pas susceptibles de recevoir des marques de genre, de nombre et de personnes, n'ont qu'une seule forme invariable (adverbe, infinitif).

indéfini
1. On appelle *indéfini* un trait inhérent de certains articles, adjectifs ou pronoms, par opposition au trait *défini**, qui caractérise d'autres articles, adjectifs ou pronoms : ainsi, *il* est « défini » par rapport à *on* ; *le* est « défini » par rapport à *un* ; le trait indéfini [– défini] est interprété sémantiquement par l'absence de toute référence à un syntagme nominal antérieur ou a un élément précis de la situation (*Une personne a téléphoné,* par opposition à *La personne* [que tu sais] *a téléphoné*) ou par la négation de la valeur générique (*Un homme ne saurait agir ainsi,* par opposition à *L'homme est un animal qui parle*). [V. ARTICLE.]
2. La grammaire traditionnelle a créé une classe d'*indéfinis* pour regrouper les *adjectifs* qui, n'étant ni qualificatifs, ni numéraux, ni possessifs, ni démonstratifs, ni relatifs, ni interrogatifs-exclamatifs, se joignent au nom pour exprimer en général une idée plus ou moins vague de quantité ou de qualité, d'identité, de ressemblance ou de différence ; les *pronoms indéfinis* traduisent sous la forme nominale les mêmes notions. La définition traditionnelle des indéfinis est faite par énumération : les principaux adjectifs indéfinis sont *aucun, autre, chaque, certain, je ne sais quel, maint, même, n'importe quel, nul, pas un, plus d'un, quel, quelconque, quelque, tel, tout, différents, divers, plusieurs.*

On assimile souvent aux adjectifs indéfinis certains adverbes de quantité (ou quantitatifs) suivis de *de* ou *des* et d'un nom complément : ce sont *assez de, beaucoup, bien des, combien de, peu de, pas mal de, tant de, trop de,* etc.

De même, les pronoms indéfinis sont définis par énumération : *aucun, autre* précédé de l'article ou d'un déterminant, *autrui, chacun, je ne sais qui, le même, n'importe qui, nul, pas un, personne, plus d'un, quelqu'un, quiconque, qui que, tel, l'un, autre chose, grand-chose, peu de chose, je ne sais quoi, le même, n'importe quoi, quelque chose, quoi que, rien, tout, aucun, d'aucuns, certains, plusieurs, tous, les uns.*

C'est avec la plus grande prudence, ici plus encore qu'ailleurs, qu'on doit se reporter au « sens » : dans les énumérations données ci-dessus, certains mots sont véritablement « indéterminants » (« indéfinis »), mais d'autres, comme *le même* dans *Je veux le même livre que vous,* expriment une détermination complète. Les adjectifs indéfinis relèvent de la rubrique traditionnelle des adjectifs déterminatifs.

Les adjectifs indéfinis sont analysés en linguistique moderne comme des déterminants : les uns sont des préarticles, comme *tout (toute la ville),* les autres des postarticles *(une autre personne).* Beaucoup sont des quantifieurs *(assez de),* des distributifs *(chaque)* et des négatifs *(aucun, nul).*
3. On donne le nom de *passé indéfini* au passé* composé dans une analyse des formes verbales françaises où l'on met en évidence le caractère indéterminé dans le passé que revêt l'achèvement du procès traduit par ces formes.

indépendant
On appelle *proposition indépendante* une proposition qui ne dépend d'aucune autre (qui n'est enchâssée dans aucune phrase) et dont aucune proposition ne dépend (qui ne sert pas de matrice à une proposition enchâssée).

indéterminé
On dit d'un terme qu'il est *indéterminé* quand la notion exprimée n'est pas rapportée à des circonstances définies.

index
1. Dans le vocabulaire général, un *index* est la table alphabétique des noms cités (propres ou communs), des sujets traités, des termes techniques définis, etc.

2. En lexicographie, on appelle *index* le résultat d'un travail de dépouillement lexical. On distingue :
a) les *index de formes,* qui indiquent dans l'ordre alphabétique les formes dépouillées ; l'index de formes ne distinguera pas les homonymes graphiques ou homographes (*marche* dans *la marche* et *il marche, vide* dans *il vide* et *le vide, la bouteille est vide,* etc.) ;
b) les *index de mots,* qui distinguent les unités de vocabulaire (vocables) et, selon le point de vue adopté, situent les occurrences dans les textes dépouillés, ou indiquent la fréquence de l'unité (index de fréquence).

L'application des méthodes statistiques à ces index a permis l'établissement de vocabulaires fondamentaux ou de vocabulaires d'auteur, ou de tables de concordance*.

indexation

On appelle *indexation* la classification des items lexicaux consistant à leur attribuer des traits distinctifs qui les décrivent à l'intérieur d'un ensemble défini (le lexique d'une langue). Ainsi, *Pierre* est indexé de la manière suivante : [+nom], [−commun], [+animé], [+humain], [+mâle]...

indicateur

1. É. Benveniste donne le nom d'*indicateurs* aux déictiques* de temps et d'espace (*maintenant* et *ici*).
2. *Indicateur syntagmatique.* V. MARQUEUR SYNTAGMATIQUE.
3. En sociolinguistique, l'*indicateur* est un fait linguistique constant, échappant pour l'essentiel au contrôle des locuteurs, caractéristique d'une communauté et qui permet de reconnaître une appartenance géographique ou sociale. S'oppose à *marqueur* et à *stéréotype.*

indicatif

1. On appelle *indicatif* le mode de la phrase assertive (affirmative ou négative). L'indicatif est le mode non marqué définissant le statut de base de la phrase.
2. On appelle *indicatif* l'ensemble de formes verbales qui, en français, constitue le mode des phrases assertive et interrogative : *Paul vient. Paul vient-il ? Je dis que Paul viendra. Je demande si Paul vient.*
3. *Fonction indicative.* V. INDICE.

indice

1. Par le mot *indice,* on peut désigner un rapport causal mis entre un événement linguistique et l'objet signifié : l'élévation de la voix est l'indice d'une excitation. (V. SYMPTÔME.)
2. Dans la terminologie de Ch. S. Peirce, on distingue *icône, indice* et *symbole.* L'indice est avec la réalité extérieure dans un rapport de contiguïté. Ainsi, on dira que la fumée est l'indice du feu ; contrairement au cas de l'icône, il n'y a pas ici ressemblance ; contrairement au cas du symbole, il n'y a pas lien conventionnel.

La sémiologie définit l'indice en fonction du mécanisme de l'indication. L'indice est le fait qui fournit une indication. Or, le rapport entre l'indice et la chose indiquée n'est pas simple : loin de constituer exclusivement une liaison immédiate entre signe et réalité positive, l'indice procède aussi par un caractère négatif. L'indice classe un événement (par exemple, ici, l'apparition de fumée) par rapport à une classe plus générale, appelée l'« univers du discours », à laquelle cette classe appartient. « Il n'y a pas de fumée sans feu » comporte référence à un univers du discours où le feu émet de la fumée ; une combustion sans fumée ainsi qu'une fumée sans combustion demandent un univers du discours différent, où le rapport indiciaire est à revoir. Le mécanisme de l'indication est sans doute le domaine sémiologique où se fait le plus aisément l'application des acquis de la logique moderne.

3. *Indice* est également utilisé en analyse du discours : la théorie des *mots-indices* constitue l'hypothèse — souvent implicite, mais parfois formulée — selon laquelle le discours de tel groupe socioculturel ou politique pourrait être classé en fonction de termes révélateurs. On pourrait classer les locuteurs et déterminer leur appartenance en fonction de leur vocabulaire. Mais on se heurte à certaines difficultés : la compétence linguistique étant commune à tous les locuteurs, sauf pour des mots proprement techniques, le vocabulaire utilisé ne sera guère révélateur, puisque le locuteur peut masquer ses énoncés, les reformuler, les rejeter ou les assumer plus ou moins ; d'autre part, un mot peut être assumé par des groupes socioculturels ou politiques différents avec un contenu opposé, que mettra en évidence l'étude des propositions de base qui sous-tendent les unités.
4. Chez L. Tesnière, les *indices* révèlent simplement la catégorie du mot. Ainsi, l'article *le* dans *le jouet* a une *fonction indicative* et souligne, sans opérer de translation, le caractère substantif. Dans le cas de la translation, la catégorie préalable du mot à transférer est différente de la catégorie qui en résulte ; ainsi, *le* dans *le bleu*

du ciel est translatif, puisque *bleu,* à l'origine, est adjectif. Au contraire, il est *indice* dans *le livre,* puisque *livre,* à l'origine, est déjà substantif.
5. *Indice de classe.* V. CLASSIFICATEUR.

indiciel
L'aspect *indiciel* de l'énonciation est défini par les participants à la communication, par le temps et le lieu de l'énonciation et par le mode de relation du sujet à son énoncé *(je, ici, maintenant).*

indirect
1. Le *complément indirect* (complément de phrase ou complément de verbe) est un complément qui se rattache à la phrase ou au verbe par l'intermédiaire d'une préposition (ex. : *Je viens à Paris. À y réfléchir, je n'en sais rien*).
2. *Discours indirect, style indirect, interrogation indirecte* désignent des énoncés qui reproduisent les paroles de quelqu'un à l'intérieur d'un autre énoncé par l'intermédiaire (ou non) d'un subordonnant (ex. : *Il a dit qu'il ne viendrait pas. Il m'a demandé si je viendrais*). V. DISCOURS.

individuation
On appelle *individuation linguistique* le processus par lequel un groupe se caractérise face à un autre groupe grâce à des constantes de l'activité langagière. L'individuation peut être implicite ou explicite, volontaire ou involontaire, repérable ou non repérable.

inductif
La *méthode inductive* consiste, en linguistique, à recueillir un corpus d'énoncés et à en tirer, par segmentation et substitution, des classes (ou listes) d'éléments et de règles qui permettent de rendre compte de toutes les phrases.

industries de la langue
On donne le nom d'*industries de la langue* à l'ensemble des activités industrielles impliquant la production d'objets langagiers : fabrication de dictionnaires traditionnels, élaboration de dictionnaires ou de base de données électroniques, traduction automatique, intelligence artificielle, etc.

inessif
On appelle *inessif* un cas* utilisé dans certaines langues finno-ougriennes et indiquant le lieu à l'intérieur duquel se place le procès du verbe (ex. : *Il est **dans la maison***).

infection
L'*infection* est un système complet de coloration des consonnes, particulièrement important en vieil irlandais. Il résulte de l'anticipation de l'articulation caractéristique de la voyelle suivante : /ti/ est prononcé [t^{i}i], /te/ est prononcé [t^{e}e], /tu/ est prononcé [t^{u}u]. Ce processus phonétique peut prendre une valeur phonologique et morphologique en cas de confusion ou de disparition de certaines de ces voyelles. Ainsi, l'équivalent vieil irlandais du mot latin *vir* présente trois formes distinctes pour le singulier qui s'écrivent respectivement *fer* (nom, acc.), *fir* (voc., gén.) et *fiur* (dat.), mais qui se distinguent phoniquement par la coloration du *r* final.

infectum
En grammaire latine, l'*infectum* désigne le système de formes verbales groupant le présent, l'imparfait et le futur, et exprimant l'aspect non-accompli.

infinitif
1. L'*infinitif* est une forme nominale du verbe qui exprime l'état ou l'action, mais sans porter de marques de nombre et de personne. Il peut assumer dans la phrase toutes les fonctions du nom ; il peut être sujet ou attribut *(perdre le rend agressif ; mon rêve est d'avoir une maison à la campagne),* complément d'objet *(je désire sortir),* complément prépositionnel *(c'est à prendre ou à laisser),* complément circonstanciel *(il parle pour ne rien dire).* Comme un verbe, il peut exprimer l'aspect* *(avoir lu* vs *lire) ;* il a un objet construit comme celui d'un verbe à un mode personnel *(lire un livre* vs *la lecture d'un livre).* Comme un nom, il peut être précédé d'un article *(le boire et le manger) ;* en français, cette dernière possibilité est limitée ; elle est, en revanche, très étendue en grec ancien. L'infinitif est la forme d'entrée dans un dictionnaire en raison de ses propriétés nominales.
2. On appelle *transformation infinitive* la transformation* déclenchée lors de l'enchâssement d'une complétive dans une phrase matrice, lorsque le sujet de cette complétive est sujet, objet ou complément prépositionnel de la matrice. Dans la phrase *Je veux que Pierre vienne,* le sujet de la complétive *Pierre* est différent du sujet de la phrase matrice *je ;* si les deux sujets sont identiques *(*Je veux que je vienne),* la transformation infinitive, comportant un effacement du *je* de la complétive et l'introduction de l'affixe d'infinitif, sera appliquée : *Je veux venir.* De même *Je promets à Pierre que Paul viendra* devient, lorsque le sujet de la complétive *que Paul viendra* est identique au sujet *je* de *je promets : Je promets à Pierre de venir.* Dans la

phrase *Je dis à Pierre de sortir,* le sujet de la complétive est identique au complément prépositionnel de la phrase matrice *(Pierre).*

infixe

On appelle *infixe* l'affixe* qui s'insère à l'intérieur d'un mot pour en modifier le sens ; ainsi, en latin l'infixe nasal *n* s'insère parfois dans la racine du mot pour la constitution du verbe ; la racine *frag-* avec infixe *n* devient *frango* (« briser »), la racine *jug-* avec infixe *n* devient *jungo* (« lier »).

inflexion

On donne parfois le nom d'*inflexion* à la modification de timbre que subit parfois une voyelle sous l'influence d'une voyelle voisine. Il s'agit d'un cas particulier de métaphonie*.

informateur, informant

Quand le linguiste réunit l'ensemble des énoncés qu'il veut soumettre à l'analyse (corpus), il s'adresse à des locuteurs natifs qui ont pour langue maternelle le parler étudié et qui doivent, à propos de chaque phrase, dire si elle est acceptable ou non, grammaticale ou non (V. ACCEPTABILITÉ, GRAMMATICALITÉ). Ces locuteurs, qui peuvent également fournir au linguiste des données à analyser (listes de mots, phrases, etc.) sont les *informateurs,* ou *informants.*

information

Au sens que donne à ce terme la théorie de l'information, l'*information* est la signification que l'on attribue à des données à l'aide des conventions employées pour les représenter ; ce terme désigne donc, techniquement parlant, tout ce qui peut se mettre, de quelque manière, sous une forme codée. Pour les théoriciens de la communication, le terme d'information (ou « message »*) désigne une séquence de signaux correspondant à des règles de combinaison précises, transmise entre un émetteur et un récepteur par l'intermédiaire d'un canal qui sert de support physique à la transmission des signaux. Pour la théorie de la communication, le sens de cette séquence de signaux codés n'est pas considéré comme un élément pertinent.

Quantité d'information

Deux concepts sont à la base du calcul de la quantité d'information transmise : (1) le concept de capacité d'un code lié au nombre de signaux alternatifs de ce code ; (2) le concept de quantité réelle d'information transmise, proportionnelle au nombre de possibilités du code.

a) Information et probabilité. Plus un phénomène est probable, moins il est informant. Sa probabilité permet de quantifier et de mesurer sa quantité d'information. Prenons un exemple, celui de l'état du ciel ; deux cas sont possibles : (1) il y a de gros nuages noirs, on dit « il va pleuvoir », cela n'apprend pas grand-chose ; la probabilité d'occurrence de l'événement est restreinte ; si l'événement ne se produit pas, l'information sera plus grande. On dit que la probabilité d'occurrence d'un fait est inversement proportionnelle à la quantité d'information.

b) Calcul de la quantité d'information. On peut définir trois types de probabilités : (1) probabilité certaine positive : coefficient 1 ; (2) probabilité certaine négative : coefficient 0 ; (3) entre ces deux extrêmes, il y a des probabilités partielles (par exemple : il y a 60 chances sur 100 qu'il pleuve) ; on a alors une certaine information qui est calculable : s'il se met à pleuvoir, la probabilité devient certaine et prend le coefficient 1. Lorsqu'on dit qu'il y a 60 chances sur 100 qu'il pleuve, la probabilité est de 0,60. Quand le fait est résolu, la probabilité devient égale à 1. La quantité d'information est alors égale à : $1 - 0{,}60 = 0{,}40$.

En raisonnant dans l'abstrait, nous pouvons dire qu'un phénomène de probabilité x a un contenu d'information égal à $1 - Px$. Pour des raisons pratiques, on mesure cette quantité d'information I non par la probabilité, mais par son logarithme. Soit $I = \log 1 - \log Px$ et, comme $\log 1 = 0$ on a $I = \log Px$.

c) On peut proposer comme mode de calcul un procédé tout à fait différent : le procédé dichotomique. Si nous prenons l'exemple des cartes à jouer, il s'agit, dans un jeu de 32 cartes, de deviner l'une d'entre elles. Le procédé choisi pour identifier la carte est alors l'identification par la *sélection binaire*. On divise chaque fois le champ des possibles en deux parties (noire-rouge ; puis cœur-carreau, etc.).

> *Est-ce une noire ? – Non. Est-ce un cœur ? – Oui. Est-ce un honneur ? – Oui. Est-ce un as ou un roi ? – Non. Est-ce une dame ? – Non. Donc c'est un valet de cœur.*

Il a fallu 5 questions pour arriver au résultat. 1/32 était la probabilité de la carte à trouver. Or, 5 est le logarithme à base 2 de 32. Ainsi, la probabilité définit le nombre d'opérations nécessaires pour identifier une forme.

Cette notion de sélection binaire nous amène à l'idée d'un code simple à deux signaux possibles, tous deux également probables (ou équiprobables). C'est ce genre de code qui a été choisi dans le cadre de la théorie de la communication.

d) L'information se mesure en unités appelées BITS. Par définition, un code comportant 2 signaux possibles, tous deux également probables, a une capacité de 1 bit chaque fois qu'il est utilisé. Un code qui a 4 choix possibles a une capacité de 2 bits ; un code qui a 8 choix possibles a une capacité de 3 bits. Autrement dit, la capacité en bits d'un code de ce type est le logarithme à base 2 du nombre de signaux alternatifs qu'il comporte.

Or, moins un signe est probable, plus il transmet d'information : la quantité d'information est inversement proportionnelle à la probabilité du signe $I = \log 2 \times \frac{1}{P}$.

On définit la quantité d'information d'un signal par le logarithme à base 2 de l'inverse de la probabilité du signal.

Considérons un code de deux signaux A et B. Nous faisons un calcul sur 16 occurrences ; après observation, nous trouvons une occurrence de A pour 15 occurrences de B ; la probabilité de A est $\frac{1}{16}$; la probabilité de B est $\frac{15}{16}$.

Si l'on reprend la formule : $I = \log 2 \times \frac{1}{P}$

$$IA - \log 2 \frac{1}{\frac{1}{16}} = \log 2\ 16 = 4 \text{ bits} ;\ IB = \log 2 \frac{1}{\frac{15}{16}} = \log 2 \frac{16}{15} = 0{,}093 \text{ bit.}$$

Donc, B, plus fréquent que A, transmet moins d'information. D'autre part, nous pouvons à partir de là quantifier l'information moyenne par signal : 1 occurrence de A = 4 bits. 15 occurrences de B = $0{,}09 \times 15$ = 1,39 bit. 16 occurrences portent au total = 5,39 bits.

La quantité moyenne d'information par signal est de $\frac{5{,}39}{16}$ = 0,34 bit. Or, si les signaux étaient équiprobables, chaque signal aurait une capacité de 1 bit. Donc, la fréquence inégale des signaux réduit l'efficacité du code d'environ 1/3. La capacité totale d'un code n'est réalisée que si tous les signaux ont des probabilités égales d'occurrence. Cette perte d'information, due en particulier au bruit*, introduit la notion de redondance*.

Information, communication et langue

Les langues naturelles possèdent certaines qualités communes à tous les systèmes de communication, si on les envisage comme des systèmes de transmission de l'information au moyen d'un code caractérisable par leur nombre de signaux et leurs règles de combinaison. Mais les codes linguistiques présentent une particularité par rapport aux codes non linguistiques ; ils sont constitués de *deux sous-codes,* non indépendants l'un de l'autre, définis en linguistique comme relevant de deux niveaux d'analyse spécifique : le niveau morphématique et le niveau phonématique.

Les théoriciens de la communication se sont proposé d'évaluer la quantité moyenne d'information transmise par les langues naturelles en considérant le degré d'incertitude relatif aux différents signaux dans chacun des sous-codes. Ce faisant, ils rejoignaient les recherches poursuivies en linguistique depuis une vingtaine d'années par les distributionnalistes (V. DISTRIBUTIONNELLE [ANALYSE]), préoccupés de décrire les langues en termes de contraintes formelles apparaissant dans l'enchaînement des unités de base, chacune dans leur cadre respectif (morphématique et phonématique). En réalité, les théoriciens de la communication présentaient aux linguistes le modèle mathématique implicite connu sous le nom de modèle à états finis*, ou de théorie des chaînes de Markov*, ou de modèle de Markov. (V. aussi COMMUNICATION.)

ingressif

On appelle *ingressif* ou *inchoatif* une forme verbale qui exprime une action limitée à son stade initial. Ainsi, en français, la locution verbale *se mettre à* suivie de l'infinitif permet l'expression de l'ingressif.

inhérent

Sème inhérent. V. SÈME ; *trait inhérent.* V. TRAIT.

initial

En grammaire générative, un élément est dit *initial* s'il n'est le constituant d'aucun autre élément et, par conséquent, s'il ne figure jamais à droite de la flèche dans aucune règle de réécriture. Ainsi, P (phrase) est l'élément initial des grammaires génératives. En fait, dans une étape ultérieure de la théorie, les éléments à gauche de la flèche pourront se voir écrits aussi à droite, comme SN → SN et SN (syntagme nominal se réécrit : syntagme nominal *et* syntagme nominal). En ce cas, on voit apparaître P à droite de la flèche, par exemple dans la réécriture de SV, cela signifiant que le syntagme verbal se réécrit auxiliaire, verbe suivi d'un syntagme nominal ou d'une phrase :

$$\text{SV} \rightarrow \text{Aux} + \text{V} + \begin{Bmatrix} \text{SN} \\ \hline \text{P} \end{Bmatrix}$$

Ex. : *Je vois le ciel* (V + SN), *Je vois qu'il ne viendra pas* (V + P).

initiale

L'*initiale* d'un mot ou d'un syntagme est le phonème ou le groupe de phonèmes prononcés en premier : le phonème [p] dans le mot français *parent,* le groupe [pr] dans le syntagme *pris au piège.*

D'une façon générale, l'initiale est l'élément qui résiste le mieux à l'évolution phonique : ainsi, dans l'évolution du latin aux différentes langues romanes, les phonèmes initiaux se sont maintenus plus souvent que les autres. Cette stabilité de l'initiale s'explique par le fait que c'est l'élément le plus riche en information. L'initiale n'est pas prévisible, tandis que, pour les éléments non initiaux, les règles distributionnelles et, dans une certaine mesure, la connaissance du lexique de la langue considérée réduisent considérablement les possibilités de choix.

Du fait de sa position à la frontière du mot, l'initiale peut subir, lors de l'insertion du mot ou du syntagme dans la chaîne parlée, un traitement particulier. Il s'agit de certaines altérations (aphérèse, assimilation, etc.) dues à l'influence du mot précédent, s'il n'y a pas de pause intermédiaire. On a, dans ce cas, un exemple de sandhi* initial (beaucoup plus rare que le sandhi final) avec alternance entre une forme absolue (qui correspond à l'initiale du mot prononcé isolément) et une forme incluse, comme en irlandais moderne (*bo* « vache », *an'vo* « une vache ») ou dans certains dialectes italiques (en corse : *'sarpi* « serpent », *una'zarpi* « un serpent », *'djakaru* « chien », *u'jakaru* « le chien »).

injective

Les *injectives* ou glottalisées implosives* appartiennent à la classe des consonnes glottalisées*. L'articulation s'accompagne d'une fermeture de la glotte, suivie d'un abaissement du larynx, ce qui provoque une raréfaction de l'air à l'intérieur de la cavité buccale entre les deux occlusions. Le relâchement de l'occlusion buccale précédant celui de l'occlusion glottale, il y a une légère rentrée de l'air externe. La consonne injective est notée par l'apostrophe ['] ou le point interrogatif [?], placés à gauche de la consonne qu'ils affectent.

injonctif

1. Une phrase *injonctive* est une phrase qui exprime un ordre, donné au locuteur, d'exécuter (ou de ne pas exécuter) telle ou telle action. Les formes verbales spécifiques de ces phrases sont au mode *injonctif :* l'impératif est une des formes de l'*injonctif.* (V. JUSSIF.)

2. L'expression de *fonction injonctive* désigne la fonction du langage dite « conative » ou « impérative » : le locuteur pousse le destinataire à agir d'une certaine manière.

injure

On appelle *injure* toute parole, toute attitude ou allusion à contenu symbolique perçue et vécue par le sujet injurié comme dévalorisante et blessante pour lui.

inné

La théorie de la grammaire générative implique que le langage repose sur une *structure cognitive innée,* spécifique de l'espèce humaine, activée par l'environnement, ce processus étant celui de l'acquisition du langage. Le langage apparaît, dans cette hypothèse psycholinguistique, comme une aptitude propre à l'espèce humaine (au contraire de la communication, qui est un processus existant dans les espèces vivantes) ; cette aptitude repose sur des bases biologiques propres à l'espèce humaine, en particulier la localisation du langage dans la partie postérieure de l'hémisphère gauche du cerveau et la dissymétrie des deux hémisphères dans le fonctionnement de l'activité symbolique. Cette faculté de langage permet à l'être humain de construire une « grammaire », c'est-à-dire un système de règles lui permettant de comprendre et de produire un ensemble infini de phrases dans une langue donnée. Cette conception s'inscrit dans la perspective mentaliste issue du rationalisme cartésien et s'oppose donc à la perspective empiriste du béhaviorisme, qui ne voit dans l'activité langagière que le produit d'un conditionnement. Sur le plan proprement linguistique, une telle attitude implique que les possibilités de variété des diverses langues soient limitées et qu'il faille rechercher les propriétés formelles et sémantiques qui leur sont communes, c'est-à-dire un ensemble d'universaux : système abstrait de contraintes qui portent sur les règles possibles d'une grammaire à tous les niveaux d'analyse (phonétique syntaxique, sémanticologique), ainsi que sur les procédures permettant de choisir la meilleure grammaire possible.

L'hypothèse de la structure innée du langage implique un ensemble de caractéristiques qui définissent la grammaire générative :

a) les universaux du langage, qui définissent la forme de la description linguistique ;

b) la forme explicite de la grammaire, qui présente la composante syntaxique comme l'élément central et les deux composantes phonologique et sémantique comme seulement interprétatives ;

c) le caractère formel des règles qui constituent chaque composante ;

d) l'ensemble des traits et constructions universels (phonologiques, syntaxiques et sémantiques) à partir desquels sont établies les règles spécifiques de chaque langue particulière ;

e) une méthode pour évaluer laquelle est la meilleure parmi les grammaires possibles d'une langue.

input

On appelle *input* l'ensemble d'informations qui parviennent à un système et que ce système (organisme, mécanisme) va transformer en informations de sortie (ou *output*).

insertion

En grammaire générative, l'*insertion lexicale* est le remplacement des symboles de la suite terminale des structures profondes par des items lexicaux en fonction de leurs traits.

insistance

On appelle *accent d'insistance* le renforcement expressif de l'articulation de certains phonèmes ou groupes de phonèmes. Ainsi, dans la phrase *C'est abominable !,* la syllabe *bo* est prononcée avec plus de force que la dernière syllabe normalement accentuée. Dans ce cas particulier, où le renforcement de l'articulation exprime un sentiment, on parle plutôt d'*accent émotionnel**. On réserve le terme d'*accent emphatique** aux cas où l'accent d'intensité a une signification intellectuelle et sert à mettre en relief une distinction : *Pierre est venu* (sous-entendu : *et non Paul*).

inspiration
On appelle *inspiration* l'introduction de l'air extérieur dans les poumons. L'inspiration n'est en général pas utilisée dans la phonation, sauf dans certains cas de voix chuchotée*, où l'énergie expiratoire est trop faible pour produire une onde sonore.

inspiratoire
Une *consonne inspiratoire* est une consonne injective*.

instable
1. On appelle *phonème instable* un phonème qui n'est pas prononcé dans certaines positions, comme en français la voyelle centrale ou neutre dite *e* muet ou *e* caduc de *petit* [pəti] : « un petit garçon » [œ̃ptigarsɔ̃].

On dit aussi qu'un *phonème* ou un *groupe de phonèmes* est *instable* quand il est susceptible d'être altéré parce que d'articulation difficile dans la langue considérée. Ainsi, en espagnol, les consonnes en fin de syllabe sont très instables : dans le mot *Madrid*, le [d] final n'est pas prononcé.
2. Une *opposition phonologique* est dite *instable* quand elle est peu fréquente et a tendance à disparaître. En français, l'opposition [a] *vs* [ɑ] *malle* vs *mâle* n'existe presque plus dans le système phonologique des générations d'après 1940 (on peut dire [tas] ou [tɑ:s] sans que cela compromette l'identification du message). De même, les distinctions d'ouverture intermédiaire [e]-[ɛ], [ø]-[œ], [o]-[ɔ] montrent aussi une instabilité remarquable : même dans les situations où l'opposition [e]-[ɛ] devrait fonctionner (en finale libre), le choix entre les deux termes a plutôt une valeur individuelle dans des mots comme *carnet, quai, (je) sais, les.* Une autre opposition instable, et qui a presque complètement disparu de la langue parisienne, est l'opposition [ɛ̃]-[œ̃] *brin - brun.* Ces distinctions instables sont aussi les plus subtiles, les moins caractérisées du point de vue phonétique : elles impliquent de menues différences articulatoires et acoustiques et de faibles nuances auditives. Il s'agit aussi, le plus souvent, d'oppositions ayant un faible rendement fonctionnel.

instance
1. On appelle *instances du discours* les actes de parole, toujours uniques, par lesquels le sujet parlant actualise la langue (compétence*) en parole (performance*).
2. En rhétorique, l'*instance* est la réfutation d'un argument par ses conséquences.

instrumental
On appelle *instrumental* le cas* exprimant l'instrument, le moyen par lequel s'accomplit le procès exprimé par le verbe (ex. : *Il a coupé la pomme avec un couteau*).

intégration
La fonction d'*intégration* est un aspect de la fonction auditive, qui établit la liaison entre les vibrations reçues par la cochlée (forme modelée cochléaire) et le langage. Elle représente deux activités : la première, neurophysiologique, concerne les voies auditives et les centres nerveux (elle peut être étudiée par l'électrophysiologie) ; la deuxième, psychophysiologique, repose sur des circuits mémoriels et fait appel à des facultés psychologiques. Les effets peuvent en être étudiés en partie par la physiologie, en partie par la psychologie. C'est le passage des faits aux phénomènes abstraits, des images aux symboles. La pathologie de cette fonction représente chez l'adulte la surdité verbale, chez l'enfant le défaut ou le retard d'intégration, suivant qu'il s'agit d'un dysfonctionnement des voies auditives ou des circuits mémoriels.

intelligence artificielle
On appelle *intelligence artificielle* l'ensemble des moyens mis en œuvre pour réaliser des programmes informatiques permettant de simuler « l'intelligence » humaine, c'est-à-dire de résoudre des problèmes dans le cadre de techniques précises, mais sans que l'algorithme de décision soit explicitement fourni. En linguistique la traduction automatique relève de l'intelligence artificielle.

intelligibilité
On appelle *intelligibilité* l'état d'un énoncé qui peut être entendu distinctement et compris facilement.

intensif
1. On appelle *intensifs* les noms, adjectifs, adverbes ou verbes formés avec un préfixe ou un suffixe qui indique un degré élevé de la propriété indiquée par la racine. Les préfixes *ultra, extra, super, sur,* etc., ont servi à former des *intensifs* comme *ultraconfidentiel, extradur, supermarché, surdéveloppé.*
2. Dans une opposition*, on qualifie quelquefois d'*intensif* l'élément ou le cas marqué* (l'autre étant le cas non-marqué ou extensif).

intensité
1. L'*intensité sonore* est la puissance transmise sur un centimètre carré de surface perpendiculaire à la direction de propagation : elle se

mesure en watts par centimètre carré (une intensité sonore d'un centième de watt par centimètre carré peut léser l'oreille). Cependant, il est plus commode le plus souvent, et en particulier dans le cas des ondes sonores utilisées pour la phonation, de mesurer les intensités en unités décibels (dB). Le décibel exprime un rapport d'intensité par rapport à une intensité de référence choisie arbitrairement. L'équivalent en décibels d'un rapport d'intensité vaut dix fois le logarithme de base 10 de ce rapport.

L'avantage de l'unité décibel est qu'elle permet de travailler avec des chiffres plus commodes : ainsi les sons les plus élevés que puisse percevoir l'oreille ont une intensité 10 millions de fois plus grande qu'un son à peine perceptible ; or, cet énorme rapport se réduit à 130 décibels.

Le niveau de référence utilisé en pratique est de 10^{-16} watts par centimètre carré (un dix millionième de millionième de watt par centimètre carré), c'est-à-dire l'intensité minimale pour produire un son à peine audible. L'intensité moyenne de la parole à un mètre des lèvres est d'environ 60 décibels par centimètre carré, c'est-à-dire qu'elle est un million de fois plus grande que 10^{-16} watts par centimètre carré.

Les variations d'intensité dans la chaîne parlée sont utilisées différemment par les langues, à des fins distinctives ou expressives (accent d'intensité* et intonation*).

2. L'*accent d'intensité,* appelé aussi *accent dynamique* ou *accent expiratoire,* est la mise en relief d'une unité (phonème ou suite de phonèmes) par un renforcement de l'énergie expiratoire ou intensité. Selon que les syllabes d'un mot sont prononcées avec plus ou moins d'intensité, on distingue les syllabes plus fortes (accentuées) des syllabes plus faibles (atones). Dans certaines langues, l'accent a une place fixe dans le mot. En polonais, l'accent frappe toujours l'avant-dernière syllabe. En français, l'accent tombe toujours sur la dernière syllabe du mot, ce qui implique qu'il a une fonction démarcative et permet de distinguer les limites des unités accentuelles. L'accent exerce aussi cette fonction démarcative en tchèque, en finnois, où c'est la première syllabe du mot qui est accentuée. Dans d'autres langues, comme l'anglais, l'italien, l'espagnol, le russe, l'accent est libre, c'est-à-dire qu'il peut porter sur une, deux ou trois syllabes du mot ou plus, et faire varier par là le sens du mot. On dit alors que l'accent a une fonction distinctive qui permet, par exemple, d'opposer en italien */an'kora/* encore vs */'ankora/* ancre, ou */'kapitano/* ils arrivent par hasard vs */kapi'tano/* capitaine vs */kapita'no/* il commanda, en anglais */'import/* (substantif) vs */im'port/* (verbe). [V. ACCENT.]

intercompréhension

On appelle *intercompréhension* la capacité pour des sujets parlants de comprendre des énoncés émis par d'autres sujets parlants appartenant à la même communauté linguistique. L'*intercompréhension* définit l'aire d'extension d'une langue, d'un dialecte ou d'un parler.

interconsonantique

On appelle *interconsonantique* un phonème ou un élément phonique placé entre deux consonnes ; ainsi [a] dans [par] *part.*

intercourse

Chez F. de Saussure, l'*esprit d'intercourse* est la tendance à accepter les particularités linguistiques d'autres communautés géolinguistiques. À l'esprit d'intercourse s'oppose l'*esprit de clocher,* qui pousse au rejet des caractères linguistiques propres à d'autres communautés.

interdentale

Une *consonne interdentale* est une consonne fricative prononcée avec la pointe de la langue placée contre les incisives supérieures, entre les deux rangées de dents légèrement écartées, comme le θ espagnol à l'initiale de *cinco.*

interdépendance

En glossématique, le terme d'*interdépendance* désigne la fonction qui existe entre deux termes constants.

interférence

On dit qu'il y a *interférence* quand un sujet bilingue utilise dans une langue-cible A un trait phonétique, morphologique, lexical ou syntaxique caractéristique de la langue B. L'emprunt et le calque sont souvent dus, à l'origine, à des interférences. Mais l'interférence reste individuelle et involontaire, alors que l'emprunt et le calque sont en cours d'intégration ou sont intégrés dans la langue A. Un Français parlant espagnol ou russe pourra ne pas rouler la consonne *r* et lui donner le son qu'elle a en français. Un Allemand parlant français pourra donner au mot français *la mort* le genre masculin du mot allemand correspondant *Tod* (interférence morphologique). Pour dire *Je vais à l'école,* un Français parlant anglais pourra utiliser pour joindre *school* à *I am going* la préposition *at* (qui est parfois l'équivalent de *à*), alors que l'anglais utilise *to* après les verbes de mouvement (interférence syntaxique). Un Italien parlant français pourra dire *une machine (macchina)* pour *une voiture* (interférence lexicale).

La problématique de l'*interférence* est considérée par certains didacticiens des langues étrangères comme liée à celle de la faute. Posant que, dans la forme mixte, il faut prendre en compte ce qui relève de la langue-cible et non ce qui vient de la langue-source, ils proposent de raisonner non en termes d'*interférences,* mais en termes de systèmes* intermédiaires/approximatifs d'apprentissage.

intérieur
La *position intérieure* à un segment, morphème, mot ou phrase, est celle des phonèmes ou séquences de phonèmes qui ne se trouvent pas à la frontière (initiale ou finale). Cette position correspond parfois à un traitement phonique différent : ainsi, en français, l'opposition [e] *vs* [ɛ] qui se présente en syllabe finale ouverte *(lé - lait)* est neutralisée* à l'intérieur du mot.

interjection
On appelle *interjection* un mot invariable, isolé, formant une phrase à lui seul, sans relation avec les autres propositions et exprimant une réaction affective vive. Les mots que l'on classe dans la catégorie de l'interjection partagent tous le caractère suivant : alors qu'ils sont pratiquement dépourvus de contenu sémantique et qu'ils échappent aux contraintes syntaxiques, ils n'en agissent pas moins sur le contenu ou sur les situations du discours, grâce à l'intonation que leur confère le locuteur (approbation, désapprobation, doute, colère, ironie, insistance, appel, etc.). En effet, bon nombre d'interjections ne sont pas décomposables en éléments signifiants ; elles procèdent de cris *(**Ah** ! il est enfin là. Je crois, **hum,** que je vais refuser)* ou d'onomatopées *(**Clac** ! j'ai dit ce que je pensais. **Zut** ! j'ai oublié mon carnet).* D'autres, d'apparence analytique, sont cependant devenues des formes invariables et figées, la signification particulière attachée aux mots qui les composent ayant disparu. C'est le cas de certains syntagmes nominaux *(Ciel ! Mon œil !),* de certains adjectifs *(Joli !),* de certains adverbes *(Encore !),* d'expressions verbales *(Tiens ! Tu vois !).* À la différence des autres termes invariables de la langue, les interjections n'ont pas de place définie dans la chaîne syntagmatique : elles peuvent interrompre l'énoncé entre deux pauses, ou remplacer, en situation, un énoncé, à elles seules. Seule l'intonation dont elles sont le siège confère à l'énoncé, au discours ou à la situation un effet sémantique que l'interlocuteur interprète comme l'expression de tel ou tel état affectif du locuteur ou comme sa volonté d'établir ou de maintenir la communication : ***Ah** ! **Ah** ! (Je m'en doutais). **Hein** ? (Tu disais ?)*

interlangue
Dans les situations d'apprentissage d'une seconde langue, l'*interlangue* est un système intermédiaire plus ou moins stabilisé fondé sur la présence simultanée d'éléments appartenant à chacune des langues en présence.

interlecte
L'*interlecte* est l'ensemble des faits linguistiques, qui, dans une diglossie ou un continuum, peuvent relever de l'une et de l'autre langue en même temps, sans discrimination possible ; ils y constituent quantitativement l'essentiel de la parole quotidienne. Ce concept s'oppose à celui de *diglossie,* qui suppose la discrimination facile entre deux systèmes.

interlinguistique
On qualifie d'*interlinguistique* toute recherche ou tout mouvement qui se donne pour fin de créer, d'étudier ou de promouvoir des langues artificielles* dites aussi langues auxiliaires internationales ou interlangues* (comme l'espéranto).

interlocuteur
On appelle *interlocuteur* le sujet parlant qui reçoit des énoncés produits par un locuteur ou qui y répond. (V. ALLOCUTAIRE.)

intermédiaire
En grammaire générative, on appelle *structures intermédiaires* les structures de phrases, issues des structures profondes, à chaque étape du cycle transformationnel et avant l'étape finale des structures de surface.

international
On donne le nom de *langue internationale* à une langue servant ou ayant servi aux relations commerciales ou culturelles entre un grand nombre de pays dans une aire géographique définie. Ainsi l'araméen dans le Proche-Orient entre le VIe siècle av. J.-C. et le VIe siècle après, ou le latin en Occident pendant le Moyen Âge.

interne
1. L'*oreille interne* est un organe auditif placé en arrière de l'oreille moyenne et formé de menues cavités logées dans le crâne. Dans l'une de ces cavités, appelée *cochlée* ou *limaçon,* s'opère

l'importante transformation des vibrations mécaniques en impulsions nerveuses.
2. *Accusatif d'objet interne.* V. ACCUSATIF.

interpolation
L'*interpolation* est l'introduction dans un texte d'un élément qui n'était pas dans l'original ; c'est une glose ou une variante. Elle est volontaire pour combler une lacune réelle ou supposée, pour modifier le sens du texte ou sa portée. Elle peut être involontaire, elle est due alors à une erreur des copistes.

interprétable
On dit d'un énoncé qu'il est *interprétable,* ou susceptible de recevoir une interprétation sémantique, quand le locuteur natif peut lui donner un sens, selon les règles sémantiques de la langue considérée. (V. ACCEPTABILITÉ.)

interprétation
1. Dans la théorie standard de la grammaire générative, on appelle *interprétation* l'attribution d'un sens à une structure profonde *(interprétation sémantique)* ou l'attribution de traits phonologiques et phonétiques à une structure de surface *(interprétation phonétique) :* la première de ces deux opérations consiste à appliquer des règles sémantiques à une structure profonde donnée ; la seconde consiste à réaliser par la parole (phoniquement) une structure grammaticale interprétée sémantiquement. Certains linguistes ont suggéré que la composante sémantique interprète à la fois les structures profondes et les structures de surface, les premières permettant d'obtenir les relations thématiques, comme Agent, But, Instrument, etc., et les secondes permettant de prendre en charge le champ des opérateurs logiques déplacés, lors des transformations, les phénomènes de topicalisation et les relations anaphoriques ; la représentation sémantique devient dès lors une forme logique. C'est cette nouvelle version de la théorie qui porte le nom de *théorie standard étendue.*
2. *Grammaire d'interprétation de phrases.* Syn. de GRAMMAIRE DU RÉCEPTEUR.

interprétative (composante)
En grammaire générative, on donne le nom d'*interprétatives* aux deux composantes phonologique et sémantique, parce que la composante sémantique attribue un sens à la structure profonde générée par la composante syntaxique et que la composante phonologique attribue une forme phonétique à la structure de surface dérivée de la structure profonde. Seule la composante syntaxique est centrale.

interro-emphatique
On appelle *interro-emphatique* un type de phrase interrogative dont l'interrogation porte sur une phrase emphatique. Si la phrase emphatique *C'est Paul qui a fait cela* subit une transformation interrogative, elle devient *Est-ce Paul qui a fait cela ?*

interrogatif
1. Les *interrogatifs* sont des pronoms, des adjectifs ou des adverbes qui indiquent que l'on pose une question sur la qualité ou sur une détermination d'un être ou d'un objet, ou sur une circonstance du procès exprimé par le verbe : seuls *est-ce que* et *si* interrogent sur la réalité du procès. Les *pronoms interrogatifs,* qui renvoient à un syntagme nominal ou à une phrase, servent à interroger sur l'être, ou l'objet, ou la notion dont ils rappellent ou annoncent l'idée ; les formes simples ne s'organisent pas tout à fait de la même manière que celles du pronom relatif : à une forme unique de masculin-féminin *(qui ?)* s'opposent *que ?* (position atone) et *quoi ?* (position tonique et complément prépositionnel) ; les formes composées sont sujet, objet direct, attribut : *lequel ? / laquelle ? / lesquels ? / lesquelles ?,* complément prépositionnel par *de : duquel ? / de laquelle ? / desquels ? / desquelles ?,* complément prépositionnel par *à : auquel ? / à laquelle ? / auxquels ? / auxquelles ?* Il existe des formes périphrastiques : pour les personnes *qui est-ce qui ?* (sujet) *qui est-ce que ?* (autres fonctions), pour les choses *qu'est-ce qui ?* (sujet), *qu'est-ce que ?* (autres fonctions).

L'*adjectif interrogatif,* qui est un adjectif déterminatif (un déterminant), sert à poser des questions directes ou indirectes sur la qualité, l'identité ou le rang ; ses formes sont *quel, quelle, quels, quelles.* Il s'emploie également comme exclamatif. Les *adverbes interrogatifs* sont classés comme adverbes d'interrogation* totale (*est-ce que,* et dans l'interrogation indirecte *si*) et comme adverbes d'interrogation partielle, comme *quand* (temps), *où* (lieu), *comment* (manière), etc.
2. La *phrase interrogative* est un type de phrase exprimant une question, qui se distingue de la phrase assertive par l'emploi de pronoms ou de particules spécifiques, par une intonation particulière, par un ordre différent des mots ou, parfois, dans certaines langues, par un mode différent de l'indicatif. (V. INTERROGATION.)

interrogation

1. On appelle *interrogation* le mode ou type de communication institué par le sujet parlant entre lui et son (ou ses) interlocuteur(s) et consistant à faire dépendre ses propositions d'une phrase implicite *Je te demande si* (= « Je te pose la question »). [L'assertion dépend de la phrase implicite *Je te dis que* et l'ordre dépend de la phrase *Je t'ordonne que.*] L'*interrogation* est l'une des modalités de la phrase. Elle est dite « totale » quand elle porte sur l'ensemble de la phrase (elle est exprimée par l'intonation interrogative, généralement accompagnée de l'interversion du sujet ou de la locution interrogative *est-ce que*). Elle est dite « partielle » quand elle porte seulement sur un des éléments (identité, circonstances de temps, de lieu, etc.). Totale ou partielle, l'interrogation peut être exprimée indirectement ou directement. Dans l'interrogation indirecte, la question, contenue dans une proposition subordonnée à un terme principal qui lui sert d'appui, est soumise aux règles du discours indirect. Dans l'interrogation directe, la question, contenue dans une proposition indépendante, est caractérisée par l'intonation montante marquée par le point d'interrogation à l'écrit *(Paul est malade ?),* à laquelle peuvent participer d'autres procédés syntaxiques : la forme interrogative *est-ce que ?*, l'inversion du pronom sujet ou d'un pronom en relation anaphorique avec le sujet *(Es-tu malade ? Paul est-il malade ?),* la présence d'adjectifs, de pronoms, d'adverbes interrogatifs (en interrogation partielle). Le *point d'interrogation* est le signe de ponctuation mis à la fin d'une phrase interrogative directe, et transcrivant l'intonation spécifique de l'interrogation.

En grammaire générative, l'*interrogation* est un type de phrase (ou modalité de phrase) comme l'ordre (impératif) ou l'assertion. C'est un constituant de la phrase de base ; s'il est choisi, il déclenche une transformation interrogative qui, entre autres opérations, déplace le syntagme nominal sujet, modifie le contour d'intonation, etc.

2. En rhétorique, l'*interrogation* est une figure consistant à adresser des questions à l'auditoire ou à l'adversaire, questions qui n'appellent pas de réponses et qui sont utilisées comme un mode de présentation plus frappant.

interro-négatif

On appelle *interro-négatif* un type de phrase interrogative dont l'interrogation porte sur un énoncé négatif. Ainsi, en français, les phrases : *Ne viendra-t-il pas me voir ? Est-ce qu'il n'a pas compris ? Qui n'aurait pas fait cela à sa place ?* sont des interro-négatives. En français, la réponse à une interro-négative (qui ne commence pas par un pronom ou un adverbe interrogatif) se fait au moyen des adverbes *non / si* (au lieu des adverbes *non / oui* pour les interrogatives positives).

interro-passif

On appelle *interro-passif* un type de phrase interrogative dont l'interrogation porte sur un énoncé passif. Ainsi, en français, la phrase *Paul a-t-il été heurté par la voiture ?* est une interro-passive.

intersection

On appelle *intersection* de deux ensembles* A et B les éléments (constituant un sous-ensemble de A et B) qui appartiennent à la fois à A et à B.

Soit A = {a, b, c, d, e, f},
Soit B = {x, b, n, c, p, q} ;

b et c appartiennent à la fois à A et à B, ils constituent l'intersection de A et B et on écrit b, c = A $\cap$ B, ce qui se lit : intersection de A et B, ou A inter B.

La notion d'intersection a trouvé, en particulier, son application en sémantique. Quand on analyse le « sens » des mots en sèmes et en sémèmes, les traits sémantiques communs aux mots analysés forment l'archisémème de ces mots. L'archisémème de tous les mots d'un champ lexical est l'intersection des sémèmes de chacun des mots : c'est un sous-ensemble inclus dans les sémèmes de chacun des mots. De même, les semi-consonnes constituent un ensemble formant l'intersection des consonnes et des voyelles.

intersubjectif

On appelle *communication intersubjective* l'échange verbal entre deux sujets parlants, le locuteur et l'interlocuteur, considérés en tant que sujets d'énonciation et sur le plan du contenu.

intertextualité

L'*intertextualité* est la relation que le sujet d'énonciation met entre des textes qui sont ainsi en dialogue entre eux, se recomposant entre eux à travers la culture du sujet. L'intertextualité implique qu'il n'y a pas de sens arrêté, mais que la sémantique d'un texte est une dynamique.

interversion

On dit qu'il y a *interversion* lorsque deux phonèmes contigus changent de place dans la chaîne parlée (ex. : *aéropage* pour *aréopage,* *aréoplane* pour *aéroplane*). Si les phonèmes sont éloignés, on parle plutôt de métathèse*.

intervocalique
Une consonne *intervocalique* est une consonne placée entre deux voyelles ; ainsi [l] dans [balɔ̃] *ballon.*

intonation
Les travaux menés essentiellement au cours des vingt dernières années dans le domaine de l'acoustique et de la perception, permettent de définir l'*intonation* comme une forme discontinue, constituée d'unités discrètes sur les deux axes paradigmatique et syntagmatique, unités toujours significatives qui s'organisent dans le cadre de la phrase ou de ses constituants (Rossi). La substance auditive de l'intonation est constituée par les variations de la fréquence fondamentale, laquelle dépend du rythme de vibration des cordes vocales et peut se combiner aux paramètres d'*intensité* (pression sous-glottique) et de *durée* vocalique (en partie déterminée par la nature des consonnes précédentes ou subséquentes : voisée/non-voisée, occlusive/constrictives, etc.). La fréquence et l'intensité peuvent être autonomes, comme c'est le cas dans l'interrogation. Six niveaux intonatifs différents, susceptibles d'être identifiés par les auditeurs français, couvrent une octave et demie dans la tessiture du sujet, depuis la note la plus basse réalisée à la fin de l'énoncé déclaratif neutre (dynamique de base ou fondamentale usuelle du locuteur) : l'infra-grave, le grave, l'aigu, l'infra-aigu, le sur-aigu. (Rossi et Chafcouloff).

L'encodage et le décodage de l'intonation s'effectuent syntagmatiquement sous la forme de *relais* ou de *points clefs* (attaque, prétonique, tonique). On appelle *intonème** chacun des ensembles de traits réalisés sur les points clefs. L'attaque et la prétonique ne peuvent comporter qu'un intonème, la tonique peut en comporter deux (cf. l'intonation d'appel). La suite des intonèmes d'un point clef forme un morphème intonatif discontinu.

Les fonctions de l'intonation sont étroitement imbriquées. On distingue cependant le *rôle syntaxique* (domaine du représentatif), le *rôle appellatif* ou *impressif* (question, ordre, appel, etc.), le *rôle lexical* relevant de l'*expressivité* (colère, joie, doute, surprise, etc.).

Au plan syntaxique, les *morphèmes intonatifs* successifs de la phrase forment un *syntagme intonatif*, et celui-ci constitue une *phrase intonative* s'il est terminé par un *morphème conclusif* (intonation descendante). L'intonation assertive contient en puissance deux groupes prosodiques, un groupe progrédient (intonème continuatif) et un groupe terminal (intonème conclusif) : l'intonème continuatif se situe au départ dans la dynamique de base, mais en fin de syntagme, sur la tonique, il se réalise dans le haut médium, ou l'infra-aigu, c'est-à-dire un ton et demi ou deux tons au-dessus de la dynamique de base ; le groupe terminal effectue son départ au-dessous de l'intonème continuatif, l'intonème conclusif se réalise soit dans le grave, soit dans l'infra-grave, la distance entre le maximum et le minimum est d'une quinte. Les unités intonatives ont aussi une fonction jonctive / disjonctive : en dehors de certaines conditions phonologiques prévisibles, l'intonème continuatif marque obligatoirement la limite entre le syntagme nominal sujet (SN 1) et le syntagme verbal (SV) même si SN 1 n'est pas le thème.

Les intonèmes impressifs sont étudiés en référence aux intonèmes continuatif et conclusif : ainsi, l'intonème continuatif et la question ont des configurations rigoureusement identiques mais la question est caractérisée par la présence d'un glissando perceptible qui traverse deux niveaux, médium et infra-aigu, ou infra-aigu et aigu (Di Cristo). En français, les deux phrases *il vient* et *il vient ?* s'opposent uniquement par le fait que l'interrogation comporte, au terme de la phrase, une augmentation rapide de la fréquence fondamentale, tandis que la réalisation de l'intonème affirmatif met en jeu le processus inverse.

Au plan expressif, les intonèmes du niveau expressif s'associent aux intonèmes du niveau représentatif essentiellement sur l'axe paradigmatique. Les morphèmes intonatifs expressifs peuvent être apparentés aux unités lexicales : même après filtrage de la parole, on continue à en reconnaître le signifié, par exemple le doute, la surprise, etc. (P. Léon, I. Fónagy).

intonème
On appelle *intonème* l'unité distinctive d'intonation au niveau de la phrase. On peut caractériser les deux phrases assertive *(Jean vient demain)* et interrogative *(Jean vient demain ?)* par l'existence de deux intonèmes différents (en particulier, courbe montante de l'interrogative). La linguistique américaine utilise plutôt la notion de morphème intonatif ou suprasegmental pour décrire les courbes d'intonation. (V. PROSODÈME.)

intonologie
En phonétique, on appelle *intonologie* l'étude de l'intonation.

intoxication V. PERSÉVÉRATION.

intralingual
R. Jakobson appelle *rewording*, ou *traduction intralinguale*, ou *reformulation*, l'opération par laquelle on tente d'exprimer un contenu, déjà exprimé dans une langue donnée au moyen de certains signes, par d'autres signes appartenant à la même langue. Le discours indirect, ou style indirect, est un cas particulier de la traduction intralinguale. (V. PARAPHRASE.)

intransitif
On appelle *intransitifs* les verbes qui, dans la structure du syntagme verbal, impliquent l'absence de syntagme nominal complément et la présence ou non d'un syntagme prépositionnel (syntagme nominal précédé d'une préposition). Par exemple, le verbe *mourir* est intransitif *(Pierre est mort)*, comme le verbe *aller*, qui implique un syntagme prépositionnel *(Il va à la maison)*, ou le verbe *parler (Pierre parle à Paul)*. Les verbes qui impliquent un syntagme prépositionnel excluant tout syntagme nominal objet direct sont considérés dans les grammaires traditionnelles comme un groupe particulier de verbes transitifs : les transitifs indirects. Les grammaires structurales et génératives les analysent comme des intransitifs, ayant dans leurs traits distinctifs le trait attributif. Ce dernier trait caractérise aussi les verbes qui comportent à la fois un syntagme nominal complément et un syntagme prépositionnel *(pardonner quelque chose à quelqu'un, arracher quelque chose à quelqu'un)*. Cependant, la distinction entre verbes transitifs et verbes intransitifs n'a rien d'absolu. En effet, certains verbes transitifs peuvent être employés intransitivement *(Paul mange à midi)*, et certains verbes dits intransitifs peuvent être suivis d'un complément d'objet direct donc transitivement *(Il pense l'univers comme un tout)*, ces modifications de construction entraînant des modifications du sens. (V. TRANSITIF.)

intrinsèque
En rhétorique, les arguments sont dits *intrinsèques* lorsqu'ils sont tirés du fond même du sujet, comme la définition ou l'énumération.

intuition
L'*intuition* est en linguistique la capacité du sujet parlant, qui a intériorisé la grammaire d'une langue, de formuler sur les énoncés émis dans cette langue des jugements de grammaticalité et d'acceptabilité.

invariable
On appelle *invariables* les mots qui n'ont pas de flexion*. (V. INDÉCLINABLE.)

invariant
On appelle en linguistique *invariants* les éléments qui restent constants (ou que l'on considère comme constants), par opposition aux *variables*, dont on étudie les diverses valeurs, par exemple lorsque l'on met en rapport une série de faits (sociaux) et une autre série de faits (linguistiques). Si l'on compare le comportement linguistique d'un individu à deux périodes de sa vie, l'individu lui-même, dans son intégrité physique, est l'invariant ; les variations de son comportement seront ramenées à la variable temps (modification de sa personnalité, influences sociales, par exemple).

invention
Première partie de la rhétorique, l'*invention* traite de la recherche des moyens nécessaires pour convaincre et persuader : ce sont les *preuves*, qui démontrent la vérité des assertions, les *mœurs* (ithos), qui attirent la bienveillance de l'auditoire, les *passions* (pathos), par lesquelles on touche le cœur.

inverse
On appelle *verbes inverses* les verbes qui, sans modification, peuvent être transitifs ou intransitifs. Ainsi *casser : Le vent casse les branches* vs *La branche casse.* (On dit aussi *pseudo-intransitif*.)

inversif
1. On appelait autrefois *langues inversives* les langues dans lesquelles on peut modifier facilement l'ordre des mots par opposition aux *langues analogues*. (V. CONSTRUCTION LIBRE.)
2. Dans certaines langues africaines, un *suffixe verbal* dit *inversif* permet de donner au radical un sens contraire à celui qu'il a. En réalité, mais d'une manière non systématique, toutes les langues ont des suffixes inversifs : ainsi, dans *défaire*, *dé-* se comporte comme un suffixe inversif.

inversion
L'*inversion* est le phénomène linguistique par lequel on substitue à un ordre attendu, habituel ou considéré comme normal, un autre ordre. En français, il y a inversion de l'attribut, par rapport à la place habituelle, dans *haute est la montagne ;* il s'agit d'une inversion facultative, emphatique, due à une recherche d'expressivité, l'ordre neutre étant *la montagne est haute.* L'inversion peut être obligatoire avec certains

mots, par rapport à l'ordre général de la langue. Le français met le complément d'objet direct après le verbe, sauf si c'est un pronom personnel ou relatif. *Je vois **la ville**. La ville **que** je vois. La ville, je **la** vois.* Ces inversions sont obligatoires. Le français connaît également l'inversion du pronom sujet (sujet après le verbe) dans l'interrogation de la langue soutenue : *Il vient.* → *Vient-il ?*

inverti

Les phonèmes rétroflexes (cacuminaux* ou cérébraux) sont parfois appelés aussi *phonèmes invertis,* car leur articulation comporte un retournement de la pointe de la langue contre la voûte palatale.

iotacisme

On appelle *iotacisme* l'évolution en grec post-classique de voyelles et de diphtongues vers le son *i ;* l'iotacisme affecte les sons *ê* long, *u, oi, ei* du grec classique.

ironie

En rhétorique, l'*ironie* est une figure consistant à dire le contraire de ce qu'on veut dire pour railler, et non pour tromper.

irradiation

On appelle *irradiation* l'influence exercée par le radical d'un mot sur le sens d'un préfixe ou d'un suffixe. Le suffixe *-aille* avait la valeur d'un collectif *(pierraille) ;* il a pris un sens péjoratif *(antiquaille)* parce que les radicaux avec lesquels il entrait en combinaison étaient pris dans un sens péjoratif *(valetaille).*

irréel

Le terme d'*irréel* désigne les formes verbales propres à exprimer que l'action indiquée dépend d'une condition que l'on juge improbable ou irréalisable. Si cette condition se rapporte au présent, le verbe de la proposition principale est en français au conditionnel présent *(irréel du présent)* et la proposition conditionnelle ou hypothétique est à l'imparfait de l'indicatif : *Si tu réfléchissais, tu verrais ton erreur* (mais tu ne réfléchis pas). Si la condition se rapporte au passé accompli, la principale est, en français, au conditionnel passé *(irréel du passé)* et la proposition conditionnelle ou hypothétique est au plus-que-parfait de l'indicatif : *Si tu avais fait cela, je t'aurais plaint.*

irrégulier

Les mots *irréguliers* sont ceux dont la déclinaison ou la conjugaison s'écartent du paradigme (du type) considéré comme constituant la norme. Le verbe *aller* est ainsi un verbe irrégulier de la première conjugaison en français, car ses temps et ses modes sont formés sur trois radicaux *all-, v-, ir-.*

isoglosse

On appelle *isoglosse* la ligne idéale séparant deux aires dialectales* qui offrent pour un trait donné des formes ou des systèmes différents. L'*isoglosse* (ou *ligne d'isoglosse*) est représentée sur une carte linguistique par une ligne qui sépare les points où l'on rencontre un trait donné de ceux où l'on ne le rencontre pas. Dans le nord de la France, l'isoglosse représentant le traitement du *k* latin suivi de *a* par [**k**] délimite les aires picardes et les aires franciennes (où k + a → [ʃ]). Un ensemble d'isoglosses superposées ou proches est dit *faisceau* d'isoglosses* et marque des limites ou des frontières linguistiques.

isolable

On dit d'un élément composant qu'il est *isolable* quand il peut être délimité à l'intérieur du mot composé. Ainsi, le préfixe *ré- / re-* est isolable dans *réajuster* ou *refaire ;* mais l'article défini *le* et la préposition *à* ne sont pas isolables dans l'article contracté *au.* (Syn. : SÉPARABLE.) [V. AMALGAME.]

isolante

On appelle *langue isolante* (ou *analytique*) une langue dont les « mots » sont ou tendent à être invariables et où on ne peut pas, par conséquent, distinguer le radical et les éléments grammaticaux. Une langue est ainsi définie par son degré moyen d'isolation* caractérisé par le rapport entre le nombre de morphèmes de la langue et le nombre de mots. Aux langues isolantes (analytiques) on oppose les langues agglutinantes* et les langues flexionnelles*.

isolat

On appelle *isolat* un groupe ethnolinguistique isolé du reste de la communauté, ou bien vestige d'une communauté disparue.

isolation

L'*isolation* définit le caractère de langue isolante*. Le *degré d'isolation* est fondé sur le plus ou moins grand caractère analytique de cette langue. De ce fait, l'unité de mesure est le rapport entre le nombre de morphèmes de la langue et le nombre de mots. Plus le rapport est bas et plus la langue est isolante. C'est ainsi que le degré d'isolation de l'anglais est 1,68, alors que celui du sanskrit est de 2,59 et celui de l'esquimau (très synthétique) de 3,72. Le degré d'isolation peut varier selon les classes de mots ; une langue, par exemple, peut être isolante pour les verbes et non pour les noms.

isomorphisme

1. On dit qu'il y a *isomorphisme* entre deux structures de deux ordres différents de faits quand elles présentent toutes deux le même type de relations combinatoires : ainsi, si les lois combinatoires des morphèmes sont identiques aux lois combinatoires des sèmes (syntaxe = sémantique), on dit qu'il y a isomorphisme entre les deux structures. En linguistique, le problème le plus important de ce point de vue est celui de l'isomorphisme ou de l'absence d'isomorphisme entre les faits sociaux, la culture et la langue. B. L. Whorf et E. Sapir ont posé, à titre d'hypothèse, l'isomorphisme de la langue et de la culture. Ils supposent que la langue d'un peuple est organisatrice de son expérience du monde. C. Lévi-Strauss, en supposant qu'il y a homologie entre la langue, la culture et la civilisation, postule d'une autre manière le même isomorphisme. À propos des thèses de N. Marr, selon lesquelles à un stade déterminé d'évolution des structures sociales correspond un type de langue, on peut parler aussi d'isomorphisme. De même pour toutes les recherches qui postulent la dépendance étroite du linguistique par rapport au social (ou inversement).

2. Quand les sens des termes d'une structure sémantique d'une langue peuvent être mis en rapport, terme à terme, avec les sens d'une structure sémantique d'une autre langue, on dit que les deux langues sont *sémantiquement isomorphes ;* il est évident que le *degré d'isomorphisme* varie selon les couples de langues mises en parallèle.

isosémie

B. Pottier désigne par *isosémie* l'isotopie* concernant les sèmes génériques et par anisosémie la rupture de cette isotopie sémique. Il y a isosémie dans « le fruit que quelqu'un a mordu » et anisosémie dans « les portes qui mordent ».

isosyllabique

On dit de deux ou plusieurs mots qu'ils sont *isosyllabiques* quand ils ont le même nombre de syllabes.

isotopie

Au sens le plus général, A. J. Greimas définit l'*isotopie* comme « toute itération d'unité linguistique » : un fait de redondance linguistique est alors, quelle que soit sa nature, à l'origine d'une isotopie. La redondance de la marque de pluriel dans l'énoncé français, *les chevaux hennissent,* où les trois unités comportent une marque de pluriel, constitue ainsi une isotopie morphophonique ou morphographique.

Mais s'il définit l'isotopie au sens linguistique général, A. J. Greimas porte son intérêt sur l'*isotopie sémantique,* c'est-à-dire sur la récurrence syntagmatique du même sème ou groupement de sèmes. La relation d'identité entre les occurrences du sème ou du groupement sémique entraîne des relations d'équivalence entre les sémèmes qui les comportent : des unités polysémiques peuvent ainsi être rendues monosémiques par la relation d'isotopie. Dans l'exemple de A. J. Greimas : « belle soirée – et quelles toilettes », l'isotopie de la « réception » amène à lire *toilettes* comme « robes » et non comme « cabinets ». Mais A. J. Greimas étudie là une histoire « drôle », et la réponse est « je ne sais pas, je n'y suis pas encore allé » : on redécouvre le caractère polysémique du mot *toilettes,* que l'isotopie de la mondanité avait occulté.

Outre l'histoire drôle, la poésie et la littérature en général jouent largement sur les ambiguïtés isotopiques : F. Rastier, étudiant *Salut,* de Mallarmé, y fait ressortir le jeu constant du poète sur divers sens de *salut,* « sauvetage », « manifestation de sympathie », « rédemption ».

Il faut se garder de limiter la portée de la notion d'*isotopie* aux textes en écart, littérature, publicité, histoires comiques : on peut faire du fonctionnement isotopique un niveau essentiel de la cohésion sémantique de tout énoncé.

item

1. On appelle *item* tout élément d'un ensemble (grammatical, lexical, etc.), considéré en tant que terme particulier : on dira que les noms *père, frère, sœur, table, chaise* sont chacun des items lexicaux ayant des propriétés sémantiques particulières et que *présent, passé* sont des items grammaticaux.

2. La grammaire ou modèle à *item et arrangement* décrit un énoncé comme formé d'items linguistiques minimaux, grammaticalement pertinents, appelés *morphèmes,* combinés entre eux selon certaines règles d'arrangement les uns par rapport aux autres (selon une certaine combinatoire). Le modèle à item et arrangement est le modèle des constituants immédiats*. Une règle à item et arrangement est de cette forme : « la phrase est formée de la suite syntagme nominal + syntagme verbal » ; ou bien « *mangeait* est constitué de la racine verbale *mange-* muni de l'affixe de passé *ait* ». La grammaire ou modèle à *item et procès* consiste à décrire les diverses formes réalisées dans un énoncé comme le résultat d'une opération effectuée sur une forme ou un item de base. On dira que le nom *construction* est le résultat d'un procès de dérivation s'appliquant à un item de base *construit* et entraînant des modifications morphologiques de cet item (ou racine). De même, on dira que la forme *mangeait* est obtenue par le procès du temps passé appliqué à la racine verbale (ou l'item) *mange-*. Une règle à item et procès est de la forme « *mange-* + passé donne *mangeait* ». Le modèle à item et procès est celui de la grammaire traditionnelle et de la linguistique fonctionnelle.

itératif

Syn. de FRÉQUENTATIF.

ithos

L'*ithos* est la partie de la rhétorique qui traite des moyens nécessaires pour s'attirer la bienveillance de l'auditoire, c'est-à-dire des *mœurs*, par opposition au *pathos* (les passions). On écrit également *ethos*.

j k

Jakobson (Roman), linguiste américain d'origine russe (Moscou 1896-Boston 1982). Après des études à Moscou, où il côtoie les formalistes et où il contribue (en 1915) à la création d'un Cercle linguistique, il se fixe à Prague en 1920. En 1926, il participe à la fondation et aux travaux du Cercle linguistique de Prague, dont il est le vice-président jusqu'en 1938. À cette date, il émigre au Danemark, où il entre en contact avec les membres du Cercle linguistique de Copenhague, récemment créé, puis passe en Norvège. Il émigre de nouveau, vers les États-Unis, où il enseigne à New York, à Harvard, puis à l'Institut de technologie du Massachusetts. Homme de recherches interdisciplinaires, il n'a cessé de stimuler la réflexion linguistique. Son œuvre, considérable, porte sur tous les domaines de la linguistique : depuis la phonologie, le langage des enfants, l'aphasie, les fonctions du langage jusqu'à la langue poétique. (V. Bibliographie.)

jambage
On appelle *jambages* les traits verticaux ou légèrement inclinés des lettres *m, n, u.*

jargon
Le *jargon* a d'abord été une forme de l'argot, utilisée dans une communauté généralement marginale qui éprouve le besoin de ne pas être comprise des non-initiés ou de se distinguer du commun (dans ce sens, on a parlé du *jargon des précieuses*). Par extension, *jargon* est employé pour désigner soit une langue dont on juge qu'elle est déformée, ou incorrecte, ou incompréhensible : on parle ainsi de *jargon franglais* (français déformé par de nombreux anglicismes), du *jargon d'un mauvais élève,* du *jargon d'un philosophe.*

jargonagraphie
On appelle *jargonagraphie* l'énoncé écrit pathologique des aphasiques sensoriels, caractérisé par un grand nombre de paragraphies* qui en rendent la compréhension impossible ou difficile. (V. APHASIE.)

jargonaphasie
On appelle *jargonaphasie* l'énoncé pathologique des aphasiques sensoriels, caractérisé par une fluence plus rapide que le débit normal, par un nombre important de paraphasies* rendant la compréhension du discours difficile ou impossible. (V. APHASIE.)

jeannotisme
En rhétorique, le jeannotisme est une équivoque ou ambiguïté ridicule, résultant par exemple de la relation entre la relative et son antécédent *(le râteau du jardinier qui a perdu une de ses dents).*

Jespersen (Otto), linguiste danois (Randers 1860-Copenhague 1943). Professeur de langue et de littérature anglaises à l'université de Copenhague de 1893 à 1925, Jespersen est l'auteur d'une œuvre considérable portant sur les domaines les plus variés de la linguistique : la phonétique, la grammaire et l'histoire de l'anglais, la pédagogie des langues, fondées sur la langue parlée, la création et la diffusion des langues auxiliaires internationales. Pour lui, toute étude linguistique doit tenir compte de la signification. Il affirme d'autre part que le langage, instrument de communication, a subi en évoluant une simplification de ses systèmes sans préjudice pour l'intercompréhension et qu'il y a donc un progrès dans le sens de l'économie linguistique. (V. Bibliographie.)

jointure, joncture
On appelle *jointure,* ou *joncture,* une frontière linguistiquement pertinente entre deux segments, syllabes, morphèmes, syntagmes ou phrases. La jointure a donc une valeur démarcative, délimitative et doit être classée parmi les éléments suprasegmentaux ou prosodèmes*. Elle est symbolisée phonétiquement par le signe + ou #. Elle permet ainsi de distinguer en français *l'essence* et *les sens* [lesɑ̃s] *vs* [le#sɑ̃s] ou en anglais *a name* et *an aim* [ə#nejm] *vs* [ən#ejm]. La jointure est accompagnée prosodiquement d'une montée ou d'une retombée

du ton initial, et surtout d'une pause virtuelle qui existe même dans le cas des jonctures internes au mot, comme *farouchement* [faruʃ#mɑ̃].

jonctif
Le terme de *jonctif* désigne dans certaines terminologies les conjonctions de coordination.

jonction
L. Tesnière appelle *jonction* l'opération par laquelle à un nœud on ajoute des nœuds de même nature, de telle sorte que la phrase devient plus longue. La notion de jonction recouvre ce que la grammaire traditionnelle désigne comme coordination et juxtaposition.

joncture
V. JOINTURE.

Jones (Daniel), phonéticien anglais (Londres 1881-*id.* 1967). Professeur à l'University College de Londres (1921-1949), puis président de l'Association phonétique internationale, il a été rédacteur en chef de la revue de cette association, *le Maître phonétique* (1941-1950). [V. Bibliographie.]

jussif
Les formes verbales ou les constructions qui ont pour fin d'exprimer l'ordre constituent le *jussif* ou *injonctif* : l'impératif* est un jussif, mais le subjonctif aussi dans certains cas *(qu'il sorte !)*. Enfin, le jussif peut se réduire à un mot-phrase *(silence !)*.

juxtaposition
Syn. de PARATAXE.

kana
Le *kana* est l'écriture syllabique japonaise, opposée aux *kanji,* écriture idéographique. Le *kana* présente deux formes : l'*hiragana** et le *katakana*.

kanji
Les *kanji* sont des signes de l'écriture chinoise utilisés par le japonais pour noter les écritures lexicales.

katakana
Le *katakana* est l'écriture syllabique japonaise servant à transcrire les mots empruntés aux langues étrangères autres que le chinois.

kinésique
Le *kinésique* est l'étude des gestes utilisés comme signes de communication en eux-mêmes ou en accompagnement du langage parlé.

Kleene (grammaire de)
On appelle quelquefois *grammaire de Kleene* une grammaire à nombre fini d'états. (V. MARKOV.)

koinè
On donne le nom de *koinè* à toute langue commune se superposant à un ensemble de dialectes ou de parlers sur une aire géographique donnée.

kymographe
Le *kymographe* est un appareil permettant d'inscrire sur un papier recouvert de noir de fumée, à l'aide de stylets fixés sur des membranes de caoutchouc, les phénomènes physiologiques dynamiques (mouvements du cœur, pression artérielle, etc.) ainsi que les variations de débit d'air buccal, des vibrations nasales et des vibrations glottales pendant la phonation.

l

labiale

Une *consonne labiale* est une consonne dont l'articulation principale consiste en un arrondissement des lèvres. Ainsi, on appelle *labiales* les consonnes réalisées avec les deux lèvres (bilabiales), comme [p] et [b], ou avec la lèvre inférieure et les incisives supérieures (labiodentales), comme [f] et [v]. Au plan acoustique, un son labial est diffus et grave (articulation antérieure, résonateur buccal ample et non compartimenté).

Pour les occlusives, l'ouverture labiale se fait sentir en 10 ms au plus. La variation peut atteindre 500 Hz en 5 ms, contribuant à la présence sur le spectre d'une barre verticale continue, peu intense. Les transitions sont le plus souvent montantes, parfois descendantes comme F^2 devant les voyelles postérieures.

labialisation

La *labialisation* est le mouvement d'arrondissement des lèvres qui intervient comme articulation secondaire dans la réalisation des phonèmes dits « labialisés ». Ainsi, les fricatives palatales du français [ʃ] et [ʒ] à l'initiale de *chou* et *joue* se distinguent des fricatives dentales correspondantes [s] et [z] par un léger recul du point d'articulation, mais aussi par une labialisation qui donne aux premiers phonèmes un timbre plus grave. De même, les voyelles vélaires sont en général réalisées comme des labialisées, mais certaines langues, comme le roumain, opposent des voyelles vélaires non labialisées comme [ɯ] à des voyelles vélaires labialisées [u], de même que le français oppose la série de voyelles palatales non labialisées [i, e, ɛ] aux voyelles palatales labialisées [y], [ø], [œ]. L'opposition de labialisation se traduit acoustiquement par une opposition de bémolisation*.

labialisé

Un *son labialisé,* ou *arrondi,* est un son dont l'articulation principale s'accompagne d'un arrondissement et souvent d'une protraction des lèvres. L'adjonction au chenal buccal de la cavité labiale, et donc d'un résonateur supplémentaire, entraîne un assombrissement du timbre du son considéré, ou bémolisation*. Les voyelles vélaires sont en général labialisées ou arrondies, [u], [o], [ɔ], bien que certaines langues opposent des voyelles vélaires arrondies à des voyelles vélaires non arrondies (comme le roumain et le russe). Les langues qui présentent des systèmes vocaliques complexes, comme le français, opposent une série vocalique palatale non labialisée [i], [e], [ɛ] à une série palatale labialisée [y], [ø], [œ]. Le suédois et le norvégien présentent deux degrés de labialisation vocalique.

labiodentale

Les *consonnes labiodentales,* ou *dentilabiales,* sont des consonnes dont l'articulation comporte un rapprochement ou un contact de la lèvre inférieure et des incisives supérieures, comme en français [f] et [v]. Les labiodentales présentent les caractéristiques acoustiques générales des labiales (diffus et grave), mais elles s'individualisent par rapport aux autres consonnes de la même classe par le caractère strident, dû à l'adjonction d'un deuxième obstacle constitué par la barrière des dents devant l'obstacle labial.

labiographie

La *labiographie* est la description des mouvements des lèvres (vus de face ou de profil) lors de l'articulation des phonèmes.

labiolecture

La *labiolecture* ou *lecture labiale* est la reconnaissance de la parole par l'observation visuelle (ou tactile) des mouvements des lèvres.

labiopalatale

On appelle *labiopalatale* une articulation complexe qui combine un resserrement du chenal vocal au niveau du palais dur avec un arrondissement des lèvres. Les prépalatales [ʃ] et [ʒ] sont des labiopalatales, ainsi que le glide [ɥ] et toutes les voyelles palatales labialisées [y], [ø], [œ]. Acoustiquement, les labiopalatales se distinguent des autres palatales par une bémolisation, c'est-à-dire un abaissement des composants et une concentration de l'énergie plus forte dans les basses fréquences du spectre.

labiovélaire
On appelle *labiovélaire* une articulation complexe qui combine un resserrement ou une occlusion au niveau du palais mou, ou voile de palais, avec un arrondissement des lèvres. C'est le cas des voyelles vélaires en général, comme [u], [o], [ɔ], du glide [w] dans le mot français *oui* [wi], du groupe consonantique [kw] ou [gw].

Labov (William), linguiste américain (Passaic, New Jersey, 1927). Élève d'U. Weinreich, ses recherches portent sur le changement linguistique qu'il étudie, au travers d'enquêtes sur le terrain, dans des communautés (New York, en particulier le ghetto noir de Harlem). Selon lui, toute étude linguistique doit prendre en compte les variables sociales ; le changement n'est pas seulement fonction du facteur temps, mais aussi de la structure sociale de la communauté étudiée. (V. Bibliographie.)

lâche
Un *phonème lâche* (faible ou doux) est un phonème dont l'articulation s'accompagne d'une décharge d'énergie expiratoire plus faible, donc d'une tension musculaire moins forte que son homorgane tendu, avec une déformation plus légère de l'appareil vocal par rapport à la position de repos. En français, toutes les consonnes voisées sont tendues. Toutes les voyelles brèves, comme en anglais le [i] de *sit* « être assis », sont lâches, tandis que les longues sont tendues, comme le [i] de *seat* « siège ». Pour noter les voyelles lâches, on utilise souvent l'exposant ^{2}, l'exposant ^{1} étant employé pour les voyelles tendues. Le français standard oppose [te^{1}t] « tête » et [te^{2}t] « tette ».

lallation
La *lallation*, ou *lambdacisme*, est un des stades prélinguistiques de l'enfant, survenant vers le troisième mois, qui consiste dans l'émission d'une gamme d'expressions sonores plus étendues que celles qui seront utilisées dans la langue et qui apparaissent comme le résultat d'une activité non symbolique (activité d'autorégulation des organes phonateurs, activité ludique, etc.).

lambdacisme
Syn. de LALLATION.

laminal
Une consonne est dite *laminale* quand elle est réalisée avec le pourtour antérieur de la face supérieure de la langue (région appelée *blade* « lame » par les phonéticiens anglo-saxons).

Lancelot (Claude), l'un des Messieurs de Port-Royal (Paris v. 1615-Quimperlé 1695). Il participe à la fondation des Petites Écoles de Port-Royal. Après leur fermeture (1660), il s'occupe de l'éducation du duc de Chevreuse et des deux petits princes de Conti. En 1672, il se retire à l'abbaye de Saint-Cyran, y faisant profession en 1673 ; en 1680, il est à l'abbaye de Quimperlé. Il a contribué à la réforme introduite par Port-Royal dans l'enseignement, en composant des livres à la fois simples et clairs, notamment la *Grammaire générale et raisonnée*, dite *Grammaire de Port-Royal*.

langage

Le *langage* est la capacité, spécifique à l'espèce humaine, de communiquer au moyen d'un système de signes vocaux (ou langue*) mettant en jeu une technique corporelle complexe et supposant l'existence d'une fonction symbolique et de centres corticaux génétiquement spécialisés. Ce système de signes vocaux utilisé par un groupe social (ou communauté linguistique) déterminé constitue une langue particulière. Par les problèmes qu'il pose, le langage est le lieu d'analyses très diverses, impliquant des rapports multiples : la relation entre le sujet et le langage, qui est le domaine de la psycholinguistique, entre le langage et la société, qui est le domaine de la sociolinguistique, entre la fonction symbolique et le système que constitue la langue, entre la langue comme un tout et les parties qui la constituent, entre la langue comme système universel et les langues qui en sont les formes particulières, entre la langue particulière comme forme commune à un groupe social et les diverses réalisations de cette langue par les locuteurs, tout cela étant le domaine de la linguistique. Encore ces divers domaines sont-ils nécessairement et étroitement reliés les uns aux autres.

Le nom de *langage* a été étendu à tout système de signes socialement codifiés qui ne fait pas appel à la parole (ex. le langage des sourds-muets). Il se confond parfois avec *communication ;* ainsi, le langage des abeilles met en œuvre des moyens physiques (position par rapport au soleil, battements d'ailes, etc.) pour communiquer des informations sur les gisements de nectar.

Le nom de *langage* est largement utilisé en informatique pour indiquer une série d'instructions utilisant divers signes numériques et alphabétiques.

langage modulé

Les adultes qui s'adressent aux enfants font usage d'une *variété de langue* que l'on appelle, de façon courante, *langage-bébé.* On a beaucoup critiqué cette pratique, contesté la portée éducative de ce langage, considérant qu'il ralentissait le développement linguistique de l'enfant. La psycholinguistique des années 60, soucieuse de fonder l'hypothèse de moyens linguistiques innés chez l'individu, a défendu cette même idée : la langue parentale entraverait l'apparition chez l'enfant de la grammaire préconstruite de sa langue. Les travaux de psycholinguistique récents ont amené à nuancer cette opinion en constatant que les modifications apportées par l'interlocuteur de l'enfant constituent la plupart du temps une adaptation visant à mieux l'insérer dans le dialogue. Cette façon de parler ne doit pas être confondue avec ce langage de mauvaise qualité que l'on désigne par langage-bébé. C'est pourquoi on a choisi le terme « langage modulé » pour désigner l'*attitude éducative implicite* de l'adulte qui aménage sa manière de parler lorsqu'il dialogue avec l'enfant en vue de faciliter l'acquisition par celui-ci de la langue maternelle. La variété de langue employée a été abondamment décrite, sous ses aspects syntaxiques, lexicaux, suprasegmentaux, phonétiques et pragmatiques, dans les travaux de psycholinguistique anglo-saxons entre les années 70 et 80.

langage-objet

On appelle *langage-objet* la langue prise comme objet de description, comme relevant de la métalinguistique.

langagier

1. On utilise couramment, depuis les années 80, l'adjectif *langagier,* à côté de l'adjectif *linguistique.* Passer du linguistique au langagier, c'est prendre en compte le *processus* de production des discours en intégrant les paramètres situationnels et humains. *Linguistique* renvoie au principe d'immanence qui consiste à étudier la langue comme formant un ordre propre, autonome, dont il est possible de décrire les structures par leurs seules relations. *Langagier* renvoie au principe de réalité par lequel la structure va se confronter à des besoins communicatifs, des enjeux discursifs, des représentations sociales.

2. En passant de la langue au langage, on parlera de *variation langagière :* l'hétérogénéité des pratiques est non seulement de nature linguistique (par exemple : variation de l'opposition /ɛ/-/e/ selon les régions, de l'utilisation ou non du pronom « dont » selon les couches sociales, de la diversité lexicale pour un même référent), mais aussi de nature langagière (par exemple : manières variables de s'adresser à autrui, habitudes discursives différentes dans les échanges, degrés divers de liberté dans les registres de langue). On désigne par *pratiques langagières* cette variation dans les usages du langage en fonction des groupes sociaux. Le sentiment d'appartenir à l'un de ces groupes repose donc autant sur les *façons* de dire que sur les moyens pour le faire. Les processus d'individualisation sont à la fois sociolinguistiques et sociolangagiers, toute communauté linguistique étant aussi communauté langagière.

3. On parle de *compétence linguistique* pour désigner l'ensemble des moyens en langue à la disposition des sujets (par exemple : leur niveau de maîtrise des systèmes phonologique, morphosyntaxique, lexical...). On parlera de *compétence langagière* lorsqu'il s'agira de l'utilisation de ces moyens linguistiques dans des situations réelles d'interlocution où il faudra convaincre, se défendre, rassurer, faire semblant, s'imposer à l'autre, expliquer. Cette compétence langagière se manifeste dans la compréhension comme dans la production des discours, c'est-à-dire à l'occasion de la construction du sens. S'il y a bien un sens porté par la langue (« merci beaucoup »), il y a aussi une signification donnée par le contexte extralinguistique (dire « merci beaucoup » après avoir reçu une gifle) ou encore par les mimiques et les gestes par exemple (dire « merci beaucoup » en faisant la moue). Dans cette perspective, la problématique du signe se trouve déplacée : les unités linguistiques et leurs combinatoires ne sont plus porteuses que de certaines instructions de sens qui vont avoir à se combiner avec celles fournies par les indices situationnels. Au-delà du décodage linguistique c'est une interprétation contextualisée que le sujet doit construire.

4. La distinction linguistique/langagier intéresse aussi les comportements réflexifs des sujets. Le métalangage en tant que langage sur le langage est de nature *métalinguistique* lorsqu'il renvoie au fonctionnement linguistique (« on ne dit pas infractus, mais infarctus »), ou de nature *métalangagière* lorsque la référence en est le fonctionnement langagier (« parle moins vite, on ne te comprend pas »). Les compétences métalinguistiques et métalangagières font partie de la compétence générale des sujets dans la maîtrise du langage. Les analyses du développement langagier ont montré que les secondes étaient plus précoces que les premières, l'enfant prenant plus vite conscience des contraintes externes à la gestion des discours (aspects fonctionnels) que de celles internes au fonctionnement du code (aspects formels).

5. Une part importante de la socialisation de l'enfant passe par la construction du langage : ses relations aux autres, l'image qu'il se fait de lui-même, sa place dans un groupe, ses capacités d'attention et d'écoute, ses possibilités d'adaptation aux êtres et aux événements, ses manifestations de connivence ou de rejet. On appelle *socialisation langagière* l'aspect langagier de la socialisation générale des individus. Cette notion met l'accent sur le fait que l'acquisition du langage se réalise d'abord dans une communauté sociale particulière qui a ses habitudes de vie, ses modes de pensée, ses pratiques langagières spécifiques. Contrairement à la vision d'un développement verbal homogène chez les enfants, c'est la vision hétérogène qui est mise en avant. On constate que les enfants sont plongés dès le départ dans des *bains langagiers* divers et que l'acquisition se poursuit dans des rapports humains toujours plus diversifiés, les *instances de socialisation* dans lesquelles l'enfant se trouve inserré se multipliant avec l'âge (famille, crèche, école, garderie, voisinage, rue, loisirs, voyage, travail). Dans ces divers lieux où il s'approprie le langage, l'enfant côtoie des personnes différentes qui ont des statuts différents dans les échanges avec lui et par rapport auxquelles il doit se construire des *rôles langagiers* différents (fils, élève, copain, frère, consommateur). De plus, ces personnes produisent des mises en mots diverses qu'il va devoir confronter à ses propres maniements linguistiques. Il fait aussi l'expérience d'enjeux communicatifs variables qui vont exiger de sa part tout un ensemble de savoir-faire relationnels et sociaux. La manière dont il sera accueilli dans ces divers lieux, la façon dont il saura s'imposer, la qualité de l'écoute qui lui sera ou non offerte, l'efficacité de la communication dont il fera l'expérience ou, au contraire, la multiplication des échecs et des décrochages, tout cela entre en compte dans le développement langagier de l'enfant et contribue à sa socialisation.

6. Dans le cadre du langage, le sujet langagier possède une identité psycho- et socio-linguistique, porteur de son histoire personnelle, de ses affects, de ses représentations ; il s'est construit et s'est vu imposer dans la vie collective des rôles sociaux ayant leur matérialisation dans le langage. Il est considéré à la fois dans son histoire individuelle, dans son inscription sociale et dans son action par le langage (ses rôles langagiers et ses stratégies langagières).

I. **langue**

1. Au sens le plus courant, une *langue* est un instrument de communication, un système de signes vocaux spécifiques aux membres d'une même communauté.

On appelle *langue maternelle* la langue en usage dans le pays d'origine du locuteur et que le locuteur a acquise dès l'enfance, au cours de son apprentissage du langage. Les *langues vivantes,* nombreuses, sont toutes les langues actuellement utilisées, tant dans la communication orale que, pour certaines, la communication écrite, dans les différents pays. Les *langues mortes* ne sont plus en usage comme moyen oral ou écrit de communication ; mais il subsiste des témoins de ces langues, utilisées il y a parfois des milliers d'années : textes littéraires, documents archéologiques, monuments, etc. L'écriture a permis de transmettre ces témoignages des langues éteintes, comme le latin, le grec ancien, etc.

À l'intérieur d'une même langue, les variations sont également importantes, synchroniquement parlant : pour les *niveaux de langue,* on parle de langue familière, soutenue, technique, savante, populaire, propre à certaines classes sociales, à certains sous-groupes (famille, groupes professionnels) ; dans cette catégorie, on place les différents types d'argots et de jargons ; pour les variations géographiques, on parle de dialectes et de patois. Enfin, à l'intérieur d'une même langue, on distingue deux moyens différents de communication, dotés chacun d'un système propre : la *langue écrite* et la *langue parlée.*

Cette variété même, appréhendée par l'expérience commune, est source d'ambiguïté lorsqu'il s'agit de définir le terme de *langue.* D'une part, on a une infinité de langues diverses dont on peut étudier la typologie. D'autre part, on constate qu'au sein d'une communauté linguistique donnée tous les membres de cette communauté (tous les locuteurs du français, par exemple) produisent des énoncés qui, en dépit des variations individuelles, leur permettent de communiquer et de se comprendre, et qui reposent sur un même système de règles et de relations qu'il est possible de décrire. C'est à ce système abstrait, sous-jacent à tout acte de parole, qu'on a donné le nom de *langue.*

2. Pour F. de Saussure, pour l'école de Prague et le structuralisme américain, la langue est considérée comme un système de relations ou, plus précisément, comme un ensemble de systèmes reliés les uns aux autres, dont les éléments (sons, mots, etc.) n'ont aucune valeur indépendamment des relations d'équivalence et d'opposition qui les relient. Chaque langue présente ce système grammatical implicite, commun à l'ensemble des locuteurs de cette langue. C'est ce système que F. de Saussure appelle effectivement la *langue ;* ce qui relève des variations individuelles constitue pour lui la *parole*.*

L'opposition *langue* vs *parole* est l'opposition fondamentale établie par F. de Saussure. Le langage, qui est une propriété commune à tous les hommes et qui relève de leur faculté de symboliser, présente deux composantes : la langue et la parole. La langue est donc une partie déterminée du langage, mais une partie essentielle. C'est à l'étude de la langue telle que l'a définie F. de Saussure que se sont attachés les phonologues, les structuralistes distributionnalistes et fonctionnalistes. (V. FONCTIONNALISME, PHONOLOGIE, STRUCTURALISME.)

Dans cette théorie, la *langue* est *un produit social,* tandis que la parole est définie comme la « composante individuelle du langage », comme un « acte de volonté et d'intelligence ». La langue est un produit social en ce sens que « l'individu l'enregistre passivement » ; cette partie sociale du langage est « extérieure à l'individu », qui ne peut ni la créer ni la modifier. Elle est un contrat collectif auquel tous les membres de la communauté doivent se soumettre en bloc s'ils veulent communiquer. Dans le vocabulaire saussurien, la langue est tour à tour « un trésor déposé par la pratique de la parole dans les sujets appartenant à une même communauté », « une somme d'empreintes déposées dans chaque cerveau », « la somme des images verbales emmagasinées chez tous les individus ». Ainsi, la langue est la partie du langage qui existe dans la conscience de tous les membres de la communauté linguistique, la somme des empreintes déposées par la pratique sociale d'innombrables actes de parole concrets.

Un des principes essentiels de F. de Saussure est la définition de la *langue* comme un système de signes : « Dans une langue, un signe* ne se définit comme tel qu'au sein d'un ensemble d'autres signes. Il tire sa valeur, son rendement, des oppositions qu'il contracte avec eux. Un signe se définit donc par ses rapports avec ceux qui l'entourent. En extrayant le signe du système qui lui confère sa valeur, on se prive donc du seul moyen qu'on ait de définir son existence linguistique. » D'après cette théorie, la langue est donc un principe de classification. Dans un état de langue, tout repose sur des rapports (rapports d'opposition, de différenciation, d'association) entre les signes ou unités linguistiques, l'ensemble de ces rapports formant un système de symboles ou de signes, « un système qui ne connaît que son ordre propre », « un système dont toutes les parties doivent être considérées dans leur solidarité synchronique ».

F. de Saussure illustre cette idée par une comparaison avec le jeu d'échecs : « Si je remplace les pièces de bois par des pièces d'ivoire, le changement est indifférent pour le système, mais si je diminue ou augmente le nombre des pièces, ce changement-là atteint profondément la grammaire du jeu... La valeur respective des pièces dépend de leur position sur l'échiquier, de même que dans la langue chaque terme a sa valeur par opposition avec tous les autres termes. » À la suite de F. de Saussure, la linguistique moderne a repris et approfondi ce principe fondamental. (V. ÉCOLE DE PRAGUE, PHONOLOGIE, STRUCTURALISME.)

Si, pour F. de Saussure, la langue est un système « dont toutes les parties peuvent et doivent être considérées dans leur réalité synchronique », un problème important s'est alors posé à lui : quelles sont les unités de ce système ? Comment les définir, les délimiter, afin d'étudier leur fonctionnement dans le système, étude qui est la base même de la linguistique ? Le signe linguistique n'est pas une chose qui en remplace une autre, mais un lien, un rapport entre deux choses. Pour F. de Saussure, « le signe linguistique unit un concept et une image acoustique. » Il appelle « entités concrètes de la langue » ces signes dont la langue est composée. On ne peut assimiler ces unités aux mots : on dit, par exemple, que *cheval* et *chevaux* sont deux formes d'un même mot ; pourtant, prises dans leur totalité, elles sont bien deux choses distinctes. D'autre part, les mots sont des unités complexes où l'on distingue des sous-unités : *désir-eux, malheur-eux ;* chacun d'eux se divise en parties distinctes dont chacune a un rôle et un sens évidents. F. de Saussure, à la recherche d'un critère de délimitation, examine tour à tour les critères d'identité synchronique, de réalité synchronique, de valeur.

L'identité synchronique serait « une même tranche de sonorité, signifiant un même concept », comme dans : « je ne sais *pas* », et « ne dites *pas* cela ». Or, lorsque, par exemple, dans une conférence, le terme *Messieurs* est prononcé à différentes reprises, les variations phoniques peuvent être appréciables, ainsi que les variations sémantiques. Le critère d'identité est donc insuffisant.

La réalité synchronique serait ceci : dans une expression comme *des gants bon marché,* la grammaire classe *bon* dans la catégorie des adjectifs et *marché* dans celle des noms. Comment rendre compte alors de *bon marché.* Est-ce ou non un adjectif ? Donc, si les concepts forgés par les grammairiens sont imprécis, quelle réalité leur opposer ? F. de Saussure conclut que les entités concrètes de la langue ne sont pas du domaine du donné observable immédiatement et qu'il faut les chercher à un autre niveau, au niveau des valeurs. Il définit un système de valeurs : (1) comme un système d'équivalences entre des choses d'ordres différents ; (2) comme un système où « chaque terme a sa valeur, par opposition avec tous les autres termes et en vertu d'une convention ». L'unité de la langue étant une valeur, l'objet de l'étude de la langue est dans l'étude des valeurs, des rapports des éléments de cette langue.

a) *La valeur considérée dans son aspect conceptuel.* Un mot n'a pas de signification en soi : « Il faut le comparer avec des valeurs similaires, avec les autres mots qui lui

sont opposables. Son contenu n'est vraiment déterminé que par le concours de ce qui existe en dehors de lui. » Deux idées importantes sont ici dégagées : (1) la notion de système lexical, de champ sémantique ; (2) l'idée que « les valeurs émanent du système », que la valeur propre des termes découle de leur opposition avec d'autres termes : « La partie conceptuelle de la valeur est constituée uniquement par des rapports et des différences avec les autres termes de la langue. »
b) La valeur considérée dans son aspect matériel. La partie matérielle de la valeur est également constituée uniquement par des rapports et des différences : « Ce qui importe dans le mot, ce n'est pas le son lui-même, mais les différences phoniques qui permettent de distinguer ce mot de tous les autres, car ce sont elles qui portent la signification. » La notion de phonème est ici déjà développée ; ce sont avant tout « des entités oppositives, relatives et négatives ».
c) Le signe considéré dans sa totalité. F. de Saussure conclut de ce qui précède : « Dans la langue, il n'y a que des différences », différences conceptuelles et phoniques, « tout le mécanisme du langage repose sur des oppositions, et sur les différences phoniques et conceptuelles qu'elles impliquent ». Ces rapports d'oppositions, de différences, qui rapprochent les unités du système, sont de deux types : (1) les rapports syntagmatiques, ou combinatoires ; (2) les rapports paradigmatiques, ou associatifs.
3. F. de Saussure, en dégageant les notions de système d'unités linguistiques et de valeurs, a jeté les bases d'une étude structurale de la langue. Il s'agit ensuite de trouver les règles d'assemblage, d'arrangement, des unités de ce système, ou structure de ce système, règles reposant sur des processus de choix – ou sélection – et de combinaison.
– *Rapports syntagmatiques* et *axe syntagmatique** : les rapports syntagmatiques sont les rapports qui unissent les éléments de la langue sous l'angle de la successivité, de l'ordre linéaire de la chaîne parlée. Comme certaines successions d'éléments sont admises et d'autres exclues, on est amené à se représenter la structure d'une phrase essentiellement comme une suite finie de places et de positions, dont chacune peut être occupée par certains éléments. L'ensemble des positions possibles pour un élément et des combinaisons possibles de cet élément avec ceux qui précèdent et qui suivent est appelé *distribution,* et les rapports qui unissent ces éléments sont les rapports syntagmatiques, ou combinatoires, qui se situent sur l'*axe syntagmatique,* axe de l'énoncé effectivement produit. Parallèlement au processus de combinaison situé sur l'axe syntagmatique, le processus de sélection permet la commutation des unités entre elles dans un grand nombre d'énoncés. En effet, pour certaines positions, sinon pour toutes, le *choix* est possible entre un certain nombre d'éléments, ce qui permet de définir des classes d'éléments : appartiennent à une même classe les éléments qui peuvent se trouver à une même place, dans un cadre donné. L'ensemble des éléments d'une même classe forme un paradigme ; ces éléments, entre lesquels le choix s'opère et qui peuvent commuter, sont situés sur l'*axe paradigmatique.*
4. Les processus de combinaison (axe syntagmatique) et de sélection (axe paradigmatique) peuvent se situer aux différents niveaux d'analyse de la langue. La langue, en effet, est, dans la perspective des structuralistes, « un complexe de structures de différentes natures ». L'hypothèse, de la double articulation du langage, formulée ainsi par A. Martinet, est une distinction entre deux niveaux linguistiques qui relèvent chacun d'une analyse linguistique spécifique. Les unités du niveau supérieur sont formées d'une suite d'éléments concaténés du niveau inférieur : (1) niveau inférieur ou seconde articulation du langage : celle des unités non signifiantes et distinctives, les phonèmes, qui relèvent d'une analyse phonologique ; (2) niveau supérieur ou

première articulation du langage, unités signifiantes, appelées morphèmes (ou monèmes). C'est en termes de morphèmes qu'est décrite la structure syntaxique des phrases.

5. Les phrases étant représentées au niveau syntaxique par des suites finies de morphèmes, le modèle le plus simple capable d'engendrer ces phrases trouve déjà une expression précise chez F. de Saussure : « Dans le discours, les mots (c'est-à-dire ici les morphèmes) contractent entre eux, en vertu de leur enchaînement, des rapports fondés sur le caractère linéaire de la langue, qui exclut la possibilité de prononcer deux éléments à la fois. Ceux-ci se rangent les uns à la suite des autres sur la chaîne de la parole. Ces combinaisons... peuvent être appelées *syntagmes*. Le syntagme se compose donc de deux ou de plusieurs unités consécutives. »

Les syntagmes, formés par la concaténation de morphèmes, se définissent par rapport à la phrase comme éléments constituants. Les syntagmes sont de différents types : syntagme verbal (SV), syntagme nominal (SN), syntagme prépositionnel (SP), etc. Ainsi, dans la phrase *L'enfant du voisin avait lancé un ballon dans le carreau de la cuisine,* on définit *l'enfant du voisin* comme le SN (sujet), et *avait lancé un ballon dans le carreau de la cuisine* comme le SV (prédicat) ; le SN lui-même formé d'un SN *(l'enfant)* et d'un SP *(du voisin) ;* le SV est lui-même constitué par V *(avait lancé)* + SN *(le ballon)* + SP *(dans le carreau de la cuisine),* etc. Les SN (sujet) et SV (prédicat) sont les constituants immédiats de la phrase.

L'analyse en constituants immédiats est, pour l'essentiel, une description structurale de la phrase, qui consiste à montrer comment celle-ci se décompose en syntagmes, et comment ceux-ci, à leur tour, se décomposent en unités plus petites ; l'analyse en constituants immédiats revient à représenter la phrase sous la forme d'une construction hiérarchisée d'éléments emboîtés les uns dans les autres. Elle permet de montrer que des phrases différentes par leur aspect extérieur, ont, partiellement, une même structure. (V. CONSTITUANT IMMÉDIAT.)

Pour F. de Saussure et les structuralistes, la langue est donc un système dont on étudie la structure à partir d'un corpus*, étude aboutissant à une classification, une taxinomie, des éléments du système.

6. La langue est donc un système de signes dont le fonctionnement repose sur un certain nombre de règles, de contraintes. Elle est donc un code qui permet d'établir une communication entre un émetteur et un récepteur. Les travaux des théoriciens de la communication*, ceux de Markov ont permis aux structuralistes de caractériser certains aspects de la description structurale des phrases, de préciser dans la langue le rôle de la redondance, l'importance, pour le fonctionnement de la langue, de certains caractères du signe (le caractère discret*, par exemple), de s'engager dans des recherches reposant sur le calcul de la quantité d'information : calcul de probabilité, de fréquence. (V. [LOI DE] ZIPF.)

7. N. Chomsky, dépassant le stade purement classificatoire, élabore des modèles hypothétiques explicites des langues et du langage. La distinction compétence-performance est chez lui très proche de la distinction saussurienne langue-parole : la compétence* (la langue) représente le savoir implicite des sujets parlants, le système grammatical existant virtuellement dans chaque cerveau, la performance (la parole) représentant, au contraire, l'actualisation ou la manifestation de ce système dans une multitude d'actes concrets. N. Chomsky établit un modèle de compétence et un modèle de performance des sujets, le modèle de compétence étant une grammaire de la langue qu'il parle, c'est-à-dire le mécanisme qui met en relation des sons et des sens, qui associe une interprétation sémantique à des séquences de signaux acoustiques.

La grammaire est constituée (1) d'un nombre fini de règles syntagmatiques capables d'engendrer les structures profondes, qui seules sont susceptibles d'interprétation sémantique, une fois les insertions lexicales réalisées : (2) d'un nombre fini de règles de transformation faisant passer les phrases de la structure profonde aux phrases de la structure de surface, qui seules sont susceptibles d'une interprétation phonétique. (V. [GRAMMAIRE] GÉNÉRATIVE.) La description chomskyenne de la langue présente donc deux parties : (1) une partie générative, description syntaxique des phrases de base de la structure profonde ; (2) une partie transformationnelle, description des opérations permettant de passer de la structure de base à la structure de surface. Les développements futurs de la grammaire générative laisseront intactes ces principales hypothèses sur le fonctionnement de la langue.

II. **langues**

On reconnaît l'existence d'une pluralité de *langues* dès qu'on parle de langue française, anglaise, etc. Ce terme entre en concurrence avec les autres mots (dialectes, parlers, patois) qui désignent aussi des systèmes de communication linguistiques. La notion de langue est une notion pratique, mais complexe, introduite bien avant que la linguistique ne se constitue.

Langues écrites et institutions

Quand on applique le mot aux pays modernes, les institutions et les habitudes donnent par énumération la liste des langues. Il s'agit alors de réduire les langues aux formes standard dont les utilisateurs, généralement pour des raisons extralinguistiques, considèrent que ce sont des langues. Les caractères définitoires de la langue peuvent être alors l'existence d'une tradition d'écriture et même d'une littérature, mais aussi le statut institutionnel. Selon qu'on fait intervenir celui-ci ou non, le nombre de langues est plus ou moins grand. Ce statut institutionnel peut exclure tout enseignement au moins officiel (c'est le cas du sort réservé à certains parlers) ou leur confère un rôle de langue d'appoint (c'est le cas des langues qu'on peut présenter à certains examens en épreuves facultatives : occitan, breton). En France, on ne reconnaît le statut de langue maternelle, à apprendre à l'école primaire, qu'au français standard.

On ne peut pas non plus poser l'équation : un État (ou une nation) = une langue. Des pays comme la Belgique, la Suisse, le Canada utilisent comme une des langues nationales le français standard, alors que les formes dialectales (wallon ou québécois) peuvent en être très différentes. D'une manière générale, dans ces cas-là, l'existence d'une langue écrite importante a réduit les formes locales à l'état de dialectes. Il en va de même pour les dialectes allemands, qui ont été submergés par la forme écrite qui s'est imposée aussi aux dépens des dialectes germaniques de Suisse et d'Autriche, mais non aux dépens de ceux de Hollande (néerlandais) et de Belgique (flamand), qui se sont vu reconnaître le statut de langues. En sens inverse, l'existence de formes écrites différentes fait reconnaître la pluralité des langues scandinaves, pourtant très proches. Parfois, une grande œuvre (*la Divine Comédie* de Dante, pour le toscan devenu italien) impose un dialecte comme langue écrite ; parfois, c'est un pouvoir politique (francien devenu français) ou une autorité juridique (comme pour l'allemand).

Langues à formes écrites non enseignées

On parle aussi de langues là où il n'y a pas d'enseignement ou, en tout cas, pas d'enseignement de certains systèmes linguistiques que l'on appelle langues (ainsi, au

Sénégal, où l'enseignement est donné en français, le ouolof est une langue). On n'a pas toujours dans ce cas-là le critère de l'écriture pour dire qu'un ensemble de parlers locaux est une langue, par opposition à un autre ensemble voisin ou occupant la même zone qui est considérée comme une autre langue. Le critère qui semble le plus évident dans ce cas est celui de l'intelligibilité mutelle, ou intercompréhension. On poserait comme principe que si deux personnes ayant des dialectes différents se comprennent en parlant chacun son dialecte, elles parlent la même langue ; sinon elles parlent des langues différentes. En réalité, l'intercompréhension est quelque chose de relatif : on ne se comprend jamais entièrement, on se comprend toujours un peu : un Bonifacien (de dialecte génois) comprend bien un Porto-Vecchiais (de dialecte corso-gallurais), mais l'inverse n'est pas vrai ; et entre un Porto-Vecchiais et un Cap-Corsin (ayant tous deux conscience de parler la même langue), l'intercompréhension sera possible par l'acceptation de la polynomie.

Un autre critère peut être l'énumération des éléments communs. On peut établir une liste du vocabulaire fondamental de 100 mots et établir la concordance de 0 à 100 p. 100. On pourrait sans doute procéder de même pour la morphologie ou la syntaxe, mais le problème est de savoir à partir de quel pourcentage d'écarts on dira qu'il y a deux langues. Le problème est que le parler d'un village B sera proche de celui d'un village voisin A, celui de C proche de celui de B, et ainsi de suite jusqu'à Z, mais qu'il y aura un énorme écart entre les dialectes de A et de Z. Il y a très souvent continuité linguistique dans toute la zone des langues romanes, alors qu'on parle de langues différentes. De même, les isoglosses ne coïncident jamais entièrement, et il faut alors choisir entre les traits négligeables et importants (V. DIALECTOLOGIE, FAISCEAU [D'ISOGLOSSES], GÉOGRAPHIE LINGUISTIQUE). En réalité, il y a des limites nettes entre le roman et le germano-néerlandais (on ne se comprend pas d'un village à l'autre), mais non dans chacune de ces zones.

En dehors des formes écrites, la définition des langues (V. FAMILLE DE LANGUES) est donc compliquée, dans la mesure où la continuité linguistique est chose fréquente.

III. **langue**

La *langue* est l'organe qui, grâce à sa souplesse, sa mobilité, sa situation dans la cavité buccale, joue le rôle principal dans la phonation. Ses mouvements entraînent des modifications dans la forme de la cavité buccale et exercent ainsi une influence sur l'onde sonore issue du larynx. La langue intervient en général comme l'articulateur inférieur et peut s'élever pour se rapprocher plus ou moins de l'articulateur supérieur jusqu'à entrer en contact avec lui dans l'occlusion. Les positions plus ou moins hautes de la langue par rapport à la voûte du palais déterminent les différents degrés d'aperture, depuis l'aperture maximale représentée par la voyelle la plus ouverte, pour la réalisation de laquelle la langue est basse, jusqu'à l'aperture minimale (fermeture maximale) représentée par les consonnes occlusives. Suivant la partie de l'articulateur supérieur vers laquelle se dirige la langue, on distingue les phonèmes antérieurs (dentales et palatales) ou postérieurs (vélaires). Suivant la partie de la langue qui est la plus proche de l'articulation supérieure, on distingue les articulations apicales (réalisées avec la pointe de la langue, comme le [s] espagnol), apico-rétroflexes (avec le revers de la pointe de la langue, comme la série de dentales hindi [ṭ, ḍ, ṇ, ḷ, ṛ]), prédorsales (avec la partie antérieure du dos de la langue comme le [s] du français), médiodorsales (avec le milieu du dos de la langue, comme les consonnes palatales), postdorsales (avec la partie postérieure du dos de la langue, comme le [k] et le [g] de *cou* et *goût*), radicales (avec la racine de la langue, comme le [ʁ] du français *rail*).

Mais l'intervention d'une partie de la langue plutôt que d'une autre dans la réalisation d'un phonème n'est pas toujours pertinente en soi, car elle est souvent automatiquement déterminée par la nature de l'articulateur supérieur : une articulation dentale peut difficilement être postdorsale ou même médiodorsale, une articulation vélaire peut difficilement être apicale, etc. Certaines articulations font intervenir deux parties de la langue : ainsi, la latérale vélarisée [ɫ], qui existe en russe, en polonais, qui existait en ancien français avant d'être vocalisée, est apicodentale, mais comporte un renflement de la racine de la langue au niveau du voile du palais.

langue écrite
On appelle *langue écrite* l'ensemble des énoncés d'une langue produits en vue d'une transmission visuelle. Ces énoncés sont du reste caractérisés non pas tellement par le fait qu'ils sont effectivement écrits, mais par l'intention qui a présidé à leur production. Ainsi, des énoncés oraux représentés selon un système de transcription phonétique ne sont pas de la langue écrite. Au contraire, un texte lu (discours rédigé, par exemple) relève de la langue écrite : on parle alors souvent d'écrit-parlé.

langue mère
Quand on établit des généalogies* (ou des familles*) de langues, on appelle *langue mère* la langue dont l'évolution a abouti aux langues prises comme référence ou aboutissement. Ainsi, si on se réfère au français ou à l'italien, on dira que pour eux la langue mère est le latin.

langue sœur
On appelle *langues sœurs* des langues qui résultent des évolutions divergentes d'une même langue ancienne, dite langue mère. Ainsi, le français, l'italien et l'espagnol sont des langues sœurs, le latin étant la langue mère.

langue d'union
Dans les régions morcelées linguistiquement et où aucune langue ne s'impose comme véhiculaire, il arrive qu'on procède à la constitution de *langues d'union*. Ainsi, en Zambie et dans l'ancienne Afrique orientale portugaise, on rencontrait six groupes de dialectes chona différents, dont les utilisateurs réunis étaient environ un million ; des linguistes ont établi, en se fondant sur la grammaire de certains grands dialectes et sur le vocabulaire de certains autres, le chona commun, dont l'usage s'est généralisé. La constitution des langues d'union est fondée sur le choix délibéré de certains systèmes linguistiques naturels.

lapalissade
En rhétorique, syn. de TRUISME.

large
Le terme de *large* est un terme synonyme de *lâche** ; aujourd'hui tombé en désuétude, il s'opposait à *étroit* (synonyme de *tendu**).

Larousse (Pierre), lexicographe français (Toucy 1817-Paris 1875). Instituteur dans sa ville natale, il part pour Paris en 1840, où il se partage entre son travail de professeur et ses recherches lexicologiques et pédagogiques. Il fonde avec Augustin Boyer la Librairie Larousse et Boyer (1852) et écrit de nombreux livres scolaires. Il se lance parallèlement dans un travail plus ambitieux en voulant refaire l'équivalent pour le XIXe siècle de ce qu'avait été l'*Encyclopédie* pour le XVIIIe siècle. S'entourant de nombreux collaborateurs, il compose le *Grand Dictionnaire* universel du XIXe siècle,* dont les premiers fascicules paraissent en 1863-1864, la publication se poursuivant jusqu'en 1876. (V. Bibliographie.)

Larsen (effet)
On donne le nom d'*effet Larsen* à une oscillation parasite qui prend naissance lorsque la sortie d'une chaîne électroacoustique, par exemple le haut-parleur, réagit sur son entrée, en général le microphone. Ce phénomène se traduit par un sifflement. Cet effet a été découvert par Larsen (Soren Absalon, 1871-1957), physicien et électrotechnicien danois, inventeur d'un potentiomètre et d'un générateur de courants alternatifs à fréquences musicales.

laryngé, laryngien
On appelle *son laryngé,* ou *laryngien,* le son produit par la vibration des cordes vocales sous la pression de l'air issu des poumons. Ce son, semblable à celui d'un bourdonnement que rend audible son amplification à travers les différentes cavités du chenal buccal, est utilisé comme ton fondamental pour la production des voyelles et des consonnes voisées.

laryngographe
L'appareil présenté sous le nom de *laryngographe* à l'Académie des sciences en 1955 par le Docteur Fabre et perfectionné par A. Fourcin et M. West, connu aussi sous le nom de *glottographe,* est un des instruments d'exploration du larynx. Il est basé sur le principe d'un émetteur-récepteur : des électrodes disposés de part et d'autre du cartilage thyroïdien fonctionnent comme deux systèmes différents, émission pour l'un, réception pour l'autre. L'appareil permet ainsi de mesurer directement les vibrations des cordes vocales en enregistrant les changements d'impédance dus aux accolements et décollements successifs des cordes vocales, et donc de mesurer directement les vibrations qui sont à la base de la fréquence du son, sans le masquer par des harmoniques dus aux cavités supraglottiques.

laryngophonie
La *laryngophonie* est une technique consistant à appliquer directement sur le cou, au niveau de la glotte, un microphone, appelé dans ce cas *laryngophone,* qui transmet les vibrations des cordes vocales à un oscillographe.

larynx
Le *larynx* est une espèce de boîte cartilagineuse qui termine la partie supérieure de la trachée et qui est composée de quatre cartilages : le cricoïde, le thyroïde, les deux aryténoïdes. À ces cartilages sont rattachés les muscles et ligaments qui forment les cordes vocales, dont le rapprochement empêche le passage de l'air à travers le larynx, et dont la vibration produit le bourdonnement laryngé indispensable à la phonation, ou voix*.

latent
1. Un *phonème latent* est un phonème qui n'apparaît pas dans la chaîne parlée, mais dont on est obligé d'invoquer la présence dans le système de la langue pour expliquer certains phénomènes ; ainsi, le phonème dit « *h* aspiré » disparu en français, bloque encore la liaison à l'initiale de certains mots, comme *héros, haricot,* etc.
2. En sociolinguistique, *conflit latent.* V. CONFLIT LINGUISTIQUE.

latérale
Une *consonne latérale* est une consonne occlusive pour l'articulation de laquelle le contact entre l'articulateur inférieur (le plus souvent la langue) et l'articulateur supérieur (dents ou palais) ne se fait qu'au milieu du chenal buccal, l'air s'écoulant librement d'un côté (unilatérale) ou des deux côtés (bilatérale) de l'obstacle, avec un faible bruit causé par la friction de l'air contre les parois. Le français moderne ne connaît qu'une latérale apicovélaire, le [l] de *lit, loup,* etc. L'anglais connaît une apicovélaire qui comporte, dans certaines positions, un relèvement du dos de la langue contre le palais mou : c'est le [ɫ] dit « *l* dur » ou « vélarisé », que l'on entend aussi en portugais, en catalan. Certaines langues, comme le russe, opposent phonologiquement une latérale apicodentale [l] et une latérale vélarisée [ɫ]. Le français ancien a connu un tel [ɫ], qui s'est affaibli en un élément vocalique vélaire [u] : ainsi, dans l'ancien pluriel *chevals,* le [ɫ] s'est transformé en [w], puis la diphtongue [aw] s'est réduite à [o], d'où l'alternance actuelle *cheval* vs *chevaux* [ʃəval] *vs* [ʃəvo]. L'ancien français connaissait également la latérale dorsopalatale [ʎ], fréquente dans les langues romanes (espagnol *llorar, calle* ou italien *gli, figlio*), remplacée en français moderne par le glide [j] de *fille* [fij]. Au plan acoustique, la fréquence de F^1 est assez stable vers 300 Hz, F^2 varie en fonction de la coarticulation, F^3 dépend du volume de la cavité antérieure, F^4 des cavités parallèles.

latif
Le *latif* est un cas utilisé dans certaines langues non européennes pour exprimer la direction ou le but, distinct de l'accusatif.

latinisation
1. La *latinisation* est la pénétration massive d'emprunts latins dans une langue. En français, on distingue deux latinisations, la première, au XIIIe et au XIVe siècle, intéresse en particulier le vocabulaire philosophique, abstrait, la seconde, au XVIe siècle, intéresse les vocabulaires scientifique et juridique, en particulier. Ces emprunts directs au latin se font parallèlement à l'évolution populaire des mots latins : il se crée alors de nombreux doublets*.
2. La *latinisation* est aussi le fait d'adopter l'alphabet latin pour transcrire une langue.

laudatif
On qualifie de *laudatif* un terme affecté d'un sens évoquant l'idée de « beau, bon », « de valeur morale », etc. Ainsi, les mots *beauté, ami, honnête, succès* ont un contenu laudatif.

laxité
La *laxité* est ia caractéristique des phonèmes lâches*, par opposition à la tension ; elle se manifeste par une faible déviation de l'appareil

vocal par rapport à la position de repos. Dans des langues comme le français, le trait de la laxité est concomitant avec le trait de voisement : il peut suffire à maintenir l'opposition des phonèmes normalement voisés avec leurs homorganes non voisés, en cas de dévoisement des premiers ou de voisement des seconds.

leçon

On appelle *leçon* chacune des interprétations offertes par les différentes copies ou les différents éditeurs du texte.

lecte

Dans une langue, le *lecte* désigne l'ensemble de caractères linguistiques différenciés qu'on peut regrouper en une structure et qu'on réfère à une couche sociale, à un groupe professionnel.

lénition

On appelle *lénition* une mutation consonantique consistant en un ensemble de phénomènes d'affaiblissement des consonnes intervocaliques ; ce phénomène est particulièrement important en phonétique historique pour l'évolution des langues celtes. Ainsi, l'évolution du système des occlusives brittoniques à l'intervocalique peut être décrite de la façon suivante : les géminées sourdes [pp], [tt], [kk] ont dû se simplifier en [p], [t], [k] (avant de s'aspirer et d'aboutir aux spirantes sourdes du gallois moderne) ; les occlusives sourdes [p], [t], [k] ont été voisées en [b], [d], [g], les occlusives voisées ont été affaiblies en spirantes [β], [ð], [γ].

La lénition doit son origine à la tendance des géminées à se simplifier : en s'affaiblissant, elles exercent une pression sur leurs partenaires intervocaliques simples, qui se sonorisent, exerçant ainsi à leur tour une pression sur leurs partenaires voisés qui deviennent des spirantes :

[atta]	→	[a-Ta]	→	[ata]
[ata]	→	[ad̥a]	→	[aθa]
[adda]	→	[a-Da]	→	[ada]
[ada]	→			[aða]

lettre

Le terme général de *lettre* s'emploie pour désigner chacun des éléments graphiques dont est constitué un alphabet et qui sont utilisés dans les écritures alphabétiques. Les lettres peuvent ne correspondre à aucun son effectivement réalisé (*h* dit « muet » ou *x* dans *chevaux*) ou noter toute autre chose qu'un son (le *h* dit « aspiré » en français note l'absence de liaison). Les lettres peuvent noter un phonème, comme *a* prononcé [a], ou plusieurs, comme *x* prononcé [ks] ou [gz]. Elles peuvent aussi être un élément dans une suite de lettres représentant un phonème : ainsi *a, i,* et *n* dans *ain* prononcé [ɛ̃]. Dans l'enseignement, on confond très souvent les lettres et les sons. La terminologie qui a introduit les termes de *lettres-consonnes, lettres-voyelles* pour les sons représentés, *lettres-signes* pour les graphèmes a tenté de pallier cet inconvénient. La linguistique parle pour les premières de phonèmes, pour les lettres-signes de graphèmes*.

lèvres

Les lèvres interviennent dans la phonation soit au titre d'articulation principale (articulation labiale [p, b, m]), soit au titre d'articulation secondaire (articulation labialisée [ʃ, ʒ, w], etc.). L'articulation labiale est dite « bilabiale » si les deux lèvres entrent en jeu, « labiodentale » si une seule lèvre entre en jeu : il s'agit toujours dans ce cas de la lèvre inférieure, qui se rapproche des incisives supérieures, comme pour le [f] et le [v] français. L'intervention des lèvres qui se protractent a pour effet de prolonger la cavité buccale et d'aggraver, par bémolisation, l'influence de ce résonateur sur le son laryngé.

lexème

Le *lexème* est l'unité de base du lexique, dans une opposition lexique / vocabulaire, où le lexique est mis en rapport avec la langue et le vocabulaire avec la parole. Selon les théories, cependant, le lexème sera assimilé au morphème (= morphème lexical) ou à l'unité de signification (souvent supérieure au mot). Plus souvent, on cherchera à distinguer le morphème grammatical et le morphème lexical par des dénominations différentes. A. Martinet propose le terme de *monème* pour désigner l'unité significative de première articulation ; il suggère ensuite de distinguer lexèmes et morphèmes, le lexème « trouvant sa place dans le lexique » et le morphème « apparaissant dans la grammaire ». L'unité *travaillons* se divisera ainsi en deux, un lexème *travaill-* et un morphème *-ons.* D'autres préfèrent opposer les lexèmes, appartenant à des inventaires illimités et ouverts (les radicaux ne peuvent être énumérés, et de nouveaux radicaux peuvent apparaître), et les grammèmes, morphèmes grammaticaux, appartenant à des inventaires fermés et limités. En français, les lexèmes sont dépendants, c'est-à-dire que leur actualisation nécessite le recours aux grammèmes. Les grammèmes, eux, peuvent être dépendants (les divers affixes) ou indépendants (*le, très, pour, et,* etc.). Le lexème est pourvu d'un contenu sémique (ensemble de ses sèmes) ou sémème.

D'une manière générale, l'emploi du terme « lexème » permet d'éviter une ambiguïté du terme « mot ». Il est embarrassant d'avoir à dire que *chantant* est une forme du mot *chanter,* comme l'exige la grammaire traditionnelle. Le terme « mot » servant, en un sens beaucoup plus concret, dans une opposition mot / vocable (en linguistique quantitative), la linguistique moderne a recours au terme de *lexème* pour indiquer une unité abstraite. On peut ainsi observer une opposition à trois termes : mot phonique ou graphique *vs* mot grammatical *vs* lexème. À ce titre, le mot phonique ou graphique (segment) *marche* représente plusieurs formes flexionnelles (mots grammaticaux : 1re et 3e personne du singulier de l'indicatif présent, 2e personne de l'impératif, 1re et 3e personne du singulier du subjonctif présent) d'un lexème *march-.* Il représente aussi l'une des formes flexionnelles du lexème *marche* (substantif).

lexical (champ)

Dans la terminologie la plus courante, le *champ lexical* n'est pas clairement distingué du champ sémantique : il s'agit, dans les deux cas, de l'aire de signification couverte par un mot ou un groupe de mots. Une fois distingué le champ conceptuel (aire des concepts couverte par un mot ou un groupe de mots ; par exemple, le champ conceptuel des relations de parenté), le champ lexical peut se définir :

a) soit comme le *champ lexical d'un terme du vocabulaire :* il s'agit des diverses acceptions du terme, si l'on part d'un traitement polysémique du mot (par exemple, établissement du champ lexical de *fer* avec toutes les acceptions du mot) ou des divers emplois d'un sens unique du mot, en cas de traitement homonymique (par exemple, dans une étude de *fer*^{1} = métal brut, établissement du champ lexical de cette acception dans un corpus comprenant : *ce minerai est riche en fer, le fer s'oxyde, le fer est solide, le fer fond,* etc., où malgré l'identité globale du sémantisme, les différences d'emploi sont fortes) ;

b) soit comme le *champ lexical d'un groupe de termes :* il s'agit d'établir les liens entre une série de termes du vocabulaire, par exemple les verbes présentant la caractéristique commune d'inclure dans leur sémantisme une relation du type / A possède B /. Ce champ lexical comprendra *prêter, louer*^{1} (= donner en location), *donner,* etc., mais non *emprunter, voler, louer*^{2} (= prendre en location), par exemple.

Toutefois, le champ lexical peut aussi se différencier du champ sémantique et s'établir sur d'autres considérations. En reprenant la distinction précédente entre terme isolé et groupe de termes, on remarquera : (1) la possibilité pour le terme isolé de posséder un champ dérivationnel qui lui soit propre. Ainsi *raffiner* possède deux champs dérivationnels distincts, dégageant deux homonymes *raffiner. Raffiner*^{1} (quelqu'un) aura pour nominalisation *raffinement ; raffiner*^{2} (du pétrole, du sucre) aura pour nominalisation *raffinage ;* les dérivés *raffineur, raffinerie,* d'autre part, ne correspondront qu'à *raffiner*^{2} ; (2) la possibilité qu'a un champ lexical de se constituer en usant des termes du vocabulaire général comme opérateurs dérivationnels détournés de leur valeur habituelle. Un champ lexical de la parenté peut s'établir sur la considération faite de l'usage des opérateurs *grand, petit, arrière* (pour noter les générations) et des opérateurs *beau, belle* (pour marquer la non-consanguinité) : sur la base lexicale *père, mère, fils, fille,* on établira ainsi le champ lexical comportant *arrière-grand-père, beau-père, grand-mère, belle-mère, petit-fils,* etc.

On note une tendance à spécialiser les termes de *champ lexical* et *champ sémantique*. Dans cet esprit, le terme de *champ lexical* est réservé à l'ensemble des mots désignant les aspects divers d'une technique, d'une relation, d'une idée, etc. : on a ainsi un champ lexical des relations de parenté orienté par un certain nombre de dimensions structurelles, variables selon les langues (génération, latéralité, sexe, âge relatif, etc.). Le *champ sémantique* est alors réservé à la notation de l'ensemble des distributions d'une unité de signification dans lesquelles cette unité possède un sémantisme spécifique. À ce titre, *grève* a deux champs sémantiques, *grève*^{1} pour les distributions *Les ouvriers sont en grève, Briser la grève,* etc., et *grève*^{2} pour les distributions *Il se promène sur la grève, La grève est battue par les flots,* etc.

lexicalisation

La *lexicalisation* est le processus par lequel une suite de morphèmes (un syntagme) devient une unité lexicale. C'est un processus de « dégrammaticalisation », un procès qui favorise le lexique aux dépens de la grammaire. Les termes d'un syntagme peuvent ainsi devenir inanalysables du point de vue de l'usage linguistique quotidien : *tout à fait* n'est pas senti comme trois unités et ne diffère pas, dans son comportement, de *complètement*.

En ce sens, il y a des degrés de lexicalisation : *se mettre à fuir* n'est guère lexicalisé, alors que *prendre la fuite* l'est davantage, par le sens très vague du verbe *prendre ; s'enfuir* est plus lexicalisé que le précédent. Le procès de lexicalisation peut être mené jusqu'à son terme (exemple : *à mon corps défendant*), mais il arrive que la locution qui aurait pu se trouver lexicalisée engendre une nouvelle forme grammaticale : par exemple, les ablatifs absolus latins *pendente pugna, pendente somno,* loin de donner des expressions figées, lexicalisées, ont abouti à une nouvelle forme grammaticale, la préposition *pendant.*

Si l'on prend l'exemple des catégories du genre et du nombre, on s'aperçoit du caractère systématique de l'exploitation par la langue du procès de lexicalisation. Dans le domaine du nombre, la marque de pluralité ayant tendance à se porter sur le déterminant et le verbe en code oral (*Les enfants sont gentils* = [lez - ɑ̃fɑ̃ - sɔ̃ - ʒɑ̃-ti], soit [+ − + −]), le caractère secondaire pris par l'opposition singulier/pluriel dans les substantifs et adjectifs (*œil* vs *yeux* = [œj] *vs* [jø], *amical* vs *amicaux,* etc.) permet une exploitation sémantique particulière des noms pluriels et singuliers. À côté d'une opposition conforme au fonctionnement actuel de la langue *(L'émail fabriqué par cette firme est résistant, Les émails fabriqués par cette firme sont résistants),* le cas marqué de l'ancien système (pluriel) a subi le processus de lexicalisation (conservation de la forme avec glissement sémantique) : *les émaux* signifie « les ouvrages émaillés ».

La lexicalisation d'un terme reposant sur un cas marqué peut aller jusqu'à provoquer la réfection d'un cas non-marqué dans le cadre du système actuel : l'opposition *matériel* vs *matériaux,* perdue, entraîne conjointement une normalisation *matériel* vs *matériels* et la lexicalisation de *matériaux,* puis un nouveau paradigme *matériau* vs *matériaux.*

Les conditions de la lexicalisation dans le domaine du genre ne sont pas identiques. Dans la catégorie des animés personnes, les possibilités sont limitées, puisque l'opposition de genre est exploitée pour noter le sexe. Plus souvent, l'opposition traduit par la lexicalisation les distinctions entre animés et non-animés. En face du couple animé *perforateur - perforatrice* désignant l'agent, la forme lexicalisée du féminin dénotera l'instrument ou l'appareil.

L'étude du mouvement du vocabulaire amène à constater la plus ou moins grande possibilité, à telle époque, pour une formation donnée, d'aboutir à des lexicalisations. Ainsi, certaines formations en *-ant* ne semblent plus être senties comme indépendantes et retournent au verbe : *ennuyant* disparaît en langue standard comme adjectif, supplanté par *ennuyeux.* On constate de même la tendance toujours plus vive à la lexicalisation de termes marqués du point de vue du genre et du nombre. Outre la série signalée plus haut (*batteuse, perforatrice,* etc.), on remarque des lexicalisations comme, pour le genre, *une blonde,* ou, pour le nombre, *les restrictions, les événements,* etc.

lexicaliste

Dans une des étapes de la grammaire générative, deux hypothèses s'affrontent pour expliquer les dérivés nominaux, comme *enrichissement, construction, refus, nettoyage,* etc., ou adjectivaux, comme *increvable, disponible, attaquable, répréhensible,* etc. L'hypothèse *lexicaliste* consiste à modifier les règles du lexique pour y intégrer directement le nom ou l'adjectif dérivé, c'est-à-dire que l'on constitue des entrées lexicales permettant de rendre compte de ces dérivés ; cette hypothèse simplifie la composante transformationnelle en accroissant la composante interprétative. L'hypothèse *transformationniste,* au contraire, simplifie les structures de la base en excluant du lexique les formes dérivées ; celles-ci sont alors obtenues à la suite d'opérations transformationnelles. Autrement dit, *La construction du pont* sera considéré par les lexicalistes comme un syntagme nominal directement généré par la base, ou bien sera analysé par les transformationnistes comme issu par nominalisation d'une phrase comme *Le pont est construit.*

lexicographie

1. La *lexicographie* est la technique de confection des dictionnaires et l'analyse linguistique de cette technique. Le *lexicographe* désigne à la fois le linguiste étudiant la lexicographie et le rédacteur d'un dictionnaire, dit aussi dictionnairiste. On distingue ainsi la science de la lexicographie et la pratique lexicographique et, de la même façon, le linguiste lexicographe et l'auteur de dictionnaire.

La pratique lexicographique est fort ancienne : les premiers témoignages écrits que nous possédions sont des glossaires et des nomenclatures. Toutefois, les premiers dictionnaires qui visent à une relative exhaustivité sont postérieurs à l'invention de l'imprimerie. En France, le XVIe siècle est témoin d'une intense activité lexicographique (dictionnaires de Robert et Henri Estienne), et le XVIIe, entre autres dictionnaires importants, voit paraître les dictionnaires de Richelet, de Furetière, de l'Académie française. Le XVIIIe siècle est marqué par l'édition des Trévoux et de l'*Encyclopédie,* de D'Alembert et Diderot. La seconde moitié du XIXe siècle voit naître, à côté d'un grand nombre de dictionnaires (par Bescherelle, Dupiney de Vorrepierre, etc.), deux ouvrages notables : le *Dictionnaire* de langue d'É. Littré et le premier *Dictionnaire encyclopédique* de P. Larousse.

2. Une typologie des dictionnaires doit tenir compte des perspectives très diverses des auteurs de dictionnaires.

– Le *dictionnaire encyclopédique,* ou l'encyclopédie alphabétique dans la lignée de celle de Diderot, vise à apporter à l'usager un bilan des connaissances humaines à une époque. Depuis P. Larousse, les dictionnaires encyclopédiques envisagent essentiellement un rapport entre le signifié et l'expérience du monde.

– Le *dictionnaire technique* se distingue des précédents en tant qu'il ne raisonne pas sur les mots du vocabulaire général, mais sur les termes de la science ou de la technique considérée. Ainsi, *rayon* est ambigu dans le vocabulaire général, et l'article encyclopédique sur *rayon* devra rendre compte de « *a)* rayon de cire, *b)* rayon de soleil, *c)* chef de rayon, *d)* roue à rayons, *e)* rayon X » ; en revanche, dans les divers dictionnaires techniques, le terme sera non ambigu : le dictionnaire d'apiculture ne retiendra que *a),* le dictionnaire technologique *d),* le dictionnaire d'électricité *e).*
– Le *dictionnaire de langue* se réfère toujours, au moins implicitement, au besoin de fixation d'une norme lexicale ressentie par les gens cultivés du XVIIe siècle. La réponse à cette préoccupation est apportée par le dictionnaire de l'Académie française (dans ses diverses éditions) ; trop restrictive, elle a provoqué au XIXe siècle l'apparition de nombreux dictionnaires. Le succès le plus durable en ce domaine est celui du *Dictionnaire* d'É. Littré, qui accordait à la langue des écrivains les plus officiels du XVIIe siècle un primat quasi total et introduisait la dimension historique. Les tentatives dans ce domaine pour donner la primauté à une construction logique (*Dictionnaire général,* de Hatzfeld, Darmesteter et Thomas) ou pour articuler les articles sur la distribution linguistique des unités dans la langue et les séries dérivationnelles (*Dictionnaire du français contemporain,* de J. Dubois *et al.*), ou encore pour réunir les dimensions culturelles et linguistiques (*Petit Robert,* de A. Rey et Josette Rey-Debove) ont depuis le début du XXe siècle donné une expansion particulière aux dictionnaires de langue de grande dimension, à l'exemple du Dictionnaire anglais d'Oxford : *Trésor de la langue française, Grand Robert de la langue française,* et aussi pour accroître l'analyse de la langue dans un dictionnaire encyclopédique comme le *Grand Dictionnaire encyclopédique Larousse.*

3. Sous la forme rudimentaire du glossaire (recueil de gloses, annotations commentant ou traduisant des mots d'une langue dans une autre), le *dictionnaire bilingue* est antérieur au dictionnaire monolingue. L'existence de glossaires suppose qu'on considère comme identique la syntaxe des langues, ou états de langue comparés, ou qu'on minimise le rôle de la syntaxe et de la distribution au point d'estimer possible d'établir l'équivalence de morphèmes entre la langue-source et la langue-cible. Exemple du premier cas : gloses des grammairiens latins de la décadence sur le texte de Virgile, auteur latin classique ; exemple du deuxième cas, dans un dictionnaire anglais-français : les termes anglais *mutton* et *sheep* pourront tous deux être traduits par « mouton ». On remarque que (1) ces présupposés théoriques implicites sont contrebalancés dans la pratique par certaines indications de caractère syntactico-sémantique ; par exemple *mutton : mouton* (viande de) ; *sheep : mouton* sur pied ; (2) les dictionnaires monolingues, eux aussi, présupposent un certain bilinguisme, puisqu'ils traduisent des termes de vocabulaires particuliers (termes fonctionnels, régionalismes, idiotismes, argots, etc.) en mots du vocabulaire général (par l'intermédiaire de procédures métalinguistiques originales).

Les entrées de dictionnaire

Les termes d'*adresse* et d'*entrée* désignent l'unité délimitée par deux blancs typographiques réduite à la forme du paradigme considérée comme fondamentale. Les habitudes lexicographiques en ce domaine peuvent différer : un dictionnaire latin-français et français-latin étudiant la relation verbale *X amat Y, X aime Y,* présentera son entrée respectivement sous la forme *amo* (1re personne de l'indicatif présent) et sous la forme *aimer* (infinitif), sans créer de gêne chez les utilisateurs.

L'entrée de dictionnaire ne peut donc se confondre avec le mot de la performance verbale : *amo* et *aimer* représentent dans l'exemple proposé toutes les possibilités morphologiques du paradigme, soit quelques centaines de formes. L'entrée enregistre, d'autre part, certains affixes, mais non tous ; on trouve dans un dictionnaire français l'affixe *-er (chanter),* non l'affixe *-ons (chantons).* Les dérivés et composés figurent souvent en entrées, alors que les syntagmes figés ont rarement ce traitement (*machine à laver* est généralement traité sous l'entrée *machine* ou *laver*).

Traitement de l'homonymie et de la polysémie

Un problème essentiel en lexicographie est celui des critères de détermination entre cas d'homonymie et cas de polysémie. Quand deux termes sont graphiquement (parfois phoniquement) semblables avec différence de signifié, on parle d'homonymie : homonymie graphique entre *chef* (vieux mot pour « tête ») et *chef* (« celui qui commande »), homonymie phonique entre *seau, sceau* et *sot.* Quand deux termes sont suffisamment proches pour qu'on hésite à leur appliquer un traitement homonymique, on parlera de polysémie : *fer* dans *minerai de fer* et dans *fer à repasser* peut être traité comme cas d'homonymie justifiant deux entrées de dictionnaire, ou comme cas de polysémie à l'intérieur d'une entrée unique. Divers critères sont mis en œuvre par les lexicographes soucieux de cohérence pour tenter de réduire la part de l'arbitraire dans ce type de décisions :

a) Dans le cas où l'entrée est définie par la forme graphique, les homonymes phoniques disparaissent : *poids* est distinct de *pois, poix, pouah.* Toutefois, cette norme seule amènerait à traiter sous la même entrée *lire* (verbe) et *lire* (monnaie italienne). On ajoutera au premier critère de sélection la considération des catégories grammaticales, distinguant ici *lire* (v. t.) et *lire* (n. f.). Un troisième critère pourra être celui de l'étymologie : il permet de distinguer *négocier une affaire* (origine latine) de *négocier un virage* (origine anglaise).

On voit toutefois le défaut de semblables critères : certains mots sont de même orthographe, de même catégorie grammaticale, de même étymologie, tout en différant radicalement : *calcul* s'écrit de même façon dans ses deux sens d'opération arithmétique et de concrétion calcaire ; il est dans les deux cas nom masculin ; il vient dans les deux cas du latin *calculus ;*

b) L'auteur de dictionnaire peut, en revanche, prendre pour critère de son classement le sens des unités étudiées. Chaque entrée enregistrera alors un sens et un seul. En reprenant quelques exemples précédents, il y aurait à la limite autant d'entrées pour *négocier* ou *calcul* qu'il y a de sens à ces mots, ce qu'on trouve partiellement au XVIIIe siècle dans les *Trévoux.* Dans sa rigueur, le système est peu applicable : si l'on distingue *manger* dans *manger de la viande* et *manger de la soupe* comme deux mots différents, nécessitant deux entrées différentes, il faudra continuer à l'infini (*manger avec les doigts* devra être distingué de *manger à la fourchette,* etc.).

La solution sera de distinguer traits inhérents au sémantisme du mot et traits dépendant du contexte : dans *manger,* un certain sémantisme est commun à toutes les occurrences citées (paraphrasables par « apaiser sa faim ») ; l'opposition solide *vs* liquide apparue dans le premier couple étudié ne sera pas retenue, pour autant qu'elle se dégage du contexte et non du sémantisme propre au verbe. On remarque que la première solution étudiée laisse subsister beaucoup de sens différents sous une entrée commune, alors que celle-ci, poussée dans sa rigueur (sans le correctif apporté), tend à considérer chaque occurrence comme ayant un sens propre.

Cette distinction recoupe en gros l'opposition entre dictionnaires à traitement polysémique et dictionnaires à traitement homonymique. Dans le premier type, on trouve moins d'entrées, et les mots resteront ambigus : les diverses interprétations de *fer* dans *passe-moi le fer* (= « sac de minerai » ; *fer à friser, à repasser ; fer à cheval ;* « talonnette », etc.) seront à trouver sous l'entrée générale *fer*. Dans le second type, les entrées seront plus nombreuses, et les mots seront désambiguïsés : *fer* sera à chercher sous des rubriques différentes selon le contexte (ici technologique).

Les définitions

Le postulat de base de toute définition, dans la pratique lexicographique, est qu'il y a au moins une expression (mot, syntagme ou toute forme de paraphrase) sémantiquement équivalente à l'unité étudiée. On remarquera le problème que pose ce postulat, en observant que généralement les définitions de dictionnaire décrivent la réalité concrète désignée, et non le statut linguistique du mot : l'entrée *pomme* nous apprendra beaucoup sur l'objet botanique concret qu'est la pomme, beaucoup moins sur le fonctionnement linguistique du terme.

On a mis cette carence sur le compte de l'absence d'une métalangue distincte de la langue-objet. Notons toutefois qu'il existe des opérateurs métalinguistiques propres au dictionnaire (ex. : action de, fait de, etc.). La considération de la forme d'un énoncé n'est, en effet, pas suffisante pour que nous puissions décider s'il constitue une paraphrase qui donne la définition : on rapprochera : (1) *Une balustrade est un ornement architectural auquel on peut s'accouder* et (2) *Un livre est un témoin historique auquel on peut se référer*. Pour constituer une définition, il faut certes que la phrase soit une paraphrase du morphème considéré, mais il faut aussi qu'elle soit la seule définition optimale (cas de 1, non de 2). Cette remarque indique la nécessité du recours à des critères clairs de définition.

Enfin, la présence d'exemples constitue un autre type de paraphrase possible du mot-entrée. On remarque que pour certaines catégories grammaticales (verbes, adjectifs, prépositions), les exemples sont généralement de portée syntaxique (comment l'unité fonctionne-t-elle dans la langue ?) alors que pour les substantifs les exemples sont généralement à tendance culturelle. Le postulat implicite est que les premières catégories invoquées seraient relationnelles, alors que le nom serait une unité en soi, mais en fait les substantifs ont aussi des valeurs relationnelles, quand ils sont analysés en hyperonymes et hyponymes (ou superordonnés).

lexicologie

La *lexicologie* est l'étude du lexique, du vocabulaire d'une langue, dans ses relations avec les autres composants de la langue, phonologique et surtout syntaxique, et avec les facteurs sociaux, culturels et psychologiques. La lexicologie, conçue comme étude scientifique des structures du lexique, est une discipline récente. Si le terme apparaît pour la première fois (comme d'ailleurs celui de lexicographie) dans l'*Encyclopédie* en 1765, les domaines des deux disciplines se distinguent mal et les deux mots sont souvent considérés comme synonymes. C'est dans le cadre de l'enseignement de F. de Saussure que la lexicologie acquiert son autonomie. Critiquant la conception de la langue identifiée à une nomenclature, Saussure affirme que le sens d'un mot est purement négatif puisque le mot est engagé dans un système de rapports et que sa seule réalité signifiante provient des limitations que lui impose l'existence de ce système : le mot est considéré comme participant à une structure (le lexique) qu'il faut étudier dans le cadre des rapports syntagmatiques et paradigmatiques. Cependant, l'application des modèles structuraux fournis par la phonologie et la syntaxe a posé des problèmes difficiles étant donné l'immense complexité des relations lexicales, d'autant que les concepts fondamentaux de la lexicologie, le mot et le sens, restent l'objet de controverses. Faute de pouvoir s'appliquer à l'ensemble du lexique, un certain nombre de recherches lexicologiques ont porté sur les champs lexicaux et sémantiques ou sur la statistique lexicale. La lexicologie rejoint alors la sémantique, en particulier dans le cadre de l'analyse componentielle qui vise à réduire la signification de l'unité lexicale à des traits sémantiques non susceptibles de réalisation indépendante.

Mais la question fondamentale en lexicologie reste la définition même du mot, c'est-à-dire de l'unité linguistique qui sera prise comme base de l'analyse. Alors que le *mot* est pour le locuteur une unité concrète, réelle, il est plus difficile à définir sur le simple plan linguistique. On peut définir le mot comme unité de signification, caractérisée par la non-séparabilité des divers éléments qui la réalisent phonétiquement et définie par ses possibilités de commutation dans l'unité linguistique qui lui est immédiatement supérieure, syntagme ou phrase. Le mot sera considéré comme une unité de signification toujours identifiable comme telle, en fonction de ses possibilités de commutation dans une phrase pour former de nouvelles phrases. Mais le problème cesse alors d'être celui des formes pour devenir celui des unités de signification et on constate la nécessité de distinguer des unités de signification supérieures au mot : mots composés et expressions figées indiquent que cette unité de signification ne pourra se définir que dans un cadre syntaxique. On prendra en compte les procédés de dérivation, assimilés à des transformations (nominalisation, adjectivisation, etc.) en grammaire générative, et des procédures de constitution de paraphrase (*faire* + nom équivalant à verbe simple) ou de composition (verbes composés, adverbes et adjectifs composés, noms composés : *faire grâce, rouge comme un coquelicot, à la va-vite, fil de fer, cran de sûreté.*

lexicométrie
Syn. de LEXICOSTATISTIQUE.

lexicostatistique
La *lexicostatistique* est l'application des méthodes statistiques au vocabulaire d'un texte, d'un ensemble d'énoncés considérés comme représentatifs d'un auteur ou de la langue elle-même. Son domaine d'application sera : la stylistique, si l'on cherche à apprécier la richesse du vocabulaire d'un écrivain, la philologie, si l'on tente de dater des textes les uns par rapport aux autres, la pédagogie, si l'on essaie de définir le vocabulaire fondamental d'une langue, enfin, la linguistique générale, si l'on cherche à déterminer si la fréquence des mots et leur rang fréquentiel obéissent à des lois générales.

lexie
La *lexie* est l'unité fonctionnelle significative du discours, contrairement au *lexème,* unité abstraite appartenant à la langue. La lexie simple peut être un mot : *chien, table, cégétiste.* La lexie composée peut contenir plusieurs mots en voie d'intégration ou intégrés : *brise-glace.* La lexie complexe est une séquence figée : *faire une niche, en avoir plein le dos, C.G.T.* (on ajoutera les proverbes, « la Marseillaise », etc.). Le comportement syntaxique de *avoir peur, machine à coudre, dès lors que* classe ces lexies dans les catégories grammaticales respectives : verbe, nom, conjonction.

lexique
1. Référé à la lexicographie, le mot *lexique* peut évoquer deux types d'ouvrages : un livre comprenant la liste des termes utilisés par un auteur, par une science ou par une technique, ou bien un dictionnaire bilingue réduit à la mise en parallèle des unités lexicales des deux langues confrontées. À ce titre, *lexique* s'oppose à *dictionnaire.*
2. Comme terme linguistique général, le mot *lexique* désigne l'ensemble des unités formant le vocabulaire, la langue d'une communauté, d'une activité humaine, d'un locuteur, etc. À ce titre, *lexique* entre dans divers systèmes d'opposition selon la façon dont est envisagé le concept.

La statistique lexicale oppose *lexique* et *vocabulaire ;* le terme de *lexique* est alors réservé à la langue, le terme de *vocabulaire* au discours. Les unités du lexique sont les *lexèmes,* pendant que les unités du discours sont les *vocables* et les *mots* (le mot désignant toute occurrence d'un vocable quelconque). Le vocabulaire d'un texte, d'un énoncé quelconque de la performance n'est dès lors qu'un échantillon du lexique du locuteur ou, selon la perspective adoptée, du lexique de la communauté linguistique. La considération de l'énoncé ne saurait déterminer le lexique source et ne peut pas fournir plus que des indications sur le lexique.

À l'intérieur de cette opposition *lexique* vs *vocabulaire,* on pourra successivement envisager le lexique à divers points de vue. Le lexique envisagé est celui d'un locuteur (dans le cas où le texte émane d'une source locutionnaire unique, ou dans le cas où le corpus est constitué par regroupement des actes de parole isolés d'un locuteur unique). Si considérable soit-il, le corpus constitué ne peut fournir qu'un vocabulaire et ne saurait rendre compte du lexique (potentialités lexicales, ou compétence) du locuteur. Le lexique envisagé est celui de plusieurs interlocuteurs : on définira le vocabulaire du groupe considéré comme l'ensemble des unités repérées dans le corpus. Le lexique, en revanche, pose un problème : de la considération des performances des locuteurs A, B, ... N, on ne peut conclure à l'identité de la compétence (lexique) ; selon le point de vue, la description lexicale aboutira alors à un lexique fondamental (intersection des divers ensembles que sont le vocabulaire de A, de B, ... de N) ou, au contraire, à un « trésor » (réunion des divers ensembles).

Le passage du vocabulaire au lexique demande en particulier que soit prise en compte la possession, par le locuteur-auditeur, d'un vocabulaire passif : tout locuteur possède en fait une double compétence lexicale. En effet, de nombreux lexèmes sont compris sans être jamais réalisés ; la considération de la situation suffira à faire comprendre ce cas : certains mots, couramment enregistrés et correctement décodés par le locuteur (par exemple, à la radio, dans les journaux), peuvent n'avoir chez le locuteur aucune probabilité d'emploi actif. En outre, il faut tenir compte, dans la description d'un lexique, de la relation entre syntaxe et sémantique ; certains lexèmes faisant appel à une règle de formation constante (nominalisation, par exemple) et à un radical banal peuvent n'avoir jamais donné lieu à une performance du locuteur-auditeur ; ils n'en sont pas moins disponibles et doivent figurer, au moins au titre des potentialités offertes par les règles et le stock des bases lexicales, dans la description de la compétence lexicale du locuteur-auditeur.

3. La grammaire générative considère le lexique comme un des éléments de la composante de base de la grammaire. La composante de base (engendrant la structure profonde) comprend la composante catégorielle et le lexique. La composante catégorielle représente les règles de réécriture aboutissant à un indicateur syntagmatique, pendant que le lexique spécifie les propriétés syntaxiques, sémantiques et phonologiques de chaque unité lexicale. Les unités lexicales ainsi définies seront appliquées à l'indicateur syntagmatique selon les règles d'insertion lexicale. La difficulté éprouvée par la grammaire générative à préciser la place de la sémantique dans la théorie linguistique amène toutefois des incertitudes terminologiques ; pour N. Chomsky, l'unité lexicale est définie par trois ensembles de traits : syntaxiques, sémantiques et phonologiques ; c'est donc un symbole complexe ; pour J. Katz, le lexique ne comporte que les traits syntaxiques et phonologiques, alors que la composante sémantique de la grammaire comprend un dictionnaire (présentant le sens des unités sous forme de traits sémantiques, de différenciateurs sémantiques et

de restrictions de sélection) et des règles de projection, fournissant les processus combinatoires.
4. L'analyse de discours est elle aussi amenée à revoir la notion de lexique. Constatant que les mots du vocabulaire peuvent être sous-tendus par des propositions, elle est amenée à définir certaines unités significatives comme des énoncés, c'est-à-dire des phrases ou des séquences de phrases, participant à l'argumentation du discours.

liaison

1. On appelle *liaison* l'insertion entre deux phonèmes vocaliques d'un élément consonantique de soutien (consonne ou glide). En français, la liaison obligatoire à la jointure de deux mots dans certains syntagmes (Art + N ; Adj. + N, Adv. + Adj.) se traduit par la prononciation d'une consonne latente héritée d'un état antérieur de la langue, et maintenue dans la graphie : *très heureux, un petit ami,* etc. La liaison avec une consonne qui serait muette dans le mot isolé est propre au français ; avec une consonne qui serait prononcée à la fin du mot isolé (ex. *petite amie*), la liaison comme enchaînement est connue de nombreuses langues, dans le cadre du sandhi*. Au cours des vingt dernières années, la liaison a été l'objet d'enquêtes et de travaux formels en phonologie générative et en phonologie multilinéaire*.
2. On a donné le nom de *mot de liaison* aux prépositions et aux conjonctions.

libéralisme glottopolitique

En politique linguistique, le *libéralisme glottopolitique* est l'attitude fondée sur le principe du « laissez faire », en l'occurrence le « laissez parler », consistant à ne pas intervenir pour ou contre une norme, une variété ou une langue, et à laisser agir les tendances dominantes.

liberté

On appelle *liberté d'occurrence* la possibilité pour un segment découpé dans la chaîne parlée de pouvoir figurer dans d'autres énoncés.

libre

1. On qualifie de *libre* un type de *discours* (ou *style*) *indirect* quand le verbe introducteur *(il disait que)* du discours indirect est supprimé.
2. L. Bloomfield désigne par *forme libre* toute forme linguistique susceptible de se présenter dans une phrase ; les morphèmes radicaux sont des *formes libres minimales.* Une forme libre peut être composée de deux formes (ou plus de deux formes) libres minimales, par exemple *petit Pierre ;* c'est alors un syntagme. Lorsqu'une forme libre n'est pas un syntagme, c'est un mot, qui n'est pas entièrement composé de formes libres minimales ; ainsi, un mot comme *beauté* est constitué d'une forme libre, *beau,* et d'une forme liée, *-té.*
3. On dit qu'une *variante* est *libre* quand elle n'est pas entraînée automatiquement par l'environnement. Une variante libre est dite aussi « variation ».
4. Une *voyelle libre* est une voyelle qui n'est pas suivie d'une consonne dans la même syllabe. C'est la voyelle des syllabes ouvertes, par opposition aux voyelles entravées* des syllabes fermées. Dans le mot français *avant* [avɑ̃], les deux voyelles sont libres.
5. Par opposition aux langues analogues*, les langues inversives ont la faculté de modifier l'ordre des mots dans la phrase sans que le sens change. Le terme inversif ayant l'inconvénient de laisser supposer qu'un ordre est premier et fondamental (l'objet sujet-verbe-complément, par exemple), on préfère parler aujourd'hui de *langues à construction libre.*

lié

1. L. Bloomfield appelle *forme liée* toute forme linguistique qui n'est jamais prononcée seule. Les désinences de temps et de personne sont, par exemple, des formes liées.
2. On dit qu'une *variante* est *liée* quand elle est entraînée automatiquement par l'entourage. Une variante liée est une *variété.* (V. CONDITIONNÉ.)

lieu

On donne le nom de *complément de lieu* au complément de phrase ou au complément de verbe indiquant le lieu où l'on est *(ubi),* le lieu où l'on va *(quo),* le lieu d'où l'on vient *(unde),* le lieu par où l'on passe *(qua) ;* le complément de lieu correspond au *locatif.*

lieu commun

En rhétorique, les *lieux communs* sont les sources auxquelles l'orateur puise les arguments, les preuves et les développements applicables à tous les sujets, partie essentielle de l'art oratoire.

ligature

On appelle *ligature* soit le trait mince et délié qui lie les lettres d'un mot dans l'écriture cursive, soit le caractère qui joint plusieurs lettres (comme *œ, æ*).

limite
On appelle *limites* les frontières* linguistiques de toutes sortes qui séparent des aires à langues ou dialectes différents ou des aires se différenciant par deux traits distincts correspondant à un seul critère.

linéaire
1. On dit d'une écriture syllabique qu'elle est *linéaire* quand elle est orientée selon des lignes horizontales, tracé qui a remplacé les signes-images de l'écriture idéographique.
2. Les noms de *linéaire A* et de *linéaire B* ont été donnés à deux écritures linéaires de l'Antiquité. Le linéaire A fut utilisé en Crète aux XVIIe et XVIe siècles av. J.-C. ; il notait une langue inconnue et n'a pas été déchiffré. Le linéaire B est attesté entre le XVe et le XIIe siècle av. J.-C. par un grand nombre de tablettes d'argile trouvées à Knossos, à Pylos et à Mycènes ; il a été déchiffré en 1953 par M. Ventris et J. Chadwick. C'est un système syllabique comprenant environ 90 signes ; il servait à noter la forme la plus anciennement connue du grec, le mycénien.

linéarité
En linguistique structurale et distributionnelle, la *linéarité* est une des propriétés fondamentales du langage. Les énoncés sont des suites d'éléments discrets ordonnés de façon linéaire. Chaque morphème est une suite de phonèmes, chaque phrase est une suite de morphèmes, chaque discours une suite de phrases. Lorsque des éléments linguistiques paraissent se chevaucher, comme les morphèmes et les traits d'intonation, on peut toujours obtenir une représentation linéaire, conforme à l'hypothèse d'une succession linéaire des événements linguistiques. Ainsi, les phonèmes et les morphèmes d'intonation, d'accent et de hauteur sont simultanés aux morphèmes lexicaux et grammaticaux : on peut soit ordonner les phonèmes et morphèmes prosodiques (ou suprasegmentaux) avant ou après les phonèmes (ou morphèmes) impliqués, soit représenter un énoncé comme la résultante de deux suites parallèles, l'une segmentale (les morphèmes), l'autre suprasegmentale (l'intonation). Cette conception de la chaîne parlée comme une suite ordonnée de segments qui a été analysée comme une grammaire à états finis, relevant des chaînes de Markov, n'est pas suffisante pour rendre compte de certains phénomènes comme les constituants discontinus, l'ambiguïté, etc.

lingua franca
On donne le nom de *lingua franca* au sabir parlé jusqu'au XIXe siècle dans les ports méditerranéens. Il est à base d'italien central et comprend divers éléments des langues romanes. On appelle aussi *lingua franca* toute langue composite du même type.

lingual
Une *consonne linguale* est une consonne dont l'articulation comporte l'intervention de la langue, comme [t], ou [k], ou [r], etc., par opposition aux consonnes qui n'utilisent pas la langue, comme les labiales.

linguistique
On s'accorde généralement à reconnaître que le statut de la linguistique comme étude scientifique du langage est assuré par la publication en 1916 du *Cours de linguistique générale* de F. de Saussure.
1. Cependant, si nous considérons la période antérieure, nous constatons que, depuis l'Antiquité, les hommes se sont penchés sur le langage et ont réuni une somme d'observations et d'explications considérables. L'héritage est énorme – pensons à cette analyse de la langue que représente l'écriture, modèle de la double articulation du langage.

Dès l'Antiquité, trois soucis principaux apparaissent qui donnent naissance à trois sortes d'études. Le souci religieux d'une interprétation correcte des textes anciens, textes révélés ou dépositaires des rites (les Veda, les textes homériques) met en évidence l'évolution de la langue et, en se laïcisant, donne naissance à la philologie. La valorisation du texte ancien, sacré ou respectable, fait de toute évolution une corruption et développe une résistance au changement. D'où l'apparition d'une attitude normative qui se fige, à l'occasion, en purisme. Parallèlement, aux grandes époques de la philosophie, le langage est appréhendé en tant qu'institution humaine et son étude s'intègre à la philosophie (ainsi les réflexions sur la nature du langage chez Platon).

2. Mais c'est au sein du courant de la grammaire historique et comparée (1816-1870) que naît le concept de *linguistique* (dont la première apparition est attestée dans le dictionnaire de Boiste en 1800) et qu'apparaissent les premières revendications d'ordre scientifique. En effet, à partir de l'objet fixé à l'origine : établir une parenté génétique entre les langues pour atteindre la langue mère (tentation qui peut être qualifiée de philosophique ou de théologique), la grammaire historique définit un point de vue et une méthode que les linguistes de la grammaire comparée et les néogrammairiens vont radicaliser. Les langues doivent être étudiées pour elles-mêmes, comme objets, et non comme moyens de connaissance (Bopp). On s'attache alors à des objets réels, tangibles, comparables : les textes écrits, dont l'observation permet de conclure à l'existence de changements linguistiques à l'intérieur de la langue étudiée. Ceux-ci sont imputés à une nécessité interne à la langue : celle des lois phonétiques. La procédure d'analyse est celle qui opère avec succès dans les sciences de la nature : elle est positiviste. La « linguistique scientifique », qui vient de naître, méfiante à l'égard des spéculations, collecte des faits, accumule les observations, exige du linguiste la plus grande neutralité. Les travaux des comparativistes et des premiers phonéticiens ne permettent cependant pas d'établir la manière dont fonctionne la langue telle qu'elle se présente à l'utilisateur : la langue parlée.

3. Les principes et les concepts du *Cours de linguistique générale* sous-tendent la recherche linguistique européenne jusqu'au milieu du XXe siècle. F. de Saussure distingue des concepts de « langage » et de « langue » ; au langage, multiforme et ambigu, l'auteur oppose la langue, composante sociale du langage, imposant aux individus des conventions nécessaires à l'exercice de la parole, qui en est la manifestation individuelle et volontaire. L'objet d'étude du linguiste est la langue, saisie en synchronie, conçue comme un système composé d'unités fondamentales, les signes, dont chacun est une « entité psychique à deux faces » : le signifié (le concept) et le signifiant (l'image acoustique), associés de manière arbitraire. Les signes tirent leur valeur des oppositions qu'ils contractent avec les autres signes : un signifiant n'étant constitué que par les différences qui séparent son image acoustique de celles de tous les autres ; un signifié ne se définissant pas par son contenu, sa substance, mais négativement par les rapports qu'il entretient avec les autres termes du système. Chaque signe est donc une unité discrète qui définit une combinatoire syntagmatique et paradigmatique à l'intérieur du système formel et structuré qu'est la langue.

4. Ces hypothèses et ces analyses de F. de Saussure servent de postulats pour les diverses tendances fonctionnalistes et structuralistes du début du XXe siècle jusque vers 1960 : École de Prague, N. S. Troubetskoï, R. Jakobson, A. Martinet. Partant de l'idée qu'il existe des éléments phoniques qui, dans une même langue, distinguent deux messages de sens différent, les fondateurs de la phonologie mettent au jour, au moyen de la commutation appliquée à des paires minimales, la plus petite unité non significative par elle-même : le phonème, défini par les oppositions phoniques qu'il entretient avec les autres phonèmes. Chaque opposition binaire est réalisée par un trait distinctif ou pertinent (binarisme). La méthode phonologique devient un modèle opératoire pour les linguistes, en syntaxe, même si les notions de binarisme et d'universalité sont contestées et si la définition du phonème en traits articulatoires est considérée comme un recours à une substance phonique écartée par la théorie.

De son côté, le linguiste danois L. Hjelmslev tente, dans sa glossématique*, de redéfinir le signe saussurien comme la combinaison de la forme du contenu et de la forme d'expression dans un système cohérent, régi par des lois immanentes, conçu comme un tout autonome, indépendant du sens (substance du contenu) et du son (substance de l'expression).

5. S'inspirant de L. Bloomfield, les linguistes américains développent, au milieu du XXe siècle, sous le nom de distributionnalisme (Z. S. Harris) une théorie du langage plus radicale que le structuralisme européen. Ils partent, en effet, du postulat que la langue en synchronie, ou code, est composée d'unités discrètes : les morphèmes, qui se définissent par les relations syntagmatiques qu'ils entretiennent avec les autres à l'intérieur du système. Ces concepts préludent à l'élaboration d'une méthode qui s'applique à un corpus (ou ensemble d'énoncés considérés comme représentatifs de la langue). Il s'agit, par segmentations successives, de mettre au jour des constituants immédiats hiérarchisés, dont la distribution est définie par les environnements. Les éléments dotés d'une distribution identique sont regroupés dans des classes distributionnelles (taxinomie), d'où l'on peut inférer (procédure de découverte) la grammaire de la langue tout entière. Le sens n'est conservé qu'à titre technique comme identification des énoncés. L'analyse distributionnelle est exploitée dans de nombreux travaux (syntaxe, analyse du discours, linguistique quantitative, etc.) et est adoptée par des linguistes européens au début des années 60.

6. Pour le fonctionnalisme, le structuralisme et le distributionnalisme, il s'agit de décrire le système d'une langue — les différences résidant essentiellement dans les méthodes employées pour dégager les unités —, d'aboutir donc à une taxinomie à partir de l'observation. S'il est vrai que toutes les sciences passent par un stade « descriptif-inductif » nécessaire, il leur faut pour se constituer véritablement passer au stade déductif-explicatif, par la constitution de modèles hypothétiques toujours plus opératoires, capables de rendre compte, en le simulant, du fonctionnement de la réalité. C'est en tentant une démarche hypothético-déductive, que N. Chomsky définit une nouvelle approche de l'articulation entre la forme et le sens dans *Structures syntaxiques* (1957). Après avoir rejeté les grammaires de constituants indépendants du contexte, le linguiste américain présente dans *Aspects de la théorie syntaxique* (1965) une théorie transformationnelle, dite « théorie standard », qu'il modifiera ensuite sous le nom de « théorie standard étendue ». Il substitue à la démarche d'un observateur, celle d'un linguiste simulant le fonctionnement d'une langue à partir d'une structure hypothétique qui doit produire, au moyen d'un ensemble de symboles et de règles, toutes les phrases de la langue, y compris celles qui n'avaient pas été produites jusqu'ici ou qui n'avaient pas été attestées. N. Chomsky oppose alors la compétence (connaissance intuitive des règles de la langue) à la performance (formation des énoncés particuliers). Sur le plan grammatical, la grammaire générative* pose deux niveaux : une structure profonde sous-jacente à une structure de surface. Les structures abstraites de la structure profonde sont converties en de nouvelles structures par des transformations ; ainsi sont traités des problèmes d'ambiguïté. La grammaire sera ensuite considérablement approfondie et enrichie dans les années 80. (V. GRAMMAIRE GÉNÉRATIVE.)

7. C'est cependant le problème du sens qui modifiera une nouvelle fois les perspectives de la linguistique à partir des années 70. Le modèle de performance devient le centre des recherches à la fois dans les théories de l'énonciation*, qui réintroduisent les dimensions psychologiques ou cognitives*, et la pragmatique, qui réintroduit les dimensions sociales.

liquide
On donne souvent le nom de *liquides,* d'un terme hérité des grammairiens de l'Antiquité, à une classe de consonnes qui combinent une occlusion et une ouverture du chenal buccal, de manière simultanée comme les latérales, ou de manière successive comme les vibrantes. Elles sont caractérisées par un degré de sonorité proche de celui des voyelles et, de fait, leur spectre acoustique présente les caractéristiques vocaliques, avec une structure de formants assez nette. Acoustiquement, les liquides sont à la fois consonantiques et vocaliques. La distinction entre les deux types de liquides est peu fréquente et instable. Peu de langues, en dehors du monde occidental, distinguent [r] et [l]. Les grandes langues de l'Extrême-Orient, le chinois, le japonais, par exemple, l'ignorent. Il n'y a dans ces langues qu'un seul phonème liquide, réalisé comme vibrant ou comme latéral, suivant le contexte. C'est, selon R. Jakobson, une des dernières distinctions que les enfants acquièrent. On retrouve cette instabilité de la distinction entre les deux types de liquides en phonétique diachronique, puisque le développement de l'ibéro-roman et celui de l'italique montrent de nombreux exemples de confusion [r] - [l]. Certains parlers espagnols d'Amérique les ont même confondues rapidement, sous l'influence des langues indigènes au contact desquelles ils se trouvent.

lisibilité
Pour mesurer l'intercompréhension d'énoncés écrits entre des locuteurs de parlers différents, on utilise la notion de *lisibilité* en lui donnant une acception plus restreinte.

La *lisibilité* d'un texte se mesure par comparaison avec d'autres textes selon des méthodes utilisées en analyse de contenu : on prend un seul sujet (ou un groupe de sujets) considéré comme homogène (lecteur invariant) ; on lui (leur) propose de restituer, dans les textes, des mots qu'on a supprimés. Les textes dans lesquels le nombre de mots restitués sans faute sera le plus élevé seront les plus lisibles.

litote
La *litote* est une figure de rhétorique consistant à se servir d'une expression qui affaiblit la pensée, afin de faire entendre plus qu'on ne dit : dans *le Cid* de Corneille, les mots *« Va, je ne te hais point »,* que Chimène dit à Rodrigue, forment une *litote.*

littéral
On qualifie de *littéral* un état de langue représenté par des textes écrits et maintenu dans une communauté linguistique comme langue de culture, par opposition à la langue parlée, ou langue vulgaire. Ainsi, l'*arabe littéral,* ou littéraire, ou classique, ou coranique, s'oppose à l'arabe parlé, ou dialectal, ou moderne.

Littré (Émile), philosophe et lexicographe français (Paris 1801-*id.* 1881). Il étudia d'abord la médecine, puis les langues anciennes et l'arabe. Disciple indépendant d'A. Comte, qu'il refusait de suivre dans la partie politique et mystique de son système, il s'employa à diffuser les idées du *Cours de philosophie positive* par ses ouvrages et par la fondation en 1867 de la *Revue de philosophie positive.* Son œuvre principale reste son *Dictionnaire de la langue française* (1863-1873).

local
Fonctions locales. V. CONCRÈTES (FONCTIONS).

locatif
1. Par opposition au « directionnel », on appelle *locatif* un cas utilisé dans des langues flexionnelles exprimant le déroulement dans un lieu du procès du verbe (ex. : *On construit beaucoup **à** Paris*). Dans certaines langues, le locatif se trouve distingué en inessif*, abessif* et adessif*.
2. Le terme de *locatif* a été étendu à l'ensemble des compléments de lieu, compléments de phrase et compléments de verbe. On appelle *verbes locatifs* les verbes suivis normalement d'un complément de lieu (*Il vient à Paris ; Il enfonce un clou dans le mur*).

locus
En phonétique acoustique, le *locus* est la zone de fréquence du spectre d'une consonne vers laquelle se dirigent les transitions des formants des voyelles adjacentes (le locus des transitions du second formant peut constituer un indice perceptif du lieu d'articulation de la consonne).

Chaque consonne apporte dans le spectre de la voyelle contiguë des modifications qui correspondent au changement graduel de la forme des différents résonateurs lors du passage de la consonne à la voyelle ou de la voyelle à la consonne. Ces inflexions de formants, ou transitions*, convergent vers un même point, le locus, qui permet l'identification des consonnes, et en particulier des occlusives. La direction vers laquelle pointent les formants est plus importante, à cet égard, pour la perception des distinctions linguistiques que les fréquences de bruit typiques de la consonne.

Le locus de l'occlusive [p] se situe dans les basses fréquences (environ 700 cycles par seconde), celui de [t] dans des fréquences plus hautes (environ 1 800 cycles par seconde). Le locus de [k] se situe dans de basses fréquences pour les voyelles vélaires (environ 1 000 cycles par seconde) et dans des fréquences plus élevées pour les voyelles palatales (environ 3 000 cycles par seconde).

locuteur

1. Le *locuteur* est le sujet parlant qui produit des énoncés, par opposition à celui qui les reçoit et y répond. (V. ALLOCUTAIRE, AUDITEUR, INTERLOCUTEUR.)

2. Le *locuteur natif* est le sujet parlant sa langue maternelle, considéré comme ayant intériorisé les règles de grammaire de sa langue, c'est-à-dire pouvant formuler sur les énoncés émis des jugements de grammaticalité, de synonymie et de paraphrase ; cela revient à savoir distinguer les phrases correctes, grammaticales, les phrases qui ont le même sens, les phrases qui peuvent être appariées (par exemple actif-passif), ou qui présentent des différences systématiques. (V. aussi INFORMATEUR.)

3. Le *locuteur collectif* désigne le groupe social (groupes politiques, religieux, syndicaux, etc.) partageant un certain type de culture et produisant un discours qui apparaît comme celui de toute la communauté.

locutif

J. Damourette et E. Pichon appellent *locutif* la personne qui parle.

locution

La *locution* est un groupe de mots (nominal, verbal, adverbial) dont la syntaxe particulière donne à ces groupes le caractère d'expression figée et qui correspondent à des mots uniques. Ainsi, *faire grâce* est une locution verbale (ou verbe composé) correspondant à *gracier ; mettre le feu* est une locution verbale équivalant à *allumer ; en vain* est une locution adverbiale (ou adverbe composé) correspondant à *vainement ; mise en jeu* est une locution nominale (ou nom composé).

On appelle *locutions toutes faites* celles de ces locutions qui expriment un comportement culturel lui aussi figé : ainsi l'expression « Comment allez-vous ? (Comment ça va ?) » est une locution toute faite utilisée pour faire commencer un échange verbal dans certaines situations.

logatome

On appelle *logatome* une syllabe ou une suite de syllabes appartenant à une langue, mais ne formant pas un mot ou un syntagme significatif ; ex., en français, *intonda, iturpala, porbida,* etc. Les logatomes sont utilisés dans les épreuves psycholinguistiques de rappel immédiat pour tester la perception auditive et la mémoire immédiate des signes verbaux non significatifs.

logogramme

Dans les descriptions des écritures idéogrammatiques*, comme l'écriture hiéroglyphique égyptienne en son état ancien, on appelle *logogramme* le dessin correspondant à une notion (logogramme sémantique ou idéogramme) ou à la suite phonique constituée par un mot (logogramme phonétique ou phonogramme) ; enfin, certains logogrammes (ou déterminatifs) sont utilisés comme signes diacritiques permettant de préciser l'interprétation à donner d'un signe pouvant par lui-même avoir plusieurs sens.

logorrhée

La *logorrhée* est un flux de paroles rapide, caractérisé par un besoin incoercible de poursuivre un énoncé ; elle caractérise certaines aphasies.

loi phonétique

L'expression *loi phonétique* désigne le principe de la régularité d'un changement phonétique donné. Elle a été employée dans la seconde moitié du XIXe siècle par les phonéticiens néogrammairiens, comme G. Scherer et H. Paul, et s'est ensuite généralisée. Pour ces linguistes, les lois phonétiques sont immuables : le même phonème, dans un entourage phonétique donné, subit dans la même langue et pendant une certaine période le même changement dans tous les mots de la langue en question : si [a] latin passe à [ɛ] dans le nord du domaine gallo-roman, ce changement doit avoir lieu dans tous les mots latins conservés en français, où le [a] est en position libre. Les seules exceptions admises étaient des variations en conformité avec d'autres lois, ou des variations dues à l'analogie. L'une des lois phonétiques les plus importantes est celle qui a été formulée par Grimm* (qui n'a d'ailleurs reçu qu'ultérieurement le nom de « loi ») pour expliquer la mutation consonantique du germanique.

long

Un *phonème long* est un phonème qui se distingue d'un autre, phonétiquement ou phonologiquement, par une durée* supérieure.

Du point de vue linguistique, un phonème long, dans un environnement phonétique donné, a une durée suffisamment supérieure à celle du phonème bref pour que le locuteur ait nettement l'impression de la distinction. Les « longues » sont en général plus longues que les « brèves » d'environ 50 p. 100. Par l'opposition entre une voyelle longue et une voyelle brève, le latin distinguait des mots tels que *vĕnit* « il vient » et *vēnit* « il vint ». Cette opposition existe en français, où elle est cependant en voie de disparition : *mettre* [mɛtr] - *maître* [mɛ:tr]. Une consonne longue est appelée *géminée** quand elle est scindée en deux par une frontière syllabique (par exemple, en italien *fatto* « fait », *fato* « hasard »).

longueur

On appelle *longueur,* ou *quantité,* la durée d'un phonème. La longueur d'un phonème peut varier suivant la nature physique intrinsèque de ses réalisations concrètes : ainsi, les voyelles ouvertes sont plus longues que les voyelles fermées. Elle dépend aussi dans certaines langues d'un choix linguistique qui permet de distinguer des mots et des formes : en latin, le parfait *vēnit* se distinguait du présent *vĕnit* par une voyelle *e* plus longue. Le français standard oppose un [ɛ:] long à un [ɛ] bref dans les paires minimales *bête* - *bette, reine* - *renne, maître* - *mettre,* etc.

luette

La *luette* (en latin *uvula*) est l'extrémité mobile du voile du palais qui intervient dans la phonation pour définir le timbre oral ou nasal des différentes articulations. Pour la réalisation d'un phonème oral, la luette est relevée ; elle est abaissée pour l'articulation d'un phonème nasal. La luette intervient aussi comme articulateur supérieur pour la réalisation des sons uvulaires, qu'ils soient fricatifs, comme le [ʁ] du français standard dans *mer,* ou vibrants, comme la variante [R], dite « *r* grasseyé », de ce même phonème.

m

macrocontexte

1. On appelle *macrocontexte* d'un mot un environnement plus large que le mot qui précède ou suit le terme envisagé, par opposition au *microcontexte :* ce macrocontexte peut être la phrase, le paragraphe ou le discours tout entier. **2.** En stylistique, on appelle plus particulièrement *macrocontexte* l'ensemble des données contextuelles présentes à l'esprit du lecteur quand il lit un texte : le macrocontexte est alors constitué par la situation culturelle du lecteur.

macrosegment

En linguistique distributionnelle, le *macrosegment* est un segment de discours énoncé avec une seule et même intonation ; il correspond à peu près à la « phrase ».

macrosociologie du langage

Discipline sociologique qui, dans l'analyse des faits linguistiques, prend chacune des langues comme un tout au lieu d'étudier les éléments de chacune, et qui envisage ce tout en même temps que l'extralinguistique qui l'accompagne.

majesté

On appelle *pluriel de majesté* le pluriel du pronom de la première personne utilisé à la place de *je* dans le style officiel par les personnes revêtues d'un caractère d'autorité ; ainsi dans les formules *Nous, président de la République...* (V. [DIMENSION] HONORIFIQUE.)

majuscule

On donne le nom de *majuscules* aux lettres de forme particulière et de plus grande taille que les autres lettres (minuscules) qui s'emploient, en français, au début d'un mot pour signaler un nom propre *(Robert),* un nom unique *(la Lune),* le début d'une phrase (après un point), le début d'un vers. Les règles d'emploi de la majuscule sont différentes dans les autres langues, en particulier en allemand et en anglais.

mâle

Dans la catégorisation sémantique des animés (personnes ou animaux), le terme mâle représente la classe des « êtres mâles » dans l'opposition de sexe. Ainsi, le nom *étudiant* a le trait sémantique distinctif [+mâle], tandis que le nom *étudiante* a le trait sémantique distinctif [−mâle] (femelle). « Masculin » et « mâle » ne se confondent pas : un mot peut être « féminin » et « mâle », ainsi *sentinelle.* (V. GENRE.)

mande

Dans la théorie béhaviouriste du langage, les *mandes* (angl. *mand*) sont des réponses verbales renforcées par leurs conséquences, c'est-à-dire des ordres, des souhaits, des menaces ; l'ordre est ainsi un mande parce qu'il est exécuté.

manière

On appelle *compléments de manière* les compléments prépositionnels qui expriment de quelle manière est quelqu'un ou quelque chose, la manière dont se fait quelque chose. On appelle *adverbes de manière* les adverbes formés avec le suffixe *-ment* sur les adjectifs et qui ont la valeur d'un complément de manière.

manifestation

Ayant posé les trois niveaux de la matière* (réalité sémantique ou phonique), de la substance* (organisation de la matière par la langue), de la forme* (réseau de relations), L. Hjelmslev dit que la substance est la *manifestation* de la forme dans la matière.

marge

On appelle *marge* une unité phonique qui ne constitue pas un centre de syllabe, par exemple les consonnes /m/ et /r/ dans le mot *mare* /mar/.

Markov (modèle de), théorie des chaînes de Markov

Sur la base de la théorie de la communication et du calcul de la quantité d'information*, les théoriciens de la communication* se sont proposé d'évaluer la quantité moyenne d'information transmise par les langues naturelles en considérant le degré d'incertitude relatif aux différents signaux des sous-codes. Ce faisant, ils rejoignent les distributionnalistes de l'école américaine structuraliste, préoccupés de décrire les langues naturelles en termes de contraintes formelles apparaissant dans l'enchaînement des unités de base, chacune dans son cadre respectif (morphématique et phonématique). En réalité, les théoriciens de la communication présentent aux linguistes un modèle mathématique, sous-jacent aux recherches structuralistes, connu sous le nom de *modèle à états finis,* ou de *théorie des chaînes de Markov,* ou de *processus de Markov,* ou de *modèle de Markov.*

À l'intérieur des deux sous-structures, les éléments, phonèmes et morphèmes, subissent dans leurs combinaisons, dans leur distribution*, un certain nombre de contraintes, inhérentes à tout code* de communication. Ces processus de dépendance des éléments entre eux portent le nom de *chaîne de Markov,* du nom du statisticien russe qui, en 1907, étudia les contraintes imposées sur la succession des lettres ou groupes de lettres en calculant les probabilités conditionnelles de réalisation d'une lettre quelconque étant donné les probabilités conditionnelles de réalisation du contexte de gauche, de longueur N. Une séquence de signaux (lettres ou phonèmes) où tous les signaux sont indépendants les uns des autres est dite d'*ordre zéro* ou *sans mémoire.* Si la probabilité d'apparition du signal dépend du seul signal qui le précède, on dit que ce signal a une source qui est d'ordre *1,* ou qui a une mémoire d'ordre *1 ;* cette source est alors dite *source de Markov d'ordre 1.* Si la source du signal a une mémoire d'ordre 2, la probabilité de réalisation d'un signal est conditionnée par la probabilité des deux signaux qui précèdent. Dans les langues naturelles, les dépendances sur l'ordre séquentiel des phonèmes, par exemple, sont de longueur finie et ne dépassent pas l'ordre 5.

Par ailleurs, la probabilité d'apparition d'un signal dépendant du signal précédent, l'émetteur (ou locuteur) est considéré comme une machine qui peut prendre un certain nombre d'états successifs, dont le nombre est fini, mais qui sont récurrents*, c'est-à-dire qu'ils peuvent se reproduire régulièrement au cours de l'émission du message (la présence de l'état /f/ en un point de la chaîne parlée n'exclut pas l'apparition d'un nouvel état /f/ ultérieur). Le premier état (début de la séquence) est appelé état initial ; à la fin de l'émission de la séquence, l'émetteur (ou locuteur) se trouve dans l'*état final.*

Dans les langues naturelles, dès l'état initial, un certain nombre de restrictions apparaissent au niveau phonématique, puisque tous les signaux ne sont pas équiprobables en début d'énoncé. Soit l'état initial /t/ ; en français, ce phonème peut être suivi par l'une quelconque des voyelles, mais non par un phonème consonantique tel que /p/ ou /b/, ou par un autre /t/. Donc, en français, dans l'état /t/, la probabilité d'obtenir une voyelle ou un /r/ augmente. Si /r/ est émis, l'émetteur se trouve dans l'état /tr/ et le choix du phonème suivant cette séquence est à nouveau soumis à un certain nombre de contraintes et limité à un sous-ensemble restreint de phonèmes appartenant au code : la probabilité d'une consonne est nulle, seule une voyelle est possible.

La concaténation des morphèmes suit les principes généraux de la théorie de Markov. L'ensemble des morphèmes d'une langue naturelle représente le stock d'éléments qui peuvent se combiner pour former un message. Des restrictions de nature syntaxique interviennent et restreignent le nombre des combinaisons théoriquement possibles. Elles opèrent sur des classes d'éléments qui peuvent prendre un certain nombre de positions dans la chaîne, à l'exclusion de toutes les autres. D'où les deux processus qui sont à la base du fonctionnement de la langue : le processus de sélection de certaines entités linguistiques, impliquant la possibilité de substituer l'un des termes à l'autre, et qui se situe sur l'axe paradigmatique*, et le processus de combinaison de ces éléments en unités linguistiques d'un plus haut degré de complexité, qui se situe sur l'axe syntagmatique*. Les relations entre les éléments sont analysées comme des systèmes de dépendances linéaires, orientées de la gauche vers la droite, où l'émission d'un élément est déterminé par l'ensemble des éléments précédemment émis. Ainsi, l'ordre des deux classes, articles et noms communs, est totalement contraignant : nous ne pouvons émettre que *la table* et non *table la*. D'autre part, le premier élément émis étant l'article *la*, il ne peut être suivi que par un sous-ensemble des noms communs comportant la caractéristique « féminin ».

Ainsi, dans la seule perspective linguistique, outre les applications importantes du modèle informationnel aux deux domaines de la traduction automatique et de la psycholinguistique, les études entreprises par les théoriciens de la communication ont permis d'éclairer les fondements théoriques et mathématiques de l'analyse distributionnelle, en marquant du même coup ses limites (particulièrement en syntaxe), et de préciser les rapports qu'entretient la linguistique avec certaines branches des mathématiques ; de ces rapports sont issues de nouvelles recherches fondées sur des types d'opérations logico-mathématiques abstraites. (V. STOCHASTIQUE.)

marquant
Le terme *marquants* désigne, chez L. Tesnière, les unités qui permettent la translation (le transfert) d'un mot ou d'une suite de mots d'une classe dans une autre. Dans *le train de Paris*, *de* est le marquant de la translation en adjectif du substantif *Paris*. Le marquant n'est pas nécessaire à la translation : le transfert du substantif *citron* en adjectif dans *une robe citron* se fait sans marquant.

marque
1. En phonologie, on appelle *marque* une particularité phonique dont l'existence ou la non-existence dans une unité donnée suffit à l'opposer aux autres unités de même nature de la même langue. En français, le phonème /b/ s'oppose au phonème /p/ par la présence dans son articulation de la vibration des cordes vocales ou voisement. On dit que l'unité /b/ est positive ou marquée, tandis que l'unité /p/ est négative ou non-marquée. En position de neutralisation, c'est la forme non-marquée qui réalise l'archiphonème* : ainsi, en allemand, en russe, l'opposition entre /t/ et /d/ est neutralisée à la finale, et la forme qui apparaît dans cette position est la forme non-voisée /T/, qui est l'archiphonème. Il en est de même en italien, où l'opposition de voisement /s/ *vs* /z/ est neutralisée à l'initiale au profit de la forme non-voisée /S/. La forme non-marquée a donc une distribution plus large que la forme marquée.

Une marque phonologique est appelée *marque de corrélation** quand elle permet d'opposer respectivement les termes de plusieurs paires minimales : le voisement en français permet d'opposer les séries marquées /b d g v z/ aux séries non-marquées /p t k f s/, la nasalité vocalique permet d'opposer les séries marquées /ɑ̃, ɔ̃, ɛ̃, œ̃/ aux séries non-marquées /a, ɔ, ɛ, i/, etc.

2. On a étendu la notion de *marque* de l'analyse phonologique à l'analyse morphologique et lexicale. Le cas marqué présente l'ensemble des caractéristiques de la forme non-marquée plus une, et on retrouve les divers problèmes posés par la notion de marque (détermination du cas marqué, caractère pertinent de la marque, etc.), ainsi que les notions complémentaires de celle de marque (par exemple notion de neutralisation).

C'est d'abord dans le domaine des morphèmes grammaticaux que la notion de marque s'est révélée féconde. La description morphologique a, en effet, largement exploité l'opposition marqué *vs* non-marqué, par exemple pour l'étude de la catégorie grammaticale du genre (masculin non-marqué, et féminin marqué), ainsi que du nombre (singulier non-marqué, et pluriel marqué). L'étude a été étendue à des inventaires lexicaux clos du type des pronoms ; le schéma de la communication et l'étude du système des marques se recoupent en partie pour la détermination du système des pronoms (opposition *je* vs *tu,* et neutralisation de la forme de la deuxième personne dans le pluriel *nous ;* opposition secondaire *je, tu* vs *il ;* opposition *je, tu, il* vs *on*).

Toutefois, la grammaire distributionnelle, dans sa révision des parties du discours, constate la coexistence de procédés linguistiques fort différents pour la notation de la même « catégorie grammaticale » : l'opposition de nombre peut être rendue par l'opposition marquée *vs* non-marqué *(l'enfant / les enfants),* mais aussi par des procédés lexicaux *(une paire de gants, un trio sympathique, une foule, la plupart).*

Forte de cette constatation, la lexicologie s'est penchée sur les divers petits groupes, ou microstructures, et s'est assigné pour tâche de décrire leur structure. Pour autant qu'il s'agit de groupes (par exemple le paradigme des sièges *pouf, tabouret, chaise, fauteuil,* etc.) ou d'antonymes *(bon* vs *mauvais),* ce sont plus souvent les oppositions multilatérales dans le premier cas ou équipollentes dans le deuxième cas qui ont permis de décrire ces microstructures. On remarquera toutefois qu'un couple antonymique du type *nuit* vs *jour* est susceptible d'une description par non-marqué *vs* marqué, la neutralisation attestée par certains contextes *(ce jour-là, à minuit)* permettant de définir *nuit* comme le cas marqué de l'opposition. Toutefois, d'une manière générale, c'est à la méthode d'analyse du phonème en traits distinctifs que se référera la sémantique structurale pour constituer l'analyse sémique et ses unités, le sème et le sémème.

L'opposition marqué *vs* non-marqué a permis de constater que les unités lexicales dont les distributions sont les plus proches (les synonymes) jouent les unes par rapport aux autres le rôle de cas non-marqué et de cas marqué. Toutefois, ce rôle peut varier selon les distributions. Par exemple, dans l'opposition *aigu / pointu,* on constate que :

a) quand le substantif inanimé précédant *pointu* admet aussi *effilé, arrondi,* alors *aigu* est également possible, et *aigu* est le cas marqué (en tant que sous-ensemble, et en vertu du fait que le cas marqué est moins fréquent que le cas non-marqué), ex. : *un crayon, un bec pointu / aigu* (+) ;

b) quand le substantif précédant *aigu* admet *sourd, perçant* ou est précédé du verbe *entendre,* alors *pointu* est possible et constitue le cas marqué : *une voix aiguë / pointue* (+). On remarque qu'une troisième distribution ne réalise pas l'opposition : quand le nom admet *chronique, grave* ou le verbe *guérir, pointu* est un ensemble vide.

3. On appelle *marques de rejet* les expressions (unité, suite d'unités ou signes graphiques) par lesquels le sujet parlant manifeste son refus d'assumer son énoncé ou son discours. La détermination des marques de rejet a une grande importance quand on veut mesurer les degrés de passage d'une forme de langue, employée par un premier locuteur, dans le discours d'un second locuteur opérant la reformulation* des énoncés du premier. Les exemples les plus typiques de marques orales ou écrites de rejet sont des formules comme *ce qu'il appelle, prétendu, soi-disant,* etc. ; les guillemets sont la marque la plus connue, essentiellement écrite, mais transcrivant parfois une intonation spécifique. (V. MODALISATION.)

marqué
On dit d'une unité linguistique qu'elle est *marquée* lorsqu'elle possède une particularité phonologique, morphologique, syntaxique ou sémantique qui l'oppose aux autres unités de même nature de la même langue. Cette unité marquée est alors le cas marqué d'une opposition binaire où le terme opposé, privé de cette particularité, est appelé non-marqué. (V. MARQUE.)

marqueur
1. On appelle *marqueurs structurels* les morphèmes grammaticaux (affixes, désinences, prépositions, ordre des mots, etc.) qui indiquent la structure syntaxique d'une phrase, par opposition aux morphèmes lexicaux.
2. On appelle *marqueur* ou *indicateur syntagmatique* en grammaire générative l'analyse de la structure en constituants d'une phrase et sa représentation, donnée le plus souvent sous forme d'arbre ou de parenthèses. (V. ARBRE, PARENTHÉTISATION.)
3. Le dictionnaire, chargé en grammaire générative d'assurer, avec les règles de projection, l'interprétation sémantique des structures issues de la composante catégorielle, comporte des *marqueurs syntaxiques* et des *marqueurs sémantiques :* les premiers sont des catégories grammaticales (p. ex. Nom ; Masculin, etc.), les seconds sont des catégories sémantiques (p. ex. [objet physique], [animé], [humain], etc.). Les marqueurs sémantiques peuvent également servir à indiquer les restrictions de sélection d'une unité (conditions nécessaires à un amalgame sémantique satisfaisant).
4. En sociolinguistique (on écrit aussi *marker*), le *marqueur* est un trait dont l'apparition, la disparition ou le remplacement sont régis par les circonstances dans lesquelles est produit le discours ou en fonction du fait que le locuteur contrôle ou non sa parole. En français, les liaisons facultatives sont des marqueurs. (V. INDICATEUR et STÉRÉOTYPE.)

Marr (Nikolai Iakovlevitch), linguiste russe (Koutaïssi 1865-Leningrad 1934). Professeur de philologie arménienne et géorgienne à Saint-Pétersbourg (1900), il est l'auteur d'une doctrine, très critiquée, dite « théorie japhétique », qui postulait la monogenèse du langage : partant de l'étude des langues causasiennes, il « démontrait » leur parenté avec les langues sémitiques, puis avec celles du bassin méditerranéen ancien, enfin avec l'ensemble des langues du monde classées selon leur stade de progrès par rapport à la langue originelle. Cette doctrine du langage considéré comme superstructure et phénomène de classe régna sans partage sur la linguistique soviétique jusqu'au moment où Staline la désavoua comme antimarxiste, en 1950, dans son opuscule *le Marxisme et les questions linguistiques.* (V. Bibliographie.)

Martinet (André), linguiste français (Saint-Albans-des-Villards, Savoie, 1908). Son œuvre s'inscrit dans la ligne du cercle de Prague, en particulier des principes posés en phonologie par Troubetskoï. Son principal critère d'analyse est le concept de fonction pour déterminer ce qui est pertinent dans la communication linguistique. De 1946 à 1955, il séjourne aux États-Unis, où il enseigne à l'université Columbia et dirige la revue du cercle linguistique de New York, *Word.* De retour en France, il est directeur d'études à l'École pratique des hautes études et professeur à la Sorbonne (1960).

masculin
Le *masculin* est le genre* grammatical qui, dans une classification en deux genres, s'oppose au féminin et qui, dans une classification en trois genres, s'oppose au féminin et au neutre. Le masculin représente souvent (mais non constamment), le terme « mâle » dans le genre naturel des personnes (ou des animaux) qui repose sur l'opposition de sexe entre « mâle » et « femelle ». Le mot *vendeur* est noté [+masculin], [+mâle], mais *sentinelle* est [−masculin], [+mâle]. Le mot *fauteuil* est seulement noté [+masculin], s'opposant à *table* [−masculin]. (V. MÂLE.)

masquage
On donne le nom de *masquage* à un procédé, opposé à celui de connivence* et de simulation*, par lequel un locuteur, supposant qu'une forme

de langue le ferait classer comme appartenant à un groupe sociopolitique auquel il appartient effectivement, évite de l'employer.

masque

On appelle *effet de masque,* en acoustique, le phénomène par lequel certains sons en submergent ou en masquent d'autres dans des conditions données (le bruit de la rue, par exemple, couvre le son d'une conversation particulière et la rend inaudible). Le son qui domine l'autre est appelé *composante masquante,* celui qui est dominé est appelé *composante masquée.* L'intensité pour laquelle la composante masquante est juste audible en excluant la composante masquée est appelée *seuil de masque.* L'intensité pour laquelle la composante masquée, prise isolément, est juste audible est appelée *seuil absolu.*

L'effet de masque peut être mesuré en décibels par le rapport entre le seuil de masque et le seuil absolu. Les effets de masque varient donc suivant l'intensité des deux composantes, mais aussi suivant leur fréquence. Aux intensités modérées, les sons tendent à mieux masquer les sons de fréquence voisine que les sons de fréquence éloignée. Si les sons de basse fréquence masquent efficacement les sons de haute fréquence, de leur côté les sons de haute fréquence réussissent beaucoup mieux à masquer ceux de basse fréquence.

massif, massique

On appelle *massifs* ou (plus rarement) *massiques* les noms non-comptables indiquant une matière, une substance fragmentable le plus souvent. Ainsi le *blé, le sucre, la roche,* etc. En français, ils sont précédés soit du défini générique soit du partitif *(planter du blé, mettre du sucre dans le café, exploiter de la roche calcaire) ;* lorsque ces termes sont au pluriel ou précédés de l'indéfini *un,* ils sont issus de phrases sous-jacentes comme *plusieurs sortes de blé (des blés tendre et dur), plusieurs morceaux de sucre (mettre deux sucres dans la tasse),* etc. Le concept de non-comptable* est plus étendu que celui de massif, puisqu'il englobe les noms uniques comme *le Soleil, la Terre,* etc.

mat

Un *phonème mat,* ou phonème *à bords lisses,* est un phonème dont le spectre acoustique est caractérisé par une diffusion de l'énergie plus faible, mais plus régulière et plus uniforme que celle des phonèmes stridents correspondants. Cet aspect acoustique correspond, du point de vue articulatoire, à une moindre turbulence de l'air et à une articulation moins complexe. Les bilabiales [p], [b], [β], dont l'articulation ne comporte que l'obstacle des lèvres, sont mates par rapport aux labiodentales [f] et [v] correspondantes (stridentes), qui emploient l'obstacle supplémentaire des dents. Les dentales [θ], [ð] et les palatales non sifflantes et non chuintantes, les vélaires proprement dites [k], [g], [γ] sont des consonnes mates, à la différence des labiopalatales, des labiovélaires, des uvulaires, des sifflantes, des chuintantes.

Du point de vue de la perception, les sons mats sont moins audibles que les sons stridents correspondants, puisque leur intensité est moins forte. L'occlusive optimale est donc mate, tandis que la fricative optimale est stridente. De fait, dans beaucoup de langues, en français par exemple, l'opposition entre les occlusives et les fricatives se double d'une opposition mat *vs* strident. Les occlusives [p, b, t, d, k, g] sont mates, les fricatives [f, v, s, z, ʃ, ʒ, ʁ] sont stridentes. Cependant, l'anglais oppose des fricatives mates [θ], [δ] aux occlusives mates [t], [d] et aux fricatives stridentes [s], [z] correspondantes. Le portugais oppose à l'intervocalique des fricatives mates [β, δ, γ] (dues à une spirantisation des occlusives homorganiques [b, d, g]) aux fricatives stridentes [v, z, ʒ].

maternel

On appelle *langue maternelle* la première langue apprise par un sujet parlant (celle dont il est le locuteur* natif) au contact de l'environnement familial immédiat.

matière

1. En linguistique, la *matière* est le matériau physique dans lequel est composée la substance et à qui est imposée une forme particulière qui donne à cette substance son identité et sa permanence ; par exemple, la matière peut être phonique ou graphique.

2. L. Hjelmslev appelle *matière* la réalité sémantique ou phonique considérée indépendamment de toute utilisation linguistique.

3. On appelle *compléments de matière* les compléments circonstanciels ou les compléments du nom introduits par *en* ou *de* et indiquant la matière dont quelque chose est fait (ex. : *une table de marbre*).

matrice

1. On appelle *matrice* un arrangement ordonné d'un ensemble d'éléments.

2. En grammaire générative, la *phrase matrice,* ou *suite matrice,* est une suite P_1 dans laquelle une autre suite P_2 vient s'enchâsser au cours d'une opération d'enchâssement. La notion de phrase matrice correspond à celle de proposition principale, compte tenu du fait que la matrice peut elle-même ensuite devenir une phrase enchâssée dans une autre proposition (V. ENCHÂSSEMENT). Dans la phrase composée *J'ai bien aimé le cadeau que tu m'avais fait,* la phrase *J'ai bien aimé le cadeau* est la matrice. Dans la phrase *J'ai regardé à la télévision le film que mes parents que j'ai vus avant-hier m'ont conseillé,* la phrase *Mes parents m'ont conseillé ce film* est la matrice de la phrase enchâssée *que j'ai vus* et elle est elle-même la phrase enchâssée de la matrice *J'ai regardé à la télévision le film.*

matronyme
On appelle *matronyme* un nom de famille formé sur le nom de la mère.

mécanisme
La grammaire peut, dans certaines théories linguistiques, être considérée comme un *mécanisme* fini capable de générer un ensemble infini de phrases grammaticales auxquelles elle associe automatiquement une description structurelle. (V. ANALYSE STRUCTURELLE.)

médial
Dans certains alphabets, on appelle *médiale* la forme de la lettre qui est employée dans le cours des mots, par opposition à l'initiale et à la finale.

médian
Un *phonème médian* est un phonème dont le lieu d'articulation se situe à l'intérieur et non à la périphérie de la cavité buccale. Il s'agit des articulations palatales et dentales [t, d, ɲ], par opposition aux articulations labiales et vélaires [p, b, k, g] définies de ce point de vue comme périphériques.

Au plan acoustique, la réduction du résonateur buccal et son aspect compartimenté entraînent une concentration de l'énergie dans les hautes fréquences du spectre ; les phonèmes médians sont donc aigus, par opposition à la tonalité grave des phonèmes périphériques.

médiation
Entre le stimulus initial (objet, propriétés de l'objet) et la réponse verbale qui se trouve à la fin d'une chaîne d'actions, il y a des chaînons intermédiaires qui sont à la fois les réponses aux stimuli qui les précèdent et à leur tour des stimuli pour les chaînons qui suivent ($stimulus_1$ → réponse ... $stimulus_2$ → réponse). Les théories de la médiation jouent un rôle important dans les théories linguistiques béhaviouristes, comme chez L. Bloomfield.

médiodorsal
Une consonne *médiodorsale* est une consonne réalisée avec une élévation du milieu du dos de la langue, le plus souvent au niveau du palais dur, dans la région médiopalatale. La latérale et la nasale palatales [λ] et [ɲ] sont en général réalisées comme des médiodorsales.

médiopalatal
Une *consonne médiopalatale* est une consonne réalisée au niveau du milieu du palais dur comme [λ] et [ɲ]. Le [k] français devant [a] est également réalisé comme une médiopalatale, par un rapprochement du point d'articulation dû à l'assimilation de la voyelle suivante.

médiopassif
On appelle *médiopassif* la voix moyenne ou le déponent* dans le système verbal.

Meillet (Antoine), linguiste français (Moulins 1866-Châteaumeillant 1936). Formé dans la tradition de la grammaire comparée, il suit également l'enseignement de F. de Saussure, à qui il succède à l'École des hautes études, et celui de M. Bréal, en remplacement duquel il est élu au Collège de France (1906). Ses travaux intègrent à la méthode comparative des néogrammairiens les notions de diachronie et d'état de langue. Il a par ailleurs subi l'influence du sociologue É. Durkheim, d'où son insistance sur l'aspect social des faits linguistiques (« l'histoire de la langue est commandée par des faits de civilisation »). [V. Bibliographie.]

méiose
En rhétorique, la *méiose* est une hyperbole* visant à déprécier l'adversaire.

mélange de langues
Dans les situations de bilinguisme, l'apparition dans le même mot d'éléments appartenant à deux langues différentes est un *code-mixing,* ou *mélange de langues.*

mélioratif
On qualifie de *mélioratif* un terme dont le sens comporte un trait connotatif présentant l'idée ou l'objet désigné sous un aspect favorable. Ainsi, les adjectifs *grand* et *petit* peuvent être, dans certaines de leurs acceptions, le premier un mélioratif *(un grand homme),* le second un péjoratif *(un petit esprit).*

mélodie
La *mélodie* de la voix résulte de la vibration des cordes vocales et se traduit phonétiquement par l'évolution de la fréquence fondamentale F^0 en fonction du temps. (V. INTONATION, PROSODIE.)

membre
On appelle *membre* une partie d'un constituant ou un constituant d'une unité d'un rang supérieur ; ainsi, le nom est un constituant ou un membre du syntagme nominal.

mentalisme
L'école bloomfieldienne donne le nom de *mentalisme* à l'atttitude des linguistes qui définissent les unités linguistiques et les règles de combinaison par leur signification, celle-ci étant définie empiriquement et de manière intuitive ; ces linguistes privilégient le contenu et font de la linguistique une partie de la psychologie cognitive. (V. ANTIMENTALISME, BÉHAVIOURISME.)

mentaliste
1. On a donné le nom de *conception mentaliste* à une conception de la nature phonique des sons du langage qui remonte à Baudouin de Courtenay. Ce linguiste oppose un son imaginé ou intentionnel au son effectivement émis, comme un phénomène « psychophonétique » opposé au fait « physiophonétique », distinction qui annonce la distinction moderne entre *phonème* et *son*.
2. V. MENTALISME.

mère
On appelle *langue mère* la langue, parfois hypothétique, qui est à l'origine d'autres langues au cours de l'évolution linguistique. Le latin est la langue mère des diverses langues romanes.

mérismatique
É. Benveniste appelle *niveau mérismatique* le niveau phonologique, inférieur au niveau des phonèmes, dont l'unité minimale est le trait distinctif.

mérisme
Dans la terminologie d'É. Benveniste, le *mérisme* est le trait distinctif.

mésolecte
Dans un continuum, le *mésolecte* est un système plus ou moins identifiable, distinct de l'acrolecte* et du basilecte*

message
Dans le schéma de la communication*, le *message* désigne une séquence de signaux qui correspond à des règles de combinaison précises et qu'un émetteur transmet à un récepteur par l'intermédiaire d'un canal qui sert de support physique à la transmission. La signification du message n'est pas alors considérée comme un élément pertinent : ce qui est transmis, c'est une forme et non un sens. Cette forme varie selon la nature du système de communication et du code* qui sert à transmettre le message : vibrations sonores, lumières, mouvements, impulsions mécaniques ou électriques, etc. Cette forme étant codée, la signification du message est dégagée lors de l'opération du décodage : le récepteur-destinataire, machine ou être humain, « recherche en mémoire » les éléments du code qui ont été sélectionnés pour la transcription du message à transmettre en une forme codée qui est la forme transmissible du message. R. Jakobson, parlant de la communication linguistique, précise que cette opération du décodage va du son au sens.

La transmission du message établit un rapport social (l'information, l'interrogation ou l'ordre) ; cette information, cette interrogation ou cet ordre constituent la substance du message que l'émetteur essaie de transmettre en se servant d'un signal ou d'une séquence de signaux. La forme du message est le support de cette information, de cette interrogation ou de cet ordre, c'est-à-dire de la substance du message. La mise en forme de la substance du message s'appelle le *codage*. Il arrive souvent qu'après l'identification de cette forme, ou *décodage,* par le récepteur, le message reçoive une nouvelle forme dans un nouveau code ou soit recodé dans sa forme primitive : ainsi le message graphique codé en morse (forme mécanique), transmis par impulsions électriques et retranscrit (ou recodé) graphiquement après décodage de la forme de transmission par impulsions électriques.

Transmettre un message, c'est accomplir ce qu'on appelle un « acte sémique », puisque la transmission du message suppose l'utilisation d'un signal ou d'un système de signaux – ou *code*. Un acte sémique a lieu, par exemple, lorsqu'une personne demande l'heure à une autre en émettant une séquence de signaux sonores [kɛlœrɛtil] *Quelle heure est-il ?* : la substance du message est ici constituée par l'interrogation, et la forme codée et transmissible en est la forme sonore, vocale. L'acte sémique une fois réalisé après le décodage des signaux, a établi entre l'émetteur et le récepteur un rapport social : la communication s'est établie entre les deux interlocuteurs ; le récepteur, ayant connaissance du code de l'émetteur, a pu décoder la forme du message et en comprendre la signification. Transmettre un message, c'est donc accomplir un acte sémique destiné à établir une communication entre un émetteur et un récepteur, entre une source et un destinataire.

Quelle que soit la nature de l'acte sémique accompli (information, interrogation ou ordre), on appelle *information** la substance du message. Dans la mesure où on considère le message en dehors de son sens et dans sa seule forme, celui-ci peut donc être encore défini comme le support d'une information. La théorie de la communication permet de mesurer cette information.

Dans la mesure où on pose comme hypothétique que la fonction essentielle du langage est la fonction de communication, le terme *message,* en linguistique, garde le sens technique que lui ont donné les théoriciens de la communication ; comme tout autre procès de communication, tout procès linguistique, tout acte de communication verbale requiert six facteurs constitutifs, analysés par R. Jakobson. Le destinateur envoie un message au destinataire. Pour être opérant, le message requiert un contexte auquel il renvoie (ce contexte est encore appelé référent) ; ensuite, le message requiert un code, commun en tout, ou tout au moins en partie, au destinateur et au destinataire ; enfin, le message requiert un contact, un canal physique et une connexion physiologique entre le destinateur et le destinataire, contact qui leur permet d'établir et de maintenir la communication. Selon R. Jakobson, chacun de ces six facteurs donne naissance à une fonction linguistique différente. Aucun message ne remplit seulement une fonction : réduire le message à assumer une seule des six fonctions serait réduire arbitrairement sa capacité informationnelle. La diversité des messages réside non dans le monopole de l'une ou l'autre fonction, mais dans les différences de hiérarchie entre elles. La structure verbale d'un message dépend de sa fonction prédominante.

a) La première fonction est la fonction dénotative, orientée vers le contexte, fonction assumée par de nombreux messages, communiquant des informations.

b) La fonction dite « expressive » est centrée sur le destinateur ; elle tend à donner l'impression d'une certaine émotion, vraie ou feinte. La fonction expressive colore tous nos propos à tous les degrés ; les éléments expressifs du message (intonation, interjection, etc.) transmettent une information au même titre que l'aspect cognitif du langage.

c) La fonction conative trouve son expression grammaticale plus particulièrement dans le vocatif et l'impératif. Cette troisième forme d'information, transmise par un message conatif, est orientée vers le destinataire.

Aux trois derniers facteurs constitutifs de la communication verbale correspondent trois fonctions linguistiques.

d) La fonction phatique est assumée par des messages qui servent à établir, prolonger ou interrompre la communication, à vérifier si le circuit fonctionne (« Allô, vous m'entendez ? – Eh bien, vous m'écoutez », etc.).

e) Une cinquième forme de message découle de la fonction métalinguistique. Chaque fois que le message sert au destinateur ou au destinataire à vérifier si l'un et l'autre utilisent bien le même code, il remplit une fonction métalinguistique (« Que signifie sécher ? – Sécher, c'est échouer à un examen. ») Tout procès d'apprentissage du langage a recours à des opérations métalinguistiques. L'information fournie par de tels messages, formés souvent de phrases équationnelles, porte sur le code lexical de la langue commune au destinateur et au destinataire.
f) Enfin, la visée du message en tant que tel, l'accent mis sur le message pour lui-même relèvent de la fonction poétique. Selon R. Jakobson, cette fonction met en évidence le côté palpable des signes ; loin de se limiter à la poésie à proprement parler, elle intéresse toutes les autres formes de message. L'étude linguistique de cette fonction poétique dépasse donc le cadre de la poésie ; d'autre part, l'analyse linguistique de la poésie ne doit pas se limiter à la fonction poétique, mais doit envisager les autres fonctions. Quelles que soient les autres formes d'information transmises par le message, la fonction poétique, approfondissant la dichotomie fondamentale des signes et des objets, nous interdit d'oublier que le langage est du langage et non pas une référence, non pas la vérité matérielle des choses. Par exemple, si on me demande : « Qu'est-ce que c'est que ça ? » et que je réponde : « C'est une fleur », c'est la fonction référentielle qui est en jeu. Le message est de type cognitif. J'affirme l'identité de la chose avec un mot qui est dans le code commun. Mais si je dis avec Mallarmé : « Je dis "une fleur" et musicalement se lève, idée même et suave, l'absente de tout bouquet », c'est la fonction poétique insistant sur le signe qui est cette fois en cause ; cette « fleur » chère au poète, c'est le *signe fleur*. De nombreux procédés de rythme, de gradation syllabique, l'emploi de certaines figures phoniques relèvent de cette fonction poétique du message linguistique. R. Jakobson donne plusieurs exemples de ces emplois. Premier exemple : « Vous ne dites jamais de deux sœurs jumelles Marguerite et Jeanne, vous dites toujours Jeanne et Marguerite. Est-ce que vous préférez la première ? – Pas du tout, si je dis Jeanne et Marguerite, c'est que ça sonne mieux. » Autre exemple : R. Jakobson analyse le slogan politique *I like Ike* et démontre que l'arrangement des phonèmes de ce slogan – qui relève de la fonction poétique de ce message – renforce le poids et l'efficacité de la formule électorale.

R. Jakobson, rendant compte de la fonction poétique du message, rappelle les deux modes fondamentaux d'arrangement du processus verbal : la sélection et la combinaison (cf. F. de Saussure : axe paradigmatique et axe syntagmatique). Soit *enfant* le thème d'un message : le locuteur fait un choix parmi une série de termes existants et plus ou moins semblables : *enfant, gosse, mioche, gamin,* etc. ; ensuite, pour commenter ce thème, il choisit l'un des verbes sémantiquement apparentés : *dort, sommeille, somnole,* etc. Les deux mots choisis se combinent alors sur la chaîne parlée, sur l'axe syntagmatique.

La sélection est produite sur la base de l'équivalence, de la similarité, de la dissimilarité, de la synonymie et de l'antonymie. La combinaison (ou construction de la séquence) repose sur la contiguïté. Pour R. Jakobson, la fonction poétique projette le principe d'équivalence de l'axe de sélection sur l'axe de combinaison. L'équivalence devient un procédé constitutif de la séquence. Dans le message poétique, la superposition de la similarité sur la contiguïté est source de symbolisme, de polysémie, d'ambiguïté. Tout élément de la séquence est une comparaison, source d'ambiguïté, qui est une propriété intrinsèque de tout message centré sur lui-même.

La prééminence de la fonction poétique dans un message rend sa fonction référentielle ambiguë : le message a alors un double sens, le destinateur, le destinataire et la référence sont dédoublés ; tout message poétique présente tous les problèmes du « discours à l'intérieur du discours » étudié par les linguistes.

L'étude du message, de ses diverses formes et des sortes d'information qu'il transporte a conduit un certain nombre de linguistes à conclure, avec R. Jakobson, « qu'il semble n'y avoir aucune raison valable pour séparer les questions de littérature des questions linguistiques en général ».

métachronie
L. Hjelmslev opposait la *métachronie,* étude des conditions de changement contenues dans la structure fonctionnelle de la langue elle-même, à la *diachronie,* étude de l'intervention des facteurs extérieurs à la langue sur l'évolution de cette dernière.

métadiscours
Le *métadiscours* est au discours ce que la métalangue est à la langue : c'est le discours tenu sur les règles de fonctionnement du discours ; il est ainsi la réalisation concrète de la métalangue. Ainsi, tout discours sur la langue est un métadiscours. Il faut distinguer le métadiscours explicite (l'étude linguistique, par exemple, une fois rédigée) et le métadiscours implicite, qu'on dégage des énoncés. Ainsi, dans la phrase : *« Franglais » est un mot de création récente,* nous avons un métadiscours explicite (sur le statut linguistique du terme *franglais*). En revanche, quand on rencontre : *La langue est la meilleure et la pire des choses,* on a un discours implicite qui établit le synonyme *langue = la meilleure des choses = la pire des choses.* C'est ainsi que dans *Français, la présidence s'adresse à vous,* il y a un discours implicite posant indirectement *la présidence = le président.*

métalangage
Syn. de MÉTALANGUE.

métalangue
La *métalangue* est une langue artificielle servant à décrire une langue naturelle. Les termes de la métalangue sont ceux de la langue objet d'analyse, mais avec une seule acception ; ses règles de syntaxe sont aussi celles de la langue analysée. La métalangue est, par exemple, le *langage grammatical,* dont le linguiste se sert pour décrire le fonctionnement de la langue ; c'est le *langage lexicographique,* dont l'auteur de dictionnaire se sert pour les définitions des mots. Toute langue a sa propre métalangue dans la mesure où elle utilise des mots tels que *c'est-à-dire, signifier, pour ainsi dire, vouloir dire,* etc.

métalepse
On appelle *métalepse* la figure de rhétorique par laquelle on fait entendre la cause en exprimant la conséquence (ex. : *nous le pleurons,* pour *il est mort*), ou l'antécédent par le conséquent (ex. : *ils ont vécu,* pour *ils sont morts*).

métalinguistique
La *fonction métalinguistique* est la fonction du langage par laquelle le locuteur prend le code qu'il utilise comme objet de description, comme objet de son discours, du moins sur un point particulier. Des membres de phrases comme *ce que j'appelle X c'est Y,* par exemple, relèvent de la fonction métalinguistique.

métaphonie
On appelle *métaphonie* la modification du timbre d'une voyelle sous l'influence d'une voyelle voisine. Il s'agit d'un phénomène de dilation vocalique qui reçoit aussi le nom d'*inflexion* ou, plus rarement, de *mutation* (en allemand *Umlaut*). En diachronie, des structuralistes (Lausberg, Weinreich) invoquent la métaphonie pour expliquer l'apparition en latin tardif de la tendance à la diphtongaison romane, sous l'influence de [i] et [u] devenus fréquents en position finale. La métaphonie sur un plan synchronique marque ou renforce certaines oppositions morphologiques. Dans certains dialectes italiques (Latium, Campanie), les voyelles toniques autres que [a] se ferment sous l'influence de la voyelle finale neutre [ə], de sorte que l'opposition entre la forme du féminin singulier [a] et celle des autres paradigmes [ə] est renforcée par l'alternance vocalique du radical [e] - [i], [o] - [u]. Ex. : [nera] « noire » – [nirə] « noir, noirs, noires ».

métaphore
La *métaphore* est une figure de rhétorique qui consiste dans l'emploi d'un mot concret pour exprimer une notion abstraite, en l'absence de tout élément introduisant formellement une

comparaison ; par extension, la métaphore est l'emploi de tout terme auquel on en substitue un autre qui lui est assimilé après la suppression des mots introduisant la comparaison (*comme,* par exemple) : à l'origine, *il brûle d'amour* contenait une métaphore du premier type, et *cette femme est une perle,* une du second. Quand elle introduit plusieurs rapprochements successifs, la métaphore est *filée* ou *suivie,* comme dans *cette femme tend les filets de ses charmes pour chasser le gibier des naïfs ;* au contraire, elle est *heurtée* ou *brisée* quand elle rapproche des notions incompatibles, comme dans *Le char de l'État navigue sur un volcan.*

La métaphore joue un grand rôle dans la création lexicale ; beaucoup de sens figurés ne sont que des métaphores usées. En particulier, les mutations de type métaphorique sont fréquentes dans l'évolution qui fait passer des termes spécialisés dans le vocabulaire général, c'est-à-dire d'un usage restreint à une communauté limitée à un usage plus large. *Freiner* connaît des sens abstraits sans rapport avec les moyens de transport ; on parlera d'*allergie* (vocabulaire de la médecine) pour l'antipathie à une personne ou à une idée, etc.

Sans renoncer à typifier les tropes, on peut, avec R. Jakobson, voir dans l'opposition *métaphore/métonymie** un fait très général du fonctionnement langagier, au lieu de considérer ces procédés comme des *figures de rhétorique.* Pour cet auteur, la métaphore provient d'une centration plus forte sur l'axe des similarités (paradigmatique) et la métonymie d'un privilège accordé à l'axe des contiguïtés (syntagmatique). Selon la formule « tout thème en appelle un autre, soit par similarité, soit par contiguïté », la mise en discours amène nécessairement à privilégier *procès métaphorique* ou *procès métonymique.* Tout se passe comme si le locuteur spéculait sur la capacité de son interlocuteur à repérer les mêmes régularités d'occurrence et à faire fonctionner les mêmes mécanismes paradigmatiques ou syntagmatiques, avec les mêmes accommodations sémantiques. *Paul est ignorant comme un âne,* où la forme de la comparaison fonctionne comme intensif, permet la métaphore *Paul est un âne,* et la métaphore se lexicalise aisément (on notera qu'on ne peut dire *Paul est un cheval* avec le même sens métaphorique, l'intensif étant lui-même socialement codé).

La métonymie procède à une opération de même type, sur l'axe syntagmatique : *Paul fait du bateau à voile* comporte deux unités de même isotopie* en un bref syntagme : la suppression de la moins spécifique se fera par procès métaphorique. Ici encore, la lexicalisation est courante.

métaplasme
On appelle *métaplasme* un changement phonétique consistant dans l'altération d'un mot par la suppression, l'addition ou la permutation de phonèmes : l'élision et la syncope sont des exemples de métaplasmes.

métastase
Le nom de *métastase* a été proposé par le phonéticien M. Grammont pour désigner la phrase de détente* dans l'articulation d'une occlusive.

métathéorie
On appelle *métathéorie* la théorie linguistique qui définit l'ensemble des conditions auxquelles les grammaires de toutes les langues naturelles doivent satisfaire : autrement dit, la métathéorie est une théorie des grammaires, ces dernières étant elles-mêmes des théories de langues spécifiques.

métathèse
On appelle *métathèse* la permutation de certains phonèmes dans la chaîne parlée. On limite parfois ce terme aux cas où les phonèmes sont à distance, et on emploie le terme d'*interversion** s'ils se trouvent en contact. Ainsi s'explique en français la formation du mot *fromage* (du latin *formaticum*), en italien les mots *chioma* (de *comula*), *fiaba* (de *fabula*), en espagnol les mots *peligro* (de *periculum*), *milagro* (de *miraculum*), etc.

méthodologie
En linguistique, on distingue la *théorie,* qui étudie les propriétés générales des langues naturelles et détermine la forme de la grammaire susceptible de rendre compte de ces propriétés, de la *méthodologie,* qui fournit un ensemble de procédures de découverte susceptibles d'aider le linguiste à déterminer les règles d'une langue.

métonomasie
En rhétorique, la *métonomasie* consiste à forger un pseudonyme en traduisant un nom propre d'une langue dans une autre (ex. : *Du Bois,* traduction du latin *Sylvius,* ou inversement *Ramus* pour *La Ramée*).

métonymie
La *métonymie* est une figure de rhétorique consistant à désigner un objet ou une notion par un terme autre que celui qu'il faudrait, les

deux termes ou notions étant liés par une relation de cause à effet (la *récolte* peut désigner le produit de la cueillette et non pas seulement l'action de cueillir elle-même), par une relation de matière à objet ou de contenant à contenu *(boire un verre),* par une relation de la partie au tout *(une voile à l'horizon).* La *métonymie* est devenue un terme de linguistique avec les analyses de R. Jakobson. Elle manifeste un rapport de contiguïté, par opposition à la métaphore*, qui manifeste un rapport de similarité ; elle est un important facteur de création lexicale.

microcontexte
Le *microcontexte* désigne le contexte immédiat du mot envisagé, c'est-à-dire le mot qui précède et le mot qui suit, par opposition au *macrocontexte,* qui désigne un environnement plus large (par exemple la phrase, le paragraphe, le discours).

microglossaire
On appelle *microglossaire* un dictionnaire strictement limité aux mots et aux significations nécessaires pour traduire des textes appartenant à des domaines particuliers, scientifiques ou techniques.

micromélodie
Le terme de *micromélodie* désigne l'ensemble des effets exercés sur la mélodie, c'est-à-dire la fréquence* et l'intensité* du fondamental* F^o, par les unités segmentales (voyelles et consonnes) qui constituent le signal de la parole et par leur concaténation. Au-delà des différences d'un individu à l'autre en fonction de variables comme l'âge, le sexe ou le débit de parole, les caractéristiques intrinsèques liées au lieu et au mode d'articulation des phonèmes et à leur coarticulation ont pour résultat de créer, dans la réalisation linguistique, un certain nombre de distorsions qui sont communes à l'ensemble des sujets parlants et font partie des universaux du langage. En reconnaissance automatique de la parole fondée sur la variation de la fréquence du fondamental, l'ordinateur détecte des frontières de constituants qui n'ont aucune relation avec la structure syntaxique. Ces erreurs de détection sont souvent dues aux variations microprosodiques et plus particulièrement aux variations abruptes causées par l'influence des consonnes sur les voyelles adjacentes ; il a donc été nécessaire, en préalable à l'étude de l'intonation et de la prosodie, d'entreprendre l'étude exhaustive de ces caractéristiques dans le cadre d'une analyse autonome donnée (Lea, 1972). Les recherches sont menées sur les logatomes*, soit isolés, soit dans un environnement syntaxique, mais il n'est pas prouvé que ces variations aient un comportement identique dans les logatomes et dans la parole continue. Il est possible qu'il entre dans la parole continue des procédés de compensation destinés à éviter toute interférence entre le niveau intonatif et le niveau intrinsèque.

Les recherches ont permis de constater que les variations de F^o intrinsèque sont très importantes dans certains contextes. La fréquence fondamentale intrinsèque des voyelles est modifiée par le *degré d'aperture,* la *nasalité* et, surtout, le *voisement.* Quelle que soit la langue étudiée, les voyelles hautes comme /i/ et /u/ correspondent aux valeurs les plus élevées de la fréquence fondamentale F^o. L'écart de F^o entre une voyelle haute (fermée) et une voyelle basse (ouverte) peut excéder les limites d'un niveau intonatif (Di Cristo, 1982). La valeur moyenne du F^o intrinsèque de /u/ est légèrement supérieure à celle de /i/, cette différence est de l'ordre de 1 à 4 p. 100 inférieur au seuil différentiel de la fréquence fondamentale. Les voyelles nasales ont un F^o intrinsèque sensiblement plus élevé que celui des voyelles orales correspondantes.

La fréquence fondamentale F^o est plus élevée dans un entourage voisé que dans un entourage non-voisé : la différence peut être de 10 hertz en anglo-américain (Lea, 1972).

Un facteur négligé est celui du lieu d'articulation : le trait + coronal entraîne un abaissement de 7 p. 100, le trait − coronal, une élévation symétrique.

Si le voisement entraîne des différences perceptibles, les différences entraînées par les autres modes de réalisation consonantique sont extrêmement faibles et le plus souvent non significatives.

En ce qui concerne les caractéristiques micromélodiques des consonnes, on a observé les faits suivants. À l'initiale, les occlusives voisées non continues débutent à une fréquence inférieure de 10 à 20 Hz à celle de la voyelle suivante. À la finale, on observe pour les occlusives voisées continues aussi bien que pour les non-continues une chute de 15 à 20 Hz. Les nasales s'intègrent bien dans le continuum mélodique quoiqu'une légère chute de 5 à 10 p. 100 puisse parfois les caractériser. Les voyelles exercent une pression puissante sur les consonnes appartenant au même noyau syllabique de sorte que les caractéristiques mélodiques de la première sont transmises à la seconde, malgré les multiples contraintes dont celle-ci est l'objet. L'anticipation prosodique de la voyelle sur la consonne constitue un critère acoustique nouveau de la segmentation syllabique, phénomène mis en évidence par les travaux de Di Cristo.

Certains auteurs estiment que les perturbations apportées par les consonnes postvocaliques sont loin d'être négligeables. Halle et Stevens émettent l'hypothèse que les effets des consonnes postvocaliques devraient être identiques à ceux occasionnés par les consonnes prévocaliques. Les voyelles seraient affectées d'une configuration convexe dans un environnement voisé, concave dans un environnement non-voisé

Les causes de ces variations ont été définies dans le cadre de plusieurs théories : la théorie dynamogénétique de Taylor (1933, Ladefoged, 1967), la théorie de l'attraction linguale (Ladefoged 1964, Lehiste 1967), la théorie aérodynamique de Mohr, la théorie du couplage acoustique entre la source et le conduit vocal.

microsegment
En linguistique distributionnelle, le *microsegment* est une partie d'un macrosegment (ou phrase) isolée par un phénomène de joncture (il correspond grossièrement à un mot ou à un morphème, selon le cas).

microprosodie
Syn. de MICROMÉLODIE.

microstructure
On donne le nom de *microstructures* à certains sous-systèmes qui, à l'intérieur d'une structure plus large, présentent des régularités spécifiques et une organisation qui leur assurent une relative autonomie de fonctionnement. Ainsi, les noms de parenté constituent une microstructure formée, en français, d'unités linguistiques en nombre fini, déterminées sémantiquement par les rapports qu'elles entretiennent entre elles et par rapport à un « moi » *(ego)* imaginaire, et morphologiquement par un système particulier de morphèmes (*grand* et *petit* dans *grand-mère, petit-fils,* etc.).

microsystème
En linguistique, syn. de MICROSTRUCTURE.

mi-fermé
Une voyelle *mi-fermée* est une voyelle réalisée avec la langue élevée vers le palais sans être aussi haute que pour une voyelle fermée. Le deuxième degré de fermeture est utilisé phonologiquement dans les langues qui présentent deux degrés d'aperture intermédiaire, comme le français ([e], [o], [ø]) ou l'italien ([e], [o]), etc.

mimique
On désigne du nom de *mimique* le langage par gestes et attitudes du visage.

minimal
1. Le terme *minimal* se dit de tout élément qui représente le plus petit segment existant à un niveau donné de l'analyse linguistique.
2. La *paire* et la *série minimale* sont, en linguistique fonctionnelle, l'ensemble de deux ou plusieurs mots ayant un sens différent et dont le signifiant ne se distingue que par un seul phonème (ex. : *pain* [pɛ̃] et *bain* [bɛ̃]). La constitution de paires et de séries minimales permet, par l'opération de commutation, de mettre en évidence les traits distinctifs des phonèmes et de dégager le système phonologique d'une langue.

minoré
Une langue est *minorée* quand elle a un statut inférieur à la langue officielle.

minoritaire
1. Une langue est dite *minoritaire* quand, dans une étendue donnée, elle est moins parlée qu'une autre, dite majoritaire.
2. Une langue est dite également *minoritaire* quand elle est le fait d'une minorité nationale, c'est-à-dire d'une communauté qui n'a pas pu faire triompher son droit à l'indépendance ou au moins à l'autonomie culturelle.

minuscule
Les lettres *minuscules* sont de petites lettres, par opposition aux majuscules, ou capitales.

mi-occlusive
Les affriquées* sont dites aussi *mi-occlusives* parce qu'elles sont occlusives pendant le début de leur réalisation. Même à ce moment-là, l'occlusion n'est d'ailleurs jamais aussi complète que pour les véritables occlusives : ainsi, dans la réalisation des séquences [ts, dz, tʃ, dʒ] des mots italiens *zio, zappa, cena, giro,* l'attaque est moins occlusive qu'elle ne l'est pour la réalisation des phonèmes [t, d].

mi-ouvert
Une *voyelle mi-ouverte* est une voyelle pour la réalisation de laquelle la langue est abaissée, sans l'être autant que pour la réalisation de [a]. Les voyelles mi-ouvertes apparaissent dans

les langues qui ont deux degrés d'aperture intermédiaire, comme le français ([ɛ], [œ], [ɔ]) ou l'italien ([ɛ], [ɔ]).

mixte

1. On qualifie de *mixtes* des langues artificielles ou naturelles empruntant certains traits à une langue et certains autres traits à d'autres. Ainsi, les créoles peuvent avoir été au départ des langues mixtes de syntaxe africaine et de vocabulaire européen. Les sabirs, les pidgins peuvent être aussi des langues mixtes.
2. Un *son mixte* est un son intermédiaire entre deux sons définis : les voyelles moyennes*, par exemple [e, ɛ, ɔ, o], sont dites aussi parfois *voyelles mixtes*.

modal

1. On appelle *modaux,* ou *auxiliaires modaux,* la classe des auxiliaires du verbe qui expriment les modalités logiques (contingent *vs* nécessaire, probable *vs* possible) : le sujet considère l'action exprimée par le verbe comme possible, nécessaire, comme une conséquence logique ou comme le résultat d'une décision, etc. En français, les auxiliaires modaux sont *pouvoir* et *devoir,* suivis de l'infinitif *(Il peut pleuvoir demain. La mine doit sauter à 10 heures, si rien n'intervient entre-temps)* ; en anglais, les auxiliaires modaux sont *can, may, will, must (He could come).*
2. L. Tesnière appelle *propositions modales* les phrases qui, après une translation*, deviennent des adverbes de manière. Ainsi *comme il respire* dans *Il ment comme il respire.*

modalisateur

On appelle *modalisateurs* les moyens par lesquels un locuteur manifeste la manière dont il envisage son propre énoncé ; par exemple, les adverbes *peut-être, sans doute,* les incises *à ce que je crois, selon moi,* etc., indiquent que l'énoncé n'est pas entièrement assumé ou que l'assertion est limitée à une certaine relation entre le sujet et son discours. (V. MODALISATION.)

modalisation

Dans la problématique de l'énonciation (acte de production du texte par le sujet parlant), la *modalisation* définit la marque donnée par le sujet à son énoncé, c'est la composante du procès d'énonciation permettant d'estimer le degré d'adhésion du locuteur à son énoncé.

L'évocation des différents concepts utilisés dans l'analyse de l'énonciation permet de mieux comprendre la notion de modalisation.
— Le concept de distance envisage le rapport entre sujet et monde par l'intermédiaire de l'énoncé : dans le cas de distance maximale, le sujet considère son énoncé comme partie intégrante d'un monde distinct de lui-même ; la distance minimale est le fait de l'énoncé totalement assumé par le locuteur.
— Le concept de transparence étudie la présence ou l'effacement du sujet d'énonciation : le discours pédagogique (livre scolaire) aura une transparence maximale, la poésie lyrique une opacité maximale.
— Le concept de tension enregistre les rapports entre locuteur et interlocuteur par le moyen du texte : *être* et *avoir* marqueront la tension minimale, les auxiliaires *vouloir, pouvoir,* etc., la tension maximale.

Le concept de modalisation sert à l'analyse des moyens utilisés pour traduire le procès d'énonciation. L'adhésion du locuteur à son discours est ressentie par l'interlocuteur tantôt comme soulignée, tantôt allant de soi, tantôt en baisse ; la tension rend compte de l'opposition entre l'orateur qui agit sur son public et celui qui « ignore son public ». La modalisation permet de rendre compte de la perception par l'interlocuteur du fait que l'orateur croit, tient à ce qu'il dit. La modalisation de l'énoncé est donc du domaine du contenu : une ou plusieurs phrases, un « état » du discours sont ressentis comme comportant un certain degré d'adhésion du sujet à son discours. Le paradoxe de l'énonciation reste que les degrés continus de la modalisation se réalisent dans le discours par des éléments discrets. U. Weinreich exploite ainsi les travaux de R. Jakobson sur les embrayeurs ; toutefois, le recours au modèle génératif lui permet d'inclure dans les modalisateurs certains faits impliquant la considération des structures profondes : les transformations peuvent être modalisatrices. Ainsi, à côté d'adverbes modalisateurs (*peut-être, bien sûr,* etc.), du jeu des niveaux de langue (présence inattendue d'un mot argotique dans un discours soutenu), certaines transformations comme l'emphase, certaines constructions comme l'insertion de l'énoncé rapporté constituent aussi des marques de la modalisation.

modalité

1. Comme synonyme de mode*, la *modalité* définit le statut de la phrase : assertion, ordre ou interrogation.
2. Chez Ch. Bally, dans une analyse logique de la phrase, la *modalité* est une série d'éléments qui indiquent que le dictum*, procès pur et simple considéré comme débarrassé de toute intervention du sujet parlant, est jugé réalisé

ou non, désiré ou non, accepté avec joie ou regret, et cela par le sujet parlant ou par quelqu'un d'autre que le sujet parlant.

Toute phrase est donc caractérisée par une modalité apparente ou implicite. Les modes* grammaticaux ne sont qu'un des moyens utilisés pour exprimer la modalité ; celle-ci peut prendre la forme d'une incise ou d'une proposition comme *je crois, je crains que ; je me réjouis de ce que,* etc. Les adverbes jouent aussi souvent ce rôle (*peut-être, à mon avis,* etc.).

3. En grammaire générative, la *modalité* est, avec le noyau, un constituant immédiat de la phrase de base. Ce constituant de modalité (Mod) représente les éléments obligatoires suivants : Déclaratif, Interrogatif, Exclamatif et Impératif, et les éléments facultatifs : Emphase, Négatif (ou Affirmatif), Passif (ou Actif). Il définit donc le statut de la phrase : la phrase est interrogative, déclarative, exclamative, impérative et facultativement emphatique, négative ou passive ; ou bien, si deux éléments facultatifs (ou plus) sont combinés avec un élément obligatoire, la phrase est interro-négative, déclarative, passive et négative, etc. *(Pierre n'est-il pas venu ?... Pierre n'a pas été blessé par cette remarque.)* En effet, parmi ces éléments, les uns sont obligatoires : une phrase ne peut être que déclarative, interrogative ou impérative (et non les deux ou les trois en même temps). Les autres sont facultatifs : une phrase peut être passive ou active, emphatique ou neutre, négative ou affirmative. Chaque constituant de modalité déclenche une transformation spécifique, c'est-à-dire un changement structurel dans la phrase.

4. A. Martinet appelle *modalités* les monèmes grammaticaux qui ne peuvent pas servir à marquer la fonction : le monème de pluriel est une modalité.

5. On appelle *modalités logiques* les diverses manières d'envisager le prédicat de la phrase comme vrai, contingent (ou nécessaire), probable (ou possible). Les modalités de la contingence (*vs* nécessité) ou de la probabilité (*vs* possibilité) sont traduites par des auxiliaires de mode ; la modalité du vrai est traduite par l'absence d'auxiliaire de mode et la seule présence du temps. La modalité logique est distincte de la modalisation (où le locuteur assume ou n'assume pas son énoncé qui peut comporter une modalité logique) ; ainsi les deux phrases : *Le train doit arriver à cinq heures* et *Le train devrait arriver à cinq heures* ont toutes deux la modalité « probable », mais la première est assumée par le sujet parlant alors que la seconde ne l'est que partiellement ou ne l'est pas. (V. MODALISATION.)

mode

1. Le *mode* est une catégorie grammaticale associée en général au verbe et traduisant le type de communication institué par le locuteur entre lui et son interlocuteur (statut de la phrase) ou l'attitude du sujet parlant à l'égard de ses propres énoncés. Le mode est alors confondu avec les valeurs modales, avec la modalisation.

Dans le premier cas, le *mode,* ou *modalité,* de la phrase s'exprime par l'opposition entre *a)* l'assertion exprimée dans la phrase assertive, affirmative ou négative : *Paul vient. Paul ne vient pas ; b)* l'interrogation exprimée dans une phrase interrogative, affirmative ou négative : *Paul vient-il ? Paul ne vient-il pas ?* Le mode de l'assertion et de l'interrogation est en français l'indicatif, nom donné au mode de base ; *c)* l'ordre ou le souhait (le désir) exprimé dans une phrase impérative ou optative, affirmative ou négative. Le mode de l'ordre et du souhait est en français l'impératif ou le subjonctif : *Paul, viens. Puisse Paul venir demain.* Dans d'autres langues, l'ordre est exprimé par le mode impératif et le souhait par le mode optatif. Des phrases de ce type peuvent être directes (comme ci-dessus) ou indirectes, dépendant de « je dis que » pour l'assertion, de « je demande si » pour l'interrogation, de « je t'ordonne de » pour l'impératif, de « je désire que ou je souhaite que » pour l'optatif. En français, le mode de l'assertion et de l'interrogation indirecte est l'indicatif (mais, en latin, le mode de l'interrogation indirecte est le subjonctif) et le mode de l'impératif et de l'optatif est le subjonctif : *Je dis que Paul est venu / Je demande si Paul est venu / J'ordonne que Paul vienne / Je souhaite que Paul vienne.*

Dans le deuxième cas, le *mode,* ou *modalisation,* s'exprime par l'opposition entre une attitude du sujet parlant assumant (prenant en compte) ses énoncés et celle du locuteur n'assumant pas (rejetant) partiellement ou totalement ses énoncés. En français, le mode de l'énoncé assumé est l'indicatif ; le mode du non-assumé est le conditionnel dans les phrases directes et le subjonctif ou le conditionnel dans les phrases indirectes : *Pierre viendra. Pierre viendrait parce que Paul est venu / Quand bien même Paul viendrait.* (L'impératif direct exclut le non-assumé.)

La modalisation peut être indiquée aussi par d'autres moyens : les adverbes (*peut-être, sans doute,* etc.), les incises *(à ce que l'on dit),* les changements de registre (les guillemets dans l'écrit), etc. Le mode est distinct des modalités logiques où le prédicat est contingent, probable, nécessaire, possible (cette contingence, cette probabilité peut être elle-même assumée ou non).

2. En grammaire traditionnelle, les formes verbales du français sont communément regroupées sous cinq étiquettes, ou modes, que des critères formels (leur aptitude ou inaptitude à avoir des formes personnelles) et des critères syntaxiques (leur capacité ou incapacité à remplir la fonction de « verbe de la proposition ») permettent de répartir en *modes personnels* et *modes impersonnels.* Aux séries des formes verbales, disposant d'affixes variant selon la personne et fonctionnant comme verbe : *Lisez/Lis ; Je lirai/Ils liront ; Je veux qu'ils lisent/Que vous lisiez,* sont opposées les formes verbales invariables et dépendantes : *Je souhaite* ***lire*** *; Je l'ai surpris* ***lisant*** *; Il mange* ***en lisant.*** À l'intérieur de chacun de ces cadres, les modes se définissent par leur distribution particulière. L'absence de sujet caractérise l'impératif ; la présence de la conjonction *que,* le subjonctif ; la capacité à couvrir l'ensemble du système temporel, l'indicatif. Du côté des modes impersonnels, des procédures de commutation permettent de caractériser la fonction nominale, adjectivale, adverbiale, respectivement de l'infinitif, du participe, du gérondif *(Je veux* ***partir****/mon départ ; Je l'ai vu* ***pleurant****/triste ; Il est venu* ***en courant****/*rapidement). Ces distributions justifient l'étiquette de modes nominaux. On confond, traditionnellement, les modes grammaticaux avec les modalités qu'ils expriment, en imputant, par exemple, à l'indicatif la capacité d'exprimer le réel, les actions certaines, au subjonctif et à l'impératif celle de présenter l'irréel, l'éventuel, l'incertain, l'ordre, le souhait. On confère, aussi, aux modes et temps grammaticaux des valeurs modales qui ne relèvent, le plus souvent, que du contexte ; ainsi, dans *S'il venait, je serais heureux* et dans *Il viendra peut-être,* on a tendance à attribuer au conditionnel et au futur des valeurs hypothétiques qui sont, respectivement, du ressort de la subordonnée à l'imparfait et de l'adverbe.

modèle

1. On appelle *modèle* une structure logique ou mathématique utilisée pour rendre compte d'un ensemble de processus qui possèdent entre eux certaines relations.

2. En linguistique structurale, une suite de morphèmes est le *modèle* d'une autre (qui est son expansion*) quand cette dernière, plus longue, a la même distribution.

modestie

On appelle *pluriel de modestie* l'emploi du pronom personnel de la première personne *(nous)* employé par référence à un sujet singulier du discours pour éviter le *je* qui apparaîtrait, comme *moi,* prétentieux. Le *nous* de modestie est en particulier une marque du discours didactique.

modificateur

1. Dans une construction endocentrique*, le *modificateur* est celui des constituants dont la distribution est différente de celle de la construction tout entière (le constituant dont la distribution est identique est appelé *tête*). Par exemple, dans *L'homme à l'oreille coupée,* la tête de la construction est le syntagme nominal *l'homme,* qui a la même distribution ; *à l'oreille* *coupée* en est le modificateur. Si l'on considère ensuite le syntagme *l'oreille coupée,* la tête de la construction est *l'oreille* et le modificateur est *coupée*.

2. V. MODIFICATION.

modification

La grammaire traditionnelle et la linguistique structurale utilisent le terme de *modification* pour définir le rôle syntaxique des constituants du syntagme nominal autres que le nom « tête » et ses déterminants, et celui des constituants du syntagme verbal autres que le verbe, son auxiliaire et le syntagme nominal objet. Ainsi, d'une part, l'adjectif épithète, le complément du nom et la relative sont des *modificateurs* du syntagme nominal et, d'autre part, les adverbes de manière, les subordonnées et adjoints de temps, de lieu, etc., sont des *modificateurs* du syntagme verbal.

modifier

Le terme *modifier* est utilisé, particulièrement en grammaire traditionnelle, pour définir la fonction de l'adverbe par rapport au verbe *(Il l'aime **beaucoup**)* ou par rapport à l'adjectif *(Il est **très** fort).*

modiste

Au Moyen Âge, les *modistes* affirmaient l'autonomie de l'expression *(modus significandi)* et de la grammaire par rapport à la logique. Selon leurs principes (qui seront remis en cause par les grammairiens de Port-Royal, mais repris par la linguistique moderne), une catégorie grammaticale ne doit pas être définie par son signifié, mais par le rapport qui existe entre ce signifié et la manière dont on l'exprime.

modus

Le *modus* est l'attitude que le sujet parlant manifeste vis-à-vis du contenu de ce qu'il dit, ou dictum.

momentané

Les consonnes *momentanées,* ou discontinues, sont les consonnes qui comportent une fermeture complète suivie d'une ouverture brusque du chenal buccal, comme les occlusives, les vibrantes, les affriquées [p, t, d, tʃ, r], etc., par opposition aux consonnes continues.

monème

Dans la terminologie d'A. Martinet, le *monème* est l'unité significative élémentaire. Ce peut être un mot simple, un radical, un affixe, une désinence. Par l'emploi du terme de *monème,* l'auteur cherche à désambiguïser le terme de *morphème* désignant les unités significatives de base aussi bien lexicales que proprement morphologiques.

a) Monème autonome : si le rapport de l'unité avec l'énoncé est simplement impliqué dans le contenu sémantique de l'unité, le monème est dit *autonome* parce qu'il peut figurer en toute position, moyennant quelques réserves. Ex. : *Aujourd'hui c'est ta fête, C'est aujourd'hui ta fête, C'est ta fête aujourd'hui,* où *aujourd'hui* a des places variables. Il en va de même pour *hier, vite, souvent,* etc.

b) Monème fonctionnel : la langue utilise des monèmes fonctionnels pour l'introduction d'unités qui ne comportent pas en elles-mêmes, dans leur signification, leur rapport au reste de l'énoncé. Le rapport à l'énoncé est alors spécifié par un ou divers autres monèmes, dont c'est là le rôle et qu'on appellera *monèmes fonctionnels.* Ex. : *depuis ta fête ; depuis,* monème fonctionnel, spécifie le rôle de l'unité syntagmatique *ta fête.*

c) Monème dépendant : on appelle ainsi tout monème ne comportant pas en soi l'indication de sa fonction (cas du monème autonome) et n'ayant pas pour rôle d'indiquer la fonction d'un autre monème (cas du monème fonctionnel), c'est-à-dire l'immense majorité des monèmes de la langue.

À cette liste essentielle des monèmes, A. Martinet ajoute :

– Les *modalités,* monèmes et syntagmes qui actualisent, spécifient, complètent un monème dépendant. Ex. : articles et possessifs, comme *son* dans *son chien, la* dans *la voiture.*

– Les *monèmes prédicatifs,* qui ne pourraient disparaître de l'énoncé sans détruire celui-ci en tant que tel. C'est l'élément autour duquel s'organise la phrase. Le monème prédicatif peut constituer la totalité de l'énoncé : *merci, ici, sensationnel,* etc.

monolingue

Le terme *monolingue* s'applique à des individus ou des populations qui ne parlent qu'une seule langue, par opposition à *bilingue* ou *plurilingue.* (Syn. UNILINGUE.)

monophonématique

Une séquence phonique a une *valeur monophonématique* et apparaît comme la réalisation d'un phonème unique si, d'après les règles de la langue en question, elle est traitée comme un phonème unique ou si la structure générale du système des phonèmes de cette langue exige une telle valeur. Ainsi, en espagnol, la séquence [tʃ] que l'on entend dans *mucho* a une valeur monophonématique parce qu'il n'est pas possible de la segmenter en deux phonèmes distincts [t], [ʃ], ce deuxième phonème n'existant pas en espagnol. En italien, la séquence [dʒ] doit être considérée comme monophonématique pour les mêmes raisons, [ʒ] n'existant pas dans la langue.

monophtongaison
On appelle *monophtongaison* le passage d'une diphtongue ou d'une triphtongue à une monophtongue, comme la réduction en latin vulgaire, de [œ] à [e] (*/pœnam/* → /penam/« peine ») ; de [ae] à [ɛ] (*/káelum/* → /kɛlum/ « ciel ») ; de [au] à [ɔ] (*/aúrum/* → /ɔrum/ « or »). Le passage de l'ancien français au français moderne offre aussi des exemples de monophtongaison : *lait* [lɛ] anciennement prononcé [lajt], *reine* [rɛn] anciennement prononcé [rejn].

monophtongue
Une *monophtongue* est une voyelle qui ne change pas sensiblement de timbre au cours de son émission, comme [ɛ], [a], etc., par opposition aux diphtongues [ɛj], [aw], aux triphtongues*, etc.

monoréférentialité
La terminologie issue de la théorie d'E. Wuster affirme la *monoréférentialité* du terme scientifique ou technique ; c'est dire que, dans un domaine* étroitement défini, le terme ne désigne qu'une classe d'objets, de qualités ou de procès : le *référent* est unique, par l'intermédiaire de la notion*, insérée dans un système notionnel*.

Cette opinion sur le terme est très dépendante de la polarisation de la terminologie sur les nomenclatures (E. Wuster était ingénieur mécanicien), qui échappent à la problématique du signe linguistique quand elles ne sortent pas du cercle des spécialistes. Les grandes taxinomies* telles que celle de la chimie comportent elles aussi une intervention volontaire du scientifique sur le système. On a bien, dans ces cas, monoréférentialité. Mais ces systèmes ne constituent pas, et de loin, l'essentiel de la terminologie d'une discipline : la grande masse des termes scientifiques et techniques naissent et vivent hors d'un système taxinomique ou d'une nomenclature. On est alors nécessairement dans la problématique du *signe* linguistique*, et la monoréférentialité n'est pas assurée.

monosémique
Un morphème ou un mot sont *monosémiques* quand ils n'ont qu'un seul sens, par opposition aux mots qui ont plusieurs sens (polysémiques). La plupart des termes appartenant aux terminologies scientifiques n'ont qu'un sens : *laryngologie, appendicectomie, névralgie,* etc.

monosyllabe, monosyllabique
1. Un mot *monosyllabe* est un mot formé d'une syllabe : *pain, roi, lait,* etc.
2. Les *langues monosyllabiques* sont ainsi appelées parce que les morphèmes lexicaux et grammaticaux sont pour la plupart des mots d'une seule syllabe (le chinois est considéré comme une langue monosyllabique mais possède aussi des mots polysyllabiques).

monotonique
Les *langues monotoniques* sont celles où les tons ne jouent pas de rôle distinctif au niveau des morphèmes, par opposition aux langues à tons. Le français est une langue monotonique.

monotonisation
La *monotonisation* est un aspect d'une technique des méthodes de synthèse du langage appelée « technique de perturbation » : elle consiste à faire dire un texte, préalablement analysé, par un synthétiseur du langage, mais en supprimant les éléments d'intonation, puis à le soumettre à l'audition et au jugement d'un auditeur. L'intelligibilité n'est guère changée, mais l'accentuation et toutes les clauses de style verbal sont pratiquement détruites. Il s'agit de savoir dans quelle mesure le sujet reconstitue ces éléments manquants et, par là, de comprendre le rôle que ceux-ci jouent dans la communication.

more
Une *more* est l'unité prosodique inférieure à la syllabe, dont la durée est équivalente à une brève. Dans les langues qui comptent les mores, la différenciation entre les deux unités prosodiques d'une même syllabe se fait par la hauteur de l'accent musical : il y a élévation du ton sur la more culminante.

En lituanien, dans le mot *lova* [lo.ova] « lit », seule la première more de la première syllabe est aiguë ; dans *lostas* [.lo.ostas] « famille, race », c'est la seconde more de la première syllabe ; dans *losejas* [.loo.ʃe.ejas] « joueur », c'est la première more de la deuxième syllabe ; dans *lovys* [.loovi.is] « ange », c'est la seconde more de la deuxième syllabe. Dans chacun de ces mots, toutes les autres syllabes sont graves.

Le latin de l'époque classique était aussi une langue à more : l'accent délimitant le mot frappait toujours l'avant-dernière more avant la dernière syllabe, c'est-à-dire soit l'avant-dernière syllabe (pénultième) si celle-ci était longue, soit l'antépénultième si celle-ci était brève.

morphe

Le *morphe* est la réalisation concrète du morphème, sur le plan phonique et/ou graphique. En français, le morphème « aller » est réalisé par les trois morphes : *all-, v-, i-,* respectivement dans *allons, vais, ira.* (V. ALLOMORPHE et MORPHÈME.)

morphématique

On qualifie de *morphématique* ce qui est constitué de morphèmes, ce qui relève du morphème : le rang ou *niveau morphématique,* dans l'analyse structurale, est fait de la séquence des unités minimales de signification que sont les morphèmes.

morphème

1. Le terme de *morphème* désigne le plus petit élément significatif individualisé dans un énoncé, que l'on ne peut diviser en unités plus petites sans passer au niveau phonologique. C'est donc l'unité minimale porteuse de sens que l'on puisse obtenir lors de la segmentation d'un énoncé sans atteindre le niveau phonologique. À ce titre, il s'oppose au *phonème.* On dira donc qu'un énoncé comme *Les boxeurs souffrent* est composé, sur le plan graphique, de sept morphèmes : le + s + box + eur + s + souffr + ent. On distingue les morphèmes lexicaux et les morphèmes grammaticaux, les premiers appartenant à une liste ouverte *(box-, souffr-)* et les seconds à une liste fermée *(le, -eur, -s, -ent).*

Le rapport du morphème à la signification peut être direct ou indirect. Les distributionnalistes notent la différence entre le sens ainsi postulé et le sens tel qu'il est défini en sémantique ; par exemple *de,* dans *se souvenir de,* joue un rôle essentiellement structurel et son sens ne peut être défini selon les critères de la sémantique.

Le morphème peut être défini comme constituant immédiat du mot. L'interprétation à donner de cette définition demande toutefois à être précisée. En effet, on pourra demander que le morphème soit un segment identifiable du mot ; les morphèmes seront déterminés par la segmentation. C'est à ce titre qu'on parle du morphème *in-* dans *invalide, incapable, indigeste ;* de même pour *-eux* dans *malheureux, paresseux.* Dans cette optique, on dégage un morphème pluriel -*s* pour le français (morphème du code écrit) ; on note la présence de ce morphème dans *tables, chaises, enfants ;* mais quel morphème de pluriel dégager dans *chevaux, jeux ?* De même, comment rendre compte, avec une telle théorie du morphème, du rapport entre *Le livre du garçon* et *Le livre de la fille,* c'est-à-dire du caractère complexe du segment *du ?* Aussi le morphème est-il pour certains un constituant grammatical abstrait. Le rapport entre *à* et *au* est identique au rapport entre *à* et *à la ;* le rapport *cheval / chevaux* est identique au rapport *table / tables.* Les morphèmes seront alors les éléments grammaticaux abstraits que le descripteur pourra rétablir dans *au* (deux morphèmes), *du* (deux morphèmes) ; ces éléments abstraits n'auront donc pas toujours une représentation segmentale propre. Cette optique amène à distinguer *morphème* et *morphe :* le morphe sera le constituant immédiat isolable comme segment dans l'énoncé, et donc représentant du morphème. L'allomorphie sera la faculté pour un morphème unique d'être réalisé par plusieurs morphes : on appellera *allomorphes* les diverses représentations segmentales de ce morphème unique. Ainsi, le morphème /aller/ est-il réalisé en français par les morphes (allomorphes) *all-, v-, i-.*

On distingue, en outre, morphème simple et morphème composé, morphème segmental et morphème suprasegmental, et on définit certaines unités comme morphèmes uniques. Le *morphème composé* résulte de la composition de deux ou de plusieurs morphèmes uniques. Dans cette terminologie, l'unité *travaillons* est un morphème composé, formé par la juxtaposition des morphèmes uniques *travaill-* et *-ons*. Le *morphème segmental* forme tout ou partie d'un mot, alors que le *morphème suprasegmental* ne fait pas partie du mot (par exemple, l'intonation, le ton, l'accent). Enfin, on parlera de *morphèmes uniques* pour désigner les unités minimales significatives qui n'entrent que dans une seule combinaison. Il s'agit en fait d'éléments faisant partie de locutions figées, provenant d'états de langue antérieurs. On en prendra pour exemple *fur* dans *au fur et à mesure, for* dans *dans son for intérieur.*

2. Dans la terminologie fonctionnaliste, *morphème* est réservé aux éléments grammaticaux, comme les désinences verbales et casuelles, les affixes, etc. ; par exemple *-ons* dans *travaillons*. Le morphème est ici opposé au lexème : par exemple, *travaill-* dans *travaillons.* Le terme regroupant ces deux ensembles est celui de *monème : travaillons* comporte deux monèmes. L'opposition entre morphèmes et lexèmes recouvre alors la distinction de la grammaire traditionnelle entre affixes et radicaux.

3. En grammaire distributionnelle, le sens des morphèmes sera défini par leur distribution dans la phrase : deux morphèmes qui ont des significations différentes diffèrent quelque part dans leur distribution ; et, inversement, des distributions différentes distinguent des morphèmes phonologiquement ou graphiquement identiques.

4. La grammaire générative, travaillant sur des éléments abstraits jusqu'à l'application des règles morphophonologiques, définit le morphème comme un élément de la structure profonde ; il s'oppose au formant* (angl. *formative*), élément de la structure de surface. Dans une telle optique, un classement des morphèmes selon leurs caractéristiques superficielles serait sans objet.

morphologie

1. En grammaire traditionnelle, la *morphologie* est l'étude des formes des mots (flexion et dérivation), par opposition à l'étude des fonctions ou syntaxe.

2. En linguistique moderne, le terme de *morphologie* a deux acceptions principales :

a) ou bien la *morphologie* est la description des règles qui régissent la structure interne des mots, c'est-à-dire les règles de combinaison entre les morphèmes racines pour constituer des « mots » (règles de formation des mots, préfixation et suffixation) et la description des formes diverses que prennent ces mots selon la catégorie de nombre, de genre, de temps, de personne et, selon le cas (flexion nominale ou verbale), par opposition à la syntaxe qui décrit les règles de combinaison entre les morphèmes lexicaux (morphèmes, racines et mots) pour constituer des phrases ;

b) ou bien la *morphologie* est la description à la fois des règles de la structure interne des mots et des règles de combinaison des syntagmes en phrases. La morphologie se confond alors avec la formation des mots, la flexion et la syntaxe, et s'oppose au lexique et à la phonologie. En ce cas, on dit plutôt *morphosyntaxe.*

morphologique

1. On qualifie de *morphologique : a)* ce qui relève de la morphologie ; *b)* ce qui relève des morphèmes, ce qui est constitué de morphèmes. (Syn. MORPHÉMATIQUE.)

2. *Rang* ou *niveau morphologique.* V. RANG.

morphophonologie

1. La *morphophonologie* (ou *morphonologie*) est, pour l'école de Prague, l'étude de l'emploi en morphologie des moyens phonologiques d'une langue. La morphophonologie devrait, pour N. Troubetskoï, étudier :

a) la structure phonologique des morphèmes (par exemple, l'étude des différences de structure entre les morphèmes-racines nominaux et les racines pronominales dans les langues sémitiques) ;

b) les modifications combinatoires dans les groupes de morphèmes (le sandhi interne du sanskrit, essentiel dans certaines langues agglutinantes) ;

c) les mutations phoniques jouant un rôle morphologique (par exemple, le rôle des changements de quantité des voyelles).

2. En grammaire générative, la *morphophonologie* est la description de toutes les opérations par lesquelles les suites terminales des structures de surface reçoivent une interprétation phonologique et phonétique pour devenir des énoncés réalisés. La morphophonologie correspond à la phonologie et à la phonétique en linguistique structurale lorsque les items lexicaux insérés à la place des symboles reçoivent une interprétation phonétique ; elle correspond à la morphologie, à la phonologie et à la phonétique lorsque les items grammaticaux (comme Présent, Passé, Défini, etc.) se voient substituer des formes de la langue (parmi ces items, il en est qui se voient substituer des phonèmes prosodiques et intonèmes).

morphosyntaxe

La *morphosyntaxe* est la description : *a)* des règles de combinaison des morphèmes pour former des mots, des syntagmes et des phrases ; *b)* des affixes flexionnels (conjugaison et déclinaison).

Morris (Charles William), sémioticien américain (Denver 1901). Son œuvre principale, *Signs, Language and Behaviour* (1946), expose les fondements de la sémiotique, ou théorie générale des signes ; Morris y distingue la syntaxe, étude des relations mutuelles entre les signes, la sémantique, étude des relations entre les signes et ce qu'ils désignent, et la pragmatique, étude des relations entre les signes et ceux qui les interprètent. (V. Bibliographie.)

morte (langue)

On appelle *langue morte* une langue qui a cessé d'être parlée, mais dont le statut dans une communauté socioculturelle est parfois de jouer encore un rôle dans l'enseignement, dans les cérémonies rituelles, etc., comme le latin.

mot

1. En linguistique traditionnelle, le *mot* est un élément linguistique significatif composé d'un ou de plusieurs phonèmes ; cette séquence est susceptible d'une transcription écrite (idéogrammatique, syllabaire ou alphabétique) comprise entre deux blancs ; dans ses divers emplois syntaxiques, elle garde sa forme, soit totalement, soit partiellement (dans le cas de la flexion). Sur le plan sémantique, le mot dénote un objet (substantif), une action ou un état (verbe), une qualité (adjectif), une relation (préposition), etc. C'est cette définition qui est retenue en lexicographie. Une telle définition rencontre diverses difficultés portant :

a) sur l'identité postulée entre graphisme et fonctionnement sémantique ;

b) sur le fait qu'un mot possède, en général, non pas un seul sens, mais plusieurs ;

c) sur le fait que les mêmes notions, comme la qualité ou l'action, peuvent être marquées indifféremment par des mots de diverses natures grammaticales (par exemple, pour la qualité, *blanc* et *blancheur,* pour l'action *bondir* et *bond*) ;

d) et, surtout sur le fait que cette définition ne peut rendre compte des expressions figées ou des mots composés de plusieurs unités significatives qui ne sont pas réunies par des traits d'union dans l'écriture. On sera alors amené à parler d'*adverbes, d'adjectifs, de noms composés (en vain, rouge foncé, pomme de terre),* sans compter les sigles et les abréviations, qui constituent aussi une catégorie de « mots ».

2. En linguistique structurale, la notion de *mot* est souvent évitée en raison de son manque de rigueur.

a) Elle intervient encore dans une opposition *terme* vs *mot.* « Terme » désigne ici l'emploi monosémique (possédant une signification unique) qui sera fait d'une unité lexicale dans telle ou telle science, soucieuse d'établir une correspondance univoque entre ses concepts et les termes de sa nomenclature (par exemple, *rayon* est un terme scientifique de physique, dans *rayon X, rayon gamma,* etc.). « Mot » désignera, dans cette opposition, l'unité lexicale du vocabulaire général, essentiellement polysémique (susceptible de significations variées). Ex. : *rayon* dans *chef de rayon, rayon de soleil, roue à rayons,* etc.

b) On retrouve également la notion de mot dans une opposition *mot* vs *vocable.* Pour la statistique lexicale, le mot est l'unité de texte inscrite entre deux blancs graphiques. Chaque nouvelle occurrence est un nouveau mot. Dans cette optique, *le Cid* compte 16 690 mots, selon la norme de Ch. Muller ; il est indispensable au statisticien lexical de se créer une unité de compte, et la reconnaissance du mot peut poser un problème. Par exemple, faut-il compter *depuis que* pour deux mots et *dès lors que* pour trois ? Faut-il compter *de la gare* pour trois mots et *du quai* pour deux ? Si l'on optait pour trois mots dans *du quai* (= de le quai), faudrait-il trois mots aussi pour *du Havre,* qui commute pourtant avec *de Paris ?* On comprend la nécessité de décisions rigoureuses. En face du mot, unité de texte, le vocable sera l'unité de lexique. C'est-à-dire que tous les emplois du « même mot » (singulier et pluriel, par exemple) seront alors regroupés. On dira alors que *le Cid* compte 1 518 vocables. Mais la reconnaissance de deux mots du texte comme vocables identiques peut poser problème. En reprenant l'exemple donné plus haut, il est difficile de trancher si les mots *rayon* dans *chef de rayon* et dans *roue à rayons* seront considérés comme le même vocable.

Le terme de *mot,* pour son manque de rigueur, est volontiers banni au profit de la recherche d'unités significatives minimales, chaque linguiste ayant alors sa terminologie propre : *lexie, synapsie, lexème, unité significative,* etc.

motivation

1. On appelle *motivation* l'ensemble des facteurs conscients ou semi-conscients qui conduisent un individu ou un groupe à avoir un comportement déterminé dans les actes de parole : ainsi, on peut parler de motivation quand un locuteur, pour réagir contre une mode ou ce qu'il croit être une mode, évite systématiquement d'employer tel ou tel terme.

2. On appelle *motivation* la relation de nécessité qu'un locuteur met entre un mot et son signifié (contenu) ou entre un mot et un autre signe. Sauf en ce qui concerne les onomatopées, F. de Saussure a soutenu que le signe était immotivé (qu'entre [arbr], par exemple, et la notion d'arbre il n'y avait aucun rapport de nécessité).

É. Benveniste a contesté cette description en remarquant que le rapport entre signifiant et signifié, loin d'être arbitraire, était nécessaire : c'est en fait entre le signe (ensemble formé du signifiant et du signifié) et le référent (la « chose », l'objet ou procès du monde extérieur, de la réalité non linguistique) que le rapport est arbitraire.

Dans la dérivation, on parlera de motivation pour définir la relation entre le mot et le dérivé : ainsi, *vingtième* est motivé par rapport à *vingt.* Enfin, l'attraction paronymique (par exemple, *forcené,* anciennement *fors sené* « hors de sens », rattaché à *force*) est fondée sur une fausse motivation.

motivé

Selon F. de Saussure, la relation entre le signifiant et le signifié a un caractère non-motivé, ou immotivé, parce qu'il n'y a eu aucune raison, au départ, pour faire correspondre à un signifiant donné, /animal/ par exemple, un signifié donné (ici la notion d'animal). En revanche, une fois la relation établie, les dérivés sont *motivés* par rapport à la base : ainsi, le choix fait par la langue latine de la chaîne de sons *mare* pour désigner la notion de « mer » n'était pas motivée, du moins au niveau du latin ; les dérivés français de la série *marin, marine, marinier, marinière* sont motivés par rapport à la base *mar-* empruntée au latin, et *amerrir* est motivé par rapport au français *mer, amerrissage* étant lui-même motivé par rapport à *amerrir.*

mot-phrase

On appelle *mots-phrases* ou *phrasillons* des unités qui ne se laissent pas analyser en unités significatives plus petites, mais qui jouent sémantiquement le même rôle qu'une phrase entière. Parmi les *mots-phrases,* il faut ranger les interjections de la grammaire traditionnelle : *aïe ! à la bonne heure ! au secours !,* mais aussi *voici, voilà* qui sont des *mots-phrases incomplets* exigeant l'adjonction d'autres éléments *(voici Paul),* et les *mots-phrases anaphoriques,* qui tirent leur sens des phrases avec lesquelles ils sont en connexion *(Avez-vous vu Jean ? - Oui/non).*

En raison de la variété des idées et des sentiments qu'ils sont susceptibles d'exprimer, les mots-phrases se prêtent à une classification sémantique qui distingue les phrasillons logiques (incomplets ou anaphoriques) des phrasillons affectifs auxquels participent les interjections de la grammaire traditionnelle.

mot-portemanteau
Syn. de MOT-VALISE.

mot-racine
On appelle *mot-racine,* en le distinguant alors de la racine* proprement dite, un dérivé ayant une forme identique à celle du mot dont il dérive, ou plus brève encore. Ex. : *marcher* → *marche ; bondir* → *bond.*

Il semble opportun de préciser qu'il s'agit d'un niveau terminal, celui du segment réalisé dans l'énoncé (morphe) ; en effet, à un niveau abstrait, tout rapproche le mot-racine du mot formé par dérivation suffixale. Ch. Bally note que le signe de transposition est, pour ainsi dire, caché à l'intérieur du transposé.

Les mots-racines répondent à un processus de création d'unités lexicales beaucoup moins rigoureux que les autres dérivés du français. En face de la régularité des paradigmes *jardin, jardinier, jardinage, outil, outiller, outillage, brigand, brigander, brigandage,* etc., il est difficile d'indiquer les règles de formation des mots-racines du français. Les féminins sont relativement réguliers par rapport aux verbes : *marche, gêne, estime ;* mais les masculins revêtent les formes les plus diverses : *chant, tri, retour, gain, élan,* etc.

Dans certaines langues, le système de variations vocaliques donne de l'unité à la catégorie : en allemand, le rapport *finden/Fund, singen / Sang,* etc., permet le classement des substantifs en question dans une catégorie aisément repérable. En français, l'irrégularité et l'imprévisibilité de la variation vocalique contribuent, au contraire, à faire passer le mot-racine pour un mot simple, en masquant son caractère de dérivé (*jouer/jeu, soigner/soin,* etc.).

Les mots-racines sont parfois désignés comme déverbaux (au sens de « mots dérivés à partir des verbes »).

mot-valise
Un *mot-valise* résulte de la réduction d'une suite de mots à un seul mot qui ne conserve que la partie initiale du premier mot et la partie finale du dernier : *bit,* dont une autre forme est *binit,* est un mot-valise pour *binary digit ; franglais* est un mot-valise issu de *français* et *anglais.* C'est le mathématicien poète L. Carroll qui, sous le nom de *mots-portemanteaux,* a plaisamment fait la théorie des mots-valises dans *De l'autre côté du miroir :* Humpty-Dumpty explique certains mots du « Jabber-wocky » ; par exemple, *slithy* signifie à la fois *little* et *slimy.*

mou
1. Le terme de *consonne molle* est parfois employé comme synonyme de *consonne lâche**.
2. *Palais mou.* V. PALAIS.

mouillé
Une *consonne mouillée* est une consonne caractérisée par rapport à son homorgane non-mouillé par une élévation du dos de la langue contre le palais dur, qui a pour effet de diminuer le volume de la cavité buccale et de conférer au son une coloration semblable à celle de *i* ou de *j.* Ces consonnes ont une valeur phonologique dans les langues slaves et peuvent être notées par différents signes diacritiques, par exemple, le signe ['] : le russe oppose /mat'/ « mère » et /mat/ « échec ».

mouillure
1. Syn. de PALATALISATION. (V. MOUILLÉ.)
2. La *mouillure emphatique* est un type particulier de mouillure ou palatalisation qui apparaît dans certaines langues du Caucase oriental, comme le tchétchène, le lakke, l'ingouche, etc., et qui comporte une position particulière du larynx provoquant un bruit fricatif spécial, « enroué », qui s'étend aussi aux voyelles voisines.

I. **moyen** (adj.)
1. Le terme de *moyen* désigne un stade intermédiaire dans l'évolution d'une langue entre un état dit *ancien* et un état dit *moderne* (le *moyen français* est le français des XIVe-XVe siècles).
2. En phonétique, une *voyelle moyenne* est une voyelle produite avec le dos de la langue s'articulant vers le milieu de la voûte palatine à la limite du palais dur et du palais mou, par opposition aux voyelles antérieures et aux voyelles postérieures : le timbre de ces voyelles est donc intermédiaire entre celui des voyelles palatales et celui des voyelles vélaires. Les voyelles de ce type peuvent être arrondies ou non-arrondies : l'anglais connaît une voyelle moyenne mi-ouverte et non-arrondie (dans les mots *sir, girl,* etc.), le norvégien connaît une voyelle moyenne fermée arrondie (dans le mot *hus* « maison »), le suédois connaît une voyelle moyenne mi-ouverte et arrondie (dans le mot *hund* « chien »). On peut aussi considérer la

voyelle [ə] du français, dite « *e* muet », comme une voyelle moyenne, d'ouverture intermédiaire, non-arrondie.

On désigne parfois aussi sous le nom de *voyelles moyennes* les voyelles d'ouverture intermédiaire, surtout dans les systèmes phonologiques qui ne connaissent que trois degrés d'ouverture vocalique, comme l'espagnol, où [e] et [o] sont les voyelles moyennes.

3. En rhétorique, *moyen* se dit d'un style tempéré propre aux genres qui excluent la noblesse des sentiments ; c'est le style de la satire et de la comédie.

4. Le *complément de moyen* est le complément prépositionnel indiquant au moyen ou à l'aide de quoi une action est accomplie (ex. : *il se chauffe au gaz*).

II. **moyen** (n.)

Le *moyen* est une voix des verbes indo-européens, qu'on retrouve notamment en sanskrit et en grec. Il a une flexion spécifique par rapport à la flexion active et à la flexion passive, et indique que le sujet de la phrase est à la fois l'agent et l'objet (ce qui correspond au pronominal français : *Pierre se lave*), ou que le sujet est distinct de l'agent (ce qui correspond à l'intransitif français : *La branche casse*), ou encore que le bénéficiaire de l'action est l'agent lui-même (en français, le pronominal à double complément : *Pierre se lave les mains*). (V. DÉPONENT.)

muet

On appelle *phonème muet* un phonème qui est conservé dans l'écriture, mais qui n'est pas prononcé, tout au moins dans certaines positions ; ainsi le phonème [ə] du français qui se maintient dans certains contextes pour éviter un groupe difficile à prononcer (« un petit garçon » [œ̃ptigarsɔ̃], mais « une petite fille » [ynpətitfij]), le *h* dit « aspiré », qui ne se prononce pas, mais qui joue un rôle dans la prononciation puisqu'il empêche les liaisons (on dit « un héros » [œ̃ ero], mais « un éclair » [œ̃neklɛr]).

multidimensionnel

On qualifie de *multidimensionnelle* l'analyse de la chaîne parlée quand celle-ci est considérée comme une structure à deux dimensions. L'une des dimensions est celle des séquences de phonèmes (objet de l'analyse phonologique) ; l'autre est celle des séquences de traits prosodiques, accents, tons, intonations, pauses (objet de l'analyse prosodique), combinés aux phonèmes, aux groupes de phonèmes, aux mots ou aux phrases. L'analyse phonologique isolée est unidimensionnelle. (V. LINÉAIRE.)

multilatéral

Une *opposition multilatérale* est une opposition phonologique dont la base de comparaison est commune non seulement aux deux termes de l'opposition considérée, mais aussi à d'autres termes du même système. Ainsi, en français et en allemand, l'opposition /d/ - /b/ est multilatérale, les traits communs occlusif et voisé se retrouvant aussi dans le phonème /g/. Dans tout système d'opposition, les oppositions multilatérales sont plus nombreuses que les bilatérales : le système allemand possède 20 consonnes, soit 190 oppositions possibles, dont 13 bilatérales et toutes les autres multilatérales, soit 93 p. 100 du système. Tout phonème fait nécessairement partie d'une opposition multilatérale, tandis que rares sont ceux qui font partie d'une opposition bilatérale.

multilinéaire (phonologie)

On appelle *phonologie multilinéaire* (ou *non-linéaire* ou *plurilinéaire*) les théories qui se sont développées en alternative à une représentation phonologique unilinéaire, réduite à de simples séquences de phonèmes où manquent les éléments intonatifs et les structures syllabiques. Ces théories correspondent à l'approche autosegmentale*, métrique* et tridimensionnelle*. L'objectif est d'intégrer des éléments qui ne sont pas à la taille des phonèmes, notamment les structures tonales pour les langues à tons, mais aussi des éléments tels que la nasalité ou l'harmonie vocalique. La représentation est à l'image d'une partition dont les différentes lignes sont indépendantes, chacune ayant son développement spécifique, avec des correspondances et une synchronisation. Le nombre d'éléments sur chaque ligne peut être différent. Si sur une ligne il y a plus d'éléments que sur les autres lignes, ces éléments sont appelés *éléments flottants* (*floating tones,* Clements et Keyser, 1983) ; on parle d'éléments *vides* quand sur une ligne il y a moins d'éléments que sur les autres. Une consonne flottante est une consonne ambisyllabique, ou qui n'est pas liée à une syllabe, comme le dernier *t* du mot *petit* en français (alors que dans *petite,* le *t* est associé à la dernière syllabe), comme le *t* de *dont* [dɔ̃], *dont acte* [dɔ̃takt], le *n* de *bon,* le *s* de *les, les roseaux, les oiseaux* [le rozo], [le zwazo]. Dans l'adjectif *bon,* le trait de nasalité affecte la voyelle elle-même dans [bɔ̃], mais suscite l'apparition de l'élément consonantique dans les syntagmes avec liaison *bon ami, bon appétit* [bɔnami], [bɔnapeti], etc.

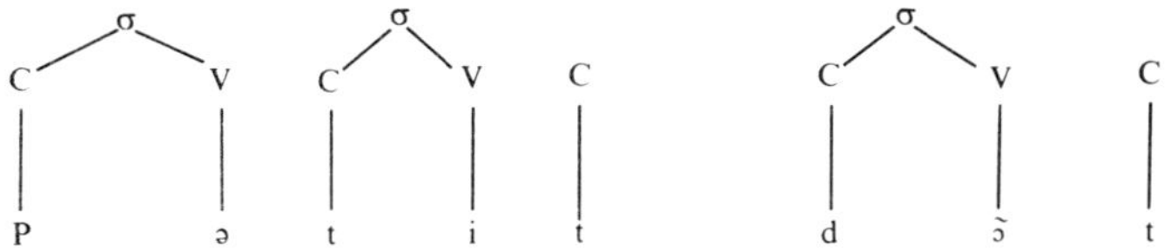

Pour *dont un ami,* il est donné la représentation suivante :

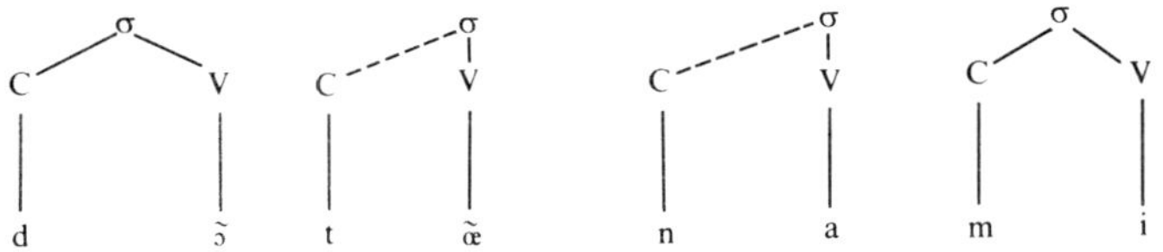

Dans le cadre multilinéaire, le *h* aspiré est conçu comme un élément consonne relié à la structure syllabique mais sans lien avec la ligne segmentale où il n'y a pas de correspondant, ainsi pour le mot *héros :*

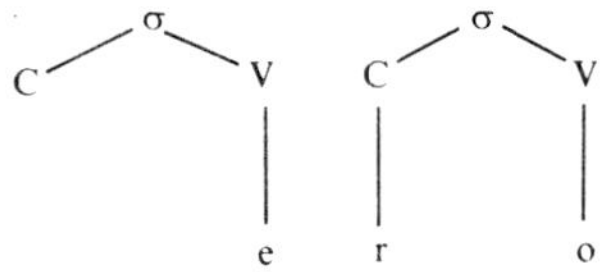

La théorie métrique (Lowenstamm, 1979) suppose que toute syllabe comporte une *Attaque (onset)* facultative et une *Rime,* divisée elle-même en *Noyau* et une *Coda* facultative. Dans ce cadre, les mots à *h* aspiré à voyelle initiale sont analysés comme des mots ayant une attaque nulle, ce qui bloque l'application de la règle d'élision et de troncation valable dans les mots à initiale vocalique sans *h* aspiré. Par exemple les syntagmes *la hausse* et *l'école* se présentent ainsi :

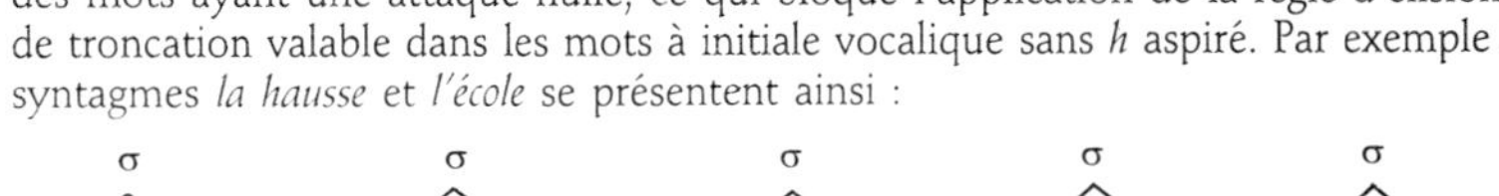

Dans la théorie métrique*, les mots à *h* initial aspiré mais à semi-voyelle initiale sont considérés comme ayant une attaque nulle, ce qui les différencie des autres mots à *h* initial aspiré : ainsi le mot *huit* est traité comme un mot à initiale vocalique, position qui intègre les voyelles hautes dans la même classe majeure que les glides (+ voc. + cons.), les opposant ainsi aux autres voyelles (+ voc. − cons.).

L'application à l'étude de la liaison de la théorie autosegmentale* associée à la phonologie métrique* a permis la mise en évidence d'une liaison sans enchaînement caractéristique du discours des hommes politiques actuels (Encrevé, 1988). Dans l'énoncé *j'avais un rêve* [ʒavɛz œ̃rɛv], la consonne [z] est un élément non-syllabique au niveau lexical, un élément rattaché à la syllabe précédente. La consonne de liaison non-enchaînée peut aussi, lorsqu'elle est occlusive, être réalisée comme une aspirée, ainsi la consonne occlusive [t] dans l'énoncé *Qui sont en vérité les siens* [kisɔ̃tɑ̃verite le sjɛ̃].

Les consonnes extrasyllabiques n'appartiennent pas à la syllabe, mais à une unité plus haute qui est le mot. Ainsi la règle de transformation des consonnes fermées en glides bloquée par une séquence obstruante + sonante telle que [tr] ou [kr] se trouve débloquée dans les mots présentant à l'initiale [s] + obstruante : les mots *trouer, crier* sont prononcés [true] et non [trwe], [krie] et non [krje], mais les mots *skieur, skier,* peuvent se prononcer [skjœr] ou [skiœr], [skje] ou [skie]. La consonne [s] est une sorte d'appendice à la syllabe qui suit (Annie Rialland, 1991). D'autres exemples de consonnes extrasyllabiques apparaissent en français avec la chute du schwa qui entraîne une resyllabation :

on recommence [ɔ̃rkomɑ̃s]

L'application de ces théories rend également compte de façon très simple du mécanisme de formation des hypocoristiques à redoublement comme *Totor, Guiguite, Nanar,* etc. (Plenat, 1984). L'approche autosegmentale n'exige comme éléments d'explication que la portée CVCV et les règles d'association initiale. Toutes les autres propriétés de ces diminutifs (redoublements, respect de l'ordre des voyelles du mot de base, effacement) découlent de l'application de conventions universelles. La théorie métrique permet de poser l'hypothèse selon laquelle les termes associés par transposition hypocoristique ne seraient pas des séquences de consonnes et de voyelles, mais des séquences de constituants prosodiques intermédiaires entre la syllabe et la voyelle : l'Attaque, le Noyau et la Rime. De nombreux diminutifs dissyllabiques peuvent être ainsi obtenus.

Les modèles multilinéaires font l'objet d'applications en synthèse de la parole. Le système appelé Delta propose la synthèse de quelque langue ou dialecte que ce soit par le modèle des phones et des transitions (Suzanne Hertz, 1990) ou par l'utilisation des paramètres de Klatt. Une première application présente un algorithme de règles de base pour déterminer la structure temporelle des syllabes accentuées en anglais américain (G.A.). Voici un des exemples proposés par l'auteur du système Delta, pour le mot anglais *tot* dans l'énoncé *Say tot for me* :

phones	t		o		t
F^2	1 800		1 300		1 700
transition		trans		trans	
Tps millisec.	95	70	85	50	85

multilingue
Syn. de PLURILINGUE.

multilinguisme
Syn. de PLURILINGUISME.

multiplicatif
On désigne parfois sous le terme de *multiplicatifs* les adverbes exprimant la répétition, comme *bis, ter.*

mutation
1. On emploie parfois le terme de *mutation vocalique* comme synonyme de *métaphonie**.
2. On donne le nom de *mutation consonantique* à une série de changements consonantiques qui peuvent apparaître en chaîne dans l'histoire d'une langue, dans un processus couvrant parfois plusieurs siècles : par exemple, en germanique primitif, les ténues deviennent des aspirées, les moyennes perdent leur sonorité, puis les sonores aspirées perdent leur aspiration, devenue redondante après désonorisation des moyennes.

Une *mutation phonologique* est une modification qui se manifeste dans le système phonologique, par l'apparition d'oppositions nouvelles (phonologisation*), la disparition d'oppositions anciennes (déphonologisation*), le déplacement d'une opposition phonologique (rephonologisation*). Le terme de *mutation* est employé pour montrer que les changements phonologiques se produisent par bonds. Ainsi, en grand-russe méridional, il y a eu confusion du [o] inaccentué avec [a] : les étapes intermédiaires phonétiquement possibles (le passage du phonème à un [ɔ] très ouvert, puis à [a.], puis à [a] par une perte progressive du caractère arrondi) n'intéressent pas le point de vue phonologique, pour lequel existent seulement le point de départ et le point d'aboutissement de l'évolution. Tout changement phonique peut être le véhicule d'une mutation phonologique : ainsi, la tendance phonétique à l'avancement du point d'articulation du phonème [k] en [t] devant [j], très fréquente dans différentes langues et parlers (en français populaire « cinquième » est souvent prononcé [sɛ̃tjɛm] et non [sɛ̃kjɛm]), aboutit en toscan ancien à une mutation par l'apparition d'un nouveau phonème /c/ attesté au XVIe siècle. On réserve parfois le terme de *faisceau de mutations phonologiques* à plusieurs mutations qui se produisent en série : ainsi, en espagnol, le passage du système phonologique ancien au système moderne s'est accompagné de la disparition de trois phonèmes (/ʃ/, /ʒ/, /z/) et de l'apparition de deux phonèmes /θ/ et /x/, avec une redistribution de l'ensemble du système phonologique.
3. Le terme *mutation* désigne les opérations de commutation* ou remplacement d'une unité dans une suite donnée par une unité qui n'y figurait pas ; ainsi, on parlera de mutation si on substitue *barrière* à *porte* dans *Le gardien ouvre la porte.* La mutation est aussi la permutation ou le remplacement d'une unité dans une suite donnée par une autre unité de la suite, celle-ci étant elle-même remplacée par la première ; on dira qu'il y a permutation ou mutation sujet-objet dans la phrase : *Pierre aime Jacqueline et Jacqueline aime Pierre.*

mythogramme
On désigne par le nom de *mythogramme* le signe d'un système d'écriture qui traduit un énoncé complet sans possibilité de segmentation, par exemple les pictogrammes.

mythographie
La *mythographie* est le système d'écriture utilisant des mythogrammes.

n

narration

1. Partie du discours, venant après l'exorde, la *narration* est en rhétorique l'exposé des faits qui précède la confirmation (exposé des preuves).

2. On appelle *infinitif de narration* l'infinitif employé stylistiquement avec la valeur d'un indicatif dans les récits (ex. : *Et grenouille de sauter*).

Le *présent de narration* ou *présent historique* est employé dans les récits ou narrations à la place de l'imparfait pour accentuer le caractère dramatique.

narratologie

La *narratologie* est l'étude des structures narratives dans les textes écrits.

nasal

Un *phonème nasal,* comme le [m] de *mal* ou le [ɔ̃] de *pont,* est un phonème caractérisé du point de vue articulatoire par l'écoulement d'une partie de l'air issu du larynx à travers les fosses nasales, grâce à l'abaissement de la luette. Cette bifurcation de l'air entraîne l'adjonction au résonateur buccal d'un résonateur supplémentaire. Du point de vue acoustique, les phonèmes nasals s'opposent aux phonèmes oraux correspondants par la réduction de l'intensité des formants, la diffusion de l'énergie sur de plus larges bandes de fréquence et par l'introduction de formants additionnels : pour les voyelles, un formant situé entre le premier et le deuxième formant ; pour les consonnes, deux formants constants et nets situés environ, l'un à 200 c/s et l'autre à 2 500 c/s.

L'opposition entre consonnes orales et consonnes nasales est à peu près universelle : certaines langues, cependant, l'ignorent, comme le wichita. Toutes les classes de localisation (labiale, dentale, palatale, vélaire) peuvent comporter une consonne nasale, mais les nasales les plus fréquentes sont la nasale labiale [m] et surtout la dentale [n]. Le français présente aussi une nasale palatale [ɲ], comme dans *agneau.* L'anglais, l'allemand présentent également une nasale vélaire [ŋ] que l'on entend à la fin des mots *song* « chanson » et *jung* « jeune ». Les consonnes nasales sont en général voisées : elles peuvent perdre ce trait au contact de phonèmes non-voisés, par assimilation, comme dans les terminaisons en *-isme* prononcées [ism] ou inversement [izm] dans les mots *communisme, prisme,* etc. Seules quelques langues de faible rayonnement opposent des nasales voisées et des nasales non-voisées (comme le kuanyama, dans le Sud-Ouest africain, qui oppose [na] « avec » et [na] « calme »). Les consonnes nasales sont des continues et des sonantes.

L'opposition entre les différentes nasales d'un même système phonologique peut être neutralisée à la finale ou à l'intérieur du mot devant une consonne (comme en grec ancien, en italien, en espagnol, en croate, en finnois, en japonais, etc.) ; le choix du représentant de l'archiphonème est alors conditionné extérieurement par la nature de la consonne suivante : en espagnol, les oppositions [m], [n] et [ɲ], admises à l'initiale, sont neutralisées à la finale, où la nasale est réalisée comme [m] devant [p, b, m] *(un beso),* comme [n] devant les dentales *(un tonto),* comme [ɲ] devant une palatale *(un llano),* comme [ŋ] devant une vélaire *(un gato).* De cette simplification il résulte, dans quelques langues et dans certaines positions, un phonème nasal de localisation indéterminée appelé *nasale indéterminée,* caractérisé uniquement par le degré minimal d'obstacle (par exemple en chinois central, en tamoul).

L'opposition phonologique entre voyelles nasales et voyelles orales est très rare. En Europe, toutes les langues l'ignorent, sauf le français et, partiellement, le polonais et le portugais. Le français présente quatre voyelles nasales qui s'opposent aux quatre voyelles orales correspondantes, bien que le point d'articulation ne soit pas en tous points semblables ([ɑ̃], [ɔ̃], [ɛ̃], [œ̃] de *an, on, pain, un*). Les voyelles [ɛ̃] et [œ̃] tendent à se confondre dans la langue parisienne, où l'on ne distingue plus *brin* et *brun.* Cette confusion, qui n'a pas d'équivalent pour les voyelles orales, s'explique par la subtilité de la distinction de nasalité : celle-ci implique un affaiblissement de l'intensité des autres formants qui rend plus difficile la perception des différences de labialisation et d'ouverture. De fait, la distinction entre les voyelles nasales et orales apparaît tard dans le système phonologique de l'enfant français.

nasalisation

On appelle *nasalisation* la résonance nasale qui accompagne une articulation orale, qu'elle ait une valeur phonologique ou qu'elle résulte de l'assimilation d'une voyelle par la consonne suivante. Sur le plan diachronique, la *nasalisation phonétique* peut être le véhicule d'une mutation phonologique, comme celle qui a abouti en français à la formation du système des voyelles nasales : l'orthographe des mots *bon* [bɔ̃], *ban* [bɑ̃], etc., atteste encore l'ancienne présence d'une consonne dont le timbre nasal s'est transféré sur la voyelle précédente avec un affaiblissement progressif de l'occlusion.

nasalisé

Un *phonème nasalisé* est un phonème qui s'accompagne d'une résonance nasale (appelée *nasalisation* ou *nasalité*). Ce terme est parfois employé comme synonyme de *nasal* ; parfois, on réserve le terme de *nasal* aux consonnes et celui de *nasalisé* aux voyelles. Enfin, en général, le terme de *nasalisé* est réservé de préférence au trait phonétique dû à l'assimilation d'un phonème voisin, et celui de *nasal* au trait phonologique indépendant du contexte : dans *bonne terre,* la première voyelle est une voyelle nasalisée ; dans *bon temps,* la première voyelle est une voyelle nasale.

nasalité

Le terme de *nasalité* désigne la résonance nasale due à l'écoulement de l'air laryngé par les fosses nasales, pendant l'articulation d'une voyelle ou d'une consonne. On réserve parfois ce terme aux consonnes et celui de nasalisation aux voyelles. En général, ce terme désigne les cas où la résonance nasale a une valeur phonologique, se différenciant ainsi de la nasalisation*.

nasonnement

On appelle *nasonnement* un type de nasalisation pathologique provoqué par une paralysie ou une lésion de la voûte palatine (division, perforation, etc.).

natif V. LOCUTEUR.

naturel

1. Certains philosophes grecs disaient que la langue est *naturelle* pour affirmer qu'elle existe en dehors de toute société ou avant toute société, les rapports entre les mots et les choses désignées étant imposés par la nature ou par des réalités extérieures à l'homme. Cette théorie, qui s'oppose à celle de la langue conçue comme une convention, n'explique que quelques phénomènes comme les onomatopées. Elle oppose les *anomalistes** aux *analogistes**.

2. On oppose les *langues naturelles* aux langues artificielles*. Les premières (français, anglais, hindī, russe, chinois, etc.) sont spécifiques à l'espèce humaine dans sa totalité ; instruments de communication et d'expression, elles reposent sur des propriétés universelles propres à tout langage humain. Les secondes sont des constructions particulières, fabriquées par l'homme (elles sont créées de toutes pièces), en utilisant certaines des propriétés des langues ; ce sont des codes (comme le morse) ou des langages (comme les mathématiques).

3. *Genre naturel.* V. GENRE.

nécessaire
F. de Saussure définit la relation existant entre le signifiant et le signifié (V. SIGNE) comme arbitraire, c'est-à-dire comme libre de toute contrainte naturelle qui obligerait à prendre tel ou tel signifiant pour tel ou tel signifié ; mais É. Benveniste met l'accent sur le caractère *nécessaire* qui fait que le signifiant choisi par la langue ne dépend plus du choix des locuteurs, mais s'impose à eux. L'utilisateur ne peut modifier en quoi que ce soit le choix fait à l'origine, et la société elle-même ne peut exercer que très difficilement une réglementation quelconque sur les relations entre signifiant et signifié. C'est donc en ce qu'il s'impose aux individus de manière inéluctable que le signe linguistique est nécessaire : ainsi, le signifiant [pwɑsɔ̃], toutes les fois que je l'emploierai, évoquera chez mes interlocuteurs la notion de « poisson », et il ne m'est pas possible de décider qu'il désignera tel ou tel quadrupède. (V. CONTINGENT.)

négatif
La *phrase négative,* opposée à la *phrase affirmative,* se définit par son statut, la négation : *Paul ne viendra pas* est une phrase négative opposée à *Paul viendra,* qui est une phrase affirmative.

négation
La *négation* est un des statuts de la phrase de base (assertive ou déclarative, interrogative et impérative) consistant à nier le prédicat de la phrase : *Paul n'est pas heureux* est une négation ; cette phrase est une assertive négative. *Paul n'est-il pas heureux ?* est une négation ; la phrase est une interro-négative. *Ne viens pas* est une négation ; la phrase est une impérative négative. La *double négation* est la présence à l'intérieur de la même phrase de deux négations qui s'annulent plus ou moins complètement.

On distingue la *négation,* procédure grammaticale, du *refus,* qui se réalise par des mimiques et des gestes (hochement de tête, geste de la main) aussi bien que par des énoncés, et qui relève de la sémiotique. En français, la négation grammaticale porte sur des segments d'étendue très variable : on oppose la *négation totale,* portant sur toute la phrase (celle-ci exprime alors un jugement contradictoire pouvant être paraphrasé par la locution « il est faux que », suivie du jugement positif : *Je ne le connais pas/Il est faux que je le connaisse),* à la *négation partielle,* portant sur un élément de la phrase (celle-ci exprime un jugement contraire : *Je ne le vois plus/Je n'ai pas lu tous les ouvrages de Voltaire).* L'inventaire des moyens linguistiques par lesquels le locuteur est susceptible de nier son énoncé permet de distinguer entre les moyens morphologiques (on peut nier, par simple affixation, le constituant sur lequel porte la négation : ***non** valable ; **il**lisible*) et les moyens morphosyntaxiques : ce sont les mots-phrases qui représentent une proposition ou une partie de proposition sur le mode négatif *(Est-ce que je vous ennuie ? — En aucune façon/Non/Pas du tout),* les adverbes de négation employés dans les phrases prédicatives sans verbe *(pas/point/jamais/plus de bruit),* le morphème négatif ***ne*** employé seul dans les subordonnées comparatives *(Je le crois plus/moins malin qu'il n'en a l'air)* ou en liaison avec des mots comme *personne, rien, aucun, nul, guère, jamais, plus* en relation avec *ni* et surtout avec *pas* et *point.*

néoforme
On appelle *néoformes* dans le discours des aphasiques les paraphasies* formées de termes qui ne correspondent à aucun mot de la langue et qui apparaissent à la place des mots normalement attendus dans le discours ; ainsi *linduranche* relevé dans un énoncé d'aphasique sensoriel. (V. APHASIE.)

néo-grammairiens
Tout en mettant en évidence le fonctionnement de la loi de mutation consonantique dans les langues germaniques, J. Grimm avait admis au XIXe siècle qu'elle ne jouait jamais de façon complète. Au contraire, les néo-grammairiens, chez qui prédominent les conceptions positivistes, ont suivi sans hésitation W. Scherer, qui attribue l'évolution phonétique à des « lois » « qui n'admettent de variation qu'en conformité avec d'autres lois ». Malgré la hardiesse de l'affirmation selon laquelle les lois phonétiques ne comporteraient pas d'exceptions, qu'elles sont immuables et universelles, les néo-grammairiens ont expliqué beaucoup d'irrégularités constatées par leurs prédécesseurs. On ne nie plus l'importance des travaux de ceux qui se sont donné le nom de « néo-grammairiens », utilisé d'abord par mépris, à leur intention, par leurs adversaires.

néographie
La *néographie* est la partie de la terminographie qui s'occupe de relever de façon systématique les innovations lexicales d'une langue. On parle également de « veille terminologique ».

néologie

La *néologie* est le processus de formation de nouvelles unités lexicales. Selon les frontières qu'on veut assigner à la néologie, on se contentera de rendre compte des mots nouveaux, ou l'on englobera dans l'étude toutes les nouvelles unités de signification (mots nouveaux et nouvelles combinaisons ou expressions).

On distingue *néologie de forme* et *néologie de sens*. Dans les deux cas, il s'agit de dénoter une réalité nouvelle (nouvelle technique, nouveau concept, nouveaux realia* de la communauté linguistique concernée). La néologie de forme consiste à fabriquer pour ce faire de nouvelles unités ; la néologie de sens consiste à employer un signifiant existant déjà dans la langue considérée en lui conférant un contenu qu'il n'avait pas jusqu'alors — que ce contenu soit conceptuellement nouveau ou qu'il ait été jusque-là exprimé par un autre signifiant.

De nombreux processus existant en langue permettent la *néologie de forme :* préfixation et suffixation *(minijupe, vietnamiser),* troncation (une *mini*), siglaison (*sida,* pour Syndrome Immunodéficitaire Acquis), etc. On peut penser que l'emprunt aux langues étrangères est à assimiler au néologisme de forme. Souvent les processus se cumulent : préfixe et trait d'union *(micro-onde),* siglaison et suffixation (*cégétiste,* formé sur C.G.T.).

La *néologie de sens* semble pouvoir provenir d'origines diverses en discours : le néologisme peut être le fruit d'une métaphore figée, passée en langue ; par exemple, la *fourchette* (en matière de prévisions statistiques), un *créneau* (en organisation du travail).

On sait la difficulté pour le français d'admettre les néologismes : le XVIIe siècle a contribué à figer les capacités du français en matière de néologie par des prescriptions rigoureuses, mais souvent injustifiées (la concurrence des suffixes créait parfois en moyen français des possibilités jugées excessives de dérivation, chaque suffixe ne parvenant pas à se spécialiser en un sens). Depuis, les progrès scientifiques, techniques, culturels ont conduit à la nécessité d'une terminologie en continuel accroissement. L'intérêt gouvernemental pour la survie du français comme langue scientifique et technique entraîne une meilleure compréhension de la nécessité d'aider à la gestion de la néologie. Avec du retard sur le Québec, pour qui l'arrêt du processus d'américanisation de la langue a été une question essentielle, la France, encouragée par le concept de *francophonie* (ensemble des pays et des locuteurs francophones), se dote d'institutions qui ont entre autres pour fonction de canaliser la néologie, nécessaire à l'équipement des vocabulaires spécialisés. Ainsi, la Délégation générale à la langue française, rattachée aux services du Premier ministre et exécutant les recommandations du Conseil supérieur de la langue française, fait paraître un *Dictionnaire des néologismes officiels* qui reprend les recommandations des commissions de terminologie d'abord publiées au *Journal officiel.*

néologisme

Le *néologisme* est une unité lexicale (nouveau signifiant ou nouveau rapport signifiant-signifié) fonctionnant dans un modèle de communication déterminé, et qui n'était pas réalisée antérieurement. Cette nouveauté correspond en général à un sentiment spécifique chez les locuteurs. Ainsi, certains néologismes, relevant de la néologie de langue, font partie intégrante de la grammaire lexicale de la langue (ex. : *surprenamment*). Selon le modèle choisi, on distinguera des néologismes en synchronie large et étroite, des néologismes pour la langue dans son ensemble ou pour des usages particuliers (ex. : technolectes). Il s'agit donc d'un concept relatif et opératoire. Aujourd'hui, les lexicographes ont tendance à éviter le plus possible la marque *néol.* en privilégiant les datations.

neurolinguistique
La *neurolinguistique* est la science qui traite des rapports entre les troubles du langage (aphasies*) et les atteintes des structures cérébrales qu'ils impliquent. L'hypothèse fondamentale de la neurolinguistique est qu'il existe une relation entre les formes de désorganisation verbale, qui peuvent être décrites selon les divers modèles linguistiques (distributionnel ou structural, transformationnel et génératif), et les types pathologiques établis par le neurologue sur la base de la localisation de la lésion responsable et des aires corticales atteintes.

neutralisable
Une *opposition phonologique neutralisable* est une opposition bilatérale susceptible de ne pas fonctionner dans certaines positions de la chaîne parlée. Ainsi, en français, l'opposition [e] *vs* [ɛ] fonctionne en position de syllabe finale ouverte *(ré / raie ; lé / lait ; allez / allait) ;* dans les autres contextes, en syllabe fermée (finale ou intérieure), *ver, perdant,* il y a automatiquement réalisation par [ɛ] ; en syllabe ouverte intérieure, *maison, pécheur, pêcheur,* il y a en général réalisation libre du [e], du [ɛ] ou plutôt d'un son intermédiaire (l'opposition [e] *vs* [ɛ] de *pécheur - pêcheur* n'ayant plus qu'une valeur normative). Il y a donc réalisation de l'archiphonème* dans toutes les positions autres qu'en finale ouverte : l'archiphonème est représenté par un terme de l'opposition en syllabe fermée, par l'un ou l'autre (ou par une réalisation intermédiaire) en syllabe ouverte intérieure. Dans les positions de neutralisation, l'archiphonème s'oppose, par les traits communs aux deux termes de l'opposition (ici, voyelle palatale intermédiaire), à tous les autres phonèmes du système. Or, cette base commune n'existe que si l'opposition est bilatérale. C'est pourquoi une opposition neutralisable est nécessairement bilatérale, bien que toutes les oppositions bilatérales ne soient pas nécessairement neutralisables. Une opposition non neutralisable est une opposition constante, comme en français l'opposition [i] *vs* [a], ou [p] *vs* [b]. En allemand et en russe, l'opposition de voisement [t] *vs* [d] est neutralisée à la finale, le représentant de l'archiphonème étant toujours le terme non-voisé. De même, en italien, l'opposition de voisement [s] *vs* [z] est neutralisée à l'initiale au profit du [s].

Les deux termes d'une opposition neutralisable sont plus étroitement apparentés que ceux d'une opposition constante.

neutralisation
1. On appelle *neutralisation phonologique* le fait que, dans certaines positions de la chaîne parlée, une opposition phonologique comme [e] *vs* [ɛ] en français n'est plus pertinente. On distingue différents types de neutralisation suivant les conditions dans lesquelles elles se réalisent. La neutralisation assimilative est une neutralisation déterminée par l'assimilation à un phonème contextuel, ou conditionnée par le contexte : par exemple, la neutralisation des consonnes nasales en espagnol, en italien, etc. La neutralisation conditionnée par la structure est celle qui se produit indépendamment des phonèmes environnants et dans des positions déterminées du mot : par exemple, à la frontière initiale et/ou finale (neutralisation centrifuge comme l'opposition voisé *vs* non-voisé en russe). La neutralisation dissimilative est celle qui se réalise lorsque les deux phonèmes en opposition se dissimilent par rapport au trait distinctif d'un phonème contextuel : l'opposition aspiré *vs* non-aspiré en grec est neutralisée lorsqu'apparaît dans le mot, sans suivre immédiatement, une consonne aspirée. La neutralisation réductive est la neutralisation d'une opposition phonologique en toutes positions autres que la position accentuée : ainsi, en russe, les oppositions [e] *vs* [i], [o] *vs* [a], en italien, les oppositions [o] *vs* [ɔ], [e] *vs* [ɛ] sont neutralisées en position inaccentuée. La neutralisation progressive est celle qui se produit avant quelque chose, la neutralisation régressive celle qui se produit après quelque chose.
2. Le concept de neutralisation a été également appliqué au domaine syntaxique (par ex. dans *leur* [Je *leur* parle], il y a neutralisation de l'opposition masculin *vs* féminin manifestée dans ils *vs* elles), ainsi qu'au domaine lexical (notion d'archilexème*).

neutre
1. Le *neutre* est un genre* grammatical qui, dans une classification en trois genres, s'oppose au masculin et au féminin. Le neutre représente souvent, mais non constamment, le terme « non-animé » dans le genre naturel, lorsque celui-ci repose sur l'opposition entre les animés, personnes et animaux, d'une part (classés en « mâle / masculin » et en « femelle / féminin ») et les objets non-animés, d'autre part. Ainsi, le latin *templum* (temple) est neutre, s'opposant par ses désinences à *dominus* et à *domina* (maître / maîtresse). En français, l'opposition entre animé et non-animé apparaît dans les pronoms : *quelqu'un / quelque chose, qui ? / que ?*

quoi ? etc. Aussi certains grammairiens ont-ils soutenu l'existence d'un neutre en français.

2. Une *voyelle neutre* est une voyelle qui est intermédiaire entre les positions cardinales (ni ouverte, ni fermée, ni antérieure, ni postérieure, ni arrondie, ni rétractée), comme le [ə] du français dans *petit* prononcé [pəti] ou du roumain dans *mîna* ['mɯnə].

3. On appelle parfois *verbes diathétiquement neutres* les verbes symétriques*, comme *casser, brûler,* etc. *(Il a cassé la branche. La branche a cassé.)*

nexie

L. Hjelmslev appelle *nexie* un groupement de plusieurs nexus (ou phrases) ; la nexie correspond au paragraphe ou au discours.

nexus

L. Hjelmslev appelle *nexus* ce qui correspond à *phrase :* le noyau du nexus est le verbe.

niveau

1. En linguistique structurale, *niveau* est synonyme de *rang : niveau phrastique, morphématique, phonématique.* (On dit encore ***niveau de structure.***) Le concept de *niveau* implique que la langue est une structure où des unités d'un niveau A sont composées d'unités plus petites, constituant un niveau inférieur B ; les unités de niveau A, en se combinant entre elles, constituent des unités d'un troisième niveau ou niveau C. La langue est donc faite d'une hiérarchie de niveaux. (V. STRUCTURALISME.)

2. En linguistique générative, le *niveau de représentation* est le système de concaténation représentant une phrase comme une suite d'éléments discrets ; il y a donc plusieurs niveaux de représentation d'une phrase (phonétique, phonologique, syntagmatique, transformationnel) ; chaque niveau est alors défini par un ensemble fini d'éléments (par exemple, les morphèmes au niveau morphématique) et un ensemble fini de règles qui déterminent les rapports entre ces éléments. Les relations entre les niveaux sont définies par un ensemble de règles de représentation exprimant la manière dont les éléments d'un niveau supérieur sont représentés par les éléments d'un niveau inférieur.

niveau de langue

Dans une langue donnée, on constate que certains usages apparaissent surtout dans des milieux sociaux déterminés et d'autres dans d'autres milieux sociaux ou par référence à eux. Chacune de ces utilisations de la langue commune, identifiée au milieu social ainsi défini, jouit généralement du même prestige ou souffre du même mépris que son milieu d'origine. Les *niveaux de langue* sont donc liés à la différenciation sociale en classes ou en groupes de divers types : ce sont des registres sociolinguistiques d'une même langue. Le groupe social peut être restreint. Ainsi Labov a relevé les différences de langue dans les trois types de grands magasins de l'agglomération new-yorkaise selon la nature sociale de la clientèle, reflétée ainsi sur le milieu professionnel.

Les locuteurs peuvent employer plusieurs niveaux différents selon les milieux dans lesquels il se trouvent (cas du lycéen utilisant dans sa famille la langue cultivée et dans la cour de l'école des termes d'argot scolaire). L'utilisation d'un niveau de langue déterminé est donc liée à la contrôlabilité* ou à la non-contrôlabilité des performances et aux intentions du locuteur, à son « vouloir-paraître ».

Les clivages peuvent être seulement d'ordre lexical (argot et langue standard, vocabulaire technique et langue commune) ou d'ordre phonétique, morphologique, syntaxique et lexical (langue cultivée et langue populaire, langue courante et patois). Il est à noter que des dialectes* proches de la langue officielle peuvent jouer le rôle de langue populaire.

Toutefois, quelles que soient les situations linguistiques, on retrouve toujours au moins les niveaux suivants : une *langue soutenue,* qui tend à ressembler au parler cultivé, utilisé dans la couche qui jouit du prestige intellectuel, une *langue courante* ou *commune* qui tend à suivre les usages du parler populaire*.

nœud

1. Dans une représentation sous forme d'arbre*, le nœud est l'élément déterminé par d'autres éléments et dominant ceux-ci.

2. L. Tesnière appelle *nœud* l'ensemble constitué par le régissant* et ses subordonnés*. Il est localisé dans le stemma par la place du terme régissant lui-même. Ainsi, dans la phrase *La jeune fille chante une chanson gaie,* représentée par le stemma

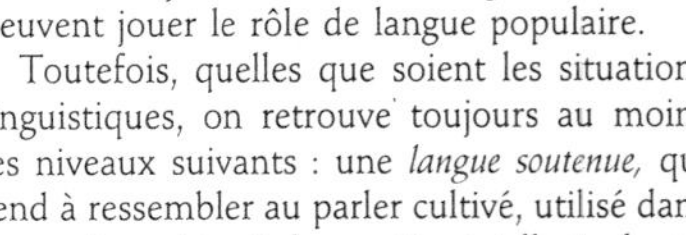

chante est le *nœud central* (nœud des nœuds), puisqu'il forme le nœud de *chante, fille* et *chanson,* c'est-à-dire de *chante* et des nœuds *fille* et *chanson, fille* étant le nœud de *fille, la* et *jeune, chanson* de *chanson, une* et *gaie.*

nom

1. Depuis la *Grammaire générale et raisonnée* (1660), de Arnault et Lancelot, la grammaire traditionnelle définit comme *noms* soit les seuls substantifs *(noms substantifs),* c'est-à-dire les mots par lesquels on désigne les êtres animés et ce qu'elle a regroupé comme « choses », à savoir les créations de l'esprit, les objets, les sentiments, les qualités, les phénomènes, etc., soit l'ensemble des substantifs et des adjectifs (*noms adjectifs* pour ces derniers) ; la première acception est la plus courante. De ce fait, sont noms substantifs, dénotant des substances à qualités constantes, au même titre : *André, chat, chaise, révolution, remise, tranquillité, méchanceté, compote, verre, maison,* et sont noms adjectifs, dénotant des accidents de la substance : *calme, brun, géographique,* etc. Cette sous-catégorisation logique, étayée par des critères formels et fonctionnels, est toutefois nuancée par l'usage. On classe, en effet, parmi les *noms substantifs,* les mots accompagnés d'un déterminant qui ont la propriété exclusive de fonctionner comme sujet ou complément à l'intérieur de la proposition, et parmi les *noms adjectifs,* les mots qui supportent les marques de l'intensité (degrés de comparaison). Or, les insuffisances du lexique pour l'expression des formes *(une femme colosse),* des nuances de couleur *(un chemisier cerise),* des styles *(un fauteuil Régence),* des manières *(une épouse pot-au-feu)* sont compensées par la translation du substantif en adjectif. À l'opposé, certains mots, classés parmi les adjectifs, peuvent fonctionner comme substantifs *(un Noir ; un Blanc).* De plus, certains types de substantifs peuvent exprimer une forme accidentelle *(Il est boucher/prince/soldat).* Les noms substantifs ont, toutefois, en commun, la propriété de comporter une extension, ou étendue ; ce qui permet d'opposer les *noms communs,* qui peuvent s'appliquer à des éléments appartenant à des ensembles d'êtres ou de choses auxquels le nom s'applique de la même manière, et les *noms propres,* qui ne s'appliquent qu'à un être ou une chose pris en particulier (prénoms, noms de famille, noms de dynasties, noms de peuples, noms géographiques de pays, de contrées, de villes, de fleuves, de montagnes). Toutefois la frontière entre noms propres et noms communs est instable. On a considéré toutefois que *lune, soleil* étaient des noms communs, bien que l'ensemble ne comprenne qu'un seul élément ; par ailleurs, les noms propres sont parfois accompagnés d'un déterminant, pour désigner des familles *(les Dupont),* des objets par métonymie *(un Picasso),* pour opposer plusieurs aspects d'un individu unique *(Ce n'est plus la Jeanne que j'ai connue)* ou pour constituer une classe *(Les Césars ne courent pas les rues).* D'autre part, les noms géographiques employés avec l'article et, surtout, les noms de marques, qui ont toutes les propriétés des noms communs *(une/des/quelques Renault),* semblent former une classe intermédiaire entre le nom propre et le nom commun.

On a réparti aussi les noms communs en *concrets* et *abstraits* et en *individuels* et en *collectifs* selon la nature de ce qu'ils désignent. En français, le nom peut être caractérisé formellement par un genre et varie en nombre. Les fonctions traditionnelles du nom sont : sujet *(Jacques est mécontent) ;* attribut *(Il est [le] maître chez lui) ;* apposition *(Ajaccio, chef-lieu de la Corse) ;* complément d'objet direct *(Je vois des nuages) ;* complément d'objet indirect *(Je profite des vacances) ;* complément d'attribution, comme *André* dans *Je donne des livres à André,* et complément circonstanciel.

2. La linguistique générative définit comme *nom* tout morphème susceptible d'être inséré à la place d'un symbole postiche $\triangle$, dominé par le symbole catégoriel N.

nombre

1. Le *nombre* est une catégorie grammaticale reposant sur la représentation des personnes, animaux ou objets, désignés par des noms, comme des entités dénombrables, susceptibles d'être isolées, comptées et réunies en groupes par opposition à la représentation des objets comme des masses indivisibles. Le nombre oppose donc les noms susceptibles d'être comptés aux noms qui ne le sont pas : les noms comptables et les noms non-comptables. Ces représentations varient d'une langue à l'autre : le français *fruit* est comptable, l'anglais *fruit* est non-comptable. À l'intérieur des noms comptables, le nombre oppose la représentation d'un « objet » individualisé, isolé (singularité), à la représentation de plus d'un objet individualisé (pluralité). La pluralité peut être, à son tour, conçue dans la seule opposition « un » à « plus d'un », mais elle peut être aussi conçue comme une opposition entre « deux » et « plus de deux » (*dualité* opposé à *pluralité*), ou comme opposition entre « deux », « trois » et « plus de trois » objets (*dualité* opposé à *triel*, opposé à *pluralité*). La pluralité peut être conçue comme un dénombrement indéterminé *(les enfants)* ou déterminé *(deux enfants).* La réunion en un ensemble d'objets individualisés oppose ainsi « une entité » à « un ensemble d'entités » conçu comme une unité (« singularité » opposé à « collectif »).

Le nombre est une catégorie du groupe nominal qui s'exprime :
a) par l'opposition entre le singulier (traduisant la singularité) et le pluriel (traduisant la pluralité) dans les noms comptables, et parfois par le singulier, le duel (traduisant la dualité) et le pluriel (plus de deux), ou par le singulier, le duel, le triel et le pluriel (plus de trois). Cette opposition de traits distinctifs [+sing] (singulier) et [−sing] se réalise au moyen d'affixes, de désinences ou de variations morphophonologiques des racines nominales (en français *journal / journaux ;* en latin *lupus / lupi,* etc.) ; sur le plan morphologique, le singulier apparaît comme le cas non-marqué, le pluriel comme le cas marqué ;
b) par l'opposition entre le singulier déterminé ou indéterminé désignant l'unité isolée et le pluriel exprimant un dénombrement, déterminé ou indéterminé, au moyen de numéraux *(un enfant, deux, trois enfants)* ou de quantificateurs *(beaucoup, peu d'enfants).* Dans certaines langues, l'opposition est faite par la présence ou l'absence de quantificateurs numéraux, sans qu'il y ait une opposition entre des formes lexicales différentes au singulier et au pluriel ;
c) par l'opposition entre le singulier, représentant l'unité individualisée (singularité), et le singulier collectif représentant la réunion d'objets dans un ensemble (pluralité), ceci s'exprimant souvent par une affixation nominale *(chêne / chênaie).*

Le singulier peut donc exprimer la singularité, déterminée ou indéterminée dans l'opposition au pluriel, mais il peut traduire aussi l'absence d'opposition, par exemple dans les noms non-comptables *(Le vin est bon cette année)* ou la pluralité indéterminée (collectif, générique : *L'homme est mortel*). De même, le pluriel, s'il traduit la pluralité, peut exprimer la singularité, comme dans *les ciseaux, les obsèques,* etc. En français, l'analyse comparée des manifestations du pluriel en langue écrite et en langue parlée met en évidence l'existence de deux dispositifs formels. À l'écrit, mis à part les substantifs et adjectifs irréguliers et ceux caractérisés par leur absence de marque ou marque zéro *(noix ; heureux ; nez),* le pluriel se réalise par l'adjonction, à la finale, d'un *s (mouton/moutons ; bleu/bleus ; le/les ; il/ils)* ou d'un *x (cheveu/cheveux)* et utilise, pour les verbes, les graphèmes *-en (il était/ils étaient), -nt (il mange/ils mangent), -ent (il met/ils mettent).* À l'oral, eu égard au nombre restreint de substantifs ou d'adjectifs présentant une variation vocalique *(émail/émaux ; égal/égaux),* c'est au changement vocalique de l'article ([lə] ; [la]/[le]), auquel s'ajoute le son [-z-] devant certains segments *(les enfants ; les hommes),* que revient la fonction d'indiquer le nombre pour l'ensemble du groupe nominal, dans les cas où la quantification n'a pas lieu de manière explicite par le truchement d'adjectifs numéraux cardinaux *(deux garçons)* ou d'adjectifs indéfinis *(quelques garçons).* De même, l'absence de marque qui affecte les pronoms personnels sujets de troisième personne (*il* [il] ; *eux* [œ]) est compensée par la duplication de substituts pronominaux à variation vocalique *(Eux/ceux-là, ils pensent)* ou par une répétition anaphorique *(Ces filles, elles croient au père Noël).*

Le nombre, catégorie grammaticale du groupe nominal, peut déclencher une transformation d'accord* à l'intérieur du syntagme nominal et entre le syntagme nominal et le syntagme verbal (*être* + adjectif) ou un seul constituant de ce syntagme verbal, le verbe.

2. On appelle *noms de nombre* les adjectifs numéraux cardinaux *(un, deux, dix, cent, mille)*, qui appartiennent à la catégorie des déterminants ; ce sont des quantifieurs.

nomenclature

Une *nomenclature* est un ensemble de noms qu'on donne d'une manière systématique aux objets relevant d'une activité donnée. On parle de la nomenclature des pièces d'une voiture. La nomenclature suppose la biunivocité du rapport signifiant-signifié : un seul nom pour chaque chose, une seule chose pour chaque nom. Ce mot doit être distingué de *terminologie**, *lexique**, *vocabulaire**.

I. **nominal** (n.)

En grammaire générative, on appelle *nominal* un nom (ou une expression) issu d'une nominalisation, comme *(la) construction,* issu de *(on) construit / (il) est construit.*

II. **nominal** (adj.)

1. On appelle *phrase nominale* la phrase assertive dont le prédicat ne comporte ni verbe ni copule ; par exemple, *Omnia praeclara rara* est une phrase latine où il n'y a pas la copule *sunt.* On appelle aussi *phrase nominale* une phrase impérative, interrogative, emphatique à prédicat sans verbe : la phrase française *Admirable, ce tableau !* est une phrase emphatique nominale. *Silence !* est une phrase impérative sans verbe.

2. On appelle *formes nominales du verbe* l'infinitif et le participe (présent et passé) qui jouent respectivement le rôle de nom et d'adjectif verbal, et qui n'ont d'affixe ni de personne, ni de nombre.

3. On appelle *syntagme nominal* (abréviation SN) un syntagme constitué d'un nom (abréviation N) éventuellement précédé d'un déterminant (abréviation D) article, démonstratif, etc. Ainsi, dans les phrases *Pierre dort* et *Le chat dort, Pierre* et *Le chat* sont des syntagmes nominaux, respectivement constitués l'un d'un nom seul, l'autre d'un nom précédé d'un déterminant. Dans les phrases effectivement réalisées, on définit comme syntagme nominal tout syntagme nominal de base suivi de compléments du nom. Ainsi, dans la phrase *Le chat de la concierge dort, le chat de la concierge,* expansion de *le chat,* est un syntagme nominal, comme *le petit chat gris* dans la phrase *Le petit chat gris dort.* Le nom est la « tête » du syntagme nominal.

nominalisateur

On appelle *nominalisateur* un affixe permettant la transformation d'un verbe ou d'un adjectif en un nom ; ainsi, l'affixe *-age (essuyer → essuyage)* et l'affixe *-isme (social → socialisme)* sont des nominalisateurs.

nominalisation

Une *nominalisation* est une transformation qui convertit une phrase en un syntagme nominal et qui l'enchâsse dans une autre phrase, dite *phrase matrice** : la *phrase enchâssée* joue alors le rôle d'un syntagme nominal. Soit les deux phrases :

(1) *Pierre croit cela.*
(2) *Paul est arrivé.*

Si la phrase (2) est nominalisée et enchâssée dans la phrase (1), on obtient à la fin des opérations la phrase transformée :

Pierre croit que Paul est arrivé.

La complétive *que Paul est arrivé* est une phrase nominalisée.

Soit les deux phrases :

(1) *Ceci a été retardé.*
(2) *Les ouvriers construisent le pont.*

Si la phrase (2) est nominalisée, après avoir subi une transformation passive *(Le pont a été construit par les ouvriers),* puis enchâssée dans la phrase matrice (1), on obtient la phrase :

La construction du pont par les ouvriers a été retardée.

Le syntagme nominal *La construction du pont par les ouvriers* est issu d'une nominalisation de la phrase (2).

On parle aussi, dans une acception plus large, de *nominalisation infinitive (Je désire* ***prendre l'air****)* et de *nominalisation complétive (Je crois* ***qu'il*** *s'est trompé)* dans la mesure où ces constituants, issus d'une phrase, occupent la place (et assument la fonction) d'un syntagme nominal au sein de la phrase matrice.

nominatif
Le *nominatif* est le cas utilisé dans les langues flexionnelles pour exprimer la fonction grammaticale de sujet (ex. : *Pierre vient*), celle-ci pouvant représenter aussi bien celui qui subit l'action, l'instrument avec lequel l'action se fait, etc. C'est le plus souvent la forme qui figure en entrée dans les dictionnaires latin et grec. Le latin confond sous ce nom le nominatif proprement dit et l'*ergatif**.

non-accompli
On appelle *non-accomplie* la forme de l'aspect* indiquant, par rapport au sujet de l'énonciation (« je dis que »), l'action dans son déroulement : *Pierre mange, Pierre mangeait, Pierre mangera* sont respectivement un non-accompli présent, un non-accompli passé et un non-accompli futur. En français, le non-accompli est exprimé par les formes simples des verbes dans les grammaires traditionnelles. On utilise dans le même sens *inaccompli* ou *imperfectif.*

non-animé
Le terme de *non-animé* désigne des noms qui dénotent des « choses » par opposition aux noms *animés**.

non-apparié
Un *phonème non-apparié* est un phonème qui ne fait partie d'aucune paire corrélative* : en français, les phonèmes [ɥ] et [l] sont des phonèmes non-appariés, ou hors système.

non-appartenance
Par la *non-appartenance,* un élément O est caractérisé comme n'étant pas l'un des éléments qui constituent un ensemble déterminé. O $\notin$ A, O n'appartient pas à l'ensemble A. Ainsi, [a] $\notin$ O, si O est l'ensemble des occlusives.

non-arrondi
Une *voyelle non-arrondie* est une voyelle réalisée avec les lèvres tendues, comme [i, e, ɛ, a].

non-comptable
Le terme de *non-comptable* désigne des noms représentant une substance continue, une abstraction ou un objet unique et ne pouvant pas être employé avec des numéraux (V. MASSIF).

non-défini V. DÉFINI.

non-dénombrable
Syn. de NON-COMPTABLE.

non-écrit
On oppose aux langues écrites les langues *non-écrites* (qui n'ont pas de textes ni même de système d'écriture) et qu'on rencontre à l'état purement oral (cet oral pouvant être transcrit, ce qui est différent de l'écrit).

non-fonctionnel
On qualifie de *non-fonctionnelle* toute distinction qui n'a pas de valeur pertinente, c'est-à-dire qui ne remplit pas des fonctions distinctives. (V. FONCTIONNALISME, PERTINENT.)

non-humain
On appelle *non-humain* un trait des noms désignant des êtres vivants qui n'appartiennent pas à la catégorie des humains ; les noms non-humains désignent les animaux*. Ainsi, dans le lexique, les items lexicaux, *tigre, chat, pigeon, moustique,* etc., sont affectés du trait [− humain].

non-inclusion
Par *non-inclusion,* on désigne un ensemble caractérisé comme ne faisant pas partie (comme sous-ensemble) d'un autre ensemble déterminé. (Syn. : EXCLUSION.)

non-motivé V. MOTIVÉ.

non-nasal
Un *phonème non-nasal* est un phonème oral*.

non-phrase
On appelle *non-phrase* une suite d'items lexicaux qui ne constitue pas une phrase de la langue, c'est-à-dire qui ne peut pas être produite par les règles de la grammaire de cette langue. Les phrases agrammaticales* sont des non-phrases.

non-qualificatif
On appelle quelquefois *non-qualificatifs* les adjectifs déterminatifs*.

non-spécifique, non-spécifié
On dit parfois que les phrases passives sans complément d'agent correspondent à des phrases actives à sujet *non-spécifique,* ou *non-spécifié,* ou *sujet vide,* comme dans *Le tapis a été sali* (issu de *quelque chose a sali le tapis, quelque chose* représentant le sujet non-spécifique). [V. EFFACEMENT.]

non-voisé
Un *phonème non-voisé,* ou sourd*, est un phonème réalisé habituellement sans vibration des cordes vocales : celles-ci sont trop étroitement accolées pour céder à la pression de l'air pulmonaire et le laisser s'écouler librement ou par petites bouffées à travers le larynx. Les

phonèmes non-voisés, qui ne présentent pas de murmure laryngé, sont audibles grâce au bruit provoqué soit par l'occlusion ou le resserrement du chenal buccal après la réalisation d'une voyelle, soit par son ouverture avant la voyelle. Il s'agit en général de consonnes, par exemple en français [p t k s ʃ].

normalisation

En terminologie, on parlera de *normalisation* pour évoquer le processus par lequel un organisme doté d'autorité administrative définit une notion, et recommande ou impose un terme pour la désigner.

La *normalisation terminologique* est parfois assurée par les mêmes instances que la *normalisation technologique :* ainsi l'ISO, organisme international de standardisation, sis à Vienne (Autriche) publie des normes terminologiques aussi bien que technologiques. Le principal organisme spécialisé dans la normalisation en France est l'AFNOR.

Toutefois, l'activité gouvernementale en matière de normalisation terminologique tend à se renforcer : des commissions de terminologie travaillent auprès des principaux ministères, et les résultats de leurs travaux, d'abord publiés au *Journal officiel,* sont ensuite recueillis en volumes, sous le titre de *Dictionnaire des néologismes officiels.* La normalisation terminologique peut être exécutoire ou non, et l'obligation d'exécution peut être limitée aux services publics.

L'acceptabilité terminologique d'un terme (ou *pondération*) s'exprime selon une échelle sur laquelle l'accord tend à se faire entre spécialistes. On distingue généralement *terme recommandé* (ou *privilégié), terme toléré,* en particulier dans le cas de synonymie avec un terme recommandé, ou dans le cas d'absence d'un terme existant plus satisfaisant (il fallait bien « tolérer » *walkman* tant que *baladeur* n'était pas créé), *terme rejeté,* lorsqu'un organisme faisant autorité l'a condamné. Enfin, on parlera de *terme désuet* pour le terme sorti d'usage.

Il est difficile de porter ce type de jugement autrement qu'en faisant appel à l'argument d'autorité. Les organismes de normalisation doivent donc recourir au linguiste (ce qui devient plus fréquent), car le recours au spécialiste disciplinaire ne permet pas de voir toutes les implications, sur l'ensemble du système, d'une adoption ou d'une suppression. Par exemple, *germe* paraît désuet, et *microbe* vieilli, par rapport à *micro-organisme,* mais l'existence de champs (sur *germe, porteur de germes* et *germicide,* sur *microbe, microbien, microbiologie* — dérivé de *microbe* plutôt que composé de *micro-* et *biologie*) maintient en vie ces unités polysémiques et à désignation vague.

On oppose parfois *standardisation* à *normalisation,* le premier terme désignant alors une attitude plus réaliste, tenant compte des pratiques langagières hors de la communauté étroite des spécialistes, et tendant davantage à la bonne coexistence de termes de niveaux de spécificité différents, qu'à l'impossible univocité postulée du terme technique.

normalisé

Une langue est dite *normalisée* quand l'action des autorités de planification visent à en écarter les irrégularités ou ce qui est considéré comme tel.

normatif

La grammaire s'est parfois réduite à une série de préceptes *normatifs,* c'est-à-dire à une série d'instructions qui finalement se résolvent à *dites X, ne dites pas Y.*

La *grammaire normative* se fonde sur la distinction de niveaux* de langue (langue cultivée, langue populaire, patois, etc.) ; et, parmi ces niveaux, elle en définit un comme langue de prestige à imiter, à adopter ; cette langue est dite la « bonne langue », le « bon usage ». Dans cette détermination, il est bien évident qu'entrent non des raisons proprement linguistiques, mais des raisons d'ordre socioculturel : la langue choisie comme référence du *Dites...* est celle du milieu qui jouit du prestige ou de l'autorité (milieux de « bonne bourgeoisie », par exemple). Un autre facteur pris en considération par la *grammaire normative* est l'imitation des « bons auteurs ». Des raisons stylistiques peuvent évidemment jouer ici ; mais, plus souvent, seule la tradition entre en ligne de compte ; en outre, dans cette perspective, tous les écarts qu'un « bon auteur » s'est permis sont justifiés et toutes les lacunes dues à des goûts d'auteur, ou même simplement au hasard, incitent à la méfiance. C'est parce que Cl. Marot a défini des règles du participe passé calquées sur l'italien qu'aujourd'hui on utilise dans ce domaine un système relativement complexe.

On invoque aussi une prétendue logique tendant à établir des analogies sur des bases étroites et à proscrire tout ce qui ne leur est pas conforme : ainsi, *dans le but de* ne serait pas correct parce que *but* signifie à l'origine

« cible ». On ne tient pas compte de l'apparition de *but* dans un environnement qui lui donne le sens d'« intention ».

normativisation
La *normativisation* est la tendance à imposer une norme, c'est-à-dire un ensemble de prescriptions sur les variantes linguistiques qu'on doit employer au détriment d'autres. La normativisation implique le respect de cette norme. (V. NORMATIF.)

norme
1. On appelle *norme* un système d'instructions définissant ce qui doit être choisi parmi les usages d'une langue donnée si l'on veut se conformer à un certain idéal esthétique ou socioculturel. La norme, qui implique l'existence d'usages prohibés, fournit son objet à la grammaire normative* ou *grammaire* au sens courant du terme.
2. On appelle aussi *norme* tout ce qui est d'usage commun et courant dans une communauté linguistique ; la norme correspond alors à l'institution sociale que constitue la langue standard.
3. Chez L. Hjelmslev, la norme, c'est le trait, ou l'ensemble des traits, qui permet de distinguer un élément de tous les autres éléments. Soit la consonne [r], qui est la seule vibrante en français : le caractère vibrant constitue donc la norme de [r]. Mais [r] se présente toujours avec d'autres traits. C'est une sonore roulée alvéolaire, ou une constrictive sonore uvulaire, etc. Tous ces traits, qui ne sont pas distinctifs et qui ne permettent pas de caractériser le phonème [r] puisqu'on peut ne pas les rencontrer, constituent l'usage*.

normé
Une langue est *normée* quand les usages de la langue ont été relativement stabilisés par les institutions sociales : en France, le français est pourvu d'une norme par l'effet de l'enseignement et l'influence des *médias*. (V. STANDARDISÉ.)

notation
On appelle *notation phonétique* l'ensemble de symboles utilisés pour transcrire les sons. (V. ALPHABET PHONÉTIQUE.)

notion
La terminologie a d'abord hésité entre les termes de *notion* et de *concept*. L'unification s'est faite sur le terme de *notion*. La notion est définie par l'Office de la langue française du Québec comme « l'unité de pensée constituée d'un ensemble de caractères attribués à un objet ou à une classe d'objets, qui peut s'exprimer par un terme* ou par un symbole* ». Cette définition est conforme à celle de l'ISO, organisation internationale de standardisation (technique et terminologique) sise à Vienne en Autriche.

Cette conception réduit le *terme* à l'aspect « signifiant » du signe saussurien : les notions s'organisent, dans un domaine scientifique ou technique donné, en *système notionnel,* indépendant des réalisations graphiques ou phoniques. Il n'est donc pas juste de poser une équivalence entre *notion* ainsi comprise et *signifié* saussurien, non plus qu'entre la conception du *terme* qui en découle et le *signifiant.* On ne saurait évidemment non plus, dans cette optique, considérer le *terme* comme correspondant au *signe* saussurien.

notionnel
1. On appelle *grammaire notionnelle* la grammaire qui part de l'hypothèse que le langage traduit des catégories de pensée universelles, extra-linguistiques, indépendantes des accidents que sont les langues.
2. On appelle *champ notionnel* le champ lexical concernant une réalité du monde extérieur ou un champ de la pensée délimité intuitivement par l'expérience (ex. : le champ notionnel des animaux domestiques, des fleurs, des couleurs, etc.)
3. En terminologie, on appelle *système notionnel* ou *système de notions* un ensemble structuré de notions* qui reproduit les relations existant entre les notions qui le composent : chaque notion est ainsi déterminée par sa position dans le système.

Cette conception décrit des relations non linguistiques ; elle présuppose que, dans sa démarche onomasiologique, le terminologue donne une « priorité à la notion » (E. Wüster) pour bâtir un réseau de contenus séparés de tout rapport aux formes linguistiques.

noyau
En grammaire générative, la structure profonde d'une phrase est constituée d'un Noyau (abréviation P) et d'un autre constituant appelé, selon les auteurs, Modalité* (abréviation Mod), ou Constituant de phrase ou Type de phrase, dont la présence déclenche une transformation (interrogative, passive, négative, etc.). Le noyau est constitué de deux parties, le syntagme nominal (SN) et le syntagme verbal (SV), qui en sont les constituants immédiats ($P \rightarrow SN + SV$). Le choix du symbole P pour le

noyau s'explique par le fait que, dans la première étape de la théorie, le noyau représentait la phrase active, déclarative, affirmative, appelée aussi *phrase-noyau* ou *phrase nucléaire.* Dans une étape ultérieure, le noyau est une partie seulement de la phrase de base. (V. aussi PHRASE-NOYAU.)

nu
Une racine est dite *nue* quand elle se présente sans l'addition d'aucun élément de formation (infixe, voyelle thématique, etc.).

nucléaire
1. On qualifie de *nucléaire* ce qui appartient au noyau de la phrase. Le syntagme nominal sujet et le syntagme verbal prédicat sont des constituants nucléaires. (V. EXTRA-NUCLÉAIRE.)
2. Dans une première étape de la grammaire générative, la *phrase nucléaire,* ou *phrase-noyau,* est la phrase active, déclarative, affirmative, constituée d'un syntagme nominal et d'un syntagme verbal réduits dans leur réalisation à leurs constituants élémentaires. Ainsi, *L'enfant lance la balle, Pierre court, Georges est heureux* sont des exemples de structures de phrases nucléaires. (V. aussi PHRASE-NOYAU.)

nucléus
1. L. Tesnière appelle *nucléus* le noyau de la phrase ; la notion de nucléus fait intervenir notamment les fonctions (fonction sémantique, fonction modale, fonction translative), alors que le *nœud* n'est que l'expression matérielle et le point géométrique de la fonction modale et se caractérise uniquement par les relations de régissant à régi (subordonné).
2. On donne parfois le nom de *nucléus* au noyau* de la phrase de base.

numéral
En grammaire traditionnelle, les *numéraux* sont des adjectifs cardinaux ou ordinaux ; les numéraux cardinaux sont aussi appelés noms de nombre. C'est par pure convention qu'on les classe parmi les adjectifs.

Les *numéraux cardinaux* sont des quantifieurs et appartiennent à la classe des déterminants ; ils précèdent le nom *(deux hommes)* et ils peuvent à eux seuls constituer le syntagme nominal *(deux d'entre eux sont arrivés).* Ils ne varient pas en genre (sauf *un, une*) ; seuls *vingt* et *cent* varient quand ils sont précédés (mais non suivis) d'un autre numéral cardinal qui les multiplie (*quatre-vingts,* mais *quatre-vingt-dix*).

Les *numéraux ordinaux* sont de véritables adjectifs qualificatifs antéposés qui indiquent le rang tenu par le nom *(premier, deuxième, troisième).* Ils sont pour la plupart dérivés des numéraux cardinaux qui les remplacent dans certains de leurs emplois *(livre III, acte IV, Louis XIII, l'an mille, le chiffre huit,* etc.).

Il existe également des adjectifs numéraux *multiplicatifs,* comme *simple, double, triple, quadruple, bis, ter,* etc. En revanche, c'est avec une locution formée par la répétition du numéral au moyen de la préposition *par* que le français exprime le *distributif,* alors que le latin a une série distributive *singuli, bini, terni (trini),* le français dit *un par un, deux par deux, trois par trois.*

Une série de noms est également rattachée aux numéraux : ce sont les noms de fractions de l'unité, comme *le demi, le tiers, le quart, le cinquième :* à partir de *cinquième,* ces substantifs se forment avec *le* suivi de l'ordinal *(le cinquième, le sixième,* etc.).

Peuvent être également classés parmi les noms numéraux certains dérivés en *-ain, -aine, -aire* qui sont aussi parfois adjectifs *(quatrain, sizain, dizaine, douzaine, octogénaire,* etc.).

nunation
Le terme de *nunation* désigne l'adjonction, dans les langues sémitiques, de la consonne nasale [n] à une voyelle brève finale.

O

obèle

L'*obèle* est un trait noir en forme de broche qui, dans les manuscrits, signalait les passages interpolés et qui, modifié, est utilisé dans la correction des épreuves pour indiquer les insertions.

objectif

On appelle *complément du nom objectif, génitif* objectif,* le complément du nom, le génitif qui, dans la phrase active correspondante, joue le rôle d'un complément d'objet ; soit le syntagme nominal *la crainte des ennemis* (latin *timor hostium*), la phrase active correspondante peut être : *On craint les ennemis* (*ennemis* est objet direct) ; dans le cas où la phrase correspondante serait *Les ennemis craignent,* le complément du nom serait dit *subjectif.*

objet

1. En grammaire traditionnelle, on appelle *complément d'objet* le syntagme nominal complément du verbe qui désigne l'être ou la chose qui subit l'action faite par le sujet : *Il lit un livre. Il serre la main,* etc. On appelle *complément d'objet direct,* ou simplement *objet direct,* le syntagme nominal complément d'un verbe transitif non précédé d'une préposition *(Il lâche la corde)* et *complément d'objet indirect,* ou *objet indirect,* le syntagme nominal complément d'un verbe transitif indirect précédé de la préposition *à* ou *de (La grêle a nui aux récoltes).* On appelle *complément d'objet interne* le complément d'objet précisant par un nom la base du verbe (ex. : *Vivre sa vie*). On appelle *complément d'objet secondaire* le complément d'attribution (ex. : *donner quelque chose **à quelqu'un***).

On a restreint parfois le concept du *complément d'objet* aux seuls *compléments d'objet direct* des verbes transitifs en liant la définition aux propriétés syntaxiques suivantes :

a) impossibilité de permuter le syntagme nominal *(L'enfant lit le livre → *Le livre l'enfant lit) ;*

b) possibilité de passif *(Le livre est lu par l'enfant) ;*

c) forme de l'interrogation *(Que lit l'enfant ?) ;*

d) pronominalisation *(Il le lit).*

2. En grammaire générative, le *complément d'objet,* ou *objet,* est le syntagme nominal dans la réécriture suivante du syntagme verbal : SV → Aux + V + SN (V, dans cette formulation, est nécessairement affecté du trait [+ transitif]).

3. On donne le nom d'*objet interne* au complément d'objet indiquant l'action verbale elle-même précisée *(Il vit une vie agréable),* ou le résultat de l'action intransitive *(Il a pleuré plus d'une larme).*

obligatoire

Dans le premier état de la grammaire générative, on appelle *transformations obligatoires* celles qui s'appliquent à toutes les phrases de base (comme la transformation affixale), par opposition aux *transformations facultatives,* qui ne s'appliquent que si un marqueur structurel défini est présent dans la structure de base, comme les transformations interrogative, emphatique, négative, impérative.

oblique

Par opposition aux *cas directs,* qui expriment les fonctions grammaticales de sujet et de complément (nominatif, ergatif et accusatif), les *cas obliques* expriment les fonctions grammaticales de l'attributif (datif) ou les fonctions concrètes* (génitif, ablatif, locatif, instrumental).

obstacle

En phonétique, on appelle *obstacle* la fermeture ou le resserrement du chenal buccal pendant la phonation. L'établissement d'un obstacle et le franchissement de cet obstacle constituent l'essence de la consonne. L'absence d'obstacle caractérise les voyelles. Chaque consonne est caractérisée par la localisation de l'obstacle (bilabial, labiodental, interdental, apico-dental, etc.) et par le mode de franchissement de cet obstacle. Suivant les degrés d'obstacle, on distingue : les occlusives, qui correspondent au plus haut degré ; les fricatives, qui correspondent au degré moyen ; les sonantes (nasales, liquides, vibrantes, glides), qui correspondent au degré d'obstacle le plus bas, soit que la présence de l'obstacle en un point du chenal expiratoire se combine simultanément ou successivement à l'absence d'obstacle, comme pour les nasales, les liquides et les vibrantes, soit que le chenal buccal ne soit presque pas resserré, comme pour les glides.

La présence de l'obstacle provoque une interruption de l'écoulement de l'air laryngé qui se traduit, dans le spectre acoustique, par une absence d'intensité et donc une absence de structure de formant, ou une turbulence de l'air laryngé qui brouille les structures de formant.

obstruante

Une consonne *obstruante* est une consonne dont l'émission est réalisée au moyen d'une fermeture partielle ou complète du conduit vocal.

occlusif

Une *consonne occlusive* est une consonne dont l'articulation comporte essentiellement une occlusion du chenal vocal. Le son consonantique provient du déclenchement ou de l'arrêt brusque de l'écoulement de l'air.

Acoustiquement, les occlusives sont caractérisées par le trait discontinu, c'est-à-dire, dans le spectre, par un silence (du moins pour les fréquences situées au-dessus des vibrations des cordes vocales, dans le cas des occlusives voisées) suivi et/ou précédé d'une diffusion de l'énergie sur une large bande de fréquences. Chaque occlusive est différenciée des autres par son locus*, c'est-à-dire par la fréquence vers laquelle tendent, sans l'atteindre, les formants (surtout le formant buccal) de la voyelle précédente et/ou suivante. Pour [p], les formants vocaliques pointent vers les basses fréquences, pour [t] vers les fréquences du milieu du spectre.

La prononciation d'une occlusive comporte trois phases correspondant à la mise en place des organes (catastase), à la tension plus ou moins prolongée (tenue), au relâchement des organes (métastase). Les occlusives sont dites aussi *plosives,* et on distingue parfois, suivant que l'occlusion interrompt ou précède l'écoulement, entre les explosives qui précèdent une voyelle et les implosives qui la suivent.

Les occlusives pures se distinguent des consonnes combinant une occlusion et un écoulement de l'air fricatif (affriquées) ou libre (nasales, liquides, vibrantes).

Les occlusives sont les consonnes maximales. De toutes les occlusives, l'occlusive diffuse [p] qui représente le minimum d'énergie, et qui se rapproche le plus du silence, est la consonne maximale.

occlusion

Une *occlusion* est la fermeture complète et momentanée du chenal phonatoire en un point quelconque, obtenue par un rapprochement si étroit des deux articulateurs que l'air ne peut plus passer, et précédée et/ou suivie d'une ouverture brusque. L'occlusion peut être *buccale* si elle se produit en un point ou un autre de la cavité buccale [t, d, k, g] ; *labiale* si elle se situe au niveau des lèvres [p, b] ; *laryngale* (ou glottale) si elle est réalisée par le rapprochement des cordes vocales (elle est, dans ce cas, suivie du coup de glotte), par exemple le hamza arabe [ʔ].

occurrence

Toutes les fois qu'un élément linguistique (type) figure dans un texte, on parle d'*occurrence* (token). L'apparition du terme *politique* dans un texte analysé du point de vue linguistique sera une occurrence du mot *politique.*

oghamique

On appelle *écriture oghamique* l'écriture utilisée au début de l'ère chrétienne pour noter l'irlandais.

onde

1. Une *onde sonore* est la propagation des particules d'air sous l'impulsion d'une vibration qui peut être périodique ou apériodique (non-périodique), simple ou composée. Dans la phonation, les ondes qui constituent le son peuvent être provoquées soit par la vibration des cordes vocales (voyelles), soit, essentiellement, par la présence brusque d'un obstacle sur le passage de l'air (consonnes).

2. La *théorie des ondes,* ou *Wellentheorie,* a été conçue par le linguiste Johanes Schmidt pour expliquer les convergences entre langues géographiquement voisines. Dans cette perspective, les innovations se répandent progressivement à partir de certains centres qui jouissent de la prépondérance politique et/ou sociale. Les changements se transmettent de proche en proche, progressivement, aussi loin que s'exerce l'influence du point d'origine. Les changements politiques ou sociaux expliquent que chaque innovation ait son aire d'extension spécifique.

Cette théorie de la vague ou des ondes explique que des langues différentes subissent des modifications du même ordre et paraissent de ce fait avoir une parenté génétique : ainsi, le nom du *chanvre,* qu'on retrouve avec des formes qui semblent remonter à une origine commune indo-européenne, a été emprunté par les Grecs aux Scythes ou aux Thraces ; à partir du grec, le mot s'est répandu dans diverses langues indo-européennes. La théorie des ondes s'oppose à celle de l'arbre généalogique.

onomasiologie

L'*onomasiologie* est une étude sémantique des dénominations ; elle part du concept et recherche les signes linguistiques qui lui correspondent. Dans l'optique de L. Hjelmslev, on dira que l'onomasiologie part de la considération de la substance du contenu (concept) pour aboutir à la forme du contenu (signes linguistiques correspondant au découpage du champ conceptuel). Par exemple, la démarche onomasiologique établira les structures conceptuelles de la parenté dans une culture donnée : cette culture retient, par exemple, comme pertinentes l'opposition des sexes, la hiérarchie des générations, telle organisation de la lignée (patrilinéaire ou matrilinéaire), etc. De là, les signes linguistiques seront examinés. Dans une telle démarche, *mère* ne sera pas d'abord étudié pour son fonctionnement linguistique (distribution et oppositions paradigmatiques) et dans sa polysémie (*mère d'un enfant, mère de vinaigre, la terre mère,* etc.), mais comme signe linguistique correspondant à une relation particulière dans la taxinomie des relations de parenté.

L'onomasiologie s'oppose à la sémasiologie, qui part du signe pour aller vers l'idée.

onomastique

L'*onomastique* est une branche de la lexicologie étudiant l'origine des noms propres. On divise parfois cette étude en *anthroponymie* (concernant les noms propres de personnes) et *toponymie* (concernant les noms de lieux).

onomatopée

On appelle *onomatopée* une unité lexicale créée par imitation d'un bruit naturel : *tic-tac,* visant à reproduire le son du réveil ; *cocorico,* imitant le chant du coq, sont des onomatopées.

On distingue l'imitation non-linguistique (reproduction par un imitateur, parfois à la perfection, du chant du coq) et l'onomatopée. Celle-ci s'intègre dans le système phonologique de la langue considérée : tous les phonèmes de *cocorico, tic-tac, oua-oua* sont français, même si leur agencement diffère des combinaisons les plus fréquentes de la langue. En outre, l'onomatopée constitue une unité linguistique susceptible d'un fonctionnement en langue, affectée d'un système de distribution et de marques : on dira *des cocoricos, un oua-oua agressif ;* éventuellement, des dérivés seront possibles : un néologisme *cocoriquer* recevra aisément une interprétation sémantique. On notera toutefois la moindre capacité d'accueil du français pour l'onomatopée, comparée à celle d'autres langues ; l'anglais, plus grand producteur d'onomatopées, les intègre également plus facilement à des séries dérivationnelles *(splash, to splash, splasher, splashy).*

Beaucoup d'unités apparemment onomatopéiques sont simplement le produit de l'évolution phonétique : si *fouet* ou *siffler* nous paraissent imiter des sons non-linguistiques, les sources latines *flagellum* et *sibilare* sont beaucoup plus éloignées de l'onomatopée. La motivation que le français peut découvrir ici n'est donc que remotivation (comparable au phénomène plus général de l'étymologie populaire).

L'hypothèse de l'origine onomatopéique du langage humain est assez généralement abandonnée de nos jours. F. de Saussure indique déjà que ce processus de création lexicale ne saurait être que marginal. La théorie de l'arbitraire du signe s'oppose radicalement à une conception onomatopéique de l'origine des langues.

ontif

Le terme *ontif* désigne chez L. Tesnière les première et deuxième personnes du verbe, qui se réfèrent aux êtres qui participent à l'acte de communication. L'ontif s'oppose à l'*anontif** (troisième personne) et correspond aux noms personnels de la grammaire générative.

opacité

Le concept bipolaire de *transparence* vs *opacité,* utilisé dans l'analyse du discours, note la présence ou l'effacement de l'émetteur par rapport à son discours et du point de vue du récepteur. Dans le cas de transparence parfaite, le récepteur assume entièrement le discours qui lui est tenu (ou du moins, le locuteur s'efface le plus qu'il peut pour obtenir cette transparence) : on peut prendre comme référence d'opacité minimale le cas du livre scolaire, où le sujet d'énonciation est nié : chaque élève doit pouvoir assumer le discours tenu dans le livre, discours déjà réassumé par l'enseignant, qui y reconnaît son enseignement.

À l'opposé, l'opacité sera maximale dans la poésie lyrique (fonction expressive du langage, centrée sur l'émetteur) : la lecture du poème lyrique demande elle aussi au récepteur de devenir sujet d'énonciation ; à l'inverse du discours pédagogique, c'est un énoncé fortement modalisé qu'il s'agit cette fois d'assumer, c'est-à-dire que le poète a fortement marqué de sa subjectivité l'énoncé qu'il demande paradoxalement au récepteur d'assumer entièrement.

opérande
Dans la théorie transformationnelle de Z. Harris, on appelle *opérande* la phrase, élémentaire ou non, sur laquelle s'applique une transformation, et *résultante* le produit de la transformation. Si on a la transformation *Paul fait des histoires → Paul est un faiseur d'histoires,* on appelle opérande la phrase *Paul fait des histoires* et la résultante est *Paul est un faiseur d'histoires.*

opérateur
1. On appelle *opérateur* un élément linguistique vide de sens qui sert à constituer une structure phrastique. On dit ainsi que la copule *être* est un opérateur existentiel dans la phrase prédicative : *Pierre est heureux ;* que la conjonction *que* et la préposition *de* sont des opérateurs dans les transformations complétive et infinitive du type : *Je crains qu'il vienne. Je crains de venir.*
2. Pour Z. Harris, toute phrase élémentaire est constituée d'un *opérateur* et de ses arguments. Cette opposition entre opérateurs et arguments est indépendante des catégories grammaticales.

Dans le cadre de la grammaire-lexique de M. Gross, un opérateur est défini par ses propriétés distributionnelles et transformationnelles, l'unité formée par un sens et déterminée par l'ensemble de toutes les propriétés syntaxiques associées étant appelée *emploi d'opérateur.*

On distingue 4 opérateurs différents dans les énoncés suivants :

1 - Les enfants ont regardé le spectacle
2 - Cette affaire regarde tout le monde
3 - La façade regarde la place du marché
4 - L'examinateur va regarder ta copie

2 ne peut être mis au passif ; 3 ne peut avoir de sujet humain au sens de « être tourné vers » ; 4 n'est synonyme d'*examiner* qu'avec des noms en nombre limité, sinon on passe au sens 1.

Par la suite les *verbes opérateurs (faire, mettre, laisser, rendre)* ont pour caractéristique essentielle de constituer un élément verbal avec un infinitif de sens causatif.

opinion
On appelle *verbe d'opinion* un verbe déclaratif exprimant la pensée du sujet parlant : *croire, estimer, juger,* etc.

opposant
On appelle *opposant* la fonction assurée dans le récit par un personnage (ou une force quelconque) qui s'oppose à la réalisation du désir du héros.

opposition

1. L'*opposition* est le rapport distinctif existant entre deux unités de même niveau (phonème, morphème) pouvant être substituées l'une à l'autre en un point donné de l'énoncé.

Opposition et *contraste* sont, en linguistique descriptive, dans le même rapport que substitution et combinaison. Toutefois, on notera que la distinction opposition *vs* contraste n'est pas faite chez F. de Saussure, qui se contente d'indiquer qu'il ne faut pas confondre *opposition* et *différence.* Pour cet auteur, la langue fonctionne dans son entier par un réseau de différences sans termes positifs. Mais, dès lors que l'on rapproche des signes complets (signifiant *et* signifié), il n'y a plus différence, mais opposition.

Sur le plan conceptuel (signifié), une unité ne reçoit de valeur que par les limitations qu'elle subit du fait d'autres unités en rapport virtuel avec elle. Selon F. de Saussure : « *redouter, craindre, avoir peur* n'ont de valeur propre que par leur opposition. Si *redouter* n'existait pas, tout son contenu irait à ses concurrents ». C'est parce que ces mots sont dans un rapport différentiel qu'ils entrent dans une série d'oppositions.

Sur le plan phonique (signifiant), il en va de même : le signifiant linguistique est « constitué non par sa substance matérielle, mais uniquement par les différences qui séparent son image acoustique de toutes les autres » : ici encore, les différences perçues fournissent une série d'oppositions : « Les phonèmes sont avant tout des entités oppositives, relatives et négatives. »

Ainsi, les unités obtenues à chaque niveau (phonologique, lexicologique, phrastique) par ce processus purement négatif apparaissent comme des termes positifs. Entre ces termes positifs (signes), le rapport est d'opposition.

Dès la mise au point d'une phonologie, la notion d'opposition devra s'affiner. On n'accepte plus guère le propos de F. de Saussure : « Placé dans un syntagme, un terme n'acquiert sa valeur que parce qu'il est opposé à ce qui précède ou à ce qui suit, ou à tous les deux. » On spécialise le terme d'*opposition* au plan paradigmatique (*bon - mauvais - passable* sont en opposition paradigmatique), pendant que les rapports contractés au plan syntagmatique sont désignés comme *contrastes* ([b] / [ɔ̃] sont en contraste syntagmatique dans *bon*).

2. Une *opposition phonologique* est la différence entre deux ou plusieurs unités distinctives. C'est une différence phonique qui a une valeur linguistique : par exemple, en français, la différence de voisement entre /p/ et /b/, qui permet d'opposer les mots *pain* à *bain*, est une opposition. On appelle aussi *opposition* une paire de phonèmes d'un même système linguistique : /p/ et /b/ constituent une opposition. Suivant la nature des rapports entre les deux termes de l'opposition, on distingue les oppositions homogènes ou hétérogènes, bilatérales ou multilatérales, privatives ou graduelles, proportionnelles ou isolées.

3. On appelle *proposition d'opposition* les propositions concessives introduites par *alors que, tandis que* (non-temporel), etc.

optatif

On appelle *optatif* un mode* du verbe exprimant le souhait, le désir. En grec, en sanskrit, l'optatif est traduit par un système de formes autonomes ; en français, l'optatif est traduit par le mode subjonctif : *Puisse-t-il se remettre vite. Je souhaite qu'il se remette très vite.*

optation

En rhétorique, l'*optation* consiste à formuler un souhait favorable sous la forme d'exclamation, la réalisation dépendant en général de décisions supra-humaines.

oral

1. La *langue orale* est synonyme de *langue parlée ;* elle désigne plus précisément la forme écrite de la langue prononcée à haute voix (lecture).

2. Un *phonème oral* (ou non-nasal) est un phonème réalisé par une élévation du voile du palais qui détermine la fermeture des fosses nasales et l'écoulement de l'air expiratoire à travers la cavité buccale : la voyelle [a], *a* du français, s'oppose comme voyelle orale à [ɑ̃] *an ;* les consonnes [t] et [d] s'opposent, comme consonnes orales, à [n], consonne nasale.

oralité

L'*oralité* est le caractère oral de la langue.

oratoire

En rhétorique, l'*action oratoire* est l'usage des gestes et attitudes qui accompagnent la parole et constituent les moyens par lesquels l'orateur fait valoir ce qu'il dit.

ordinal

On appelle *adjectifs numéraux ordinaux* (ordinairement dérivés des adjectifs numéraux cardinaux par le suffixe *-ième*) les adjectifs qui expriment le rang, l'ordre des êtres ou des objets ; par exemple, en français, *premier, deuxième* ou *second, troisième,* etc. Les adjectifs ordinaux, qui ont une syntaxe comparable aux adjectifs qualificatifs antéposés, peuvent être utilisés comme nom *(le second, le centième).*

I. **ordre**

1. Des phonèmes forment un *ordre* quand ils sont caractérisés par une même articulation située en un point déterminé du canal expiratoire, ne se distinguant l'un de l'autre que par une autre articulation distinctive ; ainsi, [p, b, m] forment l'ordre bilabial.

2. *Ordre des transformations.* V. TRANSFORMATION.

II. **ordre**

1. On appelle *ordre* un mode, ou type de communication institué par le sujet parlant entre lui et son (ou ses) interlocuteur(s) et consistant à faire dépendre ses propositions d'une phrase implicite *Je t'ordonne que* (= je te donne l'ordre de faire). L'assertion dépend de la phrase implicite *Je te dis que* et l'interrogation de la phrase *Je te demande si.*

2. Les *verbes d'ordre* sont des verbes qui expriment la volonté de quelqu'un de faire accomplir quelque chose par un autre : *J'exige de Pierre qu'il réponde tout de suite. Les autorités ont sommé les insurgés de se rendre.* De même *commander, ordonner, obliger,* etc., sont des verbes d'ordre.

ordre des mots

Dans la chaîne parlée et sa représentation linéaire écrite, les mots apparaissent dans la phrase les uns après les autres : ils se présentent dans un certain *ordre.* Dans les langues flexionnelles, à déclinaisons, la place respective des mots est secondaire pour indiquer leur fonction, bien que certaines habitudes s'imposent (ainsi le verbe en latin tend à se trouver à la fin de la phrase SN + V + SN). Les compléments tendent toutefois à précéder ou à suivre les mots dont ils sont compléments. De plus, dès qu'un certain ordre tend à être habituel, tout changement se présente comme une inversion pouvant avoir une valeur expressive. C'est pourquoi, quand on dit qu'en latin l'ordre des mots est secondaire par rapport aux cas, on signifie par là simplement que l'ordre des mots seul ne permet pas de reconnaître le sujet du complément d'objet, par exemple : *agnum est lupus* (« le loup mange l'agneau ») et *lupus est agnum* ont le même sens, le changement d'ordre ne modifiant pas le sens dans ce cas (il en irait autrement en français avec « l'agneau mange le loup » !). En réalité, toutes les langues ont des cas où l'ordre des mots est rigoureusement fixe et des cas où se manifeste une certaine liberté. Disons que l'ordre des mots est un procédé syntaxique moins important en latin qu'en français. Exception faite peut-être de la déclinaison, les langues diffèrent plus par l'importance relative accordée aux divers procédés syntaxiques que par la liste de ces procédés.

Dans les langues non-casuelles, les variations dans l'ordre des mots peuvent affecter le statut de la phrase (par ex., l'inversion du sujet dans les phrases interrogatives du français écrit : *Il vient/Vient-il ?*) ou bien signaler ce qui, dans la phrase, appartient au domaine de l'information implicitement admise ou présupposée (le thème). Alors que l'on dira spontanément : *Paul travaille à Paris ;* à la question : *Que fait Paul à Paris ?,* on répondra : *À Paris, Paul travaille,* procédés qui peuvent répondre à une intention expressive de mise en valeur d'un constituant particulier. En fait, ces déplacements (qui affectent plutôt les groupes de mots que les mots eux-mêmes) sont tributaires des fonctions assumées. Ainsi, l'antéposition d'un complément d'objet exigera, en outre, une reprise par un pronom anaphorique : *Les cerises, elle les a mangées.*

Dans une langue donnée, quand il existe une certaine liberté dans l'ordre des mots, on parle d'*ordre grammatical* ou *ordre canonique* pour celui qui est le plus conforme aux règles générales de la langue ; d'*ordre logique* pour celui qui paraît conforme à la démarche supposée de la pensée ; d'*ordre psychologique* pour celui qui résulte de l'état d'esprit de celui qui parle.

organes de la parole

On désigne sous le nom d'*organes de la parole* tous les organes qui entrent en jeu dans la phonation et les muscles qui les commandent (poumons, larynx, bouche, langue, etc.). En fait, aucun des organes de la parole n'est destiné à accomplir cette fonction phonatoire, sociale et non biologique : leurs fonctions sont au départ essentiellement de respiration ou de digestion.

organicisme

Tendance à concevoir la langue sur le modèle des organismes vivants : une langue *vit, meurt,* etc.

orienté

Orienté vers l'agent, vers le procès. V. AGENT.

oronymie

L'*oronymie* est la partie de l'onomastique qui étudie les noms de montagne.

orthoépie

L'*orthoépie* est la science qui définit la prononciation correcte d'un phonème (du grec *orthos,* « droit », « correct »).

orthographe

Le concept d'*orthographe* implique la reconnaissance d'une norme écrite par rapport à laquelle on juge l'adéquation des formes que réalisent les sujets écrivant une langue ; l'orthographe suppose que l'on distingue des formes correctes et des formes incorrectes dans une langue écrite, contrairement à la *graphie**, qui n'implique par la référence à une norme grammaticale. En principe, dans l'écriture à référence phonologique, on essaie de représenter la langue orale. Si cette dernière était représentée fidèlement par une suite univoque de signes alphabétiques, il n'y aurait que des problèmes de graphie, de transcription, et non des problèmes d'orthographe. Mais, en français, les signes graphiques correspondent à plusieurs phonèmes (*ch* représente [ʃ] ou [k]) et un phonème peut être représenté par plusieurs signes graphiques : [o] est représenté par *o, au, eau, ot,* etc. De plus, les signes alphabétiques tendent à donner sur le message des indications autres que phonologiques. Ainsi, la « faute » consistant à confondre l'écriture de *j'irais* et l'écriture de *j'irai* tient à ce que l'opposition [ɛ] *vs* [e] n'étant plus perçue, au moins dans cette distribution, la règle impose de marquer par l'orthographe que la première forme est le conditionnel, et que la deuxième est le futur : l'orthographe sert alors à noter une différence morphologique et syntaxique. Dans *Les fleurs que j'ai cueillies,* la terminaison *-es,* non prononcée, signale que *cueillir* a un complément d'objet direct, qui lui est antéposé et qui est féminin pluriel (phénomène syntaxique). Dans *dessein* et *dessin, ei* vs *i* attire l'attention sur une opposition des signifiés ; c'est là un procédé pour distinguer les homonymes*. Enfin, pendant longtemps, l'écriture *j'aimois,* alors que *j'aimais* commençait à se répandre et que tous deux se prononçaient [ʒemɛ], signalait le désir d'utiliser une forme de langue soutenue.

La plupart de ces fonctions (fonction syntaxique, fonction lexicale, fonction morphologique, fonction stylistique) de l'orthographe sont secondes : sauf exception, l'orthographe n'a pas pris telle ou telle forme pour les assurer ; au contraire, la langue ayant évolué, et l'orthographe ayant changé moins vite, l'écriture a fini par représenter des faits de langue autres que les phénomènes phonologiques.

L'orthographe peut aussi assumer une fonction étymologique. Dans *temps* [tɑ̃], plusieurs lettres sont maintenues pour rappeler que ce mot vient du latin *tempus.* Dans ce domaine, l'orthographe rappelle le lien génétique qui existait, par exemple, entre certains mots français et les mots latins correspondants. C'est pour des raisons de ce type que l'orthographe française a été refaite au XVIᵉ siècle et rendue « étymologisante ».

L'orthographe, en tant qu'adéquation à une norme écrite de la langue, est autant un fait culturel qu'un fait linguistique. Aussi les tentatives de réforme de l'orthographe qui ont marqué le XIXᵉ et le XXᵉ siècle ont souvent échoué pour avoir négligé les aspects culturels de l'écriture.

orthophonie

1. L'*orthophonie* est la rééducation de malades atteints de défauts de prononciation, de difficultés à effectuer les programmes moteurs nécessaires à la réalisation des phonèmes.

2. L'*orthophonie* est la prononciation considérée comme correcte et normale d'un phonème ou d'une suite de phonèmes (mots).

oscillogramme

Un *oscillogramme* est la représentation graphique, à l'aide d'un appareil appelé *oscillographe,* des variations d'intensité du message vocal. Celles-ci sont notées par une courbe oscillographique qui, selon le théorème de Fourier, peut être analysée en ses courbes composantes correspondant aux partiels de l'onde sonore. Cette analyse permet de déterminer avec précision la composition du son vocal.

oscillographe

Un *oscillographe* est un appareil qui permet l'étude des composantes du son vocal par la représentation sur un diagramme de ses variations d'intensité en fonction du temps. Les variations de pression de l'air, transformées par le microphone en variations de tensions électriques et enregistrées sous forme de variations d'aimantation, sont transmises à l'oscillographe.

L'oscillographe cathodique à caméra fonctionne par le déplacement d'un spot lumineux, au rythme des variations du signal électrique, sur un écran fluorescent devant lequel se trouve une caméra qui déroule de façon continue un film à vitesse convenable pour développer au long du temps les signaux quasi périodiques. Il est ainsi possible d'étudier la vibration individuelle, dont la forme est fournie dans son intégrité. L'inconvénient de cet appareil, qui est d'exiger une grande quantité de film, peut être pallié par l'utilisation de l'oscillographe à enregistrement permanent, ou storascope* ; celui-ci permet l'économie de la caméra (grâce à l'utilisation directe du spot lumineux) et l'effacement de la trace du phénomène après étude. Mais l'inconvénient majeur vient de ce que le linguiste s'intéresse moins à la vibration individuelle qu'à la succession des vibrations dans le flux de la chaîne parlée : il préfère donc à la représentation de l'intensité en fonction du temps, celle des intensités relatives des différentes fréquences en fonction du temps fourni par le sonagraphe.

ostensif
On appelle *définition ostensive* une définition consistant à montrer l'objet que dénote un mot. Ainsi, dans les manuels d'enseignement des langues étrangères, la définition ostensive est largement utilisée *(Ceci est la craie, ceci est le tableau,* etc.).

Osthoff (loi d')
En vertu de la loi dite *d'Osthoff* formulée par le néo-grammairien allemand H. Osthoff (1847-1909), une voyelle longue ancienne devient en grec une voyelle brève devant les semi-voyelles *i, u,* devant une nasale et devant une liquide, suivies de consonne ; la forme *gnŏntos* est issue d'une forme hypothétique *gnōntos.*

outil
Le *mot-outil* est le nom donné parfois au mot fonctionnel.

output V. INPUT.

ouvert
1. *Classe ouverte.* V. FERMÉ.
2. Une *voyelle ouverte* est une voyelle qui, par opposition aux voyelles fermées, est prononcée avec une position basse de la langue, de sorte que le chenal buccal est ouvert. Il y a deux positions d'ouverture vocalique : l'une où la langue est très basse, comme pour [a] ; l'autre où elle l'est un peu moins (comme pour les voyelles mi-ouvertes [ɛ] et [ɔ]). Du point de vue acoustique, les voyelles ouvertes sont compactes.

ouverture
Syn. de APERTURE.

oxymoron, oxymore
On appelle *oxymoron* une figure de rhétorique qui, dans une alliance de mots, consiste à réunir deux mots apparemment contradictoires ou incompatibles, par exemple, *un silence éloquent.*

oxyton
Un *oxyton* est un mot accentué sur la dernière syllabe, comme en italien *città* (du grec *tonos* « accent » et *oxus* « aigu » : il s'agissait, chez les grammairiens grecs, seulement de l'accent de hauteur, et non de celui d'intensité). En français, tous les mots sont des oxytons.

oxytoniser
Oxytoniser, c'est faire porter l'accent d'intensité sur la dernière syllabe. Ainsi, le français oxytonise la dernière syllabe des mots qu'il emprunte ; l'anglais *camping,* accentué sur l'avant-dernière syllabe, est oxytonisé en français, ce qui a eu pour résultat de créer un suffixe *-ing.*

P

paire
1. On appelle *paire minimale* une paire de mots ayant un sens différent et dont le signifiant ne diffère que par un phonème, comme en français les mots *pain* [pɛ̃] et *bain* [bɛ̃].
2. *Paire corrélative.* V. CORRÉLATIF.

palais
Le *palais* est la paroi supérieure de la cavité buccale, limitée en avant par les alvéoles des dents supérieures, en arrière par la luette. Le palais est constitué au deux tiers, dans sa partie antérieure, par la voûte palatine, partie osseuse et fixe appelée aussi *palais dur.* La partie qui se trouve en arrière est une cloison molle, relativement mobile, appelée *palais mou,* ou voile du palais, qui se termine par la luette (lat. *uvula*). Le palais dur comprend, lui, trois régions : prépalatale, médiopalatale, postpalatale, et le palais mou comprend aussi trois régions : prévélaire, postvélaire, uvulaire. Le palais mou provoque l'ouverture ou la fermeture des fosses nasales.

palatal
Un *phonème palatal* est un phonème dont l'articulation principale se situe au niveau du palais dur, comme les consonnes [ɲ] du français *montagne,* de l'espagnol *mañana,* [ʎ] de l'italien *maglia,* de l'espagnol *calle,* le glide [j] du français *rayon,* les voyelles [i, e, ɛ, y, ø], etc.

Le phonème palatal est acoustiquement compact et aigu, la cavité de résonance buccale très compartimentée et plus importante en avant qu'en arrière de l'étranglement le plus étroit.

palatalisation
La *palatalisation* est le phénomène particulier d'assimilation que subissent certaines voyelles ou certaines consonnes au contact d'un phonème palatal : la réalisation du phonème [k] dans le mot français *qui* est une consonne postpalatale sous l'influence de la voyelle [i] phonétiquement très différente du [k] de *cou.* Il s'agit dans ce cas d'une assimilation. Ce phénomène est très important en phonétique historique ; la consonne vélaire [k] du latin a avancé son point d'articulation sous l'influence des voyelles palatales suivantes [i] et [e] ou d'un yod ; cela s'est traduit par le passage à l'affriquée d'abord alvéodentale [ts] attestée en ancien français, puis prépalatale [tʃ] comme en espagnol et en italien [tʃera], qui a eu ensuite des aboutissements différents dans différentes langues romanes ([s] en français *cent,* [θ] en espagnol *ciento,* [tʃ] en italien *cento*) : lat. *centum* → fr [sɑ̃], it. [tʃɛnto], esp. [θjento]. Il s'agit dans ce cas d'une palatalisation régressive. Le passage du groupe [kt] puis [jt] à l'affriquée [tʃ] en espagnol (comme dans l'évolution lat. *noctem* → esp. *noche*) correspond à un phénomène de palatalisation progressive.

palatalisée
Une *consonne palatalisée* est une consonne dont le point d'articulation se rapproche du palais dur : ainsi, la consonne vélaire [k] est palatalisée dans les mots français *qui, cinquième.* On donne aussi cette appellation aux consonnes ayant un point d'articulation palatal comme point d'articulation secondaire.

palatine
La *voûte palatine,* ou palais* dur, est la partie antérieure du palais, constituée par une paroi osseuse et inerte.

palatogramme
Un *palatogramme* est la représentation, par un diagramme ou une photographie, de la surface de rencontre entre la langue et le palais pendant la prononciation de certains sons.

palatographie
La *palatographie* est une technique expérimentale permettant de déterminer les zones de contact entre la langue et le palais, propres à l'articulation d'un son, principalement une consonne. Elle consiste à badigeonner la langue du sujet avec un produit coloré et à photographier l'empreinte laissée sur le palais après l'articulation du son. La palatographie indirecte procède d'une méthode similaire, mais elle nécessite l'usage d'un palais artificiel réalisé à partir d'un moulage du palais du sujet. L'électropalatographie consti-

tue une technique plus récente qui se fonde sur l'emploi d'un palais artificiel dans lequel ont été insérées des électrodes. Les points de contact de la langue peuvent alors être visualisés sur un tableau ou enregistrés graphiquement.

paléographie
La *paléographie* est la science des anciennes écritures et du déchiffrement des manuscrits.

palilalie
On appelle *palilalie* un trouble du langage consistant dans la répétition spontanée des mêmes suites de mots plusieurs fois de suite ; l'écholalie* est la répétition des expressions de l'interlocuteur.

palindrome
On dit d'un mot, d'un vers, d'une phrase qu'ils sont *palindromes* quand on peut les lire indifféremment de gauche à droite ou de droite à gauche (ex. : le mot *ressasser*). On trouve sur de vieux baptistères la formule palindrome grecque *« nipson anomenata, me monan opsin »*, « lave tes fautes, et pas seulement ton visage » (palindrome parfait en écriture grecque, du fait de la lettre *psi*).

Avec les vers holorimes*, les « petits papiers » et les contrepèteries, ces recherches formelles amusantes ont été une source importante d'inspiration du surréalisme, puis plus récemment de l'Oulipo de R. Queneau et Fr. Le Lionnais (V. CADAVRE EXQUIS).

paliphrasie, palimphrasie
Chez certains malades mentaux, la *paliphrasie* est la répétition continuelle de la même phrase ou du même mot.

panchronique
On qualifie de *panchronique* tout phénomène linguistique qui traverse une longue période de temps sans subir de changement : ainsi, la relation entre la fonction et l'ordre des mots est en français un phénomène panchronique.

Par opposition à l'étude synchronique ou à l'analyse diachronique, l'étude panchronique met l'accent sur les faits permanents d'une structure linguistique, sur ceux qui semblent indépendants des modifications inhérentes à la durée.

parabole
En rhétorique, la *parabole* est une simple comparaison, devenue ensuite un récit allégorique chargé d'une leçon morale ou religieuse.

parachrèse
En rhétorique, syn. d'ALLITÉRATION.

paradiastole
En rhétorique, la *paradiastole* consiste à établir une distinction entre deux idées qui présentent une analogie entre elles (ex. : *inculpé* et *accusé*).

paradigmatique
Les *rapports paradigmatiques* sont les rapports virtuels existant entre les diverses unités de la langue appartenant à une même classe morphosyntaxique et/ou sémantique.

La prise en considération par F. de Saussure des rapports virtuels, saisis par l'esprit, entre divers termes, est empruntée à la théorie psychologique alors dominante, l'associationnisme ; aussi parle-t-il plutôt de rapports associatifs. C'est la linguistique issue de son enseignement qui généralise l'appellation de rapports paradigmatiques (V. PARADIGME.)

Chaque terme relevé en un point de l'énoncé entretient avec d'autres termes de la langue un rapport différent de celui qu'il entretient avec les autres termes de l'énoncé. Ce rapport est celui des associations qu'il entraîne — et qui conditionnent sa signification. Une unité ne reçoit de signification que de l'existence d'autres termes de la langue qui la délimitent et la contredisent.

L'exemple de F. de Saussure est celui d'*enseignement*. *Enseignement* est, du point de vue du radical, en rapport paradigmatique avec *enseigner, enseignons,* etc. ; du point de vue du suffixe, en rapport paradigmatique avec *armement, changement,* etc. ; du point de vue sémantique, en rapport paradigmatique avec *instruction, apprentissage, éducation,* etc. ; du point de vue phonique, en rapport paradigmatique avec les homéotéleutes *justement, clément,* etc.

Les rapports entretenus par une unité avec d'autres unités de l'énoncé (rapports syntagmatiques) et avec d'autres unités dans une ou plusieurs séries virtuelles (rapports paradigmatiques) ne sont pas de même nature. La linguistique post-saussurienne a pris l'habitude de désigner comme *contrastes* les différences au plan syntagmatique, réservant l'appellation d'*oppositions* aux différences apparaissant au plan paradigmatique. (V. COMBINAISON, SUBSTITUTION.)

paradigme
1. En grammaire traditionnelle, un *paradigme* est l'ensemble typique des formes fléchies que prend un morphème lexical combiné avec ses désinences casuelles (pour un nom, un pronom ou un adjectif) ou verbales (pour un verbe), selon le type de rapport qu'il entretient avec les autres constituants de la phrase, selon le nombre, la personne, le temps : on dit *décli-*

naison pour un nom, un pronom ou un adjectif et *conjugaison* pour un verbe. Ainsi, le paradigme de la première déclinaison latine est formée de l'ensemble des formes de *rosă* (« la rose ») : *rosae, rosā, rasam* au singulier, *rosae, rosārum, rosis, rosās,* au pluriel.
2. En linguistique moderne, un *paradigme* est constitué par l'ensemble des unités entretenant entre elles un rapport virtuel de substituabilité. F. de Saussure retient surtout le caractère virtuel de ces paradigmes. En effet, la réalisation d'un terme (= sa formulation dans l'énoncé) exclut la réalisation concomitante des autres termes. À côté de rapports *in praesentia* (V. SYNTAGME, RAPPORTS SYNTAGMATIQUES), les phénomènes du langage impliquent également des rapports *in absentia,* virtuels. On dira ainsi que les unités *a, b, c, ... n* appartiennent au même paradigme si elles sont susceptibles de se substituer les unes aux autres dans le même cadre typique (syntagme, phrase, morphème). Les paradigmes de flexion des langues exploitant un système flexionnel comme la déclinaison ou la conjugaison ne sont donc que des cas particuliers des rapports associatifs. La linguistique issue de F. de Saussure parlera d'une manière générale de *rapports paradigmatiques* là où le linguiste genevois parlait de rapports associatifs.

parafe, paraphe
Le *parafe* est le signe abrégé de la signature ; il est une sorte de sigle du nom propre de la personne, du scripteur.

paragoge
On appelle *paragoge,* ou *épithèse,* le phénomène qui consiste à ajouter un phonème non étymologique à la fin d'un mot (du préfixe grec *para-,* qui implique une idée d'addition). La paragoge est fréquente en italien dans l'assimilation des mots étrangers se terminant par une consonne *(Davidde, Sémiramisse).* Elle a caractérisé l'évolution des finales consonantiques latines dans les formes verbales *sono* ← *sum, cantano* ← **cantan* ← *cantant.* Ce phénomène fonctionne encore régulièrement dans la prononciation populaire, où *filobus* est prononcé *filobusse, lapis* « crayon » est prononcé *lapisse.* Il faut noter aussi la paragoge de syllabes finales comme *-ne (-ni)* en Italie centrale et méridionale (*mene* « moi », *perchene* « pourquoi », en Toscane), et *-di* en Italie méridionale (Calabre septentrionale et Lucanie).

paragrammatisme
On appelle *paragrammatisme* un trouble du langage parlé consistant en une désorganisation syntaxique des phrases *(paragrammatisme expressif)* ou en une substitution de formes grammaticales incorrectes, ou néoformes, aux formes correctes attendues *(paragrammatisme impressif).*

paragraphe
On appelle *paragraphe* une unité de discours constituée d'une suite de phrases, formant une subdivision d'un énoncé long et définie typographiquement par un alinéa initial et par la clôture du discours par un autre alinéa.

paragraphie
Chez les aphasiques, les *paragraphies* sont des troubles de même nature que les paraphasies* (substitutions de termes ou néoformes), qui se manifestent dans l'écriture de ces malades.

paralangage
On désigne sous le nom de *paralangage* l'ensemble des moyens de communication naturels qui, sans faire partie du système linguistique, accompagnent et renforcent les actes de parole, comme la mimique et les gestes.

paralexème
On donne parfois le nom de *paralexème* au mot composé *(pomme de terre),* par opposition au lexème *(abricot).*

paralexie
Dans la lecture à haute voix chez les aphasiques, les *paralexies* sont des substitutions de termes aux mots attendus ou des néoformes, qui ne correspondent à aucun terme de la langue.

paralogue
On appelle *paralogue* une suite de syllabes appartenant à une langue donnée, mais qui est dépourvue de signification. Ainsi *porbida, chokabé, sivolur* sont en français des paralogues. (Syn. : LOGATOME.)

paraphasie
Dans le langage des aphasiques, les *paraphasies* sont des substitutions de termes plus ou moins éloignés sémantiquement des termes attendus (*paraphasies verbales ;* ex. : *deux mètres,* pour *deux ans*) ou morphologiquement (*paraphasies littérales ;* ex. : *livrer* pour *niveler*) ; ce sont aussi des formes qui n'existent pas dans la langue *(néoformes),* mais dont la constitution phonique obéit aux règles morphophonologiques de la langue du locuteur. Ainsi, on a observé chez un sujet : *J'avais toutes les élèves à faire travailler et à s'occuper de la* [vokdisk] *et aussi à s'occuper de tous les* [tak] *qu'elles se mettaient en même temps que moi.*

paraphrase

1. Un énoncé A est dit *paraphrase* d'un énoncé B si A est la reformulation de B, tout en étant plus long et plus explicite que lui. On peut dire ainsi que la phrase passive est la paraphrase de la phrase active correspondante. Deux énoncés sont dits paraphrastiques s'ils sont nécessairement vrais (ou faux) en même temps. En ce cas, la paraphrase est métalinguistique. (V. PARAPHRASTIQUE.)

2. La notion de paraphrase, issue de la rhétorique, est particulièrement exploitée en linguistique.

En lexicographie, la définition du mot-entrée est constituée en général d'un groupe de paraphrases synonymes du mot-entrée, chaque paraphrase correspondant à une acception. Le mot a autant d'acceptions qu'il y a de paraphrases synonymes du mot-entrée qui ne soient pas synonymes entre elles. On distingue cependant le traitement lexicographique homonymique du traitement polysémique. Le premier consiste en ce que chaque entrée correspond à une seule paraphrase ; les mots ne sont pas ambigus. Le traitement polysémique prend pour entrée un mot graphique défini par un ensemble de paraphrases ayant des traits communs.

E. Bendix, étudiant la relation *A has B (A possède B),* pose ainsi le problème : il s'agit de définir cette relation par une classe de constructions de même forme, mais ne contenant pas le verbe étudié (ici *posséder*) ; cette classe représente des phrases paraphrasant la relation entre A et B. On part du fait empirique que les locuteurs considèrent les membres de cette classe de constructions comme des paraphrases des phrases contenant le verbe *posséder.*

Une définition de ce type est comparable à une règle transformationnelle : la relation *A has B* est, en effet, ici formalisée. La grammaire transformationnelle est essentiellement fondée sur la notion de paraphrase, devenue un concept opératoire. On définit par des relations de paraphrases différentes *La route est déviée par la gendarmerie* et sa structure profonde *La gendarmerie dévie la route,* et *La route est déviée par un chemin de campagne* et sa structure profonde [*On*] *dévie la route par un chemin de campagne.* La paraphrase permet de déceler les ambiguïtés : la phrase *Le forcené tirait sur le toit* accepte plusieurs paraphrases : *Le forcené est sur le toit* ou *Le forcené tire vers le toit ;* les structures profondes sont différentes puisque *sur le toit* peut être soit issu d'une relative enchâssée au sujet, soit un locatif complément du verbe.

Enfin, l'analyse du discours doit elle aussi se faire une théorie de la paraphrase. On a distingué les paraphrases linguistiques des paraphrases pragmatiques. La phrase *Paul n'est guère crédible* a pour paraphrase linguistique *On ne peut guère croire Paul* et pour paraphrase pragmatique, entre autres, *On ne le croit pas du tout.*

paraphrastique

La *transformation paraphrastique,* dans la théorie de Z. Harris, se définit comme une transformation qui n'apporte pas d'information supplémentaire par rapport à la phrase sur laquelle a été effectuée l'opération ; ainsi, la transformation de nominalisation est une transformation paraphrastique :

Le général a trahi → *La trahison du général.*

La transformation paraphrastique n'augmente pas la structure initiale ; mais elle est soumise à des restrictions souvent difficiles à énumérer (ainsi les verbes susceptibles d'entrer dans la nominalisation). En général, les transformations paraphrastiques aboutissent à des phrases ambiguës : ainsi, les transformations paraphrastiques d'effacement font passer la phrase *Je crois que mon fils est malade* à *Je crois mon fils malade,* qui est ambiguë, puisqu'elle peut être aussi issue d'une autre phrase de base (= j'ai confiance en mon fils malade).

parasite

Un *son parasite* est un élément phonique adventice ou épenthétique* qui apparaît à l'intérieur d'un mot pour faciliter le passage d'une articulation à une autre. Ainsi, dans la prononciation populaire [bifətɛk] pour [biftɛk], le [ə] est un son parasite.

parasynonyme
On appelle *parasynonyme* un terme qui est presque synonyme d'un autre, c'est-à-dire qui présente une grande partie de traits pertinents en commun, mais dont la distribution et/ou le registre d'emploi n'est pas exactement identique ; ainsi, *bois* et *forêt* sont des parasynonymes l'un de l'autre, la différence étant celle de « grandeur » ; entre *enfant* et *gosse,* la différence est celle des niveaux de langue.

parasynthétique
Un mot *parasynthétique* est formé par l'addition combinée d'un préfixe et d'un suffixe ; ainsi, *dévitaliser* est formé avec le préfixe *dé-* et le suffixe *-iser,* alors que *dévital* et *vitaliser* ne sont pas attestés.

parataxe
La *parataxe* est un procédé syntaxique consistant à juxtaposer des phrases sans expliciter par une particule de subordination ou de coordination le rapport de dépendance qui existe entre elles dans un énoncé, dans un discours, dans une argumentation ; c'est-à-dire sans procéder à l'enchâssement d'une phrase dans l'autre, ni coordonner l'une à l'autre. Il y a parataxe quand on a les deux phrases : *Cet homme est habile, il réussira,* par opposition à l'*hypotaxe* que constituent les phrases *Cet homme réussira parce qu'il est habile. Cet homme est habile, aussi réussira-t-il. Cet homme est habile, et il réussira,* etc. On parle aussi de juxtaposition, par opposition à subordination et à coordination.

paratexte
On appelle *paratexte* l'ensemble des textes, généralement brefs, qui accompagnent le texte principal. Dans le cas d'un livre, le paratexte pourra être constitué par la page de titre, un avant-propos, une préface, des annexes diverses, une « quatrième de couverture » ; dans le cas d'un article, le résumé (dans la même langue ou en langue étrangère), les notes, la bibliographie, etc. Dans une pièce de théâtre, la liste des personnages, les indications scéniques, la description des décors sont le paratexte.

parembole
En rhétorique, la *parembole* est une parenthèse incidente dans le discours, reliée au sujet de la phrase principale.

parémiologie
La *parémiologie* est la science des proverbes.

parenté
La linguistique historique définit deux sortes de *parentés,* l'une historique ou génétique, l'autre typologique. Deux langues sont apparentées génétiquement quand elles proviennent de l'évolution d'une langue unique. L'histoire permet parfois de fonder la parenté historique ; c'est le cas, par exemple, pour les langues romanes issues du latin. Plus souvent, la parenté est prouvée par comparaison (V. GRAMMAIRE COMPARÉE, GLOTTOCHRONOLOGIE) ; c'est le cas pour les groupes de langues relevant de la famille indo-européenne. On peut établir aussi des parentés typologiques ; on constate ainsi que, dans certaines régions, des langues, différentes au départ, tendent à converger, à se rapprocher (V. CONTACT DE LANGUES). Il se produit aussi des convergences fortuites, comme on en a constaté entre le tswana d'Afrique du Sud et le germanique (consonantismes ressemblants) ; de même, le takelma et l'indo-européen ont six importants traits typologiques en commun. On réserve le nom d'affinité* aux convergences fortuites et celui de parenté dans l'hypothèse d'une origine commune.

parenthèses
1. Les *parenthèses* appartiennent au système de ponctuation* de la langue écrite ; elles introduisent et délimitent une réflexion, une notation incidente, et ne dépendent pas syntaxiquement des phrases précédentes ou suivantes.
2. En linguistique, les *parenthèses* font partie du système de notation et indiquent, dans les règles de réécriture, un élément facultatif. Si la règle de réécriture de la phrase est la suivante :

P → SN + SV (SP)

cela signifie que les éléments syntagme nominal et syntagme verbal sont obligatoires (dans cet ordre) et que le constituant syntagme prépositionnel (SP) est facultatif. Lorsque le syntagme prépositionnel est choisi, on a : *Le chat boit son lait dans la tasse.* Si le syntagme prépositionnel n'est pas choisi, on a : *Le chat boit son lait.* (V. PARENTHÉTISATION.)

parenthétisation ou **parenthésage**
La *parenthétisation* est une représentation graphique de la structure en constituants d'une phrase au moyen d'un système de *parenthèses emboîtées* les unes dans les autres et de plus en plus incluantes ; chaque parenthèse porte une étiquette qui est la catégorie syntaxique du constituant mis entre deux parenthèses ; cette étiquette est un symbole souscrit aux parenthèses.

Soit la phrase *Le père lit le journal ;* elle peut recevoir une représentation sous la forme de parenthèses étiquetées :

(((le) (père))
P SN D D N N SN
((lit) ((le) (journal))))
SV V V SN D D N N SN SV P

Cela signifie que la phrase P *(Le père lit le journal)* est formée de deux constituants SN *(le père)* et SV *(lit le journal),* que le constituant SN est formé de deux autres constituants *le* et *père* (qui reçoivent respectivement les étiquettes de D et de N), et que SV est formé des deux constituants *lit,* qui reçoit l'étiquette de V (verbe), et *le journal,* qui reçoit l'étiquette de SN ; ce dernier constituant peut à son tour être analysé en *le* (déterminant D) et *journal* (N). La *parenthétisation étiquetée* a les mêmes propriétés que l'arbre* mais, dès que la phrase devient complexe, sa lisibilité laisse à désirer.

parfait
Le *parfait* fait partie de la flexion verbale et exprime l'accompli*.

parisose
En rhétorique, la *parisose* consiste en un équilibre rythmique entre les deux phrases (ex. : *Boire ou conduire, il faut choisir*).

parisyllabique
On appelle *parisyllabique* un type de déclinaison caractérisé en latin par le fait que le nombre de syllabes n'est pas modifié par l'adjonction des désinences casuelles ; ainsi, *civis* nominatif singulier fait au génitif singulier *civis,* au datif *civi,* nominatif pluriel *cives.* (Seuls les cas obliques pluriels datif et ablatif présentent une syllabe de plus : *civibus.*)

parlé
La *langue* parlée est la forme de la langue utilisée dans la conversation quotidienne, dans la communication orale, par opposition à la langue écrite. Il n'y a jamais correspondance exacte entre les unités qu'on utilise dans les échanges oraux et celles qu'on utilise dans la représentation écrite, même quand on fait la transcription des conversations. Ainsi, en français, la *langue parlée* marque le nombre des noms surtout grâce aux variations de l'article, alors que l'écriture a des terminaisons de pluriel (très souvent la marque *-s*). La redondance est en ce cas plus forte en langue écrite que dans la langue parlée. Les phrases écrites sont achevées, l'oral est souvent marqué par des phrases inachevées, etc. De même, certains mots sont utilisés dans la langue écrite, alors que, dans la communication orale, on en emploierait d'autres : on écrira plus facilement qu'on ne dira *la grève* pour *la plage.* D'une manière plus nette, notamment dans les régions qui conservent un dialecte, on utilisera en parlant des formes ou des tournures locales qu'on n'écrira pas. Un méridional dira très souvent, mais écrira rarement : *Il se la mange,* et en Suisse alémanique on dira couramment *ksij* pour le participe passé de *être,* mais on écrira *gewesen.* On oppose quelquefois à l'ordre de la langue parlée l'ordre scriptural, le code oral au code écrit. L'existence de deux codes différents se justifie aussi sur des bases socioculturelles : l'écrit est traditionnellement valorisé, dans la mesure où il est contrôlé par des règles normatives, scolaires, alors que le code parlé est jugé avec plus de tolérance ; si certains mots ou expressions « ne s'écrivent pas », on admet néanmoins qu'ils peuvent « se dire ».

I. **parler** (n. m.)
1. Par opposition au *dialecte,* considéré comme relativement uni sur une aire assez étendue et délimité au moyen des critères linguistiques de la dialectologie* et de la géographie* linguistique, le *parler* est un système de signes et de règles de combinaison défini par un cadre géographique étroit (vallée, par exemple, ou village) et dont le statut social est indéterminé au départ. Une langue ou un dialecte étudiés en un point précis sont donc étudiés en tant que parlers.
2. Le *parler* est une forme de la langue utilisée dans un groupe social déterminé ou comme signe de l'appartenance ou de la volonté d'appartenir à ce groupe social : le *parler patois* est rural et s'utilise pour des activités campagnardes ; le *parler courant* est neutre et peut s'employer en toutes circonstances ; le *parler cultivé* est le signe d'un certain niveau d'instruction ou de culture, contrairement au *parler populaire.* Chacun de ces parlers (pour ne signaler que les principaux) a des vocables et des règles syntaxiques qui lui sont particuliers et beaucoup d'autres qui sont communs à plusieurs parlers de la langue ou même à tous.

II. **parler** (v.)
Parler, c'est communiquer avec d'autres locuteurs selon un système défini appartenant à une communauté linguistique particulière (langue).

parleur
Le *parleur* ou *locuteur* est l'émetteur d'un message, par opposition à l'*auditeur* ou au *scripteur.*

parole

La *parole* a longtemps été confondue avec le langage ; le mot anglais *language* se traduisant aussi bien par *parole* que par *langage*. La *parole* est alors considérée comme la « faculté naturelle de parler ». Définir ainsi la parole, c'est faire d'elle un acte comme l'acte de marcher, de manger, actes naturels, c'est-à-dire instinctifs, innés, reposant sur des bases biologiques spécifiques à l'espèce humaine. Si la parole, comme l'écrit E. Sapir dans *le Langage,* « semble aussi naturelle à l'homme que la marche [...], il ne faut qu'un instant de réflexion pour nous convaincre que cette façon de juger n'est qu'une illusion. Le processus d'acquisition de la parole est, en réalité, absolument différent de celui de la marche [...]. La marche est une fonction biologique inhérente à l'homme [...]. La parole est une fonction non instinctive, acquise, une fonction de culture. Si l'individu parle, communique son expérience, ses idées, ses émotions, il doit cette faculté au fait qu'il est né au sein d'une société. Éliminons la société, l'homme aura toutes chances d'apprendre à marcher ; il n'apprendra jamais à parler ».

C'est F. de Saussure qui a donné à la *parole,* distinguée du langage, une place particulière en l'opposant à la « langue ».

Théorie de la parole chez F. de Saussure

Partant du langage, F. de Saussure définit la première bifurcation « que l'on rencontre dès qu'on cherche à faire la théorie du langage » (p. 38), c'est-à-dire la distinction *langue / parole.* Pour lui, en effet, « l'étude du langage comporte deux parties : l'une, essentielle, a pour objet l'étude de la langue, qui est sociale dans son essence et indépendante de l'individu ; l'autre, secondaire, a pour objet la partie individuelle de la langue, c'est-à-dire la parole, y compris la phonétique : elle est psychophysiologique ». Cette distinction entre la *langue** et la *parole* entraîne, pour F. de Saussure, une série de distinctions.

a) La langue existe dans et par la collectivité. « C'est un produit social de la faculté du langage et un ensemble de conventions nécessaires adoptées par le corps social, pour permettre l'exercice de cette faculté chez les individus. » La langue est donc une institution sociale spécifique. La parole se distingue alors de la langue comme ce qui est individuel se distingue de ce qui est social. La parole est « un acte individuel de volonté et d'intelligence ». « Le côté exécutif [du langage] reste hors de cause, car l'exécution n'est jamais le fait de la masse ; elle est individuelle et l'individu en est toujours le maître ; nous l'appellerons la parole. »

b) La langue, « produit que l'individu enregistre passivement », se distingue de la parole, « acte de volonté et d'intelligence », acte libre, acte de création. En effet, précisant que la langue ne peut être « ni créée, ni modifiée par un individu », il confirme de ce fait, par opposition, le caractère créateur et libre de la parole. À l'acte créateur qu'est la parole, domaine de la liberté individuelle, s'oppose le processus passif d'enregistrement, de mémorisation qu'est la langue.

La langue apparaissant alors comme l'ensemble des moyens d'expression, comme un code commun à l'ensemble des individus appartenant à une même communauté linguistique, la parole, au contraire, est la manière personnelle d'utiliser le code ; elle est, dit F. de Saussure, « la partie individuelle du langage », le domaine de la liberté, de la fantaisie, de la diversité.

c) Se pose alors le problème de l'appartenance à la langue ou à la parole des rapports entre les unités significatives du langage. Selon F. de Saussure, les rapports associatifs ou paradigmatiques des unités linguistiques sont ceux qui unissent des termes *in absentia* dans une série mnémonique virtuelle. « Leur siège est dans le cerveau ; [ils] font partie de ce trésor intérieur qui constitue la *langue* chez chaque individu. » C'est sur cet axe que s'opère la sélection, parmi des termes mis en mémoire et associés par une relation quelconque, d'un terme qui sera réalisé sur l'axe syntagmatique et combiné sur cet axe avec d'autres éléments pour former un syntagme.

La question se pose donc de savoir si le syntagme fait partie du domaine de la langue ou de celui de la parole, dans quelle mesure tous les syntagmes sont libres, le propre de la parole étant la liberté des combinaisons. F. de Saussure estime que, en ce qui concerne les syntagmes, un grand nombre d'expressions appartiennent à la langue ; ce sont les locutions toutes faites, auxquelles l'usage interdit de rien changer : c'est le cas de *à quoi bon, comment ça va, prendre la mouche, forcer la main à quelqu'un,* etc., tours qui ne peuvent être improvisés et qui sont fournis par la tradition. F. de Saussure attribue également à la langue tous les types de syntagmes construits sur des formes régulières, ces types n'existant « que si la langue en a enregistré des spécimens suffisamment nombreux » ; c'est le cas de : *la terre tourne, que vous dit-il ?* etc.

Mais il ajoute qu'« il faut reconnaître que, dans le domaine du syntagme, il n'y a pas de limite tranchée entre le fait de langue, marque de l'usage collectif, et le fait de parole, qui dépend de la liberté individuelle ».

Quant à la phrase, elle échappe à cet usage collectif et relève de la parole : « Elle appartient à la parole, non à la langue. »

d) L'aspect créateur du langage est le fait de l'acte de parole. Pour F. de Saussure, l'aspect créateur du langage est éliminé de la langue, domaine des signes et des règles de fonctionnement transmis comme un héritage, déposés dans la mémoire où ils sont sélectionnés ; pour lui, l'aspect créateur est essentiellement le fait de l'acte de parole, domaine de la liberté, de la fantaisie, où n'existent pas de règles.

e) Le mécanisme psychophysiologique de l'acte de parole suppose au moins deux individus ; soit deux personnes A et B, Saussure décrit le circuit suivi par la parole dans cet acte de *communication ;* pour lui, le point de départ du circuit est dans le cerveau de la personne A, où les faits de conscience (concepts) se trouvent associés aux représentations des signes linguistiques ou images acoustiques servant à leur expression. Lorsqu'un concept déclenche dans le cerveau l'image acoustique correspondante, nous avons un phénomène psychique. Suit alors un phénomène physiologique : le cerveau transmet aux organes de la phonation une impulsion corrélative à l'image. Un procès physique ensuite : les ondes sonores se propagent de la bouche de A à l'oreille de B, l'air jouant le rôle de canal de communication. Ensuite, le circuit se prolonge en B dans l'ordre inverse : de l'oreille au cerveau, transmission physiologique de l'image acoustique ; dans le cerveau, association psychique de cette image avec le concept correspondant. Si B parle à son tour, le nouvel acte de parole suivra la même marche que le premier.

Les organes de la parole

• ***La parole, phénomène phonétique.*** La parole est un phénomène physique et concret qui peut être analysé soit directement, à l'aide de l'oreille humaine, soit grâce à des méthodes et à des instruments analogues à ceux qu'on utilise en sciences physiques. La parole est, en effet, un phénomène phonétique : l'articulation de la voix donne naissance à un segment phonétique, immédiatement audible à titre de pure sensation. L'acte de la parole comprend physiquement trois phases :

a) la production de la chaîne sonore par les organes dits de la parole (articulation et phonation) ;
b) la transmission du message à l'aide d'une onde sonore ; cette phase comprend la structure physique des phénomènes vibratoires et l'acoustique de la parole ;
c) la réception de cette onde sonore par une oreille humaine ; cette phase comprend la perception de la chaîne sonore, c'est-à-dire son interprétation comme une série d'éléments de valeur distinctive.

• *L'appareil phonatoire et la production des sons du langage.* Il s'agit d'étudier les organes de la parole. E. Sapir remarque que, même au niveau de la production des sons, le langage est autre chose qu'une simple fonction biologique, puisqu'il a fallu que les mécanismes primaires de l'activité laryngée soient totalement transformés par les modifications que leur impose le jeu de la langue, des lèvres, du voile du palais pour qu'un « organe de la parole » fût enfin constitué. C'est peut-être parce que cet « organe de la parole est, en réalité, un réseau secondaire et comme surajouté d'activités physiologiques qui ne correspondent pas aux fonctions primaires des organes impliqués que le langage a pu se libérer de l'expressivité corporelle directe ».

Dans *le Langage,* E. Sapir précise cette idée : « Il n'y a, à proprement parler, pas d'organes de la parole ; il y a seulement des organes qui sont fortuitement utiles à la production des sons du langage : les poumons, le larynx, le palais, le nez, la langue, les dents et les lèvres sont utilisés pour la parole, mais ne doivent pas être considérés comme les organes essentiels de la parole [...] ; la parole n'est pas une activité simple qui est produite par des organes biologiques adaptés à cette fonction ; c'est un réseau très compliqué et constamment changeant d'adaptations variées : du cerveau, du système nerveux, des organes d'audition et d'articulation, tout cela tendant vers un seul but désiré : la communication des idées. » En résumé, la parole, physiologiquement, est « une fonction, ou, pour mieux dire, un groupe de fonctions qui empiètent sur les autres. Elle obtient tout ce qu'elle veut d'organes et de fonctions soit nerveuses, soit musculaires, qui, en réalité, ont été créés et se sont maintenus pour des fins bien différentes ».

Reformulation des concepts de langue et de parole. Parole et performance

N. Chomsky remet en cause plusieurs aspects de la théorie saussurienne et, en particulier, l'association faite par F. de Saussure de la langue et de la mémoire. D'où la nécessité de reformuler les concepts de langue et de parole tels que celui-ci les a définis. Selon F. de Saussure, la phrase appartenait au domaine de la parole : c'était plutôt « un problème de création libre et volontaire plutôt qu'une question de règles systématiques ». La langue, en effet, n'était considérée que « comme une nomenclature de signes emmagasinés (par exemple, des mots, des syntagmes fixés [...], y compris peut-être certains types de syntagmes) ». L'aspect créateur étant ainsi éliminé de la langue, c'est de la parole que relève, pour F. de Saussure, cette créativité du langage, mais il s'agit d'une créativité libre, fantaisiste, sans règles, comme tout ce qui relève du domaine de la parole. Il ne peut donc être question, en ce qui concerne la phrase, de règles systématiquement appliquées. Pour N. Chomsky, au contraire, la *phrase* devient l'élément premier de la théorie : il s'agit de rendre compte de l'aptitude des sujets parlants à produire et à comprendre des phrases jamais rencontrées auparavant. Cette créativité linguistique relève essentiellement du domaine de la compétence, qui peut être définie comme « un système de règles qui relie les signaux à l'interprétation sémantique de ces signaux ». Le concept de langue défini par F. de Saussure comme un « système de signes » est reformulé par N. Chomsky, qui lui substitue le concept de compétence, « système de règles » dont la phrase relève désormais, échappant au domaine de la fantaisie individuelle. Au niveau de la compétence, l'accent est mis par ce dernier sur la créativité, qui était exclue par F. de Saussure du système de la langue et qui relevait uniquement de la parole. N. Chomsky, en effet, distingue deux types de créativité ; en ce qui concerne la compétence, il s'agit d'une créativité gouvernée par les règles, qui tient au pouvoir récursif des règles. Quant au concept de parole, il est reformulé par le linguiste américain en celui de performance, définie par la manière dont le locuteur utilise les règles. En ce sens, certains facteurs entrent en jeu : attention, mémoire, etc. Nous remarquerons donc que la mémoire, qui était un des éléments essentiels permettant le stockage des signes de la langue chez F. de Saussure, devient un des facteurs de fonctionnement de la performance chez N. Chomsky. Enfin, pour N. Chomsky, la créativité relève également de la performance, comme chez F. de Saussure pour qui l'aspect créateur du langage était le fait de la parole ; mais il s'agit pour N. Chomsky d'un deuxième type de créativité qui consiste en ces multiples déviations individuelles, dont certaines, en s'accumulant, finissent par changer le système.

paronomase
On appelle *paronomase* la figure de rhétorique qui consiste à rapprocher des mots qui présentent soit une similarité phonique, soit une parenté étymologique ou formelle (ex. : *qui se ressemble s'assemble. Traduttore, traditore,* etc.). Syn. : ANNOMINATION.

paronyme
On appelle *paronymes* des mots ou des suites de mots de sens différent, mais de forme relativement voisine. Ainsi, *collusion* et *collision, allocution* et *allocation* sont paronymes. Les paronymes sont souvent soumis à des phénomènes d'attraction* paronymique ou d'étymologie* populaire.

paroxyton
Un *paroxyton* est un mot accentué sur l'avant-dernière syllabe, ou pénultième : la majorité des mots italiens (*páne* « pain », *cása* « maison », etc.) sont des paroxytons.

paroxytonique
Une *langue paroxytonique* est une langue où les paroxytons sont les mots les plus nombreux et tendent à le devenir encore davantage. L'italien est une langue paroxytonique.

participant
On appelle *participants à la communication* le sujet parlant et son ou ses interlocuteurs. (V. PERSONNE.)

participe
1. On appelle *participes* des formes dérivées des racines verbales et classées parmi les modes impersonnels. Ainsi les formes *ému, agacé, vu, omis, fini,* etc., sont des dérivés des radicaux verbaux, *émouvoir, agacer, voir, omettre, finir,* qui ont subi des modifications consécutives à l'adjonction d'un affixe dit de participe passé *-u, -é, -u, -is, -i.* De même les formes *émouvant, agaçant, voyant, omettant, finissant* sont dérivées de radicaux verbaux avec l'adjonction d'un affixe en *-ant.* Les *adjectifs verbaux* en *-ant* qui fonctionnent comme des adjectifs sont distincts des formes en *-ant* de participe présent, non précédées de la préposition *en,* qui fonctionnent comme des verbes. (V. GÉRONDIF.) Ces participes en *-ant* sont susceptibles d'être complétés par des adverbes postposés, d'admettre des compléments d'objet.
2. En grammaire générative, la *transformation participe,* ou *participiale,* que subit une relative enchâssée efface le pronom relatif et substitue l'affixe *-ant* à l'affixe temporel du verbe. Soit la phrase *Pierre qui était dans l'embarras fit appel à ses amis,* qui est issue de :

Pierre qui + T_{ps} + être + dans l'embarras.

On remplace T_{ps} par l'affixe *-ant* et on efface *qui,* ce qui donne après la transformation affixale : *Pierre étant dans l'embarras fit appel à ses amis.*

L'affixe de *participe passé* appartient à la classe des affixes verbaux (avec l'infinitif) qui entraînent la transformation affixale. Si l'on a la structure profonde

Pierre + Prés + être + PP + venir,

où PP est l'abréviation pour « participe passé », on insère à la place de PP l'affixe *-u.* La transformation affixale entraîne le déplacement de l'affixe de participe passé derrière la racine verbale, ici « venir », et on obtient alors la forme de surface : *venu (Pierre est venu).*

3. La grammaire normative édicte les règles de variabilité des participes passés en langue écrite.

Les participes passés s'accordent :

a) avec le sujet lorsqu'ils sont conjugués avec l'auxiliaire ***être*** : *Elles sont venues ;* règle à laquelle se rattachent les participes passés des verbes dits essentiellement pronominaux et les pronominaux à sens passif : *Elle s'est plainte. Les fruits se sont bien vendus ;*

b) avec le complément d'objet direct antéposé lorsqu'ils sont conjugués avec l'auxiliaire ***avoir*** : *Les fleurs qu'elle a achetées ;* règle qui s'applique aussi lorsque le pronom complément d'objet direct antéposé est sujet de l'action marquée par l'infinitif qui suit : *C'est la fille que j'ai vue pleurer ;* et à laquelle se rattachent les participes passés des verbes pronominaux réfléchis et réciproques dont le pronom fonctionne comme objet direct : *Elle s'est regardée* (= elle a regardé elle-même) ; *Ils se sont tués* (= ils ont tué eux-mêmes).

Les participes passés restent invariables :

a) lorsqu'ils sont conjugués avec l'auxiliaire ***avoir*** : *Ils ont vu Jeanne ;*

b) lorsqu'ils appartiennent à la flexion des verbes intransitifs et transitifs indirects : *Ils nous ont parlé ;* règle à laquelle se rattachent les participes passés des pronominaux dont le pronom fonctionne comme objet indirect : *Ils se sont nui* (= ils ont nui à eux-mêmes) ;

c) lorsque, transitifs avec ***avoir,*** ils sont suivis d'un infinitif ou d'une proposition complément d'objet direct : *Les fruits que j'ai vu cueillir. Les joies que j'avais pensé que vous auriez* (règle absolue pour le participe passé de *faire*) ;

d) lorsqu'ils entrent dans un ensemble auxiliaire-participe précédé de *en* ou du pronom *le* (ou *l'*) anaphorique d'une proposition : *Des filles, j'en ai connu. La situation est plus grave que nous ne l'avons imaginé ;*

e) lorsque ce sont des verbes impersonnels : *Quelle pluie il est tombé, cette nuit !*

particule

Une *particule* est un morphème grammatical non autonome, qui forme avec un morphème lexical une unité accentuelle ou mot. Sous le nom de *particules,* on regroupe souvent les affixes (suffixes, préfixes), les conjonctions de coordination (comme le latin *-que*), les adverbes négatifs (comme le français *ne*, le grec *mê*), les prépositions (comme le français *de*).

partiel

1. Un *partiel,* ou *harmonique*,* est, dans une vibration composée, l'onde sonore produite par l'une des parties du corps vibrant. Dans la phonation, les ondes sonores produites par la vibration des cordes vocales sont composées d'un certain nombre de partiels de fréquences variées. Chaque partiel est renforcé par la cavité supraglottique dont la fréquence est équivalente à la sienne. Le pharynx, par exemple, renforce les partiels de basse fréquence.

2. Une interrogation est dite *partielle* quand, au lieu de porter sur toute la phrase (interrogation totale), elle ne porte que sur certains éléments de la phrase : ainsi quand on demande *Qui est venu ? Quand est-il venu ?* on interroge sur l'auteur ou sur le temps de l'action, non sur l'action de « venir » elle-même. (V. PORTÉE.)

parties du discours

1. À la suite de la *Grammaire générale et raisonnée* de Port-Royal, les grammaires françaises appellent *parties du discours,* ou *espèces de mots,* les classes de mots (ou catégories lexicales) définies sur la base de critères syntaxiques (définition formelle) et sur celle de critères sémantiques (définition notionnelle). Syntaxiquement, les classes sont définies :

a) par le rôle réciproque des mots dans la constitution de la phrase ; le *nom,* tête du syntagme nominal, s'associe au *verbe,* tête du syntagme verbal, pour former la phrase ;

b) par la spécificité des flexions (modifications du mot selon sa fonction syntaxique, son mode spécifique de référence). Le nom et le verbe se distinguent parce que la flexion nominale du premier supporte les catégories grammaticales du genre et du nombre, tandis que la flexion verbale du second supporte les catégories grammaticales de la personne et du temps, du moins dans les langues indo-européennes.

C'est le rôle syntaxique qui détermine les neuf classes des *noms,* des *pronoms,* des *verbes,* des *adjectifs,* des *déterminants* (ou *articles*), des *adverbes,* des *prépositions,* des *conjonctions* et des *interjections*. C'est la présence ou l'absence de flexion qui distingue les espèces de mots *variables* (noms, pronoms, adjectifs, verbes, déterminants) et les espèces de mots *invariables* (prépositions, conjonctions, interjections).

Sémantiquement, à chaque partie du discours est associée une signification particulière ou une référence au monde extérieur, même lorsque la définition formelle et la définition notionnelle ne sont que partiellement coextensives. Ainsi, les *noms* désignent des personnes, des objets, des créations de la pensée ou des lieux : ce sont des *substantifs*. Les *verbes* et les *adjectifs*, groupés sous le nom de *verbaux*, désignent des procès et des états ; ils se distinguent secondairement par le fait que les premiers indiquent surtout un procès et les seconds une qualité. Les *adverbes* représentent une propriété de même nature que l'adjectif, mais concernant le procès, donc le verbe (d'où sa dénomination), ou concernant une qualité, donc l'adjectif. *Prépositions* et *conjonctions* indiquent une relation logique entre les parties du discours ou les phrases. Les *articles* déterminent les substantifs, les *pronoms* se substituent aux noms ou se réfèrent aux actants de la communication. Les *interjections*, isolées dans le système, sont des intrusions directes du sujet parlant dans le discours, et elles se définissent par l'absence de rôle syntaxique. On oppose ainsi les parties de discours *majeures* (noms, verbes, adjectifs et adverbes), qui ont un sens, et les parties de discours *mineures* (prépositions, conjonctions), qui ne signifient rien elles-mêmes. On a aussi hiérarchisé ces catégories en trois degrés. Le nom forme la catégorie primaire ; associé au verbe ou à l'adjectif (avec copule), qui forment les catégories secondaires, il constitue la phrase. L'adverbe est une catégorie de troisième degré, car il se combine avec le verbe ou avec l'adjectif.

2. En rhétorique, les *parties du discours* en sont les divisions : exorde, narration, confirmation, péroraison.

partitif

1. On appelle *partitif* un cas exprimant la partie d'un tout (ex. : *Il mange **de la confiture***). Il existe en finnois un cas partitif, en latin un génitif partitif (*parum frumenti* = trop peu de blé).

2. On appelle *partitifs* certaines formes de l'article ou certains articles qui indiquent que le contenu désigné par le nom qu'ils accompagnent n'est pas concerné en totalité par le procès, mais seulement en partie. En français, historiquement, l'*article partitif* est né de la préposition *de* suivie de *le, la, les*. En français moderne, on est en droit de considérer cette série de formes *du (de l'), de la, des* comme entièrement autonome. Certains grammairiens considèrent toutefois que le pluriel *des* est toujours le pluriel de l'indéfini *un, une*. Comme l'ancien français, qui disait *manger pain* pour *manger du pain*, beaucoup de langues, comme l'italien, expriment le partitif en supprimant simplement tout article. En français, il ne reste dans les formes négatives que la préposition : *ne pas manger de pain*.

passé

1. Le *passé* est un temps situant l'énoncé dans un moment avant l'instant présent, avant le « maintenant » ; le passé s'exprime par des affixes verbaux (imparfait et passé historique : *il écoutait, il écouta*) ou par des adverbes (*il est venu **hier***).

2. On donne le nom de *passé simple, passé défini, passé historique (Le combat fut acharné)* à un ensemble de formes verbales constituées d'une racine verbale et d'affixes exprimant le passé dans un discours narratif, un récit, un énoncé historique ; le passé historique situe le récit dans un moment révolu.

3. On donne le nom de *passé composé, passé indéfini* à un ensemble de formes verbales constituées de l'auxiliaire *avoir* (ou *être*) et d'un participe passé et traduisant l'aspect accompli. Le passé composé situe l'énoncé par rapport au sujet parlant ; le procès est achevé au moment de l'énonciation (*Pierre a bien mangé* = il se trouve dans l'état de celui qui a mangé).

4. On donne le nom de *passé antérieur* à un ensemble de formes verbales constituées de l'auxiliaire *avoir* (ou *être*) et du participe passé d'une racine verbale, l'auxiliaire étant lui-même affecté des affixes verbaux du passé historique. Le passé antérieur traduit la catégorie de l'aspect (procès accompli) et celle du temps (procès révolu par rapport à un passé historique) : *Dès qu'il eut fini de boire, il tomba mort.*

passif

1. On appelle *phrase passive* une phrase correspondant à une phrase active transitive dans laquelle le sujet de la phrase active est devenu l'agent (introduit par la préposition *de* ou *par* en français) et où l'objet de la phrase active est devenu le sujet d'un verbe constitué de l'auxiliaire *être* et du participe passé du verbe transitif. Soit la phrase active transitive directe : (1) *Le vent a cassé la branche,* la phrase passive correspondante est : (2) *La branche a été cassée par le vent.* On considère qu'il y a quasi-synonymie entre la phrase active (1) et la phrase passive (2).

Dans la mesure où la grammaire traditionnelle range le passif *(être lu)* et l'actif *(lire)* dans un répertoire commun appelé *voix,* elle en fait deux catégories verbales de même niveau ; ce qui suppose, comme c'est le cas en grec et en latin, l'existence d'affixes de conjugaison spécifiques du passif. Or, en français, le mode et le temps des formes passives, réduites à ceux de l'auxiliaire *être (Je suis aimé ; ils seront aimés),* ne légitiment pas l'unité morphologique de la voix passive, qui se confond aussi parfois avec la voix moyenne du grec ou du latin. En outre, l'identité structurale des formes verbales associant un participe passé à l'auxiliaire *être (Je suis venu / Je suis aimé)* et la difficulté à distinguer les traits inhérents de *être* copule *(Il est désabusé)* de ceux de *être* auxiliaire *(Il est trompé)* ont conduit à évaluer les critères du passif à partir des relations logiques et syntactico-sémantiques de réciprocité qui le lient à l'actif.

La phrase passive est garantie par la condition nécessaire que le verbe soit transitif direct. *Comporter, valoir, pouvoir* et les verbes transitifs indirects *(obéir, nuire)* échappent à cette relation. On retrouve parfois ce type de relation entre intransitif et le transitif direct *(le papier jaunit au soleil* ou *le soleil jaunit le papier).*

2. En grammaire générative, on appelle *transformation passive* les opérations de transformation que subit la phrase active transitive de structure profonde pour devenir la structure de surface passive. Dans une première étape de la théorie, on a formalisé la correspondance actif-passif à partir de la grammaire traditionnelle sous la forme suivante :

$$\mathrm{SN_1 + Aux + V + SN_2 \rightarrow SN_2 + Aux + être + PP + V + par + SN_1}$$

(SN_1 et SN_2 : syntagmes nominaux ; Aux : auxiliaire ; V : radical verbal ; PP : affixe de participe passé). La transformation était facultative et ne modifiait pas le sens de la phrase active sous-jacente. Dans une deuxième étape de la théorie, on a considéré que la transformation passive était déclenchée par la présence en structure profonde d'un complément de manière (abréviation Man) formé de *par* et d'une proforme à la place de laquelle venait le syntagme nominal sujet de la phrase active :

$$\mathrm{SN_1 + Aux + V + SN_2 + Man \rightarrow SN_2 + Aux + être + PP + V + par\ SN_1}$$

On appelle *ellipse,* ou *effacement de l'agent du passif,* la transformation qui efface le complément d'agent du verbe passif :

La vitre a été cassée par quelqu'un (ou quelque chose). → *La vitre a été cassée.*

3. Le passage de l'actif au passif, s'il n'altère pas le contenu sémantique du message, modifie toutefois les fonctions syntaxiques et les thèmes d'énonciation. Les syntagmes qui fonctionnent comme sujet et complément d'objet direct dans la phrase active *Paul a vu l'assassin* deviennent respectivement complément prépositionnel (complément d'agent) et sujet dans la phrase passive *L'assassin a été vu par Paul,* l'action étant envisagée du point de vue du patient et non plus du point de vue de l'agent. La passivation permet aussi d'éviter la spécification du sujet : *Le président m'a raconté que... Il m'a été raconté que...* et dispense d'un sujet indéfini : *On/Quelqu'un a dit que... Il a été dit que...*

4. Le *vocabulaire passif* est l'ensemble des mots que le sujet parlant est capable de reconnaître et de comprendre sans forcément les utiliser spontanément dans le discours.

passivation
On donne le nom de *passivation* à la transformation passive.

Passy (Paul-Édouard), phonéticien français (Versailles 1859-Bourg-la-Reine 1940). Professeur à l'École pratique des hautes études, il fut l'un des fondateurs de l'Association phonétique internationale (1886) et de la revue *le Maître phonétique,* qu'il dirigea ; il fut un des initiateurs de l'alphabet phonétique international. Il se montra partisan d'une orthographe phonétique.

pathos
En rhétorique, le *pathos* traite de l'emploi des figures propres à éveiller les passions, les émotions chez les auditeurs.

patient
Par opposition à l'actant*, le *patient* est l'être ou la chose qui subit l'action (le procès) ; le sujet animé des phrases passives et l'objet animé des phrases actives à verbe transitif sont en général des « patients ».

patois
On appelle *patois,* ou *parler patois,* un dialecte* social réduit à certains signes (faits phonétiques ou règles de combinaison), utilisé seulement sur une aire réduite et dans une communauté déterminée, rurale généralement. Les patois dérivent d'un dialecte régional ou de changements subis par la langue officielle ; ils sont contaminés par cette dernière au point de ne conserver que des systèmes partiels qu'on emploie dans un contexte socioculturel déterminé (paysans parlant à des paysans de la vie rurale, par exemple).

patoisant
Un *patoisant* est celui qui utilise effectivement ou connaît passivement un patois.

patronyme
Le *patronyme* est le nom de famille formé d'après le nom du père, soit directement (en France, *Dupont, Durand,* etc.), soit sous la forme de dérivé (*fils de Jean,* etc.).

pattern
On appelle *pattern* un modèle spécifique représentant d'une façon schématique une structure de la langue ou du comportement verbal des locuteurs. (Syn. : SCHÈME.)

pause
Une *pause* est un silence ou un arrêt dans la chaîne parlée coïncidant le plus souvent avec une articulation plus ou moins importante du raisonnement. Dans l'intonation, la pause est annoncée par une inflexion descendante plus ou moins prononcée. L'opposition pause *vs* non-pause a une fonction distinctive dans certaines langues, par exemple en russe, où la séquence énumérative *ljudi, zveri* « les hommes, les bêtes » s'oppose à la phrase assertive *ljudi zveri* « les hommes sont des bêtes ». Dans la transcription, la pause est marquée, suivant son importance, par une, deux ou trois barres verticales ou obliques ou par les signes ↓, ↑, accompagnés ou non des exposants 1 à 4, comme chez Ch. F. Hockett.

La pause exerce sur les phonèmes contigus des effets phonologiques comparables à ceux d'une consonne et mérite, d'après certains linguistes, le statut consonantique. Ainsi, les consonnes géminées de l'italien ne peuvent pas apparaître après une consonne ni après une pause. Le linguiste allemand H. Weinrich formule la règle irréversible : si un phonème manque après une consonne, il manque aussi après une pause.

Peirce (Charles Sanders), logicien américain (Cambridge, Massachusetts, 1839-Milford, Pennsylvanie, 1914). Contribuant au développement du calcul des relations, il est le fondateur du pragmatisme logique et à l'origine de la sémiotique. (V. Bibliographie.)

péjoratif
Un affixe ou un morphème lexical sont *péjoratifs* quand ils impliquent un jugement de mépris, une nuance dépréciative. Le *trait péjoratif* fait partie de la définition d'un terme, par opposition aux *connotations* péjoratives,* qui peuvent toujours être associées à n'importe quel terme. Ainsi, en français, les suffixes *-ard, -asse* sont péjoratifs dans *fuyard, chauffard, bagnard, fadasse, lavasse,* etc., qui sont des mots péjoratifs. (V. MÉLIORATIF.)

pénultième
On appelle *pénultième* l'avant-dernière syllabe d'un mot : dans *prévoir,* la syllabe *pré* est la pénultième.

pérégrinisme
On a appelé parfois *pérégrinisme* les emprunts aux langues étrangères (V. XÉNISME).

perfectif
Syn. d'ACCOMPLI.

perfectum
On appelle *perfectum,* en grammaire latine, le système des formes verbales groupant le parfait,

le plus-que-parfait et le futur antérieur, et exprimant l'accompli.

performance
En grammaire générative, la *performance* est la manifestation de la compétence des sujets parlants dans leurs multiples actes de parole. (V. PAROLE.)

Les performances linguistiques des sujets parlants sont les phrases réalisées dans les situations diverses de communication ; elles forment les données observables qui constituent le corpus de l'analyse linguistique. La performance, concept de la grammaire générative, correspond partiellement au concept de *parole** de la linguistique structurale.

La performance dépend de la compétence* (le système de règles), du sujet psychologique, de la situation de communication ; elle dépend, en effet, de facteurs très divers, comme la mémoire, l'attention, le contexte social, les relations psychosociales entre le locuteur et l'interlocuteur, l'affectivité des participants à la communication, etc. Les deux modèles de performance, celui de l'émetteur et du récepteur, sont du domaine d'analyse de la psycholinguistique et de la sociolinguistique, autant que de la linguistique proprement dite.

performatif
1. J. L. Austin appelle *verbes performatifs* les verbes dont l'énonciation revient à réaliser l'action qu'ils expriment et qui décrivent une certaine action du sujet parlant. *Je dis, je promets, je jure* sont des verbes performatifs parce que, en prononçant cette phrase, on fait l'action de dire, de promettre, de jurer. À l'intérieur des énoncés performatifs, on a distingué entre les énoncés qui sont des actes d'une autorité *(Le poste est vacant)* et les énoncés qui n'engagent que le sujet de l'énonciation.
2. On a qualifié de performatifs ceux des énoncés illocutionnaires* qui signifient qu'on essaie d'imposer par la parole un certain comportement (ordre).

I. **période**
En acoustique, on appelle *période* d'une vibration le temps mis par le corps qui vibre pour effectuer un cycle, c'est-à-dire pour aller et venir de l'une à l'autre des positions extrêmes du mouvement en repassant chaque fois par le point de départ. La fréquence est l'inverse de la période, puisque c'est le nombre de cycles accomplis en une seconde.

II. **période**
La rhétorique donne le nom de *période* à une phrase de prose assez longue et de structure complexe dont les constituants sont organisés de manière à donner une impression d'équilibre et d'unité. La période se termine généralement par un trait brillant ou une suite qui, par ses caractères prosodiques, constitue une clausule*. Selon le contenu de la phrase, on oppose les périodes narratives (ou historiques), qui groupent tous les éléments d'un récit, et les périodes oratoires, qui rassemblent des suites d'arguments. Selon la forme de la phrase, on distingue la période carrée de quatre membres, la période croisée qui est antithétique, la période ronde dont les membres sont étroitement joints.

En poésie, c'était un système de plus de deux éléments, plus grand que le vers, plus petit que la strophe et constituant une sorte d'unité intermédiaire.

périodique
Une *onde périodique* est une onde dont le profil reproduit constamment le même type de variation. Les voyelles sont des sons produits par des ondes à peu près périodiques ; les consonnes sont produites par des ondes apériodiques ou bruits*.

périphrase
1. La *périphrase* est une figure de rhétorique qui substitue au terme propre et unique une suite de mots, une locution, qui le définit ou le paraphrase (ex. : *la Ville Lumière* pour *Paris*) ; on peut remplacer la désignation simple d'une notion par une suite de mots exprimant les principaux caractères de cette notion (ex. : *la grande bleue* pour *la mer*).
2. La notion de *périphrase* a permis de rendre compte des correspondances entre le latin, langue flexionnelle et synthétique, qui rend plusieurs notions par la même forme, et le français, langue analytique, qui tend à exprimer chacune d'elles par des mots graphiques différents, relativement autonomes les uns des autres, et parfois séparables. Ainsi, *feci* se traduit par *j'ai fait : feci* regroupe dans la même forme le radical de *faire,* l'aspect (parfait), le mode indicatif et le temps (référence au présent), ainsi que le rapport locuteur / actant (première personne du singulier) ; *j'ai fait* les distribue sur trois formes (personne sur *je* et *ai,* temps sur *ai,* aspect sur la combinaison *ai + fait,* radical verbal sur *fait*).

En principe, la périphrase relève de la syntaxe, alors que la locution (verbale, adjective, nominale) relève du lexique.

périspomène
En grec, on appelle *périspomène* tout mot qui porte l'accent circonflexe sur la dernière syllabe.

périssologie
En rhétorique, la *périssologie* consiste à renforcer une assertion en répétant la même idée dans la même phrase (ex. : *Je l'ai vu de mes yeux vu*). Elle peut être apparemment sans nécessité aucune, comme dans *panacée universelle, panacée* signifiant étymologiquement « remède universel ».

perlocutoire
On donne le nom de *perlocutoires* ou *perlocutions* aux fonctions du langage qui ne sont pas inscrites directement dans l'énoncé, mais qui ont un effet indirect sur l'interlocuteur (« flatter, faire plaisir, faire peur, etc. »). Par exemple, une interrogation peut avoir pour objet non pas d'obtenir une information, mais de faire croire à son interlocuteur qu'on le fait participer à la décision (fausse interrogation).

permissif
On appelle *permissive* une classe de verbes comprenant en français *autoriser, permettre* (« donner la permission de ») et *pouvoir* (« avoir la permission de »), qui ont le sens de « X fait en sorte que Y ait la possibilité de faire quelque chose » : *Pierre autorise Paul à partir ; Georges permet à Henri de sortir ; Paul peut partir, nous le lui permettons.*

permutable
Deux *sons permutables* sont deux sons qui peuvent se trouver dans le même entourage phonologique, que leur différence ait une valeur phonologique comme celle de [r] et de [l] en allemand, ou qu'elle n'en ait pas, comme celle de [r] et de [l] en japonais.

permutatif
On qualifie de *permutatives* les relations qui sont fondées sur la réciprocité* ou qui présupposent, ou laissent prévoir, ou préparent, une autre action. Ainsi : [*A* + *répondre* + *à B*] présuppose [*B* + *demander* + *à A*].

permutation
La *permutation* est une opération consistant à modifier l'ordre d'éléments adjacents dans une structure linguistique (permutation de lettres, de mots, etc.). En phonologie, plus précisément, la permutation consiste à intervertir deux phonèmes de la chaîne parlée sur l'axe syntagmatique, par opposition à la commutation qui consiste à les substituer l'un à l'autre sur l'axe paradigmatique.

On appelle *transformation de permutation* l'opération consistant à faire permuter, sans modification de sens et dans certaines conditions, les constituants d'une phrase. Ainsi, il y a permutation de l'attribut dans la phrase *Telle était sa réponse,* pour *Sa réponse était telle.* La permutation dépend souvent de transformations antérieures. Ainsi, la permutation du sujet-verbe dans *Pierre arrive* dépend de l'insertion d'une relative : *Arrive Pierre qui nous annonce la bonne nouvelle.*

péroraison
En rhétorique, la *péroraison* est la conclusion du discours, rassemblant les preuves et faisant appel aux sentiments de l'auditoire, à sa pitié ou à sa colère.

persévération
Chez les aphasiques, la *persévération* est la répétition ou la continuation anormale d'une activité verbale. Ainsi, dans une épreuve consistant à dénommer des objets, il y a persévération quand le malade répète pour tous les objets la première dénomination qu'il a donnée. (On dit aussi *intoxication.*)

personne
1. La *personne* est une catégorie grammaticale reposant sur la référence aux participants à la communication et à l'énoncé produit. La situation de communication est définie par une relation entre un sujet parlant qui énonce et un autre sujet parlant à qui cet énoncé est adressé pour qu'à son tour il donne une réponse : « je te dis que » (communication intersubjective). La phrase implicite, sous-jacente à tout énoncé, « je te dis que » représente l'énonciation* et les phrases effectivement produites l'énoncé*. La communication, ou échange verbal, implique donc un locuteur (première personne), le « je » ou « ego » qui est le centre de la communication (celle-ci est égocentrique) ; un interlocuteur ou allocutaire (deuxième personne), le « tu », et un objet énoncé (ce

dont on parle), le « il » (troisième personne). La distinction est d'abord entre « ego » et ce qui n'est pas « ego », puis, dans ce qui n'est pas « ego », entre l'interlocuteur qui, dans l'échange verbal, peut à son tour devenir un locuteur, et ce qui est l'objet de la communication (personnes ou choses).

La situation de communication peut impliquer d'autres relations entre les trois termes ou personnes : le locuteur « je » peut associer l'interlocuteur (moi et toi nous disons que) ou d'autres personnes que « tu » (moi et lui, moi et elle, moi et eux, nous disons que) ; dans le premier cas, la première personne est *inclusive* (incluant « tu »), dans le second elle est *exclusive* (excluant « tu ») ; ce sont des pluriels, car il y a « plus d'un » interlocuteur. De même, l'interlocuteur peut être associé à d'autres interlocuteurs présents, à qui s'adresse l'énoncé (toi et toi, vous dites que), ou à d'autres personnes que l'interlocuteur présent (toi et lui, toi et eux, vous dites que). Dans le premier cas, la deuxième personne est *inclusive* (incluant un autre interlocuteur) ou *exclusive* (excluant un deuxième « tu », mais incluant d'autres personnes) : ce sont des pluriels, car ces « personnes » impliquent plus d'un interlocuteur.

Les première et deuxième personnes renvoient à des êtres humains et s'expriment par des *noms personnels* dont les propriétés sémantiques et syntaxiques sont proches de celles des noms propres : ils sont indéterminés (se référant aux participants à la communication, ils peuvent désigner n'importe quelle personne), définis (impliquant un locuteur défini, ils supposent la présence d'un article défini, sous-jacent, exprimé dans certains cas : *Le pauvre Jean, Les Dupont que tu connais*). La troisième personne, qui renvoie à des êtres ou des objets du monde, s'exprime par des *pronoms personnels* dont les propriétés sémantiques et syntaxiques sont proches de celles du syntagme nominal, constituant de la phrase qui est toujours lui-même une troisième personne. Les noms personnels et les pronoms personnels peuvent être réunis dans une même catégorie par les grammaires sous le nom de *pronoms personnels.*

La personne (exprimée par les noms personnels, les pronoms personnels ou implicite aux syntagmes nominaux) se manifeste dans la catégorie verbale par des marques en accord avec la « personne » du sujet : *nous disons (que).* Des phénomènes de syntaxe propres à certaines langues font que ces marques verbales de la personne sont les seules à apparaître dans les phrases comme en général en latin ou, en français, à l'impératif.

La communication implique aussi un jugement porté par le sujet parlant sur la relation sociale qu'il institue entre lui et son interlocuteur ; la communication a un statut : le locuteur définissant une distance sociale entre lui et l'allocutaire (en français, différence entre *tu* et *vous,* singulier) et entre lui et son énoncé (valeurs péjorative, méliorative, neutre, etc., au regard des êtres et des choses dont il parle : en latin, différence entre *iste* et *ille*) ; dans certaines communautés socioculturelles fortement différenciées, les systèmes de personnes peuvent être relativement complexes.

2. J. Damourette et E. Pichon distinguent le *locutif,* personne se référant à celui qui parle (première personne), l'*allocutif,* personne se référant à celui à qui on parle (deuxième personne), le *délocutif,* personne se référant à celui et à ce dont on parle (troisième personne).

3. L. Tesnière oppose parmi les *personnes* du verbe l'*anontif,* qui se refère aux êtres ou aux choses absents de l'acte de communication, et l'*ontif,* qui se réfère aux personnes ou aux êtres présents. L'ontif se divise lui-même en *auto-ontif,* se référant à la personne qui parle (première personne), et en *antiontif,* se référant à la personne à qui on parle (deuxième personne).

personnel

1. On appelle *modes personnels* les modes du verbe qui comportent des flexions indiquant le temps et la personne : l'indicatif, le subjonctif, le conditionnel, l'optatif, l'impératif sont des modes personnels. Au contraire, on appelle *modes impersonnels* les modes du verbe qui ne comportent pas une flexion indiquant la personne : l'infinitif, le participe et le gérondif sont des modes impersonnels.

2. En français, la classe grammaticale des *pronoms personnels* regroupe l'ensemble des mots dont la spécificité est de référer aux participants impliqués dans la communication. Selon qu'ils se rapportent à un ou plusieurs locuteurs *(je, nous),* à un ou plusieurs interlocuteurs *(tu, vous),* à un ou plusieurs référents externes *(il[s], elle[s], le, la, les),* ces pronoms sont dits de première, de deuxième, de troisième personne du singulier ou du pluriel. On rattache à cet ensemble les *réfléchis (se, soi),* les *adverbiaux (en, y)* et l'*indéfini (on).* Il est possible d'établir, sur des bases distributionnelles, un autre type de classement qui ne tienne pas compte du contexte extralinguistique. Aux *formes conjointes* qui ne peuvent être séparées du verbe (*je, tu, il,* etc.) que par l'adverbe de négation *ne* et par certains pronoms sont opposées les *formes disjointes* qui manifestent une certaine autonomie (*eux, moi, toi,* etc.). À l'intérieur de ce cadre, les pronoms personnels sont répartis, selon leur fonction grammaticale, d'une part en pronoms sujets *(je, tu, nous, vous, il[s], elle[s]),* en pronoms compléments d'objet indirect *(me, te, nous, vous, lui, leur),* d'autre part en pronoms appositions, compléments circonstanciels, etc. *(moi, toi, nous, vous, lui, eux, elle[s]).* Quoi qu'il en soit, c'est l'étiquette même de pronom attachée à l'ensemble des personnels qui est contestée aujourd'hui. Elle semble ne devoir correspondre, en effet, qu'aux personnels de troisième personne qui jouent dans l'énoncé un rôle de représentant (rôle anaphorique) : *Nos filles sont étudiantes ;* ***elles*** *sont à Paris.* Les personnels de première et de deuxième personne ont un comportement syntaxique analogue à celui des noms propres : ce sont des *noms personnels.*

personnification

La *personnification* est une figure de rhétorique qui consiste à faire d'un être inanimé ou d'un être abstrait, purement idéal, une personne réelle, douée de sentiment et de vie. Ex. : *Argos vous tend les bras, et Sparte vous appelle* (Racine, *Phèdre*) est une personnification par métonymie ; *Les vainqueurs ont parlé. L'esclavage en silence/Obéit à leur voix, dans cette ville immense* (Voltaire, *l'Orphelin de la Chine*) est une personnification par synecdoque ; *Sur les ailes du Temps, la Tristesse s'envole* est une personnification par métaphore.

pertinence

La *pertinence* est la propriété qui permet à un phonème, à un trait phonologique, etc., d'assurer une fonction distinctive dans une langue donnée, en s'opposant aux autres unités de même niveau. Il n'y a plus pertinence quand l'unité considérée perd cette fonction distinctive.

Les *positions de pertinence* d'une opposition phonologique sont les positions dans le mot où cette opposition ne peut être neutralisée. Ainsi, en français, l'opposition entre les phonèmes /e/ et /ɛ/ ne connaît comme position de pertinence que la finale tonique ouverte /le/ *les* vs /lɛ/ *lait.* Dans toutes les autres positions, l'opposition est neutralisée soit au profit du terme le plus ouvert (en syllabe fermée /ɛ/ : *vert, perdant*), soit par une liberté de réalisation entre les deux termes /e/ ou /ɛ/, ou un terme intermédiaire. Les traits de semi-ouverture et de semi-fermeture ne sont donc pas pertinents dans ces positions.

pertinent

Le terme *pertinent* est souvent employé comme synonyme de *distinctif** pour désigner un trait phonique dont la présence ou l'absence dans la réalisation d'un phonème entraîne un changement de sens de l'unité significative. Ainsi, le trait qui oppose les latérales aux vibrantes (simultanéité ou successivité de l'occlusion et de l'écoulement de l'air dans la bouche) est pertinent en espagnol, où il permet, par exemple, d'opposer *pero* et *pelo,* ainsi que dans de nombreuses langues romanes, mais non en japonais, où dans n'importe quel mot *l* peut être substitué à *r* et vice versa sans que cela entraîne aucun changement de signification.

Certains linguistes, avec R. Jakobson, donnent au terme *pertinent* une acception plus large. Dans ce sens, un trait pertinent est un trait phonique qui joue un rôle dans la communication, même s'il n'a pas de fonction distinctive. Les traits qui accompagnent la réalisation habituelle d'un phonème dans une langue donnée et facilitent son identification sont des traits pertinents : par exemple, en anglais, l'aspiration qui accompagne la réalisation des occlusives non-voisées ; en français, le trait de laxité qui accompagne la réalisation des consonnes voisées ; dans de nombreuses langues, le trait de labialisation qui accompagne la réalisation des voyelles postérieures.

pétition de principe
En rhétorique, la *pétition de principe* est un sophisme qui suppose vrai ce qui justement est en question.

pharyngal, pharyngalisé
Une *consonne pharyngalisée* est une consonne dont l'articulation implique un rapprochement de la racine de la langue et de la paroi arrière du pharynx, ce qui produit un effet de bémolisation. Les langues sémitiques présentent ce type de phonèmes. L'arabe, en particulier, oppose des aspirées pharyngalisées et des aspirées non-pharyngalisées (*ḥadam* « il faisait chaud » *vs hadam* « il démolissait », *jaḥdim* « il fait chaud » *vs jahdim* « il démolit »), des fricatives pharyngalisées et des fricatives non-pharyngalisées (*ṣi:n* « Chine » *vs si:n* « nom de la lettre *s* »).

Du point de vue acoustique, les consonnes pharyngalisées présentent une concentration de l'énergie dans les plus basses régions du spectre et dirigent vers le bas le second formant de la voyelle suivante.

pharyngalisation
La *pharyngalisation* est une variation de l'orifice buccal postérieur due à une contraction du pharynx qui a pour effet, comme la labialisation, de bémoliser les sons qu'elle affecte. L'acuité des sons aigus est atténuée, la gravité des sons graves est renforcée.

pharynx
Le *pharynx* est la partie du conduit vocal qui relie le larynx à la bouche et aux fosses nasales. Il est limité vers le bas par le larynx, vers le haut par la racine de la langue. On a remarqué relativement récemment que le pharynx, par les mouvements de la langue et du larynx, change de forme au cours de la phonation ; on connaît encore mal la façon dont il affecte la prononciation. En tant que résonateur supraglottique (le plus long), il favorise les basses fréquences de la vibration laryngée : les harmoniques qu'il renforce constituent le premier formant F^1.

phatique
La *fonction phatique* est la fonction du langage par laquelle l'acte de communication a pour fin d'assurer ou de maintenir le contact entre le locuteur et le destinataire. Des mots comme *allô* ou *vous m'entendez* utilisés au téléphone relèvent essentiellement de la *fonction phatique* (V. aussi COMMUNION PHATIQUE).

phème
On a donné parfois le nom de *phème* au trait phonique pertinent.

phénotexte
En sémiologie, on appelle *phénotexte* le texte réalisé, forme extérieure de la pensée de l'auteur.

phénotype
Dans la terminologie du linguiste russe Chaoumian, le *phénotype* est la forme extérieure que revêt un *génotype* ou objet syntaxique abstrait. L'opposition entre *phénotype* et *génotype* recoupe l'opposition entre *performance* et *compétence.*

philologie
Linguistique et philologie ne sont pas synonymes, et les sciences avec lesquelles elles sont en contact sont très différentes ; cette distinction est récente dans la mesure où la linguistique ne s'est développée qu'à la fin du XIXe s.

La *philologie* est une science historique qui a pour objet la connaissance des civilisations passées par les documents écrits qu'elles nous ont laissés : ceux-ci nous permettent de comprendre et d'expliquer ces sociétés anciennes. Si l'archéologie cherche à connaître les civilisations de l'Antiquité à travers les vestiges matériels, la philologie, dans le sens que le mot a pris en France, étudie surtout les témoignages écrits littéraires ; elle est donc d'abord une science auxiliaire de l'histoire, au même titre que l'épigraphie, la numismatique ou la papyrologie.

Toute science historique cherche à fonder la validité des documents sur lesquelles elle travaille, à vérifier ainsi l'authenticité et la véracité du texte par une critique interne et externe. La philologie est critique des textes ; elle cherche à « établir le texte » au moyen de critères internes et externes qui lui sont fournis à la fois par ses techniques propres (comparaison des textes, des variantes, histoire des manuscrits) et par les données externes que lui fournissent d'autres techniques : la statistique linguistique pour la datation des documents ou l'histoire littéraire, économique, sociale, etc. C'est dans la mesure où l'établissement du texte réclame une masse de données fragmentaires que l'on parle d'érudition.

L'œuvre principale des philologues est donc l'édition des textes. Le texte à éditer a été longtemps l'écrit originel, considéré comme l'unique source des copies ultérieures, d'où l'idée qu'il faudrait corriger les écarts, les fautes dues aux scribes successifs. L'original hypothétique est reconstitué en comparant les diverses leçons des manuscrits : ce domaine philologique est celui des texte religieux et celui des textes grecs et latins, même affinée et modifiée par la substitution de l'idée de « variante » à celle de « faute » et par celle de « familles » à celle d'« original unique ». Pour les textes littéraires, le changement théorique a été plus profond : une réévaluation des diverses copies, considérées comme des états différents d'un même récit, a pris pour base le mode de réception des textes au Moyen Âge. Les copistes devenaient des auteurs, et non plus des transcripteurs. On a édité séparément chacun des manuscrits, considéré comme un texte original. Le développement d'une sorte de génétique textuelle a conduit à éditer l'ensemble des manuscrits se rapportant à un même récit, comme une sorte d'écriture au travail. Enfin la philologie a largement bénéficié des techniques modernes (radiographie, analyse chimique des supports), des apports statistiques, de l'informatique qui a permis, en particulier, la constitution de bases de données.

phonation

La *phonation* est l'émission des sons du langage par un ensemble de mécanismes physiologiques et neurophysiologiques dont les étapes principales sont la production du souffle par un mouvement respiratoire spécifiquement adapté à l'acte de parole, la production de la voix par la mise en vibration des cordes vocales, la modulation de la voix en fonction des unités phoniques à réaliser par l'excitation des différents résonateurs.

phone

On appelle parfois *phones* les sons du langage, c'est-à-dire chacune des réalisations concrètes d'un phonème, variables suivant le contexte phonique, le locuteur, les conditions générales d'émission.

phonématique

1. Suivant la terminologie la plus courante en Europe, la *phonématique* est la partie de la phonologie* qui étudie plus particulièrement les phonèmes, c'est-à-dire les unités distinctives minimales. Le but de la phonématique est de dégager l'inventaire des phonèmes de la langue ou des langues étudiées, de les classer, d'étudier leurs combinaisons, etc.

Différentes méthodes s'offrent à la phonématique. La première, la plus traditionnelle, s'appuie sur les différences de sens entre les quasi-homonymes : deux unités s'opposent en tant que phonèmes si, en les faisant commuter dans un même contexte, on obtient des mots de sens différents ; cette méthode, dite des « paires minimales », a l'inconvénient d'impliquer, de la part de celui qui étudie le système phonématique d'une langue donnée, une connaissance préalable assez approfondie de cette langue. Les autres méthodes s'efforcent plus ou moins imparfaitement d'éviter le recours au sens, comme par exemple celle qui consiste à faire entendre aux locuteurs de la langue étudiée la paire de mots obtenue par commutation pour voir s'ils les différencient linguistiquement. Enfin, la troisième méthode a été utilisée pour l'étude des langues amérindiennes, totalement inconnues des linguistes qui s'y intéressaient : cette méthode consiste à rassembler un corpus très large et à étudier les rapports syntagmatiques entre les unités qui y apparaissent ; seules peuvent être considérées comme en opposition les unités apparaissant dans le même contexte. Cette méthode est l'application de la technique cryptanalytique* aux recherches phonologiques.

2. Le terme de *phonématique* est parfois employé, comme traduction de l'anglais *phonemics,* pour désigner l'ensemble de la phonologie, ou comme adjectif, pour désigner ce qui relève de la phonologie.

phonème

Le *phonème* est l'élément minimal, non segmentable, de la représentation phonologique d'un énoncé, dont la nature est déterminée par un ensemble de traits distinctifs. Chaque langue présente, dans son code, un nombre limité et restreint de phonèmes (une vingtaine à une cinquantaine selon les langues) qui se combinent successivement, le long de la chaîne parlée, pour constituer les signifiants des messages et s'opposent ponctuellement, en différents points de la chaîne parlée, pour distinguer les messages les uns des autres. Cette fonction étant sa fonction essentielle, le phonème est souvent défini comme l'unité distinctive minimale. Le caractère phonique du phonème est accidentel (L. Hjelmslev propose le terme de *cénème,* « unité vide, dépourvue de sens ») ; il est néanmoins important puisque toutes les langues connues sont vocales. Le phonème est donc défini, en référence à sa substance sonore, par certaines caractéristiques qui se retrouvent aux différents niveaux de la transmission du message (niveau moteur ou génétique, niveau acoustique, niveau perceptif, etc.).

Ces caractéristiques phoniques, dites « traits distinctifs » ou « pertinents », ne se présentent jamais isolées en un point de la chaîne parlée : elles se combinent à d'autres traits phoniques qui peuvent varier en fonction du contexte, des conditions d'émission, de la personnalité du locuteur, etc., et que l'on appelle *traits non-distinctifs.* Le locuteur d'une langue donnée a appris à produire certains mouvements des organes phonatoires de façon à placer dans les ondes sonores un certain nombre de traits que l'auditeur de la même langue a appris à reconnaître. Un même phonème est donc réalisé concrètement par des sons différents, formant une classe ouverte mais possédant tous en commun les traits qui opposent ce phonème à tous les autres phonèmes de la même langue. Ces sons différents, qui réalisent un même phonème, sont appelés *variantes* ou *allophones.* Dans le mot français *rare,* le phonème /r/ peut être prononcé comme une vibrante dentale [r] dite « *r* bourguignon », comme une vibrante uvulaire [R] dite « *r* grasseyé », comme une fricative uvulaire [ʁ] dite « *r* parisien » : il s'agit de trois sons différents, ou de trois variantes différentes (ici, des variantes régionales et sociales) réalisant un même phonème.

Le phonème français /a/ s'oppose à /i/, /e/, /ɛ/, /y/, /u/, /o/, /ɑ/, etc., comme le montre la série minimale *la, lis, les, lait, lu, loup, lot, las,* etc., et à tous les autres phonèmes du français parce qu'il est le seul à posséder ensemble les traits vocalique, non-consonantique, palatal (aigu), ouvert (compact). Ce sont ces traits que l'on retrouve dans la voyelle des mots suivants, *chat, lac, cale, patte,* mêlés à d'autres traits articulatoires (acoustiques) qui dépendent du contexte et n'ont pas de fonction linguistique.

Certains traits constants dans la réalisation concrète d'un phonème donné peuvent ne pas avoir de fonction distinctive et être cependant importants pour l'identification du phonème : ainsi, en français, le /l/ est suffisamment défini phonologiquement comme une latérale (vocalique, consonantique, continue) puisqu'il n'y a pas d'autre latérale dans le système phonologique : mais si on ne tient pas compte de l'articulation dentale, habituelle en français, et si on prononce une latérale palatale [λ], on risque de confondre des mots comme *fil* /fil/ prononcé /fiλ/ et *fille* /fij/. De même, en anglais, l'aspiration n'a pas de valeur phonologique, mais elle facilite l'identification des occlusives initiales, dans des mots comme *pin, tin, kick,* etc.

Deux phonèmes appartenant à deux langues différentes ne peuvent jamais être semblables puisque chacun se définit par rapport aux autres phonèmes de la langue à laquelle il appartient. Ainsi, le /s/ français est défini comme consonantique, non-vocalique, dental (diffus et aigu), fricatif (continu), non-voisé ; en espagnol, le phonème /s/ est défini par les mêmes caractéristiques sauf la dernière, puisqu'il n'y a pas dans cette langue de sifflante voisée comme en français ; le phonème /s/ est réalisé en espagnol tantôt comme non-voisé [s], tantôt comme voisé [z], en fonction du contexte. Moins les phonèmes sont nombreux dans une langue et plus ils présentent de variantes.

phonémique
Le terme de *phonémique* est employé comme synonyme de l'adjectif *phonématique* pour désigner tout ce qui a trait au phonème. Ce terme est employé aussi, toujours comme synonyme du nom *phonématique,* pour désigner la partie de la phonologie qui se consacre exclusivement à l'étude des phonèmes et des traits distinctifs (unités segmentales et infra-segmentales), et se distingue de la prosodie, consacrée plus particulièrement à l'étude de traits supra-segmentaux.

phonétique
1. Traditionnellement, le terme de *phonétique* désigne la branche de la linguistique qui étudie la composante phonique du langage, par opposition aux autres domaines : morphologie, syntaxe, lexique et sémantique.
2. Dans la terminologie qui s'est développée à travers la linguistique contemporaine à partir des années 20, le terme *phonétique* désigne, en opposition à la phonologie, l'étude de la substance physique et physiologique de l'expression linguistique : « ce qui caractérise particulièrement la phonétique, c'est qu'en est tout à fait exclu tout rapport entre le complexe phonique étudié et sa signification linguistique... La phonétique peut donc être définie : la science de la face matérielle des sons du langage humain » (N. Troubetskoï).
3. Mais la phonétique ne peut faire abstraction du caractère social du langage, de même que la phonologie ne peut faire abstraction de la connaissance des sons concrets de la parole aux différents niveaux de la chaîne parlée. La multiplicité des variantes contextuelles ou facultatives d'un seul et même phonème dans la prononciation réelle est due à la combinaison de ce phonème avec différentes sortes de traits expressifs et redondants. Cette diversité ne gêne pas l'extraction du phonème invariable. « Le code inclut non seulement les traits distinctifs mais aussi les variantes contextuelles, tout autant que les traits expressifs qui gouvernent les variantes facultatives ; les usagers d'une langue ont appris à les produire et à les appréhender dans le message » (R. Jakobson). L'étude du chevauchement des unités phoniques dans la chaîne parlée, avec les phénomènes de coarticulation, montre l'importance des règles relationnelles au moyen desquelles le locuteur, guidé par le code linguistique, appréhende le message.

La *phonétique générale* étudie l'ensemble des possibilités phoniques de l'homme à travers toutes les langues naturelles. La *phonétique comparée* étudie les sons qui apparaissent dans deux ou plusieurs langues. La *phonétique appliquée* se limite aux particularités phoniques d'un système vocal déterminé, langue ou dialecte (phonétique française, anglaise, etc.). La *phonétique historique* peut suivre l'évolution des sons au cours de l'histoire de la langue tandis que la *phonétique descriptive* les étudie à un moment donné de cette évolution.

Mais les principales distinctions entre les différentes branches de la phonétique sont déterminées par la nature complexe du message vocal, la spécificité des différentes étapes de sa transmission et la diversité des méthodes grâce auxquelles il peut être appréhendé et décrit. Les domaines de la phonétique qui sont le plus explorés sont la *phonétique articulatoire** ou *physiologique,* qui étudie les mouvements des organes phonateurs lors de l'émission du message, la *phonétique acoustique** ou *physique* qui étudie la transmission du message par l'onde sonore et la façon dont il vient frapper l'oreille de l'auditeur, la *phonétique auditive*,* enfin, qui touche à la psychologie et qui étudie les modalités de la perception du message linguistique. La *phonétique neurophysiologique,* moins étudiée, cherche à décrire les mécanismes cérébraux et neurologiques de l'encodage et du décodage du message chez le sujet parlant en tant qu'émetteur et en tant que récepteur.

phonétographe
Le *phonétographe* est un appareil permettant de transformer le langage parlé en texte écrit, à partir des spectres acoustiques caractéristiques de chaque son.

phonie Syn. de PHONATION.

phonique
Le terme de *phonique* s'applique à tout aspect relatif aux sons du langage, qu'il ait ou non une importance linguistique.

phonochronologie
La *phonochronologie* est une science encore à l'état embryonnaire qui se donne pour objet l'étude du rythme des changements phonologiques, supposé régulier (V. GLOTTOCHRONOLOGIE).

phonogramme
Dans les écritures idéogrammatiques, on appelle *phonogramme* un signe qui, capable de fonctionner par ailleurs avec sa pleine valeur d'idéogramme, est utilisé pour la transcription du consonantisme d'un mot homonyme de celui que désigne l'idéogramme. Ainsi, en égyptien, le mot [mçDr] « entendre » était représenté par les symboles de [mç] « poussière » et [Dr] « panier ». Dans l'écriture aztèque, le nom de lieu *Teocaltitlan,* littéralement « dieu-maison-gens », était représenté par les symboles de *tentli* « lèvres », *otli* « chemin », *colli* « maison » et *tlantli* (*tli* étant un suffixe inflexionnel). À un stade plus développé, les phonogrammes représentent des sons syllabiques, comme dans l'écriture des anciens Mésopotamiens qui disposaient de caractères pour noter des syllabes comme *ma, mi, mu, am, im, um, muk, mut, nam, tim.*

phonologie

La *phonologie* est la science qui étudie les sons du langage du point de vue de leur fonction dans le système de communication linguistique. Elle se fonde sur l'analyse des unités discrètes (phonèmes* et prosodèmes*) opposées à la nature continue des sons. Elle se distingue donc de la phonétique bien qu'il soit difficile de séparer ces deux domaines de recherche. La phonologie s'organise elle-même en deux champs d'investigation :
a) la *phonématique** étudie les unités distinctives minimales ou phonèmes en nombre limité dans chaque langue, les traits distinctifs ou traits pertinents qui opposent entre eux les phonèmes d'une même langue, les règles qui président à l'agencement des phonèmes dans la chaîne parlée ; les deux opérations fondamentales de la linguistique sont la segmentation et la commutation qui permettent de dresser l'inventaire des phonèmes d'une langue donnée, d'en déterminer les variantes contextuelles ou allophones, et d'étudier ces phonèmes selon leurs propriétés au niveau articulatoire*, acoustique*, auditif*, et dans le cadre de la perception ;
b) la *prosodie** étudie les traits suprasegmentaux, c'est-à-dire les éléments phoniques qui accompagnent la transmission du message et qui ont aussi une fonction distinctive : l'accent*, le ton*, l'intonation*. À côté des études phonologiques appliquées à une langue donnée, la *phonologie générale* étudie les principaux systèmes phonologiques du monde et les lois générales de leur fonctionnement, la *phonologie contrastive* étudie les différences des systèmes phonologiques de deux ou plusieurs langues, la *phonologie synchronique* envisage le système dans un état donné de fonctionnement de la langue, tandis que la *phonologie diachronique* vise à décrire et à expliquer les changements du système dans le passage d'un état de langue à un autre (déphonologisation, rephonologisation, etc.).

Pendant longtemps, la phonologie a été confondue avec la phonétique. Quand le terme *phonologie* a commencé à être employé, vers 1850, il l'a été concurremment avec celui de *phonétique,* chaque école, parfois chaque linguiste donnant une acception différente aux deux termes qui ont par ailleurs le même sens étymologique : « étude des sons ».

En fait, la nécessité de distinguer deux types d'éléments phoniques dans la langue, ceux qui jouent un rôle dans la communication et constituent les constantes à travers les différentes réalisations d'un message, et ceux qui correspondent à des variantes, avait été entrevue très anciennement, comme en témoigne chez les grammairiens hindous comme Patañjali, environ 150 ans avant J.-C., la théorie du *sphota,* ou « son signifiant », opposé au *dhvani,* « réalisation concrète et variable de cette entité ». Le même concept est implicite dans l'utilisation de l'écriture à partir du moment où on a commencé à employer des symboles non plus comme idéogrammes, mais comme phonogrammes.

Les exigences normatives, l'importance donnée à la langue écrite au détriment de la langue orale, ont contribué au cours des siècles à l'occultation de cette distinction. Au XIXe siècle, l'intérêt prédominant pour l'étude des sons et la régularité des changements phonétiques, le développement même des méthodes expérimentales en phonétique font passer au second plan l'étude fonctionnelle des unités phoniques. Le terme phonème est adopté en 1873 par la Société de Linguistique de Paris. La recherche des symboles pour le développement d'un système de transcription universel et l'établissement d'un alphabet phonétique international sous l'impulsion de H. Sweet et P. Passy constituent un prélude à la recherche des invariants. À la fin du XIXe siècle, l'apparition chez Baudouin de Courtenay d'une distinction entre une *physiophonétique* et une *psychophonétique* préfigure la distinction entre phonétique et phonologie.

Le véritable départ de la phonologie en Europe n'a été possible que par l'application systématique à l'étude des sons du langage des notions linguistiques élaborées par F. de Saussure, la théorie du signe, les notions de système et de valeur, la distinction entre synchronie et diachronie, etc. Les travaux du Cercle linguistique de Prague, en particulier les contributions de N. Troubetskoï et de R. Jakobson, le retentissement qu'ils ont eu au 1er Congrès international de linguistique de La Haye en 1928 ont conféré à la phonologie son statut définitif de science linguistique. Des recherches menées à peu près à la même époque en France et aux États-Unis aboutissent à des résultats semblables, malgré un certain nombre de divergences de principe et de méthode. Le Cercle de Copenhague avec L. Hjelmslev développe à l'extrême la distinction entre phonétique et phonologie au point de faire abstraction de la substance phonique du langage, considérée comme accidentelle : les unités distinctives minimales sont appelées *cénèmes,* c'est-à-dire « unités vides de sens », par opposition aux *plérèmes* (unités significatives lexicales) et aux *morphèmes* (unités significatives grammaticales) et la phonologie devient la cénématique. Mais les linguistes américains refusent le « mentalisme » européen et dans un souci d'objectivité, sous l'influence du « behaviorisme », ils privilégient la segmentation aux dépens de la commutation, d'autant que les recherches se fondent souvent sur les langues amérindiennes qu'ils découvrent et enseignent au fur et à mesure qu'ils les décrivent. Certaines théories accordent aussi plus de place à la prosodie, aux tons, à l'accentuation, à l'intonation, à l'harmonie vocalique (théorie prosodique de Firth, théorie tagmémique de Pike, analyse componentielle de Harris). Les recherches de Bloomfield sur les propriétés distinctives des phonèmes ont abouti à la notion de « traits distinctifs » qui conduit Jakobson à développer un ensemble théorique autour de la constatation que ce sont les traits eux-mêmes et non les phonèmes qui constituent les véritables éléments minimaux d'une représentation phonologique ; il élabore l'hypothèse d'un inventaire universel des traits distinctifs correspondant à des universaux du langage dans lequel chaque langue puise les constituants de son système phonologique.

La théorie des traits distinctifs a été incorporée dans la théorie de la grammaire générative. L'aspect universel de la théorie des traits distinctifs s'accorde avec la démarche de Chomsky qui cherche à caractériser le langage comme une faculté cognitive universelle, spécifique de l'espèce humaine, qui permet à l'enfant d'apprendre à parler par la maturation d'un système inné. La phonologie générative développée pendant les années 60 essentiellement par Noam Chomsky et Morris Halle, distingue deux niveaux de représentation phonologique : le niveau des phonèmes des structuralistes et le niveau de la phonétique systématique correspondant à une transcription phonétique étroite ou transcription allophonique. Certaines variantes contextuelles constituent des allophones alors que d'autres correspondent à des phonèmes : il faudra donc deux règles d'assimilation différente, l'une phonémique et l'autre allophonique, ou bien il faut reconnaître que le niveau des phonèmes ne constitue pas un véritable niveau systématique de représentation. La représentation que donnent Chomsky et Halle du système phonologique dans *The Sounds pattern of English* (1969) est strictement linéaire, constituée par une matrice à deux dimensions où les lignes représentent les traits distinctifs et les colonnes représentent les segments successifs. Les développements actuels de la phonologie générative se caractérisent par le rejet de la contrainte de linéarité sur les représentations phonologiques et par la recherche de modèles non linéaires (phonologie autosegmentale de Goldsmith, phonologie métrique de Liberman, travaux de Elizabeth Selkirk sur les catégories phonologiques, etc.).

phonologique
On qualifie de *phonologique* ce qui appartient à la phonologie, ce qui a fonction en phonologie.

Les *règles phonologiques,* en grammaire générative, donnent à chaque structure de surface une représentation phonétique dans un alphabet phonétique universel.

phonologisation
On appelle *phonologisation* l'apparition d'une nouvelle opposition distinctive dans une langue donnée. Des variations combinatoires peuvent aboutir à une paire de phonèmes corrélatifs ou à une corrélation : ainsi, lors du passage du latin en français, la variation phonétique pour certaines voyelles entre une réalisation orale et une réalisation nasalisée par assimilation de la consonne nasale suivante (entravée ou finale) s'est transformée, lorsque la nasalisation a été totale, en une corrélation phonologique. La corrélation de gémination résulte de la phonologisation des variantes stylistiques à renforcement affectif qu'étaient les géminées en indo-européen. Une phonologisation peut résulter de l'appropriation par une langue donnée d'un phonème étranger, comme celle du phonème /f/ en russe.

phonostylistique
La *phonostylistique* est une partie de la phonologie qui étudie les éléments phoniques ayant dans le langage humain une fonction expressive (émotive) ou appellative (conative), mais non représentative (référentielle). Ainsi, tous les aspects qui caractérisent le sujet parlant dans son origine sociale, son appartenance à un groupe d'âge déterminé, son sexe, son degré de culture, sa provenance géographique. Dans certaines sociétés, ce sont surtout les différences d'âge et de sexe qui se manifestent dans la prononciation ou la réalisation de certains sons du langage : dans certains parlers siciliens de la région de Messine, le même phonème est réalisé par la consonne cacuminale [ḍ] chez les hommes (*jadu* « coq ») et par la séquence [tr] chez les femmes *(jatru),* selon une discrimination qui se manifeste dès l'enfance ; chez les Tchouktes du Kamtchatka, un même phonème de la langue est prononcé [tʃ] par les hommes et [ts] par les femmes (ce qui correspond à une accentuation de la féminité par une plus grande acuité du son). Dans d'autres sociétés, les différences dans la prononciation sont symptomatiques d'une origine régionale, comme la prononciation du « *r* apical roulé » qui, en France, traduit une origine provinciale, ou bien en Italie l'absence de géminées caractéristique d'une origine septentrionale. Il est des sociétés très hiérarchisées où certaines prononciations sont interdites à certaines cou-

ches, comme dans les langues de l'Inde : en tamoul, un seul et même phonème doit être prononcé [ts] ou [s] suivant la caste du sujet parlant. Dans presque toutes les sociétés, il existe une prononciation « mondaine » affectée, caractérisée le plus souvent par un certain relâchement : ainsi, le [ʁ] fricatif, moins énergique que la vibrante qu'il a remplacée ou qu'il tend à remplacer dans de nombreux pays, est d'abord apparu dans les capitales et dans la haute société, par exemple en France celle de la cour de Versailles. Il caractérise en Italie un milieu intellectuel mondain. La prononciation de l'américain de New York présente deux variantes pour le phonème /r/ et trois variantes pour le phonème /θ/ correspondant à des stratifications sociales.

phrase

Selon la grammaire traditionnelle, la phrase est une unité de sens accompagnée, à l'oral, par une ligne prosodique entre deux pauses et limitée, à l'écrit, par les signes typographiques que sont, en français, la majuscule et le point. La phrase peut contenir plusieurs propositions (phrase composée et complexe). Cette définition s'est heurtée à de grandes difficultés. Pour définir la phrase, on ne peut avancer l'unité de sens, puisque le même contenu pourra s'exprimer en une phrase *(Pendant que je lis, maman coud)* ou en deux *(Je lis. Maman coud).* Si on peut parler de « sens complet », c'est justement parce que la phrase est complète. En outre, on a posé à juste titre le problème de telle phrase poétique, par exemple, dont l'interprétation sera fondée uniquement sur notre culture et notre subjectivité, et de tel « tas de mots » ayant un sens clair et ne formant pas une « phrase », comme dans *Moi y en a pas d'argent.* La phrase a pu être aussi définie comme un énoncé dont les constituants doivent assumer une fonction* et qui, dans la parole, doit être accompagné d'une intonation. La *phrase* dans les théories hypothético-déductives est définie comme une concaténation de deux constituants, un *syntagme nomimal* et un *syntagme verbal,* chaque constituant étant ensuite analysé selon ses propriétés distributionnelles et/ou transformationnelles et répondant sur le plan sémantique et/ou logique à la distinction entre *thème* (ce dont on parle) et *prédicat* (ce qu'on dit du thème).

Dans les phrases sans verbe, l'intonation permet de reconnaître si on a affaire à un mot ou à un groupe de mots isolé, sans fonction, ou bien à une phrase, même constituée par un seul mot (mot-phrase). Une phrase a également une fin déterminée : elle énonce quelque chose (prédicat) à propos de quelqu'un ou de quelque chose (thème). La phrase peut ne comporter qu'un élément qui est le *thème* (la phrase est alors incomplète), ou le *prédicat,* comme dans *Formidable !* où le thème n'est pas évoqué ; ou bien deux éléments sans verbe comme dans *Bon, ce gâteau.* Les phrases ayant un verbe se divisent en phrases simples et phrases complexes. Les *phrases simples* ne comportent qu'un membre organisé autour d'un verbe (à un mode personnel ou à l'infinitif). Les *phrases complexes* comportent plusieurs membres dits « propositions », celles-ci étant soit juxtaposées, soit coordonnées, soit subordonnées. Dans les phrases complexes, les propositions juxtaposées ou coordonnées ont une autonomie grammaticale complète permettant à chacune de fonctionner le cas échéant comme une phrase simple. La proposition subordonnée, au contraire, ne peut pas fonctionner telle quelle, comme une phrase simple ; elle a besoin du support de la proposition principale, qui contient un terme dont elle est dépendante ; ainsi, dans : *Chaque matin, il constatait qu'on lui avait volé des poires, qu'on lui avait volé des poires* est la subordonnée et dépend de *constatait ; Chaque matin, il constatait* est la principale, support de cette subordonnée. La phrase simple ou complexe peut être énonciative, ou exclamative, ou interrogative, ou impérative ; en ce cas on parle de *type de phrase,* on définit le statut de la phrase.

Dans les théories déductives, on a défini la phrase comme un axiome de base, représentée par une suite de symboles générés à partir du symbole initial P par les règles syntagmatiques de la base*. En ce cas la phrase abstraite initiale est la source des structures profondes qui se réaliseront dans les structures de surface, seules envisagées dans les grammaires traditionnelle et structurale.

phrase-noyau
1. En grammaire structurale, la *phrase-noyau* est la phrase déclarative active transitive réduite à ses constituants fondamentaux. *L'enfant lit un livre* est une phrase-noyau.
2. En grammaire générative, syn. de PHRASE NUCLÉAIRE*.

phraséologie
On appelle généralement *phraséologie* une construction propre à un individu, à un groupe ou à une langue. Toutefois, le terme d'idiolecte servant souvent à désigner le phénomène linguistique propre à un individu, on réserve parfois le terme de phraséologie à l'évocation d'une construction propre à une langue.

Un *dictionnaire phraséologique* s'assigne pour objet le recensement et la présentation des expressions figées spécifiques à une langue. En principe, il n'enregistre pas les proverbes, pour autant que ceux-ci représentent des unités phrastiques complètes. Il devra également exclure le cliché de son champ d'étude : à la différence du cliché, écart stylistique banalisé par la répétition *(l'astre des nuits, des doigts de fée),* la phraséologie se définit non par l'écart qu'elle représente par rapport à la langue, mais par le caractère stabilisé de la combinaison qu'elle constitue. Un dictionnaire phraséologique n'est qu'un sous-ensemble particulier d'un dictionnaire syntagmatique, qui envisagerait les types de combinaisons les plus courants d'une langue dans une synchronie donnée.

phrasillon
Le terme *phrasillon* est synonyme de *mot-phrase**, mais s'applique à des suites de plusieurs unités.

phrastique
On qualifie de *phrastique* ce qui est relatif à la phrase.

On appelle *rang* ou *niveau phrastique* le rang ou niveau de la phrase. (V. RANG.)

phylum
Le *phylum* (terme emprunté à la biologie) est un ensemble regroupant plusieurs familles de langues qui ont entre elles certaines parentés supposées, mais qu'on ne peut définir avec précision, comme pour les langues amérindiennes de l'Amérique du Nord.

physiophonétique
Le terme de *physiophonétique* est le terme proposé par le linguiste Baudouin de Courtenay pour désigner la partie de la linguistique qui correspond approximativement à ce que nous appelons aujourd'hui la *phonétique*. Le terme est aujourd'hui rejeté par les linguistes, car il fait abstraction des mécanismes psychologiques et neurologiques aussi importants pour la phonétique que les mécanismes physiologiques auxquels ils sont d'ailleurs étroitement liés.

pictogramme
On appelle *pictogrammes* des dessins de divers types en une ou plusieurs couleurs qui, en dehors de leur intérêt ornemental et esthétique, reproduisent le contenu d'un message sans se référer à sa forme linguistique. Ces dessins racontent une histoire, mais sans relation visible avec un énoncé parlé unique, l'histoire se reconstituant un peu comme le sujet d'un tableau. Cette forme de préécriture s'est rencontrée chez des populations de pêcheurs et de chasseurs, à relations régulières, comme les Indiens d'Amérique, les Esquimaux, les Sibériens et les Bochimans d'Afrique. On distingue des pictogrammes-signaux qui peuvent être employés comme aide-mémoire servant à déclencher une récitation (sur les robes de peau des sorciers-prêtres en Sibérie, ils correspondent à des strophes de chant) — et des pictogrammes-signes qui portent en eux-mêmes leur signification, qui parlent à la vue. D'une certaine manière, un dessin humoristique sans paroles est aussi un pictogramme-signe.

pictographie
On appelle *pictographie* l'utilisation de dessins figuratifs ou pictogrammes en vue de la communication écrite (ex. : chez les Esquimaux). (V. PICTOGRAMME.)

pidgin
On appelle *pidgin* une langue seconde née du contact de langues européennes avec diverses langues d'Asie ou d'Afrique afin de permettre l'intercompréhension de communautés de

langues différentes. Le système du pidgin est beaucoup plus complet que celui du sabir*, son vocabulaire couvrant de nombreuses activités. Plus particulièrement, le *pidgin-english,* ou *pidgin,* est une langue composite à base grammaticale chinoise et à vocabulaire anglais (par opposition au *pidgin mélanésien* ou bichlamar*).

pidginisation
La *pidginisation* est le processus par lequel, dans une situation de contact de langues, tend à apparaître un pidgin.

pinyin
Le *pinyin* est un système de transcription de l'écriture chinoise en alphabet latin, fondé sur la prononciation des caractères idéographiques dans le dialecte de Pékin (mandarin du Nord) et utilisé surtout sur le plan international.

pitch
Le terme de *pitch* est un terme emprunté à la linguistique anglaise et américaine pour désigner l'accent de hauteur, ou ton* par opposition au stress* ou accent de force.

place
Dans une terminologie dérivée de la logique, on appelle *structure* (de phrase) *à une place* ou *un argument* une phrase intransitive simple, comme *Pierre meurt,* où *Pierre* occupe l'unique place associée à *mourir.* La *structure à deux places* ou *deux arguments* est celle des phrases transitives avec un seul complément, comme *Pierre aime Marie,* où *Pierre* et *Marie* occupent les deux places de sujet et d'objet. La *structure à trois places* ou *trois arguments* est celle des phrases transitives à double complément, comme dans *Pierre montre un livre à Georges,* où *Pierre, Georges* et *livre* occupent les trois places de sujet, d'objet, et de complément prépositionnel attributif. De même, les intransitifs sont dits *verbes à une place* (ou *argument*).

plan
Le concept de *plan,* distinct de celui de niveau* ou de rang*, a été introduit en linguistique structurale pour définir la relation entre le signifiant, ou *plan de l'expression,* et le signifié, ou *plan du contenu.*

planification linguistique
Ensemble de mesures ordonnées prises par un État pour la normalisation d'une langue ou de son emploi. La *planification linguistique* peut être à elle toute seule la politique linguistique ou en former seulement une des parties.

plein
1. On appelle *forme pleine* la forme d'un mot existant à côté d'une forme réduite (par apocope, élision, etc.) ; ainsi le latin *nihil* existe à côté de la forme réduite *nil.*
2. On appelle *mots pleins,* par opposition aux *mots vides*,* les morphèmes lexicaux opposés aux termes grammaticaux. Les *prépositions pleines* sont celles qui ont un signifié propre *(malgré, sans)* qui les oppose à d'autres, vides, qui expriment les seuls rapports syntaxiques *(de).*

pléonasme
1. Le *pléonasme* est la répétition dans un même énoncé de mots ayant le même sens. Une suite de mots est *pléonastique* dès que les éléments d'expression sont plus nombreux que ne l'exige l'expression d'un contenu déterminé : *suffisamment assez, descendre en bas,* sont des pléonasmes. (V. REDONDANCE.)
2. On appelle *pléonasme,* ou *transformation pléonastique,* une transformation d'addition qui, ne modifiant pas le sens de la phrase initiale, n'ajoute rien du point de vue qualitatif. Ainsi, on dira que la phrase *J'ai mal à mon bras gauche* est la transformation pléonastique de *J'ai mal au bras gauche.*

plérématique
L. Hjelmslev appelle *plérématique* la théorie glossématique du contenu visant à définir les plérèmes.

plérème
En glossématique, le *plérème* est l'élément de contenu dont la définition permet de ramener des variantes infiniment nombreuses à un nombre limité d'invariants et de réduire les signes infiniment nombreux à des combinaisons d'un nombre limité de plérèmes. Ainsi, on minimisera certains écarts en posant un plérème du type « genre-elle » (genre naturel femelle, à ne pas confondre avec le genre grammatical féminin). Ce plérème permettra de rendre compte du contenu de *jument* en posant que c'est « cheval + genre-elle ».

plosive
Syn. de OCCLUSIVE.

pluralité
La *pluralité* est un trait distinctif sémantique de la catégorie du nombre* indiquant la représentation de plus d'une seule entité isolable. La pluralité se distingue de l'opposition morphologique singulier/pluriel. La pluralité est exprimée en français par le pluriel *(les tables)* dans les noms comptables, par l'affixe des collectifs

(une hêtraie), par le générique *(l'homme est mortel)*. La pluralité est notée par le trait [− singularité].

pluriel
Le *pluriel* est un cas grammatical de la catégorie du nombre* caractérisé par des marques linguistiques (en français *s* et *x*) traduisant le plus souvent la pluralité dans les noms comptables : *tables* est pluriel et exprime la pluralité (« plus d'un ») ou, plus rarement, la singularité : *les ciseaux, les obsèques*. Il existe des noms singuliers exprimant la pluralité, comme les collectifs *(chênaie, hêtraie, cerisaie,* etc.*)*. Le pluriel est noté par le trait [− sing].

plurilingue
On dit d'un *sujet parlant* qu'il est *plurilingue* quand il utilise à l'intérieur d'une même communauté plusieurs langues selon le type de communication (dans sa famille, dans ses relations sociales, dans ses relations avec l'administration, etc.). On dit d'une *communauté* qu'elle est *plurilingue* lorsque plusieurs langues sont utilisées dans les divers types de communication. (V. BILINGUISME.) Certains pays, comme la Suisse, où le français, l'allemand, l'italien et le romanche sont langues officielles, connaissent le *plurilinguisme* d'État.

plurinormaliste
Est *plurinormaliste* toute attitude qui admet dans une langue l'existence de plusieurs normes (v. ce mot) comme toutes également dignes d'attention. L'enseignement a pour but alors de faire découvrir et respecter la fonction propre de chacune de ces normes (V. NIVEAU DE LANGUE).

plurivalence
On appelle *plurivalence* la propriété pour une unité linguistique (mot ou phrase) de pouvoir recevoir plusieurs interprétations, d'avoir plusieurs sens ou valeurs.

plurivoque
Un morphème appartenant à une catégorie grammaticale ou lexicale définie est *plurivoque* ou *polysémique* quand il présente, selon les contextes, plusieurs sens : ainsi, le verbe *appréhender* (un danger, une personne, etc.) est plurivoque. (V. POLYSÉMIE.)

plus-que-parfait
On donne le nom de *plus-que-parfait* à un ensemble de formes verbales du français constituées de l'auxiliaire *avoir* (ou *être*) et d'un participe passé, l'auxiliaire étant lui-même affecté d'affixes d'imparfait. Le plus-que-parfait traduit l'aspect accompli relativement à un imparfait de l'énoncé *(Quand il avait bu, il n'était plus maître de lui)*. [V. PASSÉ.]

poétique
Chez R. Jakobson, la *fonction poétique* est la fonction du langage par laquelle un message peut être une œuvre d'art. La *poétique* peut être une partie de la linguistique dans la mesure où celle-ci est la science globale des structures linguistiques. Toutefois, bon nombre des procédés que la poétique étudie ne se limitent pas aux problèmes du langage, mais relèvent d'une manière plus générale de la théorie des signes.

point
1. Le *point* est un signe de ponctuation servant à marquer, en langue écrite, la fin d'une phrase ou d'un énoncé de sens complet. Le *point d'interrogation* marque la fin d'une phrase interrogative directe. Le *point d'exclamation* marque la fin d'une phrase exclamative ou suit une exclamation ou une locution exclamative (V. PONCTUATION).
2. Le *point* est un signe diacritique qui se place sur certaines lettres (*i, j* en alphabet latin, mais *ı* sans point en turc). C'est aussi un signe d'abréviation.

point d'articulation
On appelle *point d'articulation* l'endroit où se produit le resserrement ou la fermeture du chenal phonatoire, par le rapprochement ou le contact des deux articulateurs*. Le point d'articulation est à distinguer du lieu d'articulation. Les différences de point d'articulation n'ont pas de fonction phonologique bien qu'elles caractérisent souvent les habitudes articulatoires de certains phonèmes et soient très importantes pour leur identification. Le lieu d'articulation correspond à une zone plus vaste, dont chacune couvre les points d'articulation dont l'écart n'entraîne pas une différence de sens. Ainsi, les consonnes dentales correspondent à un même lieu d'articulation dans différentes langues, mais elles ont souvent des points d'articulation différents : le phonème français /s/ comme à l'initiale de *sac* est une alvéolaire prédorsale, tandis que le phonème espagnol /s/ qu'on trouve par exemple à l'initiale de *suerte* « chance, sort » est une dentale apicale.

point-virgule
Le *point-virgule* est un signe de ponctuation qui sépare deux membres de phrase indépendants l'un de l'autre grammaticalement, mais entre lesquels il existe une liaison logique et nécessaire. (On dit aussi *point et virgule*.)

point-voyelle
Le *point-voyelle* est un signe diacritique qui, dans l'écriture de certaines langues sémitiques (arabe, hébreu) se place au-dessus ou au-dessous de certaines consonnes pour transcrire une voyelle.

pôle
Dans le spectre acoustique d'une consonne, on appelle *pôle* la zone de fréquence qui présente l'énergie la plus forte : une consonne est caractérisée par la distribution relative de ses pôles (maximums d'énergie) et de ses zéros acoustiques (minimums d'énergie).

politique linguistique
Ensemble de mesures et de projets ou de stratégies ayant pour but de régler le statut et la forme d'une ou de plusieurs langues. Il peut y avoir politique linguistique sans qu'il y ait planification. Par exemple l'exclusion des langues régionales de l'école de la IIIe République relève d'une politique linguistique mais non d'une planification.

polyglossie
1. Synonyme de PLURILINGUISME. V. PLURILINGUE.
2. Comme on oppose *diglossie* à *bilinguisme,* on peut opposer *polyglossie* à *plurilinguisme.* Il s'agit alors d'une situation où plusieurs langues voient leurs emplois hiérarchisés.

polynomie
On désigne par *polynomie* la situation dans laquelle se trouve une langue dont l'unité est abstraite et résulte d'un mouvement dialectique et non de la simple ossification d'une norme unique. Cette langue n'existe que sur des modalités différentes, non hiérarchisées entre elles, mais senties comme des formes d'une même langue. Son existence est fondée sur la décision massive de ceux qui la parlent de la considérer comme *une,* de lui donner un nom particulier et de la déclarer autonome des autres langues reconnues.

polyphone
Un caractère graphique *polyphone* peut transcrire plusieurs sons différents (ex. : *c* dans *cor* [kɔr] et *cire* [sir]).

polyptote
En rhétorique, le *polyptote* est une figure consistant à employer dans une phrase plusieurs formes grammaticales (nombre, cas, temps, etc.) du même mot (ex. : *Et l'on sait tout chez moi, hors ce qu'il faut savoir* [Molière]).

polysémie

On appelle *polysémie* la propriété d'un signe linguistique qui a plusieurs sens. L'unité linguistique est alors dite *polysémique.* Le concept de polysémie s'inscrit dans un double système d'oppositions : l'opposition entre polysémie et homonymie et l'opposition entre polysémie et monosémie.

L'unité polysémique est souvent opposée à l'unité monosémique, comme le *mot* (du vocabulaire général) est opposé au *terme* (d'un vocabulaire scientifique ou technique). On remarque, en effet, que les vocabulaires spécialisés se constituent souvent par emprunt et spécialisation d'un terme du vocabulaire général. Ainsi, *fer* est un terme monosémique du vocabulaire de la chimie : son symbole Fe lui est toujours substituable, il peut se présenter sous l'un ou l'autre des états de la matière, etc. ; or, le terme *fer* de la chimie est emprunté au vocabulaire général, où l'unité est largement polysémique : sans évoquer les figures possibles *(un cœur de fer ; ce siècle de fer ; brandir le fer),* dont on peut considérer qu'elles relèvent de la rhétorique et non de la linguistique, le mot *fer* du vocabulaire général comporte divers sens possibles, souvent exprimés par des sous-adresses dans le dictionnaire : fer_1 = métal ; fer_2 = objet (indéterminé) en fer ; fer_3 = objet (déterminé) en fer...

Le caractère polysémique du vocabulaire général a souvent été senti comme une contrainte pour la pensée scientifique (par exemple par Leibniz). Les linguistes établissent parfois, en revanche, une corrélation entre le développement d'une culture et l'enrichissement polysémique des unités (M. Bréal).

La polysémie est en rapport avec la fréquence des unités : plus une unité est fréquente et plus elle a de sens différents. G. K. Zipf a tenté de formuler une loi rendant compte de ce rapport. On a essayé de chiffrer sa formule sous la forme M = F 1/2, où M indique le nombre des sens de l'unité, et F la fréquence relative de l'unité. Mais la vérification de la formule de Zipf sur des dictionnaires offrant des mots polysémiques riches en sous-sens et sur des dictionnaires préférant distinguer des unités monosémiques différentes offrirait des résultats contradictoires pour une langue donnée.

La question essentielle reste, en fait, l'opposition entre polysémie et homonymie : le traitement lexicographique des unités exige, en effet, que soient précisées les frontières entre unité susceptible d'une description par plusieurs sous-sens et unités nécessitant des descriptions différentes. En particulier, si l'on peut établir certaines corrélations entre polysémie et culture, polysémie et fréquence, sans doute n'en va-t-il pas de même pour l'homonymie : par exemple, une corrélation entre longueur des mots et homonymie semble beaucoup plus évidente ; il y aura d'autant plus d'homonymes qu'une langue a plus de mots d'une ou de deux voyelles (d'où une plus grande richesse en homonymes de l'anglais et du français par rapport à l'allemand ou à l'italien).

Dans le dictionnaire, la véritable opposition est entre le traitement homonymique ou polysémique de telle unité ou de tel groupe d'unités. On pourrait alors être tenté de chercher des critères de la polysémie et de l'homonymie. Si, par exemple, le critère étymologique fonctionnait, on pourrait distinguer un mot polysémique et des mots homonymes par le recours à la diachronie. Il n'en est rien en pratique : par exemple, *dessin* et *dessein,* traités comme homonymes dans les dictionnaires actuels, ont une étymologie commune ; si l'on prenait l'étymologie comme pierre de touche, ils devraient, en bonne logique, être traités comme deux sous-sens d'une unité commune.

Si le critère de désambiguïsation pouvait jouer, l'on pourrait repérer dans la langue des procédures distinctes pour lever l'ambiguïté entre deux sous-sens d'une unité polysémique et pour lever l'ambiguïté entre deux homonymes : ici encore, on s'aperçoit que les mêmes processus linguistiques fonctionnent. Par exemple, *vrai* est généralement traité comme un adjectif unique, susceptible des sous-sens : « conforme à la vérité » et « réel » ; la désambiguïsation est assurée par la différence dans l'ordre des mots : *un vrai discours* (un discours proprement dit) vs *un discours vrai* (un discours conforme à la vérité). Or, on retrouve la même exploitation dans les homonymes : *la montre* vs *montre-la.* La même remarque vaut pour le genre *(le pendule* vs *la pendule* ont une grande part de leur sémantisme en commun, au contraire de *le vase* vs *la vase),* et aussi pour les distinctions orthographiques *(pot* vs *peau),* etc.

polysyllabe
On appelle *polysyllabe* ou *polysyllabique* tout mot constitué de plus d'une syllabe.

polysyndète, polysyndéton
En rhétorique, la *polysyndète* est une figure qui consiste à répéter une conjonction (comme *et*) au commencement de chacun des membres d'une phrase ou des termes d'une énumération. (Ex. *On égorge à la fois les enfants, les vieillards, et la sœur et le frère, et la fille et la mère.* [Racine]).

polysynthétique
Les langues *polysynthétiques* ou *incorporantes* sont des langues qui présentent des formes de mots très longues et complexes, comprenant de nombreux morphèmes liés, et pouvant être l'équivalent de toute une phrase ; c'est le cas de l'esquimau et de certaines langues amérindiennes.

ponctuation

Pour indiquer les limites entre les divers constituants de la phrase complexe ou des phrases constituant un discours, ou pour transcrire les diverses intonations, ou encore pour indiquer des coordinations ou des subordinations différentes entre les propositions, on utilise un système de signes dits de *ponctuation*. Ce système comprend en français le point (.), le point d'interrogation (?), le point d'exclamation (!), la virgule (,), le point-virgule (;), les deux-points (:), les points de suspension (...), les parenthèses (( )), les crochets ([ ]), les guillemets (« »), le tiret (–), l'astérisque (*) et l'alinéa. On attribue l'invention de la ponctuation à Aristophane de Byzance (IIe s. av. J.-C.) ; son système comportait trois degrés : une ponctuation forte notée par un point en haut de la ligne, une moyenne, et une faible notée en bas de la ligne. Cependant, pendant tout le Moyen Âge, s'il existe une ponctuation dans les manuscrits, les copistes n'en font un usage ni régulier ni systématique. Entre le XVIe et le XVIIIe s., les imprimeurs, en systématisant les blancs de séparation entre les mots, codifieront le système.

Le *point* signale la fin d'une phrase, mais il est aussi utilisé pour détacher d'une proposition principale une proposition subordonnée sur laquelle on veut mettre l'accent. Par rapport à l'énoncé oral, le point correspond à un silence ou à une pause. Il est aussi utilisé après toute abréviation ou élément d'une suite d'abréviations comme dans O.N.U.

Le *point d'interrogation* correspond à l'intonation ascendante, suivie d'une pause, de l'interrogation directe et s'emploie uniquement à la fin des phrases qui en expriment une.

Le *point d'exclamation* correspond à l'intonation descendante suivie d'une pause et s'emploie soit à la fin d'une simple interjection, soit à la fin d'une locution interjective ou d'une phrase exclamative.

La *virgule* correspond à une pause de peu de durée ou distingue des groupes de mots ou des propositions qu'il est utile de séparer ou d'isoler pour la clarté du contenu. Elle s'emploie aussi pour séparer des éléments de même fonction qui, dans les asyndètes, ne sont pas reliés par une conjonction de coordination : *Il a tout vendu : voiture, chevaux, champs, maison.* Elle permet aussi d'isoler tout élément ayant une valeur purement explicative ou certains compléments circonstanciels : *Son père mort, il a dû élever ses frères et sœurs.*

Le *point-virgule* correspond à une pause de moyenne durée, intermédiaire entre celle que marque la virgule et celle que marque le point. Dans une phrase, il délimite des propositions de même nature qui ont une certaine étendue.

Les *deux-points* correspondent à une pause assez brève et ont une valeur logique : ils permettent d'annoncer une explication ou une citation plus ou moins longue.

Les *points de suspension* correspondent à une pause de la voix, sans qu'il y ait chute de la mélodie, à la fin du mot qui précède : c'est que l'expression de la pensée n'est pas complète pour une raison sentimentale ou autre (réticence, convenance, prolongement de la pensée sans expression correspondante, etc.). Elle permet ainsi, parfois, de mettre en valeur ce qui est dit à la suite.

Les *parenthèses* introduisent et délimitent une réflexion incidente, considérée comme moins importante et dite d'un ton plus bas. Quand, à l'endroit où on « ouvre » la parenthèse, la phrase demande un signe de ponctuation, celui-ci se place une fois la parenthèse fermée.

Les *crochets* sont utilisés quelquefois comme les parenthèses, ou mieux pour isoler des suites de mots contenant elles-mêmes des unités entre parenthèses.

Les *guillemets* correspondent généralement à un changement de ton qui commence avec l'ouverture des guillemets et s'achève avec leur fermeture. Ils constituent un moyen d'indiquer qu'on refuse d'assumer le mot ou la suite de mots ainsi isolés (marques de rejet). Les guillemets sont ainsi le moyen d'introduire la citation d'un discours direct ou d'une suite de mots étrangère au vocabulaire ordinaire et sur laquelle on veut attirer l'attention.

Le *tiret* indique dans le dialogue le changement d'interlocuteur et sert aussi, comme les parenthèses, à isoler une suite de mots qu'on veut distinguer du contexte à des fins diverses.

L'*astérisque* a différentes valeurs selon les discours scientifiques. En linguistique, on indique par l'astérisque que telle forme ou telle phrase n'est pas attestée ou est agrammaticale.

L'*alinéa* est constitué par un blanc qui s'étend du point de fin de phrase jusqu'au bout de la ligne, et par un blanc d'une longueur conventionnelle au début de la ligne suivante. Il marque dans le discours le passage d'un groupe d'idées à un autre groupe d'idées et délimite ainsi des paragraphes qui, par extension, prennent le nom d'*alinéa*.

ponctuel

On appelle *ponctuel* ou *momentané* l'aspect* verbal exprimant l'action envisagée à un moment de son développement (aoriste), à son commencement (inchoatif) ou à son achèvement (parfait).

populaire

1. En histoire de la langue, l'adjectif *populaire* est généralement opposé à *savant* avec deux sens différents.

Qualifiant *mot* ou *forme, populaire* implique qu'il y a eu une évolution phonétique « normale » : le mot a été transmis d'une génération à l'autre et a subi l'effet des lois phonétiques les plus générales de la langue, alors que le mot *savant* a été emprunté sous sa forme primitive, généralement écrite, et n'a subi qu'une adaptation. Le *mot* (la *forme*) *populaire* et le *mot savant* ou la *forme savante* peuvent former des doublets*. En français, *livrer,* qui vient du latin *liberare,* est une forme *populaire,* alors que *libérer* est une forme *savante.*

Populaire s'oppose aussi à *savant* ou à *vrai* dans *étymologie* populaire.* Il indique alors qu'on prête au mot concerné une origine qui n'est pas la sienne. *Forcené* est rattaché à *force* par un phénomène d'étymologie populaire ou d'attraction paronymique.

2. En dialectologie sociale, l'adjectif *populaire* s'oppose à *cultivé,* à *grossier,* à *trivial,* à *technique,* etc., et caractérise tout trait ou tout système linguistique exclu de l'usage des couches cultivées et qui, sans être grossier ou trivial, se réfère aux particularités du parler utilisé dans les couches modestes de la population. L'emploi d'un *parler* (d'une *langue*) *populaire* révèle soit l'origine modeste du locuteur (quand il n'y a pas contrôle*), soit la volonté de paraître franc, spontané ou sans façons.

portée

La *portée* d'une interrogation, d'une négation, d'une emphase est définie par la portion de la phrase sur laquelle porte l'interrogation, la négation ou l'emphase. On dira ainsi que l'interrogation a une portée limitée (elle est partielle*) lorsqu'elle porte sur un syntagme nominal *(Qui est venu ? Comment se porte-t-il ?)* et que la portée de l'interrogation est la phrase tout entière dans *Est-il venu ?* De même, la portée de la négation est la phrase dans *Il n'est pas venu ;* elle est limitée au syntagme nominal sujet dans *Personne n'est venu.*

posé

On appelle *posé* l'assertion explicite d'un énoncé, par opposition au *présupposé,* qui implique un énoncé implicite, connu ou allant de soi. Ainsi, dans la phrase *Jacques est guéri,* le présupposé est que « Jacques a été malade » et le posé est que « Jacques a cessé d'être malade ».

positif

Le *positif* est le degré de comparaison d'un adjectif ou d'un adverbe énonçant la qualité telle quelle. Dans les phrases *Pierre est heureux* et *Pierre conduit prudemment,* l'adjectif *heureux* et l'adverbe *prudemment* sont au positif. (V. COMPARAISON, COMPARATIF, SUPERLATIF.)

position V. DÉTACHEMENT, EMPHASE, ORDRE DES MOTS.

positivisme
On donne le nom de *positivisme* en linguistique à toute position théorique qui considère que relèvent seuls de la linguistique les comportements verbaux directement observables, déterminés par les seules lois qui les régissent directement (ainsi la liaison stimulus-réponse). L. Bloomfield s'inscrit directement dans ce courant positiviste puisque, pour lui, la linguistique est celle des phénomènes, et non celle de la nature des choses. En cela, il y a des problèmes qui appartiennent à la métaphysique, et non à la science ; c'est à ce titre que, pour lui, « les questions de sens n'ont pas de sens ».

possesseur
On appelle *possesseur* le sujet d'une phrase comportant le verbe *avoir* et un complément d'objet : *Pierre a un chapeau.* (V. ALIÉNABLE, POSSESSION.)

possessif
1. La grammaire française définit les *possessifs* comme des adjectifs ou des pronoms indiquant que les êtres ou les objets auxquels ils s'ajoutent (adjectifs) ou dont ils représentent le nom (pronom) appartiennent à quelqu'un ou à quelque chose. Par « appartenir », on entend des rapports de toutes sortes qui sont loin de se réduire à la seule possession, comme on le constate dans *J'ai entrepris ce voyage pour mon malheur* ou dans *Notre homme est mécontent.*

Les possessifs se présentent avec une double variation : en personne et en nombre comme les pronoms personnels*, en genre et en nombre selon le nombre et le genre du nom déterminé ou représenté ; on a en français pour les adjectifs possessifs qui sont des adjectifs déterminatifs les formes suivantes :

1re personne du sing. :
atone : *mon,* fém. *ma,* plur. *mes*
tonique : *mien,* fém. *mienne,* plur. *miens*
2e personne du sing. :
atone : *ton,* fém. *ta,* plur. *tes*
tonique : *tien,* fém. *tienne,* plur. *tiens*
3e personne du sing. :
atone : *son,* fém. *sa,* plur. *ses*
tonique : *sien,* fém. *sienne,* plur. *siens*
1re personne du plur. : *notre,* plur. *nos*
2e personne du plur. : *votre,* plur. *vos*
3e personne du plur. : *leur,* plur. *leurs.*

Les pronoms possessifs sont constitués de l'article défini *le, la, les,* suivi de l'adjectif possessif *mien, tien, sien, nôtre, vôtre, leur.*

2. En linguistique, les *adjectifs possessifs* sont issus d'un syntagme nominal constitué d'un article défini *(le)* et d'un complément du nom *(de moi, de toi, de lui,* etc.*). Mon chapeau* est issu de *le chapeau de moi.* Cette dérivation explique que la variation en genre et en nombre ait lieu, d'une part, en relation avec le nom ainsi déterminé *(chapeau)* et, d'autre part, en relation avec le pronom complément sous-jacent : *leur chapeau* est issu de *le chapeau d'eux* et *leurs chapeaux* de *les chapeaux d'eux.* Les pronoms possessifs sont simplement des syntagmes nominaux constitués d'un déterminant *le,* d'un adjectif *mien* et d'un nom effacé. En français, le genre de l'adjectif possessif est celui de l'objet possédé ; en anglais, il renvoie au possesseur.

On appelle *phrase possessive* une phrase dont le prédicat exprime avec la copule la possession : en français *être à quelqu'un,* en anglais *be* + N + cas possessif, etc. ; par exemple : *Ce livre est à Jean, This book is John's.*

possession
Un complément du nom indique la *possession* quand il peut être le sujet d'une phrase sous-jacente avec le verbe *avoir* ; celui-ci a pour objet le nom qui devient complément dans la phrase réalisée. Dans *le chapeau de Pierre, Pierre* indique la *possession ;* c'est le possesseur ; il peut être le sujet de la phrase sous-jacente *Pierre a un chapeau,* où le nom *(chapeau)* dont il était le complément est l'objet du verbe *avoir.* On distingue la possession aliénable et la possession inaliénable. (V. ALIÉNABLE.)

postalvéolaire
Une *consonne postalvéolaire* est une consonne qui est réalisée avec la pointe ou la partie antérieure du dos de la langue relevée vers la partie du palais qui se trouve en arrière des alvéoles. Ainsi, les consonnes [ʃ] et [ʒ] dans *chou* et *joue* se différencient essentiellement des consonnes [s] et [z] dans *sans* et *zan* par la labialisation et par un recul du point d'articulation, qui est postalvéolaire (ou prépalatal) pour les premiers phonèmes au lieu d'être dental ou alvéolaire comme pour les autres.

postarticle
On donne le nom de *postarticle* à une sous-catégorie des déterminants, placés après l'article et avant le nom, et qui se distinguent des adjectifs, car ils ne peuvent être attributs. Ainsi, *même* dans *les mêmes personnes* est un postarticle. Le déterminant est alors formé de Article + Postarticle. On dit aussi *postdéterminant* quand on fait de ces termes des cons-

tituants du syntagme nominal (le syntagme nominal est alors formé de Prédéterminant + Déterminant + Postdéterminant + Nom) et non plus des constituants du déterminant. (V. PRÉARTICLE.)

Les postarticles appartiennent, en grammaire traditionnelle, à la classe des adjectifs indéfinis.

postcréole
On qualifie de postcréole une situation où une langue créole perdant sa spécificité tend à disparaître. Elle laisse des témoins (mots, prononciations, tours) dans la langue au profit de laquelle elle disparaît, ou se rapproche de celle-ci au point que la discrimination entre les deux langues n'est plus possible.

postdental
Une *consonne postdentale* est une consonne réalisée avec la pointe ou la partie antérieure du dos de la langue appuyée contre la paroi intérieure des incisives supérieures. Il s'agit en général des consonnes dites « dentales », comme le [t] français ou le [s] espagnol, qui se distinguent ainsi des interdentales comme le [θ] espagnol de l'initiale de *cinco*. Dans un même système phonologique, la différence entre l'articulation postdentale et l'articulation interdentale peut avoir une importance phonologique comme en espagnol. Elle correspond à l'opposition acoustique entre phonème mat [θ] et phonème strident [s].

postdéterminant V. POSTARTICLE.

postdorsale
Une *consonne postdorsale* est une consonne dont l'articulateur inférieur est la partie postérieure du dos de la langue. Du point de vue du lieu d'articulation, les postdorsales sont des vélaires [k, g, x], etc.

postérieur
Un *phonème postérieur* est un phonème dont le point d'articulation se trouve en arrière de la cavité buccale, par opposition aux phonèmes antérieurs réalisés au niveau du palais dur, des dents ou des lèvres. Il s'agit des voyelles vélaires [u, o, ɔ, ɑ, ɯ], des consonnes vélaires [k, g, x], ainsi que des consonnes uvulaires, pharyngales et laryngales.

postériorisation
La postériorisation est un mouvement de déplacement des phonèmes vers l'arrière de la bouche. Ce phénomène est susceptible, en phonostylistique, de certaines connotations comme un caractère populaire, voire « machiste ». Contr. ANTÉRIORISATION.

postiche
En grammaire générative, les *symboles postiches* (représentés par Δ) sont substitués dans les suites terminales générées par la base aux symboles catégoriels qui représentent des catégories lexicales ; les postiches indiquent les positions où seront insérées des unités lexicales ayant les propriétés impliquées par les symboles catégoriels qui les dominent. Chaque symbole de la base définissant une catégorie lexicale N, V, Adj, Art, etc., quand il ne peut plus être réécrit par une règle de réécriture de la base, est réécrit par un symbole postiche suivant la règle A → Δ. Les règles d'insertion lexicale vont insérer à la place de ce symbole postiche un terme du lexique qui aura dans ses traits ceux qui sont impliqués par les symboles qui le dominent. Ainsi, si N domine le postiche, le mot (ou symbole complexe) inséré dans cette position devra être un nom, animé ou non-animé, concret ou abstrait, etc. Les éléments grammaticaux, comme le Temps (Présent, Passé, etc.) ou le Nombre, ne sont pas remplacés par des symboles postiches : ce sont des formants grammaticaux.

postnominatif
Syn. de DÉNOMINATIF.

postpalatal
Une *consonne postpalatale* est une consonne réalisée avec le dos de la langue relevée vers la partie postérieure du palais dur, à la limite entre le palais dur et le palais mou. En français, la consonne [k] de *qui* est réalisée phonétiquement comme une consonne postpalatale (bien qu'elle se caractérise phonologiquement, dans le système français, comme une vélaire), à la différence du [k] de *cou,* réalisé comme une vélaire. La différence entre postpalatale et vélaire n'a pas ici de conséquences phonologiques, puisqu'il n'existe pas en français de phonème occlusif palatal.

postpositif
Une préposition est dite *postpositive* quand elle se place après le mot qu'elle régit ; ainsi, en latin, les prépositions *causa* et *gratia* suivent le nom (au génitif) qu'elles régissent.

postposition
1. On appelle *postposition* la place d'un mot à la suite d'un autre avec lequel il forme une unité accentuelle. Ainsi, la préposition latine *cum* suit le pronom dans les groupes *vobiscum, nobiscum,* etc.
2. Par opposition aux prépositions*, on appelle *postpositions* des morphèmes grammaticaux

invariables (ou particules) qui se placent après les syntagmes nominaux qu'ils régissent : ainsi, les mots latins *causa* et *gratia* sont des postpositions qui suivent le nom au génitif qu'elles régissent *(mortis causa)*. Dans beaucoup de langues (turc, japonais, hindī, etc.), il existe des postpositions qui remplissent les mêmes fonctions que les prépositions françaises.

post-tonique
Un *phonème* ou une *syllabe post-tonique* sont ceux qui se trouvent après une syllabe accentuée. Cette position entraîne une certaine instabilité ; ainsi, les voyelles post-toniques du latin se sont souvent amuïes lors du passage aux différentes langues romanes : lat. *óculum* → **oclum* → fr. *œil*, it. *occhio*, esp. *ojo*, etc.

postvélaire
Une *postvélaire* est une consonne dont le point d'articulation se trouve dans le palais mou, soit au niveau de la luette, comme la consonne uvulaire du français standard de l'initiale de *rat* (réalisée comme une vibrante [**R**] ou comme une fricative [ʁ]), soit dans le pharynx ou dans le larynx. Les postvélaires sont à classer parmi les vélaires.

potentiel
1. Le *potentiel* exprime, dans les phrases hypothétiques, l'action qui se réaliserait dans l'avenir si la condition était réalisée. Le potentiel s'oppose à l'irréel*. Dans la phrase *Si je gagnais au tiercé dimanche prochain, je vous paierais un bon repas*, on a un potentiel. Toutefois, le français n'a pas de moyen grammatical pour exprimer l'opposition entre potentiel et « irréel du présent ». La phrase donnée en exemple est ambiguë sous cet angle ; en effet, l'hypothèse* formulée peut être non fondée, si je n'ai pas joué au tiercé ; dans ce cas, l'apodose* est irréalisable ; on est alors dans « l'irréel du présent ». Nombre de langues notent grammaticalement cette opposition entre potentiel et irréel du présent ; latin et italien la notent par le choix de temps différents du subjonctif.
2. On appelle *énoncé potentiel, phrase potentielle* tout énoncé, toute phrase qui peut être formé à partir des règles de grammaire d'une langue et qui peut être interprété au moyen des règles sémantiques de cette langue, mais qui n'a pu être relevé dans un corpus.

pragmatique
Sous le nom de pragmatique, on regroupe des orientations très diverses. À l'origine, elle a concerné les caractéristiques de l'utilisation du langage (motivations psychologiques des locuteurs, réactions des interlocuteurs, types socialisés de discours, objet du discours, etc.) par opposition à l'aspect syntaxique et sémantique (V. PSYCHOLINGUISTIQUE, SOCIOLINGUISTIQUE). Ensuite avec l'étude des actes* de langage et des performatifs* par J. L. Austin, la pragmatique s'est étendue aux modalités d'assertion, à l'énonciation* et au discours* pour englober les conditions de vérité et l'analyse conversationnelle*.

Prague (école de)
On associe souvent au nom de F. de Saussure celui de l'*école de Prague*. Le lien s'explique plus par des traits communs décelés *a posteriori* que par une parenté génétique. L'activité de l'école de Prague s'étend d'octobre 1926 à la Seconde Guerre mondiale. Les théories (dites « thèses ») de l'école de Prague présentées en 1929 se trouvent notamment illustrées dans les huit volumes des *Travaux du Cercle de linguistique de Prague*, publiés de 1929 à 1938. Si les participants aux *Travaux* furent nombreux (on compte parmi eux les Français L. Brun, L. Tesnière, J. Vendryès, É. Benveniste, G. Gougenheim, A. Martinet), les protagonistes furent incontestablement S. Karchevskij, R. Jakobson et N. S. Troubetskoï.

La méthodologie du Cercle de linguistique de Prague est fondée sur une conception de la langue analysée comme un système qui a une fonction, une finalité (celle d'exprimer et de communiquer) et, en conséquence, qui a des moyens appropriés à ce but. Sans considérer comme insurmontable la distinction entre la méthode synchronique et la méthode diachronique, les linguistes du Cercle de Prague se sont plutôt préoccupés de faits de langue contemporains, parce que seuls ces derniers forment un matériau complet et dont on peut avoir un « sentiment direct ». La comparaison des langues ne doit pas avoir pour seule fin des considérations généalogiques ; elle peut, en effet, permettre d'établir des typologies de systèmes linguistiques sans parenté aucune. On établit ainsi des lois rendant compte de l'enchaînement des faits, alors que, dans le domaine de la langue, on avait tendance jusque-là à expliquer des changements isolés et produits accidentellement.

préarticle
On donne le nom de *préarticle* à une sous-catégorie des déterminants, placés avant l'article et non précédés d'un article. Ainsi, *tout*

est un préarticle dans les syntagmes *toute une ville, toute la classe, tous les gens.*

On donne parfois aux préarticles le nom de *prédéterminants ;* on en fait en ce cas non des constituants du déterminant, mais directement des constituants du syntagme nominal. Les déterminants sont alors les articles et les démonstratifs.

En français, les préarticles appartiennent en grammaire traditionnelle à la classe des adjectifs indéfinis.

préaspiré
Une *consonne préaspirée* est une consonne dont l'articulation est précédée d'une aspiration, comme il en existe dans certaines langues amérindiennes (fox, hopi).

précation
En rhétorique, la *précation* est une figure consistant à adresser une prière à la divinité.

prédéterminant V. PRÉARTICLE.

prédicat
Dans une phrase de base constituée d'un syntagme nominal suivi d'un syntagme verbal, on dit que la fonction du syntagme verbal est celle de *prédicat.* Ainsi, dans *Pierre écrit une lettre à sa mère,* le syntagme nominal est le sujet (c'est-à-dire le thème de la phrase) et le syntagme verbal *écrit une lettre à sa mère* est le prédicat (c'est-à-dire le commentaire du thème).

Dans une phrase de base dont le syntagme verbal est constitué d'une copule *(être)* ou d'un verbe assimilé à la copule *(rester, paraître,* etc.*),* on appelle *prédicat* l'adjectif, le syntagme nominal ou le syntagme prépositionnel constituant du syntagme verbal. Ainsi, dans les phrases *Pierre reste à la maison, Pierre est heureux, Pierre est devenu un ingénieur,* les syntagmes *à la maison, heureux* et *un ingénieur* sont appelés des *prédicats.* En grammaire traditionnelle, on appelle parfois *prédicat* le seul adjectif attribut constituant d'une phrase avec la copule *être.* Ainsi, dans *Pierre est intelligent, intelligent* est le prédicat de la phrase. Dans cette dernière conception, la prédication consiste à conférer une propriété au sujet (être ou objet) par la copule *est.*

L'essor récent des théories qui font appel à un niveau de représentation logico-sémantique a entraîné un recours fréquent à la notion de *prédicat logique :* il s'agit, alors, d'un opérateur, mis en relation avec divers arguments. Ainsi, la proposition *Paul donne le journal à Sophie* aurait une représentation logique du genre : *donner (Paul, le journal, Sophie),* où le verbe est une constante prédicative, et les arguments des constantes individuelles.

prédicatif
On appelle *phrase prédicative* une phrase réduite au seul prédicat ; celui-ci est soit un adjectif ou un syntagme nominal attribut, soit un verbe à l'infinitif, le thème n'étant pas exprimé ni rappelé par un pronom personnel : *Très beau ! Comment faire ?*

On donne le nom de *syntagme prédicatif* au syntagme verbal dans la phrase composée d'un sujet et d'un prédicat. Dans la phrase *L'homme est heureux, est heureux* est le syntagme prédicatif. Dans la phrase *La voiture a renversé le passant, a renversé le passant* est le syntagme prédicatif.

On appelle *emploi prédicatif* du verbe *être* son utilisation dans une phrase avec un attribut du sujet. (V. APPARTENANCE, IDENTITÉ, INCLUSION.)

prédication
On appelle *prédication* l'attribution de propriétés à des êtres ou à des objets au moyen de la phrase prédicative*. Les différents modes de prédication représentent les différents modes d'être des objets et des êtres animés (prédication de lieu, de qualité, d'action, etc.).

prédictif
Une grammaire est dite *prédictive* quand, ayant établi un système de règles à partir d'un échantillon de la langue, on peut, grâce à ce système, non seulement décrire toutes les phrases réalisées de la langue, mais aussi toutes les phrases qui peuvent être produites dans cette langue (les phrases potentielles).

prédiquer
Prédiquer, c'est donner un prédicat à un syntagme nominal, c'est-à-dire fournir un commentaire* à un sujet topique*.

prédorsal
Une *consonne prédorsale* est une consonne réalisée avec la partie antérieure du dos de la langue. En français, les phonèmes [s], [t], [d] sont réalisés phonétiquement comme des prédorsales, alors que le [s] et le [t] de l'italien et de l'espagnol sont des apicales. Cette particularité phonique peut constituer une habitude articulatoire dans une langue donnée, mais elle n'entraîne pas de différence acoustique sensible, et n'est jamais un trait phonologique à valeur distinctive. Les consonnes réalisées comme prédorsales font partie de la classe des dentales.

préfixe
On appelle *préfixe* un morphème de la classe des affixes figurant à l'initiale d'une unité lexicale, position dans laquelle il précède immédiatement soit l'élément radical ou lexème *(re-* dans *refaire),* soit un second préfixe *(in-* dans *indéracinable).* On remarque qu'une séquence de trois préfixes est parfois possible, par exemple *in-dé-com-* dans *indécomposable.*

À la différence du suffixe, le préfixe ne permet pas à l'unité lexicale nouvelle le changement de catégorie grammaticale : *défaire* est verbe comme *faire, déraison* est substantif comme *raison,* etc., alors que la suffixation de *malheur* aboutit à l'adjectif *malheureux* et à l'adverbe *malheureusement.* En outre, si le suffixe est incapable d'autonomie, il n'en va pas de même de tous les préfixes ; *contre* est préfixe dans *contredire, contradiction,* mais forme libre dans *parler contre* (adverbe) ou *contre le mur* (préposition) ; de plus, la troncation (abréviation syntagmatique) peut amener le préfixe à assumer la charge sémantique de l'unité entière *(une auto, une mini,* pour *automobile, minijupe,* etc.*)* ; le phénomène est beaucoup plus rare pour les suffixes : on peut citer *ase,* par troncation de *diastase,* etc. ; mais le mot simple obtenu fonctionne comme archilexème d'un groupe et non comme abréviation.

préformant
Les *consonnes préformantes* sont, en hébreu, des consonnes qui s'ajoutent au début des racines pour former des dérivés.

prégnant
On donne le nom de *valeur prégnante* au sens de l'attribut proleptique*.

premier
1. On appelle *sens premier* d'un mot le sens originel, celui qui, apparu d'abord, est le plus proche du sens de l'étymon et qui, dans l'analyse traditionnelle, définit les traits pertinents sémiques fondamentaux. Les sens dits *par extension, figuré, par analogie,* etc., utilisés en lexicographie, dérivent du sens premier.
2. La *langue première* est la langue maternelle, acquise dès l'enfance dans le milieu familial. La *première langue* est la langue étrangère apprise en premier lieu à l'école.

prépalatal
Une *consonne prépalatale* est une consonne articulée au niveau de la partie antérieure du palais dur avec la pointe ou le dos de la langue. Les consonnes [ʃ], [ʒ] sont des prépalatales. Les prépalatales sont classées phonologiquement parmi les palatales, dont elles partagent les caractéristiques acoustiques : aigu et compact.

prépositif
On appelle *locution prépositive* un groupe figé de mots (préposition composée) qui équivaut, par son sens et sa fonction dans la phrase, à une préposition, comme *à cause de, le long de.*

préposition
La *préposition* est un mot invariable qui a pour rôle de relier un constituant de la phrase à un autre constituant ou à la phrase tout entière, en indiquant éventuellement un rapport spatio-temporel, un rapport de possession, de dépendance, etc. Le mot ou le groupe de mots ainsi reliés sont appelés « régime » ; les prépositions traduisent donc des relations grammaticales.

On a distingué des prépositions vides, qui sont de simples outils syntaxiques, et des prépositions pleines, qui, outre l'indication du rapport syntaxique, ont un sens propre. Ainsi, *de* dans *Il est temps de partir* est une préposition vide, ainsi que *à* dans *Il aime à plaisanter.* Au contraire, *avant,* par exemple, introduit un « complément circonstanciel de temps », comme *après,* mais exprime l'antériorité alors qu'*après* exprime la postériorité.

Les prépositions comprennent les prépositions proprement dites et les locutions prépositives comme *à côté de, autour de, à l'exception de, en deçà de,* formées de prépositions vides et d'adverbes ou de noms et dont la liste n'est pas close.

Il n'existe pas de distinction nette entre l'adverbe et la préposition ; c'est ainsi que des prépositions comme *après, avant, avec, contre, depuis, derrière, devant, entre, hors, outre,* etc., s'emploient souvent comme adverbes avec ellipse du régime : *Il marche devant. Depuis, il n'a cessé d'être malade,* etc. D'une manière générale, le régime suit immédiatement la préposition, la suite « préposition + régime » formant une unité dont les éléments entretiennent entre eux des rapports plus étroits qu'avec le reste de la phrase. Cependant, il existe des langues dans lesquelles les prépositions se placent immédiatement après leur régime ; ce sont alors des *postpositions.*

prépositionnel
1. On appelle *locution prépositionnelle,* ou *locution prépositive,* un groupe de mots (adverbe ou locution nominale suivie d'une préposition) jouant le rôle d'une préposition : *à côté de, le long de, dans l'intention de, proche de,* etc.

2. On appelle *syntagme prépositionnel* (abréviation SP) un syntagme constitué d'une préposition suivie d'un syntagme nominal (SN). Ainsi, dans les phrases *Pierre est allé à Paris, Pierre a été blessé par une voiture, Pierre est fier de son fils,* les syntagmes prépositionnels sont, respectivement, *à Paris, par une voiture, de son fils.* Le syntagme prépositionnel peut être un constituant du syntagme verbal, comme *à Paul* dans *Pierre parle à Paul,* ou un constituant de phrase comme *depuis trois heures* dans *Pierre parle depuis trois heures.*

présent

On appelle *présent* un temps* situant l'énoncé dans l'instant de la production du discours, dans le « maintenant », le point zéro à partir duquel se définit la durée. Le présent s'exprime par des affixes verbaux *(Ils viennent)* ou par des adverbes *(Il vient aujourd'hui).*

Le nom de *présent* est donné aux formes verbales du français, constituées de racines verbales suivies d'affixes verbaux de présent, qui sont utilisées aussi comme « non-passé » et « non-futur », c'est-à-dire comme le cas non-marqué du système verbal : le présent atemporel traduit les propositions considérées comme toujours vraies *(Le soleil se couche à l'ouest)* et le présent historique est utilisé dans les récits pour le passé historique pour conférer au procès la matérialité de l'instantané.

présentatif

On appelle *présentatifs* les mots ou les expressions qui servent à désigner quelqu'un ou quelque chose pour le mettre en rapport avec la situation. La locution *c'est* est un présentatif dans *c'est Henri, c'est ici, c'est maintenant,* etc. Les mots *voici, voilà* sont des présentatifs dans *voici, voilà Pierre.*

pression

On donne parfois le nom de *pression* à l'intensité (ou énergie) de l'air expiré utilisé pendant la phonation. La différence de pression ou d'intensité correspond approximativement à la différence de tension*, car plus la tension musculaire est forte et plus la pression de l'air pour surmonter l'obstacle est intense.

prestige

En linguistique, qualité des langues ou des mots considérés comme supérieurs, dignes d'imitation ou d'adoption. Certains emprunts sont souvent dus à leur prestige.

présupposé

Le *présupposé* est ce qui, dans un énoncé, est une supposition préalable nécessaire à la validité logique d'une assertion. Ainsi l'énoncé *le roi de France est chauve* a pour présupposé « Il existe un roi de France » et pour posé « Il est chauve ». Les *présupposés* d'un énoncé sont donc une sorte de contexte immanent ; ce sont les informations qu'il contient en dehors du message proprement dit et que le locuteur présente comme indiscutables, comme allant de soi. Ainsi, l'énoncé *C'est Pierre qui viendra* présuppose l'énoncé *quelqu'un viendra* que ne présuppose pas l'énoncé *Pierre viendra.* Plus généralement, on dira qu'un énoncé A présuppose un énoncé B si A contient toutes les informations véhiculées par B et si la question « Est-ce que A ? » comporte encore les mêmes informations. On constate ainsi que la question *Est-ce que Pierre viendra ?* contient les informations de *Pierre viendra,* mais non celles de *C'est Pierre qui viendra.* La distinction entre ce qui est posé (dit) et ce qui est présupposé implique l'opposition entre la *présupposition* et la *position* (dictum).

présupposition

1. On appelle *relation de présupposition* la relation entre deux grandeurs (deux unités linguistiques) telle que la présence dans la chaîne de l'une d'entre elles est la condition nécessaire de la présence de l'autre ; ainsi, la présence du déterminant entraîne nécessairement celle d'un nom. Cette relation est dite « unilatérale » si l'une des deux grandeurs est la condition de l'autre, mais non pas *vice versa ;* ainsi, le déterminant entraîne la présence du nom, mais inversement la présence d'un nom (nom propre, par ex.) n'est pas la condition nécessaire de la présence du déterminant. La relation de présupposition est dite « réciproque » si une grandeur est la condition de l'autre et *vice versa.*

2. La *présupposition* est la proposition implicite (ou les propositions) qui, précédant logiquement une autre proposition explicite, suppose vrais tous les éléments contenus dans la deuxième proposition. Une proposition P a pour présuppositon P′ si P et sa négation impliquent également P′. Dire *Le roi de France est chauve,* c'est présupposer l'existence du roi de France. La négation de P *(Pierre n'est pas chauve)* [ou l'interrogation sur P] maintient ce présupposé. La vérité de la présupposition s'établit par rapport à un univers de discours qui est sa référence. Si la présupposition est fausse, on conclura que la proposition est fausse elle aussi ou qu'il s'agit d'un abus de langage. La présupposition est un élément de contenu qui conditionne l'emploi de la phrase. Comme notion pragmatique, la présupposition implique la conformité entre l'énoncé et son contexte d'énonciation. Une phrase comme *Fermez la porte* ne présuppose pas seulement qu'il y a une porte et que cette porte est ouverte ; elle spécifie également les conditions permettant à un tel ordre d'être donné. L'analyse linguistique étudie les structures syntaxiques et lexicales qui sont associées à cette valeur de présupposition. Les présupposés d'existence intéressent le groupe nominal et les déterminations du nom (nom propre, article défini, relative déterminative, etc.). D'autres prédicats sous-jacents sont liés à des mots spécifiques *(seul, autre, même, déjà,* etc.*)* ou à des configurations syntaxiques (relative non déterminative, causale avec *puisque,* phrase du type *C'est Pierre qui est venu*). La présupposition assure la cohérence du discours en évitant les redites inutiles ; elle impose aux participants à la communication un cadre de discours implicite.

prétérit
On donne le nom de *prétérit* à la forme verbale qui exprime le passé dans les langues qui ne distinguent pas entre imparfait, parfait ou aoriste. On parle ainsi du prétérit en anglais.

prétérition
La *prétérition* est une figure de rhétorique qui consiste à feindre de ne pas vouloir dire ce que néanmoins on dit clairement et même avec force ; c'est une évocation par absence (ex. Bossuet dans l'*Oraison funèbre de la duchesse d'Orléans : Je pourrais vous faire remarquer qu'elle connaissait si bien la beauté des ouvrages de l'esprit..., mais pourquoi m'étendre... ?).*

préterminal
En grammaire générative, la suite générée par la composante catégorielle de la base est une *suite préterminale ;* elle est constituée de *symboles préterminaux,* ces symboles étant soit des formants grammaticaux, comme Prés [Présent], n_0 [nombre], etc., soit des symboles postiches dominés par les symboles des catégories lexicales, comme N [Nom], qui domine un symbole postiche. Une fois les items lexicaux et les formants grammaticaux insérés à la place des symboles de la suite préterminale, cette dernière devient la suite terminale de la base.

prétermission
En rhétorique, syn. de PRÉTÉRITION.

prétonique
Une *syllabe prétonique* est une syllabe qui se trouve avant la syllabe accentuée, comme la syllabe [la] dans le mot italien *lagúna.*

preuve
En rhétorique, les *preuves* sont les raisons alléguées pour convaincre les auditeurs et constituent la confirmation* ; elles peuvent être intrinsèques* ou naturelles, tirées du fond même du sujet, ou extrinsèques* ou artificielles, prises hors du sujet (ce sont alors des répertoires de lieux communs*).

prévélaire
Une *consonne prévélaire* est une consonne réalisée contre la partie antérieure du palais mou, qui se confond parfois avec une articulation postpalatale, comme le [k] dans *qui.* Les prévélaires se confondent phonologiquement avec les vélaires.

préverbe
On donne le nom de *préverbe* au préfixe lorsque ce dernier est antéposé à une racine verbale. Ainsi, *re-* ou *pré-* sont des préverbes dans les formations comme *refaire, reprendre, remettre,* etc. ; ou *préexister, préposer,* etc.

prévisibilité
La notion de *prévisibilité,* empruntée à la théorie de la communication, indique que tout énoncé, tout élément linguistique, étant déterminé plus ou moins par le contexte, est plus ou moins probable ; et cette probabilité de l'occurrence d'un énoncé, d'un élément permet de quantifier son « sens ». Moins un énoncé ou un élément est probable *(prévisible)* et plus il porte de sens dans un contexte défini.

primaire
En grammaire traditionnelle, toute forme linguistique est dite *primaire* quand elle ne peut être réduite à des formes plus simples, par opposition aux formations secondaires que sont les dérivés et les composés. Ainsi, les morphèmes ou les racines sont des formations primaires.

primitif
1. On a qualifié parfois de *primitives* des langues parlées par des populations de civilisation dite « primitive ». Cet emploi, qui pose l'homologie du développement de la civilisation et de la langue, est linguistiquement inadéquat.
2. La grammaire comparée qualifie de *primitifs* les états de langue de relative unité qui ont précédé historiquement (ou dont on pense qu'ils ont précédé) des périodes de dialectisa-

tion, de diversification linguistique. *Primitif* est ainsi synonyme de *commun* dans certains de ses emplois. On parlera ainsi de germanique primitif pour l'ensemble des formes linguistiques antérieures au détachement, de la famille germanique, du germanique westique (anglo-frison). On parlera d'anglo-frison primitif pour la période antérieure à la diversification en vieil anglais et en frison, etc.

3. En grammaire, une *forme primitive* est une forme qui ne peut être réduite à une forme plus simple (radical, racine), par opposition aux formes secondaires que sont les dérivés et les composés. Le *temps primitif* est le temps qui sert de base à la formation des autres temps.

principal

1. On appelle *constituant principal d'un syntagme* la tête* de ce constituant, le constituant qui est le centre de ce syntagme (le nom, par exemple, dans le syntagme nominal).

2. En grammaire, on appelle *proposition principale* la phrase à laquelle sont subordonnées des complétives, des relatives, des circonstancielles et qui n'est elle-même subordonnée à aucune autre phrase. La proposition principale est appelée en linguistique générative *phrase matrice**, avec la restriction que cette dernière, qui sert de base à des enchâssements, peut elle-même être enchâssée. Ainsi, en grammaire traditionnelle, dans la phrase *Je dis que Pierre est venu au rendez-vous que je lui avais fixé,* la proposition *je dis* est la principale ; en grammaire générative, *Pierre est venu au rendez-vous* est la matrice de *que je lui avais fixé* et *je dis* est la matrice de *que Pierre est venu au rendez-vous que je lui avais fixé.*

prise de parole

Quand, après un silence ou l'arrêt du discours d'un autre locuteur, un locuteur commence à parler, son acte constitue la *prise de parole.*

privatif

1. Une *opposition privative* est une opposition entre deux termes dont l'un est caractérisé par l'existence d'un trait distinctif appelé *marque* et l'autre par l'absence de ce trait : ainsi, l'opposition voisé *vs* non-voisé, l'opposition nasal (nasalisé) *vs* oral (non-nasalisé), l'opposition labial *vs* non-labial. Les oppositions entre les séries /p, t, k, f, s, ʃ/ et /b, d, g, v, z, ʒ/, entre les séries /i, e, ɛ/ et /y, ø, œ/ sont des oppositions privatives.

Dans le classement et la terminologie de l'école de Prague, les oppositions privatives se différencient donc des oppositions graduelles, dont les termes sont caractérisés par différents degrés de la même particularité (/i/ et /e/ par exemple), et des oppositions équipollentes, dont les termes sont logiquement équivalents (k /g et b /m par exemple).

2. On appelle *alpha privatif* le préfixe grec *a-* indiquant dans les composés l'absence ou la négation du signifié exprimé par le radical : ainsi *akephalos* « privé de tête », *akêratos,* « non mêlé ». On donne le nom de *a- privatif* au préfixe français qui a la même fonction.

probabilité

Principe fondamental de la théorie de la communication*, la *probabilité* définit la quantité d'information que porte une unité linguistique dans un contexte donné. La quantité d'information d'une unité est définie en fonction de sa probabilité dans un énoncé : elle est inversement proportionnelle à la probabilité d'apparition de cette unité. (V. PRÉVISIBILITÉ.)

procédure

Une théorie linguistique doit être capable de fournir une *procédure de découverte,* c'est-à-dire une méthode d'analyse permettant, à partir d'un corpus d'énoncés, de dégager la grammaire d'une langue ; elle doit être capable de fournir une *procédure d'évaluation,* c'est-à-dire une méthode qui permette, deux grammaires d'une langue étant construites, de décider laquelle est la meilleure (la plus simple).

procès

1. On dit d'un verbe qu'il indique un *procès* quand il exprime une « action » réalisée par le sujet de la phrase (*Pierre court, Pierre lit un livre, Pierre mange,* etc.), que le verbe soit transitif ou intransitif, par opposition aux verbes qui indiquent un « état », comme les intransitifs *être, ressembler, paraître,* etc., ou les transitifs qui indiquent le résultat d'un procès comme *savoir.* On dit aussi que les verbes statifs* (verbes d'état) s'opposent aux verbes non-statifs (verbes indiquant un procès ou une action). Certains englobent sous le nom de *procès* toutes les notions (action et état) que le verbe peut affirmer du sujet.

2. *Orienté vers le procès.* V. AGENT (ORIENTÉ VERS L').

processus

1. *Processus* est un synonyme fréquent de *mécanisme* (grammatical, linguistique) impliquant un ensemble d'opérations successives.

2. En glossématique, la notion de *processus* est liée à celle de système. Le processus est réalisé par l'application de la fonction *et* (conjonction

logique) à des unités déterminées. Ainsi, dans un texte* donné, le processus est le résultat de la juxtaposition les unes après les autres des lettres de l'alphabet. Dans « Stop », le processus sera réalisé par s + t + o + p. Le processus de la glossématique doit être rapproché des termes couramment employés de combinaison* et d'axe* syntagmatique.
3. En sociolinguistique, suite d'événements liés les uns aux autres modifiant progressivement une situation initiale.

proche
Dans la catégorie de la personne, une distinction est faite entre la personne *proche* et la personne éloignée* ; cette opposition, traduite dans certaines langues par la flexion verbale et nominale, apparaît en français dans certains emplois de *celui-ci / celui-là.*

proclise
On appelle *proclise* le phénomène qui consiste à traiter un mot comme s'il faisait partie du mot suivant. Les prépositions (tout au moins certaines), les articles, les conjonctions de coordination subissent souvent un phénomène de proclise, de sorte qu'ils finissent parfois par se confondre avec le mot suivant, formant avec lui une unité accentuelle. Dans la forme populaire *un lévier,* la consonne initiale vient de ce que dans *l'évier* l'article *l'* a été senti comme étant l'initiale du mot suivant. C'est par le phénomène de proclise que s'est formé, par exemple, le mot *lierre* (*l'yerre* en ancien français, *edera* en italien, du lat. *hĕdera,* etc.). [V. PROCLITIQUE.]

proclitique
On appelle *proclitique* un mot privé d'accent propre qui s'appuie sur le mot qui suit et forme avec lui une unité accentuelle. Ainsi, les articles et les pronoms conjoints *(le, la, les, me, te, se, lui, leur)* jouent en français le rôle de proclitiques. (V. PROCLISE.)

production
1. On appelle *production* l'action de produire, de créer un énoncé au moyen des règles de grammaire d'une langue. (Contr. : COMPRÉHENSION, RÉCEPTION.)
2. *Grammaire de production de phrases.* Syn. de GRAMMAIRE DE L'ÉMETTEUR*.

productivité
On dit d'un processus lexical qu'il est *productif* lorsqu'il peut produire de nouvelles expressions nominales, adjectivales, etc., c'est-à-dire des expressions qui ne se sont pas encore rencontrées dans les phrases réalisées. Ainsi, le processus lexical consistant à former des verbes préfixés par *a / en* (comme *atterrir, embarquer, encaserner,* etc.) est productif, comme l'indique, par exemple, le néologisme *alunir.*

profonde (structure)
En grammaire générative, toute phrase réalisée comporte au moins deux structures : l'une, dite *structure de surface,* est l'organisation syntaxique de la phrase telle qu'elle se présente ; l'autre, dite *structure profonde,* est l'organisation de cette phrase à un niveau plus abstrait, avant que ne s'effectuent certaines opérations, dites transformations*, qui réalisent le passage des structures profondes aux structures de surface. La structure profonde est une phrase abstraite générée par les seules règles de la base* (composante catégorielle et lexique). Par exemple, les règles de la composante catégorielle* définissent une structure de phrase comme : Nég + D + N + Pas + V + D + N, où Nég est négation, D déterminant, N nom, Pas passé, V verbe. Si l'on substitue des mots de la langue aux symboles catégoriels, on obtient la structure profonde : Ne pas + le + père + ait + lire + le + journal, qui, après une série de transformations, donnera la structure de surface de la phrase ainsi transformée : Le + père + ne + lire + ait + pas + le + journal.

Les règles de la composante phonétique et phonologique donneront la phrase effective : *Le père ne lisait pas le journal.*

Toutefois, dans l'évolution de la grammaire générative, la structure profonde devient un objet de plus en plus abstrait, éloigné des structures de surface. Par exemple, la phrase transitive *Pierre construit une maison* a pu se voir attribuer une structure profonde comportant un causatif, du type « Pierre fait cela qu'une maison est construite ». (V. ABSTRAIT, SOUS-JACENT.)

proforme
En grammaire générative, la *proforme* est le représentant d'une catégorie (N, par exemple), c'est-à-dire que la proforme représente l'ensemble des propriétés qui sont communes à tous les membres de la catégorie, abstraction faite des traits sémantiques qui distinguent chaque membre de la catégorie en question. Ainsi, *chose* peut être considéré comme une proforme qui représente l'ensemble de la catégorie des noms (*chose* nom commun et *Chose* nom propre), c'est-à-dire des items affectés du trait [+ N] ; mais, en combinaison avec *qu(e)*

interrogatif, la proforme [+ N, + humain] est *-i- (qui est venu ?).* De même, *lieu* peut être considéré comme une proforme qui représente l'ensemble de la catégorie des noms susceptibles d'entrer dans un syntagme prépositionnel de lieu (locatif), c'est-à-dire des items affectés des traits [+ N, + lieu]. On aura ainsi des proformes nominales, adjectivales, etc. Les proformes restent des objets abstraits et ce sont les règles de la composante phonologique qui peuvent ensuite les réaliser sous différentes formes.

progressif
1. On appelle *progressif* une forme verbale indiquant qu'une action est en train de se faire ; en particulier, le progressif est le nom de la forme verbale de l'anglais composé du verbe *be* et de la forme en *-ing (I am going).*
2. Un changement de point d'articulation est dit *progressif* quand il est orienté de l'arrière vers l'avant. (Contr. : RÉGRESSIF.)

projectif
Une grammaire est *projective* quand on peut projeter un ensemble de règles grammaticales, établies à partir d'un échantillon de la langue, sur un ensemble plus vaste des phrases de la langue, c'est-à-dire leur assigner une description structurelle. (V. PRÉDICTIF.)

projection
En sémantique générative, on parle de *règles de projection* pour évoquer un système de règles qui opèrent sur la description grammaticale des phrases et sur les entrées du dictionnaire adjoint à la théorie syntaxique, pour donner une interprétation sémantique à toute phrase de la langue.

Les concepts représentés par des traits sémantiques tels que [humain], [animé], [objet manufacturé], etc., sont d'abord regroupés sous un trait plus général, par exemple [objet physique], pour autant que le système conceptuel des langages humains comporte une certaine hiérarchie. Cette procédure est nécessaire à l'économie de la description pour permettre d'importantes généralisations. Mais, avant l'insertion des items lexicaux, il faudra appliquer les règles de redondance, qui procèdent à l'expansion de ces traits généraux en traits spécifiques. Un trait [humain], par exemple, devra être glosé en [objet physique], [animé], [humain], etc.

Les règles de projection interviennent alors : elles doivent fournir la combinatoire des lectures glosées *(expanded readings)* de façon à permettre la formation des lectures dérivées (au sens qu'a *dérivation* en grammaire générative). Les règles de projection vont en remontant vers le niveau profond, et leur application est terminée lorsque P (la phrase) a été associé à un ensemble de lectures dérivées.

prolatif
Le *prolatif* est un cas utilisé dans certaines langues finno-ougriennes pour indiquer le passage par un endroit (en latin *qua ?,* par où ?).

prolepse
1. En rhétorique, la *prolepse* est une réfutation à l'avance d'une objection possible.
2. On appelle *prolepse* le procédé syntaxique qui consiste à extraposer dans la phrase principale un terme de la subordonnée. Ainsi, en grec, le sujet de l'interrogative indirecte peut devenir par prolepse le complément d'objet direct de la principale. Un équivalent français serait difficilement considéré comme grammatical, par exemple *Tu sais Jean comme il aime le chocolat.* Les pauses et l'intonation peuvent toutefois rendre cette phrase acceptable en langue parlée.

proleptique
On appelle *attribut proleptique* l'adjectif qualificatif exprimant le résultat d'une action antérieure à celle qu'il qualifie. Ainsi, dans la phrase latine *Premit placida aequora* (Il abat les flots calmés). [Syn. : PRÉGNANT.]

pronom
Dans toutes les langues, il existe des mots qui s'emploient pour renvoyer et se substituer à un autre terme déjà utilisé dans le discours (emploi anaphorique) ou pour représenter un participant à la communication, un être ou un objet présents au moment de l'énoncé (emploi déictique). Selon les contextes, le mot remplacé peut être n'importe quel nom (d'où « pronom »), mais aussi un adjectif comme dans *Es-tu courageux ? — Oui, je le suis,* ou même une phrase dans *Vas-tu écrire à ta mère ? — Je suis en train de le faire.* C'est pourquoi on a appelé parfois les pronoms *substituts.* Dans d'autres cas, les pronoms anticipent sur un énoncé à venir, comme dans les interrogations (ex. : *Qui va venir ?* où *qui,* pronom interrogatif, implique comme réponse un nom de personne).

Selon leur nature, leur fonction dans la phrase et leur sens, la grammaire distingue des pronoms personnels* (qui sont différents selon qu'ils remplacent le nom de celui qui parle, de ceux parmi lesquels se trouve celui qui parle, de celui à qui on parle ou de ceux parmi lesquels se trouve celui à qui on parle, ou enfin de celui ou de ceux qui ne parlent pas et à qui on ne parle pas), des pronoms possessifs, démonstratifs, relatifs, indéfinis, interrogatifs (v. ces mots). La définition traditionnelle du pronom permettrait d'y inclure les « noms propres » : dans la phrase *Jacques est venu,* le prénom *Jacques* fonctionne à la place d'un nom comme *un homme* sans être lui-même un nom commun. C'est la raison pour laquelle, en ce qui concerne les pronoms personnels, les linguistes ont distingué d'un côté la catégorie des « pronoms personnels » proprement dits (3e personne du singulier et du pluriel) et d'un autre côté celle des « noms personnels » (pronoms de 1re et 2e personnes du singulier et du pluriel dans la grammaire traditionnelle) qui jouent le rôle de noms propres.

pronominal

1. On appelle *voix pronominale* en français les verbes précédés d'un pronom réfléchi *(se, me, te, nous, vous)* de même personne que le sujet du verbe *(il s'enfuit / nous nous enfuyons)* et qui, aux formes composées, ont l'auxiliaire *être (Pierre s'est vexé).* Les verbes pronominaux correspondent en français aux verbes moyens de l'indo-européen (le sujet et l'agent, qui peuvent être distincts, exercent une action sur eux-mêmes à leur bénéfice, ou dans leur intérêt, ces verbes pouvant être sans « objet » comme les intransitifs). Dans l'analyse traditionnelle, on distingue plusieurs groupes de verbes pronominaux ou plusieurs emplois de la voix pronominale :

a) les *verbes pronominaux proprement dits,* qui correspondent à des verbes intransitifs (sans objet) et dont la forme active correspondante a un sens différent (ou n'existe pas) : *s'enfuir, s'apercevoir de, s'absenter, s'emparer de,* etc. ;

b) les verbes pronominaux dont la forme passive correspondante représente l'aspect accompli : *ça se fait / c'est fait ; les fruits se vendent / les fruits sont vendus,* etc. On dit aussi, dans les grammaires traditionnelles, *verbes pronominaux à sens passif ;*

c) les *verbes pronominaux réfléchis* et *réciproques,* dans lesquels le complément du verbe, identique au sujet de la phrase active, est remplacé par un pronom réfléchi singulier ou pluriel : *Paul lave Paul → Paul se lave ; Paul nuit à Paul → Paul se nuit ; Pierre et Paul battent Paul et Pierre → Paul et Pierre se battent.*

2. *Transformation pronominale.* V. PRONOMINALISATION.

pronominalisation

La *pronominalisation* est une transformation qui remplace un syntagme nominal par un pronom. La pronominalisation comporte une substitution suivie d'un déplacement quand il s'agit d'un pronom personnel : *L'enfant lance la balle → L'enfant lance la → L'enfant la lance.* Elle comporte une substitution sans déplacement quand il s'agit d'un démonstratif : *L'enfant lance cette balle-là → L'enfant lance celle-là.* Le pronom garde les marques de genre et de nombre du syntagme nominal sous-jacent. (On dit aussi *transformation pronominale.*)

pronomination

En rhétorique, syn. d'ANTONOMASE.

prononciation

1. Dernière des parties de la rhétorique, dans certains ouvrages, traitant des intonations, des attitudes et des gestes qui concourent à la persuasion.

2. Manière de prononcer les sons du langage (V. PHONÉTIQUE).

proparoxyton

Un *proparoxyton* est un mot dont l'accent porte sur la syllabe qui précède l'avant-dernière syllage (antépénultième), comme dans le mot italien *fúlmine* « foudre ».

proparoxytonique

Une *langue proparoxytonique* est une langue qui a tendance à accentuer les mots sur la syllabe antépénultième, précédant l'avant-dernière, et donc à augmenter la proportion de proparoxytons dans son lexique.

propérispomène

On appelle *propérispomène* un mot qui, en grec, a un accent circonflexe sur l'avant-dernière syllabe.

proportionnel

Une *opposition proportionnelle* est une opposition dont les deux termes sont dans un rapport semblable à celui qui existe entre les termes d'une ou plusieurs autres oppositions : l'opposition /p/ *vs* /b/ est une opposition proportionnelle en français et en allemand, parce que les rapports entre les deux termes (présence ou absence de la vibration des cordes vocales) sont ceux qui existent entre les phonèmes /t/ *vs* /d/, /k/ *vs* /g/, etc. Une opposition proportionnelle s'oppose à une opposition isolée : l'opposition entre les phonèmes /l/ et /R/ en français est une opposition isolée.

propos
On appelle *propos* le prédicat* ou commentaire d'une phrase.

proposition
On donne le nom de *propositions* aux phrases élémentaires dont la réunion par coordination ou subordination constitue la phrase* effectivement réalisée : la proposition est une unité syntaxique élémentaire constituée d'un sujet et d'un prédicat. Ainsi, *Le film que j'ai vu hier m'a beaucoup intéressé* comporte deux propositions, l'une dite *principale,* ou phrase matrice, est *Le film m'a beaucoup intéressé ;* l'autre, la relative enchâssée dans la phrase matrice, est *que j'ai vu hier.* On appelle *proposition indépendante* une phrase élémentaire ne comportant aucune subordonnée. Le découpage d'un énoncé en propositions est appelé dans les grammaires scolaires « analyse logique ».

En général, on considère qu'il y a autant de propositions dans une phrase qu'il y a de propositions (matrice, subordonnées ou coordonnées) dont le verbe est réalisé à un mode personnel ou impersonnel : la phrase *Je lui promets de finir demain* comporte deux propositions, la principale *Je lui promets* et une complétive à l'infinitif *de finir demain,* dont le sujet est *je (je finirai demain) ;* certains restreignent le nombre de propositions au nombre de propositions à un mode personnel. On a pu aussi considérer (en grammaire générative et dans la grammaire de Port-Royal) qu'il y a autant de propositions que de phrases de base ; or, ces dernières peuvent être enchâssées dans la matrice, ou principale, avec un effacement de la copule. Ainsi, la phrase *L'homme habile réussit* comporte deux propositions comme *L'homme qui est habile réussit,* l'adjectif épithète *habile* pouvant être analysé comme issu d'une relative enchâssée dans le syntagme nominal. Sémantiquement, il y a proposition toutes les fois qu'il y a énonciation d'un jugement ; en ce sens, dans la phrase précédente, il y a deux affirmations dépendantes l'une de l'autre : *L'homme est habile. L'homme réussit.*

propre
1. On appelle *nom propre* une sous-catégorie des noms formée de termes qui, sémantiquement, se réfèrent à un objet extralinguistique, spécifique et unique, distingué par sa dénomination des objets de même espèce : le nom propre est autoréférentiel, n'a pas d'autre signifié que le nom (l'appellation) lui-même. Par exemple, le nom propre *Jean* se réfère à autant de personnes particulières qu'il y a d'individus nommés *Jean,* la seule référence de *Jean* est l'appellation *Jean.* Syntaxiquement, les noms propres présentent des propriétés particulières ; ils sont autodéterminés, ce qui entraîne souvent l'absence d'article défini dans l'emploi courant *(Jean, Dupont, Paris)* ou bien la présence obligatoire du seul article défini *(le Brésil, la France).* Dans l'écriture française, les noms propres commencent par une lettre majuscule, mais tous les noms commençant par une majuscule ne sont pas des noms propres (ainsi dans *un Anglais, un Français,* etc., il s'agit d'adjectifs ethniques* substantivés).
2. On appelle le *sens propre* ou *sens premier* le sens le plus proche du sens de l'étymon et qui détiendrait les traits sémiques fondamentaux, par opposition aux *sens figuré, par extension, par analogie,* etc.

prosodème
Un *prosodème* est une unité prosodique, c'est-à-dire un trait qui affecte un segment autre que le phonème (plus petit, comme la more, ou plus grand, comme la syllabe, le morphème, le mot, la phrase) en faisant jouer des éléments présents dans tout énoncé comme la hauteur (ton et intonation), l'intensité (accent), la longueur. Aucun prosodème ne peut avoir d'existence indépendante, il affecte nécessairement un segment de la chaîne parlée. D'autre part, aucun des prosodèmes n'est caractérisé de façon intrinsèque par ses particularités physiques : il ne peut être défini que par rapport aux unités voisines de celles qu'il affecte. Dans les langues où l'accent d'intensité a une fonction distinctive, ce n'est pas la présence en soi du renforcement de l'articulation d'une syllabe donnée qui assume cette fonction, mais c'est la place de l'accent qui permet de distinguer un mot d'un autre. De même, pour l'accent de hauteur, ou ton, le trait important est la hauteur relative de la syllabe en rapport avec la syllabe qui précède ou celle qui suit. Enfin, l'opposition prosodique longue *vs* brève est basée sur la différence relative de longueur dans une séquence donnée.

Chez certains linguistes américains et chez les linguistes britanniques, le terme de *prosodème* a un contenu plus large : il désigne tous les faits qui s'étendent au-delà des limites phonématiques, appelés *phonèmes suprasegmentaux* ou *composantes longues* (« long components »). Ainsi, dans les langues qui pratiquent l'harmonie vocalique, comme le hongrois, le finnois, le turc, le trait qui affecte toutes les voyelles d'un même mot (le trait d'arrondissement et le trait antérieur ou postérieur) est considéré comme un prosodème. Il en est de même pour la nasalité, qui, en portugais, affecte deux voyelles finales, et pour la palatalisation, qui, en russe, affecte la séquence consonne palatalisée + voyelle.

Les prosodèmes peuvent avoir, comme les phonèmes, une fonction distinctive (surtout les tons), culminative (accent d'intensité) ou démarcative (accent d'intensité et intonation de phrase). L'intonation a aussi une fonction significative : l'intonation montante indique une interrogation, quel que soit, par ailleurs, le contenu de la phrase. Des prosodèmes différents peuvent se superposer : en français, l'accent d'intensité qui marque la fin du mot est aussi un accent de hauteur.

prosodie

Le terme *prosodie* se réfère à un domaine de recherche vaste et hétérogène, comme le montre la liste des phénomènes qu'il évoque : accent, ton, quantité, syllabe, jointure, mélodie, intonation, emphase, débit, rythme, métrique, etc. Les éléments prosodiques présentent la caractéristique commune de ne jamais apparaître seuls et de nécessiter le support d'autres signes linguistiques. Leur étude exige donc leur extraction du corps vivant de la langue, bien que le contrôle neuronal des faits prosodiques soit en partie indépendant des autres faits linguistiques qui leur servent de support.

Certains traits prosodiques constituent la partie la plus résistante du signal vocal (comme présence latente de la mémoire) et ils l'emportent sur les autres faits du langage : les travaux en intonologie développementale montrent, par exemple, la capacité extrêmement précoce des enfants à reconnaître et reproduire à des fins linguistiques certains schémas intonatifs, et plus largement prosodiques, alors qu'ils n'ont pas encore acquis la maîtrise du langage (Crystal, 1970 ; G. Konopzinsky, 1986).

Les faits prosodiques sont physiquement déterminés par plusieurs paramètres acoustiques dont les trois principaux sont : la *fréquence fondamentale* F^0* (appelée parfois aussi *mélodie**), l'*intensité** et la *durée**. La modélisation de la prosodie à des fins de synthèse de la parole nécessite donc un contrôle étroit et simultané de ces trois paramètres. L'examen du mécanisme de la phonation révèle qu'il existe un lien entre l'intensité et la hauteur mélodique de la syllabe, ces deux paramètres résultant d'un facteur commun, mais non unique, la *pression sub-glottique (Ps)*, l'autre facteur de la fréquence laryngienne étant la *tension* des cordes vocales *(T)*. Les études sur la prosodie doivent tenir compte non seulement de la fréquence fondamentale F^0 mais aussi de l'interaction de F^0, de l'intensité et de la durée des segments phonétiques et de leur structure harmonique. Les mesures portant sur les seuils différentiels de ces paramètres acoustiques montrent que, en ce qui concerne la fréquence F^0, seules les différences de plus de trois demi-tons, soit 17 Hz entre 25 à 150 hertz, jouent un rôle dans les situations normales de communication ; en ce qui concerne l'*intensité*, le seuil différentiel est de l'ordre de 1 dB sur des phrases courtes, de l'ordre de 1 à 2 dB pour des durées d'au moins 200 ms, et elle doit atteindre 4 dB pour qu'il y ait perception d'emphase ; en ce qui concerne la *durée*, le seuil différentiel peut aller de 5 ms pour certaines voyelles où la durée est phonologiquement pertinente à plus de 25 ms pour certaines consonnes.

La littérature linguistique consacrée à la prosodie témoigne d'une grande diversité d'approche et de divergences dans le repérage des aspects susceptibles d'être classés dans le domaine prosodique. Les critères souvent invoqués pour définir les traits prosodiques et rendre compte de l'ensemble des phénomènes qu'ils caractérisent sont essentiellement la simultanéité d'apparition par rapport aux manifestations segmentales, l'extension des faits prosodiques dans un cadre plus vaste que le segment distinctif minimal, le caractère contrastif (syntagmatique) des faits prosodiques opposé au caractère ponctuel (paradigmatique) des phonèmes, l'absence de double articulation. Tous ces critères ont été largement contestés. À la thèse qui exclut la double articulation de la prosodie, des études des années 60 avaient déjà opposé une distinction entre deux types de traits suprasegmentaux selon qu'ils possèdent ou non un caractère *discret* vs *continu* (Hammarström, 1963, et Heike, 1969) : les premiers sont, à titre d'exemple, la quantité, le ton, l'accent, les contours intonatifs associés à des fonctions syntaxiques précises qui présentent un caractère discret, arbitraire, sur la base d'habitudes partagées par une communauté donnée de locuteurs (ainsi, il semble que l'interrogation ne soit pas nécessairement marquée dans toutes les langues par une élévation de la fréquence F^0, par exemple les langues nigériennes, Bertinetto, 1981) ; les seconds, les « expressèmes », ont pour but de préciser la façon dont une phrase est prononcée en fonction d'un certain contenu émotif (admiration, étonnement, ironie, par exemple), sont dotés d'une valeur iconique permettant un décodage universel.

L'absence d'une différence de comportement entre les prosodèmes et les phonèmes est mise en lumière par de nombreuses observations : les voyelles, en tant que centre de syllabe, jouent le même rôle que l'accent en ce qui concerne la fonction culminative. L'hypothèse sur l'origine des variations tonales dans des langues comme le chinois est aussi invoquée à l'appui de cette thèse : l'apparition des tons serait liée à la disparition de certaines consonnes devenues un élément redondant pour les locuteurs qui avaient appris à fonctionnaliser de façon spécifique les variations automatiques de la fréquence fondamentale déterminées par les consonnes elles-mêmes (Halle et Stevens ; Haudricourt). Ce phénomène serait dû à un fait général de *micromélodie** qui veut que les consonnes voisées entraînent un abaissement de la fréquence fondamentale F^0 de 10 à 20 hertz par rapport aux voyelles adjacentes et par rapport à l'évolution générale de la courbe mélodique, chute provoquée par une diminution de la pression sub-glottique *Ps* pendant la réalisation des consonnes [b], [d], [g], [v], [z], [ʒ], tandis que les consonnes non-voisées ont un effet inverse. D'autres résultats de la recherche en *microprosodie* viennent infirmer la discrimination entre traits segmentaux et suprasegmentaux en montrant comment les manifestations physiques des traits prosodiques ne se limitent pas à la manipulation des trois paramètres (fréquence, durée, intensité), mais englobent des aspects strictement articulatoires liés à la nature des unités segmentales (voyelles et consonnes) qui constituent le signal de la parole ainsi qu'à la concaténation de ces unités (Lea ; Wang ; Di Cristo).

Aussi, le terme *suprasegmental,* généralisé par les linguistes d'Amérique du Nord, et le plus souvent utilisé en tant que synonyme de *prosodique,* apparaît de plus en plus comme générateur d'ambiguïté et de confusion, au point qu'il serait peut-être préférable de l'éviter (Rossi).

Parmi les fonctions de la prosodie, la principale est *l'organisation du signal acoustique* émis par un locuteur donné en un message cohérent, structuré, susceptible d'être identifié en tant que tel. Cette fonction de guide pour la perception du message concerne à la fois l'identification du flux en parole continue et le choix des valeurs phonétiquement pertinentes de certains indices acoustiques des éléments phonémiques (voyelles et consonnes). Mais la prosodie assure elle-même deux autres grandes fonctions : une fonction d'*anticipation* de la suite de l'énoncé et une fonction de *segmentation* de l'énoncé en unités-candidates pour les traitements syntaxiques, voire lexicaux, sémantiques et pragmatiques (Vaissière). Ces fonctions ne peuvent être assurées que si l'auteur dispose de « schémas » préstockés des évolutions prosodiques habituellement associées dans la langue à la structure linguistique de l'énoncé : ces schémas ou ces règles lui permettent de disposer, en effet, de références par rapport auxquelles il va évaluer l'évolution des paramètres prosodiques de l'énoncé à identifier. Le système auditif disposerait d'une mémoire temporelle lui permettant de conserver l'information plus longtemps que la durée physique du signal, le traitement perceptif des faits prosodiques nécessite un temps d'observation portant sur plusieurs syllabes : seuls 200 à 300 ms peuvent être conservés sous leur forme complète.

En ce qui concerne la fonction d'*anticipation,* l'évolution de la fréquence au début de la phrase permet à l'auditeur de deviner la structure syntaxique de la suite de la phrase au moins dans une première partie, et d'accélérer le traitement de l'information phonétique subséquente. Du point de vue du rôle joué par la prosodie dans la segmentation et l'interprétation de l'énoncé, un exemple est fourni par le français où l'allongement de la durée de la dernière syllabe d'un mot associé à une forte montée de la fréquence fondamentale F^o (+25 %) est perçue comme l'indication d'une frontière syntaxique majeure. En effet, la phrase est caractérisée par une *courbe de déclinaison* que l'on observe dans de nombreuses langues (Maeda, 1979). Cette courbe varie selon les locuteurs et les conditions d'émission du message : elle a pu s'abaisser de 50 % (de 150 à 100 hertz), pour une phrase de 15 syllabes (Ph. Martin, 1982). Le rapport intonation-syntaxe porte sur la séquence de contours mélodique de la phrase superposés à cette ligne générale de déclinaison. Une structure prosodique simple est représentée par une succession de contours descendant, montant, montant et descendant de variation de F^o égale à −15 %, +25 %, +8 %, −10 % (Martin, 1989) :

– le contour terminal de la phrase placé sur la dernière syllabe accentuée C_0 : −10 % de la variation de F^o ;

– le contour indiquant une 1re division de la ligne mélodique en 2 parties soit C_1, contour de pente opposée au contour qui le domine dans la structure prosodique et situé à la gauche de ce dernier : +25 % de la variation de F^o ;

– un contour C_2 indiquant une division de l'unité prosodique terminée par C_1, donc de pente opposée et d'amplitude variation égale ou inférieure à C_1 et situé à sa gauche, soit −15 % de variation de F^o ;

– un contour C_3 marquant une division prosodique terminée par C_0 de pente opposée et de variation inférieure à C_0 situé à sa gauche, mais présentant aussi une variation inversement proportionnelle à sa profondeur dans la structure prosodique, donc inférieure à C_1, soit +8 % de variation de F^o ;

– un contour C_4 marquant une variation prosodique −6 % de F^o.

Vincent et Marie sont partis en voiture

Vincent	Marie	partis	voiture
|	/	/	\
C_2	C_1	C_3	C_0
−15 %	+25 %	+8 %	−10 %

Les autres structures prosodiques peuvent être ainsi codées :

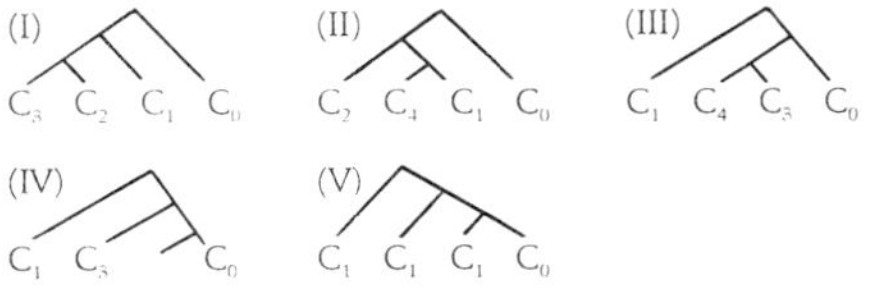

(I) *Si tu vas aujourd'hui à la mer, tu m'emmènes.*
(II) *Le bistrot en face de la gare est fermé.*
(III) *Les enfants jouent et crient dans la cour.*
(IV) *Ils cherchent une vraie maison provençale.*
(V) *La Suède, moi, demain, je pars.*

Les langues présentent des schémas rythmiques différents et peuvent se classer en 2 grands types (2 « patterns ») : celles qui utilisent la plage de variation à la fin des mots comme le français et celles qui utilisent les 3/4 de variation au début des mots comme l'anglais (Vaissière, 1991). Le français, cependant, tend à associer les deux tendances rythmiques sous l'influence de l'anglo-américain, renforcée par les médias radio-télévisés.

prosopopée
En rhétorique, la *prosopopée* est une figure consistant à prêter la parole à un absent ou à un être moral (ex. : les lois interpellant Socrate dans le *Criton* de Platon, ou Vigny faisant parler la Nature dans *la Maison du berger*).

prospectif
E. Benveniste donne le nom de *prospectif* au futur périphrastique français *(Il va partir, Il devait venir),* opposé ainsi au futur ordinaire *(Il partira).*

prosthèse
Syn. peu usité de PROTHÈSE.

protase
La *protase* est la subordonnée conditionnelle placée en tête de phrase, qui prépare la conséquence ou la conclusion exprimée dans la principale qui suit, appelée *apodose.*

prothèse
On appelle *prothèse* le développement, à l'initiale d'un mot, d'un élément non étymologique comme, en français, l'introduction d'un [e] à l'initiale de tous les mots commençant par les groupes consonantiques [sp-], [st-], [sk-], etc., *étoile* de *stella(m), épaule* de *spatula(m), écu* de *scutu(m),* etc.

protosémantisme
Dans la terminologie de P. Guiraud, le protosémantisme d'une matrice lexicale est une relation étymologique entre la forme et le sens de l'unité. Mais *étymologie* est à comprendre ici très différemment de l'emploi courant : une racine *tk* du français regroupe, avec le protosémantisme *frapper,* des termes d'origine diverse (latine, germanique, éventuellement onomatopéique dans le cas de *tic-tac).* Pour établir le protosémantisme d'un champ morphosémantique, il conviendra de trouver la part de signifiant et la part de signifié commune à toutes les unités du champ. Il y a donc un « commun dénominateur lexical » du champ, susceptible d'intégrer les différents termes. Ce commun dénominateur aura pour expression une matrice lexicogénique, et pour contenu un protosémantisme.

prototype
Le concept de *prototype,* proposé par E. Rosch dans les années 70, est emprunté aux psychologues par le biais du domaine des sciences cognitives. Issu à l'origine de travaux sur la catégorisation, il a fait l'objet de débats quant à son application à la sémantique des langues.

Un prototype est une instance typique d'une catégorie ; les autres éléments sont assimilés selon leur ressemblance perçue avec le prototype : une *pomme* est un « meilleur » *fruit* que l'*amande.*

Expérimentalement, le prototype est cité en premier dans les tests, il est catégorisé plus vite, son nom est appris plus tôt par l'enfant et il sert de point de référence cognitif. Il possède donc un caractère saillant du point de vue social, mémoriel et perceptif.

Le problème principal réside dans la nature référentielle du concept : il permet d'organiser non des significations mais des référents selon des traits de saillance. Ainsi, c'est en tant que *désignation* qu'*autruche* constitue un représentant moins prototypique que *moineau* de la catégorie *oiseau*.

Sur le plan hiérarchique, la typicité permet de mettre en évidence l'existence d'un niveau de base, niveau suffisamment abstrait pour rassembler un nombre important d'informations, mais suffisamment concret pour que l'on puisse construire une image mentale (exemple : *animal* se situe à un niveau trop abstrait, on ne peut construire que l'image d'une sorte d'animal, alors que *chien* permet de construire une image de chien, *teckel* se situant à un niveau subordonné). On peut noter la parenté de ces notions avec celles, plus usuelles en sémantique, de *taxème*, de *générique* et de *spécifique*.

L'intérêt du concept de prototype pour la *sémantique* réside principalement dans la mise en avant d'une gradualité de l'appartenance d'unités à une classe. Cette gradualité se substitue aux conditions nécessaires et suffisantes qui établissent des catégories homogènes, démenties par l'usage.

Cette nécessité de nuancer l'appartenance à une catégorie est attestée dans la pratique définitoire des lexicographes qui font appel à des modalisateurs : la *boîte* est « généralement *munie* d'un couvercle » ; l'assonance est « la répétition du même son, *spécialement* la voyelle... » ; les reptiles sont « *généralement* ovipares... leurs membres sont *souvent* atrophiés... *beaucoup* sont venimeux... ».

La notion de *prototype* est souvent rapprochée, à juste titre, de la notion de stéréotype, empruntée à la philosophie analytique.

protraction

En phonétique on appelle *protraction* le mouvement vers l'avant des lèvres qui accompagne souvent leur arrondissement et a pour effet d'amplifier le résonateur buccal en donnant plus de gravité au son.

proverbe

À l'image du *pronom* (*pro-*, à la place de, et *nom*), on appelle *proverbe* (*pro-*, à la place de, et *verbe*) un substitut verbal qui joue, relativement aux verbes, le même rôle que le pronom de troisième personne relativement aux noms : il remplace le verbe ou le syntagme verbal pour en éviter la répétition. Ainsi le mot *faire* est un proverbe qui peut remplacer un verbe intransitif ou pronominal, un verbe transitif et son objet, un syntagme verbal (il est souvent accompagné du pronom *le*), etc.

Pierre court. Que ***fait****-il ?*
Pierre n'a pas écrit à sa tante. Il le ***fera****.*
Pierre ne travaille pas autant qu'il l'a ***fait*** *l'année dernière.*

Le proverbe porte les marques de temps, de nombre et de personne comme le verbe.

proxémique

La *proxémique* est la partie de la linguistique qui étudie les significations qui s'attachent à l'utilisation que les êtres vivants font de l'espace, et qui entrent dans la structure générale de leur comportement.

proximité

La *proximité* définit une catégorie de déictiques* indiquant les objets proches* *(voici, ceci)*, par opposition aux déictiques indiquant des objets éloignés *(voilà, cela)*.

pseudo-clivage

En grammaire générative, la *transformation de pseudo-clivage* déplace en tête de la phrase un syntagme nominal en lui donnant la forme d'une relative avec antécédent générique, tout en constituant une matrice avec *c'est*. Soit la phrase : *Pierre aime le chocolat*. La transformation de pseudo-clivage la convertit en *Ce que Pierre aime, c'est le chocolat* ou *Celui qui aime le chocolat, c'est Pierre*, selon le syntagme nominal sur lequel porte la transformation. La proposition *c'est le chocolat* ou *c'est Pierre* est une *pseudo-clivée*. Cette transformation est ainsi appelée parce qu'elle aboutit à une fausse subordination *(pseudo-subordonnée)*, ou faux clivage, entre deux propositions issues en fait d'une seule phrase de base. (V. EMPHASE.)

pseudo-copulatif

On donne parfois le nom de *pseudo-copulatifs* aux verbes *sembler, paraître, devenir*, etc., qui se comportent dans de nombreuses constructions comme la copule *être*.

pseudo-intransitif Syn. de INVERSE.

pseudo-sabir

Un *pseudo-sabir* est un sabir* de type unilatéral, utilisé par l'une des communautés de manière à reproduire plus ou moins bien la langue de l'autre communauté. C'est une forme de langue assez instable qui évolue selon les sujets parlants dans le sens d'une correction toujours plus grande ou, au contraire, selon ses voies propres, en se libérant de la langue qu'elle prétendait imiter au départ.

pseudo-subordonnée
Syn. de PSEUDO-CLIVÉE (V. PSEUDO-CLIVAGE).

psilose
On appelle *psilose* la perte de l'aspiration. Ce mot est issu d'un terme grec qui désigne ce phénomène, fréquent dans les dialectes ionien et dorique (passage de l'« esprit dur » à l'« esprit doux »). Ainsi, dans les textes d'Hérodote (dialecte ionien), on a *ippos* pour *hippos* (le cheval).

psycholinguistique
La *psycholinguistique* est l'étude scientifique des comportements verbaux dans leurs aspects psychologiques. Si la langue, système abstrait qui constitue la compétence linguistique des sujets parlants, relève de la linguistique, les actes de parole qui résultent des comportements individuels et qui varient avec les caractéristiques psychologiques des sujets parlants sont du domaine de la psycholinguistique, les chercheurs mettant en relation certains des aspects de ces réalisations verbales avec la mémoire, l'attention, etc. La psycholinguistique s'intéresse en particulier aux processus par lesquels les sujets parlants attribuent une signification à leur énoncé, aux « associations de mots » et à la création des habitudes verbales, aux processus généraux de la communication (motivations du sujet, sa personnalité, situation de la communication, etc.), à l'apprentissage des langues, etc.

Mais la psycholinguistique peut avoir des ambitions plus grandes, celle, en particulier, de construire un modèle général de perception, de compréhension et de production de langage, au sein des sciences cognitives. Les recherches mettent alors l'accent sur l'identification de principes explicatifs universels et spécifiques de langage, et non plus sur les actes de parole. Développée à partir des théories linguistiques de N. Chomsky, sur le caractère inné des schémas initiaux du langage, la perspective fonctionnaliste postule l'autonomie des traitements d'information par rapport au substrat matériel. Le modèle construit suppose un traitement autonome de la syntaxe, du lexique, et les phénomènes d'interprétation sémantique ont été étudiés à la lumière des modèles informatiques de mémoire sémantique, représentations des connaissances en mémoire. Les phénomènes du langage dépassent alors le domaine propre de la psycholinguistique, pour ressortir à la psychologie cognitive.

psychomécanique, psychosystématique
Le nom de *psychomécanique,* ou *psychosystématique,* est donné à la théorie du langage et à la technique d'analyse élaborée par le linguiste français G. Guillaume. La langue est formée d'un ensemble de morphèmes, unités discrètes où se coule, à chaque acte de parole, une pensée continue. Le linguiste doit définir en langue chaque morphème par un seul sens, de façon à rendre compte de toutes les possibilités d'emploi (ou effets de sens) de cette forme grammaticale dans le discours. Chaque valeur de langue est alors conçue comme le signe d'un mouvement de pensée inconscient, produisant différents effets de sens selon qu'il est intercepté par la conscience plus ou moins près de son début ; la linguistique de G. Guillaume est une linguistique de position : il y a une ligne continue sur laquelle se placent des moments de la pensée (alors que la linguistique de F. de Saussure est une linguistique d'opposition, où les unités discrètes se définissent par leurs relations).

psychophonétique
Le terme de *psychophonétique* est le terme proposé à la fin du siècle dernier par le linguiste Baudouin de Courtenay pour désigner la partie de la linguistique qui correspond approximativement à ce que nous appelons aujourd'hui la *phonologie,* par opposition à la *physiophonétique,* dans une distinction entre la conception « intérieure » du phonème, purement psychologique, et sa réalisation concrète, purement physiologique. Cette distinction est aujourd'hui rejetée par les linguistes, malgré l'intérêt de la discrimination entre les deux sciences, car la phonologie est moins un fait de psychologie individuel qu'un fait social, et la phonétique fait intervenir des mécanismes psychologiques et neurophysiologiques autant que des mécanismes purement physiologiques.

psychosystématique V. PSYCHOMÉCANIQUE.

puissance
On dit d'une *règle* qu'elle est plus *puissante* qu'une autre lorsqu'elle rend compte de plus

de faits et d'une manière plus adéquate. On dit d'une *grammaire* qu'elle est plus *puissante* qu'une autre quand elle assigne une structure à un ensemble de phrases plus important qu'une autre. (V. CAPACITÉ.)

pureté

La *pureté* est la qualité d'un usage de la langue qui serait exempt de toute contamination étrangère ou populaire.

purisme

Comportement de certains locuteurs vis-à-vis de leur langue, caractérisé par le désir de fixer celle-ci à un stade de son évolution, considéré comme une norme idéale et intangible à laquelle tous les écarts doivent être réduits, le *purisme* cherche à justifier ses jugements linguistiques par des considérations morales (préservation de la pureté de la langue).

q

quadrangulaire
Les *systèmes vocaliques quadrangulaires* sont ceux dans lesquels tous les phonèmes vocaliques possèdent non seulement des particularités phonologiques de degré d'aperture, mais aussi des particularités distinctives de localisation. Ce sont des systèmes qui possèdent deux voyelles d'ouverture maximale, mais de localisation différente. Ainsi, le système phonologique du français standard, si l'on considère qu'il possède encore l'opposition des deux phonèmes [a] et [ɑ] de *patte* et *pâte,* est un système quadrangulaire, dont les pôles sont [i], [u], [a], [ɑ]. Les systèmes quadrangulaires s'opposent aux systèmes triangulaires, beaucoup plus fréquents, qui présentent une seule voyelle d'ouverture maximale (italien, espagnol, etc.), et aux systèmes linéaires, beaucoup plus rares, où la localisation de l'articulation n'a pas de fonction distinctive (langues du Caucase occidental).

quadriel
Le *quadriel,* distinct du *duel* et du *triel,* est une forme de la catégorie du nombre pour désigner un groupe de quatre dans certaines langues (correspondant au préfixe *quadri-).*

quadrilitère
Une racine *quadrilitère* est en sémitique une racine constituée de quatre consonnes.

quadrisyllabe
Un *quadrisyllabe* est un mot de quatre syllabes, comme *as-sour-dis-sant.*

qualificatif
La grammaire classe comme *qualificatifs* tous les adjectifs qui ne sont pas pour elle déterminatifs et qui expriment la qualité, la manière d'être. (V. ADJECTIF.)

qualité
Les *qualités d'un son* sont ses caractéristiques phoniques, qu'elles aient ou non une valeur distinctive.

quantificateur, quantifieur
1. Terme de logique, le mot *quantificateur* ou *quantifieur* est utilisé en linguistique avec deux emplois très différents. Il peut garder sa valeur logique et être utilisé à ce titre pour l'étude de relations lexicales, ou bien désigner un type de formateurs particuliers étudiés en sémantique.

Dans le sens logique, le *quantificateur existentiel* transforme une fonction en proposition, c'est-à-dire qu'à la suite de *f (x),* par exemple *x est un homme,* il permet d'écrire « il y a au moins une valeur de *x* telle que la fonction *f (x)* soit vérifiée », qu'on notera ($\exists x$) *f (x).* Or, l'analyse componentielle* cherche à résoudre l'ambiguïté de *A has B (A possède B),* susceptible de noter une relation inhérente ou une relation accidentelle. La relation est accidentelle quand on peut paraphraser *A a B* par *B est X A (Y),* où *X* = *sur*; par exemple : *Cette liste a quatre noms* → *Quatre noms sont sur cette liste ;* il en va de même pour *Le carton a une étiquette verte,* etc. La relation est dite « inhérente » lorsqu'on ne trouvera pas de *B est X A (Y) ;* en pareil cas, le quantificateur existentiel servira de critère à la désambiguïsation de *A a B.* Le *B de A* produira seulement *A a un B,* alors que *B est X A Y* produira aussi bien *A a un B* et *il y a un B X A Y. Le bras de Jean* ne pourra guère donner *Il y a un bras sur Jean, à Jean,* etc. ; alors que *Il y a une étiquette sur le carton* est possible.

La quantification est beaucoup plus riche dans les langues naturelles que dans un système logique. La généralisation peut sans doute s'exprimer par une forme logique spécialisée (latin *quicumque,* anglais *whoever*) du type de la logique formelle, mais on trouve plus souvent des rapprochements de catégorie, par exemple, *toujours* est adverbe comme *hier, tout* peut être pronom ou adjectif, etc. Le quantificateur existentiel trouve son expression dans toutes les langues (français *il y a...,* latin *sunt qui...,* anglais *there is, there are) ;* on notera toutefois que toutes les catégories grammaticales ne sont pas représentées ; si l'on a des pronoms indéfinis, des adjectifs indéfinis, il n'existe pas de verbe indéfini (type *quelque chose* + affixe verbal).

Pour U. Weinreich, l'étude des quantificateurs d'une langue s'intègre dans l'étude de la classe des formateurs, unités logiques de la langue, en opposition avec les désignateurs.
2. En linguistique, on appelle *quantificateurs* ou *quantifieurs* les déterminants qui indiquent la quantité par laquelle le nom est défini *(tout, deux, chaque, un,* etc., sont des quantifieurs).

quantitatif
On appelle parfois *quantitatifs* les termes (pronoms, adjectifs, déterminants, adverbes) qui indiquent une quantité : les numéraux sont ainsi des *quantitatifs.*

quantité
1. La *quantité d'un son* est sa durée* d'émission. On distingue la *quantité objective* (mesurable), qui peut être calculée pour chaque son concret et dépend des qualités intrinsèques des sons et de certains facteurs tels que la vitesse du débit et l'entourage phonétique, et la *quantité subjective,* qui a une fonction linguistique et caractérise le phonème. Les langues qui utilisent linguistiquement la quantité opposent au moins deux types de phonèmes, dont la différence de durée est suffisante pour être perçue par l'oreille et soutenir des différences de signifié. Ainsi, le français standard oppose des voyelles longues et des voyelles brèves dans des mots tels que *bête* [bɛ:t] vs *bette* [bɛt], *mètre* [mɛ:tr] vs *mettre* [mɛtr] ; etc. L'italien et les dialectes italiques méridionaux opposent des consonnes longues* (géminées*) à des consonnes brèves : *fato* « destin » vs *fatto* « fait ».
2. Les *adverbes de quantité* sont des quantifieurs, mots ou locutions exprimant la quantité ou l'intensité : *assez, peu, trop, beaucoup, combien,* etc.

quasi-homonyme
On appelle *quasi-homonymes,* en phonématique, des mots de signifiés différents et dont les signifiants s'opposent seulement par la présence, en un même point de la chaîne parlée, d'un phonème respectivement différent pour chaque mot. Ainsi, les mots *capot, canot, calot, cadeau, cagot, cabot, caveau, cachot, cageot,* sont des quasi-homonymes, ils ne diffèrent que par le phonème consonantique intérieur. Deux quasi-homonymes forment une paire* minimale, plusieurs quasi-homonymes forment une série minimale.

quasi-synonyme
On parle de *quasi-synonymes* quand deux unités d'une langue ont une part considérable de leur signifié en commun, mais correspondent à des niveaux de langues différents ou sont utilisées dans des conditions discursives différentes (voir également la notion de *synonymie incomplète* à SYNONYMIE).

On parlera de quasi-synonymes de niveau pour des couples comme *maux d'estomac/gastralgie* pour autant que c'est le niveau de compétence qui détermine le choix du mot ; de quasi-synonymie dialectale ou géographique pour les couples *débarbouillette* (Québec)/*gant de toilette* (France) ou *essencerie* (français d'Afrique)/*station-service* (français de France) ; de quasi-synonymie de concurrence quand il n'y a pas standardisation et que des intérêts techniques ou commerciaux sont en jeu : *pompe à chaleur/pompe thermique/thermopompe.*

quatrième proportionnelle
F. de Saussure utilise le terme de *quatrième proportionnelle* pour désigner dans la langue l'action d'analogie. Le modèle mathématique de la quatrième proportionnelle est

$$\frac{A}{B} = \frac{C}{X}$$

où A, B, C étant connus, l'on peut déduire X. Le principe de la quatrième proportionnelle a pour F. de Saussure les deux conséquences suivantes :

(1) de la proportion $\frac{\text{oratorem}}{\text{orator}} = \frac{\text{honorem}}{\text{x}}$

on déduira *honor,* qui viendra se substituer en latin classique à *honos.* La quatrième proportionnelle justifie ainsi l'évolution des formes de la langue ;

(2) des proportions $\frac{\text{pardonner}}{\text{pardonnable}} = \frac{\text{décorer}}{\text{x}}$

et $\frac{\text{connu}}{\text{inconnu}} = \frac{\text{décoré}}{\text{y}}$

on déduit *indécorable.* La quatrième proportionnelle justifie ainsi la création des formes de la langue.

La théorie de la quatrième proportionnelle vise à se substituer à l'usage linguistique de la filière étymologique (par laquelle c'est la forme *honosem* qui passe à *honorem)* et à fournir un modèle de caractère grammatical du fonctionnement de l'analogie.

questionnaire
Dans l'enquête linguistique, le *questionnaire* constitue l'ensemble plus ou moins ordonné des questions grâce auxquelles on obtient des informations sur l'usage de la langue. (V. GUIDE D'ENTRETIEN.)

quiescent
Les *lettres quiescentes* en hébreu ne se prononcent que si elles sont accompagnées d'un point-voyelle.

quôc-ngu
Le *quôc-ngu* est le système d'écriture alphabétique du vietnamien ; créé au XVIIe siècle par des missionnaires, le *quôc-ngu* est devenu l'écriture officielle au début du XXe siècle, remplaçant les idéogrammes chinois. Un système complexe d'accentuation des voyelles permet de noter les tons.

r

racine
On appelle *racine* l'élément de base, irréductible, commun à tous les représentants d'une même famille de mots à l'intérieur d'une langue ou d'une famille de langues. La racine est obtenue après élimination de tous les affixes et désinences ; elle est porteuse des sèmes essentiels, communs à tous les termes constitués avec cette racine. La racine est donc une forme abstraite qui connaît des réalisations diverses ; on parlera ainsi de la racine verbale française [ven], qui signifie « venir » et qui comporte deux radicaux* : *ven-/vien- ;* elle se réalise dans les formes *venons, venues, vienne,* etc.

En linguistique romane, la *racine* est une forme généralement latine, dont l'existence est attestée ou supposée et dont est issue une forme plus récente attestée dans l'une des langues ou dans l'un des parlers romans. La racine de *mère* est la forme latine *matrem.*

En linguistique indo-européenne, la *racine* est un symbole hypothétique constitué le plus souvent de deux consonnes et d'un élément vocalique, et exprimant une certaine notion. En principe, la racine est débarrassée de tous les éléments de formation (préfixes, infixes, suffixes, etc.) apparaissant dans un contexte ou avec un degré d'alternance déterminé. Elle est irréductible et n'apparaît dans les mots que sous la forme de radicaux, formes servant de base à la flexion. L'élément vocalique de la racine indo-européenne se présente souvent non comme une voyelle, mais comme un système de voyelles alternantes ; l'apparition de l'une ou de l'autre de ces dernières est liée au type du radical formé à partir de la racine : pour la racine g e/o n exprimant la notion d'engendrer et de naissance, on aura des radicaux à base *gen-, gon-, gn,* etc.

En linguistique sémitique, la *racine* est une suite de trois consonnes, ou trilitère, liée à une notion déterminée et qui, complétée de voyelles, donne la base des mots. En arabe, la racine *ktb* exprime la notion « écrire », *kataba* signifie « il a écrit », *katib* « écrivain », *kitab* « un écrit, le livre ».

E. Sapir appelle *racine secondaire* l'élément qui, comme les suffixes, n'apparaît jamais sans le soutien d'une racine, mais dont la fonction est aussi concrète que celle de la vraie racine elle-même.

I. **radical** (n.)
On appelle *radical* une des forme prises par la racine dans les réalisations diverses des phrases. Le radical est donc distinct de la racine, qui est la forme abstraite servant de base de représentation à tous les radicaux qui en sont les manifestations. Ainsi, on dira que la racine /ven/ « venir » a deux radicaux, *ven* et *vien,* qui se réalisent avec adjonction de désinences grammaticales dans *venons, venue, venait, vienne, viennent,* etc. De même, la racine/chant/ « chanter » a deux radicaux, *chant-* et *cant-,* qui se réalisent dans les formes *chantait, chantre, chanteur, cantatrice, cantilène,* etc. Une racine peut n'avoir qu'un radical ; en ce cas, racine et radical se confondent. Ainsi, en grec, la racine /lu/ « délier » ne comporte que le radical *lu-,* que l'on trouve dans *luô, luete, leluka,* etc. Le radical est ainsi la base à partir de laquelle sont dérivées les formes pourvues d'affixes : en grec, le radical *gonos* est dit « thématique » parce qu'il est dérivé de la racine /gen/, qui connaît l'alternance vocalique *e/o* par l'adjonction de la voyelle thématique *-o (gono-).* Le radical /thē/ « poser », qui se confond avec la racine, est dit « athématique » parce qu'il ne comporte pas cette voyelle thématique *e/o ;* c'est à partir de lui que sont constituées les formes *tithēmi* « je place », *thēso* « je placerai ».

II. **radical** (adj.)
1. On appelle *radical* celui des morphèmes* d'un mot qui n'est pas un affixe et auquel est lié le signifié. Dans *amateur, ama-* est le morphème radical. *Table* est un morphème *radical.*
2. On appelle *radical* ce qui fait partie des éléments constituant le radical* et non des affixes. Dans *amateur, -teur* étant le suffixe, les

deux *a* sont des voyelles radicales, *m-* est une consonne radicale.
3. Une *consonne radicale* est une consonne dont la réalisation implique une intervention de la partie postérieure du dos de la langue, ou racine, qui se trouve à la limite de la cavité buccale et de la cavité pharyngale. Les consonnes radicales, comme le /ʁ/ français, sont phonologiquement des vélaires.

rang

En linguistique structurale, la langue est une structure comportant des *rangs* ou niveaux successifs, hiérarchiquement subordonnés les uns aux autres, à partir d'une unité supérieure (l'énoncé), et s'achevant par des unités élémentaires, inanalysables en unités plus petites (traits distinctifs des phonèmes). Chaque rang constitue une « couche » d'analyse ; il a ses règles spécifiques et il est formé d'unités dont les combinaisons gouvernées par des règles spécifiques forment les unités du rang immédiatement supérieur, alors qu'inversement les unités de ce rang sont formées de la combinaison des unités du rang immédiatement inférieur. L'ensemble des règles de combinaison, établies pour chaque rang, constitue la grammaire d'une langue.

On distingue ainsi :

a) le rang de la *phrase* (niveau phrastique), dont les unités constituantes sont les syntagmes, chaque syntagme étant formé d'unités du rang inférieur, les morphèmes. Les combinaisons de phrases donnent l'énoncé. Soit l'énoncé formé de deux phrases : *Le garçon courait, il tomba.* Chaque phrase est formée de syntagmes ; par exemple, *Le garçon courait* est formé de deux syntagmes *le garçon* et *courait* (V. CONSTITUANT IMMÉDIAT). Chaque syntagme est formé de morphèmes : ainsi *le garçon* est formé des morphèmes *le* + *garçon* ; *courait* est formé des morphèmes *cour* + *ait* ;

b) le rang du *morphème* (niveau morphologique ou morphématique), chaque morphème étant constitué d'unités élémentaires du rang immédiatement inférieur, les phonèmes ; ainsi, *garçon* est formé de la combinaison [g] + [a] + [r] + [s] + [ɔ̃] ; les combinaisons des morphèmes donnent les syntagmes de la phrase, rang immédiatement supérieur ;

c) le rang du *phonème* (niveau phonématique ou phonologique) ; chaque phonème est analysé en traits distinctifs, non segmentables, constituant le premier niveau élémentaire. La combinaison des phonèmes donne les morphèmes. Ainsi, *cour-* est constitué de la succession des phonèmes [k], [u] et [r]. Le phonème [k] est défini par les traits distinctifs : occlusion, non-voisé, postérieur, etc.

rapport

La notion de *rapport,* mise en évidence par F. de Saussure, est essentielle à la linguistique moderne ; celle-ci part de la constatation que, dans un état de langue donné, tout repose sur des rapports : les signes de la langue sont en rapport aux objets réels ; le signe linguistique est lui-même le produit d'un rapport entre signifiant et signifié ; la valeur linguistique est constituée d'un double rapport, rapport à une chose dissemblable (une idée) susceptible d'être « échangée » contre un mot et rapport à une chose similaire susceptible d'être comparée à un mot (un autre mot). Au même titre que les faits lexicaux, les faits de grammaire (opposition singulier *vs* pluriel, par exemple) et les faits de phonologie (contraste d'une voyelle avec une consonne, ou opposition de deux voyelles, par exemple) sont essentiellement des rapports, et non des caractères positifs.

La distinction saussurienne entre rapports syntagmatiques et rapports associatifs a été conservée par la linguistique structurale sous les noms de *rapports syntagmatiques* et *rapports paradigmatiques.*

Le *rapport syntagmatique* est pour F. de Saussure du domaine de la parole : dans le discours, les mots contractent entre eux des rapports fondés sur le caractère linéaire de la chaîne parlée ; le syntagme est la combinaison des unités ayant contracté ces rapports ; par exemple, les éléments constituant *re-lire, contre tous, la vie humaine,* etc., sont dans un rapport syntagmatique. Le *rapport paradigmatique* est, lui, du domaine de la langue : un rapport paradigmatique oppose des termes qui reçoivent leur valeur de cette opposition et dont un seul sera réalisé dans l'énoncé produit ; par exemple, *enseignement* est en rapport paradigmatique, en langue, avec *éducation, apprentissage,* d'une part, avec *enseigner, enseignons,* d'autre part, etc.

Cette confusion entre l'opposition langue *vs* parole et l'opposition rapports paradigmatiques *vs* rapports syntagmatiques, en germe chez F. de Saussure, ne se retrouve pas chez tous les linguistes. On peut constater, en effet, l'existence de rapports syntagmatiques et paradigmatiques tant en langue qu'en parole. Prenons un exemple :

– en langue, sur l'axe syntagmatique, [ɔ] et [m] sont en rapports contrastifs pour former l'unité [ɔm] (homme) ; sur l'axe paradigmatique, *homme* est en rapport d'opposition à la fois dans une série (1) *enfant, vieillard,* etc., dans une série (2) *femme, fille,* etc., dans une série (3) *statue, robot, animal,* etc. ;

– en parole, sur l'axe syntagmatique, *homme* est en rapport contrastif avec les autres segments d'un énoncé [sɛt ɔm ɛ ʒenerø] *(Cet homme est généreux) ;* sur l'axe paradigmatique, *homme* est en rapport d'opposition avec les seuls mots qui, dans l'énoncé, pourraient commuter avec lui. Soit, dans la phrase *Cet homme est généreux,* on peut, pour la série (1), substituer, *enfant* à *homme* et non à *vieillard* (exclu par la forme [sɛt]) ; pour la série (2), on ne peut rien substituer (la commutation étant rendue impossible par la forme [ʒenerø]), et pour la série (3), on ne peut rien substituer non plus : *animal,* phonétiquement et syntaxiquement possible, étant exclu pour des raisons sémantiques.

realia

Les *realia* désignent toute réalité non linguistique qui permet de retrouver le signifié d'un mot. Ainsi dans un dictionnaire, les *realia* sont les illustrations représentant les objets désignés par les mots. Ce sont les représentations des « choses » dénotées par les entrées lexicographiques (les *denotata*). Les *realia* désignent aussi les termes d'une langue étrangère désignant une réalité particulière à telle ou telle culture et qui sont utilisés tels quels dans la langue.

réalisation

On utilise le terme de *réalisation* dans les théories linguistiques qui établissent une distinction entre un système abstrait commun à tous les locuteurs d'une même communauté linguistique (compétence, langue) et des phrases effectives, diverses selon les locuteurs (performance, parole) ; on oppose les phrases abstraites aux *phrases* (énoncés) *réalisées* (syn. : ACTUALISÉES). Il y a différents types de réalisation selon la substance (phonique ou graphique) dans laquelle les unités se réalisent : sons ou lettres. De même le phonème est une unité abstraite qui peut être réalisée de plusieurs façons suivant sa position dans l'énoncé et les caractéristiques individuelles ou géographiques du sujet parlant : le français ne possède qu'un phonème [**R**], qui connaît de nombreuses réalisations phonétiques ou variantes.

recatégorisation

On appelle *recatégorisation* tout changement de catégorie affectant un morphème lexical. Soit le morphème *veau,* qui peut être défini comme un nom animé et comptable en ce sens que, par exemple, on peut réaliser la phrase *Trois veaux sont nés ce mois-ci à la ferme.* Il peut être recatégorisé en un nom non-animé et non-comptable, ce qui permet de réaliser une phrase comme *J'ai mangé du veau à midi.* Le terme *beauté* est un nom non-animé, mais non-comptable et non-concret (abstrait) ; il peut être recatégorisé comme animé, personne, comptable, concret dans *De jeunes beautés présentaient une collection de robes.* La recatégorisation peut affecter soit la catégorie grammaticale (un nom devenant un adjectif, comme *marron, cerise,* etc. ; un adjectif devenant un nom, comme *(le) bon, (le) beau,* etc.) ; soit les catégories sémantiques fondamentales (animé, humain, concret, comptable, etc.).

récepteur

1. On appelle *récepteur* celui qui reçoit et décode un message réalisé selon les règles d'un code spécifique. (Syn. : INTERLOCUTEUR.)

La communication* étant le transfert d'une information, d'un message d'un lieu ou d'une personne à un autre lieu ou à une autre personne, par l'intermédiaire d'un canal et sous une forme codée, on appelle émetteur l'appareil ou la personne qui est à la source du message, et *récepteur* l'appareil grâce auquel le message est reçu (émetteur radio, par exemple, ou appareil auditif s'il s'agit d'une personne). L'appareil récepteur est en même temps un appareil décodeur qui procède au décodage du message, c'est-à-dire à la « recherche en mémoire » des éléments appartenant au code qui ont été sélectionnés pour la transcription du message.

2. On appelle *grammaire du récepteur* une grammaire d'interprétation de phrases destinée à donner à l'utilisateur la possibilité d'analyser et de décrire toute phrase de la langue en lui donnant un sens ; la grammaire du récepteur est l'ensemble des règles qui permettent de rendre compte de la compréhension des phrases (par opposition à la grammaire de l'émetteur, qui rend compte de la production des phrases).

réception

On appelle *réception* l'action de recevoir un message. Ce terme est utilisé par référence au schéma de la théorie de la communication, où le message de l'émetteur est transmis par un canal au récepteur.

réciprocité

La *réciprocité* est l'une des trois relations (V. ANTONYMIE, COMPLÉMENTARITÉ) qui est impliquée quand on dit qu'un mot est le contraire de l'autre. La réciprocité intervient quand on peut avancer (relations permutatives*) SN_1 A à SN_2 $\supset$ SN_2 B à SN_1. A et B seront, par exemple, *acheter* et *vendre* ou *mari* et *femme*.

Il est à noter que la relation de réciprocité (en utilisant des moyens purement grammaticaux) se trouve dans le passage de l'actif au passif.

L'analyse par la réciprocité permet d'élucider certains rapports, dont les plus souvent étudiés sont, par exemple, ceux du mariage. En français : SN_1 épouse SN_2 $\supset$ SN_2 épouse SN_1. Le verbe *épouser* peut apparaître dans les deux contextes. Il n'en est rien en latin, où l'on aura SN_1 (N_1 étant « femelle ») + *nubere* + SN_2 (N_2 étant « mâle »), SN_2 + *ducere in matrimonium* + SN_1. Il en est de même en grec, où *gamein* s'emploiera comme en latin *ducere (ducere in matrimonium)* et *gameisthai* comme *nubere*.

C'est dans les termes de parenté que la relation de réciprocité a le plus d'importance.

réciproque

1. On dit qu'une relation entre deux termes est *réciproque* quand un terme présuppose l'autre et *vice versa*. Ainsi, en latin, dans une forme, le cas présuppose le nombre et le nombre le cas puisqu'une même désinence signale les deux. (V. RÉCIPROCITÉ, UNILATÉRAL.)

2. On parle de *verbe pronominal réciproque* quand celui-ci exprime qu'une action est exercée par deux ou plusieurs sujets les uns sur les autres. Ainsi *Pierre et Paul se battent* est issu de la coordination de *Pierre bat Paul* et *Paul bat Pierre*.

récit

On appelle *récit* un discours rapporté à une temporalité passée (ou imaginée comme telle) par rapport au moment de l'énonciation. L'opposition entre le *discours* (énonciation directe) et le *récit* (énoncé rapporté) se manifeste en français par des différences dans l'emploi des temps (passé composé dans le discours, passé simple dans le récit).

recomposé

On parle de *recomposés* (ou *composés savants*) pour les unités complexes formées par recours à une base non autonome. S'il s'agit de formants empruntés aux langues anciennes, on parlera de *recomposés classiques*. Par exemple, *thermocouple* est formé à partir d'un formant *thermo-* qui n'a pas d'autonomie syntaxique. De même, le formant *organo-* dans *organoleptique* n'a rien à voir avec *organe ;* dans ce cas d'ailleurs, aucun des deux formants n'a d'existence autonome en français. Il en va de même de *pithécanthrope* et de son inverse *anthropopithèque*.

Les *recomposés modernes* agglutinent un formant français tronqué et une base autonome : *écoproduit, eurodollars, fibrociment*.

La distinction entre recomposés classiques et modernes s'estompe si l'on considère les composés en synchronie ; de plus, les recomposés modernes usent de formants grecs ou latins homonymes.

recomposition

On appelle *recomposition* la restitution à un élément d'un mot composé de la forme qu'il avait comme mot simple. Ainsi, le latin *recludere* a été recomposé en bas latin en *reclaudere,* sur le modèle du mot simple *claudere ; retinere* a été recomposé en *retenere* sur le modèle de *tenere*.

reconnaissance

Acte solennel par lequel, implicitement ou explicitement, l'existence d'une langue en tant qu'entité autonome (v. ce mot) est proclamée.

Le « serment de Strasbourg » (842) est l'acte de reconnaissance du « roman » (stade ancien du français) face au latin.

reconstruction
Syn. de RECOMPOSITION.

rection
On appelle *rection* la propriété qu'a un verbe d'être accompagné d'un complément dont le mode d'introduction est déterminé. Par exemple, on dira que la rection est directe si le complément d'objet du verbe transitif est introduit sans préposition (ou est à l'accusatif) ; ou, au contraire, que la rection est indirecte si ce complément d'objet est introduit par une préposition (ou est au datif, au génitif, à l'ablatif, etc.). La rection est directe dans *Pierre lit le journal ;* elle est indirecte dans *Pierre obéit à ses parents.* Le terme dépendant (régi) et le terme principal (régissant) n'appartiennent pas à la même catégorie.

On parle aussi de rection pour les prépositions lorsque l'on considère que la préposition régit (gouverne) le cas qui est celui du syntagme nominal qui suit ; ainsi, on dira que la rection de la préposition latine *ex* est l'ablatif.

recto tono
L'appellation *recto tono* qualifie une mélodie* plate, sans variation notable de hauteur.

reçu
On dit d'un mot qu'il est *reçu* quand il est considéré comme appartenant à la norme standard du français dit « cultivé ».

récursif
1. Une *consonne récursive,* ou *éjective**, est une consonne dont l'articulation n'utilise pas l'air pulmonaire, et qui est réalisée par un mouvement de récursion. Le terme de *glotto-occlusive* a également été employé par N. S. Troubetskoï. On trouve des consonnes récursives en Afrique, dans le Caucase oriental, dans certaines langues de l'Inde.
2. V. RÉCURSIVITÉ.

récursion
On appelle *récursion* un mouvement articulatoire par lequel l'air rassemblé au-dessus de la glotte fermée est expulsé par une remontée brusque de la glotte.

récursivité
On appelle *récursivité* la propriété de ce qui peut être répété de façon indéfinie, propriété essentielle des règles de la grammaire générative. Soit une grammaire comportant une règle d'adjonction d'un adjectif à un syntagme nominal au moyen d'une relative ; en simplifiant, nous avons par exemple :

Un mur qui est gris → *Un mur gris*

Cette proposition relative contient un relatif *qui,* issu lui-même d'un syntagme nominal ; elle peut donc être à son tour l'objet d'une nouvelle relative, et le syntagme se voit adjoint un second adjectif : *Un mur gris, moussu ;* la deuxième relative comporte un relatif *(qui),* issu d'un syntagme nominal, qui peut à son tour être l'objet d'une troisième relative comportant un adjectif : *Un mur gris, moussu, délabré,* et ainsi de suite.

Un deuxième type de récursivité apparaît avec des règles comme

SN → SN et SN,

qui rendent compte de la coordination. En ce cas, on peut obtenir en réécrivant chaque SN par SN et SN les suites (l'élément SN est alors autodominant) :

SN et SN
SN et SN et SN
SN et SN et SN et SN

c'est-à-dire *Pierre et Georges (sont partis), Pierre et Georges et André (sont partis), Pierre et Georges et André et Paul (sont partis).*

La récursivité est dite à droite si c'est le second SN qui est réécrit SN et SN, et à gauche si c'est le premier SN qui est réécrit SN et SN.

La grammaire générative, grâce à cette propriété, peut énumérer un ensemble infini de phrases. La limitation effective (nombre d'adjectifs épithètes à un syntagme nominal) dépend du type de communication écrite ou parlée, du degré d'attention ou de culture, etc., c'est-à-dire non de la compétence mais de la performance.

redondance
1. En rhétorique, la *redondance* est une figure de style consistant dans la répétition excessive d'ornements.
2. La cybernétique, la théorie de l'information ont donné un sens technique précis au terme de *redondance.* Celle-ci est définie comme étant un rapport dont l'écart à l'unité est habituellement mesuré en pourcentage entre une quantité d'information donnée et son maximum hypothétique.

Considérons dans le cadre de la théorie de la communication, telle que l'ont définie les ingénieurs des télécommunications C. E. Shannon et W. Weaver, le processus de la transmission d'un message : le code, ou système de signes, permet la transmutation d'un message en une forme mécanique, gestuelle, auditive, graphique, etc. ; la capacité totale de ce code, c'est-à-dire la quantité d'information qu'il peut transmettre, n'est réalisée que si tous les signaux ont une probabilité égale d'occurrence. Lorsque tous les signaux sont équiprobables, chaque signal émis a, par convention, une capacité de 1 bit. Or, la fréquence inégale des signaux réduit l'efficacité du code, sa capacité théorique, la quantité d'information transmise. On a quantifié l'information transmise par un système de communication.

Si la fréquence inégale des signaux du code, leur non-équiprobabilité, réduit l'efficacité du code, la quantité d'information transmise, on appellera *redondance* la capacité inutilisée du code (la perte d'information qui résulte de cette non-équiprobabilité des signaux).

Si la non-équiprobabilité des signaux est cause d'une diminution de la capacité théorique du code et d'une perte d'information, par contre la répétition des signaux peut être considérée comme l'émission d'un surplus d'information. En ce sens, la redondance est un élément positif dans la transmission et la réception d'un message. En effet, au cours du processus de transmission d'un message, des causes diverses viennent diminuer la quantité d'information transmise en entravant la bonne marche de la transmission : canal de transmission défectueux, mauvaise réception due à des causes techniques ou tout simplement à des bruits au sens ordinaire du terme ; ces causes diverses, quelle qu'en soit la nature, sont appelées *bruits.* Outre le bruit, ce sont aussi les contraintes inhérentes au code : nombre restreint des signaux du code et règles de combinaison des signaux du code qui limitent les choix théoriquement possibles, et, de ce fait, augmentent ou diminuent la probabilité d'apparition des signaux les uns par rapport aux autres. La perte d'information au cours de la transmission doit être compensée par un surplus d'information. C'est finalement la perte d'information compensée par un surplus d'information, concrétisé par la réception des signaux, qui constitue ce que la théorie de la communication appelle *redondance.*

Si nous considérons les langues naturelles comme des codes, ou systèmes de signes susceptibles de transmettre une information dans des conditions analogues à celles qui président à la transmission de l'information par un système, mécanique ou autre, dont la caractéristique essentielle est la forme codée du message transmis, nous pouvons introduire également la notion de *redondance* lorsque nous parlons du fonctionnement du code linguistique. Comme tout autre système de communication, en effet, la communication linguistique est susceptible d'être rendue défectueuse par une des raisons que les théoriciens de la communication rassemblent sous le terme de *bruits :* bruits proprement dits, mauvais état du conduit auditif, etc.

D'autre part, les contraintes sont nombreuses dans le code linguistique :
a) Variation dans les fréquences de phonèmes. C'est ainsi que les études statistiques indiquent d'importantes variations en français : fréquence de 8 p. 100 pour /a/, 7 p. 100 pour /l/, 7 p. 100 pour /o/, 1,7 p. 100 pour /z/, 0,5 p. 100 pour /g/.
b) Restrictions dans les séquences de phonèmes. Les signaux émis (phonèmes ou morphèmes) ne sont pas indépendants les uns des autres. Lorsqu'un signal est émis, la probabilité d'apparition du signal suivant dépend du premier. Ces processus de dépendance des éléments entre eux portent le nom de *chaîne de Markov.* En ce qui concerne les phonèmes, prenons par exemple l'état initial /t/. En français, l'une quelconque des voyelles peut lui succéder ; mais un phonème consonantique comme /p/ ou /b/, ou un autre /t/, ne pourrait être émis à la droite du /t/ ; la probabilité d'apparition d'un /p/, d'un /b/ ou d'un /t/ est nulle ; par contre, la probabilité de l'émission d'une voyelle ou d'un /r/ augmente ; si le /r/ est émis, la probabilité d'apparition d'une consonne à droite du groupe est nulle ; seule une voyelle est possible.

Toutes ces limitations rendent les phonèmes individuels plus probables dans certains environnements et moins probables dans d'autres.
c) Non-utilisation de morphèmes possibles. Certains schémas de signaux sont ainsi totalement absents de telle ou telle langue. Z. S. Harris appelle ainsi *redondance* ce fait que, dans un ensemble donné de combinaisons possibles à partir des unités de la langue, il n'existe qu'un sous-ensemble de ces combinaisons qui appartient à la langue.
d) Variation dans la fréquence des morphèmes. Plus difficiles à établir par les méthodes statistiques que la variation dans la fréquence des phonèmes, certaines différences de fréquence apparaissent pourtant : le morphème /tablə/, par exemple, est moins fréquent que le morphème /la/ ; d'autre part, les variations de fréquence des morphèmes ne sont pas indépendantes des variations de fréquence des phonèmes : la fréquence élevée du phonème /l/ est liée à la fréquence élevée du morphème /la/, /lə/, /le/.
e) Restrictions sur les séquences de morphèmes. Les restrictions dans la distribution sont essentielles pour que la langue ait une structure et soit un code explicite et commun à tous les individus faisant partie d'une même communauté linguistique. Une langue dans laquelle les morphèmes pourraient être placés dans n'importe quel ordre serait inopérante. Ces restrictions sont de nature syntaxique et opèrent sur des classes d'éléments qui peuvent prendre un certain nombre de positions à l'exclusion de toutes les autres : ainsi, avec les deux morphèmes « la » et « table », la seule séquence admise est « la table », et non « table la ». Les relations entre les éléments sont analysées comme des systèmes de dépendances linéaires orientées de la gauche vers la droite.
f) Restrictions sémantiques sur ce qui est susceptible d'être dit. Certaines phrases, tout à fait acceptables du point de vue grammatical, ont peu de chance d'être prononcées parce qu'il n'existe pour elles aucun contexte. Il y a cent ans, une phrase de ce type aurait été peu imaginable : « La lumière est à la fois particule et onde », bien que le matériel lexical et le schéma syntaxique aient été disponibles.

Ces divers exemples prouvent que dans les langues naturelles les signaux subissent des contraintes séquentielles extrêmement fortes. Dans les langues naturelles, le taux de redondance, compte tenu de ces nombreux facteurs, est très élevé : 50 p. 100 en moyenne en anglais et en français. Les manifestations de la redondance y sont diverses et se retrouvent à tous les niveaux de la langue : niveau phonétique, morphématique, syntaxique, sémantique. Dans presque tous les énoncés, on constate en effet la présence d'unités phonématiques, morphématiques ou syntagmatiques dont la présence n'est pas strictement nécessaire à la communication, mais qui, compte tenu des conditions de la transmission, sont indispensables pour que la communication puisse effectivement s'établir. La redondance permet la conservation de l'information que les « bruits » peuvent supprimer.

À tous les niveaux également, les contraintes imposées dans le choix des unités et dans leurs combinaisons, leurs relations représentent la cause essentielle de redondance. Tout ce qui implique, en effet, un choix (choix entre des unités, d'autant plus contraignant que ces unités sont en nombre restreint, choix entre diverses combinaisons possibles de ces unités) postule une redondance, puisque la nécessité de choix modifie la probabilité des signes.

Ainsi, la redondance se trouve au niveau de la syntaxe. Il n'y a pas de syntaxe sans redondance : ce que la grammaire considère comme un phénomène d'accord en français peut être expliqué comme une redondance de la marque du nombre ou du genre d'un syntagme à un autre syntagme.

Dans la phrase *Les enfants sont gais* [le-z-ɑ̃fɑ̃sɔ̃gɛ], nous observons pour le code oral deux marques de pluriel, pour le code écrit quatre marques de pluriel. Dans le code oral, les deux marques se répartissent sur chacun des deux syntagmes ; dans le code écrit, la redondance est très grande, dans la mesure où la liberté de choix entre des phonèmes en nombre restreint est inexistante et où les possibilités de combinaisons sont également relativement restreintes, comme l'ont montré les travaux de A. A. Markov. Au fur et à mesure que l'on monte dans l'échelle des unités, les contraintes relatives au choix et aux combinaisons des unités deviennent moins grandes ; l'imprévisibilité d'apparition des signes augmente, tandis que, corollairement, le taux de redondance diminue. R. Jakobson a remarqué qu'il existe dans la combinaison des unités « une échelle ascendante de liberté » ; il écrit en particulier : « Dans la combinaison des traits distinctifs en phonèmes, la liberté du locuteur individuel est nulle ; le code a déjà établi toutes les possibilités qui peuvent être utilisées dans la langue en question. La liberté de combiner les phonèmes en mots est circonscrite, elle est limitée à la situation marginale de la création des mots. Dans la formation des phrases à partir des mots, la contrainte que subit le locuteur est moindre. » Ainsi, par l'action des règles contraignantes de la syntaxe, les quatre marques de l'accord en nombre du français sont réparties régulièrement sur chacun des deux syntagmes. Enfin dans la combinaison des phrases en énoncés, la liberté du locuteur est très grande.

Le rôle joué par la redondance est double :

a) la redondance conserve l'information que des « bruits » peuvent supprimer ;

b) la redondance fonctionne comme facteur de cohésion syntagmatique. La solidarité, la relation des deux groupes essentiels est assurée par leur position réciproque et confirmée par la redondance de marque. En particulier, la redondance de marque permet de modifier l'ordre des syntagmes tout en assurant leur cohésion.

Au niveau du lexique également, nous trouvons de la redondance. Là encore, il y a redondance lorsque la probabilité d'apparition d'un signe est maximale et égale à 1, ou proche du maximum. Dans ce cas, le signe n'apporte pas d'information, ou en apporte peu, mais peut cependant être considéré comme une conservation (compensatrice) de l'information. Dans la phrase : *J'ai joué au...*, nous attendons d'une part un substantif, de probabilité maximale égale à 1 ; la catégorie « substantif » (ou adjectif) masculin singulier est donc ici redondante au niveau syntaxique : l'information apportée à ce niveau est nulle ; d'autre part, la phrase : *J'ai joué au...* détermine le choix entre un nombre relativement restreint de substantifs (ballon, tennis, etc.) : la probabilité de l'unité choisie est inférieure à 1, le contenu d'information varie lui aussi avec la probabilité d'apparition de l'unité ; nous avons là un exemple de redondance au niveau lexical.

La redondance est donc inhérente au fonctionnement du code linguistique ; elle est nécessaire à la conservation de l'information masquée par les « bruits ». D'autre part, tout code impliquant un nombre restreint d'unités et un choix dans les combinaisons de ces unités, la redondance est un des facteurs essentiels du fonctionnement de ce code. En ce sens, c'est grâce à la redondance qu'un code peut être économique, c'est-à-dire qu'il peut transmettre le maximum d'information avec un minimum de signes. Enfin, définies en terme de redondance, donc de probabilité, les relations syntaxiques et lexicales peuvent être appréciées en fonction de leur contenu d'information ou quantité d'information ; elles peuvent donc être quantifiées, mesurées et formalisées.

redoublement

1. On appelle *redoublement* la répétition d'un ou de plusieurs éléments (syllabes) d'un mot ou du mot entier à des fins expressives, comme dans les hypocoristiques *(fifi, mémère),* les intensifs *(c'est très très petit),* etc. (V. RÉDUPLICATION.)

2. Dans la constitution du parfait grec, on appelle *redoublement syllabique* le processus qui consiste à répéter devant une racine commençant par une consonne la consonne initiale, en la faisant suivre d'un *e (luein* a pour parfait *leluka),* et *redoublement temporel* le processus qui consiste à faire précéder une racine commençant par une voyelle par la voyelle *e (êgmai* parfait de *agomai,* c'est-à-dire *e + agomai).*

réduction

1. En lexicologie, on appelle *réduction* la transformation d'un mot en un mot plus court par abrègement, apocope, évolution phonétique, etc. *Cinéma* est une réduction de *cinématographe ; ciné* une réduction de *cinéma.*

2. En phonétique, le terme de *réduction* désigne la dégradation d'une voyelle en syllabe inaccentuée qui se traduit généralement par la centralisation de la plupart des voyelles inaccentuées, comme en anglais ou dans certains dialectes italiques méridionaux.

réduplication

On appelle *réduplication* le redoublement d'un mot entier ; ainsi, les mots latins *jamjam* et *quisquis* sont des réduplications respectivement de *jam* et de *quis.* La réduplication peut être stylistique (ex. : *C'est très très peu*). [V. REDOUBLEMENT.]

réécriture

En grammaire générative, on appelle *règle de réécriture* une règle de grammaire donnée sous la forme d'une instruction et consistant à convertir un élément en un autre élément ou suite d'éléments. Si la règle de réécriture est de la forme A → B, cela signifie que A doit être réécrit B. Si la règle est de la forme A → B + C, cela signifie que A doit être réécrit par B suivi de C. Si la règle de réécriture est de la forme $A \rightarrow \begin{Bmatrix} B + C \\ D\ (E) \end{Bmatrix}$ cela signifie que A se réécrit soit B suivi de C, soit D, suivi ou non de E ; les parenthèses indiquent les éléments facultatifs et les accolades indiquent le choix entre deux réécritures. La flèche est le symbole donnant l'instruction de réécrire ce qui est à gauche de la flèche. Si on a, par exemple, la règle de réécriture P → SN + SV, cela signifie que le symbole P (phrase) doit être converti en une suite constituée d'un syntagme nominal (SN) suivi d'un syntagme verbal (SV).

Les règles de réécriture constituent la base*, ou modèle syntagmatique, d'une grammaire générative.

réel

Dans une construction impersonnelle, on appelle *sujet réel* le syntagme nominal ou la proposition infinitive ou complétive qui sont sujets du verbe et qui, déplacés après le verbe, ont été remplacés par un pronom neutre (*il* ou *ce*). La phrase *Un malheur est arrivé* peut être transformée en *Il est arrivé un malheur ;* en ce cas, *un malheur,* sujet de la structure profonde, est *sujet réel* de la structure de surface ; le pronom *il* est le *sujet apparent* (V. SUJET). [On dit aussi *complément* du sujet.*]

On parle également de *réel* à propos de phrases qui ne sont ni au potentiel*, ni à l'irréel*.

référé

On appelle *référé* l'être ou l'objet signifié par les mots. La relation entre le signifié et la chose (être ou objet) est la *référence*.*

référence

1. La *référence* est la propriété d'un signe linguistique lui permettant de renvoyer à un objet du monde extra-linguistique, réel ou imaginaire. La *fonction référentielle* est essentielle au langage. Il serait toutefois inexact de limiter la description du procès de communication à cette seule fonction. R. Jakobson a décrit les divers pôles de l'acte de communication : si la fonction référentielle est toujours présente, elle n'est pas la seule (V. FONCTION DU LANGAGE).

Tout signe linguistique, en même temps qu'il assure la liaison entre un concept et une image acoustique (définition saussurienne du signe), renvoie à la réalité extra-linguistique. Cette fonction référentielle met le signe en rapport, non pas directement avec le monde des objets réels, mais avec le monde perçu à l'intérieur des formations idéologiques d'une culture donnée. La référence n'est pas faite à un objet réel, mais à un objet de pensée ; par exemple, percevant la même radiation lumineuse que moi (identité du phénomène physique), un locuteur étranger pourra référer cette sensation à un découpage différent du spectre solaire : sa référence au spectre solaire pourra, par exemple, n'être qu'à deux termes, et non à sept comme en français.

Le triangle sémiotique, imaginé par Odgen et Richards, rend compte de la différence entre sens et référence :

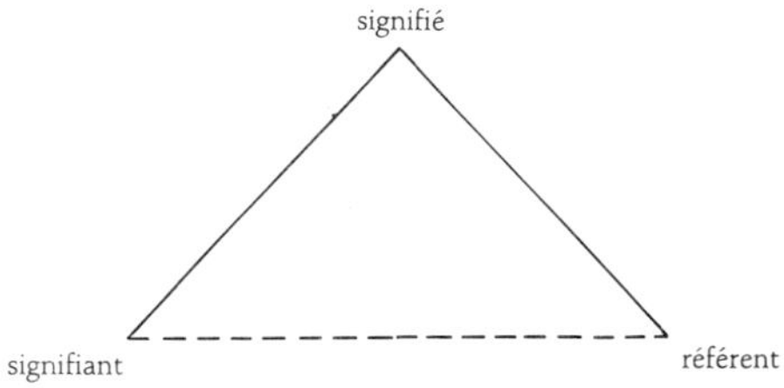

La terminologie adoptée ici pour présenter le triangle sémiotique est une des plus fréquentes : le signe linguistique se constitue sur l'oblique de gauche, par la liaison du signifié (concept) et du signifiant (image acoustique) ; la liaison directe entre signifié et référent (objet du monde) est marquée par l'oblique de droite, elle aussi en traits pleins. Les pointillés marquent le caractère indirect de la liaison entre l'image acoustique et le référent.

Le rapport référentiel est souvent désigné comme la dénotation* d'un signe.

2. La *référence* d'un phonème est caractérisée par la portion de la chaîne parlée ou la notion qu'il est censé représenter. Dans certains cas, la référence est phonologique, mais les faits sont souvent complexes : ainsi, *a* représente un phonème et *i* également, mais la combinaison *a* + *i* a la même référence que *è* (et que d'autres combinaisons). En sens inverse, en anglais, un seul signe comme *-y* pourra avoir, dans *by* par exemple, comme référence /*a* + *j*/. Ces distorsions entre l'écriture et la référence phonologique permettent d'évaluer l'adéquation plus ou moins grande de la première à la seconde.

Parfois, la référence est morphologique : ce qui est alors représenté, c'est un mot déterminé et non les phonèmes qui le constituent. Ainsi, & représente la conjonction *et*, et elle seule. On n'écrira ni & *tait* ni & *ait* pour l'imparfait du verbe *être* troisième personne du singulier. De même, le *-s* de pluriel en français a, sauf cas de liaison, une référence purement morphologique. Quand l'écriture généralise un système de référence morphologique, on dit qu'elle est *idéogrammatique*.

référent

1. On appelle *référent* l'être ou l'objet auquel renvoie un signe linguistique dans la réalité extra-linguistique telle qu'elle est découpée par l'expérience d'un groupe humain.

Le référent (ou designatum, dans l'opposition designatum *vs* denotatum) ne doit pas être conçu comme un donné immédiat du réel. Sans doute certaines des « choses » correspondant aux signes linguistiques semblent-elles universellement découpées antérieurement à toute perception culturelle. Il n'en est rien cependant, et une langue donnée exigera du locuteur la fourniture de certains renseignements sur le référent que d'autres langues négligeront : telle langue exigera la notation du sexe, telle autre la laissera facultative ; telle langue exigera qu'un procès verbal soit situé syntaxiquement dans la temporalité, telle autre ne le permettra pas.

Enfin, l'existence d'un rapport entre le signe et la réalité extra-linguistique ne doit pas être confondue avec l'existence même du référent. Un mot peut référer à une notion inexistante : le signe *hippogriffe* a un référent, sans que l'existence des hippogriffes soit pour autant postulée.

2. On donne parfois le nom de *référent* à la situation (au contexte) à laquelle le message renvoie ; on parlera de *fonction référentielle* lorsque le message sera centré sur le contexte.

référentiel

La *fonction référentielle* est la fonction* dénotative par laquelle le référent du message est considéré comme l'élément le plus important.

réfléchi

1. On qualifie de *réfléchie* toute construction dans laquelle le syntagme nominal sujet et le syntagme nominal objet se réfèrent à la même personne ou à la même chose. Ainsi, dans *Pierre lave Pierre,* si *Pierre* sujet est identique à *Pierre* objet, ce dernier est remplacé par un *pronom réfléchi (Pierre se lave).* Les pronoms réfléchis sont en général distincts des pronoms personnels objets (anglais : *myself, himself / me, him*), au moins à la troisième personne (français : *me, te, se / me, te, le-lui*). En grammaire générative, cette substitution s'obtient par une transformation réfléchie (ou réflexivisation). On dit aussi que *se laver* est une *forme pronominale réfléchie* du verbe. (V. VOIX.)

La construction réfléchie est implicite quand le verbe n'est pas accompagné du pronom réfléchi ; ainsi, en anglais, *Peter shaves* (Pierre se rase) est une construction réfléchie implicite, le verbe *to shave* étant par ailleurs transitif. Enfin, l'opposition entre construction transitive et construction réfléchie peut être faite au moyen des flexions verbales (en grec, le moyen correspond parfois au réfléchi français).

2. *Transformation réfléchie.* V. RÉFLEXIVISATION.

réflexivisation

On appelle *réflexivisation* la transformation qui substitue un pronom réfléchi au syntagme nominal complément quand ce dernier est identique au syntagme nominal sujet dans la phrase de base (lorsqu'ils se réfèrent au même être ou objet). Par exemple, *Pierre lave Pierre* devient *Pierre se lave.* La transformation réfléchie s'applique aussi au syntagme nominal constituant du syntagme prépositionnel des verbes attributifs, c'est-à-dire à celui qui suit les verbes dits « transitifs indirects » en grammaire traditionnelle (ainsi, *Pierre nuit à Pierre* devient *Pierre se nuit*) ou qui suit les verbes à double complément (syntagme nominal + syntagme prépositionnel) : *Pierre ne pardonnera jamais cela à Pierre* devient *Pierre ne se le pardonnera jamais.*

réflexivité

La *réflexivité* est la propriété de l'égalité de l'ensemble qu'on considère comme égal à lui-même ; elle s'écrit A = A comme l'égalité de deux ensembles s'écrit A = B.

reformulation

On appelle *reformulation* le comportement verbal par lequel, dans une langue donnée, un locuteur prétend reproduire sous une autre forme exactement ce qui a été exprimé par un autre locuteur dans la même langue. La reformulation, ou *rewording,* est dite aussi *traduction intralinguale,* par opposition à la *traduction interlinguale ;* c'est une procédure métalinguistique.

régime

1. En grammaire traditionnelle, on donne le nom de *régime* à un mot ou une suite de mots (nom ou pronom) qui dépend grammaticalement d'un autre mot de la phrase. Par exemple, on dira que dans la phrase *Pierre lit le journal, le journal,* complément d'objet, est le régime de *lit ;* dans la phrase latine *Claudius Claudiam amat,* l'accusatif *Claudiam* est déterminé grammaticalement par le verbe *amat ;* il en est le régime. De même, dans le syntagme *ex urbe,* l'ablatif latin *urbe* est le régime de la préposition *ex.* (V. RECTION, RÉGIR.)

2. On appelle *cas régime* un cas exprimant en ancien français les fonctions grammaticales autres que celles de sujet. Le cas régime est marqué par l'absence de toute désinence spécifique relativement au cas sujet : ainsi, le cas régime singulier *mur* (issu du latin *muru[m]*) s'oppose au cas sujet singulier *murs* (issu du latin *murus*).

régional

1. Le *français régional* est la langue française parlée dans telle ou telle région, caractérisée par certaines particularités phoniques (accents), lexicales (mots régionaux) et syntaxiques.

2. Une *langue régionale* peut être aussi une langue qui, dans le cadre d'un État, diffère de la langue officielle et dont les locuteurs posent le problème de son statut à côté de la langue officielle. En France, on regroupe sous cette appellation aussi bien l'occitan, le catalan et le corse (langues romanes) que l'alsacien et le flamand (langues germaniques) ou le breton (langue celtique) et le basque.

régionalisme

1. Le *régionalisme* est un fait linguistique particulier à une région et relevant soit de la forme, soit du sens : *drôle* au sens de « petit garçon » est un régionalisme du midi de la France, *louchet* (espèce de bêche) est picard ou normand.

2. Le *régionalisme* est un mouvement qui revendique en faveur des régions un pouvoir qui permettrait, entre autres, la prise en charge de l'existence et de la promotion des langues minoritaires.

régir

Un mot *régit* (ou gouverne) un autre mot qui est son complément si la forme grammaticale de ce dernier est déterminée par la nature du premier : on dira ainsi que la préposition latine *ex* régit l'ablatif. On fait ainsi abstraction, entre autres, de la notion exprimée primitivement par le cas. Le mot qui gouverne le cas ou la forme grammaticale de l'autre est dit *régissant ;* celui qui est gouverné est dit *régi.* (V. RECTION.)

régissant

On appelle *régissant* le mot qui gouverne le cas ou la forme grammaticale d'un autre terme. (V. RÉGIR.)

registre

1. Le *registre* vocal d'un phonème, d'une syllabe, d'un mot, d'une phrase est la bande de fréquence dans laquelle se situe acoustiquement chacun de ces éléments. Les voyelles palatales se situent dans un registre aigu, les voyelles vélaires dans un registre grave, etc. On dira aussi que la voix des femmes et des enfants se situe dans un registre plus aigu que celles des hommes adultes. Les différences de registre sont utilisées dans certaines langues pour différencier des mots (ainsi dans les langues dites « langues à tons », en Extrême-Orient, en Afrique) ; mais la différence de registre se combine le plus souvent à une différence dans la direction du mouvement de l'intonation du mot : ton montant, ton descendant, ton uni, ton brisé comme dans le dialecte chinois de Pékin, où l'on oppose les mots grâce à ces différents tons. Les différences de registre opposant les phrases sont plus fréquentes : l'intonation de continuité caractérise également la phrase interrogative et la phrase assertive non terminée, mais dans certaines langues comme l'allemand, le russe, une élévation du registre de la phrase permet d'opposer l'interrogation à l'assertion non terminée ; comme en allemand *er soll kommen* « il doit venir ? » et *er soll kommen... und sich selbst überzeugen* « il doit venir... et s'en assurer par lui-même » ; en russe : *on ljubit igrat' v-karty ?* « Il joue volontiers aux cartes ? » et *on ljubit igrat' v-karty... no tol'kajn'i-na den'gi* « il joue volontiers aux cartes..., mais pas pour de l'argent ». Un abaissement du registre de la voix peut caractériser les propositions incidentes. Cependant, dans la phrase comme dans le mot, l'opposition de registre est toujours liée à une intonation de phrase déterminée, tout au moins dans les langues européennes.

Un emploi indépendant du changement de registre apparaît cependant avec une fonction d'appel et avec une fonction expressive : une certaine affectation dans la conversation d'une femme se traduit par le choix d'un registre plus aigu que son registre normal (trait par lequel elle accentue sa féminité), les sentiments violents s'expriment par des registres aigus, etc.

2. Les *registres de la parole* sont les utilisations que chaque sujet parlant fait des *niveaux de langue* existant dans l'usage social d'une langue (familier, populaire, soutenu, etc.).

règle

1. En grammaire traditionnelle, une règle constituait un précepte pour bien parler ou bien écrire, c'est une prescription normative. En linguistique, une règle est une hypothèse au sujet d'un mécanisme de la langue. Le terme a été parfois synonyme de *loi.* Le positivisme du XIXe siècle a formulé comme lois de nombreuses observations, en particulier dans le domaine phonétique. La loi prétend décrire ce qui se passe dans la réalité ; en linguistique moderne, la règle est une hypothèse au sein d'une théorie linguistique générale.

2. Dans la théorie standard de la grammaire générative, le concept de *règle* est essentiel. La grammaire comporte un alphabet (de symboles) et un ensemble de règles de production. Les règles de production se subdivisent elles-mêmes en sous-ensembles, constituant les composantes de la grammaire : selon les oppositions (1) composante de base / composante transformationnelle / composante interprétative, et (2) composante syntaxique / composante sémantique / composante morphophonologique.

Les règles syntaxiques se divisent en *règles de réécriture* et *règles transformationnelles.*

Les *règles de base* (règles de la composante de base) sont les règles de réécriture et les *règles lexicales* (correspondant au lexique). Les règles de réécriture peuvent être indépendantes du contexte *(context free rules) :*

> A → N, à lire : le symbole abstrait A se réécrit en la suite de symboles N (la deuxième partie de l'alphabet marquant ici le caractère complexe d'un symbole).

Elles peuvent être dépendantes du contexte :

> A → N / – B, à lire : le symbole abstrait A se réécrit en la suite de symboles N dans un contexte où N est suivi de B.

Les règles de réécriture conduisent du symbole le plus abstrait (par exemple P) à des symboles terminaux, c'est-à-dire à des symboles qui ne sont plus susceptibles de réécriture. Une autre distinction à faire parmi les règles de réécriture est entre les règles de branchement *(branching rules) :* A → Z, analysant A en séquence de symboles, et règles de sous-catégorisation* *(subcategorisation rules) :* Article → [+ Défini], introduisant des traits syntaxiques. Les règles lexicales servent à l'introduction d'un formant lexical. Les instructions peuvent se présenter ainsi : « Si Q est un symbole complexe dans une séquence préterminale, et si (D, C) est une entrée lexicale où C n'est pas distinct de Q, alors Q peut être remplacé par D. »

Les règles transformationnelles opèrent sur l'indicateur syntagmatique (arbre) correspondant à la série des règles de réécriture appliquées précédemment. Une règle transformationnelle donne les instructions pour la transformation de la séquence terminale de l'indicateur syntagmatique d'un énoncé de base en énoncé transformé ; par exemple, la transformation d'emphase fait passer des symboles abstraits qui pourraient correspondre à un énoncé réalisé *Pierre mange la pomme* à l'indicateur syntagmatique correspondant à des énoncés comme *Pierre la mange, la pomme,* ou *C'est Pierre qui mange la pomme,* etc. Les règles de transformation généralisée permettent la fusion de deux indicateurs syntagmatiques en vue de la réalisation d'une phrase unique (par exemple, *Pierre mange la pomme + Je vois la pomme → Pierre mange la pomme que je vois*).

Les règles de la grammaire générative doivent être évaluées, c'est-à-dire que le linguiste doit avoir à sa disposition les critères permettant de conclure qu'un ensemble de règles est meilleur qu'un autre, critères de simplicité et d'économie.

regroupement
En lexicographie, le *regroupement* est la procédure qui consiste à regrouper sous une même entrée le terme simple et ses dérivés dans la mesure où ceux-ci apparaissent avec les mêmes sens fondamentaux que le mot de base. Ainsi, sous l'adresse *affiche,* on réunit *afficher* (mettre une affiche), *affichiste* (celui qui dessine les affiches), *afficheur* (celui qui pose les affiches), *réafficher* (afficher de nouveau). Les regroupements mettent en évidence les relations sémantiques et syntaxiques qui existent entre les différents mots dérivés d'un même terme racine. (V. DÉGROUPEMENT.)

régularité
Sur le plan synchronique, la grammaire fonde sa procédure de segmentation, de détermination des unités discrètes de la langue à un niveau déterminé (phonèmes, morphèmes) sur la présence, dans les énoncés choisis comme objet d'analyse, de *régularités* récurrentes, c'est-à-dire de segments identiques revenant dans des environnements comparables. (V. DISTRIBUTION.)

Sur le plan diachronique, les néo-grammairiens ont établi leurs lois phonétiques par l'observation de régularités dans les mutations phonétiques ; on dira ainsi que le gallo-roman *e* bref en syllabe ouverte est devenu en français [je] *(pedem → pied)* parce qu'on observe que ce changement est régulier dans la plupart des mots ainsi constitués, les « exceptions » étant explicables par d'autres facteurs (interférences, emprunts, etc.).

régulier
On qualifie de *régulière* toute forme linguistique conforme au paradigme (de déclinaison, de conjugaison, de statut de phrase, etc.) considéré comme fondamental. Le paradigme régulier est celui qui rend compte du plus grand nombre de formes. (V. ANALOGISTES, ANOMALISTES.)

On dit d'un changement qu'il est *régulier* quand il s'applique à tous les segments placés dans les mêmes conditions sans exception.

rejet
1. Le *rejet* est sur le plan syntaxique le fait de déplacer de sa position attendue le sujet ou le verbe à la fin de la proposition.
2. On appelle *marques de rejet* l'ensemble de notations (*par abus, néologisme,* etc.) qui, en lexicographie, indiquent qu'un mot, un sens ou une expression ne sont pas admis dans la norme du français dit « cultivé ». On parle aussi de *marques de rejet* à propos de notations comme les guillemets mis devant et après un mot ou une suite de mots que le locuteur ne prend pas à son compte.

relâché
On donne parfois le nom de *phonèmes relâchés* aux phonèmes *lâches,* appelés aussi *doux* ou *faibles,* par opposition aux phonèmes *tendus* (*durs* ou *forts*).

I. **relatif**
1. Les pronoms *relatifs,* appelés quelquefois *conjonctifs,* sont les mots qui servent à établir une relation entre un nom ou un pronom qu'ils représentent (et qui est dit *antécédent du pronom relatif)* et une proposition subordonnée dite *relative* qui explique ou détermine l'antécédent. Les formes du pronom relatif sont dites *simples* ou *composées :* les formes simples, qui varient selon la fonction et quelquefois le genre, sont sujet *(qui),* objet direct et attribut *(que),* objet indirect et complément prépositionnel masculin-féminin (*qui ;* neutre *quoi ;* et dans certains cas *dont* et *où*). Les formes composées sont :
Sujet :
sing. *lequel,* fém. *laquelle ;*
plur. *lesquels,* fém. *lesquelles.*
Complément par *de :*
sing. *duquel,* fém. *de laquelle ;*
plur. *desquels,* fém. *desquelles.*
Complément par *à :*
sing. *auquel,* fém. *à laquelle ;*
plur. *auxquels,* fém. *auxquelles.*

Employé sans antécédent, le pronom relatif acquiert une valeur de pronom indéfini et la proposition relative qu'il introduit peut être le sujet de la phrase principale (ex. : *Qui vivra verra*).

Les formes composées sont en réalité des formes de pronoms, mais aussi d'adjectifs relatifs. L'emploi de l'adjectif relatif sujet ou objet direct est rare en français, de style archaïsant ou juridique : *On a vu arriver un dénommé Théodore, lequel Théodore se prétendait roi de Corse.*
2. En linguistique structurale, les *relatifs* sont des opérateurs de phrase qui permettent l'expansion d'un syntagme nominal par une phrase ; les pronoms relatifs (en français *qui, que, quoi, dont, où*) ont alors la même fonction que la conjonction *que,* permettant l'expansion du syntagme verbal ou du syntagme nominal *(je crains qu'il ne vienne ; la crainte qu'il ne vienne) :* le relatif *que* et la conjonction *que* ne sont alors que le même mot.

3. En linguistique générative, les *relatifs* appartiennent à la classe des déterminants* et ils entrent dans la transformation relative. (V. RELATIVISATION.)

II. **relatif**

1. On dit d'un *superlatif* qu'il est *relatif* quand il est suivi d'un complément qui précise dans quelles limites est vraie l'assertion dans laquelle le comparatif est impliqué : ainsi, dans *Jacques est le plus grand des élèves,* l'assertion *Jacques est le plus grand* ne se trouve vraie que si on se réfère aux élèves (elle ne sera peut-être pas vraie si on compare *Jacques* aux professeurs, par exemple). Le superlatif relatif est dit aussi *comparatif généralisé.* Le contraire du superlatif relatif est le superlatif absolu.

2. On donne le nom de *temps relatifs* à des formes de l'accompli qui expriment le futur ou le passé par rapport à un futur ou à un passé de l'énoncé. (V. ABSOLU.)

3. *Transformation relative.* V. RELATIVISATION.

relatinisation

La *relatinisation* est l'introduction massive et relativement brusque de mots directement issus du latin dans une langue romane (au XVIe s., en français). [V. LATINISATION.]

relation

1. On appelle *relation* un rapport existant entre deux termes au moins, ces termes pouvant être des phonèmes, des morphèmes ou des phrases. Les relations peuvent être entre des éléments se succédant dans la chaîne parlée (rapports syntagmatiques) ou pouvant être substitués les uns aux autres dans une même position (rapports paradigmatiques). Les relations peuvent exister entre les termes à l'extérieur d'un même champ sémantique, etc. (V. RAPPORT.)

2. *Accusatif de relation.* V. ACCUSATIF.

relationnel

On appelle *adjectifs relationnels* ou *de relation* des adjectifs dérivés d'un nom et qui expriment l'existence d'un rapport entre le nom auquel l'adjectif est joint et le nom dont l'adjectif est dérivé : ainsi, dans *problèmes sucriers et pétroliers, sucriers* et *pétroliers* désignent les problèmes dont il est question en indiquant qu'il s'agit de ceux qui ont rapport au sucre ou au pétrole.

relative

On appelle *relative* une proposition comportant un relatif, insérée dans le syntagme nominal constituant d'une phrase matrice (ou phrase principale). Le syntagme nominal qui sert de base à l'insertion est appelé *antécédent**. Soit la phrase

J'ai lu le livre que tu m'avais donné,

la proposition *que tu m'avais donné,* où le relatif *que* est issu d'un syntagme nominal, Déterminant + *livre,* est une relative insérée dans le syntagme nominal *(le livre)* de la phrase matrice *j'ai lu le livre ;* ce syntagme nominal *(le livre)* est l'antécédent de *que ; livre* est le nom antécédent.

On distingue deux types de relatives :

a) la *relative déterminative,* qui restreint ou précise le syntagme nominal antécédent par l'addition d'une propriété nécessaire au sens ; syntaxiquement, elle joue le même rôle qu'un démonstratif ;

b) la *relative appositive,* qui ajoute une propriété contingente, non indispensable au sens ; syntaxiquement, elle joue le rôle d'un complément ou d'un adjectif apposé.

Ainsi, dans les phrases : (1) *Prends le livre qui est sur mon bureau,* (2) *L'ami qui m'accompagnait fut surpris de voir Paul,* les relatives sont déterminatives.

Au contraire, dans les phrases : (1) *Prends mon livre, qui est sur le bureau,* (2) *Mon ami, qui ne le connaissait pas, fut surpris de voir Paul,* les relatives sont appositives.

Les relatives appositives sont souvent séparées du nom antécédent par une virgule qui joue le rôle de parenthèses ; les relatives déterminatives sont coreliées au déterminant du syntagme nominal antécédent *(le... qui est sur le bureau).*

relativisation

En grammaire générative, on appelle *relativisation* la formation d'une relative par une transformation qui enchâsse une phrase (phrase constituante) dans le syntagme nominal d'une autre phrase (phrase matrice) au moyen d'un relatif.

Soit les deux phrases : (1) *Je lis* D + *livre,* (2) *Tu m'as donné* D + *livre,* la phrase (2), où le déterminant D est le relatif *que,* va venir s'enchâsser dans le syntagme nominal constituant de la phrase (1) D + *livre* (où D est un déterminant). L'effacement des éléments identiques donnera alors : *Je lis le livre que tu m'as donné.* (V. RELATIVE.)

relativité

La *relativité linguistique* est un concept théorique selon lequel la connaissance qu'un peuple a du monde dépend de la langue qu'il parle. (V. WHORF-SAPIR.)

renaissantiste
Pour les langues qui ont eu un certain éclat dans le passé et qui ont perdu ensuite tout rôle officiel (comme le catalan ou l'occitan), le terme de *renaissantiste* désigne l'emploi à nouveau de la langue dans des domaines prestigieux. Un exemple de mouvement *renaissantiste* est constitué par l'œuvre de Frédéric Mistral et de ses amis du *félibrige* en occitan provençal.

rendement fonctionnel
Le *rendement fonctionnel* d'une opposition est la capacité que possède une opposition existant dans une langue donnée de se réaliser dans un plus ou moins grand nombre de séries paradigmatiques structurées selon cette opposition. Il rend compte de l'importance d'une opposition dans le fonctionnement de la langue. Aussi est-ce surtout dans l'optique d'une linguistique fonctionnelle (V. FONCTIONNALISME) qu'on pourra poser la question du rendement fonctionnel d'une opposition. La notion de fonction recoupe celle de pertinence linguistique : sont pertinents les éléments de l'énoncé dont la présence n'est pas due à des automatismes, mais qui portent une information. Un élément d'énoncé ne sera linguistique qu'en considération de sa fonction. À ce titre, le critère du rendement fonctionnel prend de l'importance : on remarque que le français possède deux phonèmes /ɛ̃/ et /œ̃/ qui n'entrent en opposition distinctive que dans quelques paires minimales : on cite toujours *brin* et *brun*. Ainsi, cette opposition a-t-elle un rendement fonctionnel particulièrement faible. On peut voir là la raison de sa progressive disparition dans le système phonologique français.

Cependant, le rendement fonctionnel élevé d'une opposition ne met pas automatiquement celle-ci à l'abri de la désuétude : l'opposition du /a/ antérieur et du /ɑ/ postérieur est d'un rendement plus élevé en français (*patte / pâte, tache / tâche, là / las,* etc.) ; elle est cependant à peu près perdue elle aussi en français contemporain.

répertoire
Ensemble des systèmes linguistiques ou des variétés utilisés par une communauté selon un ensemble de règles qui la caractérisent. On parle de *répertoire verbal* ou *linguistique*.

rephonologisation
La *rephonologisation* est un type de mutation phonologique qui aboutit à transformer une opposition phonologique donnée en une autre opposition phonologique hétérogène, qui entretient des rapports différents avec l'ensemble du système phonologique, cela sans qu'il y ait réduction ni élargissement du système phonologique.

En français standard, le changement de réalisation du phonème [r] a entraîné la disparition d'un phonème non apparié, s'opposant aux autres uniquement par le trait vibrant (acoustiquement : consonantique, vocalique, discontinu) et l'apparition d'un nouveau phonème [ʁ] qui s'oppose aux autres comme fricative (acoustiquement : consonantique, non-vocalique, continu) et comme vélaire (acoustiquement : compact, grave).

Ainsi, le passage en polonais ancien du *r'* mouillé à la chuintante *r* s'est traduit par la disparition de l'une des oppositions formant la corrélation de mouillure et par l'apparition d'une opposition isolée.

réponse
Dans la théorie behavioriste, on appelle *réponse* une réaction verbale (r) ou non-verbale (R) à un stimulus verbal (s) ou non-verbal (S). [On dit aussi ACTION-RÉPONSE.]

représentant
On donne le nom de *représentant* au pronom (personnel, démonstratif, possessif) considéré dans sa fonction principale anaphorique, celle de représenter un mot ou un groupe de mots énoncés précédemment ou dénotant un objet de la situation : dans *Pierre est arrivé, je le vois, le* est un représentant, car il s'est substitué à *Pierre.* Dans *Ceci est grave, ceci* représente un élément de la situation qui peut être dénoté par un mot, un groupe de mots ou une proposition. (V. ANAPHORIQUE, SUBSTITUT.)

représentation
Dans la perspective associationniste de F. de Saussure, la *représentation* est l'apparition de l'image verbale mentale chez le locuteur.

représentativité
Un ensemble d'énoncés est *représentatif* quand il contient tous les traits concernés par la recherche et sur lesquels on veut formuler des conclusions ; un corpus représentatif d'une langue comporte toutes les caractéristiques structurelles de cette langue impliquées par la recherche.

résonance
Le phénomène de *résonance* est celui par lequel une onde sonore voit son mouvement renforcé par son passage à travers une cavité remplie

d'air dont la fréquence est proche de la sienne. La fréquence de vibration de la cavité, et donc l'influence acoustique qu'elle exerce sur l'onde qui la traverse et la fait entrer en vibration, dépend de sa forme et de son volume. Ainsi, dans la phonation, le conduit vocal exerce sur l'onde issue du larynx une influence résonnante qui varie suivant la forme qu'il assume, en fonction des différents mouvements des organes vocaux. Le conduit vocal agit, en ses différentes parties, comme un résonateur.

résonateur
Un *résonateur* est une cavité qui a pour effet d'amplifier l'onde sonore qui la traverse et dont la fréquence de vibration est voisine de sa fréquence propre. Les cavités supraglottiques du conduit vocal, essentiellement le pharynx et la cavité buccale, éventuellement les fosses nasales et la cavité labiale, agissent comme des résonateurs sur l'onde sonore provoquée par la vibration des cordes vocales. Le pharynx renforce les plus basses fréquences, les fosses nasales les fréquences basses, mais à un degré moindre. La cavité labiale renforce les fréquences basses ou élevées suivant la forme que lui confèrent les différentes articulations, en fonction du message à émettre.

respective
En sémantique générative, on appelle *transformation respective* (ou *transformation-respectivement*) l'opération qui consiste à dériver *Pierre et Jean aiment leurs maisons respectives* de la phrase abstraite *Pierre aime la maison de Pierre et Jean aime la maison de Jean.*

résultante V. OPÉRANDE.

résultatif
1. On appelle *résultatifs* les morphèmes lexicaux et, en particulier, les verbes qui impliquent un état présent résultant d'une action passée (ce sont des accomplis), comme *savoir, tenir, vivre, rester,* par opposition à d'autres verbes qui impliquent une action en voie d'accomplissement ou une action momentanée (ce sont des non-accomplis), comme *apprendre, prendre, naître, venir.* Les verbes résultatifs ont souvent le même sens que les accomplis (passé composé) d'autres verbes : *je sais* implique *j'ai appris ; je tiens, j'ai pris ; il vit, il est né ; il reste, il est venu.* On appelle aussi *résultatif* l'aspect de ces formes accomplies.
2. On appelle *objet résultatif* le complément d'objet du verbe transitif dont il indique le résultat ; ainsi, dans *Il écrit une lettre, lettre* est l'objet résultatif de *il écrit,* mais dans *Il lit une lettre, lettre* est un complément d'objet ordinaire.

réticence
La *réticence* est, en rhétorique, une figure par laquelle l'orateur s'interrompt avant d'avoir achevé l'expression de sa pensée, tout en laissant clairement entendre ce qu'il ne dit pas.

rétracté
On appelle *rétractée* la position des lèvres dans laquelle celles-ci sont en retrait par rapport à leur position neutre, comme pour la réalisation de la voyelle [i] ou [e], au lieu d'être *protractées,* c'est-à-dire tendues en avant, comme pour la réalisation des voyelles arrondies françaises (par exemple [y, o, œ]).

rétroaction
La *rétroaction* désigne parfois le feedback*.

rétroflexe
Un *phonème rétroflexe* est un phonème dont l'articulation implique le relèvement du revers de la pointe de la langue vers le palais. Une articulation rétroflexe est dite aussi *cacuminale* ou *cérébrale.*

Les consonnes rétroflexes, en général, opposent une série de dentales rétroflexes à une série de dentales non-rétroflexes. On en trouve dans les dialectes de l'Inde, en arabe, en quelques points isolés d'Europe (Sicile, Sardaigne, sud de la Corse, quelques points des Asturies). Le trait rétroflexe double parfois un autre trait distinctif comme le trait de force.

Des voyelles rétroflexes existent en suédois et dans certaines variétés d'anglais, où elles sont dues à la fusion de la voyelle avec le [r] suivant : dans les mots *girl, far.* Le suédois présente aussi ce type d'articulation qui résulte d'une fusion entre un [r] et le [t] ou le [d] suivant dans les mots *kort* « bref », *bord* « table ».

Acoustiquement, les rétroflexes sont bémolisées, comme les consonnes labiales et pharyngales. Elles sont notées par un point placé au-dessous de la consonne ou par le signe musical de bémolisation.

réunion
La *réunion* de deux ensembles* A et B est constituée par la totalité des éléments appartenant à A et des éléments appartenant à B. On dit que R égale A union B et on écrit $R = A \cup B$. Dans une certaine tradition de la grammaire, l'ensemble des « noms » est

constitué par la réunion des substantifs et des adjectifs.

réversible

En linguistique transformationnelle, on dira qu'une transformation est *réversible* quand les membres des classes sont identiques dans les deux constructions, la phrase de base et la phrase transformée. Ainsi, la pronominalisation dans *Pierre voit Paul* → *Pierre le voit* est *réversible*, puisque toute construction avec SN + V_t + SN (syntagme nominal suivi du verbe transitif et syntagme nominal objet) est transformable en SN + Pronom + V_t et que la réciproque est vraie. Une transformation est dite *irréversible* quand une partie des membres qui satisfont une construction ne satisfont pas l'autre. Ainsi, à cause de phrases comme *Pierre est obéi de Paul* (Paul obéit à Pierre), on ne peut pas dire que toute phrase passive est la transformée d'une phrase active ayant un verbe transitif.

réversion

En rhétorique, la *réversion* est une figure qui fait reparaître dans un second membre de phrase une expression qui, dans le premier, avait un ordre différent (ex. : *il faut manger pour vivre et non pas vivre pour manger*).

rewording

On appelle *rewording* le phénomène de traduction intralinguale* plus connu sous le nom de *reformulation*.

rhème

Syn. de COMMENTAIRE.

rhétorique

On appelle *rhétorique* l'ensemble des procédés constituant l'art oratoire, l'art du bien-dire. La rhétorique comporte trois composantes essentielles : l'*invention* (thèmes et arguments), la *disposition* (arrangement des parties) et surtout l'*élocution* (choix et disposition des mots) ; on y ajoute parfois la *prononciation* (ou mode d'énonciation) et la *mémoire* (ou mémorisation). L'*élocution*, objet principal de la rhétorique, se définit essentiellement par l'étude des figures* ou tropes. Les discours définis par la rhétorique sont le délibératif (discours tenu pour persuader ou conseiller), le judiciaire (discours tenu pour accuser ou défendre) et l'épidictique (discours tenu pour louer ou blâmer).

rhotacisme

On appelle *rhotacisme* la transformation de la sifflante sonore [z] en [r] apical. Ce processus s'observe dans la phonétique historique du latin, où les infinitifs *amare, legere, audire*, etc., sont issus de la racine verbale à laquelle s'ajoute une désinence d'infinitif *-se*, où le [z] intervocalique devient [r].

Par extension, le terme de *rhotacisme* désigne la transformation en [r] d'autres consonnes comme [d] et surtout [l]. Ainsi, dans un grand nombre de dialectes italiques (piémontais, lombard ancien, ligure, romanesque, calabrais, etc.), le [l] intervocalique latin a connu un phénomène de rhotacisme dans certaines positions : soit à l'intervocalique, soit devant consonne. À Milan, surtout dans les couches les moins cultivées, on dit *gora* (ital. *gola*) « gorge », *fiøra* (ital. *figliola*) « fille » ; à Lucques, on a des formes *mignoro* (ital. *mignolo*) « petit doigt », *pentora* (ital. *pentola*) « marmite » ; à Sora (Latium), on a *tawəra* (ital. *tavola*) « table », etc. ; à Rome, l'article masculin singulier est *er* (italien *il*).

rime

Il y a *rime* quand, à la fin de certains mots voisins ou peu distants, ou à la fin de certains groupes rythmiques (des vers, par exemple), on rencontre la même voyelle (rime pauvre) comme dans *cela* et *dada*, ou la même voyelle suivie de la même consonne (rime suffisante) comme dans *sortir* et *dormir*, ou la même voyelle suivie de la même consonne et précédée de la même consonne ou des mêmes consonnes, comme dans *bâtir* et *partir* (rime riche).

romanisation

On appelle *romanisation* la transcription en un alphabet latin de langues non écrites ou de langues écrites dans d'autres alphabets (turc, cyrillique) ou par d'autres systèmes (vietnamien).

ronde

La *ronde* est une écriture à jambages courbes, à panses et à courbes presque circulaires.

roulé (r)

On appelle *r roulé* la vibrante apicale [r] telle qu'elle est réalisée en différentes régions de France (Bourgogne, Cévennes, Pyrénées, Corrèze, etc.) dans la prononciation des mots tels que *rue, mer, terre, terreau*, etc. Cette consonne est réalisée par un ou plusieurs battements de la pointe de la langue contre les dents, les alvéoles ou la région prépalatale ; le [r] roulé est la réalisation primitive du phonème auquel il correspond. C'était sans doute le *r* du latin, du grec, de l'indo-européen. La tendance qui a consisté à remplacer un *r* antérieur par un *r* postérieur, produit soit par la vibration de la luette contre la racine de la langue (*r* grasseyé, ou *r* des faubourgs noté [**R**), soit par le resserrement du passage entre ces deux organes (*r* fricatif ou parisien noté [ʁ]), s'est produite dans plusieurs langues d'Europe, parfois simultanément, sous l'influence d'un phénomène urbain. L'articulation fricative, plus faible, est d'abord apparue dans la prononciation des classes socialement supérieures (la cour de Versailles, par exemple) et s'est répandue ensuite progressivement dans les autres couches de la population et à travers la campagne. Le phénomène s'est produit en France, en Suède, en Norvège, au Danemark, en Allemagne, en Hollande, en Italie du Nord, dans certaines variétés de portugais (Lisbonne et Brésil) et d'espagnol d'Amérique. Cette évolution suppose sans doute une étape intermédiaire, où le *r* vibrant postérieur a d'abord été la prononciation de la consonne longue, par exemple dans *terre, carré* (le *r* antérieur se maintenant pour le phonème simple) ; cette étape intermédiaire correspond à la situation actuelle dans les dialectes franco-provençaux et en portugais de Lisbonne.

Rousselot (Jean-Pierre), phonéticien français (Saint-Cloud 1846-Paris 1924). Spécialiste des patois, il s'initie aux recherches du physiologiste E. J. Marey et invente divers appareils enregistreurs. Professeur de phonétique expérimentale à l'Institut catholique (1889), puis au Collège de France (1897), il joua un rôle d'initiateur dans l'approche scientifique de la phonétique et de la dialectologie. (V. Bibliographie.)

runique

L'*écriture runique,* formée de signes spéciaux appelés *runes,* a été utilisée par les peuples germaniques du nord de l'Europe entre le IIIᵉ siècle et le XVIIᵉ siècle.

L'alphabet runique ancien, appelé aussi *futhark* à cause de la valeur de ses 6 premières lettres, apparaît au IIIᵉ siècle apr. J.-C. dans la région du Danemark et du Schleswig. Il est composé de 24 caractères divisés en 3 groupes de 8. La forme des lettres et le fait que les documents les plus anciens soient écrits de droite à gauche font penser qu'il s'est constitué à une date beaucoup plus ancienne. L'hypothèse la plus vraisemblable le fait dériver des alphabets étrusques du nord de l'Italie et des vallées alpines ; l'emprunt aurait eu lieu au IIIᵉ ou au IIᵉ siècle av. J.-C., et des influences latines postérieures se seraient exercées au Iᵉʳ siècle. Le runique a été utilisé jusqu'au VIIIᵉ siècle et a connu au Moyen Âge deux développements principaux : l'écriture anglo-saxonne, utilisée du VIᵉ au XIIᵉ siècle, ajoute quelques lettres à l'original pour noter les sons nouveaux du vieil anglais : il comporte d'abord 28 lettres, puis 33 lettres au Xᵉ siècle ; l'écriture scandinave réduit les lettres à 16. Les runes ont disparu progressivement à la fin du Moyen Âge.

rythme

Le *caractère rythmique* du discours naturel se manifeste différemment selon les langues. Il existe deux grandes catégories dans les systèmes rythmiques des langues : certaines langues s'apparentent plus nettement à l'une ou à l'autre, tandis que d'autres sont plutôt mixtes. Dans les langues à rythme syllabique, le temps repose sur la syllabe ou sur une unité subsyllabique, la more, de sorte que toutes les syllabes tendent vers une durée approximativement égale : les langues nettement apparentées à cette catégorie sont des langues à structure syllabique assez simple, comme le français ou le japonais. D'autres langues ont un rythme syllabique basé sur le pied* : dans ce type de rythme, le temps dépend d'une durée plus large, constituée d'une syllabe ou de plusieurs, connue sous le nom de pied, en sorte que les pieds tendent vers la même durée. Ceci implique que la longueur des syllabes doit être variable, puisqu'un pied peut compter un nombre variable de syllabes, qui peut atteindre six ou sept au maximum. Si un pied, qui comporte par exemple quatre syllabes, possède la même durée qu'un pied d'une syllabe, chacune des quatre syllabes du premier est à l'évidence plus brève que la syllabe unique du second. L'anglais relève nettement de ce second type. C'est une langue clairement basée sur l'unité de pied plutôt que de syllabe. Il arrive que le rythme soit tout à fait régulier, comme dans les comptines, mais dans le discours naturel, il y a aussi une forte tendance à la récurrence régulière de la syllabe proéminente. Cette tendance est plus nette dans la conversation spontanée que dans un discours consciemment contrôlé. L'analyse instrumentale de ce phénomène est encore succinte, mais les résultats actuels montrent qu'en moyenne, dans la conversation spontanée conduite à vitesse constante, un pied de deux syllabes n'est supérieur à un pied d'une syllabe que d'un cinquième de durée (c'est-à-dire légèrement plus long, mais en aucun cas deux fois plus long) ; un pied de trois syllabes sera plus long lui aussi d'un peu moins d'un cinquième, et ainsi de suite. La proportion semble se présenter ainsi :

Nb de syllabes du pied :	1	2	3	4
Durée relative des pieds :	1	1,2	1,4	1,6

Cette régularité est basée sur le pied « descendant », c'est-à-dire celui qui commence par le temps fort. L'anglais est parlé selon une succession d'impulsions et chacune d'elles est émise avec une pression d'air décroissante. En ceci, l'anglais se distingue du français où les pulsions d'air sont syllabiques et non par pied, mais encore caractérisées par une pression d'air croissante et non décroissante. Le pied « descendant » est donc l'élément de base de la structure phonologique anglaise. Le temps fort en début de pied peut être un silence : le cas est fréquent en poésie mais aussi dans le discours spontané qui peut admettre jusqu'à deux des pieds muets sans que le rythme se perde.

S

s adverbial
Le *s* adverbial est une caractéristique non étymologique de certains adverbes en français, consistant en l'addition d'un *s* : ainsi *alors* (issu de *ad illam horam*), *à reculons,* etc.

sabir
Les *sabirs* sont des systèmes linguistiques réduits à quelques règles de combinaison et à un vocabulaire limité ; ce sont des langues composites nées du contact de deux ou plusieurs communautés linguistiques différentes qui n'ont aucun autre moyen de se comprendre, notamment dans les transactions commerciales. Les sabirs sont des langues d'appoint, ayant une structure grammaticale mal caractérisée et un lexique pauvre, limité aux besoins qui les ont fait naître et qui assurent leur survie. Ils se différencient des pidgins*, qui sont des systèmes complets seconds, et des créoles*, qui, nés comme sabirs ou pidgins, sont devenus les langues maternelles de communautés culturelles.

Le nom de *sabir* a été d'abord celui de la *lingua franca ;* il a été par la suite étendu à tous les systèmes de même type. Certains sabirs, comme aux États-Unis le chinook, à base de chinook proprement dit, ont servi de langue commerciale sur une grande étendue géographique.

On distingue parfois les sabirs proprement dits (utilisés sous la même forme par les locuteurs de communautés différentes) et les pseudo-sabirs.

samprasarana
On appelle *samprasarana* le développement d'une voyelle au contact d'une sonante, qui devient une consonne. Ainsi, dans le latin *certus* (en grec *kritos*), de la racine *krtos,* un *e* s'est développé, le r devenant la consonne *r.*

sandhi
Le terme de *sandhi* est un terme hérité des anciens grammairiens de l'Inde ; il signifie littéralement « mettre ensemble, joindre ». Ce terme désigne les traits de modulation et de modification phonétique qui affectent l'initiale et/ou la finale de certains mots, morphèmes ou syntagmes. La forme prononcée en position isolée est la forme absolue, les formes qui apparaissent en position incluse sont les formes sandhi. La liaison en français est un phénomène de sandhi : le mot *six,* par exemple, présente une finale absolue, comme dans la phrase *ils sont six* [il sɔ̃ sis], et deux finales sandhi, qui apparaissent dans les syntagmes suivants : *six oiseaux* [sizwazo] et *six livres* [silivr]. Le sandhi final affecte en français les articles (*la sœur* vs *l'amie*) ; les pronoms (*vous êtes* [vuzɛt] vs *vous venez* [vuvəne]) ; les adjectifs (*savant* [savɑ̃], *un savant anglais* [œ̃savɑ̃tɑ̃glɛ]) ; certains adverbes (*très beau* [trɛbo] vs *très intéressant* [trɛzɛ̃terɛsɑ̃]), les morphèmes du pluriel (*des livres* [delivr] vs *des livres anciens* [delivrəzɑ̃sjɛ̃]), etc.

Le sandhi final est le plus fréquent. Le sandhi initial se rencontre cependant dans certaines langues celtiques, comme l'irlandais moderne, qui prononce le mot correspondant à « vache » en position absolue ['bo:], mais en position incluse [an vo] « une vache » et [ar'mo] « notre vache ».

On distingue le sandhi irrégulier, qui n'affecte que certaines formes (comme en français), du sandhi régulier ou général, qui affecte tous les mots dans un contexte donné. Le sandhi général était fréquent en sanskrit. Dans certains dialectes italiques (parlers corses, par exemple), on trouve un phénomène de sandhi régulier initial avec l'alternance entre une initiale absolue non-voisée et une initiale incluse voisée qui affecte les occlusives, les affriquées et les fricatives : ['saku] « sac » *vs* [u'zaku] « le sac », ['foku] « feu » *vs* [u'voku] « le feu », ['ʃuk:a] « chèvre » *vs* [a'ʒuk:a] « la chèvre ».

Sapir (Edward), linguiste américain (Lauenburg, Allemagne, 1884-New Haven, Connecticut, 1939). Formé dans la tradition néogrammairienne, il s'en dégage en se consacrant, sous l'influence de F. Boas, à la description des langues et des cultures amérindiennes. Les conditions particulières de cette description, qui ne peut être menée que d'une manière synchronique et formelle, le conduisent, dès 1925, et indépendamment des travaux de F. de Saussure et du cercle de Prague, à dégager la notion de phonème. Il propose également une typologie des langues, fondée non plus sur un classement génétique, mais sur la prise en considération de données formelles (morphologie, procédés de dérivation, organisation sémantique, etc.). Sa conception du langage (hypothèse dite de Whorf-Sapir) est que toute langue, « représentation symbolique de la réalité sensible », contient une vision propre du monde, qui organise et conditionne la pensée et en est, de ce fait, inséparable. Son ouvrage de synthèse *le Langage, une introduction à l'étude de la parole* (1921) est un des premiers essais pour constituer une nouvelle science du langage hors de l'empire des considérations historiques, en insistant sur le caractère systématique des faits linguistiques. E. Sapir est un précurseur original du structuralisme américain. (V. Bibliographie.)

satellisation
Processus par lequel une langue antérieurement autonome, ou différente du point de vue génétique (v. ce mot) d'une autre, tend à dépendre de celle-ci ou à être considérée comme une simple variante de celle-ci.

Saussure (Ferdinand de), linguiste suisse (Genève 1857-Vufflens-le-Château, canton de Vaud, 1913). En 1876, il va étudier le sanskrit à Leipzig, où la jeune école des néogrammairiens est en train de renouveler les méthodes de la grammaire comparée. Il y soutient, en 1880, sa thèse de doctorat sur l'emploi du génitif absolu en sanskrit. Mais il s'est déjà rendu célèbre en publiant l'année précédente son *Mémoire sur le système primitif des voyelles dans les langues indo-européennes,* ouvrage révolutionnaire en ce sens que la reconstruction philologique ne se fonde pas sur une description phonétique mais sur les relations fonctionnelles que les éléments du système étudié entretiennent entre eux, ce qui préfigure les concepts théoriques élaborés ultérieurement dans son *Cours.* De 1880 à 1891, F. de Saussure est à Paris ; il suit à l'École pratique des hautes études le cours de grammaire comparée de M. Bréal, cours qu'il assurera lui-même à partir de 1881, et il participe aux travaux de la Société de linguistique de Paris. En 1891, il revient à Genève, où il enseigne jusqu'à sa mort le sanskrit, la grammaire comparée et, dans les dernières années de sa vie (1907, 1908-1909 et 1910-1911), la linguistique générale. Le *Cours de linguistique générale,* qui paraît sous son nom en 1916, est une synthèse de ces trois années d'enseignement, réalisée par ses disciples Ch. Bally et A. Séchehaye à partir de notes manuscrites d'élèves. L'ouvrage marque le point de départ du structuralisme. (V. Bibliographie.)

savant
En linguistique diachronique, *savant* qualifie un emprunt direct à la langue mère, par opposition à une forme dont l'évolution phonétique a été progressive et régulière, dite *populaire.* (V. DOUBLET.)

schéma
L. Hjelmslev donne le nom de *schéma* à ce que F. de Saussure appelle « langue » ; chez lui, le *schéma,* qui est la langue comme forme pure (système ou pattern), est opposé d'une part à la *norme,* qui est la langue comme forme matérielle, déjà définie par une certaine réalisation sociale, mais indépendante encore du détail de cette réalisation, d'autre part à l'*usage,* qui est la langue comme ensemble d'habitudes articulatoires d'une société donnée. Ainsi, le *r* est, dans le schéma, défini par rapport à la structure phonologique et aux autres unités de ce système abstrait ; dans la norme, c'est une consonne définie par ses propriétés articulatoires ou acoustiques, relativement aux autres phonèmes ; dans l'usage, ce sont les types divers d'articulations par lesquels les sujets parlants peuvent réaliser ce phonème (*r* roulé, *r* grasseyé, *r* uvulaire).

schème
1. Syn. de PATTERN.
2. On appelle *schème de phrase* un type de phrase défini par les règles de combinaisons de ses constituants.

schizoglossie
Terme employé quelquefois pour désigner la situation d'un individu ou d'une communauté utilisant alternativement deux langues différentes. Ce terme implique une vision pathologique de ce type de situation et est finalement un synonyme péjoratif de DIGLOSSIE.

schwa
Syn. de CHVA.

sciences du langage
Terme qui regroupe la linguistique en tant qu'étude du système en lui-même et pour lui-même avec les disciplines connexes, psycholinguistique et sociolinguistique notamment, et prend en compte à la fois l'aspect théorique

et l'aspect applicatif des recherches (V. LINGUISTIQUE et LANGAGE).

scolie

La *scolie* est, en philologie, une remarque grammaticale, critique ou historique, d'un commentateur ancien sur des textes de l'Antiquité classique.

script

L'*écriture script* est une écriture manuscrite simplifiée dans laquelle les lettres se rapprochent des capitales d'imprimerie.

scripteur

On appelle *scripteur* le sujet qui écrit (par opposition à *parleur,* sujet parlant, locuteur).

scriptural

On qualifie de *scriptural* ce qui appartient à la langue écrite, par opposition à *oral,* qui appartient à la langue parlée. On parle de code ou d'ordre *scriptural* pour se référer au système spécifique d'utilisation des signes linguistiques qui se crée toutes les fois qu'une langue est représentée par l'écriture.

Searle (John Rogers), philosophe américain (Denver, Colorado, 1932). Disciple de J. L. Austin, il affirme que l'unité de base de la communication linguistique est l'acte de discours. Il développe une théorie cohérente des actes de discours, en mettant particulièrement l'accent sur les différentes sortes d'intention qui caractérisent la communication linguistique. (V. Bibliographie.)

second

La *langue seconde* est la langue dont l'usage est acquis à une étape de la vie ultérieure à l'apprentissage de la *langue première* ou *maternelle* (v. ces mots).

secondaire

On qualifie de *secondaires* celles des fonctions* du langage qui ne sont pas centrales ; ainsi, la fonction conative et la fonction émotive sont des fonctions secondaires, la fonction référentielle étant *primaire.*

segment

Le *segment* est le résultat de l'opération consistant à découper une chaîne parlée en unités discrètes, en considérant les éléments identiques qui figurent dans des environnements différents, et inversement les éléments différents qui figurent dans des environnements identiques. Par exemple, l'analyse de *La table est grande, La table est petite, Les tables sont petites, Les tables sont grandes,* etc., permet de découper cette phrase en isolant l'unité discrète *table* grâce aux environnements identiques *(la — est)* et différents *(les — sont).* [V. COMMUTATION.]

segmental

Les unités de niveau *segmental* comme les phonèmes s'opposent aux unités de niveau *suprasegmental* comme les prosodèmes (pause, gémination, accent).

segmentation

La *segmentation* est une procédure consistant à segmenter l'énoncé, c'est-à-dire à le diviser en unités discrètes dont chacune représentera un morphème. Chaque morphème sera segmenté en unités constituantes, les phonèmes. La segmentation est indissociable de l'opération d'identification des unités discrètes (V. COMMUTATION) ; elle précise la classification des unités selon les rapports paradigmatiques et syntagmatiques qu'elles entretiennent entre elles.

sélectif

Trait sélectif. V. TRAIT.

sélection

On appelle *sélection* l'opération par laquelle le locuteur choisit une unité sur l'axe paradigmatique. On oppose parfois l'axe des sélections à l'axe des combinaisons, comme l'axe paradigmatique à l'axe syntagmatique. Dans la perspective de F. de Saussure, chaque maillon de la chaîne parlée (à chaque niveau d'analyse) offre la possibilité d'un choix sélectif. Chaque unité de la chaîne est donc en rapport de sélection avec les unités capables de commuter avec elle.

Dans l'expression *pas de clerc,* les rapports de sélection seront en prenant le premier phonème /p/ pour base :

/p/ : rapport de sélection avec /b/ (et indirectement avec tous les phonèmes) ;

pas : rapport de sélection avec *saut, bond,* etc. (et indirectement avec tous les lexèmes) ;

pas de clerc : rapport de sélection avec *belle gaffe* (et indirectement avec toute phraséologie) ;

un pas de clerc : rapport de sélection avec *une erreur, une belle gaffe* (et indirectement avec tous les syntagmes nominaux).

En grammaire générative, on appelle *règles de sélection* les règles qui imposent au choix des morphèmes dans la suite préterminale des contraintes dépendant de la structure sémantique de ces morphèmes. Ainsi, le verbe *penser,* par les règles de sélection, ne peut avoir pour sujet le nom *table* (**La table pense* est anomal).

sémanalyse V. SÉMIOTIQUE.

sémantème

1. Pour Ch. Bally, le *sémantème* est un signe exprimant une idée « purement lexicale » (c'est-à-dire une substance, une qualité, un procès, une modalité de la qualité ou de l'action), à l'exclusion des « signes grammaticaux ». Le sémantème est susceptible de revêtir des formes grammaticales variées : radical *lup-, march-* ; mot simple : *loup, rouge* ; mot composé : *loup-garou, faim de loup, rouge foncé.* (V. LEXÈME.)

2. Pour d'autres, le *sémantème* est un des éléments composants d'une unité lexicale qui regroupe tous les traits sémantiques spécifiques de l'unité considérée. Parmi les sèmes*, trois groupements sont possibles à l'intérieur du sémème : les sèmes génériques constituent le classème, les sèmes occasionnels le virtuème ; c'est l'ensemble des sèmes spécifiques de l'unité considérée qui constitue son sémantème. Ainsi, quelque classème et, éventuellement, quelque virtuème qu'on attribue au sémème *chaise,* son sémantème comprendra les traits spécifiques qui distinguent l'unité des autres mots du paradigme des sièges.

I. **sémantique** (n.f.)

Même si la langue est le lieu privilégié de la manifestation de la signification, l'avènement de la sémantique qui a le sens pour objet a été tardif. La linguistique moderne n'a pu acquérir le statut scientifique qu'en écartant dans un premier temps les considérations philosophiques, ou culturelles, traditionnellement attachées à l'étude du langage. La langue devait pouvoir être décrite « en elle-même et pour elle-même », c'est-à-dire avant tout comme une forme. Les premiers travaux des structuralistes européens (R. Jakobson, N. Troubetskoï, A. Martinet) ne recourent au sens qu'à des fins purement techniques. Ainsi, l'identification des unités du système (phonèmes, morphèmes) ne fait appel au sens que pour dégager les oppositions pertinentes. Cette attitude est plus radicale encore chez les structuralistes américains (en particulier Z. S. Harris), pour qui l'identification et le classement des unités résultent de l'analyse d'un corpus par l'application de procédures formelles qui excluent tout recours au sens. De même, les principes fondateurs de la grammaire générative sont caractérisés par une mise à l'écart systématique du sens, terme « passe-partout », souvent utilisé pour masquer « tous les aspects du langage que nous connaissons très mal ».

Les théories structurales

Il convient d'ailleurs de distinguer *théorie sémantique* et *théorie de la référence.* On peut décrire le sens du mot *chaise* à partir de traits sémantiques (dossier, pieds, etc.) récurrents, c'est-à-dire apparaissant dans la description d'autres termes de l'ensemble des sièges (*fauteuil, tabouret,* etc.) ; la référence du mot *chaise,* en revanche, c'est le rapport (dit dénotation) qui existe entre ce mot et les différents objets « chaises ». En termes de logique, on peut dire que la définition du mot *chaise* en compréhension intéresse la sémantique, tandis que la définition du mot *chaise* en extension (« A, B, C, N sont des chaises ») intéresse une théorie de la référence.

L'analyse sémique se fonde sur le concept saussurien de valeur, selon lequel la « signification » d'un signe ne se limite pas à la relation entre un signifiant et un signifié mais doit être également conçue comme résultant de la relation de ce signe avec d'autres signes : l'anglais *sheep* et le français *mouton* peuvent avoir la même signification mais ils n'ont pas la même valeur, puisque l'anglais comporte, en outre, *mutton* (viande de l'animal) ; d'où le projet de constituer des « champs sémantiques » de termes dont les sens se délimitent réciproquement. Les comparaisons entre signes permettent de dégager des unités minimales de signification (les sèmes ou traits sémantiques) par des procédures du même ordre que celles qui sont utilisées en phonologie : on dira que *homme* et *garçon* ont en commun les traits

[+humain], [+mâle], mais diffèrent par le trait [adulte]. C'est ce type de travaux que recouvrent les expressions d'« analyse sémique » ou « analyse componentielle », en fait toujours limité au mot.

La sémantique distributionnelle est apparue lorsque les procédures, jusque-là utilisées en dehors du sens, pouvaient être mises à profit lorsque la signification devenait elle-même un objet d'étude. L'hypothèse de base est que le sens des unités linguistiques est en relation étroite avec leur distribution, c'est-à-dire avec la somme des environnements dans lesquels elles apparaissent : « Deux morphèmes qui ont des significations différentes diffèrent quelque part dans leur distribution » (Z. S. Harris). On pourra ainsi classer les divers sens d'un terme en fonction des constructions auxquelles il participe : l'adjectif *fort,* par exemple, appliqué à une personne, change de sens lorsqu'il est suivi d'un complément prépositionnel *(un homme fort / fort aux échecs / fort en sciences).* À l'inverse, des termes qui ont des distributions comparables ont souvent un élément de sens commun : *demander, vouloir, exiger* se construisent avec une complétive dont le verbe est au subjonctif, acceptent un complément indirect, etc. Toutefois, même si elle fait appel à des cadres syntaxiques de dimension variable, la sémantique distributionnelle demeure également une sémantique du mot.

La théorie sémantique de U. Weinreich tente d'expliquer comment le sens d'une phrase, d'une structure spécifiée dérive du sens pleinement spécifié de ses éléments. L'objectif est d'atteindre à une représentation formelle équivalente d'expressions simples (mots, par exemple) et d'expressions complexes (syntagmes, phrases). En particulier, il est nécessaire de préciser les types de construction possibles entre deux mots M et N. Le « linking » (liaison*) se produit si certains traits sémantiques de M et de N viennent à se combiner. Par exemple, *mur blanc :* la nouvelle entité MN possède tous les traits de *mur* et de *blanc.* On notera que certains éléments d'un linking peuvent être ordonnés : *Un petit éléphant, c'est grand* n'est pas absurde à cause du caractère ordonné des sèmes du mot *éléphant.* En revanche, les constructions non-linking n'apportent pas de nouveaux groupes de traits. Par exemple, la « délimitation » convertit un terme général *(mouton)* en *des moutons, cinq moutons.*

On comprend par ces quelques exemples tout ce que cette réflexion doit à la logique moderne. En prenant un exemple français, nous pourrons dire qu'une telle théorie sémantique s'assigne pour objet de rendre compte de la différence sémantique entre *un poète français* (X est poète et est français), *un poète maudit* (X est poète, mais n'est « maudit » qu'en tant que poète) et *un poète manqué* (X n'est pas poète, et n'est manqué qu'en tant que poète). Cette nouvelle théorie sémantique refuse, d'autre part, la notion de restriction sélective. Prenons l'exemple anglais du terme *pretty* (« joli »), qui ne peut pas s'appliquer à un nom possédant le trait [+mâle]. La théorie sémantique précédente aurait assigné le trait [+mâle] en restriction sélective. La théorie de U. Weinreich préfère la notion de trait de transfert : c'est le mot *pretty* qui fera apparaître dans le contexte le trait [−mâle]. En face d'un système qui vérifie seulement les possibilités combinatoires, et rejette les expressions incorrectes, celui-ci est actif et permet de rendre mieux compte de la créativité de la langue.

Par l'intervention d'un mécanisme assez complexe (calculateur sémantique), la théorie sémantique rendra compte à la fois de l'interprétabilité et de la bizarrerie de nombreuses expressions.

La grammaire générative avait été conçue au départ comme un système de règles destiné à générer l'ensemble infini des phrases d'une langue, et elle se réduisait à un modèle de type syntaxique. Ce n'est qu'à partir des années 60 que la théorie a été envisagée comme devant rendre compte également du sens des phrases. Dès lors, les préoccupations d'ordre sémantique allaient jouer un rôle essentiel dans l'évolution de la théorie.

Les théories générativistes

La sémantique interprétative, dans sa première version, illustrée par les travaux de J. J. Katz, J. A. Fodor et P. M. Postal, prend la forme d'une composante spécifique destinée à compléter la composante syntaxique : son rôle est d'interpréter les structures générées par la base. Elle fonctionne à l'aide d'un « dictionnaire » (organisation systématique de l'information obtenue par les théories sémantiques du mot) et des « règles de projection ». La théorie devra dire quel dictionnaire et quelles règles peuvent s'associer à la grammaire pour former l'interprétation sémantique.
a) Le dictionnaire : La forme suivante semble d'abord devoir être satisfaisante :

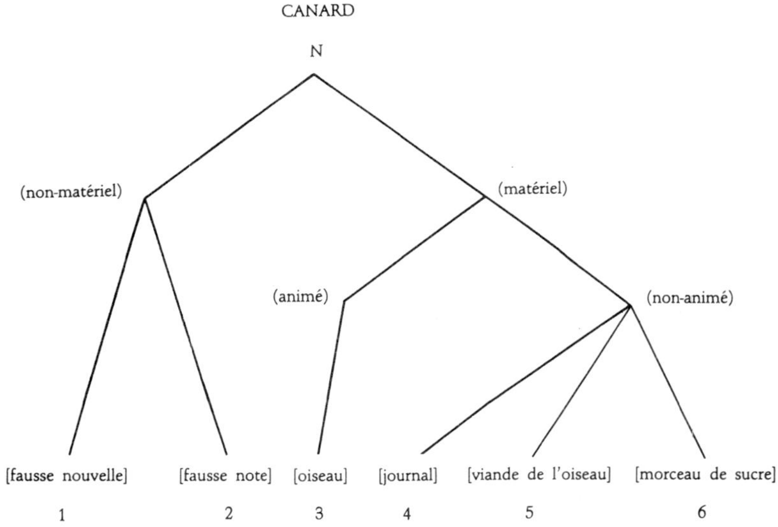

Sans parenthèses : catégories grammaticales ;
Entre parenthèses : catégories sémantiques ;
Entre crochets : différenciateurs sémantiques (= tout ce que la signification a d'idiosyncrasique).

Comme ce schéma offrirait des ambiguïtés (*Il mange un canard* = 5 ou 6, *J'entends un canard* = 1 ou 2), il faut réécrire l'article selon le schéma de la page suivante.

Il reste à introduire les restrictions sélectives précisant les conditions nécessaires et suffisantes d'une combinaison sémantique acceptable. Cette information est fournie entre crochets [...], adjointe au dernier élément d'une branche.

Par exemple, *honnête* aura une branche HONNÊTE Adj. (évaluatif) (moral) [innocent de relations sexuelles illicites] (humain) et (femelle). À lire : une occurrence d'*honnête* peut recevoir cette interprétation sémantique quand le substantif modifié a une branche contenant les catégories sémantiques (humain) et (femelle).

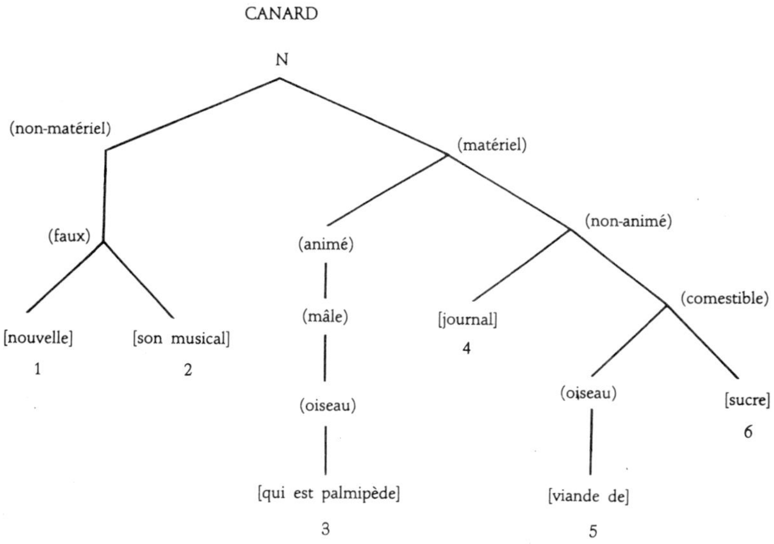

b) Les règles de projection : D'une manière générale, la théorie linguistique doit fournir l'indication des processus par lesquels l'ensemble fini des phrases rencontrées (par un locuteur) est projeté sur l'ensemble infini des phrases grammaticales de la langue. Le terme de règles de projection conviendrait à toute règle visant à cet effet. Il est donc à prendre ici, dans le cadre de la théorie sémantique, au sens plus restreint de règles permettant la concordance entre un indicateur syntagmatique et un dictionnaire de type Katz-Fodor.

Le dictionnaire ayant choisi pour chaque morphème la branche compatible avec la structure syntaxique, les règles de projection vont assurer les amalgames. En particulier, après que le dictionnaire a signalé les impossibilités grammaticales entre les combinaisons, les règles de projection prennent en compte les restrictions sélectives et évaluent les possibilités de combinaison sémantique.

La *sémantique* de I. A. Mel'cuk s'apparente à la sémantique générative, première manière. La première tâche du modèle est d'assurer l'opération allant du sens vers le texte. La langue est en effet définie ici comme « un mécanisme traduisant le sens en texte ». Autrement dit, au lieu de se poser la question de savoir si « cela se dit » dans une langue donnée, les auteurs se demandent comment, dans cette langue, « exprimer un sens ».

Le premier objectif est, en conséquence, de générer les énoncés par un mécanisme appelé *synthèse sémantique.* Le niveau de représentation initial est dit *inscription de sens.* Il semble que les linguistes soviétiques conçoivent cette inscription de sens comme la représentation structurée en pensée d'une situation extralinguistique. Ainsi, le problème de la représentation du sens d'une situation donnée est introduit dans le modèle théorique de la langue, et mis à l'origine du processus linguistique.

La notion de *synonymie* est essentielle à cette théorie, puisque le modèle devra rendre compte, non pas d'une *unique* expression linguistique du sens d'une situation, mais de *toutes* les expressions de ce sens dans la langue considérée. Dans l'optique des auteurs, sera considéré comme identique le sens des phrases dont le rapport de paraphrase peut être justifié par des considérations linguistiques ; s'il faut recourir à des informations extralinguistiques (tenant à la situation), le sens sera considéré comme différent.

La *sémantique générative* est un aspect différent des théories génératives. Des linguistes comme J. D. McCawley, G. Lakoff et R. Ross, tout en restant dans le cadre de la théorie générative, se sont livrés à une entreprise critique à l'égard de la conception interprétative de la sémantique. Celle-ci suppose, en effet, que les configurations et les unités proposées par la syntaxe constituent les éléments pertinents à partir desquels se construit le sens. Or il suffit de comparer, par exemple, les deux phrases : *L'ingénieur a fondu le métal* et *Le métal fond* pour constater que *métal* joue le même rôle sémantique, même s'il est complément d'objet dans la première et sujet dans la seconde. En outre, les unités lexicales ne constituent pas les éléments minimaux de la signification (simples réceptacles de traits distinctifs) ; elles peuvent elles-mêmes résulter d'un processus de génération semblable à celui qui aboutit aux phrases : le verbe *tuer,* par exemple, est issu d'une structure complexe qui ne comporte pas moins de quatre opérateurs de phrase qui sont structurés de manière enchâssée ; *x tue y* correspond à : ***[faire** (x) **(devenir (non (vivant** (y)))**)]**.* D'où l'idée que la structure profonde ne constitue pas le niveau privilégié de l'analyse sémantique et qu'il convient de postuler un niveau « plus profond » qui serait une véritable représentation sémantique très proche d'une formule logique, à laquelle on appliquera un système de transformations devant conduire à la structure de surface. Ce niveau de base sera donc plus abstrait (réduction des types de catégories et de relations) et la distinction entre syntaxe et sémantique perdra l'essentiel de sa pertinence ; c'est pourquoi la sémantique générative n'est pas, à proprement parler, « une théorie sémantique », mais plutôt une théorie d'ensemble du modèle génératif.

La *sémantique interprétative* « deuxième version » est issue de la confrontation entre les tenants de la sémantique interprétative, première version, et ceux de la sémantique générative. Les controverses ont amené les tenants de la théorie interprétative à modifier leur point de vue. R. Jackendoff en particulier, fidèle à l'exigence chomskyenne selon laquelle la syntaxe doit demeurer autonome, maintient que la structure profonde se prête à l'interprétation sémantique, à condition de compléter le système par une analyse lexicale plus poussée, capable d'aboutir aux structures logiques fondamentales, ce qu'il appelle les relations thématiques (Agent, Instrument, etc.). Par ailleurs, de nombreux phénomènes sémantiques doivent être pris en charge au niveau de la structure de surface (champ des opérateurs logiques, focus et présuppositions, etc.). N. Chomsky, qui s'est d'abord rallié à cette position, s'oriente aujourd'hui vers un modèle dans lequel toute l'information sémantique pourrait être accessible à partir de la seule structure de surface. Finalement, qu'il s'agisse de systèmes à base sémantico-logique du type sémantique générative, ou de systèmes interprétatifs, l'idée centrale est que la théorie linguistique doit être conçue comme un mécanisme devant rendre compte de la relation entre forme et sens.

La *grammaire des cas*,* ou *grammaire casuelle,* de Ch. J. Fillmore est enfin un dernier aspect des théories générativistes développé de façon indépendante.

II. **sémantique** (adj.)

On appelle *champ sémantique* l'aire couverte, dans le domaine de la signification, par un mot ou par un groupe de mots de la langue.

a) On pourra ainsi tenter de décrire le champ sémantique du mot *table.* Si l'on procède à partir d'une conception polysémique, le champ sémantique qu'on établira devra rendre compte de toutes les significations du mot *table* dans un état de langue donné, soit de nos jours *table de travail, table de salle à manger, table de logarithmes, table d'écoute, tables de la Loi,* etc. Si l'on part d'une conception homonymique, le champ sémantique de *table* 1, par exemple, plus restreint, devra encore rendre compte des différences de sémantisme entre *lever la table* et *dresser la table,* entre *placer la table* et *mettre la table,* entre *se mettre à table* au propre et au figuré, etc.

b) On pourra également étudier le champ sémantique d'un groupe de mots, par exemple les verbes comportant dans leur sémantisme un élément commun. On pourra ainsi étudier un groupe *donner, raconter, dessiner, ordonner,* etc., pour autant qu'il comporte comme élément commun /A est en rapport avec C par B/ (A donne B à C, etc.).

En face de cette double possibilité d'étude inhérente à la notion de champ sémantique, on se gardera d'une confusion fréquente (et originelle, puisqu'elle remonte à J. Trier) entre champ sémantique et champ conceptuel. C'est par confusion du signifié et de l'objet signifié que l'étude des schèmes conceptuels rendant compte d'un aspect de la réalité non-linguistique a été considérée comme dégageant des champs sémantiques. En fait, l'établissement du champ des relations de parenté, de la classification populaire des plantes ou des animaux, etc., est précieux pour les renseignements qu'il fournit ; il ne rend toutefois pas compte du fonctionnement linguistique des unités considérées. Par exemple, *mère* peut être étudié au titre de la perception conceptuelle des liens de parenté, mais le champ sémantique de *mère* ne saurait se confondre avec le champ conceptuel ainsi étudié. L'étude sémantique de *mère* doit rendre compte aussi, entre autres, du rapport : *mère de famille - maison mère - filiale.*

sémantisme

Le *sémantisme* d'une unité linguistique est son contenu sémantique.

sémasiologie

Par opposition à l'onomasiologie*, la *sémasiologie* est une étude qui part du signe pour aller vers la détermination du concept. C'est dire que la démarche sémasiologique type est celle de la lexicologie, visant à représenter des structures (axe paradigmatique et axe syntagmatique) rendant compte d'une unité lexicale. Selon cette démarche, le mot *chaise* sera étudié selon ses environnements (distribution) et selon les paradigmes dans lesquels il figure (méthode des commutations), avant d'être référé à un champ conceptuel donné (champ des objets manufacturés, champ du mobilier, champ des sièges), étude terminale à laquelle, en partant du concept, la démarche onomasiologique donnerait au contraire la priorité.

sème

1. Le *sème* est l'unité minimale de signification, non susceptible de réalisation indépendante, et donc toujours réalisée à l'intérieur d'une configuration sémantique. Par exemple, l'analyse sémique rend compte de l'opposition *chaise* vs *fauteuil* par l'adjonction, au sémème de *chaise* (composé des sèmes S_1, S_2, S_3, S_4, « avec dossier », « sur pieds », « pour une seule personne », « pour s'asseoir »), du sème « avec bras », absent du sémème de *chaise* et présent dans le sémème de *fauteuil.* Dans le vocabulaire de la parenté, les unités s'opposent selon trois dimensions : « génération », « sexe », « lignée », par rapport à un sujet donné (ego) ; père est caractérisé par les sèmes G + 1 (génération ascendante du premier degré), + M (sexe masculin), L1 (lignée directe), alors que frère s'analyse en G + 0, + M, L2 (lignée collatérale). Ces composants minimaux de l'unité lexicale constituent un ensemble non ordonné appelé sémème ou formule componentielle selon que l'on se situe dans le cadre de l'analyse sémique (européenne) ou de l'analyse componentielle (américaine).

Comme *sème* est en fait synonyme des termes *trait sémantique* et *composant sémantique,* il se rencontre également, quoique non systématiquement, chez les linguistes qui pratiquent l'analyse componentielle ou développent une théorie sémantique dans le cadre de la grammaire transformationnelle.

2. Dans le sémème, on opérera plusieurs distinctions entre les *sèmes.* On oppose *sème afférent** et *sème inhérent.* Les sèmes inhérents relèvent du système linguistique, « la langue », et les sèmes afférents, de normes sociales. On peut grossièrement assimiler les sèmes inhérents à la « dénotation » et les sèmes afférents à la « connotation ». On oppose *sèmes génériques* et *sèmes spécifiques.* Pour B. Pottier, le sème générique est un élément du classème* permettant le rapprochement de deux sémèmes voisins par référence à une classe plus générale, et le sème spécifique est un élément du sémantème* permettant d'opposer deux sémèmes très voisins, par une caractéristique propre. F. Rastier propose de considérer trois ensembles, celui du *taxème,* celui du *domaine* et celui de la *dimension.* Le taxème, niveau inférieur, renferme des sèmes spécifiques et quelques sèmes génériques de faible généralité ; le domaine est un groupe de taxèmes tel que dans un domaine donné il n'existe pas de polysémie ; enfin, la dimension est la classe de rang supérieur, qui inclut les sémèmes comportant un même trait générique très général (/animé/ou/humain/, par exemple). Ainsi dans le sémème « cuillère », on trouve les sèmes génériques /couvert/, notant l'appartenance à un taxème, /alimentation/, notant l'appartenance à un domaine, /concret/ et /inanimé/ notant l'appartenance à des dimensions. F. Rastier parle respectivement de sèmes *microgénériques, mésogénériques* et *macrogénériques.* (V. SÉMANTIQUE *n. f.*)

3. Les *sèmes génériques* appartiennent donc à plusieurs niveaux de groupement.

Le premier niveau est celui des *taxèmes,* structures paradigmatiques à laquelle appartiennent les *sèmes spécifiques.* Le taxème est le niveau d'interdéfinition, c'est l'ensemble au sein duquel il est pertinent de chercher à définir la valeur d'une unité : on n'opposera pas *rat* à *retard* et *magnolia,* mais plutôt à *souris, mulot,* etc. On dressera facilement l'inventaire des sémèmes annexés au *taxème* /couverts/ : « fourchette », « couteau », « cuillère », etc.

Le deuxième niveau est celui du *domaine,* le domaine étant une classe de taxèmes. L'analyse sémique rejoint ici l'intuition des lexicographes qui réfèrent souvent le sens des termes spécialisés à des domaines d'activité. Le domaine est donc défini en sémantique comme une classe sémantique liée à une pratique sociale : c'est la pratique sociale qui permet d'annexer *ciboire* à /religion/ et non à /alimentation/.

Le dernier niveau est celui, plus classique, des *dimensions,* incluant des traits très généraux du type /animé/, /inanimé/, /matériel/ ou /humain/.

Si l'on prend l'exemple de *cuillère,* ses sèmes génériques seront : /couvert/, pour le taxème ; /alimentation/ pour le domaine ; /concret/ et /inanimé/ pour la dimension. Pour distinguer ces trois dimensions, on parlera de sèmes *microgénériques, mésogénériques* et *macrogénériques.*

sémelfactif

L'aspect *sémelfactif* indique que l'action n'est envisagée que faite une seule fois, par opposition au *fréquentatif.*

sémème

Dans l'analyse sémique, le *sémème* est l'unité qui a pour correspondant formel le lexème ; il est composé d'un faisceau de traits sémantiques appelés *sèmes* (unités minimales non susceptibles de réalisation indépendante).

Le sémème de *chaise* comporte les sèmes S_1, S_2, S_3, S_4 (« avec dossier », « sur pieds », « pour une seule personne », « pour s'asseoir ») ; on remarque que l'adjonction d'un sème S_5 (« avec bras ») réalise le sémème de *fauteuil.*

L'ensemble des sèmes génériques, inhérents et afférents, sont regroupés dans le *classème,* tandis que l'ensemble des sèmes spécifiques sont inclus dans le *sémantème.* Pour résumer, on peut représenter l'ensemble du sémème comme suit :

sémème : classème	+	sémantème
sèmes génériques		sèmes spécifiques
inhérents + afférents		inhérents + afférents

exemple :

train :	classème +	sémantème
dimension	/concret/, /inanimé/,	
	/ferré/ : sème spécifique	
domaine	/transports collectifs/	
taxème	/extra-urbain/.	

semi-auxiliaire

On donne le nom de *semi-auxiliaires* à des membres d'une catégorie grammaticale comprenant des verbes ou des locutions verbales qui jouent le rôle d'auxiliaires dans le syntagme verbal et qui participent à l'aspect*. En français, les semi-auxiliaires, ou *auxiliaires de temps,* sont *aller* (indiquant le futur proche), *venir de* (passé proche), *être en train de* (progressif), *être sur le point de* (futur immédiat), *finir de* (résultatif immédiat), *commencer à* (inchoatif), *faire* et *laisser* (factitifs), etc., ils expriment le déroulement ou l'achèvement du procès du verbe relativement au sujet de l'énoncé, procès considéré dans sa durée *(aller, venir de,* etc.*)*, ou bien ils expriment la médiation de l'action par un autre agent *(faire);* ils s'opposent aux modaux*, qui expriment les modalités du possible et du nécessaire *(pouvoir, devoir),* aux temps qui expriment les relations du procès à un moment donné de l'énoncé et aux aspects qui impliquent une relation avec le sujet de l'énonciation. Proches cependant de ces derniers, puisqu'ils expriment une représentation du temps, ils sont souvent confondus dans l'aspect* ou sont dénommés aspectuels*.

semi-consonne

On appelle *semi-consonne* ou *semi-voyelle* un type de sons caractérisé par un degré d'aperture de la cavité buccale intermédiaire entre celui de la consonne la plus ouverte et celui de la voyelle la plus fermée, comme le [j] de *pied* [pje], le [w] de *oui* [wi], le [ɥ] de *nuit* [nɥi]. Cette caractéristique articulatoire se traduit sur le plan acoustique par l'absence d'une structure de formants nettement définie, ce qui les distingue des voyelles (non-vocalique), et par la présence d'une énergie dans le spectre due à l'absence d'obstruction dans le chenal vocal, ce qui les distingue des consonnes (non-consonantique).

La distinction entre semi-consonne et semi-voyelle est établie par certains linguistes en fonction de critères syntagmatiques : on donnerait le nom de *semi-consonne* à l'unité qui se trouve en début de syllabe, devant la voyelle, et celui de *semi-voyelle* à celle qui se trouve après la voyelle. En fait, cette distinction ne semble pas justifiée linguistiquement. C'est pourquoi on préfère de plus en plus à ces deux termes le terme global, emprunté à l'anglais, de *glide** ou celui d'*approximante.*

Ce type de son peut être la réalisation d'un phonème, ou avoir simplement une valeur de variante combinatoire d'un phonème vocalique ou consonantique : en italien, le glide palatal est un phonème en début de syllabe (*iato* « hiatus » $\simeq$ *lato* « côté ») et un allophone du phonème /i/ en fin de syllabe (*mai* « jamais » est prononcé [maj] ou [mai]) ; en vénitien [w] est parfois une variante du phonème /u/ ou du phonème /v/. Ce type de son peut aussi apparaître très fréquemment dans une langue (où il n'a pas de valeur phonématique) comme son de liaison* entre deux phonèmes, comme appui entre deux voyelles ou comme transition entre une consonne et une voyelle.

semi-fermé

Syn. de MI-FERMÉ.

sémiologie

La *sémiologie* est née d'un projet de F. de Saussure. Son objet est l'étude de la vie des signes au sein de la vie sociale : elle s'intègre à la psychologie comme branche de la psychologie sociale. En ce cas, la linguistique n'est qu'une branche de la sémiologie. Le paradoxe souligné par F. de Saussure est que, simple branche de la sémiologie, la linguistique est nécessaire à la sémiologie pour poser convenablement le problème du signe. En particulier, une étude du signe antérieure à la fondation d'une linguistique échoue par son incapacité à distinguer dans les systèmes sémiologiques ce qui est spécifique du système et ce qui est dû à la langue. F. de Saussure insiste donc sur le caractère essentiellement sémiologique du problème linguistique : « Si l'on veut découvrir la véritable nature de la langue, il faut la prendre d'abord dans ce qu'elle a de commun avec tous les autres systèmes du même ordre ; et des facteurs linguistiques qui apparaissent comme très importants au premier abord (par exemple le jeu de l'appareil vocal) ne doivent être considérés qu'en seconde ligne s'ils ne servent qu'à distinguer la langue des autres systèmes. »

Parmi les autres systèmes sémiologiques, F. de Saussure énumère rites et coutumes. Toutefois, la sémiologie, dans son esprit, aura à s'interroger sur l'inclusion dans son domaine des pratiques signifiantes non arbitraires (non fondées sur l'arbitraire du signe) ; ainsi, le code de la politesse, doué d'une certaine relation avec l'expressivité naturelle, est-il un système sémiologique ? La réponse est positive, pour autant que les signes de politesse sont employés en fonction d'une règle (d'un code) et non pas pour leur valeur intrinsèque.

R. Barthes souligne l'actualité de ces recherches à une époque de développement des communications de masse. Mais la pauvreté des champs offerts à toute sémiologie (code de la route, sémaphore, etc.) l'amène à noter que chaque ensemble sémiologique important demande à passer par la langue : « Tout système sémiologique se mêle de langage. » Ainsi, la sémiologie serait une branche de la linguistique, et non l'inverse. La sémiologie est la science des grandes unités signifiantes du discours : on note qu'une telle définition de la sémiologie la rapproche de la sémiotique, étude des pratiques signifiantes prenant pour domaine le texte.

sémiotique

La *sémiotique* reprend le projet de sémiologie de F. de Saussure et s'assigne pour objet l'étude de la vie des signes au sein de la vie sociale. À la différence cependant de la sémiologie issue de l'enseignement de F. de Saussure, elle refuse de privilégier le langage et la société. La sémiotique veut être une théorie générale des modes de signifier.

Le terme de *sémiotique*, dans son emploi moderne, est d'abord utilisé par Ch. S. Peirce. La sémiotique qu'il envisage est une doctrine des signes : quels doivent être les caractères des signes utilisés par l'intelligence humaine dans sa démarche scientifique ? Pour les sémioticiens modernes (A. J. Greimas, J. Kristeva), la sémiologie de Peirce a pour défaut de se préoccuper, avec le signe, d'un produit de type secondaire, que ce produit revête la forme d'une valeur (le ticket, le chèque, la mode) ou d'une rhétorique (l'« expression » d'un sentiment, la « littérature »).

La sémiotique moderne devra donc se garder de privilégier le signe linguistique ; on peut, avec J. Kristeva, trouver déjà dans le *Cours de linguistique générale* de F. de Saussure cette mise en garde. La sémiotique devra refondre les systématisations linguistiques, ainsi que les modèles logiques ou mathématiques ; elle devra s'appuyer sur une science du sujet et de l'histoire : cette pratique antérieure et indispensable à la sémiotique sera la *sémanalyse.* On trouvera chez J. Derrida le refus de la problématique du signe comme fondement de la démarche sémanalytique. En retrait par rapport aux sciences, puisqu'elle se veut métascience, puisqu'elle prend position d'observation par rapport aux systèmes signifiants, la sémiotique vise les modes de la signification. Le domaine de la sémiotique est le texte comme pratique signifiante. Mais les questions posées au texte seront bien différentes selon l'orientation du chercheur : à côté d'une sémiotique structurale, avec A. J. Greimas, il y a place pour une sémiotique fondée sur une optique gnoséologique (J. Kristeva).

semi-ouvert

Syn. de MI-OUVERT.

sémique

L'*analyse sémique* vise à établir la composition sémantique d'une unité lexicale par la considération de traits sémantiques ou sèmes, unités minimales de signification non susceptibles de réalisation indépendante.

L'analyse sémique calque ses unités sur celles de l'analyse phonologique. Le trait sémantique, ou sème*, sera le trait pertinent de signification (cf. le trait pertinent, en phonologie), le sémème* sera l'ensemble des sèmes d'une unité lexicale (cf. le phonème, unité minimale réalisée en phonologie), l'archisémème sera l'ensemble des traits pertinents en cas de neutralisation (cf. l'archiphonème, en phonologie), enfin l'allosème sera le sème susceptible de réalisations différentes selon l'environnement sémantique (cf. l'allophone, en phonologie).

L'analyse sémique trouve son origine dans des recherches de classification technologique. On remarquera que les sèmes dégagés n'ont pas de valeur métalinguistique et n'apportent que des renseignements classificatoires sur la chose décrite. En effet, *bras* dans *le fauteuil à deux bras* n'a rien de commun avec *bras* dans *l'homme a deux bras*. Le sème [avec bras], technologiquement pertinent pour le fauteuil, ne comporte pas la référence à la même réalité que dans *bras humain*. Si l'on voulait procéder par des traits technologiquement pertinents, mieux vaudrait rapprocher *bras* (de fauteuil) d'*anse* (de pot) plutôt que de *bras* (humain).

Le problème linguistique est repoussé de l'opposition *chaise* vs *fauteuil* à l'opposition *bras* (de fauteuil) vs *bras* (d'homme), puisque le sème [bras] dans cette analyse ne réfère en définitive qu'à *bras de fauteuil*, aboutissant à la tautologie : *Le fauteuil a des bras qui sont des bras de fauteuil.*

semi-voyelle

Les *semi-voyelles* ou les semi-consonnes* constituent une classe de sons intermédiaires entre les consonnes et les voyelles, appelées *glides** ou *approximantes*. Ainsi le [j] de *pied* [pje] ou de *fille* [fij] est une semi-voyelle ou *glide*.

sens

1. Le terme de *sens* est trop vague pour pouvoir être utilisé dans les diverses théories linguistiques sans recevoir des définitions spécifiques. Pour F. de Saussure, le sens d'un signe linguistique est constitué par la représentation suggérée par ce signe lorsqu'il est énoncé. Toutefois, comme il ne définit pas le terme de *sens*, il importe de remarquer que, chez lui, les approches du problème du sens sont multiples : le sens apparaît comme résultat d'un acte de découpage, comme une valeur émanant d'un système, comme un phénomène associatif.

L'image de la langue comme feuille de papier, ayant la pensée pour recto et le son pour verso, n'est pas sans faire problème : lorsque cet exemple est donné, la langue vient d'être définie comme intermédiaire entre la pensée et le son. Bien que la pensée ait été définie comme « chaotique de sa nature », on ne peut s'empêcher de craindre que, dans cette image, le sens ne soit interprété comme préexistant. Dans la pensée de F. de Saussure, toutefois, il s'agit de faire résider le sens dans la concomitance des découpages de la masse amorphe de la pensée et de la masse amorphe des sons. D'autre part, la valeur d'un terme n'est qu'un élément de sa signification : la signification de l'anglais *sheep* et du français *mouton* est identique, mais leur valeur est différente, pour autant que le premier a à côté de lui un second terme *mutton*, alors que le terme français est unique. Les différentes métaphores consacrées par F. de Saussure au sens permettent ainsi l'approche suivante : le sens provient d'une articulation de la pensée et de la matière phonique, à l'intérieur d'un système linguistique qui détermine négativement les unités.

2. Le béhaviorisme américain va refuser cette conception. Pour L. Bloomfield, le sens d'une unité, c'est la somme des situations où elle apparaît comme stimulus et des comportements-réponses que ce stimulus entraîne de la part de l'interlocuteur. Étant donné l'impossibilité de faire cette somme, il s'agit d'un refus de poser le problème du sens. L'étude du sens est alors renvoyée à une psychologie du comportement (étude des conduites stimulus-réaction) et aux sciences particulières : la pomme pourra être définie comme « un fruit qui..., etc. » par le botaniste, mais non par le linguiste. Au lieu d'être au départ de l'étude linguistique, le sens sera donc rejeté, soit hors de la linguistique, soit au terme, toujours repoussé, de l'analyse formelle. Z. S. Harris envisage cependant la possibilité pour l'étude distributionnelle de déboucher sur certaines conclusions touchant le sens des unités ou des constructions : tout morphème différent d'un autre dans sa distribution doit aussi différer de lui dans sa valeur sémantique.

3. Pour A. Martinet, le *sens* est la mise en rapport du concept et de l'unité de première articulation (monème). Alors que la glossématique postule une organisation du sens analogue à celle de la forme phonique, A. Martinet précise le caractère successif des deux articulations ; d'abord en monèmes, puis en phonèmes (en se plaçant d'un point de vue non génétique, bien entendu). Le sens apparaissant au niveau de la première articulation, les phonèmes sont les « garants de l'arbitraire du signe ».
4. La question du *sens,* essentielle en grammaire descriptive, quelles que soient les attitudes prises par les linguistes, perd beaucoup de son acuité en linguistique générative, le sens relevant de la théorie sémantique. Loin de se demander « quel est le sens de cette unité, de cette construction ? » ou bien « en quoi consiste le sens de cette unité, de cette construction ? », la grammaire générative doit produire des énoncés sémantiquement corrects, c'est-à-dire permettre de rendre compte de l'interprétation sémantique de tout énoncé appartenant à la langue considérée. Les conséquences d'une telle attitude sont :
(1) que le sens de deux phrases diffère par suite de la différence de leurs indicateurs syntagmatiques :

J'ai reçu un livre de lui { = *un livre qu'il a écrit*
= *un livre qu'il m'a envoyé* }

(2) que la grammaire générative distingue phrases grammaticales et phrases ayant un sens. La phrase connue *D'incolores idées vertes dorment furieusement* est grammaticale et asémantique, pendant que *Moi vouloir manger* est agrammaticale et sémantique.
5. En analyse sémique, on distingue les sémèmes en opposant *sens, acception* et *emploi* comme suit :
— Les *emplois* diffèrent par au moins un sème *afférent** en contexte. Exemple : pour les deux emplois de *chaumière* distingués par le *Petit Robert,* « petite maison rustique et pauvre couverte de chaume » et « maison d'agrément à toit de chaume », les traits /petite et rustique/, d'une part, et /d'agrément/ de l'autre sont afférents.
— Les *acceptions* diffèrent par au moins un sème afférent socialement normé : dans les énoncés suivants : « il a couru en moins d'une minute » et « j'en ai pour une minute », l'opposition des acceptions de *minute* tient aux deux sèmes socialement normés /1/60e d'une heure/ et /court laps de temps/.
— Les *sens* s'opposent par au moins un sème inhérent : pour *blaireau,* « animal » et « instrument de rasage », les traits génériques inhérents /mammifère carnivore/ et /pinceau/ permettent d'opposer deux sens.
6. En morphologie dérivationnelle, le *sens prédictible* d'un mot construit est compositionnel par rapport à sa structure interne. Ce niveau, qui correspond à celui des régularités de la grammaire lexicale, est à distinguer du niveau du sens attesté, le sens attesté pouvant interdire la production du sens prédictible, régulier : *boudoir* possède le sens prédictible « lieu où l'on boude », dont la production est empêchée par le sens attesté « petit salon élégant de dame ». En revanche, *indicatif* conserve son sens régulier « qui indique » à côté du sens attesté dans « mode indicatif ».

sens-texte
La théorie Sens-Texte d'I. Mel'cuk, qui privilégie la production sens → texte, décrit formellement le langage comme une correspondance entre un énoncé et une représentation de son sens, ce dernier étant défini comme l'invariant canonique des paraphrases préservant la synonymie. Dans cette logique, on peut définir un sémème à partir d'une combinaison équivalente d'autres sémèmes, l'ensemble des définitions faisant apparaître des primitives sémantiques.

La représentation du sens connaît sept niveaux, du niveau phonétique à la représentation sémantique. Au niveau lexical, chaque mot est associé à un nombre fini de sémèmes, pourvus d'un nombre fini de variables, optionnelles ou obligatoires, appelées « actants » : ainsi, *admirer,* qui a trois actants (dont un optionnel) « X *admirer* Y (pour Z) », a pour synonyme « X éprouve de l'admiration pour Y (et cela est provoqué par Z) ».

Dans la théorie Sens → Texte, le signe est constitué d'un triplet <mot/sémème/contraintes combinatoires>, la prise en compte des contraintes, sous la forme de schémas de régime, permettant de lever de nombreuses ambiguïtés. Parmi ces contraintes figure la description des « fonctions lexicales ». Ces cooccurrences lexicales restreintes sont des contraintes sur la combinaison des sémèmes qui ne sont pas préservées par la paraphrase et sont indépendantes de tout aspect syntaxique. Ces cooccurrences lexicales doivent être maîtrisées pour posséder une langue parfaitement et la génération de textes n'échappe pas à cette règle. On dénombre une soixantaine de fonctions lexicales dans ce modèle.

Exemples : Soit les fonctions lexicales *Oper, Loc, Labor, Magn,* on aura :

Oper (/question/) : poser ;
Loc (/continent/) : sur ;
Labor (/soin/) : entourer de ;
Magn (/promesse/) : ferme.

sentiment linguistique
On donne le nom de *sentiment linguistique* à l'intuition du locuteur natif qui lui permet de porter sur des phrases des jugements de grammaticalité.

séparable
Syn. de ISOLABLE.

séquence
On appelle *séquence* une suite d'éléments ordonnés conventionnellement sur l'axe syntagmatique.

série
On appelle *série* une classe de phonèmes consonantiques caractérisés par le même trait pertinent. Ainsi, en français, la série [b, v, d, z, g, ʒ] est caractérisée par le même trait voisé.

sermocination
En rhétorique, la *sermocination* est une figure par laquelle on fait parler un personnage absent en lui attribuant un langage convenant à son caractère ou son rang.

servile
On appelle *lettre servile* dans les langues sémitiques la lettre servant à former, avec le radical, les temps des verbes, les genres, les nombres.

shifter
Syn. de EMBRAYEUR.

sifflante
Une *sifflante* est une consonne fricative* réalisée comme alvéolaire ou dentale, et apicale ou prédorsale. En français, les sifflantes [s] et [z] de *sac* et de *zan* sont des prédorso-alvéolaires, en espagnol la sifflante à l'initiale de *suerte* est normalement une apico-dentale.

Sur le plan acoustique, les sifflantes sont des consonnes diffuses, aiguës, continues, stridentes.

Les sifflantes, comme les chuintantes, sont réalisées avec une spirantisation renforcée par la forme de gouttière que prend la langue en son axe médian (d'où le terme de *fricative à langue en creux* qu'on leur donne parfois), qui aggrave la turbulence de l'air. Mais le terme particulier de *sifflante* correspond, au stade de la perception, à l'impression auditive que produit un registre de fréquences plus élevé que pour les chuintantes et pour toutes les autres fricatives, pouvant atteindre 8 à 9 kHz.

Les sifflantes sont très répandues comme phonèmes dans les langues du monde, bien que quelques-unes les ignorent, comme le nouba oriental, langue du Soudan. De nombreuses langues (parmi les langues romanes : le roumain, l'espagnol, les dialectes italiques méridionaux) ne présentent qu'un phonème sifflant, réalisé le plus souvent comme non-voisé [s] et dans certains contextes comme voisé [z].

sifflé
On appelle *langues sifflées* des langues dont les unités sont codées par des sifflements de formes diverses : ces langues ont une portée plus grande que la voix.

siglaison
La *siglaison* est la formation d'un sigle à partir d'un mot ou d'un groupe de mots : R.A.T.P. *(Régie autonome des transports parisiens.)*

sigle
On appelle *sigle* la lettre initiale ou le groupe de lettres initiales constituant l'abréviation de certains mots qui désignent des organismes, des partis politiques, des associations, des clubs sportifs, des États, etc. : P.M.U. *(Pari mutuel urbain),* S.N.C.F. *(Société nationale des chemins de fer français),* P.U.C. *(Paris Université Club),* etc.

Les sigles peuvent entrer en composition avec des chiffres : 11 CV (11 chevaux-vapeur). Les sigles ont deux prononciations possibles : ou bien la suite des lettres constitue un mot qui peut être intégré au lexique français ; en ce cas le sigle a une prononciation syllabique : C.A.P.E.S. [kapɛs] *(Certificat d'aptitude pédagogique à l'enseignement du second degré)* ; ou bien la suite des lettres ne constitue pas des syllabes ; en ce cas, le sigle est prononcé alphabétiquement, comme P.M.U. [pe-ɛm-y]. Certains sigles ont deux prononciations comme O.N.U. [ɔny] ou [ɔɛny]. (V. ACRONYME.)

sigmatique

On appelle *sigmatique* une forme linguistique caractérisée par un infixe *s*. On appelle ainsi *futur, aoriste, parfait sigmatique* les futurs, aoristes, parfaits caractérisés en grec et en latin par la présence d'un *s* (en grec, futur *lusomai,* aoriste *elusa ;* en latin, parfait *dic-s-i* → *dixi*).

signe

1. Le *signe,* au sens le plus général, désigne, tout comme le symbole, l'indice ou le signal, un élément A, de nature diverse, substitut d'un élément B.

Signe peut d'abord être un équivalent d'*indice ;* l'indice* (ou signe) est un phénomène, le plus souvent naturel, immédiatement perceptible, qui nous fait connaître quelque chose au sujet d'un autre phénomène non immédiatement perceptible : par exemple, la couleur sombre du ciel est le signe (ou l'indice) d'un orage imminent, l'élévation de la température du corps peut être le signe (ou l'indice) d'une maladie en train de couver.

Signe peut, en deuxième lieu, être un équivalent de *signal.* En ce sens, le signe (ou signal) fait partie de la catégorie des indices ; il possède les caractéristiques du signe-indice (comme le signe-indice, le signe-signal est un fait immédiatement perceptible qui fait connaître quelque chose au sujet d'un autre fait non immédiatement perceptible) ; mais deux conditions sont nécessaires pour qu'un signe puisse être considéré comme un signal :

a) il faut que le signe ait été produit pour servir d'indice. Il n'est donc pas fortuit, mais produit dans une intention déterminée ;

b) il faut, d'autre part, que celui à qui est destinée l'indication contenue dans le signal puisse la reconnaître. Un signe-signal est donc volontaire, conventionnel et explicite. Combiné à d'autres signes de même nature, il forme un *système de signes* ou *code.* Dans un même code, les signes peuvent être de différentes formes :

– *forme graphique :* lettres, chiffres, traits inscrits sur un agenda pour rappeler un rendez-vous, panneaux routiers, etc. ;

– *forme sonore :* sons émis par l'appareil vocal d'un individu considéré comme émetteur d'un message ;

– *forme visuelle :* signaux gestuels comme ceux de l'aveugle levant sa canne blanche.

Signe peut être un équivalent de *symbole**. Le signe-symbole est plus communément une forme visuelle (et même graphique) figurative. Le signe-symbole est le signe figuratif d'une chose qui ne tombe pas sous le sens ; par exemple, le signe figuratif représentant une balance est le signe-symbole de l'idée abstraite de justice.

2. Dans le *Cours de linguistique générale* de F. de Saussure, le terme *signe* a pris une autre acception : celle de *signe linguistique.* F. de Saussure distingue entre le symbole et le signe (pris maintenant au sens de *signe linguistique*) : il pense, en effet, qu'il y a des inconvénients à admettre qu'on puisse se servir du mot « symbole » pour désigner le signe linguistique. Le symbole, au contraire du signe, a pour caractère de n'être jamais tout à fait arbitraire, c'est-à-dire qu'il y a un lien naturel rudimentaire entre le signifiant et le signifié. Le symbole de la justice, par exemple, ne pourrait être remplacé par un char. Avec F. de Saussure, le signe linguistique est instauré comme unité de langue. Il est l'unité minimale de la phrase susceptible d'être reconnue comme identique dans un environnement différent, ou d'être remplacée par une unité différente dans un environnement identique.

Les *signes linguistiques,* essentiellement psychiques, ne sont pas des abstractions. Le signe (ou unité) linguistique est une entité double, faite du rapprochement de deux termes, tous deux psychiques et unis par le lien de l'association. Il unit, en effet, non une chose et un nom, mais un concept et une image acoustique ; F. de Saussure précise que l'image acoustique n'est pas le son matériel, mais l'empreinte psychique de ce son. Elle est la représentation naturelle du mot en tant que fait de langue virtuel, en dehors de toute réalisation par la parole. F. de Saussure appelle le concept *signifié* et l'image acoustique *signifiant*. Le signe linguistique est donc ce que F. de Saussure appelle une entité psychique à deux faces, la combinaison indissociable, à l'intérieur du cerveau humain, du signifié et du signifiant. Ce sont des réalités qui ont leur siège (leur « trace ») dans le cerveau ; elles sont tangibles, et l'écriture peut les fixer dans des images conventionnelles.

Le *signe linguistique,* tel que le définit F. de Saussure, présente un certain nombre de caractéristiques essentielles :

a) Arbitraire du signe. Le lien qui unit le signifiant et le signifié est arbitraire. L'idée de « sœur » n'est liée par aucun rapport avec la suite des sons qui lui sert de signifiant : /s/-/œ/-/R/. De même, telle idée peut être représentée dans des langues diverses par des signifiants différents : *bœuf* en français, *Ochs* en allemand, etc.

b) Caractère linéaire du signifiant. Le signifiant, étant de nature auditive, se déroule sur la chaîne du temps, si bien que les signes se présentent obligatoirement l'un après l'autre, formant ainsi une chaîne, la chaîne parlée, dont la structure linéaire est de ce fait analysable et quantifiable. Ce caractère est encore plus évident quand on examine la transcription graphique des formes vocales.

c) Immutabilité du signe. Si, par rapport à l'idée qu'il représente, le signifiant apparaît comme librement choisi, par rapport à la communauté linguistique qui l'emploie, il n'est pas libre, il est imposé. La langue apparaît, en effet, toujours comme un héritage du siècle précédent, comme une convention admise par les membres d'une même communauté linguistique et transmise aux membres de la génération suivante. D'autre part, la langue est un système de communication qui, comme tous les systèmes de communication, fonctionne au moyen d'un *code* fondé sur un *système de signes* (on entend par *code,* ou *système de signes,* la nature des signes, leur nombre, leurs combinaisons, les règles qui président à ces combinaisons). Pour que la communication puisse s'établir grâce à ce système au sein d'une communauté linguistique, il est nécessaire que les signes du code soient conventionnels, c'est-à-dire communs à un grand nombre d'émetteurs et de récepteurs, acceptés, compris et gardés par tous.

d) Mutabilité du signe. Selon F. de Saussure, le temps, qui assure la continuité de la langue, a un autre effet, en apparence contradictoire : celui d'altérer plus ou moins les signes linguistiques. Les facteurs d'altération sont nombreux, mais sont toujours extérieurs à la langue. Ces changements peuvent être phonétiques, ou morphologiques, ou syntaxiques, ou lexicaux. Quand il s'agit du signe, ils se situent aux niveaux phonétique et sémantique : ils aboutissent, en effet, à un déplacement du rapport signifié/signifiant. C'est ainsi que le mot *necare,* qui signifiait « tuer », est devenu en français *noyer.*

Le fonctionnement du signe linguistique dépend de la définition de la langue, système de signes, comme formant une structure.

L'idée de base de F. de Saussure est qu'entre deux signes linguistiques il y a opposition. Tout signe linguistique est en opposition avec un autre, et c'est en vertu de cette opposition qu'il reçoit sa valeur, sa fonction. Dans un tel système, ce qui constitue le signe, c'est ce qui le distingue. Pour délimiter le signe, l'entité linguistique, il faut le délimiter par opposition avec ce qui l'entoure. Un signe ne se définit comme tel qu'au sein d'un ensemble d'autres signes. Il tire sa valeur, son rendement, des oppositions qu'il contracte avec eux. Un signe se définit donc par ses relations avec les signes qui l'entourent.

Quand il n'y a pas opposition, il y a identité. Un troisième terme est exclu. Cette conception saussurienne du signe linguistique a été largement appuyée par la théorie de la communication, qui, partant de recherches sur l'économie des systèmes de communication, a dégagé l'idée de l'importance du caractère binaire, alternatif, des signaux d'un système de communication. La théorie saussurienne du signe, opposé ou semblable aux autres signes, a permis le développement d'une linguistique appuyant ses recherches sur celles des théoriciens et des ingénieurs de la communication.

Développant la théorie saussurienne du système linguistique, les linguistes de l'école de Prague et leurs successeurs ont mis au point une méthode d'analyse de la structure de la langue tant sur le plan syntagmatique que sur le plan paradigmatique. Sur le plan syntagmatique, la notion de base de cette recherche est celle de l'environnement : étudier l'environnement d'un élément, d'un signe, c'est étudier quels éléments le précèdent ou le suivent dans l'énoncé, et dans quel ordre. On appelle *distribution* l'ensemble des environnements dans lequel un signe, une unité, peut apparaître. On parvient ainsi à dégager un petit nombre de règles générales, règles combinatoires, appelées *rapports syntagmatiques.* On parvient à ce résultat grâce à des procédés de permutation, de commutation.

Ces différentes recherches ont permis aux linguistes structuralistes de préciser la notion saussurienne de structure linguistique et de signe linguistique. C'est ainsi que s'est dégagée la théorie de la double articulation du langage. On entend par là que les messages des langues naturelles sont, en tant que systèmes de signes, articulés, c'est-à-dire structurés, construits avec des signaux minimaux de deux espèces, deux types d'unités hiérarchiquement disposés : la première articulation, structuration en monèmes (ou morphèmes), unités significatives minimales pourvues d'une forme et d'un sens ; la deuxième articulation, structuration en phonèmes, unités minimales distinctives*, non-significatives.

Cette distinction a permis de préciser la théorie du signe linguistique saussurien : combinaison d'un signifié et d'un signifiant ; le signe saussurien est en effet l'équivalent du morphème. Chez F. de Saussure, le phonème est encore le son matériel, au moins dans ses chapitres « phonologiques » ; par contre, dans le chapitre sur la valeur, il donne l'expression théorique du phonème tel que les phonologues le concevront plus tard : le signifiant linguistique, dans son essence, est incorporel, constitué non par sa substance matérielle, mais uniquement par les différences qui séparent son image acoustique de toutes les autres. Enfin, certains éléments de la théorie du phonème et de l'articulation de la langue en phonèmes sont présents dans le *Cours* de Saussure : s'appuyant sur les exemples du *r* français et du *ch* allemand, du *t* et du *t'* (= *t* mouillé), différenciés en russe, F. de Saussure explicite la valeur distinctive de deux phonèmes par leur commutation.

Avec la théorie de la communication, le *signe linguistique* prend une nouvelle dimension : il devient signal, constituant du code de signaux qu'est la langue, considérée désormais comme un système de communication. Les signes de ce code linguistique sont les phonèmes, signaux en nombre restreint de nature vocale, dont les combinaisons (les règles de la combinatoire) permettent la transmission d'une information maximale, en l'occurrence toute l'expérience humaine.

signifiant

Le terme de *signifiant* appartient à la terminologie de F. de Saussure. Le signe linguistique est le résultat de l'association d'un *signifiant* et d'un signifié, ou encore de l'association d'une image acoustique et d'un concept.

En employant *image acoustique* comme synonyme de *signifiant,* F. de Saussure entend retenir seulement le caractère spécifique de la suite de phonèmes appelée *signifiant :* on peut dire que le signifiant représente l'aspect phonologique de la suite des sons qui constituent l'aspect matériel du signe. Les variations individuelles, le timbre, les défauts de prononciation concernent la phonétique (l'actualisation des sons de la langue), mais le signifiant, restant virtuel, est commun à l'ensemble de la masse parlante.

Le signifiant linguistique se déroule sur la ligne du temps : chaque instant de la locution ne permet qu'un acte phonique unique, à la différence d'autres systèmes sémiologiques où les signifiants peuvent présenter des cooccurrences selon plusieurs dimensions (cas du sémaphore) ; le caractère linéaire du signifiant, à l'origine des combinaisons syntagmatiques, est pour F. de Saussure une donnée fondamentale de la langue. La conception saussurienne du signifiant n'est pas sans faire problème : si le signe est l'association d'un signifiant et d'un signifié, faut-il l'assimiler au mot ? Il faudrait pour cela négliger des faits importants : malgré la différence des signifiants, *cheval* et *chevaux* représentent-ils moins le même mot que *table* et *tables ?* Le signe minimal est-il inférieur au mot ? c'est-à-dire un préfixe, une désinence, etc., sont-ils des signes, pour autant qu'ils combinent un signifiant et un signifié ? F. de Saussure n'a pas non plus de doctrine sur les amalgames de signifiants : *au* est-il un signe ? En ce cas, il correspond à deux signifiés. Constitue-t-il deux signes ? En ce cas, son signifiant inanalysable doit figurer en combinaison avec deux concepts différents.

signification

En sémantique, il importe d'opposer *signification* et *désignation.* D'une manière générale, le « sens » résultant de la mise en œuvre du système linguistique sera appelé *signification :* il s'agit du contenu du signifié saussurien, l'aspect de contenu de la valeur du signe, produit par la pression du système et repérable par le jeu des oppositions paradigmatiques et des contrastes syntagmatiques.

Par opposition, le « sens » résultant de l'emploi de la langue pour renvoyer à des référents* (objets, qualités, procès, ou classes d'objets, de qualités, de procès) sera dit *désignation.*

On peut par exemple opposer le sens régulier d'un mot construit, comme *signification,* et le sens attesté de ce même mot comme *désignation : considérable* peut être compris dans une logique de signification comme « qu'on peut regarder à loisir » ou « qu'on peut prendre en compte », mais sa *désignation* est limitée au second sens.

signifié

Le terme de *signifié* appartient à la terminologie de F. de Saussure comme synonyme de *concept.* En effet, le signe linguistique tel qu'il le conçoit résulte de la combinaison d'un signifiant et d'un signifié, ou, dans une autre formulation, d'une image acoustique et d'un concept.

Sur la nature exacte du concept ou signifié entrant dans la composition du signe linguistique, F. de Saussure dit peu de chose. Les exemples donnés utilisent des mots courants du vocabulaire général, le mot *arbre* en particulier.

Réfléchissant sur le lien entre signifiant et signifié, F. de Saussure affirme l'arbitraire du signe : « L'idée (signifié) de "sœur" n'est liée par aucun rapport intérieur avec la suite de sons /sœR/ qui lui sert de signifiant. » É. Benveniste fait remarquer que cette affirmation est sous-tendue par le recours à la chose même : l'idée de « sœur » est, au contraire, fondamentalement liée au signifiant *sœur,* en fonction même de la théorie saussurienne sur le caractère fondateur du signe en langue : c'est entre le signe linguistique, associant signifiant et signifié, et la réalité extralinguistique, que le rapport est nécessairement arbitraire. Bien sûr, ainsi présenté, le problème rejoint la polémique traditionnelle sur le caractère naturel ou conventionnel du mot *(physei/thesei)* et ne concerne plus seulement la linguistique.

signifié de puissance

La notion de *signifié de puissance* est due à Gustave Guillaume pour qui un signe totalise en lui-même un signifiant et un signifié de puissance qui lui est attaché de façon permanente. Réalité inconsciente, ce signifié de puissance recouvre l'ensemble des virtualités signifiantes qui s'actualisent, dans les discours, sous forme de signifiés d'effet. Le passage du virtuel à l'effectif est vu dans une perspective de modèle dynamique de la signification (V. TEMPS OPÉRATIF*).

En effet, dans la vision guillaumienne, le signifié de puissance est conçu comme un ensemble de « cinétismes », mouvements de pensée inconscients, trajectoires sémantiques sur lesquelles s'opèrent des « saisies ». Plus la saisie est tardive, plus l'effet de sens est riche (sens plénier) ; plus la saisie est précoce, plus le sens (subduit) est pauvre.

Dans la sémantique puissancielle proposée par Jacqueline Picoche, si un signifié de puissance ne possède qu'un type de signifiés d'effet, il sera tenu pour monosémique, en revanche, si plusieurs types de signifiés d'effet sont à distinguer, on parlera de polysémie.

simple

1. On appelle *mot simple* un morphème racine par opposition au *mot dérivé* ou *composé.*

On appelle *phrase simple,* par opposition à *phrase complexe,* une phrase qui ne comporte qu'une seule proposition.

2. Le nom de *passé simple* est donné à des formes verbales françaises constituées de la racine verbale et d'un affixe de temps passé ; elles traduisent dans le récit le passé révolu. Le passé simple s'oppose dans cette terminologie au *passé composé,* formé de l'auxiliaire *avoir* (ou *être*) et du participe passé. (V. PASSÉ, TEMPS.)

On appelle *temps simple* en français une forme sans auxiliaire de la conjugaison du verbe.

simplicité

Le critère de *simplicité* permettrait, en évaluant les différentes grammaires possibles d'une langue, de retenir celle qui serait la plus simple, c'est-à-dire celle qui aurait besoin du plus petit nombre de règles pour rendre compte du plus grand nombre de faits possibles.

simulation

Le concept de *simulation,* utilisé dans l'analyse de l'énonciation, s'oppose au masquage et à la connivence : le locuteur, après avoir maîtrisé plus ou moins bien le langage des membres d'un groupe autre que celui auquel il appartient, en utilise les formes de langue. Mais, alors que la connivence suppose qu'on cherche à montrer son appartenance effective à tel ou tel groupe, la simulation implique une tentative pour induire en erreur sur cette appartenance.

simultané

On dit d'un bilinguisme qu'il est *simultané* lorsque les deux langues ont été acquises par un individu à la même étape de son développement.

singularité

La *singularité* est un trait distinctif de la catégorie sémantique du nombre*, indiquant la représentation d'une seule entité isolable. Elle est exprimée en général par le singulier, mais peut être aussi traduite par le pluriel dans *les ténèbres, les obsèques, les ciseaux, les pantalons.* La singularité est notée par le trait [+ singularité].

I. **singulier**

Le *singulier* est un cas grammatical de la catégorie du nombre* traduisant la singularité dans les noms comptables (*un* vs *plus d'un*), la pluralité dans les noms collectifs ou l'emploi générique des noms comptables, l'absence de toute opposition de nombre dans les noms non-comptables. Un nom peut être singulier et exprimer la singularité, comme *table* (opposé à *tables*), ou exprimer la pluralité, comme *chênaie* (opposé à *chêne*), ou exprimer la généralité, comme le générique *l'homme* dans *L'homme est mortel.* Le singulier est noté par le trait [+ sing].

II. **singulier**

En grammaire générative, la *transformation singulière* est une transformation* qui opère sur une seule suite générée par la base. Ainsi, les transformations passive, négative, interrogative et emphatique sont des transformations singulières, par opposition aux transformations qui portent sur au moins deux phrases, comme les transformations relative et complétive, qui sont dites *transformations généralisées.*

situation

On appelle *situation* l'ensemble des conditions ou facteurs extralinguistiques (psychologiques, sociaux et historiques) qui déterminent l'émission d'un (ou de plusieurs) énoncé à un moment donné du temps et en un lieu donné. En linguistique, on parle plutôt de *contexte* ou de *contexte situationnel.* (V. COMMUNICATION.)

Skinner (Burrhus Frederic), psychologue américain (Susquehanna, Pennsylvanie, 1904 - Cambridge, Massachusetts, 1990). Développant un béhaviorisme radical, dans son analyse expérimentale du comportement, il explique les conduites humaines, y compris le langage, par des régularités dans les renforcements auxquels sont soumis les individus. Son influence a été importante sur le distributionnalisme américain, jusqu'au moment où il a subi les critiques de N. Chomsky. (V. Bibliographie.)

slang
Le nom *slang* désigne l'argot dans les pays anglo-saxons.

sociatif
Le *sociatif* est un cas utilisé dans certaines langues, comme le basque, pour exprimer l'accompagnement. (Syn. : COMITATIF.)

sociodifférentiel
Une étude *sociodifférentielle* étudie les différences linguistiques en essayant de les mettre en rapport avec des différences sociales.

sociolecte
On donne le nom de *sociolecte* à tout dialecte social, par exemple à un argot ou à un jargon de métier.

sociolinguistique

La *sociolinguistique* est une partie de la linguistique dont le domaine se recoupe avec ceux de l'ethnolinguistique*, de la sociologie* du langage, de la géographie* linguistique et de la dialectologie*.

La sociolinguistique se fixe comme tâche de faire apparaître dans la mesure du possible la covariance des phénomènes linguistiques et sociaux et, éventuellement, d'établir une relation de cause à effet.

Contrairement à une pratique affirmée ou implicite, la sociolinguistique n'a pas pour but de faire ressortir les répercussions linguistiques des clivages sociaux. Elle doit procéder à des descriptions parallèles indépendantes l'une de l'autre : d'un côté, on a des structures sociologiques, de l'autre des structures linguistiques, et ce n'est qu'une fois ces descriptions préalables achevées qu'on peut confronter les faits de chacun des deux ordres.

La sociolinguistique peut prendre en considération comme donnée sociale l'état de l'émetteur (origine ethnique, profession, niveau de vie, etc.) et rattacher à cet état le modèle de performance dégagé. Il est bien clair que, définie ainsi, la sociolinguistique englobe pratiquement toute la linguistique procédant à partir de corpus*, puisque ceux-ci sont toujours produits en un temps, en un lieu, en un milieu déterminés.

On peut aussi se placer du point de vue du destinataire. Le genre de discours utilisé est, en effet, fonction des individus auxquels il s'adresse.

Parfois, ce sont les notions exprimées (le contenu des énoncés) qui sont sociales : la sociolinguistique qui s'occupe du vocabulaire politique, du vocabulaire technique, etc. C'est là une partie de la linguistique très bien établie qui se trouve admise, du moins dans certains de ses objets, par les études traditionnelles de la langue.

Il faut, en revanche, insister sur l'importance des conditions sociales de la communication. On peut considérer le groupe humain formé par le médecin et son patient comme un groupe social (instable) d'un certain type. Il faut poser que ce groupe se différencie des autres par certaines manières de parler ; il y a le mode d'énonciation du docteur qui n'est pas celui du malade, qui n'est pas non plus celui du docteur dans des conditions sociales différentes. On aboutit ainsi à la définition de types de discours sans lesquels il est difficile de rendre compte de la variation du langage. Les méthodes les plus fructueuses dans ce domaine semblent faire appel à l'analyse* de discours et à l'étude du mode d'énonciation*.

Il suffit aussi que le chercheur ait pour but d'éclairer simplement telle ou telle recherche dans l'une des sciences humaines autre que la linguistique en faisant appel à la langue. C'est ainsi qu'on a une sociologie du langage, ou bien l'utilisation de faits linguistiques pour illustrer telle ou telle donnée historique. Ces recherches sont en marge de la linguistique parce qu'elles privilégient la composante non-linguistique. D'une manière générale, elles impliquent la dépendance du linguistique par rapport au social.

Relève aussi de la *sociolinguistique* l'étude des jugements portés sur le comportement verbal des individus. Les jugements sur les niveaux de langue, notamment les déclarations du type *dites, ne dites pas,* méritent à plus d'un titre d'être un objet d'étude. Il en va de même de l'attitude du locuteur vis-à-vis de son énoncé, qu'on caractérise selon la distance ou la modalisation*.

L'examen des variations géographiques de la langue n'est qu'un cas particulier de la sociolinguistique, quoique souvent on désigne cette recherche sous des dénominations particulières (dialectologie, géographie linguistique).

Il existe enfin une sociolinguistique appliquée qui s'occupe des problèmes de « planification linguistique » ; ainsi, dans les pays en voie de développement et sans unité linguistique, on a pu mettre au point, à partir de l'examen des différents dialectes, des langues* d'union proposées comme langues officielles. De même, le planificateur peut s'occuper de contrôler ou de freiner les variations de la langue sans aucun souci de beau langage ou de tradition et en négligeant le point de vue normatif traditionnel.

Dans la dernière période de son développement, la sociolinguistique a surtout pris en compte les problèmes de bilinguisme*, de diglossie* et de glottopolitique*.

sociologie du langage
On appelle *sociologie du langage* une discipline sociologique qui utilise les faits de langue comme indices de clivages sociaux. Chez J. A. Fishman, le terme désigne la sociolinguistique* vue plutôt sous l'angle de la sociologie ou s'intégrant dans les perspectives de celle-ci. Parfois, le mot est employé comme un simple équivalent de *sociolinguistique.*

socioterminologie
La *socioterminologie* veut prendre en compte les aspects sociolinguistiques de la communication scientifique et technique. Elle préfère la notion de *sphère d'activité* à celle du *domaine,* en considération des nouveaux rapports qu'entretiennent science, technique et production : ces rapports ne permettent plus de privilégier la pureté disciplinaire, et sont bien exprimés par le sens nouveau du mot *technologie,* tel qu'on peut l'induire de composés comme *technologie du froid, technologie spatiale, biotechnologies,* etc.

La socioterminologie refuse de donner priorité à la notion dans l'étude des vocabulaires spécialisés, s'opposant ainsi à la terminologie majoritaire inspirée d'E. Wüster. Elle travaille le terme technique dans une optique qui part du *signe linguistique ;* elle s'intéresse notamment aux *situations d'interface,* où le spécialiste est amené à renoncer au discours normé entre pairs pour passer des compromis langagiers avec des partenaires d'autres disciplines, ou engagés plus directement dans le procès de production, ainsi qu'avec les « décideurs » (dans le cadre des rapports, des réponses à appel d'offres, contrats, etc.) et avec le public.

La socioterminologie s'intéresse aux pratiques institutionnelles qui visent l'observation, l'enregistrement et la normalisation des pratiques langagières dans les procès technologiques.

solécisme
On appelle *solécisme* une construction de phrase qui n'est pas produite par les règles de la grammaire d'une langue à une époque déterminée ou bien qui n'est pas acceptée dans une norme ou un usage jugé correct. Ainsi, un groupe nominal comme * *Tous plusieurs personnes* est un solécisme (agrammaticalité) du point de vue des règles de la grammaire ; *Des cravates pour 20 francs chaque* est jugé un solécisme par les grammairiens puristes au regard de la norme qu'ils définissent.

solidarité
En glossématique, la *solidarité* est le caractère d'une fonction dont les deux fonctifs* se conditionnent mutuellement. La relation entre le contenu et l'expression, par exemple, est une solidarité puisque leur combinaison est la condition de la langue : si l'expression sans contenu est un abracadabra sans caractère linguistique, il n'y a pas non plus fait de langue quand il y a pensée sans expression.

sollicitation
En linguistique, on appelle *techniques de sollicitation d'énoncés* les techniques de tests qui permettent l'apparition d'énoncés pertinents pour une caractéristique étudiée, sans que le locuteur soit cependant amené à produire des énoncés peu naturels. On fournit à un locuteur un environnement déterminé dans lequel il peut émettre spontanément l'énoncé sollicité.

sombre

Une *voyelle sombre* est une voyelle acoustiquement grave, comme [u] de *jour* ou de *loup,* et toutes les voyelles vélaires. Ce terme, comme le terme opposé de *clair,* qui désigne les voyelles aiguës (palatales), vient d'une association courante entre la sensation auditive de gravité et la sensation visuelle d'obscurité.

sommet

On appelle *sommet syllabique* le phonème qui, dans un noyau* de syllabe comportant plusieurs phonèmes, est plus ouvert que les autres. Ainsi, dans la syllabe initiale du mot espagnol *puerta,* le sommet syllabique du noyau [we] est [e] ; dans le monosyllabe français *nuit,* le sommet de syllabe est [i].

son

Un *son* est une onde qui se déplace dans l'air (ou dans d'autres corps) à une certaine vitesse (340 m/s environ dans l'air), produite par une vibration qui peut être périodique* ou apériodique, simple ou composée. Les sons habituellement perçus par l'homme sont ceux qui sont produits par des vibrations dont la fréquence se situe entre 16 hertz (seuil de l'audition) et 16 000 hertz (seuil de la douleur). Les sons inférieurs au seuil de l'audition sont les infrasons, ceux qui sont supérieurs au seuil de la douleur sont les ultrasons.

Parmi les sons utilisés dans la phonation, certains sont les ondes produites par la vibration périodique des cordes vocales renforcées différemment par les cavités du canal vocal qu'elles traversent : ces ondes périodiques ou quasi périodiques sont les voyelles* ou tons*. D'autres sons du langage sont produits par des vibrations non périodiques : il s'agit des consonnes* ou bruits*. Les voyelles, comme les consonnes, étant produites par une vibration composée, le son est composé d'un son fondamental* et de sons partiels. Dans les voyelles, la vibration étant périodique, les fréquences des partiels ou harmoniques sont toutes des multiples entiers de la fréquence du fondamental. Dans les consonnes, il n'y a aucun rapport entre les fréquences des différents partiels, d'où le son désagréable qui est produit.

Chaque son est caractérisé acoustiquement par un certain nombre de données, en particulier la vitesse de vibration ou fréquence, l'amplitude de la vibration ou intensité, la durée d'émission, etc. Chacune de ces données a des équivalents aux autres niveaux de la transmission du message (moteur, perceptif, neuropsychologique). Mais ces données ne sont pas utilisées de la même façon par toutes les langues : chacune effectue un tri linguistique différent dans les propriétés de la substance sonore. Dans certaines langues, par exemple, la différence de durée n'est pas utilisée à des fins distinctives. D'autres langues, au contraire, se serviront du fait que l'émission d'un son peut durer plus ou moins longtemps pour différencier les signifiants de deux messages.

Le locuteur et l'auditeur d'une langue donnée ont appris à faire abstraction des caractéristiques phoniques qui n'ont pas d'importance dans cette langue : c'est pourquoi, bien qu'un son ne soit jamais prononcé ni reçu par l'oreille de la même façon, ces différences ne sont pas sensibles lorsque la transmission du message s'effectue normalement. Ces différences sont objectives, elles peuvent être mesurées physiquement (c'est ce que fait la phonétique), mais elles n'ont pas de valeur subjective et linguistique.

Différents sons réalisent une même unité linguistique, un même phonème lorsqu'ils présentent dans leur configuration les traits distinctifs du phonème, mêlés aux autres traits qui n'ont pas de fonction linguistique.

sonagramme
Un *sonagramme* est la représentation graphique des composants phoniques (spectrogramme) d'une succession de sons, obtenue par l'analyse acoustique d'un fragment de la chaîne parlée d'une trentaine de phonèmes au moyen d'un appareil appelé *sonagraphe.* Les spectres des différents sons se succèdent : pour chaque spectre, les formants s'ordonnent de haut en bas de l'échelle des fréquences, l'intensité est exprimée par le caractère plus ou moins net de la structure de formant, la durée du son correspondant approximativement à la longueur du spectre (un sonagramme, pour une trentaine de phonèmes qui durent environ 2,4 secondes, est long d'environ 24 cm). L'écart entre le formant haut et le formant bas (F^1 et F^2) exprime le caractère plus ou moins compact ou plus ou moins diffus du son, la hauteur des fréquences dans lesquelles se situent le formant buccal F^2 et les formants supérieurs traduit son acuité. Toutes les autres caractéristiques acoustiques peuvent être ainsi identifiées à l'observation du sonagramme.

Le sonagramme, par rapport aux types de spectrogramme qui ne représentent que la structure acoustique d'un seul son, a l'avantage de présenter la transition entre les différents sons ; celle-ci est particulièrement importante pour l'identification de certains sons : les consonnes occlusives, en particulier, ne peuvent être identifiées que par l'inflexion, vers le haut ou vers le bas, que subissent les formants des voyelles contiguës.

sonagraphe
Le terme de *sonagraphe* est une adaptation du nom anglais « Sona-graph », sous lequel a été lancé commercialement, aux États-Unis, un type nouveau de spectrographe (ou spectromètre) permettant de représenter une succession d'une trentaine de sons (ou plus si on place bout à bout les différents sonagrammes d'un fragment de chaîne parlée), alors que les spectrographes traditionnels ne permettaient de représenter qu'un son isolé et nécessairement vocalique.

sonante
1. Le terme de *sonantes* désignait anciennement les voyelles, capables d'être entendues sans le soutien d'un autre son, par opposition aux consonnes (« qui sonnent avec »), inaudibles isolément.
2. Dans la linguistique moderne, on emploie souvent le terme de *sonante* pour désigner un type de consonnes qui présentent le degré d'obstacle le plus faible (nasales, liquides, vibrantes, glides) et se rapprochent par là des voyelles, par opposition aux fricatives et aux occlusives, appelées *bruyantes,* qui se réalisent acoustiquement comme des bruits.

sonantisme
Certaines langues où la différence entre occlusives et fricatives n'a pas de valeur phonologique présentent une *corrélation de sonantisme* opposant une série de bruyantes à une série de sonantes (le tamoul, par exemple).

sonore
Un *phonème sonore,* ou *voisé,* est un phonème dont l'articulation s'accompagne d'une vibration des cordes vocales qui sont accolées et ne s'ouvrent que sous la pression périodique de la masse d'air subglottique accumulée. Les ouvertures et fermetures successives de la glotte sous cette pression sont à l'origine de l'onde sonore qui constitue les voyelles (à peu près universellement voisées) et caractérise l'articulation des consonnes sonores ([b, d, g, v, z, ʒ], etc.), par opposition aux consonnes *sourdes.*

sonorisation
Le phénomène de *sonorisation* est celui par lequel un phonème sourd (non-voisé) acquiert le trait de sonorité au contact d'un phonème sonore. En français, par exemple, le phonème [p] dans le mot *capot* [kapo] est réalisé phonétiquement comme voisé et ne s'oppose que par le trait de tension à son partenaire normalement voisé [b] de *cabot.*

sonorité
La *sonorité,* ou *voisement**, est le trait dû à la vibration des cordes vocales qui caractérise les phonèmes sonores ou voisés.

source
1. La *source* est le lieu du codage d'un message (par exemple le sujet parlant) en fonction de son référent ; elle fonctionne alors comme émetteur.
2. En traduction, on appelle *langue source* la langue connue d'un texte que l'on traduit dans une autre langue ou *langue cible.*
3. En terminologie, on appelle *source* tout document d'où l'on extrait une donnée terminologique. La source peut être un document écrit ou oral. Elle apparaît généralement sous forme codée sur la fiche terminologique, pour des raisons d'économie d'espace (fiche – papier) ou de mémoire (fiche informatique).

sourd
Un *phonème sourd,* ou *non-voisé,* est un phonème dont l'articulation ne comporte pas de vibration des cordes vocales : la glotte étant fermée, l'air pulmonaire ne passe pas à travers le larynx, il n'y a donc pas d'onde sonore d'origine laryngée. Le son est produit dans ce cas par la mise en vibration de l'air du chenal buccal lors de son ouverture pour la réalisation de la voyelle qui suit ou lors de sa fermeture à la fin de la voyelle qui précède. Les phonèmes non-voisés sont en général plus rares dans l'inventaire phonématique des langues que les phonèmes voisés. En français, seules six consonnes sont phonologiquement sourdes [p, t, k, f, s, ʃ].

sous-adresse
En lexicographie, le terme de *sous-adresse* désigne, à l'intérieur d'un article, les entrées notées par une typographie spécifique (petit gras, italique) qui indique des acceptions distinctes de l'acception principale ou correspondant à une forme de l'item lexical différente de celle du mot d'entrée. Ainsi, *classeur* étant l'adresse (celui, celle qui classe les entrées), *classeur,* nom masculin (objet ou meuble de bureau, divisé en compartiments, servant à classer des papiers), et *classeuse,* nom féminin (appareil destiné au classement et à l'endossement des chèques), sont des sous-adresses.

sous-catégorie
En grammaire générative, les *sous-catégories* sont les subdivisions des catégories de la base syntagmatique. Ainsi, en français, le déterminant a comme sous-catégories l'article (Art), le préarticle (PréArt), le postarticle (PostArt) et le démonstratif (Dém).

sous-catégorisation
En grammaire générative, on appelle *règles de sous-catégorisation* les règles qui imposent une limitation au choix des morphèmes en raison de leur distribution en sous-catégories grammaticales. Les verbes (catégories grammaticales) peuvent être subdivisés (sous-catégorisés) en transitifs et intransitifs : si l'on a une phrase de la forme SN + Aux + V + SN, le verbe ne pourra pas être un verbe intransitif.

Les règles de *sous-catégorisation* distinguent donc des sous-catégories à l'intérieur d'une catégorie. Ainsi, il y a plusieurs sous-catégories de noms, noms propres et noms communs, comptables et non-comptables :

$$\text{N} \rightarrow \begin{Bmatrix} \text{N commun} \\ \text{N propre} \end{Bmatrix}$$

$$\text{N commun} \rightarrow \begin{Bmatrix} \text{N comptable} \\ \text{N non-comptable} \end{Bmatrix}$$

(Pour *trait de sous-catégorisation stricte,* V. TRAIT.)

sous-code
Le terme de *sous-code* est utilisé par le Cercle linguistique de Prague et maintenu par R. Jakobson pour désigner le système de relations particulières que, à l'intérieur d'une fonction donnée du langage, les éléments du code global de la langue entretiennent entre eux. Contrairement à la notion de parole, telle qu'on la trouve définie par F. de Saussure et qui exclut à ce niveau toute idée d'ordre qui ne soit pas celui de la langue, la notion de sous-codes, se manifestant en tant que traits pertinents linguistiques, fonde la linguistique de la parole. Ainsi, l'opposition entre *je* et *nous* n'est pas du même ordre dans la conversation familière et dans le discours politique.

sous-entendu
On appelle *sous-entendu* ce qui, dans la phrase effectivement réalisée, n'est pas exprimé, mais qui est impliqué par l'interprétation sémantique ou par le cadre syntaxique auquel correspond cette phrase. Ainsi, dans la phrase impérative *Venez demain à cinq heures,* le sujet *vous* est sous-entendu par référence au cadre syntaxique de la phrase assertive ; l'interprétation sémantique peut laisser supposer un complément de lieu comme *à la maison, chez moi,* qu'il est aisé de suppléer par le contexte. (V. EFFACEMENT.)

sous-famille
On appelle quelquefois *sous-famille,* dans la typologie des langues, un sous-ensemble de langues d'une famille*. Ce terme est synonyme de *branche,* qui est employé plus couramment.

sous-jacent
On qualifie de *sous-jacent* un élément linguistique impliqué dans la structure profonde qui n'est pas manifesté sous cette forme dans la phrase réalisée. Ainsi, on dira que le syntagme nominal complément d'objet est sous-jacent en structure profonde dans la phrase *Pierre mange,* qui implique l'effacement de « quelque chose de comestible ».

soustractif
On dit d'un bilinguisme qu'il est *soustractif,* quand une des langues en présence est dévalorisée, ce qui ne permet pas le plein développement des capacités de l'individu. (Contr. ADDITIF.)

soutenu
Dans chaque langue, il existe une série de formes, de tours ou de prononciations qui ne sont utilisés que dans des situations sociales contraignantes (relations officielles ou mondaines, politesse) ; la recherche dans le choix des mots, les constructions syntaxiques ou la prononciation caractérisent alors la *langue soutenue,* opposée à la *langue familière,* qui ignore ces contraintes, et à la *langue relâchée,* qui viole les règles les plus importantes du « bon usage ».

spécialité
On appelle *langue de spécialité* un sous-système linguistique tel qu'il rassemble les spécificités linguistiques d'un domaine particulier. En fait, la terminologie, à l'origine de ce concept, se satisfait très généralement de relever les notions* et les termes* considérés comme propres à ce domaine. Sous cet angle, il y a donc abus à parler de *langue de spécialité,* et *vocabulaire spécialisé* convient mieux.

Langue de spécialité s'oppose à *langue commune.* On utilise souvent les abréviations anglaises, *lsp/lgp,* soit « language for specifie purpose » /« language for general purpose ».

La socioterminologie* critique la notion de *lsp* en soulignant que le vocabulaire scientifique et/ou technique est beaucoup plus utilisé en situation d'interface (dans des sphères d'activité* qui réunissent des spécialistes de disciplines différentes et des scientifiques avec des acteurs de la production) qu'en situation de communication entre pairs.

spectre acoustique
On appelle *spectre acoustique* la représentation graphique des composants d'une voyelle. Un spectre peut être réalisé mathématiquement par l'application du théorème de Fourier. De tels calculs, très compliqués, ont été facilités par l'apparition des machines à calculer séquentielles comme IBM 1620 (à Strasbourg) ou Gamma 60. Un spectre acoustique peut être obtenu par un appareil analyseur du son appelé *spectrographe* ou *spectromètre.* Les partiels s'ordonnent horizontalement, de gauche à droite selon la fréquence. La hauteur des traits qui les représentent indique l'intensité des partiels ; la longueur du spectre correspond à la durée de la voyelle.

spectromètre, spectrographe
On appelle *spectromètre,* ou *spectrographe,* un appareil analyseur du son qui permet de décomposer une onde sonore en ses partiels, en les isolant les uns des autres à l'aide de filtres acoustiques, d'enregistrer chacun des partiels indépendamment des autres composants du son et de rendre visibles les résultats de l'analyse sous forme d'un spectre. Le premier prototype de ces appareils a été construit en Allemagne avant la Seconde Guerre mondiale ; il en existe de nombreux dans l'industrie pour des besoins d'acoustique technique. Le type le plus répandu aujourd'hui est le sonagraphe*.

sphère d'activité
La socioterminologie préconise le remplacement du mot *domaine* par le mot *sphère d'activité* dans de nombreux cas.

On peut continuer à envisager une terminologie du domaine* dans le cas d'une discipline très fermée, au niveau de la communication entre spécialistes de la discipline, ou de l'action pédagogique. Mais les conditions modernes de la recherche et de la production ont énormément multiplié les contacts interdisciplinaires d'une part, et d'autre part les coopérations entre recherche et production. On a pu dire que la science était devenue un facteur essentiel du procès de production. On appellera *sphères d'activités* les structures, stables ou occasionnelles, réunissant pour une production déterminée un ensemble de spécialistes disciplinaires et techniques, des agents de la production et éventuellement de la commercialisation, le cas échéant des « décideurs » et bailleurs de fonds institutionnels ou privés. Les biotechnologies par exemple se réalisent dans diverses sphères d'activités : on peut citer les biotechnologies appliquées à la pharmacologie, la fermentation, l'agroalimentaire, etc. Il serait tout à fait impropre de parler de *domaine,* au sens terminologique, dans de tels cas.

spirante
Syn. de FRICATIVE ou CONSTRICTIVE.

spirantisation
On appelle *spirantisation* le resserrement du chenal buccal en son axe médian, qui se produit en particulier pour la réalisation des fricatives et des constrictives. Ce terme désigne aussi, en linguistique diachronique et synchronique, le passage d'un son dont l'articulation comporte une occlusion du chenal buccal à un son dont l'articulation comporte un resserrement du chenal buccal, par exemple en espagnol le passage des occlusives [b, d, g] aux fricatives [β, δ, γ] à l'intervocalique.

standard, standardisé
Une forme de langue est *standard* quand, dans un pays donné, au-delà des variations locales ou sociales, elle s'impose au point d'être

employée couramment, comme le meilleur moyen de communication, par des gens susceptibles d'utiliser d'autres formes ou dialectes. C'est d'une manière générale une langue écrite. Elle est diffusée par l'école, par la radio, et utilisée dans les relations officielles. Elle est généralement normalisée et soumise à des institutions qui la régentent. Dans ce sens, on parle aussi souvent, par exemple, de *français commun*. La langue standard tend à supprimer les écarts en imposant une forme unique entre toutes les formes dialectales. Elle ne se confond pas nécessairement avec la langue soutenue, bien qu'elle tende à s'en rapprocher. Ainsi, une prononciation tend à être adoptée comme celle du français courant, central dans toutes les provinces. On dira que cette prononciation est *standardisée*. Dans la pratique, *standardisé* et *normalisé* ont des sens voisins, bien que ce dernier terme insiste davantage sur l'existence d'institutions régulatrices (Académie française, école, etc.).

statif

On appelle *statifs* les verbes ou les adjectifs indiquant une durée, un état permanent : *grand* est un adjectif statif, *ivre* est non-statif. (V. DURATIF.)

statique

On donne le nom de *statique* au terme accompli dans l'opposition aspectuelle définie par le couple *être* (accompli : statique) et *devenir* (non-accompli : dynamique).

statistique lexicale

La *statistique lexicale* est une application des méthodes statistiques à la description du vocabulaire.

1. La statistique, c'est-à-dire l'ensemble des données numériques concernant un texte ou un corpus, permet de résoudre des questions stylistiques sur la « richesse » objective d'un vocabulaire, en particulier sur les oppositions stylistiques à l'intérieur d'un même texte ou entre des textes d'auteurs différents. Ces procédures peuvent également aider à résoudre des problèmes de datation (« richesse » lexicologique du texte comparée à la « richesse » lexicale considérée à telle période de la production d'un écrivain) ou d'attribution du texte (« richesse » lexicologique du texte référée à la richesse lexicale de tel et tel auteur).

Un dépouillement intégral permettrait seul de tout dire sur la façon dont le lexique (virtuel) s'actualise en discours. Confrontés à l'intérêt de cet objectif et à l'impossibilité pratique des dépouillements complets, les statisticiens appliquent au texte des méthodes du type de celles qu'a définies Ch. Muller pour le choix des échantillons représentatifs.

Toutefois, la statistique lexicale se heurte encore à l'écueil de la norme lexicologique. Les lexies plus ou moins fixées par l'usage sont une source de difficulté : *avoir peur* est-il moins une unité de signification que *trembler ?* Pratiquement, dans leur définition du mot (unité du texte, par exemple « *le Cid* compte 16 690 mots ») et du vocable (unité du lexique, par exemple « *le Cid* compte 1 518 vocables »), les statisticiens acceptent l'usage des lexicographes, mais dans une certaine confusion, inévitable dès lors qu'une norme conventionnelle n'a pas été adoptée. On sait que tous les dictionnaires ne présentent pas les mêmes entrées.

2. La tentative d'enregistrement du français fondamental constitue une autre approche quantitative. Il s'agit de définir les mots les plus employés de la langue, pour en assurer l'enseignement prioritaire aux non-francophones. Les enquêtes menées pour la définition des diverses listes (français élémentaire — français fondamental) ont établi la différence entre fréquence et probabilité d'occurrence. Un mot d'une fréquence élevée dans le français fondamental (*classe,* par exemple) peut avoir, dans une autre situation, une probabilité d'occurrence voisine de zéro. Toute lexicologie quantitative doit tenir compte de la situation de communication. Il reste que les deux milliers de mots d'un dictionnaire élémentaire forment 75 à 80 p. 100 de tous les textes.

statut
On appelle *statut de la phrase* la structure de la phrase définie par le mode de communication qu'elle instaure entre le locuteur et l'interlocuteur ; le statut de la phrase est l'assertion (on déclare), l'interrogation (on pose une question) ou l'impératif (on ordonne).
Statut de la communication. V. COMMUNICATION.

stemma
Chez L. Tesnière, les relations existant entre les mots d'une phrase (les connexions) sont représentées par des traits reliant les mots de la phrase. L'ensemble de ces traits constitue le *stemma*. Celui-ci est destiné à faire ressortir la hiérarchie des connexions, à faire apparaître schématiquement les différents nœuds* de la structure de la phrase. En fait, il matérialise ce que L. Tesnière considère comme tel. Malgré les ressemblances formelles, la notion de stemma n'a rien à voir avec celle d'indicateur syntagmatique de la grammaire transformationnelle et générative. Prenons la phrase *La jeune fille lit un beau livre* représentée chez L. Tesnière par le stemma :

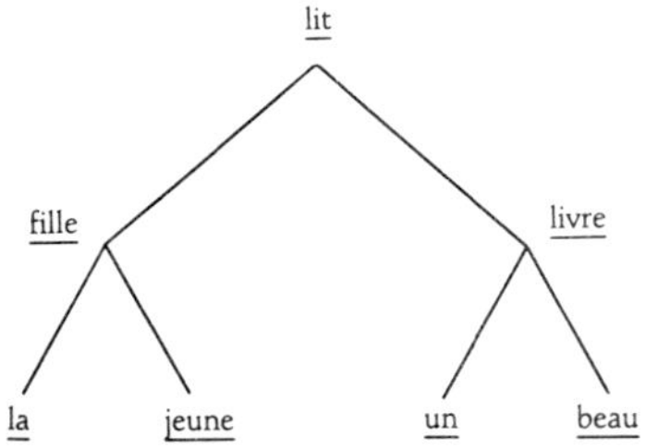

L'indicateur syntagmatique de cette phrase dans la théorie générative n'a rien de commun

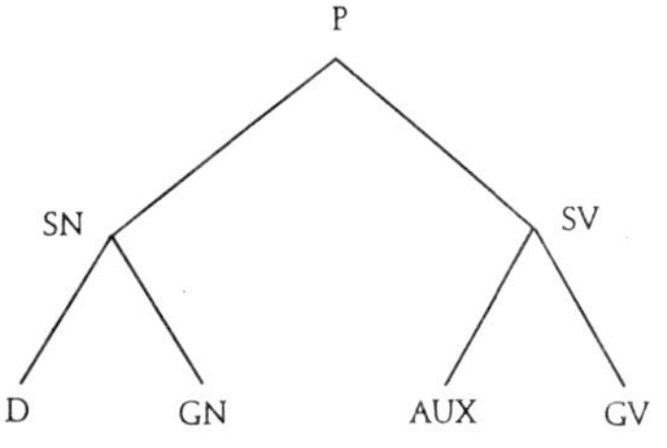

avec le stemma, puisque SN est constitué par D et GN, *fille* se retrouvant dans SN et dans GN, *la* se retrouvant dans SN et dans D.

stéréotype
Le *stéréotype* désigne un trait linguistique figé communément utilisé ; parfois les locuteurs qui l'emploient finissent par avoir l'impression de ne pas l'utiliser et le condamnent fortement chez les autres. Par exemple, en français, l'omission de *ne* dans les phrases négatives.

stimulus
Dans la théorie béhavioriste, un *stimulus* est un événement (S) qui provoque une réponse (R). Le stimulus verbal peut être à la fois une réponse (r) au stimulus S et un stimulus (s) pour la réponse finale (R). En ce cas, le schéma est de la forme SrsR.

stochastique
Un processus est dit *stochastique* quand il est soumis aux lois du hasard et quand on peut lui appliquer le calcul des probabilités. Ce processus a pu servir de base à un modèle linguistique. Ce dernier est conçu comme un mécanisme qui permet de produire de manière automatique un message constitué d'un nombre fini de symboles élémentaires, possédant chacun une durée particulière. Chaque message est produit en allant de gauche à droite (ordre linéaire figurant le temps). Le choix du premier symbole de la suite constituant le message est libre, mais le symbole suivant est déterminé par celui qui vient d'être émis ; il doit être choisi en fonction du premier symbole, et ainsi de suite. Lorsque la machine a émis un symbole, elle passe à un autre état qui dépend de l'état précédent. En mathématiques, ce processus est appelé *modèle de Markov*. Le système possède donc un nombre fini d'états possibles et une série de probabilités de passages d'un état à un autre. Les états successifs seront chaque fois fonction des « mots » antérieurs. Si l'on introduit dans le programme de la machine toutes les données nécessaires pour former les phrases d'une langue, ce modèle peut générer toutes les phrases de cette langue. Une langue, selon le processus markovien, est constituée d'un certain nombre de suites de symboles (ou phrases) déterminées par un ensemble fini de règles de grammaire ; chaque règle caractérise dans quel état du système elle doit être appliquée et quel symbole est produit lors du passage d'un état à l'autre.

storascope
Un *storascope* est un type particulier d'oscillographe cathodique qui permet de visualiser les oscillations des ondes sonores tout en faisant l'économie de la caméra (et de tous les inconvénients liés au délai de déroulement du film et surtout à l'énorme quantité de film nécessaire

pour filmer une seule vibration). Cet appareil comporte un écran fluorescent constitué d'une grosse lame cristalline entre deux électrodes. La trace de l'oscillation s'inscrit sous forme d'ions colorés au point d'impact de cette lame et du rayon cathodique focalisé sur elle. Cette trace subsiste pendant au moins vingt-quatre heures, ce qui permet de l'étudier et de l'effacer si elle est inutile.

strate
Le terme *strate* est utilisé dans la linguistique américaine comme synonyme de *rang**.

stratificationnaliste, stratificationnel
Les *linguistes stratificationnalistes,* comme l'Américain S. Lamb, partent de l'idée que la relation entre la forme phonique (ou graphique) et le sens des énoncés est beaucoup plus complexe que ne l'ont pensé les structuralistes ou même les générativistes. Ils proposent donc de décomposer cette relation en plusieurs relations partielles caractérisées par des niveaux (strates) de représentation beaucoup plus nombreux et dont il faut pouvoir rendre compte spécifiquement (niveau sémantique, syntaxique, morphémique, phonique, etc.). [V. SÉMANTIQUE.]

stress
Le terme de *stress,* emprunté à la linguistique anglaise et américaine, désigne l'accent de force, ou accent d'intensité, afin de le distinguer de l'accent de hauteur, désigné dans la même terminologie par le terme de *pitch**.

stridente
Une *consonne stridente* est caractérisée, en opposition aux consonnes mates, par la présence dans son spectre acoustique d'un bruit d'intensité particulièrement élevé et par une répartition irrégulière de l'intensité. Ces particularités sont dues à la présence, dans l'articulation des consonnes stridentes, d'un obstacle supplémentaire qui crée des effets tranchants au point d'articulation et provoque une plus grande turbulence de l'air. Les consonnes stridentes sont dites aussi « consonnes à bords rugueux », par opposition aux « consonnes à bords lisses » que sont les consonnes mates. Les affriquées s'opposent comme des stridentes aux consonnes occlusives correspondantes, puisque l'articulation complexe de l'affriquée suppose la combinaison d'un obstacle occlusif et d'un obstacle fricatif. Les labiodentales, les chuintantes, les uvulaires sont également des phonèmes stridents. En français, toutes les fricatives [f, v, s, z, ʃ, ʒ] sont des stridentes, les occlusives [p, t, d] étant toutes mates. En anglais, le [s] s'oppose comme strident au [θ], car, dans l'articulation de ce deuxième phonème, la rangée des dents du bas, couverte par la langue, n'obstrue pas le passage de l'air.

stroboscope
Un *stroboscope* est un appareil qui rend observables les vibrations laryngées. En effet, le mouvement des cordes vocales est trop rapide (100 à 300 vibrations à la seconde) pour qu'on puisse l'observer à l'œil nu. Cette observation est permise par un film tourné à une très grande vitesse (jusqu'à 4 000 images à la minute) et passé ensuite au ralenti : une vitesse de déroulement de 16 images à la seconde donne une image très nette du mouvement des cordes vocales.

structural
On qualifie de *structural* (1) ce qui appartient ou relève du structuralisme* (ou linguistique structurale) ; (2) ce qui a une structure, ce qui concerne la structure ; en ce sens, on emploie plutôt *structurel (changement structurel, description structurelle),* afin d'éviter une confusion avec le sens (1).

structuralisme

Le terme *structuralisme* s'est appliqué et s'applique à des écoles linguistiques assez différentes. Ce mot est utilisé parfois pour désigner l'une d'entre elles, parfois pour en désigner plusieurs, parfois pour les désigner toutes. Elles ont en commun un certain nombre de conceptions et de méthodes qui impliquent la définition de structures* en linguistique.

1. Les diverses théories que sont le fonctionnalisme, la glossématique ou le distributionnalisme fondent la linguistique sur l'étude des énoncés réalisés. Dans cette perspective, la linguistique se donne pour but d'élaborer une théorie du texte qu'on considère comme achevé (clos) et d'utiliser à cette fin une méthode d'analyse formelle. Ainsi, le structuralisme pose d'abord le principe d'immanence, le linguiste se limitant à l'étude des énoncés réalisés (corpus*) et tentant de définir leur structure, l'architecture, l'indépendance des éléments internes. En revanche, tout ce qui touche à l'énonciation (notamment le sujet et la situation considérés en quelque sorte comme des invariants qui relèvent d'autres domaines) est laissé hors de la recherche. Sur ce point, toutefois, il faut noter des divergences importantes : l'école de Prague, avec R. Jakobson et É. Benveniste, se préoccupe d'analyser les rapports locuteur-message (V. FONCTIONS DU LANGAGE, ÉNONCIATION), et les successeurs de F. de Saussure, Ch. Bally notamment, posent une linguistique de la parole tout aussi importante et opposée à une linguistique de la langue ; au contraire, L. Bloomfield et le structuralisme américain considèrent qu'il est impossible de définir le sens et la relation du locuteur au monde réel ; selon eux, trop de facteurs entrent en jeu et le linguiste est incapable d'ordonner de manière explicite les traits pertinents de la situation. Un autre trait important du structuralisme est la distinction sous diverses formes d'un code linguistique (langue*) et de ses réalisations (parole*). On va donc tirer du texte ou des textes analysés qui résultent d'actes de parole le système de la langue, alors que l'étude de la parole elle-même a été laissée de côté. On est ainsi conduit à une étude du système tel qu'il fonctionne à un moment donné en équilibre (étude synchronique*) dans la mesure où l'étude historique (diachronique*) semble la négation même du système. Ainsi, le structuralisme fonde l'économie linguistique dans le fonctionnement synchronique du code. On pose *a priori*, pour un ensemble d'énoncés, l'existence d'une structure qu'on doit ensuite dégager en se fondant sur une analyse immanente ; les codes sont considérés comme irréductibles les uns aux autres ; on se demande alors comment la traduction d'une langue à l'autre est possible et on soutient, avec Y. Bar-Hillel, qu'elle n'est jamais totale : les microstructures d'une même langue (un champ lexical par rapport à un autre champ lexical) sont irréductibles elles aussi les unes aux autres. Cette indépendance d'une structure par rapport à une autre s'accompagne d'un certain nombre de postulats concernant le plan des signifiés et le plan des signifiants. La relation entre signifié et signifiant est considérée comme arbitraire* et, sauf exceptions (motivation), il n'y a pas de rapport entre la forme du signe et l'objet désigné. De même on postule, parfois implicitement, parfois explicitement, d'abord la distinction entre la forme et la substance, ensuite le principe de l'isomorphisme* entre elles.

2. Les conséquences méthodologiques de ces principes permettent aussi de rapprocher les diverses écoles structurales. Les structuralistes définissent des niveaux ou des rangs : l'énoncé est étudié comme une série de rangs hiérarchisés où chaque élément est déterminé en fonction de ses combinaisons avec le rang supérieur. Les phonèmes sont considérés par leurs combinaisons au rang du morphème et les morphèmes par leurs combinaisons dans la phrase. Les écoles s'opposent ici quand elles cherchent à mesurer l'importance relative des transitions d'un rang à un autre : A. Martinet privilégie le passage du niveau des phonèmes au niveau des morphèmes alors qu'É. Benveniste, suivant en cela l'école de Prague, situe la transition importante entre les traits pertinents du phonème et le phonème lui-même. Tous les structuralismes tendent à établir des taxinomies.

La méthode du structuralisme est d'abord inductive, même si elle peut aboutir à la projection des résultats sur divers corpus qui n'ont pas été réalisés et dont on attend que les résultats rendent compte. C'est dire que, d'une manière ou d'une autre, le structuralisme tend toujours à lire un texte selon une certaine grille qui le réorganise.

3. Le structuralisme rejoint la théorie de l'information* dans la mesure où il fait appel à l'étude de l'environnement d'une unité. Lorsqu'on a émis la syllabe *ma,* un grand nombre de mots reste possible *(maternité, mamelle, mal, marxisme, machine, manichéisme,* etc.), mais beaucoup sont déjà exclus (tous ceux qui ne commencent pas par *m* et tous ceux qui, commençant par *m,* font suivre cette consonne d'un phonème autre que *a : mine, mère, mutation, mot, moitié,* etc.) ; dès qu'on prononce, après la syllabe *ma,* la syllabe *ta,* une nouvelle série se trouve exclue (*maternité, mamelle, mal, marxisme, machine, manichéisme,* etc.), mais restent encore possible *matador, matamore,* ce dernier mot devient impossible quand la troisième syllabe est *dor.* Des recherches de ce genre ont permis l'introduction de la statistique dans la linguistique, même si elles s'appliquent beaucoup mieux à la chaîne phonématique qu'aux unités lexicales.
4. Enfin, la linguistique structurale se définit par la recherche des différences qui aboutit au binarisme ; les oppositions peuvent être d'ordre syntagmatique* (opposition d'une unité avec celles qui précèdent ou avec celles qui suivent) ou d'ordre paradigmatique* (opposition avec toutes les unités qui auraient été possibles au point de la chaîne où se trouve l'unité étudiée).
5. Un des mérites du structuralisme est d'avoir établi la linguistique comme science des langues, grâce aux distinctions qu'il a introduites (synchronie/diachronie ; règles du code/réalisations individuelles ; traits pertinents/traits redondants, etc.). Améliorant de manière considérable la description des langues, il a permis de limiter en linguistique le subjectivisme qui substituait des impressions à l'étude systématique et contrôlable des faits de langue. De même, l'ethnocentrisme occidental (qui tendait à décrire tous les idiomes en se fondant sur la grille catégorielle utilisée pour les langues indo-européennes) a tendu à disparaître, chaque système étant considéré par la linguistique structurale comme autonome et relevant d'une description propre.

Le structuralisme a posé les bases théoriques de la science du langage dans la mesure où il a tendu à en décrire le fonctionnement. Les premiers schémas de représentation (linéarité de la chaîne de Markov, rejet systématique de toute interprétation fondée sur une théorie du sujet) se sont certes révélés trop simples. Ils ont conduit toutefois le linguiste à s'occuper de recherches proprement scientifiques dans le domaine des applications (pathologie du langage, apprentissage programmé des langues, traitement formel des textes, classement documentaire). Ce type de recherches n'est devenu possible qu'à partir du moment où le structuralisme a mis en avant le problème du fonctionnement synchronique des langues corelié aux problèmes généraux du langage. Les difficultés du structuralisme résident pourtant dans ce qui a fait son succès : l'analyse à partir de textes réalisés a conduit à négliger la créativité du langage sur laquelle la grammaire générative a mis ensuite l'accent ; la notion de système, sans exclure la diachronie (l'histoire), n'en a pas moins conduit à négliger l'étude historique de la langue ; le désir d'objectivité a minimisé les manifestations du sujet parlant et l'incidence du locuteur dans son discours.

structure

Un ensemble de données linguistiques a une *structure* (est structuré) si, à partir d'une caractéristique définie, on peut constituer un système ordonné de règles qui en décrivent à la fois les éléments et leurs relations, jusqu'à un degré déterminé de complexité : la langue peut être structurée au regard de divers critères indépendants les uns des autres (changement historique, sens, syntaxe, etc.). [V. PROFONDE (STRUCTURE), SUPERFICIELLE.]

Le concept de *structure,* si l'on se réfère à la diversité des structuralismes*, est difficile à définir. Aussi est-il nécessaire de partir d'un certain nombre d'invariants communs à toutes les écoles. Une *structure* est d'abord un système qui fonctionne selon des lois (alors que les éléments n'ont que des propriétés) et qui se conserve ou s'enrichit par le jeu même de ces lois sans l'apport d'éléments extérieurs ou sans qu'il soit exercé une action sur des éléments extérieurs. Une structure est un système caractérisé par les notions de *totalité,* de *transformation,* d'*autorégulation*.

Tous les structuralistes sont d'accord pour opposer les structures aux agrégats, ces derniers étant constitués d'éléments indépendants du tout. On met ainsi en avant la totalité comme caractère de la structure. Les éléments qui peuvent former la structure sont donc régis par des lois caractéristiques du système en tant que tel et qui confèrent au tout des propriétés d'ensemble. On peut prendre ici l'exemple des nombres entiers : ils n'existent pas isolément, ils ne se présentent pas dans un ordre quelconque. C'est dans la même perspective que le structuralisme linguistique décrira le système des phonèmes d'une langue. La conséquence de cette manière de voir est que les structures se définissent par une série de relations entre les éléments ; ce n'est ni l'élément ni le tout, mais leurs relations qui constituent la structure, et le tout n'est que leur résultat. On est conduit ainsi à un des problèmes centraux de la structure, celui de savoir si cette dernière connaît une genèse ou si elle existe de tout temps.

Puisque ce sont les lois qui sont structurantes, on est conduit à avancer la notion de transformation*. Le système de la langue à une époque donnée est loin d'être immobile. Toutes les structures connues sont des systèmes de transformations soit intemporelles, soit temporelles. Si on conçoit les structures comme intemporelles, on privilégie dans les sciences les systèmes logico-mathématiques. On peut, au contraire, se préoccuper de leur généalogie et concevoir les structures intemporelles comme formant simplement un groupe de structures.

Enfin, les transformations inhérentes à une structure ne nous conduisent jamais en dehors de ses frontières (en dehors du tout qu'elle constitue) et n'engendrent que des éléments appartenant toujours à la structure et qui conservent ses lois. C'est en ce sens que la structure se referme sur elle-même. Dans la mesure où elle reste stable tout en construisant indéfiniment de nouveaux éléments, on peut dire qu'il y a autorégulation, celle-ci s'effectuant selon des procédés ou des processus divers. Cette autorégulation, qui corrigerait les erreurs au vu des résultats des actes ou qui imposerait même une sorte de précorrection, ne peut pas être conçue de la même manière pour les structures en sciences humaines que pour les structures logiques ou mathématiques.

structurel

On qualifie de *structurel* ce qui a une structure, qui concerne la structure. En grammaire générative, les transformations se définissent par une *analyse* structurelle* de la suite générée par la base et par un *changement structurel* affectant cette suite. (V. STRUCTURAL.)

style

Le *style,* que l'époque classique définissait comme un je-ne-sais-quoi, est la marque de l'individualité du sujet dans le discours : notion fondamentale, fortement idéologique, qu'il appartient à la stylistique* d'épurer pour en faire un concept opératoire et la faire passer de l'intuition au savoir.

1. Deux dichotomies fondamentales dans la tradition occidentale fondent le style : l'opposition thème *vs* prédicat (ou énoncé *vs* énonciation) qui marque la place du sujet dans son énoncé ; et le dualisme esprit *vs* matière qui présente le langage comme composé de dénotations (sens purs, perçus par l'intellect) et de connotations (s'adressant à la sensibilité valorisée et/ou dévalorisée). La grammaire, dès ses débuts, se double d'une rhétorique, art de la persuasion (orale d'abord, donc matérielle, visant la sensibilité), catalogue des formes élégantes et convaincantes. La même idéologie sous-tend la stylistique de Ch. Bally.

La linguistique saussurienne, dans sa première manifestation, ne bouleverse pas profondément cette conception. Le style relève de la parole ; il est « le choix fait par les usagers dans tous les comportements de la langue » (Cressot). Que ce choix soit « conscient et délibéré », ou une simple déviation, le style réside dans l'écart entre la parole individuelle et la langue. Des langues particulières peuvent être élaborées, réduisant cet écart (langue littéraire, langue de la comédie, etc.) ; on utilise la statistique pour faire apparaître les fréquences relatives de tels mots, de telles tournures ; une stylométrie (utilisation des comptages pour l'étude du style) est possible.

2. L'analyse plus poussée des fonctions du langage, la théorie de l'information, les développements du structuralisme approfondissent la notion. Il existe une fonction stylistique qui souligne les traits significatifs du message et qui met en relief les structures qui représentent les autres fonctions. « La langue exprime, le style souligne » (Riffaterre). Les effets où se manifeste cette fonction forment une structure particulière : le style. Ces effets, cependant, n'existent pas en eux-mêmes, mais dans une opposition binaire dont l'autre pôle est le contexte qu'ils rompent de manière non prévisible. Ce contexte même peut devenir effet de style dans son opposition à un macro-contexte. C'est dire que c'est le texte qui sert de base à l'analyse (niveau transphrastique) et que le style ne réside plus dans une opposition paradigmatique* (ce qui aurait pu être dit), mais syntagmatique* (rapport effet de style *vs* contexte).

Même avec cette dernière analyse, nous ne sommes pas très éloignés de la conception classique selon laquelle le style ne fait qu'ajouter des ornements pour mieux faire passer un message à l'élaboration duquel il ne participe pas. Nous ne sommes pas loin non plus de Ch. Bally et de toute une tradition occidentale pour qui le style est aussi un « écart » par rapport à la logique, un écart pathologique dû à la faiblesse de notre nature. Mais ici, avec la linguistique saussurienne, l'écart est devenu structurel. Cette définition ressortit donc à « une certaine idée de la linguistique tributaire des évidences de la perception et des évidences pédagogiques » (J. Sumpf).

Les propos des écrivains sur leur propre pratique nient, depuis un siècle, cette conception : « Le style c'est la continuité » (Flaubert), « On ne fait pas un poème avec des idées » (Mallarmé). Les analyses purement structurales essaient d'éviter cet écueil, mais c'est surtout la grammaire générative et ses développements qui permettent de dépasser cette problématique.

3. Reconnaître un texte de Hugo, ou le pasticher, c'est utiliser une compétence poétique qui s'ajoute à la compétence linguistique. Il existe des structures profondes et des règles de transformation propres à chaque auteur : une grammaire que le lecteur apprend (ou qu'il ne peut pas apprendre, d'où le refus de la poésie moderne, par exemple). Grammaire particulière (ou style) qui doit engendrer la phrase grammaticale de la langue, mais aussi les semi-phrases, celles que la grammaire générale ne peut pas produire.

En mettant l'accent sur la syntaxe et son caractère central, et sur le processus de production, la grammaire générative fait sortir le problème du style de l'opposition dénotation *vs* connotation, où il est souvent enfermé. Par ailleurs, le travail effectué sur les concepts de littérarité, de texte d'auteur, de lecteur, restructurent le champ de la création et de la lecture de l'œuvre.

4. Dans le texte considéré comme pratique signifiante, non une « structure plate », mais son « propre engendrement », le style comme « résistance d'une expérience à la pratique structurante d'une écriture » (G. Granger, *Essai d'une philosophie de style*) est le texte. Il est donc création de sens. Sa lecture n'est pas un déchiffrement passif, mais un travail de structuration du signifiant, de production du signifié. Ainsi peut-on dépasser dans un « monisme matérialiste, homogénéité de la pensée et du langage » (H. Meschonnic), le dualisme forme *vs* sens, dénotation *vs* connotation et ses dichotomies dérivées : individuel *vs* social, écriture *vs* lecture. Reste cependant, pour rendre ces théories vraiment opératoires, à créer une théorie de la genèse du texte et un modèle du sujet.

style direct, indirect

On emploie quelquefois *style direct* ou *indirect* pour *discours* direct ou indirect. *Discours* est moins ambigu car il se réfère avant tout au mode d'énonciation, alors que *style* a plusieurs sens nettement différents. Le *style direct* est le mode d'énonciation impliquant directement les participants de la communication ; le *style indirect* est le mode d'énonciation des discours rapportés.

stylistique

1. Ch. Bally définit ainsi la *stylistique :* « Étude des faits d'expression du langage organisé du point de vue de leur contenu affectif, c'est-à-dire l'expression des faits de la sensibilité par le langage et l'action des faits de langage sur la sensibilité. » La *stylistique,* branche de la linguistique, consiste donc en un inventaire des potentialités stylistiques de la langue (« effets de style ») au sens saussurien, et non dans l'étude du style de tel auteur, qui est un « emploi volontaire et conscient de ces valeurs ». Cette définition rattache le style à la sensibilité, qui est ainsi définie : « Le sentiment est une déformation dont la nature de notre moi est la cause », ainsi la métaphore existe parce que nous pouvons rendre l'esprit « dupe de l'association de deux représentations ». C'est aussi sur une semblable analyse de la « nature de notre moi » que se fondait la rhétorique, art de persuader en faisant appel à la sensibilité, passé de la tribune à la littérature écrite. Quant à la limitation de la stylistique au domaine de la langue, G. Guillaume la réfute ainsi : « Ce n'est pas le langage qui est intelligent, mais l'utilisation qu'on en fait. »

2. La *stylistique* est plus souvent l'étude scientifique du style des œuvres littéraires, avec pour première justification cette prise de position de R. Jakobson : « S'il est encore des critiques pour douter de la compétence de la linguistique en matière de poésie, je pense à part moi qu'ils ont dû prendre l'incompétence de quelques linguistes bornés pour une incapacité fondamentale de la science linguistique elle-même... Un linguiste sourd à la fonction poétique comme un spécialiste de la littérature indifférent aux problèmes et ignorant des méthodes de la linguistique sont d'ores et déjà, l'un et l'autre, de flagrants anachronismes. »

Face au projet d'une stylistique qui se veut étude scientifique du style, il faut poser un certain nombre de problèmes théoriques. Son objet tout d'abord : le style reste dans la plupart des stylistiques actuelles dégagé d'une manière empirique, le critère de pertinence étant le jugement ou le goût du stylisticien. Cette spécificité de l'objet et de sa recherche est peut-être justifiée, encore faudrait-il la fonder de manière scientifique. Liée à la linguistique, la stylistique n'en doit pas moins se forger des méthodes propres. Enfin, son objet ayant été longtemps étroitement lié aux notions de beau et de goût, doit-elle se désintéresser ou non de cette question de valeur ? Peut-elle, et au nom de quoi, conclure sur la valeur d'un texte ?

Sans dire avec P. Guiraud que la « vocation de la linguistique est l'interprétation et l'appréciation des textes littéraires », on peut constater avec lui que, par-delà la ruine de la rhétorique, la linguistique renoue avec l'ancienne grammaire qui, il y a 2 000 ans, donna naissance à la critique littéraire ; ce contact avec la littérature, la stylistique le retrouve grâce à ses propres développements, grâce aussi à une nouvelle pratique des écrivains qui, depuis une centaine d'années, définissent l'œuvre comme langage. Encore faut-il spécifier les caractéristiques de l'œuvre littéraire. Elle est un objet linguistique (manifestation d'une langue naturelle), clos (limité, structurellement fini), qui entretient avec le référent des relations particulières.

3. À l'intérieur de l'hypothèse saussurienne, tout texte relevant de la parole, création individuelle, le style est défini par référence à une norme, comme un *écart*. Écart par rapport au code tout d'abord (peu souvent transgressé dans le passé, plus souvent aujourd'hui, comme chez Queneau et Michaux), écart par rapport à un niveau non-marqué de la parole, sorte d'usage moyen et « simple », écart par rapport au style du genre dont l'œuvre fait partie, et qui constitue une sorte de langue établie préalablement (on peut étudier ainsi le style de Racine à l'intérieur du style de la tragédie). Dans tous les cas, il s'agit d'étudier des « effets de style sur fond de langue ».

Outre que la constitution de ces normes (langue simple, style tragique, etc.) risque d'aboutir à de purs artefacts, et qu'on ait là une rhétorique modernisée (le style est un ornement), cette stylistique de l'écart atomise le texte et nie la pratique des écrivains ; elle relève d'une tendance fondamentale « qui est de toujours faire de l'individu un épiphénomène » au nom d'une norme dont on oublie de dire comment on l'a construite.

À cette stylistique de l'écart on peut rattacher, bien que leur auteur s'en défende, les travaux de Riffaterre, pour qui « le message exprime et le style souligne ». Cette stylistique s'appuie sur une définition de la fonction stylistique (autre dénomination, plus générale, de la fonction poétique de R. Jakobson), sur la théorie de l'information et sur les principes méthodologiques du béhaviorisme pour la perception du fait de style. « La tâche de la stylistique est d'identifier la réaction du lecteur devant le texte et de retrouver la source de ces réactions dans la forme de texte. Le stylisticien est un archilecteur, sorte de somme de tous les lecteurs, c'est-à-dire qu'il se donne la culture maximale (lecture des critiques, dictionnaires, etc.) pour repérer les unités dont l'auteur a balisé son texte. » Du fait de sa clôture, à côté des « codes *a priori* » (langue, genre), l'œuvre ajoute un code *a posteriori,* un surcodage (codage supplémentaire), des significations supplémentaires où les valeurs jouent différemment. L'œuvre crée ainsi son propre modèle de référence. Ce « surcodage » est analysé en termes de prévisibilité : plus un élément est imprévisible, plus il fait impression sur le lecteur ; tel est le procédé stylistique, qui tire sa valeur de son contraste avec un micro-contexte (contexte stylistique court) et de son rapport avec un macro-contexte (ensemble des données contextuelles présentes à l'esprit du lecteur), qui modifie ce contraste en l'amplifiant ou en l'atténuant (si l'effet est souvent répété). Le contexte est donc lui aussi surcodé et détient dans le style un rôle aussi important que le procédé. Ainsi se dégagent des patterns (ou motifs) stylistiques.

En incorporant le contexte aux effets de style, Riffaterre tend à considérer le texte en entier comme effet. Telle est la position des stylisticiens qui constatent que, du fait de sa clôture, système et discours coïncident dans le texte, et le considèrent comme un dialecte relevant donc d'une étude structurale propre. L'œuvre est « non une langue mais un langage de connotation (un langage de connotation n'est pas une langue : son plan de l'expression est constitué par les plans du contenu et de l'expression d'un langage de dénotation). C'est donc un langage dont l'un des plans, celui de l'expression, est une langue » (L. Hjelmslev). Le texte doit donc être premièrement l'objet d'une analyse linguistique dégageant les unités de la langue qui servent à constituer les unités du second niveau (ou connotateurs). Il n'y a pas isomorphisme entre les deux niveaux, plusieurs signes linguistiques peuvent constituer un seul connotateur (les passés simples d'un texte constituent un connotateur dont le signifié peut être : « littérature »). Au second niveau, la sémiologie remplace la linguistique, et la stylistique se rapproche de la sémantique : « Les deux démarches, sémantique et stylistique, ne sont que les deux phases d'une même description » (A. J. Greimas). Le terme de *connotation* n'a pas été employé au sens de « connotation sémantique » attachée aux mots par différents facteurs (histoire, traditions, expériences individuelles), mais définit le rapport du double système de la langue et du texte, les connotations sémantiques du premier niveau étant les parties constituantes des connotateurs. Par exemple, les connotations (au premier niveau) de vulgarité de *cochon, poire,* dans *Réponse à un acte d'accusation* de V. Hugo, sont les parties constituantes d'un connotateur dont le signifié est intégration à la poésie ou nouveau style poétique.

Cependant, malgré son intérêt théorique (faire apparaître le texte comme une structure double et rendre compte ainsi de la possibilité de lectures différentes), ce modèle est peu opératoire. De plus, le concept de connotation apparaît discutable. Enfin, aucune procédure ne nous est donnée pour reconnaître les connotateurs (éléments qui connotent le texte) : nous nous retrouvons devant le texte avec notre subjectivité.

4. C'est aussi comme un dialecte particulier que la grammaire générative voit le texte, mais son but est de retrouver les structures profondes et les transformations qui en sont à l'origine. Il s'agit donc d'établir un modèle de compétence et de performance propre au texte, déviant par rapport à certains aspects de la compétence générale, semblable par d'autres, ce qui explique que le lecteur puisse l'assimiler (ou qu'il le refuse). Le style est alors une façon caractéristique de déployer l'appareil transformationnel d'une langue. Certains rapports peuvent être établis entre ces caractéristiques grammaticales et les jugements esthétiques. Les poèmes dans lesquels les phrases ne diffèrent des phrases de la langue standard qu'au niveau de la structure de surface sont souvent de « mauvais » poèmes. De même qu'il existe des degrés de grammaticalité, on peut envisager la constitution d'une « échelle de poéticité » liée à la complexité des transformations en cause. La grammaire générative ouvre donc de riches perspectives dans le domaine de la stylistique, dans la mesure où se constituent des modèles qui rendent compte de phrases agrammaticales, mais non dépourvues de sens.

5. Face à cette introduction de la créativité par la grammaire générative, on peut poser le témoignage des écrivains modernes pour qui le langage est bien matière à expériences ou laboratoire, l'œuvre une production, un vécu ou un rapport au monde, la poésie une manière de vivre (T. Tzara), action d'un « je » remis en question par la psychanalyse et la sociologie, depuis le « je est un autre » de Rimbaud, et donc plus complexe que le sujet des générativistes. Dans l'opération de lecture/écriture, le génotexte (structure profonde du texte) que l'analyste reconstruit n'est pas le reflet du phénotexte (texte tel que le révèle la lecture naïve), mais « opérerait avec des catégories linguistiques engendrant une séquence signifiante » (J. Kristeva).

Si c'est toujours une lecture qui reconstruit le génotexte, l'empirisme de celle-ci est dénoncé, et en même temps se constituent une nouvelle pratique et un nouveau concept, celui de lecture-écriture : « lecture qui vise à transformer dans et par les textes la pensée d'entrée discontinue en une pensée de l'unité prise au fonctionnement de l'écriture. Forme de connaissance, procès de scientificité. S'oppose à lecture littérature, lecture qui ramène un texte à des catégories préexistantes ; lecture essentialiste, taxinomique ; forme de conscience, reflet de la pratique sociale. Toute lecture est soit écriture, soit littérature » (H. Meschonnic).

D'autres concepts sont nécessaires pour jalonner un champ qui s'est étendu, essentiellement celui de littérarité : « spécificité de l'œuvre comme texte ; ce qui le définit comme espace littéraire orienté, c'est-à-dire une configuration d'éléments réglés par les lois d'un système. S'oppose au parler quotidien espace entièrement ouvert, ambigu, puisque sa systématisation est indéfiniment remise en cause » *(ibid.)*. Le jugement de valeur que le structuralisme peut se refuser, faute de critères, est alors possible. « Est mort l'écrivain qui parle code..., la sous-littérature est dans l'idéologie au sens large (idéologie des gens, par exemple), alors que l'œuvre se construit contre une idéologie » *(ibid.)*.

De ce point de vue, la perception du style se trouve reliée à un ensemble d'opérations qui dépassent le cadre formel du texte débordant sur la vie, le monde, l'idéologie. Débordement qui se comprend par l'extension du terme de style dans le langage courant, extension qui requiert un examen philosophique de la notion.

6. Dans l'*Essai d'une philosophie du style,* G. Granger fait apparaître la notion de *style* en dehors de la littérature, comme résultat d'un travail. « Le passage de l'amorphe au structuré n'est jamais le résultat de l'imposition d'une forme venue toute constituée de l'extérieur... Toute structuration résulte d'un travail qui met en rapport tout en les suscitant forme et contenu du champ exploré » : le style est la solution individuelle apportée aux difficultés que rencontre tout travail de structuration, il est l'individuel comme côté négatif des structures. Le style est présent dans toutes les constructions scientifiques. On peut envisager une stylistique générale, théorie des œuvres, qui a sa place entre l'épistémologie et l'esthétique.

Dans le domaine littéraire, la structuration linguistique du vécu étant travail, le style naît du décollage entre structures et significations, la signification étant ce qui échappe à une structuration manifeste, le résidu, sorte de connotation, que la lecture constitue en code *a posteriori.* Le style n'est donc pas dans la structure (code *a priori*). Le champ d'application du concept se trouve donc déplacé, de la structure au travail, à l'écriture, et au travail de lecture (qui est aussi structuration) — il échappe ainsi à une définition subjective ou purement béhavioriste.

Si une partie des problèmes semble résolue au niveau de la théorie, la pratique est encore hésitante, et de nouveaux flous s'installent, voilant les frontières entre stylistique, sémiotique et littérature.

7. Il existe un modèle du style que l'école cherche à faire reconnaître et acquérir, lié à une certaine conception de l'homme et de la société : de ce point de vue, l'étude des rédactions d'élèves permet de dégager ce modèle. De même, il existe un modèle du discours stylistique, une sorte d'énoncé-grille — et l'apprentissage consiste à comprendre et refaire dans la dissertation le récit qui relie une classe d'abstraits (ironie, mélancolie) à une classe de concrets (les auteurs). C'est-à-dire qu'il s'agit de constituer une singularité en une universalité en fonction d'une certaine idéologie.

stylométrie
On appelle *stylométrie* l'utilisation des statistiques pour l'étude des faits de style. (V. STATISTIQUE LEXICALE.)

stylostatistique
On appelle *stylostatistique* l'étude des procédés de style par les moyens statistiques. Cette étude, fondée sur l'hypothèse que les écarts relatifs à la norme sont stylistiquement significatifs, interprète en termes de valeur la relation fréquent/rare.

suasoire
La *suasoire* est l'exercice des écoles de rhétorique par lequel on doit s'efforcer de démontrer à un auditeur imaginaire la nécessité d'accomplir telle ou telle action.

subjectif
On appelle *subjectif* le complément de nom ou le génitif* qui, dans la phrase active correspondant au syntagme nominal, est le sujet du verbe ; ainsi, dans *L'amour des enfants pour les parents, enfants* est un complément du nom subjectif, car il correspond à *les enfants aiment leurs parents.* (V. OBJECTIF.)

subjection
En rhétorique, la *subjection* est une figure par laquelle l'orateur, interrogeant l'adversaire, suppose une réponse qu'il réfute à l'avance.

subjectivité
On appelle *subjectivité* la présence du sujet parlant dans son discours ; ainsi, la subjectivité du discours se manifeste par les embrayeurs*.

subjonctif
On appelle *subjonctif* l'ensemble des formes verbales qui, en français, traduisent, (1) dans les phrases directes, le mode optatif *(Puisse-t-il venir)* et le mode impératif à la troisième personne *(Qu'il parte),* (2) dans les phrases indirectes et subordonnées, le mode du non-assumé (par opposition à l'indicatif qui est le mode de la phrase assumée) : *Je doute qu'il vienne. Bien qu'il soit malade,...* ou, simplement, le subjonctif est déclenché par des contraintes spécifiques : *Je ne pense pas qu'il vienne* ou *Je pense qu'il viendra.* (V. MODE.)

sublatif
Le sublatif est un cas, utilisé dans les langues finno-ougriennes, indiquant un mouvement vers le haut.

sublime
En rhétorique, se dit d'un style élevé qui convient à la noblesse des sentiments (épopée, lyrisme), par opposition à *bas, moyen, tempéré.*

subnexion
En rhétorique, syn. d'HYPOZEUXE.

subordination
1. La *subordination* est le rapport qui existe entre un mot régissant et un mot régi, et par lequel la forme du second semble dépendre nécessairement de la nature du premier. Dans ce cas, *subordination* est synonyme de *rection.*
2. Plus généralement dans les phrases complexes, la *subordination* est la situation dans laquelle se trouve la proposition qui dépend de la principale (ou d'une autre subordonnée jouant par rapport à elle le rôle de principale [V. PROPOSITION]). De ce fait, d'une manière générale (à certaines exceptions près, notamment celle de l'infinitive), le rapport de subordination est exprimé par les conjonctions de subordination comme *si, quand, comme, que* et les composés de *que,* par les relatifs et par les interrogatifs indirects.

On caractérise les rapports de subordination selon la nature du subordonnant (conjonction, relatif, interrogatif, subordonnant zéro), selon le rapport existant avec le verbe ou la proposition principale, selon le « sens » de la subordonnée (cause, but, conséquence, concession, etc.).

subordonnant
On appelle *subordonnants* les mots qui instituent un rapport de subordination, comme les conjonctions de subordination, les relatifs, les interrogatifs indirects. (V. OPÉRATEUR.)

subordonné
Pour L. Tesnière, dans la connexion*, le *subordonné* est le terme inférieur alors que le régissant est le terme supérieur. Ainsi dans la phrase :

Mon jeune ami lit un beau livre,

livre et *ami* sont subordonnés à *lit, mon* et *jeune* le sont à *ami, un* et *beau* le sont à *livre.* (Syn. : RÉGI.)

subordonnée
Dans la phrase complexe, la *subordonnée,* ou proposition subordonnée, ou proposition dépendante, est la proposition (ou membre de phrase centré autour d'un verbe) qui est subordonnée à une autre, qui lui est liée par un rapport de subordination ; la subordonnée n'a pas d'autonomie grammaticale, et ne pourrait

pas être utilisée telle quelle comme une phrase simple. On classe les subordonnées selon le mot introducteur (relatives, conjonctives, interrogatives indirectes) ou le mode du verbe (infinitives), selon la fonction des syntagmes nominaux ou prépositionnels dont elles occupent la place (sujet, complément du verbe, complément de l'antécédent, complément circonstanciel), enfin selon leur place par rapport à la principale (antécédentes, incidentes, conséquentes).

subphonémique

On appelle *traits subphonémiques* les traits pertinents des phonèmes ; par exemple, les traits de voisement, de nasalité, etc., sont des traits subphonémiques.

substance

L'opposition entre *substance* et *forme* trouve son origine dans la formule de F. de Saussure : « La langue est une forme et non une substance. » L'opposition deviendra essentielle chez L. Hjelmslev. La substance est alors définie de façon essentiellement négative : est substance tout ce qui n'est pas forme, c'est-à-dire qui n'entre pas dans le système de dépendances constituant la structure de tout objet donné. La glossématique s'assigne pour objet de caractériser les rapports entre forme et substance linguistiques. Forme et substance linguistiques concernent le plan de l'expression et le plan du contenu.

Au plan de l'expression, sont des formes les types de combinaisons phonologiques possibles dans une langue donnée : les unités sont décrites par leur aptitude à contraster au plan syntagmatique et à s'opposer au plan paradigmatique ; la substance de l'expression sera dans ce cas la matière phonique exploitée, pour autant qu'elle permet la manifestation de la forme linguistique. La mise en rapport de la forme et de la substance utilise et transforme la matière (phonique dans ce cas).

Au plan du contenu, on pourra prendre l'exemple des termes de couleur : la substance du vocabulaire désignant les couleurs est un continuum de longueurs d'ondes lumineuses ; la forme introduite par la considération des oppositions lexicales dénotant les diverses couleurs dépend des langues, qui transforment le continu en discret en établissant des distinctions, en nombre égal ou différent d'une langue à l'autre, tantôt au même point du continuum, tantôt en des points différents ; par exemple, le mot anglais *brown,* comme les mots français *brun* et *marron,* correspond à une certaine classe de vibrations (substance) ; mais le découpage qu'il opère dans la substance n'est pas identique à celui qu'opèrent ses équivalents français, comme l'établit l'existence de deux termes français échangeables contre un terme unique de l'anglais.

La forme est indépendante de la substance, mais l'inverse n'est pas vrai ; une forme linguistique peut n'être pas manifestée par une substance linguistique (cas des signes zéro, cas où l'ordre des mots est signifiant, etc.) ; mais une substance linguistique manifeste, en revanche, nécessairement une forme de la langue.

L. Hjelmslev, dont la théorie débouchait sur le structuralisme le plus rigoureux (primauté de la forme sur la substance, nécessité de l'antériorité de l'étude de la forme), a dû apporter des correctifs à ses hypothèses : la nécessité méthodologique de la commutation demande le recours à une théorie au moins implicite de la substance linguistique.

substantif
Substantif est souvent employé comme synonyme de *nom* : les termes *table, rocher, cheval* sont, dans la sémantique traditionnelle, des substances qui s'opposent aux accidents* que sont les adjectifs et les verbes.

substantivé
Quand un mot, qui n'est pas classé originellement parmi les noms ou substantifs, est employé comme nom, c'est-à-dire à une place où on ne peut avoir qu'un nom, on dit qu'il est *substantivé*. En français, la *substantivation* a pour conséquence de pourvoir le mot substantivé des déterminants propres au nom ; dans *le bleu du ciel,* on dira que *bleu* est substantivé parce qu'il est précédé de l'article qui signale en français, formellement, le nom. Il faut noter toutefois que dans l'absolu rien ne permet de poser que *bleu* ne puisse appartenir à deux catégories grammaticales, celle du nom et celle de l'adjectif. Mais la tradition considère que l'emploi fondamental de *bleu* est un emploi d'adjectif.

substituabilité
On appelle *substituabilité* la propriété qu'une partie détachable d'un énoncé (mot, syntagme) a de pouvoir être remplacée par une autre dans un autre énoncé, sans que ce dernier perde son caractère d'énoncé grammatical. C'est cette propriété qui permet d'isoler les unités discrètes dans la chaîne parlée et de définir ensuite les règles de combinaison de ces unités. La substituabilité implique l'existence d'un « juge » (locuteur natif) qui réponde de la grammaticalité des énoncés en question. (V. COMMUTATION, SUJET PARLANT.)

substitut
On donne le nom de *substituts* aux pronoms (personnel, démonstratif, possessif) considérés dans leur fonction principale qui est de se substituer à un mot ou à un groupe de mots, qu'ils représentent ou remplacent (fonction anaphorique). Dans *Il lui parle, lui* est un substitut remplaçant un syntagme nominal animé, masculin ou féminin, singulier. (V. REPRÉSENTANT.)

substitution
1. Quand deux langues sont en contact, on désigne comme *substitution* d'une langue A à une langue B le fait que la langue A finit par être employée exclusivement, la langue B tombant dans l'oubli. On admet que le français vient du latin sans apport important des langues celtiques parlées en Gaule : il y a eu substitution du latin aux parlers locaux, après une période d'usage alterné ou de bilinguisme. Si un individu finit par ne plus parler sa langue maternelle B pour utiliser une langue apprise A, il y a également substitution de A à B.
2. En grammaire traditionnelle, on appelle *substitution* l'élimination d'un mot par un autre au cours de l'évolution d'une langue ; ainsi *entendre* s'est substitué à *ouïr, tête* à *chef,* etc.
3. En linguistique structurale, la *substitution* est une opération consistant à remplacer une partie détachable d'un énoncé par un autre élément qui garde à l'énoncé sa valeur grammaticale. Ainsi, dans la phrase *Le concierge monte les lettres,* je peux substituer *ce, ton, mon* à *le* sans que la phrase soit incorrecte. De même, je peux substituer *gardien, facteur, employé* à *concierge.* Cette opération de substitution (commutation) permet de déterminer les classes de morphèmes. On opposera alors l'axe paradigmatique considéré comme axe des substitutions à l'axe syntagmatique comme axe des combinaisons dans la chaîne parlée.

Le repérage des *substitutions* pose (sous le nom de *commutation*) un problème à la linguistique structurale :
– On peut vouloir relever les substitutions par une recherche menée à l'intérieur d'un corpus. C'est la procédure de l'analyse distributionnelle rigoureuse. Le désir de ne pas faire intervenir le sens amène le descripteur à ne tenir compte que des substitutions relevées dans le corpus. Par exemple, si le corpus comporte *je te vois* et *je le vois,* il y aura possibilité pour le descripteur de distinguer un élément variable *te/le* défini par sa possibilité de substitution dans le même environnement ;

– Une analyse distributionnelle moins rigoureuse peut s'appuyer sur les commutations : elle se permet de faire intervenir le sens, non pour une analyse sémantique détaillée, mais comme mode de vérification d'identité ou non-identité entre deux énoncés. En face d'un énoncé du corpus *je te vois,* le test de commutation entre *te/le* aboutit à l'énoncé *je le vois* et à la constatation par le descripteur de la non-identité des deux énoncés. Il en déduit la non-identité de *te/le* dans le même environnement, et peut ainsi constituer le paradigme des substituts.

En glossématique, le terme de *substitution* s'applique aux remplacements d'une unité qui ne constituent pas une mutation*. Il y a substitution quand on remplace, par exemple, une variante de phonème par une autre variante du même phonème. Ainsi, en français, le remplacement du *r* roulé par un *r* parisien, variante du même phonème, est une substitution.

4. En grammaire générative, la *substitution* est une opération consistant à mettre à la place d'un constituant qu'on a effacé un autre constituant que l'on a déplacé.

5. En sociolinguistique, la *substitution* est un processus par lequel la langue d'origine d'un pays est progressivement remplacée par une autre langue, généralement introduite par des couches sociales devenues maîtresses du pouvoir politique ou économique. En Gaule, après la conquête par Jules César, il y a eu substitution progressive du latin aux langues gauloises.

substrat

Le *substrat* désigne toute langue parlée à laquelle, dans une région déterminée, une autre langue s'est substituée pour diverses raisons, quand on considère l'influence que la langue antérieure a pu avoir sur la langue qui lui a succédé : les parlers celtiques utilisés en Gaule avant la conquête romaine sont les substrats du gallo-romain, où ils ont laissé des traces. (V. ADSTRAT, SUPERSTRAT.)

suffixe

Le *suffixe* est un affixe qui suit le radical auquel il est étroitement lié. On distingue les *suffixes flexionnels,* ou *désinentiels,* qui forment les marques casuelles, celles de genre et de nombre de la flexion des noms, et les marques de temps, de nombre et de personne des verbes, et les *suffixes dérivationnels,* qui servent à former de nouveaux termes à partir des radicaux. Ainsi, *-esse* dans *duchesse* (féminin de *duc*) est un *suffixe flexionnel ;* et *-age* dans l'*asphaltage des routes* (issu de *les routes sont asphaltées*) est un *suffixe dérivationnel.*

suite

En linguistique, on appelle *suite* une réunion d'éléments appartenant à un ensemble non vide : *séquence* et *suite* sont souvent donnés pour synonymes et désignent une succession quelconque d'éléments quelconques réunis par l'opération de concaténation*.

Ainsi, SN + SV (syntagme nominal suivi de syntagme verbal, le signe + indiquant la concaténation) forme une suite, comme aussi *Le + père + lit + le + journal.*

(Pour *suite terminale, préterminale,* v. ces mots.)

sujet

1. Dans les grammaires logiques, de l'Antiquité aux successeurs de Port-Royal, le *sujet* (ce dont on affirme quelque chose) est l'un des deux constituants abstraits, le second étant l'attribut ou le prédicat (ce qu'on affirme), nécessaires à la constitution de la proposition. Dans le cadre de la phrase, le concept de sujet recouvre des notions différentes. Imprégnée de la tradition logique, la grammaire didactique définit le *sujet* comme celui qui fait ou subit l'action exprimée par le verbe (V. ACTANT). C'est ainsi un terme important de la phrase puisqu'il est le point de départ de l'énoncé et qu'il désigne l'être ou l'objet dont on dit quelque chose en utilisant un prédicat. Le sujet est constitué le plus souvent par un nom (nom proprement dit ou mot substantivé) ou un pronom ; quelquefois une proposition entière joue le rôle de sujet, comme dans *Qu'il s'en aille m'étonnerait beaucoup.* Se fiant à la logique, la tradition a complété cette définition par les notions de sujet réel et de sujet apparent : les verbes impersonnels ou employés impersonnellement sont précédés des pronoms *il* et (quelquefois) *ce,* comme dans *Il est temps de partir, Il faut que je parle, Ce n'est pas beau de mentir : il* et *ce* sont des sujets apparents et *de partir, que je parle, de mentir* les sujets réels.

Le sujet se place normalement avant le verbe en français, et Rivarol a bâti là-dessus la doctrine selon laquelle notre langue suivrait ainsi un ordre naturel et logique *(Discours sur l'universalité de la langue française).* En réalité, cet ordre est celui de la phrase non-marquée sans intention expressive ; l'ordre est tout différent dans le style affectif, et les inversions y sont fréquentes, comme du reste dans la langue parlée, plus expressive que la langue écrite. On a ainsi : *Louis est venu* (neutre) et *Il est venu, Louis* (expressif). Quand le sujet est un pronom, la règle de la place du sujet connaît une notable exception dans les phrases interrogatives directes n'utilisant pas d'adverbe interrogatif : à l'affirmatif *Il vient* et à *Est-ce qu'il vient ?* correspond *Vient-il ?* Quand le sujet n'est pas un pronom, on a des phrases comme *Ton ami vient-il ?* Le verbe prend les marques de nombre (et de personne) du nom sujet, avec toutefois le problème particulier de la syllepse, ou accord selon le sens dans des phrases comme *La majorité des gens sont hargneux.* On parle également de sujet dans des phrases sans verbe, soit qu'il y ait eu ellipse, comme dans le télégramme *Colis arrivé hier,* soit que le verbe doive être suppléé entièrement, comme dans *Lui ici ! Lui* constitue bien alors le sujet au sens logique (ce sur quoi on dit quelque chose), mais les critères de forme (accord du verbe) et de position (place par rapport au verbe) ne s'appliquent plus. On préfère alors parler de sujet-thème ou de thème*.

Sur le plan sémantique, le sujet est défini comme étant le thème (ce dont on dit quelque chose), le verbe étant le prédicat ou commentaire.

La linguistique structurale définit le *sujet* comme la fonction grammaticale du syntagme nominal dans la phrase de base composée de la suite : syntagme nominal + syntagme verbal.

Ainsi, dans les phrases *Pierre aime Marie* et *La grue soulève les cloisons préfabriquées,* les syntagmes nominaux *Pierre* et *la grue* sont des sujets de la phrase, ou du prédicat *aime Marie* et *soulève les cloisons préfabriquées.* Les autres syntagmes nominaux que contiennent ces énoncés ne répondent pas à cette règle de constitution de la phrase, mais sont les constituants du syntagme verbal ; ils ont une autre fonction grammaticale (ici celle d'objet ou de complément). Le syntagme nominal sujet peut être un pronom substitué au syntagme nominal : dans *Il aime son fils, il* est un pronom, sujet de *aime son fils.* Le sujet peut être aussi une complétive ou un infinitif (issus de la nominalisation d'une phrase) ; ainsi, dans *Finir un tel travail est impossible,* le sujet est *finir un tel travail,* et dans *Qu'il soit malade n'est pas pour m'étonner,* la complétive *qu'il soit malade* est sujet de *n'est pas pour m'étonner.* Dans ces deux cas, la complétive ou l'infinitif peuvent être déplacés après le verbe et remplacés devant le verbe par le pronom *il ;* on a alors les constructions dites impersonnelles : *Il m'est impossible de finir ce travail, Il n'est pas étonnant qu'il soit malade* (l'infinitif étant alors précédé de la préposition *de*). En ce cas, le sujet est toujours la complétive *qu'il soit malade* ou l'infinitif *de finir ce travail ;* on les appelle *sujets réels* en grammaire traditionnelle ; quant au *il,* on l'appelle *sujet apparent* ou *sujet anaphorique.*

La linguistique générative distingue le sujet de la phrase de structure profonde du sujet de la phrase de structure de surface. Dans la phrase *La voiture renverse le passant,*

la voiture est en même temps le sujet de la structure profonde et le sujet de la structure de surface dérivée. Mais dans la phrase passive *Le passant est renversé par la voiture,* le sujet de la structure de surface *Le passant* n'est pas le sujet de la structure profonde *(la voiture).* Il y a un syntagme nominal sujet de la structure profonde et un syntagme nominal sujet de la structure dérivée, qui sont différents. Cette distinction recoupe en partie celle de sujet et d'agent. (V. AGENT, ERGATIF.)
2. On appelle *cas sujet* le cas exprimant en ancien français la fonction grammaticale de sujet. Le cas sujet est marqué dans le plus grand nombre de déclinaisons par la présence de la désinence *s :* ainsi, le cas sujet singulier *murs* s'oppose au cas régime* *mur.*

sujet parlant
On appelle *sujet parlant* un être humain capable de langage et possédant une compétence linguistique qui est la grammaire de sa langue ; ainsi, tout francophone est un sujet parlant le français.

On appelle *intuition du sujet parlant* la capacité du sujet parlant, qui a intériorisé la grammaire spécifique d'une langue, de formuler sur les énoncés émis dans cette langue des jugements de grammaticalité, de synonymie et de paraphrase. (V. GRAMMATICALITÉ, LOCUTEUR NATIF.)

superessif
On appelle *superessif* un cas, utilisé dans les langues finno-ougriennes, indiquant la position sur une surface.

superfamille
Syn. de PHYLUM.

superficiel
En grammaire générative, la *structure superficielle* est synonyme de *structure de surface.* (V. SURFACE, PROFONDE [STRUCTURE].)

superlatif
On appelle *superlatif* le degré de comparaison de l'adjectif ou de l'adverbe exprimant la qualité ou la modalité à un degré très élevé, supérieure ou inférieure à d'autres ou indépendamment de toute référence. Le *superlatif relatif (Pierre est le plus heureux, le moins heureux des hommes)* représente la qualité supérieure ou inférieure par rapport à tous les êtres ou objets susceptibles d'avoir cette qualité ; dans *Pierre est très heureux,* le superlatif absolu représente la qualité à son degré le plus élevé sans comparaison avec d'autres. En français, le superlatif relatif est constitué du déterminant *(le, la, les)* et de la forme du comparatif (*plus* + adjectif ou adverbe) ; le *superlatif absolu* est formé avec les adverbes *très, bien, fort, tout à fait,* ou avec des préfixes comme *extra-, sur-, super-* (qui sont des augmentatifs) ou des suffixes comme *-issime.* En latin, le superlatif est formé avec un suffixe *-issimus.*

superordonné
On appelle *superordonné* le terme dont le sens inclut le sens (ou les sens) d'un ou de plusieurs autres termes, appelés alors *hyponymes**. Le sens du nom de la partie d'un tout est hyponyme du sens du tout qui lui est superordonné. Ainsi, *animal* est superordonné à *chien, chat, âne,* etc. (V. GÉNÉRIQUE.)

superstrat
Le *superstrat* désigne toute langue qui s'introduit largement sur l'aire d'une autre langue, mais sans s'y substituer, et qui peut disparaître finalement tout en laissant quelques traces. Après les grandes invasions, les langues germaniques ont fini par disparaître, mais elles ont exercé sur le roman une influence lexicale et syntaxique qui n'est pas négligeable : la présence de l'aspiration ancienne de *haut,* issue du latin *altus,* est due à l'existence du terme germanique *hoch.* (V. ADSTRAT, SUBSTRAT.)

supersystème
Syn. de DIASYSTÈME. (V. DIASYSTÉMATIQUE.)

supin
En grammaire latine, le *supin* est une forme nominale du verbe constituée d'un suffixe *-tu-* ajouté à la racine. On le rencontre sous trois formes : supin en *-um,* jouant le rôle d'un accusatif (*eo lusum,* je vais jouer), en *-ui,* ayant le rôle d'un datif, et en *-u* avec le rôle d'ablatif (*facilis dictu,* facile à dire) ; le supin en *-um* est dit *supin premier,* les supins en *-ui* et *-u* sont dits *supins seconds.*

suppléance
On appelle *suppléance* le cas où les allomorphes d'un même morphème appartiennent à des radicaux différents ; ainsi, le verbe *aller* a trois allomorphes : *all-/ir-/v-* ; c'est un phénomène de suppléance.

supplétif

Une forme est dite *supplétive* quand elle est capable de compléter les formes manquantes dans le paradigme des verbes ou des noms défectifs. Ainsi, on dira que les formes avec les radicaux *va* et *i-* sont les formes supplétives du verbe *aller (il va, il ira)*.

Toutefois, on distingue *allomorphe* et *forme supplétive* en lexicologie, dans l'analyse de la *dérivation*. Pour parler de relation d'allomorphie entre deux morphèmes bases de dérivation (par exemple entre *sel-* et *sal-* dans *sel/salin*), il faut que la relation concerne plusieurs couples : dans ce cas, elle est la même entre *mer* et *marin* qu'entre *sel* et *salin*.

Mais quand les bases ont des doublets tels que l'alternance ne soit pas attestée ailleurs dans le lexique, on ne peut plus parler d'allomorphie : l'alternance *calor-/therm- (calorifère, thermomètre)* est unique, comme l'alternance *froid/cryo- (froideur, cryométrie)*. On est alors devant un fait de *supplétion*. Les formes de remplacement sont dites *supplétives*.

support

On appelle *verbes supports* les verbes qui ont comme prédicat un nom qui se retrouve dans la nominalisation. Ainsi *César conduit une attaque contre un fort*, qui peut être transformé en *L'attaque de César contre un fort*, implique comme verbe support *conduire, mener, faire*, le verbe type étant *faire*. Le verbe support permet d'expliquer la présence de la préposition *contre* dans la phrase nominalisée. Le concept de *verbe support* part de l'analyse des verbes en prédicat et arguments ; le verbe à deux arguments *(avantager quelqu'un)* correspond à une phrase à 3 actants avec *donner (donner un avantage à quelqu'un)*, cette relation supposant un verbe capable de porter le temps, le nombre et la personne et qui a cette seule fonction ; *donner* est donc en ce cas un verbe support.

supradentale

On donne parfois le nom d'*articulation supradentale* aux articulations rétroflexes (dites aussi *cacuminales, cérébrales* ou *inverties*), parce qu'elles sont réalisées par le contact de la pointe de la langue contre le sommet de la voûte palatale, au-dessus de la racine des dents.

supralocale

On qualifie de *supralocale* (ou de véhiculaire*) une langue qui est utilisée hors de son aire d'origine par des peuples qui ont des langues maternelles différentes. Ainsi, le bantou est parlé par des populations non bantoues, de langues différentes, pour communiquer entre elles.

suprasegmental

Un *trait suprasegmental*, ou *trait prosodique*, est une caractéristique phonique qui affecte un segment plus long que le phonème : l'accent, l'intonation, la durée sont des traits suprasegmentaux. Certains traits, traditionnellement considérés comme n'affectant que le phonème, peuvent être considérés comme suprasegmentaux dans la mesure où ils affectent plusieurs phonèmes d'un même mot ou d'un même syntagme : par exemple, le trait de nasalité dans les langues où il affecte aussi la voyelle qui précède ou qui suit la consonne nasale, le trait d'aperture ou de localisation dans les langues où l'harmonie vocalique joue un rôle important, etc. (V. PROSODIE.)

surcomposé

On appelle *formes surcomposées* les formes verbales du français constituées d'une suite de deux auxiliaires *avoir* (ou d'un auxiliaire *avoir* et d'un auxiliaire *être*) et d'un participe passé *(Quand il aura eu fini)*. Les formes surcomposées expriment l'aspect accompli et le temps futur ou passé par rapport à un futur ou à un passé de l'énoncé.

surdi-mutité

On appelle *surdi-mutité* l'état d'un enfant sourd dont la mutité est la conséquence directe de cette surdité et, de ce fait, peut être surmontée par une rééducation linguistique spéciale.

surdité

On appelle *surdité verbale* un trouble de la perception auditive qui, indépendamment de toute altération au niveau de l'oreille, est limité aux seuls sons du langage et se manifeste par l'impossibilité de comprendre la signification des mots parlés. (V. APHASIE.)

surface

La *structure de surface* est, en grammaire générative, l'organisation syntaxique de la phrase réalisée, produite par l'application des transformations à la structure profonde.

surnorme

Pour une langue déterminée, la *surnorme* est l'ensemble des règles prescrites qui apparaissent comme inutiles à la communication. Pour le verbe *dire, dites* (2ᵉ pers. du pluriel), bien que s'expliquant historiquement, est illogique du point de vue de la conjugaison, et cette irrégularité est inutile à l'intercompréhension. On peut en dire autant des pluriels en *-x* du type *bijoux* par rapport aux formes terminées par *-s*.

survivance
Syn. d'ARCHAÏSME au sens 2.

suspension (points de)
On appelle *points de suspension* un signe de ponctuation formé de trois points, indiquant l'interruption d'un énoncé et correspondant à une pause dans la voix.

svarabhakti
On appelle *svarabhakti* le développement d'une voyelle à l'intérieur d'un groupe de consonnes ; ainsi, *arc-bouter* est prononcé [arkəbute].

Swadesh (Morris), linguiste américain (Holyoke, Massachusetts, 1909-Mexico 1967). Membre du courant structuraliste, il est l'un des créateurs de la glottochronologie*. Grâce à cette méthode, il a proposé une nouvelle classification génétique des langues indiennes d'Amérique centrale et de celles d'Amérique du Sud.

syllabaire
Un *syllabaire* est un ensemble de signes d'écriture dans lequel chaque symbole représente non un phonème (sauf exception), mais une syllabe. Le syllabaire est à l'écriture syllabique ce que l'alphabet est à l'écriture alphabétique.

syllabation
La *syllabation* est l'opération qui consiste à décomposer en syllabes différentes des séquences phoniques de la chaîne parlée.

syllabe
On appelle *syllabe* la structure fondamentale qui est à la base de tout regroupement de phonèmes dans la chaîne parlée. Cette structure se fonde sur le contraste de phonèmes appelés traditionnellement *voyelles* et *consonnes*. La structure phonématique de la syllabe est déterminée par un ensemble de règles qui varient de langue à langue. La syllabe ouverte (commençant par une consonne et se terminant par une voyelle) répond au schéma CV, comme en français *ma ;* c'est le seul type de syllabe universel. Toutes les langues ont des syllabes de ce type. Il n'y a pas de langue qui n'ait que des syllabes fermées de types VC ou CVC. Dans l'évolution des langues, l'apparition de syllabes fermées correspond souvent à un nouveau découpage, tardif, de syllabes antérieurement ouvertes ; ainsi, en espagnol, la présence de diphtongues en syllabe fermée dans des mots comme *puerta* laisse supposer une étape où la première syllabe était ouverte, la consonne /r/ faisant partie de la deuxième syllabe. Toute séquence phonématique se fonde sur la récurrence régulière d'un ou de plusieurs types syllabiques existant dans une langue déterminée, V, CV, VC, ou CVC. Une forme libre, c'est-à-dire une forme isolable au moyen de pauses, doit contenir un nombre entier de syllabes.

La *frontière syllabique* a une fonction distinctive dans les langues où elle coïncide nécessairement avec la frontière de morphèmes, comme en allemand ou en anglais : ainsi, en anglais, la différence de découpage syllabique entre les deux séquences *a name* [ə'neim] « un nom » et *an aim* [ən'eim] « une cible » permet de les opposer linguistiquement. On dit dans ce cas que la frontière syllabique, ou jointure, notée /+/, a une valeur de phonème [ə + neim] *vs* [ən + eim].

Le principe de la structure syllabique se fonde sur le contraste de traits successifs à l'intérieur de la syllabe ; une partie de la syllabe, appelée *centre* ou *noyau,* prédomine par rapport aux autres. Les phonèmes qui la composent sont appelés *phonèmes centraux* (ou *phonèmes syllabiques* ou *syllabèmes*). Les phonèmes qui constituent la partie marginale de la syllabe sont appelés *phonèmes marginaux* ou *asyllabèmes.* D'habitude, les phonèmes vocaliques sont des syllabèmes et les consonnes des asyllabèmes, mais il y a des exceptions. Dans certaines langues, certains phonèmes consonantiques ou liquides ont des allophones syllabiques (comme /r/ en tchèque dans le nom de ville *Brno,* qui comporte deux syllabes), certains phonèmes vocaliques ont des allophones asyllabiques, comme le /i/ italien à la finale de *mai* [maj] « jamais ». Le noyau de syllabe contient alors deux ou plusieurs phonèmes, dont l'un, appelé *sommet de syllabe,* est élevé par rapport aux autres au moyen du contraste compact *vs* non-compact, diffus *vs* non-diffus, voyelle *vs* consonne. Les consonnes qui précèdent le centre de la syllabe sont dites *explosives* ou *ascendantes,* celles qui suivent le centre de la syllabe sont dites *implosives* ou *descendantes.* Parmi les consonnes du bord de syllabe, les plus audibles sont les consonnes les plus proches du centre de syllabe.

Certains linguistes refusent à la syllabe une identité physique et ne lui attribuent qu'une existence psychologique et phonologique. D'autres, au contraire, comme R. Jakobson et M. Halle, attribuent à la syllabe une existence phonétique définie par certaines caractéristiques articulatoires et acoustiques : une liaison plus intime et un degré de coarticulation plus étroite du centre de syllabe par rapport aux bords, dus à une augmentation de la fréquence du fondamental.

syllabème
Certains linguistes classent sous le nom de *syllabèmes* les unités phoniques qui peuvent fonctionner comme centre de syllabe, c'est-à-dire les voyelles et les consonnes liquides [l] et [r] dans certaines langues comme le tchèque. On appelle inversement *asyllabèmes* les phonèmes, surtout consonantiques, qui constituent la partie marginale de la syllabe.

syllabique
L'*écriture syllabique* est le système d'écriture dans lequel chaque signe (graphème) représente une syllabe, c'est-à-dire une consonne et la voyelle précédente (ou suivante). Ainsi, pour transcrire *ba* et *bo,* on aura non pas trois signes pouvant se combiner, mais deux signes représentant l'un *ba,* l'autre *bo.* L'écriture syllabique japonaise est née de l'adaptation des caractères chinois à la langue japonaise, qui n'est pas une langue agglutinante mais une langue flexionnelle. L'écriture syllabique correspond à certaines données linguistiques ; ainsi, les consonnes n'existent jamais isolément. Concrètement, seules existent des voyelles et des syllabes ; c'est par un effort d'abstraction que l'on pose la réalité des consonnes. L'inconvénient du système syllabique est qu'il exige la connaissance d'un bien plus grand nombre de signes que l'écriture alphabétique. L'écriture syllabique doit être distinguée d'une écriture alphabétique qui ne noterait pas les voyelles.

syllepse
En rhétorique et en grammaire, on appelle *syllepse* l'accord des mots en genre et en nombre non d'après la grammaire, mais d'après le sens. Ainsi, on peut dire *Une foule de gens* ***l'attendent,*** l'accord se faisant avec le caractère de pluralité du sujet, ou *Une foule de gens* ***l'attend,*** l'accord se faisant avec le singulier, *une foule.*

En rhétorique, on parlera aussi de *syllepse* quand un terme est pris dans la même phrase au propre et au figuré (ex. : *Galatée est pour Corydon plus douce que le miel du mont Hyda ; Vêtu de probité candide et de lin blanc*).

symbole
1. En rhétorique, le *symbole* est une figure par laquelle on substitue au nom d'une chose le nom d'un signe que l'usage a choisi pour le désigner (ex. : la balance pour la justice).
2. Le *symbole* entre, chez Ch. S. Peirce, en opposition avec *icône* et *indice.* Un symbole est la notation d'un rapport — constant dans une culture donnée — entre deux éléments. Alors que l'icône vise à reproduire en transférant (cas du portrait, reproduisant sur la toile une impression sensorielle) et que l'indice permet un raisonnement par inférence (la fumée comme indice du feu), le symbole procède par établissement d'une convention (la balance comme symbole de la justice).

On constatera que ces diverses fonctions peuvent se trouver cumulées : une typologie des icônes, indices et symboles se fonde sur l'accentuation d'un des pôles sémiotiques dans les divers signes. Par exemple, le portrait comporte une part de règles acquises : si le contenu iconique est identique dans le portrait et dans la caricature, l'aspect symbolique (conventions du genre) est bien distinct dans l'un et l'autre cas. Si, en revanche, la balance est symbole de la justice, F. de Saussure note « un rudiment de lien naturel entre le signifiant et le signifié », donc un reste du processus iconique ou indiciel.

3. En grammaire générative, on donne le nom de *symboles* à tous les éléments de l'« alphabet » nécessaires à la notation des abstractions antérieures à la réalisation morphophonologique. Le symbole initial de la grammaire générative est noté P. C'est le symbole noté à gauche dans la première règle de réécriture ; il représente la construction du niveau le plus profond ; toutes les autres constructions engendrées par les règles de réécriture, puis par les règles transformationnelles, en sont des constituants.

Au terme des règles grammaticales, nous aurons une série de symboles référant à une classe particulière d'éléments lexicaux. Ces symboles sont appelés *symboles terminaux* ; c'est à eux que les règles d'insertion lexicale substituent les items lexicaux pris dans le lexique.

Il reste à signaler l'existence de symboles postiches *(dummy symbols).* Une règle du type A $\rightarrow \Delta$, où Δ est un symbole postiche et A une catégorie lexicale, permet à la composante catégorielle d'engendrer des indicateurs pour des séquences composées de diverses occurrences de Δ (marquant la position des catégories lexicales) et de formants grammaticaux.

Les symboles catégoriels les plus généralement utilisés sont les suivants :

P	phrase de base		
SN	syntagme nominal	SV	syntagme verbal
N	nom	D	déterminant
V	verbe	Aux	Auxiliaire
Mod	modalité	M	mode
PP	participe passé	Inf	infinitif
Nég	négation	Inter	interrogation
Emph	emphase	Pass	passif
Imp	impératif	Décl	déclaratif
Pas	passé	Prés	présent
SP	syntagme prépositionnel	Prép	préposition
SA	syntagme adjectival	Adj	adjectif

etc. (V. CATÉGORIEL.)

4. La terminologie est confrontée au fait que, dans les textes scientifiques et techniques, le symbole est encore plus détaché de tout « lien naturel ». Le symbole est utilisé comme notation, avec souvent des valeurs très différentes selon les domaines. Il est alors souvent difficile de distinguer le symbole de l'abréviation ou du sigle.

P sera symbole du phosphore en chimie, de la puissance ou du flux énergétique en physique, de la quantité de mouvement en mécanique, du proton en physique nucléaire. En musique, ce même p sera une abréviation pour *piano* (et pp vaudra pour *pianissimo*) tandis qu'en typographie il abrégera *page* (et pp vaudra pour *pages*), en religion, il abrégera le titre de *père,* etc.

Si l'on compare nomenclature et symboles chimiques, on trouvera des incohérences : si Fe à la fois abrège et symbolise le fer, et P le phosphore, il faudra recourir à l'étymologie* pour repérer le mercure sous Hg (par *hydrargyrum,* litt. « argent liquide ») et l'azote sous N (pour l'ancien *nitrogène*).

symbolisme phonique
On appelle *symbolisme phonique* la tendance à supposer qu'il existe une relation nécessaire entre le mot et l'objet signifié et à attribuer aux sons une valeur sémantique dénotative ou connotative. Cette relation est saisissable dans les onomatopées ou les mots expressifs *(cocorico, miauler)* ; cette hypothèse se vérifierait dans le rapport qui existerait entre la voyelle [i], par exemple, et les petits objets. Cette théorie de l'origine naturelle du langage s'oppose à la théorie de l'origine conventionnelle. (V. ARBITRAIRE.)

symétrie
La *symétrie* est la propriété de l'égalité des ensembles* qui permet d'inverser la proposition A = B en B = A.

symétrique
On appelle *verbes symétriques* les verbes susceptibles de figurer avec le même système de marques morphologiques dans la phrase active et dans sa transformée passive. On peut considérer l'emploi du verbe symétrique comme une forme particulière de la transformation passive. À la structure SN_1 V SN_2 correspond alors SN_2 V prép. SN_1 ; prép pouvant être *à, au contact de, sous l'effet de,* etc. Par exemple *jaunir* dans *Le soleil jaunit les papiers* vs *Les papiers jaunissent au soleil.*

symploque
En rhétorique, la *symploque* est une figure qui consiste dans la répétition d'un mot ou d'un groupe de mots au commencement et à la fin de phrases ou de membres de phrase qui se suivent. (Ex. « *Qui est l'auteur de cette loi ? Rullus. Qui a privé du suffrage la plus grande partie du peuple romain ? Rullus. Qui a présidé les comices ? Rullus* » [Cicéron].)

symptôme
On dit d'un événement linguistique qu'il est un *symptôme* quand il est lié à un locuteur dont il exprime l'état intérieur (V. SIGNE, SYMBOLE). Ainsi, si nous constatons des variations caractéristiques dans l'intensité de la voix du locuteur, nous en concluons que le locuteur est excité.

synalèphe
La *synalèphe* est un phénomène de fusion vocalique par lequel deux émissions se confondent en une seule soit par élision (l'une des voyelles disparaît : en français, l'article singulier s'élide devant voyelle), soit par contraction (deux voyelles se fondent en une voyelle longue : en italien, le mot *varii* « variés » peut être réalisé par [varii] ou [vari] ; le mot *Sahara* peut être prononcé ['saara] ou ['sa:ra]) ou par synérèse*.

synapsie
Dans la terminologie d'É. Benveniste, la *synapsie* est une unité de signification composée de plusieurs morphèmes lexicaux. La synapsie *(machine à coudre, hirondelle de mer)* se distingue du mot composé *(timbre-poste, marteau-pilon)* ou du dérivé *(antipoète, archiécriture, maoïste, ferblanterie)* par les critères suivants :
a) la liaison entre les éléments est de nature syntaxique (à l'opposé du caractère morphologique de la composition par le trait d'union ou le *-o* final du premier terme : *timbre-poste, sino-japonais*) ;
b) la synapsie se fait avec des éléments de jonction particuliers (en français, *de* et *à*) ;
c) l'ordre suivi est en français du déterminant vers le déterminé ;
d) les éléments gardent leur forme lexicale pleine (opposer *pied de table,* unité synaptique, et *pédicure, podomètre,* dérivés) ;
e) le déterminant ne reçoit pas l'article (opposer *chemise de nuit* et *il met une chemise pour la nuit*) ;
f) les deux membres gardent leur possibilité d'expansion *(bête à cornes, grande bête à cornes, bête à grandes cornes)* ;
g) le signifié a un caractère unique : on remarque la monosémie de *fil de fer* par opposition à la polysémie de *fil* (de couturière, de métal, du rasoir, = téléphone, = lien logique de la conversation, etc.) et de *fer* (à repasser, à souder, = minerai, = métal, = entraves, etc.).

syncatégorématique
On appelle *syncatégorématique* tout terme qui détermine l'extension du sujet (comme le quantificateur *tous*) ou modifie le prédicat (comme la négation ou les modaux).

synchorèse
En rhétorique, la *synchorèse* est une figure consistant à faire une concession apparente à l'adversaire.

synchronie
On appelle *synchronie* un état de langue considéré dans son fonctionnement à un moment donné de temps, sans référence à l'évolution qui l'aurait amené à cet état. (V. SYNCHRONIQUE.)

synchronique

1. On qualifie de *synchroniques* les études qui envisagent la langue, à un moment donné, comme un système en soi (étude, recherche, linguistique synchroniques), les faits qui sont étudiés comme éléments d'un système fonctionnant à un moment donné et considérés comme étales (faits, données synchroniques).

2. L'*étude synchronique* de la langue porte sur un état déterminé (à un moment donné du temps). Cet état peut être parfois très reculé : on peut faire une description, une étude synchronique du latin ou du grec ancien, pourvu que ces études se situent à un moment du passé et ne prennent pas en considération l'évolution de la langue. Il reste toutefois que les hypothèses qu'on pourra alors formuler seront invérifiables dans la mesure où on ne pourra pas les soumettre au jugement des locuteurs* natifs.

C'est à F. de Saussure que revient le mérite d'avoir insisté sur l'importance de l'étude synchronique, de la description, en linguistique. La synchronie sera pour lui soit la perspective selon laquelle une langue est considérée à un moment donné comme constituant un système, soit l'ensemble des faits de langue étudiés ainsi ou situés à un moment déterminé du temps et conçus comme formant un système, ou d'une manière plus générale la discipline qui s'occupe de la description linguistique. F. de Saussure a illustré l'opposition diachronie/synchronie en utilisant l'image du jeu d'échecs. Pendant une partie d'échecs, la disposition des pièces se modifie à chaque coup, mais à chaque coup la disposition peut être entièrement décrite d'après la place où se trouve chacune des pièces. Pour la conduite du jeu, à un moment donné, il importe peu de savoir quels ont été les coups joués précédemment, dans quel ordre ils se sont succédé : l'état particulier de la partie, la disposition des pièces peuvent être décrits synchroniquement, c'est-à-dire sans aucune référence aux coups précédents. Si l'on suit F. de Saussure, il en va de même pour les langues ; celles-ci changent constamment, mais on peut rendre compte de l'état où elles se trouvent à un moment donné.

On peut prendre l'exemple des cas, du latin au français. En latin, les différentes terminaisons indiquent les relations que les mots entretiennent dans une phrase. Une étude synchronique de ce système pourra donc se faire en tenant compte des éléments tels qu'ils se présentaient, par exemple, au Ier siècle av. J.-C. L'*état de langue* pourra être délimité en prenant des textes correspondant, par exemple, à une trentaine d'années. On supposera qu'il n'y a pas entre 60 av. J.-C. et 30 av. J.-C. de variations dignes d'intérêt. Ce n'est donc pas la nature des énoncés analysés qui fait que l'étude est synchronique, mais la saisie de ces énoncés par la linguistique qui minimise (ou ignore) les différences entre un point du temps et l'autre (étude synchronique) ou, au contraire, les privilégie (étude diachronique). En reprenant l'image du jeu d'échecs, on peut dire que les pièces peuvent être les mêmes, mais que leurs positions sur l'échiquier changent. Parfois, il faut aller plus loin : on peut se demander si au fond il n'y a pas, par exemple, suppression de certaines pièces (l'image de l'échiquier permet de l'envisager) ou addition d'autres (ce que l'image de l'échiquier interdit). Ainsi, pour le français moderne parlé, la distinction entre le singulier et le pluriel ne se marque pas par un *-s*, mais par la forme de l'article défini, la manière dont se fait l'accord du verbe, la liaison devant un mot qui commence par une voyelle. Les locuteurs d'une langue donnée ne connaissent généralement pas (à quelques exceptions près) l'histoire de la langue qu'ils parlent. Le passé n'a donc aucune importance pour la compréhension du système (bien que R. Jakobson ait insisté sur l'importance des clivages diachroniques dans un état de langue [V. DIACHRONIE]). Ils en arrivent, compte tenu du groupe social dans lequel ils parlent, à appliquer certaines règles qui sont immanentes à l'ensemble de phrases utilisées par la communauté dans laquelle ils vivent.

La description synchronique se donne pour tâche d'énoncer clairement et de manière systématique l'ensemble de ces règles telles qu'elles fonctionnent, à un moment donné, dans la langue à étudier. Pour ce qui est des quelques membres d'une communauté linguistique qui ont effectivement des vues sur les états antérieurs de la langue, ou bien leurs connaissances spécialisées modifient leur comportement verbal, et alors leur langue est différente de celle de la communauté et doit être étudiée en tant que telle ; ou bien elles n'ont aucune incidence et alors elles n'ont aucun intérêt pour l'étude à effectuer.

De toute manière, la langue d'une communauté linguistique déterminée, à un moment donné, n'est jamais parfaitement uniforme et l'évolution linguistique ne consiste pas dans la substitution pure et simple d'un système de communication homogène à un autre système, homogène lui aussi.

On peut donc dire que, de toute manière, les deux méthodes comportent une certaine simplification qui minimise les écarts.

syncope

La *syncope* est dans l'évolution des langues un phénomène très fréquent de disparition d'un ou plusieurs phonèmes à l'intérieur d'un mot. Les voyelles atones y sont particulièrement sujettes. Par exemple, le passage des formes latines *calidus, verecundiam, eremitum* aux mots correspondants dans les langues romanes est dû à un phénomène de syncope : *chaud* (ital. *caldo*), *vergogne, ermite.*

syncrétisme

Le *syncrétisme* est le phénomène par lequel des éléments distincts à l'origine ou que l'analyse conduit à dissocier se trouvent mêlés en une forme unique, de manière apparemment indissociable. Pour les langues indo-européennes, on parle de *syncrétisme des cas :* la grammaire comparée permet de penser que la liste primitive des cas comprenait, outre le nominatif, le vocatif, l'accusatif, le génitif et le datif, un ablatif (exprimant la séparation ou l'éloignement), un locatif (exprimant le lieu où l'on est), un instrumental (exprimant ce au moyen de quoi on fait l'action) : le latin a réuni par syncrétisme sous le nom d'*ablatif* certaines formes et tous les emplois de l'instrumental et la plupart des emplois de locatif (celui-ci subsistait pour certains noms) ; le grec a pratiqué le syncrétisme pour l'instrumental et presque tout le locatif réunis sous le datif, tandis que l'ablatif proprement dit était rangé avec le génitif.

Les langues flexionnelles présentent un syncrétisme des morphèmes (en latin celui de pluriel et de nominatif sont réunis dans la terminaison *i* de *domini*) pour aboutir à des agglomérats, et leur caractère dominant s'appelle aussi *syncrétisme.*

syndèse, syndète

En rhétorique, la *syndèse* est la figure qui consiste à coordonner entre eux (par les conjonctions *et, ou,* en particulier) tous les membres d'une énumération. Ainsi de Corneille *(le Cid) : Et la terre et le fleuve et leur flotte et le port / Sont des champs de carnage où triomphe la mort.*

synecdoque

La *synecdoque* est une variété de la métonymie* qui consiste à assigner à un mot un contenu plus étendu que son contenu ordinaire (ex. : *voile* pour *navire* [la partie pour le tout], *le cochon* pour *l'espèce porcine* [le particulier pour le général]). Il y a aussi synecdoque quand, par un procédé inverse, on prend le tout pour la partie (ex. : *la France* pour *l'équipe de France*).

synérèse

La *synérèse* est un cas particulier de la synalèphe* dû à la fusion de deux voyelles contiguës en une syllabe. Le premier élément prend la valeur d'une semi-consonne comme dans *nuage* [nyaʒ] prononcé [nɥaʒ] et *oui* [ui] prononcé [wi]. L'histoire de la langue italienne présente aussi une tendance à prononcer comme monosyllabiques des séquences vocaliques bisyllabiques dans des mots comme *Laura, continuo, patria, empio :* aujourd'hui, les Toscans et les Italiens du Nord prononcent [aw, wo, ja, jo], les Italiens du Sud prononcent [au, uo, ia, io].

synonyme

Sont *synonymes* des mots de même sens, ou approximativement de même sens, et de formes différentes. C'est là la définition large de la synonymie : elle permet aux dictionnaires notamment de fournir des listes très longues de mots qu'on peut, dans des contextes bien définis, substituer à un autre. En théorie sémantique moderne, deux unités ne sont synonymes que si elles ont le même sens structurel défini au moyen d'une analyse rigoureuse. (V. SYNONYMIE.)

synonymie

La *synonymie* peut avoir deux acceptions différentes : ou bien deux termes sont dits *synonymes* quand ils ont la possibilité de se substituer l'un à l'autre dans un seul énoncé isolé (pour un mot donné, la liste des synonymes est alors importante) ; ou bien deux termes sont dits *synonymes* (synonymie absolue) quand ils sont interchangeables dans tous les contextes, et alors il n'y a pratiquement plus de véritables synonymes, sinon entre deux langues fonctionnelles (par exemple en français, en zoologie, la nomenclature scientifique et la nomenclature populaire offrent de nombreux exemples de synonymie absolue).

De plus, deux unités peuvent avoir le même référé, être synonymes et ne s'employer que dans des contextes différents : par exemple, le *verre de rouquin* est bien un *verre de vin,* mais l'apparition de l'un ou de l'autre dépend de contraintes telles qu'il y a peu de chances pour qu'ils soient facilement interchangeables si l'on tient compte du contexte socioculturel ; il y a bien également identité de dénotation entre *voler* et *piquer, voiture* et *bagnole* dans les phrases suivantes : *On m'a volé ma voiture, On m'a piqué ma bagnole,* dont les différences de connotation sont évidentes. C'est plutôt en termes de degrés qu'on peut parler de synonymie ; celle-ci deviendra ainsi simplement la tendance des unités du lexique à avoir le même signifié et à être substituables les unes aux autres. La synonymie peut donc être complète ou non, totale ou non.

Le concept de *synonymie complète* est lié à la distinction qu'on fait entre le sens cognitif et le sens affectif. La pratique de la langue met en jeu d'un côté l'entendement, de l'autre l'imagination et les émotions : les mots de la langue quotidienne, à la différence du vocabulaire scientifique et technique, sont chargés d'associations affectives (connotations*) en dehors de leur sens purement dénotatif (V. DÉNOTATION). C'est ainsi que le mot *bifteck* n'a pas la même valeur* (les mêmes connotations) quand on commande *trois biftecks* au boucher et quand on exige de pouvoir *gagner son bifteck.* Dans ce dernier emploi, *bifteck* peut se voir substituer *pain, vie,* mais chacun de ces mots, équivalents ici du point de vue de la dénotation, a sa valeur affective propre. On dira qu'il y a synonymie complète quand le sens affectif et le sens cognitif des deux termes sont équivalents. D'une manière générale, et pour des raisons pédagogiques, on s'intéresse à une *synonymie incomplète,* limitée à la dénotation. On considère comme synonymes des mots de même sens cognitif et de valeurs affectives différentes.

La *synonymie* peut aussi être définie par l'équivalence des phrases. Si on a deux phrases P_1 et P_2 différant seulement par le fait que P_1 a une unité x et P_2 a une unité y là où P_1 a une unité x, et si $P_1 \supset P_2$ et $P_2 \supset P_1$ (double implication), on pourra dire que x et y sont synonymes.

L'analyse componentielle* permet de caractériser les synonymes dans la mesure où les unités contiennent les mêmes traits définitoires. Ainsi, *chat* désignant un mâle et *matou* pourront être dits synonymes en raison du fait que *chat* peut avoir les mêmes traits (animal, félin, mâle, adulte) que *matou.*

La synonymie dépend du contexte beaucoup plus que les autres rapports de sens (hyponymie, antonymie). L'importance du contexte est telle qu'elle neutralise les oppositions entre deux termes. Dans un énoncé comme *leur chien vient de mettre bas,* la cooccurrence, dans l'énoncé, de *vient de mettre bas* conduit à conférer à *chien,* antonyme de *chienne* pour ce qui est du sexe, le caractère [femelle] qui est spécifique de *chienne.* L'opposition mâle *vs* femelle étant impossible dans cette phrase, *chien,* générique, prend nécessairement le trait [+ femelle]. Ainsi le contexte permet de donner à des unités un sens assez restreint comme à *chien,* plus haut, ou comme à *prendre* dans *Il s'asseoit à la terrasse de café pour prendre un verre de bière.* La synonymie peut être considérée comme une hyponymie symétrique. En principe, un superordonné n'implique pas ses hyponymes, mais le contexte situationnel ou syntagmatique peut conférer au superordonné le signifié de l'un de ses hyponymes. Ainsi, si *x* est hyponyme de *y* et *y* de *x* (si la relation est réciproque ou symétrique), on dira que *x* et *y* sont synonymes.

syntagmatique

1. On appelle *rapport syntagmatique* tout rapport existant entre deux ou plusieurs unités apparaissant effectivement dans la chaîne parlée. Une fois reconnue l'existence de relations privilégiées entre certaines unités (mots, groupes de mots, unités complexes de toute dimension), il reste à se demander si ces liaisons, constatées dans l'énoncé, appartiennent à la langue ou à la parole. F. de Saussure hésite en constatant que « [la phrase], type par excellence du syntagme » appartient à la parole, alors que de nombreuses combinaisons syntagmatiques appartiennent nettement à la langue (*à quoi bon !, allons donc !, prendre la mouche, avoir mal à,* etc.). De même, l'activité créatrice qui fait naître *indécorable* sur le modèle de *impardonnable,* etc., est à attribuer à la langue.

L'existence de rapports syntagmatiques à un niveau inférieur à celui du signe est parfois évoquée par F. de Saussure : « Dans le groupe imaginaire *anma,* le son *m* est en opposition syntagmatique avec ceux qui l'entourent et en opposition associative avec tous ceux que l'esprit peut suggérer. » Cette considération est à l'origine du développement de la phonologie.

Signalons que l'hésitation notée devant l'attribution du syntagme* à la langue ou à la parole est résolue par la substitution à ces concepts de ceux de compétence et de performance. La difficulté offerte par le passage de l'acte individuel (fait de parole) à l'acte prédéterminé (fait de langue) est résolue par l'opposition entre créativité* gouvernée par les règles (du domaine de la compétence) et créativité hors des règles (du domaine de la performance). À ce titre, les régularités syntagmatiques sont toutes du domaine de la compétence.

2. En grammaire générative, on appelle *règles syntagmatiques* les règles de la base qui décrivent certaines catégories dans les termes de leurs constituants. Ainsi, le syntagme nominal est décrit comme constitué d'un déterminant suivi d'un nom ; la règle syntagmatique est la suivante : SN → D + N.

Les règles syntagmatiques sont de la forme XAY → XZY, A étant un symbole unique, Z un symbole unique ou une suite de symboles, X et Y étant des suites de symboles et pouvant être nuls. La règle signifie que A se réécrit Z dans le contexte X – Y. On distingue deux types de règles syntagmatiques selon que X et Y sont ou ne sont pas nuls. Si X et Y sont nuls, comme dans la règle P → SN + SV (la phrase se réécrit par un syntagme nominal suivi d'un syntagme verbal), on a des règles *indépendantes du contexte* (le contexte étant ici X et Y). Si X et Y ne sont pas nuls, on a des règles *dépendantes du contexte,* comme dans la règle $V \rightarrow V_{tr}/-$ SN, qui se lit V (verbe), se réécrit verbe transitif (V_{tr}) dans le contexte d'un syntagme nominal (*Pierre mange sa soupe ;* Y étant alors SN). Les grammaires syntagmatiques qui sont l'ensemble des règles syntagmatiques de la base catégorielle des grammaires génératives peuvent contenir ou non des règles dépendantes du contexte ; on aura donc des grammaires dépendantes du contexte ou des grammaires indépendantes du contexte.

On donne le nom de *grammaire syntagmatique* à la grammaire de constituants dont N. Chomsky a fait la base de la composante syntaxique et dont les règles sont appelées *règles syntagmatiques.*

syntagme

1. F. de Saussure appelle *syntagme* toute combinaison dans la chaîne parlée. Cette définition a été maintenue par certains linguistes ; ainsi, pour A. Martinet, « on désigne sous le nom de *syntagme* toute combinaison de monèmes* ».

Les exemples de syntagmes fournis par Saussure, sont *re-lire ; contre tous ; la vie humaine ; Dieu est bon ; s'il fait beau temps, nous sortirons.* On remarquera qu'ils vont d'un plan infralexical (*re-lire,* aboutissant à l'unité lexicale *relire*) jusqu'au plan de la phrase (les deux derniers exemples).

Toutefois, la description des mécanismes de la langue par la seule étude des syntagmes est incomplète. Il faut distinguer deux axes, l'axe des rapports syntagmatiques et l'axe des rapports associatifs ou paradigmatiques. Le rapport paradigmatique est celui qui associe une unité de la langue réalisée dans un énoncé avec d'autres (non présentes dans l'énoncé considéré) [V. PARADIGME]. Le rapport syntagmatique, lui, est contracté entre certaines des unités présentes dans l'énoncé.

Prenons la phrase *Le petit chat est mort.*

1) Il y a, en *chaque point de l'énoncé,* des possibilités de substitution :

$$\left\{\begin{array}{l} \textit{le} \\ \textit{ce} \\ \textit{mon} \\ \textit{un} \\ \text{etc.} \end{array}\right\} \textit{petit chat est mort,}$$

$$\textit{le} \left\{\begin{array}{l} \textit{petit} \\ \textit{gros} \\ \textit{vilain} \\ \text{etc.} \end{array}\right\} \textit{chat est mort.}$$

Les rapports entretenus par les unités *le/ce/mon/un* (et respectivement les unités *petit /gros/vilain*) sont des rapports paradigmatiques.

2) Il y a, entre divers éléments de l'énoncé, des rapports plus étroits à constater :

a) Il semble moins naturel de découper en *le / petit chat est mort* qu'en *le petit chat / est mort ;*

b) De même, il semble moins naturel de découper en *le petit / chat* qu'en *le / petit chat.*

2. En linguistique structurale, on appelle *syntagme* un groupe d'éléments linguistiques formant une unité dans une organisation hiérarchisée. Le terme de *syntagme* est suivi d'un qualificatif qui définit sa catégorie grammaticale (syntagme nominal, syntagme verbal, syntagme adjectival, etc. [abréviations : SN, SV, SA]). Le syntagme est toujours constitué d'une suite d'éléments et il est lui-même un constituant d'une unité de rang supérieur ; c'est une unité linguistique de rang intermédiaire. Ainsi, le syntagme nominal est le constituant de la phrase, ce noyau étant formé de la suite : syntagme nominal (SN) + syntagme verbal (SV) *(Pierre + est venu à la maison) ;* il est le constituant du syntagme verbal dans la règle SV → V + SN (*lance* [verbe] + *la balle* [SN]) ; il est constitué des éléments déterminant (D) suivi du nom (N) dans la règle SN → D + N.

Dans l'analyse en constituants d'une phrase réalisée, comme *L'enfant du voisin avait lancé le ballon dans le carreau de la cuisine,* on définit *l'enfant du voisin* comme le syntagme nominal (sujet) et *avait lancé le ballon dans le carreau de la cuisine* comme le syntagme verbal (prédicat) ; le syntagme nominal sujet est formé d'un syntagme nominal *(l'enfant)* suivi d'un syntagme prépositionnel *(du voisin),* et le syntagme verbal est formé d'un verbe et de son auxiliaire *(avait lancé)* suivi d'un syntagme nominal *(le ballon)* et d'un syntagme prépositionnel *(dans le carreau de la cuisine),* lui-même constitué d'une préposition *(dans),* d'un syntagme nominal *(le carreau)* et d'un nouveau syntagme prépositionnel *(de la cuisine),* et ainsi de suite.

Les éléments linguistiques constitutifs d'un syntagme peuvent être des morphèmes lexicaux ou grammaticaux ; *le + garçon, le + age, amour + eux ; viv + ant,* etc., sont des exemples de syntagmes dont les éléments constituants sont des morphèmes autonomes ou des affixes.

syntaxe

1. On appelle *syntaxe* la partie de la grammaire décrivant les règles par lesquelles se combinent en phrases les unités significatives ; la *syntaxe,* qui traite des fonctions, se distingue traditionnellement de la morphologie*, étude des formes ou des parties du discours, de leurs flexions et de la formation des mots ou dérivation. La syntaxe a été parfois confondue avec la grammaire elle-même.

2. En grammaire générative, la *syntaxe* comporte plusieurs composantes : la base (composante catégorielle et lexique) et la composante transformationnelle. (V. GÉNÉRATIVE [GRAMMAIRE], TRANSFORMATION.)

synthème

Dans la terminologie de A. Martinet, le *synthème* est un segment d'énoncé formé de plusieurs monèmes lexicaux qui fonctionne comme une unité syntaxique minimale ; les synthèmes sont, par exemple, les mots dérivés (*désirable, refaire,* etc.), qui sont le résultat d'un choix unique parmi les ressources de la langue. *Synthème* s'oppose à *syntagme*.*

synthèse de la parole

La *synthèse de la parole* se propose la production des sons de la parole à partir d'une représentation phonétique du message. La reproduction de ce message résulte de l'encodage d'informations à plusieurs niveaux : la synthèse consiste à générer des paramètres de contrôle pour un décodeur à partir d'une chaîne de symboles phonétiques et d'un ensemble de marqueurs prosodiques. L'étape de synthèse proprement dite s'insère en aval du module de transcription orthographique-phonétique et du générateur de prosodie*, et en amont du système de restitution (synthétiseur*). La synthèse peut privilégier le « faire semblant » qui vise à reproduire les effets, tromper l'oreille, ou le « faire comme » qui vise à modaliser les causes par une imitation de l'appareil phonatoire.

On peut considérer comme des tentatives de simulation de la parole, dès l'Antiquité, les statues parlantes des Grecs d'où émanaient des signes, des voix mystérieuses, des messages prophétiques : en fait leurs lèvres étaient reliées à des tuyaux dans lesquels parlaient les prêtres pour impressionner les mortels. Cette tradition s'est perpétuée jusqu'au XVIIe siècle avec *la Fille invisible* qui cachait en fait une personne dissimulée dans l'appareil. Le Moyen Âge a vu apparaître la synthèse mécanique avec l'orgue et la guimbarde. Roger Bacon a étudié le principe d'une tête parlante. Le premier exemple d'un analogue mécanique du conduit vocal est attribué à Kratzenstein, autour de 1780, en réponse à un concours scientifique de l'Académie impériale de Saint-Pétersbourg. Cette machine était composée d'un ensemble de résonateurs acoustiques excités par une anche vibrante et dont la forme était censée représenter la forme du conduit vocal pour la production de cinq voyelles. Le XVIIIe siècle voit apparaître les premiers androïdes. En 1737, Jacques de Vaucanson construit les deux premiers automates parlants, *le Joueur de flûte traversière,* et *le Joueur de tambourin.* Lors du 1er traité de Versailles, l'abbé Mical avait créé deux têtes parlantes (masculine/féminine) qui disaient : « Le roi a donné la paix à l'Europe. La paix fait le bonheur des peuples. » En 1791, le baron hongrois Wolfgang von Kempelen construit la première machine parlante composée d'un *soufflet,* « une bouche », c'est-à-dire une boîte à air comprimé munie d'une anche alimentant un résonateur en cuir dont le volume pouvait être réglé de la main gauche pour la production des voyelles ; les consonnes étaient créées au moyen de « narines », des *orifices* que les doigts de l'opérateur venaient fermer, et des *sifflets* actionnés par des leviers de la main droite. Cette machine pouvait émettre une vingtaine de sons différents. Les machines construites au cours du XIXe siècle étaient des améliorations de celle de von Kempelen, avec une langue et une mâchoire mobile (Faber, 1835 ; A. G. Bell). À ces recherches participent l'invention du *panharmonica* (machine reproduisant tous les instruments de l'orchestre) du mécanicien autrichien Maelzel (1772-1838) et les travaux sur l'architecture des voûtes de Robert Willis (1800-1875). Le *phonographe* d'Edison en 1877 marque provisoirement l'abandon du « faire comme » au bénéfice du « faire semblant ».

La véritable *synthèse de la parole* a été rendue possible par l'apparition de l'électricité et de l'électronique. En 1922, J. Cl. Stewart construit l'ancêtre des synthétiseurs à formants, avec une machine composée d'une source périodique et de deux résonateurs électriques permettant de reproduire des voyelles, des diphtongues et quelques mots tels que « mama, Anna ». En 1939, à l'Exposition universelle de New York, H. Dudley ingénieur des télécommunications, présente le Voder (Voice Operation Demonstrator), appareil mis au point par les laboratoires Bell et dérivé du Vocoder. Le Vocoder avait été étudié dans le but de réduire le débit des transmissions téléphoniques, en substituant les commandes automatiques issues de l'étage d'analyse à des commandes manuelles : l'objectif était de réduire le débit d'informations transmises sur les voies téléphoniques par l'exploitation de la redondance présente dans le signal vocal. Cette période, qui était aussi celle des débuts du cinéma parlant, marque le véritable commencement des études sur la production et la transmission de la parole par l'utilisation des prises de vues aux rayons X, les enregistreurs, les premiers spectrographes. En 1950, à l'issue d'une phase d'intenses activités de recherche, le premier véritable synthétiseur de parole apparaît aux laboratoires Haskins avec le *Pattern Playback,* système qui peut être considéré comme un sonagraphe fonctionnant à l'envers. Le sonagraphe transforme une parole enregistrée en une représentation à trois dimensions dont les deux premières sont le temps et la fréquence, la troisième étant l'intensité représentée sur une échelle de gris (Koenig *et al.,* 1946). Inversement, le balayage des évolutions schématiques des fréquences de formants par un faisceau de lumière modulée en fréquences permet, après amplification, d'entendre le son correspondant au spectrogramme. L'utilisation conjointe de l'analyse spectrographique et de la relecture de sonagrammes a permis le développement important des études de production et de perception de la parole. C'est à cette époque que l'on a montré le rôle primordial des transitions entre les sons de la parole. Dans le même temps sont construites des machines qui simulent le conduit vocal comme étant composé d'une succession de tubes élémentaires, le diamètre variable de chaque section représentant la forme intérieure du conduit vocal (Dunn, 1950 ; Stevens *et al.,* 1953). À la même période (1953), les premiers synthétiseurs à formants ont été développés par Lawrence en Grande-Bretagne (PAT : Parametric Artificial Talker), par Fant en Suède (OVE : Orator Verbis Electra), enfin au MIT et aux laboratoires Bell.

La deuxième phase de l'histoire de la synthèse, dans les années 70, correspond à une véritable révolution avec le développement de l'utilisation des calculateurs et la théorie du signal numérique. Elle se poursuit aujourd'hui encore, selon deux approches simultanées auxquelles correspondent deux sortes de méthodes. La première méthode vise à reproduire au mieux le signal de parole en contrôlant les paramètres d'un filtre qui simule fonctionnellement le conduit vocal humain (*prédiction linéaire* et *formants*). La deuxième méthode cherche à simuler la propagation de l'onde sonore dans le conduit vocal à partir de données physiologiques et mécaniques des paramètres articulatoires et de leurs évolutions au cours de la phonation *(modélisation articulatoire).*

Les méthodes de synthèse sont de deux types :

1) *La synthèse par règles.* La synthèse par règles repose sur un calcul des paramètres de contrôle à partir de règles préétablies. Des cibles idéales et des modèles de transition sont utilisés pour générer la suite des paramètres de contrôle. Par exemple, pour synthétiser la syllabe [ba], il faut connaître les valeurs-cibles des formants et de l'énergie pour le [b] et le [a], puis les règles d'évolution des paramètres entre ces valeurs, afin de pouvoir construire les transitions. Les modifications prosodiques sont théoriquement rendues possibles de façon assez simple, mais le système de règles est en général très complexe. La mise au point de chacune d'elles est extrêmement longue, bien plus longue que la segmentation d'un dictionnaire de diphones. Cette méthode de synthèse a beaucoup été utilisée (Holmes *et al.,* 1964 ; Rabiner, 1968 ; Vaissière, 1971 ; Coker, 1976 ; Flanagan, 1975 ; Klatt, 1976). Généralement, c'est un synthétiseur à formants qui est utilisé car les formants sont des paramètres très bien connus des phonéticiens qui ont accumulé une quantité impressionnante de travaux sur leurs valeurs et leurs évolutions. Par ailleurs, leur pertinence a été testée sur le plan perceptif. Enfin, les formants peuvent être facilement interpolés.

Plusieurs centaines de règles sont nécessaires si l'on veut une quantité de parole synthétique acceptable. Les systèmes de synthèse par règles possèdent un ensemble de cas particuliers de transition qu'il convient de générer au coup par coup, car ils n'entrent dans le cadre d'aucune règle. Si on pousse à l'extrême le raffinement des règles, on risque d'aboutir à un ensemble de règles presque égal au nombre de segments à partir desquels ces mêmes règles ont été élaborées, ce qui conduit à une perte du bénéfice de l'effort de structuration des connaissances. Construire un système de synthèse par règles pour une langue donnée est une entreprise de longue haleine. De tels systèmes ont été développés pour la langue anglaise par les laboratoires du MIT (Klatt, 1976-1979), du JSRU en Grande-Bretagne (Holmes, 1964) et du KTH à Stockholm (Fant, 1960). Le système suédois propose également une version multilingue.

Des systèmes adaptés pour la langue française ont été réalisés en Suède (Carlsson *et al.*, 1982) et au Canada (O'Shaugnessy, 1977).
2) *La synthèse par segments* ou *synthèse par diphones.* Les premières tentatives de synthèse segmentale ont eu lieu à partir de phonèmes : en 1953, Harris avait tenté de réaliser une synthèse à partir d'éléments appelés « blocks » pour reconstituer un signal de parole comme un jeu de construction, la parole obtenue était quasi inintelligible. Les phénomènes de coarticulation étaient peu connus à l'époque, surtout au niveau des consonnes. Liberman montra alors l'importance des transitions entre phonèmes pour l'intelligibilité de la parole, à l'aide d'expériences sur le *Pattern Playback :* ainsi le /k/ de /ka/ assemblé avec le /i/ de /pi/ donne /ki/. La notion de *diphones* en résulta. Un diphone est un segment de parole compris entre les instants de stabilité spectrale de deux phonèmes, en gros entre leurs centres. Une telle technique suppose que l'on dispose d'une base de données exhaustive de segments pour chaque locuteur que l'on désire synthétiser, que ces segments aient été au préalable enregistrés dans un contexte neutre (logatomes) et que l'on ait procédé à une segmentation extrêmement précise de chacune des unités.

Mais l'influence d'un phonème peut s'étendre au-delà de son suivant immédiat grâce aux phénomènes de coarticulation et d'anticipation du mouvement des articulateurs : il est alors possible de prévoir des unités de type triphones VCV appelés aussi disyllabes, les disyllabes étant les équivalents des diphones au niveau syllabique (Saito et Hashimoto, 1968).

Toutes les transitions doivent être stockées, la taille de la mémoire croît avec le carré du nombre de phonèmes de la langue considérée. Par contre, le nombre de règles de concaténation est minime : si l'on considère 17 voyelles et 17 consonnes, on a un maximum de 1 156 diphones pour la langue française.

Cette méthode proposée dans les années 1950 (Kumpfmuller) a été reprise par de nombreux chercheurs (Dixon, Maxey, 1976), en France le L.I.M.S.I. (Lienard, 1979) et le C.N.E.T. (Emerard, 1977).

La méthode de synthèse par règles et la méthode de synthèse segmentale ne sont pas entièrement contradictoires. Dans certains systèmes de mesure segmentale, il est procédé à la normalisation de certains paramètres de contrôle tels que l'énergie, la fréquence fondamentale, voire les spectres aux frontières, afin de minimiser les problèmes de raccordement. Certains systèmes repèrent le milieu de chaque diphone, ce qui permet d'appliquer à ces derniers des distorsions temporelles non linéaires lors des modifications de durée. On peut envisager un nombre plus important de marques, pour localiser la fin de stabilité spectrale pour le premier phonème et le début pour l'autre. On peut alors concevoir de classer les segments en fonction de leur comportement face aux variations de débit et adopter une stratégie différente de modification des durées pour chacune des classes. On s'approche ainsi de la synthèse par règles, en structurant le contenu des unités.

Bimbot (1989) propose une méthode de passage graduel de la synthèse segmentale à la synthèse structurée par règles à partir de la décomposition temporelle, en s'appuyant sur la notion de *polyson,* définie en 1984 par Miclet et Boe comme une sorte de compromis entre les diphones et les disyllabes.

Les applications de la synthèse mettent en œuvre deux méthodes :
1) Le *stockage/restitution,* à vocabulaire limité, avec des messages *figés* (les éléments sont stockés puis restitués, par exemple « composez votre code d'accès ») ou des messages *variables* (les éléments constitutifs sont stockés puis assemblés en fonction

du message à émettre : « à ce jour, votre compte présente un solde / créditeur / de / mille / francs »).

2) La *synthèse à partir du texte* permet de synthétiser n'importe quel texte d'une langue donnée (vocabulaire illimité). Les informations mémorisées sont alors soit des diphones, soit des règles d'évolution des transitions entre les phonèmes. Les techniques de reconstruction utilisées sont la prédiction linéaire pour les diphones, ou la synthèse à formants pour les règles. L'avantage de la synthèse à partir du texte est sa possibilité de transformer n'importe quel texte écrit en parole. Ceci est obtenu au prix d'une grande complexité algorithmique. Ses principales limitations sont encore son coût et son manque de naturel. Cette technique étudiée en laboratoire depuis 18 ans fait l'objet de produits industriels exploitables depuis 6 ans environ. Elle reste en constante évolution. Ses applications potentielles sont nombreuses : messagerie (lecture automatique de messages écrits, réponses à des renseignements extraits de bases de données), guidage, téléalarmes dans les centres de surveillance et en milieu médical, aide aux handicapés grâce aux « prothèses » que constituent les technologies vocales (machine à lire pour les non-voyants, synthétiseur à sortie vocale pour les non-parlants, etc.).

La synthèse de haute qualité est possible dans un avenir proche, mais son évolution n'a pas été aussi rapide que prévu au cours des années 80. En effet, la parole reste le substitut de l'écrit et de l'écran, et les logiciels n'ont pas suffisamment évolué pour faire bénéficier les usagers de systèmes intelligents, capables de s'adapter et de créer une plus grande convivialité dans les rapports hommes/machine.

synthèse par règles

La *synthèse par règles* consiste en la conversion automatique d'une suite de symboles représentant un texte sous sa forme écrite en une onde sonore continue qui représente une des images acoustiques possibles de ce texte. Les programmes de synthèse* consistent essentiellement à transformer la suite de symboles en une série de paramètres variables dans le temps, capables de commander un synthétiseur*. Ces paramètres sont de deux natures : d'une part les paramètres acoustiques qui permettent de synthétiser les phonèmes* ou allophones* successifs représentant le texte (valeur des formants* à chaque instant *t*, ou valeur de l'énergie dans les 15 à 20 canaux d'un synthétiseur à canaux* par exemple) et d'autre part les paramètres prosodiques tels que la hauteur* et la durée* à effectuer à chaque phonème. La synthèse par règles est rendue possible par le caractère redondant de la parole, et elle essaie d'exploiter au maximum cette redondance* pour réduire le plus possible le taux de données nécessaires au codage de la voix.

synthétique

1. On qualifie de *synthétiques* les langues flexionnelles comme le latin et les langues agglutinantes comme le vietnamien. *Synthétique* s'oppose ici à *analytique.* Est synthétique une langue qui tend à réunir en un seul mot plusieurs morphèmes. Le français est une langue analytique parce qu'il exprime les fonctions par des mots autonomes appelés *prépositions* et que dans une phrase chacune des unités reste relativement indépendante des autres. (V. ANALYTIQUE.)

2. *Procédure synthétique.* V. ANALYTIQUE.

synthétiseur

Les *synthétiseurs* peuvent être classés en fonction de 3 techniques : *synthèse directe, synthèse à travers un modèle, simulation du conduit vocal.*

1) *La synthèse directe.* La parole est produite par mesure directe sur l'onde temporelle :

Le *Vocoder à canaux,* technique aujourd'hui abandonnée, consiste à représenter la fonction de transfert du conduit vocal par l'énergie du signal dans un certain nombre de canaux fréquentiels. L'excitation est représentée par une décision de voisement et la valeur de la fréquence fondamentale.

La *concaténation de formes d'ondes* consiste en un processus qui enchaîne un certain nombre de périodes fondamentales pour reconstituer un phonème et un certain nombre de phonèmes pour former un mot. Cette technique présente l'avantage de la simplicité et de la réduction de l'espace de stockage, avec l'obtention d'une qualité tolérable pour certaines applications comme les jouets. L'inconvénient est qu'elle ne permet pas de prendre en compte les phénomènes de coarticulation, essentiels notamment pour la compréhension des consonnes, ce qui limite fortement l'intelligibilité de la parole.

2) *Synthèse à travers un modèle.* Ces techniques produisent une onde sonore à travers un modèle de production. Les paramètres de ce modèle sont calculés par minimisation d'un critère entre le signal original et le signal prédit par ce modèle.

Le synthétiseur à formants utilise l'information perceptive principale relative à la nature des sons voisés telle qu'elle est fournie par les formants. Les composantes de la parole responsables de l'intelligibilité sont déterminées par l'analyse sonagraphique, puis la parole est reconstituée à partir de générateurs indépendants, l'un de sons vocaliques, l'autre de bruits. La représentation spectrale est simplifiée en ne codant que les formants par leur fréquence centrale, leur amplitude et leur largeur de bande. Trois formants peuvent être suffisants, mais d'autres paramètres peuvent être nécessaires pour caractériser les sons non-voisés, l'effet du canal nasal est également pris en compte. Ainsi, une douzaine de paramètres permettent une bonne restitution. Les filtres associés à chaque formant ou bande de bruit peuvent être disposés *en série* ou *en parallèle.* L'avantage de cette synthèse est que les paramètres qu'elle utilise sont étroitement corrélés à la production et à la propagation de la parole dans le conduit vocal. Un problème majeur subsiste du fait qu'il n'existe pas d'« analyseur formantique » automatique. La plupart des paramètres de commande, notamment dans la configuration en parallèle, doivent être optimisés par l'oreille (cf. études sur l'intonation*).

Le *synthétiseur à prédiction linéaire :* le modèle de prédiction linéaire décrit un échantillon de parole comme étant une combinaison linéaire des échantillons précédents. L'algorithme calcule les coefficients de la combinaison de façon à minimiser l'erreur quadratique moyenne entre le signal original et le signal prédit sur une fenêtre donnée. Ces coefficients sont réactualisés régulièrement toutes les 5 ou 20 millisecondes ; 10 à 15 coefficients sont nécessaires pour atteindre une synthèse de qualité acceptable. Les avantages de cette technique sont nombreux : analyse automatique, intégration relativement aisée des algorithmes, fidélité au timbre original.

Cependant, on retrouve certains défauts, notamment ceux liés à la source d'excitation dont la représentation est trop simpliste et qui donne une qualité « bruyante » à la parole synthétique. De plus, le modèle se prête mal à la représentation de certains sons, tels que les nasales et les constrictives voisées, parce que les fonctions de transfert obtenues à l'analyse ne contiennent que des pôles.

3) *Simulation du conduit vocal.* Avec cette technique, il s'agit de simuler le fonctionnement du système de production de la parole. Un modèle articulatoire reconstitue en premier lieu la forme du conduit vocal en fonction de la position des organes phonatoires (langue, mâchoire, lèvres). Le signal vocal est ensuite calculé à l'aide d'une simulation mathématique de l'écoulement de l'air dans le conduit ainsi délimité. Les paramètres de commande d'un tel synthétiseur sont la pression subglottale, la tension des cordes

vocales et la position relative des divers articulateurs. Les données articulatoires sont obtenues au moyen d'enregistrements cinéradiographiques, là où les sources sont difficiles à modéliser dans le cas des cordes vocales, et encore plus pour la production des occlusives et des constrictives.

Depuis 1964, une quinzaine de modèles du conduit vocal ont été proposés (Ohman, 1967 ; Coker, Fujimura, 1966 ; Mermelstein, 1963 ; Lindblom, Sundberg, 1971). Plus récemment, des modèles ont été développés à partir d'analyses factorielles du conduit vocal (Shirai, Honda, 1976 ; Kiritani, Himagawa, 1976 ; Harshman, 1977 ; Maeda, 1979).

Le modèle de Shinji Maeda (1979) résulte d'une méthode qui est très proche d'une analyse articulatoire : il délivre une coupe sagittale du conduit vocal qui intègre les contraintes de production avec les effets de quatre composantes : mâchoire, corps, dos et apex de la langue. Les analyses de Maeda ont été faites à partir de 400 contours vocaliques définis par des mesures radiographiques de la forme du conduit vocal sur une grille semi-polaire. Les formes observées sont décrites comme la somme de composantes linéaires :

$$X = a_1 y_1 + a_2 y_2 + \dots a_p y_p + x$$

Un vecteur a_i $(i = 1, 2, \dots p)$ est composé de coefficients qui caractérisent la façon dont il influence le paramètre y_i pour la forme considérée. L'ensemble des coefficients a_i est déterminé à partir des matrices de corrélation calculées pour les vecteurs décrivant l'ensemble des observations sagittales. Puisque la position de la mandibule peut être mesurée directement, son influence est extraite directement par intercorrélation avec les variables de la langue et soustraite pour la suite de l'analyse. Ensuite, les facteurs correspondant au corps de la langue sont isolés en considérant que celui-ci intervient essentiellement dans la région pharyngale. L'influence du corps est ainsi appréciée puis déduite par la suite. Dans la région du dos de la langue, Maeda considère que les formes sont essentiellement dues à un seul autre paramètre qui sera isolé et extrait. Dans la région apicale, les quatre paramètres peuvent intervenir. Le pourcentage de la variance expliqué par la mandibule est de 44 %, celui du corps de la langue 27 %, celui du dos de 23 % et de l'apex 5 %. Seulement 2 % restent inexpliqués. La modélisation des lèvres a été ajoutée par la suite. Ce modèle permet de produire des sons non-nasals et non-bruités. Plus récemment, Maeda a présenté la génération du bruit d'occlusion (1985).

La modélisation acoustique nécessite comme donnée première un tuyau cylindrique à partir duquel il sera possible, par exemple par analogie acoustique électrique, d'obtenir la fonction du transfert. Il s'agit donc de pouvoir passer de la coupe sagittale du conduit vocal à sa fonction d'aire, c'est-à-dire passer de deux dimensions à trois. La pénurie des données d'aire s'explique par la difficulté des tomographies frontales, alors que la radiographie et la radiocinématographie ont permis de nombreux travaux à partir des coupes sagittales du conduit vocal (en France, Institut de phonétique de Strasbourg). L'utilisation des moulages de cadavre a permis les travaux associant fonction d'aire et fonction de transfert du conduit vocal ; les premiers remontent à 1941 : Chiba, Kajiyama prédisent ainsi et simulent les voyelles du japonais. En 1960, Fant développe la théorie de la production du signal de parole à partir des mesures tomographiques pour les sons du russe.

On considère que 6 coefficients sont nécessaires pour passer de la coupe sagittale à la fonction d'aire, selon la position dans le conduit vocal. Il s'agit des zones suivantes : la glotte, la partie laryngienne du pharynx, une partie buccale, la zone alvéolaire, la partie intéro-latérale.

Pour pouvoir disposer de « standard » vocalique pour les voyelles du français, la démarche suivante peut être adoptée :
1) création d'un dictionnaire correspondant à un maillage fin de l'espace articulatoire de commande ;
2) sélection à partir de l'espace acoustique F^1 F^2 de candidats vocaliques ;
3) choix des configurations standard en tenant compte d'une quadruple exigence structurelle (commande, coupe sagittale, fonction d'aire, formant), puis contrôle auditif.

À partir du modèle de Maeda ont été générées plus de 300 000 configurations possibles, parmi lesquelles, en respectant la quadruple exigence structurale, ont été sélectionnées 11 configurations types correspondant aux voyelles orales du français.

système

1. En linguistique, la langue est considérée comme un *système* en ce sens qu'à un niveau donné (phonème, morphème, syntagme) ou dans une classe donnée, il existe entre les termes un ensemble de relations qui les lient les uns par rapport aux autres, si bien que, si l'un des termes est modifié, l'*équilibre du système* est affecté.

2. On donne aussi le nom de *système* à tout ensemble de termes étroitement coreliés entre eux à l'intérieur du système général de la langue (V. CORRÉLATION). On parle ainsi du *système du nombre* en français (singulier *vs* pluriel), du *système phonologique,* du *système vocalique,* etc. De même, on dira que l'ensemble des règles syntagmatiques en grammaire générative est un *système de réécriture.* (V. STRUCTURE.)

Le terme de *système* recouvre finalement tout ensemble de règles reliées entre elles ou tout groupe de termes associés entre eux.

3. En glossématique, la notion de *système* est liée à celle de processus*. Le système est caractérisé par une relation ***ou (aut).*** Ainsi, si nous prenons l'unité *père,* nous pouvons la transformer en *mère* en remplaçant *p* par *m,* et nous pouvons transformer les deux unités en d'autres si nous remplaçons *è* par *u.* Cette opération de remplacement est une commutation*, et *m* et *p, è* et *u* forment des paradigmes*.

4. Dans l'apprentissage d'une langue seconde, le système *approximatif/intermédiaire* est l'ensemble plus ou moins structuré produit par l'apprenant pour passer de la langue source à la langue cible (V. INTERFÉRENCE).

systémique

Syn. de STRUCTURAL.

t

tabou
Il existe des contraintes sociales qui, dans certaines circonstances, empêchent ou tendent à empêcher l'utilisation de certains mots : ces *tabous linguistiques* sont caractérisés par le fait que le mot existe bien mais qu'on ne peut pas l'employer : il est interdit de « nommer » la chose. Ainsi, chez certains peuples, les femmes ne doivent pas employer le mot signifiant « mari ». Le non-respect du tabou linguistique conduit les locuteurs à considérer certaines phrases comme inacceptables (V. ACCEPTABILITÉ) : ainsi, dans l'exemple donné plus haut, la phrase *La femme dit : mon mari va arriver bientôt* n'est pas acceptable, alors que la phrase au style indirect *La femme dit que son mari va arriver bientôt* est acceptable. Il est important, dans ce cas-là, de déterminer la cause du rejet : ici ce n'est pas son caractère agrammatical (la phrase est grammaticale), ni non-véridique (il est probable toutefois que, puisqu'il y a un tabou, la femme le respecte et de ce fait ne puisse prononcer le membre de phrase qu'on lui prête), ni asémantique. La reconnaissance des tabous linguistiques est d'une grande importance pour l'enquêteur qui tente d'établir un corpus de la langue. Dans les cultures des communautés des pays développés, il existe aussi des mots tabous (tabous sexuels, tabous religieux, tabous politiques) : la transgression des tabous a pour conséquence le rejet du locuteur du groupe social ou, du moins, la dépréciation qui s'attache alors à son comportement.

tactique
L. Bloomfield appelle *tactique* la disposition grammaticale conventionnelle susceptible d'être porteuse de sens (d'avoir un épisémème) ; ainsi, l'ordre SN + V a le sens en français actant-action ; c'est une forme tactique. (V. TAGMÈME.)

tagmème
L. Bloomfield considère qu'une forme grammaticale est constituée d'une disposition grammaticale (forme tactique) et de son sens (épisémème) ; ainsi, l'ordre des syntagmes dans *Jean lit un livre* est une disposition grammaticale (SN + V + SN) et cet ordre est en français porteur d'un certain sens (sujet de V – objet de V). Les *tagmèmes* sont les plus petites unités signifiantes d'une forme grammaticale ; leur sens est un épisémème. Dans la phrase *Viens !*, la modulation (intonation) injonctive est un tagmème, qui peut se présenter avec n'importe quelle forme grammaticale qui a un sens impératif. En revanche, dans *Jean, viens !*, on trouve plusieurs taxèmes ; c'est une forme grammaticale complexe où il y a trois tagmèmes : la modulation impérative, l'appellatif visant le destinataire qui doit faire l'action, et l'utilisation du schéma de phrase actant-action.

tagmémique
La *théorie tagmémique* du linguiste structuraliste américain K. L. Pike oppose deux analyses des comportements verbaux. Ces derniers peuvent être décrits en termes de distribution, c'est-à-dire selon des critères spatio-temporels ; ce point de vue, dit « étique », est celui du distributionnalisme, qui fait de la langue un objet. Mais les comportements verbaux peuvent être décrits aussi en termes de fonction par rapport au monde culturel dans lequel ils se situent : les discours sont des *béhaviourèmes,* des unités de comportement ; cette analyse, dite *émique,* définit les unités par la fonction que les sujets parlants leur attribuent.

tapinose
En rhétorique, la *tapinose* est une hyperbole dépréciative. Syn. : MÉIOSE.

tautologie
En rhétorique, la *tautologie* est une figure qui consiste à exprimer la même chose plusieurs fois en des termes différents (ex. : *J'en porte la responsabilité pleine et entière*).

taxème
L. Bloomfield appelle *taxème* un trait simple de disposition grammaticale, cette dernière prenant quatre formes : l'ordre des constituants,

la modulation (ou intonation), la modification des phonèmes selon l'environnement, la sélection de formes qui ont la même disposition grammaticale, mais des sens différents. Par exemple, la phrase impérative *Viens !* contient deux taxèmes ou traits grammaticaux : la modulation injonctive indiquée par le point d'exclamation et le trait sélectif qui consiste en l'utilisation d'un verbe à la deuxième personne de l'impératif.

taxinomie

1. Une *taxinomie* (parfois *taxonomie*) classe les éléments d'un domaine. Il s'agit de nomenclatures ordonnées, généralement formées de noms, d'adjectifs et de noms composés.

Les taxinomies dites populaires sont nécessaires à toute culture et, C. Lévi-Strauss l'a montré, souvent très fines et articulées dans les civilisations dites « primitives ». Le français connaît des restes de ces taxinomies populaires, par exemple dans le vocabulaire des plantes. P. Guiraud a bien établi que, loin de demeurer de simples métaphores, les éléments composants d'unités de signification comme *pied-d'alouette, gueule-de-loup, sabot-de-Vénus,* etc., correspondent à des traits spécifiques des référents systématiquement analysés.

À ces taxinomies d'origine collective se substituent des taxinomies scientifiques, construites par une systématisation rationnelle en fonction des connaissances d'une époque. Le XVIIIe siècle a vu naître l'immense classification taxinomique de C. Linné, pour la flore et la faune, et celle de G. de Morvaux et Lavoisier pour la chimie.

L'étude des taxinomies a joué un rôle important dans la définition des méthodes de l'analyse componentielle*, avec par exemple C. Conklin.

2. On appelle *taxinomie* une classification d'éléments, de suites d'éléments et de classes de suites destinée à former des listes qui rendront compte, par leurs règles de combinaison, des phrases d'une langue. Le modèle structural (modèle distributionnel et modèle de constituants immédiats) est un modèle taxinomique.

taxinomique

On qualifie de *taxinomiques* toutes les procédures d'analyse qui, appliquées à un texte donné, ont pour seule fin de le réorganiser selon les données de la recherche, en ne tirant de lui que ce qu'il contient (V. IMMANENT). Quand on essaie de définir les unités linguistiques par les segments qui précèdent ou qui suivent et qu'on aboutit ainsi à définir des classes de phonèmes, de morphèmes, etc., la taxinomie est syntagmatique. C'est cette taxinomie qu'ont préférée les structuralistes américains. Il existe aussi une taxinomie paradigmatique qu'ont utilisée (conjointement avec la précédente) les Écoles de Genève, de Copenhague ou de Prague. En général, on se sert de l'opération de substitution (commutation), qui consiste à mettre dans la même classe d'équivalence les termes qui peuvent commuter en entraînant une variation concomitante de sens en un point de la chaîne parlée : ainsi la classe des noms de personne. Il faut considérer la taxinomie paradigmatique comme une taxinomie syntagmatique abrégeant les étapes d'une analyse purement distributionnelle.

taxon

On appellera *taxon* (au pluriel, fréquemment *taxa*) toute unité d'une taxinomie*, pour autant que cette unité est bien définie par son niveau hiérarchique.

On parlera de *taxon de niveau supérieur* pour une unité qui en domine d'autres dans la structure, en une relation de superordination (hyperonymie).

technème

Dans une analyse sémiologique des gestes de travail, le *technème* est l'unité minimale indiquant un ensemble délimité de gestes.

technolecte

Le *technolecte* désigne l'ensemble des termes spécifiques d'une technique. Ce terme est employé par les lexicologues, alors que les terminologues lui préfèrent souvent celui de *langue de spécialité.* Comme en fait la terminologie classique se donne pour tâche les vocabulaires spécialisés plus que les formes spécifiques du discours à l'intérieur d'un domaine donné (argumentation, contraintes éditoriales, poids relatif du terme, de la formule, du schéma, etc.), il serait opportun de privilégier soit le mot *technolecte,* soit l'expression *vocabulaire spécialisé,* au détriment de *langue de spécialité.*

télescopage

On appelle *télescopages* les formes issues : *a)* de la réunion en un seul mot de deux mots contigus dans la chaîne parlée, *b)* de la contamination d'un terme par un autre appartenant à la même classe paradigmatique. Ainsi, on a *« avec le copain, c'est pas parin » (pareil + copain) ;* cette erreur est fréquente dans les cas d'aphasie* sensorielle.

tempéré
Se dit en rhétorique d'un style moins élevé que le *sublime,* mais plus noble que le style moyen ou simple.

tempo
Certains phonéticiens spécialistes de la prosodie et les musiciens appellent *tempo* la vitesse d'exécution *(allegro, lento)* ou les variations du débit *(accelerando, rallentando).* Le tempo est la perception esthétique du débit, lequel concerne la mesure physique des séquences sonores. Le tempo est une marque importante des phonostyles, qu'il s'agisse de la perception phonostylistique d'une variété régionale (le français régional du Nord est plus rapide que le français méridional), des émotions (l'élocution de la colère est rapide, celle de la tristesse est lente), des types de discours (le reportage sportif d'un match de football est plus rapide qu'un discours politique), variant avec les groupes sociaux. Il est intéressant d'observer que dans un tempo lent, non seulement le temps réel de parole et la durée des pauses augmentent, mais le nombre de pauses s'accroît : la perception du tempo est concomitante du temps de pause, comme l'ont montré de récents résultats des travaux de Fant et de ses collaborateurs (1991).

temporel
On appelle *conjonction temporelle* ou *locution temporelle* celles qui introduisent une proposition de temps : *quand, lorsque, avant que, après que, dès que,* etc.

temps
1. Le terme de *temps* désigne le continuum qui procède du déroulement et de la succession des existences, des états et des actions, c'est le *temps réel* dont la perception serait exprimée par le *temps grammatical.* Si l'on adopte le modèle linéaire et continu du temps réel, une sorte d'ensemble infini d'instants, on établira une relation d'ordre entre ce qui est avant un point-instant et ce qui est après un point-instant. Le choix d'un point sur cet espace le découpe en deux blocs par rapport au locuteur. Si ce choix est défini à la fois par le *je* et le *maintenant* (l'actuel), l'axe temporel sera divisé en trois espaces, présent, passé, futur ou *temps absolus.* Si l'un prend en compte la dépendance par rapport au *je, maintenant,* on aura la simultanéité, l'antériorité ou la postérité, c'est-à-dire les *temps relatifs.* C'est le sens des « temps » de la conjugaison française et des adverbes de temps : *hier, aujourd'hui, demain* (absolus) vs *la veille, ce jour, le lendemain* (relatifs). Que l'on change de perspective et que l'on prenne en compte la réalisation de l'action, on détermine alors des intervalles de temps (limités par le début et la fin du procès), à partir de quoi on peut dire qu'un procès est accompli, non accompli, en cours d'accomplissement à la date déterminée par l'observateur ou interne à l'énoncé du procès, et l'on peut évaluer sa durée, sa fréquence, etc. Cette représentation, dite *aspectuelle,* trouve une correspondance dans le système temporel verbal où l'opposition forme simple/forme composée peut exprimer l'opposition accompli/non-accompli. Mais cette représentation se manifeste dans la langue d'autres façons : verbes imperfectifs *(marcher),* perfectifs *(sortir),* statifs *(savoir),* conclusifs *(exploser) ;* semi-auxiliaires ou aspectuels (*aller, venir de, être sur le point de,* etc., conjugués et suivis d'un verbe à l'infinitif) ; adverbes de temps dénotant des dates *(la nuit, le jour),* des durées *(une heure),* des fréquences *(le dimanche) ;* ces compléments peuvent être précédés ou non de prépositions. Si l'on introduit la référence au locuteur, on oppose le monde actuel au monde non actuel par l'opposition présent *vs* imparfait. Enfin les mondes possibles seront traduits par le subjonctif ou le conditionnel.
2. On appelle *temps* une catégorie grammaticale généralement associée au verbe et qui traduit diverses catégorisations du temps « réel » ou « naturel ». La catégorisation la plus fréquente est celle qui oppose le *présent,* moment de l'énoncé produit (ou « maintenant ») au *non-présent,* ce dernier pouvant être le *passé,* avant le moment de l'énoncé (« avant maintenant »), et le *futur,* après le moment de l'énoncé (« après

maintenant ») : ce sont les *temps absolus.* Mais le présent est aussi le non-passé et le non-futur, ce qui le rend propre à traduire les vérités intemporelles *(La terre tourne autour du soleil).* Passé et futur peuvent être considérés comme des instants révolus relativement au présent de l'énoncé ou dans leur écoulement relativement à ce même présent : cette opposition entre la « date » et la « durée » est traduite en français par l'opposition entre le passé historique, ou passé simple *(il mourut),* et l'imparfait *(il mourait).* Lorsque le futur et le passé sont considérés comme des moments dans le temps réel, il se constitue des oppositions secondaires (ou *temps relatifs*) entre le futur et l'avant-futur (futur antérieur : *Quand il aura fini, il viendra*), entre le passé et l'avant-passé (passé antérieur : *Quand il eut fini, il vint ;* plus-que-parfait : *Quand il avait fini, il venait*). D'autres catégorisations sont possibles, ainsi entre le moment proche et le moment éloigné : en français, les formes *il mourut* et *il est mort* recoupent cette opposition, mais elles traduisent aussi une opposition d'aspect*.

Le temps, qui est une catégorie du syntagme verbal, recoupe fréquemment les catégories du mode* (le futur peut être ainsi une modalité [possible ou probable] : *il partira* = il doit ou il peut partir), de la modalisation* (par le conditionnel le sujet parlant n'assume pas son énoncé ; mais le conditionnel est aussi un futur dans le passé), de l'aspect (le passé composé *il est venu,* qui traduit l'accompli, exprime aussi parfois le proche dans le passé). La catégorie du temps dépendra du statut* de communication, c'est-à-dire de l'opposition entre l'énonciation et le récit.

La catégorie du temps, souvent exprimée par des affixes du verbe, est fréquemment traduite par des adverbes de temps *(hier, maintenant, demain).*

En grammaire générative, le *Temps* (abréviation T_{ps}) est le constituant obligatoire de l'auxiliaire.

tendance

Dans la variation linguistique, on constate parfois que, pour des raisons peut-être difficiles à éclaircir, les changements ont comme une orientation commune, sont comme régis par une loi générale qu'on ne peut toutefois formuler avec précision : on parle alors de *tendance linguistique ;* on explique ainsi la disparition progressive du « passé simple », qu'on constate non seulement en français, mais aussi, pour les formes correspondantes, dans des parlers non romans de l'Europe occidentale.

tendu

Un *phonème tendu* est un phonème caractérisé (par opposition à son contraire *lâche*) par une plus grande déformation de l'appareil vocal par rapport à sa position de repos. Cette différence est due à une plus grande tension musculaire de la langue, des parois mobiles du chenal vocal, de la glotte, sans qu'on en connaisse exactement les effets acoustiques.

Le sommet de la déviation des formants par rapport à la position neutre est plus grand pour les voyelles et les consonnes tendues que pour leurs partenaires lâches. Au contraire du phonème lâche correspondant, le phonème tendu déploie un intervalle de son plus long et une intensité plus forte. Aussi son spectre acoustique est-il caractérisé par des zones de résonance plus nettement définies et par un accroissement de la quantité totale d'énergie et de celle de son expansion dans le temps. Au plan de la perception, les phonèmes tendus possèdent une plus grande audibilité que les phonèmes lâches.

Dans beaucoup de langues (en français, en anglais), l'opposition entre consonnes tendues (fortes) et consonnes lâches (faibles) double l'opposition non-voisée *vs* voisée, mais c'est la première qui est distinctive et plus constante que la seconde. En français, la consonne lâche voisée [ʒ] de *tu la jettes* devient non-voisée devant la non-voisée [t] de *vous la jetez* [vulaʃte], mais est encore différente de la non-voisée tendue de *vous l'achetez* [vulaʃte]. Dans les langues slaves, l'inverse se produit : c'est l'opposition non-voisé *vs* voisé qui est distinctive, l'opposition tendu *vs* lâche étant redondante et facultative à certains degrés.

Un exemple d'opposition tendu *vs* lâche pour les liquides est offert par le [r] de l'espagnol, avec la vibrante roulée (tendue) de *perro* « chien » et la vibrante battue (lâche) de *pero* « mais ».

Parmi les voyelles, l'opposition tendu *vs* lâche double souvent l'opposition de longueur, comme en anglais où les brèves sont lâches, la voyelle lâche de *sit* « être assis » s'opposant à la voyelle tendue de *seat* « siège ». Les voyelles tendues sont plus éloignées que les voyelles lâches du centre du triangle vocalique.

I. **tension**

La *tension* est un renforcement de l'effort musculaire fourni par les organes phonateurs, accompagné d'une plus forte pression de l'air pulmonaire. Au plan phonologique, la différence de tension entre deux articulations, par ailleurs identiques, permet d'opposer dans de nombreuses langues des phonèmes tendus (consonantiques ou vocaliques) à des phonèmes lâches.

II. **tension**

1. Dans la linguistique de G. Guillaume, la *tension* est le mouvement qui préside à l'organisation du système de la langue et qui correspond à un partage du langage en deux plans, le plus « précoce », celui de la « puissance » (ou langue), et le plus « tardif », celui de l'« effet » (ou discours). Entre la langue (langage puissanciel) et le discours (langage effectif) se place l'« effection », qui est le moment du passage de l'un à l'autre se manifestant par le mot.

2. Le concept de *tension* évalue le discours dans son rapport à autrui et au monde. Le système des embrayeurs (R. Jakobson) permet une appréhension de la tension par un système de marques : le verbe, opérateur de la phrase, mettant en rapport les syntagmes nominaux, devra être étudié dans son temps et son aspect ; les articles, les déterminants, les pronoms permettent d'affiner cette étude par la relation avec l'énoncé antérieur, le monde et le sujet d'énonciation ; enfin, les verbes *être* et *avoir* caractérisent l'absence de tension, pendant que les factitifs et les désidératifs (*faire, pouvoir, vouloir,* etc.) marquent un énoncé plus ou moins tendu.

Comme tout concept tendant à rendre compte de l'énonciation, le concept de tension entre en conflit théorique avec l'usage qui en est fait : alors que la tension entre le moi et le monde est par essence du domaine du continu, le repérage analytique de la tension par des marqueurs discrets privilégiés contredit le concept.

tenue

La *tenue* d'un phonème est la seconde phase de son articulation, pendant laquelle les organes phonateurs sont dans une position à peu près stable, propre à l'émission de ce phonème. La tenue d'une occlusive se situe entre les phases de transition que sont la catastase et la métastase.

Une voyelle tenue est une voyelle dont le spectre présente la persistance de la même image acoustique, avec cependant une moins bonne différenciation des formants aigus au début et à la fin de la voyelle qui correspond à des impulsions de démarrage et d'arrêt moins brusques, moins tranchées.

ténue

Le terme de *ténue* est un terme emprunté aux anciens grammairiens pour désigner les consonnes muettes, ne comportant aucune émission d'air, telles que [n], par opposition aux consonnes denses* (ou aspirées*) telles que [p] et aux consonnes moyennes, telles que [β].

terme

1. En syntaxe, un *terme* est un mot qui assume, dans une phrase, une fonction déterminée. Ainsi, dans un dictionnaire, l'adresse n'est pas un terme au sens strict.

2. *Terme* s'emploie parfois comme synonyme de *mot, item, élément,* lorsqu'il s'agit de décrire une structure, car *terme* implique une forme définie par les relations de l'item avec les autres items de la structure.

3. En terminologie, le *terme* ou *unité terminologique* est l'unité signifiante constituée d'un mot *(terme simple)* ou de plusieurs mots *(terme complexe),* qui désigne une notion de façon univoque à l'intérieur d'un domaine (définition de l'Office de la langue française du Québec).

Cette définition, fidèle à l'enseignement de E. Wüster, fait bien ressortir la limitation du terme à la *face signifiante* du signe linguistique. Mais il ne faut pas confondre pour autant le *terme* ainsi conçu avec le *signifiant* saussurien (V. SYSTÈME NOTIONNEL). Loin qu'on ait union du signifiant et du signifié sous l'effet du système, on a, dans cette conception, des notions (issues d'aspects du référent) qui s'organisent en systèmes : le terme n'est alors, comme on le voit dans la définition, que la traduction linguistique univoque d'une notion qui lui préexiste.

terminaison

La *terminaison* est la partie finale d'un mot graphique ou phonique ; le plus souvent il est l'équivalent de *désinence* ou de *suffixe.*

terminal
En grammaire générative, un *élément* est dit *terminal* quand, dans les règles de réécriture de la base, il ne figure jamais à gauche de la flèche : cela veut dire que l'élément terminal ne peut pas être réécrit par d'autres symboles catégoriels. Ainsi, Aux (auxiliaire) peut se réécrire par T_{ps} (temps), qui peut lui-même se réécrire par Prés (présent) ou Pass (passé) ; Aux est un élément non-terminal et Prés un élément terminal, car il ne peut être réécrit par aucun autre symbole catégoriel.

On dit d'une *suite* qu'elle est *terminale* quand, après avoir appliqué toutes les règles de la base, elle est uniquement composée d'éléments terminaux. Cette suite terminale de la base doit être distinguée de la suite terminale transformée, qui est le produit final de la composante transformationnelle (obtenue après l'application de toutes les transformations).

terminatif
1. Le terme de *terminatif* désigne l'aspect verbal dans lequel l'action est envisagée dans son aboutissement ; on parle plutôt de résultatif*.
2. Le *terminatif* est un cas, utilisé dans certaines langues finno-ougriennes, indiquant jusqu'où se déroule le mouvement.

terminographie
Sur le modèle de l'opposition lexicologie/lexicographie, on opposera terminologie et terminographie. La *terminographie* enregistre, traite et présente les données obtenues par la recherche terminologique. Il s'agit donc de l'activité dictionnairique du terminologue.

terminologie
1. Toute discipline, et à plus forte raison toute science, a besoin d'un ensemble de termes, définis rigoureusement, par lesquels elle désigne les notions qui lui sont utiles : cet ensemble de termes constitue sa *terminologie.* Dans le cas de la linguistique, la terminologie officielle (et traditionnelle) repose en partie sur celle des grammairiens latins, empruntée par eux aux Grecs, adoptée (et adaptée, mais assez peu) aux XVIIIe et XIXe siècles.

Chaque école linguistique se constitue une terminologie particulière, plus ou moins complète et spécifique ; il n'y a pas de science sans terminologie.
2. On appelle également *terminologie* l'étude systématique de la dénomination des notions (ou concepts) spécifiques de domaines spécialisés des connaissances ou des techniques. Cette définition correspond à l'option des travaux terminologiques issus de la doctrine de E. Wüster. La démarche est alors systématiquement onomasiologique* : elle part des notions spécifiques à un domaine, et recherche les formes linguistiques qui lui correspondent ; cette école, qui donne la priorité à la notion, considère que la notion scientifique ou technique peut se réaliser identiquement dans un signifiant *(terme*)* de n'importe quelle langue.

Pour se démarquer de cette école indifférente aux aspects sociolinguistiques, des terminologues francophones ont avancé, depuis les années 80, la notion de *socioterminologie**.

terminologue
Le *terminologue* est un spécialiste de terminologie et/ou de terminographie. On trouve des terminologues dans la recherche universitaire, mais aussi de plus en plus dans les grandes institutions publiques (ministères) et privées (grandes entreprises). Ils coopèrent avec des spécialistes des domaines scientifiques ou techniques, ou des sphères d'activité interdisciplinaires, par exemple au sein des commissions ministérielles de terminologie.

Tesnière (Lucien), linguiste français (Mont-Saint-Aignan 1893-Montpellier 1954). Professeur à Strasbourg (1924), puis à Montpellier (1937), il est surtout connu pour son ouvrage posthume *Éléments de syntaxe structurale* (1959), dont une ébauche avait paru en 1953 sous le titre *Esquisse d'une syntaxe structurale.* Il y propose un modèle formalisé des structures de la phrase ; son dessein est à la fois pédagogique (la grammaire enseignée par la représentation de l'« architecture » des phrases sous forme de schémas arborescents, les stemmas) et théorique, nécessitant la constitution d'une terminologie grammaticale entièrement nouvelle.

tête
Dans l'analyse en constituants immédiats, la *tête* d'un constituant ou syntagme est celui des constituants d'un syntagme ou de la construction dont la distribution (ou la fonction) est identique à celle du syntagme ou de la construction envisagée. Ainsi, dans la phrase *L'ami qui m'accompagnait hier s'est fait renverser par une voiture,* la tête de la construction *L'ami qui m'accompagnait hier* est le syntagme nominal *l'ami,* qui a la même distribution dans cette structure. La construction *qui m'accompagnait hier* est le modificateur* de cette tête.

texte

1. On appelle *texte* l'ensemble des énoncés linguistiques soumis à l'analyse : le texte est donc un échantillon de comportement linguistique qui peut être écrit ou parlé. (Syn. CORPUS.)

2. L. Hjelmslev prend le mot *texte* au sens le plus large et désigne par là un énoncé quel qu'il soit, parlé ou écrit, long ou bref, ancien ou nouveau. « Stop » est un texte aussi bien que le *Roman de la Rose*. Tout matériel linguistique étudié forme également un texte, qu'il relève d'une ou de plusieurs langues. Il constitue une classe analysable en genres, eux-mêmes divisibles en classes, et ainsi de suite jusqu'à épuisement des possibilités de division.

textologie

La *textologie* est l'étude scientifique du texte littéraire du point de vue de son organisation et de ses déterminations socioculturelles, psychologiques et discursives.

thématique

On appelle *voyelle thématique* une voyelle qui s'ajoute à la racine d'un morphème pour former le thème*. Cette voyelle est souvent l'alternance *e/o ;* ainsi dans la forme du verbe grec *lúomai,* la racine est *lu,* la voyelle thématique *o,* la désinence *mai ;* le thème est *luo-*.

On appelle *verbe thématique* un verbe dont la racine est suivie d'une voyelle thématique précédant les désinences verbales (comme ci-dessus le verbe grec *luomai*).

thème

1. Dans une phrase assertive, on appelle *thème* le constituant immédiat (syntagme nominal) au sujet duquel on va dire quelque chose (prédicat*) : le thème peut être ou non sujet de la phrase (ex. : *le livre* dans *Le livre est sur la table* et *Pierre* dans *C'est Pierre que j'ai vu hier* sont des thèmes). [V. TOPIQUE.]

2. On appelle *thème* le radical* constitué de la racine et d'une voyelle dite « thématique » *(e/o)* à laquelle s'ajoutent directement les désinences casuelles pour les noms et les adjectifs et les désinences verbales pour les verbes. Dans le latin *dominus* (issu de *dominos*), la racine est *domin-,* la voyelle thématique *o* et la désinence *s ;* dans le grec *luete,* la racine est *lu,* la voyelle thématique *e* et la désinence *te.*

théophore

On qualifie un nom de *théophore* quand entre dans sa composition un nom de divinité (ex. : *Isidore,* don d'Isis ; *Théophile,* ami de Dieu [theos]).

théorie linguistique

La *théorie linguistique* a pour objectif de fournir aux grammaires particulières des langues les moyens de remplir leurs tâches. Toute grammaire repose sur l'hypothèse – formulée ou implicite – d'une théorie générale. L'hypothèse théorique générale est qu'il y a des traits communs à toutes les langues humaines (universaux* du langage). Par leur existence, ces universaux constituent autant de contraintes apportées à la forme des grammaires ; autrement dit, nulle grammaire ne peut, sous peine d'être invalidée, négliger les réalités linguistiques constituées par ces universaux. Par exemple, si la notion de double articulation est universelle, et figure comme telle dans la théorie linguistique, nulle grammaire particulière ne pourra s'édifier sans tenir compte de cet universel ; toute grammaire devra donc, au moins, rendre compte et des unités de première articulation et des unités de seconde articulation de la langue décrite. Si cela est impossible ou obtenu par des méthodes *ad hoc,* alors la théorie est invalidée.

La théorie linguistique devra comporter :

1) une phonologie générale ; les traits phonologiques universels de R. Jakobson constituent ainsi une « théorie phonologique » ;

2) une théorie sémantique générale, d'où l'on dérivera la sémantique propre aux grammaires des diverses langues ;

3) une méthode unifiée de description syntaxique et lexicale, dont les grammaires particulières feront l'application aux diverses langues ;

4) un corps d'hypothèses sur la liaison entre phonologie, sémantique, syntaxe et lexique ;

5) enfin, les critères généraux permettant de choisir entre les diverses descriptions possibles des langues particulières, donc entre les grammaires restant possibles compte tenu des précédents impératifs.

La théorie générale doit donc fournir les procédures d'appréciation des grammaires particulières des langues. Pour N. Chomsky, l'erreur des linguistes structuralistes a été de croire à la possibilité, pour la théorie linguistique, de fournir une procédure de découverte des grammaires. Cela ne saurait être vrai que si l'on propose à la grammaire des objectifs très modestes ; par exemple, si l'on conçoit la description grammaticale d'une langue comme un simple travail de segmentation et de classification à partir d'un corpus (attitude de Z. Harris). Si, en revanche, la grammaire est conçue comme la construction d'un modèle de compétence du locuteur, la théorie linguistique se proposera non plus de fournir une procédure de découverte des grammaires des langues, mais une procédure d'évaluation des différentes grammaires possibles. Autrement dit, il ne s'agit plus de fournir la grammaire G d'une langue L, mais de dire, parmi les grammaires G_1, G_2, G_3 construites pour la langue L, quelle est la plus acceptable. À côté de la théorie générale, la méthodologie linguistique, qu'on ne confondra pas avec elle, fournit l'ensemble des procédures de découverte. La théorie linguistique prendra comme critères, pour sa procédure d'évaluation, l'économie ou simplicité. G_1 est plus économique que G_2 si elle rend compte des mêmes faits avec moins de règles ou d'éléments. Par exemple, la récurrence des composants est une garantie de supériorité dans une description : ainsi, le trait [mâle] est utilisé dans la définition de très nombreux termes de la langue ; éventuellement, il y aura surcroît d'économie si une dimension peut être exprimée en terme de négation d'une autre dimension : une description par [+ mâle] *vs* [– mâle] sera plus économique qu'une description par mâle *vs* femelle.

thésaurus
Le nom de *thésaurus* (ou *thesaurus*) est donné à des dictionnaires visant à l'exhaustivité du lexique de la langue (syn. : TRÉSOR) ou à des lexiques philologiques ou archéologiques. En terminologie et en documentation, le terme est utilisé pour désigner une liste de termes utilisés dans une classification.

thèses de Prague v. PRAGUE (ÉCOLE DE).

tifinagh
Le *tifinagh* est l'alphabet utilisé par les Touareg pour transcrire leur langue.

tilde
Un *tilde* est un signe diacritique emprunté à l'orthographe espagnole et consistant en une barre horizontale ondulée placée au-dessus de la lettre à laquelle il correspond, et qui permet de noter certaines qualités phoniques, différentes suivant les systèmes de transcription. Ainsi la palatalisation, comme pour le [ñ] ou [ɲ] de *agneau* [aɲo] ou [año], la nasalité comme pour le [ɔ̃] de *sombre* s'opposant au [ɔ] de *sobre,* parfois la longueur comme le [r̃] de l'espagnol *perro* « chien » s'opposant au [r] de *pero,* etc.

timbre
Le *timbre,* ou coloration, d'une voyelle ou d'une consonne est une qualité acoustique ou un ensemble de qualités acoustiques résultant du renforcement et de l'audibilité de certains harmoniques lors du passage de l'onde sonore à travers les différentes cavités du chenal phonatoire.

Ce terme est souvent employé aussi comme synonyme de qualité acoustique. On dira ainsi que la voix a un timbre plus ou moins aigu suivant la longueur des cordes vocales et leur degré de tension.

La voyelle [u] a un timbre vélaire par opposition à la voyelle [i] qui a un timbre palatal. Les consonnes [p, b] ont un timbre labial. Les voyelles [ɑ̃, ɔ̃, ɛ̃], etc., ont un timbre nasal, etc.

tiret
Le *tiret* est un signe de ponctuation tenant lieu de parenthèse ou de crochet dans un texte, ou indiquant des changements d'interlocuteurs dans les dialogues écrits.

tmèse
On appelle *tmèse* la séparation de deux éléments d'un mot, habituellement adjacents ; ainsi, le préverbe peut être séparé du verbe dans la poésie grecque. La tmèse peut être un procédé poétique (ex. : *Puis donc qu'on nous permet de prendre haleine* [Racine]).

toit
Dans certaines terminologies, le *toit* est la langue officielle, quand celle-ci coexiste dans une région déterminée avec une variété proche d'elle. En Picardie, le français est le *toit* du picard. En revanche, le corse est une langue « sans toit » parce que l'italien, langue parente du corse, n'est pas officiel en Corse.

token V. TYPE II.

ton
En acoustique, un *ton* est un son musical consistant en vibrations périodiques (tous les harmoniques sont des multiples entiers de la fréquence du fondamental). Les voyelles sont des tons, par opposition aux consonnes, qui sont des bruits, c'est-à-dire des sons non musicaux, consistant en vibrations non périodiques.

En linguistique, le terme de *ton,* souvent employé comme synonyme d'*intonation,* doit être réservé aux variations de hauteur (ton haut, moyen, bas) et de mélodie (contour montant, descendant, etc.) qui affectent une syllabe d'un mot dans une langue donnée. Ces unités prosodiques, qui jouent donc le même rôle que les phonèmes dont le mot est composé, sont utilisées surtout dans les langues de l'Extrême-Orient (chinois, japonais, vietnamien) et en Afrique (hottentot), mais aussi dans quelques langues européennes comme le serbo-croate, le lituanien, le suédois et le norvégien. La langue japonaise distingue deux tons relatifs, l'un normal et l'autre plus haut : *(hana)* « nez » a un ton normal sur les deux syllabes, *('hana)* « début » a un ton plus haut sur la première syllabe, *(ha'na)* « fleur » a un ton plus haut sur la seconde. Le chinois du Nord distingue quatre tons : l'un haut uni, le second haut montant, le troisième bas montant, le quatrième bas descendant, qui correspondent à quatre sens différents de la séquence *ma :* /mă 1/ « mère », /má 2/ « chanvre », /mā 3/ « cheval », /mà 4/ « jurer, insulter ». Il conviendrait d'ajouter à cette liste la particule interrogative *ma* atone. En chinois moderne, l'utilisation de mots dissyllabiques permet de lever l'ambiguïté des homophones d'une syllabe : *mā* (3) ou *māma, mà* (4) ou *zhoumà.* Dans ce type de langues à tons, il y a combinaison, semble-t-il, de la hauteur relative du registre et de la direction du mouvement musical. En suédois et en norvégien, il n'y a possibilité d'opposition entre deux tons que si le mot contient au moins deux syllabes. Le suédois oppose, par exemple, *buren 1,* « la cage », et *buren 2,* participe passé du verbe « porter » ; *tanken 1,* « le tank », et *tanken 2,* « la pensée » ; *komma 1,* « virgule » et *komma 2,* « venir ». Dans les mots placés sous l'accent 1, la première syllabe est plus haute. Dans les mots placés sous l'accent 2, c'est la deuxième syllabe qui est plus haute. On a longtemps cru qu'il s'agissait plutôt d'un accent de force, la syllabe accentuée étant plus intense : en fait, les expériences de synthèse du langage ont montré que c'est bien la différence de schéma tonal qui permet d'opposer ces mots de sens différents.

tonal
Le terme de *tonal* qualifie tout ce qui a rapport au ton, c'est-à-dire à la hauteur du son fondamental. L'*accent tonal,* ou accent de hauteur, appelé aussi *accent musical* ou *mélodique,* consiste en une mise en relief d'une partie du mot par une élévation du fondamental.

Certains linguistes comme Halliday appellent *groupe tonal* ou plus rarement *unité tonale* le constituant de rang supérieur au pied qui constitue l'unité mélodique de la langue. Le groupe tonal est l'unité d'intonation. Chaque groupe tonal est constitué d'un nombre entier de pieds : en discours naturel, le maximum se situe aux environs de dix ou douze. Il y a une différence importante entre le pied et le groupe tonal quant à leur fonction sémantique. Le pied n'est pas une unité sémantique. Cela n'implique nullement qu'une variation de rythme ne puisse jamais porter une opposition de sens : de telles oppositions reposent sur l'accent grammatical : les interrogatifs sont accentués et donc comportent une syllabe proéminente alors que ce n'est le cas ni pour les relatifs ni pour les conjonctions. Cependant, il n'existe pas d'unité de rang supérieur qui se réalise spécifiquement sous la forme du pied. Le pied, comme la syllabe, est un constituant phonologique, mais ni l'un ni l'autre ne représentent aucun constituant d'une autre nature. Le groupe tonal, lui, n'est pas seulement un constituant phonologique : il fonctionne également en tant que réalisation d'autre chose, une unité d'information dans le discours. Le discours oral prend la forme d'une séquence d'unités d'information qui se suivent en succession ininterrompue, sans pause ni discontinuité.

Dans l'information, qui comporte idéalement un élément Donné (thème) et un élément Nouveau (rhème), le groupe tonal affecté par la proéminence tonique correspond au Nouveau. Nous ne pouvons pas, d'après les données phonologiques, déterminer s'il y a bien un élément Donné avant l'élément Nouveau, ni où se trouve la frontière entre Donné et Nouveau. Ce sont alors les éléments contextuels qui permettent d'interpréter complètement la structure informationnelle. Syn. de *groupe tonal* : FOCUS*.

tonalité
Syn. de HAUTEUR.

tonème
Un *tonème* est une unité accentuelle de hauteur qui permet d'opposer deux unités significatives. Le tonème est au ton ce que le phonème est au son. Deux tons différents dont les conditions d'apparition sont déterminées par le contexte, mais qui ont la même fonction distinctive, sont les allotones* d'un même tonème.

tonique
Le terme d'*accent tonique,* réservé chez les grammairiens de l'Antiquité à l'accent de hauteur ou ton, seul connu en grec ancien et en latin classique, a fini par désigner l'accent de force ou accent dynamique. Les termes oxyton, paroxyton, etc., ont connu le même glissement de sens.

La syllabe ou la voyelle sur laquelle porte l'accent tonique sont dites *syllabe* ou *voyelle tonique ;* ainsi, dans le mot espagnol *mañana,* « matin », la deuxième syllabe est une syllabe tonique.

On oppose en français les *formes toniques* des pronoms personnels (*moi, toi, soi,* etc.) aux formes atones *(me, te, se, le).*

topicalisation
La *topicalisation* est une opération linguistique consistant à faire d'un constituant de la phrase le topique, c'est-à-dire le thème, dont le reste de la phrase sera le commentaire. Dans l'assertion, la topicalisation fait du syntagme nominal sujet le topique de la phrase. Mais il peut y avoir topicalisation d'un autre constituant, comme le syntagme nominal objet ou le syntagme prépositionnel, constituant du syntagme verbal ; ainsi dans les phrases dites « emphatiques » comme *Pierre, je l'ai vu hier. C'est à Paris que je me rends la semaine prochaine.*

topique
1. On appelle *topique* le sujet du discours défini comme « ce dont on dit quelque chose », ce qui est donné comme thème* par la question de l'interlocuteur ou par la situation, par opposition au commentaire*, qui est « ce qui est dit de la personne ou de la chose ». Dans les langues indo-européennes, le topique est souvent identifié au sujet* de la phrase assertive, mais il peut être différent. (V. TOPICALISATION.)
2. En rhétorique, les *topiques* sont les lieux communs*.

topologie
On appelle parfois *topologie* l'étude des propriétés combinatoires des objets ou êtres linguistiques indépendamment de leurs sons, c'est-à-dire l'étude de leurs positions relatives.

toponymie, toponomastique
La *toponymie* est l'étude de l'origine des noms de lieux, de leurs rapports avec la langue du pays, les langues d'autres pays ou des langues disparues. La matière est généralement divisée selon la géographie (il existe des spécialistes des noms de fleuves [hydronymie], des noms de montagnes [oronymie], des spécialistes aussi pour telle ou telle région déterminée).

La principale constatation de la toponymie sur un plan général est le peu de rapports qui existe entre les noms de lieux d'un pays et la langue du peuple qui l'habite. On explique cela par la forte résistance des substrats dans ce domaine.

C'est ainsi que, malgré le sort qui a été réservé aux Amérindiens, la plus grande partie des noms d'États, aux États-Unis, sont d'origine indienne (Oregon, Massachusetts, Minnesota, Mississippi, Missouri, etc.).

total
Une interrogation est dite *totale* quand elle porte sur l'existence même du procès exprimé par le verbe : ainsi, en demandant *Vient-il ?,* on n'essaie pas de savoir qui, comment, pourquoi quelqu'un vient, mais si l'action elle-même de venir a lieu. (V. PORTÉE.)

trace
En grammaire générative, la *trace* est un symbole permettant d'identifier le vide laissé par le déplacement d'un constituant lors d'une transformation. Ainsi le sujet apparent *il* dans *Il est arrivé un accident* est une trace de *un accident* déplacé de *Un accident est arrivé.*

traduction

La traduction consiste à « faire passer » un message d'une langue de départ (langue source) dans une langue d'arrivée (langue cible). Le terme désigne à la fois l'activité et son produit : le message cible comme « traduction » d'un message source, ou « original ». Au sens strict, la traduction ne concerne que les textes écrits ; quand il s'agit de langue parlée, on parlera d'interprétariat. On distingue la *traduction littéraire* et la *traduction technique,* ce qui correspond non seulement à une dichotomie touchant la nature des textes à traduire et le type de traduction qu'on en attend, mais aussi à un clivage d'ordre socioprofessionnel et économique. La traduction est une activité humaine universelle, rendue nécessaire à toutes les époques par les multiples contacts qui se sont imposés entre communautés et individus de langues différentes. Aux sources historiques de la traduction, on trouve en premier les textes sacrés, comme la traduction grecque de l'Ancien Testament (dite « des Septante »), la traduction latine de la Bible par saint Jérôme (la Vulgate), etc. Mais les textes littéraires de l'Antiquité ont aussi joué un grand rôle, comme en fait foi le nombre de traductions de *l'Iliade* et de *l'Odyssée ;* c'est encore la traduction qu'on trouve à l'origine des littératures, voire des langues nationales européennes : ainsi l'allemand moderne est-il pour l'essentiel celui de la traduction de la Bible par Luther ; aux sources de la littérature française, les œuvres de la Pléiade font apparaître une continuité allant de la traduction proprement dite à la simple adaptation qui ne fait que s'inspirer des chefs-d'œuvre antiques.

La traduction tend à devenir l'objet d'une discipline spécifique, la traductologie, dans le contexte d'une linguistique rigoureuse, et en relation avec le développement de la traduction comme domaine d'activités professionnelles et institutionnelles sans cesse croissant en raison de l'intensification des relations internationales. D'où l'apparition de théories de la traduction, soulignant l'importance de l'équivalence fonctionnelle entre énoncé-source et énoncé-cible dans une même situation, analysant le processus de communication qui sous-tend la traduction, proposant des typologies de la traduction.

traduction automatique

La *traduction automatique* est la technique visant à assurer la traduction des textes par des moyens informatiques.

Les nécessités économiques et les possibilités techniques des ordinateurs ont été à l'origine des efforts faits pour utiliser des moyens informatiques. La *traduction automatique* (T.A.) a fait l'objet, après la Seconde Guerre mondiale, de recherches, qui sont parties de l'hypothèse cryptographique, assimilant la traduction à un simple transcodage et visant à établir des concordances biunivoques entre les termes des deux langues considérées ; ces recherches se sont orientées vers la mise au point du dictionnaire automatique bilingue. Après une période d'enthousiasme dans les années 50 et 60, où de nombreux projets de recherche, aux États-Unis comme en Europe, ont été lancés concurremment, le rapport ALPAC (1966) a procédé à un bilan très critique des recherches entreprises et entraîné un abandon en Amérique et un brusque coup de frein en Europe touchant les crédits de recherche alloués. La critique portait notamment sur l'insuffisance de la théorie linguistique utilisée et sur le caractère utopique des objectifs initialement visés. Aussi a-t-on souvent préféré parler de traduction assistée par ordinateur (T.A.O.), avec une « postédition », par un correcteur-traducteur humain, pour rectifier les erreurs faites par la machine.

L'essentiel tendait à être l'aide fournie au traducteur sous la forme d'un système de documentation automatisée.

Les recherches théoriques et pratiques ont repris en Europe dans les années 80 pour réaliser dans les diverses langues de la Communauté européenne l'ensemble des textes et règlements en nombre croissant. D'une façon générale, on distingue les trois étapes de l'analyse, du transfert et de la génération ; et on s'attache à bien séparer les modèles de description linguistique et les logiciels de traitement. On peut soit travailler sur un couple de langues, selon des modèles déjà éprouvés dans les dictionnaires bilingues, soit viser la traduction multilingue et passer par une « langue-pivot » (langage artificiel). Plusieurs systèmes fonctionnent à objectifs limités au moins au niveau expérimental, comme le système SISTRAN ou le système TAUM METEO, mis au point au Canada, qui permet de traduire de l'anglais en français les bulletins météorologiques, rédigés dans une langue totalement stéréotypée. Mais d'autres modèles, plus ambitieux, encore théoriques, ont été construits pour traduire l'ensemble des langues de la Communauté européenne.

traductologie

La *traductologie* est la théorie de la traduction.

traduire

Traduire, c'est énoncer dans une autre langue (ou langue cible) ce qui a été énoncé dans une langue source, en conservant les équivalences sémantiques et stylistiques.

trait

1. On appelle *trait sémantique* l'unité sémantique minimale non susceptible de réalisation indépendante. Ainsi, le trait sémantique [+ humain] est une unité sémantique minimale spécifiant des mots comme *garçon, vendeur, architecte,* etc. Chaque mot apparaît donc comme un ensemble de traits. Selon les écoles et les procédures, ce terme peut avoir pour synonymes *sème* ou *composant sémantique.*

L'analyse sémique parle de sème pour caractériser le trait sémantique [avec bras] dans la description du sémantisme de *fauteuil,* et l'analyse componentielle parle de composant sémantique pour caractériser le trait [causalité non naturelle] dans la description du sémantisme de *jwok* (« principe divin » en soudanais).

On cherche généralement à donner à la définition du trait sémantique autant de rigueur et de capacité que possible, pour rendre compte des mécanismes sémantiques d'une manière élégante et économique. Dans cette optique, on signalera la tentative faite pour étudier des traits sémantiques relationnels (V. COMPONENTIELLE [ANALYSE]) : par exemple, pour *donner,* on mettra en évidence dans *A donne B à C* un trait sémantique relationnel [A possède B].

Le traitement de la valeur sémantique d'une unité en traits sémantiques ou sèmes pose en particulier le problème des allosèmes* : certains linguistes acceptent de concevoir pour un sème la possibilité de réalisations différentes selon l'entourage sémantique ; ainsi pourrait-on rendre compte de la variation du sème [extrémité supérieur d'un ± animé] dans les expressions *la tête de l'homme* vs *la tête de la fusée.* Un autre traitement consiste à distinguer traits sémantiques inhérents et traits sémantiques de transfert : les traits sémantiques différents d'*homme* et de *fusée* font jouer des potentialités combinatoires différentes du mot *tête,* aboutissant à deux traits de transfert distincts [+ animé] ou [– animé].

2. Chaque morphème du lexique est ainsi défini par un ensemble de *traits distinctifs* dont chacun représente une propriété syntaxique ou sémantique (on dit souvent *traits* *lexicaux*), ou phonologique *(traits phonologiques)*. Ainsi, les noms peuvent être animés *(Jean, chien)* ou non-animés *(table, pierre, ville)* ; les premiers ont le trait animé et les seconds ne l'ont pas ; chaque morphème est ainsi affecté d'un trait positif ou négatif, placé entre crochets, et définissant sa valeur en ce qui concerne la distinction en question. Dans le cas présent, le morphème *chien* a le trait [+ animé] et le morphème *table* a le trait [− animé]. Les morphèmes sont donc définis par une suite de traits non ordonnés les uns par rapport aux autres ; par exemple, *table* sera défini [+ commun, − animé, + comptable,...], ce qui signifie que *table* est un nom commun, non-animé, comptable (les trois points indiquent que la définition n'est pas achevée).

On distingue deux types de traits : les *traits inhérents,* qui définissent les propriétés spécifiques de chaque morphème, indépendamment des relations qu'il peut contracter avec d'autres morphèmes dans la phrase ; les *traits contextuels,* qui indiquent avec quels types de termes le morphème défini est combinable dans le cadre de la phrase. Ainsi, le verbe *penser* implique un nom sujet [+ humain], comme *homme, je, Pierre,* etc. (ou, par métaphore, un animal) ; on dira qu'il a le trait contextuel [+ sujet humain]. On représente souvent un trait contextuel par l'indication du trait inhérent du morphème impliqué avant ou après un tiret horizontal représentant le morphème défini. Ainsi, *penser* sera défini dans ce cas par [+ [+ animé] Aux −] ; le tiret est précédé de Aux (auxiliaire), ce qui indique qu'il s'agit d'un verbe et le [+ animé] indique que son sujet, placé avant, doit être un nom affecté de ce trait. Le cas le plus simple de trait contextuel est celui qui définit la catégorie lexicale à laquelle appartient le morphème. Ainsi, *penser* appartient à la catégorie du verbe ; il est affecté du trait [+ verbe] ; ces traits sont appelés *traits catégoriels.*

Parmi les traits contextuels, on distingue deux types :

a) s *traits de sous-catégorisation stricte,* qui indiquent que le morphème en question doit être suivi ou précédé de telle ou telle catégorie syntaxique : ils définissent le contexte du morphème en termes de catégorie. Ainsi, le verbe *penser* exige un syntagme prépositionnel *(penser à quelqu'un)* comme complément, il est affecté du *trait syntaxique* [− SP], le tiret long indiquant la place du verbe ;

b) les *traits sélectifs,* qui définissent le contexte du morphème en termes de traits syntaxiques et sémantiques ; par exemple *penser* est, comme nous venons de le voir, [+ [+ animé] Aux −].

3. E. H. Bendix a pu ainsi proposer l'établissement d'un dictionnaire fondé sur la notion de traits sémantiques : chaque lexème est analysé en fonction de sa configuration en traits sémantiques. Ces traits sémantiques sont de nature relationnelle.

> *Jean a un chien* est analysé en :
> il y a un B tel que (= quantificateur)
>
> A possède B
> A est Jean } (= fonctions)
> B est un chien

Le dictionnaire donne les fonctions qui définissent la relation *A a B.* Par exemple, dans *Jean a un rhume,* la fonction [A possède B] n'est pas présente, alors qu'elle est présente dans *A perd B* (A possède B au temps T^{-1}).

— *Chien* est une fonction à une place, à noter dans le dictionnaire *A est un chien.*
— *Avoir* est ici une fonction à deux places, à noter dans le dictionnaire *A possède B.*
— *Donner* est une fonction à trois places, à noter dans le dictionnaire *A donne B à C.*

Le système possède trois avantages principaux : les termes sont repérés par leur fonction, et cette organisation systématique du dictionnaire évite d'oublier d'indiquer les fonctionnements particuliers ; les homonymes sont distingués par la différence de leur fonction (*femme 1,* fonction à une place : *Jeanne est une femme ; femme 2,* fonction à deux places : *Jeanne est la femme de Jean*) ; les unités se présentent dans leur fonction sémantique de base prête à subir les transformations propres à ses traits sémantiques de base et elles seules :

devenir femme 1 → *se féminiser ;*
devenir femme 2 → *épouser.*

Rappelons que dans cette perspective les composants sémantiques des mots-fonctions sont eux-mêmes des fonctions apparaissant sous forme de phrase sémantique. Par exemple, la fonction [A possède B] aura elle-même pour composant essentiel [il y a une relation entre A et B], à décomposer en quantificateur et fonctions.

4. En phonologie, les *traits distinctifs,* appelés aussi traits pertinents, constituent les composantes phoniques minimales à valeur distinctive, ou unités distinctives simultanées dans lesquelles peut être analysé un phonème. Le phonème peut être défini comme un faisceau de traits distinctifs. Ce n'est donc pas le phonème mais le trait qui constitue l'unité de base de la phonologie. Les traits définis une fois pour toutes sont valables pour la description des unités phoniques de n'importe quelle langue car leur inventaire détermine l'ensemble des possibilités articulatoires, acoustiques, neurologiques et auditives que l'être humain peut utiliser à des fins linguistiques. On admet avec R. Jakobson que les traits pertinents sont tous binaires, c'est-à-dire qu'ils ne peuvent prendre que deux valeurs distinctes représentées par les traits + et −. L'auditeur extrait du signal les unités discrètes que sont les phonèmes qu'il perçoit en termes de traits distinctifs. L'identification perceptive de chaque trait est opérée par la prise en considération de plusieurs indices articulatoires et acoustiques, présents dans le signal de parole et organisés hiérarchiquement sur le plan de la perception.

trait d'union

Le *trait d'union* est un signe graphique en forme de petit tiret servant à joindre en français les éléments de certains mots composés ou que l'on met entre le verbe et le pronom postposé. Dans les dictionnaires, la présence du trait d'union est le critère qui distingue le « mot » composé bénéficiant d'une entrée et la locution traitée sous l'entrée de l'un des mots qui la composent ; cependant, ce critère n'est pas absolu et certaines unités lexicales bénéficient d'une entrée séparée *(chemin de fer, pomme de terre, trait d'union).* Le trait d'union s'emploie au contraire régulièrement :

a) entre le verbe et les pronoms immédiatement postposés *(dit-il, venez-vous, fût-ce, prenez-en, allons-y) ;*

b) avant et après le *t* euphonique *(où va-t-il ?) ;*

c) devant les adverbes *ci* et *là* des démonstratifs *(celui-ci, cet homme-là) ;*

d) entre un pronom personnel et l'adjectif *même (lui-même) ;*

e) dans les noms de nombre composés de *dix-sept* à *cent* quand ils ne comportent pas la conjonction *et (cent quatre-vingt-deux).*

transcendant

En glossématique, la linguistique est dite *transcendante* quand elle s'occupe de ce qui est extérieur à son objet propre, c'est-à-dire qu'elle s'occupe de données extérieures à la langue. Pour L. Hjelmslev, toute la linguistique antérieure à F. de Saussure est transcendante. La glossématique, au contraire, est une linguistique immanente*.

transcription

Transcrire c'est faire correspondre terme à terme les unités discrètes de la langue parlée et les unités graphiques ; la transcription phonétique fait aussi correspondre à des phonèmes de la langue des symboles uniques empruntés à l'alphabet phonétique international. La *transcription,* quel que soit l'alphabet choisi, doit être nettement distinguée de l'*écriture.* La transcription tend à conserver sous forme graphique ce qui a été dit, sans rien ajouter, sans rien supprimer. Au contraire, l'écriture existe en tant que système relativement autonome.

transfert

1. L. Tesnière emploie le mot *transfert* pour désigner le passage d'une unité d'une classe dans une classe différente au cours d'une translation ; dans *le qu'en-dira-t-on, qu'en dira-t-on ?* a subi un transfert : de phrase interrogative, il devient nom. Par extension, *transfert* s'emploie comme synonyme de *translation**.

2. La fonction de *transfert* est l'effet de filtrage qui se manifeste par la modification des particularités acoustiques de diverses sources sonores participant à l'émission de la parole.

transformation

1. En grammaire générative, les *transformations* convertissent les structures profondes générées par la base en structures de surface, soumises ensuite à la composante phonologique et phonétique. Une transformation s'applique donc à une (ou plusieurs) suite terminale* générée par la base, c'est-à-dire à un (ou plusieurs) marqueur* syntagmatique (V. ARBRE), en le (ou les) convertissant en un marqueur syntagmatique dérivé.

Les transformations, ou composante transformationnelle de la syntaxe d'une langue, n'affectent pas le sens des phrases de base, qui seules reçoivent une interprétation sémantique : les transformations sont des opérations purement formelles intéressant les suites générées par la base. Ces opérations, ou procédure transformationnelle, sont celles de déplacement ou de permutation (réarrangement des constituants), de substitution (un constituant se voit remplacer par un autre, cela revenant à l'effacer et à mettre à sa place un autre constituant) et d'addition.

Les transformations comportent deux aspects principaux, le premier est celui de l'analyse* structurelle et le second celui du changement* structurel. L'analyse structurelle consiste à voir si la suite générée par la base a une structure qui rende possible l'application d'une transformation définie, le changement structurel consiste en diverses modifications et réarrangements de la structure en constituants ainsi analysés.

Par exemple, si nous avons la suite terminale générée par la base Neg + le père + Prés + lire + le journal, où Neg est négation, écrit ensuite Ne + pas, et où Prés est présent, la transformation négative analyse cette phrase comme étant Neg + SN_1 + T_{ps} + V + SN_2 (T_{ps} étant Temps, ici le présent) ; cette structure permet l'application de la transformation négative. (V. ANALYSABILITÉ.)

La suite Ne + pas + le père + Prés + lire + le journal est modifiée par une série d'opérations de déplacement : Ne est déplacé devant Prés + V, pas est déplacé derrière Prés + V. On a ainsi la suite : le père + ne + Prés + lire + pas + le journal.

Une autre transformation, dite *transformation affixale,* va déplacer l'affixe Prés derrière V (verbe) : le père + ne + lire + Prés + pas + le journal.

Cette suite, obtenue après l'application de toutes les transformations (y compris celle d'accord), est appelée *suite terminale dérivée.* Elle constitue la structure de surface de la phrase réalisée (à laquelle a été appliquée la composante phonologique) : *Le père ne lit pas le journal.*

Les transformations portent le plus souvent le nom du résultat de l'opération. Ainsi, la transformation relative (ou relativisation*) est le nom donné à la transformation qui relativise une phrase à un syntagme nominal d'une autre phrase *(Le père qui est rentré lit son journal).* Parfois elles portent le nom du constituant sur lequel porte l'opération : ainsi, la transformation affixale décrit l'opération de déplacement qui affecte les constituants affixes de l'auxiliaire (V. AFFIXAL). La transformation est représentée par le symbole T, qui porte en indice l'abréviation du type d'opération impliqué : ainsi, la transformation relative est symbolisée par T_{rel}.

Dans une première étape de la théorie générative, la suite générée par la phrase était la phrase noyau active et affirmative ; on distinguait alors les *transformations facultatives* et les *transformations obligatoires.* Les premières, comme les transformations passive, interrogative, négative et emphatique, étaient dites « facultatives » en ce sens qu'on pouvait choisir de les appliquer ou non à la phrase-noyau. En revanche, la transformation affixale, qui déplace les constituants affixes de l'auxiliaire après un verbe, était obligatoire, car, dans tous les cas, il y a au moins un constituant affixe de l'auxiliaire dans chaque phrase-noyau. Dans une deuxième étape de la théorie dite standard, on a écrit les constituants interrogation, passif, négation et emphase dans la base ; aussi toutes les transformations deviennent-elles obligatoires ; mais le constituant qui déclenche la transformation (interrogation, passif, négation) peut lui-même être choisi ou non.

On distingue deux types de transformations selon que les opérations effectuées intéressent une ou deux suites générées par la base ; dans le premier cas, on parlera de *transformations unaires* ou *singulières* et, dans le second cas, de *transformations binaires* ou *généralisées :* la transformation passive est une transformation singulière, et la transformation relative, qui intéresse deux phrases, est une transformation généralisée. À l'intérieur des transformations généralisées, on distingue deux grands groupes : les transformations par coordination *(et)* et les transformations par enchâssement (relative, complétive). Lorsque, dans une étape ultérieure de la théorie générative, il a été nécessaire de prévoir que dans la première phrase une seconde phrase viendrait s'inscrire et que la seconde était déjà prévue pour entrer dans la première, on a fait figurer le symbole P de la phrase de base à gauche de la flèche dans la règle de réécriture comme dans SN + SV (P).

On pouvait alors faire l'économie de la différence terminologique entre la transformation singulière et la transformation généralisée, puisque la première opère sur des suites comprenant une seule occurrence de P, tandis que la seconde opère sur des suites comprenant plus d'une occurrence de P. Mais la différence entre les deux transformations se maintient quel que soit le processus envisagé.

Les *transformations* sont *ordonnées* en ce sens que l'ordre dans lequel elles se font est défini. Ainsi, la transformation affixale doit toujours avoir lieu après la transformation passive. Soit en effet la suite ... Prés + être + PP + lire... obtenue au cours de la transformation passive ; Prés est déplacé derrière *être* et PP (participe passé affixe) est déplacé derrière *lire,* ce qui donne : être + Prés (est) et lire + PP (lu). Au contraire, si on effectuait le déplacement de l'affixe Prés dans la suite Prés + lire avant de faire la transformation passive (être + PP), on obtiendrait la suite : être + PP + lire + Prés ; cela donnerait (après une nouvelle application de la transformation affixale) être + lire + PP + Prés, suite qui n'est pas réalisable.

Quand les transformations sont appliquées à un couple de phrases (ou à plus de deux phrases), par exemple quand la transformation passive est appliquée à une phrase matrice et à une phrase enchâssée, se pose la question de l'ordre dans lequel les transformations sont appliquées à chacune des phrases : on parlera alors de cycle transformationnel.

2. Dans la grammaire transformationnelle de Z. Harris, la *transformation* est définie de la manière suivante : si deux ou plusieurs constructions (ou séquences de constructions) qui contiennent les mêmes *n* classes apparaissent avec les mêmes *n-tuples* de membres de ces classes, on dit que les constructions sont des transformées l'une de l'autre et que chacune peut être dérivée de l'autre par une transformation particulière. Si l'on a les constructions *La voiture a renversé le passant* et *Le passant a été renversé par la voiture,* les constructions $SN_1 + V_t + SN_2$ (syntagme nominal suivi de verbe transitif et de syntagme nominal) et SN_2 + être + V_{part} + par SN_1 contiennent les mêmes triplets SN, V, SN, et tout choix des membres que nous trouvons dans une phrase, nous le trouvons dans l'autre. Les modifications apportées au modèle standard ont eu pour effet de réduire le pouvoir des transformations, car de nombreux phénomènes présentaient trop d'irrégularités pour être pris en charge par des règles transformationnelles ; les nominalisations ont été enregistrées telles quelles dans le lexique (d'où le nom d'hypothèse lexicaliste par opposition à l'hypothèse transformationniste). De plus, la contrainte de préservation du sens conduisait dans de nombreux cas à un accroissement de la complexité de l'appareil transformationnel ; aussi la théorie standard étendue propose-t-elle de faire l'économie de cette contrainte, mais en accroissant le rôle de la composante interprétative qui doit alors s'appliquer à la fois à la structure profonde et à la structure de surface. À l'opposé, la sémantique générative est demeurée attachée aussi bien à l'hypothèse transformationniste qu'au principe de préservation du sens. Enfin, les modifications apportées ensuite à la théorie consistent à multiplier les conditions formelles relatives à l'application et au fonctionnement des transformations, de manière à atteindre un niveau suffisant de généralisation sans lequel il deviendrait difficile de concevoir qu'une grammaire puisse rendre compte des aptitudes linguistiques des locuteurs.

transformationnel

1. On appelle *grammaire transformationnelle* une grammaire comportant des règles qui établissent des équivalences entre divers types de phrases, dont elle rend compte par des opérations explicites. Une grammaire transformationnelle rend compte ainsi par une opération d'effacement de l'équivalence entre l'adjectif épithète et la relative avec *être : La route bombée provoque des accidents. La route qui est bombée provoque des accidents.* (V. TRANSFORMATION.) Une grammaire générative n'est pas nécessairement transformationnelle.

2. On appelle *composante transformationnelle* la partie de la syntaxe d'une grammaire générative contenant les règles qui permettent de générer à partir des suites issues de la base syntagmatique d'autres suites qui peuvent recevoir une interprétation phonétique. La composante transformationnelle permet de passer de la structure profonde à la structure de surface. (V. TRANSFORMATION.)

transformationniste

On appelle, en grammaire générative, *hypothèse transformationniste* la position qui consiste à considérer les noms, adjectifs et verbes dérivés comme obtenus par la composante transformationnelle, et non pas inscrits directement dans la base. L'hypothèse transformationniste s'oppose à l'hypothèse lexicaliste.

transitif

Les *verbes transitifs* sont ceux qui, dans la structure du syntagme verbal, impliquent la présence d'un syntagme nominal complément. On a ainsi la règle SV → Aux + V + SN, qui signifie que le syntagme verbal est formé d'un auxiliaire, d'un verbe et d'un syntagme nominal. Par exemple, le verbe *renverser* est transitif, ou affecté du trait distinctif [+ transitif], et on le rencontre dans des phrases comme *La voiture renverse le passant,* où *le passant* est le syntagme nominal complément, dit « complément d'objet direct » dans la nomenclature traditionnelle. On peut aussi dire, d'une autre manière, que tout verbe est un verbe transitif dans le contexte d'un syntagme nominal complément non prépositionnel, c'est-à-dire « direct », en grammaire générative, on posera la règle $V \rightarrow V_{tr} / -$ SN (le verbe se réécrit *verbe transitif* quand il est suivi d'un syntagme nominal direct). Les phrases comportant un verbe transitif suivi d'un syntagme nominal sont susceptibles de subir une transformation passive *(Le passant est renversé par la voiture),* sauf exceptions intéressant un petit nombre de verbes comme *avoir*. Les syntagmes nominaux compléments des verbes transitifs peuvent être effacés : *Pierre mange quelque chose* → *Pierre mange ;* sans cesser d'être transitifs, ces verbes sont alors *employés intransitivement.*

Dans cette analyse, seuls sont transitifs les verbes qui sont suivis d'un syntagme nominal direct, présent ou effacé ; sont intransitifs les autres verbes, que ceux-ci ne comportent pas de syntagme nominal dans la structure du syntagme verbal *(Pierre est mort),* ou qu'ils comportent un syntagme prépositionnel, c'est-à-dire un syntagme nominal précédé d'une préposition *(Pierre parle à Paul, Pierre obéit à Paul).* Les grammaires traditionnelles ont distingué ces deux groupes de verbes intransitifs en réservant le nom d'intransitif au premier groupe *(mourir, vivre, naître, venir,* etc.) et en donnant la dénomination de « transitif indirect » au groupe de verbes qui ont nécessairement un syntagme prépositionnel dans la structure du syntagme verbal, comme *obéir, parler,* etc. Chez d'autres grammairiens, ce dernier groupe de verbes forme une classe d'intransitifs attributifs ; on les rapproche des verbes comportant un double complément : SN + SP (syntagme nominal suivi d'un syntagme prépositionnel), comme *pardonner quelque chose à quelqu'un, arracher quelque chose à quelqu'un, puiser de l'eau d'un puits,* etc. Cette triple caractérisation fonde la polysémie de certains verbes comme *penser : Il pense* (intransitif). *Il pense le monde* (transitif direct). *Il pense à elle* (transitif indirect).

transition

On appelle *transition phonétique* le passage, dans la chaîne parlée, du point d'articulation caractérisant un phonème au point d'articulation qui caractérise le phonème suivant. Dans cet intervalle s'effectue le changement graduel de la forme des résonateurs vocaux, pour passer d'une voyelle à une consonne et vice versa ; ce changement se traduit dans le spectre acoustique par un glissement vers le haut ou vers le bas, en divers angles aigus, des formants, en particulier du formant 2 ou formant buccal.

Les transitions sont très importantes pour l'identification des phonèmes. Les consonnes occlusives, en particulier, qui n'ont pas de formant propre, ne peuvent être identifiées que par les transitions des voyelles contiguës ; [t] et [d] entraînent une transition positive du deuxième formant, c'est-à-dire que la fréquence de ce formant descend d'une valeur plus haute si la consonne précède la voyelle et monte vers une valeur plus haute si la consonne suit la voyelle, tandis que, dans le cas des consonnes [p] et [b], la transition du deuxième formant est négative : le formant monte d'une valeur plus basse et descend vers une valeur plus basse. Le point vers lequel s'oriente le formant est le locus* de la consonne.

D'autre part, les phases de transition suffisent à provoquer l'impression subjective de la consonne en question : parmi toutes les évolutions possibles d'une articulation à partir d'un point donné, celle qui est voulue par le locuteur se dégage progressivement par rapport aux autres images acoustiques possibles ; lorsque le mouvement est assez avancé pour qu'il n'y ait plus de doute pour l'auditeur, le phonème est reconnu même si le point d'articulation n'est pas atteint.

transitivité

1. Quand un ensemble* est égal à un second et à un troisième, le second et le troisième sont égaux entre eux par *transitivité.*

2. On appelle *transitivité* la propriété d'un verbe transitif, c'est-à-dire d'un verbe suivi en français d'un syntagme nominal complément d'objet non précédé d'une préposition.

translatif

1. On appelle *translatif* un cas exprimant le changement, le passage d'un lieu à un autre (ex. : Il va de ***Paris à Marseille*** par Lyon), ou indiquant l'état, la qualité résultant d'un processus (ex. : *Il est devenu un ingénieur*), par opposition à l'essif* (ex. : *Il est ingénieur*). Le syn. est alors FACTIF.

2. L. Tesnière appelle *fonction translative* la fonction d'un mot vide « marquant* », quand celui-ci révèle (et permet) le passage d'une unité d'une catégorie dans une autre. *Le* a une fonction translative dans *le bleu du ciel* et une fonction indicative dans *le livre.*

translation, transposition

Ch. Bally appelle *translation* ou *transposition* le rapport qui existe entre deux mots ou suites de mots de nature différente, mais ayant la même fonction. Ce rapport est proche par certains côtés de la transformation, mais recouvre plus de faits et ne s'intègre pas dans le cadre théorique. Pour L. Tesnière, la translation consiste à faire passer un mot plein d'une classe grammaticale dans une autre classe grammaticale, c'est-à-dire à « transformer une espèce de mot en une autre espèce de mot ». Ainsi, *bleu,* dans *le bleu du ciel,* a été transféré de la classe des adjectifs dans la classe des substantifs. La notion de *translation* doit permettre de ne pas s'inquiéter des phrases ambiguës comme les suites contenant *de : le train de Paris, le chien de Pierre* (alors que la transformation doit rendre compte de l'ambiguïté) : on posera simplement que *de Paris* et *de Pierre* se comportent syntaxiquement comme des adjectifs puisqu'ils suivent un nom comme ces derniers ; on admettra que, grâce à *de, Pierre* et *Paris* sont devenus des (ont été transférés en) adjectifs. Les translations sont adjectivales, verbales, substantivales ou adverbiales quand le mot concerné devient (assume la fonction de) adjectif, verbe, substantif, adverbe. Elles sont désubstantivales, déadjectivales, déadverbiales, déverbales quand le mot transféré, les unités concernées, cessent d'avoir la fonction de substantif, d'adjectif, d'adverbe ou de verbe.

Les translations sont au premier degré quand les unités concernées sont de même niveau (ainsi *de Paris* et *parisien*). Elles sont au deuxième degré quand c'est une proposition qui, subordonnée, est transférée en substantif, adjectif, adverbe grâce à un marquant. La translation adjectivale peut être désubstantivale (*habit vert* dans *l'homme à l'habit vert*), déadverbiale (dans *les gens bien*), déverbale (dans *l'enfant jouant avec la balle*) ; la translation adjectivale déverbale au premier degré revêt généralement la forme du participe (participe présent, participe passé). Au deuxième degré, on a une relative dans *l'enfant qui travaille, qui travaille* étant l'équivalent de *travailleur.*

La translation substantivale peut être déadjectivale *(le rouge),* déadverbiale *(le pourquoi des choses),* déverbale (*le rire,* et *réussir* dans *j'espère réussir*), soit au premier degré dans *je veux leur échec,* soit au deuxième degré dans *je veux qu'ils échouent.* La translation adverbiale peut être désubstantivale *(avec tendresse),* déadjectivale *(y aller fort),* déverbale *(avant de parler, en pleurant).* Pour une translation adverbiale déverbale au deuxième degré, on a notamment les propositions dites « circonstancielles », puisque tout circonstant est (ou assume la fonction d') un adverbe.

Il y a aussi des translations de prépositions en noms *(le pour),* d'adjectifs en préposition *(sauf),* de participes en prépositions *(excepté),* de propositions en noms *(le qu'en-dira-t-on).*

La théorie de la translation est fondée sur l'hypothèse que le verbe occupe le sommet de la hiérarchie des classes de mots. On s'explique ainsi que les propositions subordonnées soient des translations déverbales.

On peut dire aussi que la notion de *translation* a l'inconvénient de faire intervenir des critères différents qui peuvent être contradictoires : critère de synonymie quand on pose *travailleur = qui travaille ;* critère fonctionnel traditionnel quand on utilise pour caractériser la translation substantivale les notions de sujet, d'objet, d'attribut ; critère distributionnel aussi (le nom étant caractérisé, par exemple, grâce aux prédéterminants). Enfin, souvent la théorie de la translation mêle l'explication diachronique (cf. ci-dessus pour *sauf*) à la description proprement dite.

translittération

Quand on veut représenter dans un système d'écriture une suite de mots d'une autre langue utilisant généralement un autre système d'écriture, il est possible soit de représenter les sons effectivement prononcés (on a alors une transcription plus ou moins phonétique), soit de se contenter de rechercher, pour chaque lettre ou suite de lettres, une lettre ou une suite de lettres correspondante sans s'inquiéter des sons effectivement prononcés : c'est là une *translittération.* Ainsi, en russe, la lettre qui termine ce qu'on transcrit par *Popov* est représentée d'une manière générale aujourd'hui par un *v,* alors que *v* final se prononce comme *f* (ce que l'ancienne transcription rendait en écrivant *Popoff*).

transparence
La *transparence* est le caractère d'un énoncé dans lequel l'émetteur s'efface devant son discours pour mettre le récepteur en contact direct avec celui-ci, comme dans le discours pédagogique. Le concept inverse est l'*opacité**.

transphrastique
On appelle *niveau transphrastique* le niveau d'analyse linguistique constitué par l'ensemble du texte formé d'une suite de phrases. Les relations transphrastiques sont indiquées par des conjonctions, des adverbes des anaphores, etc. (V. HYPOTAXE, PARATAXE.)

transposition V. TRANSLATION.

tréma
Le *tréma* est un signe graphique constitué de deux points juxtaposés que l'on place sur les voyelles *e, i, u* pour indiquer que la voyelle qui précède a une prononciation indépendante : *naïf, coïncidence, aiguë, Saül.* Cet usage du tréma est particulier au français ; en allemand il indique une modification du timbre de la voyelle sur laquelle il est placé (umlaut).

trésor
On donne le nom de *trésor* à de grands ouvrages lexicographiques. (Syn. THESAURUS.)

triangulaire
Les *systèmes vocaliques triangulaires* sont ceux dans lesquels tous les phonèmes possèdent des particularités distinctives de degrés d'aperture, et où tous possèdent des particularités distinctives de localisation, à l'exception de la voyelle la plus ouverte. Le système vocalique du français moderne, de quadrangulaire qu'il était, tend à devenir triangulaire puisque l'opposition entre les deux voyelles d'ouverture maximale /a/ de *patte* et /ɑ/ de *pâte* est en voie de disparition.

Il y a des systèmes triangulaires à deux classes, selon le schéma du système vocalique latin, comme en espagnol :

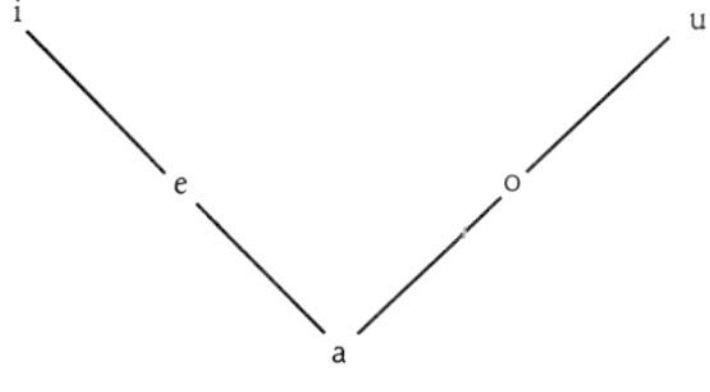

et en italien :

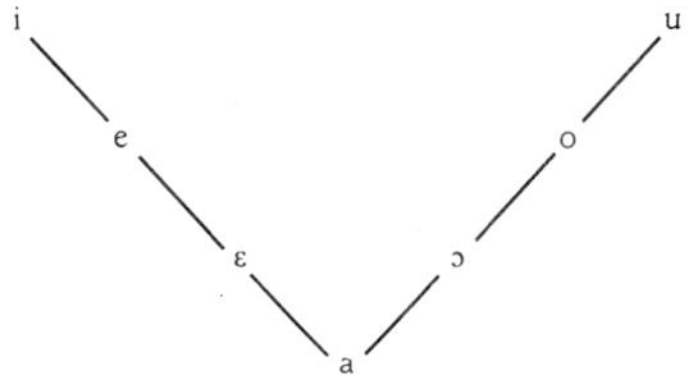

Dans ces systèmes s'opposent une série de voyelles antérieures non-arrondies et une série de voyelles postérieures arrondies. Ces systèmes sont les plus répandus dans toutes les parties du monde.

Il existe aussi des systèmes triangulaires à trois classes : une classe antérieure non-arrondie, une classe postérieure arrondie, une classe moyenne le plus souvent antérieure arrondie, mais qui peut être aussi postérieure non-arrondie comme en roumain :

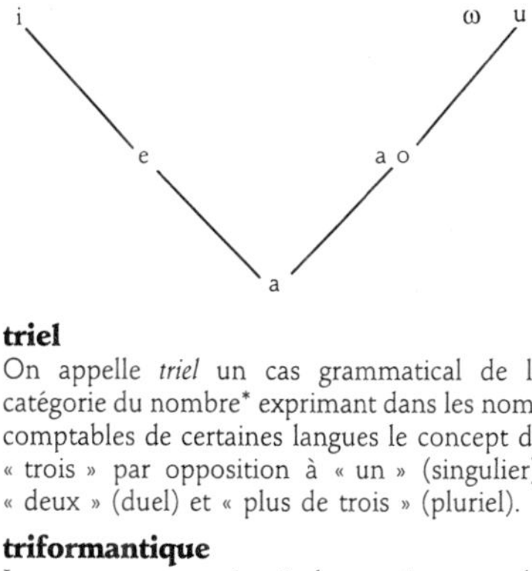

triel
On appelle *triel* un cas grammatical de la catégorie du nombre* exprimant dans les noms comptables de certaines langues le concept de « trois » par opposition à « un » (singulier), « deux » (duel) et « plus de trois » (pluriel).

triformantique
Les spectres acoustiques de certains sons du langage se caractérisent par une structure *triformantique,* lorsqu'ils présentent trois formants principaux. Les consonnes et les voyelles nasales présentent un troisième formant (correspondant à la résonance de l'onde laryngée à travers les fosses nasales) qui se situe entre le formant du pharynx ou formant bas (F^1) et le formant buccal ou formant haut (F^2). Les voyelles aiguës présentent aussi un troisième formant qui se situe dans les fréquences les plus élevées.

triglossie
La *triglossie* est une situation où il existe trois systèmes linguistiques dont les rôles sont hiérarchisés et répartis.

trigramme
Le *trigramme* est un mot de trois lettres.

trilitère
On appelle *trilitère,* dans les langues sémitiques, la suite de trois consonnes auxquelles se réduit la racine*.

trilingue
On qualifie de *trilingue* une personne ou une population qui parle trois langues.

trilinguisme
Le *trilinguisme* désigne l'état trilingue d'une population, d'une personne.

triphtongue
Une *triphtongue* est une voyelle qui contient trois timbres vocaliques différents, par exemple l'ancien français et le québécois *beau* ou le mot anglais *fire.*

triptote
Le terme de *triptote* désigne, dans les langues flexionnelles, un mot dont la déclinaison comporte trois cas.

trivial
En lexicographie, *trivial* (abréviation *triv.*) est une marque stylistique attribuée à des termes qui appartiennent à divers niveaux de langue (mais surtout familiers ou populaires) et qui sont condamnés par les contraintes socioculturelles parce qu'ils dénotent des objets jugés « indécents » ou expriment des attitudes « grossières » ou « obscènes » : le mot *cul* est dit trivial, alors que son emploi est familier ou populaire dans un grand nombre d'expressions stéréotypées *(bouche en cul de poule)* et neutre dans un composé comme *cul-de-basse-fosse.*

troncation
On appelle *troncation* ou *apocope** un procédé courant d'abréviation consistant à supprimer les syllabes finales d'un mot polysyllabique ; les syllabes supprimées peuvent correspondre à un morphème dans *une radio* (radiographie), *une dactylo* (dactylographe), mais les coupures se produisent le plus souvent arbitrairement après la deuxième syllabe : *vélo* (vélocipède), *frigo* (frigorifique). Dans la langue populaire, la troncation s'accompagne parfois de l'addition ou *paragoge** de la voyelle *-o : un prolo* (prolétaire), un *apéro* (apéritif).

trope
La rhétorique oppose aux figures de pensée (litote, ironie, interrogation oratoire, etc.) et aux figures de construction (ellipse, syllepse, etc.) les tropes ou figures* de mots (emploi figuré des mots). *Trope* a fini par s'appliquer à toutes les espèces de figures qu'on peut considérer comme un détournement (en grec *tropos*) du sens du mot.

tropologie
Science ou traité des tropes, des figures de mots.

Troubetskoï (Nikolaï Sergueïevitch), linguiste russe (Moscou 1890-Vienne 1938). Professeur à Moscou (1915), il se livre à une critique détaillée des méthodes de reconstruction linguistique. En relation avec R. Jakobson, il participe à la fondation et aux travaux du Cercle linguistique de Prague. Influencé par J. Baudouin de Courtenay et par F. de Saussure, il définit rigoureusement la notion de phonème et établit la distinction entre la phonétique, qui « étudie les sons concrets comme des phénomènes physiques », et la phonologie, qui les étudie « comme des signaux phoniques employés à des fins d'intercompréhension à l'intérieur d'une communauté linguistique ». (V. Bibliographie.)

truisme
En rhétorique, sophisme vide de sens.

I. **type**
1. On donne le nom de *type* ou *statut de phrase* aux formes fondamentales de la phrase : phrase déclarative, interrogative, impérative et exclamative, et à leurs combinaisons avec les formes négative, passive et emphatique. (V. PHRASE.)
2. *Type linguistique.* V. TYPOLOGIE.

II. **type/token**
On appelle *type/token* le rapport de nombre de mots différents (type) au nombre total de formes d'un texte (token). Dans ce rapport, le type est, par exemple, *table* (singulier et pluriel) et les tokens sont toutes les occurrences de *table.* Le rapport type/token mesure la richesse du vocabulaire : plus il y a de mots différents par rapport au nombre de mots du texte et plus le vocabulaire est riche. Ce rapport décroît avec la longueur du texte car, au début, le nombre de mots différents s'accroît rapidement, mais plus le texte s'allonge et moins l'auteur emploie de termes nouveaux.

types de discours
L'analyse de discours a établi l'intérêt de la prise en compte de grands *types de discours :* discours scientifique, discours pédagogique, discours de vulgarisation par exemple. Ces critères peuvent amener à des classifications croisées, un discours pouvant

être à la fois par exemple pédagogique et polémique.

L'intérêt porté de nos jours, par la linguistique appliquée, aux problèmes des textes scientifiques et techniques à des fins de rédaction et de traduction amène à développer les travaux en ce sens. Aux classements prenant en compte l'énonciation (par exemple l'opposition récit/discours chez É. Benveniste) s'ajoute la recherche de traits typifiants dépendant de la finalité des textes : textes de transfert de connaissance entre pairs (discours spécialisés), textes de diffusion de connaissances « désintéressées » (vulgarisation), textes d'interface, dans le cadre de « forums » (colloques, revues spécifiques) confrontant les acteurs d'une *sphère d'activité* tous domaines confondus, textes proposant un *savoir-faire* à propos d'un objet ou d'un processus scientifique ou technique (manuels de documentation, informatique par exemple, modes d'emploi, etc.). L'éditologie* se penche sur ces problèmes, qui ont de fortes implications terminologiques : terminologie des discours spécialisés, compromis terminologiques dans une sphère d'activité, adaptation et métalangage à l'usage du grand public.

typologie

L'examen typologique des langues, ou *typologie,* a pour fin leur description en fonction de certains caractères choisis préalablement et leur classement selon les affinités* qui se découvrent ainsi ; il peut permettre, mais ne recherche pas nécessairement, l'établissement de généalogies* (V. FAMILLE DE LANGUES). Tous les traits linguistiques peuvent entrer dans une étude de la sorte : pour les phonèmes, le nombre, la quantité et la distribution dans le système phonologique ou dans le discours ; pour les traits prosodiques, la place et le rôle des tons et des accents toniques, le contour de la mélodie de phrase ; pour la syllabe, la structure et le rôle par rapport au morphème ; pour les morphèmes, la longueur et les rapports divers entre eux, l'organisation du système des genres et des nombres, l'existence de « personnes » ou d'éléments modaux divers ; pour la syntaxe, l'existence d'accords et de cas, etc. Les classements typologiques peuvent se fonder uniquement sur un de ces traits (nombre de voyelles, par exemple), ou sur un grand nombre d'entre eux, ou par rapport à une norme fondée sur la fréquence ou la moyenne. Les linguistes ont proposé diverses listes de critères permettant de caractériser les langues : (1) rapports entre la syllabe et le morphème ; (2) rapports entre la forme et la fonction ; (3) expression de certaines caractérisations grammaticales ou sémantiques.

On définit ainsi trois types : *isolant, agglutinant, flexionnel,* le type isolant se subdivisant en type isolant proprement dit et en type polysynthétique, et le type flexionnel, dit aussi « fusionnant », se subdivisant en type flexionnel externe et type flexionnel interne. Une langue isolante ou analytique (comme le vietnamien ou le français dans sa forme orale) a des mots invariables. Quand les mots résultent de la combinaison d'unités lexicales plus petites, on dit que la langue isolante est polysynthétique. Ainsi, le chinois mandarin est polysynthétique parce que, avec *yu* signifiant « voyager » et *tsou* « aller », on forme « se promener » en combinant *yu* et *tsou*. Une langue agglutinante ajoute à une forme du mot une série de morphèmes qui le caractérisent, mais chacun de ces morphèmes est analysable séparément. Ainsi, en turc, « maison » au nominatif se dit *ev ;* le morphème de pluriel est *-ler,* le morphème de possessif est *-i,* et « ma maison » se dira *evi,* « les maisons » se dira *evler,* « mes maisons », *evleri.* Dans les langues flexionnelles, les morphèmes sont amalgamés : ainsi, le latin *domini* a une désinence *-i* qui est à la fois marque de pluriel et marque de nominatif-vocatif, ou bien à la fois marque de singulier et de génitif (V. AMALGAME). Le type flexionnel peut être externe (par suffixe – cf. *domini* plus haut

– ou préfixe) ou interne (on trouve en latin des variations à l'intérieur de la racine, *facio* présent vs *feci* parfait, ou des infixes, *vinco* présent [« infixe nasal » *-n*] vs *vici* parfait). Le latin fournit ici des exemples de flexion externe et de flexion interne, l'allemand aurait pu en donner pour la flexion externe (déclinaison), interne *(trinken, trank),* pour l'agglutination* polysynthétique : *Apfel* « pomme » et *Baum* « arbre » donnant *Apfelbaum* « pommier » ; cela montre assez que c'est en termes de degrés qu'il faut raisonner et non dans l'absolu. Le latin est plutôt flexionnel, mais quand il dit *in oppidum* pour « dans la place forte (direction) », il est aussi un peu analytique, du fait de l'utilisation de *in* pour introduire *oppidum* complément du lieu où l'on va. De même, le français est plutôt isolant, mais la variation *cheval* vs *chevaux* est de type flexionnel. Ce qui est important, c'est de définir pour chaque langue le caractère dominant.

U

umlaut
En grammaire allemande, l'*umlaut* est un signe identique au tréma qui, placé sur certaines voyelles *(ä, ö, ü),* indique l'inflexion vocalique.

unaire
Transformation unaire, syn. de TRANSFORMATION SINGULIÈRE*. (V. TRANSFORMATION.)

unidimensionnel V. MULTIDIMENSIONNEL.

unilatéral
On dit que des relations sont *unilatérales* quand, un terme présupposant l'autre, l'inverse n'est pas vrai. (V. RÉCIPROQUE.)

unilingue
1. On dit des locuteurs qu'ils sont *unilingues* quand, dans leurs communications à l'intérieur d'une même communauté sociolinguistique, ils n'utilisent qu'une seule langue (compte tenu des différences de niveaux de langue) ; par opposition, sont *multilingues* ou *plurilingues* ceux qui utilisent plusieurs langues différentes dans leurs relations sociales ou familiales (V. BILINGUISME.)
2. Un *dictionnaire unilingue* (ou *monolingue*) est un dictionnaire dont les entrées et les sorties appartiennent à la même langue, par opposition aux dictionnaires *bilingues*.

union
1. On lit *union* le symbole de la réunion* $\cup$.
2. *Langue d'union*. V. LANGUE.

unipersonnel
On appelle parfois *unipersonnels* des verbes usités seulement à la troisième personne du singulier, comme *il neige, il vente, il pleut.*

unité
On appelle *unité linguistique* un élément discret identifié à un certain niveau* ou rang. Ainsi, les phonèmes sont des unités linguistiques (au rang phonématique), les morphèmes (au rang morphématique) et les phrases (au rang phrastique). [V. DISCRET, ITEM.] Chaque unité linguistique est définie par les rapports qu'elle entretient avec les autres unités linguistiques dans un système donné ; elle est donc définie par sa place ou sa position dans ce système.

On appelle *unités significatives minimales* les morphèmes identifiés au rang morphématique, par opposition aux phonèmes ou *unités minimales non-significatives.* (V. ARTICULATION [DOUBLE].)

univers
1. On appelle *univers d'énoncés* la totalité des énoncés réunis pour la recherche sans qu'on fasse la distinction entre ceux dont le chercheur a jugé ou jugera qu'ils doivent être soumis à l'analyse (et formeront le corpus) et ceux dont il ne s'occupera pas.
2. L'*univers du discours* peut être défini comme le minimum irréductible de contexte nécessaire à un énoncé.

Considérer un énoncé comme discours*, c'est tenter de dire les règles qui président à sa production. Lorsqu'on fait abstraction du fait que le contexte général d'un acte de communication se développe constamment par suite de l'énonciation même, lorsqu'on néglige donc le renouvellement des conditions de production du discours par le progrès même du discours, les échanges, les objections, etc., il reste à rendre compte de l'univers du discours, c'est-à-dire des formations idéologiques spécifiques dans lesquelles un discours trouve son origine (croyances, conventions, etc.). Pendant que le contexte se développe en intégrant ce qui se dit et se passe au long du discours, l'univers du discours est la condition même, originelle, de la production de l'énoncé – ce qui le rend possible.

La linguistique structurale a tendu à neutraliser le locuteur et à s'en tenir au système et à ses règles. En réalité, considéré du point de vue de l'univers du discours, un énoncé du type *la terre tourne* est anormal avant Copernic ; mais le critère de l'anomalie ou de la normalité d'un tel énoncé ne réside pas dans la langue (ou compétence) ; on n'en rendrait pas compte en indiquant pour le français des composantes syntactico-sémantiques différentes avant et après Copernic. C'est à la considération du mécanisme discursif spécifique (donc de l'univers du discours) que l'analyste pourra reporter l'assignation d'un tel énoncé à la fantaisie individuelle ou à la science collective.

À la distinction saussurienne entre l'individuel (incarné dans la parole) et le collectif (de l'ordre de la langue), il convient d'ajouter la considération de multiples sous-codes (R. Jakobson) ; ces systèmes de formations idéologiques déterminent autant d'univers de discours, dont l'analyste devra tenir compte pour son étude des conditions de production du discours.

La notion d'univers de discours demande donc que soit adjointe à la description des énoncés A, B, C... N la considération de *X dit* (A, B, C... N). Cette proposition *X dit* dépasse le cadre traditionnel de la linguistique. Les recherches actuelles dans le cadre de l'analyse de discours montrent la nécessité de reconsidérer la neutralisation du locuteur, pour expliquer les processus de production discursifs. Cela demande la prise en compte des conditions de production du discours : contexte et univers.

universaux du langage

On appelle *universaux du langage* les similarités existant dans toutes les langues du monde. Certains universaux relèvent de la psycholinguistique, pour autant qu'ils dépendent du rapport entre langue et pensée humaine ; d'autres relèvent de l'ethnolinguistique, pour autant qu'ils dépendent du rapport entre langue et culture.

La recherche des universaux du langage a pris une particulière acuité dans les années 60, sous la pression de deux types de recherches : les recherches concernant la traduction automatique et la théorie des grammaires génératives. En effet, la métalangue nécessaire aux machines à traduire et la théorie grammaticale nécessaire aux grammaires génératives des langues ont en commun de constituer un pont entre des langues distinctes. Il importe dans les deux cas de savoir dans quel domaine, dans quel ordre de faits, on peut s'attendre à trouver des universaux.

Comme exemple d'universaux linguistiques, on peut citer l'hypothèse fonctionnaliste de la double articulation du langage humain : toutes les langues connues partagent ce caractère de comporter une articulation non significative de la chaîne parlée (niveau des phonèmes) et un agencement de ces phonèmes en unités de rang supérieur, les morphèmes, premier niveau d'unités significatives. Dans le même domaine de la phonologie, d'autres universaux sont plus frappants : chaque langue comportant un inventaire limité de phonèmes (entre 20 et 50), les traits binaires nécessaires à réaliser la trentaine de formes exploitées par une langue pour ses oppositions phonologiques devraient être peu nombreux : on constate qu'ils sont, dans toute langue, à peu près deux fois plus nombreux que nécessaire (par exemple, telle langue exploitant l'aspiration après les occlusives sourdes ne l'exploitera pas après les sonores – cas du grec par opposition au sanskrit ; telle langue nasalisant une voyelle ne nasalisera pas les autres, etc.). On peut parler d'un universel du langage (sous réserve de vérification totale) consistant en ce que les langues tendent à n'exploiter les oppositions de leurs traits phonologiques qu'avec un rendement moyen de 50 p. 100.

Une première typologie des universaux oppose parfois : (1) les *universaux de substance,* qui sont les traits communs aux diverses langues du monde pour l'organisation de la substance de la langue ; par exemple, des catégories syntaxiques telles que verbe, nom existent dans la structure de toute langue ; (2) les *universaux de forme,* qui sont les combinaisons par lesquelles la substance linguistique est manifestée : ainsi, les objets utilitaires sont dénommés, dans toute langue naturelle, non en considération de leurs qualités physiques, mais par référence à l'activité humaine qu'ils permettent. On distingue ensuite quatre types d'universaux ; un premier ensemble, celui des universaux phonologiques, grammaticaux et sémantiques, concerne un aspect seulement du signe (signifiant ou signifié) ; les universaux symboliques, en revanche, concernent les rapports du signifiant et du signifié, constitutifs du signe, telles seraient les onomatopées. Sur le plan diachronique, le rôle de la métaphore dans le changement sémantique semble universel.

L'établissement d'une théorie linguistique générale, nécessaire à l'élaboration des grammaires génératives des langues, sous-tend qu'il existe des universaux du langage. Les règles fondamentales du fonctionnement du langage relèvent d'une compétence universelle, sous-tendue par une organisation corticale identique.

universelle (grammaire)

1. On fait généralement remonter aux cartésiens le projet de *grammaire universelle :* les termes de *grammaire générale, grammaire philosophique* et *grammaire universelle* sont synonymes en cet emploi. La grammaire universelle formule « des observations qui conviennent à toutes les langues » (Dumarsais). La grammaire universelle s'assigne donc pour objet d'étude des mécanismes nécessaires et communs à toutes les langues, les universaux du langage. Toutefois, le projet des cartésiens reste limité par leur conception du rapport entre pensée et langue. L'innéisme cartésien amène à la croyance en un « ordre naturel des pensées » ; dès lors, les règles universelles du discours appartiennent non plus à la linguistique, mais à la logique. Le préjugé culturel en faveur du français vient conforter cette tendance : l'ordre naturel des pensées, c'est de façon générale celui de la phrase française. Dès lors, la grammaire universelle étant concrétisée dans la langue française, la grammaire des autres langues pourra s'édifier par considération des écarts constatés au regard de ce modèle.

Au XXe siècle, les grammaires descriptives ne se posent pas le problème de l'universalité. C'est avec la grammaire générative que la question est à nouveau formulée. Les grammaires génératives des langues naturelles doivent découler d'une théorie linguistique. La théorie linguistique s'assigne pour objet d'élaborer un traitement des universaux* du langage. Or, ces universaux sont de deux natures, et seule la première catégorie a été jusqu'ici suffisamment étudiée. Toute langue contient des universaux de substance : par exemple, la grammaire universelle affirme que des catégories syntaxiques telles que verbe, nom, etc., fournissent la structure sous-jacente générale de toute langue. Mais toute langue contient aussi des universaux formels : par exemple, les objets manufacturés sont définis par référence à l'activité humaine, et non par rapport à des qualités physiques. L'existence de cette seconde catégorie d'universaux demande à être prise en compte par la théorie linguistique générale, « grammaire universelle » couronnant les grammaires génératives des langues : ce qui est impliqué par de telles constatations, c'est que toutes les langues sont bâties sur le même modèle. Certes, la correspondance ainsi établie ne postule pas l'isomorphisme des langues, qui ne coïncident jamais point par point.

2. Il existe une acception plus limitée de *grammaire universelle,* distinguée alors de grammaire générale. La grammaire universelle est constituée de l'ensemble des règles linguistiques constatées dans les langues du monde (on parlera alors d'universaux ou de quasi-universaux de langue). On réserve le nom de *grammaire générale* à la démarche inverse qui consiste à définir un ensemble de règles considérées comme des universaux du langage dont sont déduites les règles particulières à chaque langue.

univoque
On qualifie d'*univoque* un signe linguistique qui garde le même sens dans tous ses emplois. Le terme scientifique ou technique peut être univoque dans un domaine spécialisé.

usage
1. On appelle *usage* l'ensemble des règles de grammaire relativement stabilisées et utilisées par le plus grand nombre de locuteurs à un moment donné et dans un milieu social déterminé. Le *bon usage* est l'ensemble des prescriptions normatives constituant un modèle socioculturel.
2. Un *dictionnaire d'usage* est un dictionnaire de langue monolingue dont la nomenclature correspond au lexique commun à l'ensemble des groupes sociaux constituant la communauté linguistique.
3. Chez L. Hjelmslev, l'*usage* s'oppose à la *norme** et est constitué par l'ensemble des caractères non distinctifs.

uvulaire
Une *consonne uvulaire* est une consonne réalisée par le contact ou le rapprochement de l'extrémité du voile du palais ou luette (en latin *uvula*) contre la partie postérieure du dos de la langue. Les uvulaires sont en général des dorsales. Elles peuvent être fricatives, comme le phonème français dit « [r] parisien », que l'on trouve à la finale de *mer* ou de *barre :* la partie postérieure du dos de la langue forme un rétrécissement du passage de l'air contre la luette. Les uvulaires peuvent aussi être vibrantes, comme le phonème dit « [r] grasseyé », que l'on trouve souvent à la place du [r] vibrant apical. Les phonèmes uvulaires sont caractérisés par une très forte turbulence de l'air, due à l'intervention sur le passage de l'air de la barrière supplémentaire de la luette, qui en fait des phonèmes stridents, par opposition aux phonèmes vélaires correspondants, qui sont des phonèmes mats.

V

I. **vague** (n. f.)
La *théorie de la vague* (ou mieux *théorie des ondes*) explique les variations des langues par la propagation des innovations linguistiques à partir de certains centres.

II. **vague** (adj.)
On qualifie de *vague* un trait que l'on attribue à certains mots dont le sens varie selon les situations dans lesquelles il est employé, sans que l'on puisse définir de manière discrète, les unes par rapport aux autres, ces diverses variations ; ainsi, on pourra dire que certains verbes français comme *construire* ont le sens actif ou factitif selon les phrases, et que ce sens varie dans une aire continue selon la nature du sujet de la phrase.

valence
On appelle *valence* d'un verbe le nombre d'arguments servant à la classification verbale ; un verbe comme *donner* à trois arguments est à valence 3.

valeur
On appelle *valeur linguistique* le sens d'une unité définie par les positions relatives de cette unité à l'intérieur du système linguistique. La valeur s'oppose à la signification définie par référence au monde matériel (à la substance). Ainsi, les pièces de monnaie, les billets de banque et les chèques sont des manifestations différentes d'une seule et même valeur ; de même, les unités linguistiques demeurent les mêmes quels que soient les sons qui les représentent ; elles gardent la même valeur, qu'elles soient réalisées phoniquement ou graphiquement. F. de Saussure a utilisé l'image du jeu d'échecs pour faire comprendre la notion de valeur linguistique ; une pièce du jeu, la reine par exemple, est définie essentiellement par sa position dans les règles du jeu ; cette « valeur » peut être assumée par des formes matérielles diverses.

variable
On appelle *variable* une quantité susceptible de prendre différentes valeurs. Par exemple, on peut considérer SN (syntagme nominal) comme une variable capable de prendre différentes valeurs : *je, Pierre, l'enfant,* etc.

variante
1. Si deux unités linguistiques (phoneme ou morphème) figurent dans le même environnement phonémique ou morphémique, et si elles peuvent être substituées l'une à l'autre sans qu'il y ait une différence dans le sens dénotatif du mot ou de la phrase, alors les deux phonèmes ou les deux morphèmes sont des *variantes libres* d'un phonème ou d'un morphème unique : on dit aussi *variante stylistique.*

Si deux unités linguistiques, phonèmes ou morphèmes, ne se présentent jamais dans le même environnement, phonémique et morphémique, et si elles présentent entre elles une parenté (articulatoire ou acoustique pour les phonèmes ; sémantique pour les morphèmes), ces unités sont des *variantes combinatoires* du même phonème ou du même morphème. *All-, i-* et *v-* sont les variantes combinatoires d'un même morphème signifiant « aller », car elles figurent chacune dans des environnements exclusifs : *i* avec le futur *-ra (ira), v* avec le présent *-a, -ais,* etc. *(va, vais), all-* avec l'imparfait, les première et deuxième personnes du pluriel du présent *(allons).* On dit aussi *variante contextuelle.*

2. Chez L. Hjelmslev, la *variante* est une forme d'expression différente d'une autre pour la forme, mais n'entraînant pas de changement de contenu par rapport à cette autre. Les variantes peuvent être *liées,* c'est-à-dire conditionnées par l'entourage, ou *libres**.

3. En philologie, on appelle *variante* le texte d'un auteur qui, dans un passage déterminé, diffère de la leçon communément admise, soit que la tradition manuscrite offre plusieurs leçons, soit que l'auteur lui-même ait rectifié le texte d'une première édition. La collation des variantes d'un texte constitue son *apparat critique.*

variation

1. On appelle *variation* le phénomène par lequel, dans la pratique courante, une langue déterminée n'est jamais à une époque, dans un lieu et dans un groupe social donnés, identique à ce qu'elle est à une autre époque, dans un autre lieu, dans un autre groupe social. La *variation diachronique* de la langue donne lieu aux divers travaux de grammaire historique, la *variation dans l'espace* fournit son objet à la géographie* linguistique et à la dialectologie au sens courant du terme ; la sociolinguistique s'occupe de la *variation sociale.*

2. Syn. de VARIANTE, et parfois simplement de VARIANTE LIBRE.

variationniste

Une étude *variationniste* conçoit la langue non comme un système homogène unique, mais comme un ensemble complexe de systèmes, comme un système de systèmes. Ainsi, dans l'anglais d'Amérique, il n'y a pas un phonème *r* mais toute une série d'articulations ou d'absences d'articulation, toutes également légitimes, le choix entre elles étant lié à diverses conditions sociales et stylistiques.

variété

La *variété* est une variante liée*.

Vaugelas (Claude Favre, seigneur de), grammairien français (Meximieux, Ain, 1585-Paris 1650). Fils d'Antoine Favre, magistrat savoyard épris de belles lettres, il monte à Paris et entre au service de diverses maisons princières, en particulier de Gaston d'Orléans. Il fréquente le salon de Mme de Rambouillet, où son goût et son jugement sur les questions de langue étaient reconnus des gens de lettres. Protégé de Richelieu, qui lui fait servir une pension, il participe à la fondation de l'Académie française et dirige les travaux de mise en route du Dictionnaire (qui ne paraîtra qu'en 1694). Ses *Remarques sur la langue française* (1647) ont pour but de donner le « bon usage », celui de l'élite sociale et intellectuelle ; elles ont eu un succès immense et ont joué un rôle important dans la constitution du français standard.

vedette

On donne le nom de *terme vedette* au mot servant d'entrée à un article de dictionnaire (syn. : ADRESSE, ENTRÉE). De même, la manchette d'un journal est un *énoncé vedette.*

véhiculaire

Dans les régions où vivent plusieurs communautés linguistiques différentes, une des langues de la région peut être utilisée d'une manière privilégiée pour l'intercommunication. On dit alors que la langue est *véhiculaire* ou supralocale. Ainsi, dans toute l'Afrique orientale et dans l'est du Zaïre, le souahéli, langue bantoue, permet à des populations ayant pour langues maternelles d'autres langues, bantoue ou non, de se comprendre. Par extension, dans toute l'Afrique francophone, le français peut être considéré comme une langue véhiculaire. Il est utilisé pour assurer l'intercompréhension, par exemple, entre un locuteur ouolof et un locuteur bambara. Une langue officielle est aussi une langue véhiculaire si les locuteurs ont également des dialectes ou des langues différentes : ainsi, le français, langue commune de Corses, de Bretons, d'Alsaciens et de Flamands, est, d'une certaine manière, une langue véhiculaire ou une langue commune*.

vélaire

Un *phonème vélaire* est un phonème dont la réalisation comporte l'intervention de la partie postérieure de la voûte palatale, appelée *palais mou* ou *voile du palais.* Ainsi, les voyelles [u, o, ɔ, ɑ] du français, les consonnes [k, g], etc., sont des consonnes vélaires, appelées parfois aussi *postpalatales.*

En phonologie, le terme de *vélaire* a une extension plus large et désigne tous les phonèmes réalisés en arrière du palais, dans des zones (vélaire, uvulaire, pharyngale, laryngale) dont les différences n'entraînent pas de différences phonologiques. Les consonnes vélaires sont, en effet, toutes graves et compactes ; phonologiquement, les voyelles vélaires sont toutes graves.

vélarisation

La vélarisation est le déplacement du lieu d'articulation d'un phonème vers l'arrière de la cavité buccale, voile du palais ou palais mou.

I. **verbal** (adj.)

1. On appelle *syntagme verbal* (abréviation SV) un syntagme constitué soit d'un verbe (V) et de son auxiliaire (Aux), suivi ou non d'un syntagme nominal (SN) ou d'un syntagme prépositionnel (SP), soit de la copule *être* et de l'auxiliaire suivis d'un syntagme nominal (SN), adjectival (SA) ou prépositionnel (SP). Ainsi, dans les phrases *Pierre a lancé une balle, Pierre court, Pierre va à Paris, Pierre est heureux, Pierre est un ingénieur, Pierre est à la maison,* les syntagmes verbaux sont, respectivement, *a lancé une balle, court, va à Paris, est heureux, est un*

ingénieur, est à la maison. Le verbe est à la tête* du syntagme verbal.
2. On appelle *noms verbaux* les formes nominales et adjectives du verbe (infinitifs et participes). La *locution verbale* est une séquence figée ayant la valeur d'un verbe *(faire attention, faire grâce).*
3. On appelle *thème* ou *racine verbale* le radical servant de base à la flexion d'un verbe.
4. *Adjectif verbal.* V. ce mot.

II. **verbal** (n.)

On donne le nom de *verbaux,* en grammaire générative, à l'ensemble formé par les verbes et les adjectifs, considérés comme appartenant à la même catégorie ; adjectifs et verbes ne se distinguent que par le fait que les premiers impliquent dans la constitution du syntagme verbal la copule *être,* qui peut d'ailleurs être absente dans certains cas.

verbe

1. En grammaire traditionnelle, le *verbe* est un mot qui exprime le procès, c'est-à-dire l'action que le sujet* fait (comme dans *L'enfant écrit*) ou subit (comme dans *Cet homme sera battu*), ou bien l'existence du sujet (comme dans *Les méchants existent*), ou son état ou son passage d'un état à l'autre (comme dans *Les feuilles jaunissent*), ou encore la relation entre l'attribut et le sujet (comme dans *L'homme est mortel*). Sur ce plan sémantique, on différencie en français les *verbes d'état (rester, être, devenir),* les *verbes d'action (marcher),* les *verbes perfectifs* ou *résultatifs* qui évoquent un procès à son terme *(blesser, heurter),* les *verbes imperfectifs* qui évoquent un procès n'impliquant pas un terme *(danser),* les *verbes factitifs (faire),* les *verbes performatifs,* où le verbe lui-même implique une assertion du sujet en forme d'acte *(jurer, promettre).* On subdivise les verbes en transitifs, qui appellent en principe un complément d'objet désignant ce qui est visé par l'action, et en intransitifs, qui, en principe, excluent l'existence d'un complément d'objet. Les transitifs ont été divisés eux-mêmes en transitifs directs (désirer, voir), quand le complément d'objet n'est pas précédé d'une préposition, et transitifs indirects, quand le complément d'objet est introduit par une préposition *(nuire à).*

La conjugaison est fondée sur la variation des éléments du verbe que sont le radical et la terminaison (ou désinence) ; ainsi on oppose les verbes réguliers de la première *(-er)* et de la deuxième conjugaison *(-ir)* à la troisième conjugaison irrégulière *(-ir, -oir, -re).* Le classement peut aussi se faire sur les variations du radical du verbe : verbes à une base *(chanter, courir),* à deux bases *(acheter),* à trois bases *(devoir, connaître),* à quatre bases *(savoir, venir),* à cinq bases *(faire),* à six bases *(aller, avoir),* à sept bases *(être).*

Le verbe, en français, se conjugue, c'est-à-dire varie formellement d'une manière qui lui est propre (1) en personne selon que le sujet est celui qui parle, à qui on parle ou dont on parle alors qu'il est absent, (2) en nombre, selon qu'il y a un ou plusieurs sujets, (3) en voix selon le rôle qui est attribué au sujet dans l'énonciation de l'action, (4) en mode ou manière de concevoir et d'énoncer le procès, (5) en temps selon les rapports établis entre le déroulement du procès et le moment où on l'énonce.

Le sens et la construction des verbes ont conduit à opposer à des verbes de sens plein des auxiliaires de temps (*être* et *avoir* dans certains de leurs emplois) ou de voix *(être)* et des semi-auxiliaires comme *aller, devoir, être sur le point de, être en train de, venir de, pouvoir,* etc., suivis d'un infinitif, qui expriment diverses nuances de temps ou d'aspect. Enfin, à la plupart des verbes qui offrent une conjugaison complète, on oppose une liste de verbes défectifs qui ne peuvent pas se conjuguer à certains temps et à certaines personnes, comme *absoudre, advenir, ardre, braire, chaloir, choir* et ses composés, *éclore, férir, gésir, moudre, occire, oindre, ouïr, paître, poindre, promouvoir, saillir, sourdre,* etc.

2. En linguistique structurale, le *verbe* est un constituant du syntagme verbal dont il est la tête ; il se définit par son environnement, c'est-à-dire par le fait qu'il est, en français par exemple, précédé d'un syntagme nominal sujet et suivi éventuellement d'un syntagme nominal objet. Il se définit aussi par ses marques de temps, de personne et de nombre.

En linguistique générative, le symbole V (verbe) entre dans la réécriture du syntagme verbal :

$$SV \rightarrow Aux + \begin{Bmatrix} V + SN \\ V \end{Bmatrix}$$

L'item lexical qui sera substitué au symbole V est une forme abstraite correspondant au radical du verbe de la grammaire traditionnelle *(chant-)*.

Dans une formulation lexico-sémantique des énoncés, le verbe (ou prédicat) est la fonction essentielle qui gouverne les arguments, leur nombre, leur agencement. Le verbe *donner* est un verbe à trois arguments.

3. *Accord du verbe.* V. ACCORD.

verbigération

Le terme de *verbigération* désigne chez les malades mentaux un bavardage animé, incessant, généralement déclamé ou prononcé sur un ton pathétique, comprenant des termes vides de sens ou des mots orduriers.

véridictionnel

On qualifie de *véridictionnelles* les conditions auxquelles un énoncé peut être dit vrai ou faux.

vernaculaire

Par opposition à langue *véhiculaire*, une langue *vernaculaire* est un système linguistique spécifique, employé dans la région et la communauté d'origine. Comme le *dioula* en Côte d'Ivoire, au Burkina Faso et au Mali, le vernaculaire d'une région peut devenir véhiculaire dans d'autres pays mais il n'est vernaculaire que là où il est langue maternelle.

Verner (loi de)

On appelle *loi de Verner* une loi phonétique formulée en 1875 par le linguiste danois K. Verner, qui a permis de compléter la loi de Grimm (1822) sur la mutation en germanique primitif en rendant compte des apparentes exceptions à cette loi. K. Verner a montré que ces exceptions sont régulières si l'on tient compte de la position de l'accent, car le passage des spirantes sourdes du germanique primitif à des spirantes sonores ne s'effectue pas lorsque la syllabe précédente porte l'accent tonal indo-européen. La découverte de cette loi a apporté un nouveau fondement à la thèse de la régularité des changements phonétiques soutenue par les néo-grammairiens.

versus

Le terme conventionnel de *versus* (abréviation *vs*) signifie « opposé à » dans les notations comme : masculin *vs* féminin, nominatif *vs* accusatif, etc.

vibrante

Une *consonne vibrante* est une consonne orale dont l'articulation comporte un écoulement libre de l'air, interrompu par une ou plusieurs occlusions dues à la mise en vibration d'un articulateur (pointe de la langue, lèvres, luette) sur le passage de l'air. On a un exemple de vibrante labiale dans le cri qui sert à arrêter les chevaux. Le [r] le plus fréquent dans les langues, entre autres dans les langues romanes et dans les langues slaves, est une vibrante apico-dentale. La vibrante peut être aussi une vibrante uvulaire, comme c'est le cas pour les réalisations fortes du phonème [r] en franco-provençal et dans toutes les étapes de transition historique entre le [r] vibrant et le [r] fricatif.

La vibration peut consister en une seule occlusion (il y a dans ce cas une vibrante battue ou *flap*, comme en anglais), ou en plusieurs occlusions (il y a dans ce cas une vibrante roulée ou *trill*).

vide

1. On dit d'un élément linguistique qu'il est *vide de sens* quand sa présence ou son absence n'apporte aucune modification au sens de la phrase et qu'elle est due seulement aux contraintes syntaxiques. Ainsi, l'analyse des trois phrases *Il commence à travailler, Il commence* *de travailler, Il commence son travail* fait apparaître que l'alternance des prépositions *à (de)* vs *zéro* ne modifie pas la fonction grammaticale des formes *travailler* et *le travail,* mais qu'elle résulte de la nature du syntagme objet (infinitif ou nom). On dit en ce cas que les prépositions *à* et *de* sont vides de sens. La grammaire traditionnelle oppose aussi les prépositions *vides,* comme *de* et *à* dans la mesure où elles ont un rôle purement syntaxique de combinaison, aux prépositions pleines *(contre, malgré)* que leur signifié oppose entre elles alors qu'elles expriment les mêmes rapports syntaxiques.

2. Quand deux ensembles* n'ont aucun élément commun, on dit que leur intersection est nulle et se réduit à un *ensemble vide.* On écrit $A \cup B = \emptyset$.

vieux, vieilli

La marque stylistique *vieux* ou *vieilli* (abréviation : vx) indique, dans un dictionnaire, un emploi ou une expression qui, dans un état de langue donné, est senti par la majorité des locuteurs comme n'appartenant plus à leur usage courant.

virgule

La *virgule* est un signe de ponctuation servant à distinguer, à l'intérieur des phrases, des membres de phrase (mots, propositions, syntagmes) qui, par leur fonction syntaxique, doivent être isolés des autres membres de phrase.

virtuel

En linguistique, les adjectifs *virtuel* et *actuel* sont à entendre par référence à l'opposition saussurienne entre langue et parole. Pour F. de Saussure, la langue est le domaine des virtualités, tandis que la parole est une réalité actuelle. La linguistique post-saussurienne se donnera pour tâche d'induire, à partir d'un corpus (actuel) de faits de parole, la langue (virtuelle) qui les sous-tend. Sans doute devrait-on dès lors distinguer radicalement comme virtuel tout ce qui relève de la langue, et comme actuel tout ce qui appartient à la parole. Ainsi, parler de phonème actuel est inadéquat, le phonème étant l'unité phonologique (de la langue) qui correspond au son, unité phonétique (de la parole). Toutefois, Ch. Bally, soucieux d'étudier l'actualisation*, c'est-à-dire la réalisation de la langue en parole, distingue phonème virtuel et phonème actualisé : un phonème est virtuel tant qu'il est isolé, considéré en soi, mais actualisé dès qu'il figure dans une chaîne parlée significative. On peut étendre la notion à la différence entre substance et forme, puis entre dénotation et connotation. Ainsi en face des sèmes actuels de « rouge », qui permettent de classer le rouge parmi les couleurs, on considérera un sème virtuel de « rouge », qui permettra la connotation « danger » dans telle combinaison de discours. L'ensemble des sèmes virtuels constitue le *virtuème,* élément du classème.

virtuème

Dans la terminologie de B. Pottier, le *virtuème* est un ensemble de sèmes* constituant l'élément variable de la signification d'une unité lexicale. Ces sèmes variables sont connotatifs, c'est-à-dire qu'ils ne s'actualisent que dans certaines combinaisons données du discours.

vivant

On appelle *langue vivante* (par opposition à *langue morte*) une langue actuellement parlée dans une communauté linguistique.

vocable

Le terme *vocable* désigne l'occurrence d'un lexème dans le discours, dans la terminologie de la statistique lexicale. Le terme de *lexème* étant réservé aux unités (virtuelles) qui composent le lexique et le terme de *mot* à n'importe quelle occurrence réalisée en parole, le vocable sera l'actualisation d'un lexème particulier dans le discours. Ainsi, *petit,* entrée de dictionnaire, est un lexème. En revanche, la phrase réalisée *Le petit garçon caresse le petit chat* comporte sept mots, dont deux fois le vocable *petit.*

Dans cette optique, le lexème est une unité du lexique (stock potentiel de l'individu ou de la langue), pendant que le vocable et le mot sont des unités de vocabulaire (unités effectivement employées dans un acte de communication donné) ; le mot représente alors toute unité émise (*le Cid* comporte 16 690 mots), pendant que le vocable représente une unité particulière émise considérée en référence au lexique, par réduction des marques flexionnelles (*le Cid* comporte 1 518 vocables).

vocabulaire

Dans un sens commun, attesté dès le XVIIIe siècle, un *vocabulaire* est une liste de mots. Douchet et Beauzée écrivent : « Le vocabulaire n'est que le catalogue des mots d'une langue, et chaque langue a le sien. » À ce titre, divers ouvrages à objectif pédagogique s'intituleront *vocabulaires.*

Dans la terminologie linguistique, un vocabulaire est une liste exhaustive des occurrences figurant dans un corpus. Toutefois, l'opposition entre *lexique* et *vocabulaire* n'est pas toujours faite : dans des expressions comme vocabulaire de base, vocabulaire commun, vocabulaire général, vocabulaire du français élémentaire, rien n'indique si les mots figurant dans la liste figurent en tant qu'occurrences relevées dans un corpus, ou en tant qu'unités de la langue. Tous les linguistes structuralistes ne font d'ailleurs pas cette opposition : L. Hjelmslev emploie indifféremment les termes de *lexique* et de *vocabulaire.*

On oppose souvent le lexique comme concernant les unités de la langue et le vocabulaire comme liste des unités de la parole. Par exemple, la statistique lexicale, travaillant sur les occurrences relevées dans un corpus, donc sur le vocabulaire d'un texte, d'un auteur, d'une époque, cherche à en induire des potentialités lexicales (le lexique). Travaillant sur corpus, la lexicologie structurale ne peut viser que le vocabulaire : dans cette optique, le lexique – qui ne saurait être que le lexique d'une langue – ne peut, en effet, être induit que de la somme des vocabulaires étudiés (dans les divers corpus retenus).

Le terme de *vocabulaire* est d'usage courant dans les études portant sur des corpus spécialisés : vocabulaire de l'aviation, vocabulaire politique, etc. Pour R. L. Wagner, « le terme de vocabulaire désigne conventionnellement un domaine du lexique qui se prête à un inventaire et à une description ».

vocal V. CHENAL.

vocalique

Les *phonèmes vocaliques* sont caractérisés par un écoulement libre de l'air à travers l'appareil vocal, les ondes sonores provenant uniquement de la vibration des cordes vocales. Les phonèmes vocaliques ont donc une seule source périodique, la voix. Acoustiquement, les phonèmes vocaliques sont caractérisés par rapport aux phonèmes non-vocaliques par une structure de formants nettement définie. Les phonèmes vocaliques sont constitués essentiellement par les voyelles* [i, e, y, u, etc.], et aussi par les liquides [l] et [r], qui possèdent les traits caractéristiques des voyelles en même temps que ceux qui sont caractéristiques des consonnes.

vocalisation

On appelle *vocalisation* le passage d'un élément consonantique consonne (ou glide) à une voyelle, soit historiquement, soit dans une alternance synchronique. Ainsi, la forme moderne des mots *aube, aude, chevaux* est due à une vocalisation de la latérale vélaire [l] présente dans les formes anciennes *albe, chevals,* etc. Le terme de *vocalisation* est parfois employé aussi comme synonyme de *voisement** ou *sonorisation* pour désigner la mise en vibration des cordes vocales qui produit la voix*.

vocatif

On appelle *vocatif* un cas* exprimant l'interpellation directe au moyen d'appellatifs*. Dans *Pierre, viens,* le nom *Pierre* sera au vocatif dans les langues casuelles, en particulier en grec et en latin.

Vocoder (n. déposé)

Le *Vocoder* est un dispositif électronique permettant la synthèse des réponses vocales par un système informatique. La synthèse s'effectue soit par mots, préalablement analysés et codés, soit par phonèmes, ou mieux, par diphonèmes (ensemble de deux phonèmes consécutifs) également codés.

voile du palais

On appelle *voile du palais,* ou *palais mou,* la cloison musculaire membraneuse, en arrière du palais dur, prolongée par la *luette,* qui peut fermer ou ouvrir le passage des fosses nasales, permettant de distinguer les articulations buccales des articulations nasales.

voisé

Les *phonèmes voisés* comme [b, d, g, v, z, ʒ] sont caractérisés par la présence dans leur réalisation d'un son harmonique dû à la vibration des cordes vocales. Le spectre des consonnes voisées inclut des formants qui sont dus à cette source harmonique se superposant au bruit de la consonne. Les consonnes voisées sont donc caractérisées par la présence conjointe de deux sources sonores.

La manifestation la plus frappante du voisement est l'apparition d'un composant très bas, le long de la ligne de base du spectrogramme, qui correspond à l'excitation laryngée.

L'opposition voisé *vs* non-voisé est très fréquemment utilisée dans les langues, à travers toutes les parties du monde. En Europe, toutes les langues romanes, germaniques, slaves, aussi bien que le hongrois la connaissent. Elles ne concernent cependant pas toutes les consonnes d'une langue donnée : ainsi l'extension de ce trait aux liquides est très rare (le gaélique oppose cependant deux liquides voisées [r] à deux liquides non-voisées). Les voyelles sont normalement voisées, sauf peut-être dans certaines langues amérindiennes comme le comanche.

L'opposition consonantique voisé *vs* non-voisé est souvent concomitante avec l'opposition entre consonnes tendues et consonnes lâches, en français par exemple.

voisement V. VOISÉ.

I. **voix**

La *voix* est une catégorie grammaticale associée au verbe et à son auxiliaire, et qui indique la relation grammaticale entre le verbe, le sujet ou l'agent et l'objet ; chaque voix se manifeste par des flexions verbales spécifiques (désinences ou préfixes, formes différentes des auxiliaires, etc.). [Syn. DIATHÈSE.]
a) Lorsque le sujet du verbe est l'agent d'une action qui s'exerce sur un objet, le verbe est à la *voix active ;* la phrase est une *phrase active.* Ainsi, en français : *Pierre écoute Paul.*
b) Lorsque le sujet de la phrase est en fait l'objet d'un verbe actif dans une phrase sous-jacente, le verbe est à la *voix passive,* la phrase est une *phrase passive.* Ainsi, en français, *Pierre a été blessé par Paul* est issu de la phrase *Paul a blessé Pierre ;* en ce cas, *Paul,* sujet de la phrase active sous-jacente, est devenu l'agent de la phrase réalisée (complément d'agent) et l'objet *Pierre* est devenu le sujet. Dans la phrase *Pierre a été blessé,* le sujet de la phrase sous-jacente, devenu l'agent de la phrase réalisée, n'est pas spécifié : la voix passive a pour principal objet de réaliser des phrases sans agent spécifié. En français, la voix passive est marquée par l'auxiliaire *être* suivi du participe passé du verbe transitif.
c) Si le sujet de la phrase est en même temps l'objet de l'action indiquée par le verbe (que ce sujet soit ou non l'agent de l'action), le verbe est à la *voix moyenne ;* cette voix moyenne (qui existe en grec, par exemple) correspond en français soit à la voix pronominale, ex. : *Pierre lave Pierre = Pierre se lave,* où *Pierre* est à la fois le sujet, l'objet et l'agent, soit à la forme intransitive du verbe, ex. : *le rocher bouge,* où *le rocher* est le sujet, mais pas nécessairement l'agent de l'action (la voix moyenne est proche alors de la voix passive qui, historiquement, en grec, en est issue), soit encore à la forme pronominale avec un double objet, le sujet (agent) exerçant l'action sur un objet distinct, mais au bénéfice de lui-même, ex. : *Pierre se cire ses chaussures.*

Les voix ont été définies sur le modèle grec : en grec, la voix active, la voix moyenne et la voix passive ont des flexions verbales relativement spécifiques (voix moyenne et voix passive n'étant cependant distinctes qu'au futur et à l'aoriste) ; en latin, la voix active et la voix passive ont des flexions spécifiques, et il existe une *voix déponente* dont la flexion s'apparente à celle du passif et dont l'utilisation correspond en général à la voix moyenne ; ainsi, *sequi* en latin, qui signifie « suivre ». En français, il existe une opposition entre voix active, voix passive et voix pronominale correspondant en général à la distinction indiquée *(Le vent a cassé la branche ; la branche a été cassée ; la branche s'est cassée) ;* mais la voix active recouvre souvent à la fois ce qui serait la voix active et la voix moyenne du grec, les phrases actives étant transitives ou intransitives : *Pierre fuit Paul. Pierre fuit* ou *s'enfuit.*

II. **voix**

1. La *voix* est l'ensemble des ondes sonores produites dans le larynx par la vibration des cordes vocales sous la pression de l'air subglottique. Entre le larynx et la sortie de la bouche, le complexe acoustique fourni au départ est très modifié : son intensité a fortement diminué, la hauteur est la même, le timbre a été remanié par les différents résonateurs. Il reste un support constant qui constitue la voix.

L'analyse de la voix permet de comparer différentes voix entre elles : la voix d'homme, la plus grave, présente un fondamental qui oscille de 100 à 150 Hz. La voix de femme est plus aiguë et varie de 140 à 250 Hz. La voix d'enfant, plus aiguë encore, se situe au-dessus de 250 Hz. La voix chuchotée est produite par un souffle laryngé. Sa structure de fréquence est distincte, mais sa portée est trop faible pour qu'elle soit audible.

2. *Voix* s'emploie comme synonyme de VOYELLE et de VOISEMENT. (V. VOISÉ.)

volitif

On appelle *volitif* une forme verbale ou une construction exprimant la volonté du sujet d'énonciation. Ainsi, en latin, le subjonctif *eamus,* « allons », est un volitif. En français, le volitif se confond sur le plan des formes avec l'impératif ou le subjonctif.

vouloir-paraître

On appelle *vouloir-paraître* une motivation psychologique de l'acte verbal par lequel un sujet déterminé utilise un niveau de langue autre que celui qu'il utilise habituellement afin de se prévaloir du prestige qui lui est attaché. La notion de *vouloir-paraître* implique la contrôlabilité* de certains comportements verbaux.

voyelle

Les *voyelles* sont des phonèmes présentant le trait vocalique et n'ayant pas de trait consonantique. Ce sont des sons musicaux dus aux vibrations périodiques de l'air laryngé qui s'écoule librement à travers le chenal buccal. La diversité des voyelles résulte de la variation de la forme qu'assument les résonateurs buccal et pharyngal par le déplacement des muscles (langue, lèvres, luette) qui les délimitent. Du point de vue acoustique, les voyelles peuvent être identifiées au moyen d'un nombre limité de positions des trois premiers formants. Mais le formant le plus important pour l'intelligibilité de la voyelle est la zone fréquentielle formée par la cavité buccale.

Le degré d'aperture détermine la position du premier formant F^1 qui varie entre 250 Hz pour les voyelles fermées [i, y, u] et 800 Hz environ pour la voyelle ouverte [a]. Le lieu d'articulation détermine la position du second formant F^2 qui varie entre 800 Hz environ pour la voyelle la plus postérieure [u], 1,3 kHz pour la voyelle centrale [a] et 2,2 kHz environ pour la voyelle la plus antérieure [i]. Dans le cas des voyelles antérieures, la labialisation détermine un abaissement de F^2 et F^3. La mise en communication du conduit pharyngal avec le conduit nasal par abaissement de la luette, détermine, dans le spectre des voyelles nasales, l'apparition de paires supplémentaires formant / anti-formant (pôle / zéro) dont la première apparaît entre 500 à 700 Hz environ. Les valeurs des formants vocaliques sont modifiées par la coarticulation dont l'effet est d'autant plus marqué que le débit est plus rapide.

vs

Abréviation de *versus* (« opposé à »).

vulgaire

Le *latin vulgaire* est le latin parlé dans l'ensemble des pays qui constituaient l'Empire romain et qui a donné naissance aux différentes langues romanes.

W

Webster (Noah), grammairien et lexicographe américain (West Hartford, Connecticut, 1758-New Haven 1843). Partant du principe que « la grammaire doit se fonder sur le langage et non le langage sur la grammaire », il publie en 1783, à l'intention des écoles américaines, *The American Spelling Book* (surnommé « Blue Backed Speller »), dont le succès considérable ne s'est jamais démenti. En 1806, il publie, dans le même esprit novateur, *Compendious Dictionary of the English Language,* qui sert de point de départ aux travaux pour *American Dictionary of the English Language,* qui paraît en 1828, toujours mis à jour et réédité depuis lors.

Weinreich (Uriel), linguiste américain (Wilno, auj. Vilnius, 1926-New York 1967). Dans *Languages in Contact* (1952), il donne une analyse structuraliste du bilinguisme et s'attache particulièrement aux phénomènes d'interférence. (V. Bibliographie).

Whorf (Benjamin Lee), linguiste américain (Winthrop, Massachusetts, 1897-Wethersfield, Connecticut, 1941). Disciple d'Edward Sapir, il étudie les langues amérindiennes et contribue à en améliorer la classification. Sa théorie, connue sous le nom d'« hypothèse de Whorf-Sapir », affirme que le langage est en relation causale avec le système de représentation de la réalité : chaque langue découpe cette réalité selon sa manière propre, et ce découpage affecte aussi bien le lexique que la morphologie ou la syntaxe (expression du temps et de l'aspect, déictiques, noms de couleurs, etc.). [V. Bibliographie.]

Whorf-Sapir (hypothèse de)
Indépendamment de la tradition romantique selon laquelle les correspondances entre les phénomènes de langue et le comportement humain s'expliquent par le fait que le génie particulier de chaque peuple s'exprime à travers sa langue, certains linguistes américains ont avancé l'idée connue communément sous le nom d'*hypothèse de Whorf-Sapir,* selon laquelle la langue d'une communauté donnée organise sa culture*, c'est-à-dire l'appréhension que ce peuple a de la réalité et la représentation qu'il se forme du monde. Pour E. Sapir et pour B. L. Whorf, la différence de langue a pour conséquence une structuration intellectuelle et affective différente ; il s'agit ainsi de deux mondes différents et non pas du même monde sous deux séries d'étiquettes différentes. B. L. Whorf a poussé l'hypothèse à l'extrême en supposant, par exemple, qu'un peuple dont la langue ignore la catégorie du temps grammatical vit dans un éternel présent. Au contraire, pour E. Sapir, il s'agit simplement d'un principe général ; il faut éviter de voir dans chaque catégorie grammaticale l'expression directe d'un aspect de la culture. C'est ainsi qu'un peuple qui n'a que trois noms de couleurs aura tout de même la notion de « nuances » de ces couleurs : l'organisation de la réalité en trois couleurs est en rapport non pas avec une appréhension tricolore du monde, mais avec d'autres faits bien plus profonds (importance des divisions ternaires chez ce peuple, liées par exemple à des facteurs religieux). On doit faire intervenir aussi le décalage qui existe entre les changements culturels et les changements linguistiques : le mot *boucher,* par exemple, désigne celui qui vend de la viande quelle qu'elle soit, mais le mot est dérivé de *bouc ;* le fait qu'on ne se représente plus le boucher comme abattant du bouc (changement culturel) n'a pas entraîné de changement linguistique.

Wittgenstein (Ludwig), logicien autrichien, naturalisé britannique (Vienne 1889-Cambridge 1951). Professeur de philosophie à Cambridge, il se consacre d'abord à des recherches sur les fondements des mathématiques, puis, à partir de 1930, s'oriente vers les langues naturelles. Il développe une théorie de la signification, qualifiée de « jeu du langage », où il met en lumière l'aspect imprécis et variable du langage suivant les situations. (V. Bibliographie.)

x y

xénisme
Un *xénisme* est une unité lexicale constituée par un mot d'une langue étrangère et désignant une réalité propre à la culture des locuteurs de cette langue. (Ainsi le *pub* anglais est d'abord un xénisme.)

Le *xénisme* est le premier stade de l'emprunt*. Tant que *square,* au XIXe siècle, ne se rencontre dans les textes qu'en référence à des réalités anglaises, il n'est pas intégré, et constitue un *xénisme.* Au stade de l'utilisation occasionnelle mais dépourvue de marques métalinguistiques, on parlera de *pérégrinisme.* Le stade ultime de l'installation est *l'emprunt* proprement dit : le mot est versé au vocabulaire français, et peut par exemple entrer dans des processus de dérivation et de composition.

La distinction entre *xénisme, pérégrinisme* et *emprunt* permet de prendre en compte le mode d'utilisation des mots concernés : le xénisme est un mot étranger, mentionné avec référence au code linguistique d'origine et aux réalités étrangères. Le pérégrinisme renvoie encore à la réalité étrangère, mais la connaissance de son sens est supposée partagée par l'interlocuteur. On peut dire que *perestroïka* a connu les deux stades du xénisme puis du pérégrinisme sans passer à l'emprunt ; le processus politique dénoté n'a pas perdu sa référence à l'U.R.S.S.

Le passage du xénisme à l'emprunt peut se tester selon divers critères :
a) Le critère phonologique : l'emprunt à l'anglais a pu conduire à de très fortes assimilations phonétiques ; ainsi, *packet boat, riding coat, bull dog* ont donné *paquebot, redingote, bouledogue.* Mais une plus grande familiarité avec l'anglais rend aujourd'hui impossible un pareil irrespect de la forme phonétique des xénismes. Le passage du xénisme à l'emprunt comporte encore des accommodations phoniques (par exemple, dans *parking* ou *meeting,* déplacement de l'accent tonique et passage de *-ing* anglais [iŋ] à *-ing* français [iɲ]), mais une forme comme *métinge,* populaire au début du siècle, ne serait plus possible aujourd'hui.
b) Le critère morphosyntaxique : un emprunt pleinement intégré peut devenir formant de base d'une dérivation. Ainsi, *strip-tease* produit *strip-teaseuse, stress* produit *stresser.*
c) Le critère sémantique : l'insertion se manifeste également par des changements de sens, par déspécialisation du sens restreint de l'emprunt. L'emprunt comporte en effet une forte restriction sémantique par rapport au mot de la langue d'origine. Lorsque la francisation est complète, l'emprunt peut élargir son extension : *black-out,* emprunté à l'anglais dans le sens restreint de « camouflage des lumières contre les attaques aériennes » n'est plus réservé à ce sens : on peut *faire le black-out* sur une affaire politique ou financière.

xénolecte
Le *xénolecte* est une langue ou une variété linguistique étrangère dans une communauté linguistique donnée.

yod
Le terme *yod,* emprunté à l'alphabet sémitique, désigne la consonne constrictive dorso-palatale sonore [j] comme dans *maillot* [majo], *soleil* [solɛj].

Z

zéro
1. Le terme zéro, dans *degré zéro, désinence zéro, état zéro, morphème zéro,* etc., indique l'absence d'un trait formel ou sémantique dans un système où les unités se définissent les unes par rapport aux autres par la présence ou l'absence de ce trait. L'absence est alors aussi significative que la présence du trait ; elle constitue un trait pertinent*. Ainsi, en français, l'opposition masculin *vs* féminin se manifeste par la présence dans le féminin d'un morphème comme *-esse* (*docteur* vs *doctoresse*), *-e,* dans la graphie (*rival* vs *rivale*) ; on peut décrire le système en disant que le masculin présente la désinence zéro. D'une autre manière, le système du verbe en français présente une opposition, aux temps simples, entre l'imparfait *-ait,* le futur *-ra* et le conditionnel *-rait ;* le présent est alors formé avec la désinence zéro :

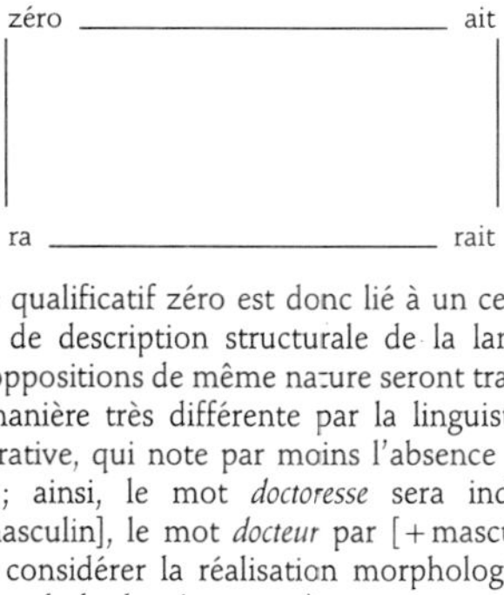

Le qualificatif zéro est donc lié à un certain type de description structurale de la langue. Les oppositions de même nature seront traitées de manière très différente par la linguistique générative, qui note par moins l'absence d'un trait ; ainsi, le mot *doctoresse* sera indiqué [− masculin], le mot *docteur* par [+ masculin], sans considérer la réalisation morphologique. (Le symbole de zéro est ø.)
2. On dit qu'il y a un *phonème zéro* lorsqu'un phonème s'oppose à l'absence de tout phonème dans le même environnement. Ainsi, en anglais, l'aspiration prévocalique [h] s'oppose à l'attaque non-aspirée d'une voyelle. Le premier phonème est un glide tendu, le deuxième un glide lâche qui est en fait un phonème *zéro,* comme dans les paires minimales suivantes : *hill* « colline » vs *ill* « malade » (comme *pill* vs *bill*) ; *hue* /hju:/ « couleur » vs *you* /ju:/ « vous » (comme *tune* /tju:n/ « air de musique » vs *dune* /dju:n/ « dune »).
3. En acoustique, le *zéro* désigne la zone dépourvue d'énergie dans le spectre par l'annulation du débit buccal due au couplage avec le conduit nasal.

zétacisme
Le terme *zétacisme* désigne parfois la modification d'une consonne en un son [z], notamment l'évolution de la fricative dentale non-voisée /s/ en une consonne homorganique voisée, par exemple lors du passage du mot latin *casa* /kasa/ au mot français *case* /kaz/.

zeugma
1. En rhétorique, le *zeugma* est une figure qui consiste à rattacher des compléments de natures différentes à un même terme (verbe, nom) ; le plus souvent il est employé dans une intention satirique (ex. : *Napoléon était maigre et officier d'artillerie*).
2. En grammaire, on appelle *zeugma* le tour syntaxique par lequel, dans plusieurs énoncés successifs de même organisation, l'un des termes n'est exprimé qu'une fois, comme dans *L'un prit une bêche, l'autre une pioche et le troisième un râteau.*

zézaiement
On appelle *zézaiement* un défaut de prononciation où les sons [ʃ] et [ʒ] sont remplacés par [s] ou [z] : *sarmant* (« charmant »), *serser* (« chercher »).

Zipf (loi de)
Étudiant le rapport qui existe entre la fréquence des mots dans un texte (mots plus ou moins fréquents, plus ou moins rares) et le rang de ces mots classés par fréquence (mot n° 1, mot n° 2, etc.), G. K. Zipf a établi en 1936 que rang × fréquence = constante.

On construit la courbe de Zipf en mettant en abscisse les rangs des mots classés par fréquence décroissante et en ordonnée les fréquences effectives. La ligne droite qui en résulte indique que le produit rang × fréquence est constant.

Pour B. Mandelbrot, la formule de Zipf exprime le fait que le vocabulaire dont se servent le locuteur et l'auditeur est constitué de signes individuels discrets dont les combinaisons obéissent à des lois statistiques. Il peut y avoir des déformations de la courbe de Zipf : les fréquences des mots fréquents s'élèvent (en ce cas il y a restriction de vocabulaire, appauvrissement du lexique) ou les fréquences des mots rares s'élèvent (en ce cas il y a soit vocabulaire néologique, soit distorsion pathologique, comme chez les schizophrènes).

N° de projet : 10069952 (I) 4 (OSBB 110)

Imprimerie «LA TIPOGRAFICA VARESE S.p.A.» Italie
Dépôt légal : Septembre 1999
Imprimé en Italie (Printed in Italy)
532007.01 - Septembre 1999